总 目 录

目　录

一、公　路

1. 综合

2. 公路建设

3. 公路管理

二、车辆、驾驶人

1. 机动车管理

2. 驾驶员管理

① 目录中对有修改的文件，将其第一次公布的时间和最近一次修改的时间一并列出，在正文中收录的是最新修改后的文本。特此说明。

三、道 路 运 输

四、交通事故处理与赔偿责任

2023

年 版

法律法规全书系列

中华人民共和国

道路交通法律法规全书

ROAD TRAFFIC LAWS AND REGULATIONS

·含全部规章·

法律出版社法规中心 编

法律出版社
LAW PRESS·CHINA
——北京——

图书在版编目(CIP)数据

中华人民共和国道路交通法律法规全书：含全部规章 / 法律出版社法规中心编. -- 6版. -- 北京：法律出版社, 2023

(法律法规全书系列)

ISBN 978-7-5197-7354-0

Ⅰ. ①中… Ⅱ. ①法… Ⅲ. ①道路交通安全法-汇编-中国 Ⅳ. ①D922.149

中国版本图书馆CIP数据核字(2022)第224002号

中华人民共和国道路交通法律法规全书(含全部规章)
ZHONGHUA RENMIN GONGHEGUO DAOLU JIAOTONG FALÜ FAGUI QUANSHU(HAN QUANBU GUIZHANG)

法律出版社法规中心 编

责任编辑 翁潇潇
装帧设计 臧晓飞

出版发行 法律出版社
编辑统筹 法规出版分社
责任校对 张红蕊
责任印制 耿润瑜
经　　销 新华书店

开本 787毫米×960毫米 1/16
印张 43.5　字数 1245千
版本 2023年1月第6版
印次 2023年1月第1次印刷
印刷 三河市兴达印务有限公司

地址：北京市丰台区莲花池西里7号(100073)
网址：www.lawpress.com.cn
投稿邮箱：info@lawpress.com.cn
举报盗版邮箱：jbwq@lawpress.com.cn
销售电话：010-83938349
客服电话：010-83938350
咨询电话：010-63939796

书号：ISBN 978-7-5197-7354-0
定价：88.00元
凡购买本社图书，如有印装错误，我社负责退换。电话：010-83938349

编辑出版说明

改革开放以来，我国道路交通事业高速发展。一方面，道路基础设施建设日新月异，交通运输业欣欣向荣；另一方面，我国的机动车保有量也在节节攀升，越来越多的人有了自己专属的出行工具。在这样社会高速发展的背景下，与交通运输相关的事件、纠纷也越来越多，不管是交通运输从业人员还是道路交通的参与者，都有必要掌握一定的法律知识，使自己更安全地立足于道路交通领域。为此，我们精心编辑出版了这本《中华人民共和国道路交通法律法规全书（含全部规章）》。本书具有以下特点：

一、收录全面，编排合理，查阅方便

收录改革开放以来至 2022 年 11 月期间公布的现行有效的与道路交通相关的法律、行政法规、司法解释、部门规章及重要的规范性文件。内容包括公路（细分为综合、公路建设、公路管理），车辆、驾驶人（细分为机动车管理、驾驶员管理、其他规定），道路运输（细分为一般规定、道路客运、道路货运），交通事故处理与赔偿责任（细分为综合、处理程序、相关鉴定、车辆保险、法律责任），交通运输行政管理，交通税费（细分为车辆购置税、车船税、其他税费），纠纷解决（细分为调解与仲裁、民事诉讼、行政复议、行政诉讼），与道路交通相关的其他规定等。分类细致，全面覆盖道路交通活动的方方面面。本书具有体例清晰、查询方便的特点。

二、特加条旨、案例，实用性强

全书对重点法律附加条旨，可指引读者迅速找到自己需要的条文。收录最高人民法院公开的本领域指导案例，这些案例在实践中起到指引法官“同案同判”的作用，具有很高的参考性。

三、特色服务，动态增补

为保持本书与新法的同步更新，避免读者在一定周期内重复购书，特结合法律出版社法规中心的资源优势提供动态增补服务。读者可以扫描封底二维码，查看、下载免费增补材料。

由于编者水平所限，还望读者在使用过程中不吝赐教，提出您的宝贵意见（邮箱地址：faguizhongxin@163.com），以便本书继续修订完善。谢谢！

法律出版社法规中心

2022 年 12 月

五、交通运输行政管理

六、交 通 税 费

1. 车辆购置税

2. 车船税

3. 其他税费

七、纠 纷 解 决

1. 调解与仲裁

2. 民事诉讼

3. 行政复议

4. 行政诉讼

八、与道路交通相关的其他规定

一、公　路

资料补充栏

1. 综合

中华人民共和国公路法

1. 1997年7月3日第八届全国人民代表大会常务委员会第二十六次会议通过
2. 根据1999年10月31日第九届全国人民代表大会常务委员会第十二次会议《关于修改〈中华人民共和国公路法〉的决定》第一次修正
3. 根据2004年8月28日第十届全国人民代表大会常务委员会第十一次会议《关于修改〈中华人民共和国公路法〉的决定》第二次修正
4. 根据2009年8月27日第十一届全国人民代表大会常务委员会第十次会议《关于修改部分法律的决定》第三次修正
5. 根据2016年11月7日第十二届全国人民代表大会常务委员会第二十四次会议《关于修改〈中华人民共和国对外贸易法〉等十二部法律的决定》第四次修正
6. 根据2017年11月4日第十二届全国人民代表大会常务委员会第三十次会议《关于修改〈中华人民共和国会计法〉等十一部法律的决定》第五次修正

目　录

第一章　总　　则

第一条　**【立法目的】**[①]为了加强公路的建设和管理，促进公路事业的发展，适应社会主义现代化建设和人民生活的需要，制定本法。

第二条　**【适用范围】**在中华人民共和国境内从事公路的规划、建设、养护、经营、使用和管理，适用本法。

本法所称公路，包括公路桥梁、公路隧道和公路渡口。

第三条　**【发展原则】**公路的发展应当遵循全面规划、合理布局、确保质量、保障畅通、保护环境、建设改造与养护并重的原则。

第四条　**【积极发展】**各级人民政府应当采取有力措施，扶持、促进公路建设。公路建设应当纳入国民经济和社会发展计划。

国家鼓励、引导国内外经济组织依法投资建设、经营公路。

第五条　**【扶持地区】**国家帮助和扶持少数民族地区、边远地区和贫困地区发展公路建设。

第六条　**【公路等级】**公路按其在公路路网中的地位分为国道、省道、县道和乡道，并按技术等级分为高速公路、一级公路、二级公路、三级公路和四级公路。具体划分标准由国务院交通主管部门规定。

新建公路应当符合技术等级的要求。原有不符合最低技术等级要求的等外公路，应当采取措施，逐步改造为符合技术等级要求的公路。

第七条　**【保护公路】**公路受国家保护，任何单位和个人不得破坏、损坏或者非法占用公路、公路用地及公路附属设施。

任何单位和个人都有爱护公路、公路用地及公路附属设施的义务，有权检举和控告破坏、损坏公路、公路用地、公路附属设施和影响公路安全的行为。

第八条　**【主管部门】**国务院交通主管部门主管全国公路工作。

县级以上地方人民政府交通主管部门主管本行政区域内的公路工作；但是，县级以上地方人民政府交通主管部门对国道、省道的管理、监督职责，由省、自治区、直辖市人民政府确定。

乡、民族乡、镇人民政府负责本行政区域内的乡道的建设和养护工作。

县级以上地方人民政府交通主管部门可以决定由公路管理机构依照本法规定行使公路行政管理职责。

第九条　**【禁止非法设卡】**禁止任何单位和个人在公

---

① 条文主旨为编者所加，下同。

路上非法设卡、收费、罚款和拦截车辆。

第十条　【鼓励科研】国家鼓励公路工作方面的科学技术研究，对在公路科学技术研究和应用方面作出显著成绩的单位和个人给予奖励。

第十一条　【专用公路】本法对专用公路有规定的，适用于专用公路。

专用公路是指由企业或者其他单位建设、养护、管理，专为或者主要为本企业或者本单位提供运输服务的道路。

第二章　公路规划

第十二条　【规划编制】公路规划应当根据国民经济和社会发展以及国防建设的需要编制，与城市建设发展规划和其他方式的交通运输发展规划相协调。

第十三条　【用地规划】公路建设用地规划应当符合土地利用总体规划，当年建设用地应当纳入年度建设用地计划。

第十四条　【规划体系】国道规划由国务院交通主管部门会同国务院有关部门并商国道沿线省、自治区、直辖市人民政府编制，报国务院批准。

省道规划由省、自治区、直辖市人民政府交通主管部门会同同级有关部门并商省道沿线下一级人民政府编制，报省、自治区、直辖市人民政府批准，并报国务院交通主管部门备案。

县道规划由县级人民政府交通主管部门会同同级有关部门编制，经本级人民政府审定后，报上一级人民政府批准。

乡道规划由县级人民政府交通主管部门协助乡、民族乡、镇人民政府编制，报县级人民政府批准。

依照第三款、第四款规定批准的县道、乡道规划，应当报批准机关的上一级人民政府交通主管部门备案。

省道规划应当与国道规划相协调。县道规划应当与省道规划相协调。乡道规划应当与县道规划相协调。

第十五条　【专用公路规划】专用公路规划由专用公路的主管单位编制，经其上级主管部门审定后，报县级以上人民政府交通主管部门审核。

专用公路规划应当与公路规划相协调。县级以上人民政府交通主管部门发现专用公路规划与国道、省道、县道、乡道规划有不协调的地方，应当提出修改意见，专用公路主管部门和单位应当作出相应的修改。

第十六条　【规划修改】国道规划的局部调整由原编制机关决定。国道规划需要作重大修改的，由原编制机关提出修改方案，报国务院批准。

经批准的省道、县道、乡道公路规划需要修改的，由原编制机关提出修改方案，报原批准机关批准。

第十七条　【命名、编号】国道的命名和编号，由国务院交通主管部门确定；省道、县道、乡道的命名和编号，由省、自治区、直辖市人民政府交通主管部门按照国务院交通主管部门的有关规定确定。

第十八条　【防止公路街道化】规划和新建村镇、开发区，应当与公路保持规定的距离并避免在公路两侧对应进行，防止造成公路街道化，影响公路的运行安全与畅通。

第十九条　【鼓励专用公路用于公共运输】国家鼓励专用公路用于社会公共运输。专用公路主要用于社会公共运输时，由专用公路的主管单位申请，或者由有关方面申请，专用公路的主管单位同意，并经省、自治区、直辖市人民政府交通主管部门批准，可以改划为省道、县道或者乡道。

第三章　公路建设

第二十条　【监督管理】县级以上人民政府交通主管部门应当依据职责维护公路建设秩序，加强对公路建设的监督管理。

第二十一条　【建设资金】筹集公路建设资金，除各级人民政府的财政拨款，包括依法征税筹集的公路建设专项资金转为的财政拨款外，可以依法向国内外金融机构或者外国政府贷款。

国家鼓励国内外经济组织对公路建设进行投资。开发、经营公路的公司可以依照法律、行政法规的规定发行股票、公司债券筹集资金。

依照本法规定出让公路收费权的收入必须用于公路建设。

向企业和个人集资建设公路，必须根据需要与可能，坚持自愿原则，不得强行摊派，并符合国务院的有关规定。

公路建设资金还可以采取符合法律或者国务院规定的其他方式筹集。

第二十二条　【按规建设】公路建设应当按照国家规定的基本建设程序和有关规定进行。

第二十三条　【建设制度】公路建设项目应当按照国家有关规定实行法人负责制度、招标投标制度和工程监理制度。

第二十四条　【建设单位资质】公路建设单位应当根据公路建设工程的特点和技术要求，选择具有相应资格的勘查设计单位、施工单位和工程监理单位，并依照有关法律、法规、规章的规定和公路工程技术标准的要求，分别签订合同，明确双方的权利义务。

承担公路建设项目的可行性研究单位、勘查设计单位、施工单位和工程监理单位，必须持有国家规定的资质证书。

第二十五条　【施工审批】公路建设项目的施工，须按国务院交通主管部门的规定报请县级以上地方人民政府交通主管部门批准。

第二十六条　【符合标准】公路建设必须符合公路工程技术标准。

承担公路建设项目的设计单位、施工单位和工程监理单位，应当按照国家有关规定建立健全质量保证体系，落实岗位责任制，并依照有关法律、法规、规章以及公路工程技术标准的要求和合同约定进行设计、施工和监理，保证公路工程质量。

第二十七条　【建设用地】公路建设使用土地依照有关法律、行政法规的规定办理。

公路建设应当贯彻切实保护耕地、节约用地的原则。

第二十八条　【使用荒山、荒地】公路建设需要使用国有荒山、荒地或者需要在国有荒山、荒地、河滩、滩涂上挖砂、采石、取土的，依照有关法律、行政法规的规定办理后，任何单位和个人不得阻挠或者非法收取费用。

第二十九条　【政府支持】地方各级人民政府对公路建设依法使用土地和搬迁居民，应当给予支持和协助。

第三十条　【建设要求】公路建设项目的设计和施工，应当符合依法保护环境、保护文物古迹和防止水土流失的要求。

公路规划中贯彻国防要求的公路建设项目，应当严格按照规划进行建设，以保证国防交通的需要。

第三十一条　【影响其他设施】因建设公路影响铁路、水利、电力、邮电设施和其他设施正常使用时，公路建设单位应当事先征得有关部门的同意；因公路建设对有关设施造成损坏的，公路建设单位应当按照不低于该设施原有的技术标准予以修复，或者给予相应的经济补偿。

第三十二条　【改建公路】改建公路时，施工单位应当在施工路段两端设置明显的施工标志、安全标志。需要车辆绕行的，应当在绕行路口设置标志；不能绕行的，必须修建临时道路，保证车辆和行人通行。

第三十三条　【竣工验收】公路建设项目和公路修复项目竣工后，应当按照国家有关规定进行验收；未经验收或者验收不合格的，不得交付使用。

建成的公路，应当按照国务院交通主管部门的规定设置明显的标志、标线。

第三十四条　【公路用地】县级以上地方人民政府应当确定公路两侧边沟（截水沟、坡脚护坡道，下同）外缘起不少于一米的公路用地。

第四章　公路养护

第三十五条　【养护主体】公路管理机构应当按照国务院交通主管部门规定的技术规范和操作规程对公路进行养护，保证公路经常处于良好的技术状态。

第三十六条　【养护资金】国家采用依法征税的办法筹集公路养护资金，具体实施办法和步骤由国务院规定。

依法征税筹集的公路养护资金，必须专项用于公路的养护和改建。

第三十七条　【政府支持养护】县、乡级人民政府对公路养护需要的挖砂、采石、取土以及取水，应当给予支持和协助。

第三十八条　【义务工】县、乡级人民政府应当在农村义务工的范围内，按照国家有关规定组织公路两侧的农村居民履行为公路建设和养护提供劳务的义务。

第三十九条　【标志明显】为保障公路养护人员的人身安全，公路养护人员进行养护作业时，应当穿着统一的安全标志服；利用车辆进行养护作业时，应当在公路作业车辆上设置明显的作业标志。

公路养护车辆进行作业时，在不影响过往车辆通行的前提下，其行驶路线和方向不受公路标志、标线限制;过往车辆对公路养护车辆和人员应当注意避让。

公路养护工程施工影响车辆、行人通行时,施工单位应当依照本法第三十二条的规定办理。

第四十条 【修复公路】因严重自然灾害致使国道、省道交通中断,公路管理机构应当及时修复;公路管理机构难以及时修复时,县级以上地方人民政府应当及时组织当地机关、团体、企业事业单位、城乡居民进行抢修,并可以请求当地驻军支援,尽快恢复交通。

第四十一条 【水土保持】公路用地范围内的山坡、荒地,由公路管理机构负责水土保持。

第四十二条 【绿化】公路绿化工作,由公路管理机构按照公路工程技术标准组织实施。

公路用地上的树木,不得任意砍伐;需要更新砍伐的,应当经县级以上地方人民政府交通主管部门同意后,依照《中华人民共和国森林法》的规定办理审批手续,并完成更新补种任务。

第五章 路政管理

第四十三条 【主管部门】各级地方人民政府应当采取措施,加强对公路的保护。

县级以上地方人民政府交通主管部门应当认真履行职责,依法做好公路保护工作,并努力采用科学的管理方法和先进的技术手段,提高公路管理水平,逐步完善公路服务设施,保障公路的完好、安全和畅通。

第四十四条 【占用、挖掘公路】任何单位和个人不得擅自占用、挖掘公路。

因修建铁路、机场、电站、通信设施、水利工程和进行其他建设工程需要占用、挖掘公路或者使公路改线的,建设单位应当事先征得有关交通主管部门的同意;影响交通安全的,还须征得有关公安机关的同意。占用、挖掘公路或者使公路改线的,建设单位应当按照不低于该段公路原有的技术标准予以修复、改建或者给予相应的经济补偿。

第四十五条 【跨越、穿越公路修建设施】跨越、穿越公路修建桥梁、渡槽或者架设、埋设管线等设施的,以及在公路用地范围内架设、埋设管线、电缆等设施的,应当事先经有关交通主管部门同意,影响交通安全的,还须征得有关公安机关的同意;所修建、架设或者埋设的设施应当符合公路工程技术标准的要求。对公路造成损坏的,应当按照损坏程度给予补偿。

第四十六条 【禁止妨碍畅通】任何单位和个人不得在公路上及公路用地范围内摆摊设点、堆放物品、倾倒垃圾、设置障碍、挖沟引水、利用公路边沟排放污物或者进行其他损坏、污染公路和影响公路畅通的活动。

第四十七条 【不得危及安全】在大中型公路桥梁和渡口周围二百米、公路隧道上方和洞口外一百米范围内,以及在公路两侧一定距离内,不得挖砂、采石、取土、倾倒废弃物,不得进行爆破作业及其他危及公路、公路桥梁、公路隧道、公路渡口安全的活动。

在前款范围内因抢险、防汛需要修筑堤坝、压缩或者拓宽河床的,应当事先报经省、自治区、直辖市人民政府交通主管部门会同水行政主管部门批准,并采取有效的保护有关的公路、公路桥梁、公路隧道、公路渡口安全的措施。

第四十八条 【限制机具】铁轮车、履带车和其他可能损害公路路面的机具,不得在公路上行驶。

农业机械因当地田间作业需要在公路上短距离行驶或者军用车辆执行任务需要在公路上行驶的,可以不受前款限制,但是应当采取安全保护措施。对公路造成损坏的,应当按照损坏程度给予补偿。

第四十九条 【轴载质量】在公路上行驶的车辆的轴载质量应当符合公路工程技术标准要求。

第五十条 【超限车辆】超过公路、公路桥梁、公路隧道或者汽车渡船的限载、限高、限宽、限长标准的车辆,不得在有限定标准的公路、公路桥梁上或者公路隧道内行驶,不得使用汽车渡船。超过公路或者公路桥梁限载标准确需行驶的,必须经县级以上地方人民政府交通主管部门批准,并按要求采取有效的防护措施;运载不可解体的超限物品的,应当按照指定的时间、路线、时速行驶,并悬挂明显标志。

运输单位不能按照前款规定采取防护措施的,由交通主管部门帮助其采取防护措施,所需费用由运输单位承担。

第五十一条 【禁作试车场】机动车制造厂和其他单位不得将公路作为检验机动车制动性能的试车场地。

第五十二条　【保护附属设施】任何单位和个人不得损坏、擅自移动、涂改公路附属设施。

前款公路附属设施，是指为保护、养护公路和保障公路安全畅通所设置的公路防护、排水、养护、管理、服务、交通安全、渡运、监控、通信、收费等设施、设备以及专用建筑物、构筑物等。

第五十三条　【损坏报告】造成公路损坏的，责任者应当及时报告公路管理机构，并接受公路管理机构的现场调查。

第五十四条　【禁设其他标志】任何单位和个人未经县级以上地方人民政府交通主管部门批准，不得在公路用地范围内设置公路标志以外的其他标志。

第五十五条　【平叉道口】在公路上增设平面交叉道口，必须按照国家有关规定经过批准，并按照国家规定的技术标准建设。

第五十六条　【建筑控制区】除公路防护、养护需要的以外，禁止在公路两侧的建筑控制区内修建建筑物和地面构筑物；需要在建筑控制区内埋设管线、电缆等设施的，应当事先经县级以上地方人民政府交通主管部门批准。

前款规定的建筑控制区的范围，由县级以上地方人民政府按照保障公路运行安全和节约用地的原则，依照国务院的规定划定。

建筑控制区范围经县级以上地方人民政府依照前款规定划定后，由县级以上地方人民政府交通主管部门设置标桩、界桩。任何单位和个人不得损坏、擅自挪动该标桩、界桩。

第五十七条　【授权行使】除本法第四十七条第二款的规定外，本章规定由交通主管部门行使的路政管理职责，可以依照本法第八条第四款的规定，由公路管理机构行使。

第六章　收费公路

第五十八条　【禁止乱收费】国家允许依法设立收费公路，同时对收费公路的数量进行控制。

除本法第五十九条规定可以收取车辆通行费的公路外，禁止任何公路收取车辆通行费。

第五十九条　【收费公路种类】符合国务院交通主管部门规定的技术等级和规模的下列公路，可以依法收取车辆通行费：

（一）由县级以上地方人民政府交通主管部门利用贷款或者向企业、个人集资建成的公路；

（二）由国内外经济组织依法受让前项收费公路收费权的公路；

（三）由国内外经济组织依法投资建成的公路。

第六十条　【收费期限】县级以上地方人民政府交通主管部门利用贷款或者集资建成的收费公路的收费期限，按照收费偿还贷款、集资款的原则，由省、自治区、直辖市人民政府依照国务院交通主管部门的规定确定。

有偿转让公路收费权的公路，收费权转让后，由受让方收费经营。收费权的转让期限由出让、受让双方约定，最长不得超过国务院规定的年限。

国内外经济组织投资建设公路，必须按照国家有关规定办理审批手续；公路建成后，由投资者收费经营。收费经营期限按照收回投资并有合理回报的原则，由有关交通主管部门与投资者约定并按照国家有关规定办理审批手续，但最长不得超过国务院规定的年限。

第六十一条　【收费权转让】本法第五十九条第一款第一项规定的公路中的国道收费权的转让，应当在转让协议签订之日起三十个工作日内报国务院交通主管部门备案；国道以外的其他公路收费权的转让，应当在转让协议签订之日起三十个工作日内报省、自治区、直辖市人民政府备案。

前款规定的公路收费权出让的最低成交价，以国有资产评估机构评估的价值为依据确定。

第六十二条　【公路经营企业】受让公路收费权和投资建设公路的国内外经济组织应当依法成立开发、经营公路的企业（以下简称公路经营企业）。

第六十三条　【收费标准】收费公路车辆通行费的收费标准，由公路收费单位提出方案，报省、自治区、直辖市人民政府交通主管部门会同同级物价行政主管部门审查批准。

第六十四条　【收费站】收费公路设置车辆通行费的收费站，应当报经省、自治区、直辖市人民政府审查批准。跨省、自治区、直辖市的收费公路设置车辆通行费的收费站，由有关省、自治区、直辖市人民政府协商确定；协商不成的，由国务院交通主管部门决定。同一收费公路由不同的交通主管部门组织建设或者由不同的公路经营企业经营的，应当按照“统一收费、按比例分成”的原则，统筹规划，合理设置收费站。

两个收费站之间的距离，不得小于国务院交通主管部门规定的标准。

第六十五条　【收费期限届满】有偿转让公路收费权的公路，转让收费权合同约定的期限届满，收费权由出让方收回。

由国内外经济组织依照本法规定投资建成并经营的收费公路，约定的经营期限届满，该公路由国家无偿收回，由有关交通主管部门管理。

第六十六条　【公路养护】依照本法第五十九条规定受让收费权或者由国内外经济组织投资建成经营的公路的养护工作，由各该公路经营企业负责。各该公路经营企业在经营期间应当按照国务院交通主管部门规定的技术规范和操作规程做好对公路的养护工作。在受让收费权的期限届满，或者经营期限届满时，公路应当处于良好的技术状态。

前款规定的公路的绿化和公路用地范围内的水土保持工作，由各该公路经营企业负责。

第一款规定的公路的路政管理，适用本法第五章的规定。该公路路政管理的职责由县级以上地方人民政府交通主管部门或者公路管理机构的派出机构、人员行使。

第六十七条　【损失补偿】在收费公路上从事本法第四十四条第二款、第四十五条、第四十八条、第五十条所列活动的，除依照各该条的规定办理外，给公路经营企业造成损失的，应当给予相应的补偿。

第六十八条　【管理办法】收费公路的具体管理办法，由国务院依照本法制定。

第七章　监督检查

第六十九条　【执法监督】交通主管部门、公路管理机构依法对有关公路的法律、法规执行情况进行监督检查。

第七十条　【路政】交通主管部门、公路管理机构负有管理和保护公路的责任，有权检查、制止各种侵占、损坏公路、公路用地、公路附属设施及其他违反本法规定的行为。

第七十一条　【执法保障】公路监督检查人员依法在公路、建筑控制区、车辆停放场所、车辆所属单位等进行监督检查时，任何单位和个人不得阻挠。

公路经营者、使用者和其他有关单位、个人，应当接受公路监督检查人员依法实施的监督检查，并为其提供方便。

公路监督检查人员执行公务，应当佩戴标志，持证上岗。

第七十二条　【依法行政】交通主管部门、公路管理机构应当加强对所属公路监督检查人员的管理和教育，要求公路监督检查人员熟悉国家有关法律和规定，公正廉洁，热情服务，秉公执法，对公路监督检查人员的执法行为应当加强监督检查，对其违法行为应当及时纠正，依法处理。

第七十三条　【专用车辆】用于公路监督检查的专用车辆，应当设置统一的标志和示警灯。

第八章　法律责任

第七十四条　【擅自设卡、收费】违反法律或者国务院有关规定，擅自在公路上设卡、收费的，由交通主管部门责令停止违法行为，没收违法所得，可以处违法所得三倍以下的罚款，没有违法所得的，可以处二万元以下的罚款；对负有直接责任的主管人员和其他直接责任人员，依法给予行政处分。

第七十五条　【擅自施工】违反本法第二十五条规定，未经有关交通主管部门批准擅自施工的，交通主管部门可以责令停止施工，并可以处五万元以下的罚款。

第七十六条　【违法行为】有下列违法行为之一的，由交通主管部门责令停止违法行为，可以处三万元以下的罚款：

（一）违反本法第四十四条第一款规定，擅自占用、挖掘公路的；

（二）违反本法第四十五条规定，未经同意或者未按照公路工程技术标准的要求修建桥梁、渡槽或者架设、埋设管线、电缆等设施的；

（三）违反本法第四十七条规定，从事危及公路安全的作业的；

（四）违反本法第四十八条规定，铁轮车、履带车和其他可能损害路面的机具擅自在公路上行驶的；

（五）违反本法第五十条规定，车辆超限使用汽车渡船或者在公路上擅自超限行驶的；

（六）违反本法第五十二条、第五十六条规定，损坏、移动、涂改公路附属设施或者损坏、挪动建筑控制区的标桩、界桩,可能危及公路安全的。

第七十七条　【污损路面、公路试车】违反本法第四十六条的规定,造成公路路面损坏、污染或者影响公路畅通的,或者违反本法第五十一条规定,将公路作为试车场地的,由交通主管部门责令停止违法行为,可以处五千元以下的罚款。

第七十八条　【造成路面损坏未报告】违反本法第五十三条规定,造成公路损坏,未报告的,由交通主管部门处一千元以下的罚款。

第七十九条　【设置其他标志】违反本法第五十四条规定,在公路用地范围内设置公路标志以外的其他标志的,由交通主管部门责令限期拆除,可以处二万元以下的罚款;逾期不拆除的,由交通主管部门拆除,有关费用由设置者负担。

第八十条　【擅设平面交叉道口】违反本法第五十五条规定,未经批准在公路上增设平面交叉道口的,由交通主管部门责令恢复原状,处五万元以下的罚款。

第八十一条　【擅自建筑或埋设管线】违反本法第五十六条规定,在公路建筑控制区内修建建筑物、地面构筑物或者擅自埋设管线、电缆等设施的,由交通主管部门责令限期拆除,并可以处五万元以下的罚款。逾期不拆除的,由交通主管部门拆除,有关费用由建筑者、构筑者承担。

第八十二条　【授权执法】除本法第七十四条、第七十五条的规定外,本章规定由交通主管部门行使的行政处罚权和行政措施,可以依照本法第八条第四款的规定由公路管理机构行使。

第八十三条　【阻碍修建或执法】阻碍公路建设或者公路抢修,致使公路建设或者抢修不能正常进行,尚未造成严重损失的,依照《中华人民共和国治安管理处罚法》的规定处罚。

损毁公路或者擅自移动公路标志,可能影响交通安全,尚不够刑事处罚的,适用《中华人民共和国道路交通安全法》第九十九条的处罚规定。

拒绝、阻碍公路监督检查人员依法执行职务未使用暴力、威胁方法的,依照《中华人民共和国治安管理处罚法》的规定处罚。

第八十四条　【刑事责任】违反本法有关规定,构成犯罪的,依法追究刑事责任。

第八十五条　【民事责任】违反本法有关规定,对公路造成损害的,应当依法承担民事责任。

对公路造成较大损害的车辆,必须立即停车,保护现场,报告公路管理机构,接受公路管理机构的调查、处理后方得驶离。

第八十六条　【渎职】交通主管部门、公路管理机构的工作人员玩忽职守、徇私舞弊、滥用职权,构成犯罪的,依法追究刑事责任;尚不构成犯罪的,依法给予行政处分。

第九章　附　　则

第八十七条　【施行日期】本法自 1998 年 1 月 1 日起施行。

公路安全保护条例

1. 2011 年 3 月 7 日国务院令第 593 号公布

2. 自 2011 年 7 月 1 日起施行

第一章　总　　则

第一条　为了加强公路保护,保障公路完好、安全和畅通,根据《中华人民共和国公路法》,制定本条例。

第二条　各级人民政府应当加强对公路保护工作的领导,依法履行公路保护职责。

第三条　国务院交通运输主管部门主管全国公路保护工作。

县级以上地方人民政府交通运输主管部门主管本行政区域的公路保护工作;但是,县级以上地方人民政府交通运输主管部门对国道、省道的保护职责,由省、自治区、直辖市人民政府确定。

公路管理机构依照本条例的规定具体负责公路保护的监督管理工作。

第四条　县级以上各级人民政府发展改革、工业和信息化、公安、工商、质检等部门按照职责分工,依法开展公路保护的相关工作。

第五条　县级以上各级人民政府应当将政府及其有关部门从事公路管理、养护所需经费以及公路管理机构行使公路行政管理职能所需经费纳入本级人民政府财政预算。但是,专用公路的公路保护经费除外。

第六条　县级以上各级人民政府交通运输主管部门应

当综合考虑国家有关车辆技术标准、公路使用状况等因素，逐步提高公路建设、管理和养护水平，努力满足国民经济和社会发展以及人民群众生产、生活需要。

第七条 县级以上各级人民政府交通运输主管部门应当依照《中华人民共和国突发事件应对法》的规定，制定地震、泥石流、雨雪冰冻灾害等损毁公路的突发事件（以下简称公路突发事件）应急预案，报本级人民政府批准后实施。

公路管理机构、公路经营企业应当根据交通运输主管部门制定的公路突发事件应急预案，组建应急队伍，并定期组织应急演练。

第八条 国家建立健全公路突发事件应急物资储备保障制度，完善应急物资储备、调配体系，确保发生公路突发事件时能够满足应急处置工作的需要。

第九条 任何单位和个人不得破坏、损坏、非法占用或者非法利用公路、公路用地和公路附属设施。

第二章 公路线路

第十条 公路管理机构应当建立健全公路管理档案，对公路、公路用地和公路附属设施调查核实、登记造册。

第十一条 县级以上地方人民政府应当根据保障公路运行安全和节约用地的原则以及公路发展的需要，组织交通运输、国土资源等部门划定公路建筑控制区的范围。

公路建筑控制区的范围，从公路用地外缘起向外的距离标准为：

（一）国道不少于20米；

（二）省道不少于15米；

（三）县道不少于10米；

（四）乡道不少于5米。

属于高速公路的，公路建筑控制区的范围从公路用地外缘起向外的距离标准不少于30米。

公路弯道内侧、互通立交以及平面交叉道口的建筑控制区范围根据安全视距等要求确定。

第十二条 新建、改建公路的建筑控制区的范围，应当自公路初步设计批准之日起30日内，由公路沿线县级以上地方人民政府依照本条例划定并公告。

公路建筑控制区与铁路线路安全保护区、航道保护范围、河道管理范围或者水工程管理和保护范围重叠的，经公路管理机构和铁路管理机构、航道管理机构、水行政主管部门或者流域管理机构协商后划定。

第十三条 在公路建筑控制区内，除公路保护需要外，禁止修建建筑物和地面构筑物；公路建筑控制区划定前已经合法修建的不得扩建，因公路建设或者保障公路运行安全等原因需要拆除的应当依法给予补偿。

在公路建筑控制区外修建的建筑物、地面构筑物以及其他设施不得遮挡公路标志，不得妨碍安全视距。

第十四条 新建村镇、开发区、学校和货物集散地、大型商业网点、农贸市场等公共场所，与公路建筑控制区边界外缘的距离应当符合下列标准，并尽可能在公路一侧建设：

（一）国道、省道不少于50米；

（二）县道、乡道不少于20米。

第十五条 新建、改建公路与既有城市道路、铁路、通信等线路交叉或者新建、改建城市道路、铁路、通信等线路与既有公路交叉的，建设费用由新建、改建单位承担；城市道路、铁路、通信等线路的管理部门、单位或者公路管理机构要求提高既有建设标准而增加的费用，由提出要求的部门或者单位承担。

需要改变既有公路与城市道路、铁路、通信等线路交叉方式的，按照公平合理的原则分担建设费用。

第十六条 禁止将公路作为检验车辆制动性能的试车场地。

禁止在公路、公路用地范围内摆摊设点、堆放物品、倾倒垃圾、设置障碍、挖沟引水、打场晒粮、种植作物、放养牲畜、采石、取土、采空作业、焚烧物品、利用公路边沟排放污物或者进行其他损坏、污染公路和影响公路畅通的行为。

第十七条 禁止在下列范围内从事采矿、采石、取土、爆破作业等危及公路、公路桥梁、公路隧道、公路渡口安全的活动：

（一）国道、省道、县道的公路用地外缘起向外100米，乡道的公路用地外缘起向外50米；

（二）公路渡口和中型以上公路桥梁周围200米；

（三）公路隧道上方和洞口外100米。

在前款规定的范围内，因抢险、防汛需要修筑堤坝、压缩或者拓宽河床的，应当经省、自治区、直辖市人民政府交通运输主管部门会同水行政主管部门或者流域管理机构批准，并采取安全防护措施方可进行。

第十八条 除按照国家有关规定设立的为车辆补充燃料的场所、设施外，禁止在下列范围内设立生产、储存、销售易燃、易爆、剧毒、放射性等危险物品的场所、设施：

（一）公路用地外缘起向外100米；

（二）公路渡口和中型以上公路桥梁周围200米；

（三）公路隧道上方和洞口外100米。

第十九条 禁止擅自在中型以上公路桥梁跨越的河道上下游各1000米范围内抽取地下水、架设浮桥以及修建其他危及公路桥梁安全的设施。

在前款规定的范围内，确需进行抽取地下水、架设浮桥等活动的，应当经水行政主管部门、流域管理机构等有关单位会同公路管理机构批准，并采取安全防护措施方可进行。

第二十条 禁止在公路桥梁跨越的河道上下游的下列范围内采砂：

（一）特大型公路桥梁跨越的河道上游500米，下游3000米；

（二）大型公路桥梁跨越的河道上游500米，下游2000米；

（三）中小型公路桥梁跨越的河道上游500米，下游1000米。

第二十一条 在公路桥梁跨越的河道上下游各500米范围内依法进行疏浚作业的，应当符合公路桥梁安全要求，经公路管理机构确认安全方可作业。

第二十二条 禁止利用公路桥梁进行牵拉、吊装等危及公路桥梁安全的施工作业。

禁止利用公路桥梁（含桥下空间）、公路隧道、涵洞堆放物品，搭建设施以及铺设高压电线和输送易燃、易爆或者其他有毒有害气体、液体的管道。

第二十三条 公路桥梁跨越航道的，建设单位应当按照国家有关规定设置桥梁航标、桥柱标、桥梁水尺标，并按照国家标准、行业标准设置桥区水上航标和桥墩防撞装置。桥区水上航标由航标管理机构负责维护。

通过公路桥梁的船舶应当符合公路桥梁通航净空要求，严格遵守航行规则，不得在公路桥梁下停泊或者系缆。

第二十四条 重要的公路桥梁和公路隧道按照《中华人民共和国人民武装警察法》和国务院、中央军委的有关规定由中国人民武装警察部队守护。

第二十五条 禁止损坏、擅自移动、涂改、遮挡公路附属设施或者利用公路附属设施架设管道、悬挂物品。

第二十六条 禁止破坏公路、公路用地范围内的绿化物。需要更新采伐护路林的，应当向公路管理机构提出申请，经批准方可更新采伐，并及时补种；不能及时补种的，应当交纳补种所需费用，由公路管理机构代为补种。

第二十七条 进行下列涉路施工活动，建设单位应当向公路管理机构提出申请：

（一）因修建铁路、机场、供电、水利、通信等建设工程需要占用、挖掘公路、公路用地或者使公路改线；

（二）跨越、穿越公路修建桥梁、渡槽或者架设、埋设管道、电缆等设施；

（三）在公路用地范围内架设、埋设管道、电缆等设施；

（四）利用公路桥梁、公路隧道、涵洞铺设电缆等设施；

（五）利用跨越公路的设施悬挂非公路标志；

（六）在公路上增设或者改造平面交叉道口；

（七）在公路建筑控制区内埋设管道、电缆等设施。

第二十八条 申请进行涉路施工活动的建设单位应当向公路管理机构提交下列材料：

（一）符合有关技术标准、规范要求的设计和施工方案；

（二）保障公路、公路附属设施质量和安全的技术评价报告；

（三）处置施工险情和意外事故的应急方案。

公路管理机构应当自受理申请之日起20日内作出许可或者不予许可的决定；影响交通安全的，应当征得公安机关交通管理部门的同意；涉及经营性公路的，应当征求公路经营企业的意见；不予许可的，公路管理机构应当书面通知申请人并说明理由。

第二十九条　建设单位应当按照许可的设计和施工方案进行施工作业，并落实保障公路、公路附属设施质量和安全的防护措施。

涉路施工完毕，公路管理机构应当对公路、公路附属设施是否达到规定的技术标准以及施工是否符合保障公路、公路附属设施质量和安全的要求进行验收；影响交通安全的，还应当经公安机关交通管理部门验收。

涉路工程设施的所有人、管理人应当加强维护和管理，确保工程设施不影响公路的完好、安全和畅通。

第三章　公路通行

第三十条　车辆的外廓尺寸、轴荷和总质量应当符合国家有关车辆外廓尺寸、轴荷、质量限值等机动车安全技术标准，不符合标准的不得生产、销售。

第三十一条　公安机关交通管理部门办理车辆登记，应当当场查验，对不符合机动车国家安全技术标准的车辆不予登记。

第三十二条　运输不可解体物品需要改装车辆的，应当由具有相应资质的车辆生产企业按照规定的车型和技术参数进行改装。

第三十三条　超过公路、公路桥梁、公路隧道限载、限高、限宽、限长标准的车辆，不得在公路、公路桥梁或者公路隧道行驶；超过汽车渡船限载、限高、限宽、限长标准的车辆，不得使用汽车渡船。

公路、公路桥梁、公路隧道限载、限高、限宽、限长标准调整的，公路管理机构、公路经营企业应当及时变更限载、限高、限宽、限长标志；需要绕行的，还应当标明绕行路线。

第三十四条　县级人民政府交通运输主管部门或者乡级人民政府可以根据保护乡道、村道的需要，在乡道、村道的出入口设置必要的限高、限宽设施，但是不得影响消防和卫生急救等应急通行需要，不得向通行车辆收费。

第三十五条　车辆载运不可解体物品，车货总体的外廓尺寸或者总质量超过公路、公路桥梁、公路隧道的限载、限高、限宽、限长标准，确需在公路、公路桥梁、公路隧道行驶的，从事运输的单位和个人应当向公路管理机构申请公路超限运输许可。

第三十六条　申请公路超限运输许可按照下列规定办理：

（一）跨省、自治区、直辖市进行超限运输的，向公路沿线各省、自治区、直辖市公路管理机构提出申请，由起运地省、自治区、直辖市公路管理机构统一受理，并协调公路沿线各省、自治区、直辖市公路管理机构对超限运输申请进行审批，必要时可以由国务院交通运输主管部门统一协调处理；

（二）在省、自治区范围内跨设区的市进行超限运输，或者在直辖市范围内跨区、县进行超限运输的，向省、自治区、直辖市公路管理机构提出申请，由省、自治区、直辖市公路管理机构受理并审批；

（三）在设区的市范围内跨区、县进行超限运输的，向设区的市公路管理机构提出申请，由设区的市公路管理机构受理并审批；

（四）在区、县范围内进行超限运输的，向区、县公路管理机构提出申请，由区、县公路管理机构受理并审批。

公路超限运输影响交通安全的，公路管理机构在审批超限运输申请时，应当征求公安机关交通管理部门意见。

第三十七条　公路管理机构审批超限运输申请，应当根据实际情况勘测通行路线，需要采取加固、改造措施的，可以与申请人签订有关协议，制定相应的加固、改造方案。

公路管理机构应当根据其制定的加固、改造方案，对通行的公路桥梁、涵洞等设施进行加固、改造；必要时应当对超限运输车辆进行监管。

第三十八条　公路管理机构批准超限运输申请的，应当为超限运输车辆配发国务院交通运输主管部门规定式样的超限运输车辆通行证。

经批准进行超限运输的车辆，应当随车携带超限运输车辆通行证，按照指定的时间、路线和速度行驶，并悬挂明显标志。

禁止租借、转让超限运输车辆通行证。禁止使用伪造、变造的超限运输车辆通行证。

第三十九条　经省、自治区、直辖市人民政府批准，有关交通运输主管部门可以设立固定超限检测站点，配备必要的设备和人员。

固定超限检测站点应当规范执法，并公布监督电话。公路管理机构应当加强对固定超限检测站点的管理。

第四十条 公路管理机构在监督检查中发现车辆超过公路、公路桥梁、公路隧道或者汽车渡船的限载、限高、限宽、限长标准的，应当就近引导至固定超限检测站点进行处理。

车辆应当按照超限检测指示标志或者公路管理机构监督检查人员的指挥接受超限检测，不得故意堵塞固定超限检测站点通行车道、强行通过固定超限检测站点或者以其他方式扰乱超限检测秩序，不得采取短途驳载等方式逃避超限检测。

禁止通过引路绕行等方式为不符合国家有关载运标准的车辆逃避超限检测提供便利。

第四十一条 煤炭、水泥等货物集散地以及货运站等场所的经营人、管理人应当采取有效措施，防止不符合国家有关载运标准的车辆出场（站）。

道路运输管理机构应当加强对煤炭、水泥等货物集散地以及货运站等场所的监督检查，制止不符合国家有关载运标准的车辆出场（站）。

任何单位和个人不得指使、强令车辆驾驶人超限运输货物，不得阻碍道路运输管理机构依法进行监督检查。

第四十二条 载运易燃、易爆、剧毒、放射性等危险物品的车辆，应当符合国家有关安全管理规定，并避免通过特大型公路桥梁或者特长公路隧道；确需通过特大型公路桥梁或者特长公路隧道的，负责审批易燃、易爆、剧毒、放射性等危险物品运输许可的机关应当提前将行驶时间、路线通知特大型公路桥梁或者特长公路隧道的管理单位，并对在特大型公路桥梁或者特长公路隧道行驶的车辆进行现场监管。

第四十三条 车辆应当规范装载，装载物不得触地拖行。车辆装载物易掉落、遗洒或者飘散的，应当采取厢式密闭等有效防护措施方可在公路上行驶。

公路上行驶车辆的装载物掉落、遗洒或者飘散的，车辆驾驶人、押运人员应当及时采取措施处理；无法处理的，应当在掉落、遗洒或者飘散物来车方向适当距离外设置警示标志，并迅速报告公路管理机构或者公安机关交通管理部门。其他人员发现公路上有影响交通安全的障碍物的，也应当及时报告公路管理机构或者公安机关交通管理部门。公安机关交通管理部门应当责令改正车辆装载物掉落、遗洒、飘散等违法行为；公路管理机构、公路经营企业应当及时清除掉落、遗洒、飘散在公路上的障碍物。

车辆装载物掉落、遗洒、飘散后，车辆驾驶人、押运人员未及时采取措施处理，造成他人人身、财产损害的，道路运输企业、车辆驾驶人应当依法承担赔偿责任。

第四章 公路养护

第四十四条 公路管理机构、公路经营企业应当加强公路养护，保证公路经常处于良好技术状态。

前款所称良好技术状态，是指公路自身的物理状态符合有关技术标准的要求，包括路面平整，路肩、边坡平顺，有关设施完好。

第四十五条 公路养护应当按照国务院交通运输主管部门规定的技术规范和操作规程实施作业。

第四十六条 从事公路养护作业的单位应当具备下列资质条件：

（一）有一定数量的符合要求的技术人员；

（二）有与公路养护作业相适应的技术设备；

（三）有与公路养护作业相适应的作业经历；

（四）国务院交通运输主管部门规定的其他条件。

公路养护作业单位资质管理办法由国务院交通运输主管部门另行制定。

第四十七条 公路管理机构、公路经营企业应当按照国务院交通运输主管部门的规定对公路进行巡查，并制作巡查记录；发现公路坍塌、坑槽、隆起等损毁的，应当及时设置警示标志，并采取措施修复。

公安机关交通管理部门发现公路坍塌、坑槽、隆起等损毁，危及交通安全的，应当及时采取措施，疏导交通，并通知公路管理机构或者公路经营企业。

其他人员发现公路坍塌、坑槽、隆起等损毁的，应当及时向公路管理机构、公安机关交通管理部门报告。

第四十八条 公路管理机构、公路经营企业应当定期对公路、公路桥梁、公路隧道进行检测和评定，保证其技术状态符合有关技术标准；对经检测发现不符合车辆通行安全要求的，应当进行维修，及时向社会公告，并通知公安机关交通管理部门。

第四十九条 公路管理机构、公路经营企业应当定期检查公路隧道的排水、通风、照明、监控、报警、消防、救助等设施，保持设施处于完好状态。

第五十条　公路管理机构应当统筹安排公路养护作业计划，避免集中进行公路养护作业造成交通堵塞。

在省、自治区、直辖市交界区域进行公路养护作业，可能造成交通堵塞的，有关公路管理机构、公安机关交通管理部门应当事先书面通报相邻的省、自治区、直辖市公路管理机构、公安机关交通管理部门，共同制定疏导预案，确定分流路线。

第五十一条　公路养护作业需要封闭公路的，或者占用半幅公路进行作业，作业路段长度在2公里以上，并且作业期限超过30日的，除紧急情况外，公路养护作业单位应当在作业开始之日前5日向社会公告，明确绕行路线，并在绕行处设置标志；不能绕行的，应当修建临时道路。

第五十二条　公路养护作业人员作业时，应当穿着统一的安全标志服。公路养护车辆、机械设备作业时，应当设置明显的作业标志，开启危险报警闪光灯。

第五十三条　发生公路突发事件影响通行的，公路管理机构、公路经营企业应当及时修复公路、恢复通行。设区的市级以上人民政府交通运输主管部门应当根据修复公路、恢复通行的需要，及时调集抢修力量，统筹安排有关作业计划，下达路网调度指令，配合有关部门组织绕行、分流。

设区的市级以上公路管理机构应当按照国务院交通运输主管部门的规定收集、汇总公路损毁、公路交通流量等信息，开展公路突发事件的监测、预报和预警工作，并利用多种方式及时向社会发布有关公路运行信息。

第五十四条　中国人民武装警察交通部队按照国家有关规定承担公路、公路桥梁、公路隧道等设施的抢修任务。

第五十五条　公路永久性停止使用的，应当按照国务院交通运输主管部门规定的程序核准后作报废处理，并向社会公告。

公路报废后的土地使用管理依照有关土地管理的法律、行政法规执行。

第五章　法律责任

第五十六条　违反本条例的规定，有下列情形之一的，由公路管理机构责令限期拆除，可以处5万元以下的罚款。逾期不拆除的，由公路管理机构拆除，有关费用由违法行为人承担：

（一）在公路建筑控制区内修建、扩建建筑物、地面构筑物或者未经许可埋设管道、电缆等设施的；

（二）在公路建筑控制区外修建的建筑物、地面构筑物以及其他设施遮挡公路标志或者妨碍安全视距的。

第五十七条　违反本条例第十八条、第十九条、第二十三条规定的，由安全生产监督管理部门、水行政主管部门、流域管理机构、海事管理机构等有关单位依法处理。

第五十八条　违反本条例第二十条规定的，由水行政主管部门或者流域管理机构责令改正，可以处3万元以下的罚款。

第五十九条　违反本条例第二十二条规定的，由公路管理机构责令改正，处2万元以上10万元以下的罚款。

第六十条　违反本条例的规定，有下列行为之一的，由公路管理机构责令改正，可以处3万元以下的罚款：

（一）损坏、擅自移动、涂改、遮挡公路附属设施或者利用公路附属设施架设管道、悬挂物品，可能危及公路安全的；

（二）涉路工程设施影响公路完好、安全和畅通的。

第六十一条　违反本条例的规定，未经批准更新采伐护路林的，由公路管理机构责令补种，没收违法所得，并处采伐林木价值3倍以上5倍以下的罚款。

第六十二条　违反本条例的规定，未经许可进行本条例第二十七条第一项至第五项规定的涉路施工活动的，由公路管理机构责令改正，可以处3万元以下的罚款；未经许可进行本条例第二十七条第六项规定的涉路施工活动的，由公路管理机构责令改正，处5万元以下的罚款。

第六十三条　违反本条例的规定，非法生产、销售外廓尺寸、轴荷、总质量不符合国家有关车辆外廓尺寸、轴荷、质量限值等机动车安全技术标准的车辆的，依照《中华人民共和国道路交通安全法》的有关规定处罚。

具有国家规定资质的车辆生产企业未按照规定

车型和技术参数改装车辆的，由原发证机关责令改正，处4万元以上20万元以下的罚款；拒不改正的，吊销其资质证书。

第六十四条　违反本条例的规定，在公路上行驶的车辆，车货总体的外廓尺寸、轴荷或者总质量超过公路、公路桥梁、公路隧道、汽车渡船限定标准的，由公路管理机构责令改正，可以处3万元以下的罚款。

第六十五条　违反本条例的规定，经批准进行超限运输的车辆，未按照指定时间、路线和速度行驶的，由公路管理机构或者公安机关交通管理部门责令改正；拒不改正的，公路管理机构或者公安机关交通管理部门可以扣留车辆。

未随车携带超限运输车辆通行证的，由公路管理机构扣留车辆，责令车辆驾驶人提供超限运输车辆通行证或者相应的证明。

租借、转让超限运输车辆通行证的，由公路管理机构没收超限运输车辆通行证，处1000元以上5000元以下的罚款。使用伪造、变造的超限运输车辆通行证的，由公路管理机构没收伪造、变造的超限运输车辆通行证，处3万元以下的罚款。

第六十六条　对1年内违法超限运输超过3次的货运车辆，由道路运输管理机构吊销其车辆营运证；对1年内违法超限运输超过3次的货运车辆驾驶人，由道路运输管理机构责令其停止从事营业性运输；道路运输企业1年内违法超限运输的货运车辆超过本单位货运车辆总数10%的，由道路运输管理机构责令道路运输企业停业整顿；情节严重的，吊销其道路运输经营许可证，并向社会公告。

第六十七条　违反本条例的规定，有下列行为之一的，由公路管理机构强制拖离或者扣留车辆，处3万元以下的罚款：

（一）采取故意堵塞固定超限检测站点通行车道、强行通过固定超限检测站点等方式扰乱超限检测秩序的；

（二）采取短途驳载等方式逃避超限检测的。

第六十八条　违反本条例的规定，指使、强令车辆驾驶人超限运输货物的，由道路运输管理机构责令改正，处3万元以下的罚款。

第六十九条　车辆装载物触地拖行、掉落、遗洒或者飘散，造成公路路面损坏、污染的，由公路管理机构责令改正，处5000元以下的罚款。

第七十条　违反本条例的规定，公路养护作业单位未按照国务院交通运输主管部门规定的技术规范和操作规程进行公路养护作业的，由公路管理机构责令改正，处1万元以上5万元以下的罚款；拒不改正的，吊销其资质证书。

第七十一条　造成公路、公路附属设施损坏的单位和个人应当立即报告公路管理机构，接受公路管理机构的现场调查处理；危及交通安全的，还应当设置警示标志或者采取其他安全防护措施，并迅速报告公安机关交通管理部门。

发生交通事故造成公路、公路附属设施损坏的，公安机关交通管理部门在处理交通事故时应当及时通知有关公路管理机构到场调查处理。

第七十二条　造成公路、公路附属设施损坏，拒不接受公路管理机构现场调查处理的，公路管理机构可以扣留车辆、工具。

公路管理机构扣留车辆、工具的，应当当场出具凭证，并告知当事人在规定期限内到公路管理机构接受处理。逾期不接受处理，并且经公告3个月仍不来接受处理的，对扣留的车辆、工具，由公路管理机构依法处理。

公路管理机构对被扣留的车辆、工具应当妥善保管，不得使用。

第七十三条　违反本条例的规定，公路管理机构工作人员有下列行为之一的，依法给予处分：

（一）违法实施行政许可的；

（二）违反规定拦截、检查正常行驶的车辆的；

（三）未及时采取措施处理公路坍塌、坑槽、隆起等损毁的；

（四）违法扣留车辆、工具或者使用依法扣留的车辆、工具的；

（五）有其他玩忽职守、徇私舞弊、滥用职权行为的。

公路管理机构有前款所列行为之一的，对负有直接责任的主管人员和其他直接责任人员依法给予处分。

第七十四条　违反本条例的规定，构成违反治安管理行为的，由公安机关依法给予治安管理处罚；构成犯罪的，依法追究刑事责任。

第六章　附　　则

第七十五条　村道的管理和养护工作，由乡级人民政府参照本条例的规定执行。

专用公路的保护不适用本条例。

第七十六条　军事运输使用公路按照国务院、中央军事委员会的有关规定执行。

第七十七条　本条例自2011年7月1日起施行。1987年10月13日国务院发布的《中华人民共和国公路管理条例》同时废止。

2. 公路建设

公路建设监督管理办法

1. 2006年6月8日交通部令2006年第6号公布

2. 根据2021年8月11日交通运输部令2021年第11号《关于修改〈公路建设监督管理办法〉的决定》修正

第一章 总 则

第一条 为促进公路事业持续、快速、健康发展，加强公路建设监督管理，维护公路建设市场秩序，根据《中华人民共和国公路法》、《建设工程质量管理条例》和国家有关法律、法规，制定本办法。

第二条 在中华人民共和国境内从事公路建设的单位和人员必须遵守本办法。

本办法所称公路建设是指公路、桥梁、隧道、交通工程及沿线设施和公路渡口的项目建议书、可行性研究、勘察、设计、施工、竣（交）工验收和后评价全过程的活动。

第三条 公路建设监督管理实行统一领导，分级管理。

交通部主管全国公路建设监督管理；县级以上地方人民政府交通主管部门主管本行政区域内公路建设监督管理。

第四条 县级以上人民政府交通主管部门必须依照法律、法规及本办法的规定对公路建设实施监督管理。

有关单位和个人应当接受县级以上人民政府交通主管部门依法进行的公路建设监督检查，并给予支持与配合，不得拒绝或阻碍。

第二章 监督部门的职责与权限

第五条 公路建设监督管理的职责包括：

（一）监督国家有关公路建设工作方针、政策和法律、法规、规章、强制性技术标准的执行；

（二）监督公路建设项目建设程序的履行；

（三）监督公路建设市场秩序；

（四）监督公路工程质量和工程安全；

（五）监督公路建设资金的使用；

（六）指导、检查下级人民政府交通主管部门的监督管理工作；

（七）依法查处公路建设违法行为。

第六条 交通部对全国公路建设项目进行监督管理，依据职责负责国家高速公路网建设项目和交通部确定的其他重点公路建设项目前期工作、施工许可、招标投标、工程质量、工程进度、资金、安全管理的监督和竣工验收工作。

除应当由交通部实施的监督管理职责外，省级人民政府交通主管部门依据职责负责本行政区域内公路建设项目的监督管理，具体负责本行政区域内的国家高速公路网建设项目、交通部和省级人民政府确定的其他重点公路建设项目的监督管理。

设区的市和县级人民政府交通主管部门按照有关规定负责本行政区域内公路建设项目的监督管理。

第七条 县级以上人民政府交通主管部门在履行公路建设监督管理职责时，有权要求：

（一）被检查单位提供有关公路建设的文件和资料；

（二）进入被检查单位的工作现场进行检查；

（三）对发现的工程质量和安全问题以及其他违法行为依法处理。

第三章 建设程序的监督管理

第八条 公路建设应当按照国家规定的建设程序和有关规定进行。

政府投资公路建设项目实行审批制，企业投资公路建设项目实行核准制。县级以上人民政府交通主管部门应当按职责权限审批或核准公路建设项目，不得越权审批、核准项目或擅自简化建设程序。

第九条 政府投资公路建设项目的实施，应当按照下列程序进行：

（一）根据规划，编制项目建议书；

（二）根据批准的项目建议书，进行工程可行性研究，编制可行性研究报告；

（三）根据批准的可行性研究报告，编制初步设计文件；

（四）根据批准的初步设计文件，编制施工图设计文件；

（五）根据批准的施工图设计文件，组织项目招标；

（六）根据国家有关规定，进行征地拆迁等施工前准备工作，并向交通主管部门申报施工许可；

（七）根据批准的项目施工许可，组织项目实施；

（八）项目完工后，编制竣工图表、工程决算和竣工财务决算，办理项目交、竣工验收和财产移交手续；

（九）竣工验收合格后，组织项目后评价。

国务院对政府投资公路建设项目建设程序另有简化规定的，依照其规定执行。

第十条 企业投资公路建设项目的实施，应当按照下列程序进行：

（一）根据规划，编制工程可行性研究报告；

（二）组织投资人招标工作，依法确定投资人；

（三）投资人编制项目申请报告，按规定报项目审批部门核准；

（四）根据核准的项目申请报告，编制初步设计文件，其中涉及公共利益、公众安全、工程建设强制性标准的内容应当按项目隶属关系报交通主管部门审查；

（五）根据初步设计文件编制施工图设计文件；

（六）根据批准的施工图设计文件组织项目招标；

（七）根据国家有关规定，进行征地拆迁等施工前准备工作，并向交通主管部门申报施工许可；

（八）根据批准的项目施工许可，组织项目实施；

（九）项目完工后，编制竣工图表、工程决算和竣工财务决算，办理项目交、竣工验收；

（十）竣工验收合格后，组织项目后评价。

第十一条 县级以上人民政府交通主管部门根据国家有关规定，按照职责权限负责组织公路建设项目的项目建议书、工程可行性研究工作、编制设计文件、经营性项目的投资人招标、竣工验收和项目后评价工作。

公路建设项目的项目建议书、工程可行性研究报告、设计文件、招标文件、项目申请报告等应按照国家颁发的编制办法或有关规定编制，并符合国家规定的工作质量和深度要求。

第十二条 公路建设项目法人应当依法选择勘察、设计、施工、咨询、监理单位，采购与工程建设有关的重要设备、材料，办理施工许可，组织项目实施，组织项目交工验收，准备项目竣工验收和后评价。

第十三条 公路建设项目应当按照国家有关规定实行项目法人责任制度、招标投标制度、工程监理制度和合同管理制度。

第十四条 公路建设项目必须符合公路工程技术标准。施工单位必须按批准的设计文件施工，任何单位和人员不得擅自修改工程设计。

已批准的公路工程设计，原则上不得变更。确需设计变更的，应当按照交通部制定的《公路工程设计变更管理办法》的规定履行审批手续。

第十五条 公路建设项目验收分为交工验收和竣工验收两个阶段。项目法人负责组织对各合同段进行交工验收，并完成项目交工验收报告报交通主管部门备案。交通主管部门在15天内没有对备案项目的交工验收报告提出异议，项目法人可开放交通进入试运营期。试运营期不得超过3年。

通车试运营2年后，交通主管部门应组织竣工验收，经竣工验收合格的项目可转为正式运营。对未进行交工验收、交工验收不合格或没有备案的工程开放交通进行试运营的，由交通主管部门责令停止试运营。

公路建设项目验收工作应当符合交通部制定的《公路工程竣（交）工验收办法》的规定。

第四章 建设市场的监督管理

第十六条 县级以上人民政府交通主管部门依据职责，负责对公路建设市场的监督管理，查处建设市场中的违法行为。对经营性公路建设项目投资人、公路建设从业单位和主要从业人员的信用情况应进行记录并及时向社会公布。

第十七条 公路建设市场依法实行准入管理。公路建设项目法人或其委托的项目建设管理单位的项目建设管理机构、主要负责人的技术和管理能力应当满足拟建项目的管理需要，符合交通部有关规定的要求。公路工程勘察、设计、施工、监理、试验检测等从业单位应当依法取得有关部门许可的相应资质后，方可进入公路建设市场。

公路建设市场必须开放，任何单位和个人不得对公路建设市场实行地方保护，不得限制符合市场准入条件的从业单位和从业人员依法进入公路建设市场。

第十八条 公路建设从业单位从事公路建设活动，必须遵守国家有关法律、法规、规章和公路工程技术标准，不得损害社会公共利益和他人合法权益。

第十九条 公路建设项目法人应当承担公路建设相关责任和义务，对建设项目质量、投资和工期负责。

公路建设项目法人必须依法开展招标活动，不得接受投标人低于成本价的投标，不得随意压缩建设工期，禁止指定分包和指定采购。

第二十条 公路建设从业单位应当依法取得公路工程资质证书并按照资质管理有关规定，在其核定的业务范围内承揽工程，禁止无证或越级承揽工程。

公路建设从业单位必须按合同规定履行其义务，禁止转包或违法分包。

第五章 质量与安全的监督管理

第二十一条 县级以上人民政府交通主管部门应当加强对公路建设从业单位的质量与安全生产管理机构的建立、规章制度落实情况的监督检查。

第二十二条 公路建设实行工程质量监督管理制度。公路工程质量监督机构应当根据交通主管部门的委托依法实施工程质量监督，并对监督工作质量负责。

第二十三条 公路建设项目实施过程中，监理单位应当依照法律、法规、规章以及有关技术标准、设计文件、合同文件和监理规范的要求，采用旁站、巡视和平行检验形式对工程实施监理，对不符合工程质量与安全要求的工程应当责令施工单位返工。

未经监理工程师签认，施工单位不得将建筑材料、构件和设备在工程上使用或安装，不得进行下一道工序施工。

第二十四条 公路工程质量监督机构应当具备与质量监督工作相适应的试验检测条件，根据国家有关工程质量的法律、法规、规章和交通部制定的技术标准、规范、规程以及质量检验评定标准等，对工程质量进行监督、检查和鉴定。任何单位和个人不得干预或阻挠质量监督机构的质量鉴定工作。

第二十五条 公路建设从业单位应当对工程质量和安全负责。工程实施中应当加强对职工的教育与培训，按照国家有关规定建立健全质量和安全保证体系，落实质量和安全生产责任制，保证工程质量和工程安全。

第二十六条 公路建设项目发生工程质量事故，项目法人应在24小时内按项目管理隶属关系向交通主管部门报告，工程质量事故同时报公路工程质量监督机构。

省级人民政府交通主管部门或受委托的公路工程质量监督机构负责调查处理一般工程质量事故；交通部会同省级人民政府交通主管部门负责调查处理重大工程质量事故；特别重大工程质量事故和安全事故的调查处理按照国家有关规定办理。

第六章 建设资金的监督管理

第二十七条 对于使用财政性资金安排的公路建设项目，县级以上人民政府交通主管部门必须对公路建设资金的筹集、使用和管理实行全过程监督检查，确保建设资金的安全。

公路建设项目法人必须按照国家有关法律、法规、规章的规定，合理安排和使用公路建设资金。

第二十八条 对于企业投资公路建设项目，县级以上人民政府交通主管部门要依法对资金到位情况、使用情况进行监督检查。

第二十九条 公路建设资金监督管理的主要内容：

（一）是否严格执行建设资金专款专用、专户存储、不准侵占、挪用等有关管理规定；

（二）是否严格执行概预算管理规定，有无将建设资金用于计划外工程；

（三）资金来源是否符合国家有关规定，配套资金是否落实、及时到位；

（四）是否按合同规定拨付工程进度款，有无高估冒算，虚报冒领情况，工程预备费使用是否符合有关规定；

（五）是否在控制额度内按规定使用建设管理费，按规定的比例预留工程质量保证金，有无非法扩大建设成本的问题；

（六）是否按规定编制项目竣工财务决算，办理财产移交手续，形成的资产是否及时登记入账管理；

（七）财会机构是否建立健全，并配备相适应的财会人员。各项原始记录、统计台账、凭证账册、会计核算、财务报告、内部控制制度等基础性工作是否健全、规范。

第三十条　县级以上人民政府交通主管部门对公路建设资金监督管理的主要职责：

（一）制定公路建设资金管理制度；

（二）按规定审核、汇总、编报、批复年度公路建设支出预算、财务决算和竣工财务决算；

（三）合理安排资金，及时调度、拨付和使用公路建设资金；

（四）监督管理建设项目工程概预算、年度投资计划安排与调整、财务决算；

（五）监督检查公路建设项目资金筹集、使用和管理，及时纠正违法问题，对重大问题提出意见报上级交通主管部门；

（六）收集、汇总、报送公路建设资金管理信息，审查、编报公路建设项目投资效益分析报告；

（七）督促项目法人及时编报工程财务决算，做好竣工验收准备工作；

（八）督促项目法人及时按规定办理财产移交手续，规范资产管理。

第七章　社会监督

第三十一条　县级以上人民政府交通主管部门应定期向社会公开发布公路建设市场管理、工程进展、工程质量情况、工程质量和安全事故处理等信息，接受社会监督。

第三十二条　公路建设施工现场实行标示牌管理。标示牌应当标明该项工程的作业内容，项目法人、勘察、设计、施工、监理单位名称和主要负责人姓名，接受社会监督。

第三十三条　公路建设实行工程质量举报制度，任何单位和个人对公路建设中违反国家法律、法规的行为，工程质量事故和质量缺陷都有权向县级以上人民政府交通主管部门或质量监督机构检举和投诉。

第三十四条　县级以上人民政府交通主管部门可聘请社会监督员对公路建设活动和工程质量进行监督。

第三十五条　对举报内容属实的单位和个人，县级以上人民政府交通主管部门可予以表彰或奖励。

第八章　罚　　则

第三十六条　违反本办法第四条规定，拒绝或阻碍依法进行公路建设监督检查工作的，责令改正，构成犯罪的，依法追究刑事责任。

第三十七条　违反本办法第八条规定，越权审批、核准或擅自简化基本建设程序的，责令限期补办手续，可给予警告处罚；造成严重后果的，对全部或部分使用财政性资金的项目，可暂停项目执行或暂缓资金拨付，对直接责任人依法给予行政处分。

第三十八条　违反本办法第十二条规定，项目法人将工程发包给不具有相应资质等级的勘察、设计、施工和监理单位的，责令改正，处50万元以上100万元以下的罚款；未按规定办理施工许可擅自施工的，责令停止施工、限期改正，视情节可处工程合同价款1%以上2%以下罚款。

第三十九条　违反本办法第十四条规定，未经批准擅自修改工程设计，责令限期改正，可给予警告处罚；情节严重的，对全部或部分使用财政性资金的项目，可暂停项目执行或暂缓资金拨付。

第四十条　违反本办法第十五条规定，未组织项目交工验收或验收不合格擅自交付使用的，责令改正并停止使用，处工程合同价款2%以上4%以下的罚款；对收费公路项目应当停止收费。

第四十一条　违反本办法第十九条规定，项目法人随意压缩工期，侵犯他人合法权益的，责令限期改正，可处20万元以上50万元以下的罚款；造成严重后果的，对全部或部分使用财政性资金的项目，可暂停项目执行或暂缓资金拨付。

第四十二条　违反本办法第二十条规定，承包单位弄虚作假、无证或越级承揽工程任务的，责令停止违法行为，对勘察、设计单位或工程监理单位处合同约定的勘察费、设计费或监理酬金1倍以上2倍以下的罚款；对施工单位处工程合同价款2%以上4%以下的罚款，可以责令停业整顿，降低资质等级；情节严重的，吊销资质证书；有违法所得的，予以没收。承包单位转包或违法分包工程的，责令改正，没收违法所得，对勘察、设计、监理单位处合同约定的勘察费、设计费、监理酬金的25%以上50%以下的罚款；对施工单位处工程合同价款0.5%以上1%以下的罚款。

第四十三条　违反本办法第二十二条规定，公路工程质量监督机构不履行公路工程质量监督职责、不承担质量监督责任的，由交通主管部门视情节轻重，责令整改或者给予警告。公路工程质量监督机构工作人员在公路工程质量监督管理工作中玩忽职守、滥用职权、徇私舞弊的，由交通主管部门或者公路工程质量监督机构依法给予行政处分；构成犯罪的，依法追究刑事责任。

第四十四条 违反本办法第二十三条规定，监理单位将不合格的工程、建筑材料、构件和设备按合格予以签认的，责令改正，可给予警告处罚，情节严重的，处50万元以上100万元以下的罚款；施工单位在工程上使用或安装未经监理签认的建筑材料、构件和设备的，责令改正，可给予警告处罚，情节严重的，处工程合同价款2%以上4%以下的罚款。

第四十五条 违反本办法第二十五条规定，公路建设从业单位忽视工程质量和安全管理，造成质量或安全事故的，对项目法人给予警告、限期整改，情节严重的，暂停资金拨付；对勘察、设计、施工和监理等单位给予警告；对情节严重的监理单位，还可给予责令停业整顿、降低资质等级和吊销资质证书的处罚。

第四十六条 违反本办法第二十六条规定，项目法人对工程质量事故隐瞒不报、谎报或拖延报告期限的，给予警告处罚，对直接责任人依法给予行政处分。

第四十七条 违反本办法第二十九条规定，项目法人侵占、挪用公路建设资金，非法扩大建设成本，责令限期整改，可给予警告处罚；情节严重的，对全部或部分使用财政性资金的项目，可暂停项目执行或暂缓资金拨付，对直接责任人依法给予行政处分。

第四十八条 公路建设从业单位有关人员，具有行贿、索贿、受贿行为，损害国家、单位合法权益，构成犯罪的，依法追究刑事责任。

第四十九条 政府交通主管部门工作人员玩忽职守、滥用职权、徇私舞弊的，依法给予行政处分；构成犯罪的，依法追究刑事责任。

第九章 附 则

第五十条 本办法由交通部负责解释。

第五十一条 本办法自2006年8月1日起施行。交通部2000年8月28日公布的《公路建设监督管理办法》（交通部令2000年第8号）同时废止。

公路工程建设标准管理办法

1. 2020年5月27日交通运输部发布

2. 交公路规〔2020〕8号

3. 自2020年7月1日起施行

第一章 总 则

第一条 为贯彻落实《交通强国建设纲要》，进一步推进公路工程建设标准化工作，规范公路工程标准管理，保障人身健康和生命财产安全，促进公路工程技术进步和创新，提升技术和服务质量，根据《中华人民共和国公路法》《中华人民共和国标准化法》《交通运输标准化管理办法》等法律法规，以及国家工程建设标准化改革发展等要求，制定本办法。

第二条 公路工程建设标准是指以科学、技术和工程实践经验为基础，对公路工程建设、管理、养护和运营提出的技术要求。

第三条 本办法适用于公路工程建设标准的制定、实施与监督管理。

第四条 公路工程建设标准分为强制性标准和推荐性标准。

下列标准属于强制性标准：

（一）涉及工程质量安全、人身健康和生命财产安全、环境生态安全和可持续发展的技术要求；

（二）材料性能、构造物几何尺寸等统一的技术指标；

（三）重要的试验、检验、评定、信息技术标准；

（四）保障公路网安全运行的统一技术标准；

（五）行业需要统一控制的其他公路工程建设标准。

强制性标准以外的标准是推荐性标准。

第五条 交通运输部按照职责依法管理公路工程建设标准，组织制定公路工程建设强制性标准和公路工程建设行业规范、细则、规程、手册、指南、标准图等推荐性标准，引领行业技术进步和高质量发展。

县级以上地方人民政府交通运输主管部门分工管理本行政区域内公路工程建设标准的相关工作。

第六条 鼓励积极参与国际标准化活动，推进公路工程建设标准外文翻译和出版工作，开展对外合作交流，制定双边、多边国家互认的国际通用标准，推进国内外公路工程建设标准的转化和运用。

第七条　为满足地方自然条件、地形地质等特殊要求，省级交通运输主管部门可在特定行政区域内提出统一的公路工程技术要求，按有关规定和程序要求编制地方标准。

鼓励社会团体和企业制定高于推荐性标准相关技术要求的公路工程团体标准和企业标准。

公路工程地方标准、团体标准、企业标准的技术要求不得低于公路工程强制性标准的相关技术要求。

第二章　标准制定

第八条　交通运输部根据行业发展、公路工程建设标准化实际需要、社会资源及行业经济状况，制定公路工程建设行业标准体系，根据社会经济和工程技术发展及时进行调整，实行动态管理。公路工程建设标准按照国家有关编号规则进行编号。

第九条　按照国家财务预算管理、政府采购等规定及公路工程建设行业标准立项程序要求，有关单位可提出标准项目立项申请。经专家评审和交通运输部审核等程序，确定公路工程建设行业标准项目年度计划。

第十条　公路工程建设行业标准制修订工作实行主编单位负责制。年度计划下达后，主编单位组织编写组承担相关标准的起草、编制工作。制修订工作按照编制大纲、征求意见稿、送审稿、报批稿等阶段程序进行。

第十一条　公路工程建设行业标准编制大纲、送审稿的审查由公路工程建设标准归口管理部门组织，由主审专家等组成的专家组或公路工程建设行业标准技术委员会承担具体审查工作。征求意见工作由主编单位负责组织。报批稿由公路工程建设标准归口管理部门审核发布。

第十二条　公路工程建设标准的制修订应符合下列要求：

（一）贯彻执行国家有关法律、法规和技术政策，遵循安全可靠、耐久适用、技术先进、节能环保和经济合理的原则，适应公路工程技术发展要求；

（二）公路工程建设标准涉及的关键技术应根据实际情况，进行专题研究和测试验证；

（三）积极采用新技术、新工艺、新材料和新设备等科技创新成果，推动大数据、物联网、人工智能、智慧公路等先进技术的应用；

（四）与国家及行业现行有关强制性标准协调一致，避免矛盾；

（五）标准的条文应严谨明确、文字简炼，标准编写的格式和用语应符合相关规定。

第十三条　公路工程建设标准的主要内容应当采取多种方式征求协会、企业以及相关生产、使用、管理、科研和检测等单位的意见。公路工程建设强制性行业标准应征求省级交通运输主管部门及有关部门意见。

第十四条　公路工程建设标准编制的经费使用和管理应符合国家和行业相关规定。

第十五条　公路工程建设行业标准由交通运输部根据出版管理的有关规定确定出版单位。公路工程建设行业标准的版权归交通运输部所有。

第十六条　公路工程建设标准发布后，标准归口管理部门、标准编制单位、标准化协会等单位，应当依法组织开展标准的宣传培训等工作。

第十七条　公路工程建设强制性标准应当免费向社会公开。推动公路工程建设推荐性标准免费向社会公开。鼓励公路工程建设团体标准、企业标准通过标准信息公开服务平台向社会公开。

第十八条　公路工程建设地方标准、团体标准、企业标准的制定按照有关工程建设标准的规定执行。

第三章　标准实施

第十九条　各有关单位在公路工程建设、管理、养护和运营过程中应严格执行公路工程建设强制性标准有关规定，鼓励采用公路工程建设推荐性标准。

第二十条　企业应当依法公开其执行的公路工程建设标准的编号和名称；企业执行自行制定的企业标准，还应当公开其主要功能和性能指标。

第二十一条　标准实施后，应根据技术进步、实际需求等因素，适时对标准的适用性进行复审。标准复审周期一般不超过5年。

第二十二条　对于公路工程建设、管理、养护、运营中违反公路工程强制性标准的行为，任何单位和个人有权向交通运输主管部门、标准化行政主管部门或有关部门检举、投诉。

第二十三条 公路工程建设标准的使用单位和个人可将标准使用过程中发现的问题和意见反馈至标准归口管理部门或标准主编单位。

第四章 监督管理

第二十四条 县级以上地方人民政府交通运输主管部门应开展对本行政区域内公路工程建设标准实施情况的监督检查。对发现的违法违规行为,应依法处理。

第二十五条 县级以上地方人民政府交通运输主管部门应当建立社会监督机制,公开举报投诉方式。接到举报投诉的,应依法处理。

第二十六条 鼓励将公路工程建设标准编制与科技奖励评审、信用管理等工作挂钩。

第五章 附 则

第二十七条 本办法由交通运输部公路局具体解释。

第二十八条 本办法自2020年7月1日起施行,有效期5年。

公路工程建设项目招标投标管理办法

1. 2015年12月8日交通运输部令2015年第24号公布

2. 自2016年2月1日起施行

第一章 总 则

第一条 为规范公路工程建设项目招标投标活动,完善公路工程建设市场管理体系,根据《中华人民共和国公路法》《中华人民共和国招标投标法》《中华人民共和国招标投标法实施条例》等法律、行政法规,制定本办法。

第二条 在中华人民共和国境内从事公路工程建设项目勘察设计、施工、施工监理等的招标投标活动,适用本办法。

第三条 交通运输部负责全国公路工程建设项目招标投标活动的监督管理工作。

省级人民政府交通运输主管部门负责本行政区域内公路工程建设项目招标投标活动的监督管理工作。

第四条 各级交通运输主管部门应当按照国家有关规定,推进公路工程建设项目招标投标活动进入统一的公共资源交易平台进行。

第五条 各级交通运输主管部门应当按照国家有关规定,推进公路工程建设项目电子招标投标工作。招标投标活动信息应当公开,接受社会公众监督。

第六条 公路工程建设项目的招标人或者其指定机构应当对资格审查、开标、评标等过程录音录像并存档备查。

第二章 招 标

第七条 公路工程建设项目招标人是提出招标项目、进行招标的项目法人或者其他组织。

第八条 对于按照国家有关规定需要履行项目审批、核准手续的依法必须进行招标的公路工程建设项目,招标人应当按照项目审批、核准部门确定的招标范围、招标方式、招标组织形式开展招标。

公路工程建设项目履行项目审批或者核准手续后,方可开展勘察设计招标;初步设计文件批准后,方可开展施工监理、设计施工总承包招标;施工图设计文件批准后,方可开展施工招标。

施工招标采用资格预审方式的,在初步设计文件批准后,可以进行资格预审。

第九条 有下列情形之一的公路工程建设项目,可以不进行招标:

(一)涉及国家安全、国家秘密、抢险救灾或者属于利用扶贫资金实行以工代赈、需要使用农民工等特殊情况;

(二)需要采用不可替代的专利或者专有技术;

(三)采购人自身具有工程施工或者提供服务的资格和能力,且符合法定要求;

(四)已通过招标方式选定的特许经营项目投资人依法能够自行施工或者提供服务;

(五)需要向原中标人采购工程或者服务,否则将影响施工或者功能配套要求;

(六)国家规定的其他特殊情形。

招标人不得为适用前款规定弄虚作假,规避招标。

第十条 公路工程建设项目采用公开招标方式的,原则上采用资格后审办法对投标人进行资格审查。

第十一条 公路工程建设项目采用资格预审方式公开招标的,应当按照下列程序进行:

(一)编制资格预审文件;

（二）发布资格预审公告，发售资格预审文件，公开资格预审文件关键内容；

（三）接收资格预审申请文件；

（四）组建资格审查委员会对资格预审申请人进行资格审查，资格审查委员会编写资格审查报告；

（五）根据资格审查结果，向通过资格预审的申请人发出投标邀请书；向未通过资格预审的申请人发出资格预审结果通知书，告知未通过的依据和原因；

（六）编制招标文件；

（七）发售招标文件，公开招标文件的关键内容；

（八）需要时，组织潜在投标人踏勘项目现场，召开投标预备会；

（九）接收投标文件，公开开标；

（十）组建评标委员会评标，评标委员会编写评标报告、推荐中标候选人；

（十一）公示中标候选人相关信息；

（十二）确定中标人；

（十三）编制招标投标情况的书面报告；

（十四）向中标人发出中标通知书，同时将中标结果通知所有未中标的投标人；

（十五）与中标人订立合同。

采用资格后审方式公开招标的，在完成招标文件编制并发布招标公告后，按照前款程序第（七）项至第（十五）项进行。

采用邀请招标的，在完成招标文件编制并发出投标邀请书后，按照前款程序第（七）项至第（十五）项进行。

第十二条　国有资金占控股或者主导地位的依法必须进行招标的公路工程建设项目，采用资格预审的，招标人应当按照有关规定组建资格审查委员会审查资格预审申请文件。资格审查委员会的专家抽取以及资格审查工作要求，应当适用本办法关于评标委员会的规定。

第十三条　资格预审审查办法原则上采用合格制。

资格预审审查办法采用合格制的，符合资格预审文件规定审查标准的申请人均应当通过资格预审。

第十四条　资格预审审查工作结束后，资格审查委员会应当编制资格审查报告。资格审查报告应当载明下列内容：

（一）招标项目基本情况；

（二）资格审查委员会成员名单；

（三）监督人员名单；

（四）资格预审申请文件递交情况；

（五）通过资格审查的申请人名单；

（六）未通过资格审查的申请人名单以及未通过审查的理由；

（七）评分情况；

（八）澄清、说明事项纪要；

（九）需要说明的其他事项；

（十）资格审查附表。

除前款规定的第（一）、（三）、（四）项内容外，资格审查委员会所有成员应当在资格审查报告上逐页签字。

第十五条　资格预审申请人对资格预审审查结果有异议的，应当自收到资格预审结果通知书后3日内提出。招标人应当自收到异议之日起3日内作出答复；作出答复前，应当暂停招标投标活动。

招标人未收到异议或者收到异议并已作出答复的，应当及时向通过资格预审的申请人发出投标邀请书。未通过资格预审的申请人不具有投标资格。

第十六条　对依法必须进行招标的公路工程建设项目，招标人应当根据交通运输部制定的标准文本，结合招标项目具体特点和实际需要，编制资格预审文件和招标文件。

资格预审文件和招标文件应当载明详细的评审程序、标准和方法，招标人不得另行制定评审细则。

第十七条　招标人应当按照省级人民政府交通运输主管部门的规定，将资格预审文件及其澄清、修改，招标文件及其澄清、修改报相应的交通运输主管部门备案。

第十八条　招标人应当自资格预审文件或者招标文件开始发售之日起，将其关键内容上传至具有招标监督职责的交通运输主管部门政府网站或者其指定的其他网站上进行公开，公开内容包括项目概况、对申请人或者投标人的资格条件要求、资格审查办法、评标办法、招标人联系方式等，公开时间至提交资格预审申请文件截止时间2日前或者投标截止时间10

日前结束。

招标人发出的资格预审文件或者招标文件的澄清或者修改涉及到前款规定的公开内容的，招标人应当在向交通运输主管部门备案的同时，将澄清或者修改的内容上传至前款规定的网站。

第十九条 潜在投标人或者其他利害关系人可以按照国家有关规定对资格预审文件或者招标文件提出异议。招标人应当对异议作出书面答复。未在规定时间内作出书面答复的，应当顺延提交资格预审申请文件截止时间或者投标截止时间。

招标人书面答复内容涉及影响资格预审申请文件或者投标文件编制的，应当按照有关澄清或者修改的规定，调整提交资格预审申请文件截止时间或者投标截止时间，并以书面形式通知所有获取资格预审文件或者招标文件的潜在投标人。

第二十条 招标人应当合理划分标段、确定工期，提出质量、安全目标要求，并在招标文件中载明。标段的划分应当有利于项目组织和施工管理、各专业的衔接与配合，不得利用划分标段规避招标、限制或者排斥潜在投标人。

招标人可以实行设计施工总承包招标、施工总承包招标或者分专业招标。

第二十一条 招标人结合招标项目的具体特点和实际需要，设定潜在投标人或者投标人的资质、业绩、主要人员、财务能力、履约信誉等资格条件，不得以不合理的条件限制、排斥潜在投标人或者投标人。

除《中华人民共和国招标投标法实施条例》第三十二条规定的情形外，招标人有下列行为之一的，属于以不合理的条件限制、排斥潜在投标人或者投标人：

（一）设定的资质、业绩、主要人员、财务能力、履约信誉等资格、技术、商务条件与招标项目的具体特点和实际需要不相适应或者与合同履行无关；

（二）强制要求潜在投标人或者投标人的法定代表人、企业负责人、技术负责人等特定人员亲自购买资格预审文件、招标文件或者参与开标活动；

（三）通过设置备案、登记、注册、设立分支机构等无法律、行政法规依据的不合理条件，限制潜在投标人或者投标人进入项目所在地进行投标。

第二十二条 招标人应当根据国家有关规定，结合招标项目的具体特点和实际需要，合理确定对投标人主要人员以及其他管理和技术人员的数量和资格要求。投标人拟投入的主要人员应当在投标文件中进行填报，其他管理和技术人员的具体人选由招标人和中标人在合同谈判阶段确定。对于特别复杂的特大桥梁和特长隧道项目主体工程和其他有特殊要求的工程，招标人可以要求投标人在投标文件中填报其他管理和技术人员。

本办法所称主要人员是指设计负责人、总监理工程师、项目经理和项目总工程师等项目管理和技术负责人。

第二十三条 招标人可以自行决定是否编制标底或者设置最高投标限价。招标人不得规定最低投标限价。

接受委托编制标底或者最高投标限价的中介机构不得参加该项目的投标，也不得为该项目的投标人编制投标文件或者提供咨询。

第二十四条 招标人应当严格遵守有关法律、行政法规关于各类保证金收取的规定，在招标文件中载明保证金收取的形式、金额以及返还时间。

招标人不得以任何名义增设或者变相增设保证金或者随意更改招标文件载明的保证金收取形式、金额以及返还时间。招标人不得在资格预审期间收取任何形式的保证金。

第二十五条 招标人在招标文件中要求投标人提交投标保证金的，投标保证金不得超过招标标段估算价的2%。投标保证金有效期应当与投标有效期一致。

依法必须进行招标的公路工程建设项目的投标人，以现金或者支票形式提交投标保证金的，应当从其基本账户转出。投标人提交的投标保证金不符合招标文件要求的，应当否决其投标。

招标人不得挪用投标保证金。

第二十六条 招标人应当按照国家有关法律法规规定，在招标文件中明确允许分包的或者不得分包的工程和服务，分包人应当满足的资格条件以及对分包实施的管理要求。

招标人不得在招标文件中设置对分包的歧视性条款。

招标人有下列行为之一的，属于前款所称的歧视性条款：

（一）以分包的工作量规模作为否决投标的条件；

（二）对投标人符合法律法规以及招标文件规定的分包计划设定扣分条款；

（三）按照分包的工作量规模对投标人进行区别评分；

（四）以其他不合理条件限制投标人进行分包的行为。

第二十七条 招标人应当在招标文件中合理划分双方风险，不得设置将应由招标人承担的风险转嫁给勘察设计、施工、监理等投标人的不合理条款。招标文件应当设置合理的价格调整条款，明确约定合同价款支付期限、利息计付标准和日期，确保双方主体地位平等。

第二十八条 招标人应当根据招标项目的具体特点以及本办法的相关规定，在招标文件中合理设定评标标准和方法。评标标准和方法中不得含有倾向或者排斥潜在投标人的内容，不得妨碍或者限制投标人之间的竞争。禁止采用抽签、摇号等博彩性方式直接确定中标候选人。

第二十九条 以暂估价形式包括在招标项目范围内的工程、货物、服务，属于依法必须进行招标的项目范围且达到国家规定规模标准的，应当依法进行招标。招标项目的合同条款中应当约定负责实施暂估价项目招标的主体以及相应的招标程序。

第三章 投 标

第三十条 投标人是响应招标、参加投标竞争的法人或者其他组织。

投标人应当具备招标文件规定的资格条件，具有承担所投标项目的相应能力。

第三十一条 投标人在投标文件中填报的资质、业绩、主要人员资历和目前在岗情况、信用等级等信息，应当与其在交通运输主管部门公路建设市场信用信息管理系统上填报并发布的相关信息一致。

第三十二条 投标人应当按照招标文件要求装订、密封投标文件，并按照招标文件规定的时间、地点和方式将投标文件送达招标人。

公路工程勘察设计和施工监理招标的投标文件应当以双信封形式密封，第一信封内为商务文件和技术文件，第二信封内为报价文件。

对公路工程施工招标，招标人采用资格预审方式进行招标且评标方法为技术评分最低标价法的，或者采用资格后审方式进行招标的，投标文件应当以双信封形式密封，第一信封内为商务文件和技术文件，第二信封内为报价文件。

第三十三条 投标文件按照要求送达后，在招标文件规定的投标截止时间前，投标人修改或者撤回投标文件的，应当以书面函件形式通知招标人。

修改投标文件的函件是投标文件的组成部分，其编制形式、密封方式、送达时间等，适用对投标文件的规定。

投标人在投标截止时间前撤回投标文件且招标人已收取投标保证金的，招标人应当自收到投标人书面撤回通知之日起5日内退还其投标保证金。

投标截止后投标人撤销投标文件的，招标人可以不退还投标保证金。

第三十四条 投标人根据招标文件有关分包的规定，拟在中标后将中标项目的部分工作进行分包的，应当在投标文件中载明。

投标人在投标文件中未列入分包计划的工程或者服务，中标后不得分包，法律法规或者招标文件另有规定的除外。

第四章 开标、评标和中标

第三十五条 开标应当在招标文件确定的提交投标文件截止时间的同一时间公开进行；开标地点应当为招标文件中预先确定的地点。

投标人少于3个的，不得开标，投标文件应当当场退还给投标人；招标人应当重新招标。

第三十六条 开标由招标人主持，邀请所有投标人参加。开标过程应当记录，并存档备查。投标人对开标有异议的，应当在开标现场提出，招标人应当当场作出答复，并制作记录。未参加开标的投标人，视为对开标过程无异议。

第三十七条 投标文件按照招标文件规定采用双信封形式密封的，开标分两个步骤公开进行：

第一步骤对第一信封内的商务文件和技术文件进行开标，对第二信封不予拆封并由招标人予以封存；

第二步骤宣布通过商务文件和技术文件评审的

投标人名单，对其第二信封内的报价文件进行开标，宣读投标报价。未通过商务文件和技术文件评审的，对其第二信封不予拆封，并当场退还给投标人；投标人未参加第二信封开标的，招标人应当在评标结束后及时将第二信封原封退还投标人。

第三十八条 招标人应当按照国家有关规定组建评标委员会负责评标工作。

国家审批或者核准的高速公路、一级公路、独立桥梁和独立隧道项目，评标委员会专家应当由招标人从国家重点公路工程建设项目评标专家库相关专业中随机抽取；其他公路工程建设项目的评标委员会专家可以从省级公路工程建设项目评标专家库相关专业中随机抽取，也可以从国家重点公路工程建设项目评标专家库相关专业中随机抽取。

对于技术复杂、专业性强或者国家有特殊要求，采取随机抽取方式确定的评标专家难以保证胜任评标工作的特殊招标项目，可以由招标人直接确定。

第三十九条 交通运输部负责国家重点公路工程建设项目评标专家库的管理工作。

省级人民政府交通运输主管部门负责本行政区域公路工程建设项目评标专家库的管理工作。

第四十条 评标委员会应当民主推荐一名主任委员，负责组织评标委员会成员开展评标工作。评标委员会主任委员与评标委员会的其他成员享有同等权利与义务。

第四十一条 招标人应当向评标委员会提供评标所必需的信息，但不得明示或者暗示其倾向或者排斥特定投标人。

评标所必需的信息主要包括招标文件、招标文件的澄清或者修改、开标记录、投标文件、资格预审文件。招标人可以协助评标委员会开展下列工作并提供相关信息：

（一）根据招标文件，编制评标使用的相应表格；

（二）对投标报价进行算术性校核；

（三）以评标标准和方法为依据，列出投标文件相对于招标文件的所有偏差，并进行归类汇总；

（四）查询公路建设市场信用信息管理系统，对投标人的资质、业绩、主要人员资历和目前在岗情况、信用等级进行核实。

招标人不得对投标文件作出任何评价，不得故意遗漏或者片面摘录，不得在评标委员会对所有偏差定性之前透露存有偏差的投标人名称。

评标委员会应当根据招标文件规定，全面、独立评审所有投标文件，并对招标人提供的上述相关信息进行核查，发现错误或者遗漏的，应当进行修正。

第四十二条 评标委员会应当按照招标文件确定的评标标准和方法进行评标。招标文件没有规定的评标标准和方法不得作为评标的依据。

第四十三条 公路工程勘察设计和施工监理招标，应当采用综合评估法进行评标，对投标人的商务文件、技术文件和报价文件进行评分，按照综合得分由高到低排序，推荐中标候选人。评标价的评分权重不宜超过10%，评标价得分应当根据评标价与评标基准价的偏离程度进行计算。

第四十四条 公路工程施工招标，评标采用综合评估法或者经评审的最低投标价法。综合评估法包括合理低价法、技术评分最低标价法和综合评分法。

合理低价法，是指对通过初步评审的投标人，不再对其施工组织设计、项目管理机构、技术能力等因素进行评分，仅依据评标基准价对评标价进行评分，按照得分由高到低排序，推荐中标候选人的评标方法。

技术评分最低标价法，是指对通过初步评审的投标人的施工组织设计、项目管理机构、技术能力等因素进行评分，按照得分由高到低排序，对排名在招标文件规定数量以内的投标人的报价文件进行评审，按照评标价由低到高的顺序推荐中标候选人的评标方法。招标人在招标文件中规定的参与报价文件评审的投标人数量不得少于3个。

综合评分法，是指对通过初步评审的投标人的评标价、施工组织设计、项目管理机构、技术能力等因素进行评分，按照综合得分由高到低排序，推荐中标候选人的评标方法。其中评标价的评分权重不得低于50%。

经评审的最低投标价法，是指对通过初步评审的投标人，按照评标价由低到高排序，推荐中标候选人的评标方法。

公路工程施工招标评标，一般采用合理低价法或者技术评分最低标价法。技术特别复杂的特大桥梁和特长隧道项目主体工程,可以采用综合评分法。工程规模较小、技术含量较低的工程,可以采用经评审的最低投标价法。

第四十五条 实行设计施工总承包招标的,招标人应当根据工程地质条件、技术特点和施工难度确定评标办法。

设计施工总承包招标的评标采用综合评分法的,评分因素包括评标价、项目管理机构、技术能力、设计文件的优化建议、设计施工总承包管理方案、施工组织设计等因素,评标价的评分权重不得低于50%。

第四十六条 评标委员会成员应当客观、公正、审慎地履行职责,遵守职业道德。评标委员会成员应当依据评标办法规定的评审顺序和内容逐项完成评标工作,对本人提出的评审意见以及评分的公正性、客观性、准确性负责。

除评标价和履约信誉评分项外,评标委员会成员对投标人商务和技术各项因素的评分一般不得低于招标文件规定该因素满分值的60%;评分低于满分值60%的,评标委员会成员应当在评标报告中作出说明。

招标人应当对评标委员会成员在评标活动中的职责履行情况予以记录,并在招标投标情况的书面报告中载明。

第四十七条 招标人应当根据项目规模、技术复杂程度、投标文件数量和评标方法等因素合理确定评标时间。超过三分之一的评标委员会成员认为评标时间不够的,招标人应当适当延长。

评标过程中,评标委员会成员有回避事由、擅离职守或者因健康等原因不能继续评标的,应当及时更换。被更换的评标委员会成员作出的评审结论无效,由更换后的评标委员会成员重新进行评审。

根据前款规定被更换的评标委员会成员如为评标专家库专家,招标人应当从原评标专家库中按照原方式抽取更换后的评标委员会成员,或者在符合法律规定的前提下相应减少评标委员会中招标人代表数量。

第四十八条 评标委员会应当查询交通运输主管部门的公路建设市场信用信息管理系统,对投标人的资质、业绩、主要人员资历和目前在岗情况、信用等级等信息进行核实。若投标文件载明的信息与公路建设市场信用信息管理系统发布的信息不符,使得投标人的资格条件不符合招标文件规定的,评标委员会应当否决其投标。

第四十九条 评标委员会发现投标人的投标报价明显低于其他投标人报价或者在设有标底时明显低于标底的,应当要求该投标人对相应投标报价作出书面说明,并提供相关证明材料。

投标人不能证明可以按照其报价以及招标文件规定的质量标准和履行期限完成招标项目的,评标委员会应当认定该投标人以低于成本价竞标,并否决其投标。

第五十条 评标委员会应当根据《中华人民共和国招标投标法实施条例》第三十九条、第四十条、第四十一条的有关规定,对在评标过程中发现的投标人与投标人之间、投标人与招标人之间存在的串通投标的情形进行评审和认定。

第五十一条 评标委员会对投标文件进行评审后,因有效投标不足3个使得投标明显缺乏竞争的,可以否决全部投标。未否决全部投标的,评标委员会应当在评标报告中阐明理由并推荐中标候选人。

投标文件按照招标文件规定采用双信封形式密封的,通过第一信封商务文件和技术文件评审的投标人在3个以上的,招标人应当按照本办法第三十七条规定的程序进行第二信封报价文件开标;在对报价文件进行评审后,有效投标不足3个的,评标委员会应当按照本条第一款规定执行。

通过第一信封商务文件和技术文件评审的投标人少于3个的,评标委员会可以否决全部投标;未否决全部投标的,评标委员会应当在评标报告中阐明理由,招标人应当按照本办法第三十七条规定的程序进行第二信封报价文件开标,但评标委员会在进行报价文件评审时仍有权否决全部投标;评标委员会未在报价文件评审时否决全部投标的,应当在评标报告中阐明理由并推荐中标候选人。

第五十二条 评标完成后,评标委员会应当向招标人提交书面评标报告。评标报告中推荐的中标候选人应当不超过3个,并标明排序。

评标报告应当载明下列内容:

(一)招标项目基本情况;

（二）评标委员会成员名单；

（三）监督人员名单；

（四）开标记录；

（五）符合要求的投标人名单；

（六）否决的投标人名单以及否决理由；

（七）串通投标情形的评审情况说明；

（八）评分情况；

（九）经评审的投标人排序；

（十）中标候选人名单；

（十一）澄清、说明事项纪要；

（十二）需要说明的其他事项；

（十三）评标附表。

对评标监督人员或者招标人代表干预正常评标活动，以及对招标投标活动的其他不正当言行，评标委员会应当在评标报告第（十二）项内容中如实记录。

除第二款规定的第（一）、（三）、（四）项内容外，评标委员会所有成员应当在评标报告上逐页签字。对评标结果有不同意见的评标委员会成员应当以书面形式说明其不同意见和理由，评标报告应当注明该不同意见。评标委员会成员拒绝在评标报告上签字又不书面说明其不同意见和理由的，视为同意评标结果。

第五十三条　依法必须进行招标的公路工程建设项目，招标人应当自收到评标报告之日起 3 日内，在对该项目具有招标监督职责的交通运输主管部门政府网站或者其指定的其他网站上公示中标候选人，公示期不得少于 3 日，公示内容包括：

（一）中标候选人排序、名称、投标报价；

（二）中标候选人在投标文件中承诺的主要人员姓名、个人业绩、相关证书编号；

（三）中标候选人在投标文件中填报的项目业绩；

（四）被否决投标的投标人名称、否决依据和原因；

（五）招标文件规定公示的其他内容。

投标人或者其他利害关系人对依法必须进行招标的公路工程建设项目的评标结果有异议的，应当在中标候选人公示期间提出。招标人应当自收到异议之日起 3 日内作出答复；作出答复前，应当暂停招标投标活动。

第五十四条　除招标人授权评标委员会直接确定中标人外，招标人应当根据评标委员会提出的书面评标报告和推荐的中标候选人确定中标人。国有资金占控股或者主导地位的依法必须进行招标的公路工程建设项目，招标人应当确定排名第一的中标候选人为中标人。排名第一的中标候选人放弃中标、因不可抗力不能履行合同、不按照招标文件要求提交履约保证金，或者被查实存在影响中标结果的违法行为等情形，不符合中标条件的，招标人可以按照评标委员会提出的中标候选人名单排序依次确定其他中标候选人为中标人，也可以重新招标。

第五十五条　依法必须进行招标的公路工程建设项目，招标人应当自确定中标人之日起 15 日内，将招标投标情况的书面报告报对该项目具有招标监督职责的交通运输主管部门备案。

前款所称书面报告至少应当包括下列内容：

（一）招标项目基本情况；

（二）招标过程简述；

（三）评标情况说明；

（四）中标候选人公示情况；

（五）中标结果；

（六）附件，包括评标报告、评标委员会成员履职情况说明等。

有资格预审情况说明、异议及投诉处理情况和资格审查报告的，也应当包括在书面报告中。

第五十六条　招标人应当及时向中标人发出中标通知书，同时将中标结果通知所有未中标的投标人。

第五十七条　招标人和中标人应当自中标通知书发出之日起 30 日内，按照招标文件和中标人的投标文件订立书面合同，合同的标的、价格、质量、安全、履行期限、主要人员等主要条款应当与上述文件的内容一致。招标人和中标人不得再行订立背离合同实质性内容的其他协议。

招标人最迟应当在中标通知书发出后 5 日内向中标候选人以外的其他投标人退还投标保证金，与中标人签订书面合同后 5 日内向中标人和其他中标候选人退还投标保证金。以现金或者支票形式提交的投标保证金，招标人应当同时退还投标保证金的银行同期活期存款利息，且退还至投标人的基本账户。

第五十八条　招标文件要求中标人提交履约保证金的，中标人应当按照招标文件的要求提交。履约保证金不得超过中标合同金额的10%。招标人不得指定或者变相指定履约保证金的支付形式，由中标人自主选择银行保函或者现金、支票等支付形式。

第五十九条　招标人应当加强对合同履行的管理，建立对中标人主要人员的到位率考核制度。

省级人民政府交通运输主管部门应当定期组织开展合同履约评价工作的监督检查，将检查情况向社会公示，同时将检查结果记入中标人单位以及主要人员个人的信用档案。

第六十条　依法必须进行招标的公路工程建设项目，有下列情形之一的，招标人在分析招标失败的原因并采取相应措施后，应当依照本办法重新招标：

（一）通过资格预审的申请人少于3个的；

（二）投标人少于3个的；

（三）所有投标均被否决的；

（四）中标候选人均未与招标人订立书面合同的。

重新招标的，资格预审文件、招标文件和招标投标情况的书面报告应当按照本办法的规定重新报交通运输主管部门备案。

重新招标后投标人仍少于3个的，属于按照国家有关规定需要履行项目审批、核准手续的依法必须进行招标的公路工程建设项目，报经项目审批、核准部门批准后可以不再进行招标；其他项目可由招标人自行决定不再进行招标。

依照本条规定不再进行招标的，招标人可以邀请已提交资格预审申请文件的申请人或者已提交投标文件的投标人进行谈判，确定项目承担单位，并将谈判报告报对该项目具有招标监督职责的交通运输主管部门备案。

第五章　监督管理

第六十一条　各级交通运输主管部门应当按照《中华人民共和国招标投标法》《中华人民共和国招标投标法实施条例》等法律法规、规章以及招标投标活动行政监督职责分工，加强对公路工程建设项目招标投标活动的监督管理。

第六十二条　各级交通运输主管部门应当建立健全公路工程建设项目招标投标信用体系，加强信用评价工作的监督管理，维护公平公正的市场竞争秩序。

招标人应当将交通运输主管部门的信用评价结果应用于公路工程建设项目招标。鼓励和支持招标人优先选择信用等级高的从业企业。

招标人对信用等级高的资格预审申请人、投标人或者中标人，可以给予增加参与投标的标段数量，减免投标保证金，减少履约保证金、质量保证金等优惠措施。优惠措施以及信用评价结果的认定条件应当在资格预审文件和招标文件中载明。

资格预审申请人或者投标人的信用评价结果可以作为资格审查或者评标中履约信誉项的评分因素，各信用评价等级的对应得分应当符合省级人民政府交通运输主管部门有关规定，并在资格预审文件或者招标文件中载明。

第六十三条　投标人或者其他利害关系人认为招标投标活动不符合法律、行政法规规定的，可以自知道或者应当知道之日起10日内向交通运输主管部门投诉。

就本办法第十五条、第十九条、第三十六条、第五十三条规定事项投诉的，应当先向招标人提出异议，异议答复期间不计算在前款规定的期限内。

第六十四条　投诉人投诉时，应当提交投诉书。投诉书应当包括下列内容：

（一）投诉人的名称、地址及有效联系方式；

（二）被投诉人的名称、地址及有效联系方式；

（三）投诉事项的基本事实；

（四）异议的提出及招标人答复情况；

（五）相关请求及主张；

（六）有效线索和相关证明材料。

对本办法规定应先提出异议的事项进行投诉的，应当提交已提出异议的证明文件。未按规定提出异议或者未提交已提出异议的证明文件的投诉，交通运输主管部门可以不予受理。

第六十五条　投诉人就同一事项向两个以上交通运输主管部门投诉的，由具体承担该项目招标投标活动监督管理职责的交通运输主管部门负责处理。

交通运输主管部门应当自收到投诉之日起3个工作日内决定是否受理投诉，并自受理投诉之日起30个工作日内作出书面处理决定；需要检验、检测、鉴定、专家评审的，所需时间不计算在内。

投诉人缺乏事实根据或者法律依据进行投诉的，或者有证据表明投诉人捏造事实、伪造材料的，或者投诉人以非法手段取得证明材料进行投诉的，交通运输主管部门应当予以驳回，并对恶意投诉按照有关规定追究投诉人责任。

第六十六条 交通运输主管部门处理投诉，有权查阅、复制有关文件、资料，调查有关情况，相关单位和人员应当予以配合。必要时，交通运输主管部门可以责令暂停招标投标活动。

交通运输主管部门的工作人员对监督检查过程中知悉的国家秘密、商业秘密，应当依法予以保密。

第六十七条 交通运输主管部门对投诉事项作出的处理决定，应当在对该项目具有招标监督职责的交通运输主管部门政府网站上进行公告，包括投诉的事由、调查结果、处理决定、处罚依据以及处罚意见等内容。

第六章 法律责任

第六十八条 招标人有下列情形之一的，由交通运输主管部门责令改正，可以处三万元以下的罚款：

（一）不满足本办法第八条规定的条件而进行招标的；

（二）不按照本办法规定将资格预审文件、招标文件和招标投标情况的书面报告备案的；

（三）邀请招标不依法发出投标邀请书的；

（四）不按照项目审批、核准部门确定的招标范围、招标方式、招标组织形式进行招标的；

（五）不按照本办法规定编制资格预审文件或者招标文件的；

（六）由于招标人原因导致资格审查报告存在重大偏差且影响资格预审结果的；

（七）挪用投标保证金，增设或者变相增设保证金的；

（八）投标人数量不符合法定要求不重新招标的；

（九）向评标委员会提供的评标信息不符合本办法规定的；

（十）不按照本办法规定公示中标候选人的；

（十一）招标文件中规定的履约保证金的金额、支付形式不符合本办法规定的。

第六十九条 投标人在投标过程中存在弄虚作假、与招标人或者其他投标人串通投标、以行贿谋取中标、无正当理由放弃中标以及进行恶意投诉等投标不良行为的，除依照有关法律、法规进行处罚外，省级交通运输主管部门还可以扣减其年度信用评价分数或者降低年度信用评价等级。

第七十条 评标委员会成员未对招标人根据本办法第四十一条第二款（一）至（四）项规定提供的相关信息进行认真核查，导致评标出现疏漏或者错误的，由交通运输主管部门责令改正。

第七十一条 交通运输主管部门应当依法公告对公路工程建设项目招标投标活动中招标人、招标代理机构、投标人以及评标委员会成员等的违法违规或者恶意投诉等行为的行政处理决定，并将其作为招标投标不良行为信息记入相应当事人的信用档案。

第七章 附 则

第七十二条 使用国际组织或者外国政府贷款、援助资金的项目进行招标，贷款方、资金提供方对招标投标的具体条件和程序有不同规定的，可以适用其规定，但违背中华人民共和国的社会公共利益的除外。

第七十三条 采用电子招标投标的，应当按照本办法和国家有关电子招标投标的规定执行。

第七十四条 本办法自2016年2月1日起施行。《公路工程施工招标投标管理办法》（交通部令2006年第7号）、《公路工程施工监理招标投标管理办法》（交通部令2006年第5号）、《公路工程勘察设计招标投标管理办法》（交通部令2001年第6号）和《关于修改〈公路工程勘察设计招标投标管理办法〉的决定》（交通运输部令2013年第3号）、《关于贯彻国务院办公厅关于进一步规范招投标活动的若干意见的通知》（交公路发〔2004〕688号）、《关于公路建设项目货物招标严禁指定材料产地的通知》（厅公路字〔2007〕224号）、《公路工程施工招标资格预审办法》（交公路发〔2006〕57号）、《关于加强公路工程评标专家管理工作的通知》（交公路发〔2003〕464号）、《关于进一步加强公路工程施工招标评标管理工作的通知》（交公路发〔2008〕261号）、《关于进一步加强公路工程施工招标资格审查工作的通知》（交公路发〔2009〕123号）、《关于改革使用国际金融组织或者外国政府贷款公路建设项目施工招标管理制度的通知》（厅公路字〔2008〕40号）、《公路工程勘察设计招标评标办法》(交公路发〔2001〕582号)、《关于认真贯彻执行公路工程勘察设计招标投标管理办法的通知》(交公路发〔2002〕303号)同时废止。

公路建设项目代建管理办法

1. 2015年5月7日交通运输部令2015年第3号公布
2. 自2015年7月1日起施行

第一章　总　　则

第一条　为提高公路建设项目专业化管理水平,推进现代工程管理,根据《公路法》等有关法律、行政法规,制定本办法。

第二条　公路建设项目的代建活动,适用本办法。

本办法所称代建,是指受公路建设项目的项目法人(以下简称"项目法人")委托,由专业化的项目管理单位(以下简称"代建单位")承担项目建设管理及相关工作的建设管理模式。

第三条　交通运输部负责指导全国公路代建工作并对公路代建市场进行监督管理。

省级交通运输主管部门负责本行政区域内公路代建工作和代建市场的监督管理。

第四条　项目法人具备交通运输主管部门规定的能力要求的,可以自行进行项目建设管理。项目法人不具备规定的相应项目建设管理能力的,应当按照本办法规定,委托符合要求的代建单位进行项目建设管理。

代建单位依合同承担项目质量、安全、投资及工期等管理责任。

第五条　公路建设项目代建可以从施工阶段开始,也可以从初步设计或者施工图设计阶段开始。

第六条　公路建设项目代建应当遵循择优选择,责权一致,界面清晰,目标管理的原则。

第七条　各级交通运输主管部门应当依法加强代建市场管理,将代建单位和代建管理人员纳入公路建设市场信用体系,促进代建市场健康发展。

第二章　代建单位选择及代建合同

第八条　高速公路、一级公路及独立桥梁、隧道建设项目的项目法人,需要委托代建时,应当选择满足以下要求的项目管理单位为代建单位:

(一)具有法人资格,有满足公路工程项目建设需要的组织机构和质量、安全、环境保护等方面的管理制度;

(二)承担过5个以上高速公路、一级公路或者独立桥梁、隧道工程的建设项目管理相关工作,具有良好的履约评价和市场信誉;

(三)拥有专业齐全、结构合理的专业技术人才队伍,工程技术系列中级以上职称人员不少于50人,其中具有高级职称人员不少于15人。

高速公路、一级公路及独立桥梁、隧道以外的其他公路建设项目,其代建单位的选择,可由省级交通运输主管部门根据本地区的实际进行规范。

项目法人选择代建单位时,应当从符合要求的代建单位中,优先选择业绩和信用良好、管理能力强的代建单位。

省级交通运输主管部门可以根据本地公路建设的具体需要,细化代建单位的要求。鼓励符合代建条件的公路建设管理单位及公路工程监理企业、勘察设计企业进入代建市场,开展代建工作。

第九条　代建单位派驻工程现场的建设管理机构、专职管理人员应当满足项目建设管理工作需要。代建项目现场负责人、技术负责人、工程管理部门负责人应当在代建单位工作3年以上,且具有10年以上的公路建设行业从业经验、高级以上专业技术职称,以及至少2个同类项目建设管理经历。

代建单位派驻现场的管理人员和技术人员不得在其他公路建设项目中兼职。

第十条　代建单位应当依法通过招标等方式选择。采用招标方式的,应当使用交通运输部统一制定的标准招标文件。

代建单位在递交投标文件时,应当按照要求列明本单位在资格、能力、业绩、信誉等方面的情况以及拟任现场管理人员、技术人员及备选人员的情况。

评标可以采用固定标价评分法、技术评分合理标价法、综合评标法以及法律、法规允许的其他评标方法,并应当重点评价代建单位的建设管理能力。

第十一条　项目法人应当与所选择的代建单位签订代建合同。

代建合同应当包括以下内容:

（一）代建工作内容；

（二）项目法人和代建单位的职责、权利与义务；

（三）对其他参建单位的管理方式；

（四）代建管理目标；

（五）代建工作条件；

（六）代建组织机构；

（七）代建单位服务标准；

（八）代建服务费及支付方式；

（九）履约担保要求及方式、利益分享办法；

（十）绩效考核办法及奖励办法、违约责任、合同争议的解决方式等。

第十二条　代建服务费应当根据代建工作内容、代建单位投入、项目特点及风险分担等因素合理约定。

第十三条　代建项目实行目标管理。代建单位依据代建合同及其他参建单位签订的合同中约定的管理目标，细化、分解工程质量、安全、进度、投资、环保等目标责任，开展建设管理工作，制定代建管理的各项制度，确保目标实现。

第十四条　项目法人依据代建合同对代建单位的管理和目标控制进行考核和奖惩，督促代建单位严格履行合同。代建服务费宜按照工程进度和目标考核情况分期支付。

第十五条　由于征地拆迁或者资金到位不及时等非代建单位原因造成工期延误等管理目标无法实现的，项目法人和代建单位应当依据合同约定，合理调整代建管理目标。

第三章　代 建 管 理

第十六条　项目法人依据代建合同对项目实施过程进行监督。

项目法人的主要职责包括：

（一）依法承担公路建设项目的工程质量和安全等管理责任；

（二）严格执行国家基本建设程序和有关规定，依法组织办理相关审批手续，督促相关参建单位落实相关要求；

（三）审定代建单位工作方案、项目管理目标和主要工作计划，定期组织检查与考核；

（四）可以授权代建单位依法选定勘察设计、施工、材料设备供应等单位，代表项目法人与上述单位签订合同，明确项目法人、代建单位与上述单位的权利义务。项目法人直接与勘察设计、施工、材料设备供应等单位签订合同的，应当在合同中明确代建单位对上述单位的管理职责；

（五）配合地方人民政府和有关部门完成征地拆迁工作；

（六）筹措建设资金，及时支付工程建设各项费用；

（七）检查项目质量、安全管理及强制性标准执行等情况，审核代建单位报送的一般、较大及重大设计变更方案，依法办理相关变更手续，督促代建单位依据概算严格控制工程投资；

（八）组织项目交工验收、竣工决算并做好竣工验收准备工作；

（九）其他法定职责。

第十七条　订立、变更、终止代建合同，项目法人应当向省级交通运输主管部门备案。

项目法人发现代建单位在建设管理中存在过失或者偏差行为，可能造成重大损失或者严重影响代建管理目标实现的，应当对代建单位法人代表进行约谈，必要时可以依据代建合同的约定终止代建合同。

第十八条　项目法人不得有以下行为：

（一）干预代建单位正常的建设管理行为；

（二）无故拖欠工程款和代建服务费；

（三）违反合同约定要求代建单位和施工单位指定分包或者指定材料、设备供应商；

（四）擅自调整工期、质量、投资等代建管理目标；

（五）国家规定和合同约定的其他禁止性行为。

第十九条　代建单位依据合同开展代建工作。主要职责包括：

（一）严格执行国家基本建设程序和有关规定，协助项目法人办理相关审批手续并落实相关要求，配合国家有关部门依法组织检查、考核等，负责落实整改；

（二）协助项目法人或者受项目法人委托，组织编制招标文件，完成勘察设计、施工、监理、材料设备供应等招标工作；

（三）对勘察设计、施工、监理、材料设备供应、技术咨询等单位进行合同管理，根据合同约定，细化、分解项目管理目标，落实目标责任；

（四）依据相关法规和合同，履行工程质量、安全、进度、计量、资金支付、环境保护等相关责任，审核、签发项目建设管理有关文件；

（五）依据合同协助完成征地拆迁工作；

（六）拟定项目进度计划、资金使用计划、工程质量和安全保障措施等，并报经项目法人同意；

（七）审定一般设计变更并报送项目法人，协助项目法人办理较大及重大设计变更报批手续；

（八）组织中间验收，协助项目法人组织交工验收；

（九）承担项目档案及有关技术资料的收集、整理、归档等工作，组织有关单位编制竣工文件；

（十）负责质量缺陷责任期内的缺陷维修工作管理，配合项目法人准备竣工验收相关工作；

（十一）代建合同约定的其他职责。

第二十条　代建单位不得有以下行为：

（一）以围标、串标等非法行为谋取中标；

（二）将代建管理业务转包或者分包；

（三）在所代建的项目中同时承担勘察设计、施工、供应材料设备，或者与以上单位有隶属关系及其他直接利益关系；

（四）擅自调整建设内容、建设规模、建设标准及代建管理目标；

（五）与勘察设计、施工、材料设备供应单位等串通，谋取不正当利益或者降低工程质量和标准，损害项目法人的利益；

（六）国家规定和合同约定的其他禁止性行为。

第二十一条　代建单位应当依法接受交通运输主管部门及其他有关部门的监督、检查和审计部门的审计。

第二十二条　代建单位具有监理能力的，其代建项目的工程监理可以由代建单位负责，承担监理相应责任。代建单位相关人员应当依法具备监理资格要求和相应工作经验。代建单位不具备监理能力的，应当依法招标选择监理单位。

第二十三条　勘察设计、施工、监理、材料设备供应等单位应当按照相关法规和合同约定，接受代建单位管理，依法承担相应职责和工程质量终身责任。

第二十四条　各级交通运输主管部门及所属监督机构应当依法加强公路代建项目的监督管理，重点对国家法律、法规、政策落实情况，基本建设程序及强制性标准执行情况，代建合同履约情况等进行监督检查，发现问题及时通知项目法人和代建单位进行整改。

第二十五条　交通运输部建立公路建设项目代建单位信用评估制度，在全国统一的公路建设市场信用信息平台上及时发布代建单位的信用信息。对违法违规、扰乱代建市场秩序或者违反本办法第二十条规定的代建单位，列入黑名单。

省级交通运输主管部门应当及时收集并记录代建单位的信用情况，建立代建单位信用等级评估机制。

第二十六条　项目法人和代建单位违反本办法及相关法规，由交通运输主管部门或者其他相关部门依法给予相应处罚。

第四章　附　　则

第二十七条　本办法自2015年7月1日起施行。

公路工程竣（交）工验收办法

1. 2004年3月31日交通部令第3号公布

2. 自2004年10月1日起施行

第一章　总　　则

第一条　为规范公路工程竣（交）工验收工作，保障公路安全有效运营，根据《中华人民共和国公路法》，制定本办法。

第二条　本办法适用于中华人民共和国境内新建和改建的公路工程竣（交）工验收活动。

第三条　公路工程应按本办法进行竣（交）工验收，未经验收或者验收不合格的，不得交付使用。

第四条　公路工程验收分为交工验收和竣工验收两个阶段。

交工验收是检查施工合同的执行情况，评价工程质量是否符合技术标准及设计要求，是否可以移交下一阶段施工或是否满足通车要求，对各参建单位工作进行初步评价。

竣工验收是综合评价工程建设成果，对工程质量、参建单位和建设项目进行综合评价。

第五条 公路工程竣(交)工验收的依据是：

(一)批准的工程可行性研究报告；

(二)批准的工程初步设计、施工图设计及变更设计文件；

(三)批准的招标文件及合同文本；

(四)行政主管部门的有关批复、批示文件；

(五)交通部颁布的公路工程技术标准、规范、规程及国家有关部门的相关规定。

第六条 交工验收由项目法人负责。

竣工验收由交通主管部门按项目管理权限负责。交通部负责国家、部重点公路工程项目中100公里以上的高速公路、独立特大型桥梁和特长隧道工程的竣工验收工作；其它公路工程建设项目，由省级人民政府交通主管部门确定的相应交通主管部门负责竣工验收工作。

第七条 公路工程竣(交)工验收工作应当做到公正、真实和科学。

第二章 交 工 验 收

第八条 公路工程(合同段)进行交工验收应具备以下条件：

(一)合同约定的各项内容已完成；

(二)施工单位按交通部制定的《公路工程质量检验评定标准》及相关规定的要求对工程质量自检合格；

(三)监理工程师对工程质量的评定合格；

(四)质量监督机构按交通部规定的公路工程质量鉴定办法对工程质量进行检测(必要时可委托有相应资质的检测机构承担检测任务)，并出具检测意见；

(五)竣工文件已按交通部规定的内容编制完成；

(六)施工单位、监理单位已完成本合同段的工作总结。

第九条 公路工程各合同段符合交工验收条件后，经监理工程师同意，由施工单位向项目法人提出申请，项目法人应及时组织对该合同段进行交工验收。

第十条 交工验收的主要工作内容是：

(一)检查合同执行情况；

(二)检查施工自检报告、施工总结报告及施工资料；

(三)检查监理单位独立抽检资料、监理工作报告及质量评定资料；

(四)检查工程实体，审查有关资料，包括主要产品质量的抽(检)测报告；

(五)核查工程完工数量是否与批准的设计文件相符，是否与工程计量数量一致；

(六)对合同是否全面执行、工程质量是否合格作出结论，按交通主管部门规定的格式签署合同段交工验收证书；

(七)按交通部规定的办法对设计单位、监理单位、施工单位的工作进行初步评价。

第十一条 项目法人负责组织公路工程各合同段的设计、监理、施工等单位参加交工验收。拟交付使用的工程，应邀请运营、养护管理单位参加。参加验收单位的主要职责是：

项目法人负责组织各合同段参建单位完成交工验收工作的各项内容，总结合同执行过程中的经验，对工程质量是否合格作出结论；

设计单位负责检查已完成的工程是否与设计相符，是否满足设计要求；

监理单位负责完成监理资料的汇总、整理，协助项目法人检查施工单位的合同执行情况，核对工程数量，科学公正地对工程质量进行评定；

施工单位负责提交竣工资料，完成交工验收准备工作。

第十二条 项目法人组织监理单位按《公路工程质量检验评定标准》的要求对各合同段的工程质量进行评定。

监理单位根据独立抽检资料对工程质量进行评定，当监理按规定完成的独立抽检资料不能满足评定要求时，可以采用经监理确认的施工自检资料。

项目法人根据对工程质量的检查及平时掌握的情况，对监理单位所做的工程质量评定进行审定。

第十三条 各合同段工程质量评分采用所含各单位工程质量评分的加权平均值。即：

$$\text{合同段工程质量评分值} = \frac{\sum(\text{单位工程质量评分值} \times \text{该单位工程投资额})}{\text{合同段总投资额}}$$

工程各合同段交工验收结束后，由项目法人对整个工程项目进行工程质量评定，工程质量评分采用各合同段工程质量评分的加权平均值。即：

$$工程项目质量评分值 = \frac{\sum(合同段工程质量评分值 \times 该合同段投资额)}{\sum 施工合同段投资额}$$

工程质量等级评定分为合格和不合格，工程质量评分值大于等于75分的为合格，小于75分的为不合格。

第十四条　公路工程各合同段验收合格后，项目法人应按交通部规定的要求及时完成项目交工验收报告，并向交通主管部门备案。国家、部重点公路工程项目中100公里以上的高速公路、独立特大型桥梁和特长隧道工程向省级人民政府交通主管部门备案，其它公路工程按省级人民政府交通主管部门的规定向相应的交通主管部门备案。

公路工程各合同段验收合格后，质量监督机构应向交通主管部门提交项目的检测报告。交通主管部门在15天内未对备案的项目交工验收报告提出异议，项目法人可开放交通进入试运营期。试运营期不得超过3年。

第十五条　交工验收提出的工程质量缺陷等遗留问题，由施工单位限期完成。

第三章　竣　工　验　收

第十六条　公路工程进行竣工验收应具备以下条件：

（一）通车试运营2年后；

（二）交工验收提出的工程质量缺陷等遗留问题已处理完毕，并经项目法人验收合格；

（三）工程决算已按交通部规定的办法编制完成，竣工决算已经审计，并经交通主管部门或其授权单位认定；

（四）竣工文件已按交通部规定的内容完成；

（五）对需进行档案、环保等单项验收的项目，已经有关部门验收合格；

（六）各参建单位已按交通部规定的内容完成各自的工作报告；

（七）质量监督机构已按交通部规定的公路工程质量鉴定办法对工程质量检测鉴定合格，并形成工程质量鉴定报告。

第十七条　公路工程符合竣工验收条件后，项目法人应按照项目管理权限及时向交通主管部门申请验收。交通主管部门应当自收到申请之日起30日内，对申请人递交的材料进行审查，对于不符合竣工验收条件的，应当及时退回并告知理由；对于符合验收条件的，应自收到申请文件之日起3个月内组织竣工验收。

第十八条　竣工验收的主要工作内容是：

（一）成立竣工验收委员会；

（二）听取项目法人、设计单位、施工单位、监理单位的工作报告；

（三）听取质量监督机构的工作报告及工程质量鉴定报告；

（四）检查工程实体质量、审查有关资料；

（五）按交通部规定的办法对工程质量进行评分，并确定工程质量等级；

（六）按交通部规定的办法对参建单位进行综合评价；

（七）对建设项目进行综合评价；

（八）形成并通过竣工验收鉴定书。

第十九条　竣工验收委员会由交通主管部门、公路管理机构、质量监督机构、造价管理机构等单位代表组成。大中型项目及技术复杂工程，应邀请有关专家参加。国防公路应邀请军队代表参加。

项目法人、设计单位、监理单位、施工单位、接管养护等单位参加竣工验收工作。

第二十条　参加竣工验收工作各方的主要职责是：竣工验收委员会负责对工程实体质量及建设情况进行全面检查。按交通部规定的办法对工程质量进行评分，对各参建单位进行综合评价，对建设项目进行综合评价，确定工程质量和建设项目等级，形成工程竣工验收鉴定书。

项目法人负责提交项目执行报告及验收所需资料，协助竣工验收委员会开展工作；

设计单位负责提交设计工作报告，配合竣工验收检查工作；

监理单位负责提交监理工作报告，提供工程监理资料，配合竣工验收检查工作；

施工单位负责提交施工总结报告，提供各种资料，配合竣工验收检查工作。

第二十一条　竣工验收工程质量评分采取加权平均法计算，其中交工验收工程质量得分权值为0.2，质量监督机构工程质量鉴定得分权值为0.6，竣工验收委员会对工程质量评定得分权值为0.2。

工程质量评定得分大于等于90分为优良，小于90分且大于等于75分为合格，小于75分为不合格。

第二十二条 竣工验收委员会按交通部规定的办法对参建单位的工作进行综合评价。

评定得分大于等于90分且工程质量等级优良的为好，大于等于75分为中，小于75分为差。

第二十三条 竣工验收建设项目综合评分采取加权平均法计算，其中竣工验收工程质量得分权值为0.7，参建单位工作评价得分权值为0.3（项目法人占0.15，设计、施工、监理各占0.05）。

评定得分大于等于90分且工程质量等级优良的为优良，大于等于75分为合格，小于75分为不合格。

第二十四条 负责组织竣工验收的交通主管部门对通过验收的建设项目按交通部规定的要求签发《公路工程竣工验收鉴定书》。

通过竣工验收的工程，由质量监督机构依据竣工验收结论，按照交通部规定的格式对各参建单位签发工作综合评价等级证书。

第四章 罚 则

第二十五条 项目法人违反本办法规定，对不具备交工验收条件的公路工程组织交工验收，交工验收无效，由交通主管部门责令改正。

第二十六条 项目法人违反本办法规定，对未进行交工验收、交工验收不合格或未备案的工程开放交通进行试运营的，由交通主管部门责令停止试运营，并予以警告处罚。

第二十七条 项目法人对试运营期超过3年的公路工程不申请组织竣工验收的，由交通主管部门责令改正。对责令改正后仍不申请组织竣工验收的，由交通主管部门责令停止试运营。

第二十八条 质量监督机构人员在验收工作中滥用职权、玩忽职守、徇私舞弊的，依法给予行政处分，构成犯罪的，依法追究刑事责任。

第五章 附 则

第二十九条 公路工程建设项目建成后，施工单位、监理单位、项目法人应负责编制工程竣工文件、图表、资料，并装订成册，其编制费用分别由施工单位、监理单位、项目法人承担。

各合同段交工验收工作所需的费用由施工单位承担。整个建设项目竣（交）工验收期间质量监督机构进行工程质量检测所需的费用由项目法人承担。

第三十条 对通过验收的工程，由项目法人按照国家规定，分别向档案管理部门和公路管理机构、接管养护单位办理有关档案资料和资产移交手续。

第三十一条 对于规模较小、等级较低的小型项目，可将交工验收和竣工验收合并进行。规模较小、等级较低的小型项目的具体标准由省级人民政府交通主管部门结合本地区的具体情况制订。

第三十二条 本办法由交通部负责解释。

第三十三条 本办法自2004年10月1日起施行。交通部颁布的《公路工程竣工验收办法》（交公路发〔1995〕1081号）同时废止。

公路工程设计变更管理办法

1. 2005年5月9日交通部令第5号公布

2. 自2005年7月1日起施行

第一条 为加强公路工程建设管理，规范公路工程设计变更行为，保证公路工程质量，保护人民生命及财产安全，根据《中华人民共和国公路法》、《建设工程质量管理条例》、《建设工程勘察设计管理条例》等相关法律和行政法规，制定本办法。

第二条 对交通部批准初步设计的新建、改建公路工程的设计变更，应当遵守本规定。

本办法所称设计变更，是指自公路工程初步设计批准之日起至通过竣工验收正式交付使用之日止，对已批准的初步设计文件、技术设计文件或施工图设计文件所进行的修改、完善等活动。

第三条 各级交通主管部门应当加强对公路工程设计变更活动的监督管理。

第四条 公路工程设计变更应当符合国家有关公路工程强制性标准和技术规范的要求，符合公路工程质量和使用功能的要求，符合环境保护的要求。

第五条 公路工程设计变更分为重大设计变更、较大设计变更和一般设计变更。

有下列情形之一的属于重大设计变更：

（一）连续长度10公里以上的路线方案调整的；

（二）特大桥的数量或结构型式发生变化的；

（三）特长隧道的数量或通风方案发生变化的；

（四）互通式立交的数量发生变化的；

（五）收费方式及站点位置、规模发生变化的；

（六）超过初步设计批准概算的。

有下列情形之一的属于较大设计变更：

（一）连续长度2公里以上的路线方案调整的；

（二）连接线的标准和规模发生变化的；

（三）特殊不良地质路段处置方案发生变化的；

（四）路面结构类型、宽度和厚度发生变化的；

（五）大中桥的数量或结构型式发生变化的；

（六）隧道的数量或方案发生变化的；

（七）互通式立交的位置或方案发生变化的；

（八）分离式立交的数量发生变化的；

（九）监控、通讯系统总体方案发生变化的；

（十）管理、养护和服务设施的数量和规模发生变化的；

（十一）其他单项工程费用变化超过500万元的；

（十二）超过施工图设计批准预算的。

一般设计变更是指除重大设计变更和较大设计变更以外的其他设计变更。

第六条　公路工程重大、较大设计变更实行审批制。

公路工程重大、较大设计变更，属于对设计文件内容作重大修改，应当按照本办法规定的程序进行审批。未经审查批准的设计变更不得实施。

任何单位或者个人不得违反本办法规定擅自变更已经批准的公路工程初步设计、技术设计和施工图设计文件。不得肢解设计变更规避审批。

经批准的设计变更一般不得再次变更。

第七条　重大设计变更由交通部负责审批。较大设计变更由省级交通主管部门负责审批。

第八条　项目法人负责对一般设计变更进行审查，并应当加强对公路工程设计变更实施的管理。

第九条　公路工程勘察设计、施工及监理等单位可以向项目法人提出公路工程设计变更的建议。

设计变更的建议应当以书面形式提出，并应当注明变更理由。

项目法人也可以直接提出公路工程设计变更的建议。

第十条　项目法人对设计变更的建议及理由应当进行审查核实。必要时，项目法人可以组织勘察设计、施工、监理等单位及有关专家对设计变更建议进行经济、技术论证。

第十一条　对一般设计变更建议，由项目法人根据审查核实情况或者论证结果决定是否开展设计变更的勘察设计工作。

对较大设计变更和重大设计变更建议，项目法人经审查论证确认后，向省级交通主管部门提出公路工程设计变更的申请，并提交以下材料：

（一）设计变更申请书。包括拟变更设计的公路工程名称、公路工程的基本情况、原设计单位、设计变更的类别、变更的主要内容、变更的主要理由等；

（二）对设计变更申请的调查核实情况、合理性论证情况；

（三）省级交通主管部门要求提交的其他相关材料。

省级交通主管部门自受理申请之日起15日内作出是否同意开展设计变更的勘察设计工作的决定，并书面通知申请人。

第十二条　设计变更的勘察设计应当由公路工程的原勘察设计单位承担。经原勘察设计单位书面同意，项目法人也可以选择其他具有相应资质的勘察设计单位承担。设计变更勘察设计单位应当及时完成勘察设计，形成设计变更文件，并对设计变更文件承担相应责任。

第十三条　设计变更文件完成后，项目法人应当组织对设计变更文件进行审查。

一般设计变更文件由项目法人审查确认后决定是否实施。项目法人应当在15日内完成审查确认工作。

重大及较大设计变更文件经项目法人审查确认后报省级交通主管部门审查。其中，重大设计变更文件由省级交通主管部门审查后报交通部批准；较大设计变更文件由省级交通主管部门批准，并报交通部备案。若设计变更与可行性研究报告批复内容不一致，应征得原可行性研究报告批复部门的同意。

第十四条 项目法人在报审设计变更文件时，应当提交以下材料：

（一）设计变更说明；

（二）设计变更的勘察设计图纸及原设计相应图纸；

（三）工程量、投资变化对照清单和分项概、预算文件。

第十五条 设计变更文件的审批应当在20日内完成。无正当理由，超过审批时间未对设计变更文件的审查予以答复的，视为同意。

需要专家评审的，所需时间不计算在上述期限内。审批机关应当将所需时间书面告知申请人。

第十六条 对需要进行紧急抢险的公路工程设计变更，项目法人可先进行紧急抢险处理，同时按照规定的程序办理设计变更审批手续，并附相关的影像资料说明紧急抢险的情形。

第十七条 公路工程设计变更工程的施工原则上由原施工单位承担。原施工单位不具备承担设计变更工程的资质等级时，项目法人应通过招标选择施工单位。

第十八条 项目法人应当建立公路工程设计变更管理台账，定期对设计变更情况进行汇总，并应当每半年将汇总情况报省级交通主管部门备案。

省级交通主管部门可以对管理台账随时进行检查。

第十九条 交通主管部门审查批准公路工程设计变更文件时，工程费用按《公路基本建设工程概算、预算编制办法》核定。

第二十条 由于公路工程勘察设计、施工等有关单位的过失引起公路工程设计变更并造成损失的，有关单位应当承担相应的费用和相关责任。

由于公路工程设计变更发生的建筑安装工程费、勘察设计费和监理费等费用的变化，按照有关合同约定执行。

由于公路工程设计变更发生的工程建设单位管理费、征地拆迁费等费用的变化，按照国家有关规定执行。

第二十一条 按照本办法规定经过审查批准的公路工程设计变更，其费用变化纳入决算。未经批准的设计变更，其费用变化不得进入决算。

第二十二条 设计变更审批部门违反本办法规定，不按照规定权限、条件和程序审查批准公路工程设计变更文件的，上级交通主管部门或者监察部门责令改正；造成严重后果的，对直接负责的主管人员和其他直接责任人员依法给予行政处分；构成犯罪的，依法追究刑事责任。

较大设计变更审批部门违反本办法规定，情节严重的，对全部或者部分使用国有资金的项目，可以暂停项目执行。

第二十三条 交通主管部门工作人员在设计变更审查批准过程中滥用职权、玩忽职守、谋取不正当利益的，由主管部门或者监察部门给予行政处分；构成犯罪的，依法追究刑事责任。

第二十四条 项目法人有以下行为之一的，交通主管部门责令改正；情节严重的，对全部或者部分使用国有资金的项目，暂停项目执行。构成犯罪的，依法追究刑事责任：

（一）不按照规定权限、条件和程序审查、报批公路工程设计变更文件的；

（二）将公路工程设计变更肢解规避审批的；

（三）未经审查批准或者审查不合格，擅自实施设计变更的。

第二十五条 施工单位不按照批准的设计变更文件施工的，交通主管部门责令改正；造成建设工程质量不符合规定的质量标准的，负责返工、修理，并赔偿因此造成的损失；情节严重的，责令停业整顿，降低资质等级或者吊销资质证书。

第二十六条 交通部批准初步设计以外的新建、改建公路工程的设计变更，参照本办法执行。

第二十七条 本办法自2005年7月1日起施行。

公路工程设计施工总承包管理办法

1. 2015年6月26日交通运输部令2015年第10号公布
2. 自2015年8月1日起施行

第一章 总 则

第一条 为促进公路工程设计与施工相融合，提高公路工程设计施工质量，推进现代工程管理，依据有关法律、行政法规，制定本办法。

第二条　公路新建、改建、扩建工程和独立桥梁、隧道（以下简称公路工程）的设计施工总承包，适用本办法。

本办法所称设计施工总承包（以下简称总承包），是指将公路工程的施工图勘察设计、工程施工等工程内容由总承包单位统一实施的承发包方式。

第三条　国家鼓励具备条件的公路工程实行总承包。

总承包可以实行项目整体总承包，也可以分路段实行总承包，或者对交通机电、房建及绿化工程等实行专业总承包。

项目法人可以根据项目实际情况，确定采用总承包的范围。

第四条　各级交通运输主管部门依据职责负责对公路工程总承包的监督管理。

交通运输主管部门应当对总承包合同相关当事方执行法律、法规、规章和强制性标准等情况进行督查，对初步设计、施工图设计、设计变更等进行管理。按照有关规定对总承包单位进行信用评价。

第二章　总承包单位选择及合同要求

第五条　总承包单位由项目法人依法通过招标方式确定。

项目法人负责组织公路工程总承包招标。

公路工程总承包招标应当在初步设计文件获得批准并落实建设资金后进行。

第六条　总承包单位应当具备以下要求：

（一）同时具备与招标工程相适应的勘察设计和施工资质，或者由具备相应资质的勘察设计和施工单位组成联合体；

（二）具有与招标工程相适应的财务能力，满足招标文件中提出的关于勘察设计、施工能力、业绩等方面的条件要求；

（三）以联合体投标的，应当根据项目的特点和复杂程度，合理确定牵头单位，并在联合体协议中明确联合体成员单位的责任和权利；

（四）总承包单位（包括总承包联合体成员单位，下同）不得是总承包项目的初步设计单位、代建单位、监理单位或以上单位的附属单位。

第七条　总承包招标文件的编制应当使用交通运输部统一制定的标准招标文件。

在总承包招标文件中，应当对招标内容、投标人的资格条件、报价组成、合同工期、分包的相关要求、勘察设计与施工技术要求、质量等级、缺陷责任期工程修复要求、保险要求、费用支付办法等作出明确规定。

第八条　总承包招标应当向投标人提供初步设计文件和相应的勘察资料，以及项目有关批复文件和前期咨询意见。

第九条　总承包投标文件应当结合工程地质条件和技术特点，按照招标文件要求编制。投标文件应当包括以下内容：

（一）初步设计的优化建议；

（二）项目实施与设计施工进度计划；

（三）拟分包专项工程；

（四）报价清单及说明；

（五）按招标人要求提供的施工图设计技术方案；

（六）以联合体投标的，还应当提交联合体协议；

（七）以项目法人和总承包单位的联合名义依法投保相关的工程保险的承诺。

第十条　招标人应当合理确定投标文件的编制时间，自招标文件开始发售之日起至投标人提交投标文件截止时间止，不得少于60天。

招标人应当根据项目实际情况，提出投标人在投标文件中提供施工图设计技术方案的具体要求。招标人在招标文件中明确中标人有权使用未中标人的技术方案的，一般应当同时明确给予相应的费用补偿。

第十一条　招标人应当根据工程地质条件、技术特点和施工难度确定评标方法。

评标专家抽取应当符合有关法律法规的规定。评标委员会应当包含勘察设计、施工等专家，总人数应当不少于9人。

第十二条　项目法人应当与中标单位签订总承包合同。

第十三条　项目法人和总承包单位应当在招标文件或者合同中约定总承包风险的合理分担。风险分担可以参照以下因素约定：

项目法人承担的风险一般包括：

（一）项目法人提出的工期调整、重大或者较大设计变更、建设标准或者工程规模的调整；

（二）因国家税收等政策调整引起的税费变化；

（三）钢材、水泥、沥青、燃油等主要工程材料价格与招标时基价相比，波动幅度超过合同约定幅度的部分；

（四）施工图勘察设计时发现的在初步设计阶段难以预见的滑坡、泥石流、突泥、涌水、溶洞、采空区、有毒气体等重大地质变化，其损失与处治费用可以约定由项目法人承担，或者约定项目法人和总承包单位的分担比例。工程实施中出现重大地质变化的，其损失与处治费用除保险公司赔付外，可以约定由总承包单位承担，或者约定项目法人与总承包单位的分担比例。因总承包单位施工组织、措施不当造成的上述问题，其损失与处治费用由总承包单位承担；

（五）其他不可抗力所造成的工程费用的增加。

除项目法人承担的风险外，其他风险可以约定由总承包单位承担。

第十四条 总承包费用或者投标报价应当包括相应工程的施工图勘察设计费、建筑安装工程费、设备购置费、缺陷责任期维修费、保险费等。总承包采用总价合同，除应当由项目法人承担的风险费用外，总承包合同总价一般不予调整。

项目法人应当在初步设计批准概算范围内确定最高投标限价。

第三章 总承包管理

第十五条 项目法人应当依据合同加强总承包管理，督促总承包单位履行合同义务，加强工程勘察设计管理和地质勘察验收，严格对工程质量、安全、进度、投资和环保等环节进行把关。

项目法人对总承包单位在合同履行中存在过失或偏差行为，可能造成重大损失或者严重影响合同目标实现的，应当对总承包单位法人代表进行约谈，必要时可以依据合同约定，终止总承包合同。

第十六条 采用总承包的项目，初步设计应当加大设计深度，加强地质勘察，明确重大技术方案，严格核定工程量和概算。

初步设计单位负责总承包项目初步设计阶段的勘察设计，按照项目法人要求对施工图设计或者设计变更进行咨询核查。

第十七条 总承包单位应当按照合同规定和工程施工需要，分阶段提交详勘资料和施工图设计文件，并按照审查意见进行修改完善。施工图设计应当符合经审批的初步设计文件要求，满足工程质量、耐久和安全的强制性标准和相关规定，经项目法人同意后，按照相关规定报交通运输主管部门审批。施工图设计经批准后方可组织实施。

第十八条 总承包单位依据总承包合同，对施工图设计及工程质量、安全、进度负总责。负责施工图勘察设计、工程施工和缺陷责任期工程修复工作，配合项目法人完成征地拆迁、地方协调、项目审计及交竣工验收等工作。

第十九条 项目法人根据建设项目的规模、技术复杂程度等要素，依据有关规定程序选择社会化的监理开展工程监理工作。监理单位应当依据有关规定和合同，对总承包施工图勘察设计、工程质量、施工安全、进度、环保、计量支付和缺陷责任期工程修复等进行监理，对总承包单位编制的勘察设计计划、采购与施工的组织实施计划、施工图设计文件、专项技术方案、项目实施进度计划、质量安全保障措施、计量支付、工程变更等进行审核。

第二十条 总承包工程应当按照批准的施工图设计组织施工。总承包单位应当根据工程特点和合同约定，细化设计施工组织计划，拟定设计施工进度安排、工程质量和施工安全目标、环境保护措施、投资完成计划。

第二十一条 总承包单位应当加强设计与施工的协调，建立工程管理与协调制度，根据工程实际及时完善、优化设计，改进施工方案，合理调配设计和施工力量，完善质量保证体系。

第二十二条 工程永久使用的大宗材料、关键设备和主要构件可由项目法人依法招标采购，也可由总承包单位按规定采购。招标人在招标文件中应当明确采购责任。由总承包单位采购的，应当采取集中采购的方式，采购方案应当经项目法人同意，并接受项目法人的监督。

第二十三条 总承包单位应当加强对分包工程的管理。选择的分包单位应当具备相应资格条件，并经项目法人同意，分包合同应当送项目法人。

第二十四条 总承包工程应当按照招标文件明确的计量支付办法与程序进行计量支付。

当采用工程量清单方式进行管理时，总承包单位应当依据交通运输主管部门批准的施工图设计文件，按照各分项工程合计总价与合同总价一致的原则，调整工程量清单，经项目法人审定后作为支付依据；工程实施中，按照清单及合同条款约定进行计量支付；项目完成后，总承包单位应当根据调整后最终的工程量清单编制竣工文件和工程决算。

第二十五条　总承包工程实施过程中需要设计变更的，较大变更或者重大变更应当依据有关规定报交通运输主管部门审批。一般变更应当在实施前告知监理单位和项目法人，项目法人认为变更不合理的有权予以否定。任何设计变更不得降低初步设计批复的质量安全标准，不得降低工程质量、耐久性和安全度。

设计变更引起的工程费用变化，按照风险划分原则处理。其中，属于总承包单位风险范围的设计变更（含完善设计），超出原报价部分由总承包单位自付，低于原报价部分，按第二十四条规定支付。属于项目法人风险范围的设计变更，工程量清单与合同总价均调整，按规定报批后执行。

项目法人应当根据设计变更管理规定，制定鼓励总承包单位优化设计、节省造价的管理制度。

第二十六条　总承包单位应当按照有关规定和合同要求，负责缺陷责任期的工程修复等工作，确保公路技术状况符合规定要求。

第二十七条　总承包单位完成合同约定的全部工程，符合质量安全标准，在缺陷责任期内履行规定义务后，项目法人应当按照合同完成全部支付。

第二十八条　总承包单位应当按照交、竣工验收的有关规定，编制和提交竣工图纸和相关文件资料。

第四章　附　　则

第二十九条　本办法自2015年8月1日起施行。

公路工程造价管理暂行办法

1. 2016年9月2日交通运输部令2016年第67号公布
2. 自2016年11月1日起施行

第一章　总　　则

第一条　为加强公路工程造价管理，规范造价行为，合理控制建设成本，保障公路工程质量和安全，根据《中华人民共和国公路法》等法律、行政法规，制定本办法。

第二条　在中华人民共和国境内的公路新建、改建、扩建工程（以下统称公路工程）的造价活动，适用本办法。

本办法所称公路工程造价活动，是指公路工程建设项目从筹建到竣工验收交付使用所需全部费用的确定与控制，包括投资估算、设计概算、施工图预算、标底或者最高投标限价、合同价、变更费用、竣工决算等费用的确定与控制。

第三条　公路工程造价活动应当遵循客观科学、公平合理、诚实信用、厉行节约的原则。

第四条　交通运输部负责全国公路工程造价的监督管理。

省级交通运输主管部门负责本行政区域内公路工程造价的监督管理。

第二章　造价依据

第五条　交通运输部制定公路工程造价依据。省级交通运输主管部门可以根据交通运输部发布的公路工程造价依据，结合本地实际，组织制定补充性造价依据。

前款所称造价依据，是指用于编制各阶段造价文件所依据的办法、规则、定额、费用标准、造价指标以及其他相关的计价标准。

第六条　交通运输部对通用性强、技术成熟的建设工艺，编制统一的公路工程定额。

省级交通运输主管部门对公路工程定额中缺项的，或者地域性强且技术成熟的建设工艺，可以编制补充性定额规定。

第七条　对交通运输主管部门制定的公路工程造价依据中未涵盖但公路工程需要的造价依据，公路工程建设单位应当根据该工程施工工艺要求等因素组织开展成本分析。

第八条　交通运输主管部门应当及时组织造价依据的编制和修订工作，促进造价依据与公路技术进步相适应。公路工程建设、勘察设计、监理、施工、造价咨询等单位应当给予支持和配合。

第九条　编制造价文件使用的造价软件，应当符合公路工程造价依据，满足造价文件编制需要。

第三章　造价确定和控制

第十条　公路工程造价应当针对公路工程建设的不同阶段，根据项目的建设方案、工程规模、质量和安全等建设目标，结合建设条件等因素，按照相应的造价依据进行合理确定和有效控制。

第十一条　建设单位承担公路工程造价控制的主体责任，在设计、施工等过程中，履行以下职责，接受交通运输主管部门的监督检查：

（一）严格履行基本建设程序，负责组织项目投资估算、设计概算、施工图预算、标底或者最高投标限价、变更费用、工程结算、竣工决算的编制；

（二）对造价进行全过程管理和控制，建立公路工程造价管理台账，实现设计概算控制目标；

（三）负责公路工程造价信息的收集、分析和报送；

（四）依法应当履行的其他职责。

第十二条　勘察设计单位应当综合分析项目建设条件，结合项目使用功能，注重设计方案的技术经济比选，充分考虑工程质量、施工安全和运营养护需要，科学确定设计方案，合理计算工程造价。

勘察设计单位应当对其编制的造价文件的质量负责，做好前后阶段的造价对比，重点加强对设计概算超投资估算、施工图预算超设计概算等的预控。

第十三条　施工单位应当按照合同约定，编制工程计量与支付、工程结算等造价文件。

第十四条　从事公路工程造价活动的人员应当具备相应的专业技术技能。鼓励从事公路工程造价活动的人员参加继续教育，不断提升职业素质。

从事公路工程造价活动的人员应当对其编制的造价文件的质量和真实性负责。

第十五条　公路工程建设项目立项阶段，投资估算应当按照《公路工程基本建设项目投资估算编制办法》等规定编制。

第十六条　公路工程建设项目设计阶段，设计概算和施工图预算应当按照《公路工程基本建设项目概算预算编制办法》等规定编制。

初步设计概算的静态投资部分不得超过经审批或者核准的投资估算的静态投资部分的110%。

施工图预算不得超过经批准的初步设计概算。

第十七条　公路工程建设项目实行招标的，应当在招标文件中载明工程计量计价事项。

设有标底或者最高投标限价的，标底或者最高投标限价应当根据造价依据并结合市场因素进行编制，并不得超出经批准的设计概算或者施工图预算对应部分。建设单位应当进行标底或者最高投标限价与设计概算或者施工图预算的对比分析，合理控制建设项目造价。

投标报价由投标人根据市场及企业经营状况编制，不得低于工程成本。

第十八条　国家重点公路工程项目和省级人民政府相关部门批准初步设计的公路工程项目的建设单位应当在施工阶段，将施工合同的工程量清单报省级交通运输主管部门备案。

第十九条　勘察设计单位应当保证承担的公路工程建设项目符合国家规定的勘察设计深度要求和勘察设计质量，避免因设计变更发生费用变更。发生设计变更的，建设单位按照有关规定完成审批程序后，合理确定变更费用。

第二十条　在公路工程建设项目建设期内，建设单位应当根据年度工程计划及时编制该项目年度费用预算，并根据工程进度及时编制工程造价管理台账，对工程投资执行情况与经批准的设计概算或者施工图预算进行对比分析。

第二十一条　由于价格上涨、定额调整、征地拆迁、贷款利率调整等因素需要调整设计概算的，应当向原初步设计审批部门申请调整概算。原初步设计审批部门应当进行审查。

未经批准擅自增加建设内容、扩大建设规模、提高建设标准、改变设计方案等造成超概算的，不予调整设计概算。

由于地质条件发生重大变化、设计方案变更等因素造成的设计概算调整，实际投资调增幅度超过静态投资估算10%的，应当报项目可行性研究报告审批或者核准部门调整投资估算后，再由原初步设计审批部门审查调整设计概算；实际投资调增幅度不超过静态投资估算10%的，由原初步设计审批部门直接审查调整设计概算。

第二十二条　公路工程建设项目竣工验收前，建设单位应当编制竣工决算报告及公路工程建设项目造价执行情况报告。审计部门对竣工决算报告提出审计意见和调整要求的，建设单位应当按照要求对竣工决算报告进行调整。

第四章　监 督 管 理

第二十三条　交通运输主管部门应当按照职责权限加强对公路工程造价活动的监督检查。被监督检查的单位和人员应当予以配合，不得妨碍和阻挠依法进行的监督检查活动。

第二十四条　公路工程造价监督检查主要包括以下内容：

（一）相关单位对公路工程造价管理法律、法规、规章、制度以及公路工程造价依据的执行情况；

（二）各阶段造价文件编制、审查、审批、备案以及对批复意见的落实情况；

（三）建设单位工程造价管理台账和计量支付制度的建立与执行、造价全过程管理与控制情况；

（四）设计变更原因及费用变更情况；

（五）建设单位对项目造价信息的收集、分析及报送情况；

（六）从事公路工程造价活动的单位和人员的信用情况；

（七）其他相关事项。

第二十五条　省级以上交通运输主管部门组织对从事公路工程造价活动的人员和造价咨询企业的信用情况进行监管，纳入统一的公路建设市场监管体系。

第二十六条　交通运输主管部门应当按照国家有关规定，及时公开公路工程造价相关信息，并接受社会监督。

交通运输部建立公路工程造价信息化标准体系，建立部级公路工程造价信息平台。

省级交通运输主管部门建立省级公路工程造价信息平台，并与部级公路工程造价信息平台实现互联互通和信息共享。

公路工程造价信息公开应当严格审核，遵守信息安全管理规定，不得侵犯相关单位和个人的合法权益。

第二十七条　交通运输主管部门应当对公路工程造价信息及公路工程建设项目造价执行情况进行动态跟踪、分析评估，为造价依据调整和造价监督提供支撑。

第二十八条　交通运输主管部门应当将监督检查活动中发现的问题及时向相关单位和人员通报，责令其限期整改。监督检查结果应当纳入公路建设市场监管体系。

第五章　附　　则

第二十九条　公路养护工程可以根据作业类别和规模参照本办法执行。

第三十条　本办法自2016年11月1日起施行。

公路水运工程监理企业资质管理规定

1. 2022年4月3日交通运输部令2022年第12号公布
2. 自2022年6月1日起施行

第一章　总　　则

第一条　为加强公路、水运工程监理企业的资质管理，规范公路、水运建设市场秩序，保证公路、水运工程建设质量，根据《建设工程质量管理条例》，制定本规定。

第二条　公路、水运工程监理企业资质的取得及监督管理，适用本规定。

第三条　从事公路、水运工程监理活动，应当按照本规定取得相应的公路工程监理企业资质、水运工程监理企业资质，并在业务范围内开展监理业务。

第四条　交通运输部负责全国公路、水运工程监理企业资质监督管理工作。

县级以上地方人民政府交通运输主管部门根据职责负责本行政区域内公路、水运工程监理企业资质监督管理工作。

第二章　资质等级分类、业务范围和申请条件

第五条　公路、水运工程监理企业资质均分为甲级、乙级和机电专项。

第六条　公路工程监理企业资质的业务范围分为：

（一）甲级资质可在全国范围内从事一、二、三类公路工程的监理业务；

（二）乙级资质可在全国范围内从事二、三类公路工程的监理业务；

（三）机电专项资质可在全国范围内从事各类型公路机电工程的监理业务。

水运工程监理企业资质的业务范围分为：

（一）甲级资质可在全国范围内从事大、中、小型水运工程的监理业务；

（二）乙级资质可在全国范围内从事中、小型水运工程的监理业务；

（三）机电专项资质可在全国范围内从事各类型水运机电工程的监理业务。

公路、水运工程监理业务的分类标准见附件1。

第七条 申请公路、水运工程监理企业资质的单位，应当是经依法登记注册的企业法人，并具备第八条至第十三条规定的相应资质条件。

申请人作为工程质量安全事故当事人的，应当经有关主管部门认定无责任，或者虽受相关行政处罚但已履行完毕。

第八条 申请公路工程甲级监理企业资质的单位，应当具备下列条件：

（一）人员同时满足下列要求：

1. 企业负责人中不少于1人具备10年及以上公路工程建设经历，具备监理工程师资格；技术负责人中不少于1人具备15年及以上公路工程建设经历，具备一类公路工程监理业绩的总监理工程师经历，具备公路或者相关专业高级技术职称和监理工程师资格。上述人员与企业签订的劳动合同期限均不少于3年。

2. 企业拥有中级及以上技术职称专业技术人员不少于50人，其中持监理工程师资格证书的人员不少于30人，工程系列高级技术职称人员不少于10人，经济师、会计师或者造价工程师不少于3人。上述各类人员中，与企业签订3年及以上劳动合同的人数均不低于70%。

（二）业绩满足下列要求之一：

1. 企业具备不少于5项二类公路工程监理业绩，其中桥梁、隧道工程监理业绩不超过2项。持监理工程师资格证书的人员中，不少于10人具备2项一类公路工程监理业绩，不少于3人具备一类公路工程监理业绩的总监理工程师或者驻地监理工程师经历，上述人员与企业签订的劳动合同期限均不少于3年。

2. 企业具备1项一类和不少于2项二类公路工程监理业绩。

3. 企业具备不少于2项一类公路工程监理业绩。

（三）拥有与业务范围相适应的试验检测仪器设备（见附件2）。

（四）企业信誉良好。有两期及以上公路建设市场全国综合信用评价结果的，最近两期评价等级均不低于B级且其中一期不低于A级；只有一期评价结果的，评价等级不低于B级且申请前一年内未发现存在严重不良行为；无评价结果的，申请前一年内未发现存在严重不良行为。

第九条 申请公路工程乙级监理企业资质的单位，应当具备下列条件：

（一）人员同时满足下列要求：

1. 企业负责人中不少于1人具备5年及以上公路工程建设经历，具备监理工程师资格；技术负责人中不少于1人具备8年及以上公路工程建设经历，具备公路工程监理业绩的总监理工程师经历，具备监理工程师资格。上述人员与企业签订的劳动合同期限均不少于3年。

2. 企业拥有中级及以上技术职称专业技术人员不少于20人，其中持监理工程师资格证书的人员不少于10人，工程系列高级技术职称人员不少于3人，经济师、会计师或者造价工程师不少于1人。上述各类人员中，与企业签订3年及以上劳动合同的人数均不低于70%。

（二）业绩满足下列要求之一：

1. 持监理工程师资格证书的人员中，不少于4人具备2项公路工程监理业绩，且与企业签订的劳动合同期限不少于3年。

2. 企业具备不少于1项二类公路工程监理业绩或者不少于2项三类公路工程监理业绩。

（三）拥有与业务范围相适应的试验检测仪器设备（见附件2）。

（四）企业信誉良好。有两期及以上公路建设市场全国综合信用评价结果的，最近两期评价等级均不低于B级；只有一期评价结果的，评价等级不低于B级且申请前一年内未发现存在严重不良行为；无评价结果的，申请前一年内或者企业成立至申请前未发现存在严重不良行为。

第十条 申请公路工程机电专项监理企业资质的单位，应当具备下列条件：

（一）人员同时满足下列要求：

1. 企业负责人中不少于 1 人具备 10 年及以上公路机电工程建设经历，具备监理工程师资格；技术负责人中不少于 1 人具备 15 年及以上公路机电工程建设经历，具备公路机电工程监理业绩的总监理工程师经历，具备机电专业高级技术职称和监理工程师资格。上述人员与企业签订的劳动合同期限均不少于 3 年。

2. 企业拥有中级及以上技术职称专业技术人员不少于 30 人，其中持监理工程师资格证书的人员不少于 12 人，工程系列高级技术职称人员不少于 10 人，经济师、会计师或者造价工程师不少于 2 人。上述各类人员中，与企业签订 3 年及以上劳动合同的人数均不低于 70% 。

（二）业绩满足下列要求之一：

1. 持监理工程师资格证书的人员中，不少于 6 人具备公路机电工程监理业绩，不少于 3 人具备公路机电工程监理业绩的总监理工程师或者驻地监理工程师经历，上述人员与企业签订的劳动合同期限均不少于 3 年。

2. 企业具备不少于 2 项公路机电工程监理业绩。

（三）拥有与业务范围相适应的试验检测仪器设备（见附件 2）。

（四）企业信誉良好。有两期及以上公路建设市场全国综合信用评价结果的，最近两期评价等级均不低于 B 级；只有一期评价结果的，评价等级不低于 B 级且申请前一年内未发现存在严重不良行为；无评价结果的，申请前一年内或者企业成立至申请前未发现存在严重不良行为。

第十一条　申请水运工程甲级监理企业资质的单位，应当具备下列条件：

（一）人员同时满足下列要求：

1. 企业负责人中不少于 1 人具备 10 年及以上水运工程建设经历，具备监理工程师资格；技术负责人中不少于 1 人具备 15 年及以上水运工程建设经历，具备大型水运工程监理业绩的总监理工程师经历，具备水运或者相关专业高级技术职称和监理工程师资格。上述人员与企业签订的劳动合同期限均不少于 3 年。

2. 企业拥有中级及以上技术职称专业技术人员不少于 40 人，其中持监理工程师资格证书的人员不少于 25 人，工程系列高级技术职称人员不少于 10 人，经济师、会计师或者造价工程师不少于 2 人。上述各类人员中，与企业签订 3 年及以上劳动合同的人数均不低于 70% 。

（二）业绩满足下列要求之一：

1. 企业具备不少于 5 项中型水运工程监理业绩。持监理工程师资格证书的人员中，不少于 9 人具备大型水运工程监理业绩，不少于 3 人具备大型水运工程监理业绩的总监理工程师或者总监理工程师代表经历，上述人员与企业签订的劳动合同期限均不少于 3 年。

2. 企业具备 1 项大型和不少于 2 项中型水运工程监理业绩。

3. 企业具备不少于 2 项大型水运工程监理业绩。

（三）拥有与业务范围相适应的试验检测仪器设备（见附件 2）。

（四）企业信誉良好。有两期及以上水运建设市场全国综合信用评价结果的，最近两期评价等级均不低于 B 级且其中一期不低于 A 级；只有一期评价结果的，评价等级不低于 B 级且申请前一年内未发现存在严重不良行为；无评价结果的，申请前一年内未发现存在严重不良行为。

第十二条　申请水运工程乙级监理企业资质的单位，应当具备下列条件：

（一）人员同时满足下列要求：

1. 企业负责人中不少于 1 人具备 5 年及以上水运工程建设经历，具备监理工程师资格；技术负责人中不少于 1 人具备 8 年及以上水运工程建设经历，具备水运工程监理业绩的总监理工程师经历，具备监理工程师资格。上述人员与企业签订的劳动合同期限均不少于 3 年。

2. 企业拥有中级及以上技术职称专业技术人员不少于 20 人，其中持监理工程师资格证书的人员不少于 10 人，工程系列高级技术职称人员不少于 3 人，经济师、会计师或者造价工程师不少于 1 人。上述各类人员中，与企业签订 3 年及以上劳动合同的人数均不低于 70% 。

（二）业绩满足下列要求之一：

1. 持监理工程师资格证书的人员中，不少于4人具备水运工程监理业绩，不少于2人具备水运工程监理业绩的总监理工程师或者总监理工程师代表经历，不少于1人具备中型及以上水运工程监理业绩的总监理工程师或者总监理工程师代表经历。上述人员与企业签订的劳动合同期限均不少于3年。

2. 企业具备不少于1项中型水运工程监理业绩或者不少于2项小型水运工程监理业绩。

（三）拥有与业务范围相适应的试验检测仪器设备（见附件2）。

（四）企业信誉良好。有两期及以上水运建设市场全国综合信用评价结果的，最近两期评价等级均不低于B级；只有一期评价结果的，评价等级不低于B级且申请前一年内未发现存在严重不良行为；无评价结果的，申请前一年内或者企业成立至申请前未发现存在严重不良行为。

第十三条 申请水运工程机电专项监理企业资质的单位，应当具备下列条件：

（一）人员同时满足下列要求：

1. 企业负责人中不少于1人具备10年及以上水运机电工程建设经历，具备监理工程师资格；技术负责人中不少于1人具备15年及以上水运机电工程建设经历，具备水运机电工程监理业绩的总监理工程师经历，具备机电专业高级技术职称和监理工程师资格。上述人员与企业签订的劳动合同期限均不少于3年。

2. 企业拥有中级及以上技术职称专业技术人员不少于25人，其中持监理工程师资格证书的人员不少于12人，工程系列高级技术职称人员不少于10人，经济师、会计师或者造价工程师不少于2人。上述各类人员中，与企业签订3年及以上劳动合同的人数均不低于70%。

（二）业绩满足下列要求之一：

1. 持监理工程师资格证书的人员中，不少于6人具备水运机电工程监理业绩，不少于3人具备水运机电工程监理业绩的总监理工程师或者总监理工程师代表经历，上述人员与企业签订的劳动合同期限均不少于3年。

2. 企业具备不少于2项水运机电工程监理业绩。

（三）拥有与业务范围相适应的试验检测仪器设备（见附件2）。

（四）企业信誉良好。有两期及以上水运建设市场全国综合信用评价结果的，最近两期评价等级均不低于B级；只有一期评价结果的，评价等级不低于B级且申请前一年内未发现存在严重不良行为；无评价结果的，申请前一年内或者企业成立至申请前未发现存在严重不良行为。

第三章 申请与许可

第十四条 交通运输部负责公路工程甲级和机电专项监理企业资质的行政许可工作。

申请人注册地的省级人民政府交通运输主管部门负责公路工程乙级监理企业资质，水运工程甲级、乙级和机电专项监理企业资质的行政许可工作。

第十五条 申请人申请公路、水运工程监理企业资质，应当向第十四条规定的许可机关提交下列申请材料或者信息：

（一）公路水运工程监理企业资质申请表；

（二）企业统一社会信用代码；

（三）相关的企业负责人、技术负责人以及专业技术人员名单；

（四）企业、人员从业业绩清单；

（五）试验检测仪器设备清单。

申请人应当通过全国公路、水运相关管理系统在线申请，将前款规定的材料或者信息相应录入系统，并对其提交材料或者信息的真实性负责。

全国公路、水运相关管理系统应当向社会公开，接受社会监督。

第十六条 许可机关应当按照《交通行政许可实施程序规定》开展许可工作。准予许可的，颁发相应的公路、水运工程监理企业资质纸质证书和电子证书。

电子证书与纸质证书全国通用，具有同等法律效力。

第十七条 许可机关在作出行政许可决定的过程中可以聘请专家对申请材料进行评审，并且将评审结果向社会公示。

专家评审的时间不计算在许可期限内，但应当将专家评审需要的时间告知申请人。专家评审的时间最长不得超过三十日。

第十八条 许可机关应当组建资质评审专家库，做好专家库的维护、使用和监督管理工作。

许可机关聘请的评审专家应当从其建立的资质评审专家库中选定，并符合回避要求。因回避等原因资质评审专家库难以满足需要的，许可机关可以从其他资质评审专家库中确定评审专家。

参与评审的专家应当履行公正评审、保守企业商业秘密的义务。

第十九条 许可机关作出的准予许可决定，应当向社会公开，公众有权查阅。

第二十条 资质证书有效期为五年。

资质证书有效期届满，企业拟继续从事监理业务的，应当在资质证书有效期届满六十日前，向许可机关提出延续申请。

第二十一条 许可机关对提出资质证书延续申请企业的各项条件进行审查，自收到申请之日起二十个工作日内作出是否准予延续的决定。符合资质条件的，许可机关准予资质证书延续五年。

第二十二条 监理企业在领取新的资质证书时，应当将原资质证书交回许可机关。

第二十三条 公路工程乙级监理企业资质、水运工程乙级监理企业资质、水运工程机电专项监理企业资质实行告知承诺制，许可机关制作并公布告知承诺书格式文本，申请人可自主选择是否采用告知承诺制方式办理。

申请人自愿承诺符合资质条件并按要求提交材料的，许可机关应当当场作出许可决定。

申请人不愿承诺或者无法承诺的，按照本章规定的一般程序办理。

第二十四条 许可机关以告知承诺方式作出许可决定的，应当及时组织对申请人履行承诺情况进行检查。

发现申请人违反承诺的，许可机关应当责令限期整改。逾期不整改或者整改后仍不符合承诺的资质条件的，应当依照《中华人民共和国行政许可法》撤销其资质许可。

第四章 监督检查

第二十五条 各级人民政府交通运输主管部门根据职责对监理企业实施监督检查，强化动态核查，原则上采取随机抽取检查对象、检查人员的方式，通过信息化手段加强事中事后监管，监督检查结果及时向社会公布。

交通运输主管部门进行监督检查时，相关单位和个人应当配合。

第二十六条 已取得资质许可的监理企业不再符合相应资质条件的，许可机关应当责令其限期整改，并将整改要求、整改结果等相关情况向社会公布。

第二十七条 有下列情形之一的，监理企业应当及时将纸质证书交回许可机关，许可机关应当一并注销纸质证书和电子证书，并向社会公开：

（一）未按照规定期限申请延续或者延续申请未获批准的；

（二）企业依法终止的；

（三）资质许可依法被撤销、撤回或者资质证书依法被吊销的；

（四）法律、法规规定的应当注销资质许可的其他情形。

第二十八条 监理企业遗失资质证书，应当在公开媒体和许可机关指定的网站上声明作废，并向许可机关申请办理补证手续。

第二十九条 监理企业的名称、住所、法定代表人等一般事项发生变更的，应当在变更事项发生后十日内向许可机关申请签注变更。

监理企业发生合并、分立、重组、改制等情形需要承继原资质证书的，应当在十日内向许可机关申请重大事项变更。许可机关受理申请后，应当对申请人是否符合原资质条件进行核定，符合原资质条件的，可以承继原资质证书，但不得超过注明的有效期；不符合原资质条件的，应当重新提交资质申请。不再承继原资质证书的，应当及时办理注销手续。

第三十条 监理企业违反本规定，由交通运输主管部门依据《建设工程质量管理条例》及有关规定给予相应处罚。申请人在资质申请过程中的违法违规行为，纳入信用管理。

第三十一条 交通运输主管部门工作人员在资质许可和监督管理工作中玩忽职守、滥用职权、徇私舞弊等严重失职的，由所在单位或者其上级机关依照国家有关规定给予行政处分；构成犯罪的，依法追究刑事责任。

第五章 附 则

第三十二条 纸质证书由许可机关按照交通运输部规定的统一格式制作，电子证书的制作、使用和管理按照交通运输部有关规定执行。

第三十三条 本规定自2022年6月1日起施行。2018年5月17日以交通运输部令2018年第7号发布的《公路水运工程监理企业资质管理规定》、2019年11月28日以交通运输部令2019年第37号发布的《关于修改〈公路水运工程监理企业资质管理规定〉的决定》同时废止。

公路水运工程质量监督管理规定

1. 2017年9月4日交通运输部令2017年第28号公布
2. 自2017年12月1日起施行

第一章 总 则

第一条 为了加强公路水运工程质量监督管理，保证工程质量，根据《中华人民共和国公路法》《中华人民共和国港口法》《中华人民共和国航道法》《建设工程质量管理条例》等法律、行政法规，制定本规定。

第二条 公路水运工程质量监督管理，适用本规定。

第三条 本规定所称公路水运工程，是指经依法审批、核准或者备案的公路、水运基础设施的新建、改建、扩建等建设项目。

本规定所称公路水运工程质量，是指有关公路水运工程建设的法律、法规、规章、技术标准、经批准的设计文件以及工程合同对建设公路水运工程的安全、适用、经济、美观等特性的综合要求。

本规定所称从业单位，是指从事公路、水运工程建设、勘察、设计、施工、监理、试验检测等业务活动的单位。

第四条 交通运输部负责全国公路水运工程质量监督管理工作。交通运输部长江航务管理局按照规定的职责对长江干线航道工程质量监督管理。

县级以上地方人民政府交通运输主管部门按照规定的职责负责本行政区域内的公路水运工程质量监督管理工作。

公路水运工程质量监督管理，可以由交通运输主管部门委托的建设工程质量监督机构具体实施。

第五条 交通运输主管部门应当制定完善公路水运工程质量监督管理制度、政策措施，依法加强质量监督管理，提高质量监督管理水平。

第六条 公路水运工程建设领域鼓励和支持质量管理新理念、新技术、新方法的推广应用。

第二章 质量管理责任和义务

第七条 从业单位应当建立健全工程质量保证体系，制定质量管理制度，强化工程质量管理措施，完善工程质量目标保障机制。

公路水运工程施行质量责任终身制。建设、勘察、设计、施工、监理等单位应当书面明确相应的项目负责人和质量负责人。从业单位的相关人员按照国家法律法规和有关规定在工程合理使用年限内承担相应的质量责任。

第八条 建设单位对工程质量负管理责任，应当科学组织管理，落实国家法律、法规、工程建设强制性标准的规定，严格执行国家有关工程建设管理程序，建立健全项目管理责任机制，完善工程项目管理制度，严格落实质量责任制。

第九条 建设单位应当与勘察、设计、施工、监理等单位在合同中明确工程质量目标、质量管理责任和要求，加强对涉及质量的关键人员、施工设备等方面的合同履约管理，组织开展质量检查，督促有关单位及时整改质量问题。

第十条 勘察、设计单位对勘察、设计质量负责，应当按照有关规定、强制性标准进行勘察、设计，保证勘察、设计工作深度和质量。勘察单位提供的勘察成果文件应当满足工程设计的需要。设计单位应当根据勘察成果文件进行工程设计。

第十一条 设计单位应当按照相关规定，做好设计交底、设计变更和后续服务工作，保障设计意图在施工中得以贯彻落实，及时处理施工中与设计相关的质量技术问题。

第十二条 公路水运工程交工验收前，设计单位应当对工程建设内容是否满足设计要求、是否达到使用功能等方面进行综合检查和分析评价，向建设单位出具工程设计符合性评价意见。

第十三条 施工单位对工程施工质量负责，应当按合同约定设立现场质量管理机构、配备工程技术人员和质量管理人员，落实工程施工质量责任制。

第十四条 施工单位应当严格按照工程设计图纸、施工技术标准和合同约定施工，对原材料、混合料、构配件、工程实体、机电设备等进行检验；按规定施行班组自检、工序交接检、专职质检员检验的质量控制程序；对分项工程、分部工程和单位工程进行质量自评。检验或者自评不合格的，不得进入下道工序或者投入使用。

第十五条　施工单位应当加强施工过程质量控制，并形成完整、可追溯的施工质量管理资料，主体工程的隐蔽部位施工还应当保留影像资料。对施工中出现的质量问题或者验收不合格的工程，应当负责返工处理；对在保修范围和保修期限内发生质量问题的工程，应当履行保修义务。

第十六条　勘察、设计、施工单位应当依法规范分包行为，并对各自承担的工程质量负总责，分包单位对分包合同范围内的工程质量负责。

第十七条　监理单位对施工质量负监理责任，应当按合同约定设立现场监理机构，按规定程序和标准进行工程质量检查、检测和验收，对发现的质量问题及时督促整改，不得降低工程质量标准。

公路水运工程交工验收前，监理单位应当根据有关标准和规范要求对工程质量进行检查验证，编制工程质量评定或者评估报告，并提交建设单位。

第十八条　施工、监理单位应当按照合同约定设立工地临时试验室，严格按照工程技术标准、检测规范和规程，在核定的试验检测参数范围内开展试验检测活动。

施工、监理单位应当对其设立的工地临时试验室所出具的试验检测数据和报告的真实性、客观性、准确性负责。

第十九条　材料和设备的供应单位应当按照有关规定和合同约定对其产品或者服务质量负责。

第三章　监督管理

第二十条　公路水运工程实行质量监督管理制度。

交通运输主管部门及其委托的建设工程质量监督机构应当依据法律、法规和强制性标准等，科学、规范、公正地开展公路水运工程质量监督管理工作。任何单位和个人不得非法干预或者阻挠质量监督管理工作。

第二十一条　交通运输主管部门委托的建设工程质量监督机构应当满足以下基本条件：

（一）从事质量监督管理工作的专业技术人员数量不少于本单位职工总数的70%，且专业结构配置合理，满足质量监督管理工作需要，从事现场执法的人员应当按规定取得行政执法证件；

（二）具备开展质量监督管理的工作条件，按照有关装备标准配备质量监督检查所必要的检测设备、执法装备等；

（三）建立健全质量监督管理制度和工作机制，落实监督管理工作责任，加强业务培训。

质量监督管理工作经费应当由交通运输主管部门按照国家规定协调有关部门纳入同级财政预算予以保障。

第二十二条　交通运输主管部门或者其委托的建设工程质量监督机构依法要求建设单位按规定办理质量监督手续。

建设单位应当按照国家规定向交通运输主管部门或者其委托的建设工程质量监督机构提交以下材料，办理工程质量监督手续：

（一）公路水运工程质量监督管理登记表；

（二）交通运输主管部门批复的施工图设计文件；

（三）施工、监理合同及招投标文件；

（四）建设单位现场管理机构、人员、质量保证体系等文件；

（五）本单位以及勘察、设计、施工、监理、试验检测等单位对其项目负责人、质量负责人的书面授权委托书、质量保证体系等文件；

（六）依法要求提供的其他相关材料。

第二十三条　建设单位提交的材料符合规定的，交通运输主管部门或者其委托的建设工程质量监督机构应当在15个工作日内为其办理工程质量监督手续，出具公路水运工程质量监督管理受理通知书。

公路水运工程质量监督管理受理通知书中应当明确监督人员、内容和方式等。

第二十四条　建设单位在办理工程质量监督手续后、工程开工前，应当按照国家有关规定办理施工许可或者开工备案手续。

交通运输主管部门或者其委托的建设工程质量监督机构应当自建设单位办理完成施工许可或者开工备案手续之日起，至工程竣工验收完成之日止，依法开展公路水运工程建设的质量监督管理工作。

第二十五条　公路水运工程交工验收前，建设单位应当组织对工程质量是否合格进行检测，出具交工验收质量检测报告，连同设计单位出具的工程设计符合性评价意见、监理单位提交的工程质量评定或者评估报告一并提交交通运输主管部门委托的建设工程质量监督机构。

交通运输主管部门委托的建设工程质量监督机构应当对建设单位提交的报告材料进行审核，并对工程质量进行验证性检测，出具工程交工质量核验意见。

工程交工质量核验意见应当包括交工验收质量检测工作组织、质量评定或者评估程序执行、监督管理过程中发现的质量问题整改以及工程质量验证性检测结果等情况。

第二十六条 公路水运工程竣工验收前，交通运输主管部门委托的建设工程质量监督机构应当根据交通运输主管部门拟定的验收工作计划，组织对工程质量进行复测，并出具项目工程质量鉴定报告，明确工程质量水平；同时出具项目工程质量监督管理工作报告，对项目建设期质量监督管理工作进行全面总结。

工程质量鉴定报告应当以工程交工质量核验意见为参考，包括交工遗留问题和试运行期间出现的质量问题及整改、是否存在影响工程正常使用的质量缺陷、工程质量用户满意度调查及工程质量复测和鉴定结论等情况。

交通运输主管部门委托的建设工程质量监督机构应当将项目工程质量鉴定报告和项目工程质量监督管理工作报告提交负责组织竣工验收的交通运输主管部门。

第二十七条 交通运输主管部门委托的建设工程质量监督机构具备相应检测能力的，可以自行对工程质量进行检测；不具备相应检测能力的，可以委托具有相应能力等级的第三方试验检测机构负责相应检测工作。委托试验检测机构开展检测工作的，应当遵守政府采购有关法律法规的要求。

第二十八条 交通运输主管部门或者其委托的建设工程质量监督机构可以采取随机抽查、备案核查、专项督查等方式对从业单位实施监督检查。

公路水运工程质量监督管理工作实行项目监督责任制，可以明确专人或者设立工程项目质量监督组，实施项目质量监督管理工作。

第二十九条 交通运输主管部门或者其委托的建设工程质量监督机构应当制定年度工程质量监督检查计划，确定检查内容、方式、频次以及有关要求等。监督检查的内容主要包括：

（一）从业单位对工程质量法律、法规的执行情况；

（二）从业单位对公路水运工程建设强制性标准的执行情况；

（三）从业单位质量责任落实及质量保证体系运行情况；

（四）主要工程材料、构配件的质量情况；

（五）主体结构工程实体质量等情况。

第三十条 实施监督检查时，应当有 2 名以上人员参加，并出示有效执法证件。检查人员对涉及被检查单位的技术秘密和商业秘密，应当为其保密。

第三十一条 监督检查过程中，检查人员发现质量问题的，应当当场提出检查意见并做好记录。质量问题较为严重的，检查人员应当将检查时间、地点、内容、主要问题及处理意见形成书面记录，并由检查人员和被检查单位现场负责人签字。被检查单位现场负责人拒绝签字的，检查人员应当将情况记录在案。

第三十二条 交通运输主管部门或者其委托的建设工程质量监督机构履行监督检查职责时，有权采取下列措施：

（一）进入被检查单位和施工现场进行检查；

（二）询问被检查单位工作人员，要求其说明有关情况；

（三）要求被检查单位提供有关工程质量的文件和材料；

（四）对工程材料、构配件、工程实体质量进行抽样检测；

（五）对发现的质量问题，责令改正，视情节依法对责任单位采取通报批评、罚款、停工整顿等处理措施。

第三十三条 从业单位及其工作人员应当主动接受、配合交通运输主管部门或者其委托的建设工程质量监督机构的监督检查，不得拒绝或者阻碍。

第三十四条 公路水运工程发生质量事故，建设、施工单位应当按照交通运输部制定的公路水运建设工程质量事故等级划分和报告制度，及时、如实报告。交通运输主管部门或者其委托的建设工程质量监督机构接到事故报告后，应当按有关规定上报事故情况，并及时组织事故抢救，组织或者参与事故调查。

第三十五条　任何单位和个人都有权如实向交通运输主管部门及其委托的建设工程质量监督机构举报、投诉工程质量事故和质量问题。

第三十六条　交通运输主管部门应当加强对工程质量数据的统计分析，建立健全质量动态信息发布和质量问题预警机制。

第三十七条　交通运输主管部门应当完善公路水运工程质量信用档案，健全质量信用评价体系，加强对公路水运工程质量的信用评价管理，并按规定将有关信用信息纳入交通运输和相关统一信用信息共享平台。

第三十八条　交通运输主管部门应当健全违法违规信息公开制度，将从业单位及其人员的失信行为、举报投诉并被查实的质量问题、发生的质量事故、监督检查结果等情况，依法向社会公开。

第四章　法律责任

第三十九条　违反本规定第十条规定，勘察、设计单位未按照工程建设强制性标准进行勘察、设计的，设计单位未根据勘察成果文件进行工程设计的，依照《建设工程质量管理条例》第六十三条规定，责令改正，按以下标准处以罚款；造成质量事故的，责令停工整顿：

（一）工程尚未开工建设的，处10万元以上20万元以下的罚款；

（二）工程已开工建设的，处20万元以上30万元以下的罚款。

第四十条　违反本规定第十四条规定，施工单位不按照工程设计图纸或者施工技术标准施工的，依照《建设工程质量管理条例》第六十四条规定，责令改正，按以下标准处以罚款；情节严重的，责令停工整顿：

（一）未造成工程质量事故的，处所涉及单位工程合同价款2%的罚款；

（二）造成工程质量一般事故的，处所涉及单位工程合同价款2%以上3%以下的罚款；

（三）造成工程质量较大及以上等级事故的，处所涉及单位工程合同价款3%以上4%以下的罚款。

第四十一条　违反本规定第十四条规定，施工单位未按规定对原材料、混合料、构配件等进行检验的，依照《建设工程质量管理条例》第六十五条规定，责令改正，按以下标准处以罚款；情节严重的，责令停工整顿：

（一）未造成工程质量事故的，处10万元以上15万元以下的罚款；

（二）造成工程质量事故的，处15万元以上20万元以下的罚款。

第四十二条　违反本规定第十五条规定，施工单位对施工中出现的质量问题或者验收不合格的工程，未进行返工处理或者拖延返工处理的，责令改正，处1万元以上3万元以下的罚款。

施工单位对保修范围和保修期限内发生质量问题的工程，不履行保修义务或者拖延履行保修义务的，依照《建设工程质量管理条例》第六十六条规定，责令改正，按以下标准处以罚款：

（一）未造成工程质量事故的，处10万元以上15万元以下的罚款；

（二）造成工程质量事故的，处15万元以上20万元以下的罚款。

第四十三条　违反本规定第十七条规定，监理单位在监理工作中弄虚作假、降低工程质量的，或者将不合格的建设工程、建筑材料、建筑构配件和设备按照合格签字的，依照《建设工程质量管理条例》第六十七条规定，责令改正，按以下标准处以罚款，降低资质等级或者吊销资质证书；有违法所得的，予以没收：

（一）未造成工程质量事故的，处50万元以上60万元以下的罚款；

（二）造成工程质量一般事故的，处60万元以上70万元以下的罚款；

（三）造成工程质量较大事故的，处70万元以上80万元以下的罚款；

（四）造成工程质量重大及以上等级事故的，处80万元以上100万元以下的罚款。

第四十四条　违反本规定第十八条规定，设立工地临时实验室的单位弄虚作假、出具虚假数据报告的，责令改正，处1万元以上3万元以下的罚款。

第四十五条　违反本规定第二十二条规定，建设单位未按照规定办理工程质量监督手续的，依照《建设工程质量管理条例》第五十六条规定，责令改正，按以下标准处以罚款：

（一）未造成工程质量事故的，处20万元以上30万元以下的罚款；

（二）造成工程质量一般事故的，处30万元以上40万元以下的罚款；

（三）造成工程质量较大及以上等级事故的，处40万元以上50万元以下的罚款。

第四十六条　依照《建设工程质量管理条例》规定给予单位罚款处罚的，对单位直接负责的主管人员和其他直接责任人员处单位罚款数额5%以上10%以下的罚款。

第四十七条　交通运输主管部门及其委托的建设工程质量监督机构的工作人员在监督管理工作中玩忽职守、滥用职权、徇私舞弊的，依法给予处分；构成犯罪的，依法追究刑事责任。

第五章　附　　则

第四十八条　乡道、村道工程建设的质量监督管理参照本规定执行。

第四十九条　本规定自2017年12月1日起施行。交通部于1999年2月24日发布的《公路工程质量管理办法》（交公路发〔1999〕90号）、2000年6月7日发布的《水运工程质量监督规定》（交通部令2000年第3号）和2005年5月8日发布的《公路工程质量监督规定》（交通部令2005年第4号）同时废止。

公路水运工程试验检测管理办法

1. 2005年10月19日交通部令2015年第12号发布

2. 根据2016年12月10日交通运输部令2016年第80号《关于修改〈公路水运工程试验检测管理办法〉的决定》第一次修正

3. 根据2019年11月28日交通运输部令2019年第38号《关于修改〈公路水运工程试验检测管理办法〉的决定》第二次修正

第一章　总　　则

第一条　为规范公路水运工程试验检测活动，保证公路水运工程质量及人民生命和财产安全，根据《建设工程质量管理条例》，制定本办法。

第二条　从事公路水运工程试验检测活动，应当遵守本办法。

第三条　本办法所称公路水运工程试验检测，是指根据国家有关法律、法规的规定，依据工程建设技术标准、规范、规程，对公路水运工程所用材料、构件、工程制品、工程实体的质量和技术指标等进行的试验检测活动。

本办法所称公路水运工程试验检测机构（以下简称检测机构），是指承担公路水运工程试验检测业务并对试验检测结果承担责任的机构。

本办法所称公路水运工程试验检测人员（以下简称检测人员），是指具备相应公路水运工程试验检测知识、能力，并承担相应公路水运工程试验检测业务的专业技术人员。

第四条　公路水运工程试验检测活动应当遵循科学、客观、严谨、公正的原则。

第五条　交通运输部负责公路水运工程试验检测活动的统一监督管理。交通运输部工程质量监督机构（以下简称部质量监督机构）具体实施公路水运工程试验检测活动的监督管理。

省级人民政府交通运输主管部门负责本行政区域内公路水运工程试验检测活动的监督管理。省级交通质量监督机构（以下简称省级交通质监机构）具体实施本行政区域内公路水运工程试验检测活动的监督管理。

部质量监督机构和省级交通质监机构以下称质监机构。

第二章　检测机构等级评定

第六条　检测机构等级，是依据检测机构的公路水运工程试验检测水平、主要试验检测仪器设备及检测人员的配备情况、试验检测环境等基本条件对检测机构进行的能力划分。

检测机构等级，分为公路工程和水运工程专业。

公路工程专业分为综合类和专项类。公路工程综合类设甲、乙、丙3个等级。公路工程专项类分为交通工程和桥梁隧道工程。

水运工程专业分为材料类和结构类。水运工程材料类设甲、乙、丙3个等级。水运工程结构类设甲、乙2个等级。

检测机构等级标准由部质量监督机构另行制定。

第七条　部质量监督机构负责公路工程综合类甲级、公路工程专项类和水运工程材料类及结构类甲级的等级评定工作。

省级交通质监机构负责公路工程综合类乙、丙级和水运工程材料类乙、丙级、水运工程结构类乙级的等级评定工作。

第八条　检测机构可以同时申请不同专业、不同类别的等级。

检测机构被评为丙级、乙级后须满1年且具有相应的试验检测业绩方可申报上一等级的评定。

第九条　申请公路水运工程试验检测机构等级评定，应向所在地省级交通质监机构提交以下材料：

（一）《公路水运工程试验检测机构等级评定申请书》；

（二）质量保证体系文件。

第十条　公路水运工程试验检测机构等级评定工作分为受理、初审、现场评审3个阶段。

第十一条　省级交通质监机构认为所提交的申请材料齐备、规范、符合规定要求的，应当予以受理；材料不符合规定要求的，应当及时退还申请人，并说明理由。

所申请的等级属于部质量监督机构评定范围的，省级交通质监机构核查后出具核查意见并转送部质量监督机构。

第十二条　初审主要包括以下内容：

（一）试验检测水平、人员及检测环境等条件是否与所申请的等级标准相符；

（二）申报的试验检测项目范围及设备配备与所申请的等级是否相符；

（三）采用的试验检测标准、规范和规程是否合法有效；

（四）检定和校准是否按规定进行；

（五）质量保证体系是否具有可操作性；

（六）是否具有良好的试验检测业绩。

第十三条　初审合格的进入现场评审阶段；初审认为有需要补正的，质监机构应当通知申请人予以补正直至合格；初审不合格的，质监机构应当及时退还申请材料，并说明理由。

第十四条　现场评审是通过对申请人完成试验检测项目的实际能力、检测机构申报材料与实际状况的符合性、质量保证体系和运转等情况的全面核查。

现场评审所抽查的试验检测项目，原则上应当覆盖申请人所申请的试验检测各大项目。抽取的具体参数应当通过抽签方式确定。

第十五条　现场评审由专家评审组进行。

专家评审组由质监机构组建，3人以上单数组成（含3人）。评审专家从质监机构建立的试验检测专家库中选取，与申请人有利害关系的不得进入专家评审组。

专家评审组应当独立、公正地开展评审工作。专家评审组成员应当客观、公正地履行职责，遵守职业道德，并对所提出的评审意见承担个人责任。

第十六条　专家评审组应当向质监机构出具《现场评审报告》，主要内容包括：

（一）现场考核评审意见；

（二）公路水运工程试验检测机构等级评分表；

（三）现场操作考核项目一览表；

（四）两份典型试验检测报告。

第十七条　质监机构依据《现场评审报告》及检测机构等级标准对申请人进行等级评定。

质监机构的评定结果，应当通过交通运输主管部门指定的报刊、信息网络等媒体向社会公示，公示期不得少于7天。

公示期内，任何单位和个人有权就评定结果向质监机构提出异议，质监机构应当及时受理、核实和处理。

公示期满无异议或者经核实异议不成立的，由质监机构根据评定结果向申请人颁发《公路水运工程试验检测机构等级证书》（以下简称《等级证书》）；经核实异议成立的，应当书面通知申请人，并说明理由，同时应当为异议人保密。

省级交通质监机构颁发证书的同时应当报部质量监督机构备案。

第十八条　《公路水运工程试验检测机构等级评定申请书》和《等级证书》由部质量监督机构统一规定格式。

《等级证书》应当注明检测机构从事公路水运工程试验检测的专业、类别、等级和项目范围。

第十九条　《等级证书》有效期为 5 年。

《等级证书》期满后拟继续开展公路水运工程试验检测业务的，检测机构应提前 3 个月向原发证机构提出换证申请。

第二十条　换证的申请、复核程序按照本办法规定的等级评定程序进行，并可以适当简化。在申请等级评定时已经提交过且未发生变化的材料可以不再重复提交。

第二十一条　换证复核以书面审查为主。必要时，可以组织专家进行现场评审。

换证复核的重点是核查检测机构人员、仪器设备、试验检测项目、场所的变动情况，试验检测工作的开展情况，质量保证体系文件的执行情况，违规与投诉情况等。

第二十二条　换证复核合格的，予以换发新的《等级证书》。不合格的，质监机构应当责令其在6 个月内进行整改，整改期内不得承担质量评定和工程验收的试验检测业务。整改期满仍不能达到规定条件的，质监机构根据实际达到的试验检测能力条件重新作出评定，或者注销《等级证书》。

换证复核结果应当向社会公布。

第二十三条　检测机构名称、地址、法定代表人或者机构负责人、技术负责人等发生变更的，应当自变更之日起 30 日内到原发证质监机构办理变更登记手续。

第二十四条　检测机构停业时，应当自停业之日起 15 日内向原发证质监机构办理《等级证书》注销手续。

第二十五条　等级评定不得收费，有关具体事务性工作可以通过政府购买服务等方式实施。

第二十六条　《等级证书》遗失或者污损的，可以向原发证质监机构申请补发。

第二十七条　任何单位和个人不得伪造、涂改、转让、租借《等级证书》。

第三章　试验检测活动

第二十八条　取得《等级证书》，同时按照《计量法》的要求经过计量行政部门考核合格的检测机构，可在《等级证书》注明的项目范围内，向社会提供试验检测服务。

第二十九条　取得《等级证书》的检测机构，可设立工地临时试验室，承担相应公路水运工程的试验检测业务，并对其试验检测结果承担责任。

工程所在地省级交通质监机构应当对工地临时试验室进行监督。

第三十条　检测机构应当严格按照现行有效的国家和行业标准、规范和规程独立开展检测工作，不受任何干扰和影响，保证试验检测数据客观、公正、准确。

第三十一条　检测机构应当建立严密、完善、运行有效的质量保证体系。应当按照有关规定对仪器设备进行正常维护，定期检定与校准。

第三十二条　检测机构应当建立样品管理制度，提倡盲样管理。

第三十三条　检测机构应当重视科技进步，及时更新试验检测仪器设备，不断提高业务水平。

第三十四条　检测机构应当建立健全档案制度，保证档案齐备，原始记录和试验检测报告内容必须清晰、完整、规范。

第三十五条　检测机构在同一公路水运工程项目标段中不得同时接受业主、监理、施工等多方的试验检测委托。

第三十六条　检测机构依据合同承担公路水运工程试验检测业务，不得转包、违规分包。

第三十七条　检测人员分为试验检测师和助理试验检测师。

检测机构的技术负责人应当由试验检测师担任。

试验检测报告应当由试验检测师审核、签发。

第三十八条　检测人员应当重视知识更新，不断提高试验检测业务水平。

第三十九条　检测人员应当严守职业道德和工作程序，独立开展检测工作，保证试验检测数据科学、客观、公正，并对试验检测结果承担法律责任。

第四十条　检测人员不得同时受聘于两家以上检测机构，不得借工作之便推销建设材料、构配件和设备。

第四章　监 督 检 查

第四十一条　质监机构应当建立健全公路水运工程试验检测活动监督检查制度，对检测机构进行定期或不定期的监督检查，及时纠正、查处违反本规定的行为。

第四十二条　公路水运工程试验检测监督检查，主要包括下列内容：

（一）《等级证书》使用的规范性，有无转包、违规分包、超范围承揽业务和涂改、租借《等级证书》的行为；

（二）检测机构能力变化与评定的能力等级的符合性；

（三）原始记录、试验检测报告的真实性、规范性和完整性；

（四）采用的技术标准、规范和规程是否合法有效，样品的管理是否符合要求；

（五）仪器设备的运行、检定和校准情况；

（六）质量保证体系运行的有效性；

（七）检测机构和检测人员试验检测活动的规范性、合法性和真实性；

（八）依据职责应当监督检查的其他内容。

第四十三条 质监机构实施监督检查时，有权采取以下措施：

（一）查阅、记录、录音、录像、照相和复制与检查相关的事项和资料；

（二）进入检测机构的工作场地（包括施工现场）进行抽查；

（三）发现有不符合国家有关标准、规范、规程和本办法规定的试验检测行为时，责令即时改正或限期整改。

第四十四条 质监机构应当组织比对试验，验证检测机构的能力。

部质量监督机构不定期开展全国检测机构的比对试验。各省级交通质监机构每年年初应当制定本行政区域检测机构年度比对试验计划，报部质量监督机构备案，并于年末将比对试验的实施情况报部质量监督机构。

检测机构应当予以配合，如实说明情况和提供相关资料。

第四十五条 任何单位和个人都有权向质监机构投诉或举报违法违规的试验检测行为。

质监机构的监督检查活动，应当接受交通运输主管部门和社会公众的监督。

第四十六条 质监机构在监督检查中发现检测机构有违反本规定行为的，应当予以警告、限期整改，情节严重的列入违规记录并予以公示，质监机构不再委托其承担检测业务。

实际能力已达不到《等级证书》能力等级的检测机构，质监机构应当给予整改期限。整改期满仍达不到规定条件的，质监机构应当视情况注销《等级证书》或者重新评定检测机构等级。重新评定的等级低于原来评定等级的，检测机构1年内不得申报升级。被注销等级的检测机构，2年内不得再次申报。

质监机构应当及时向社会公布监督检查的结果。

第四十七条 质监机构在监督检查中发现检测人员违反本办法的规定，出具虚假试验检测数据或报告的，应当给予警告，情节严重的列入违规记录并予以公示。

第四十八条 质监机构工作人员在试验检测管理活动中，玩忽职守、徇私舞弊、滥用职权的，应当依法给予行政处分。

第五章 附 则

第四十九条 本办法施行前检测机构通过的资质评审，期满复核时应当按照本办法的规定进行《等级证书》的评定。

第五十条 本办法自2005年12月1日起施行。交通部1997年12月10日公布的《水运工程试验检测暂行规定》（交基发〔1997〕803号）和2002年6月26日公布的《交通部水运工程试验检测机构资质管理办法》（交通部令2002年第4号）同时废止。

公路水运工程安全生产监督管理办法

1. 2017年6月12日交通运输部令2017年第25号公布
2. 自2017年8月1日起施行

第一章 总 则

第一条 为了加强公路水运工程安全生产监督管理，防止和减少生产安全事故，保障人民群众生命和财产安全，根据《中华人民共和国安全生产法》《建设工程安全生产管理条例》《生产安全事故报告和调查处理条例》等法律、行政法规，制定本办法。

第二条 公路水运工程建设活动的安全生产行为及对其实施监督管理，应当遵守本办法。

第三条 本办法所称公路水运工程，是指经依法审批、核准或者备案的公路、水运基础设施的新建、改建、扩建等建设项目。

本办法所称从业单位，是指从事公路、水运工程建设、勘察、设计、施工、监理、试验检测、安全服务等工作的单位。

第四条　公路水运工程安全生产工作应当以人民为中心，坚持安全第一、预防为主、综合治理的方针，强化和落实从业单位的主体责任，建立从业单位负责、职工参与、政府监管、行业自律和社会监督的机制。

第五条　交通运输部负责全国公路水运工程安全生产的监督管理工作。

长江航务管理局承担长江干线航道工程安全生产的监督管理工作。

县级以上地方人民政府交通运输主管部门按照规定的职责负责本行政区域内的公路水运工程安全生产监督管理工作。

第六条　交通运输主管部门应当按照保障安全生产的要求，依法制修订公路水运工程安全应急标准体系。

第七条　交通运输主管部门应当建立公路水运工程从业单位和从业人员安全生产违法违规行为信息库，实行安全生产失信黑名单制度，并按规定将有关信用信息及时纳入交通运输和相关统一信用信息共享平台，依法向社会公开。

第八条　有关行业协会依照法律、法规、规章和协会章程，为从业单位提供有关安全生产信息、培训等服务，发挥行业自律作用，促进从业单位加强安全生产管理。

第九条　国家鼓励和支持公路水运工程安全生产科学技术研究成果和先进技术的推广应用，鼓励从业单位运用科技和信息化等手段对存在重大安全风险的施工部位加强监控。

第十条　在改善项目安全生产条件、防止生产安全事故、参加抢险救援等方面取得显著成绩的单位和个人，交通运输主管部门依法给予奖励。

第二章　安全生产条件

第十一条　从业单位从事公路水运工程建设活动，应当具备法律、法规、规章和工程建设强制性标准规定的安全生产条件。任何单位和个人不得降低安全生产条件。

第十二条　公路水运工程应当坚持先勘察后设计再施工的程序。施工图设计文件依法经审批后方可使用。

第十三条　公路水运工程施工招标文件及施工合同中应当载明项目安全管理目标、安全生产职责、安全生产条件、安全生产信用情况及专职安全生产管理人员配备的标准等要求。

第十四条　施工单位从事公路水运工程建设活动，应当取得安全生产许可证及相应等级的资质证书。施工单位的主要负责人和安全生产管理人员应当经交通运输主管部门对其安全生产知识和管理能力考核合格。

施工单位应当设置安全生产管理机构或者配备专职安全生产管理人员。施工单位应当根据工程施工作业特点、安全风险以及施工组织难度，按照年度施工产值配备专职安全生产管理人员，不足5000万元的至少配备1名；5000万元以上不足2亿元的按每5000万元不少于1名的比例配备；2亿元以上的不少于5名，且按专业配备。

第十五条　从业单位应当依法对从业人员进行安全生产教育和培训。未经安全生产教育和培训合格的从业人员，不得上岗作业。

第十六条　公路水运工程从业人员中的特种作业人员应当按照国家有关规定取得相应资格，方可上岗作业。

第十七条　施工中使用的施工机械、设施、机具以及安全防护用品、用具和配件等应当具有生产（制造）许可证、产品合格证或者法定检验检测合格证明，并设立专人查验、定期检查和更新，建立相应的资料档案。无查验合格记录的不得投入使用。

第十八条　特种设备使用单位应当依法取得特种设备使用登记证书，建立特种设备安全技术档案，并将登记标志置于该特种设备的显著位置。

第十九条　翻模、滑（爬）模等自升式架设设施，以及自行设计、组装或者改装的施工挂（吊）篮、移动模架等设施在投入使用前，施工单位应当组织有关单位进行验收，或者委托具有相应资质的检验检测机构进行验收。验收合格后方可使用。

第二十条　对严重危及公路水运工程生产安全的工艺、设备和材料，应当依法予以淘汰。交通运输主管部门可以会同安全生产监督管理部门联合制定严重危及公路水运工程施工安全的工艺、设备和材料的淘汰目录并对外公布。

从业单位不得使用已淘汰的危及生产安全的工艺、设备和材料。

第二十一条 从业单位应当保证本单位所应具备的安全生产条件必需的资金投入。

建设单位在编制工程招标文件及项目概预算时，应当确定保障安全作业环境及安全施工措施所需的安全生产费用，并不得低于国家规定的标准。

施工单位在工程投标报价中应当包含安全生产费用并单独计提，不得作为竞争性报价。

安全生产费用应当经监理工程师审核签认，并经建设单位同意后，在项目建设成本中据实列支，严禁挪用。

第二十二条 公路水运工程施工现场的办公、生活区与作业区应当分开设置，并保持安全距离。办公、生活区的选址应当符合安全性要求，严禁在已发现的泥石流影响区、滑坡体等危险区域设置施工驻地。

施工作业区应当根据施工安全风险辨识结果，确定不同风险等级的管理要求，合理布设。在风险等级较高的区域应当设置警戒区和风险告知牌。

施工作业点应当设置明显的安全警示标志，按规定设置安全防护设施。施工便道便桥、临时码头应当满足通行和安全作业要求，施工便桥和临时码头还应当提供临边防护和水上救生等设施。

第二十三条 施工单位与从业人员订立的劳动合同，应当载明有关保障从业人员劳动安全、防止职业危害等事项。施工单位还应当向从业人员书面告知危险岗位的操作规程。

施工单位应当向作业人员提供符合标准的安全防护用品，监督、教育从业人员按照使用规则佩戴、使用。

第二十四条 公路水运工程建设应当实施安全生产风险管理，按规定开展设计、施工安全风险评估。

设计单位应当依据风险评估结论，对设计方案进行修改完善。

施工单位应当依据风险评估结论，对风险等级较高的分部分项工程编制专项施工方案，并附安全验算结果，经施工单位技术负责人签字后报监理工程师批准执行。

必要时，施工单位应当组织专家对专项施工方案进行论证、审核。

第二十五条 建设、施工等单位应当针对工程项目特点和风险评估情况分别制定项目综合应急预案、合同段施工专项应急预案和现场处置方案，告知相关人员紧急避险措施，并定期组织演练。

施工单位应当依法建立应急救援组织或者指定工程现场兼职的、具有一定专业能力的应急救援人员，配备必要的应急救援器材、设备和物资，并进行经常性维护、保养。

第二十六条 从业单位应当依法参加工伤保险，为从业人员缴纳保险费。

鼓励从业单位投保安全生产责任保险和意外伤害保险。

第三章 安全生产责任

第二十七条 从业单位应当建立健全安全生产责任制，明确各岗位的责任人员、责任范围和考核标准等内容。从业单位应当建立相应的机制，加强对安全生产责任制落实情况的监督考核。

第二十八条 建设单位对公路水运工程安全生产负管理责任。依法开展项目安全生产条件审核，按规定组织风险评估和安全生产检查。根据项目风险评估等级，在工程沿线受影响区域作出相应风险提示。

建设单位不得对勘察、设计、监理、施工、设备租赁、材料供应、试验检测、安全服务等单位提出不符合安全生产法律、法规和工程建设强制性标准规定的要求。不得违反或者擅自简化基本建设程序。不得随意压缩工期。工期确需调整的，应当对影响安全的风险进行论证和评估，经合同双方协商一致，提出相应的施工组织和安全保障措施。

第二十九条 勘察单位应当按照法律、法规、规章、工程建设强制性标准和合同文件进行实地勘察，针对不良地质、特殊性岩土、有毒有害气体等不良情形或者其他可能引发工程生产安全事故的情形加以说明并提出防治建议。

勘察单位提交的勘察文件必须真实、准确，满足公路水运工程安全生产的需要。

勘察单位及勘察人员对勘察结论负责。

第三十条 设计单位应当按照法律、法规、规章、工程建设强制性标准和合同文件进行设计，防止因设计不合理导致生产安全事故的发生。

设计单位应当考虑施工安全操作和防护的需要，对涉及施工安全的重点部位和环节在设计文件中加以注明，提出安全防范意见。依据设计风险评估结论，对存在较高安全风险的工程部位还应当增加专项设计，并组织专家进行论证。

采用新结构、新工艺、新材料的工程和特殊结构工程，设计单位应当在设计文件中提出保障施工作业人员安全和预防生产安全事故的措施建议。

设计单位和设计人员应当对其设计负责，并按合同要求做好安全技术交底和现场服务。

第三十一条 监理单位应当按照法律、法规、规章、工程建设强制性标准和合同文件进行监理，对工程安全生产承担监理责任。

监理单位应当审核施工项目安全生产条件，审查施工组织设计中安全措施和专项施工方案。在实施监理过程中，发现存在安全事故隐患的，应当要求施工单位整改；情节严重的，应当下达工程暂停令，并及时报告建设单位。施工单位拒不整改或者不停止施工的，监理单位应当及时向有关主管部门书面报告，并有权拒绝计量支付审核。

监理单位应当如实记录安全事故隐患和整改验收情况，对有关文字、影像资料应当妥善保存。

第三十二条 依合同承担试验检测或者施工监测的单位应当按照法律、法规、规章、工程建设强制性标准和合同文件开展工作。所提交的试验检测或者施工监测数据应当真实、准确，数据出现异常时应当及时向合同委托方报告。

第三十三条 依法设立的为安全生产提供技术、管理服务的机构，依照法律、法规、规章和执业准则，接受从业单位的委托为其安全生产工作提供技术、管理服务。

从业单位委托前款规定的机构提供安全生产技术、管理服务的，保障安全生产的责任仍由本单位负责。

第三十四条 施工单位应当按照法律、法规、规章、工程建设强制性标准和合同文件组织施工，保障项目施工安全生产条件，对施工现场的安全生产负主体责任。施工单位主要负责人依法对项目安全生产工作全面负责。

建设工程实行施工总承包的，由总承包单位对施工现场的安全生产负总责。分包单位应当服从总承包单位的安全生产管理，分包单位不服从管理导致生产安全事故的，由分包单位承担主要责任。

第三十五条 施工单位应当书面明确本单位的项目负责人，代表本单位组织实施项目施工生产。

项目负责人对项目安全生产工作负有下列职责：

（一）建立项目安全生产责任制，实施相应的考核与奖惩；

（二）按规定配足项目专职安全生产管理人员；

（三）结合项目特点，组织制定项目安全生产规章制度和操作规程；

（四）组织制定项目安全生产教育和培训计划；

（五）督促项目安全生产费用的规范使用；

（六）依据风险评估结论，完善施工组织设计和专项施工方案；

（七）建立安全预防控制体系和隐患排查治理体系，督促、检查项目安全生产工作，确认重大事故隐患整改情况；

（八）组织制定本合同段施工专项应急预案和现场处置方案，并定期组织演练；

（九）及时、如实报告生产安全事故并组织自救。

第三十六条 施工单位的专职安全生产管理人员履行下列职责：

（一）组织或者参与拟订本单位安全生产规章制度、操作规程，以及合同段施工专项应急预案和现场处置方案；

（二）组织或者参与本单位安全生产教育和培训，如实记录安全生产教育和培训情况；

（三）督促落实本单位施工安全风险管控措施；

（四）组织或者参与本合同段施工应急救援演练；

（五）检查施工现场安全生产状况，做好检查记录，提出改进安全生产标准化建设的建议；

（六）及时排查、报告安全事故隐患，并督促落实事故隐患治理措施；

（七）制止和纠正违章指挥、违章操作和违反劳动纪律的行为。

第三十七条 施工单位应当推进本企业承接项目的施工场地布置、现场安全防护、施工工艺操作、施工安全管理活动记录等方面的安全生产标准化建设，并加强对安全生产标准化实施情况的自查自纠。

第三十八条 施工单位应当根据施工规模和现场消防重点建立施工现场消防安全责任制度，确定消防安全责任人，制定消防管理制度和操作规程，设置消防通道，配备相应的消防设施、物资和器材。

施工单位对施工现场临时用火、用电的重点部位及爆破作业各环节应当加强消防安全检查。

第三十九条 施工单位应当将专业分包单位、劳务合作单位的作业人员及实习人员纳入本单位统一管理。

新进人员和作业人员进入新的施工现场或者转入新的岗位前，施工单位应当对其进行安全生产培训考核。

施工单位采用新技术、新工艺、新设备、新材料的，应当对作业人员进行相应的安全生产教育培训，生产作业前还应当开展岗位风险提示。

第四十条 施工单位应当建立健全安全生产技术分级交底制度，明确安全技术分级交底的原则、内容、方法及确认手续。

分项工程实施前，施工单位负责项目管理的技术人员应当按规定对有关安全施工的技术要求向施工作业班组、作业人员详细说明，并由双方签字确认。

第四十一条 施工单位应当按规定开展安全事故隐患排查治理，建立职工参与的工作机制，对隐患排查、登记、治理等全过程闭合管理情况予以记录。事故隐患排查治理情况应当向从业人员通报，重大事故隐患还应当按规定上报和专项治理。

第四十二条 事故发生单位应当依法如实向项目建设单位和负有安全生产监督管理职责的有关部门报告。不得隐瞒不报、谎报或者迟报。

发生生产安全事故，施工单位负责人接到事故报告后，应当迅速组织抢救，减少人员伤亡，防止事故扩大。组织抢救时，应当妥善保护现场，不得故意破坏事故现场、毁灭有关证据。

事故调查处置期间，事故发生单位的负责人、项目主要负责人和有关人员应当配合事故调查，不得擅离职守。

第四十三条 作业人员应当遵守安全施工的规章制度和操作规程，正确使用安全防护用具、机械设备。发现安全事故隐患或者其他不安全因素，应当向现场专（兼）职安全生产管理人员或者本单位项目负责人报告。

作业人员有权了解其作业场所和工作岗位存在的风险因素、防范措施及事故应急措施，有权对施工现场存在的安全问题提出检举和控告，有权拒绝违章指挥和强令冒险作业。

在施工中发生可能危及人身安全的紧急情况时，作业人员有权立即停止作业或者在采取可能的应急措施后撤离危险区域。

第四章 监督管理

第四十四条 交通运输主管部门应当对公路水运工程安全生产行为和下级交通运输主管部门履行安全生产监督管理职责情况进行监督检查。

交通运输主管部门应当依照安全生产法律、法规、规章及工程建设强制性标准，制定年度监督检查计划，确定检查重点、内容、方式和频次。加强与其他安全生产监管部门的合作，推进联合检查执法。

第四十五条 交通运输主管部门对公路水运工程安全生产行为的监督检查主要包括下列内容：

（一）被检查单位执行法律、法规、规章及工程建设强制性标准情况；

（二）本办法规定的项目安全生产条件落实情况；

（三）施工单位在施工场地布置、现场安全防护、施工工艺操作、施工安全管理活动记录等方面的安全生产标准化建设推进情况。

第四十六条 交通运输主管部门在职责范围内开展安全生产监督检查时，有权采取下列措施：

（一）进入被检查单位进行检查，调阅有关工程安全管理的文件和相关照片、录像及电子文本等资料，向有关单位和人员了解情况；

（二）进入被检查单位施工现场进行监督抽查；

（三）责令相关单位立即或者限期停止、改正违法行为；

（四）法律、行政法规规定的其他措施。

第四十七条 交通运输主管部门对监督检查中发现的安全问题或者安全事故隐患，应当根据情况作出如下处理：

（一）被检查单位存在安全管理问题需要整改

的，以书面方式通知存在问题的单位限期整改；

（二）发现严重安全生产违法行为的，予以通报，并按规定依法实施行政处罚或者移交有关部门处理；

（三）被检查单位存在安全事故隐患的，责令立即排除；重大事故隐患排除前或者排除过程中无法保证安全的，责令其从危险区域撤出作业人员，暂时停止施工，并按规定专项治理，纳入重点监管的失信黑名单；

（四）被检查单位拒不执行交通运输主管部门依法作出的相关行政决定，有发生生产安全事故的现实危险的，在保证安全的前提下，经本部门负责人批准，可以提前24小时以书面方式通知有关单位和被检查单位，采取停止供电、停止供应民用爆炸物品等措施，强制被检查单位履行决定；

（五）因建设单位违规造成重大生产安全事故的，对全部或者部分使用财政性资金的项目，可以建议相关职能部门暂停项目执行或者暂缓资金拨付；

（六）督促负有直接监督管理职责的交通运输主管部门，对存在安全事故隐患整改不到位的被检查单位主要负责人约谈警示；

（七）对违反本办法有关规定的行为实行相应的安全生产信用记录，对列入失信黑名单的单位及主要责任人按规定向社会公布；

（八）法律、行政法规规定的其他措施。

第四十八条 交通运输主管部门执行监督检查任务时，应当将检查的时间、地点、内容、发现的问题及其处理情况作出书面记录，并由检查人员和被检查单位的负责人签字。被检查单位负责人拒绝签字的，检查人员应当将情况记录在案，向本单位领导报告，并抄告被检查单位所在的企业法人。

第四十九条 交通运输主管部门对有下列情形之一的从业单位及其直接负责的主管人员和其他直接责任人员给予违法违规行为失信记录并对外公开，公开期限一般自公布之日起12个月：

（一）因违法违规行为导致工程建设项目发生一般及以上等级的生产安全责任事故并承担主要责任的；

（二）交通运输主管部门在监督检查中，发现因从业单位违法违规行为导致工程建设项目存在安全事故隐患的；

（三）存在重大事故隐患，经交通运输主管部门指出或者责令限期消除，但从业单位拒不采取措施或者未按要求消除隐患的；

（四）对举报或者新闻媒体报道的违法违规行为，经交通运输主管部门查实的；

（五）交通运输主管部门依法认定的其他违反安全生产相关法律法规的行为。

对违法违规行为情节严重的从业单位及主要责任人员，应当列入安全生产失信黑名单，将具体情节抄送相关行业主管部门。

第五十条 交通运输主管部门在专业性较强的监督检查中，可以委托具备相应资质能力的机构或者专家开展检查、检测和评估，所需费用按照本级政府购买服务的相关程序要求进行申请。

第五十一条 交通运输主管部门应当健全工程建设安全监管制度，协调有关部门依法保障监督执法经费和装备，加强对监督管理人员的教育培训，提高执法水平。

监督管理人员应当忠于职守，秉公执法，坚持原则。

第五十二条 交通运输主管部门在进行安全生产责任追究时，被问责部门及其工作人员按照法律、法规、规章和工程建设强制性标准规定的方式、程序、计划已经履行安全生产督查职责，但仍有下列情形之一的，可不承担责任：

（一）对发现的安全生产违法行为和安全事故隐患已经依法查处，因从业单位及其从业人员拒不执行导致生产安全责任事故的；

（二）从业单位非法生产或者经责令停工整顿后仍不具备安全生产条件，已经依法提请县级以上地方人民政府决定中止或者取缔施工的；

（三）对拒不执行行政处罚决定的从业单位，已经依法申请人民法院强制执行的；

（四）工程项目中止施工后发生生产安全责任事故的；

（五）因自然灾害等不可抗力导致生产安全事故的；

（六）依法不承担责任的其他情形。

第五十三条 交通运输主管部门应当建立举报制度，

及时受理对公路水运工程生产安全事故、事故隐患以及监督检查人员违法行为的检举、控告和投诉。

任何单位或者个人对安全事故隐患、安全生产违法行为或者事故险情等，均有权向交通运输主管部门报告或者举报。

第五章 法 律 责 任

第五十四条 从业单位及相关责任人违反本办法规定，国家有关法律、行政法规对其法律责任有规定的，适用其规定；没有规定的，由交通运输主管部门根据各自的职责按照本办法规定进行处罚。

第五十五条 从业单位及相关责任人违反本办法规定，有下列行为之一的，责令限期改正；逾期未改正的，对从业单位处1万元以上3万元以下的罚款；构成犯罪的，依法移送司法部门追究刑事责任：

（一）从业单位未全面履行安全生产责任，导致重大事故隐患的；

（二）未按规定开展设计、施工安全风险评估，或者风险评估结论与实际情况严重不符，导致重大事故隐患未被及时发现的；

（三）未按批准的专项施工方案进行施工，导致重大事故隐患的；

（四）在已发现的泥石流影响区、滑坡体等危险区域设置施工驻地，导致重大事故隐患的。

第五十六条 施工单位有下列行为之一的，责令限期改正，可以处5万元以下的罚款；逾期未改正的，责令停产停业整顿，并处5万元以上10万元以下的罚款，对其直接负责的主管人员和其他直接责任人员处1万元以上2万元以下的罚款：

（一）未按照规定设置安全生产管理机构或者配备安全生产管理人员的；

（二）主要负责人和安全生产管理人员未按照规定经考核合格的。

第五十七条 交通运输主管部门及其工作人员违反本办法规定，有下列情形之一的，对直接负责的主管人员和其他直接责任人员依法给予行政处分；构成犯罪的，依法移送司法部门追究刑事责任：

（一）发现公路水运工程重大事故隐患、生产安全事故不予查处的；

（二）对涉及施工安全的重大检举、投诉不依法及时处理的；

（三）在监督检查过程中索取或者接受他人财物，或者谋取其他利益的。

第六章 附 则

第五十八条 地方人民政府对农村公路建设的安全生产另有规定的，适用其规定。

第五十九条 本办法自2017年8月1日起施行。交通部于2007年2月14日以交通部令2007年第1号发布、交通运输部于2016年3月7日以交通运输部令2016年第9号修改的《公路水运工程安全生产监督管理办法》同时废止。

公路建设市场管理办法

1. 2004年12月21日交通部令2004年第14号公布

2. 根据2011年11月30日交通运输部令2011年第11号《关于修改〈公路建设市场管理办法〉的决定》第一次修正

3. 根据2015年6月26日交通运输部令2015年第11号《关于修改〈公路建设市场管理办法〉的决定》第二次修正

第一章 总 则

第一条 为加强公路建设市场管理，规范公路建设市场秩序，保证公路工程质量，促进公路建设市场健康发展，根据《中华人民共和国公路法》、《中华人民共和国招标投标法》、《建设工程质量管理条例》，制定本办法。

第二条 本办法适用于各级交通运输主管部门对公路建设市场的监督管理活动。

第三条 公路建设市场遵循公平、公正、公开、诚信的原则。

第四条 国家建立和完善统一、开放、竞争、有序的公路建设市场，禁止任何形式的地区封锁。

第五条 本办法中下列用语的含义是指：

公路建设市场主体是指公路建设的从业单位和从业人员。

从业单位是指从事公路建设的项目法人，项目建设管理单位，咨询、勘察、设计、施工、监理、试验检测单位，提供相关服务的社会中介机构以及设备和材料的供应单位。

从业人员是指从事公路建设活动的人员。

第二章 管理职责

第六条 公路建设市场管理实行统一管理、分级负责。

第七条 国务院交通运输主管部门负责全国公路建设市场的监督管理工作,主要职责是:

(一)贯彻执行国家有关法律、法规,制定全国公路建设市场管理的规章制度;

(二)组织制定和监督执行公路建设的技术标准、规范和规程;

(三)依法实施公路建设市场准入管理、市场动态管理,并依法对全国公路建设市场进行监督检查;

(四)建立公路建设行业评标专家库,加强评标专家管理;

(五)发布全国公路建设市场信息;

(六)指导和监督省级地方人民政府交通运输主管部门的公路建设市场管理工作;

(七)依法受理举报和投诉,依法查处公路建设市场违法行为;

(八)法律、行政法规规定的其他职责。

第八条 省级人民政府交通运输主管部门负责本行政区域内公路建设市场的监督管理工作,主要职责是:

(一)贯彻执行国家有关法律、法规、规章和公路建设技术标准、规范和规程,结合本行政区域内的实际情况,制定具体的管理制度;

(二)依法实施公路建设市场准入管理,对本行政区域内公路建设市场实施动态管理和监督检查;

(三)建立本地区公路建设招标评标专家库,加强评标专家管理;

(四)发布本行政区域公路建设市场信息,并按规定向国务院交通运输主管部门报送本行政区域公路建设市场的信息;

(五)指导和监督下级交通运输主管部门的公路建设市场管理工作;

(六)依法受理举报和投诉,依法查处本行政区域内公路建设市场违法行为;

(七)法律、法规、规章规定的其他职责。

第九条 省级以下地方人民政府交通运输主管部门负责本行政区域内公路建设市场的监督管理工作,主要职责是:

(一)贯彻执行国家有关法律、法规、规章和公路建设技术标准、规范和规程;

(二)配合省级地方人民政府交通运输主管部门进行公路建设市场准入管理和动态管理;

(三)对本行政区域内公路建设市场进行监督检查;

(四)依法受理举报和投诉,依法查处本行政区域内公路建设市场违法行为;

(五)法律、法规、规章规定的其他职责。

第三章 市场准入管理

第十条 凡符合法律、法规规定的市场准入条件的从业单位和从业人员均可进入公路建设市场,任何单位和个人不得对公路建设市场实行地方保护,不得对符合市场准入条件的从业单位和从业人员实行歧视待遇。

第十一条 公路建设项目依法实行项目法人负责制。项目法人可自行管理公路建设项目,也可委托具备法人资格的项目建设管理单位进行项目管理。

项目法人或者其委托的项目建设管理单位的组织机构、主要负责人的技术和管理能力应当满足拟建项目的管理需要,符合国务院交通运输主管部门有关规定的要求。

第十二条 收费公路建设项目法人和项目建设管理单位进入公路建设市场实行备案制度。

收费公路建设项目可行性研究报告批准或依法核准后,项目投资主体应当成立或者明确项目法人。项目法人应当按照项目管理的隶属关系将其或者其委托的项目建设管理单位的有关情况报交通运输主管部门备案。

对不符合规定要求的项目法人或者项目建设管理单位,交通运输主管部门应当提出整改要求。

第十三条 公路工程勘察、设计、施工、监理、试验检测等从业单位应当按照法律、法规的规定,取得有关管理部门颁发的相应资质后,方可进入公路建设市场。

第十四条 法律、法规对公路建设从业人员的执业资格作出规定的,从业人员应当依法取得相应的执业资格后,方可进入公路建设市场。

第四章 市场主体行为管理

第十五条 公路建设从业单位和从业人员在公路建设市场中必须严格遵守国家有关法律、法规和规章,严格执行公路建设行业的强制性标准、各类技术规范及规程的要求。

第十六条　公路建设项目法人必须严格执行国家规定的基本建设程序,不得违反或者擅自简化基本建设程序。

第十七条　公路建设项目法人负责组织有关专家或者委托有相应工程咨询或者设计资质的单位,对施工图设计文件进行审查。施工图设计文件审查的主要内容包括:

(一)是否采纳工程可行性研究报告、初步设计批复意见;

(二)是否符合公路工程强制性标准、有关技术规范和规程要求;

(三)施工图设计文件是否齐全,是否达到规定的技术深度要求;

(四)工程结构设计是否符合安全和稳定性要求。

第十八条　公路建设项目法人应当按照项目管理隶属关系将施工图设计文件报交通运输主管部门审批。施工图设计文件未经审批的,不得使用。

第十九条　申请施工图设计文件审批应当向相关的交通运输主管部门提交以下材料:

(一)施工图设计的全套文件;

(二)专家或者委托的审查单位对施工图设计文件的审查意见;

(三)项目法人认为需要提交的其他说明材料。

第二十条　交通运输主管部门应当自收到完整齐备的申请材料之日起20日内审查完毕。经审查合格的,批准使用,并将许可决定及时通知申请人。审查不合格的,不予批准使用,应当书面通知申请人并说明理由。

第二十一条　公路建设项目法人应当按照公开、公平、公正的原则,依法组织公路建设项目的招标投标工作。不得规避招标,不得对潜在投标人和投标人实行歧视政策,不得实行地方保护和暗箱操作。

第二十二条　公路工程的勘察、设计、施工、监理单位和设备、材料供应单位应当依法投标,不得弄虚作假,不得串通投标,不得以行贿等不合法手段谋取中标。

第二十三条　公路建设项目法人与中标人应当根据招标文件和投标文件签订合同,不得附加不合理、不公正条款,不得签订虚假合同。

国家投资的公路建设项目,项目法人与施工、监理单位应当按照国务院交通运输主管部门的规定,签订廉政合同。

第二十四条　公路建设项目依法实行施工许可制度。国家和国务院交通运输主管部门确定的重点公路建设项目的施工许可由省级人民政府交通运输主管部门实施,其他公路建设项目的施工许可按照项目管理权限由县级以上地方人民政府交通运输主管部门实施。

第二十五条　项目施工应当具备以下条件:

(一)项目已列入公路建设年度计划;

(二)施工图设计文件已经完成并经审批同意;

(三)建设资金已经落实,并经交通运输主管部门审计;

(四)征地手续已办理,拆迁基本完成;

(五)施工、监理单位已依法确定;

(六)已办理质量监督手续,已落实保证质量和安全的措施。

第二十六条　项目法人在申请施工许可时应当向相关的交通运输主管部门提交以下材料:

(一)施工图设计文件批复;

(二)交通运输主管部门对建设资金落实情况的审计意见;

(三)国土资源部门关于征地的批复或者控制性用地的批复;

(四)建设项目各合同段的施工单位和监理单位名单、合同价情况;

(五)应当报备的资格预审报告、招标文件和评标报告;

(六)已办理的质量监督手续材料;

(七)保证工程质量和安全措施的材料。

第二十七条　交通运输主管部门应当自收到完整齐备的申请材料之日起20日内作出行政许可决定。予以许可的,应当将许可决定及时通知申请人;不予许可的,应当书面通知申请人并说明理由。

第二十八条　公路建设从业单位应当按照合同约定全面履行义务:

(一)项目法人应当按照合同约定履行相应的职责,为项目实施创造良好的条件;

（二）勘察、设计单位应当按照合同约定，按期提供勘察设计资料和设计文件。工程实施过程中，应当按照合同约定派驻设计代表，提供设计后续服务；

（三）施工单位应当按照合同约定组织施工，管理和技术人员及施工设备应当及时到位，以满足工程需要。要均衡组织生产，加强现场管理，确保工程质量和进度，做到文明施工和安全生产；

（四）监理单位应当按照合同约定配备人员和设备，建立相应的现场监理机构，健全监理管理制度，保持监理人员稳定，确保对工程的有效监理；

（五）设备和材料供应单位应当按照合同约定，确保供货质量和时间，做好售后服务工作；

（六）试验检测单位应当按照试验规程和合同约定进行取样、试验和检测，提供真实、完整的试验检测资料。

第二十九条 公路工程实行政府监督、法人管理、社会监理、企业自检的质量保证体系。交通运输主管部门及其所属的质量监督机构对工程质量负监督责任，项目法人对工程质量负管理责任，勘察设计单位对勘察设计质量负责，施工单位对施工质量负责，监理单位对工程质量负现场管理责任，试验检测单位对试验检测结果负责，其他从业单位和从业人员按照有关规定对其产品或者服务质量负相应责任。

第三十条 各级交通运输主管部门及其所属的质量监督机构对工程建设项目进行监督检查时，公路建设从业单位和从业人员应当积极配合，不得拒绝和阻挠。

第三十一条 公路建设从业单位和从业人员应当严格执行国家有关安全生产的法律、法规、国家标准及行业标准，建立健全安全生产的各项规章制度，明确安全责任，落实安全措施，履行安全管理的职责。

第三十二条 发生工程质量、安全事故后，从业单位应当按照有关规定及时报有关主管部门，不得拖延和隐瞒。

第三十三条 公路建设项目法人应当合理确定建设工期，严格按照合同工期组织项目建设。项目法人不得随意要求更改合同工期。如遇特殊情况，确需缩短合同工期的，经合同双方协商一致，可以缩短合同工期，但应当采取措施，确保工程质量，并按照合同规定给予经济补偿。

第三十四条 公路建设项目法人应当按照国家有关规定管理和使用公路建设资金，做到专款专用，专户储存；按照工程进度，及时支付工程款；按照规定的期限及时退还保证金、办理工程结算。不得拖欠工程款和征地拆迁款，不得挤占挪用建设资金。

施工单位应当加强工程款管理，做到专款专用，不得拖欠分包人的工程款和农民工工资；项目法人对工程款使用情况进行监督检查时，施工单位应当积极配合，不得阻挠和拒绝。

第三十五条 公路建设从业单位和从业人员应当严格执行国家和地方有关环境保护和土地管理的规定，采取有效措施保护环境和节约用地。

第三十六条 公路建设项目法人、监理单位和施工单位对勘察设计中存在的问题应当及时提出设计变更的意见，并依法履行审批手续。设计变更应当符合国家制定的技术标准和设计规范要求。

任何单位和个人不得借设计变更虚报工程量或者提高单价。

重大工程变更设计应当按有关规定报原初步设计审批部门批准。

第三十七条 勘察、设计单位经项目法人批准，可以将工程设计中跨专业或者有特殊要求的勘察、设计工作委托给有相应资质条件的单位，但不得转包或者二次分包。

监理工作不得分包或者转包。

第三十八条 施工单位可以将非关键性工程或者适合专业化队伍施工的工程分包给具有相应资格条件的单位，并对分包工程负连带责任。允许分包的工程范围应当在招标文件中规定。分包工程不得再次分包，严禁转包。

任何单位和个人不得违反规定指定分包、指定采购或者分割工程。

项目法人应当加强对施工单位工程分包的管理，所有分包合同须经监理审查，并报项目法人备案。

第三十九条 施工单位可以直接招用农民工或者将劳务作业发包给具有劳务分包资质的劳务分包人。施工单位招用农民工的，应当依法签订劳动合同，并将劳动合同报项目监理工程师和项目法人备案。

施工单位和劳务分包人应当按照合同按时支付劳务工资，落实各项劳动保护措施，确保农民工安全。

劳务分包人应当接受施工单位的管理，按照技术规范要求进行劳务作业。劳务分包人不得将其分包的劳务作业再次分包。

第四十条　项目法人和监理单位应当加强对施工单位使用农民工的管理，对不签订劳动合同、非法使用农民工的，或者拖延和克扣农民工工资的，要予以纠正。拒不纠正的，项目法人要及时将有关情况报交通运输主管部门调查处理。

第四十一条　项目法人应当按照交通部《公路工程竣（交）工验收办法》的规定及时组织项目的交工验收，并报请交通运输主管部门进行竣工验收。

第五章　动 态 管 理

第四十二条　各级交通运输主管部门应当加强对公路建设从业单位和从业人员的市场行为的动态管理。应当建立举报投诉制度，查处违法行为，对有关责任单位和责任人依法进行处理。

第四十三条　国务院交通运输主管部门和省级地方人民政府交通运输主管部门应当建立公路建设市场的信用管理体系，对进入公路建设市场的从业单位和主要从业人员在招投标活动、签订合同和履行合同中的信用情况进行记录并向社会公布。

第四十四条　公路工程勘察、设计、施工、监理等从业单位应当按照项目管理的隶属关系，向交通运输主管部门提供本单位的基本情况、承接任务情况和其他动态信息，并对所提供信息的真实性、准确性和完整性负责。项目法人应当将其他从业单位在建设项目中的履约情况，按照项目管理的隶属关系报交通运输主管部门，由交通运输主管部门核实后记入从业单位信用记录中。

第四十五条　从业单位和主要从业人员的信用记录应当作为公路建设项目招标资格审查和评标工作的重要依据。

第六章　法 律 责 任

第四十六条　对公路建设从业单位和从业人员违反本办法规定进行的处罚，国家有关法律、法规和交通运输部规章已有规定的，适用其规定；没有规定的，由交通运输主管部门根据各自的职责按照本办法规定进行处罚。

第四十七条　项目法人违反本办法规定，实行地方保护的或者对公路建设从业单位和从业人员实行歧视待遇的，由交通运输主管部门责令改正。

第四十八条　从业单位违反本办法规定，在申请公路建设从业许可时，隐瞒有关情况或者提供虚假材料的，行政机关不予受理或者不予行政许可，并给予警告；行政许可申请人在1年内不得再次申请该行政许可。

被许可人以欺骗、贿赂等不正当手段取得从业许可的，行政机关应当依照法律、法规给予行政处罚；申请人在3年内不得再次申请该行政许可；构成犯罪的，依法追究刑事责任。

第四十九条　投标人相互串通投标或者与招标人串通投标的，投标人以向招标人或者评标委员会成员行贿的手段谋取中标的，中标无效，处中标项目金额5‰以上10‰以下的罚款，对单位直接负责的主管人员和其他直接责任人员处单位罚款数额5%以上10%以下的罚款；有违法所得的，并处没收违法所得；情节严重的，取消其1年至2年内参加依法必须进行招标的项目的投标资格并予以公告；构成犯罪的，依法追究刑事责任。给他人造成损失的，依法承担赔偿责任。

第五十条　投标人以他人名义投标或者以其他方式弄虚作假，骗取中标的，中标无效，给招标人造成损失的，依法承担赔偿责任；构成犯罪的，依法追究刑事责任。

依法必须进行招标的项目的投标人有前款所列行为尚未构成犯罪的，处中标项目金额5‰以上10‰以下的罚款，对单位直接负责的主管人员和其他直接责任人员处单位罚款数额5%以上10%以下的罚款；有违法所得的，并处没收违法所得；情节严重的，取消其1年至3年内参加依法必须进行招标的项目的投标资格并予以公告。

第五十一条　项目法人违反本办法规定，拖欠工程款和征地拆迁款的，由交通运输主管部门责令改正，并由有关部门依法对有关责任人员给予行政处分。

第五十二条　除因不可抗力不能履行合同的，中标人不按照与招标人订立的合同履行施工质量、施工工期等义务，造成重大或者特大质量和安全事故，或者造成工期延误的，取消其2年至5年内参加依法必须进行招标的项目的投标资格并予以公告。

第五十三条 施工单位有以下违法违规行为的，由交通运输主管部门责令改正，并由有关部门依法对有关责任人员给予行政处分。

（一）违反本办法规定，拖欠分包人工程款和农民工工资的；

（二）违反本办法规定，造成生态环境破坏和乱占土地的；

（三）违反本办法规定，在变更设计中弄虚作假的；

（四）违反本办法规定，不按规定签订劳动合同的。

第五十四条 违反本办法规定，承包单位将承包的工程转包或者违法分包的，责令改正，没收违法所得，对勘察、设计单位处合同约定的勘察费、设计费25%以上50%以下的罚款；对施工单位处工程合同价款5‰以上10‰以下的罚款；可以责令停业整顿，降低资质等级；情节严重的，吊销资质证书。

工程监理单位转让工程监理业务的，责令改正，没收违法所得，处合同约定的监理酬金25%以上50%以下的罚款；可以责令停业整顿，降低资质等级；情节严重的，吊销资质证书。

第五十五条 公路建设从业单位违反本办法规定，在向交通运输主管部门填报有关市场信息时弄虚作假的，由交通运输主管部门责令改正。

第五十六条 各级交通运输主管部门和其所属的质量监督机构的工作人员违反本办法规定，在建设市场管理中徇私舞弊、滥用职权或者玩忽职守的，按照国家有关规定处理。构成犯罪的，由司法部门依法追究刑事责任。

第七章 附 则

第五十七条 本办法由交通运输部负责解释。

第五十八条 本办法自2005年3月1日起施行。交通部1996年7月11日公布的《公路建设市场管理办法》同时废止。

农村公路建设管理办法

1. 2018年4月8日交通运输部令2018年第4号公布
2. 自2018年6月1日起施行

第一章 总 则

第一条 为了规范农村公路建设管理，促进农村公路可持续健康发展，根据《公路法》《公路安全保护条例》《建设工程质量管理条例》《建设工程安全生产管理条例》等法律、行政法规和国务院相关规定，制定本办法。

第二条 农村公路新建、改建、扩建的管理，适用本办法。

本办法所称农村公路是指纳入农村公路规划，并按照公路工程技术标准修建的县道、乡道、村道及其所属设施，包括经省级交通运输主管部门认定并纳入统计年报里程的农村公路。公路包括公路桥梁、隧道和渡口。

县道是指除国道、省道以外的县际间公路以及连接县级人民政府所在地与乡级人民政府所在地和主要商品生产、集散地的公路。

乡道是指除县道及县道以上等级公路以外的乡际间公路以及连接乡级人民政府所在地与建制村的公路。

村道是指除乡道及乡道以上等级公路以外的连接建制村与建制村、建制村与自然村、建制村与外部的公路，但不包括村内街巷和农田间的机耕道。

第三条 农村公路建设应当遵循政府主导、分级负责、安全至上、确保质量、生态环保、因地制宜的原则。

第四条 交通运输部负责全国公路建设的行业管理工作。

县级以上地方交通运输主管部门依据职责主管本行政区域内农村公路的建设管理工作，县级交通运输主管部门具体负责指导、监督乡道、村道建设管理工作。

第五条 县级人民政府应当按照国务院有关规定落实本行政区域内农村公路建设的主体责任，对农村公路建设质量、安全负责，落实财政保障机制，加强和规范农村公路建设管理，严格生态环境保护，扶持和促进农村公路绿色可持续发展。

乡级人民政府负责本行政区域内乡道、村道建设管理工作。

村民委员会在乡级人民政府的指导下，可以按照村民自愿、民主决策的原则和一事一议制度组织村道建设。

第六条　农村公路建设项目实行项目业主责任制。项目业主应当具备建设项目相应的管理和技术能力。

鼓励选择专业化机构履行项目业主职责。

第七条　农村公路建设项目按照规模、功能、技术复杂程度等因素，分为重要农村公路建设项目和一般农村公路建设项目。

省级交通运输主管部门可以会同同级有关部门确定重要农村公路建设项目和一般农村公路建设项目的具体划分标准，并可以根据相关法规和本办法，结合本地区实际情况简化一般农村公路建设项目的建设程序。

第八条　鼓励在农村公路建设中应用新技术、新材料、新工艺、新设备，提高建设质量。

在保证农村公路建设质量的前提下，鼓励整合旧路资源、加工适于筑路的废旧材料等用于农村公路建设，推动资源循环利用。

鼓励采用设计、施工和验收后一定时期养护工作合并实施的“建养一体化”模式。

第九条　市级以上地方交通运输主管部门应当采用随机抽取建设项目，随机选派检查人员，检查情况向社会公开的方式，对农村公路建设项目进行监督检查。检查比例由省级交通运输主管部门确定。

县级交通运输主管部门应当实现农村公路建设项目监督检查全覆盖。

鼓励委托具有公路设计、施工、监理资质的单位进行监督检查。

第十条　农村公路建设项目年度计划、补助政策、招标投标、施工管理、质量监管、资金使用、工程验收等信息应当按照交通运输部有关规定向社会公开，接受社会监督。

第二章　规划管理

第十一条　农村公路建设规划应当符合国民经济和社会发展规划、土地利用总体规划，与城乡规划、国道、省道以及其他交通运输方式的发展规划相协调。

第十二条　县道建设规划由县级交通运输主管部门会同同级有关部门编制，经县级人民政府审定后，报上一级人民政府批准。

乡道、村道建设规划由县级交通运输主管部门协助乡级人民政府编制，报县级人民政府批准。

经批准的农村公路建设规划，应当报批准机关的上一级交通运输主管部门备案。

第十三条　农村公路建设规划编制单位应当在编制建设规划时同步建立农村公路建设规划项目库，同建设规划一并履行报批和备案手续。

农村公路建设规划项目库实行动态管理，根据需要定期调整。项目库调整应当报原批准机关批准，并报批准机关的上一级交通运输主管部门备案。

第十四条　县级以上地方交通运输主管部门应当根据农村公路建设规划项目库，统筹考虑财政投入、年度建设重点、养护能力等因素，会同同级有关部门编制农村公路建设项目年度计划。

未纳入农村公路建设规划项目库的建设项目，不得列入年度计划。

农村公路建设项目年度计划编制及审批程序由省级交通运输主管部门制定。

第三章　建设资金

第十五条　农村公路建设资金应当按照国家相关规定，列入地方各级政府财政预算。

农村公路建设应当逐步建立健全以财政投入为主、多渠道筹措为辅的资金筹措机制。

鼓励采取农村公路资源开发、金融支持、捐助、捐款等方式筹集农村公路建设资金。

第十六条　县级以上地方交通运输主管部门应当依据职责，建立健全农村公路建设资金管理制度，加强对资金使用情况的监管。

第十七条　由中央政府给予投资支持的农村公路建设项目，应当按照有关规定及时将项目以及资金使用情况报相关部门备案。

第十八条　农村公路建设资金应当按照有关规定及时支付。已列入建设计划的项目可以采用“先建后补”等方式组织建设。

车辆购置税补助资金应当全部用于建设项目建筑安装工程费支出，不得从中提取咨询、审查、管理等其他费用，但中央政府全额投资的建设项目除外。

第十九条　农村公路建设资金使用情况应当按照规定

接受有关部门监督检查。

任何单位、组织和个人不得截留、挤占、挪用农村公路建设资金。

第二十条 农村公路建设不得增加农民负担，不得损害农民利益，不得采用强制手段向单位和个人集资，不得强行让农民出工、备料。

第二十一条 农村公路建设不得拖欠工程款和农民工工资，不得拖欠征地拆迁款。

第四章 建设标准和设计

第二十二条 农村公路建设应当根据本地区实际情况，合理确定公路技术等级，并符合有关标准规范和省级以上交通运输主管部门相关要求。

第二十三条 农村公路设计应当做好耕地特别是永久基本农田、水利设施、生态环境和文物古迹的保护。

有条件的地方在农村公路设计时可以结合旅游等需求设置休息区、观景台。

第二十四条 农村公路设计应当由具有相应资质的设计单位承担。

重要农村公路建设项目应当进行初步设计和施工图设计。一般农村公路建设项目可以直接进行施工图设计，并可以多个项目一并进行。

第二十五条 农村公路建设项目设计文件由县级以上地方交通运输主管部门依据法律、行政法规的相关规定进行审批，具体审批权限由省级交通运输主管部门确定。

农村公路建设项目重大或者较大设计变更应当报原设计审批部门批准。

第五章 建 设 施 工

第二十六条 农村公路建设用地应当符合土地使用标准，并按照国家有关规定执行。

第二十七条 农村公路建设项目需要征地拆迁的，应当按照当地人民政府确定的补偿标准给予补偿。

第二十八条 农村公路建设项目的勘察、设计、施工、监理等符合法定招标条件的，应当依法进行招标。

省级交通运输主管部门可以编制农村公路建设招标文件范本。

第二十九条 县级以上地方交通运输主管部门应当会同同级有关部门加强对农村公路建设项目招标投标工作的指导和监督。

第三十条 重要农村公路建设项目应当单独招标，一般农村公路建设项目可以多个项目一并招标。

第三十一条 农村公路建设项目的招标由项目业主负责组织。

第三十二条 农村公路建设项目应当选择具有相应资质的单位施工。在保证工程质量的条件下，可以在专业技术人员的指导下组织当地群众参与实施一般农村公路建设项目中技术难度低的路基和附属设施。

第三十三条 农村公路建设项目由项目业主依照相关法规自主决定工程监理形式。

第六章 质 量 安 全

第三十四条 农村公路建设项目应当遵守工程质量和安全监督管理相关法规规定。

第三十五条 农村公路建设项目应当设定保修期限和质量保证金。重要农村公路建设项目保修期限在 2 至 3 年，一般农村公路建设项目保修期限在 1 至 2 年，具体期限由项目业主和施工单位在合同中约定，自项目交工验收之日起计算。质量保证金可以从建设项目资金中预留或者以银行保函方式缴纳，预留或者缴纳比例应当符合国家相关规定。

在保修期限内发生的质量缺陷，由施工单位负责修复。施工单位不能进行修复的，由项目业主负责组织修复，修复所产生的相关费用从质量保证金中扣除，不足部分由施工单位承担。

保修期限届满且质量缺陷得到有效处置的，预留的质量保证金应当及时返还施工单位。

第三十六条 省级交通运输主管部门应当建立农村公路建设信用评价体系，由县级交通运输主管部门对农村公路建设项目有关单位进行评价，并实施相应守信联合激励和失信联合惩戒。

第三十七条 农村公路建设项目应当按照有关标准设置交通安全、防护、排水等附属设施，并与主体工程同时设计、同时施工、同时投入使用。

第三十八条 鼓励聘请技术专家或者动员当地群众代表参与农村公路建设项目质量和安全监督工作。

第三十九条 鼓励推行标准化施工，对混凝土拌和、构件预制、钢筋加工等推行工厂化管理，提高建设质量。

第七章　工 程 验 收

第四十条　农村公路建设项目完工后，应当按照国家有关规定组织交工、竣工验收。未经验收或者验收不合格的，不得交付使用。

一般农村公路建设项目的交工、竣工验收可以合并进行，并可以多个项目一并验收。

第四十一条　农村公路建设项目由项目业主组织交工验收，由县级以上地方交通运输主管部门按照项目管理权限组织竣工验收。交工、竣工验收合并的项目，由县级以上地方交通运输主管部门按照项目管理权限组织验收。

由县级以上地方交通运输主管部门组织验收的农村公路建设项目，应当邀请同级公安、安全生产监督管理等相关部门参加，验收结果报上一级交通运输主管部门备案。

市级以上地方交通运输主管部门应当将项目验收作为监督检查的重要内容。

第四十二条　农村公路建设项目验收时，验收单位应当按照设计文件和项目承包合同，组织质量鉴定检测，核定工程量。

第四十三条　农村公路建设项目在交工验收时发现存在质量缺陷等问题，由施工单位限期完成整改。

第四十四条　农村公路新建项目交工验收合格后，方可开放交通，并移交管理养护单位。

县级以上交通运输主管部门应当及时组织做好基础数据统计、更新和施工资料归档工作。

第四十五条　省级交通运输主管部门可以根据《公路工程竣（交）工验收办法》和《公路工程质量检验评定标准》，结合本地区实际情况，规定具体的农村公路建设项目验收程序。

第八章　法 律 责 任

第四十六条　违反本办法规定，有下列情形之一的，由有关交通运输主管部门或者由其向地方人民政府建议对责任单位进行通报批评，限期整改；情节严重的，对责任人依法给予行政处分：

（一）在筹集农村公路建设资金过程中，强制单位和个人集资，强迫农民出工、备料的；

（二）擅自降低征地补偿标准，或者拖欠工程款、征地拆迁款和农民工工资的。

第四十七条　违反本办法规定，农村公路建设资金不按时支付，或者截留、挤占、挪用建设资金的，由有关交通运输主管部门或者由其向地方人民政府建议对责任单位进行通报批评，限期整改；情节严重的，对责任人依法给予行政处分。

第四十八条　违反本办法规定，农村公路新建项目未经交工验收合格即开放交通的，由有关交通运输主管部门责令停止使用，限期改正。

第四十九条　农村公路建设项目发生招标投标违法行为的，依据《招标投标法》《招标投标法实施条例》等有关规定，对相关责任单位和责任人给予处罚。

第五十条　农村公路建设项目发生转包、违法分包等质量安全违法行为的，依据《建设工程质量管理条例》《建设工程安全生产管理条例》等有关规定，对相关责任单位和责任人给予处罚。

第九章　附　　则

第五十一条　本办法自2018年6月1日起施行。2006年1月27日以交通部令2006年第3号发布的《农村公路建设管理办法》同时废止。

3. 公路管理

收费公路管理条例

1. 2004年9月13日国务院令第417号公布
2. 自2004年11月1日起施行

第一章 总 则

第一条 为了加强对收费公路的管理,规范公路收费行为,维护收费公路的经营管理者和使用者的合法权益,促进公路事业的发展,根据《中华人民共和国公路法》(以下简称公路法),制定本条例。

第二条 本条例所称收费公路,是指符合公路法和本条例规定,经批准依法收取车辆通行费的公路(含桥梁和隧道)。

第三条 各级人民政府应当采取积极措施,支持、促进公路事业的发展。公路发展应当坚持非收费公路为主,适当发展收费公路。

第四条 全部由政府投资或者社会组织、个人捐资建设的公路,不得收取车辆通行费。

第五条 任何单位或者个人不得违反公路法和本条例的规定,在公路上设站(卡)收取车辆通行费。

第六条 对在公路上非法设立收费站(卡)收取车辆通行费的,任何单位和个人都有权拒绝交纳。

任何单位或者个人对在公路上非法设立收费站(卡)、非法收取或者使用车辆通行费、非法转让收费公路权益或者非法延长收费期限等行为,都有权向交通、价格、财政等部门举报。收到举报的部门应当按照职责分工依法及时查处;无权查处的,应当及时移送有权查处的部门。受理的部门必须自收到举报或者移送材料之日起10日内进行查处。

第七条 收费公路的经营管理者,经依法批准有权向通行收费公路的车辆收取车辆通行费。

军队车辆、武警部队车辆,公安机关在辖区内收费公路上处理交通事故、执行正常巡逻任务和处置突发事件的统一标志的制式警车,以及经国务院交通主管部门或者省、自治区、直辖市人民政府批准执行抢险救灾任务的车辆,免交车辆通行费。

进行跨区作业的联合收割机、运输联合收割机(包括插秧机)的车辆,免交车辆通行费。联合收割机不得在高速公路上通行。

第八条 任何单位或者个人不得以任何形式非法干预收费公路的经营管理,挤占、挪用收费公路经营管理者依法收取的车辆通行费。

第二章 收费公路建设和收费站的设置

第九条 建设收费公路,应当符合国家和省、自治区、直辖市公路发展规划,符合本条例规定的收费公路的技术等级和规模。

第十条 县级以上地方人民政府交通主管部门利用贷款或者向企业、个人有偿集资建设的公路(以下简称政府还贷公路),国内外经济组织投资建设或者依照公路法的规定受让政府还贷公路收费权的公路(以下简称经营性公路),经依法批准后,方可收取车辆通行费。

第十一条 建设和管理政府还贷公路,应当按照政事分开的原则,依法设立专门的不以营利为目的的法人组织。

省、自治区、直辖市人民政府交通主管部门对本行政区域内的政府还贷公路,可以实行统一管理、统一贷款、统一还款。

经营性公路建设项目应当向社会公布,采用招标投标方式选择投资者。

经营性公路由依法成立的公路企业法人建设、经营和管理。

第十二条 收费公路收费站的设置,由省、自治区、直辖市人民政府按照下列规定审查批准:

(一)高速公路以及其他封闭式的收费公路,除两端出入口外,不得在主线上设置收费站。但是,省、自治区、直辖市之间确需设置收费站的除外。

(二)非封闭式的收费公路的同一主线上,相邻收费站的间距不得少于50公里。

第十三条 高速公路以及其他封闭式的收费公路,应当实行计算机联网收费,减少收费站点,提高通行效率。联网收费的具体办法由国务院交通主管部门会同国务院有关部门制定。

第十四条 收费公路的收费期限,由省、自治区、直辖市人民政府按照下列标准审查批准:

(一)政府还贷公路的收费期限,按照用收费偿还贷款、偿还有偿集资款的原则确定,最长不得超过15年。国家确定的中西部省、自治区、直辖市的政府还贷公路收费期限,最长不得超过20年。

(二)经营性公路的收费期限,按照收回投资并有合理回报的原则确定,最长不得超过25年。国家确定的中西部省、自治区、直辖市的经营性公路收费期限,最长不得超过30年。

第十五条　车辆通行费的收费标准,应当依照价格法律、行政法规的规定进行听证,并按照下列程序审查批准:

(一)政府还贷公路的收费标准,由省、自治区、直辖市人民政府交通主管部门会同同级价格主管部门、财政部门审核后,报本级人民政府审查批准。

(二)经营性公路的收费标准,由省、自治区、直辖市人民政府交通主管部门会同同级价格主管部门审核后,报本级人民政府审查批准。

第十六条　车辆通行费的收费标准,应当根据公路的技术等级、投资总额、当地物价指数、偿还贷款或者有偿集资款的期限和收回投资的期限以及交通量等因素计算确定。对在国家规定的绿色通道上运输鲜活农产品的车辆,可以适当降低车辆通行费的收费标准或者免交车辆通行费。

修建与收费公路经营管理无关的设施、超标准修建的收费公路经营管理设施和服务设施,其费用不得作为确定收费标准的因素。

车辆通行费的收费标准需要调整的,应当依照本条例第十五条规定的程序办理。

第十七条　依照本条例规定的程序审查批准的收费公路收费站、收费期限、车辆通行费收费标准或者收费标准的调整方案,审批机关应当自审查批准之日起10日内将有关文件向国务院交通主管部门和国务院价格主管部门备案;其中属于政府还贷公路的,还应当自审查批准之日起10日内向国务院财政部门备案。

第十八条　建设收费公路,应当符合下列技术等级和规模:

(一)高速公路连续里程30公里以上。但是,城市市区至本地机场的高速公路除外。

(二)一级公路连续里程50公里以上。

(三)二车道的独立桥梁、隧道,长度800米以上;四车道的独立桥梁、隧道,长度500米以上。

技术等级为二级以下(含二级)的公路不得收费。但是,在国家确定的中西部省、自治区、直辖市建设的二级公路,其连续里程60公里以上的,经依法批准,可以收取车辆通行费。

第三章　收费公路权益的转让

第十九条　依照本条例的规定转让收费公路权益的,应当向社会公布,采用招标投标的方式,公平、公正、公开地选择经营管理者,并依法订立转让协议。

第二十条　收费公路的权益,包括收费权、广告经营权、服务设施经营权。

转让收费公路权益的,应当依法保护投资者的合法利益。

第二十一条　转让政府还贷公路权益中的收费权,可以申请延长收费期限,但延长的期限不得超过5年。

转让经营性公路权益中的收费权,不得延长收费期限。

第二十二条　有下列情形之一的,收费公路权益中的收费权不得转让:

(一)长度小于1000米的二车道独立桥梁和隧道;

(二)二级公路;

(三)收费时间已超过批准收费期限2/3。

第二十三条　转让政府还贷公路权益的收入,必须缴入国库,除用于偿还贷款和有偿集资款外,必须用于公路建设。

第二十四条　收费公路权益转让的具体办法,由国务院交通主管部门会同国务院发展改革部门和财政部门制定。

第四章　收费公路的经营管理

第二十五条　收费公路建成后,应当按照国家有关规定进行验收;验收合格的,方可收取车辆通行费。

收费公路不得边建设边收费。

第二十六条　收费公路经营管理者应当按照国家规定的标准和规范,对收费公路及沿线设施进行日常检查、维护,保证收费公路处于良好的技术状态,为通行车辆及人员提供优质服务。

收费公路的养护应当严格按照工期施工、竣工,不得拖延工期,不得影响车辆安全通行。

第二十七条　收费公路经营管理者应当在收费站的显著位置，设置载有收费站名称、审批机关、收费单位、收费标准、收费起止年限和监督电话等内容的公告牌，接受社会监督。

第二十八条　收费公路经营管理者应当按照国家规定的标准，结合公路交通状况、沿线设施等情况，设置交通标志、标线。

交通标志、标线必须清晰、准确、易于识别。重要的通行信息应当重复提示。

第二十九条　收费道口的设置，应当符合车辆行驶安全的要求；收费道口的数量，应当符合车辆快速通过的需要，不得造成车辆堵塞。

第三十条　收费站工作人员的配备，应当与收费道口的数量、车流量相适应，不得随意增加人员。

收费公路经营管理者应当加强对收费站工作人员的业务培训和职业道德教育，收费人员应当做到文明礼貌，规范服务。

第三十一条　遇有公路损坏、施工或者发生交通事故等影响车辆正常安全行驶的情形时，收费公路经营管理者应当在现场设置安全防护设施，并在收费公路出入口进行限速、警示提示，或者利用收费公路沿线可变信息板等设施予以公告；造成交通堵塞时，应当及时报告有关部门并协助疏导交通。

遇有公路严重损毁、恶劣气象条件或者重大交通事故等严重影响车辆安全通行的情形时，公安机关应当根据情况，依法采取限速通行、关闭公路等交通管制措施。收费公路经营管理者应当积极配合公安机关，及时将有关交通管制的信息向通行车辆进行提示。

第三十二条　收费公路经营管理者收取车辆通行费，必须向收费公路使用者开具收费票据。政府还贷公路的收费票据，由省、自治区、直辖市人民政府财政部门统一印（监）制。经营性公路的收费票据，由省、自治区、直辖市人民政府税务部门统一印（监）制。

第三十三条　收费公路经营管理者对依法应当交纳而拒交、逃交、少交车辆通行费的车辆，有权拒绝其通行，并要求其补交应交纳的车辆通行费。

任何人不得为拒交、逃交、少交车辆通行费而故意堵塞收费道口、强行冲卡、殴打收费公路管理人员、破坏收费设施或者从事其他扰乱收费公路经营管理秩序的活动。

发生前款规定的扰乱收费公路经营管理秩序行为时，收费公路经营管理者应当及时报告公安机关，由公安机关依法予以处理。

第三十四条　在收费公路上行驶的车辆不得超载。

发现车辆超载时，收费公路经营管理者应当及时报告公安机关，由公安机关依法予以处理。

第三十五条　收费公路经营管理者不得有下列行为：

（一）擅自提高车辆通行费收费标准；

（二）在车辆通行费收费标准之外加收或者代收任何其他费用；

（三）强行收取或者以其他不正当手段按车辆收取某一期间的车辆通行费；

（四）不开具收费票据，开具未经省、自治区、直辖市人民政府财政、税务部门统一印（监）制的收费票据或者开具已经过期失效的收费票据。

有前款所列行为之一的，通行车辆有权拒绝交纳车辆通行费。

第三十六条　政府还贷公路的管理者收取的车辆通行费收入，应当全部存入财政专户，严格实行收支两条线管理。

政府还贷公路的车辆通行费，除必要的管理、养护费用从财政部门批准的车辆通行费预算中列支外，必须全部用于偿还贷款和有偿集资款，不得挪作他用。

第三十七条　收费公路的收费期限届满，必须终止收费。

政府还贷公路在批准的收费期限届满前已经还清贷款、还清有偿集资款的，必须终止收费。

依照本条前两款的规定，收费公路终止收费的，有关省、自治区、直辖市人民政府应当向社会公告，明确规定终止收费的日期，接受社会监督。

第三十八条　收费公路终止收费前 6 个月，省、自治区、直辖市人民政府交通主管部门应当对收费公路进行鉴定和验收。经鉴定和验收，公路符合取得收费公路权益时核定的技术等级和标准的，收费公路经营管理者方可按照国家有关规定向交通主管部门办理公路移交手续；不符合取得收费公路权益时核定的技术等级和标准的，收费公路经营管理者应当在交通主管部门确定的期限内进行养护，达到要求后，方可按照规定办理公路移交手续。

第三十九条　收费公路终止收费后，收费公路经营管理者应当自终止收费之日起15日内拆除收费设施。

第四十条　任何单位或者个人不得通过封堵非收费公路或者在非收费公路上设卡收费等方式，强迫车辆通行收费公路。

第四十一条　收费公路经营管理者应当按照国务院交通主管部门和省、自治区、直辖市人民政府交通主管部门的要求，及时提供统计资料和有关情况。

第四十二条　收费公路的养护、绿化和公路用地范围内的水土保持及路政管理，依照公路法的有关规定执行。

第四十三条　国务院交通主管部门和省、自治区、直辖市人民政府交通主管部门应当对收费公路实施监督检查，督促收费公路经营管理者依法履行公路养护、绿化和公路用地范围内的水土保持义务。

第四十四条　审计机关应当依法加强收费公路的审计监督，对违法行为依法进行查处。

第四十五条　行政执法机关依法对收费公路实施监督检查时，不得向收费公路经营管理者收取任何费用。

第四十六条　省、自治区、直辖市人民政府应当将本行政区域内收费公路及收费站名称、收费单位、收费标准、收费期限等信息向社会公布，接受社会监督。

第五章　法律责任

第四十七条　违反本条例的规定，擅自批准收费公路建设、收费站、收费期限、车辆通行费收费标准或者收费公路权益转让的，由省、自治区、直辖市人民政府责令改正；对负有责任的主管人员和其他直接责任人员依法给予记大过直至开除的行政处分；构成犯罪的，依法追究刑事责任。

第四十八条　违反本条例的规定，地方人民政府或者有关部门及其工作人员非法干预收费公路经营管理，或者挤占、挪用收费公路经营管理者收取的车辆通行费的，由上级人民政府或者有关部门责令停止非法干预，退回挤占、挪用的车辆通行费；对负有责任的主管人员和其他直接责任人员依法给予记大过直至开除的行政处分；构成犯罪的，依法追究刑事责任。

第四十九条　违反本条例的规定，擅自在公路上设立收费站（卡）收取车辆通行费或者应当终止收费而不终止的，由国务院交通主管部门或者省、自治区、直辖市人民政府交通主管部门依据职权，责令改正，强制拆除收费设施；有违法所得的，没收违法所得，并处违法所得2倍以上5倍以下的罚款；没有违法所得的，处1万元以上5万元以下的罚款；负有责任的主管人员和其他直接责任人员属于国家工作人员的，依法给予记大过直至开除的行政处分。

第五十条　违反本条例的规定，有下列情形之一的，由国务院交通主管部门或者省、自治区、直辖市人民政府交通主管部门依据职权，责令改正，并根据情节轻重，处5万元以上20万元以下的罚款：

（一）收费站的设置不符合标准或者擅自变更收费站位置的；

（二）未按照国家规定的标准和规范对收费公路及沿线设施进行日常检查、维护的；

（三）未按照国家有关规定合理设置交通标志、标线的；

（四）道口设置不符合车辆行驶安全要求或者道口数量不符合车辆快速通过需要的；

（五）遇有公路损坏、施工或者发生交通事故等影响车辆正常安全行驶的情形，未按照规定设置安全防护设施或者未进行提示、公告，或者遇有交通堵塞不及时疏导交通的；

（六）应当公布有关限速通行或者关闭收费公路的信息而未及时公布的。

第五十一条　违反本条例的规定，收费公路经营管理者收费时不开具票据，开具未经省、自治区、直辖市人民政府财政、税务部门统一印（监）制的票据，或者开具已经过期失效的票据的，由财政部门或者税务部门责令改正，并根据情节轻重，处10万元以上50万元以下的罚款；负有责任的主管人员和其他直接责任人员属于国家工作人员的，依法给予记大过直至开除的行政处分；构成犯罪的，依法追究刑事责任。

第五十二条　违反本条例的规定，政府还贷公路的管理者未将车辆通行费足额存入财政专户或者未将转让政府还贷公路权益的收入全额缴入国库的，由财政部门予以追缴、补齐；对负有责任的主管人员和其他直接责任人员，依法给予记过直至开除的行政处分。

违反本条例的规定，财政部门未将政府还贷公路的车辆通行费或者转让政府还贷公路权益的收入用于偿还贷款、偿还有偿集资款，或者将车辆通行费、转让政府还贷公路权益的收入挪作他用的，由本级人民政府责令偿还贷款、偿还有偿集资款，或者责令退还挪用的车辆通行费和转让政府还贷公路权益的收入；对负有责任的主管人员和其他直接责任人员，依法给予记过直至开除的行政处分；构成犯罪的，依法追究刑事责任。

第五十三条　违反本条例的规定，收费公路终止收费后，收费公路经营管理者不及时拆除收费设施的，由省、自治区、直辖市人民政府交通主管部门责令限期拆除；逾期不拆除的，强制拆除，拆除费用由原收费公路经营管理者承担。

第五十四条　违反本条例的规定，收费公路经营管理者未按照国务院交通主管部门规定的技术规范和操作规程进行收费公路养护的，由省、自治区、直辖市人民政府交通主管部门责令改正；拒不改正的，责令停止收费。责令停止收费后30日内仍未履行公路养护义务的，由省、自治区、直辖市人民政府交通主管部门指定其他单位进行养护，养护费用由原收费公路经营管理者承担。拒不承担的，由省、自治区、直辖市人民政府交通主管部门申请人民法院强制执行。

第五十五条　违反本条例的规定，收费公路经营管理者未履行公路绿化和水土保持义务的，由省、自治区、直辖市人民政府交通主管部门责令改正，并可以对原收费公路经营管理者处履行绿化、水土保持义务所需费用1倍至2倍的罚款。

第五十六条　国务院价格主管部门或者县级以上地方人民政府价格主管部门对违反本条例的价格违法行为，应当依据价格管理的法律、法规和规章的规定予以处罚。

第五十七条　违反本条例的规定，为拒交、逃交、少交车辆通行费而故意堵塞收费道口、强行冲卡、殴打收费公路管理人员、破坏收费设施或者从事其他扰乱收费公路经营管理秩序活动，构成违反治安管理行为的，由公安机关依法予以处罚；构成犯罪的，依法追究刑事责任；给收费公路经营管理者造成损失或者造成人身损害的，依法承担民事赔偿责任。

第五十八条　违反本条例的规定，假冒军队车辆、武警部队车辆、公安机关统一标志的制式警车和抢险救灾车辆逃交车辆通行费的，由有关机关依法予以处理。

第六章　附　　则

第五十九条　本条例施行前在建的和已投入运行的收费公路，由国务院交通主管部门会同国务院发展改革部门和财政部门依照本条例规定的原则进行规范。具体办法由国务院交通主管部门制定。

第六十条　本条例自2004年11月1日起施行。

城市道路管理条例

1. 1996年6月4日国务院令第198号发布

2. 根据2011年1月8日国务院令第588号《关于废止和修改部分行政法规的决定》第一次修订

3. 根据2017年3月1日国务院令第676号《关于修改和废止部分行政法规的决定》第二次修订

4. 根据2019年3月24日国务院令第710号《关于修改部分行政法规的决定》第三次修订

第一章　总　　则

第一条　为了加强城市道路管理，保障城市道路完好，充分发挥城市道路功能，促进城市经济和社会发展，制定本条例。

第二条　本条例所称城市道路，是指城市供车辆、行人通行的，具备一定技术条件的道路、桥梁及其附属设施。

第三条　本条例适用于城市道路规划、建设、养护、维修和路政管理。

第四条　城市道路管理实行统一规划、配套建设、协调发展和建设、养护、管理并重的原则。

第五条　国家鼓励和支持城市道路科学技术研究，推广先进技术，提高城市道路管理的科学技术水平。

第六条　国务院建设行政主管部门主管全国城市道路管理工作。

省、自治区人民政府城市建设行政主管部门主管本行政区域内的城市道路管理工作。

县级以上城市人民政府市政工程行政主管部门

主管本行政区域内的城市道路管理工作。

第二章 规划和建设

第七条 县级以上城市人民政府应当组织市政工程、城市规划、公安交通等部门，根据城市总体规划编制城市道路发展规划。

市政工程行政主管部门应当根据城市道路发展规划，制定城市道路年度建设计划，经城市人民政府批准后实施。

第八条 城市道路建设资金可以按照国家有关规定，采取政府投资、集资、国内外贷款、国有土地有偿使用收入、发行债券等多种渠道筹集。

第九条 城市道路的建设应当符合城市道路技术规范。

第十条 政府投资建设城市道路的，应当根据城市道路发展规划和年度建设计划，由市政工程行政主管部门组织建设。

单位投资建设城市道路的，应当符合城市道路发展规划。

城市住宅小区、开发区内的道路建设，应当分别纳入住宅小区、开发区的开发建设计划配套建设。

第十一条 国家鼓励国内外企业和其他组织以及个人按照城市道路发展规划，投资建设城市道路。

第十二条 城市供水、排水、燃气、热力、供电、通信、消防等依附于城市道路的各种管线、杆线等设施的建设计划，应当与城市道路发展规划和年度建设计划相协调，坚持先地下、后地上的施工原则，与城市道路同步建设。

第十三条 新建的城市道路与铁路干线相交的，应当根据需要在城市规划中预留立体交通设施的建设位置。

城市道路与铁路相交的道口建设应当符合国家有关技术规范，并根据需要逐步建设立体交通设施。建设立体交通设施所需投资，按照国家规定由有关部门协商确定。

第十四条 建设跨越江河的桥梁和隧道，应当符合国家规定的防洪、通航标准和其他有关技术规范。

第十五条 县级以上城市人民政府应当有计划地按照城市道路技术规范改建、拓宽城市道路和公路的结合部，公路行政主管部门可以按照国家有关规定在资金上给予补助。

第十六条 承担城市道路设计、施工的单位，应当具有相应的资质等级，并按照资质等级承担相应的城市道路的设计、施工任务。

第十七条 城市道路的设计、施工，应当严格执行国家和地方规定的城市道路设计、施工的技术规范。

城市道路施工，实行工程质量监督制度。

城市道路工程竣工，经验收合格后，方可交付使用；未经验收或者验收不合格的，不得交付使用。

第十八条 城市道路实行工程质量保修制度。城市道路的保修期为一年，自交付使用之日起计算。保修期内出现工程质量问题，由有关责任单位负责保修。

第十九条 市政工程行政主管部门对利用贷款或者集资建设的大型桥梁、隧道等，可以在一定期限内向过往车辆（军用车辆除外）收取通行费，用于偿还贷款或者集资款，不得挪作他用。

收取通行费的范围和期限，由省、自治区、直辖市人民政府规定。

第三章 养护和维修

第二十条 市政工程行政主管部门对其组织建设和管理的城市道路，按照城市道路的等级、数量及养护和维修的定额，逐年核定养护、维修经费，统一安排养护、维修资金。

第二十一条 承担城市道路养护、维修的单位，应当严格执行城市道路养护、维修的技术规范，定期对城市道路进行养护、维修，确保养护、维修工程的质量。

市政工程行政主管部门负责对养护、维修工程的质量进行监督检查，保障城市道路完好。

第二十二条 市政工程行政主管部门组织建设和管理的道路，由其委托的城市道路养护、维修单位负责养护、维修。单位投资建设和管理的道路，由投资建设的单位或者其委托的单位负责养护、维修。城市住宅小区、开发区内的道路，由建设单位或者其委托的单位负责养护、维修。

第二十三条 设在城市道路上的各类管线的检查井、箱盖或者城市道路附属设施，应当符合城市道路养护规范。因缺损影响交通和安全时，有关产权单位应当及时补缺或者修复。

第二十四条 城市道路的养护、维修工程应当按照规定的期限修复竣工，并在养护、维修工程施工现场设置明显标志和安全防围设施，保障行人和交通车辆安全。

第二十五条 城市道路养护、维修的专用车辆应当使用统一标志；执行任务时，在保证交通安全畅通的情况下，不受行驶路线和行驶方向的限制。

第四章 路政管理

第二十六条 市政工程行政主管部门执行路政管理的人员执行公务，应当按照有关规定佩戴标志，持证上岗。

第二十七条 城市道路范围内禁止下列行为：

（一）擅自占用或者挖掘城市道路；

（二）履带车、铁轮车或者超重、超高、超长车辆擅自在城市道路上行驶；

（三）机动车在桥梁或者非指定的城市道路上试刹车；

（四）擅自在城市道路上建设建筑物、构筑物；

（五）在桥梁上架设压力在4千克/平方厘米（0.4兆帕）以上的煤气管道、10千伏以上的高压电力线和其他易燃易爆管线；

（六）擅自在桥梁或者路灯设施上设置广告牌或者其他挂浮物；

（七）其他损害、侵占城市道路的行为。

第二十八条 履带车、铁轮车或者超重、超高、超长车辆需要在城市道路上行驶的，事先须征得市政工程行政主管部门同意，并按照公安交通管理部门指定的时间、路线行驶。

军用车辆执行任务需要在城市道路上行驶的，可以不受前款限制，但是应当按照规定采取安全保护措施。

第二十九条 依附于城市道路建设各种管线、杆线等设施的，应当经市政工程行政主管部门批准，方可建设。

第三十条 未经市政工程行政主管部门和公安交通管理部门批准，任何单位或者个人不得占用或者挖掘城市道路。

第三十一条 因特殊情况需要临时占用城市道路的，须经市政工程行政主管部门和公安交通管理部门批准，方可按照规定占用。

经批准临时占用城市道路的，不得损坏城市道路；占用期满后，应当及时清理占用现场，恢复城市道路原状；损坏城市道路的，应当修复或者给予赔偿。

第三十二条 城市人民政府应当严格控制占用城市道路作为集贸市场。

第三十三条 因工程建设需要挖掘城市道路的，应当提交城市规划部门批准签发的文件和有关设计文件，经市政工程行政主管部门和公安交通管理部门批准，方可按照规定挖掘。

新建、扩建、改建的城市道路交付使用后5年内、大修的城市道路竣工后3年内不得挖掘；因特殊情况需要挖掘的，须经县级以上城市人民政府批准。

第三十四条 埋设在城市道路下的管线发生故障需要紧急抢修的，可以先行破路抢修，并同时通知市政工程行政主管部门和公安交通管理部门，在24小时内按照规定补办批准手续。

第三十五条 经批准挖掘城市道路的，应当在施工现场设置明显标志和安全防围设施；竣工后，应当及时清理现场，通知市政工程行政主管部门检查验收。

第三十六条 经批准占用或者挖掘城市道路的，应当按照批准的位置、面积、期限占用或者挖掘。需要移动位置、扩大面积、延长时间的，应当提前办理变更审批手续。

第三十七条 占用或者挖掘由市政工程行政主管部门管理的城市道路的，应当向市政工程行政主管部门交纳城市道路占用费或者城市道路挖掘修复费。

城市道路占用费的收费标准，由省、自治区人民政府的建设行政主管部门、直辖市人民政府的市政工程行政主管部门拟订，报同级财政、物价主管部门核定；城市道路挖掘修复费的收费标准，由省、自治区人民政府的建设行政主管部门、直辖市人民政府的市政工程行政主管部门制定，报同级财政、物价主管部门备案。

第三十八条 根据城市建设或者其他特殊需要，市政工程行政主管部门可以对临时占用城市道路的单位或者个人决定缩小占用面积、缩短占用时间或者停止占用，并根据具体情况退还部分城市道路占用费。

第五章 罚则

第三十九条 违反本条例的规定，有下列行为之一的，由市政工程行政主管部门责令停止设计、施工，限期改正，可以并处3万元以下的罚款；已经取得设计、施工资格证书，情节严重的，提请原发证机关吊销设计、施工资格证书：

（一）未取得设计、施工资格或者未按照资质等级承担城市道路的设计、施工任务的；

（二）未按照城市道路设计、施工技术规范设计、施工的；

（三）未按照设计图纸施工或者擅自修改图纸的。

第四十条 违反本条例第十七条规定，擅自使用未经验收或者验收不合格的城市道路的，由市政工程行政主管部门责令限期改正，给予警告，可以并处工程造价2%以下的罚款。

第四十一条 承担城市道路养护、维修的单位违反本条例的规定，未定期对城市道路进行养护、维修或者未按照规定的期限修复竣工，并拒绝接受市政工程行政主管部门监督、检查的，由市政工程行政主管部门责令限期改正，给予警告；对负有直接责任的主管人员和其他直接责任人员，依法给予行政处分。

第四十二条 违反本条例第二十七条规定，或者有下列行为之一的，由市政工程行政主管部门或者其他有关部门责令限期改正，可以处以2万元以下的罚款；造成损失的，应当依法承担赔偿责任：

（一）未对设在城市道路上的各种管线的检查井、箱盖或者城市道路附属设施的缺损及时补缺或者修复的；

（二）未在城市道路施工现场设置明显标志和安全防围设施的；

（三）占用城市道路期满或者挖掘城市道路后，不及时清理现场的；

（四）依附于城市道路建设各种管线、杆线等设施，不按照规定办理批准手续的；

（五）紧急抢修埋设在城市道路下的管线，不按照规定补办批准手续的；

（六）未按照批准的位置、面积、期限占用或者挖掘城市道路，或者需要移动位置、扩大面积、延长时间，未提前办理变更审批手续的。

第四十三条 违反本条例，构成犯罪的，由司法机关依法追究刑事责任；尚不构成犯罪，应当给予治安管理处罚的，依照治安管理处罚法的规定给予处罚。

第四十四条 市政工程行政主管部门人员玩忽职守、滥用职权、徇私舞弊，构成犯罪的，依法追究刑事责任；尚不构成犯罪的，依法给予行政处分。

第六章 附 则

第四十五条 本条例自1996年10月1日起施行。

路政管理规定

1. 2003年1月27日交通部令2003年第2号发布

2. 根据2016年12月10日交通运输部令2016年第81号《关于修改〈路政管理规定〉的决定》修正

第一章 总 则

第一条 为加强公路管理，提高路政管理水平，保障公路的完好、安全和畅通，根据《中华人民共和国公路法》（以下简称《公路法》）及其他有关法律、行政法规，制定本规定。

第二条 本规定适用于中华人民共和国境内的国道、省道、县道、乡道的路政管理。

本规定所称路政管理，是指县级以上人民政府交通主管部门或者其设置的公路管理机构，为维护公路管理者、经营者、使用者的合法权益，根据《公路法》及其他有关法律、法规和规章的规定，实施保护公路、公路用地及公路附属设施（以下统称“路产”）的行政管理。

第三条 路政管理工作应当遵循“统一管理、分级负责、依法行政”的原则。

第四条 交通部根据《公路法》及其他有关法律、行政法规的规定主管全国路政管理工作。

县级以上地方人民政府交通主管部门根据《公路法》及其他有关法律、法规、规章的规定主管本行政区域内路政管理工作。

县级以上地方人民政府交通主管部门设置的公路管理机构根据《公路法》的规定或者根据县级以上地方人民政府交通主管部门的委托负责路政管理的具体工作。

第五条 县级以上地方人民政府交通主管部门或者其设置的公路管理机构的路政管理职责如下：

（一）宣传、贯彻执行公路管理的法律、法规和规章；

（二）保护路产；

（三）实施路政巡查；

（四）管理公路两侧建筑控制区；

（五）维持公路养护作业现场秩序；

（六）参与公路工程交工、竣工验收；

（七）依法查处各种违反路政管理法律、法规、规章的案件；

（八）法律、法规规定的其他职责。

第六条 依照《公路法》的有关规定，受让公路收费权或者由国内外经济组织投资建成的收费公路的路政管理工作，由县级以上地方人民政府交通主管部门或者其设置的公路管理机构的派出机构、人员负责。

第七条 任何单位和个人不得破坏、损坏或者非法占用路产。

任何单位和个人都有爱护路产的义务，有检举破坏、损坏路产和影响公路安全行为的权利。

第二章 路政管理许可

第八条 除公路防护、养护外，占用、利用或者挖掘公路、公路用地、公路两侧建筑控制区，以及更新、砍伐公路用地上的树木，应当根据《公路法》和本规定，事先报经交通主管部门或者其设置的公路管理机构批准、同意。

第九条 因修建铁路、机场、电站、通信设施、水利工程和进行其他建设工程需要占用、挖掘公路或者使公路改线的，建设单位应当按照《公路法》第四十四条第二款的规定，事先向交通主管部门或者其设置的公路管理机构提交申请书和设计图。

本条前款规定的申请书包括以下主要内容：

（一）主要理由；

（二）地点（公路名称、桩号及与公路边坡外缘或者公路界桩的距离）；

（三）安全保障措施；

（四）施工期限；

（五）修复、改建公路的措施或者补偿数额。

第十条 跨越、穿越公路，修建桥梁、渡槽或者架设、埋设管线等设施，以及在公路用地范围内架设、埋设管（杆）线、电缆等设施，应当按照《公路法》第四十五条的规定，事先向交通主管部门或者其设置的公路管理机构提交申请书和设计图。

本条前款规定的申请书包括以下主要内容：

（一）主要理由；

（二）地点（公路名称、桩号及与公路边坡外缘或者公路界桩的距离）；

（三）安全保障措施；

（四）施工期限；

（五）修复、改建公路的措施或者补偿数额。

第十一条 因抢险、防汛需要在大中型公路桥梁和渡口周围二百米范围内修筑堤坝、压缩或者拓宽河床，应当按照《公路法》第四十七条第二款的规定，事先向交通主管部门提交申请书和设计图。

本条前款规定的申请书包括以下主要内容：

（一）主要理由；

（二）地点（公路名称、桩号及与公路边坡外缘或者公路界桩的距离）；

（三）安全保障措施；

（四）施工期限。

第十二条 铁轮车、履带车和其他可能损害公路路面的机具，不得在公路上行驶。

农业机械因当地田间作业需要在公路上短距离行驶或者军用车辆执行任务需要在公路上行驶的，可以不受前款限制，但是应当采取安全保护措施。对公路造成损坏的，应当按照损坏程度给予补偿。

第十三条 超过公路、公路桥梁、公路隧道或者汽车渡船的限载、限高、限宽、限长标准的车辆，确需在公路上行驶的，按照《公路法》第五十条和交通部制定的《超限运输车辆行驶公路管理规定》的规定办理。

第十四条 在公路用地范围内设置公路标志以外的其他标志，应当按照《公路法》第五十四条的规定，事先向交通主管部门或者其设置的公路管理机构提交申请书和设计图。

本条前款规定的申请书包括以下主要内容：

（一）主要理由；

（二）标志的内容；

（三）标志的颜色、外廓尺寸及结构；

（四）标志设置地点（公路名称、桩号）；

（五）标志设置时间及保持期限。

第十五条 在公路上增设平面交叉道口，应当按照《公路法》第五十五条的规定，事先向交通主管部门或者其设置的公路管理机构提交申请书和设计图或者平面布置图。

本条前款规定的申请书包括以下主要内容：

（一）主要理由；

（二）地点（公路名称、桩号）；

（三）施工期限；

（四）安全保障措施。

第十六条　在公路两侧的建筑控制区内埋设管（杆）线、电缆等设施，应当按照《公路法》第五十六条第一款的规定，事先向交通主管部门或者其设置的公路管理机构提交申请书和设计图。

本条前款规定的申请书包括以下主要内容：

（一）主要理由；

（二）地点（公路名称、桩号及与公路边坡外缘或公路界桩的距离）；

（三）安全保障措施；

（四）施工期限。

第十七条　更新砍伐公路用地上的树木，应当依照《公路法》第四十二条第二款的规定，事先向交通主管部门或者其设置的公路管理机构提交申请书。

本条前款规定的申请书包括以下主要内容：

（一）主要理由；

（二）地点（公路名称、桩号）；

（三）树木的种类和数量；

（四）安全保障措施；

（五）时间；

（六）补种措施。

第十八条　除省级人民政府根据《公路法》第八条第二款就国道、省道管理、监督职责作出决定外，路政管理许可的权限如下：

（一）属于国道、省道的，由省级人民政府交通主管部门或者其设置的公路管理机构办理；

（二）属于县道的，由市（设区的市）级人民政府交通主管部门或者其设置的公路管理机构办理；

（三）属于乡道的，由县级人民政府交通主管部门或者其设置的公路管理机构办理。

路政管理许可事项涉及有关部门职责的，应当经交通主管部门或者其设置的公路管理机构批准或者同意后，依照有关法律、法规的规定，办理相关手续。其中，本规定第十一条规定的事项，由省级人民政府交通主管部门会同省级水行政主管部门办理。

第十九条　交通主管部门或者其设置的公路管理机构自接到申请书之日起15日内应当作出决定。作出批准或者同意的决定的，应当签发相应的许可证；作出不批准或者不同意的决定的，应当书面告知，并说明理由。

第三章　路政案件管辖

第二十条　路政案件由案件发生地的县级人民政府交通主管部门或者其设置的公路管理机构管辖。

第二十一条　对管辖发生争议的，报请共同的上一级人民政府交通主管部门或者其设置的公路管理机构指定管辖。

下级人民政府交通主管部门或者其设置的公路管理机构对属于其管辖的案件，认为需要由上级人民政府交通主管部门或者其设置的公路管理机构处理的，可以报请上一级人民政府交通主管部门或者其设置的公路管理机构决定。

上一级人民政府交通主管部门或者其设置的公路管理机构认为必要的，可以直接处理属于下级人民政府交通主管部门或者其设置的公路管理机构管辖的案件。

第二十二条　报请上级人民政府交通主管部门或者其设置的公路管理机构处理的案件以及上级人民政府交通主管部门或者其设置的公路管理机构决定直接处理的案件，案件发生地的县级人民政府交通主管部门或者其设置的公路管理机构应当首先制止违法行为，并做好保护现场等工作，上级人民政府交通主管部门或者其设置的公路管理机构应当及时确定管辖权。

第四章　行政处罚

第二十三条　有下列违法行为之一的，依照《公路法》第七十六条的规定，责令停止违法行为，可处三万元以下的罚款：

（一）违反《公路法》第四十四条第一款规定，擅自占用、挖掘公路的；

（二）违反《公路法》第四十五条规定，未经同意或者未按照公路工程技术标准的要求修建跨越、穿越公路的桥梁、渡槽或者架设、埋设管线、电缆等设施的；

（三）违反《公路法》第四十七条规定，未经批准从事危及公路安全作业的；

（四）违反《公路法》第四十八条规定，铁轮车、履带车和其他可能损害路面的机具擅自在公路上超限行驶的；

（五）违反《公路法》第五十条规定，车辆超限使用汽车渡船或者在公路上擅自超限行驶的；

（六）违反《公路法》第五十二条、第五十六条规定，损坏、移动、涂改公路附属设施或者损坏、挪动建筑控制区的标桩、界桩，可能危及公路安全的。

第二十四条 有下列违法行为之一的，依照《公路法》第七十七条的规定，责令停止违法行为，可处五千元以下罚款：

（一）违反《公路法》第四十六条规定，造成公路路面损坏、污染或者影响公路畅通的；

（二）违反《公路法》第五十一条规定，将公路作为检验机动车辆制动性能的试车场地的。

第二十五条 违反《公路法》第五十三条规定，造成公路损坏，未报告的，依照《公路法》第七十八条的规定，处以一千元以下罚款。

第二十六条 违反《公路法》第五十四条规定，在公路用地范围内设置公路标志以外的其他标志的，依照《公路法》第七十九条的规定，责令限期拆除，可处二万元以下罚款。

第二十七条 违反《公路法》第五十五条规定，未经批准在公路上设置平面交叉道口的，依照《公路法》第八十条的规定，责令恢复原状，处五万元以下罚款。

第二十八条 违反《公路法》第五十六条规定，在公路建筑控制区内修建建筑物、地面构筑物或者擅自埋设管线、电缆等设施的，依照《公路法》第八十一条的规定，责令限期拆除，并可处五万元以下罚款。

第二十九条 《公路法》第八章及本规定规定的行政处罚，由县级以上地方人民政府交通主管部门或者其设置的公路管理机构依照《公路法》有关规定实施。

第三十条 实施路政处罚的程序，按照《交通行政处罚程序规定》办理。

第五章 公路赔偿和补偿

第三十一条 公民、法人或者其他组织造成路产损坏的，应向公路管理机构缴纳路产损坏赔（补）偿费。

第三十二条 根据《公路法》第四十四条第二款，经批准占用、利用、挖掘公路或者使公路改线的，建设单位应当按照不低于该段公路原有技术标准予以修复、改建或者给予相应的补偿。

第三十三条 路产损坏事实清楚，证据确凿充分，赔偿数额较小，且当事人无争议的，可以当场处理。

当场处理公路赔（补）偿案件，应当制作、送达《公路赔（补）偿通知书》收取公路赔（补）偿费，出具收费凭证。

第三十四条 除本规定第三十三条规定可以当场处理的公路赔（补）偿案件外，处理公路赔（补）偿案件应当按照下列程序进行：

（一）立案；

（二）调查取证；

（三）听取当事人陈述和申辩或听证；

（四）制作并送达《公路赔（补）偿通知书》；

（五）收取公路赔（补）偿费；

（六）出具收费凭证；

（七）结案。

调查取证应当询问当事人及证人，制作调查笔录；需要进行现场勘验或者鉴定的，还应当制作现场勘验报告或者鉴定报告。

第三十五条 本规定对公路赔（补）偿案件处理程序的具体事项未作规定的，参照《交通行政处罚程序规定》办理。

办理公路赔（补）偿案件涉及路政处罚的，可以一并进行调查取证，分别进行处理。

第三十六条 当事人对《公路赔（补）偿通知书》认定的事实和赔（补）偿费数额有疑义的，可以向公路管理机构申请复核。

公路管理机构应当自收到公路赔（补）偿复核申请之日起15日内完成复核，并将复核结果书面通知当事人。

本条规定不影响当事人依法向人民法院提起民事诉讼的法定权利。

第三十七条 公路赔（补）偿费应当用于受损公路的修复，不得挪作他用。

第六章 行政强制措施

第三十八条 对公路造成较大损害、当场不能处理完毕的车辆，公路管理机构应当依据《公路法》第八十五条第二款的规定，签发《责令车辆停驶通知书》，责令该车辆停驶并停放于指定场所。调查、处理完毕后,应当立即放行车辆,有关费用由车辆所有人或者使用人承担。

第三十九条 违反《公路法》第五十四条规定,在公路用地范围内设置公路标志以外的其他标志,依法责令限期拆除,而设置者逾期不拆除的,依照《公路法》第七十九条的规定强行拆除。

第四十条 违反《公路法》第五十六条规定,在公路建筑控制区内修建建筑物、地面构筑物或者擅自埋设管(杆)线、电缆等设施,依法责令限期拆除,而建筑者、构筑者逾期不拆除的,依照《公路法》第八十一条的规定强行拆除。

第四十一条 依法实施强行拆除所发生的有关费用,由设置者、建筑者、构筑者负担。

第四十二条 依法实施路政强行措施,应当遵守下列程序:

(一)制作并送达路政强制措施告诫书,告知当事人作出拆除非法标志或者设施决定的事实、理由及依据,拆除非法标志或者设施的期限,不拆除非法标志或者设施的法律后果,并告知当事人依法享有的权利;

(二)听取当事人陈述和申辩;

(三)复核当事人提出的事实、理由和依据;

(四)经督促告诫,当事人逾期不拆除非法标志或者设施的,制作并送达路政强制措施决定书;

(五)实施路政强制措施;

(六)制作路政强制措施笔录。

实施强行拆除涉及路政处罚的,可以一并进行调查取证,分别进行处理。

第四十三条 有下列情形之一的,可依法申请人民法院强制执行:

(一)当事人拒不履行公路行政处罚决定;

(二)依法强行拆除受到阻挠。

第四十四条 《公路法》第八章及本规定规定的行政强制措施,由县级以上地方人民政府交通主管部门或者其设置的公路管理机构依照《公路法》有关规定实施。

第七章 监 督 检 查

第四十五条 交通主管部门、公路管理机构应当依法对有关公路管理的法律、法规、规章执行情况进行监督检查。

第四十六条 交通主管部门、公路管理机构应当加强路政巡查,认真查处各种侵占、损坏路产及其他违反公路管理法律、法规和本规定的行为。

第四十七条 路政管理人员依法在公路、建筑控制区、车辆停放场所、车辆所属单位等进行监督检查时,任何单位和个人不得阻挠。

第四十八条 公路养护人员发现破坏、损坏或者非法占用路产和影响公路安全的行为应当予以制止,并及时向公路管理机构报告,协助路政管理人员实施日常路政管理。

第四十九条 公路经营者、使用者和其他有关单位、个人,应当接受路政管理人员依法实施的监督检查,并为其提供方便。

第五十条 对公路造成较大损害的车辆,必须立即停车,保护现场,并向公路管理机构报告。

第五十一条 交通主管部门、公路管理机构应当对路政管理人员的执法行为加强监督检查,对其违法行为应当及时纠正,依法处理。

第八章 人员与装备

第五十二条 公路管理机构应当配备相应的专职路政管理人员,具体负责路政管理工作。

第五十三条 路政管理人员的配备标准由省级人民政府交通主管部门会同有关部门按照"精干高效"的原则,根据本辖区公路的行政等级、技术等级和当地经济发展水平等实际情况综合确定。

第五十四条 路政管理人员录用应具备以下条件:

(一)年龄在20周岁以上,但一线路政执法人员的年龄不得超过45岁;

(二)身体健康;

(三)大专毕业以上文化程度;

(四)持有符合交通部规定的岗位培训考试合格证书。

第五十五条 路政管理人员实行公开录用、竞争上岗,由市(设区的市)级公路管理机构组织实施,省级公路管理机构批准。

第五十六条 路政管理人员执行公务时,必须按规定统一着装,佩戴标志,持证上岗。

第五十七条 路政管理人员必须爱岗敬业,恪尽职守,熟悉业务,清正廉洁,文明服务、秉公执法。

第五十八条 交通主管部门、公路管理机构应当加强路政管理队伍建设,提高路政管理执法水平。

第五十九条 路政管理人员玩忽职守、徇私舞弊、滥用职权,依法给予行政处分;构成犯罪的,依法追究刑事责任。

第六十条 公路管理机构应当配备专门用于路政管理的交通、通信及其他必要的装备。

用于路政管理的交通、通讯及其他装备不得用于非路政管理活动。

第六十一条 用于路政管理的专用车辆,应当按照《公路法》第七十三条和交通部制定的《公路监督检查专用车辆管理办法》的规定,设置统一的标志和示警灯。

第九章 内务管理

第六十二条 公路管理机构应当建立健全路政内务管理制度,加强各项内务管理工作。

第六十三条 路政内务管理制度如下:

(一)路政管理人员岗位职责;

(二)路政管理人员行为规范;

(三)路政管理人员执法考核、评议制度;

(四)路政执法与办案程序;

(五)路政巡查制度;

(六)路政管理统计制度;

(七)路政档案管理制度;

(八)其他路政内务管理制度。

第六十四条 公路管理机构应当公开办事制度,自觉接受社会监督。

第十章 附则

第六十五条 公路赔(补)偿费标准,由省、自治区、直辖市人民政府交通主管部门会同同级财政、价格主管部门制定。

第六十六条 路政管理文书的格式,由交通部统一制定。

第六十七条 本规定由交通部负责解释。

第六十八条 本规定自2003年4月1日起施行。1990年9月24日交通部发布的《公路路政管理规定(试行)》同时废止。

收费公路权益转让办法

1. 2008年8月20日交通运输部、国家发展和改革委员会、财政部令第11号公布

2. 自2008年10月1日起施行

第一章 总则

第一条 为了规范收费公路权益转让行为,维护转让方、受让方以及使用者的合法权益,促进公路事业发展,根据《中华人民共和国公路法》(以下简称《公路法》)、《收费公路管理条例》(以下简称《收费条例》)制定本办法。

第二条 在中华人民共和国境内转让收费公路权益,应当遵守本办法。

第三条 本办法下列用语的含义是:

(一)收费公路,是指按照《公路法》和《收费条例》规定,经批准依法收取车辆通行费的公路(含桥梁和隧道)。收费公路包括政府还贷公路和经营性公路。

政府还贷公路,是指县级以上地方人民政府交通运输主管部门利用贷款或者向企业、个人有偿集资建成的收费公路。

经营性公路,是指国内外经济组织依法投资建设或者依法受让政府还贷公路收费权的收费公路。

(二)收费公路权益,是指收费公路的收费权、广告经营权、服务设施经营权。

(三)收费公路权益转让,是指收费公路建成通车后,转让方将其合法取得的收费公路权益有偿转让给受让方的交易活动。

转让方是指将合法取得的收费公路权益依法有偿转让给受让方的国内外经济组织,包括不以营利为目的的专门建设和管理政府还贷公路的法人组织和投资建设经营经营性公路的国内外经济组织。

受让方是指依法从转让方有偿取得收费公路权益的国内外经济组织。

第四条 国家允许依法转让收费公路权益,同时对收费公路权益的转让进行严格控制。

国家在综合考虑转让必要性、合理性、社会承受力等因素的基础上,严格限制政府还贷公路转让为经营性公路。

收费公路权益转让活动，应当遵守相关法律、法规、规章的规定，应当遵循公开、公平、公正和诚实信用的原则。

第五条　国务院交通运输主管部门主管全国收费公路权益的转让工作。国务院发展改革部门和财政主管部门依据各自职责，负责收费公路权益转让的相关管理工作。

第二章　收费公路权益转让条件

第六条　转让收费权的公路，应当符合《收费条例》第十八条规定的技术等级和规模。

第七条　有下列情形之一的，收费公路权益中的收费权不得转让：

（一）长度小于1000米的二车道独立桥梁和隧道；

（二）二级公路；

（三）收费时间已超过批准收费期限2/3。

第八条　同一个收费公路项目的收费权、广告经营权、服务设施经营权，可以合并转让，也可以单独转让。

第九条　转让收费公路权益，不得有下列行为：

（一）将一个依法批准的收费公路项目分成若干段转让收费权；

（二）将收费公路权益项目与非收费公路权益项目捆绑转让；

（三）受让方没有全部承继转让方原对政府和社会公众承担的责任、义务；

（四）将政府还贷公路权益无偿划转给企业法人。

第十条　转让尚未偿清国际金融组织或者外国政府贷款的收费公路权益的，应当按照国家相关规定在申请转让审批前经原利用国外贷款审批部门同意。

收费公路权益转让的受让方应当按照国家有关投资管理的相关规定，在申请转让审批前将投资项目申请报告报有相应管理权限的投资主管部门核准。申请核准时应当同时提交收费公路权益转让合同。

第十一条　转让公路收费权，应当征得下列利害关系人同意：

（一）该公路的债权人；

（二）该公路收费权的质权人；

（三）该公路的所有投资人；

（四）公路的投资建设合同和转让公路收费权合同中约定转让及再转让时要征得其同意的人。

第十二条　公路收费权的受让方应当具备下列条件：

（一）财务状况良好，企业所有者权益不低于受让项目实际造价的35%；

（二）商业信誉良好，在经济活动中无重大违法违规行为；

（三）法律、法规规定的其他条件。

单独转让公路广告经营权、服务设施经营权时，其受让方应当具备的条件，按照地方性法规和省级人民政府规章执行。

第十三条　转让政府还贷公路收费权，可以向省级人民政府申请延长收费期限，但延长的期限不得超过5年，且累计收费期限的总和最长不得超过20年。国家确定的中西部省、自治区、直辖市政府还贷公路累计收费期限的总和，最长不得超过25年。

转让经营性公路收费权，不得延长收费期限，且累计收费期限的总和最长不得超过25年。国家确定的中西部省、自治区、直辖市经营性公路累计收费期限的总和，最长不得超过30年。

不得以转让公路收费权为由提高车辆通行费标准。

第三章　收费公路权益转让程序

第十四条　转让公路收费权，在办理转让审批前，转让方可以先向审批机关提出转让立项申请。

提出转让立项申请的，需要提交以下材料：

（一）转让收费权的公路概况，包括公路建设年限，技术等级和规模，投资来源和投资额，通车收费时间，近三年该收费公路的收支情况等；

（二）转让的原因和目的；

（三）转让政府还贷公路所得收入的投向；

（四）本办法第十一条规定的利害关系人同意转让的书面意见；

（五）转让尚未偿清国际金融组织或者外国政府贷款的收费公路权益的，出具原利用国外贷款审批部门的书面同意意见；

（六）省级人民政府批准收取车辆通行费的文件；

（七）经审计机关或者有资格的会计师事务所

审计的上一年度会计报告；

（八）首次转让公路收费权的，提供该收费公路竣工财务决算和竣工审计报告；

（九）转让经营性公路收费权的，提供公司章程；

（十）再次转让公路收费权的，提供原转让协议；

（十一）审批机关认为需要提供的其他文件。

第十五条 审批机关收到转让立项申请后，应当对申请转让的收费权是否符合转让条件进行初步审查，并出具转让立项审查意见。

转让立项审查意见可以作为转让方在作转让前期准备工作时证明拟转让的公路收费权符合转让条件的依据。

转让立项审查意见自出具之日起一年内有效。

第十六条 转让下列收费公路的收费权，转让方应当委托符合条件的资产评估机构，对收费权价值进行评估：

（一）政府还贷公路；

（二）有财政性资金投入的经营性公路；

（三）使用国有资本金投资的公路。

资产评估机构出具的评估报告，是确定前款规定收费公路的收费权转让最低成交价的依据。

转让方对资产评估机构出具的资产评估报告，应当按照国家有关资产评估的规定，报有关部门核准或者备案。

第十七条 转让方按照第十六条规定进行收费权价值评估的，应当委托符合下列条件的资产评估机构：

（一）具有法律、行政法规规定的资产评估资质；

（二）评估机构的人员具备与公路收费权价值评估相适应的专业知识和经验；

（三）评估机构和人员近三年未发生违规行为，未有违规不良记录。

第十八条 转让收费公路权益进行收费权价值评估，评估方法应当采用收益现值法，所涉及的收益期限由转让方与资产评估机构在批准的收费期限内约定。

第十九条 转让政府还贷公路收费权益和有财政性资金投入的经营性公路收费权益，应当采用公开招标的方式，公平、公正、公开选择受让方。

第二十条 收费公路权益转让的招标投标活动，应当严格执行《中华人民共和国招标投标法》等有关规定。

省级人民政府交通运输主管部门负责对收费公路权益转让招标投标全过程的监督管理。省级人民政府发展改革部门、财政主管部门依据各自职责，负责招标投标活动的监督。

第二十一条 进行收费公路权益转让招标的，转让方应当通过国家指定的报刊、信息网络或者其他媒介，发布招标公告。公告期不得少于20日。

第二十二条 转让政府还贷公路权益和有财政性资金投入以及使用国有资本金投资的经营性公路权益进行招标的，应当实行有底价招标。其中转让收费权的招标底价不得低于有关部门核准或者确认的收费权价值评估价。

第二十三条 转让方应当依法编制招标文件。招标文件应当包括下列内容：

（一）招标项目的基本情况，包括项目建设年限、通车时间、技术等级和规模、投资来源和投资额、近年收支情况等；

（二）受让方应当具备的条件及有关资格和资信要求。转让政府还贷公路权益和有财政性资金投入的经营性公路权益的，应当要求受让方承诺所成立的公路经营企业不对外提供担保，包括为受让方债务提供任何形式的担保，不承担受让方的债务；

（三）受让方的权利和义务；

（四）转让金的支付形式、期限（最长不超过合同生效后6个月）及担保要求；

（五）经营期间公路养护、绿化及水土保持要求；

（六）经营终结后解散和清算的程序，公路权益移交时公路及公路附属设施、服务设施的标准；

（七）受让方或其设立的公路经营企业破产，终止、解除转让协议的条件；

（八）政府终止收费公路权益转让协议的条件；

（九）投标文件的编制要求及其送达方式、地点和截止时间；

（十）开标地点及开标和评标的时间安排；

（十一）评标标准、评标办法、评标程序、确定废标的因素；

（十二）签订的转让合同的主要条款；

（十三）职工安置方案；

（十四）债权债务处理方案；

（十五）其他需要说明的问题。

第二十四条　受让方确定后，转让方和受让方应当依法订立收费公路权益转让合同。

转让合同应当包括下列条款：

（一）转让方与受让方的名称与住所；

（二）项目名称和经营内容；

（三）经营范围和转让期限；

（四）转让价格及支付价款的时间（最长不超过合同生效后 6 个月）和方式；

（五）有关资产交割事项；

（六）转让方涉及的职工安置方案；

（七）转让方的权利和义务；

（八）受让方的权利和义务；

（九）公路养护和服务质量保障措施（包括建立养护维修保证金等）；

（十）经营风险的承担责任；

（十一）公路养护责任；

（十二）公路移交的方式和时间；

（十三）争议的解决方式；

（十四）各方的违约责任；

（十五）合同变更和解除的条件；

（十六）转让合同期满后公路收费权的归属和移交事项；

（十七）转让和受让双方认为必要的其他条款。

第二十五条　公路收费权益转让合同自公路收费权转让批准之日起生效。

第二十六条　转让国道（包括国道主干线和国家高速公路网项目，下同）收费权，应当经国务院交通运输主管部门批准。转让国道以外的其他公路收费权，应当经省级交通运输主管部门审核同意，报省级人民政府批准。

将公路广告经营权、服务设施经营权与公路收费权合并转让的，由具有审批公路收费权权限的审批机关批准。

单独转让公路广告经营权、服务设施经营权的审批，按照地方性法规和省级人民政府规章执行。

第二十七条　申请转让公路收费权的，转让方应当向审批机关提交申请文件，内容应当包括：

（一）提出过立项申请的，需提交转让立项审查意见；未提出过立项申请的，需提交第十四条规定的相关材料；

（二）转让前期按照规定进行收费权价值评估的有关材料和资产评估报告的核准或者备案文件等；

（三）转让前期招标投标情况和受让方的确定情况；

（四）审计部门或者会计师事务所出具的受让方上年度会计报告和受让方的法人营业执照副本；

（五）按照第十条规定办理的相关手续和书面同意意见；

（六）转让收入的具体投向；

（七）公路收费权益管理情况；

（八）转让方、受让方签订的公路收费权益转让合同；

（九）审批机关认为需要提供的其他文件。

第二十八条　审批机关应当按照《行政许可法》和相关规定的要求，办理公路收费权转让审批。

审批机关在审查收费公路权益转让申请时，应当综合考虑维护国家利益、社会公共利益的因素。

同意转让公路收费权的，审批机关应当出具公路收费权转让批准文件。

第二十九条　由省级人民政府批准转让公路收费权的，转让方自批准之日起 30 日内，应当将省级交通运输主管部门审核意见、省级人民政府批准文件和转让合同报国务院交通运输主管部门备案。

第三十条　国务院交通运输主管部门应当自批准公路收费权转让之日起 30 日内，将批准文件抄送国务院发展改革主管部门和财政主管部门。

第三十一条　转让方应当对所提交申请材料的真实性、合法性负责。

第四章　转让收入使用管理

第三十二条　转让政府还贷公路权益的收入，除用于偿还公路建设贷款和有偿集资款外，应当全部用于公路建设。任何单位不得将转让政府还贷公路权益的收入用于公路建设以外的其他项目。

转让有财政性资金投入的经营性公路权益取得

的收入中与财政性资金投入份额相应的收入部分，除用于偿还公路建设贷款外，主要用于公路建设。

第三十三条 转让全部由社会资金投入的经营性公路权益取得的收入，由投资者自行决定转让收入使用方向。

国家有关部门应当鼓励投资者将这部分收入继续投入公路建设项目。

第三十四条 转让政府还贷公路权益和转让有财政性资金投入的经营性公路权益取得的收入中与财政性资金投入份额相应的收入部分，纳入预算管理。转让方应当在取得上述转让收入的3个工作日内，按照规定的预算级次上缴财政。实行非税收入收缴管理制度改革的，按照改革的相关规定执行。财政主管部门应当将转让收入纳入当年财政收支预算，资金拨付按照财政国库管理制度有关规定执行。

第五章 收费公路权益转让后续管理及收回

第三十五条 受让方依法拥有转让期限内的公路收费权益，转让收费公路权益的公路、公路附属设施的所有权仍归国家所有。

第三十六条 收费公路权益转让合同约定的转让期限届满，转让收费公路权益的公路、公路附属设施以及服务设施应当处于良好的技术状态，由国家无偿收回，由交通运输主管部门管理。

收费公路权益转让期限未满，因社会公共利益需要等原因国家提前收回转让的收费公路权益的，接收收费公路权益的交通运输主管部门依法给予受让方补偿。最高补偿额按照原转让价格和提前收回的期限占原批准转让期限的比例计算确定。

第三十七条 收费公路权益转让后，该公路路政管理的职责仍然由县级以上地方人民政府交通运输主管部门或者公路管理机构的派出机构、人员行使。

第三十八条 受让方在依法取得收费公路权益后，依法成立的公路经营企业应当按照国家规定的标准和规范要求，做好公路养护管理、绿化以及公路用地范围内的水土保持工作，并对收费公路及沿线设施进行日常检查、检测、维护，保证收费公路处于良好的技术状态。

公路经营企业应当根据交通运输主管部门要求，定期提供公路技术状况检测报告。

第三十九条 公路经营企业应当接受国务院交通运输主管部门和省、自治区、直辖市人民政府交通运输主管部门的行业管理，按要求实行联网收费，并遵守路网的其他统一要求，及时提供统计资料和有关经营情况。

第四十条 收费公路权益转让后，省、自治区、直辖市交通运输主管部门应当对该收费公路的收费管理和养护情况实施监督检查。

收费公路权益转让合同约定的转让期限届满前6个月，省、自治区、直辖市人民政府交通运输主管部门应当对转让权益的收费公路进行鉴定和验收。经鉴定和验收，公路符合收费公路权益转让时核定的技术等级和标准的，公路经营企业方可按照国家有关规定，在转让期限届满时向交通运输主管部门办理公路移交手续；不符合转让收费公路权益时核定的技术等级和标准的，公路经营企业应当在交通运输主管部门确定的期限内进行养护，达到要求后，方可按照规定办理公路移交手续。转让期限届满仍未达到要求的，交通运输主管部门应当收回公路收费权，办理公路移交手续，指定其他单位进行养护，养护费用由原公路经营企业承担。

第六章 法律责任

第四十一条 违反本办法的规定，擅自批准收费公路权益转让的，按《收费条例》第四十七条的规定查处。

第四十二条 违反本办法第九条的规定，由国务院交通运输主管部门或者省级交通运输主管部门依据职权，责令改正；对负有责任的主管人员和其他直接责任人员依法给予行政处分；构成犯罪的，依法追究刑事责任。

第四十三条 违反本办法的规定，转让方应当通过招标选择受让方而未进行招标，或者招标的程序、内容不符合本办法的规定，按照《中华人民共和国招标投标法》的有关规定查处。

第四十四条 违反本办法的规定，社会中介机构在对收费公路权益转让项目进行审计或者评估时弄虚作假，或者出具的会计报告和评估报告严重失实的，根据其情节轻重，由有关机构按照国家有关法律、法规的规定处罚。

第四十五条 违反本办法的规定，有下列行为之一的，按照《收费条例》第五十二条的规定查处：

（一）转让方未将转让政府还贷公路权益的收入和转让有财政性资金投入的经营性公路权益取得的收入中与财政性资金投入份额相应的收入部分全额缴入国库的；

（二）交通运输主管部门、财政主管部门将转让政府还贷公路权益的收入和转让有财政性资金投入的经营性公路权益取得的收入中与财政性资金投入份额相应的收入部分，未用于偿还贷款或者偿还有偿集资款及未用于公路建设，将转让收入挪作他用的。

第四十六条　违反本办法的规定，受让方未履行公路养护、绿化和公路用地范围内的水土保持义务，按照《收费条例》第五十四条和第五十五条的规定查处。

第四十七条　违反本办法的规定，审批机关及其工作人员有下列情形之一的，按照《中华人民共和国行政许可法》第七十二条和第七十四条的规定查处：

（一）不在本办法规定的期限内出具审批意见的；

（二）对不符合法定条件和程序的收费公路权益转让申请予以批准，或者超越法定职权予以审批的；

（三）在受理、审查过程中，未向转让方一次告知必须补正的全部内容的。

第四十八条　审批机关工作人员在办理收费公路权益转让审批过程中，索取或者收受他人财物或者谋取其他利益，按照《中华人民共和国行政许可法》第七十三条的规定查处。

第七章　附　　则

第四十九条　本办法规定的时限以工作日计算，不含法定节假日。

第五十条　本办法自2008年10月1日起施行。交通部于1996年10月9日以交通部第9号令发布的《公路经营权有偿转让管理办法》同时废止。

公路超限检测站管理办法

1. 2011年6月24日交通运输部令2011年第7号公布

2. 自2011年8月1日起施行

第一章　总　　则

第一条　为加强和规范公路超限检测站管理，保障车辆超限治理工作依法有效进行，根据《中华人民共和国公路法》和《公路安全保护条例》，制定本办法。

第二条　本办法所称公路超限检测站，是指为保障公路完好、安全和畅通，在公路上设立的，对车辆实施超限检测，认定、查处和纠正违法行为的执法场所和设施。

第三条　公路超限检测站的管理，应当遵循统一领导、分级负责、规范运行、依法监管的原则。

交通运输部主管全国公路超限检测站的监督管理工作。

省、自治区、直辖市人民政府交通运输主管部门主管本行政区域内公路超限检测站的监督管理工作，并负责公路超限检测站的规划、验收等工作。

市、县级人民政府交通运输主管部门根据《中华人民共和国公路法》、《公路安全保护条例》等法律、法规、规章的规定主管本行政区域内公路超限检测站的监督管理工作。

公路超限检测站的建设、运行等具体监督管理工作，由公路管理机构负责。

第四条　公路超限检测站作为公路管理机构的派出机构，其主要职责是：

（一）宣传、贯彻、执行国家有关车辆超限治理的法律、法规、规章和政策；

（二）制定公路超限检测站的各项管理制度；

（三）依法对在公路上行驶的车辆进行超限检测，认定、查处和纠正违法行为；

（四）监督当事人对超限运输车辆采取卸载、分装等消除违法状态的改正措施；

（五）收集、整理、上报有关检测、执法等数据和动态信息；

（六）管理、维护公路超限检测站的设施、设备和信息系统；

（七）法律、法规规定的其他职责。

第五条　县级以上各级人民政府交通运输主管部门应当在经批准的公路管理经费预算中统筹安排公路超限检测站的建设和运行经费，并实行专款专用。任何单位和个人不得截留、挤占或者挪用。

第六条　县级以上地方人民政府交通运输主管部门可以结合本地区实际，在本级人民政府的统一领导下，会同有关部门组织路政管理、交通警察等执法人员依照各自职责，在公路超限检测站内对超限运输车辆实施联合执法。

第二章 规划建设

第七条 公路超限检测站按照布局和作用，分为Ⅰ类检测站和Ⅱ类检测站：

（一）Ⅰ类检测站主要用于监控国道或者省道的省界入口、多条国道或者省道的交汇点、跨省货物运输的主通道等全国性公路网的重要路段和节点；

（二）Ⅱ类检测站主要用于监控港口码头、厂矿等货物集散地、货运站的主要出入路段以及省内货物运输的主通道等区域性公路网的重要路段和节点。

第八条 公路超限检测站的设置，应当按照统一规划、合理布局、总量控制、适时调整的原则，由省、自治区、直辖市人民政府交通运输主管部门提出方案，报请本级人民政府批准；其中，Ⅰ类检测站的设置还应当符合交通运输部有关超限检测站的规划。

经批准设置的公路超限检测站，未经原批准机关同意，不得擅自撤销或者变更用途。

第九条 公路超限检测站的全称按照“公路管理机构名称 + 超限检测站所在地名称 + 超限检测站”的形式统一命名，其颜色、标识等外观要求应当符合附件1、附件2的规定。

第十条 公路超限检测站的建设，除符合有关技术规范的要求外，还应当遵循下列原则：

（一）选址优先考虑公路网的关键节点；

（二）尽量选择视线开阔，用水、用电方便，生活便利的地点；

（三）以港湾式的建设方式为主，因客观条件限制，确需远离公路主线建设的，应当修建连接公路主线与检测站区的辅道；

（四）统筹考虑公路网运行监测、公路突发事件应急物资储备等因素，充分利用公路沿线现有设施、设备、人力、信息等资源，增强检测站的综合功能，降低运行成本。

第十一条 建设公路超限检测站，应当根据车辆超限检测的需要，合理设置下列功能区域及设施：

（一）检测、执法处理、卸载、停车等车辆超限检测基本功能区；

（二）站区交通安全、交通导流、视频监控、网络通讯、照明和其他车辆超限检测辅助设施；

（三）必要的日常办公和生活设施。

对于交通流量较大、治理工作任务较重的公路超限检测站，可以在公路主线上设置不停车预检设施，对超限运输车辆进行预先识别。

第十二条 公路超限检测站应当在入口前方一定距离内按照附件3的规定设置检测站专用标志，对行驶车辆进行提示。

第十三条 公路超限检测站应当加强信息化建设，其信息系统应当符合交通运输部颁发的数据交换标准，并满足远程查询证照和违法记录信息、站内执法信息化以及部、省、站三级联网管理的需要。

第十四条 公路超限检测站建成后，省、自治区、直辖市人民政府交通运输主管部门应当按照国家有关规定和标准组织验收。验收合格后方可投入使用。

第十五条 新建、改建公路时，有经批准设置的公路超限检测站的，应当将其作为公路附属设施的组成部分，一并列入工程预算，与公路同步设计、同步建设、同步运行。

第十六条 省、自治区、直辖市人民政府交通运输主管部门应当组织有关部门定期对辖区内公路超限检测站的整体布局进行后评估，并可以根据交通流量、车辆超限变化情况等因素，适时对超限检测站进行合理调整。

第三章 运行管理

第十七条 公路超限检测站应当建立健全工作制度，参照附件4的规定规范检测、处罚、卸载等工作流程，并在显著位置设置公告栏，公示有关批准文书、工作流程、收费项目与标准、计量检测设备合格证等信息。

第十八条 公路超限检测站实行24小时工作制。因特殊情况确需暂停工作的，应当报经省、自治区、直辖市公路管理机构批准。

省、自治区、直辖市公路管理机构应当制定公路超限检测站运行管理办法，加强对公路超限检测站的组织管理和监督考核。

第十九条 公路超限检测站实行站长负责制。公路管理机构应当加强对站长、副站长的选拔和考核管理工作，实行站长定期轮岗交流制度。

第二十条 公路超限检测站应当根据检测执法工作流

程，明确车辆引导、超限检测、行政处罚、卸载分装、流动检测、设备维护等不同岗位的工作职责，并结合当地实际，按照部颁Ⅰ类和Ⅱ类检测站的标准配备相应的路政执法人员。

第二十一条　公路超限检测站应当根据检测路段交通流量、车辆出行结构等因素合理配置下列超限检测执法设备：

（一）经依法定期检定合格的有关车辆计量检测设备；

（二）卸载、分装货物或者清除障碍的相关机械设备；

（三）执行公路监督检查任务的专用车辆；

（四）用于调查取证、执法文书处理、通讯对讲、安全防护等与超限检测执法有关的其他设备。

第二十二条　公路超限检测站应当在站区内设置监督意见箱、开水桶、急救箱、卫生间等便民服务设施，并保持站内外环境整洁。

第二十三条　公路超限检测站应当加强对站内设施、设备的保管和维护，确保设施、设备处于良好运行状态。

第二十四条　公路超限检测站应当加强站区交通疏导，引导车辆有序检测，避免造成公路主线车辆拥堵。要结合实际情况制定突发事件应急预案，及时做好应急处置与安全防范等工作。

第四章　执法管理

第二十五条　公路超限检测应当采取固定检测为主的工作方式。

对于检测站附近路网密度较大、故意绕行逃避检测或者短途超限运输情形严重的地区，公路超限检测站可以按照省、自治区、直辖市人民政府交通运输主管部门的有关规定，利用移动检测设备等流动检测方式进行监督检查。经流动检测认定的违法超限运输车辆，应当就近引导至公路超限检测站进行处理。

禁止在高速公路主线上开展流动检测。

第二十六条　车辆违法超限运输的认定，应当经过依法检定合格的有关计量检测设备检测。

禁止通过目测的方式认定车辆违法超限运输。

第二十七条　经检测认定车辆存在违法超限运输情形的，公路超限检测站执法人员应当按照以下要求进行处理：

（一）对运载可分载货物的，应当责令当事人采取卸载、分装等改正措施，消除违法状态；对整车运输鲜活农产品以及易燃、易爆危险品的，按照有关规定处理；

（二）对运载不可解体大件物品且未办理超限运输许可手续的，应当责令当事人停止违法行为，接受调查处理，并告知当事人到有关部门申请办理超限运输许可手续。

第二十八条　对经检测发现不存在违法超限运输情形的车辆，或者经复检确认消除违法状态并依法处理完毕的车辆，应当立即放行。

第二十九条　公路超限检测站执法人员对车辆进行超限检测时，不得收取检测费用；对停放在公路超限检测站内接受调查处理的超限运输车辆，不得收取停车费用。

需要协助卸载、分装超限货物或者保管卸载货物的，相关收费标准应当按照省、自治区、直辖市人民政府物价部门核定的标准执行。卸载货物超过保管期限经通知当事人仍不领取的，可以按照有关规定予以处理。

第三十条　公路超限检测站执法人员依法实施罚款处罚，应当依照有关法律、行政法规的规定，实行罚款决定与罚款收缴分离；收缴的罚款应当全部上缴国库。

公路超限检测站执法人员依法当场收缴罚款的，应当向当事人出具省、自治区、直辖市财政部门统一制发的罚款收据；未出具的，当事人有权拒绝缴纳罚款。

禁止任何单位和个人向公路超限检测站执法人员下达或者变相下达罚款指标。

第三十一条　公路超限检测站执法人员应当按照规定利用车辆超限管理信息系统开展检测、执法工作，并及时将有关数据上报公路管理机构。

省、自治区、直辖市公路管理机构应当定期对超限运输违法信息进行整理和汇总，并抄送相关部门，由其对道路运输企业、货运车辆及其驾驶人依法处理。

第三十二条　公路超限检测站执法人员进行超限检测和执法时应当严格遵守法定程序，实施行政处罚时应当由2名以上执法人员参加，并向当事人出示有效执法证件。

在公路超限检测站从事后勤保障等工作，不具有执法证件的人员不得参与拦截车辆、检查证件、实施行政处罚等执法活动。

第三十三条 路政管理、交通警察等执法人员在公路超限检测站对超限运输车辆实施联合执法时，应当各司其职，密切合作，信息共享，严格执法。

第三十四条 公路超限检测站执法人员应当按照国家有关规定佩戴标志、持证上岗，坚持依法行政、文明执法、行为规范，做到着装规范、风纪严整、举止端庄、热情服务。

第三十五条 公路超限检测站执法人员在工作中，严禁下列行为：

（一）未按照规定佩戴标志或者未持证上岗；

（二）辱骂、殴打当事人；

（三）当场收缴罚款不开具罚款收据或者不如实填写罚款数额；

（四）擅自使用扣留车辆、私自处理卸载货物；

（五）对未消除违法状态的超限运输车辆予以放行；

（六）接受与执法有关的吃请、馈赠；

（七）包庇、袒护和纵容违法行为；

（八）指使或者协助外部人员带车绕行、闯卡；

（九）从事与职权相关的经营活动；

（十）贪污、挪用经费、罚没款。

第三十六条 省、自治区、直辖市公路管理机构应当设立公开电话，及时受理群众的投诉举报。同时通过政府网站、公路超限检测站公告栏等方式公示有关信息，接受社会监督。

第五章 法律责任

第三十七条 公路超限检测站违反本办法有关规定的，由县级以上人民政府交通运输主管部门责令改正，对负有直接责任的主管人员和其他直接责任人员依法给予处分，并由省、自治区、直辖市人民政府交通运输主管部门予以通报；情节严重的，由交通运输部予以通报。

第三十八条 公路超限检测站执法人员违反本办法第三十五条规定的，取消其行政执法资格，调离执法岗位；情节严重的，予以辞退或者开除公职；构成犯罪的，依法追究刑事责任。涉及驻站其他部门执法人员的，由交通运输主管部门向其主管部门予以通报。

第三十九条 公路超限检测站执法人员违法行使职权侵犯当事人的合法权益造成损害的，应当依照《中华人民共和国国家赔偿法》的有关规定给予赔偿。

第四十条 车辆所有人、驾驶人及其他人员采取故意堵塞公路超限检测站通行车道、强行通过公路超限检测站等方式扰乱超限检测秩序，或者采取短途驳载等方式逃避超限检测的，由公路管理机构强制拖离或者扣留车辆，处3万元以下的罚款；构成违反治安管理行为的，依法给予治安管理处罚；构成犯罪的，依法追究刑事责任。

第六章 附 则

第四十一条 本办法自2011年8月1日起施行。

附件：（略）

公路养护作业单位资质管理办法

1. 2021年9月1日交通运输部令2021年第22号公布

2. 自2022年1月1日起施行

第一章 总 则

第一条 为了加强公路养护作业单位资质管理，规范公路养护市场秩序，保证公路养护质量和安全，根据《中华人民共和国公路法》《公路安全保护条例》等法律、行政法规，制定本办法。

第二条 对公路养护作业单位资质的管理，适用本办法。

本办法所称公路养护作业，是指为保证已建公路符合相关技术要求而采取的预防或者修复作业活动，不包括公路日常养护。

第三条 交通运输部主管全国公路养护作业单位资质的管理工作。

省、自治区、直辖市人民政府交通运输主管部门负责本行政区域内公路养护作业单位资质的许可和管理工作。

市、县人民政府交通运输主管部门在职责范围内对公路养护作业单位资质进行监督管理。

第四条　从事路基路面、桥梁、隧道、交通安全设施养护作业的单位应当按照本办法的规定取得公路养护作业资质。

第五条　公路养护作业单位资质管理应当遵循公开、公平、公正、有序竞争的原则。

第二章　资质分类与条件

第六条　公路养护作业单位资质分为路基路面、桥梁、隧道、交通安全设施养护四个序列。

路基路面、桥梁、隧道养护资质下设甲、乙两个等级，交通安全设施养护资质不分等级。

第七条　申请公路养护作业资质的单位应当是经依法登记注册的企业法人。

第八条　路基路面养护甲级资质可以承担各等级公路路基路面（含绿化）的各类养护工程。

申请路基路面养护甲级资质的单位，应当具备下列条件：

1. 技术人员要求：

（1）企业技术负责人具有10年以上从事公路工程管理的工作经历，且具有公路工程相关专业高级职称；近10年累计完成公路路基路面各类养护工程不少于100公里，其中二级及以上公路不少于50公里，且工程质量合格。

（2）企业具有专业技术人员（包括注册建造师、造价工程师、中级及以上职称人员，下同）不少于20人，其中具有公路工程专业一级注册建造师不少于1人或者二级及以上注册建造师不少于4人；公路工程相关专业中级及以上职称人员不少于10人，高级职称人员不少于2人；中高级会计师不少于1人，中高级经济师或者二级及以上造价工程师不少于1人。

（3）企业具有从事公路工程的技术工人不少于30人，其中高级工不少于6人，中级工不少于12人。

2. 有与业务范围相适应的技术设备。

3. 企业净资产3000万元以上，近3年财务主要指标状况良好。

4. 企业近5年累计完成公路路基路面修复养护工程不少于150公里，其中一级及以上公路不少于50公里或者二级及以上公路不少于100公里，且工程质量合格。

第九条　路基路面养护乙级资质可以承担二级及以下等级公路路基路面（含绿化）的各类养护工程。

申请路基路面养护乙级资质的单位，应当具备下列条件：

1. 技术人员要求：

（1）企业技术负责人具有6年以上从事公路工程管理的工作经历，且具有公路工程相关专业高级职称；近10年累计完成公路路基路面各类养护工程不少于70公里，其中二级及以上公路不少于30公里，且工程质量合格。

（2）企业具有专业技术人员不少于10人，其中具有公路工程专业二级及以上注册建造师不少于2人；公路工程相关专业中级及以上职称人员不少于5人；中高级会计师不少于1人。

（3）企业具有从事公路工程的技术工人不少于20人，其中高级工不少于3人，中级工不少于6人。

2. 有与业务范围相适应的技术设备。

3. 企业净资产1000万元以上，近3年财务主要指标状况良好。

第十条　桥梁养护甲级资质可以承担所有公路桥梁的各类养护工程。

申请桥梁养护甲级资质的单位，应当具备下列条件：

1. 技术人员要求：

（1）企业技术负责人具有10年以上从事公路工程管理的工作经历，且具有公路工程相关专业高级职称；近10年累计完成大桥及以上公路桥梁修复养护工程不少于2座，其中特大桥不少于1座，且工程质量合格。

（2）企业具有专业技术人员不少于15人，其中具有公路工程专业一级注册建造师不少于1人；公路工程相关专业中级及以上职称人员不少于8人，高级职称人员不少于2人；中高级会计师不少于1人，中高级经济师或者二级及以上造价工程师不少于1人。

（3）企业具有从事公路工程的技术工人不少于20人，其中高级工不少于4人，中级工不少于8人。

2. 有与业务范围相适应的技术设备。

3. 企业净资产2000万元以上，近3年财务主要指标状况良好。

4. 企业近5年累计完成公路桥梁养护工程不少于10座,其中特大桥养护工程不少于1座、大桥及以上修复养护工程不少于2座,且工程质量合格;或者完成中桥及以上修复养护工程不少于10座,且工程质量合格。

第十一条 桥梁养护乙级资质可以承担所有公路桥梁的预防养护工程,以及中、小公路桥梁的修复养护工程。

申请桥梁养护乙级资质的单位,应当具备下列条件:

1. 技术人员要求:

(1)企业技术负责人具有6年以上从事公路工程管理的工作经历,且具有公路工程相关专业高级职称;近10年累计完成大桥及以上预防养护工程不少于1座、中桥及以上修复养护工程不少于1座,且工程质量合格。

(2)企业具有专业技术人员不少于10人,其中具有公路工程专业二级及以上注册建造师不少于2人;公路工程相关专业中级及以上职称人员不少于3人;中高级会计师不少于1人。

(3)企业具有从事公路工程的技术工人不少于10人,其中高级工不少于2人,中级工不少于3人。

2. 有与业务范围相适应的技术设备。

3. 企业净资产800万元以上,近3年财务主要指标状况良好。

第十二条 隧道养护甲级资质可以承担所有公路隧道土建结构的各类养护工程。

申请隧道养护甲级资质的单位,应当具备下列条件:

1. 技术人员要求:

(1)企业技术负责人具有10年以上从事公路工程管理的工作经历,且具有公路工程相关专业高级职称;近10年累计完成公路隧道土建结构修复养护工程不少于2座,其中长或者特长隧道不少于1座,且工程质量合格。

(2)企业具有专业技术人员不少于15人,其中具有公路工程专业一级注册建造师不少于1人;公路工程相关专业中级及以上职称人员不少于8人,高级职称人员不少于2人;中高级会计师不少于1人,中高级经济师或者二级及以上造价工程师不少于1人。

(3)企业具有从事公路工程的技术工人不少于20人,其中高级工不少于4人,中级工不少于8人。

2. 有与业务范围相适应的技术设备。

3. 企业净资产2000万元以上,近3年财务主要指标状况良好。

4. 企业近5年累计完成公路隧道土建结构养护工程不少于6座,其中长或者特长隧道养护工程不少于1座、中隧道及以上修复养护工程不少于3座,且工程质量合格;或者完成短隧道及以上修复养护工程不少于6座,且工程质量合格。

第十三条 隧道养护乙级资质可以承担所有公路隧道土建结构的预防养护工程,以及中、短公路隧道(不良或者特殊地质条件隧道除外)土建结构的修复养护工程。

申请隧道养护乙级资质的单位,应当具备下列条件:

1. 技术人员要求:

(1)企业技术负责人具有6年以上从事公路工程管理的工作经历,且具有公路工程相关专业高级职称;近10年累计完成公路长隧道及以上土建结构养护工程不少于1座、中隧道及以上土建结构修复养护工程不少于1座,且工程质量合格。

(2)企业具有专业技术人员不少于10人,其中具有公路工程专业二级及以上注册建造师不少于3人;公路工程相关专业中级及以上职称人员不少于5人;中高级会计师不少于1人。

(3)企业具有从事公路工程的技术工人不少于10人,其中高级工不少于2人,中级工不少于3人。

2. 有与业务范围相适应的技术设备。

3. 企业净资产800万元以上,近3年财务主要指标状况良好。

第十四条 交通安全设施养护资质可以承担各等级公路交通安全设施的各类养护工程。

申请交通安全设施养护资质的单位,应当具备下列条件:

1. 技术人员要求:

(1)企业技术负责人具有10年以上从事公路工程管理的工作经历,且具有公路工程相关专业高级职称;近10年累计完成公路交通安全设施养护工程不少于100公里,其中一级及以上公路不少于40公里。

(2)企业具有专业技术人员不少于10人,其中具有公路工程专业二级及以上注册建造师不少于2人;公路工程相关专业中级及以上职称人员不少于6人;中高级会计师不少于1人。

(3)企业具有从事公路工程的技术工人不少于10人,其中高级工不少于2人,中级工不少于3人。

2. 有与业务范围相适应的技术设备。

3. 企业净资产1500万元以上,近3年财务主要指标状况良好。

4. 企业近5年累计完成公路交通安全设施养护工程不少于150公里,其中一级及以上公路不少于50公里或者二级及以上公路不少于100公里,且工程质量合格。

申请交通安全设施养护资质的单位具备前款第1至3项条件但不具备第4项条件的,可以承担二级及以下公路交通安全设施的各类养护工程。

第三章　资质申请与许可

第十五条　拟从事公路养护作业的单位,应当向所在地的省、自治区、直辖市人民政府交通运输主管部门提出申请。

公路养护作业单位可以申请一项或者多项公路养护作业资质。

第十六条　申请公路养护作业资质的单位,应当提交以下材料:

(一)公路养护作业单位资质申请表;

(二)企业财务报表;

(三)企业法定代表人身份文件;

(四)企业技术人员、技术设备及从业经历等相关材料。

对于能够通过部门间信息共享、内部核查等方式获取的材料,省、自治区、直辖市人民政府交通运输主管部门应当不再要求申请人提供。

第十七条　申请人应当如实向省、自治区、直辖市人民政府交通运输主管部门提交有关材料、反映真实情况,并对其提交材料的真实性负责。

第十八条　省、自治区、直辖市人民政府交通运输主管部门应当自收到完整齐备的申请材料之日起20个工作日内作出许可或者不予许可的决定。

省、自治区、直辖市人民政府交通运输主管部门可以聘请专家对申请材料进行评审,并且将评审结果向社会公示。专家评审的时间不计算在许可期限内,但应当将专家评审需要的时间书面告知申请人。专家评审的时间最长不得超过60日。

第十九条　注册地在自由贸易试验区的单位拟申请路基路面养护乙级资质的,只需提交公路养护作业单位资质申请表和已具备本办法第九条第二款规定条件的承诺书。

省、自治区、直辖市人民政府交通运输主管部门应当经形式审查后当场作出许可或者不予许可的决定。准予许可的,许可机关应当在作出许可决定后30日内,按照告知承诺有关要求开展情况核查。

第二十条　省、自治区、直辖市人民政府交通运输主管部门准予许可的,应当自作出决定之日起10个工作日内向申请人颁发相应的资质证书。

资质许可有效期5年,并在全国范围内适用。

第二十一条　省、自治区、直辖市人民政府交通运输主管部门应当及时将许可决定向社会公开,并为公众查询提供便利。

第二十二条　省、自治区、直辖市人民政府交通运输主管部门应当建立公路养护作业单位资质网上申报、审批和监管平台;交通运输部应当建立公路养护作业单位资质网上监管和服务平台。

第二十三条　取得公路养护作业资质的单位,应当按照所取得的资质类别开展养护作业活动。

禁止公路养护作业单位从事下列活动:

(一)超越本单位资质等级或者以其他单位的名义承揽业务,或者允许其他单位、个人以本单位的名义承揽业务的;

(二)伪造、变造、倒卖、出租、出借或者以其他形式非法转让公路养护作业单位资质证书的。

第四章　延续与变更

第二十四条　公路养护作业单位资质许可有效期届满,拟继续从事公路养护作业的,应当在资质许可有效期届满3个月之前,向原许可机关提交延续申请,并按照本办法第三章的规定报送相关材料。

第二十五条　许可机关接到延续申请后,应当在公路养护作业单位资质许可有效期届满前,对作业单位是否符合本办法规定的资质条件进行审查。符合条件的,许可机关应当作出准予延续的决定;不符合条件的,应当责令限期整改,整改后仍不符合条件的,许可机关应当作出不予延续的决定。

第二十六条 在公路养护作业单位资质许可有效期内,养护作业单位的名称、地址、法定代表人、技术负责人等发生变更的,应当在变更事项发生后30日内向原许可机关提交变更申请,办理资质证书变更手续。

第二十七条 公路养护作业单位发生合并、分立等事项,且需承继原单位资质的,应当申请重新核定公路养护作业单位资质。

第二十八条 公路养护作业单位需要更换、补办公路养护作业单位资质证书的,应当向原许可机关申请办理。许可机关应当自受理申请之日起10个工作日内办结。

公路养护作业单位资质证书遗失的,养护作业单位应当在原许可机关指定的公开媒体和网站上刊登遗失声明。

第五章 监督管理

第二十九条 县级以上人民政府交通运输主管部门应当依照职责,对公路养护作业单位取得资质后是否满足资质条件和从业行为进行监督管理。

第三十条 县级以上人民政府交通运输主管部门对公路养护作业单位的监督管理,原则上采取随机抽取检查对象、随机选派执法检查人员方式。监督检查结果应当及时向社会公布。

第三十一条 公路养护作业单位隐瞒有关真实情况或者提供虚假材料申请公路养护作业单位资质的,许可机关不予许可,并给予警告。以欺骗、贿赂等不正当手段取得公路养护作业单位资质的,由许可机关依法予以撤销。

公路养护作业单位在资质申请及从业过程中不得使用非本单位技术人员的职业资格、专业技术证书。

第三十二条 有下列情形之一的,许可机关应当依法注销公路养护作业资质,并向社会公布:

(一)公路养护作业单位依法终止的;

(二)资质证书依法被撤销、撤回或者吊销的;

(三)公路养护作业单位提出注销申请的;

(四)资质许可有效期届满未延续的。

第三十三条 取得公路养护作业资质的单位,应当保持资产、技术人员、技术设备等方面满足相应资质条件。

公路养护作业单位不再符合相应资质条件的,许可机关应当责令其限期整改并向社会公告,整改期限最长不超过3个月。

第三十四条 公路养护作业单位违法从事养护作业活动的,违法行为发生地的省、自治区、直辖市人民政府交通运输主管部门应当依法查处,并将违法事实、处理结果或者处理建议及时告知资质证书的许可机关。

第三十五条 省、自治区、直辖市人民政府交通运输主管部门应当建立公路养护作业单位信用管理制度,并按照规定将有关信息纳入信用信息共享平台。

第六章 附 则

第三十六条 公路养护作业单位资质证书由许可机关按照交通运输部规定的统一格式印制,正本一份,副本二份,副本与正本具有同等法律效力。

第三十七条 本办法实施前已经依法取得公路养护作业资质的单位,可以按照原许可范围、区域从事养护作业。

本办法实施后,省、自治区、直辖市不得另行设置公路养护作业单位资质。

第三十八条 本办法自2022年1月1日起施行。

农村公路养护管理办法

1. 2015年11月11日交通运输部令2015年第22号公布
2. 自2016年1月1日起施行

第一章 总 则

第一条 为规范农村公路养护管理,促进农村公路可持续健康发展,根据《公路法》《公路安全保护条例》和国务院相关规定,制定本办法。

第二条 农村公路的养护管理,适用本办法。

本办法所称农村公路是指纳入农村公路规划,并按照公路工程技术标准修建的县道、乡道、村道及其所属设施,包括经省级交通运输主管部门认定并纳入统计年报里程的农村公路。公路包括公路桥梁、隧道和渡口。

县道是指除国道、省道以外的县际间公路以及连接县级人民政府所在地与乡级人民政府所在地和主要商品生产、集散地的公路。

乡道是指除县道及县道以上等级公路以外的乡际间公路以及连接乡级人民政府所在地与建制村的公路。

村道是指除乡道及乡道以上等级公路以外的连接建制村与建制村、建制村与自然村、建制村与外部的公路，但不包括村内街巷和农田间的机耕道。

县道、乡道和村道由县级以上人民政府按照农村公路规划的审批权限在规划中予以确定，其命名和编号由省级交通运输主管部门根据国家有关规定确定。

第三条　农村公路养护管理应当遵循以县为主、分级负责、群众参与、保障畅通的原则，按照相关技术规范和操作规程进行，保持路基、边坡稳定，路面、构造物完好，保证农村公路处于良好的技术状态。

第四条　县级人民政府应当按照国务院的规定履行农村公路养护管理的主体责任，建立符合本地实际的农村公路管理体制，落实县、乡(镇)、建制村农村公路养护工作机构和人员，完善养护管理资金财政预算保障机制。

县级交通运输主管部门及其公路管理机构应当建立健全农村公路养护工作机制，执行和落实各项养护管理任务，指导乡道、村道的养护管理工作。

县级以上地方交通运输主管部门及其公路管理机构应当加强农村公路养护管理的监督管理和技术指导，完善对下级交通运输主管部门的目标考核机制。

第五条　鼓励农村公路养护管理应用新技术、新材料、新工艺、新设备，提高农村公路养护管理水平。

第二章　养护资金

第六条　农村公路养护管理资金的筹集和使用应当坚持“政府主导、多元筹资、统筹安排、专款专用、强化监管、绩效考核”的原则。

第七条　农村公路养护管理资金主要来源包括：

(一)各级地方人民政府安排的财政预算资金。包括：公共财政预算资金；省级安排的成品油消费税改革新增收入补助资金；地市、县安排的成品油消费税改革新增收入资金(替代摩托车、拖拉机养路费的基数和增量部分)。

(二)中央补助的专项资金。

(三)村民委员会通过“一事一议”等方式筹集的用于村道养护的资金。

(四)企业、个人等社会捐助，或者通过其他方式筹集的资金。

第八条　各级地方人民政府应当按照国家规定，根据农村公路养护和管理的实际需要，安排必要的公共财政预算，保证农村公路养护管理需要，并随农村公路里程和地方财力增长逐步增加。鼓励有条件的地方人民政府通过提高补助标准等方式筹集农村公路养护管理资金。

第九条　省级人民政府安排的成品油消费税改革新增收入补助资金应当按照国务院规定专项用于农村公路养护工程，不得用于日常保养和人员开支，且补助标准每年每公里不得低于国务院规定的县道7000元、乡道3500元、村道1000元。

经省级交通运输主管部门认定并纳入统计年报里程的农村公路均应当作为补助基数。

第十条　省级交通运输主管部门应当协调建立成品油消费税改革新增收入替代摩托车、拖拉机养路费转移支付资金增长机制，增幅不低于成品油税费改革新增收入的增量资金增长比例。

第十一条　省级交通运输主管部门应当协调建立省级补助资金“以奖代补”或者其他形式的激励机制，充分调动地市、县人民政府加大养护管理资金投入的积极性。

第十二条　县级交通运输主管部门应当统筹使用好上级补助资金和其他各类资金，努力提高资金使用效益，不断完善资金监管和激励制度。

第十三条　企业和个人捐助的资金，应当在尊重捐助企业和个人意愿的前提下，由接受捐赠单位统筹安排用于农村公路养护。

村民委员会通过“一事一议”筹集养护资金，由村民委员会统筹安排专项用于村道养护。

第十四条　农村公路养护资金应当实行独立核算，专款专用，禁止截留、挤占或者挪用，使用情况接受审计、财政等部门的审计和监督检查。

第三章　养护管理

第十五条　县级交通运输主管部门和公路管理机构应

当建立健全农村公路养护质量检查、考核和评定制度,建立健全质量安全保证体系和信用评价体系,加强检查监督,确保工程质量和安全。

第十六条 农村公路养护按其工程性质、技术复杂程度和规模大小,分为小修保养、中修、大修、改建。

养护计划应当结合通行安全和社会需求等因素,按照轻重缓急,统筹安排。

大中修和改建工程应按有关规范和标准进行设计,履行相关管理程序,并按照有关规定进行验收。

第十七条 农村公路养护应当逐步向规范化、专业化、机械化、市场化方向发展。

第十八条 县级交通运输主管部门和公路管理机构要优化现有农村公路养护道班和工区布局,扩大作业覆盖面,提升专业技能,充分发挥其在公共服务、应急抢险和日常养护与管理中的作用。

鼓励将日常保养交由公路沿线村民负责,采取个人、家庭分段承包等方式实施,并按照优胜劣汰的原则,逐步建立相对稳定的群众性养护队伍。

第十九条 农村公路养护应逐步推行市场化,实行合同管理,计量支付,并充分发挥信用评价的作用,择优选定养护作业单位。

鼓励从事公路养护的事业单位和社会力量组建养护企业,参与养护市场竞争。

第二十条 各级地方交通运输主管部门和公路管理机构要完善农村公路养护管理信息系统和公路技术状况统计更新制度,加快决策科学化和管理信息化进程。

第二十一条 县级交通运输主管部门和公路管理机构应当定期组织开展农村公路技术状况评定,县道和重要乡道评定频率每年不少于一次,其他公路在五年规划期内不少于两次。

路面技术状况评定宜采用自动化快速检测设备。有条件的地区在五年规划期内,县道评定频率应当不低于两次,乡道、村道应当不低于一次。

第二十二条 省级交通运输主管部门要以《公路技术状况评定标准》为基础,制定符合本辖区实际的农村公路技术状况评定标准,省、地市级交通运输主管部门应当定期组织对评定结果进行抽查。

第二十三条 地方各级交通运输主管部门和公路管理机构应当将公路技术状况评定结果作为养护质量考核的重要指标,并建立相应的奖惩机制。

第二十四条 农村公路养护作业单位和人员应当按照《公路安全保护条例》规定和相关技术规范要求开展养护作业,采取有效措施,确保施工安全、交通安全和工程质量。

农村公路养护作业单位应当完善养护质量和安全制度,加强作业人员教育和培训。

第二十五条 负责农村公路日常养护的单位或者个人应当按合同规定定期进行路况巡查,发现突发损坏、交通中断或者路产路权案件等影响公路运行的情况时,及时按有关规定处理和上报。

农村公路发生严重损坏或中断时,县级交通运输主管部门和公路管理机构应当在当地政府的统一领导下,组织及时修复和抢通。难以及时恢复交通的,应当设立醒目的警示标志,并告知绕行路线。

第二十六条 大型建设项目在施工期间需要使用农村公路的,应当按照指定线路行驶,符合荷载标准。对公路造成损坏的应当进行修复或者依法赔偿。

第二十七条 县、乡级人民政府应当依据有关规定对农村公路养护需要的挖砂、采石、取土以及取水给予支持和协助。

第二十八条 县级人民政府应当按照《公路法》《公路安全保护条例》的有关规定组织划定农村公路用地和建筑控制区。

第二十九条 县级交通运输主管部门和公路管理机构应在当地人民政府统一领导下,大力整治农村公路路域环境,加强绿化美化,逐步实现田路分家、路宅分家,努力做到路面整洁无杂物,排水畅通无淤积,打造畅安舒美的农村公路通行环境。

第四章 法律责任

第三十条 违反本办法规定,在筹集或者使用农村公路养护资金过程中,强制向单位和个人集资或者截留、挤占、挪用资金等违规行为的,由有关交通运输主管部门或者由其向地方人民政府建议对责任单位进行通报批评,限期整改;情节严重的,对责任人依法给予行政处分。

第三十一条 违反本办法规定,不按规定对农村公路进行养护的,由有关交通运输主管部门或者由其向地方人民政府建议对责任单位进行通报批评,限期整改；情节严重的，停止补助资金拨付，依法对责任人给予行政处分。

第三十二条　违反本办法其他规定，由县级交通运输主管部门或者公路管理机构按照《公路法》《公路安全保护条例》相关规定进行处罚。

第五章　附　　则

第三十三条　本办法自2016年1月1日起施行。交通运输部于2008年4月发布的《农村公路管理养护暂行办法》（交公路发〔2008〕43号）同时废止。

二、车辆、驾驶人

资料补充栏

1. 机动车管理

校车安全管理条例

2012 年 4 月 5 日国务院令第 617 号公布施行

第一章　总　　则

第一条　为了加强校车安全管理，保障乘坐校车学生的人身安全，制定本条例。

第二条　本条例所称校车，是指依照本条例取得使用许可，用于接送接受义务教育的学生上下学的 7 座以上的载客汽车。

接送小学生的校车应当是按照专用校车国家标准设计和制造的小学生专用校车。

第三条　县级以上地方人民政府应当根据本行政区域的学生数量和分布状况等因素，依法制定、调整学校设置规划，保障学生就近入学或者在寄宿制学校入学，减少学生上下学的交通风险。实施义务教育的学校及其教学点的设置、调整，应当充分听取学生家长等有关方面的意见。

县级以上地方人民政府应当采取措施，发展城市和农村的公共交通，合理规划、设置公共交通线路和站点，为需要乘车上下学的学生提供方便。

对确实难以保障就近入学，并且公共交通不能满足学生上下学需要的农村地区，县级以上地方人民政府应当采取措施，保障接受义务教育的学生获得校车服务。

国家建立多渠道筹措校车经费的机制，并通过财政资助、税收优惠、鼓励社会捐赠等多种方式，按照规定支持使用校车接送学生的服务。支持校车服务所需的财政资金由中央财政和地方财政分担，具体办法由国务院财政部门制定。支持校车服务的税收优惠办法，依照法律、行政法规规定的税收管理权限制定。

第四条　国务院教育、公安、交通运输以及工业和信息化、质量监督检验检疫、安全生产监督管理等部门依照法律、行政法规和国务院的规定，负责校车安全管理的有关工作。国务院教育、公安部门会同国务院有关部门建立校车安全管理工作协调机制，统筹协调校车安全管理工作中的重大事项，共同做好校车安全管理工作。

第五条　县级以上地方人民政府对本行政区域的校车安全管理工作负总责，组织有关部门制定并实施与当地经济发展水平和校车服务需求相适应的校车服务方案，统一领导、组织、协调有关部门履行校车安全管理职责。

县级以上地方人民政府教育、公安、交通运输、安全生产监督管理等有关部门依照本条例以及本级人民政府的规定，履行校车安全管理的相关职责。有关部门应当建立健全校车安全管理信息共享机制。

第六条　国务院标准化主管部门会同国务院工业和信息化、公安、交通运输等部门，按照保障安全、经济适用的要求，制定并及时修订校车安全国家标准。

生产校车的企业应当建立健全产品质量保证体系，保证所生产（包括改装，下同）的校车符合校车安全国家标准；不符合标准的，不得出厂、销售。

第七条　保障学生上下学交通安全是政府、学校、社会和家庭的共同责任。社会各方面应当为校车通行提供便利，协助保障校车通行安全。

第八条　县级和设区的市级人民政府教育、公安、交通运输、安全生产监督管理部门应当设立并公布举报电话、举报网络平台，方便群众举报违反校车安全管理规定的行为。

接到举报的部门应当及时依法处理；对不属于本部门管理职责的举报，应当及时移送有关部门处理。

第二章　学校和校车服务提供者

第九条　学校可以配备校车。依法设立的道路旅客运输经营企业、城市公共交通企业，以及根据县级以上地方人民政府规定设立的校车运营单位，可以提供校车服务。

县级以上地方人民政府根据本地区实际情况，可以制定管理办法，组织依法取得道路旅客运输经营许可的个体经营者提供校车服务。

第十条　配备校车的学校和校车服务提供者应当建立健全校车安全管理制度，配备安全管理人员，加强校车的安全维护，定期对校车驾驶人进行安全教育，组织校车驾驶人学习道路交通安全法律法规以及安全防范、应急处置和应急救援知识，保障学生乘坐校车安全。

第十一条　由校车服务提供者提供校车服务的，学校应当与校车服务提供者签订校车安全管理责任书，明确各自的安全管理责任，落实校车运行安全管理措施。

学校应当将校车安全管理责任书报县级或者设区的市级人民政府教育行政部门备案。

第十二条　学校应当对教师、学生及其监护人进行交通安全教育，向学生讲解校车安全乘坐知识和校车安全事故应急处理技能，并定期组织校车安全事故应急处理演练。

学生的监护人应当履行监护义务，配合学校或者校车服务提供者的校车安全管理工作。学生的监护人应当拒绝使用不符合安全要求的车辆接送学生上下学。

第十三条　县级以上地方人民政府教育行政部门应当指导、监督学校建立健全校车安全管理制度，落实校车安全管理责任，组织学校开展交通安全教育。公安机关交通管理部门应当配合教育行政部门组织学校开展交通安全教育。

第三章　校车使用许可

第十四条　使用校车应当依照本条例的规定取得许可。

取得校车使用许可应当符合下列条件：

（一）车辆符合校车安全国家标准，取得机动车检验合格证明，并已经在公安机关交通管理部门办理注册登记；

（二）有取得校车驾驶资格的驾驶人；

（三）有包括行驶线路、开行时间和停靠站点的合理可行的校车运行方案；

（四）有健全的安全管理制度；

（五）已经投保机动车承运人责任保险。

第十五条　学校或者校车服务提供者申请取得校车使用许可，应当向县级或者设区的市级人民政府教育行政部门提交书面申请和证明其符合本条例第十四条规定条件的材料。教育行政部门应当自收到申请材料之日起3个工作日内，分别送同级公安机关交通管理部门、交通运输部门征求意见，公安机关交通管理部门和交通运输部门应当在3个工作日内回复意见。教育行政部门应当自收到回复意见之日起5个工作日内提出审查意见，报本级人民政府。本级人民政府决定批准的，由公安机关交通管理部门发给校车标牌，并在机动车行驶证上签注校车类型和核载人数；不予批准的，书面说明理由。

第十六条　校车标牌应当载明本车的号牌号码、车辆的所有人、驾驶人、行驶线路、开行时间、停靠站点以及校车标牌发牌单位、有效期等事项。

第十七条　取得校车标牌的车辆应当配备统一的校车标志灯和停车指示标志。

校车未运载学生上道路行驶的，不得使用校车标牌、校车标志灯和停车指示标志。

第十八条　禁止使用未取得校车标牌的车辆提供校车服务。

第十九条　取得校车标牌的车辆达到报废标准或者不再作为校车使用的，学校或者校车服务提供者应当将校车标牌交回公安机关交通管理部门。

第二十条　校车应当每半年进行一次机动车安全技术检验。

第二十一条　校车应当配备逃生锤、干粉灭火器、急救箱等安全设备。安全设备应当放置在便于取用的位置，并确保性能良好、有效适用。

校车应当按照规定配备具有行驶记录功能的卫星定位装置。

第二十二条　配备校车的学校和校车服务提供者应当按照国家规定做好校车的安全维护，建立安全维护档案，保证校车处于良好技术状态。不符合安全技术条件的校车，应当停运维修，消除安全隐患。

校车应当由依法取得相应资质的维修企业维修。承接校车维修业务的企业应当按照规定的维修技术规范维修校车，并按照国务院交通运输主管部门的规定对所维修的校车实行质量保证期制度，在质量保证期内对校车的维修质量负责。

第四章　校车驾驶人

第二十三条　校车驾驶人应当依照本条例的规定取得校车驾驶资格。

取得校车驾驶资格应当符合下列条件：

（一）取得相应准驾车型驾驶证并具有3年以上驾驶经历，年龄在25周岁以上、不超过60周岁；

（二）最近连续3个记分周期内没有被记满分记录；

（三）无致人死亡或者重伤的交通事故责任记录；

（四）无饮酒后驾驶或者醉酒驾驶机动车记录，最近1年内无驾驶客运车辆超员、超速等严重交通违法行为记录；

（五）无犯罪记录；

（六）身心健康，无传染性疾病，无癫痫、精神病等可能危及行车安全的疾病病史，无酗酒、吸毒行为记录。

第二十四条 机动车驾驶人申请取得校车驾驶资格，应当向县级或者设区的市级人民政府公安机关交通管理部门提交书面申请和证明其符合本条例第二十三条规定条件的材料。公安机关交通管理部门应当自收到申请材料之日起5个工作日内审查完毕，对符合条件的，在机动车驾驶证上签注准许驾驶校车；不符合条件的，书面说明理由。

第二十五条 机动车驾驶人未取得校车驾驶资格，不得驾驶校车。禁止聘用未取得校车驾驶资格的机动车驾驶人驾驶校车。

第二十六条 校车驾驶人应当每年接受公安机关交通管理部门的审验。

第二十七条 校车驾驶人应当遵守道路交通安全法律法规，严格按照机动车道路通行规则和驾驶操作规范安全驾驶、文明驾驶。

第五章 校车通行安全

第二十八条 校车行驶线路应当尽量避开急弯、陡坡、临崖、临水的危险路段；确实无法避开的，道路或者交通设施的管理、养护单位应当按照标准对上述危险路段设置安全防护设施、限速标志、警告标牌。

第二十九条 校车经过的道路出现不符合安全通行条件的状况或者存在交通安全隐患的，当地人民政府应当组织有关部门及时改善道路安全通行条件、消除安全隐患。

第三十条 校车运载学生，应当按照国务院公安部门规定的位置放置校车标牌，开启校车标志灯。

校车运载学生，应当按照经审核确定的线路行驶，遇有交通管制、道路施工以及自然灾害、恶劣气象条件或者重大交通事故等影响道路通行情形的除外。

第三十一条 公安机关交通管理部门应当加强对校车行驶线路的道路交通秩序管理。遇交通拥堵的，交通警察应当指挥疏导运载学生的校车优先通行。

校车运载学生，可以在公共交通专用车道以及其他禁止社会车辆通行但允许公共交通车辆通行的路段行驶。

第三十二条 校车上下学生，应当在校车停靠站点停靠；未设校车停靠站点的路段可以在公共交通站台停靠。

道路或者交通设施的管理、养护单位应当按照标准设置校车停靠站点预告标识和校车停靠站点标牌，施划校车停靠站点标线。

第三十三条 校车在道路上停车上下学生，应当靠道路右侧停靠，开启危险报警闪光灯，打开停车指示标志。校车在同方向只有一条机动车道的道路上停靠时，后方车辆应当停车等待，不得超越。校车在同方向有两条以上机动车道的道路上停靠时，校车停靠车道后方和相邻机动车道上的机动车应当停车等待，其他机动车道上的机动车应当减速通过。校车后方停车等待的机动车不得鸣喇叭或者使用灯光催促校车。

第三十四条 校车载人不得超过核定的人数，不得以任何理由超员。

学校和校车服务提供者不得要求校车驾驶人超员、超速驾驶校车。

第三十五条 载有学生的校车在高速公路上行驶的最高时速不得超过80公里，在其他道路上行驶的最高时速不得超过60公里。

道路交通安全法律法规规定或者道路上限速标志、标线标明的最高时速低于前款规定的，从其规定。

载有学生的校车在急弯、陡坡、窄路、窄桥以及冰雪、泥泞的道路上行驶，或者遇有雾、雨、雪、沙尘、冰雹等低能见度气象条件时，最高时速不得超过20公里。

第三十六条 交通警察对违反道路交通安全法律法规的校车，可以在消除违法行为的前提下先予放行，待校车完成接送学生任务后再对校车驾驶人进行处罚。

第三十七条 公安机关交通管理部门应当加强对校车运行情况的监督检查，依法查处校车道路交通安全违法行为，定期将校车驾驶人的道路交通安全违法行为和交通事故信息抄送其所属单位和教育行政部门。

第六章 校车乘车安全

第三十八条 配备校车的学校、校车服务提供者应当指派照管人员随校车全程照管乘车学生。校车服务提供者为学校提供校车服务的，双方可以约定由学校指派随车照管人员。

学校和校车服务提供者应当定期对随车照管人员进行安全教育，组织随车照管人员学习道路交通安全法律法规、应急处置和应急救援知识。

第三十九条 随车照管人员应当履行下列职责：

（一）学生上下车时，在车下引导、指挥，维护上下车秩序；

（二）发现驾驶人无校车驾驶资格，饮酒、醉酒后驾驶，或者身体严重不适以及校车超员等明显妨碍行车安全情形的，制止校车开行；

（三）清点乘车学生人数，帮助、指导学生安全落座、系好安全带，确认车门关闭后示意驾驶人启动校车；

（四）制止学生在校车行驶过程中离开座位等危险行为；

（五）核实学生下车人数，确认乘车学生已经全部离车后本人方可离车。

第四十条 校车的副驾驶座位不得安排学生乘坐。

校车运载学生过程中，禁止除驾驶人、随车照管人员以外的人员乘坐。

第四十一条 校车驾驶人驾驶校车上道路行驶前，应当对校车的制动、转向、外部照明、轮胎、安全门、座椅、安全带等车况是否符合安全技术要求进行检查，不得驾驶存在安全隐患的校车上道路行驶。

校车驾驶人不得在校车载有学生时给车辆加油，不得在校车发动机引擎熄灭前离开驾驶座位。

第四十二条 校车发生交通事故，驾驶人、随车照管人员应当立即报警，设置警示标志。乘车学生继续留在校车内有危险的，随车照管人员应当将学生撤离到安全区域，并及时与学校、校车服务提供者、学生的监护人联系处理后续事宜。

第七章 法律责任

第四十三条 生产、销售不符合校车安全国家标准的校车的，依照道路交通安全、产品质量管理的法律、行政法规的规定处罚。

第四十四条 使用拼装或者达到报废标准的机动车接送学生的，由公安机关交通管理部门收缴并强制报废机动车；对驾驶人处2000元以上5000元以下的罚款，吊销其机动车驾驶证；对车辆所有人处8万元以上10万元以下的罚款，有违法所得的予以没收。

第四十五条 使用未取得校车标牌的车辆提供校车服务，或者使用未取得校车驾驶资格的人员驾驶校车的，由公安机关交通管理部门扣留该机动车，处1万元以上2万元以下的罚款，有违法所得的予以没收。

取得道路运输经营许可的企业或者个体经营者有前款规定的违法行为，除依照前款规定处罚外，情节严重的，由交通运输主管部门吊销其经营许可证件。

伪造、变造或者使用伪造、变造的校车标牌的，由公安机关交通管理部门收缴伪造、变造的校车标牌，扣留该机动车，处2000元以上5000元以下的罚款。

第四十六条 不按照规定为校车配备安全设备，或者不按照规定对校车进行安全维护的，由公安机关交通管理部门责令改正，处1000元以上3000元以下的罚款。

第四十七条 机动车驾驶人未取得校车驾驶资格驾驶校车的，由公安机关交通管理部门处1000元以上3000元以下的罚款，情节严重的，可以并处吊销机动车驾驶证。

第四十八条 校车驾驶人有下列情形之一的，由公安机关交通管理部门责令改正，可以处200元罚款：

（一）驾驶校车运载学生，不按照规定放置校车标牌、开启校车标志灯，或者不按照经审核确定的线路行驶；

（二）校车上下学生，不按照规定在校车停靠站点停靠；

（三）校车未运载学生上道路行驶，使用校车标牌、校车标志灯和停车指示标志；

（四）驾驶校车上道路行驶前，未对校车车况是否符合安全技术要求进行检查，或者驾驶存在安全隐患的校车上道路行驶；

（五）在校车载有学生时给车辆加油，或者在校车发动机引擎熄灭前离开驾驶座位。

校车驾驶人违反道路交通安全法律法规关于道路通行规定的，由公安机关交通管理部门依法从重处罚。

第四十九条 校车驾驶人违反道路交通安全法律法规被依法处罚或者发生道路交通事故，不再符合本条例规定的校车驾驶人条件的，由公安机关交通管理部门取消校车驾驶资格，并在机动车驾驶证上签注。

第五十条 校车载人超过核定人数的，由公安机关交通管理部门扣留车辆至违法状态消除，并依照道路交通安全法律法规的规定从重处罚。

第五十一条 公安机关交通管理部门查处校车道路交通安全违法行为，依法扣留车辆的，应当通知相关学校或者校车服务提供者转运学生，并在违法状态消除后立即发还被扣留车辆。

第五十二条 机动车驾驶人违反本条例规定，不避让校车的，由公安机关交通管理部门处200元罚款。

第五十三条 未依照本条例规定指派照管人员随校车全程照管乘车学生的，由公安机关责令改正，可以处500元罚款。

随车照管人员未履行本条例规定的职责的，由学校或者校车服务提供者责令改正；拒不改正的，给予处分或者予以解聘。

第五十四条 取得校车使用许可的学校、校车服务提供者违反本条例规定，情节严重的，原作出许可决定的地方人民政府可以吊销其校车使用许可，由公安机关交通管理部门收回校车标牌。

第五十五条 学校违反本条例规定的，除依照本条例有关规定予以处罚外，由教育行政部门给予通报批评；导致发生学生伤亡事故的，对政府举办的学校的负有责任的领导人员和直接责任人员依法给予处分；对民办学校由审批机关责令暂停招生，情节严重的，吊销其办学许可证，并由教育行政部门责令负有责任的领导人员和直接责任人员5年内不得从事学校管理事务。

第五十六条 县级以上地方人民政府不依法履行校车安全管理职责，致使本行政区域发生校车安全重大事故的，对负有责任的领导人员和直接责任人员依法给予处分。

第五十七条 教育、公安、交通运输、工业和信息化、质量监督检验检疫、安全生产监督管理等有关部门及其工作人员不依法履行校车安全管理职责的，对负有责任的领导人员和直接责任人员依法给予处分。

第五十八条 违反本条例的规定，构成违反治安管理行为的，由公安机关依法给予治安管理处罚；构成犯罪的，依法追究刑事责任。

第五十九条 发生校车安全事故，造成人身伤亡或者财产损失的，依法承担赔偿责任。

第八章 附 则

第六十条 县级以上地方人民政府应当合理规划幼儿园布局，方便幼儿就近入园。

入园幼儿应当由监护人或者其委托的成年人接送。对确因特殊情况不能由监护人或者其委托的成年人接送，需要使用车辆集中接送的，应当使用按照专用校车国家标准设计和制造的幼儿专用校车，遵守本条例校车安全管理的规定。

第六十一条 省、自治区、直辖市人民政府应当结合本地区实际情况，制定本条例的实施办法。

第六十二条 本条例自公布之日起施行。

本条例施行前已经配备校车的学校和校车服务提供者及其聘用的校车驾驶人应当自本条例施行之日起90日内，依照本条例的规定申请取得校车使用许可、校车驾驶资格。

本条例施行后，用于接送小学生、幼儿的专用校车不能满足需求的，在省、自治区、直辖市人民政府规定的过渡期限内可以使用取得校车标牌的其他载客汽车。

缺陷汽车产品召回管理条例

1. 2012年10月22日国务院令第626号公布
2. 根据2019年3月2日国务院令第709号《关于修改部分行政法规的决定》修订

第一条 为了规范缺陷汽车产品召回，加强监督管理，保障人身、财产安全，制定本条例。

第二条 在中国境内生产、销售的汽车和汽车挂车（以下统称汽车产品）的召回及其监督管理，适用本条例。

第三条 本条例所称缺陷，是指由于设计、制造、标识等原因导致的在同一批次、型号或者类别的汽车产品中普遍存在的不符合保障人身、财产安全的国家标准、行业标准的情形或者其他危及人身、财产安全的不合理的危险。

本条例所称召回，是指汽车产品生产者对其已售出的汽车产品采取措施消除缺陷的活动。

第四条　国务院产品质量监督部门负责全国缺陷汽车产品召回的监督管理工作。

国务院有关部门在各自职责范围内负责缺陷汽车产品召回的相关监督管理工作。

第五条　国务院产品质量监督部门根据工作需要，可以委托省、自治区、直辖市人民政府产品质量监督部门负责缺陷汽车产品召回监督管理的部分工作。

国务院产品质量监督部门缺陷产品召回技术机构按照国务院产品质量监督部门的规定，承担缺陷汽车产品召回的具体技术工作。

第六条　任何单位和个人有权向产品质量监督部门投诉汽车产品可能存在的缺陷，国务院产品质量监督部门应当以便于公众知晓的方式向社会公布受理投诉的电话、电子邮箱和通信地址。

国务院产品质量监督部门应当建立缺陷汽车产品召回信息管理系统，收集汇总、分析处理有关缺陷汽车产品信息。

产品质量监督部门、汽车产品主管部门、商务主管部门、海关、公安机关交通管理部门、交通运输主管部门等有关部门应当建立汽车产品的生产、销售、进口、登记检验、维修、消费者投诉、召回等信息的共享机制。

第七条　产品质量监督部门和有关部门、机构及其工作人员对履行本条例规定职责所知悉的商业秘密和个人信息，不得泄露。

第八条　对缺陷汽车产品，生产者应当依照本条例全部召回；生产者未实施召回的，国务院产品质量监督部门应当依照本条例责令其召回。

本条例所称生产者，是指在中国境内依法设立的生产汽车产品并以其名义颁发产品合格证的企业。

从中国境外进口汽车产品到境内销售的企业，视为前款所称的生产者。

第九条　生产者应当建立并保存汽车产品设计、制造、标识、检验等方面的信息记录以及汽车产品初次销售的车主信息记录，保存期不得少于10年。

第十条　生产者应当将下列信息报国务院产品质量监督部门备案：

（一）生产者基本信息；

（二）汽车产品技术参数和汽车产品初次销售的车主信息；

（三）因汽车产品存在危及人身、财产安全的故障而发生修理、更换、退货的信息；

（四）汽车产品在中国境外实施召回的信息；

（五）国务院产品质量监督部门要求备案的其他信息。

第十一条　销售、租赁、维修汽车产品的经营者（以下统称经营者）应当按照国务院产品质量监督部门的规定建立并保存汽车产品相关信息记录，保存期不得少于5年。

经营者获知汽车产品存在缺陷的，应当立即停止销售、租赁、使用缺陷汽车产品，并协助生产者实施召回。

经营者应当向国务院产品质量监督部门报告和向生产者通报所获知的汽车产品可能存在缺陷的相关信息。

第十二条　生产者获知汽车产品可能存在缺陷的，应当立即组织调查分析，并如实向国务院产品质量监督部门报告调查分析结果。

生产者确认汽车产品存在缺陷的，应当立即停止生产、销售、进口缺陷汽车产品，并实施召回。

第十三条　国务院产品质量监督部门获知汽车产品可能存在缺陷的，应当立即通知生产者开展调查分析；生产者未按照通知开展调查分析的，国务院产品质量监督部门应当开展缺陷调查。

国务院产品质量监督部门认为汽车产品可能存在会造成严重后果的缺陷的，可以直接开展缺陷调查。

第十四条　国务院产品质量监督部门开展缺陷调查，可以进入生产者、经营者的生产经营场所进行现场调查，查阅、复制相关资料和记录，向相关单位和个人了解汽车产品可能存在缺陷的情况。

生产者应当配合缺陷调查，提供调查需要的有关资料、产品和专用设备。经营者应当配合缺陷调查，提供调查需要的有关资料。

国务院产品质量监督部门不得将生产者、经营者提供的资料、产品和专用设备用于缺陷调查所需的技术检测和鉴定以外的用途。

第十五条 国务院产品质量监督部门调查认为汽车产品存在缺陷的，应当通知生产者实施召回。

生产者认为其汽车产品不存在缺陷的，可以自收到通知之日起15个工作日内向国务院产品质量监督部门提出异议，并提供证明材料。国务院产品质量监督部门应当组织与生产者无利害关系的专家对证明材料进行论证，必要时对汽车产品进行技术检测或者鉴定。

生产者既不按照通知实施召回又不在本条第二款规定期限内提出异议的，或者经国务院产品质量监督部门依照本条第二款规定组织论证、技术检测、鉴定确认汽车产品存在缺陷的，国务院产品质量监督部门应当责令生产者实施召回；生产者应当立即停止生产、销售、进口缺陷汽车产品，并实施召回。

第十六条 生产者实施召回，应当按照国务院产品质量监督部门的规定制定召回计划，并报国务院产品质量监督部门备案。修改已备案的召回计划应当重新备案。

生产者应当按照召回计划实施召回。

第十七条 生产者应当将报国务院产品质量监督部门备案的召回计划同时通报销售者，销售者应当停止销售缺陷汽车产品。

第十八条 生产者实施召回，应当以便于公众知晓的方式发布信息，告知车主汽车产品存在的缺陷、避免损害发生的应急处置方法和生产者消除缺陷的措施等事项。

国务院产品质量监督部门应当及时向社会公布已经确认的缺陷汽车产品信息以及生产者实施召回的相关信息。

车主应当配合生产者实施召回。

第十九条 对实施召回的缺陷汽车产品，生产者应当及时采取修正或者补充标识、修理、更换、退货等措施消除缺陷。

生产者应当承担消除缺陷的费用和必要的运送缺陷汽车产品的费用。

第二十条 生产者应当按照国务院产品质量监督部门的规定提交召回阶段性报告和召回总结报告。

第二十一条 国务院产品质量监督部门应当对召回实施情况进行监督，并组织与生产者无利害关系的专家对生产者消除缺陷的效果进行评估。

第二十二条 生产者违反本条例规定，有下列情形之一的，由产品质量监督部门责令改正；拒不改正的，处5万元以上20万元以下的罚款：

（一）未按照规定保存有关汽车产品、车主的信息记录；

（二）未按照规定备案有关信息、召回计划；

（三）未按照规定提交有关召回报告。

第二十三条 违反本条例规定，有下列情形之一的，由产品质量监督部门责令改正；拒不改正的，处50万元以上100万元以下的罚款；有违法所得的，并处没收违法所得；情节严重的，由许可机关吊销有关许可：

（一）生产者、经营者不配合产品质量监督部门缺陷调查；

（二）生产者未按照已备案的召回计划实施召回；

（三）生产者未将召回计划通报销售者。

第二十四条 生产者违反本条例规定，有下列情形之一的，由产品质量监督部门责令改正，处缺陷汽车产品货值金额1%以上10%以下的罚款；有违法所得的，并处没收违法所得；情节严重的，由许可机关吊销有关许可：

（一）未停止生产、销售或者进口缺陷汽车产品；

（二）隐瞒缺陷情况；

（三）经责令召回拒不召回。

第二十五条 违反本条例规定，从事缺陷汽车产品召回监督管理工作的人员有下列行为之一的，依法给予处分：

（一）将生产者、经营者提供的资料、产品和专用设备用于缺陷调查所需的技术检测和鉴定以外的用途；

（二）泄露当事人商业秘密或者个人信息；

（三）其他玩忽职守、徇私舞弊、滥用职权行为。

第二十六条 违反本条例规定，构成犯罪的，依法追究刑事责任。

第二十七条　汽车产品出厂时未随车装备的轮胎存在缺陷的，由轮胎的生产者负责召回。具体办法由国务院产品质量监督部门参照本条例制定。

第二十八条　生产者依照本条例召回缺陷汽车产品，不免除其依法应当承担的责任。

汽车产品存在本条例规定的缺陷以外的质量问题的，车主有权依照产品质量法、消费者权益保护法等法律、行政法规和国家有关规定以及合同约定，要求生产者、销售者承担修理、更换、退货、赔偿损失等相应的法律责任。

第二十九条　本条例自2013年1月1日起施行。

报废机动车回收管理办法

1. 2019年4月22日国务院令第715号公布
2. 自2019年6月1日起施行

第一条　为了规范报废机动车回收活动，保护环境，促进循环经济发展，保障道路交通安全，制定本办法。

第二条　本办法所称报废机动车，是指根据《中华人民共和国道路交通安全法》的规定应当报废的机动车。

不属于《中华人民共和国道路交通安全法》规定的应当报废的机动车，机动车所有人自愿作报废处理的，依照本办法的规定执行。

第三条　国家鼓励特定领域的老旧机动车提前报废更新，具体办法由国务院有关部门另行制定。

第四条　国务院负责报废机动车回收管理的部门主管全国报废机动车回收（含拆解，下同）监督管理工作，国务院公安、生态环境、工业和信息化、交通运输、市场监督管理等部门在各自的职责范围内负责报废机动车回收有关的监督管理工作。

县级以上地方人民政府负责报废机动车回收管理的部门对本行政区域内报废机动车回收活动实施监督管理。县级以上地方人民政府公安、生态环境、工业和信息化、交通运输、市场监督管理等部门在各自的职责范围内对本行政区域内报废机动车回收活动实施有关的监督管理。

第五条　国家对报废机动车回收企业实行资质认定制度。未经资质认定，任何单位或者个人不得从事报废机动车回收活动。

国家鼓励机动车生产企业从事报废机动车回收活动。机动车生产企业按照国家有关规定承担生产者责任。

第六条　取得报废机动车回收资质认定，应当具备下列条件：

（一）具有企业法人资格；

（二）具有符合环境保护等有关法律、法规和强制性标准要求的存储、拆解场地，拆解设备、设施以及拆解操作规范；

（三）具有与报废机动车拆解活动相适应的专业技术人员。

第七条　拟从事报废机动车回收活动的，应当向省、自治区、直辖市人民政府负责报废机动车回收管理的部门提出申请。省、自治区、直辖市人民政府负责报废机动车回收管理的部门应当依法进行审查，对符合条件的，颁发资质认定书；对不符合条件的，不予资质认定并书面说明理由。

省、自治区、直辖市人民政府负责报废机动车回收管理的部门应当充分利用计算机网络等先进技术手段，推行网上申请、网上受理等方式，为申请人提供便利条件。申请人可以在网上提出申请。

省、自治区、直辖市人民政府负责报废机动车回收管理的部门应当将本行政区域内取得资质认定的报废机动车回收企业名单及时向社会公布。

第八条　任何单位或者个人不得要求机动车所有人将报废机动车交售给指定的报废机动车回收企业。

第九条　报废机动车回收企业对回收的报废机动车，应当向机动车所有人出具《报废机动车回收证明》，收回机动车登记证书、号牌、行驶证，并按照国家有关规定及时向公安机关交通管理部门办理注销登记，将注销证明转交机动车所有人。

《报废机动车回收证明》样式由国务院负责报废机动车回收管理的部门规定。任何单位或者个人不得买卖或者伪造、变造《报废机动车回收证明》。

第十条　报废机动车回收企业对回收的报废机动车，应当逐车登记机动车的型号、号牌号码、发动机号码、车辆识别代号等信息；发现回收的报废机动车疑似赃物或者用于盗窃、抢劫等犯罪活动的犯罪工具的,应当及时向公安机关报告。

报废机动车回收企业不得拆解、改装、拼装、倒卖疑似赃物或者犯罪工具的机动车或者其发动机、方向机、变速器、前后桥、车架(以下统称“五大总成”)和其他零部件。

第十一条 回收的报废机动车必须按照有关规定予以拆解;其中,回收的报废大型客车、货车等营运车辆和校车,应当在公安机关的监督下解体。

第十二条 拆解的报废机动车“五大总成”具备再制造条件的,可以按照国家有关规定出售给具有再制造能力的企业经过再制造予以循环利用;不具备再制造条件的,应当作为废金属,交售给钢铁企业作为冶炼原料。

拆解的报废机动车“五大总成”以外的零部件符合保障人身和财产安全等强制性国家标准,能够继续使用的,可以出售,但应当标明“报废机动车回用件”。

第十三条 国务院负责报废机动车回收管理的部门应当建立报废机动车回收信息系统。报废机动车回收企业应当如实记录本企业回收的报废机动车“五大总成”等主要部件的数量、型号、流向等信息,并上传至报废机动车回收信息系统。

负责报废机动车回收管理的部门、公安机关应当通过政务信息系统实现信息共享。

第十四条 拆解报废机动车,应当遵守环境保护法律、法规和强制性标准,采取有效措施保护环境,不得造成环境污染。

第十五条 禁止任何单位或者个人利用报废机动车“五大总成”和其他零部件拼装机动车,禁止拼装的机动车交易。

除机动车所有人将报废机动车依法交售给报废机动车回收企业外,禁止报废机动车整车交易。

第十六条 县级以上地方人民政府负责报废机动车回收管理的部门应当加强对报废机动车回收企业的监督检查,建立和完善以随机抽查为重点的日常监督检查制度,公布抽查事项目录,明确抽查的依据、频次、方式、内容和程序,随机抽取被检查企业,随机选派检查人员。抽查情况和查处结果应当及时向社会公布。

在监督检查中发现报废机动车回收企业不具备本办法规定的资质认定条件的,应当责令限期改正;拒不改正或者逾期未改正的,由原发证部门吊销资质认定书。

第十七条 县级以上地方人民政府负责报废机动车回收管理的部门应当向社会公布本部门的联系方式,方便公众举报违法行为。

县级以上地方人民政府负责报废机动车回收管理的部门接到举报的,应当及时依法调查处理,并为举报人保密;对实名举报的,负责报废机动车回收管理的部门应当将处理结果告知举报人。

第十八条 负责报废机动车回收管理的部门在监督管理工作中发现不属于本部门处理权限的违法行为的,应当及时移交有权处理的部门;有权处理的部门应当及时依法调查处理,并将处理结果告知负责报废机动车回收管理的部门。

第十九条 未取得资质认定,擅自从事报废机动车回收活动的,由负责报废机动车回收管理的部门没收非法回收的报废机动车、报废机动车“五大总成”和其他零部件,没收违法所得;违法所得在5万元以上的,并处违法所得2倍以上5倍以下的罚款;违法所得不足5万元或者没有违法所得的,并处5万元以上10万元以下的罚款。对负责报废机动车回收管理的部门没收非法回收的报废机动车、报废机动车“五大总成”和其他零部件,必要时有关主管部门应当予以配合。

第二十条 有下列情形之一的,由公安机关依法给予治安管理处罚:

(一)买卖或者伪造、变造《报废机动车回收证明》;

(二)报废机动车回收企业明知或者应当知道回收的机动车为赃物或者用于盗窃、抢劫等犯罪活动的犯罪工具,未向公安机关报告,擅自拆解、改装、拼装、倒卖该机动车。

报废机动车回收企业有前款规定情形,情节严重的,由原发证部门吊销资质认定书。

第二十一条 报废机动车回收企业有下列情形之一的,由负责报废机动车回收管理的部门责令改正,没收报废机动车“五大总成”和其他零部件,没收违法所得;违法所得在5万元以上的,并处违法所得2倍以上5倍以下的罚款;违法所得不足5万元或者没有违法所得的，并处5万元以上10万元以下的罚款；情节严重的，责令停业整顿直至由原发证部门吊销资质认定书：

（一）出售不具备再制造条件的报废机动车“五大总成”；

（二）出售不能继续使用的报废机动车“五大总成”以外的零部件；

（三）出售的报废机动车“五大总成”以外的零部件未标明“报废机动车回用件”。

第二十二条 报废机动车回收企业对回收的报废机动车，未按照国家有关规定及时向公安机关交通管理部门办理注销登记并将注销证明转交机动车所有人的，由负责报废机动车回收管理的部门责令改正，可以处1万元以上5万元以下的罚款。

利用报废机动车“五大总成”和其他零部件拼装机动车或者出售报废机动车整车、拼装的机动车的，依照《中华人民共和国道路交通安全法》的规定予以处罚。

第二十三条 报废机动车回收企业未如实记录本企业回收的报废机动车“五大总成”等主要部件的数量、型号、流向等信息并上传至报废机动车回收信息系统的，由负责报废机动车回收管理的部门责令改正，并处1万元以上5万元以下的罚款；情节严重的，责令停业整顿。

第二十四条 报废机动车回收企业违反环境保护法律、法规和强制性标准，污染环境的，由生态环境主管部门责令限期改正，并依法予以处罚；拒不改正或者逾期未改正的，由原发证部门吊销资质认定书。

第二十五条 负责报废机动车回收管理的部门和其他有关部门的工作人员在监督管理工作中滥用职权、玩忽职守、徇私舞弊的，依法给予处分。

第二十六条 违反本办法规定，构成犯罪的，依法追究刑事责任。

第二十七条 报废新能源机动车回收的特殊事项，另行制定管理规定。

军队报废机动车的回收管理，依照国家和军队有关规定执行。

第二十八条 本办法自2019年6月1日起施行。2001年6月16日国务院公布的《报废汽车回收管理办法》同时废止。

报废机动车回收管理办法实施细则

1. 2020年7月18日商务部、国家发展和改革委员会、工业和信息化部、公安部、生态环境部、交通运输部、国家市场监督管理总局令2020年第2号公布

2. 自2020年9月1日起施行

第一章 总 则

第一条 为规范报废机动车回收拆解活动，加强报废机动车回收拆解行业管理，根据国务院《报废机动车回收管理办法》（以下简称《管理办法》），制定本细则。

第二条 在中华人民共和国境内从事报废机动车回收拆解活动，适用本细则。

第三条 国家鼓励报废机动车回收拆解行业市场化、专业化、集约化发展，推动完善报废机动车回收利用体系，提高回收利用效率和服务水平。

第四条 商务部负责组织全国报废机动车回收拆解的监督管理工作，发展改革委、工业和信息化部、公安部、生态环境部、交通运输部、市场监管总局等部门在各自职责范围内负责报废机动车有关监督管理工作。

第五条 省级商务主管部门负责实施报废机动车回收拆解企业（以下简称回收拆解企业）资质认定工作。县级以上地方商务主管部门对本行政区域内报废机动车回收拆解活动实施监督管理，促进行业健康有序发展。

县级以上地方公安机关依据职责及相关法律法规的规定，对报废机动车回收拆解行业治安状况、买卖伪造票证等活动实施监督管理，并依法处置。

县级以上地方生态环境主管部门依据职责对回收拆解企业回收拆解活动的环境污染防治工作进行监督管理，防止造成环境污染，并依据相关法律法规处理。

县级以上地方发展改革、工业和信息化、交通运输、市场监管部门在各自的职责范围内负责本行政区域内报废机动车有关监督管理工作。

第六条 报废机动车回收拆解行业协会、商会等应当制定行业规范，提供信息咨询、培训等服务，开展行业监测和预警分析，加强行业自律。

第二章 资质认定和管理

第七条 国家对回收拆解企业实行资质认定制度。未经资质认定，任何单位或者个人不得从事报废机动车回收拆解活动。

国家鼓励机动车生产企业从事报废机动车回收拆解活动，机动车生产企业按照国家有关规定承担生产者责任，应当向回收拆解企业提供报废机动车拆解指导手册等相关技术信息。

第八条 取得报废机动车回收拆解资质认定，应当具备下列条件：

（一）具有企业法人资格；

（二）拆解经营场地符合所在地城市总体规划或者国土空间规划及安全要求，不得建在居民区、商业区、饮用水水源保护区及其他环境敏感区内；

（三）符合国家标准《报废机动车回收拆解企业技术规范》（GB 22128）的场地、设施设备、存储、拆解技术规范，以及相应的专业技术人员要求；

（四）符合环保标准《报废机动车拆解环境保护技术规范》（HJ 348）要求；

（五）具有符合国家规定的生态环境保护制度，具备相应的污染防治措施，对拆解产生的固体废物有妥善处置方案。

第九条 申请资质认定的企业（以下简称申请企业）应当书面向拆解经营场地所在地省级商务主管部门或者通过商务部“全国汽车流通信息管理应用服务”系统提出申请，并提交下列书面材料：

（一）设立申请报告（应当载明申请企业的名称、法定代表人、注册资本、住所、拆解场所、统一社会信用代码等内容）；

（二）申请企业《营业执照》；

（三）申请企业章程；

（四）申请企业法定代表人身份证或者其他有效身份证件；

（五）拆解经营场地土地使用权、房屋产权证明或者租期10年以上的土地租赁合同或者土地使用权出租合同及房屋租赁证明材料；

（六）申请企业购置或者以融资租赁方式获取的用于报废机动车拆解和污染防治的设施、设备清单，以及发票或者融资租赁合同等所有权证明文件；

（七）生态环境主管部门出具的建设项目环境影响评价文件的审批文件；

（八）申请企业高级管理和专业技术人员名单；

（九）申请企业拆解操作规范、安全规程和固体废物利用处置方案。

上述材料可以通过政府信息系统获取的，审核机关可不再要求申请企业提供。

第十条 省级商务主管部门应当对收到的资质认定申请材料进行审核，对材料齐全、符合法定形式的，应当受理申请；对材料不齐全或者不符合法定形式的，应当在收到申请之日起5个工作日内告知申请企业需要补正的内容。

省级商务主管部门可以委托拆解经营场地所在地地（市）级商务主管部门对申请材料是否齐全、符合法定形式进行审核。

第十一条 省级商务主管部门受理资质认定申请后，应当组织成立专家组对申请企业进行现场验收评审。

省级商务主管部门应当建立由报废机动车拆解、生态环境保护、财务等相关领域专业技术人员组成的专家库，专家库人数不少于20人。现场验收评审专家组由5人以上单数专家组成，从专家库中随机抽取专家产生，专家应当具有专业代表性。

专家组根据本细则规定的资质认定条件，实施现场验收评审，如实填写《现场验收评审意见表》。现场验收评审专家应当对现场验收评审意见负责。

省级商务主管部门应当参照商务部报废机动车回收拆解企业现场验收评审意见示范表，结合本地实际，制定本地区《现场验收评审意见表》。

第十二条 省级商务主管部门经审查资质认定申请材料、《现场验收评审意见表》等，认为申请符合资质认定条件的，在省级商务主管部门网站和“全国汽车流通信息管理应用服务”系统予以公示，公示期不少于5个工作日。公示期间，对申请有异议的，省级商务主管部门应当根据需要通过组织听证、专家复评复审等对异议进行核实；对申请无异议的，省级商务主管部门应当在“全国汽车流通信息管理应用服务”系统对申请予以通过，创建企业账户，并颁发《报废机动车回收拆解企业资质认定证书》（以下简称《资质认定书》）。对申请不符合资质认定条件的，省级商务主管部门应当作出不予资质认定的决定并书面说明理由。

省级商务主管部门应当及时将本行政区域内取得资质认定的回收拆解企业名单向社会公布。

第十三条　省级商务主管部门应当自受理资质认定申请之日起20个工作日内完成审查工作并作出相关决定。20个工作日内不能作出决定的，经省级商务主管部门负责人批准，可以延长10个工作日，并应当将延长期限的理由告知申请企业。

现场验收评审、听证等所需时间不计算在本条规定的期限内。省级商务主管部门应当将所需时间书面告知申请企业。

第十四条　回收拆解企业不得涂改、出租、出借《资质认定书》，或者以其他形式非法转让《资质认定书》。

第十五条　回收拆解企业设立分支机构的，应当在市场监管部门注册登记后30日内通过“全国汽车流通信息管理应用服务”系统向分支机构注册登记所在地省级商务主管部门备案，并上传下列材料的电子文档：

（一）分支机构《营业执照》；

（二）《报废机动车回收拆解企业分支机构备案信息表》。

回收拆解企业的分支机构不得拆解报废机动车。

第十六条　回收拆解企业名称、住所或者法定代表人发生变更的，回收拆解企业应当自信息变更之日起30日内通过“全国汽车流通信息管理应用服务”系统上传变更说明及变更后的《营业执照》，经拆解经营场地所在地省级商务主管部门核准后换发《资质认定书》。

第十七条　回收拆解企业拆解经营场地发生迁建、改建、扩建的，应当依据本细则重新申请回收拆解企业资质认定。申请符合资质认定条件的，予以换发《资质认定书》；不符合资质认定条件的，由原发证机关注销其《资质认定书》。

第三章　回收拆解行为规范

第十八条　回收拆解企业在回收报废机动车时，应当核验机动车所有人有效身份证件，逐车登记机动车型号、号牌号码、车辆识别代号、发动机号等信息，并收回下列证牌：

（一）机动车登记证书原件；

（二）机动车行驶证原件；

（三）机动车号牌。

回收拆解企业应当核对报废机动车的车辆型号、号牌号码、车辆识别代号、发动机号等实车信息是否与机动车登记证书、机动车行驶证记载的信息一致。

无法提供本条第一款所列三项证牌中任意一项的，应当由机动车所有人出具书面情况说明，并对其真实性负责。

机动车所有人为自然人且委托他人代办的，还需提供受委托人有效证件及授权委托书；机动车所有人为机关、企业、事业单位、社会团体等的，需提供加盖单位公章的营业执照复印件、统一社会信用代码证书复印件或者社会团体法人登记证书复印件以及单位授权委托书、经办人身份证件。

第十九条　回收拆解企业在回收报废机动车后，应当通过“全国汽车流通信息管理应用服务”系统如实录入机动车信息，打印《报废机动车回收证明》，上传机动车拆解前照片，机动车拆解后，上传拆解后照片。上传的照片应当包括机动车拆解前整体外观、拆解后状况以及车辆识别代号等特征。对按照规定应当在公安机关监督下解体的报废机动车，回收拆解企业应当在机动车拆解后，打印《报废机动车回收证明》。

回收拆解企业应当按照国家有关规定及时向公安机关交通管理部门申请机动车注销登记，将注销证明及《报废机动车回收证明》交给机动车所有人。

第二十条　报废机动车“五大总成”和尾气后处理装置，以及新能源汽车动力蓄电池不齐全的，机动车所有人应当书面说明情况，并对其真实性负责。机动车车架（或者车身）或者发动机缺失的应当认定为车辆缺失，回收拆解企业不得出具《报废机动车回收证明》。

第二十一条　机动车存在抵押、质押情形的，回收拆解企业不得出具《报废机动车回收证明》。

发现回收的报废机动车疑似为赃物或者用于盗窃、抢劫等犯罪活动工具的，以及涉嫌伪造变造号牌、车辆识别代号、发动机号的，回收拆解企业应当向公安机关报告。已经打印的《报废机动车回收证明》应当予以作废。

第二十二条　《报废机动车回收证明》需要重新开具或者作废的，回收拆解企业应当收回已开具的《报废机动车回收证明》，并向拆解经营场地所在地地（市）级商务主管部门提出书面申请。地（市）级商务主管部门在“全国汽车流通信息管理应用服务”系统中对相关信息进行更改，并通报同级公安机关交通管理部门。

第二十三条　回收拆解企业必须在其资质认定的拆解经营场地内对回收的报废机动车予以拆解，禁止以任何方式交易报废机动车整车、拼装车。回收的报废大型客、货车等营运车辆和校车，应当在公安机关现场或者视频监督下解体。回收拆解企业应当积极配合报废机动车监督解体工作。

第二十四条　回收拆解企业拆解报废机动车应当符合国家标准《报废机动车回收拆解企业技术规范》（GB 22128）相关要求，并建立生产经营全覆盖的电子监控系统，录像保存至少 1 年。

第二十五条　回收拆解企业应当遵守环境保护法律、法规和强制性标准，建立固体废物管理台账，如实记录报废机动车拆解产物的种类、数量、流向、贮存、利用和处置等信息，并通过“全国固体废物管理信息系统”进行填报；制定危险废物管理计划，按照国家有关规定贮存、运输、转移和利用处置危险废物。

第四章　回收利用行为规范

第二十六条　回收拆解企业应当建立报废机动车零部件销售台账，如实记录报废机动车“五大总成”数量、型号、流向等信息，并录入“全国汽车流通信息管理应用服务”系统。

回收拆解企业应当对出售用于再制造的报废机动车“五大总成”按照商务部制定的标识规则编码，其中车架应当录入原车辆识别代号信息。

第二十七条　回收拆解企业应当按照国家对新能源汽车动力蓄电池回收利用管理有关要求，对报废新能源汽车的废旧动力蓄电池或者其他类型储能装置进行拆卸、收集、贮存、运输及回收利用，加强全过程安全管理。

回收拆解企业应当将报废新能源汽车车辆识别代号及动力蓄电池编码、数量、型号、流向等信息，录入“新能源汽车国家监测与动力蓄电池回收利用溯源综合管理平台”系统。

第二十八条　回收拆解企业拆解的报废机动车“五大总成”具备再制造条件的，可以按照国家有关规定出售给具有再制造能力的企业经过再制造予以循环利用；不具备再制造条件的，应当作为废金属，交售给冶炼或者破碎企业。

第二十九条　回收拆解企业拆解的报废机动车“五大总成”以外的零部件符合保障人身和财产安全等强制性国家标准，能够继续使用的，可以出售，但应当标明“报废机动车回用件”。

回收拆解企业拆解的尾气后处理装置、危险废物应当如实记录，并交由有处理资质的企业进行拆解处置，不得向其他企业出售和转卖。

回收拆解企业拆卸的动力蓄电池应当交售给新能源汽车生产企业建立的动力蓄电池回收服务网点，或者符合国家对动力蓄电池梯次利用管理有关要求的梯次利用企业，或者从事废旧动力蓄电池综合利用的企业。

第三十条　禁止任何单位或者个人利用报废机动车“五大总成”拼装机动车。

第三十一条　机动车维修经营者不得承修已报废的机动车。

第五章　监督管理

第三十二条　县级以上地方商务主管部门应当会同相关部门，采取“双随机、一公开”方式，对本行政区域内报废机动车回收拆解活动实施日常监督检查，重点检查以下方面：

（一）回收拆解企业符合资质认定条件情况；

（二）报废机动车回收拆解程序合规情况；

（三）《资质认定书》使用合规情况；

（四）出具《报废机动车回收证明》情况；

（五）“五大总成”及其他零部件处置情况。

第三十三条　县级以上地方商务主管部门可以会同相

关部门采取下列措施进行监督检查：

（一）进入从事报废机动车回收拆解活动的有关场所进行检查；

（二）询问与监督检查事项有关的单位和个人，要求其说明情况；

（三）查阅、复制有关文件、资料，检查相关数据信息系统及复制相关信息数据；

（四）依据有关法律法规采取的其他措施。

第三十四条　县级以上地方商务主管部门发现回收拆解企业不再具备本细则第八条规定条件的，应当责令其限期整改；拒不改正或者逾期未改正的，由原发证机关撤销其《资质认定书》。

回收拆解企业停止报废机动车回收拆解业务12个月以上的，或者注销营业执照的，由原发证机关撤销其《资质认定书》。

省级商务主管部门应当将本行政区域内被撤销、吊销《资质认定书》的回收拆解企业名单及时向社会公布。

回收拆解企业因违反本细则受到被吊销《资质认定书》的行政处罚，禁止该企业自行政处罚生效之日起三年内再次申请报废机动车回收拆解资质认定。

第三十五条　各级商务、发展改革、工业和信息化、公安、生态环境、交通运输、市场监管等部门应当加强回收拆解企业监管信息共享，及时分享资质认定、变更、撤销等信息、回收拆解企业行政处罚以及《报废机动车回收证明》和报废机动车照片等信息。

第三十六条　县级以上地方商务主管部门应当会同有关部门建立回收拆解企业信用档案，将企业相关违法违规行为依法作出的处理决定录入信用档案，并及时向社会公布。

第三十七条　《资质认定书》《报废机动车回收证明》和《报废机动车回收拆解企业分支机构备案信息表》样式由商务部规定，省级商务主管部门负责印制发放，任何单位和个人不得买卖或者伪造、变造。

第三十八条　省级商务主管部门应当加强对现场验收评审专家库的管理，实施动态调整机制。专家在验收评审过程中出现违反独立、客观、公平、公正原则问题的，省级商务主管部门应当及时将有关专家调整出现场验收评审专家库，且不得再次选入。

第三十九条　县级以上地方商务主管部门应当向社会公布本部门的联系方式，方便公众举报报废机动车回收拆解相关的违法行为。

县级以上地方商务主管部门接到举报，应当及时依法调查处理，并为举报人保密；对实名举报的，应当将处理结果告知举报人。

第六章　法律责任

第四十条　违反本细则第七条第一款规定，未取得资质认定，擅自从事报废机动车回收拆解活动的，由县级以上地方商务主管部门会同有关部门按照《管理办法》第十九条规定没收非法回收拆解的报废机动车、报废机动车“五大总成”和其他零部件，没收违法所得；违法所得在5万元以上的，并处违法所得2倍以上5倍以下的罚款；违法所得不足5万元或者没有违法所得的，并处5万元以上10万元以下的罚款。

违反本细则第七条第二款规定，机动车生产企业未按照国家有关规定承担生产者责任向回收拆解企业提供相关技术支持的，由县级以上地方工业和信息化主管部门责令改正，并处1万元以上3万元以下的罚款。

第四十一条　违反本细则第十四条规定，回收拆解企业涂改、出租、出借或者以其他形式非法转让《资质认定书》的，由县级以上地方商务主管部门责令改正，并处1万元以上3万元以下的罚款。

第四十二条　违反本细则第十五条第一款规定，回收拆解企业未按照要求备案分支机构的，由分支机构注册登记所在地县级以上地方商务主管部门责令改正，并处1万元以上3万元以下的罚款。

违反本细则第十五条第二款规定，回收拆解企业的分支机构对报废机动车进行拆解的，由分支机构注册登记所在地县级以上地方商务主管部门责令改正，并处3万元罚款；拒不改正或者情节严重的，由原发证部门吊销回收拆解企业的《资质认定书》。

第四十三条　违反本细则第十九条第一款、第二十条、第二十一条的规定，回收拆解企业违规开具或者发放《报废机动车回收证明》，或者未按照规定对已出具《报废机动车回收证明》的报废机动车进行拆解的，由县级以上地方商务主管部门责令限期改正，整改期间暂停打印《报废机动车回收证明》；情节严重的，处1万元以上3万元以下的罚款。

回收拆解企业明知或者应当知道回收的机动车为赃物或者用于盗窃、抢劫等犯罪活动的犯罪工具，未向公安机关报告，擅自拆解、改装、拼装、倒卖该机动车的，由县级以上地方公安机关按照《治安管理处罚法》予以治安管理处罚，构成犯罪的，依法追究刑事责任。

因违反前款规定，被追究刑事责任或者两年内被治安管理处罚两次以上的，由原发证部门吊销《资质认定书》。

第四十四条 违反本细则第十九条第二款规定，回收拆解企业未按照国家有关规定及时向公安机关交通管理部门办理机动车注销登记，并将注销证明转交机动车所有人的，由县级以上地方商务主管部门按照《管理办法》第二十二条规定责令改正，可以处1万元以上5万元以下的罚款。

第四十五条 违反本细则第二十三条规定，回收拆解企业未在其资质认定的拆解经营场地内对回收的报废机动车予以拆解，或者交易报废机动车整车、拼装车的，由县级以上地方商务主管部门责令改正，并处3万元罚款；拒不改正或者情节严重的，由原发证部门吊销《资质认定书》。

第四十六条 违反本细则第二十四条规定，回收拆解企业未建立生产经营全覆盖的电子监控系统，或者录像保存不足1年的，由县级以上地方商务主管部门责令限期改正，整改期间暂停打印《报废机动车回收证明》；情节严重的，处1万元以上3万元以下的罚款。

第四十七条 回收拆解企业违反环境保护法律、法规和强制性标准，污染环境的，由生态环境主管部门按照《管理办法》第二十四条规定责令限期改正，并依法予以处罚；拒不改正或者逾期未改正的，由原发证部门吊销《资质认定书》。

回收拆解企业不再符合本细则第八条规定有关环境保护相关认定条件的，由生态环境主管部门责令限期改正，并依法予以处罚；拒不改正或者逾期未改正的，由原发证部门撤销《资质认定书》。

回收拆解企业违反本细则第二十五条规定的，由生态环境主管部门依法予以处罚。

第四十八条 违反本细则第二十六条规定，回收拆解企业未按照要求建立报废机动车零部件销售台账并如实记录“五大总成”信息并上传信息系统的，由县级以上地方商务主管部门按照《管理办法》第二十三条规定责令改正，并处1万元以上5万元以下的罚款；情节严重的，责令停业整顿。

第四十九条 违反本细则第二十七条规定，回收拆解企业未按照国家有关标准和规定要求，对报废新能源汽车的废旧动力蓄电池或者其他类型储能设施进行拆卸、收集、贮存、运输及回收利用的，或者未将报废新能源汽车车辆识别代号及动力蓄电池编码、数量、型号、流向等信息录入有关平台的，由县级以上地方商务主管部门会同工业和信息化主管部门责令改正，并处1万元以上3万元以下的罚款。

第五十条 违反本细则第二十八条、第二十九条规定，回收拆解企业出售的报废机动车“五大总成”及其他零部件不符合相关要求的，由县级以上地方商务主管部门按照《管理办法》第二十一条规定责令改正，没收报废机动车“五大总成”和其他零部件，没收违法所得；违法所得在5万元以上的，并处违法所得2倍以上5倍以下的罚款；违法所得不足5万元或者没有违法所得的，并处5万元以上10万元以下的罚款；情节严重的，责令停业整顿直至由原发证部门吊销《资质认定书》。

回收拆解企业将报废机动车“五大总成”及其他零部件出售给或者交予本细则第二十八条、第二十九条规定以外企业处理的，由县级以上地方商务主管部门会同有关部门责令改正，并处1万元以上3万元以下的罚款。

第五十一条 违反本细则第三十一条规定，机动车维修经营者承修已报废的机动车的，由县级以上道路运输管理机构责令改正；有违法所得的，没收违法所得，处违法所得2倍以上10倍以下的罚款；没有违法所得或者违法所得不足1万元的，处2万元以上5万元以下的罚款，没收报废机动车；情节严重的，由县级以上道路运输管理机构责令停业整顿；构成犯罪的，依法追究刑事责任。

第五十二条 违反本细则第三十七条规定，买卖或者伪造、变造《资质认定书》的，由县级以上地方公安机关依法给予治安管理处罚。

买卖或者伪造、变造《报废机动车回收证明》的，由县级以上地方公安机关按照《治安管理处罚法》予以治安管理处罚。

第五十三条　发现在拆解或者处置过程中可能造成环境污染的电器电子等产品，设计使用列入国家禁止使用名录的有毒有害物质的，回收拆解企业有权向市场监管部门进行举报，有关部门应当及时通报市场监管部门。市场监管部门依据《循环经济促进法》第五十一条规定处理。

第五十四条　各级商务、发展改革、工业和信息化、公安、生态环境、交通运输、市场监管等部门及其工作人员应当按照《管理办法》和本细则规定履行职责。违反相关规定的，按照《管理办法》第二十五条规定追究责任。任何单位和个人有权对相关部门及其工作人员的违法违规行为进行举报。

第七章　附　　则

第五十五条　省级商务主管部门可以结合本地实际情况制定本细则的实施办法，并报商务部备案。

第五十六条　本细则实施前已经取得报废机动车回收资质的企业，应当在本细则实施后两年内按照本细则的要求向省级商务主管部门申请重新进行资质认定。通过资质认定的，换发《资质认定书》；超过两年未通过资质认定的，由原发证部门注销其《资质认定书》。

第五十七条　县级以上地方商务主管部门涉及本细则有关商务执法职责发生调整的，有关商务执法职责由本级人民政府确定的承担相关职责的部门实施。

第五十八条　本细则由商务部会同发展改革委、工业和信息化部、公安部、生态环境部、交通运输部、市场监管总局负责解释。

第五十九条　本细则自2020年9月1日起施行。

机动车登记规定

1. 2021年12月17日公安部令第164号修订公布

2. 自2022年5月1日起施行

第一章　总　　则

第一条　为了规范机动车登记，保障道路交通安全，保护公民、法人和其他组织的合法权益，根据《中华人民共和国道路交通安全法》及其实施条例，制定本规定。

第二条　本规定由公安机关交通管理部门负责实施。

省级公安机关交通管理部门负责本省（自治区、直辖市）机动车登记工作的指导、检查和监督。直辖市公安机关交通管理部门车辆管理所、设区的市或者相当于同级的公安机关交通管理部门车辆管理所负责办理本行政区域内机动车登记业务。

县级公安机关交通管理部门车辆管理所可以办理本行政区域内除危险货物运输车、校车、中型以上载客汽车登记以外的其他机动车登记业务。具体业务范围和办理条件由省级公安机关交通管理部门确定。

警用车辆登记业务按照有关规定办理。

第三条　车辆管理所办理机动车登记业务，应当遵循依法、公开、公正、便民的原则。

车辆管理所办理机动车登记业务，应当依法受理申请人的申请，审查申请人提交的材料，按规定查验机动车。对符合条件的，按照规定的标准、程序和期限办理机动车登记。对申请材料不齐全或者不符合法定形式的，应当一次书面或者电子告知申请人需要补正的全部内容。对不符合规定的，应当书面或者电子告知不予受理、登记的理由。

车辆管理所应当将法律、行政法规和本规定的有关办理机动车登记的事项、条件、依据、程序、期限以及收费标准、需要提交的全部材料的目录和申请表示范文本等在办公场所公示。

省级、设区的市或者相当于同级的公安机关交通管理部门应当在互联网上发布信息，便于群众查阅办理机动车登记的有关规定，查询机动车登记、检验等情况，下载、使用有关表格。

第四条　车辆管理所办理机动车登记业务时，应当按照减环节、减材料、减时限的要求，积极推行一次办结、限时办结等制度，为申请人提供规范、便利、高效的服务。

公安机关交通管理部门应当积极推进与有关部门信息互联互通，对实现信息共享、网上核查的，申请人免予提交相关证明凭证。

公安机关交通管理部门应当按照就近办理、便捷办理的原则，推进在机动车销售企业、二手车交易市场等地设置服务站点，方便申请人办理机动车登记业务，并在办公场所和互联网公示辖区内的业务办理网点、地址、联系电话、办公时间和业务范围。

第五条　车辆管理所应当使用全国统一的计算机管理系统办理机动车登记、核发机动车登记证书、号牌、行驶证和检验合格标志。

计算机管理系统的数据库标准和软件全国统一，能够完整、准确地记录和存储机动车登记业务全过程和经办人员信息，并能够实时将有关信息传送到全国公安交通管理信息系统。

第六条　车辆管理所应当使用互联网交通安全综合服务管理平台受理申请人网上提交的申请，验证申请人身份，按规定办理机动车登记业务。

互联网交通安全综合服务管理平台信息管理系统数据库标准和软件全国统一。

第七条　申请办理机动车登记业务的，应当如实向车辆管理所提交规定的材料、交验机动车，如实申告规定的事项，并对其申请材料实质内容的真实性以及机动车的合法性负责。

第八条　公安机关交通管理部门应当建立机动车登记业务监督制度，加强对机动车登记、牌证生产制作和发放等监督管理。

第九条　车辆管理所办理机动车登记业务时可以依据相关法律法规认可、使用电子签名、电子印章、电子证照。

第二章　机动车登记

第一节　注册登记

第十条　初次申领机动车号牌、行驶证的，机动车所有人应当向住所地的车辆管理所申请注册登记。

第十一条　机动车所有人应当到机动车安全技术检验机构对机动车进行安全技术检验，取得机动车安全技术检验合格证明后申请注册登记。但经海关进口的机动车和国务院机动车产品主管部门认定免予安全技术检验的机动车除外。

免予安全技术检验的机动车有下列情形之一的，应当进行安全技术检验：

（一）国产机动车出厂后两年内未申请注册登记的；

（二）经海关进口的机动车进口后两年内未申请注册登记的；

（三）申请注册登记前发生交通事故的。

专用校车办理注册登记前，应当按照专用校车国家安全技术标准进行安全技术检验。

第十二条　申请注册登记的，机动车所有人应当交验机动车，确认申请信息，并提交以下证明、凭证：

（一）机动车所有人的身份证明；

（二）购车发票等机动车来历证明；

（三）机动车整车出厂合格证明或者进口机动车进口凭证；

（四）机动车交通事故责任强制保险凭证；

（五）车辆购置税、车船税完税证明或者免税凭证，但法律规定不属于征收范围的除外；

（六）法律、行政法规规定应当在机动车注册登记时提交的其他证明、凭证。

不属于经海关进口的机动车和国务院机动车产品主管部门规定免予安全技术检验的机动车，还应当提交机动车安全技术检验合格证明。

车辆管理所应当自受理申请之日起二日内，查验机动车，采集、核对车辆识别代号拓印膜或者电子资料，审查提交的证明、凭证，核发机动车登记证书、号牌、行驶证和检验合格标志。

机动车安全技术检验、税务、保险等信息实现与有关部门或者机构联网核查的，申请人免予提交相关证明、凭证，车辆管理所核对相关电子信息。

第十三条　车辆管理所办理消防车、救护车、工程救险车注册登记时，应当对车辆的使用性质、标志图案、标志灯具和警报器进行审查。

机动车所有人申请机动车使用性质登记为危险货物运输、公路客运、旅游客运的，应当具备相关道路运输许可；实现与有关部门联网核查道路运输许可信息、车辆使用性质信息的，车辆管理所应当核对相关电子信息。

申请危险货物运输车登记的，机动车所有人应当为单位。

车辆管理所办理注册登记时，应当对牵引车和挂车分别核发机动车登记证书、号牌、行驶证和检验合格标志。

第十四条　车辆管理所实现与机动车制造厂新车出厂查验信息联网的，机动车所有人申请小型、微型非营运载客汽车注册登记时，免予交验机动车。

车辆管理所应当会同有关部门在具备条件的摩托车销售企业推行摩托车带牌销售，方便机动车所有人购置车辆、投保保险、缴纳税款、注册登记一站式办理。

第十五条 有下列情形之一的，不予办理注册登记：

（一）机动车所有人提交的证明、凭证无效的；

（二）机动车来历证明被涂改或者机动车来历证明记载的机动车所有人与身份证明不符的；

（三）机动车所有人提交的证明、凭证与机动车不符的；

（四）机动车未经国务院机动车产品主管部门许可生产或者未经国家进口机动车主管部门许可进口的；

（五）机动车的型号或者有关技术参数与国务院机动车产品主管部门公告不符的；

（六）机动车的车辆识别代号或者有关技术参数不符合国家安全技术标准的；

（七）机动车达到国家规定的强制报废标准的；

（八）机动车被监察机关、人民法院、人民检察院、行政执法部门依法查封、扣押的；

（九）机动车属于被盗抢骗的；

（十）其他不符合法律、行政法规规定的情形。

第二节 变更登记

第十六条 已注册登记的机动车有下列情形之一的，机动车所有人应当向登记地车辆管理所申请变更登记：

（一）改变车身颜色的；

（二）更换发动机的；

（三）更换车身或者车架的；

（四）因质量问题更换整车的；

（五）机动车登记的使用性质改变的；

（六）机动车所有人的住所迁出、迁入车辆管理所管辖区域的。

属于第一款第一项至第三项规定的变更事项的，机动车所有人应当在变更后十日内向车辆管理所申请变更登记。

第十七条 申请变更登记的，机动车所有人应当交验机动车，确认申请信息，并提交以下证明、凭证：

（一）机动车所有人的身份证明；

（二）机动车登记证书；

（三）机动车行驶证；

（四）属于更换发动机、车身或者车架的，还应当提交机动车安全技术检验合格证明；

（五）属于因质量问题更换整车的，还应当按照第十二条的规定提交相关证明、凭证。

车辆管理所应当自受理之日起一日内，查验机动车，审查提交的证明、凭证，在机动车登记证书上签注变更事项，收回行驶证，重新核发行驶证。属于第十六条第一款第三项、第四项、第六项规定的变更登记事项的，还应当采集、核对车辆识别代号拓印膜或者电子资料。属于机动车使用性质变更为公路客运、旅游客运，实现与有关部门联网核查道路运输许可信息、车辆使用性质信息的，还应当核对相关电子信息。属于需要重新核发机动车号牌的，收回号牌、行驶证，核发号牌、行驶证和检验合格标志。

小型、微型载客汽车因改变车身颜色申请变更登记，车辆不在登记地的，可以向车辆所在地车辆管理所提出申请。车辆所在地车辆管理所应当按规定查验机动车，审查提交的证明、凭证，并将机动车查验电子资料转递至登记地车辆管理所，登记地车辆管理所按规定复核并核发行驶证。

第十八条 机动车所有人的住所迁出车辆管理所管辖区域的，转出地车辆管理所应当自受理之日起三日内，查验机动车，在机动车登记证书上签注变更事项，制作上传机动车电子档案资料。机动车所有人应当在三十日内到住所地车辆管理所申请机动车转入。属于小型、微型载客汽车或者摩托车机动车所有人的住所迁出车辆管理所管辖区域的，应当向转入地车辆管理所申请变更登记。

申请机动车转入的，机动车所有人应当确认申请信息，提交身份证明、机动车登记证书，并交验机动车。机动车在转入时已超过检验有效期的，应当按规定进行安全技术检验并提交机动车安全技术检验合格证明和交通事故责任强制保险凭证。车辆管理所应当自受理之日起三日内，查验机动车，采集、核对车辆识别代号拓印膜或者电子资料，审查相关证明、凭证和机动车电子档案资料，在机动车登记证书上签注转入信息，收回号牌、行驶证，确定新的机动车号牌号码，核发号牌、行驶证和检验合格标志。

机动车所有人申请转出、转入前，应当将涉及该车的道路交通安全违法行为和交通事故处理完毕。

第十九条　机动车所有人为两人以上，需要将登记的所有人姓名变更为其他共同所有人姓名的，可以向登记地车辆管理所申请变更登记。申请时，机动车所有人应当共同提出申请，确认申请信息，提交机动车登记证书、行驶证、变更前和变更后机动车所有人的身份证明和共同所有的公证证明，但属于夫妻双方共同所有的，可以提供结婚证或者证明夫妻关系的居民户口簿。

车辆管理所应当自受理之日起一日内，审查提交的证明、凭证，在机动车登记证书上签注变更事项，收回号牌、行驶证，确定新的机动车号牌号码，重新核发号牌、行驶证和检验合格标志。变更后机动车所有人的住所不在车辆管理所管辖区域内的，迁出地和迁入地车辆管理所应当按照第十八条的规定办理变更登记。

第二十条　同一机动车所有人名下机动车的号牌号码需要互换，符合以下情形的，可以向登记地车辆管理所申请变更登记：

（一）两辆机动车在同一辖区车辆管理所登记；

（二）两辆机动车属于同一号牌种类；

（三）两辆机动车使用性质为非营运。

机动车所有人应当确认申请信息，提交机动车所有人身份证明、两辆机动车的登记证书、行驶证、号牌。申请前，应当将两车的道路交通安全违法行为和交通事故处理完毕。

车辆管理所应当自受理之日起一日内，审查提交的证明、凭证，在机动车登记证书上签注变更事项，收回两车的号牌、行驶证，重新核发号牌、行驶证和检验合格标志。

同一机动车一年内可以互换变更一次机动车号牌号码。

第二十一条　有下列情形之一的，不予办理变更登记：

（一）改变机动车的品牌、型号和发动机型号的，但经国务院机动车产品主管部门许可选装的发动机除外；

（二）改变已登记的机动车外形和有关技术参数的，但法律、法规和国家强制性标准另有规定的除外；

（三）属于第十五条第一项、第七项、第八项、第九项规定情形的。

距机动车强制报废标准规定要求使用年限一年以内的机动车，不予办理第十六条第五项、第六项规定的变更事项。

第二十二条　有下列情形之一，在不影响安全和识别号牌的情况下，机动车所有人不需要办理变更登记：

（一）增加机动车车内装饰；

（二）小型、微型载客汽车加装出入口踏步件；

（三）货运机动车加装防风罩、水箱、工具箱、备胎架等。

属于第一款第二项、第三项规定变更事项的，加装的部件不得超出车辆宽度。

第二十三条　已注册登记的机动车有下列情形之一的，机动车所有人应当在信息或者事项变更后三十日内，向登记地车辆管理所申请变更备案：

（一）机动车所有人住所在车辆管理所管辖区域内迁移、机动车所有人姓名（单位名称）变更的；

（二）机动车所有人身份证明名称或者号码变更的；

（三）机动车所有人联系方式变更的；

（四）车辆识别代号因磨损、锈蚀、事故等原因辨认不清或者损坏的；

（五）小型、微型自动挡载客汽车加装、拆除、更换肢体残疾人操纵辅助装置的；

（六）载货汽车、挂车加装、拆除车用起重尾板的；

（七）小型、微型载客汽车在不改变车身主体结构且保证安全的情况下加装车顶行李架，换装不同式样散热器面罩、保险杠、轮毂的；属于换装轮毂的，不得改变轮胎规格。

第二十四条　申请变更备案的，机动车所有人应当确认申请信息，按照下列规定办理：

（一）属于第二十三条第一项规定情形的，机动车所有人应当提交身份证明、机动车登记证书、行驶证。车辆管理所应当自受理之日起一日内，在机动车登记证书上签注备案事项，收回并重新核发行驶证；

（二）属于第二十三条第二项规定情形的，机动车所有人应当提交身份证明、机动车登记证书；属于身份证明号码变更的，还应当提交相关变更证明。车辆管理所应当自受理之日起一日内，在机动车登记证书上签注备案事项；

（三）属于第二十三条第三项规定情形的，机动车所有人应当提交身份证明。车辆管理所应当自受理之日起一日内办理备案；

（四）属于第二十三条第四项规定情形的，机动车所有人应当提交身份证明、机动车登记证书、行驶证，交验机动车。车辆管理所应当自受理之日起一日内，查验机动车，监督重新打刻原车辆识别代号，采集、核对车辆识别代号拓印膜或者电子资料，在机动车登记证书上签注备案事项；

（五）属于第二十三条第五项、第六项规定情形的，机动车所有人应当提交身份证明、行驶证、机动车安全技术检验合格证明、操纵辅助装置或者尾板加装合格证明，交验机动车。车辆管理所应当自受理之日起一日内，查验机动车，收回并重新核发行驶证；

（六）属于第二十三条第七项规定情形的，机动车所有人应当提交身份证明、行驶证，交验机动车。车辆管理所应当自受理之日起一日内，查验机动车，收回并重新核发行驶证。

因第二十三条第五项、第六项、第七项申请变更备案，车辆不在登记地的，可以向车辆所在地车辆管理所提出申请。车辆所在地车辆管理所应当按规定查验机动车，审查提交的证明、凭证，并将机动车查验电子资料转递至登记地车辆管理所，登记地车辆管理所按规定复核并核发行驶证。

第三节　转让登记

第二十五条　已注册登记的机动车所有权发生转让的，现机动车所有人应当自机动车交付之日起三十日内向登记地车辆管理所申请转让登记。

机动车所有人申请转让登记前，应当将涉及该车的道路交通安全违法行为和交通事故处理完毕。

第二十六条　申请转让登记的，现机动车所有人应当交验机动车，确认申请信息，并提交以下证明、凭证：

（一）现机动车所有人的身份证明；

（二）机动车所有权转让的证明、凭证；

（三）机动车登记证书；

（四）机动车行驶证；

（五）属于海关监管的机动车，还应当提交海关监管车辆解除监管证明书或者海关批准的转让证明；

（六）属于超过检验有效期的机动车，还应当提交机动车安全技术检验合格证明和交通事故责任强制保险凭证。

车辆管理所应当自受理申请之日起一日内，查验机动车，核对车辆识别代号拓印膜或者电子资料，审查提交的证明、凭证，收回号牌、行驶证，确定新的机动车号牌号码，在机动车登记证书上签注转让事项，重新核发号牌、行驶证和检验合格标志。

在机动车抵押登记期间申请转让登记的，应当由原机动车所有人、现机动车所有人和抵押权人共同申请，车辆管理所一并办理新的抵押登记。

在机动车质押备案期间申请转让登记的，应当由原机动车所有人、现机动车所有人和质权人共同申请，车辆管理所一并办理新的质押备案。

第二十七条　车辆管理所办理转让登记时，现机动车所有人住所不在车辆管理所管辖区域内的，转出地车辆管理所应当自受理之日起三日内，查验机动车，核对车辆识别代号拓印膜或者电子资料，审查提交的证明、凭证，收回号牌、行驶证，在机动车登记证书上签注转让和变更事项，核发有效期为三十日的临时行驶车号牌，制作上传机动车电子档案资料。机动车所有人应当在临时行驶车号牌的有效期限内到转入地车辆管理所申请机动车转入。

申请机动车转入时，机动车所有人应当确认申请信息，提交身份证明、机动车登记证书，并交验机动车。机动车在转入时已超过检验有效期的，应当按规定进行安全技术检验并提交机动车安全技术检验合格证明和交通事故责任强制保险凭证。转入地车辆管理所应当自受理之日起三日内，查验机动车，采集、核对车辆识别代号拓印膜或者电子资料，审查相关证明、凭证和机动车电子档案资料，在机动车登记证书上签注转入信息，核发号牌、行驶证和检验合格标志。

小型、微型载客汽车或者摩托车在转入地交易的，现机动车所有人应当向转入地车辆管理所申请转让登记。

第二十八条　二手车出口企业收购机动车的，车辆管理所应当自受理之日起三日内,查验机动车,核对车辆识别代号拓印膜或者电子资料,审查提交的证明、凭证,在机动车登记证书上签注转让待出口事项,收回号牌、行驶证,核发有效期不超过六十日的临时行驶车号牌。

第二十九条 有下列情形之一的,不予办理转让登记:

(一)机动车与该车档案记载内容不一致的;

(二)属于海关监管的机动车,海关未解除监管或者批准转让的;

(三)距机动车强制报废标准规定要求使用年限一年以内的机动车;

(四)属于第十五条第一项、第二项、第七项、第八项、第九项规定情形的。

第三十条 被监察机关、人民法院、人民检察院、行政执法部门依法没收并拍卖,或者被仲裁机构依法仲裁裁决,或者被监察机关依法处理,或者被人民法院调解、裁定、判决机动车所有权转让时,原机动车所有人未向现机动车所有人提供机动车登记证书、号牌或者行驶证的,现机动车所有人在办理转让登记时,应当提交监察机关或者人民法院出具的未得到机动车登记证书、号牌或者行驶证的协助执行通知书,或者人民检察院、行政执法部门出具的未得到机动车登记证书、号牌或者行驶证的证明。车辆管理所应当公告原机动车登记证书、号牌或者行驶证作废,并在办理转让登记的同时,补发机动车登记证书。

第四节 抵押登记

第三十一条 机动车作为抵押物抵押的,机动车所有人和抵押权人应当向登记地车辆管理所申请抵押登记;抵押权消灭的,应当向登记地车辆管理所申请解除抵押登记。

第三十二条 申请抵押登记的,由机动车所有人和抵押权人共同申请,确认申请信息,并提交下列证明、凭证:

(一)机动车所有人和抵押权人的身份证明;

(二)机动车登记证书;

(三)机动车抵押合同。

车辆管理所应当自受理之日起一日内,审查提交的证明、凭证,在机动车登记证书上签注抵押登记的内容和日期。

在机动车抵押登记期间,申请因质量问题更换整车变更登记、机动车迁出迁入、共同所有人变更或者补领、换领机动车登记证书的,应当由机动车所有人和抵押权人共同申请。

第三十三条 申请解除抵押登记的,由机动车所有人和抵押权人共同申请,确认申请信息,并提交下列证明、凭证:

(一)机动车所有人和抵押权人的身份证明;

(二)机动车登记证书。

人民法院调解、裁定、判决解除抵押的,机动车所有人或者抵押权人应当确认申请信息,提交机动车登记证书、人民法院出具的已经生效的调解书、裁定书或者判决书,以及相应的协助执行通知书。

车辆管理所应当自受理之日起一日内,审查提交的证明、凭证,在机动车登记证书上签注解除抵押登记的内容和日期。

第三十四条 机动车作为质押物质押的,机动车所有人可以向登记地车辆管理所申请质押备案;质押权消灭的,应当向登记地车辆管理所申请解除质押备案。

申请办理机动车质押备案或者解除质押备案的,由机动车所有人和质权人共同申请,确认申请信息,并提交以下证明、凭证:

(一)机动车所有人和质权人的身份证明;

(二)机动车登记证书。

车辆管理所应当自受理之日起一日内,审查提交的证明、凭证,在机动车登记证书上签注质押备案或者解除质押备案的内容和日期。

第三十五条 机动车抵押、解除抵押信息实现与有关部门或者金融机构等联网核查的,申请人免予提交相关证明、凭证。

机动车抵押登记日期、解除抵押登记日期可以供公众查询。

第三十六条 属于第十五条第一项、第七项、第八项、第九项或者第二十九条第二项规定情形的,不予办理抵押登记、质押备案。对机动车所有人、抵押权人、质权人提交的证明、凭证无效,或者机动车被监察机关、人民法院、人民检察院、行政执法部门依法查封、扣押的,不予办理解除抵押登记、质押备案。

第五节 注销登记

第三十七条 机动车有下列情形之一的,机动车所有人应当向登记地车辆管理所申请注销登记：

（一）机动车已达到国家强制报废标准的；

（二）机动车未达到国家强制报废标准，机动车所有人自愿报废的；

（三）因自然灾害、失火、交通事故等造成机动车灭失的；

（四）机动车因故不在我国境内使用的；

（五）因质量问题退车的。

属于第一款第四项、第五项规定情形的，机动车所有人申请注销登记前，应当将涉及该车的道路交通安全违法行为和交通事故处理完毕。

属于二手车出口符合第一款第四项规定情形的，二手车出口企业应当在机动车办理海关出口通关手续后二个月内申请注销登记。

第三十八条　属于第三十七条第一款第一项、第二项规定情形，机动车所有人申请注销登记的，应当向报废机动车回收企业交售机动车，确认申请信息，提交机动车登记证书、号牌和行驶证。

报废机动车回收企业应当确认机动车，向机动车所有人出具报废机动车回收证明，七日内将申请表、机动车登记证书、号牌、行驶证和报废机动车回收证明副本提交车辆管理所。属于报废校车、大型客车、重型货车及其他营运车辆的，申请注销登记时，还应当提交车辆识别代号拓印膜、车辆解体的照片或者电子资料。

车辆管理所应当自受理之日起一日内，审查提交的证明、凭证，收回机动车登记证书、号牌、行驶证，出具注销证明。

对车辆不在登记地的，机动车所有人可以向车辆所在地机动车回收企业交售报废机动车。报废机动车回收企业应当确认机动车，向机动车所有人出具报废机动车回收证明，七日内将申请表、机动车登记证书、号牌、行驶证、报废机动车回收证明副本以及车辆识别代号拓印膜或者电子资料提交报废地车辆管理所。属于报废校车、大型客车、重型货车及其他营运车辆的，还应当提交车辆解体的照片或者电子资料。

报废地车辆管理所应当自受理之日起一日内，审查提交的证明、凭证，收回机动车登记证书、号牌、行驶证，并通过计算机登记管理系统将机动车报废信息传递给登记地车辆管理所。登记地车辆管理所应当自接到机动车报废信息之日起一日内办理注销登记，并出具注销证明。

机动车报废信息实现与有关部门联网核查的，报废机动车回收企业免予提交相关证明、凭证，车辆管理所应当核对相关电子信息。

第三十九条　属于第三十七条第一款第三项、第四项、第五项规定情形，机动车所有人申请注销登记的，应当确认申请信息，并提交以下证明、凭证：

（一）机动车所有人身份证明；

（二）机动车登记证书；

（三）机动车行驶证；

（四）属于海关监管的机动车，因故不在我国境内使用的，还应当提交海关出具的海关监管车辆进（出）境领（销）牌照通知书；

（五）属于因质量问题退车的，还应当提交机动车制造厂或者经销商出具的退车证明。

申请人因机动车灭失办理注销登记的，应当书面承诺因自然灾害、失火、交通事故等导致机动车灭失，并承担不实承诺的法律责任。

二手车出口企业因二手车出口办理注销登记的，应当提交机动车所有人身份证明、机动车登记证书和机动车出口证明。

车辆管理所应当自受理之日起一日内，审查提交的证明、凭证，属于机动车因故不在我国境内使用的还应当核查机动车出境记录，收回机动车登记证书、号牌、行驶证，出具注销证明。

第四十条　已注册登记的机动车有下列情形之一的，登记地车辆管理所应当办理机动车注销：

（一）机动车登记被依法撤销的；

（二）达到国家强制报废标准的机动车被依法收缴并强制报废的。

第四十一条　已注册登记的机动车有下列情形之一的，车辆管理所应当公告机动车登记证书、号牌、行驶证作废：

（一）达到国家强制报废标准，机动车所有人逾期不办理注销登记的；

（二）机动车登记被依法撤销后，未收缴机动车登记证书、号牌、行驶证的；

（三）达到国家强制报废标准的机动车被依法

收缴并强制报废的；

（四）机动车所有人办理注销登记时未交回机动车登记证书、号牌、行驶证的。

第四十二条　属于第十五条第一项、第八项、第九项或者第二十九条第一项规定情形的，不予办理注销登记。机动车在抵押登记、质押备案期间的，不予办理注销登记。

第三章　机动车牌证

第一节　牌证发放

第四十三条　机动车所有人可以通过计算机随机选取或者按照选号规则自行编排的方式确定机动车号牌号码。

公安机关交通管理部门应当使用统一的机动车号牌选号系统发放号牌号码，号牌号码公开向社会发放。

第四十四条　办理机动车变更登记、转让登记或者注销登记后，原机动车所有人申请机动车登记时，可以向车辆管理所申请使用原机动车号牌号码。

申请使用原机动车号牌号码应当符合下列条件：

（一）在办理机动车迁出、共同所有人变更、转让登记或者注销登记后两年内提出申请；

（二）机动车所有人拥有原机动车且使用原号牌号码一年以上；

（三）涉及原机动车的道路交通安全违法行为和交通事故处理完毕。

第四十五条　夫妻双方共同所有的机动车将登记的机动车所有人姓名变更为另一方姓名，婚姻关系存续期满一年且经夫妻双方共同申请的，可以使用原机动车号牌号码。

第四十六条　机动车具有下列情形之一，需要临时上道路行驶的，机动车所有人应当向车辆管理所申领临时行驶车号牌：

（一）未销售的；

（二）购买、调拨、赠予等方式获得机动车后尚未注册登记的；

（三）新车出口销售的；

（四）进行科研、定型试验的；

（五）因轴荷、总质量、外廓尺寸超出国家标准不予办理注册登记的特型机动车。

第四十七条　机动车所有人申领临时行驶车号牌应当提交以下证明、凭证：

（一）机动车所有人的身份证明；

（二）机动车交通事故责任强制保险凭证；

（三）属于第四十六条第一项、第五项规定情形的，还应当提交机动车整车出厂合格证明或者进口机动车进口凭证；

（四）属于第四十六条第二项规定情形的，还应当提交机动车来历证明，以及机动车整车出厂合格证明或者进口机动车进口凭证；

（五）属于第四十六条第三项规定情形的，还应当提交机动车制造厂出具的安全技术检验证明以及机动车出口证明；

（六）属于第四十六条第四项规定情形的，还应当提交书面申请，以及机动车安全技术检验合格证明或者机动车制造厂出具的安全技术检验证明。

车辆管理所应当自受理之日起一日内，审查提交的证明、凭证，属于第四十六条第一项、第二项、第三项规定情形，需要临时上道路行驶的，核发有效期不超过三十日的临时行驶车号牌。属于第四十六条第四项规定情形的，核发有效期不超过六个月的临时行驶车号牌。属于第四十六条第五项规定情形的，核发有效期不超过九十日的临时行驶车号牌。

因号牌制作的原因，无法在规定时限内核发号牌的，车辆管理所应当核发有效期不超过十五日的临时行驶车号牌。

对属于第四十六条第一项、第二项规定情形，机动车所有人需要多次申领临时行驶车号牌的，车辆管理所核发临时行驶车号牌不得超过三次。属于第四十六条第三项规定情形的，车辆管理所核发一次临时行驶车号牌。

临时行驶车号牌有效期不得超过机动车交通事故责任强制保险有效期。

机动车办理登记后，机动车所有人收到机动车号牌之日起三日后，临时行驶车号牌作废，不得继续使用。

第四十八条　对智能网联机动车进行道路测试、示范应用需要上道路行驶的，道路测试、示范应用单位应当向车辆管理所申领临时行驶车号牌，提交以下证明、凭证：

（一）道路测试、示范应用单位的身份证明；

（二）机动车交通事故责任强制保险凭证；

（三）经主管部门确认的道路测试、示范应用凭证；

（四）机动车安全技术检验合格证明。

车辆管理所应当自受理之日起一日内，审查提交的证明、凭证，核发临时行驶车号牌。临时行驶车号牌有效期应当与准予道路测试、示范应用凭证上签注的期限保持一致，但最长不得超过六个月。

第四十九条 对临时入境的机动车需要上道路行驶的，机动车所有人应当按规定向入境地或者始发地车辆管理所申领临时入境机动车号牌和行驶证。

第五十条 公安机关交通管理部门应当使用统一的号牌管理信息系统制作、发放、收回、销毁机动车号牌和临时行驶车号牌。

第二节 牌证补换领

第五十一条 机动车号牌灭失、丢失或者损毁的，机动车所有人应当向登记地车辆管理所申请补领、换领。申请时，机动车所有人应当确认申请信息并提交身份证明。

车辆管理所应当审查提交的证明、凭证，收回未灭失、丢失或者损毁的号牌，自受理之日起十五日内补发、换发号牌，原机动车号牌号码不变。

补发、换发号牌期间，申请人可以申领有效期不超过十五日的临时行驶车号牌。

补领、换领机动车号牌的，原机动车号牌作废，不得继续使用。

第五十二条 机动车登记证书、行驶证灭失、丢失或者损毁的，机动车所有人应当向登记地车辆管理所申请补领、换领。申请时，机动车所有人应当确认申请信息并提交身份证明。

车辆管理所应当审查提交的证明、凭证，收回损毁的登记证书、行驶证，自受理之日起一日内补发、换发登记证书、行驶证。

补领、换领机动车登记证书、行驶证的，原机动车登记证书、行驶证作废，不得继续使用。

第五十三条 机动车所有人发现登记内容有错误的，应当及时要求车辆管理所更正。车辆管理所应当自受理之日起五日内予以确认。确属登记错误的，在机动车登记证书上更正相关内容，换发行驶证。需要改变机动车号牌号码的，应当收回号牌、行驶证，确定新的机动车号牌号码，重新核发号牌、行驶证和检验合格标志。

第三节 检验合格标志核发

第五十四条 机动车所有人可以在机动车检验有效期满前三个月内向车辆管理所申请检验合格标志。除大型载客汽车、校车以外的机动车因故不能在登记地检验的，机动车所有人可以向车辆所在地车辆管理所申请检验合格标志。

申请前，机动车所有人应当将涉及该车的道路交通安全违法行为和交通事故处理完毕。申请时，机动车所有人应当确认申请信息并提交行驶证、机动车交通事故责任强制保险凭证、车船税纳税或者免税证明、机动车安全技术检验合格证明。

车辆管理所应当自受理之日起一日内，审查提交的证明、凭证，核发检验合格标志。

第五十五条 对免予到机动车安全技术检验机构检验的机动车，机动车所有人申请检验合格标志时，应当提交机动车所有人身份证明或者行驶证、机动车交通事故责任强制保险凭证、车船税纳税或者免税证明。

车辆管理所应当自受理之日起一日内，审查提交的证明、凭证，核发检验合格标志。

第五十六条 公安机关交通管理部门应当实行机动车检验合格标志电子化，在核发检验合格标志的同时，发放检验合格标志电子凭证。

检验合格标志电子凭证与纸质检验合格标志具有同等效力。

第五十七条 机动车检验合格标志灭失、丢失或者损毁，机动车所有人需要补领、换领的，可以持机动车所有人身份证明或者行驶证向车辆管理所申请补领或者换领。对机动车交通事故责任强制保险在有效期内的，车辆管理所应当自受理之日起一日内补发或者换发。

第四章 校车标牌核发

第五十八条 学校或者校车服务提供者申请校车使用许可，应当按照《校车安全管理条例》向县级或者设区的市级人民政府教育行政部门提出申请。公安机关交通管理部门收到教育行政部门送来的征求意见材料后，应当在一日内通知申请人交验机动车。

第五十九条 县级或者设区的市级公安机关交通管理部门应当自申请人交验机动车之日起二日内确认机动车，查验校车标志灯、停车指示标志、卫星定位装置以及逃生锤、干粉灭火器、急救箱等安全设备，审核行驶线路、开行时间和停靠站点。属于专用校车的，还应当查验校车外观标识。审查以下证明、凭证：

（一）机动车所有人的身份证明；

（二）机动车行驶证；

（三）校车安全技术检验合格证明；

（四）包括行驶线路、开行时间和停靠站点的校车运行方案；

（五）校车驾驶人的机动车驾驶证。

公安机关交通管理部门应当自收到教育行政部门征求意见材料之日起三日内向教育行政部门回复意见，但申请人未按规定交验机动车的除外。

第六十条 学校或者校车服务提供者按照《校车安全管理条例》取得校车使用许可后，应当向县级或者设区的市级公安机关交通管理部门领取校车标牌。领取时应当确认表格信息，并提交以下证明、凭证：

（一）机动车所有人的身份证明；

（二）校车驾驶人的机动车驾驶证；

（三）机动车行驶证；

（四）县级或者设区的市级人民政府批准的校车使用许可；

（五）县级或者设区的市级人民政府批准的包括行驶线路、开行时间和停靠站点的校车运行方案。

公安机关交通管理部门应当在收到领取表之日起三日内核发校车标牌。对属于专用校车的，应当核对行驶证上记载的校车类型和核载人数；对不属于专用校车的，应当在行驶证副页上签注校车类型和核载人数。

第六十一条 校车标牌应当记载本车的号牌号码、机动车所有人、驾驶人、行驶线路、开行时间、停靠站点、发牌单位、有效期限等信息。校车标牌分前后两块，分别放置于前风窗玻璃右下角和后风窗玻璃适当位置。

校车标牌有效期的截止日期与校车安全技术检验有效期的截止日期一致，但不得超过校车使用许可有效期。

第六十二条 专用校车应当自注册登记之日起每半年进行一次安全技术检验，非专用校车应当自取得校车标牌后每半年进行一次安全技术检验。

学校或者校车服务提供者应当在校车检验有效期满前一个月内向公安机关交通管理部门申请检验合格标志。

公安机关交通管理部门应当自受理之日起一日内，审查提交的证明、凭证，核发检验合格标志，换发校车标牌。

第六十三条 已取得校车标牌的机动车达到报废标准或者不再作为校车使用的，学校或者校车服务提供者应当拆除校车标志灯、停车指示标志，消除校车外观标识，并将校车标牌交回核发的公安机关交通管理部门。

专用校车不得改变使用性质。

校车使用许可被吊销、注销或者撤销的，学校或者校车服务提供者应当拆除校车标志灯、停车指示标志，消除校车外观标识，并将校车标牌交回核发的公安机关交通管理部门。

第六十四条 校车行驶线路、开行时间、停靠站点或者车辆、所有人、驾驶人发生变化的，经县级或者设区的市级人民政府批准后，应当按照本规定重新领取校车标牌。

第六十五条 公安机关交通管理部门应当每月将校车标牌的发放、变更、收回等信息报本级人民政府备案，并通报教育行政部门。

学校或者校车服务提供者应当自取得校车标牌之日起，每月查询校车道路交通安全违法行为记录，及时到公安机关交通管理部门接受处理。核发校车标牌的公安机关交通管理部门应当每月汇总辖区内校车道路交通安全违法和交通事故等情况，通知学校或者校车服务提供者，并通报教育行政部门。

第六十六条 校车标牌灭失、丢失或者损毁的，学校或者校车服务提供者应当向核发标牌的公安机关交通管理部门申请补领或者换领。申请时，应当提交机动车所有人的身份证明及机动车行驶证。公安机关交通管理部门应当自受理之日起三日内审核，补发或者换发校车标牌。

第五章 监督管理

第六十七条 公安机关交通管理部门应当建立业务监

督管理中心，通过远程监控、数据分析、日常检查、档案抽查、业务回访等方式，对机动车登记及相关业务办理情况进行监督管理。

直辖市、设区的市或者相当于同级的公安机关交通管理部门应当通过监管系统每周对机动车登记及相关业务办理情况进行监控、分析，及时查处整改发现的问题。省级公安机关交通管理部门应当通过监管系统每月对机动车登记及相关业务办理情况进行监控、分析，及时查处、通报发现的问题。

车辆管理所存在严重违规办理机动车登记情形的，上级公安机关交通管理部门可以暂停该车辆管理所办理相关业务或者指派其他车辆管理所人员接管业务。

第六十八条　县级公安机关交通管理部门办理机动车登记及相关业务的，办公场所、设施设备、人员资质和信息系统等应当满足业务办理需求，并符合相关规定和标准要求。

直辖市、设区的市公安机关交通管理部门应当加强对县级公安机关交通管理部门办理机动车登记及相关业务的指导、培训和监督管理。

第六十九条　机动车销售企业、二手车交易市场、机动车安全技术检验机构、报废机动车回收企业和邮政、金融机构、保险机构等单位，经公安机关交通管理部门委托可以设立机动车登记服务站，在公安机关交通管理部门监督管理下协助办理机动车登记及相关业务。

机动车登记服务站应当规范设置名称和外观标识，公开业务范围、办理依据、办理程序、收费标准等事项。机动车登记服务站应当使用统一的计算机管理系统协助办理机动车登记及相关业务。

机动车登记服务站协助办理机动车登记的，可以提供办理保险和车辆购置税、机动车预查验、信息预录入等服务，便利机动车所有人一站式办理。

第七十条　公安机关交通管理部门应当建立机动车登记服务站监督管理制度，明确设立条件、业务范围、办理要求、信息系统安全等规定，签订协议及责任书，通过业务抽查、网上巡查、实地检查、业务回访等方式加强对机动车登记服务站协助办理业务情况的监督管理。

机动车登记服务站存在违反规定办理机动车登记及相关业务、违反信息安全管理规定等情形的，公安机关交通管理部门应当暂停委托其业务办理，限期整改；有严重违规情形的，终止委托其业务办理。机动车登记服务站违反规定办理业务给当事人造成经济损失的，应当依法承担赔偿责任；构成犯罪的，依法追究相关责任人员刑事责任。

第七十一条　公安机关交通管理部门应当建立号牌制作发放监管制度，加强对机动车号牌制作单位和号牌质量的监督管理。

机动车号牌制作单位存在违反规定制作和发放机动车号牌的，公安机关交通管理部门应当暂停其相关业务，限期整改；构成犯罪的，依法追究相关责任人员刑事责任。

第七十二条　机动车安全技术检验机构应当按照国家机动车安全技术检验标准对机动车进行检验，对检验结果承担法律责任。

公安机关交通管理部门在核发机动车检验合格标志时，发现机动车安全技术检验机构存在为未经检验的机动车出具检验合格证明、伪造或者篡改检验数据等出具虚假检验结果行为的，停止认可其出具的检验合格证明，依法进行处罚，并通报市场监督管理部门；构成犯罪的，依法追究相关责任人员刑事责任。

第七十三条　从事机动车查验工作的人员，应当持有公安机关交通管理部门颁发的资格证书。公安机关交通管理部门应当在公安民警、警务辅助人员中选拔足够数量的机动车查验员，从事查验工作。机动车登记服务站工作人员可以在车辆管理所监督下承担机动车查验工作。

机动车查验员应当严格遵守查验工作纪律，不得减少查验项目、降低查验标准，不得参与、协助、纵容为违规机动车办理登记。公安民警、警务辅助人员不得参与或者变相参与机动车安全技术检验机构经营活动，不得收取机动车安全技术检验机构、机动车销售企业、二手车交易市场、报废机动车回收企业等相关企业、申请人的财物。

车辆管理所应当对机动车查验过程进行全程录像，并实时监控查验过程，没有使用录像设备的，不得进行查验。机动车查验中，查验员应当使用执勤执法记录仪记录查验过程。车辆管理所应当建立机动车查验音视频档案，存储录像设备和执勤执法记录仪记录的音像资料。

第七十四条 车辆管理所在办理机动车登记及相关业务过程中发现存在以下情形的，应当及时开展调查：

（一）机动车涉嫌走私、被盗抢骗、非法生产销售、拼（组）装、非法改装的；

（二）涉嫌提交虚假申请材料的；

（三）涉嫌使用伪造、变造机动车牌证的；

（四）涉嫌以欺骗、贿赂等不正当手段取得机动车登记的；

（五）存在短期内频繁补换领牌证、转让登记、转出转入等异常情形的；

（六）存在其他违法违规情形的。

车辆管理所发现申请人通过互联网办理机动车登记及相关业务存在第一款规定嫌疑情形的，应当转为现场办理，当场审查申请材料，及时开展调查。

第七十五条 车辆管理所开展调查时，可以通知申请人协助调查，询问嫌疑情况，记录调查内容，并可以采取检验鉴定、实地检查等方式进行核查。

对经调查发现涉及行政案件或者刑事案件的，应当依法采取必要的强制措施或者其他处置措施，移交有管辖权的公安机关按照《公安机关办理行政案件程序规定》《公安机关办理刑事案件程序规定》等规定办理。

对办理机动车登记时发现机动车涉嫌走私的，公安机关交通管理部门应当将机动车及相关资料移交海关依法处理。

第七十六条 已注册登记的机动车被盗抢骗的，车辆管理所应当根据刑侦部门提供的情况，在计算机登记系统内记录，停止办理该车的各项登记和业务。被盗抢骗机动车发还后，车辆管理所应当恢复办理该车的各项登记和业务。

机动车在被盗抢骗期间，发动机号码、车辆识别代号或者车身颜色被改变的，车辆管理所应当凭有关技术鉴定证明办理变更备案。

第七十七条 公安机关交通管理部门及其交通警察、警务辅助人员办理机动车登记工作，应当接受监察机关、公安机关督察审计部门等依法实施的监督。

公安机关交通管理部门及其交通警察、警务辅助人员办理机动车登记工作，应当自觉接受社会和公民的监督。

第六章 法律责任

第七十八条 有下列情形之一的，由公安机关交通管理部门处警告或者二百元以下罚款：

（一）重型、中型载货汽车、专项作业车、挂车及大型客车的车身或者车厢后部未按照规定喷涂放大的牌号或者放大的牌号不清晰的；

（二）机动车喷涂、粘贴标识或者车身广告，影响安全驾驶的；

（三）载货汽车、专项作业车及挂车未按照规定安装侧面及后下部防护装置、粘贴车身反光标识的；

（四）机动车未按照规定期限进行安全技术检验的；

（五）改变车身颜色、更换发动机、车身或者车架，未按照第十六条规定的时限办理变更登记的；

（六）机动车所有权转让后，现机动车所有人未按照第二十五条规定的时限办理转让登记的；

（七）机动车所有人办理变更登记、转让登记，未按照第十八条、第二十七条规定的时限到住所地车辆管理所申请机动车转入的；

（八）机动车所有人未按照第二十三条规定申请变更备案的。

第七十九条 除第十六条、第二十二条、第二十三条规定的情形外，擅自改变机动车外形和已登记的有关技术参数的，由公安机关交通管理部门责令恢复原状，并处警告或者五百元以下罚款。

第八十条 隐瞒有关情况或者提供虚假材料申请机动车登记的，公安机关交通管理部门不予受理或者不予登记，处五百元以下罚款；申请人在一年内不得再次申请机动车登记。

对发现申请人通过机动车虚假交易、以合法形式掩盖非法目的等手段，在机动车登记业务中牟取不正当利益的，依照第一款的规定处理。

第八十一条 以欺骗、贿赂等不正当手段取得机动车登记的，由公安机关交通管理部门收缴机动车登记证书、号牌、行驶证，撤销机动车登记，处二千元以下罚款；申请人在三年内不得再次申请机动车登记。

以欺骗、贿赂等不正当手段办理补、换领机动车登记证书、号牌、行驶证和检验合格标志等业务的，由公安机关交通管理部门收缴机动车登记证书、号牌、行驶证和检验合格标志,未收缴的,公告作废,处二千元以下罚款。

组织、参与实施第八十条、本条前两款行为之一牟取经济利益的,由公安机关交通管理部门处违法所得三倍以上五倍以下罚款,但最高不超过十万元。

第八十二条 省、自治区、直辖市公安厅、局可以根据本地区的实际情况,在本规定的处罚幅度范围内,制定具体的执行标准。

对本规定的道路交通安全违法行为的处理程序按照《道路交通安全违法行为处理程序规定》执行。

第八十三条 交通警察有下列情形之一的,按照有关规定给予处分;对聘用人员予以解聘。构成犯罪的,依法追究刑事责任:

(一)违反规定为被盗抢骗、走私、非法拼(组)装、达到国家强制报废标准的机动车办理登记的;

(二)不按照规定查验机动车和审查证明、凭证的;

(三)故意刁难,拖延或者拒绝办理机动车登记的;

(四)违反本规定增加机动车登记条件或者提交的证明、凭证的;

(五)违反第四十三条的规定,采用其他方式确定机动车号牌号码的;

(六)违反规定跨行政辖区办理机动车登记和业务的;

(七)与非法中介串通牟取经济利益的;

(八)超越职权进入计算机登记管理系统办理机动车登记和业务,或者不按规定使用计算机登记管理系统办理机动车登记和业务的;

(九)违反规定侵入计算机登记管理系统,泄漏、篡改、买卖系统数据,或者泄漏系统密码的;

(十)违反规定向他人出售或者提供机动车登记信息的;

(十一)参与或者变相参与机动车安全技术检验机构经营活动的;

(十二)利用职务上的便利索取、收受他人财物或者牟取其他利益的;

(十三)强令车辆管理所违反本规定办理机动车登记的。

交通警察未按照第七十三条第三款规定使用执法记录仪的,根据情节轻重,按照有关规定给予处分。

第八十四条 公安机关交通管理部门有第八十三条所列行为之一的,按照有关规定对直接负责的主管人员和其他直接责任人员给予相应的处分。

公安机关交通管理部门及其工作人员有第八十三条所列行为之一,给当事人造成损失的,应当依法承担赔偿责任。

第七章 附　　则

第八十五条 机动车登记证书、号牌、行驶证、检验合格标志的式样由公安部统一制定并监制。

机动车登记证书、号牌、行驶证、检验合格标志的制作应当符合有关标准。

第八十六条 机动车所有人可以委托代理人代理申请各项机动车登记和业务,但共同所有人变更、申请补领机动车登记证书、机动车灭失注销的除外;对机动车所有人因死亡、出境、重病、伤残或者不可抗力等原因不能到场的,可以凭相关证明委托代理人代理申请,或者由继承人申请。

代理人申请机动车登记和业务时,应当提交代理人的身份证明和机动车所有人的委托书。

第八十七条 公安机关交通管理部门应当实行机动车登记档案电子化,机动车电子档案与纸质档案具有同等效力。车辆管理所对办理机动车登记时不需要留存原件的证明、凭证,应当以电子文件形式归档。

第八十八条 本规定所称进口机动车以及进口机动车的进口凭证是指:

(一)进口机动车:

1. 经国家限定口岸海关进口的汽车;

2. 经各口岸海关进口的其他机动车;

3. 海关监管的机动车;

4. 国家授权的执法部门没收的走私、无合法进口证明和利用进口关键件非法拼(组)装的机动车。

(二)进口机动车的进口凭证:

1. 进口汽车的进口凭证,是国家限定口岸海关签发的货物进口证明书;

2. 其他进口机动车的进口凭证,是各口岸海关签发的货物进口证明书;

3. 海关监管的机动车的进口凭证,是监管地海关出具的海关监管车辆进(出)境领(销)牌照通知书；

4. 国家授权的执法部门没收的走私、无进口证明和利用进口关键件非法拼（组）装的机动车的进口凭证，是该部门签发的没收走私汽车、摩托车证明书。

第八十九条 本规定所称机动车所有人、身份证明以及住所是指：

（一）机动车所有人包括拥有机动车的个人或者单位。

1. 个人是指我国内地的居民和军人（含武警）以及香港、澳门特别行政区、台湾地区居民、定居国外的中国公民和外国人；

2. 单位是指机关、企业、事业单位和社会团体以及外国驻华使馆、领馆和外国驻华办事机构、国际组织驻华代表机构。

（二）身份证明：

1. 机关、企业、事业单位、社会团体的身份证明，是该单位的统一社会信用代码证书、营业执照或者社会团体法人登记证书，以及加盖单位公章的委托书和被委托人的身份证明。机动车所有人为单位的内设机构，本身不具备领取统一社会信用代码证书条件的，可以使用上级单位的统一社会信用代码证书作为机动车所有人的身份证明。上述单位已注销、撤销或者破产，其机动车需要办理变更登记、转让登记、解除抵押登记、注销登记、解除质押备案和补、换领机动车登记证书、号牌、行驶证的，已注销的企业的身份证明，是市场监督管理部门出具的准予注销登记通知书；已撤销的机关、事业单位、社会团体的身份证明，是其上级主管机关出具的有关证明；已破产无有效营业执照的企业，其身份证明是依法成立的财产清算机构或者人民法院依法指定的破产管理人出具的有关证明。商业银行、汽车金融公司申请办理抵押登记业务的，其身份证明是营业执照或者加盖公章的营业执照复印件；

2. 外国驻华使馆、领馆和外国驻华办事机构、国际组织驻华代表机构的身份证明，是该使馆、领馆或者该办事机构、代表机构出具的证明；

3. 居民的身份证明，是居民身份证或者临时居民身份证。在户籍地以外居住的内地居民，其身份证明是居民身份证或者临时居民身份证，以及公安机关核发的居住证明或者居住登记证明；

4. 军人（含武警）的身份证明，是居民身份证或者临时居民身份证。在未办理居民身份证前，是军队有关部门核发的军官证、文职干部证、士兵证、离休证、退休证等有效军人身份证件，以及其所在的团级以上单位出具的本人住所证明；

5. 香港、澳门特别行政区居民的身份证明，是港澳居民居住证；或者是其所持有的港澳居民来往内地通行证或者外交部核发的中华人民共和国旅行证，以及公安机关出具的住宿登记证明；

6. 台湾地区居民的身份证明，是台湾居民居住证；或者是其所持有的公安机关核发的五年有效的台湾居民来往大陆通行证或者外交部核发的中华人民共和国旅行证，以及公安机关出具的住宿登记证明；

7. 定居国外的中国公民的身份证明，是中华人民共和国护照和公安机关出具的住宿登记证明；

8. 外国人的身份证明，是其所持有的有效护照或者其他国际旅行证件，停居留期三个月以上的有效签证或者停留、居留许可，以及公安机关出具的住宿登记证明；或者是外国人永久居留身份证；

9. 外国驻华使馆、领馆人员、国际组织驻华代表机构人员的身份证明，是外交部核发的有效身份证件。

（三）住所：

1. 单位的住所是其主要办事机构所在地；

2. 个人的住所是户籍登记地或者其身份证明记载的住址。在户籍地以外居住的内地居民的住所是公安机关核发的居住证明或者居住登记证明记载的住址。

属于在户籍地以外办理除机动车注册登记、转让登记、住所迁入、共同所有人变更以外业务的，机动车所有人免予提交公安机关核发的居住证明或者居住登记证明。

属于在户籍地以外办理小型、微型非营运载客汽车注册登记的，机动车所有人免予提交公安机关核发的居住证明或者居住登记证明。

第九十条 本规定所称机动车来历证明以及机动车整车出厂合格证明是指：

（一）机动车来历证明：

1. 在国内购买的机动车，其来历证明是机动车销售统一发票或者二手车交易发票。在国外购买的机动车，其来历证明是该车销售单位开具的销售发票及其翻译文本，但海关监管的机动车不需提供来历证明；

2. 监察机关依法没收、追缴或者责令退赔的机动车，其来历证明是监察机关出具的法律文书，以及相应的协助执行通知书；

3. 人民法院调解、裁定或者判决转让的机动车，其来历证明是人民法院出具的已经生效的调解书、裁定书或者判决书，以及相应的协助执行通知书；

4. 仲裁机构仲裁裁决转让的机动车，其来历证明是仲裁裁决书和人民法院出具的协助执行通知书；

5. 继承、赠予、中奖、协议离婚和协议抵偿债务的机动车，其来历证明是继承、赠予、中奖、协议离婚、协议抵偿债务的相关文书和公证机关出具的公证书；

6. 资产重组或者资产整体买卖中包含的机动车，其来历证明是资产主管部门的批准文件；

7. 机关、企业、事业单位和社会团体统一采购并调拨到下属单位未注册登记的机动车，其来历证明是机动车销售统一发票和该部门出具的调拨证明；

8. 机关、企业、事业单位和社会团体已注册登记并调拨到下属单位的机动车，其来历证明是该单位出具的调拨证明。被上级单位调回或者调拨到其他下属单位的机动车，其来历证明是上级单位出具的调拨证明；

9. 经公安机关破案发还的被盗抢骗且已向原机动车所有人理赔完毕的机动车，其来历证明是权益转让证明书。

（二）机动车整车出厂合格证明：

1. 机动车整车厂生产的汽车、摩托车、挂车，其出厂合格证明是该厂出具的机动车整车出厂合格证；

2. 使用国产或者进口底盘改装的机动车，其出厂合格证明是机动车底盘生产厂出具的机动车底盘出厂合格证或者进口机动车底盘的进口凭证和机动车改装厂出具的机动车整车出厂合格证；

3. 使用国产或者进口整车改装的机动车，其出厂合格证明是机动车生产厂出具的机动车整车出厂合格证或者进口机动车的进口凭证和机动车改装厂出具的机动车整车出厂合格证；

4. 监察机关、人民法院、人民检察院或者行政执法机关依法扣留、没收并拍卖的未注册登记的国产机动车，未能提供出厂合格证明的，可以凭监察机关、人民法院、人民检察院或者行政执法机关出具的证明替代。

第九十一条 本规定所称二手车出口企业是指经商务主管部门认定具备二手车出口资质的企业。

第九十二条 本规定所称“一日”、“二日”、“三日”、“五日”、“七日”、“十日”、“十五日”，是指工作日，不包括节假日。

临时行驶车号牌的最长有效期“十五日”、“三十日”、“六十日”、“九十日”、“六个月”，包括工作日和节假日。

本规定所称“以下”、“以上”、“以内”，包括本数。

第九十三条 本规定自2022年5月1日起施行。2008年5月27日发布的《机动车登记规定》（公安部令第102号）和2012年9月12日发布的《公安部关于修改〈机动车登记规定〉的决定》（公安部令第124号）同时废止。本规定生效后，公安部以前制定的规定与本规定不一致的，以本规定为准。

机动车维修管理规定

1. 2005年6月24日交通部令2005年第7号发布
2. 根据2015年8月8日交通运输部令2015年第17号《关于修改〈机动车维修管理规定〉的决定》第一次修正
3. 根据2016年4月19日交通运输部令2016年第37号《关于修改〈机动车维修管理规定〉的决定》第二次修正
4. 根据2019年6月21日交通运输部令2019年第20号《关于修改〈机动车维修管理规定〉的决定》第三次修正
5. 根据2021年8月11日交通运输部令2021年第18号《交通运输部关于修改〈机动车维修管理规定〉的决定》第四次修正

第一章 总 则

第一条 为规范机动车维修经营活动，维护机动车维修市场秩序，保护机动车维修各方当事人的合法权益,保障机动车运行安全,保护环境,节约能源,促进机动车维修业的健康发展,根据《中华人民共和国道路运输条例》及有关法律、行政法规的规定,制定本规定。

第二条 从事机动车维修经营的,应当遵守本规定。

本规定所称机动车维修经营,是指以维持或者恢复机动车技术状况和正常功能,延长机动车使用寿命为作业任务所进行的维护、修理以及维修救援等相关经营活动。

第三条 机动车维修经营者应当依法经营,诚实信用,公平竞争,优质服务,落实安全生产主体责任和维修质量主体责任。

第四条 机动车维修管理,应当公平、公正、公开和便民。

第五条 任何单位和个人不得封锁或者垄断机动车维修市场。

托修方有权自主选择维修经营者进行维修。除汽车生产厂家履行缺陷汽车产品召回、汽车质量"三包"责任外,任何单位和个人不得强制或者变相强制指定维修经营者。

鼓励机动车维修企业实行集约化、专业化、连锁经营,促进机动车维修业的合理分工和协调发展。

鼓励推广应用机动车维修环保、节能、不解体检测和故障诊断技术,推进行业信息化建设和救援、维修服务网络化建设,提高机动车维修行业整体素质,满足社会需要。

鼓励机动车维修企业优先选用具备机动车检测维修国家职业资格的人员,并加强技术培训,提升从业人员素质。

第六条 交通运输部主管全国机动车维修管理工作。

县级以上地方人民政府交通运输主管部门负责组织领导本行政区域的机动车维修管理工作。

县级以上道路运输管理机构负责具体实施本行政区域内的机动车维修管理工作。

第二章 经营备案

第七条 从事机动车维修经营业务的,应当在依法向市场监督管理机构办理有关登记手续后,向所在地县级道路运输管理机构进行备案。

道路运输管理机构应当按照《中华人民共和国道路运输条例》和本规定实施机动车维修经营备案。道路运输管理机构不得向机动车维修经营者收取备案相关费用。

第八条 机动车维修经营依据维修车型种类、服务能力和经营项目实行分类备案。

机动车维修经营业务根据维修对象分为汽车维修经营业务、危险货物运输车辆维修经营业务、摩托车维修经营业务和其他机动车维修经营业务四类。

汽车维修经营业务、其他机动车维修经营业务根据经营项目和服务能力分为一类维修经营业务、二类维修经营业务和三类维修经营业务。

摩托车维修经营业务根据经营项目和服务能力分为一类维修经营业务和二类维修经营业务。

第九条 一类、二类汽车维修经营业务或者其他机动车维修经营业务,可以从事相应车型的整车修理、总成修理、整车维护、小修、维修救援、专项修理和维修竣工检验工作;三类汽车维修经营业务(含汽车综合小修)、三类其他机动车维修经营业务,可以分别从事汽车综合小修或者发动机维修、车身维修、电气系统维修、自动变速器维修、轮胎动平衡及修补、四轮定位检测调整、汽车润滑与养护、喷油泵和喷油器维修、曲轴修磨、气缸镗磨、散热器维修、空调维修、汽车美容装潢、汽车玻璃安装及修复等汽车专项维修工作。具体有关经营项目按照《汽车维修业开业条件》(GB/T 16739)相关条款的规定执行。

第十条 一类摩托车维修经营业务,可以从事摩托车整车修理、总成修理、整车维护、小修、专项修理和竣工检验工作;二类摩托车维修经营业务,可以从事摩托车维护、小修和专项修理工作。

第十一条 危险货物运输车辆维修经营业务,除可以从事危险货物运输车辆维修经营业务外,还可以从事一类汽车维修经营业务。

第十二条 从事汽车维修经营业务或者其他机动车维修经营业务的,应当符合下列条件:

(一)有与其经营业务相适应的维修车辆停车场和生产厂房。租用的场地应当有书面的租赁合同,且租赁期限不得少于1年。停车场和生产厂房面积按照国家标准《汽车维修业开业条件》(GB/T 16739)相关条款的规定执行。

(二)有与其经营业务相适应的设备、设施。所配备的计量设备应当符合国家有关技术标准要求,并经法定检定机构检定合格。从事汽车维修经营业务的设备、设施的具体要求按照国家标准《汽车维修业开业条件》(GB/T 16739)相关条款的规定执行；从事其他机动车维修经营业务的设备、设施的具体要求，参照国家标准《汽车维修业开业条件》(GB/T 16739)执行，但所配备设施、设备应与其维修车型相适应。

(三)有必要的技术人员：

1. 从事一类和二类维修业务的应当各配备至少1名技术负责人员、质量检验人员、业务接待人员以及从事机修、电器、钣金、涂漆的维修技术人员。技术负责人员应当熟悉汽车或者其他机动车维修业务，并掌握汽车或者其他机动车维修及相关政策法规和技术规范；质量检验人员应当熟悉各类汽车或者其他机动车维修检测作业规范，掌握汽车或者其他机动车维修故障诊断和质量检验的相关技术，熟悉汽车或者其他机动车维修服务收费标准及相关政策法规和技术规范，并持有与承修车型种类相适应的机动车驾驶证；从事机修、电器、钣金、涂漆的维修技术人员应当熟悉所从事工种的维修技术和操作规范，并了解汽车或者其他机动车维修及相关政策法规。各类技术人员的配备要求按照《汽车维修业开业条件》(GB/T 16739)相关条款的规定执行。

2. 从事三类维修业务的，按照其经营项目分别配备相应的机修、电器、钣金、涂漆的维修技术人员；从事汽车综合小修、发动机维修、车身维修、电气系统维修、自动变速器维修的，还应当配备技术负责人员和质量检验人员。各类技术人员的配备要求按照国家标准《汽车维修业开业条件》(GB/T 16739)相关条款的规定执行。

(四)有健全的维修管理制度。包括质量管理制度、安全生产管理制度、车辆维修档案管理制度、人员培训制度、设备管理制度及配件管理制度。具体要求按照国家标准《汽车维修业开业条件》(GB/T 16739)相关条款的规定执行。

(五)有必要的环境保护措施。具体要求按照国家标准《汽车维修业开业条件》(GB/T 16739)相关条款的规定执行。

第十三条　从事危险货物运输车辆维修的汽车维修经营者，除具备汽车维修经营一类维修经营业务的条件外，还应当具备下列条件：

(一)有与其作业内容相适应的专用维修车间和设备、设施，并设置明显的指示性标志；

(二)有完善的突发事件应急预案，应急预案包括报告程序、应急指挥以及处置措施等内容；

(三)有相应的安全管理人员；

(四)有齐全的安全操作规程。

本规定所称危险货物运输车辆维修，是指对运输易燃、易爆、腐蚀、放射性、剧毒等性质货物的机动车维修，不包含对危险货物运输车辆罐体的维修。

第十四条　从事摩托车维修经营的，应当符合下列条件：

(一)有与其经营业务相适应的摩托车维修停车场和生产厂房。租用的场地应有书面的租赁合同，且租赁期限不得少于1年。停车场和生产厂房的面积按照国家标准《摩托车维修业开业条件》(GB/T 18189)相关条款的规定执行。

(二)有与其经营业务相适应的设备、设施。所配备的计量设备应符合国家有关技术标准要求，并经法定检定机构检定合格。具体要求按照国家标准《摩托车维修业开业条件》(GB/T 18189)相关条款的规定执行。

(三)有必要的技术人员：

1. 从事一类维修业务的应当至少有1名质量检验人员。质量检验人员应当熟悉各类摩托车维修检测作业规范，掌握摩托车维修故障诊断和质量检验的相关技术，熟悉摩托车维修服务收费标准及相关政策法规和技术规范。

2. 按照其经营业务分别配备相应的机修、电器、钣金、涂漆的维修技术人员。机修、电器、钣金、涂漆的维修技术人员应当熟悉所从事工种的维修技术和操作规范，并了解摩托车维修及相关政策法规。

(四)有健全的维修管理制度。包括质量管理制度、安全生产管理制度、摩托车维修档案管理制度、人员培训制度、设备管理制度及配件管理制度。具体要求按照国家标准《摩托车维修业开业条件》(GB/T 18189)相关条款的规定执行。

(五)有必要的环境保护措施。具体要求按照国家标准《摩托车维修业开业条件》(GB/T 18189)相关条款的规定执行。

第十五条　从事机动车维修经营的，应当向所在地的县级道路运输管理机构进行备案，提交《机动车维修经营备案表》（见附件 1），并附送符合本规定第十二条、第十三条、第十四条规定条件的下列材料，保证材料真实完整：

（一）维修经营者的营业执照复印件；

（二）经营场地（含生产厂房和业务接待室）、停车场面积材料、土地使用权及产权证明等相关材料；

（三）技术人员汇总表，以及各相关人员的学历、技术职称或职业资格证明等相关材料；

（四）维修设备设施汇总表，维修检测设备及计量设备检定合格证明等相关材料；

（五）维修管理制度等相关材料；

（六）环境保护措施等相关材料。

第十六条　从事机动车维修连锁经营服务的，其机动车维修连锁经营企业总部应先完成备案。

机动车维修连锁经营服务网点可由机动车维修连锁经营企业总部向连锁经营服务网点所在地县级道路运输管理机构进行备案，提交《机动车维修经营备案表》，附送下列材料，并对材料真实性承担相应的法律责任：

（一）连锁经营协议书副本；

（二）连锁经营的作业标准和管理手册；

（三）连锁经营服务网点符合机动车维修经营相应条件的承诺书。

连锁经营服务网点的备案经营项目应当在机动车维修连锁经营企业总部备案经营项目范围内。

第十七条　道路运输管理机构收到备案材料后，对材料齐全且符合备案要求的应当予以备案，并编号归档；对材料不全或者不符合备案要求的，应当场或者自收到备案材料之日起 5 日内一次性书面通知备案人需要补充的全部内容。

第十八条　机动车维修经营者名称、法定代表人、经营范围、经营地址等备案事项发生变化的，应当向原办理备案的道路运输管理机构办理备案变更。

机动车维修经营者需要终止经营的，应当在终止经营前 30 日告知原备案机构。

第十九条　道路运输管理机构应当向社会公布已备案的机动车维修经营者名单并及时更新，便于社会查询和监督。

第三章　维修经营

第二十条　机动车维修经营者应当按照备案的经营范围开展维修服务。

第二十一条　机动车维修经营者应当将《机动车维修标志牌》（见附件 2）悬挂在经营场所的醒目位置。

《机动车维修标志牌》由机动车维修经营者按照统一式样和要求自行制作。

第二十二条　机动车维修经营者不得擅自改装机动车，不得承修已报废的机动车，不得利用配件拼装机动车。

托修方要改变机动车车身颜色，更换发动机、车身和车架的，应当按照有关法律、法规的规定办理相关手续，机动车维修经营者在查看相关手续后方可承修。

第二十三条　机动车维修经营者应当加强对从业人员的安全教育和职业道德教育，确保安全生产。

机动车维修从业人员应当执行机动车维修安全生产操作规程，不得违章作业。

第二十四条　机动车维修产生的废弃物，应当按照国家的有关规定进行处理。

第二十五条　机动车维修经营者应当公布机动车维修工时定额和收费标准，合理收取费用。

机动车维修工时定额可按各省机动车维修协会等行业中介组织统一制定的标准执行，也可按机动车维修经营者报所在地道路运输管理机构备案后的标准执行，也可按机动车生产厂家公布的标准执行。当上述标准不一致时，优先适用机动车维修经营者备案的标准。

机动车维修经营者应当将其执行的机动车维修工时单价标准报所在地道路运输管理机构备案。

机动车生产、进口企业应当在新车型投放市场后六个月内，向社会公布其生产、进口机动车车型的维修技术信息和工时定额。具体要求按照国家有关部门关于汽车维修技术信息公开的规定执行。

第二十六条　机动车维修经营者应当使用规定的结算票据，并向托修方交付维修结算清单，作为托修方追责依据。维修结算清单中，工时费与材料费应当分项计算。维修结算清单应当符合交通运输部有关标准要求，维修结算清单内容应包括托修方信息、承修方信息、维修费用明细单等。

机动车维修经营者不出具规定的结算票据和结算清单的，托修方有权拒绝支付费用。

第二十七条 机动车维修经营者应当按照规定，向道路运输管理机构报送统计资料。

道路运输管理机构应当为机动车维修经营者保守商业秘密。

第二十八条 机动车维修连锁经营企业总部应当按照统一采购、统一配送、统一标识、统一经营方针、统一服务规范和价格的要求，建立连锁经营的作业标准和管理手册，加强对连锁经营服务网点经营行为的监管和约束，杜绝不规范的商业行为。

第四章 质量管理

第二十九条 机动车维修经营者应当按照国家、行业或者地方的维修标准规范和机动车生产、进口企业公开的维修技术信息进行维修。尚无标准或规范的，可参照机动车生产企业提供的维修手册、使用说明书和有关技术资料进行维修。

机动车维修经营者不得通过临时更换机动车污染控制装置、破坏机动车车载排放诊断系统等维修作业，使机动车通过排放检验。

第三十条 机动车维修经营者不得使用假冒伪劣配件维修机动车。

机动车维修配件实行追溯制度。机动车维修经营者应当记录配件采购、使用信息，查验产品合格证等相关证明，并按规定留存配件来源凭证。

托修方、维修经营者可以使用同质配件维修机动车。同质配件是指，产品质量等同或者高于装车零部件标准要求，且具有良好装车性能的配件。

机动车维修经营者对于换下的配件、总成，应当交托修方自行处理。

机动车维修经营者应当将原厂配件、同质配件和修复配件分别标识，明码标价，供用户选择。

第三十一条 机动车维修经营者对机动车进行二级维护、总成修理、整车修理的，应当实行维修前诊断检验、维修过程检验和竣工质量检验制度。

承担机动车维修竣工质量检验的机动车维修企业或机动车综合性能检测机构应当使用符合有关标准并在检定有效期内的设备，按照有关标准进行检测，如实提供检测结果证明，并对检测结果承担法律责任。

第三十二条 机动车维修竣工质量检验合格的，维修质量检验人员应当签发《机动车维修竣工出厂合格证》（见附件3）；未签发机动车维修竣工出厂合格证的机动车，不得交付使用，车主可以拒绝交费或接车。

第三十三条 机动车维修经营者应当建立机动车维修档案，并实行档案电子化管理。维修档案应当包括：维修合同（托修单）、维修项目、维修人员及维修结算清单等。对机动车进行二级维护、总成修理、整车修理的，维修档案还应当包括：质量检验单、质量检验人员、竣工出厂合格证（副本）等。

机动车维修经营者应当按照规定如实填报、及时上传承修机动车的维修电子数据记录至国家有关汽车维修电子健康档案系统。机动车生产厂家或者第三方开发、提供机动车维修服务管理系统的，应当向汽车维修电子健康档案系统开放相应数据接口。

机动车托修方有权查阅机动车维修档案。

第三十四条 道路运输管理机构应当加强机动车维修从业人员管理，建立健全从业人员信用档案，加强从业人员诚信监管。

机动车维修经营者应当加强从业人员从业行为管理，促进从业人员诚信、规范从业维修。

第三十五条 道路运输管理机构应当加强对机动车维修经营的质量监督和管理，采用定期检查、随机抽样检测检验的方法，对机动车维修经营者维修质量进行监督。

道路运输管理机构可以委托具有法定资格的机动车维修质量监督检验单位，对机动车维修质量进行监督检验。

第三十六条 机动车维修实行竣工出厂质量保证期制度。

汽车和危险货物运输车辆整车修理或总成修理质量保证期为车辆行驶20000公里或者100日；二级维护质量保证期为车辆行驶5000公里或者30日；一级维护、小修及专项修理质量保证期为车辆行驶2000公里或者10日。

摩托车整车修理或者总成修理质量保证期为摩托车行驶7000公里或者80日；维护、小修及专项修理质量保证期为摩托车行驶800公里或者10日。

其他机动车整车修理或者总成修理质量保证期为机动车行驶6000公里或者60日；维护、小修及专项修理质量保证期为机动车行驶700公里或者7日。

质量保证期中行驶里程和日期指标，以先达到者为准。

机动车维修质量保证期，从维修竣工出厂之日起计算。

第三十七条 在质量保证期和承诺的质量保证期内，因维修质量原因造成机动车无法正常使用，且承修方在3日内不能或者无法提供因非维修原因而造成机动车无法使用的相关证据的，机动车维修经营者应当及时无偿返修，不得故意拖延或者无理拒绝。

在质量保证期内，机动车因同一故障或维修项目经两次修理仍不能正常使用的，机动车维修经营者应当负责联系其他机动车维修经营者，并承担相应修理费用。

第三十八条 机动车维修经营者应当公示承诺的机动车维修质量保证期。所承诺的质量保证期不得低于第三十六条的规定。

第三十九条 道路运输管理机构应当受理机动车维修质量投诉，积极按照维修合同约定和相关规定调解维修质量纠纷。

第四十条 机动车维修质量纠纷双方当事人均有保护当事车辆原始状态的义务。必要时可拆检车辆有关部位，但双方当事人应同时在场，共同认可拆检情况。

第四十一条 对机动车维修质量的责任认定需要进行技术分析和鉴定，且承修方和托修方共同要求道路运输管理机构出面协调的，道路运输管理机构应当组织专家组或委托具有法定检测资格的检测机构作出技术分析和鉴定。鉴定费用由责任方承担。

第四十二条 对机动车维修经营者实行质量信誉考核制度。机动车维修质量信誉考核办法另行制定。

机动车维修质量信誉考核内容应当包括经营者基本情况、经营业绩（含奖励情况）、不良记录等。

第四十三条 道路运输管理机构应当采集机动车维修企业信用信息，并建立机动车维修企业信用档案，除涉及国家秘密、商业秘密外，应当依法公开，供公众查阅。机动车维修质量信誉考核结果、汽车维修电子健康档案系统维修电子数据记录上传情况及车主评价、投诉和处理情况是机动车维修信用档案的重要组成部分。

第四十四条 建立机动车维修经营者和从业人员黑名单制度，县级道路运输管理机构负责认定机动车维修经营者和从业人员黑名单，具体办法由交通运输部另行制定。

第五章 监督检查

第四十五条 道路运输管理机构应当加强对机动车维修经营活动的监督检查。

道路运输管理机构应当依法履行对维修经营者的监管职责，对维修经营者是否依法备案或者备案事项是否属实进行监督检查。

道路运输管理机构的工作人员应当严格按照职责权限和程序进行监督检查，不得滥用职权、徇私舞弊，不得乱收费、乱罚款。

第四十六条 道路运输管理机构应当积极运用信息化技术手段，科学、高效地开展机动车维修管理工作。

第四十七条 道路运输管理机构的执法人员在机动车维修经营场所实施监督检查时，应当有2名以上人员参加，并向当事人出示交通运输部监制的交通行政执法证件。

道路运输管理机构实施监督检查时，可以采取下列措施：

（一）询问当事人或者有关人员，并要求其提供有关资料；

（二）查询、复制与违法行为有关的维修台帐、票据、凭证、文件及其他资料，核对与违法行为有关的技术资料；

（三）在违法行为发现场所进行摄影、摄像取证；

（四）检查与违法行为有关的维修设备及相关机具的有关情况。

检查的情况和处理结果应当记录，并按照规定归档。当事人有权查阅监督检查记录。

第四十八条 从事机动车维修经营活动的单位和个人，应当自觉接受道路运输管理机构及其工作人员的检查，如实反映情况，提供有关资料。

第六章 法律责任

第四十九条 违反本规定，从事机动车维修经营业务，未按规定进行备案的，由县级以上道路运输管理机构责令改正；拒不改正的，处5000元以上2万元以下的罚款。

第五十条　违反本规定，从事机动车维修经营业务不符合国务院交通运输主管部门制定的机动车维修经营业务标准的，由县级以上道路运输管理机构责令改正；情节严重的，由县级以上道路运输管理机构责令停业整顿。

第五十一条　违反本规定，机动车维修经营者使用假冒伪劣配件维修机动车，承修已报废的机动车或者擅自改装机动车的，由县级以上道路运输管理机构责令改正；有违法所得的，没收违法所得，处违法所得2倍以上10倍以下的罚款；没有违法所得或者违法所得不足1万元的，处2万元以上5万元以下的罚款，没收假冒伪劣配件及报废车辆；情节严重的，由县级以上道路运输管理机构责令停业整顿；构成犯罪的，依法追究刑事责任。

第五十二条　违反本规定，机动车维修经营者签发虚假机动车维修竣工出厂合格证的，由县级以上道路运输管理机构责令改正；有违法所得的，没收违法所得，处以违法所得2倍以上10倍以下的罚款；没有违法所得或者违法所得不足3000元的，处以5000元以上2万元以下的罚款；情节严重的，由县级以上道路运输管理机构责令停业整顿；构成犯罪的，依法追究刑事责任。

第五十三条　违反本规定，有下列行为之一的，由县级以上道路运输管理机构责令其限期整改：

（一）机动车维修经营者未按照规定执行机动车维修质量保证期制度的；

（二）机动车维修经营者未按照有关技术规范进行维修作业的；

（三）伪造、转借、倒卖机动车维修竣工出厂合格证的；

（四）机动车维修经营者只收费不维修或者虚列维修作业项目的；

（五）机动车维修经营者未在经营场所醒目位置悬挂机动车维修标志牌的；

（六）机动车维修经营者未在经营场所公布收费项目、工时定额和工时单价的；

（七）机动车维修经营者超出公布的结算工时定额、结算工时单价向托修方收费的；

（八）机动车维修经营者未按规定建立机动车维修档案并实行档案电子化管理，或者未及时上传维修电子数据记录至国家有关汽车维修电子健康档案系统的。

第五十四条　违反本规定，道路运输管理机构的工作人员有下列情形之一的，由同级地方人民政府交通运输主管部门依法给予行政处分；构成犯罪的，依法追究刑事责任：

（一）不按照规定实施备案和黑名单制度的；

（二）参与或者变相参与机动车维修经营业务的；

（三）发现违法行为不及时查处的；

（四）索取、收受他人财物或谋取其他利益的；

（五）其他违法违纪行为。

第七章　附　　则

第五十五条　本规定自2005年8月1日起施行。经商国家发展和改革委员会、国家工商行政管理总局同意，1986年12月12日交通部、原国家经委、原国家工商行政管理局发布的《汽车维修行业管理暂行办法》同时废止，1991年4月10日交通部颁布的《汽车维修质量管理办法》同时废止。

附件：（略）

二手车流通管理办法

1. 2005年8月29日商务部、公安部、国家工商行政管理总局、国家税务总局令2005年第2号公布

2. 根据2017年9月14日商务部令2017年第3号《关于废止和修改部分规章的决定》修正

第一章　总　　则

第一条　为加强二手车流通管理，规范二手车经营行为，保障二手车交易双方的合法权益，促进二手车流通健康发展，依据国家有关法律、行政法规，制定本办法。

第二条　在中华人民共和国境内从事二手车经营活动或者与二手车相关的活动，适用本办法。

本办法所称二手车，是指从办理完注册登记手续到达到国家强制报废标准之前进行交易并转移所有权的汽车(包括三轮汽车、低速载货汽车,即原农用运输车,下同)、挂车和摩托车。

第三条 二手车交易市场是指依法设立、为买卖双方提供二手车集中交易和相关服务的场所。

第四条 二手车经营主体是指经工商行政管理部门依法登记,从事二手车经销、拍卖、经纪、鉴定评估的企业。

第五条 二手车经营行为是指二手车经销、拍卖、经纪、鉴定评估等。

(一)二手车经销是指二手车经销企业收购、销售二手车的经营活动;

(二)二手车拍卖是指二手车拍卖企业以公开竞价的形式将二手车转让给最高应价者的经营活动;

(三)二手车经纪是指二手车经纪机构以收取佣金为目的,为促成他人交易二手车而从事居间、行纪或者代理等经营活动;

(四)二手车鉴定评估是指二手车鉴定评估机构对二手车技术状况及其价值进行鉴定评估的经营活动。

第六条 二手车直接交易是指二手车所有人不通过经销企业、拍卖企业和经纪机构将车辆直接出售给买方的交易行为。二手车直接交易应当在二手车交易市场进行。

第七条 国务院商务主管部门、工商行政管理部门、税务部门在各自的职责范围内负责二手车流通有关监督管理工作。

省、自治区、直辖市和计划单列市商务主管部门(以下简称省级商务主管部门)、工商行政管理部门、税务部门在各自的职责范围内负责辖区内二手车流通有关监督管理工作。

第二章 设立条件和程序

第八条 二手车交易市场经营者、二手车经销企业和经纪机构应当具备企业法人条件,并依法到工商行政管理部门办理登记。

第九条 设立二手车拍卖企业(含外商投资二手车拍卖企业)应当符合《中华人民共和国拍卖法》和《拍卖管理办法》有关规定,并按《拍卖管理办法》规定的程序办理。

第十条 外资并购二手车交易市场和经营主体及已设立的外商投资企业增加二手车经营范围的,应当按第九条规定的程序办理。

第三章 行为规范

第十一条 二手车交易市场经营者和二手车经营主体应当依法经营和纳税,遵守商业道德,接受依法实施的监督检查。

第十二条 二手车卖方应当拥有车辆的所有权或者处置权。二手车交易市场经营者和二手车经营主体应当确认卖方的身份证明,车辆的号牌、《机动车登记证书》、《机动车行驶证》,有效的机动车安全技术检验合格标志、车辆保险单、交纳税费凭证等。

国家机关、国有企事业单位在出售、委托拍卖车辆时,应持有本单位或者上级单位出具的资产处理证明。

第十三条 出售、拍卖无所有权或者处置权车辆的,应承担相应的法律责任。

第十四条 二手车卖方应当向买方提供车辆的使用、修理、事故、检验以及是否办理抵押登记、交纳税费、报废期等真实情况和信息。买方购买的车辆如因卖方隐瞒和欺诈不能办理转移登记,卖方应当无条件接受退车,并退还购车款等费用。

第十五条 二手车经销企业销售二手车时应当向买方提供质量保证及售后服务承诺,并在经营场所予以明示。

第十六条 进行二手车交易应当签订合同。合同示范文本由国务院工商行政管理部门制定。

第十七条 二手车所有人委托他人办理车辆出售的,应当与受托人签订委托书。

第十八条 委托二手车经纪机构购买二手车时,双方应当按以下要求进行:

(一)委托人向二手车经纪机构提供合法身份证明;

(二)二手车经纪机构依据委托人要求选择车辆,并及时向其通报市场信息;

(三)二手车经纪机构接受委托购买时,双方签订合同;

(四)二手车经纪机构根据委托人要求代为办理车辆鉴定评估,鉴定评估所发生的费用由委托人承担。

第十九条 二手车交易完成后,卖方应当及时向买方交付车辆、号牌及车辆法定证明、凭证。车辆法定证明、凭证主要包括：

（一）《机动车登记证书》；

（二）《机动车行驶证》；

（三）有效的机动车安全技术检验合格标志；

（四）车辆购置税完税证明；

（五）养路费缴付凭证；

（六）车船使用税缴付凭证；

（七）车辆保险单。

第二十条　下列车辆禁止经销、买卖、拍卖和经纪：

（一）已报废或者达到国家强制报废标准的车辆；

（二）在抵押期间或者未经海关批准交易的海关监管车辆；

（三）在人民法院、人民检察院、行政执法部门依法查封、扣押期间的车辆；

（四）通过盗窃、抢劫、诈骗等违法犯罪手段获得的车辆；

（五）发动机号码、车辆识别代号或者车架号码与登记号码不相符，或者有凿改迹象的车辆；

（六）走私、非法拼（组）装的车辆；

（七）不具有第十九条所列证明、凭证的车辆；

（八）在本行政辖区以外的公安机关交通管理部门注册登记的车辆；

（九）国家法律、行政法规禁止经营的车辆。

二手车交易市场经营者和二手车经营主体发现车辆具有（四）、（五）、（六）情形之一的，应当及时报告公安机关、工商行政管理部门等执法机关。

对交易违法车辆的，二手车交易市场经营者和二手车经营主体应当承担连带赔偿责任和其他相应的法律责任。

第二十一条　二手车经销企业销售、拍卖企业拍卖二手车时，应当按规定向买方开具税务机关监制的统一发票。

进行二手车直接交易和通过二手车经纪机构进行二手车交易的，应当由二手车交易市场经营者按规定向买方开具税务机关监制的统一发票。

第二十二条　二手车交易完成后，现车辆所有人应当凭税务机关监制的统一发票，按法律、法规有关规定办理转移登记手续。

第二十三条　二手车交易市场经营者应当为二手车经营主体提供固定场所和设施，并为客户提供办理二手车鉴定评估、转移登记、保险、纳税等手续的条件。二手车经销企业、经纪机构应当根据客户要求，代办二手车鉴定评估、转移登记、保险、纳税等手续。

第二十四条　二手车鉴定评估应当本着买卖双方自愿的原则，不得强制进行；属国有资产的二手车应当按国家有关规定进行鉴定评估。

第二十五条　二手车鉴定评估机构应当遵循客观、真实、公正和公开原则，依据国家法律法规开展二手车鉴定评估业务，出具车辆鉴定评估报告；并对鉴定评估报告中车辆技术状况，包括是否属事故车辆等评估内容负法律责任。

第二十六条　二手车鉴定评估机构和人员可以按国家有关规定从事涉案、事故车辆鉴定等评估业务。

第二十七条　二手车交易市场经营者和二手车经营主体应当建立完整的二手车交易购销、买卖、拍卖、经纪以及鉴定评估档案。

第二十八条　设立二手车交易市场、二手车经销企业开设店铺，应当符合所在地城市发展及城市商业发展有关规定。

第四章　监督与管理

第二十九条　二手车流通监督管理遵循破除垄断，鼓励竞争，促进发展和公平、公正、公开的原则。

第三十条　建立二手车交易市场经营者和二手车经营主体备案制度。凡经工商行政管理部门依法登记，取得营业执照的二手车交易市场经营者和二手车经营主体，应当自取得营业执照之日起 2 个月内向省级商务主管部门备案。省级商务主管部门应当将二手车交易市场经营者和二手车经营主体有关备案情况定期报送国务院商务主管部门。

第三十一条　建立和完善二手车流通信息报送、公布制度。二手车交易市场经营者和二手车经营主体应当定期将二手车交易量、交易额等信息通过所在地商务主管部门报送省级商务主管部门。省级商务主管部门将上述信息汇总后报送国务院商务主管部门。国务院商务主管部门定期向社会公布全国二手车流通信息。

第三十二条　商务主管部门、工商行政管理部门应当在各自的职责范围内采取有效措施，加强对二手车交易市场经营者和经营主体的监督管理，依法查处违法违规行为，维护市场秩序，保护消费者的合法权益。

第三十三条 国务院工商行政管理部门会同商务主管部门建立二手车交易市场经营者和二手车经营主体信用档案，定期公布违规企业名单。

第五章 附 则

第三十四条 本办法自2005年10月1日起施行，原《商务部办公厅关于规范旧机动车鉴定评估管理工作的通知》（商建字〔2004〕第70号）、《关于加强旧机动车市场管理工作的通知》（国经贸贸易〔2001〕1281号）、《旧机动车交易管理办法》（内贸机字〔1998〕第33号）及据此发布的各类文件同时废止。

公路监督检查专用车辆管理办法

1. 2002年11月16日交通部令2002年第6号公布
2. 自2003年1月1日起施行

第一条 为加强公路监督检查专用车辆的管理，规范公路监督检查专用车辆的车型、标志和示警灯，根据《中华人民共和国公路法》的有关规定，制定本办法。

第二条 公路监督检查专用车辆是县级以上地方人民政府交通主管部门及其所属的管理机构依法进行公路监督检查时使用的专用车辆，其标志包括车辆颜色和文字标识，示警灯包括顶灯和发声器。

第三条 公路监督检查专用车辆的车型、标志和示警灯由交通部统一规范。

公路监督检查专用车辆的管理工作由省、自治区、直辖市人民政府交通主管部门负责。

第四条 任何单位和个人不得违反本办法擅自喷印、安装、使用公路监督检查专用车辆的标志和示警灯。

第五条 公路监督检查专用车辆的车型包括轿车、越野车和轻型客车三类。

第六条 公路监督检查专用车辆的基本色为白色，沿车辆前保险杆水平环绕车身以下部分为橙黄色；车身两侧统一喷印“中国公路”文字标识，字体为黑体，文字颜色为黑色（式样见附件一）。

第七条 公路监督检查专用车辆的示警灯为红、黄、蓝三色固定式排灯，安装在车顶前部。

示警灯排灯中间装备圆形红底白色公路路徽（式样见附件一）；排灯颜色左右两侧对称分布，每侧从里向外依次为黄色、红色和蓝色。其中，红色占排灯单侧长度的二分之一，蓝色、黄色各占排灯单侧长度的四分之一。

公路监督检查专用车辆的示警灯采用相同的呼话、音调、灯光、选择自动转换等技术功能的电子发声器。

第八条 凡安装示警灯的公路监督检查专用车辆，必须持有省、自治区、直辖市人民政府交通主管部门颁发的《公路监督检查专用车辆示警灯使用证》，并随车携带。

《公路监督检查专用车辆示警灯使用证》由交通部统一制式（式样见附件二）。

任何单位和个人不得伪造、涂改、转让和转借《公路监督检查专用车辆示警灯使用证》。

第九条 公路监督检查专用车辆在执行以下公务时方可使用示警灯：

（一）查处逃缴交通规费和通行费的车辆；

（二）查处损坏公路的车辆；

（三）依法采取公路行政强制措施；

（四）执行其他紧急任务。

第十条 公路监督检查专用车辆、示警灯不得转借他人，也不得从事与公路监督检查无关的其他活动。

第十一条 省、自治区、直辖市人民政府交通主管部门应当加强对公路监督检查专用车辆使用情况的监督检查。

《公路监督检查专用车辆示警灯使用证》由省、自治区、直辖市人民政府交通主管部门定期审验。

第十二条 公路监督检查专用车辆转让、报废或者改变用途的，原使用单位应当拆除示警灯，清除本办法规定的文字标识，并将《公路监督检查专用车辆示警灯使用证》交回省、自治区、直辖市人民政府交通主管部门。

第十三条 违反本办法喷印、安装、使用公路监督检查专用车辆标志和示警灯的，违反本办法转让、转借《公路监督检查专用车辆示警灯使用证》的，省、自治区、直辖市人民政府交通主管部门应当责令其改正或者收缴公路监督检查专用车辆的示警灯、销毁相关标志和证件，并对车辆所属单位予以通报批评，车辆所属单位应对责任人予以相应行政处分。

第十四条　违反本办法伪造、假冒使用公路监督检查专用车辆、标志、示警灯和《公路监督检查专用车辆示警灯使用证》的，由省、自治区、直辖市人民政府交通主管部门责令其拆除示警灯、销毁相关标志和证件，并处1万元罚款。

第十五条　公路监督检查专用车辆的配备标准与数量由省、自治区、直辖市人民政府交通主管部门会同同级财政部门根据各地实际需要确定。

第十六条　本办法自二〇〇三年一月一日起施行。

附件：（略）

2. 驾驶员管理

机动车驾驶员培训管理规定

1. 2022年9月26日交通运输部令2022年第32号公布
2. 自2022年11月1日起施行

第一章　总　　则

第一条　为规范机动车驾驶员培训经营活动，维护机动车驾驶员培训市场秩序，保护各方当事人的合法权益，根据《中华人民共和国道路交通安全法》《中华人民共和国道路运输条例》等有关法律、行政法规，制定本规定。

第二条　从事机动车驾驶员培训业务的，应当遵守本规定。

机动车驾驶员培训业务是指以培训学员的机动车驾驶能力或者以培训道路运输驾驶人员的从业能力为教学任务，为社会公众有偿提供驾驶培训服务的活动。包括对初学机动车驾驶人员、增加准驾车型的驾驶人员和道路运输驾驶人员所进行的驾驶培训、继续教育以及机动车驾驶员培训教练场经营等业务。

第三条　机动车驾驶员培训实行社会化，从事机动车驾驶员培训业务应当依法经营，诚实信用，公平竞争。

第四条　机动车驾驶员培训管理应当公平、公正、公开和便民。

第五条　交通运输部主管全国机动车驾驶员培训管理工作。

县级以上地方人民政府交通运输主管部门(以下简称交通运输主管部门)负责本行政区域内的机动车驾驶员培训管理工作。

第二章　经 营 备 案

第六条　机动车驾驶员培训依据经营项目、培训能力和培训内容实行分类备案。

机动车驾驶员培训业务根据经营项目分为普通机动车驾驶员培训、道路运输驾驶员从业资格培训和机动车驾驶员培训教练场经营三类。

普通机动车驾驶员培训根据培训能力分为一级普通机动车驾驶员培训、二级普通机动车驾驶员培训和三级普通机动车驾驶员培训三类。

道路运输驾驶员从业资格培训根据培训内容分为道路客货运输驾驶员从业资格培训和危险货物运输驾驶员从业资格培训两类。

第七条　从事三类(含三类)以上车型普通机动车驾驶员培训业务的，备案为一级普通机动车驾驶员培训；从事两类车型普通机动车驾驶员培训业务的，备案为二级普通机动车驾驶员培训；只从事一类车型普通机动车驾驶员培训业务的，备案为三级普通机动车驾驶员培训。

第八条　从事经营性道路旅客运输驾驶员、经营性道路货物运输驾驶员从业资格培训业务的，备案为道路客货运输驾驶员从业资格培训；从事道路危险货物运输驾驶员从业资格培训业务的，备案为危险货物运输驾驶员从业资格培训。

第九条　从事机动车驾驶员培训教练场经营业务的，备案为机动车驾驶员培训教练场经营。

第十条　从事普通机动车驾驶员培训业务的，应当具备下列条件：

(一)取得企业法人资格。

(二)有健全的组织机构。

包括教学、教练员、学员、质量、安全、结业考核和设施设备管理等组织机构，并明确负责人、管理人员、教练员和其他人员的岗位职责。具体要求按照有关国家标准执行。

(三)有健全的管理制度。

包括安全管理制度、教练员管理制度、学员管理制度、培训质量管理制度、结业考核制度、教学车辆管理制度、教学设施设备管理制度、教练场地管理制度、档案管理制度等。具体要求按照有关国家标准执行。

(四)有与培训业务相适应的教学人员。

1. 有与培训业务相适应的理论教练员。机动车驾驶员培训机构聘用的理论教练员应当具备以下条件：

持有机动车驾驶证，具有汽车及相关专业中专以上学历或者汽车及相关专业中级以上技术职称，具有2年以上安全驾驶经历，掌握道路交通安全法规、驾驶理论、机动车构造、交通安全心理学、常用伤员急救等安全驾驶知识，了解车辆环保和节约能源的有关知识，了解教育学、教育心理学的基本教学知识，具备编写教案、规范讲解的授课能力。

2. 有与培训业务相适应的驾驶操作教练员。机动车驾驶员培训机构聘用的驾驶操作教练员应当具备以下条件：

持有相应的机动车驾驶证，年龄不超过 60 周岁，符合一定的安全驾驶经历和相应车型驾驶经历，熟悉道路交通安全法规、驾驶理论、机动车构造、交通安全心理学和应急驾驶的基本知识，了解车辆维护和常见故障诊断等有关知识，具备驾驶要领讲解、驾驶动作示范、指导驾驶的教学能力。

3. 所配备的理论教练员数量要求及每种车型所配备的驾驶操作教练员数量要求应当按照有关国家标准执行。

（五）有与培训业务相适应的管理人员。

管理人员包括理论教学负责人、驾驶操作训练负责人、教学车辆管理人员、结业考核人员和计算机管理人员等。具体要求按照有关国家标准执行。

（六）有必要的教学车辆。

1. 所配备的教学车辆应当符合国家有关技术标准要求，并装有副后视镜、副制动踏板、灭火器及其他安全防护装置。具体要求按照有关国家标准执行。

2. 从事一级普通机动车驾驶员培训的，所配备的教学车辆不少于 80 辆；从事二级普通机动车驾驶员培训的，所配备的教学车辆不少于 40 辆；从事三级普通机动车驾驶员培训的，所配备的教学车辆不少于 20 辆。具体要求按照有关国家标准执行。

（七）有必要的教学设施、设备和场地。

具体要求按照有关国家标准执行。租用教练场地的，还应当持有书面租赁合同和出租方土地使用证明，租赁期限不得少于 3 年。

第十一条 从事道路运输驾驶员从业资格培训业务的，应当具备下列条件：

（一）取得企业法人资格。

（二）有健全的组织机构。

包括教学、教练员、学员、质量、安全和设施设备管理等组织机构，并明确负责人、管理人员、教练员和其他人员的岗位职责。具体要求按照有关国家标准执行。

（三）有健全的管理制度。

包括安全管理制度、教练员管理制度、学员管理制度、培训质量管理制度、教学车辆管理制度、教学设施设备管理制度、教练场地管理制度、档案管理制度等。具体要求按照有关国家标准执行。

（四）有与培训业务相适应的教学车辆。

1. 从事道路客货运输驾驶员从业资格培训业务的，应当同时具备大型客车、城市公交车、中型客车、小型汽车、小型自动挡汽车等五种车型中至少一种车型的教学车辆和重型牵引挂车、大型货车等两种车型中至少一种车型的教学车辆。

2. 从事危险货物运输驾驶员从业资格培训业务的，应当具备重型牵引挂车、大型货车等两种车型中至少一种车型的教学车辆。

3. 所配备的教学车辆不少于 5 辆，且每种车型教学车辆不少于 2 辆。教学车辆具体要求按照有关国家标准执行。

（五）有与培训业务相适应的教学人员。

1. 从事道路客货运输驾驶员从业资格理论知识培训的，教练员应当持有机动车驾驶证，具有汽车及相关专业大专以上学历或者汽车及相关专业高级以上技术职称，具有 2 年以上安全驾驶经历，熟悉道路交通安全法规、驾驶理论、旅客运输法规、货物运输法规以及机动车维修、货物装卸保管和旅客急救等相关知识，了解教育学、教育心理学的基本教学知识，具备编写教案、规范讲解的授课能力，具有 2 年以上从事普通机动车驾驶员培训的教学经历，且近 2 年无不良的教学记录。从事应用能力教学的，还应当具有相应车型的驾驶经历，熟悉机动车安全检视、伤员急救、危险源辨识与防御性驾驶以及节能驾驶的相关知识，具备相应的教学能力。

2. 从事危险货物运输驾驶员从业资格理论知识培训的，教练员应当持有机动车驾驶证，具有化工及相关专业大专以上学历或者化工及相关专业高级以上技术职称，具有 2 年以上安全驾驶经历，熟悉道路交通安全法规、驾驶理论、危险货物运输法规、危险化学品特性、包装容器使用方法、职业安全防护和应急救援等知识，具备相应的授课能力，具有 2 年以上化工及相关专业的教学经历，且近 2 年无不良的教学记录。从事应用能力教学的，还应当具有相应车型的驾驶经历，熟悉机动车安全检视、伤员急救、危险源辨识与防御性驾驶以及节能驾驶的相关知识，具备相应的教学能力。

3. 所配备教练员的数量应不低于教学车辆的数量。

（六）有必要的教学设施、设备和场地。

1. 配备相应车型的教练场地，机动车构造、机动车维护、常见故障诊断和排除、货物装卸保管、医学救护、消防器材等教学设施、设备和专用场地。教练场地要求按照有关国家标准执行。

2. 从事危险货物运输驾驶员从业资格培训业务的，还应当同时配备常见危险化学品样本、包装容器、教学挂图、危险化学品实验室等设施、设备和专用场地。

第十二条　从事机动车驾驶员培训教练场经营业务的，应当具备下列条件：

（一）取得企业法人资格。

（二）有与经营业务相适应的教练场地。具体要求按照有关国家标准执行。

（三）有与经营业务相适应的场地设施、设备，办公、教学、生活设施以及维护服务设施。具体要求按照有关国家标准执行。

（四）具备相应的安全条件。包括场地封闭设施、训练区隔离设施、安全通道以及消防设施、设备等。具体要求按照有关国家标准执行。

（五）有相应的管理人员。包括教练场安全负责人、档案管理人员以及场地设施、设备管理人员。

（六）有健全的安全管理制度。包括安全检查制度、安全责任制度、教学车辆安全管理制度以及突发事件应急预案等。

第十三条　从事机动车驾驶员培训业务的，应当依法向市场监督管理部门办理有关登记手续后，最迟不晚于开始经营活动的 15 日内，向所在地县级交通运输主管部门办理备案，并提交以下材料，保证材料真实、完整、有效：

（一）《机动车驾驶员培训备案表》（式样见附件 1）；

（二）企业法定代表人身份证明；

（三）经营场所使用权证明或者产权证明；

（四）教练场地使用权证明或者产权证明；

（五）教练场地技术条件说明；

（六）教学车辆技术条件、车型及数量证明（从事机动车驾驶员培训教练场经营的无需提交）；

（七）教学车辆购置证明（从事机动车驾驶员培训教练场经营的无需提交）；

（八）机构设置、岗位职责和管理制度材料；

（九）各类设施、设备清单；

（十）拟聘用人员名册、职称证明；

（十一）营业执照；

（十二）学时收费标准。

从事普通机动车驾驶员培训业务的，在提交备案材料时，应当同时提供由公安机关交通管理部门出具的相关人员安全驾驶经历证明，安全驾驶经历的起算时间自备案材料提交之日起倒计。

第十四条　县级交通运输主管部门收到备案材料后，对材料齐全且符合要求的，应当予以备案并编号归档；对材料不齐全或者不符合要求的，应当当场或者自收到备案材料之日起 5 日内一次性书面通知备案人需要补充的全部内容。

第十五条　机动车驾驶员培训机构变更培训能力、培训车型及数量、培训内容、教练场地等备案事项的，应当符合法定条件、标准，并在变更之日起 15 日内向原备案部门办理备案变更。

机动车驾驶员培训机构名称、法定代表人、经营场所等营业执照登记事项发生变化的，应当在完成营业执照变更登记后 15 日内向原备案部门办理变更手续。

第十六条　机动车驾驶员培训机构需要终止经营的，应当在终止经营前 30 日内书面告知原备案部门。

第十七条　县级交通运输主管部门应当向社会公布已备案的机动车驾驶员培训机构名称、法定代表人、经营场所、培训车型、教练场地等信息，并及时更新，供社会查询和监督。

第三章　教练员管理

第十八条　机动车驾驶培训教练员实行职业技能等级制度。鼓励机动车驾驶员培训机构优先聘用取得职业技能等级证书的人员担任教练员。鼓励教练员同时具备理论教练员和驾驶操作教练员的教学水平。

第十九条　机动车驾驶员培训机构应当建立健全教练员聘用管理制度，不得聘用最近连续3个记分周期内有交通违法记分满分记录或者发生交通死亡责任事故、组织或者参与考试舞弊、收受或者索取学员财物的人员担任教练员。

第二十条　教练员应当按照统一的教学大纲规范施教，并如实填写《教学日志》和《机动车驾驶员培训记录》（以下简称《培训记录》，式样见附件2）。

在教学过程中，教练员不得将教学车辆交给与教学无关人员驾驶。

第二十一条　机动车驾驶员培训机构应当对教练员进行道路交通安全法律法规、教学技能、应急处置等相关内容的岗前培训，加强对教练员职业道德教育和驾驶新知识、新技术的再教育，对教练员每年进行至少一周的培训，提高教练员的职业素质。

第二十二条　机动车驾驶员培训机构应当加强对教练员教学情况的监督检查，定期开展教练员教学质量信誉考核，公布考核结果，督促教练员提高教学质量。

第二十三条　省级交通运输主管部门应当制定教练员教学质量信誉考核办法，考核内容应当包括教练员的教学业绩、教学质量排行情况、参加再教育情况、不良记录等。

第二十四条　机动车驾驶员培训机构应当建立教练员档案，并将教练员档案主要信息按要求报送县级交通运输主管部门。

教练员档案包括教练员的基本情况、职业技能等级证书取得情况、参加岗前培训和再教育情况、教学质量信誉考核情况等。

县级交通运输主管部门应当建立教练员信息档案，并通过信息化手段对教练员信息档案进行动态管理。

第四章　经营管理

第二十五条　机动车驾驶员培训机构开展培训业务，应当与备案事项保持一致，并保持备案经营项目需具备的业务条件。

第二十六条　机动车驾驶员培训机构应当在经营场所的醒目位置公示其经营项目、培训能力、培训车型、培训内容、收费项目、收费标准、教练员、教学场地、投诉方式、学员满意度评价参与方式等情况。

第二十七条　机动车驾驶员培训机构应当与学员签订培训合同，明确双方权利义务，按照合同约定提供培训服务，保障学员自主选择教练员等合法权益。

第二十八条　机动车驾驶员培训机构应当在备案地开展培训业务，不得采取异地培训、恶意压价、欺骗学员等不正当手段开展经营活动，不得允许社会车辆以其名义开展机动车驾驶员培训经营活动。

第二十九条　机动车驾驶员培训实行学时制，按照学时合理收取费用。鼓励机动车驾驶员培训机构提供计时培训计时收费、先培训后付费服务模式。

对每个学员理论培训时间每天不得超过6个学时，实际操作培训时间每天不得超过4个学时。

第三十条　机动车驾驶员培训机构应当建立学时预约制度，并向社会公布联系电话和预约方式。

第三十一条　参加机动车驾驶员培训的人员，在报名时应当填写《机动车驾驶员培训学员登记表》（以下简称《学员登记表》，式样见附件3），并提供身份证明。参加道路运输驾驶员从业资格培训的人员，还应当同时提供相应的驾驶证。报名人员应当对所提供材料的真实性负责。

第三十二条　机动车驾驶员培训机构应当按照全国统一的教学大纲内容和学时要求，制定教学计划，开展培训教学活动。

培训教学活动结束后，机动车驾驶员培训机构应当组织学员结业考核，向考核合格的学员颁发《机动车驾驶员培训结业证书》（以下简称《结业证书》，式样见附件4）。

《结业证书》由省级交通运输主管部门按照全国统一式样监制并编号。

第三十三条　机动车驾驶员培训机构应当建立学员档案。学员档案主要包括：《学员登记表》、《教学日志》、《培训记录》、《结业证书》复印件等。

学员档案保存期不少于4年。

第三十四条　机动车驾驶员培训机构应当使用符合标准并取得牌证、具有统一标识的教学车辆。

教学车辆的统一标识由省级交通运输主管部门负责制定，并组织实施。

第三十五条　机动车驾驶员培训机构应当按照国家有关规定对教学车辆进行定期维护和检测，保持教学车辆性能完好，满足教学和安全行车的要求，并按照国家有关规定及时更新。

禁止使用报废、检测不合格和其他不符合国家规定的车辆从事机动车驾驶员培训业务。不得随意改变教学车辆的用途。

第三十六条 机动车驾驶员培训机构应当建立教学车辆档案。教学车辆档案主要内容包括:车辆基本情况、维护和检测情况、技术等级记录、行驶里程记录等。

教学车辆档案应当保存至车辆报废后1年。

第三十七条 机动车驾驶员培训机构应当在其备案的教练场地开展基础和场地驾驶培训。

机动车驾驶员培训机构在道路上进行培训活动,应当遵守公安机关交通管理部门指定的路线和时间,并在教练员随车指导下进行,与教学无关的人员不得乘坐教学车辆。

第三十八条 机动车驾驶员培训机构应当保持教学设施、设备的完好,充分利用先进的科技手段,提高培训质量。

第三十九条 机动车驾驶员培训机构应当按照有关规定,向交通运输主管部门报送《培训记录》以及有关统计资料等信息。

《培训记录》应当经教练员签字、机动车驾驶员培训机构审核确认。

第四十条 交通运输主管部门应当根据机动车驾驶员培训机构执行教学大纲、颁发《结业证书》等情况,对《培训记录》及有关资料进行严格审查。

第四十一条 省级交通运输主管部门应当建立机动车驾驶员培训机构质量信誉考评体系,制定机动车驾驶员培训监督管理的量化考核标准,并定期向社会公布对机动车驾驶员培训机构的考核结果。

机动车驾驶员培训机构质量信誉考评应当包括培训机构的基本情况、学员满意度评价情况、教学大纲执行情况、《结业证书》发放情况、《培训记录》填写情况、培训业绩、考试情况、不良记录、教练员教学质量信誉考核开展情况等内容。

机动车驾驶员培训机构的学员满意度评价应当包括教学质量、服务质量、教学环境、教学方式、教练员评价等内容,具体实施细则由省级交通运输主管部门确定。

第五章 监督检查

第四十二条 交通运输主管部门应当依法对机动车驾驶员培训经营活动进行监督检查,督促机动车驾驶员培训机构及时办理备案手续,加强对机动车驾驶员培训机构是否备案、是否保持备案经营项目需具备的业务条件、备案事项与实际从事业务是否一致等情况的检查。

监督检查活动原则上随机抽取检查对象、检查人员,严格遵守《交通运输行政执法程序规定》等相关规定,检查结果向社会公布。

第四十三条 机动车驾驶员培训机构、管理人员、教练员、学员以及其他相关人员应当积极配合执法检查人员的监督检查工作,如实反映情况,提供有关资料。

第四十四条 已经备案的机动车驾驶员培训机构未保持备案经营项目需具备的业务条件的,交通运输主管部门应当责令其限期整改,并将整改要求、整改结果等相关情况向社会公布。

第四十五条 交通运输主管部门应当健全信用管理制度,加强机动车驾驶员培训机构质量信誉考核结果的运用,强化对机动车驾驶员培训机构和教练员的信用监管。

第四十六条 交通运输主管部门应当与相关部门建立健全协同监管机制,及时向公安机关、市场监督管理等部门通报机动车驾驶员培训机构备案、停业、终止经营等信息,加强部门间信息共享和跨部门联合监管。

第四十七条 鼓励机动车驾驶员培训相关行业协会健全完善行业规范,加强行业自律,促进行业持续健康发展。

第六章 法律责任

第四十八条 违反本规定,从事机动车驾驶员培训业务,有下列情形之一的,由交通运输主管部门责令改正;拒不改正的,处5000元以上2万元以下的罚款:

(一)从事机动车驾驶员培训业务未按规定办理备案的;

(二)未按规定办理备案变更的;

(三)提交虚假备案材料的。

有前款第三项行为且情节严重的,其直接负责的主管人员和其他直接责任人员5年内不得从事原备案的机动车驾驶员培训业务。

第四十九条 违反本规定,机动车驾驶员培训机构不严格按照规定进行培训或者在培训结业证书发放时弄虚作假，有下列情形之一的，由交通运输主管部门责令改正；拒不改正的，责令停业整顿：

（一）未按全国统一的教学大纲进行培训的；

（二）未在备案的教练场地开展基础和场地驾驶培训的；

（三）未按规定组织学员结业考核或者未向培训结业的人员颁发《结业证书》的；

（四）向未参加培训、未完成培训、未参加结业考核或者结业考核不合格的人员颁发《结业证书》的。

第五十条　违反本规定，机动车驾驶员培训机构有下列情形之一的，由交通运输主管部门责令限期整改，逾期整改不合格的，予以通报批评：

（一）未在经营场所的醒目位置公示其经营项目、培训能力、培训车型、培训内容、收费项目、收费标准、教练员、教学场地、投诉方式、学员满意度评价参与方式等情况的；

（二）未按规定聘用教学人员的；

（三）未按规定建立教练员档案、学员档案、教学车辆档案的；

（四）未按规定报送《培训记录》、教练员档案主要信息和有关统计资料等信息的；

（五）使用不符合规定的车辆及设施、设备从事教学活动的；

（六）存在索取、收受学员财物或者谋取其他利益等不良行为的；

（七）未按规定与学员签订培训合同的；

（八）未按规定开展教练员岗前培训或者再教育的；

（九）未定期开展教练员教学质量信誉考核或者未公布考核结果的。

第五十一条　违反本规定，教练员有下列情形之一的，由交通运输主管部门责令限期整改；逾期整改不合格的，予以通报批评：

（一）未按全国统一的教学大纲进行教学的；

（二）填写《教学日志》《培训记录》弄虚作假的；

（三）教学过程中有道路交通安全违法行为或者造成交通事故的；

（四）存在索取、收受学员财物或者谋取其他利益等不良行为的；

（五）未按规定参加岗前培训或者再教育的；

（六）在教学过程中将教学车辆交给与教学无关人员驾驶的。

第五十二条　违反本规定，交通运输主管部门的工作人员有下列情形之一的，依法给予处分；构成犯罪的，依法追究刑事责任：

（一）不按规定为机动车驾驶员培训机构办理备案的；

（二）参与或者变相参与机动车驾驶员培训业务的；

（三）发现违法行为不及时查处的；

（四）索取、收受他人财物或者谋取其他利益的；

（五）有其他违法违纪行为的。

第七章　附　　则

第五十三条　本规定自2022年11月1日起施行。2006年1月12日以交通部令2006年第2号公布的《机动车驾驶员培训管理规定》、2016年4月21日以交通运输部令2016年第51号公布的《关于修改〈机动车驾驶员培训管理规定〉的决定》同时废止。

附件：（略）

机动车驾驶证申领和使用规定

1. 2021年12月17日公安部令第162号修订公布
2. 自2022年4月1日起施行

第一章　总　　则

第一条　为了规范机动车驾驶证申领和使用，保障道路交通安全，保护公民、法人和其他组织的合法权益，根据《中华人民共和国道路交通安全法》及其实施条例、《中华人民共和国行政许可法》，制定本规定。

第二条　本规定由公安机关交通管理部门负责实施。

省级公安机关交通管理部门负责本省（自治区、直辖市）机动车驾驶证业务工作的指导、检查和监督。直辖市公安机关交通管理部门车辆管理所、设区的市或者相当于同级的公安机关交通管理部门车辆管理所负责办理本行政区域内机动车驾驶证业务。

县级公安机关交通管理部门车辆管理所可以办理本行政区域内除大型客车、重型牵引挂车、城市公交车、中型客车、大型货车场地驾驶技能、道路驾驶技能考试以外的其他机动车驾驶证业务。具体业务范围和办理条件由省级公安机关交通管理部门确定。

第三条 车辆管理所办理机动车驾驶证业务,应当遵循依法、公开、公正、便民的原则。

车辆管理所办理机动车驾驶证业务,应当依法受理申请人的申请,审查申请人提交的材料。对符合条件的,按照规定的标准、程序和期限办理机动车驾驶证。对申请材料不齐全或者不符合法定形式的,应当一次书面或者电子告知申请人需要补正的全部内容。对不符合条件的,应当书面或者电子告知理由。

车辆管理所应当将法律、行政法规和本规定的有关办理机动车驾驶证的事项、条件、依据、程序、期限以及收费标准、需要提交的全部材料的目录和申请表示范文本等在办公场所公示。

省级、设区的市或者相当于同级的公安机关交通管理部门应当在互联网上发布信息,便于群众查阅办理机动车驾驶证的有关规定,查询驾驶证使用状态、交通违法及记分等情况,下载、使用有关表格。

第四条 车辆管理所办理机动车驾驶证业务时,应当按照减环节、减材料、减时限的要求,积极推行一次办结、限时办结等制度,为申请人提供规范、便利、高效的服务。

公安机关交通管理部门应当积极推进与有关部门信息互联互通,对实现信息共享、网上核查的,申请人免予提交相关证明凭证。

公安机关交通管理部门应当按照就近办理、便捷办理的原则,推进在驾驶人考场、政务服务大厅等地设置服务站点,方便申请人办理机动车驾驶证业务,并在办公场所和互联网公示辖区内的业务办理网点、地址、联系电话、办公时间和业务范围。

第五条 车辆管理所应当使用全国统一的计算机管理系统办理机动车驾驶证业务、核发机动车驾驶证。

计算机管理系统的数据库标准和软件全国统一,能够完整、准确地记录和存储机动车驾驶证业务办理、驾驶人考试等全过程和经办人员信息,并能够实时将有关信息传送到全国公安交通管理信息系统。

第六条 车辆管理所应当使用互联网交通安全综合服务管理平台受理申请人网上提交的申请,验证申请人身份,按规定办理机动车驾驶证业务。

互联网交通安全综合服务管理平台信息管理系统数据库标准和软件全国统一。

第七条 申请办理机动车驾驶证业务的,应当如实向车辆管理所提交规定的材料,如实申告规定的事项,并对其申请材料实质内容的真实性负责。

第八条 公安机关交通管理部门应当建立机动车驾驶证业务监督制度,加强对驾驶人考试、驾驶证核发和使用的监督管理。

第九条 车辆管理所办理机动车驾驶证业务时可以依据相关法律法规认可、使用电子签名、电子印章、电子证照。

第二章 机动车驾驶证申请

第一节 机动车驾驶证

第十条 驾驶机动车,应当依法取得机动车驾驶证。

第十一条 机动车驾驶人准予驾驶的车型顺序依次分为:大型客车、重型牵引挂车、城市公交车、中型客车、大型货车、小型汽车、小型自动挡汽车、低速载货汽车、三轮汽车、残疾人专用小型自动挡载客汽车、轻型牵引挂车、普通三轮摩托车、普通二轮摩托车、轻便摩托车、轮式专用机械车、无轨电车和有轨电车(附件1)。

第十二条 机动车驾驶证记载和签注以下内容:

(一)机动车驾驶人信息:姓名、性别、出生日期、国籍、住址、身份证明号码(机动车驾驶证号码)、照片;

(二)车辆管理所签注内容:初次领证日期、准驾车型代号、有效期限、核发机关印章、档案编号、准予驾驶机动车听力辅助条件。

第十三条 机动车驾驶证有效期分为六年、十年和长期。

第二节 申　请

第十四条 申请机动车驾驶证的人,应当符合下列规定:

(一)年龄条件:

1. 申请小型汽车、小型自动挡汽车、残疾人专用小型自动挡载客汽车、轻便摩托车准驾车型的，在18周岁以上；

2. 申请低速载货汽车、三轮汽车、普通三轮摩托车、普通二轮摩托车或者轮式专用机械车准驾车型的，在18周岁以上，60周岁以下；

3. 申请城市公交车、中型客车、大型货车、轻型牵引挂车、无轨电车或者有轨电车准驾车型的，在20周岁以上，60周岁以下；

4. 申请大型客车、重型牵引挂车准驾车型的，在22周岁以上，60周岁以下；

5. 接受全日制驾驶职业教育的学生，申请大型客车、重型牵引挂车准驾车型的，在19周岁以上，60周岁以下。

（二）身体条件：

1. 身高：申请大型客车、重型牵引挂车、城市公交车、大型货车、无轨电车准驾车型的，身高为155厘米以上。申请中型客车准驾车型的，身高为150厘米以上；

2. 视力：申请大型客车、重型牵引挂车、城市公交车、中型客车、大型货车、无轨电车或者有轨电车准驾车型的，两眼裸视力或者矫正视力达到对数视力表5.0以上。申请其他准驾车型的，两眼裸视力或者矫正视力达到对数视力表4.9以上。单眼视力障碍，优眼裸视力或者矫正视力达到对数视力表5.0以上，且水平视野达到150度的，可以申请小型汽车、小型自动挡汽车、低速载货汽车、三轮汽车、残疾人专用小型自动挡载客汽车准驾车型的机动车驾驶证；

3. 辨色力：无红绿色盲；

4. 听力：两耳分别距音叉50厘米能辨别声源方向。有听力障碍但佩戴助听设备能够达到以上条件的，可以申请小型汽车、小型自动挡汽车准驾车型的机动车驾驶证；

5. 上肢：双手拇指健全，每只手其他手指必须有三指健全，肢体和手指运动功能正常。但手指末节残缺或者左手有三指健全，且双手手掌完整的，可以申请小型汽车、小型自动挡汽车、低速载货汽车、三轮汽车准驾车型的机动车驾驶证；

6. 下肢：双下肢健全且运动功能正常，不等长度不得大于5厘米。单独左下肢缺失或者丧失运动功能，但右下肢正常的，可以申请小型自动挡汽车准驾车型的机动车驾驶证；

7. 躯干、颈部：无运动功能障碍；

8. 右下肢、双下肢缺失或者丧失运动功能但能够自主坐立，且上肢符合本项第5目规定的，可以申请残疾人专用小型自动挡载客汽车准驾车型的机动车驾驶证。一只手掌缺失，另一只手拇指健全，其他手指有两指健全，上肢和手指运动功能正常，且下肢符合本项第6目规定的，可以申请残疾人专用小型自动挡载客汽车准驾车型的机动车驾驶证；

9. 年龄在70周岁以上能够通过记忆力、判断力、反应力等能力测试的，可以申请小型汽车、小型自动挡汽车、残疾人专用小型自动挡载客汽车、轻便摩托车准驾车型的机动车驾驶证。

第十五条　有下列情形之一的，不得申请机动车驾驶证：

（一）有器质性心脏病、癫痫病、美尼尔氏症、眩晕症、癔病、震颤麻痹、精神病、痴呆以及影响肢体活动的神经系统疾病等妨碍安全驾驶疾病的；

（二）三年内有吸食、注射毒品行为或者解除强制隔离戒毒措施未满三年，以及长期服用依赖性精神药品成瘾尚未戒除的；

（三）造成交通事故后逃逸构成犯罪的；

（四）饮酒后或者醉酒驾驶机动车发生重大交通事故构成犯罪的；

（五）醉酒驾驶机动车或者饮酒后驾驶营运机动车依法被吊销机动车驾驶证未满五年的；

（六）醉酒驾驶营运机动车依法被吊销机动车驾驶证未满十年的；

（七）驾驶机动车追逐竞驶、超员、超速、违反危险化学品安全管理规定运输危险化学品构成犯罪依法被吊销机动车驾驶证未满五年的；

（八）因本款第四项以外的其他违反交通管理法律法规的行为发生重大交通事故构成犯罪依法被吊销机动车驾驶证未满十年的；

（九）因其他情形依法被吊销机动车驾驶证未满二年的；

（十）驾驶许可依法被撤销未满三年的；

（十一）未取得机动车驾驶证驾驶机动车，发生负同等以上责任交通事故造成人员重伤或者死亡未满十年的；

（十二）三年内有代替他人参加机动车驾驶人考试行为的；

（十三）法律、行政法规规定的其他情形。

未取得机动车驾驶证驾驶机动车，有第一款第五项至第八项行为之一的，在规定期限内不得申请机动车驾驶证。

第十六条　初次申领机动车驾驶证的，可以申请准驾车型为城市公交车、大型货车、小型汽车、小型自动挡汽车、低速载货汽车、三轮汽车、残疾人专用小型自动挡载客汽车、普通三轮摩托车、普通二轮摩托车、轻便摩托车、轮式专用机械车、无轨电车、有轨电车的机动车驾驶证。

已持有机动车驾驶证，申请增加准驾车型的，可以申请增加的准驾车型为大型客车、重型牵引挂车、城市公交车、中型客车、大型货车、小型汽车、小型自动挡汽车、低速载货汽车、三轮汽车、轻型牵引挂车、普通三轮摩托车、普通二轮摩托车、轻便摩托车、轮式专用机械车、无轨电车、有轨电车。

第十七条　已持有机动车驾驶证，申请增加准驾车型的，应当在本记分周期和申请前最近一个记分周期内没有记满12分记录。申请增加轻型牵引挂车、中型客车、重型牵引挂车、大型客车准驾车型的，还应当符合下列规定：

（一）申请增加轻型牵引挂车准驾车型的，已取得驾驶小型汽车、小型自动挡汽车准驾车型资格一年以上；

（二）申请增加中型客车准驾车型的，已取得驾驶城市公交车、大型货车、小型汽车、小型自动挡汽车、低速载货汽车或者三轮汽车准驾车型资格二年以上，并在申请前最近连续二个记分周期内没有记满12分记录；

（三）申请增加重型牵引挂车准驾车型的，已取得驾驶中型客车或者大型货车准驾车型资格二年以上，或者取得驾驶大型客车准驾车型资格一年以上，并在申请前最近连续二个记分周期内没有记满12分记录；

（四）申请增加大型客车准驾车型的，已取得驾驶城市公交车、中型客车准驾车型资格二年以上、已取得驾驶大型货车准驾车型资格三年以上，或者取得驾驶重型牵引挂车准驾车型资格一年以上，并在申请前最近连续三个记分周期内没有记满12分记录。

正在接受全日制驾驶职业教育的学生，已在校取得驾驶小型汽车准驾车型资格，并在本记分周期和申请前最近一个记分周期内没有记满12分记录的，可以申请增加大型客车、重型牵引挂车准驾车型。

第十八条　有下列情形之一的，不得申请大型客车、重型牵引挂车、城市公交车、中型客车、大型货车准驾车型：

（一）发生交通事故造成人员死亡，承担同等以上责任的；

（二）醉酒后驾驶机动车的；

（三）再次饮酒后驾驶机动车的；

（四）有吸食、注射毒品后驾驶机动车行为的，或者有执行社区戒毒、强制隔离戒毒、社区康复措施记录的；

（五）驾驶机动车追逐竞驶、超员、超速、违反危险化学品安全管理规定运输危险化学品构成犯罪的；

（六）被吊销或者撤销机动车驾驶证未满十年的；

（七）未取得机动车驾驶证驾驶机动车，发生负同等以上责任交通事故造成人员重伤或者死亡的。

第十九条　持有军队、武装警察部队机动车驾驶证，符合本规定的申请条件，可以申请对应准驾车型的机动车驾驶证。

第二十条　持有境外机动车驾驶证，符合本规定的申请条件，且取得该驾驶证时在核发国家或者地区一年内累计居留九十日以上的，可以申请对应准驾车型的机动车驾驶证。属于申请准驾车型为大型客车、重型牵引挂车、中型客车机动车驾驶证的，还应当取得境外相应准驾车型机动车驾驶证二年以上。

第二十一条　持有境外机动车驾驶证，需要临时驾驶机动车的，应当按规定向车辆管理所申领临时机动车驾驶许可。

对入境短期停留的，可以申领有效期为三个月的临时机动车驾驶许可；停居留时间超过三个月的，有效期可以延长至一年。

临时入境机动车驾驶人的临时机动车驾驶许可在一个记分周期内累积记分达到12分，未按规定参加道路交通安全法律、法规和相关知识学习、考试的，不得申请机动车驾驶证或者再次申请临时机动车驾驶许可。

第二十二条　申领机动车驾驶证的人，按照下列规定向车辆管理所提出申请：

（一）在户籍所在地居住的，应当在户籍所在地提出申请；

（二）在户籍所在地以外居住的，可以在居住地提出申请；

（三）现役军人（含武警），应当在部队驻地提出申请；

（四）境外人员，应当在居留地或者居住地提出申请；

（五）申请增加准驾车型的，应当在所持机动车驾驶证核发地提出申请；

（六）接受全日制驾驶职业教育，申请增加大型客车、重型牵引挂车准驾车型的，应当在接受教育地提出申请。

第二十三条　申请机动车驾驶证，应当确认申请信息，并提交以下证明：

（一）申请人的身份证明；

（二）医疗机构出具的有关身体条件的证明。

第二十四条　持军队、武装警察部队机动车驾驶证的人申请机动车驾驶证，应当确认申请信息，并提交以下证明、凭证：

（一）申请人的身份证明。属于复员、转业、退伍的人员，还应当提交军队、武装警察部队核发的复员、转业、退伍证明；

（二）医疗机构出具的有关身体条件的证明；

（三）军队、武装警察部队机动车驾驶证。

第二十五条　持境外机动车驾驶证的人申请机动车驾驶证，应当确认申请信息，并提交以下证明、凭证：

（一）申请人的身份证明；

（二）医疗机构出具的有关身体条件的证明；

（三）所持机动车驾驶证。属于非中文表述的，还应当提供翻译机构出具或者公证机构公证的中文翻译文本。

属于外国驻华使馆、领馆人员及国际组织驻华代表机构人员申请的，按照外交对等原则执行。

属于内地居民申请的，还应当提交申请人的护照或者往来港澳通行证、往来台湾通行证。

第二十六条　实行小型汽车、小型自动挡汽车驾驶证自学直考的地方，申请人可以使用加装安全辅助装置的自备机动车，在具备安全驾驶经历等条件的人员随车指导下，按照公安机关交通管理部门指定的路线、时间学习驾驶技能，按照第二十三条的规定申请相应准驾车型的驾驶证。

小型汽车、小型自动挡汽车驾驶证自学直考管理制度由公安部另行规定。

第二十七条　申请机动车驾驶证的人，符合本规定要求的驾驶许可条件，有下列情形之一的，可以按照第十六条第一款和第二十三条的规定直接申请相应准驾车型的机动车驾驶证考试：

（一）原机动车驾驶证因超过有效期未换证被注销的；

（二）原机动车驾驶证因未提交身体条件证明被注销的；

（三）原机动车驾驶证由本人申请注销的；

（四）原机动车驾驶证因身体条件暂时不符合规定被注销的；

（五）原机动车驾驶证或者准驾车型资格因其他原因被注销的，但机动车驾驶证被吊销或者被撤销的除外；

（六）持有的军队、武装警察部队机动车驾驶证超过有效期的；

（七）持有境外机动车驾驶证或者境外机动车驾驶证超过有效期的。

有前款第六项、第七项规定情形之一的，还应当提交机动车驾驶证。

第二十八条　申请人提交的证明、凭证齐全、符合法定形式的，车辆管理所应当受理，并按规定审查申请人的机动车驾驶证申请条件。属于第二十五条规定情形的，还应当核查申请人的出入境记录；属于第二十七条第一款第一项至第五项规定情形之一的，还应当核查申请人的驾驶经历；属于正在接受全日制驾驶职业教育的学生，申请增加大型客车、重型牵引挂车准驾车型的，还应当核查申请人的学籍。

公安机关交通管理部门已经实现与医疗机构等单位联网核查的，申请人免予提交身体条件证明等证明、凭证。

对于符合申请条件的，车辆管理所应当按规定安排预约考试；不需要考试的，一日内核发机动车驾驶证。申请人属于复员、转业、退伍人员持军队、武装警察部队机动车驾驶证申请机动车驾驶证的，应当收回军队、武装警察部队机动车驾驶证。

第二十九条 车辆管理所对申请人的申请条件及提交的材料、申告的事项有疑义的，可以对实质内容进行调查核实。

调查时，应当询问申请人并制作询问笔录，向证明、凭证的核发机关核查。

经调查，申请人不符合申请条件的，不予办理；有违法行为的，依法予以处理。

第三章 机动车驾驶人考试

第一节 考试内容和合格标准

第三十条 机动车驾驶人考试内容分为道路交通安全法律、法规和相关知识考试科目（以下简称“科目一”）、场地驾驶技能考试科目（以下简称“科目二”）、道路驾驶技能和安全文明驾驶常识考试科目（以下简称“科目三”）。

已持有小型自动挡汽车准驾车型驾驶证申请增加小型汽车准驾车型的，应当考试科目二和科目三。

已持有大型客车、城市公交车、中型客车、大型货车、小型汽车、小型自动挡汽车准驾车型驾驶证申请增加轻型牵引挂车准驾车型的，应当考试科目二和科目三安全文明驾驶常识。

已持有轻便摩托车准驾车型驾驶证申请增加普通三轮摩托车、普通二轮摩托车准驾车型的，或者持有普通二轮摩托车驾驶证申请增加普通三轮摩托车准驾车型的，应当考试科目二和科目三。

已持有大型客车、重型牵引挂车、城市公交车、中型客车、大型货车、小型汽车、小型自动挡汽车准驾车型驾驶证的机动车驾驶人身体条件发生变化，不符合所持机动车驾驶证准驾车型的条件，但符合残疾人专用小型自动挡载客汽车准驾车型条件，申请变更的，应当考试科目二和科目三。

第三十一条 考试内容和合格标准全国统一，根据不同准驾车型规定相应的考试项目。

第三十二条 科目一考试内容包括：道路通行、交通信号、道路交通安全违法行为和交通事故处理、机动车驾驶证申领和使用、机动车登记等规定以及其他道路交通安全法律、法规和规章。

第三十三条 科目二考试内容包括：

（一）大型客车、重型牵引挂车、城市公交车、中型客车、大型货车考试桩考、坡道定点停车和起步、侧方停车、通过单边桥、曲线行驶、直角转弯、通过限宽门、窄路掉头，以及模拟高速公路、连续急弯山区路、隧道、雨（雾）天、湿滑路、紧急情况处置；

（二）小型汽车、低速载货汽车考试倒车入库、坡道定点停车和起步、侧方停车、曲线行驶、直角转弯；

（三）小型自动挡汽车、残疾人专用小型自动挡载客汽车考试倒车入库、侧方停车、曲线行驶、直角转弯；

（四）轻型牵引挂车考试桩考、曲线行驶、直角转弯；

（五）三轮汽车、普通三轮摩托车、普通二轮摩托车和轻便摩托车考试桩考、坡道定点停车和起步、通过单边桥；

（六）轮式专用机械车、无轨电车、有轨电车的考试内容由省级公安机关交通管理部门确定。

对第一款第一项至第三项规定的准驾车型，省级公安机关交通管理部门可以根据实际增加考试内容。

第三十四条 科目三道路驾驶技能考试内容包括：大型客车、重型牵引挂车、城市公交车、中型客车、大型货车、小型汽车、小型自动挡汽车、低速载货汽车和残疾人专用小型自动挡载客汽车考试上车准备、起步、直线行驶、加减挡位操作、变更车道、靠边停车、直行通过路口、路口左转弯、路口右转弯、通过人行横道线、通过学校区域、通过公共汽车站、会车、超车、掉头、夜间行驶；其他准驾车型的考试内容，由省级公安机关交通管理部门确定。

大型客车、重型牵引挂车、城市公交车、中型客车、大型货车考试里程不少于 10 公里，其中初次申领城市公交车、大型货车准驾车型的，白天考试里程不少于 5 公里，夜间考试里程不少于 3 公里。小型汽车、小型自动挡汽车、低速载货汽车、残疾人专用小型自动挡载客汽车考试里程不少于3公里。不进行夜间考试的，应当进行模拟夜间灯光考试。

对大型客车、重型牵引挂车、城市公交车、中型客车、大型货车准驾车型，省级公安机关交通管理部门应当根据实际增加山区、隧道、陡坡等复杂道路驾驶考试内容。对其他汽车准驾车型，省级公安机关交通管理部门可以根据实际增加考试内容。

第三十五条　科目三安全文明驾驶常识考试内容包括：安全文明驾驶操作要求、恶劣气象和复杂道路条件下的安全驾驶知识、爆胎等紧急情况下的临危处置方法、防范次生事故处置知识、伤员急救知识等。

第三十六条　持军队、武装警察部队机动车驾驶证的人申请大型客车、重型牵引挂车、城市公交车、中型客车、大型货车准驾车型机动车驾驶证的，应当考试科目一和科目三；申请其他准驾车型机动车驾驶证的，免予考试核发机动车驾驶证。

第三十七条　持境外机动车驾驶证申请机动车驾驶证的，应当考试科目一。申请准驾车型为大型客车、重型牵引挂车、城市公交车、中型客车、大型货车机动车驾驶证的，应当考试科目一、科目二和科目三。

属于外国驻华使馆、领馆人员及国际组织驻华代表机构人员申请的，应当按照外交对等原则执行。

第三十八条　各科目考试的合格标准为：

（一）科目一考试满分为100分，成绩达到90分的为合格；

（二）科目二考试满分为100分，考试大型客车、重型牵引挂车、城市公交车、中型客车、大型货车、轻型牵引挂车准驾车型的，成绩达到90分的为合格，其他准驾车型的成绩达到80分的为合格；

（三）科目三道路驾驶技能和安全文明驾驶常识考试满分分别为100分，成绩分别达到90分的为合格。

第二节　考试要求

第三十九条　车辆管理所应当按照预约的考场和时间安排考试。申请人科目一考试合格后，可以预约科目二或者科目三道路驾驶技能考试。有条件的地方，申请人可以同时预约科目二、科目三道路驾驶技能考试，预约成功后可以连续进行考试。科目二、科目三道路驾驶技能考试均合格后，申请人可以当日参加科目三安全文明驾驶常识考试。

申请人申请大型客车、重型牵引挂车、城市公交车、中型客车、大型货车、轻型牵引挂车驾驶证，因当地尚未设立科目二考场的，可以选择省（自治区）内其他考场参加考试。

申请人申领小型汽车、小型自动挡汽车、低速载货汽车、三轮汽车、残疾人专用小型自动挡载客汽车、轻型牵引挂车驾驶证期间，已通过部分科目考试后，居住地发生变更的，可以申请变更考试地，在现居住地预约其他科目考试。申请变更考试地不得超过三次。

车辆管理所应当使用全国统一的考试预约系统，采用互联网、电话、服务窗口等方式供申请人预约考试。

第四十条　初次申请机动车驾驶证或者申请增加准驾车型的，科目一考试合格后，车辆管理所应当在一日内核发学习驾驶证明。

属于第三十条第二款至第四款规定申请增加准驾车型以及第五款规定申请变更准驾车型的，受理后直接核发学习驾驶证明。

属于自学直考的，车辆管理所还应当按规定发放学车专用标识（附件2）。

第四十一条　申请人在场地和道路上学习驾驶，应当按规定取得学习驾驶证明。学习驾驶证明的有效期为三年，但有效期截止日期不得超过申请年龄条件上限。申请人应当在有效期内完成科目二和科目三考试。未在有效期内完成考试的，已考试合格的科目成绩作废。

学习驾驶证明可以采用纸质或者电子形式，纸质学习驾驶证明和电子学习驾驶证明具有同等效力。申请人可以通过互联网交通安全综合服务管理平台打印或者下载学习驾驶证明。

第四十二条　申请人在道路上学习驾驶，应当随身携带学习驾驶证明，使用教练车或者学车专用标识签注的自学用车，在教练员或者学车专用标识签注的指导人员随车指导下，按照公安机关交通管理部门指定的路线、时间进行。

申请人为自学直考人员的，在道路上学习驾驶时，应当在自学用车上按规定放置、粘贴学车专用标识，自学用车不得搭载随车指导人员以外的其他人员。

第四十三条 初次申请机动车驾驶证或者申请增加准驾车型的，申请人预约考试科目二，应当符合下列规定：

（一）报考小型汽车、小型自动挡汽车、低速载货汽车、三轮汽车、残疾人专用小型自动挡载客汽车、轮式专用机械车、无轨电车、有轨电车准驾车型的，在取得学习驾驶证明满十日后预约考试；

（二）报考大型客车、重型牵引挂车、城市公交车、中型客车、大型货车、轻型牵引挂车准驾车型的，在取得学习驾驶证明满二十日后预约考试。

第四十四条 初次申请机动车驾驶证或者申请增加准驾车型的，申请人预约考试科目三，应当符合下列规定：

（一）报考小型自动挡汽车、残疾人专用小型自动挡载客汽车、低速载货汽车、三轮汽车准驾车型的，在取得学习驾驶证明满二十日后预约考试；

（二）报考小型汽车、轮式专用机械车、无轨电车、有轨电车准驾车型的，在取得学习驾驶证明满三十日后预约考试；

（三）报考大型客车、重型牵引挂车、城市公交车、中型客车、大型货车准驾车型的，在取得学习驾驶证明满四十日后预约考试。属于已经持有汽车类驾驶证，申请增加准驾车型的，在取得学习驾驶证明满三十日后预约考试。

第四十五条 持军队、武装警察部队或者境外机动车驾驶证申请机动车驾驶证的，应当自车辆管理所受理之日起三年内完成科目考试。

第四十六条 申请人因故不能按照预约时间参加考试的，应当提前一日申请取消预约。对申请人未按照预约考试时间参加考试的，判定该次考试不合格。

第四十七条 每个科目考试一次，考试不合格的，可以补考一次。不参加补考或者补考仍不合格的，本次考试终止，申请人应当重新预约考试，但科目二、科目三考试应当在十日后预约。科目三安全文明驾驶常识考试不合格的，已通过的道路驾驶技能考试成绩有效。

在学习驾驶证明有效期内，科目二和科目三道路驾驶技能考试预约考试的次数分别不得超过五次。第五次考试仍不合格的，已考试合格的其他科目成绩作废。

第四十八条 车辆管理所组织考试前应当使用全国统一的计算机管理系统当日随机选配考试员，随机安排考生分组，随机选取考试路线。

第四十九条 从事考试工作的人员，应当持有公安机关交通管理部门颁发的资格证书。公安机关交通管理部门应当在公安民警、警务辅助人员中选拔足够数量的考试员，从事考试工作。可以聘用运输企业驾驶人、警风警纪监督员等人员承担考试辅助工作和监督职责。

考试员应当认真履行考试职责，严格按照规定考试，接受社会监督。在考试前应当自我介绍，讲解考试要求，核实申请人身份；考试中应当严格执行考试程序，按照考试项目和考试标准评定考试成绩；考试后应当当场公布考试成绩，讲评考试不合格原因。

每个科目的考试成绩单应当有申请人和考试员的签名。未签名的不得核发机动车驾驶证。

第五十条 考试员、考试辅助人员及考场工作人员应当严格遵守考试工作纪律，不得为不符合机动车驾驶许可条件、未经考试、考试不合格人员签注合格考试成绩，不得减少考试项目、降低评判标准或者参与、协助、纵容考试作弊，不得参与或者变相参与驾驶培训机构、社会考场经营活动，不得收取驾驶培训机构、社会考场、教练员、申请人的财物。

第五十一条 直辖市、设区的市或者相当于同级的公安机关交通管理部门应当根据本地考试需求建设考场，配备足够数量的考试车辆。对考场布局、数量不能满足本地考试需求的，应当采取政府购买服务等方式使用社会考场，并按照公平竞争、择优选定的原则，依法通过公开招标等程序确定。对考试供给能力能够满足考试需求的，应当及时向社会公告，不再购买社会考场服务。

考试场地建设、路段设置、车辆配备、设施设备配置以及考试项目、评判要求应当符合相关标准。考试场地、考试设备和考试系统应当经省级公安机关交通管理部门验收合格后方可使用。公安机关交通管理部门应当加强对辖区考场的监督管理，定期开展考试场地、考试车辆、考试设备和考场管理情况的监督检查。

第三节　考试监督管理

第五十二条 车辆管理所应当在办事大厅、候考场所和互联网公开各考场的考试能力、预约计划、预约人数和约考结果等情况，公布考场布局、考试路线和流程。考试预约计划应当至少在考试前十日在互联网上公开。

车辆管理所应当在候考场所、办事大厅向群众直播考试视频，考生可以在考试结束后三日内查询自己的考试视频资料。

第五十三条　车辆管理所应当严格比对、核验考生身份，对考试过程进行全程录音、录像，并实时监控考试过程，没有使用录音、录像设备的，不得组织考试。严肃考试纪律，规范考场秩序，对考场秩序混乱的，应当中止考试。考试过程中，考试员应当使用执法记录仪记录监考过程。

车辆管理所应当建立音视频信息档案，存储录音、录像设备和执法记录仪记录的音像资料。建立考试质量抽查制度，每日抽查音视频信息档案，发现存在违反考试纪律、考场秩序混乱以及音视频信息缺失或者不完整的，应当进行调查处理。

省级公安机关交通管理部门应当定期抽查音视频信息档案，及时通报、纠正、查处发现的问题。

第五十四条　车辆管理所应当根据考试场地、考试设备、考试车辆、考试员数量等实际情况，核定每个考场、每个考试员每日最大考试量。

车辆管理所应当根据驾驶培训主管部门提供的信息对驾驶培训机构教练员、教练车、训练场地等情况进行备案。

第五十五条　公安机关交通管理部门应当建立业务监督管理中心，通过远程监控、数据分析、日常检查、档案抽查、业务回访等方式，对机动车驾驶人考试和机动车驾驶证业务办理情况进行监督管理。

直辖市、设区的市或者相当于同级的公安机关交通管理部门应当通过监管系统每周对机动车驾驶人考试情况进行监控、分析，及时查处整改发现的问题。省级公安机关交通管理部门应当通过监管系统每月对机动车驾驶人考试情况进行监控、分析，及时查处、通报发现的问题。

车辆管理所存在为未经考试或者考试不合格人员核发机动车驾驶证等严重违规办理机动车驾驶证业务情形的，上级公安机关交通管理部门可以暂停该车辆管理所办理相关业务或者指派其他车辆管理所人员接管业务。

第五十六条　县级公安机关交通管理部门办理机动车驾驶证业务的，办公场所、设施设备、人员资质和信息系统等应当满足业务办理需求，并符合相关规定和标准要求。

直辖市、设区的市公安机关交通管理部门应当加强对县级公安机关交通管理部门办理机动车驾驶证相关业务的指导、培训和监督管理。

第五十七条　公安机关交通管理部门应当对社会考场的场地设施、考试系统、考试工作等进行统一管理。

社会考场的考试系统应当接入机动车驾驶人考试管理系统，实时上传考试过程录音录像、考试成绩等信息。

第五十八条　直辖市、设区的市或者相当于同级的公安机关交通管理部门应当每月向社会公布车辆管理所考试员考试质量情况、三年内驾龄驾驶人交通违法率和交通肇事率等信息。

直辖市、设区的市或者相当于同级的公安机关交通管理部门应当每月向社会公布辖区内驾驶培训机构的考试合格率、三年内驾龄驾驶人交通违法率和交通肇事率等信息，按照考试合格率、三年内驾龄驾驶人交通违法率和交通肇事率对驾驶培训机构培训质量公开排名，并通报培训主管部门。

第五十九条　对三年内驾龄驾驶人发生一次死亡3人以上交通事故且负主要以上责任的，省级公安机关交通管理部门应当倒查车辆管理所考试、发证情况，向社会公布倒查结果。对三年内驾龄驾驶人发生一次死亡1至2人的交通事故且负主要以上责任的，直辖市、设区的市或者相当于同级的公安机关交通管理部门应当组织责任倒查。

直辖市、设区的市或者相当于同级的公安机关交通管理部门发现驾驶培训机构及其教练员存在缩短培训学时、减少培训项目以及贿赂考试员、以承诺考试合格等名义向学员索取财物、参与违规办理驾驶证或者考试舞弊行为的，应当通报培训主管部门，并向社会公布。

公安机关交通管理部门发现考场、考试设备生产销售企业及其工作人员存在组织或者参与考试舞弊、伪造或者篡改考试系统数据的，不得继续使用该考场或者采购该企业考试设备；构成犯罪的，依法追究刑事责任。

第四章 发证、换证、补证

第六十条 申请人考试合格后，应当接受不少于半小时的交通安全文明驾驶常识和交通事故案例警示教育，并参加领证宣誓仪式。

车辆管理所应当在申请人参加领证宣誓仪式的当日核发机动车驾驶证。

第六十一条 公安机关交通管理部门应当实行机动车驾驶证电子化，机动车驾驶人可以通过互联网交通安全综合服务管理平台申请机动车驾驶证电子版。

机动车驾驶证电子版与纸质版具有同等效力。

第六十二条 机动车驾驶人在机动车驾驶证的六年有效期内，每个记分周期均未记满12分的，换发十年有效期的机动车驾驶证；在机动车驾驶证的十年有效期内，每个记分周期均未记满12分的，换发长期有效的机动车驾驶证。

第六十三条 机动车驾驶人应当于机动车驾驶证有效期满前九十日内，向机动车驾驶证核发地或者核发地以外的车辆管理所申请换证。申请时应当确认申请信息，并提交以下证明、凭证：

（一）机动车驾驶人的身份证明；

（二）医疗机构出具的有关身体条件的证明。

第六十四条 机动车驾驶人户籍迁出原车辆管理所管辖区的，应当向迁入地车辆管理所申请换证。机动车驾驶人在核发地车辆管理所管辖区以外居住的，可以向居住地车辆管理所申请换证。申请时应当确认申请信息，提交机动车驾驶人的身份证明和机动车驾驶证，并申报身体条件情况。

第六十五条 年龄在60周岁以上的，不得驾驶大型客车、重型牵引挂车、城市公交车、中型客车、大型货车、轮式专用机械车、无轨电车和有轨电车。持有大型客车、重型牵引挂车、城市公交车、中型客车、大型货车驾驶证的，应当到机动车驾驶证核发地或者核发地以外的车辆管理所换领准驾车型为小型汽车或者小型自动挡汽车的机动车驾驶证，其中属于持有重型牵引挂车驾驶证的，还可以保留轻型牵引挂车准驾车型。

年龄在70周岁以上的，不得驾驶低速载货汽车、三轮汽车、轻型牵引挂车、普通三轮摩托车、普通二轮摩托车。持有普通三轮摩托车、普通二轮摩托车驾驶证的，应当到机动车驾驶证核发地或者核发地以外的车辆管理所换领准驾车型为轻便摩托车的机动车驾驶证；持有驾驶证包含轻型牵引挂车准驾车型的，应当到机动车驾驶证核发地或者核发地以外的车辆管理所换领准驾车型为小型汽车或者小型自动挡汽车的机动车驾驶证。

有前两款规定情形之一的，车辆管理所应当通知机动车驾驶人在三十日内办理换证业务。机动车驾驶人逾期未办理的，车辆管理所应当公告准驾车型驾驶资格作废。

申请时应当确认申请信息，并提交第六十三条规定的证明、凭证。

机动车驾驶人自愿降低准驾车型的，应当确认申请信息，并提交机动车驾驶人的身份证明和机动车驾驶证。

第六十六条 有下列情形之一的，机动车驾驶人应当在三十日内到机动车驾驶证核发地或者核发地以外的车辆管理所申请换证：

（一）在车辆管理所管辖区域内，机动车驾驶证记载的机动车驾驶人信息发生变化的；

（二）机动车驾驶证损毁无法辨认的。

申请时应当确认申请信息，并提交机动车驾驶人的身份证明；属于第一款第一项的，还应当提交机动车驾驶证；属于身份证明号码变更的，还应当提交相关变更证明。

第六十七条 机动车驾驶人身体条件发生变化，不符合所持机动车驾驶证准驾车型的条件，但符合准予驾驶的其他准驾车型条件的，应当在三十日内到机动车驾驶证核发地或者核发地以外的车辆管理所申请降低准驾车型。申请时应当确认申请信息，并提交机动车驾驶人的身份证明、医疗机构出具的有关身体条件的证明。

机动车驾驶人身体条件发生变化，不符合第十四条第二项规定或者具有第十五条规定情形之一，不适合驾驶机动车的，应当在三十日内到机动车驾驶证核发地车辆管理所申请注销。申请时应当确认申请信息，并提交机动车驾驶人的身份证明和机动车驾驶证。

机动车驾驶人身体条件不适合驾驶机动车的，不得驾驶机动车。

第六十八条　车辆管理所对符合第六十三条至第六十六条、第六十七条第一款规定的，应当在一日内换发机动车驾驶证。对符合第六十七条第二款规定的，应当在一日内注销机动车驾驶证。其中，对符合第六十四条、第六十五条、第六十六条第一款第一项、第六十七条规定的，还应当收回原机动车驾驶证。

第六十九条　机动车驾驶证遗失的，机动车驾驶人应当向机动车驾驶证核发地或者核发地以外的车辆管理所申请补发。申请时应当确认申请信息，并提交机动车驾驶人的身份证明。符合规定的，车辆管理所应当在一日内补发机动车驾驶证。

机动车驾驶人补领机动车驾驶证后，原机动车驾驶证作废，不得继续使用。

机动车驾驶证被依法扣押、扣留或者暂扣期间，机动车驾驶人不得申请补发。

第七十条　机动车驾驶人向核发地以外的车辆管理所申请办理第六十三条、第六十五条、第六十六条、第六十七条第一款、第六十九条规定的换证、补证业务时，应当同时按照第六十四条规定办理。

第五章　机动车驾驶人管理

第一节　审　　验

第七十一条　公安机关交通管理部门对机动车驾驶人的道路交通安全违法行为，除依法给予行政处罚外，实行道路交通安全违法行为累积记分制度，记分周期为12个月，满分为12分。

机动车驾驶人在一个记分周期内记分达到12分的，应当按规定参加学习、考试。

第七十二条　机动车驾驶人应当按照法律、行政法规的规定，定期到公安机关交通管理部门接受审验。

机动车驾驶人按照本规定第六十三条、第六十四条换领机动车驾驶证时，应当接受公安机关交通管理部门的审验。

持有大型客车、重型牵引挂车、城市公交车、中型客车、大型货车驾驶证的驾驶人，应当在每个记分周期结束后三十日内到公安机关交通管理部门接受审验。但在一个记分周期内没有记分记录的，免予本记分周期审验。

持有第三款规定以外准驾车型驾驶证的驾驶人，发生交通事故造成人员死亡承担同等以上责任未被吊销机动车驾驶证的，应当在本记分周期结束后三十日内到公安机关交通管理部门接受审验。

年龄在70周岁以上的机动车驾驶人发生责任交通事故造成人员重伤或者死亡的，应当在本记分周期结束后三十日内到公安机关交通管理部门接受审验。

机动车驾驶人可以在机动车驾驶证核发地或者核发地以外的地方参加审验、提交身体条件证明。

第七十三条　机动车驾驶证审验内容包括：

（一）道路交通安全违法行为、交通事故处理情况；

（二）身体条件情况；

（三）道路交通安全违法行为记分及记满12分后参加学习和考试情况。

持有大型客车、重型牵引挂车、城市公交车、中型客车、大型货车驾驶证一个记分周期内有记分的，以及持有其他准驾车型驾驶证发生交通事故造成人员死亡承担同等以上责任未被吊销机动车驾驶证的驾驶人，审验时应当参加不少于三小时的道路交通安全法律法规、交通安全文明驾驶、应急处置等知识学习，并接受交通事故案例警示教育。

年龄在70周岁以上的机动车驾驶人审验时还应当按照规定进行记忆力、判断力、反应力等能力测试。

对道路交通安全违法行为或者交通事故未处理完毕的、身体条件不符合驾驶许可条件的、未按照规定参加学习、教育和考试的，不予通过审验。

第七十四条　年龄在70周岁以上的机动车驾驶人，应当每年进行一次身体检查，在记分周期结束后三十日内，提交医疗机构出具的有关身体条件的证明。

持有残疾人专用小型自动挡载客汽车驾驶证的机动车驾驶人，应当每三年进行一次身体检查，在记分周期结束后三十日内，提交医疗机构出具的有关身体条件的证明。

机动车驾驶人按照本规定第七十二条第三款、第四款规定参加审验时，应当申报身体条件情况。

第七十五条　机动车驾驶人因服兵役、出国（境）等原因，无法在规定时间内办理驾驶证期满换证、审验、提交身体条件证明的，可以在驾驶证有效期内或者有效期届满一年内向机动车驾驶证核发地车辆管理所申请延期办理。申请时应当确认申请信息，并提交机动车驾驶人的身份证明。

延期期限最长不超过三年。延期期间机动车驾驶人不得驾驶机动车。

第二节 监督管理

第七十六条 机动车驾驶人初次取得汽车类准驾车型或者初次取得摩托车类准驾车型后的12个月为实习期。

在实习期内驾驶机动车的，应当在车身后部粘贴或者悬挂统一式样的实习标志（附件3）。

第七十七条 机动车驾驶人在实习期内不得驾驶公共汽车、营运客车或者执行任务的警车、消防车、救护车、工程救险车以及载有爆炸物品、易燃易爆化学物品、剧毒或者放射性等危险物品的机动车；驾驶的机动车不得牵引挂车。

驾驶人在实习期内驾驶机动车上高速公路行驶，应当由持相应或者包含其准驾车型驾驶证三年以上的驾驶人陪同。其中，驾驶残疾人专用小型自动挡载客汽车的，可以由持有小型自动挡载客汽车以上准驾车型驾驶证的驾驶人陪同。

在增加准驾车型后的实习期内，驾驶原准驾车型的机动车时不受上述限制。

第七十八条 持有准驾车型为残疾人专用小型自动挡载客汽车的机动车驾驶人驾驶机动车时，应当按规定在车身设置残疾人机动车专用标志（附件4）。

有听力障碍的机动车驾驶人驾驶机动车时，应当佩戴助听设备。有视力矫正的机动车驾驶人驾驶机动车时，应当佩戴眼镜。

第七十九条 机动车驾驶人有下列情形之一的，车辆管理所应当注销其机动车驾驶证：

（一）死亡的；

（二）提出注销申请的；

（三）丧失民事行为能力，监护人提出注销申请的；

（四）身体条件不适合驾驶机动车的；

（五）有器质性心脏病、癫痫病、美尼尔氏症、眩晕症、癔病、震颤麻痹、精神病、痴呆以及影响肢体活动的神经系统疾病等妨碍安全驾驶疾病的；

（六）被查获有吸食、注射毒品后驾驶机动车行为，依法被责令社区戒毒、社区康复或者决定强制隔离戒毒，或者长期服用依赖性精神药品成瘾尚未戒除的；

（七）代替他人参加机动车驾驶人考试的；

（八）超过机动车驾驶证有效期一年以上未换证的；

（九）年龄在70周岁以上，在一个记分周期结束后一年内未提交身体条件证明的；或者持有残疾人专用小型自动挡载客汽车准驾车型，在三个记分周期结束后一年内未提交身体条件证明的；

（十）年龄在60周岁以上，所持机动车驾驶证只具有轮式专用机械车、无轨电车或者有轨电车准驾车型，或者年龄在70周岁以上，所持机动车驾驶证只具有低速载货汽车、三轮汽车准驾车型的；

（十一）机动车驾驶证依法被吊销或者驾驶许可依法被撤销的。

有第一款第二项至第十一项情形之一，未收回机动车驾驶证的，应当公告机动车驾驶证作废。

有第一款第八项情形被注销机动车驾驶证未超过二年的，机动车驾驶人参加道路交通安全法律、法规和相关知识考试合格后，可以恢复驾驶资格。申请人可以向机动车驾驶证核发地或者核发地以外的车辆管理所申请。

有第一款第九项情形被注销机动车驾驶证，机动车驾驶证在有效期内或者超过有效期不满一年的，机动车驾驶人提交身体条件证明后，可以恢复驾驶资格。申请人可以向机动车驾驶证核发地或者核发地以外的车辆管理所申请。

有第一款第二项至第九项情形之一，按照第二十七条规定申请机动车驾驶证，有道路交通安全违法行为或者交通事故未处理记录的，应当将道路交通安全违法行为、交通事故处理完毕。

第八十条 机动车驾驶人在实习期内发生的道路交通安全违法行为被记满12分的，注销其实习的准驾车型驾驶资格。

第八十一条 机动车驾驶人联系电话、联系地址等信息发生变化的，应当在信息变更后三十日内，向驾驶证核发地车辆管理所备案。

持有大型客车、重型牵引挂车、城市公交车、中型客车、大型货车驾驶证的驾驶人从业单位等信息发生变化的，应当在信息变更后三十日内，向从业单位所在地车辆管理所备案。

第八十二条　道路运输企业应当定期将聘用的机动车驾驶人向所在地公安机关交通管理部门备案，督促及时处理道路交通安全违法行为、交通事故和参加机动车驾驶证审验。

公安机关交通管理部门应当每月向辖区内交通运输主管部门、运输企业通报机动车驾驶人的道路交通安全违法行为、记分和交通事故等情况。

第八十三条　车辆管理所在办理驾驶证核发及相关业务过程中发现存在以下情形的，应当及时开展调查：

（一）涉嫌提交虚假申请材料的；

（二）涉嫌在考试过程中有贿赂、舞弊行为的；

（三）涉嫌以欺骗、贿赂等不正当手段取得机动车驾驶证的；

（四）涉嫌使用伪造、变造的机动车驾驶证的；

（五）存在短期内频繁补换领、转出转入驾驶证等异常情形的；

（六）存在其他违法违规情形的。

车辆管理所发现申请人通过互联网办理驾驶证补证、换证等业务存在前款规定嫌疑情形的，应当转为现场办理，当场审查申请材料，及时开展调查。

第八十四条　车辆管理所开展调查时，可以通知申请人协助调查，询问嫌疑情况，记录调查内容，并可以采取实地检查、调取档案、调取考试视频监控等方式进行核查。

对经调查发现涉及行政案件或者刑事案件的，应当依法采取必要的强制措施或者其他处置措施，移交有管辖权的公安机关按照《公安机关办理行政案件程序规定》《公安机关办理刑事案件程序规定》等规定办理。

第八十五条　办理残疾人专用小型自动挡载客汽车驾驶证业务时，提交的身体条件证明应当由经省级卫生健康行政部门认定的专门医疗机构出具。办理其他机动车驾驶证业务时，提交的身体条件证明应当由县级、部队团级以上医疗机构，或者经地市级以上卫生健康行政部门认定的具有健康体检资质的二级以上医院、乡镇卫生院、社区卫生服务中心、健康体检中心等医疗机构出具。

身体条件证明自出具之日起六个月内有效。

公安机关交通管理部门应当会同卫生健康行政部门在办公场所和互联网公示辖区内可以出具有关身体条件证明的医疗机构名称、地址及联系方式。

第八十六条　医疗机构出具虚假身体条件证明的，公安机关交通管理部门应当停止认可该医疗机构出具的证明，并通报卫生健康行政部门。

第三节　校车驾驶人管理

第八十七条　校车驾驶人应当依法取得校车驾驶资格。

取得校车驾驶资格应当符合下列条件：

（一）取得相应准驾车型驾驶证并具有三年以上驾驶经历，年龄在25周岁以上、不超过60周岁；

（二）最近连续三个记分周期内没有被记满12分记录；

（三）无致人死亡或者重伤的交通事故责任记录；

（四）无酒后驾驶或者醉酒驾驶机动车记录，最近一年内无驾驶客运车辆超员、超速等严重道路交通安全违法行为记录；

（五）无犯罪记录；

（六）身心健康，无传染性疾病，无癫痫病、精神病等可能危及行车安全的疾病病史，无酗酒、吸毒行为记录。

第八十八条　机动车驾驶人申请取得校车驾驶资格，应当向县级或者设区的市级公安机关交通管理部门提出申请，确认申请信息，并提交以下证明、凭证：

（一）申请人的身份证明；

（二）机动车驾驶证；

（三）医疗机构出具的有关身体条件的证明。

第八十九条　公安机关交通管理部门自受理申请之日起五日内审查提交的证明、凭证，并向所在地县级公安机关核查，确认申请人无犯罪、吸毒行为记录。对符合条件的，在机动车驾驶证上签注准许驾驶校车及相应车型，并通报教育行政部门；不符合条件的，应当书面说明理由。

第九十条　校车驾驶人应当在每个记分周期结束后三十日内到公安机关交通管理部门接受审验。审验时，应当提交医疗机构出具的有关身体条件的证明，参加不少于三小时的道路交通安全法律法规、交通安全文明驾驶、应急处置等知识学习，并接受交通事故案例警示教育。

第九十一条　公安机关交通管理部门应当与教育行政

部门和学校建立校车驾驶人的信息交换机制，每月通报校车驾驶人的交通违法、交通事故和审验等情况。

第九十二条 校车驾驶人有下列情形之一的，公安机关交通管理部门应当注销其校车驾驶资格，通知机动车驾驶人换领机动车驾驶证，并通报教育行政部门和学校：

（一）提出注销申请的；

（二）年龄超过60周岁的；

（三）在致人死亡或者重伤的交通事故负有责任的；

（四）有酒后驾驶或者醉酒驾驶机动车，以及驾驶客运车辆超员、超速等严重道路交通安全违法行为的；

（五）有记满12分或者犯罪记录的；

（六）有传染性疾病，癫痫病、精神病等可能危及行车安全的疾病，有酗酒、吸毒行为记录的。

未收回签注校车驾驶许可的机动车驾驶证的，应当公告其校车驾驶资格作废。

第六章 法律责任

第九十三条 申请人隐瞒有关情况或者提供虚假材料申领机动车驾驶证的，公安机关交通管理部门不予受理或者不予办理，处五百元以下罚款；申请人在一年内不得再次申领机动车驾驶证。

申请人在考试过程中有贿赂、舞弊行为的，取消考试资格，已经通过考试的其他科目成绩无效，公安机关交通管理部门处二千元以下罚款；申请人在一年内不得再次申领机动车驾驶证。

申请人以欺骗、贿赂等不正当手段取得机动车驾驶证的，公安机关交通管理部门收缴机动车驾驶证，撤销机动车驾驶许可，处二千元以下罚款；申请人在三年内不得再次申领机动车驾驶证。

组织、参与实施前三款行为之一牟取经济利益的，由公安机关交通管理部门处违法所得三倍以上五倍以下罚款，但最高不超过十万元。

申请人隐瞒有关情况或者提供虚假材料申请校车驾驶资格的，公安机关交通管理部门不予受理或者不予办理，处五百元以下罚款；申请人在一年内不得再次申请校车驾驶资格。申请人以欺骗、贿赂等不正当手段取得校车驾驶资格的，公安机关交通管理部门撤销校车驾驶资格，处二千元以下罚款；申请人在三年内不得再次申请校车驾驶资格。

第九十四条 申请人在教练员或者学车专用标识签注的指导人员随车指导下，使用符合规定的机动车学习驾驶中有道路交通安全违法行为或者发生交通事故的，按照《道路交通安全法实施条例》第二十条规定，由教练员或者随车指导人员承担责任。

第九十五条 申请人在道路上学习驾驶时，有下列情形之一的，由公安机关交通管理部门对教练员或者随车指导人员处二十元以上二百元以下罚款：

（一）未按照公安机关交通管理部门指定的路线、时间进行的；

（二）未按照本规定第四十二条规定放置、粘贴学车专用标识的。

第九十六条 申请人在道路上学习驾驶时，有下列情形之一的，由公安机关交通管理部门对教练员或者随车指导人员处二百元以上五百元以下罚款：

（一）未使用符合规定的机动车的；

（二）自学用车搭载随车指导人员以外的其他人员的。

第九十七条 申请人在道路上学习驾驶时，有下列情形之一的，由公安机关交通管理部门按照《道路交通安全法》第九十九条第一款第一项规定予以处罚：

（一）未取得学习驾驶证明的；

（二）没有教练员或者随车指导人员的；

（三）由不符合规定的人员随车指导的。

将机动车交由有前款规定情形之一的申请人驾驶的，由公安机关交通管理部门按照《道路交通安全法》第九十九条第一款第二项规定予以处罚。

第九十八条 机动车驾驶人有下列行为之一的，由公安机关交通管理部门处二十元以上二百元以下罚款：

（一）机动车驾驶人补换领机动车驾驶证后，继续使用原机动车驾驶证的；

（二）在实习期内驾驶机动车不符合第七十七条规定的；

（三）持有大型客车、重型牵引挂车、城市公交车、中型客车、大型货车驾驶证的驾驶人，未按照第八十一条规定申报变更信息的。

有第一款第一项规定情形的，由公安机关交通管理部门收回原机动车驾驶证。

第九十九条　机动车驾驶人有下列行为之一的，由公安机关交通管理部门处二百元以上五百元以下罚款：

（一）机动车驾驶证被依法扣押、扣留或者暂扣期间，采用隐瞒、欺骗手段补领机动车驾驶证的；

（二）机动车驾驶人身体条件发生变化不适合驾驶机动车，仍驾驶机动车的；

（三）逾期不参加审验仍驾驶机动车的。

有第一款第一项、第二项规定情形之一的，由公安机关交通管理部门收回机动车驾驶证。

第一百条　机动车驾驶人参加审验教育时在签注学习记录、学习过程中弄虚作假的，相应学习记录无效，重新参加审验学习，由公安机关交通管理部门处一千元以下罚款。

代替实际机动车驾驶人参加审验教育的，由公安机关交通管理部门处二千元以下罚款。

组织他人实施前两款行为之一，有违法所得的，由公安机关交通管理部门处违法所得三倍以下罚款，但最高不超过二万元；没有违法所得的，由公安机关交通管理部门处二万元以下罚款。

第一百零一条　省、自治区、直辖市公安厅、局可以根据本地区的实际情况，在本规定的处罚幅度范围内，制定具体的执行标准。

对本规定的道路交通安全违法行为的处理程序按照《道路交通安全违法行为处理程序规定》执行。

第一百零二条　公安机关交通管理部门及其交通警察、警务辅助人员办理机动车驾驶证业务、开展机动车驾驶人考试工作，应当接受监察机关、公安机关督察审计部门等依法实施的监督。

公安机关交通管理部门及其交通警察、警务辅助人员办理机动车驾驶证业务、开展机动车驾驶人考试工作，应当自觉接受社会和公民的监督。

第一百零三条　交通警察有下列情形之一的，按照有关规定给予处分；聘用人员有下列情形之一的予以解聘。构成犯罪的，依法追究刑事责任：

（一）为不符合机动车驾驶许可条件、未经考试、考试不合格人员签注合格考试成绩或者核发机动车驾驶证的；

（二）减少考试项目、降低评判标准或者参与、协助、纵容考试作弊的；

（三）为不符合规定的申请人发放学习驾驶证明、学车专用标识的；

（四）与非法中介串通牟取经济利益的；

（五）违反规定侵入机动车驾驶证管理系统，泄漏、篡改、买卖系统数据，或者泄漏系统密码的；

（六）违反规定向他人出售或者提供机动车驾驶证信息的；

（七）参与或者变相参与驾驶培训机构、社会考场、考试设备生产销售企业经营活动的；

（八）利用职务上的便利索取、收受他人财物或者牟取其他利益的。

交通警察未按照第五十三条第一款规定使用执法记录仪的，根据情节轻重，按照有关规定给予处分。

公安机关交通管理部门有第一款所列行为之一的，按照有关规定对直接负责的主管人员和其他直接责任人员给予相应的处分。

第七章　附　　则

第一百零四条　国家之间对机动车驾驶证有互相认可协议的，按照协议办理。

国家之间签订有关协定涉及机动车驾驶证的，按照协定执行。

第一百零五条　机动车驾驶人可以委托代理人代理换证、补证、提交身体条件证明、提交审验材料、延期办理和注销业务。代理人申请机动车驾驶证业务时，应当提交代理人的身份证明和机动车驾驶人的委托书。

第一百零六条　公安机关交通管理部门应当实行驾驶人考试、驾驶证管理档案电子化。机动车驾驶证电子档案与纸质档案具有同等效力。

第一百零七条　机动车驾驶证、临时机动车驾驶许可和学习驾驶证明的式样由公安部统一制定并监制。

机动车驾驶证、临时机动车驾驶许可和学习驾驶证明的制作应当按照中华人民共和国公共安全行业标准《中华人民共和国机动车驾驶证件》执行。

第一百零八条　拖拉机驾驶证的申领和使用另行规定。拖拉机驾驶证式样、规格应当符合中华人民共和国公共安全行业标准《中华人民共和国机动车驾驶证件》的规定。

第一百零九条　本规定下列用语的含义：

（一）身份证明是指：

1. 居民的身份证明，是居民身份证或者临时居民身份证；

2. 现役军人（含武警）的身份证明，是居民身份证或者临时居民身份证。在未办理居民身份证前，是军队有关部门核发的军官证、文职干部证、士兵证、离休证、退休证等有效军人身份证件，以及其所在的团级以上单位出具的部队驻地住址证明；

3. 香港、澳门特别行政区居民的身份证明，是港澳居民居住证；或者是其所持有的港澳居民来往内地通行证或者外交部核发的中华人民共和国旅行证，以及公安机关出具的住宿登记证明；

4. 台湾地区居民的身份证明，是台湾居民居住证；或者是其所持有的公安机关核发的五年有效的台湾居民来往大陆通行证或者外交部核发的中华人民共和国旅行证，以及公安机关出具的住宿登记证明；

5. 定居国外的中国公民的身份证明，是中华人民共和国护照和公安机关出具的住宿登记证明；

6. 外国人的身份证明，是其所持有的有效护照或者其他国际旅行证件，停居留期三个月以上的有效签证或者停留、居留许可，以及公安机关出具的住宿登记证明；或者是外国人永久居留身份证；

7. 外国驻华使馆、领馆人员、国际组织驻华代表机构人员的身份证明，是外交部核发的有效身份证件。

（二）住址是指：

1. 居民的住址，是居民身份证或者临时居民身份证记载的住址；

2. 现役军人（含武警）的住址，是居民身份证或者临时居民身份证记载的住址。在未办理居民身份证前，是其所在的团级以上单位出具的部队驻地住址；

3. 境外人员的住址，是公安机关出具的住宿登记证明记载的地址；

4. 外国驻华使馆、领馆人员及国际组织驻华代表机构人员的住址，是外交部核发的有效身份证件记载的地址。

（三）境外机动车驾驶证是指外国、香港、澳门特别行政区、台湾地区核发的具有单独驾驶资格的正式机动车驾驶证，不包括学习驾驶证、临时驾驶证、实习驾驶证。

（四）汽车类驾驶证是指大型客车、重型牵引挂车、城市公交车、中型客车、大型货车、小型汽车、小型自动挡汽车、低速载货汽车、三轮汽车、残疾人专用小型自动挡汽车、轻型牵引挂车、轮式专用机械车、无轨电车、有轨电车准驾车型驾驶证。摩托车类驾驶证是指普通三轮摩托车、普通二轮摩托车、轻便摩托车准驾车型驾驶证。

第一百一十条　本规定所称"一日"、"三日"、"五日"，是指工作日，不包括节假日。

本规定所称"以上"、"以下"，包括本数。

第一百一十一条　本规定自2022年4月1日起施行。2012年9月12日发布的《机动车驾驶证申领和使用规定》（公安部令第123号）和2016年1月29日发布的《公安部关于修改〈机动车驾驶证申领和使用规定〉的决定》（公安部令第139号）同时废止。本规定生效后，公安部以前制定的规定与本规定不一致的，以本规定为准。

附件：（略）

出租汽车驾驶员从业资格管理规定

1. 2011年12月26日交通运输部令2011年第3号发布

2. 根据2016年8月26日交通运输部令2016年第63号《关于修改〈出租汽车驾驶员从业资格管理规定〉的决定》第一次修正

3. 根据2021年8月11日交通运输部令2021年第15号《关于修改〈出租汽车驾驶员从业资格管理规定〉的决定》第二次修正

第一章　总　　则

第一条　为了规范出租汽车驾驶员从业行为，提升出租汽车客运服务水平，根据国家有关规定，制定本规定。

第二条　出租汽车驾驶员的从业资格管理适用本规定。

第三条　国家对从事出租汽车客运服务的驾驶员实行

从业资格制度。

出租汽车驾驶员从业资格包括巡游出租汽车驾驶员从业资格和网络预约出租汽车驾驶员从业资格等。

第四条　出租汽车驾驶员从业资格管理工作应当公平、公正、公开和便民。

第五条　出租汽车驾驶员应当依法经营、诚实守信、文明服务、保障安全。

第六条　交通运输部负责指导全国出租汽车驾驶员从业资格管理工作。

各省、自治区人民政府交通运输主管部门在本级人民政府领导下，负责指导本行政区域内出租汽车驾驶员从业资格管理工作。

直辖市、设区的市级或者县级交通运输主管部门或者人民政府指定的其他出租汽车行政主管部门（以下称出租汽车行政主管部门）在本级人民政府领导下，负责具体实施出租汽车驾驶员从业资格管理。

第二章　考　　试

第七条　出租汽车驾驶员从业资格考试包括全国公共科目和区域科目考试。

全国公共科目考试是对国家出租汽车法律法规、职业道德、服务规范、安全运营等具有普遍规范要求的知识测试。

巡游出租汽车驾驶员从业资格区域科目考试是对地方出租汽车政策法规、经营区域人文地理和交通路线等具有区域服务特征的知识测试。

网络预约出租汽车驾驶员从业资格区域科目考试是对地方出租汽车政策法规等具有区域规范要求的知识测试。设区的市级以上地方人民政府出租汽车行政主管部门可以根据区域服务特征自行确定其他考试内容。

第八条　全国公共科目考试实行全国统一考试大纲。全国公共科目考试大纲、考试题库由交通运输部负责编制。

区域科目考试大纲和考试题库由设区的市级以上地方人民政府出租汽车行政主管部门负责编制。

出租汽车驾驶员从业资格考试由设区的市级以上地方人民政府出租汽车行政主管部门按照交通运输部编制的考试工作规范和程序组织实施。鼓励推广使用信息化方式和手段组织实施出租汽车驾驶员从业资格考试。

第九条　拟从事出租汽车客运服务的，应当填写《出租汽车驾驶员从业资格证申请表》（式样见附件1），向所在地设区的市级出租汽车行政主管部门申请参加出租汽车驾驶员从业资格考试。

第十条　申请参加出租汽车驾驶员从业资格考试的，应当符合下列条件：

（一）取得相应准驾车型机动车驾驶证并具有3年以上驾驶经历；

（二）无交通肇事犯罪、危险驾驶犯罪记录，无吸毒记录，无饮酒后驾驶记录，最近连续3个记分周期内没有记满12分记录；

（三）无暴力犯罪记录；

（四）城市人民政府规定的其他条件。

第十一条　申请参加出租汽车驾驶员从业资格考试的，应当提供符合第十条规定的证明或者承诺材料：

（一）机动车驾驶证及复印件；

（二）无交通肇事犯罪、危险驾驶犯罪记录，无吸毒记录，无饮酒后驾驶记录，最近连续3个记分周期内没有记满12分记录的材料；

（三）无暴力犯罪记录的材料；

（四）身份证明及复印件；

（五）城市人民政府规定的其他材料。

第十二条　设区的市级出租汽车行政主管部门对符合申请条件的申请人，应当按照出租汽车驾驶员从业资格考试工作规范及时安排考试。

首次参加出租汽车驾驶员从业资格考试的申请人，全国公共科目和区域科目考试应当在首次申请考试的区域完成。

第十三条　设区的市级出租汽车行政主管部门应当在考试结束10日内公布考试成绩。考试合格成绩有效期为3年。

全国公共科目考试成绩在全国范围内有效，区域科目考试成绩在所在地行政区域内有效。

第十四条　出租汽车驾驶员从业资格考试全国公共科目和区域科目考试均合格的，设区的市级出租汽车行政主管部门应当自公布考试成绩之日起10日内向巡游出租汽车驾驶员核发《巡游出租汽车驾驶员证》、向网络预约出租汽车驾驶员核发《网络预约出租汽车驾驶员证》(《巡游出租汽车驾驶员证》和《网络预约出租汽车驾驶员证》以下统称从业资格证)。

从业资格证式样参照《中华人民共和国道路运输从业人员从业资格证》式样。

鼓励推广使用从业资格电子证件。采用电子证件的,应当包含证件式样所确定的相关信息。

第十五条 出租汽车驾驶员到从业资格证发证机关核定的范围外从事出租汽车客运服务的,应当参加当地的区域科目考试。区域科目考试合格的,由当地设区的市级出租汽车行政主管部门核发从业资格证。

第三章 注 册

第十六条 取得从业资格证的出租汽车驾驶员,应当经出租汽车行政主管部门从业资格注册后,方可从事出租汽车客运服务。

出租汽车驾驶员从业资格注册有效期为3年。

第十七条 出租汽车经营者应当聘用取得从业资格证的出租汽车驾驶员,并在出租汽车驾驶员办理从业资格注册后再安排上岗。

第十八条 巡游出租汽车驾驶员申请从业资格注册或者延续注册的,应当填写《巡游出租汽车驾驶员从业资格注册登记表》(式样见附件2),持其从业资格证及与出租汽车经营者签订的劳动合同或者经营合同,到发证机关所在地出租汽车行政主管部门申请注册。

个体巡游出租汽车经营者自己驾驶出租汽车从事经营活动的,持其从业资格证及车辆运营证申请注册。

第十九条 受理注册申请的出租汽车行政主管部门应当在5日内办理完结注册手续,并在从业资格证中加盖注册章。

第二十条 巡游出租汽车驾驶员注册有效期届满需继续从事出租汽车客运服务的,应当在有效期届满30日前,向所在地出租汽车行政主管部门申请延续注册。

第二十一条 出租汽车驾驶员不具有完全民事行为能力,或者受到刑事处罚且刑事处罚尚未执行完毕的,不予延续注册。

第二十二条 巡游出租汽车驾驶员在从业资格注册有效期内,与出租汽车经营者解除劳动合同或者经营合同的,应当在20日内向原注册机构报告,并申请注销注册。

巡游出租汽车驾驶员变更服务单位的,应当重新申请注册。

第二十三条 网络预约出租汽车驾驶员的注册,通过出租汽车经营者向发证机关所在地出租汽车行政主管部门报备完成,报备信息包括驾驶员从业资格证信息、与出租汽车经营者签订的劳动合同或者协议等。

网络预约出租汽车驾驶员与出租汽车经营者解除劳动合同或者协议的,通过出租汽车经营者向发证机关所在地出租汽车行政主管部门报备完成注销。

第四章 继续教育

第二十四条 出租汽车驾驶员在注册期内应当按规定完成继续教育。

取得从业资格证超过3年未申请注册的,注册后上岗前应当完成不少于27学时的继续教育。

第二十五条 交通运输部统一制定出租汽车驾驶员继续教育大纲并向社会公布。继续教育大纲内容包括出租汽车相关政策法规、社会责任和职业道德、服务规范、安全运营和节能减排知识等。

第二十六条 出租汽车驾驶员继续教育由出租汽车经营者组织实施。

第二十七条 出租汽车驾驶员完成继续教育后,应当由出租汽车经营者向所在地出租汽车行政主管部门报备,出租汽车行政主管部门在出租汽车驾驶员从业资格证中予以记录。

第二十八条 出租汽车行政主管部门应当加强对出租汽车经营者组织继续教育情况的监督检查。

第二十九条 出租汽车经营者应当建立学员培训档案,将继续教育计划、继续教育师资情况、参培学员登记表等纳入档案管理,并接受出租汽车行政主管部门的监督检查。

第五章 从业资格证件管理

第三十条 出租汽车驾驶员从业资格证由交通运输部统一制发并制定编号规则。设区的市级出租汽车行政主管部门负责从业资格证的发放和管理工作。

第三十一条 出租汽车驾驶员从业资格证遗失、毁损的，应当到原发证机关办理证件补（换）发手续。

第三十二条 出租汽车驾驶员办理从业资格证补（换）发手续，应当填写《出租汽车驾驶员从业资格证补（换）发登记表》（式样见附件3）。出租汽车行政主管部门应当对符合要求的从业资格证补（换）发申请予以办理。

第三十三条 出租汽车驾驶员在从事出租汽车客运服务时，应当携带从业资格证。

第三十四条 出租汽车驾驶员从业资格证不得转借、出租、涂改、伪造或者变造。

第三十五条 出租汽车经营者应当维护出租汽车驾驶员的合法权益，为出租汽车驾驶员从业资格注册、继续教育等提供便利。

第三十六条 出租汽车行政主管部门应当加强对出租汽车驾驶员的从业管理，将其违法行为记录作为服务质量信誉考核的依据。

第三十七条 出租汽车行政主管部门应当建立出租汽车驾驶员从业资格管理档案。

出租汽车驾驶员从业资格管理档案包括：从业资格考试申请材料、从业资格证申请、注册及补（换）发记录、违法行为记录、交通责任事故情况、继续教育记录和服务质量信誉考核结果等。

第三十八条 出租汽车驾驶员有下列情形之一的，由发证机关注销其从业资格证。从业资格证被注销的，应当及时收回；无法收回的，由发证机关公告作废。

（一）持证人死亡的；

（二）持证人申请注销的；

（三）持证人达到法定退休年龄的；

（四）持证人机动车驾驶证被注销或者被吊销的；

（五）因身体健康等其他原因不宜继续从事出租汽车客运服务的。

第三十九条 出租汽车驾驶员有下列不具备安全运营条件情形之一的，由发证机关撤销其从业资格证，并公告作废：

（一）持证人身体健康状况不再符合从业要求且没有主动申请注销从业资格证的；

（二）有交通肇事犯罪、危险驾驶犯罪记录，有吸毒记录，有饮酒后驾驶记录，有暴力犯罪记录，最近连续3个记分周期内记满12分记录。

第四十条 出租汽车驾驶员在运营过程中，应当遵守国家对驾驶员在法律法规、职业道德、服务规范、安全运营等方面的资格规定，文明行车、优质服务。出租汽车驾驶员不得有下列行为：

（一）途中甩客或者故意绕道行驶；

（二）不按照规定使用出租汽车相关设备；

（三）不按照规定使用文明用语，车容车貌不符合要求；

（四）未经乘客同意搭载其他乘客；

（五）不按照规定出具相应车费票据；

（六）网络预约出租汽车驾驶员违反规定巡游揽客、站点候客；

（七）巡游出租汽车驾驶员拒载，或者未经约车人或乘客同意、网络预约出租汽车驾驶员无正当理由未按承诺到达约定地点提供预约服务；

（八）巡游出租汽车驾驶员不按照规定使用计程计价设备、违规收费或者网络预约出租汽车驾驶员违规收费；

（九）对举报、投诉其服务质量或者对其服务作出不满意评价的乘客实施报复。

出租汽车驾驶员有本条前款违法行为的，应当加强继续教育；情节严重的，出租汽车行政主管部门应当对其延期注册。

第六章 法律责任

第四十一条 违反本规定，有下列行为之一的人员，由县级以上出租汽车行政主管部门责令改正，并处200元以上2000元以下的罚款；构成犯罪的，依法追究刑事责任：

（一）未取得从业资格证或者超越从业资格证核定范围，驾驶出租汽车从事经营活动的；

（二）使用失效、伪造、变造的从业资格证，驾驶出租汽车从事经营活动的；

（三）转借、出租、涂改从业资格证的。

第四十二条 出租汽车驾驶员违反第十六条、第四十条规定的，由县级以上出租汽车行政主管部门责令改正，并处200元以上500元以下的罚款。

第四十三条 违反本规定，聘用未取得从业资格证的人员，驾驶出租汽车从事经营活动的，由县级以上出租汽车行政主管部门责令改正，并处3000元以上1

万元以下的罚款；情节严重的，处1万元以上3万元以下的罚款。

第四十四条 违反本规定，有下列行为之一的出租汽车经营者，由县级以上出租汽车行政主管部门责令改正，并处1000元以上3000元以下的罚款：

（一）聘用未按规定办理注册手续的人员，驾驶出租汽车从事经营活动的；

（二）不按照规定组织实施继续教育的。

第四十五条 违反本规定，出租汽车行政主管部门及工作人员有下列情形之一的，对直接负责的主管人员和其他直接责任人员，依法给予行政处分；构成犯罪的，依法追究刑事责任：

（一）未按规定的条件、程序和期限组织从业资格考试及核发从业资格证的；

（二）发现违法行为未及时查处的；

（三）索取、收受他人财物及谋取其他不正当利益的；

（四）其他违法行为。

第四十六条 地方性法规、政府规章对出租汽车驾驶员违法行为需要承担的法律责任与本规定有不同规定的，从其规定。

第七章 附 则

第四十七条 本规定施行前依法取得的从业资格证继续有效。可在原证件有效期届满前申请延续注册时申请换发新的从业资格证，并按规定进行注册。

其他预约出租汽车驾驶员的从业资格参照巡游出租汽车驾驶员执行。

第四十八条 本规定自2012年4月1日起施行。

附件：（略）

3. 其他规定

临时入境机动车和驾驶人管理规定

1．2006年12月1日公安部令第90号发布
2．自2007年1月1日起施行

第一条　根据《中华人民共和国道路交通安全法》及其实施条例，制定本规定。

第二条　本规定适用于下列临时进入中华人民共和国境内不超过三个月的机动车和机动车驾驶人：

（一）经国家主管部门批准，临时入境参加有组织的旅游、比赛以及其他交往活动的外国机动车和机动车驾驶人；

（二）临时入境后仅在边境地区一定范围内行驶的外国机动车和机动车驾驶人；

（三）临时入境后需驾驶租赁的中国机动车的外国机动车驾驶人。

与中国签订有双边或者多边过境运输协定的，按照协定办理。国家或者政府之间对机动车牌证和驾驶证有互相认可协议的，按照协议办理。

第三条　外国机动车临时入境行驶，应当向入境地或者始发地所在的直辖市或者设区的市公安机关交通管理部门申领临时入境机动车号牌和行驶证。

第四条　申请临时入境机动车号牌、行驶证的，应当用中文填写《临时入境机动车号牌、行驶证申请表》，交验机动车，并提交以下证明、凭证：

（一）境外主管部门核发的机动车登记证明，属于非中文表述的，还应当出具中文翻译文本；

（二）中国海关等部门出具的准许机动车入境的凭证；

（三）属于有组织的旅游、比赛以及其他交往活动的，还应当提交中国相关主管部门出具的证明；

（四）机动车安全技术检验合格证明，属于境外主管部门核发的，还应当出具中文翻译文本；

（五）不少于临时入境期限的中国机动车交通事故责任强制保险凭证。

公安机关交通管理部门应当在收到申请材料之日起三日内审查提交的证明、凭证，查验机动车。符合规定的，核发临时入境机动车号牌和行驶证。

第五条　临时入境机动车号牌为纸质号牌，载明允许行驶的区域、线路和有效期。

临时入境机动车号牌背面为临时入境机动车行驶证，签注车辆类型、号牌号码、厂牌型号、行驶区域或者线路、有效期等信息。

第六条　临时入境机动车号牌和行驶证有效期应当与入境批准文件上签注的期限一致，但最长不得超过三个月。临时入境机动车号牌和行驶证有效期不得延期。

第七条　临时入境汽车号牌应当放置在前挡风玻璃内右侧。临时入境摩托车号牌应当随车携带，以备检查。

第八条　临时入境的外国机动车，可以凭入境凭证行驶至本规定第三条规定的临时入境机动车号牌和行驶证核发机关所在地，并于入境后二日内申请临时入境机动车号牌和行驶证。

第九条　临时入境的境外机动车驾驶人，可以驾驶其自带的临时入境的机动车或者租赁的中国机动车。

第十条　临时入境的机动车驾驶人在中国道路上驾驶自带临时入境的机动车，应当向入境地或者始发地所在的直辖市或者设区的市公安机关交通管理部门申领临时机动车驾驶许可。

第十一条　临时入境的机动车驾驶人驾驶租赁的中国机动车，应当向机动车租赁单位所在的直辖市或者设区的市公安机关交通管理部门申领临时机动车驾驶许可。

第十二条　临时机动车驾驶许可的准驾车型应当符合申请人所持境外机动车驾驶证的准驾车型。驾驶自带临时入境机动车的，临时机动车驾驶许可的准驾车型还应当与其自带机动车车型一致。驾驶租赁中国机动车的，临时机动车驾驶许可的准驾车型为小型汽车和小型自动挡汽车。

第十三条　申领临时机动车驾驶许可的，应当用中文填写《临时机动车驾驶许可申请表》，提交下列证明、凭证：

（一）入出境身份证件；

（二）境外机动车驾驶证，属于非中文表述的，还应当出具中文翻译文本；

（三）年龄、身体条件符合中国驾驶许可条件的证明文件；

（四）两张一寸彩色照片（近期半身免冠正面白底）；

（五）参加有组织的旅游、比赛以及其他交往活动的，还应当提交中国相关主管部门出具的证明。

公安机关交通管理部门应当在收到申请材料之日起三日内进行审查，符合规定的，组织道路交通安全法律、法规学习，核发临时机动车驾驶许可。

第十四条 临时机动车驾驶许可有效期截止日期应当与机动车驾驶人入出境身份证件上签注的准许入境期限的截止日期一致，但有效期最长不超过三个月。临时机动车驾驶许可有效期不得延期。

第十五条 临时机动车驾驶许可应当随身携带，并与所持境外机动车驾驶证及其中文翻译文本同时使用。

第十六条 临时入境的机动车驾驶人，可以凭所持境外机动车驾驶证和入境凭证，驾驶自带机动车行驶至本规定第十条规定的临时机动车驾驶许可核发机关所在地，并于入境后二日内申请临时机动车驾驶许可。

第十七条 公安机关交通管理部门核发临时入境机动车号牌、行驶证和临时机动车驾驶许可时，应当对境外机动车和机动车驾驶人以前的入境记录进行核查，发现有道路交通违法行为和交通事故未处理完毕的，告知其处理完毕后再核发牌证；在中国境内有驾驶机动车交通肇事逃逸记录的，不予核发临时机动车驾驶许可。

第十八条 临时入境的机动车驾驶人应当按照下列规定驾驶机动车：

（一）遵守中国的道路交通安全法律、法规及规章；

（二）按照临时入境机动车号牌上签注的行驶区域或者路线行驶；

（三）遇有交通警察检查的，应当停车接受检查，出示入出境证件、临时机动车驾驶许可和所持境外机动车驾驶证及其中文翻译文本；

（四）违反道路交通安全法律、法规的，应当依法接受中国公安机关交通管理部门的处理；

（五）发生交通事故的，应当立即停车，保护现场，抢救受伤人员，并迅速报告执勤的交通警察或者公安机关交通管理部门，依法接受中国公安机关交通管理部门的处理。

第十九条 临时入境的机动车驾驶人有下列行为之一的，公安机关交通管理部门应当按照下列规定处理：

（一）未取得临时机动车驾驶许可驾驶机动车，或者临时机动车驾驶许可超过有效期驾驶机动车的，按照《中华人民共和国道路交通安全法》第九十九条处理；

（二）驾驶未取得临时入境机动车号牌和行驶证的机动车，或者驾驶临时入境机动车号牌和行驶证超过有效期的机动车的，按照《中华人民共和国道路交通安全法》第九十五条处理；

（三）驾驶临时入境的机动车超出行驶区域或者路线的，按照《中华人民共和国道路交通安全法》第九十条处理。

第二十条 边境地区因边贸活动、客货运输、边民往来或借道通行活动等频繁入出境，且入境后仅在边境地区一定范围内行驶的外国机动车和机动车驾驶人，申请临时入境机动车号牌和行驶证、临时机动车驾驶许可时，可以由省级公安机关结合本省实际制定实施意见。

“边境地区一定范围”的界限由省级公安机关确定。

第二十一条 香港特别行政区、澳门特别行政区和台湾地区机动车因参加有组织的旅游、比赛以及其他交往活动的，参照本规定执行。

持香港特别行政区、澳门特别行政区和台湾地区机动车驾驶证的人员临时进入内地需驾驶机动车的，参照本规定执行。

第二十二条 临时入境机动车号牌、行驶证和临时机动车驾驶许可由公安部统一印制。

第二十三条 本规定所称“临时入境的机动车”，是指在国外注册登记，需临时进入中国境内行驶的机动车。“临时入境的机动车驾驶人”，是指持有境外机动车驾驶证，需临时进入中国境内驾驶机动车的境外人员。

第二十四条 本规定所称“始发地”，是指有组织的旅游、比赛以及其他交往活动的出发地。

第二十五条 本规定自 2007 年 1 月 1 日起施行。

1989 年 5 月 1 日发布的《临时入境机动车辆与驾驶员管理办法》(公安部令第 4 号)同时废止。2007 年 1 月 1 日前公安部发布的其他规定与本规定不一致的,以本规定为准。

附件:(略)

国际道路运输管理规定

2022 年 9 月 26 日交通运输部令 2022 年第 31 号公布施行

第一章　总　　则

第一条　为规范国际道路运输经营活动,维护国际道路运输市场秩序,保护国际道路运输各方当事人的合法权益,促进国际道路运输业发展,根据《中华人民共和国道路运输条例》和我国政府与有关国家政府签署的汽车运输协定,制定本规定。

第二条　从事中华人民共和国与相关国家间的国际道路运输经营活动的,应当遵守本规定。

本规定所称国际道路运输,包括国际道路旅客运输、国际道路货物运输。

第三条　国际道路运输应当坚持平等互利、公平竞争、共同发展的原则。

国际道路运输管理应当公平、公正、公开和便民。

第四条　交通运输部主管全国国际道路运输工作。

省级人民政府交通运输主管部门按照有关规定,负责组织领导本行政区域内的国际道路运输工作。

第二章　经营许可和备案

第五条　从事国际道路运输经营活动的,应当具备下列条件:

(一)已经取得国内道路运输经营许可证的企业法人;

(二)从事国内道路运输经营满 3 年,且近 3 年内未发生重大以上道路交通责任事故;

道路交通责任事故是指驾驶人员负同等或者以上责任的交通事故。

(三)驾驶人员和从事危险货物运输的装卸管理人员、押运员应当符合《道路运输从业人员管理规定》有关规定;

(四)拟投入国际道路运输经营的运输车辆技术要求应当符合《道路运输车辆技术管理规定》有关规定;

(五)有健全的安全生产管理制度。

第六条　申请从事国际道路旅客运输经营的,应当向所在地省级人民政府交通运输主管部门提出申请,并提交以下材料:

(一)国际道路旅客运输经营许可申请表(式样见附件 1);

(二)企业近 3 年内无重大以上道路交通责任事故证明或者承诺书;

(三)拟投入国际道路旅客运输经营的车辆的道路运输证和拟购置车辆承诺书,承诺书包括车辆数量、类型、技术性能、购车时间等内容;

(四)拟聘用驾驶员的机动车驾驶证、从业资格证;

(五)国际道路运输的安全管理制度:包括安全生产责任制度、安全生产业务操作规程、安全生产监督检查制度、驾驶员和车辆安全生产管理制度、道路运输应急预案等。

从事定期国际道路旅客运输的,还应当提交定期国际道路旅客班线运输的线路、站点、班次方案。

第七条　已取得国际道路旅客运输经营许可,申请新增定期国际旅客运输班线的,应当向所在地省级人民政府交通运输主管部门提出申请,提交下列材料:

(一)拟新增定期国际道路旅客班线运输的线路、站点、班次方案;

(二)拟投入国际道路旅客运输营运的车辆的道路运输证和拟购置车辆承诺书;

(三)拟聘用驾驶员的机动车驾驶证、从业资格证。

第八条　省级人民政府交通运输主管部门收到申请后,应当按照《交通行政许可实施程序规定》要求的程序、期限,对申请材料进行审查,并通过部门间信息共享、内部核查等方式获取申请人营业执照、已取得的道路客运经营许可、现有车辆等信息,作出许可或者不予许可的决定。

省级人民政府交通运输主管部门对符合法定条件的国际道路旅客运输经营申请作出准予行政许可决定的,应当出具《国际道路旅客运输经营行政许可决定书》(式样见附件2),明确经营主体、经营范围、车辆数量及要求等许可事项,在作出准予行政许可决定之日起10日内向被许可人发放《道路运输经营许可证》。对符合法定条件的国际道路旅客运输班线经营申请作出准予行政许可决定的,还应当出具《国际道路旅客运输班线经营行政许可决定书》(式样见附件3)。

《道路运输经营许可证》应当注明经营范围;《国际道路旅客运输班线经营行政许可决定书》应当注明班线起讫地、线路、停靠站点、经营期限以及班次。

省级人民政府交通运输主管部门予以许可的,应当向交通运输部备案。

对国际道路旅客运输经营申请决定不予许可的,应当在受理之日起20日内向申请人送达《不予交通行政许可决定书》,并说明理由,告知申请人享有依法申请行政复议或者提起行政诉讼的权利。

第九条　从事国际道路货物运输经营的,最迟不晚于开始国际道路货物运输经营活动的15日内向所在地省级人民政府交通运输主管部门备案,提交《国际道路货物运输经营备案表》(式样见附件4),并附送符合本规定第五条规定条件的材料,保证材料真实、完整、有效。

第十条　省级人民政府交通运输主管部门收到国际道路货物运输经营备案材料后,对材料齐全且符合要求的,应当予以备案并编号归档;对材料不全或者不符合要求的,应当场或者自收到备案材料之日起5日内一次性书面通知备案人需要补充的全部内容。

省级人民政府交通运输主管部门应当向社会公布并及时更新已备案的国际道路货物运输经营者名单,便于社会查询和监督。

第十一条　非边境省、自治区、直辖市的申请人拟从事国际道路旅客运输经营的,应当向所在地省级人民政府交通运输主管部门提出申请。受理该申请的省级人民政府交通运输主管部门在作出许可决定前,应当与运输线路拟通过边境口岸所在地的省级人民政府交通运输主管部门协商;协商不成的,报交通运输部决定。交通运输部按照第八条第一款规定的程序作出许可或者不予许可的决定,通知所在地省级人民政府交通运输主管部门,并由所在地省级人民政府交通运输主管部门按照第八条第二款、第五款的规定颁发许可证件或者《不予交通行政许可决定书》。

第十二条　从事国际道路旅客运输的经营者应当按照承诺书的要求购置运输车辆。购置的车辆和已有的车辆经省级人民政府交通运输主管部门核实符合条件的,省级人民政府交通运输主管部门向拟投入运输的车辆配发《道路运输证》。

第十三条　从事国际道路运输的经营者凭《道路运输经营许可证》等许可文件或者备案文件到外事、海关、边防检查等部门办理有关运输车辆、人员的出入境手续。

第十四条　国际道路旅客运输经营者变更许可事项、扩大经营范围的,应当按照本规定办理许可申请。

国际道路旅客运输经营者变更名称、地址等,应当向原许可机关备案。

国际道路货物运输经营者名称、经营地址、主要负责人和货物运输车辆等事项发生变化的,应当向原办理备案的交通运输主管部门办理备案变更。

第十五条　国际道路旅客运输经营者在取得经营许可后,应当在180日内履行被许可的事项。有正当理由在180日内未经营或者停业时间超过180日的,应当告知省级人民政府交通运输主管部门。

国际道路运输经营者需要终止经营的,应当在终止经营之日30日前告知省级人民政府交通运输主管部门,并按照规定办理有关注销手续。

第三章　运营管理

第十六条　国际道路运输线路由起讫地、途经地国家交通运输主管部门协商确定。

交通运输部及时向社会公布中国政府与有关国家政府确定的国际道路运输线路。

第十七条　从事国际道路运输的车辆应当按照规定的口岸通过,进入对方国家境内后,应当按照规定的线路运行。

从事定期国际道路旅客运输的车辆,应当按照规定的行车路线、班次及停靠站点运行。

第十八条　外国国际道路运输经营者的车辆在中国境内运输,应当具有本国的车辆登记牌照、登记证件。驾驶人员应当持有与其驾驶的车辆类别相符的本国或国际驾驶证件。

第十九条　从事国际道路运输的车辆应当标明本国的国际道路运输国籍识别标志。

省级人民政府交通运输主管部门按照交通运输部规定的《国际道路运输国籍识别标志》式样（见附件5），负责《国际道路运输国籍识别标志》的印制、发放、管理和监督使用。

第二十条　进入我国境内从事国际道路运输的外国运输车辆，应当符合我国有关运输车辆外廓尺寸、轴荷以及载质量的规定。

我国与外国签署有关运输车辆外廓尺寸、轴荷以及载质量具体协议的，按协议执行。

第二十一条　我国从事国际道路旅客运输的经营者，应当使用《国际道路旅客运输行车路单》（见附件6）。

我国从事国际道路货物运输的经营者，应当使用《国际道路货物运单》（见附件7）。

第二十二条　进入我国境内运载不可解体大型物件的外国国际道路运输经营者，车辆超限的，应当遵守我国超限运输车辆行驶公路的相关规定，办理相关手续后，方可运输。

第二十三条　进入我国境内运输危险货物的外国国际道路运输经营者，应当遵守我国危险货物运输有关法律、法规和规章的规定。

第二十四条　禁止外国国际道路运输经营者从事我国国内道路旅客和货物运输经营。

外国国际道路运输经营者在我国境内应当在批准的站点上下旅客或者按照运输合同商定的地点装卸货物。运输车辆要按照我国交通运输主管部门指定的停靠站（场）停放。

禁止外国国际道路运输经营者在我国境内自行承揽货物或者招揽旅客。

外国国际道路运输经营者依法在我国境内设立的常驻代表机构不得从事经营活动。

第二十五条　国际道路运输经营者应当使用符合国家规定标准的车辆从事国际道路运输经营，并按照国家有关规定进行运输车辆维护和定期检测。

国际道路运输经营者应当对所聘用的道路运输从业人员开展有关国际道路运输法规、外事规定、业务知识、操作规程的培训。

第二十六条　国际道路运输经营者应当制定境外突发事件的道路运输应急预案。应急预案应当包括报告程序、应急指挥、应急车辆和设备的储备以及处置措施等内容。

第二十七条　国际道路旅客运输的价格，按边境口岸所在地的省级人民政府交通运输主管部门与相关国家政府交通运输主管部门签订的协议执行。没有协议的，按边境口岸所在地省级物价部门核定的运价执行。

国际道路货物运输的价格，由国际道路货物运输的经营者自行确定。

第二十八条　对进出我国境内从事国际道路运输的外国运输车辆的费收，应当按照我国与相关国家政府签署的有关协定执行。

第四章　行车许可证管理

第二十九条　国际道路运输实行行车许可证制度。

行车许可证是国际道路运输经营者在相关国家境内从事国际道路运输经营时行驶的通行凭证。

我国从事国际道路运输的车辆进出相关国家，应当持有相关国家的国际汽车运输行车许可证。

外国从事国际道路运输的车辆进出我国，应当持有我国国际汽车运输行车许可证。

第三十条　我国国际汽车运输行车许可证分为《国际汽车运输行车许可证》和《国际汽车运输特别行车许可证》。

在我国境内从事国际道路旅客运输经营和普通货物运输经营的外国经营者，使用《国际汽车运输行车许可证》。

在我国境内从事国际道路危险货物运输经营的外国经营者，应当向拟通过边境口岸所在地的省级人民政府交通运输主管部门提出申请，由省级人民政府交通运输主管部门商有关部门批准后，向外国经营者的运输车辆发放《国际汽车运输特别行车许可证》。

第三十一条　《国际汽车运输行车许可证》《国际汽车运输特别行车许可证》的式样，由交通运输部与相关国家政府交通运输主管部门商定。边境口岸所在地的省级人民政府交通运输主管部门按照商定的式样，负责行车许可证的统一印制，并负责与相关国家交换。

交换过来的相关国家《国际汽车运输行车许可

证》，由边境口岸所在地的省级人民政府交通运输主管部门负责发放和管理。

我国从事国际道路运输的经营者，向拟通过边境口岸所在地的省级人民政府交通运输主管部门申领《国际汽车运输行车许可证》。

第三十二条　《国际汽车运输行车许可证》《国际汽车运输特别行车许可证》实行一车一证，应当在有效期内使用。运输车辆为半挂汽车列车、中置轴挂车列车、全挂汽车列车时，仅向牵引车辆发放行车许可证。

第三十三条　禁止伪造、变造、倒卖、转让、出租《国际汽车运输行车许可证》《国际汽车运输特别行车许可证》。

第五章　监督检查

第三十四条　县级以上地方人民政府交通运输主管部门在本行政区域内依法实施国际道路运输监督检查工作。

口岸国际道路运输管理机构负责口岸地包括口岸查验现场的国际道路运输管理及监督检查工作。

口岸国际道路运输管理机构应当悬挂“中华人民共和国XX口岸国际道路运输管理站”标识牌；在口岸查验现场悬挂“中国运输管理”的标识，并实行统一的国际道路运输查验签章（式样见附件8）。

县级以上地方人民政府交通运输主管部门和口岸国际道路运输管理机构工作人员在实施国际道路运输监督检查时，应当出示行政执法证件。

第三十五条　口岸国际道路运输管理机构在口岸具体负责如下工作：

（一）查验《国际汽车运输行车许可证》《国际汽车运输特别行车许可证》《国际道路运输国籍识别标志》和国际道路运输有关牌证等；

（二）记录、统计出入口岸的车辆、旅客、货物运输量以及《国际汽车运输行车许可证》《国际汽车运输特别行车许可证》，定期向省级人民政府交通运输主管部门报送有关统计资料；

（三）监督检查国际道路运输的经营活动；

（四）协调出入口岸运输车辆的通关事宜。

第三十六条　国际道路运输经营者应当接受当地县级以上地方人民政府交通运输主管部门和口岸国际道路运输管理机构的检查。

交通运输主管部门应当依据有关法规加强对失信企业和失信人员的监督管理，督促国际道路运输经营者落实安全生产主体责任。

第六章　法律责任

第三十七条　违反本规定，有下列行为之一的，由县级以上地方人民政府交通运输主管部门或者口岸国际道路运输管理机构责令停止经营；有违法所得的，没收违法所得，处违法所得2倍以上10倍以下的罚款；没有违法所得或者违法所得不足2万元的，处3万元以上10万元以下的罚款；构成犯罪的，依法追究刑事责任：

（一）未取得国际道路旅客运输经营许可，擅自从事国际道路旅客运输经营的；

（二）使用失效、伪造、变造、被注销等无效国际道路旅客运输经营许可证件从事国际道路旅客运输经营的；

（三）超越许可的事项，非法从事国际道路旅客运输经营的。

第三十八条　从事国际道路货物运输经营，未按规定进行备案的，由省级人民政府交通运输主管部门责令改正；拒不改正的，处5000元以上2万元以下的罚款。

第三十九条　违反本规定，非法转让、出租国际道路运输经营许可证件的，由县级以上地方人民政府交通运输主管部门或者口岸国际道路运输管理机构责令停止违法行为，收缴有关证件，处2000元以上1万元以下的罚款；有违法所得的，没收违法所得。

第四十条　违反本规定，非法转让、出租、伪造《国际汽车运输行车许可证》《国际汽车运输特别行车许可证》《国际道路运输国籍识别标志》的，由县级以上地方人民政府交通运输主管部门或者口岸国际道路运输管理机构责令停止违法行为，收缴有关证件，处500元以上1000元以下的罚款；有违法所得的，没收违法所得。

第四十一条　违反本规定，国际道路旅客运输经营者有下列情形之一的，由县级以上地方人民政府交通运输主管部门或者口岸国际道路运输管理机构责令改正，处1000元以上3000元以下的罚款；情节严重的，由原许可机关吊销道路运输经营许可证：

（一）不按批准的国际道路运输线路、站点、班次运输的；

（二）在旅客运输途中擅自变更运输车辆或者将旅客移交他人运输的；

（三）未报告原许可机关，擅自终止国际道路旅客运输经营的。

第四十二条　国际道路运输经营者违反道路旅客、货物运输有关规定的，按照相关规定予以处罚。

第四十三条　外国国际道路运输经营者有下列行为之一，由县级以上地方人民政府交通运输主管部门或者口岸国际道路运输管理机构责令改正；拒不改正的，责令停止运输，有违法所得的，没收违法所得，处违法所得2倍以上10倍以下的罚款，没有违法所得或者违法所得不足1万元的，处3万元以上6万元以下的罚款：

（一）未取得我国有效的《国际汽车运输行车许可证》或者《国际汽车运输特别行车许可证》，擅自进入我国境内从事国际道路运输经营或者运输危险货物的；

（二）从事我国国内道路旅客或货物运输的；

（三）在我国境内自行承揽货源或招揽旅客的；

（四）未按规定的运输线路、站点、班次、停靠站（场）运行的；

（五）未标明本国《国际道路运输国籍识别标志》的。

第四十四条　县级以上地方人民政府交通运输主管部门以及口岸国际道路运输管理机构有下列行为之一的，对负有责任的主管人员和责任人员，视情节轻重，依法给予行政处分；造成严重后果、构成犯罪的，依法追究其刑事责任：

（一）不按照本规定规定的条件、程序和期限实施国际道路运输行政许可或者备案的；

（二）参与或者变相参与国际道路运输经营的；

（三）发现未经批准的单位和个人擅自从事国际道路运输经营活动，或者发现国际道路运输经营者有违法行为不及时查处的；

（四）违反规定拦截、检查正常行驶的道路运输车辆的；

（五）违法扣留运输车辆、车辆营运证的；

（六）索取、收受他人财物，或者谋取其他利益的；

（七）违法实施行政处罚的；

（八）其他违法行为。

第七章　附　　则

第四十五条　本规定自公布之日起施行。2005年4月13日以交通部令2005年第3号公布的《国际道路运输管理规定》同时废止。

中华人民共和国海关关于来往香港、澳门公路货运企业及其车辆的管理办法

1. 2004年8月27日海关总署令第118号发布

2. 根据2010年11月26日海关总署令第198号《关于修改部分规章的决定》第一次修正

3. 根据2018年5月29日海关总署令第240号《关于修改部分规章的决定》第二次修正

第一章　总　　则

第一条　为规范对来往港澳公路货运企业及其车辆的管理，根据《中华人民共和国海关法》及其他相关法律、行政法规，制定本办法。

第二条　本办法下列用语的含义是：

（一）来往港澳公路货运企业（以下简称货运企业），是指依照本办法规定在海关备案的从事来往港澳公路货物运输业务的企业，包括专业运输企业和生产型企业；

（二）来往港澳公路货运车辆（以下简称货运车辆），是指依照本办法规定在海关备案的来往港澳公路货运车辆，包括专业运输企业的车辆和生产型企业的自用车辆。

第三条　海关对货运企业、车辆实行联网备案管理。

货运企业、车辆的备案、变更备案、注销备案、年审等业务以及相关后续管理工作，由进出境地的直属海关或者其授权的隶属海关按照本办法的规定办理。

第二章　备 案 管 理

第四条　货运企业备案时，应当向进出境地的直属海关或者其授权的隶属海关提交下列文件：

（一）《来往香港/澳门货运企业备案申请表》；

（二）政府主管部门的批准文件。

第五条 车辆备案时,应当向进出境地的直属海关或者其授权的隶属海关提交下列文件:

(一)《来往香港/澳门货运车辆备案登记表》;

(二)《来往香港/澳门货运车辆海关验车记录表》(以下简称验车记录表)或者公安交通车检部门出具的验车报告;

(三)公安交通车管部门核发的《车辆及驾驶人员进出境批准通知书》海关联;

(四)公安交通车管部门核发的《机动车辆行驶证》(以下简称《行驶证》)复印件;

(五)符合海关要求的车辆彩色照片(包括车辆左前侧面45度角拍摄并可明显看见油箱和粤港/澳两地车牌以及后侧面45度角拍摄并可明显看见粤港/澳两地车牌)。

在香港/澳门地区办理车辆登记证明文件的进出境车辆(以下简称港/澳籍车辆),应当同时提交境外有关政府管理机构签发的车辆登记文件复印件;在内地办理车辆登记证明文件的进出境车辆(以下简称内地籍车辆),应当同时提交《机动车辆登记证书》复印件。

港/澳籍车辆,应当同时提交《来往香港/澳门车辆备案临时进境验车申报表》(以下简称《临时进境验车申报表》)。

第六条 货运车辆应当为集装箱式货车或者集装箱牵引车,并应当符合下列条件:

(一)车辆的类型、牌名、车身颜色、发动机号码、车身号码、车辆牌号等应当与公安交通车管部门核发的证件所列内容相符;

(二)集装箱式货车的车厢监管标准应当按照海关总署的有关规定执行;如有特殊需要加开侧门的,应当经海关批准,并符合海关监管要求;

(三)车辆的油箱和备用轮胎等装备以原车出厂时的标准配置为准,不得擅自改装或者加装。

第七条 经海关批准,散装货车可以作为来往香港/澳门的货运车辆,用于承运不具备施封条件的超大型机械设备或者鲜活水产品等散装货物。

第八条 经海关备案的货运企业,海关核发《来往香港/澳门货运企业备案登记证》(以下简称《货运企业备案登记证》)。

经海关备案的货运车辆,海关核发《来往香港/澳门车辆进出境签证簿》(以下简称《签证簿》)和用于证明载运进出境货物实际情况的通关证件。

第九条 《货运企业备案登记证》《签证簿》和通关证件需要更新的,可以凭原件向备案海关申请换发;发生损毁或者灭失的,应当及时向海关报告,经备案海关审核情况属实的,予以补发。

第十条 海关对货运企业、车辆实行年审制度。年审时,海关应当重点审核企业当年度的守法状况。

第十一条 货运企业年审时需提交下列文件:

(一)《来往香港/澳门货运企业年检报告书》;

(二)《货运企业备案登记证》;

(三)政府主管部门批准企业成立或者延期的批准文件。

第十二条 货运车辆年审时需提交下列文件:

(一)《来往香港/澳门车辆年检报告书》;

(二)《签证簿》;

(三)公安交通车管部门核发准予延期的《批准通知书》海关联。

第十三条 车辆需进行车体、厢体改装的,应当向备案海关申请,经海关同意,按照本办法第六条和《中华人民共和国海关对装载海关监管货物的集装箱及集装箱式货车车厢的监管办法》的规定办理。

改装后的车辆经备案海关重新检验认可后,海关收回原车辆的《签证簿》和通关证件,注销原车辆的备案资料,按照本办法第五条的规定重新予以核准备案,签发新的《签证簿》和通关证件。

第十四条 货运企业出现变更企业名称、通行口岸或者更换车辆等情况的,应当持政府有关主管部门的批准文件及相关资料,到备案海关办理变更备案手续。

第十五条 货运企业、车辆在备案有效期内暂停或者停止进出境营运业务的,应当向海关报告,海关收回《签证簿》和通关证件,对有关备案资料作暂停或者注销处理。

港/澳籍车辆在办结海关手续并已出境后,海关予以办理暂停或者注销手续。

第三章 海关监管

第十六条 货运车辆应当按照海关指定的路线和规定的时限,将所承运的货物完整地运抵指定的监管场所,并确保承运车辆、海关封志、海关监控设备及装载货物的箱(厢)体完好无损。

第十七条　货运车辆进出境时,企业应当按照海关规定如实申报,交验单证,并接受海关监管和检查。

承运海关监管货物的车辆从一个设立海关地点驶往另一个设立海关地点的,企业应当按照海关监管要求,办理转关手续。

第十八条　海关检查进出境车辆及查验所载货物时,驾驶员应当到场,并根据海关的要求开启车门,搬移货物,开拆和重封货物包装。

第十九条　港/澳籍进出境车辆进境后,应当在3个月内复出境;特殊情况下,经海关同意,可以在车辆备案有效期内予以适当延期。

第二十条　已进境的港/澳籍车辆,包括集装箱牵引架、集装箱箱体,未经海关同意并办结报关纳税手续,不得在境内转让或者移作他用。

第二十一条　进出境车辆的备用物料和驾驶员携带的物品,应当限于旅途自用合理数量部分;超出自用合理数量,应当向海关如实申报。

第二十二条　未经海关许可,任何人不得拆装运输工具上的海关监控设备,包括海关电子关锁、车载收发信装置等。特殊情况需要拆装的,应当报经备案海关同意;监控设备拆装后,应当报请备案海关验核。

第二十三条　货运企业应当妥善保管《签证簿》和通关证件,不得转借或者转让他人,不得涂改或者故意损坏。

第二十四条　集装箱牵引车承运的集装箱应当符合海关总署规定的标准要求。

第二十五条　因特殊原因,车辆在境内运输海关监管货物途中需要更换的,货运企业应当立即报告附近海关,在海关监管下更换。附近海关应当及时将更换情况通知货物进境地和指运地海关或者启运地和出境地海关。

第二十六条　海关监管货物在境内运输途中,发生损坏或者灭失的,货运企业应当立即向附近海关报告。除不可抗力外,货运企业应当承担相应的税款及其他法律责任。

第四章　法律责任

第二十七条　违反本办法规定,构成走私或者违反海关监管规定行为的,由海关依照《中华人民共和国海关法》《中华人民共和国海关行政处罚实施条例》等有关法律、行政法规的规定予以处理;构成犯罪的,依法追究刑事责任。

第五章　附　　则

第二十八条　驻港、澳部队的车辆的管理按照国家有关规定办理。

第二十九条　本办法所规定的文书由海关总署另行制定并且发布。

第三十条　本办法由海关总署负责解释。

第三十一条　本办法自2004年10月1日起施行。《中华人民共和国海关对来往香港、澳门汽车及所载货物监管办法》(〔1988〕署货字第6号)同时废止。

中华人民共和国海关关于境内公路承运海关监管货物的运输企业及其车辆的管理办法

1. 2001年9月27日海关总署令第88号发布

2. 根据2004年11月30日海关总署令第121号《关于修改〈中华人民共和国海关关于境内公路承运海关监管货物的运输企业及其车辆、驾驶员的管理办法〉的决定》第一次修正

3. 根据2015年4月28日海关总署令第227号《关于修改部分规章的决定》第二次修正

4. 根据2017年12月20日海关总署令第235号《关于修改部分规章的决定》第三次修正

5. 根据2018年5月29日海关总署令第240号《关于修改部分规章的决定》第四次修正

第一章　总　　则

第一条　为加强对承运海关监管货物的境内运输企业及其车辆的管理,根据《中华人民共和国海关法》(以下简称《海关法》)及其他相关法规,制定本办法。

第二条　本办法所指的境内运输企业、车辆,是指依据本办法经海关注册登记,在境内从事海关监管货物运输的企业、车辆。

第三条　运输企业、车辆应当向主管地的直属海关或者隶属海关(以下简称主管海关)申请办理注册登记手续。

第四条 海关对运输企业、车辆的注册登记资料实行计算机联网管理。

第二章 注册登记

第五条 承运海关监管货物的运输企业，应当具备以下资格条件：

（一）具有企业法人资格；

（二）取得与运输企业经营范围相一致的工商核准登记。

第六条 运输企业办理注册登记时，应当向海关提交《承运海关监管货物境内运输企业注册登记申请表》。

第七条 海关对运输企业的资格条件及递交的有关证件进行审核，合格的，颁发《境内公路运输企业载运海关监管货物注册登记证书》（以下简称注册登记证书）。

注册登记证书有效期为其营业执照上注明的营业期限。

第八条 承运海关监管货物的车辆应为厢式货车或集装箱拖头车，经海关批准也可以为散装货车。上述车辆应当具备以下条件：

（一）用于承运海关监管货物的车辆，必须为运输企业的自有车辆，其机动车辆行驶证的车主列名必须与所属运输企业名称一致；

（二）厢式货车的厢体必须与车架固定一体，无暗格，无隔断，具有施封条件，车厢连接的镙丝均须焊死，车厢两车门之间须以钢板相卡，保证施封后无法开启；

有特殊需要，需加开侧门的，须经海关批准，并符合海关监管要求；

（三）集装箱拖头车必须承运符合国际标准的集装箱；

（四）散装货车只能承运不具备加封条件的大宗散装货物，如矿砂、粮食及超大型机械设备等。

第九条 办理车辆注册登记时，应当向海关提交下列文件：

（一）《承运海关监管货物境内运输车辆注册登记申请表》；

（二）公安交通管理部门核发的《机动车行驶证》复印件；

（三）车辆彩色照片（要求：前方左侧面45°；能清楚显示车牌号码；车头及车厢侧面喷写企业名称）。

主管海关可以通过网络共享获取前款规定材料的，无需另行提交。

第十条 海关对车辆监管条件及相关文件进行审核，合格的，颁发《中华人民共和国海关境内汽车载运海关监管货物载货登记簿》（以下简称《汽车载货登记簿》）。

车辆注册有效期为其机动车行驶证上注明的强制报废期。

第十一条 《注册登记证书》《汽车载货登记簿》等相关证件需更新的，可凭原件向注册地海关申请换发新证、簿；如上述证、簿损毁、遗失或被盗的，经注册地海关审核情况属实的，予以补发。

第十二条 运输企业、车辆不再从事海关监管货物运输业务的，应向注册地海关交回《注册登记证书》《汽车载货登记簿》等相关证件，办理手续。

第十三条 车辆更换（包括更换车辆、更换发动机、更换车辆牌照号码）、改装车体等，应按本办法规定重新办理注册登记手续。

第三章 海关监管

第十四条 运输企业在从事海关监管货物运输时，应如实填报交验汽车载货登记簿；货物运抵目的地后，必须向目的地海关办理汽车载货登记簿的核销手续。

第十五条 运输企业应将承运的海关监管货物完整、及时地运抵指定的海关监管作业场所，并确保海关封志完好无损，未经海关许可，不得开拆。

第十六条 汽车载货登记簿由车辆固定使用。

第十七条 实施卫星定位管理的车辆，卫星定位管理系统配套使用的身份证（IC）卡与汽车载货登记簿具有同等效力。

第十八条 运输企业应妥善保管海关核发的有关证、簿，不得转借、涂改、故意损毁。

第十九条 承运海关监管货物的车辆应按海关指定的路线和要求行驶，并在海关规定的时限内运抵目的地海关。不得擅自改变路线、在中途停留并装卸货物。

第二十条 遇特殊情况，车辆在运输途中出现故障，需换装其他运输工具时，应立即通知附近海关，在海关监管下换装，附近海关负责及时将换装情况通知货物出发地和目的地海关。

第二十一条　海关监管货物在运输途中发生丢失、短少或损坏等情事的，除不可抗力外，运输企业应当承担相应的纳税义务及其他法律责任。

第四章　法律责任

第二十二条　运输企业发生走私违规情事的，由海关按《中华人民共和国海关法》和《中华人民共和国海关行政处罚实施条例》的有关规定进行处罚。构成犯罪的，依法追究刑事责任。

第二十三条　运输企业有下列情形之一的，由海关责令改正，可以给予警告：

（一）承运海关监管货物的车辆不按照海关指定的路线或范围行进的；

（二）承运海关监管货物的车辆到达或者驶离设立海关的地点，未按照规定向海关如实填报交验汽车载货登记簿或者办理核销手续的；

（三）承运海关监管货物的车辆在运输途中出现故障，不能继续行驶，需换装其他运输工具时，不向附近海关或货物主管海关报明情况而无正当理由的；

（四）不按照规定接受海关对车辆及其所载货物进行查验的；

（五）遗失、损毁、涂改、转借海关核发的载货登记簿等相关证件，妨碍海关监管工作或者影响办理海关有关手续的；

（六）未经海关许可，擅自更换车辆（车辆发动机、车牌号码），改装车厢、车体的；

（七）运输企业出让其名义供他人承运海关监管货物的。

第二十四条　运输企业有下列情形之一的，可以给予警告、暂停其6个月以内从事有关业务：

（一）有走私行为的；

（二）1年内有3次以上重大违反海关监管规定行为的；

（三）管理不善致使保管的海关监管货物多次发生损坏或者丢失的；

（四）未经海关许可，擅自开启或损毁海关加施于车辆的封志的；

（五）未经海关许可，对所承运的海关监管货物进行开拆、调换、改装、留置、转让、更换标志、移作他用或进行其他处理的；

（六）有其他需要暂停从事有关业务情形的。

第二十五条　运输企业有下列情形之一的，海关可以撤销其注册登记或者停止其从事有关业务：

（一）构成走私犯罪被司法机关依法处理的；

（二）1年内有2次以上走私行为的；

（三）因违反规定被海关暂停从事有关业务，恢复从事有关业务后1年内再次发生违反本办法规定的暂停从事有关业务情形的；

（四）其他需要撤销其注册登记或者停止从事有关业务的情形。

第二十六条　运输企业注册有效期届满未延续的，海关应当依照有关规定办理注销手续。

第二十七条　运输企业被工商行政管理部门吊销营业执照或被交通运输管理部门取消道路货物运输资格的，海关注销其承运海关监管货物运输资格。

第五章　附　　则

第二十八条　生产型企业自有车辆，需承运本企业海关监管货物的，按照本办法管理。

第二十九条　承运过境货物境内段公路运输的境内运输企业及其车辆，比照本办法管理。

第三十条　本办法所规定的文书由海关总署另行制定并且发布。

第三十一条　本办法由海关总署负责解释。

第三十二条　本办法自2005年1月1日起实施。原《中华人民共和国海关关于在广东地区载运海关监管货物的境内汽车运输企业及其车辆的管理办法》（署监〔2001〕19号）、《中华人民共和国海关对境内汽车载运海关监管货物的管理办法》（〔1989〕署货字第950号）、《中华人民共和国海关总署关于对〈中华人民共和国海关对境内汽车载运海关监管货物的管理办法〉适用范围问题的批复》（署监一〔1990〕958号）和《关于转发〈来往港澳货运汽车分流管理工作会议纪要〉的通知》（〔1990〕署监一第345号）同时废止。

三、道路运输

资料补充栏

1. 一般规定

中华人民共和国道路运输条例

1. 2004年4月30日国务院令第406号公布
2. 根据2012年11月9日《国务院关于修改和废止部分行政法规的决定》第一次修订
3. 根据2016年2月6日《国务院关于修改部分行政法规的决定》第二次修订
4. 根据2019年3月2日《国务院关于修改部分行政法规的决定》第三次修订
5. 根据2022年3月29日《国务院关于修改和废止部分行政法规的决定》第四次修订

第一章 总 则

第一条 为了维护道路运输市场秩序,保障道路运输安全,保护道路运输有关各方当事人的合法权益,促进道路运输业的健康发展,制定本条例。

第二条 从事道路运输经营以及道路运输相关业务的,应当遵守本条例。

前款所称道路运输经营包括道路旅客运输经营(以下简称客运经营)和道路货物运输经营(以下简称货运经营);道路运输相关业务包括站(场)经营、机动车维修经营、机动车驾驶员培训。

第三条 从事道路运输经营以及道路运输相关业务,应当依法经营,诚实信用,公平竞争。

第四条 道路运输管理,应当公平、公正、公开和便民。

第五条 国家鼓励发展乡村道路运输,并采取必要的措施提高乡镇和行政村的通班车率,满足广大农民的生活和生产需要。

第六条 国家鼓励道路运输企业实行规模化、集约化经营。任何单位和个人不得封锁或者垄断道路运输市场。

第七条 国务院交通运输主管部门主管全国道路运输管理工作。

县级以上地方人民政府交通运输主管部门负责本行政区域的道路运输管理工作。

第二章 道路运输经营

第一节 客 运

第八条 申请从事客运经营的,应当具备下列条件:

(一)有与其经营业务相适应并经检测合格的车辆;

(二)有符合本条例第九条规定条件的驾驶人员;

(三)有健全的安全生产管理制度。

申请从事班线客运经营的,还应当有明确的线路和站点方案。

第九条 从事客运经营的驾驶人员,应当符合下列条件:

(一)取得相应的机动车驾驶证;

(二)年龄不超过60周岁;

(三)3年内无重大以上交通责任事故记录;

(四)经设区的市级人民政府交通运输主管部门对有关客运法律法规、机动车维修和旅客急救基本知识考试合格。

第十条 申请从事客运经营的,应当依法向市场监督管理部门办理有关登记手续后,按照下列规定提出申请并提交符合本条例第八条规定条件的相关材料:

(一)从事县级行政区域内和毗邻县行政区域间客运经营的,向所在地县级人民政府交通运输主管部门提出申请;

(二)从事省际、市际、县际(除毗邻县行政区域间外)客运经营的,向所在地设区的市级人民政府交通运输主管部门提出申请;

(三)在直辖市申请从事客运经营的,向所在地直辖市人民政府确定的交通运输主管部门提出申请。

依照前款规定收到申请的交通运输主管部门,应当自受理申请之日起20日内审查完毕,作出许可或者不予许可的决定。予以许可的,向申请人颁发道路运输经营许可证,并向申请人投入运输的车辆配发车辆营运证;不予许可的,应当书面通知申请人并说明理由。

对从事省际和市际客运经营的申请,收到申请的交通运输主管部门依照本条第二款规定颁发道路运输经营许可证前,应当与运输线路目的地的相应交通运输主管部门协商,协商不成的,应当按程序报省、自治区、直辖市人民政府交通运输主管部门协商决定。对从事设区的市内毗邻县客运经营的申请,有关交通运输主管部门应当进行协商，协商不成的，报所在地市级人民政府交通运输主管部门决定。

第十一条　取得道路运输经营许可证的客运经营者，需要增加客运班线的，应当依照本条例第十条的规定办理有关手续。

第十二条　县级以上地方人民政府交通运输主管部门在审查客运申请时，应当考虑客运市场的供求状况、普遍服务和方便群众等因素。

同一线路有3个以上申请人时，可以通过招标的形式作出许可决定。

第十三条　县级以上地方人民政府交通运输主管部门应当定期公布客运市场供求状况。

第十四条　客运班线的经营期限为4年到8年。经营期限届满需要延续客运班线经营许可的，应当重新提出申请。

第十五条　客运经营者需要终止客运经营的，应当在终止前30日内告知原许可机关。

第十六条　客运经营者应当为旅客提供良好的乘车环境，保持车辆清洁、卫生，并采取必要的措施防止在运输过程中发生侵害旅客人身、财产安全的违法行为。

第十七条　旅客应当持有效客票乘车，遵守乘车秩序，讲究文明卫生，不得携带国家规定的危险物品及其他禁止携带的物品乘车。

第十八条　班线客运经营者取得道路运输经营许可证后，应当向公众连续提供运输服务，不得擅自暂停、终止或者转让班线运输。

第十九条　从事包车客运的，应当按照约定的起始地、目的地和线路运输。

从事旅游客运的，应当在旅游区域按照旅游线路运输。

第二十条　客运经营者不得强迫旅客乘车，不得甩客、敲诈旅客；不得擅自更换运输车辆。

第二节　货　　运

第二十一条　申请从事货运经营的，应当具备下列条件：

（一）有与其经营业务相适应并经检测合格的车辆；

（二）有符合本条例第二十二条规定条件的驾驶人员；

（三）有健全的安全生产管理制度。

第二十二条　从事货运经营的驾驶人员，应当符合下列条件：

（一）取得相应的机动车驾驶证；

（二）年龄不超过60周岁；

（三）经设区的市级人民政府交通运输主管部门对有关货运法律法规、机动车维修和货物装载保管基本知识考试合格（使用总质量4500千克及以下普通货运车辆的驾驶人员除外）。

第二十三条　申请从事危险货物运输经营的，还应当具备下列条件：

（一）有5辆以上经检测合格的危险货物运输专用车辆、设备；

（二）有经所在地设区的市级人民政府交通运输主管部门考试合格，取得上岗资格证的驾驶人员、装卸管理人员、押运人员；

（三）危险货物运输专用车辆配有必要的通讯工具；

（四）有健全的安全生产管理制度。

第二十四条　申请从事货运经营的，应当依法向市场监督管理部门办理有关登记手续后，按照下列规定提出申请并分别提交符合本条例第二十一条、第二十三条规定条件的相关材料：

（一）从事危险货物运输经营以外的货运经营的，向县级人民政府交通运输主管部门提出申请；

（二）从事危险货物运输经营的，向设区的市级人民政府交通运输主管部门提出申请。

依照前款规定收到申请的交通运输主管部门，应当自受理申请之日起20日内审查完毕，作出许可或者不予许可的决定。予以许可的，向申请人颁发道路运输经营许可证，并向申请人投入运输的车辆配发车辆营运证；不予许可的，应当书面通知申请人并说明理由。

使用总质量4500千克及以下普通货运车辆从事普通货运经营的，无需按照本条规定申请取得道路运输经营许可证及车辆营运证。

第二十五条　货运经营者不得运输法律、行政法规禁止运输的货物。

法律、行政法规规定必须办理有关手续后方可运输的货物，货运经营者应当查验有关手续。

第二十六条　国家鼓励货运经营者实行封闭式运输，保证环境卫生和货物运输安全。

货运经营者应当采取必要措施，防止货物脱落、扬撒等。

运输危险货物应当采取必要措施，防止危险货物燃烧、爆炸、辐射、泄漏等。

第二十七条　运输危险货物应当配备必要的押运人员，保证危险货物处于押运人员的监管之下，并悬挂明显的危险货物运输标志。

托运危险货物的，应当向货运经营者说明危险货物的品名、性质、应急处置方法等情况，并严格按照国家有关规定包装，设置明显标志。

第三节　客运和货运的共同规定

第二十八条　客运经营者、货运经营者应当加强对从业人员的安全教育、职业道德教育，确保道路运输安全。

道路运输从业人员应当遵守道路运输操作规程，不得违章作业。驾驶人员连续驾驶时间不得超过4个小时。

第二十九条　生产（改装）客运车辆、货运车辆的企业应当按照国家规定标定车辆的核定人数或者载重量，严禁多标或者少标车辆的核定人数或者载重量。

客运经营者、货运经营者应当使用符合国家规定标准的车辆从事道路运输经营。

第三十条　客运经营者、货运经营者应当加强对车辆的维护和检测，确保车辆符合国家规定的技术标准；不得使用报废的、擅自改装的和其他不符合国家规定的车辆从事道路运输经营。

第三十一条　客运经营者、货运经营者应当制定有关交通事故、自然灾害以及其他突发事件的道路运输应急预案。应急预案应当包括报告程序、应急指挥、应急车辆和设备的储备以及处置措施等内容。

第三十二条　发生交通事故、自然灾害以及其他突发事件，客运经营者和货运经营者应当服从县级以上人民政府或者有关部门的统一调度、指挥。

第三十三条　道路运输车辆应当随车携带车辆营运证，不得转让、出租。

第三十四条　道路运输车辆运输旅客的，不得超过核定的人数，不得违反规定载货；运输货物的，不得运输旅客，运输的货物应当符合核定的载重量，严禁超载；载物的长、宽、高不得违反装载要求。

违反前款规定的，由公安机关交通管理部门依照《中华人民共和国道路交通安全法》的有关规定进行处罚。

第三十五条　客运经营者、危险货物运输经营者应当分别为旅客或者危险货物投保承运人责任险。

第三章　道路运输相关业务

第三十六条　从事道路运输站（场）经营的，应当具备下列条件：

（一）有经验收合格的运输站（场）；

（二）有相应的专业人员和管理人员；

（三）有相应的设备、设施；

（四）有健全的业务操作规程和安全管理制度。

第三十七条　从事机动车维修经营的，应当具备下列条件：

（一）有相应的机动车维修场地；

（二）有必要的设备、设施和技术人员；

（三）有健全的机动车维修管理制度；

（四）有必要的环境保护措施。

国务院交通运输主管部门根据前款规定的条件，制定机动车维修经营业务标准。

第三十八条　从事机动车驾驶员培训的，应当具备下列条件：

（一）取得企业法人资格；

（二）有健全的培训机构和管理制度；

（三）有与培训业务相适应的教学人员、管理人员；

（四）有必要的教学车辆和其他教学设施、设备、场地。

第三十九条　申请从事道路旅客运输站（场）经营业务的，应当在依法向市场监督管理部门办理有关登记手续后，向所在地县级人民政府交通运输主管部门提出申请，并附送符合本条例第三十六条规定条件的相关材料。县级人民政府交通运输主管部门应当自受理申请之日起15日内审查完毕，作出许可或者不予许可的决定，并书面通知申请人。

从事道路货物运输站（场）经营、机动车维修经营和机动车驾驶员培训业务的，应当在依法向市场监督管理部门办理有关登记手续后，向所在地县级人民政府交通运输主管部门进行备案，并分别附送符合本条例第三十六条、第三十七条、第三十八条规定条件的相关材料。

第四十条 道路运输站(场)经营者应当对出站的车辆进行安全检查,禁止无证经营的车辆进站从事经营活动,防止超载车辆或者未经安全检查的车辆出站。

道路运输站(场)经营者应当公平对待使用站(场)的客运经营者和货运经营者,无正当理由不得拒绝道路运输车辆进站从事经营活动。

道路运输站(场)经营者应当向旅客和货主提供安全、便捷、优质的服务;保持站(场)卫生、清洁;不得随意改变站(场)用途和服务功能。

第四十一条 道路旅客运输站(场)经营者应当为客运经营者合理安排班次,公布其运输线路、起止经停站点、运输班次、始发时间、票价,调度车辆进站、发车,疏导旅客,维持上下车秩序。

道路旅客运输站(场)经营者应当设置旅客购票、候车、行李寄存和托运等服务设施,按照车辆核定载客限额售票,并采取措施防止携带危险品的人员进站乘车。

第四十二条 道路货物运输站(场)经营者应当按照国务院交通运输主管部门规定的业务操作规程装卸、储存、保管货物。

第四十三条 机动车维修经营者应当按照国家有关技术规范对机动车进行维修,保证维修质量,不得使用假冒伪劣配件维修机动车。

机动车维修经营者应当公布机动车维修工时定额和收费标准,合理收取费用,维修服务完成后应当提供维修费用明细单。

第四十四条 机动车维修经营者对机动车进行二级维护、总成修理或者整车修理的,应当进行维修质量检验。检验合格的,维修质量检验人员应当签发机动车维修合格证。

机动车维修实行质量保证期制度。质量保证期内因维修质量原因造成机动车无法正常使用的,机动车维修经营者应当无偿返修。

机动车维修质量保证期制度的具体办法,由国务院交通运输主管部门制定。

第四十五条 机动车维修经营者不得承修已报废的机动车,不得擅自改装机动车。

第四十六条 机动车驾驶员培训机构应当按照国务院交通运输主管部门规定的教学大纲进行培训,确保培训质量。培训结业的,应当向参加培训的人员颁发培训结业证书。

第四章 国际道路运输

第四十七条 国务院交通运输主管部门应当及时向社会公布中国政府与有关国家政府签署的双边或者多边道路运输协定确定的国际道路运输线路。

第四十八条 从事国际道路运输经营的,应当具备下列条件:

(一)依照本条例第十条、第二十四条规定取得道路运输经营许可证的企业法人;

(二)在国内从事道路运输经营满3年,且未发生重大以上道路交通责任事故。

第四十九条 申请从事国际道路旅客运输经营的,应当向省、自治区、直辖市人民政府交通运输主管部门提出申请并提交符合本条例第四十八条规定条件的相关材料。省、自治区、直辖市人民政府交通运输主管部门应当自受理申请之日起20日内审查完毕,作出批准或者不予批准的决定。予以批准的,应当向国务院交通运输主管部门备案;不予批准的,应当向当事人说明理由。

从事国际道路货物运输经营的,应当向省、自治区、直辖市人民政府交通运输主管部门进行备案,并附送符合本条例第四十八条规定条件的相关材料。

国际道路运输经营者应当持有关文件依法向有关部门办理相关手续。

第五十条 中国国际道路运输经营者应当在其投入运输车辆的显著位置,标明中国国籍识别标志。

外国国际道路运输经营者的车辆在中国境内运输,应当标明本国国籍识别标志,并按照规定的运输线路行驶;不得擅自改变运输线路,不得从事起止地都在中国境内的道路运输经营。

第五十一条 在口岸设立的国际道路运输管理机构应当加强对出入口岸的国际道路运输的监督管理。

第五十二条 外国国际道路运输经营者依法在中国境内设立的常驻代表机构不得从事经营活动。

第五章 执法监督

第五十三条 县级以上地方人民政府交通运输、公安、市场监督管理等部门应当建立信息共享和协同监管机制，按照职责分工加强对道路运输及相关业务的监督管理。

第五十四条　县级以上人民政府交通运输主管部门应当加强执法队伍建设，提高其工作人员的法制、业务素质。

县级以上人民政府交通运输主管部门的工作人员应当接受法制和道路运输管理业务培训、考核，考核不合格的，不得上岗执行职务。

第五十五条　上级交通运输主管部门应当对下级交通运输主管部门的执法活动进行监督。

县级以上人民政府交通运输主管部门应当建立健全内部监督制度，对其工作人员执法情况进行监督检查。

第五十六条　县级以上人民政府交通运输主管部门及其工作人员执行职务时，应当自觉接受社会和公民的监督。

第五十七条　县级以上人民政府交通运输主管部门应当建立道路运输举报制度，公开举报电话号码、通信地址或者电子邮件信箱。

任何单位和个人都有权对县级以上人民政府交通运输主管部门的工作人员滥用职权、徇私舞弊的行为进行举报。县级以上人民政府交通运输主管部门及其他有关部门收到举报后，应当依法及时查处。

第五十八条　县级以上人民政府交通运输主管部门的工作人员应当严格按照职责权限和程序进行监督检查，不得乱设卡、乱收费、乱罚款。

县级以上人民政府交通运输主管部门的工作人员应当重点在道路运输及相关业务经营场所、客货集散地进行监督检查。

县级以上人民政府交通运输主管部门的工作人员在公路路口进行监督检查时，不得随意拦截正常行驶的道路运输车辆。

第五十九条　县级以上人民政府交通运输主管部门的工作人员实施监督检查时，应当有2名以上人员参加，并向当事人出示执法证件。

第六十条　县级以上人民政府交通运输主管部门的工作人员实施监督检查时，可以向有关单位和个人了解情况，查阅、复制有关资料。但是，应当保守被调查单位和个人的商业秘密。

被监督检查的单位和个人应当接受依法实施的监督检查，如实提供有关资料或者情况。

第六十一条　县级以上人民政府交通运输主管部门的工作人员在实施道路运输监督检查过程中，发现车辆超载行为的，应当立即予以制止，并采取相应措施安排旅客改乘或者强制卸货。

第六十二条　县级以上人民政府交通运输主管部门的工作人员在实施道路运输监督检查过程中，对没有车辆营运证又无法当场提供其他有效证明的车辆予以暂扣的，应当妥善保管，不得使用，不得收取或者变相收取保管费用。

第六章　法律责任

第六十三条　违反本条例的规定，未取得道路运输经营许可，擅自从事道路运输经营的，由县级以上地方人民政府交通运输主管部门责令停止经营；有违法所得的，没收违法所得，处违法所得2倍以上10倍以下的罚款；没有违法所得或者违法所得不足2万元的，处3万元以上10万元以下的罚款；构成犯罪的，依法追究刑事责任。

第六十四条　不符合本条例第九条、第二十二条规定条件的人员驾驶道路运输经营车辆的，由县级以上地方人民政府交通运输主管部门责令改正，处200元以上2000元以下的罚款；构成犯罪的，依法追究刑事责任。

第六十五条　违反本条例的规定，未经许可擅自从事道路旅客运输站（场）经营的，由县级以上地方人民政府交通运输主管部门责令停止经营；有违法所得的，没收违法所得，处违法所得2倍以上10倍以下的罚款；没有违法所得或者违法所得不足1万元的，处2万元以上5万元以下的罚款；构成犯罪的，依法追究刑事责任。

从事机动车维修经营业务不符合国务院交通运输主管部门制定的机动车维修经营业务标准的，由县级以上地方人民政府交通运输主管部门责令改正；情节严重的，由县级以上地方人民政府交通运输主管部门责令停业整顿。

从事道路货物运输站（场）经营、机动车维修经营和机动车驾驶员培训业务，未按规定进行备案的，由县级以上地方人民政府交通运输主管部门责令改正；拒不改正的，处5000元以上2万元以下的罚款。

备案时提供虚假材料情节严重的，其直接负责的主管人员和其他直接责任人员5年内不得从事原备案的业务。

第六十六条　违反本条例的规定，客运经营者、货运经营者、道路运输相关业务经营者非法转让、出租道路运输许可证件的，由县级以上地方人民政府交通运输主管部门责令停止违法行为，收缴有关证件，处2000元以上1万元以下的罚款；有违法所得的，没收违法所得。

第六十七条　违反本条例的规定，客运经营者、危险货物运输经营者未按规定投保承运人责任险的，由县级以上地方人民政府交通运输主管部门责令限期投保；拒不投保的，由原许可机关吊销道路运输经营许可证。

第六十八条　违反本条例的规定，客运经营者、货运经营者不按照规定携带车辆营运证的，由县级以上地方人民政府交通运输主管部门责令改正，处警告或者20元以上200元以下的罚款。

第六十九条　违反本条例的规定，客运经营者、货运经营者有下列情形之一的，由县级以上地方人民政府交通运输主管部门责令改正，处1000元以上3000元以下的罚款；情节严重的，由原许可机关吊销道路运输经营许可证：

（一）不按批准的客运站点停靠或者不按规定的线路、公布的班次行驶的；

（二）强行招揽旅客、货物的；

（三）在旅客运输途中擅自变更运输车辆或者将旅客移交他人运输的；

（四）未报告原许可机关，擅自终止客运经营的；

（五）没有采取必要措施防止货物脱落、扬撒等的。

第七十条　违反本条例的规定，客运经营者、货运经营者不按规定维护和检测运输车辆的，由县级以上地方人民政府交通运输主管部门责令改正，处1000元以上5000元以下的罚款。

违反本条例的规定，客运经营者、货运经营者擅自改装已取得车辆营运证的车辆的，由县级以上地方人民政府交通运输主管部门责令改正，处5000元以上2万元以下的罚款。

第七十一条　违反本条例的规定，道路运输站（场）经营者允许无证经营的车辆进站从事经营活动以及超载车辆、未经安全检查的车辆出站或者无正当理由拒绝道路运输车辆进站从事经营活动的，由县级以上地方人民政府交通运输主管部门责令改正，处1万元以上3万元以下的罚款。

违反本条例的规定，道路运输站（场）经营者擅自改变道路运输站（场）的用途和服务功能，或者不公布运输线路、起止经停站点、运输班次、始发时间、票价的，由县级以上地方人民政府交通运输主管部门责令改正；拒不改正的，处3000元的罚款；有违法所得的，没收违法所得。

第七十二条　违反本条例的规定，机动车维修经营者使用假冒伪劣配件维修机动车，承修已报废的机动车或者擅自改装机动车的，由县级以上地方人民政府交通运输主管部门责令改正；有违法所得的，没收违法所得，处违法所得2倍以上10倍以下的罚款；没有违法所得或者违法所得不足1万元的，处2万元以上5万元以下的罚款，没收假冒伪劣配件及报废车辆；情节严重的，由县级以上地方人民政府交通运输主管部门责令停业整顿；构成犯罪的，依法追究刑事责任。

第七十三条　违反本条例的规定，机动车维修经营者签发虚假的机动车维修合格证，由县级以上地方人民政府交通运输主管部门责令改正；有违法所得的，没收违法所得，处违法所得2倍以上10倍以下的罚款；没有违法所得或者违法所得不足3000元的，处5000元以上2万元以下的罚款；情节严重的，由县级以上地方人民政府交通运输主管部门责令停业整顿；构成犯罪的，依法追究刑事责任。

第七十四条　违反本条例的规定，机动车驾驶员培训机构不严格按照规定进行培训或者在培训结业证书发放时弄虚作假的，由县级以上地方人民政府交通运输主管部门责令改正；拒不改正的，责令停业整顿。

第七十五条　违反本条例的规定，外国国际道路运输经营者未按照规定的线路运输，擅自从事中国境内道路运输或者未标明国籍识别标志的，由省、自治区、直辖市人民政府交通运输主管部门责令停止运输；有违法所得的，没收违法所得，处违法所得2倍以上10倍以下的罚款;没有违法所得或者违法所得不足1万元的,处3万元以上6万元以下的罚款。

从事国际道路货物运输经营,未按规定进行备案的,由省、自治区、直辖市人民政府交通运输主管部门责令改正;拒不改正的,处5000元以上2万元以下的罚款。

第七十六条 县级以上人民政府交通运输主管部门应当将道路运输及其相关业务经营者和从业人员的违法行为记入信用记录,并依照有关法律、行政法规的规定予以公示。

第七十七条 违反本条例的规定,县级以上人民政府交通运输主管部门的工作人员有下列情形之一的,依法给予行政处分;构成犯罪的,依法追究刑事责任:

(一)不依照本条例规定的条件、程序和期限实施行政许可的;

(二)参与或者变相参与道路运输经营以及道路运输相关业务的;

(三)发现违法行为不及时查处的;

(四)违反规定拦截、检查正常行驶的道路运输车辆的;

(五)违法扣留运输车辆、车辆营运证的;

(六)索取、收受他人财物,或者谋取其他利益的;

(七)其他违法行为。

第七章 附 则

第七十八条 内地与香港特别行政区、澳门特别行政区之间的道路运输,参照本条例的有关规定执行。

第七十九条 外商可以依照有关法律、行政法规和国家有关规定,在中华人民共和国境内采用中外合资、中外合作、独资形式投资有关的道路运输经营以及道路运输相关业务。

第八十条 从事非经营性危险货物运输的,应当遵守本条例有关规定。

第八十一条 县级以上地方人民政府交通运输主管部门依照本条例发放经营许可证件和车辆营运证,可以收取工本费。工本费的具体收费标准由省、自治区、直辖市人民政府财政部门、价格主管部门会同同级交通运输主管部门核定。

第八十二条 出租车客运和城市公共汽车客运的管理办法由国务院另行规定。

第八十三条 本条例自2004年7月1日起施行。

道路运输车辆燃料消耗量检测和监督管理办法

1. 2009年6月26日交通运输部令2009年第11号公布
2. 自2009年11月1日起施行

第一章 总 则

第一条 为加强道路运输车辆节能降耗管理,根据《中华人民共和国节约能源法》和《中华人民共和国道路运输条例》,制定本办法。

第二条 道路运输车辆燃料消耗量检测和监督管理适用本办法。

本办法所称道路运输车辆,是指拟进入道路运输市场从事道路旅客运输、货物运输经营活动,以汽油或者柴油为单一燃料的国产和进口车辆。

第三条 总质量超过3500千克的道路旅客运输车辆和货物运输车辆的燃料消耗量应当分别满足交通行业标准《营运客车燃料消耗量限值及测量方法》(JT 711,以下简称JT 711)和《营运货车燃料消耗量限值及测量方法》(JT 719,以下简称JT 719)的要求。

不符合道路运输车辆燃料消耗量限值标准的车辆,不得用于营运。

第四条 交通运输部主管全国道路运输车辆燃料消耗量检测和监督管理工作。交通运输部汽车运输节能技术服务中心(以下简称节能中心)作为交通运输部开展道路运输车辆燃料消耗量检测和监督管理工作的技术支持单位。

县级以上地方人民政府交通运输主管部门负责组织领导本行政区域内道路运输车辆燃料消耗量达标车型的监督管理工作。

县级以上道路运输管理机构按照本办法规定的职责负责具体实施本行政区域内道路运输车辆燃料消耗量达标车型的监督管理工作。

第五条 道路运输车辆燃料消耗量检测和监督管理工作应当遵循公平、公正、公开和便民的原则。

第二章 检测管理

第六条 交通运输部组织专家评审,选择符合下列条件的检测机构从事道路运输车辆燃料消耗量检测业务，并且向社会公布检测机构名单：

（一）取得相应的实验室资质认定（计量认证）和实验室认可证书，并且认可的技术能力范围涵盖本办法规定的相关技术标准；

（二）具有实施道路运输车辆燃料消耗量检测工作的检验员、试验车辆驾驶员和技术负责人等专业人员，以及仪器设备管理员、质量负责人等管理人员；

（三）具有符合道路运输车辆燃料消耗量检测规范要求的燃油流量计、速度分析仪、车辆称重设备。相关设备应当通过计量检定或者校准；

（四）具有符合道路运输车辆燃料消耗量检测规范要求的试验道路。试验道路应当为平直路，用沥青或者混凝土铺装，长度不小于 2 公里，宽度不小于 8 米，纵向坡度在 0.1% 以内，且路面应当清洁、平坦。租用试验道路的，还应当持有书面租赁合同和出租方使用证明，租赁期限不得少于 3 年；

（五）具有健全的道路运输车辆燃料消耗量检测工作管理制度，包括检测质量控制制度、文件资料管理制度、检测人员管理制度、仪器设备管理制度等。

道路运输车辆燃料消耗量检测机构专家评审组由节能中心的专家、汽车产业主管部门委派的专家、有关科研单位和高等院校的专家以及检测机构所在地省级交通运输部门的专家组成，专家评审组不得少于 5 人。

第七条　车辆生产企业可以自愿选择经交通运输部公布的检测机构进行车辆燃料消耗量检测。

第八条　检测机构应当严格按照规定程序和相关技术标准的要求开展车辆燃料消耗量检测工作，提供科学、公正、及时、有效的检测服务。

第九条　检测机构不得将道路运输车辆燃料消耗量检测业务委托至第三方。

第十条　检测机构应当如实记录检测结果和车辆核查结果，据实出具统一要求的道路运输车辆燃料消耗量检测报告。

第十一条　检测机构应当将道路运输车辆燃料消耗量检测过程的原始记录和检测报告存档，档案保存期不少于 4 年。

第十二条　检测机构应当对所出具的道路运输车辆燃料消耗量检测报告的真实性和准确性负责，并承担相应的法律责任。

第三章　车 型 管 理

第十三条　燃料消耗量检测合格并且符合本办法第十五条规定条件的车型，方可进入道路运输市场。

第十四条　对道路运输车辆实行燃料消耗量达标车型管理制度。交通运输部对经车辆生产企业自愿申请，并且经节能中心技术审查通过的车型以《道路运输车辆燃料消耗量达标车型表》（以下简称《燃料消耗量达标车型表》）的形式向社会公布。

《燃料消耗量达标车型表》车型可与《车辆生产企业及产品公告》（以下简称《公告》）车型同时申请。

第十五条　《燃料消耗量达标车型表》所列车型应当符合下列条件：

（一）已经列入《公告》的国产车辆或者已经获得国家强制性产品认证的进口车辆；

（二）各项技术参数和主要配置与《公告》或者国家强制性产品认证的车辆一致性证书保持一致；

（三）经交通运输部公布的检测机构检测，符合道路运输车辆燃料消耗量限值标准的要求。

第十六条　拟列入《燃料消耗量达标车型表》的车型，由车辆生产企业向节能中心提交下列材料：

（一）道路运输车辆燃料消耗量达标车型申请表一式两份（式样见附件 1）；

（二）《公告》技术参数表或者国家强制性产品认证的车辆一致性证书复印件一份；

（三）检测机构出具的道路运输车辆燃料消耗量检测报告原件一份。

第十七条　节能中心应当依据第十五条的规定，自收到车辆生产企业的材料之日起 20 个工作日内完成对相关车型的技术审查。经技术审查，不符合条件的，节能中心应当书面告知车辆生产企业，并说明理由；符合条件的，应当将车型及相关信息汇总整理后报交通运输部。

第十八条　未通过技术审查的车辆生产企业对技术审查结果有异议的，可以在收到书面告知材料的 5 个工作日内向交通运输部要求复核。交通运输部应当组织专家对技术审查结果进行复核。

第十九条　交通运输部应当及时对通过技术审查的车型在互联网上予以公示，公示期为 5 个工作日。

第二十条　对经公示后无异议的车型，交通运输部应当及时向社会公布。对公示后有异议且经查实不符合条件的车型，不予发布，并且告知车辆生产企业。

《燃料消耗量达标车型表》至少每季度发布一次。

第二十一条　已经列入《燃料消耗量达标车型表》的车型发生产品扩展、变更后，存在下列情况之一的，车辆生产企业应当按规定程序重新申请：

（一）车长、车宽或者车高超过原参数值1%的；

（二）整车整备质量超过原参数值3%的；

（三）换装发动机的；

（四）变速器最高挡或者次高挡速比，主减速器速比发生变化的；

（五）子午线轮胎变为斜交轮胎、轮胎横断面增加或者轮胎尺寸变小的。

已经列入《燃料消耗量达标车型表》的车型发生其他扩展、变更的，车辆生产企业应当将相关信息及时告知节能中心，并提交发生扩展、变更后的车辆仍能满足道路运输车辆燃料消耗量限值要求的承诺书。节能中心应当将相关车型的扩展、变更信息及时报交通运输部。

第二十二条　对于同一车辆生产企业生产的不同型号的车型，同时满足下列条件的，在申报《燃料消耗量达标车型表》时，可以只提交其中一个车型的燃料消耗量检测报告，相关车型一并审查发布：

（一）底盘相同；

（二）整车整备质量相差不超过3%；

（三）车身外形无明显差异；

（四）车长、车宽、车高相差不超过1%。

第二十三条　车辆生产企业对已经列入《燃料消耗量达标车型表》的车辆，应当在随车文件中明示其车辆燃料消耗量参数（式样见附件2）。

第二十四条　县级以上道路运输管理机构在配发《道路运输证》时，应当按照《燃料消耗量达标车型表》对车辆配置及参数进行核查。相关核查工作可委托汽车综合性能检测机构实施。

经核查，未列入《燃料消耗量达标车型表》或者与《燃料消耗量达标车型表》所列装备和指标要求不一致的，不得配发《道路运输证》。

第二十五条　交通运输部建立道路运输车辆燃料消耗量达标车型查询网络及数据库。省级道路运输管理机构应当将相关数据库纳入本行政区域道路运输信息系统。

第四章　监督管理

第二十六条　交通运输部应当加强对公布的道路运输车辆燃料消耗量检测机构从事相应检测业务的监督管理工作，建立、完善监督检查制度，不定期派员现场监督检测机构燃料消耗量的检测工作，根据技术审查需要组织专家对车辆燃料消耗量检测结果进行抽查。

第二十七条　检测机构有下列情形之一的，交通运输部应当责令其限期整改。经整改仍达不到要求的，交通运输部应当将其从公布的检测机构名单中撤除：

（一）未按照规定程序、技术标准开展检测工作；

（二）伪造检测结论或者出具虚假检测报告；

（三）未经检测就出具检测报告；

（四）违反法律、行政法规的其他行为。

第二十八条　交通运输部对列入《燃料消耗量达标车型表》的车型实施动态管理。车辆生产企业弄虚作假，骗取列入《燃料消耗量达标车型表》资格的，交通运输部应当将其从《燃料消耗量达标车型表》中删除，并向社会公布。

节能中心在交通运输部公布违规车型之日起3个月内不得受理该企业车辆列入《燃料消耗量达标车型表》的申请。

第二十九条　省级道路运输管理机构应当加强对本行政区域内道路运输车辆燃料消耗量达标车型的监督管理，督促各地道路运输管理机构严格执行道路运输车辆燃料消耗量达标车型管理的相关制度。

第三十条　已进入道路运输市场车辆的燃料消耗量指标应当符合《营运车辆综合性能要求和检验方法》（GB 18565）的有关要求。

道路运输管理机构应当加强对已进入道路运输市场车辆的燃料消耗量指标的监督管理。对于达到国家规定的报废标准或者经检测不符合标准要求的车辆，不得允许其继续从事道路运输经营活动。

第三十一条　从事道路运输车辆燃料消耗量检测和监

督管理工作的人员在检测和监督管理工作中有滥用职权、玩忽职守、徇私舞弊等情形的，依法给予行政处分；构成犯罪的，依法移交司法机关处理。

第五章　附　　则

第三十二条　城市公共汽车、出租车及总质量不超过3500千克的客运、货运车辆的燃料消耗量限值标准和监督管理的实施步骤另行规定。

第三十三条　本办法自2009年11月1日起施行。道路运输管理机构自2010年3月1日起，在配发《道路运输证》时，应当将燃料消耗量作为必要指标，对照《燃料消耗量达标车型表》进行核查。

附件：（略）

道路运输车辆技术管理规定

1. 2016年1月22日交通运输部令2016年第1号公布

2. 根据2019年6月21日交通运输部令2019年第19号《关于修改〈道路运输车辆技术管理规定〉的决定》第一次修正

3. 根据2022年9月26日交通运输部令2022年第29号《关于修改〈道路运输车辆技术管理规定〉的决定》第二次修正

第一章　总　　则

第一条　为加强道路运输车辆技术管理，保持车辆技术状况良好，保障运输安全，发挥车辆效能，促进节能减排，根据《中华人民共和国安全生产法》《中华人民共和国节约能源法》《中华人民共和国道路运输条例》等法律、行政法规，制定本规定。

第二条　道路运输车辆技术管理适用本规定。

本规定所称道路运输车辆包括道路旅客运输车辆（以下简称客车）、道路普通货物运输车辆（以下简称货车）、道路危险货物运输车辆（以下简称危货运输车）。

本规定所称道路运输车辆技术管理，是指对道路运输车辆在保证符合规定的技术条件和按要求进行维护、修理、综合性能检测方面所做的技术性管理。

第三条　道路运输车辆技术管理应当坚持分类管理、预防为主、安全高效、节能环保的原则。

第四条　道路运输经营者是道路运输车辆技术管理的责任主体，负责对道路运输车辆实行择优选配、正确使用、周期维护、视情修理、定期检测和适时更新，保证投入道路运输经营的车辆符合技术要求。

第五条　鼓励道路运输经营者使用安全、节能、环保型车辆，促进标准化车型推广运用，加强科技应用，不断提高车辆的管理水平和技术水平。

第六条　交通运输部主管全国道路运输车辆技术管理监督。

县级以上地方人民政府交通运输主管部门（以下简称交通运输主管部门）负责本行政区域内道路运输车辆技术管理监督。

第二章　车辆基本技术条件

第七条　从事道路运输经营的车辆应当符合下列技术要求：

（一）车辆的外廓尺寸、轴荷和最大允许总质量应当符合《汽车、挂车及汽车列车外廓尺寸、轴荷及质量限值》（GB 1589）的要求；

（二）车辆的技术性能应当符合《机动车安全技术检验项目和方法》（GB 38900）的要求；

（三）车型的燃料消耗量限值应当符合《营运客车燃料消耗量限值及测量方法》（JT 711）、《营运货车燃料消耗量限值及测量方法》（JT 719）的要求；

（四）车辆技术等级应当达到二级以上。危货运输车、国际道路运输车辆、从事高速公路客运以及营运线路长度在800公里以上的客车，技术等级应当达到一级。技术等级评定方法应当符合国家有关道路运输车辆技术等级划分和评定的要求；

（五）从事高速公路客运、包车客运、国际道路旅客运输，以及营运线路长度在800公里以上客车的类型等级应当达到中级以上。其类型划分和等级评定应当符合国家有关营运客车类型划分及等级评定的要求；

（六）危货运输车应当符合《汽车运输危险货物规则》（JT 617）的要求。

第八条　交通运输主管部门应当加强从事道路运输经营车辆的管理，对不符合本规定的车辆不得配发道路运输证。

在对挂车配发道路运输证和年度审验时，应当查验挂车是否具有有效行驶证件。

第九条 禁止使用报废、擅自改装、拼装、检测不合格以及其他不符合国家规定的车辆从事道路运输经营活动。

第三章 技术管理的一般要求

第十条 道路运输经营者应当遵守有关法律法规、标准和规范，认真履行车辆技术管理的主体责任，建立健全管理制度，加强车辆技术管理。

第十一条 鼓励道路运输经营者设置相应的部门负责车辆技术管理工作，并根据车辆数量和经营类别配备车辆技术管理人员，对车辆实施有效的技术管理。

第十二条 道路运输经营者应当加强车辆维护、使用、安全和节能等方面的业务培训，提升从业人员的业务素质和技能，确保车辆处于良好的技术状况。

第十三条 道路运输经营者应当根据有关道路运输企业车辆技术管理标准，结合车辆技术状况和运行条件，正确使用车辆。

鼓励道路运输经营者依据相关标准要求，制定车辆使用技术管理规范，科学设置车辆经济、技术定额指标并定期考核，提升车辆技术管理水平。

第十四条 道路运输经营者应当建立车辆技术档案制度，实行一车一档。档案内容应当主要包括：车辆基本信息，车辆技术等级评定、客车类型等级评定或者年度类型等级评定复核、车辆维护和修理（含《机动车维修竣工出厂合格证》）、车辆主要零部件更换、车辆变更、行驶里程、对车辆造成损伤的交通事故等记录。档案内容应当准确、详实。

车辆所有权转移、转籍时，车辆技术档案应当随车移交。

道路运输经营者应当运用信息化技术做好道路运输车辆技术档案管理工作。

第四章 车辆维护与修理

第十五条 道路运输经营者应当建立车辆维护制度。

车辆维护分为日常维护、一级维护和二级维护。日常维护由驾驶员实施，一级维护和二级维护由道路运输经营者组织实施，并做好记录。

第十六条 道路运输经营者应当依据国家有关标准和车辆维修手册、使用说明书等，结合车辆类别、车辆运行状况、行驶里程、道路条件、使用年限等因素，自行确定车辆维护周期，确保车辆正常维护。

车辆维护作业项目应当按照国家关于汽车维护的技术规范要求确定。

道路运输经营者可以对自有车辆进行二级维护作业，保证投入运营的车辆符合技术管理要求，无需进行二级维护竣工质量检测。

道路运输经营者不具备二级维护作业能力的，可以委托二类以上机动车维修经营者进行二级维护作业。机动车维修经营者完成二级维护作业后，应当向委托方出具二级维护出厂合格证。

第十七条 道路运输经营者应当遵循视情修理的原则，根据实际情况对车辆进行及时修理。

第十八条 道路运输经营者用于运输剧毒化学品、爆炸品的专用车辆及罐式专用车辆（含罐式挂车），应当到具备道路危险货物运输车辆维修条件的企业进行维修。

前款规定专用车辆的牵引车和其他运输危险货物的车辆由道路运输经营者消除危险货物的危害后，可以到具备一般车辆维修条件的企业进行维修。

第五章 车辆检测管理

第十九条 道路运输经营者应当定期到机动车综合性能检测机构，对道路运输车辆进行综合性能检测。

第二十条 道路运输经营者应当自道路运输车辆首次取得道路运输证当月起，按照下列周期和频次，委托汽车综合性能检测机构进行综合性能检测和技术等级评定：

（一）客车、危货运输车自首次经国家机动车辆注册登记主管部门登记注册不满 60 个月的，每 12 个月进行 1 次检测和评定；超过 60 个月的，每 6 个月进行 1 次检测和评定。

（二）其它运输车辆自首次经国家机动车辆注册登记主管部门登记注册的，每 12 个月进行 1 次检测和评定。

第二十一条 客车、危货运输车的综合性能检测应当委托车籍所在地汽车综合性能检测机构进行。

货车的综合性能检测可以委托运输驻在地汽车综合性能检测机构进行。

第二十二条 道路运输经营者应当选择通过市场监督管理部门的计量认证、取得计量认证证书并符合

《汽车综合性能检测站能力的通用要求》（GB 17993）等国家相关标准的检测机构进行车辆的综合性能检测。

第二十三条　汽车综合性能检测机构对新进入道路运输市场车辆应当按照《道路运输车辆燃料消耗量达标车型表》进行比对。对达标的新车和在用车辆，应当按照《机动车安全技术检验项目和方法》（GB 38900）实施检测和评定，出具全国统一式样的道路运输车辆综合性能检测报告，评定车辆技术等级，并在报告单上标注。车籍所在地交通运输主管部门应当将车辆技术等级在道路运输证上标明。

汽车综合性能检测机构应当确保检测和评定结果客观、公正、准确，对检测和评定结果承担法律责任。

第二十四条　交通运输主管部门和受其委托承担客车类型等级评定工作的汽车综合性能检测机构，应当按照《营运客车类型划分及等级评定》（JT/T 325）进行营运客车类型等级评定或者年度类型等级评定复核，出具统一式样的客车类型等级评定报告。

第二十五条　汽车综合性能检测机构应当建立车辆检测档案，档案内容主要包括：车辆综合性能检测报告（含车辆基本信息、车辆技术等级）、客车类型等级评定记录。

车辆检测档案保存期不少于两年。

第六章　监 督 检 查

第二十六条　交通运输主管部门应当按照职责权限对道路运输车辆的技术管理进行监督检查。

道路运输经营者应当对交通运输主管部门的监督检查予以配合，如实反映情况，提供有关资料。

第二十七条　交通运输主管部门应当将车辆技术状况纳入道路运输车辆年度审验内容，查验以下相应证明材料：

（一）车辆技术等级评定结论；

（二）客车类型等级评定证明。

第二十八条　交通运输主管部门应当建立车辆管理档案制度。档案内容主要包括：车辆基本情况，车辆技术等级评定、客车类型等级评定或年度类型等级评定复核、车辆变更等记录。

第二十九条　交通运输主管部门应当将运输车辆的技术管理情况纳入道路运输企业质量信誉考核和诚信管理体系。

第三十条　交通运输主管部门应当积极推广使用现代信息技术，逐步实现道路运输车辆技术管理信息资源共享。

第七章　法 律 责 任

第三十一条　违反本规定，道路运输经营者有下列行为之一的，交通运输主管部门应当责令改正，给予警告；情节严重的，处以 1000 元以上 5000 元以下罚款：

（一）道路运输车辆技术状况未达到《机动车安全技术检验项目和方法》（GB 38900）的；

（二）使用报废、擅自改装、拼装、检测不合格以及其他不符合国家规定的车辆从事道路运输经营活动的；

（三）未按照规定的周期和频次进行车辆综合性能检测和技术等级评定的。

第三十二条　违反本规定，道路运输车辆综合性能检测机构有下列行为之一的，交通运输主管部门不予采信其检测报告，并抄报同级市场监督管理部门处理。

（一）不按技术规范对道路运输车辆进行检测的；

（二）未经检测出具道路运输车辆检测结果的；

（三）不如实出具检测结果的。

第三十三条　交通运输主管部门工作人员在监督管理工作中滥用职权、玩忽职守、徇私舞弊的，依法给予行政处分；构成犯罪的，由司法机关依法处理。

第八章　附　　则

第三十四条　从事普通货运经营的总质量 4500 千克及以下普通货运车辆，不适用本规定。

第三十五条　本规定自 2016 年 3 月 1 日起施行。原交通部发布的《汽车运输业车辆技术管理规定》（交通部令 1990 年第 13 号）、《道路运输车辆维护管理规定》（交通部令 2001 年第 4 号）同时废止。

道路运输车辆动态监督管理办法

1. 2014年1月28日交通运输部、公安部、国家安全生产监督管理总局令2014年第5号发布

2. 根据2016年4月20日交通运输部、公安部、国家安全生产监督管理总局令2016年第55号《关于修改〈道路运输车辆动态监督管理办法〉的决定》第一次修正

3. 根据2022年2月14日交通运输部、公安部、应急管理部《关于修改〈道路运输车辆动态监督管理办法〉的决定》第二次修正

第一章　总　　则

第一条　为加强道路运输车辆动态监督管理，预防和减少道路交通事故，依据《中华人民共和国安全生产法》《中华人民共和国道路交通安全法实施条例》《中华人民共和国道路运输条例》等有关法律法规，制定本办法。

第二条　道路运输车辆安装、使用具有行驶记录功能的卫星定位装置（以下简称卫星定位装置）以及相关安全监督管理活动，适用本办法。

第三条　本办法所称道路运输车辆，包括用于公路营运的载客汽车、危险货物运输车辆、半挂牵引车以及重型载货汽车（总质量为12吨及以上的普通货运车辆）。

第四条　道路运输车辆动态监督管理应当遵循企业监控、政府监管、联网联控的原则。

第五条　道路运输管理机构、公安机关交通管理部门、应急管理部门依据法定职责，对道路运输车辆动态监控工作实施联合监督管理。

第二章　系 统 建 设

第六条　道路运输车辆卫星定位系统平台应当符合以下标准要求：

（一）《道路运输车辆卫星定位系统平台技术要求》（GB/T 35658）；

（二）《道路运输车辆卫星定位系统终端通信协议及数据格式》（JT/T 808）；

（三）《道路运输车辆卫星定位系统平台数据交换》（JT/T 809）。

第七条　在道路运输车辆上安装的卫星定位装置应符合以下标准要求：

（一）《道路运输车辆卫星定位系统车载终端技术要求》（JT/T 794）；

（二）《道路运输车辆卫星定位系统终端通信协议及数据格式》（JT/T 808）；

（三）《机动车运行安全技术条件》（GB 7258）；

（四）《汽车行驶记录仪》（GB/T 19056）。

第八条　道路旅客运输企业、道路危险货物运输企业和拥有50辆及以上重型载货汽车或者牵引车的道路货物运输企业应当按照标准建设道路运输车辆动态监控平台，或者使用符合条件的社会化卫星定位系统监控平台（以下统称监控平台），对所属道路运输车辆和驾驶员运行过程进行实时监控和管理。

第九条　道路运输企业新建或者变更监控平台，在投入使用前应当向原发放《道路运输经营许可证》的道路运输管理机构备案。

第十条　提供道路运输车辆动态监控社会化服务的，应当向省级道路运输管理机构备案，并提供以下材料：

（一）营业执照；

（二）服务格式条款、服务承诺；

（三）履行服务能力的相关证明材料。

第十一条　旅游客车、包车客车、三类以上班线客车和危险货物运输车辆在出厂前应当安装符合标准的卫星定位装置。重型载货汽车和半挂牵引车在出厂前应当安装符合标准的卫星定位装置，并接入全国道路货运车辆公共监管与服务平台（以下简称道路货运车辆公共平台）。

车辆制造企业为道路运输车辆安装符合标准的卫星定位装置后，应当随车附带相关安装证明材料。

第十二条　道路运输经营者应当选购安装符合标准的卫星定位装置的车辆，并接入符合要求的监控平台。

第十三条　道路运输企业应当在监控平台中完整、准确地录入所属道路运输车辆和驾驶人员的基础资料等信息，并及时更新。

第十四条　道路旅客运输企业和道路危险货物运输企业监控平台应当接入全国重点营运车辆联网联控系统（以下简称联网联控系统），并按照要求将车辆行驶的动态信息和企业、驾驶人员、车辆的相关信息逐级上传至全国道路运输车辆动态信息公共交换平台。

道路货运企业监控平台应当与道路货运车辆公共平台对接，按照要求将企业、驾驶人员、车辆的相关信息上传至道路货运车辆公共平台，并接收道路货运车辆公共平台转发的货运车辆行驶的动态信息。

第十五条　道路运输管理机构在办理营运手续时，应当对道路运输车辆安装卫星定位装置及接入系统平台的情况进行审核。

第十六条　对新出厂车辆已安装的卫星定位装置，任何单位和个人不得随意拆卸。除危险货物运输车辆接入联网联控系统监控平台时按照有关标准要求进行相应设置以外，不得改变货运车辆车载终端监控中心的域名设置。

第十七条　道路运输管理机构负责建设和维护道路运输车辆动态信息公共服务平台，落实维护经费，向地方人民政府争取纳入年度预算。道路运输管理机构应当建立逐级考核和通报制度，保证联网联控系统长期稳定运行。

第十八条　道路运输管理机构、公安机关交通管理部门、应急管理部门间应当建立信息共享机制。

公安机关交通管理部门、应急管理部门根据需要可以通过道路运输车辆动态信息公共服务平台，随时或者定期调取系统中的全国道路运输车辆动态监控数据。

第十九条　任何单位、个人不得擅自泄露、删除、篡改卫星定位系统平台的历史和实时动态数据。

第三章　车 辆 监 控

第二十条　道路运输企业是道路运输车辆动态监控的责任主体。

第二十一条　道路旅客运输企业、道路危险货物运输企业和拥有50辆及以上重型载货汽车或牵引车的道路货物运输企业应当配备专职监控人员。专职监控人员配置原则上按照监控平台每接入100辆车设1人的标准配备，最低不少于2人。

监控人员应当掌握国家相关法规和政策，经运输企业培训、考试合格后上岗。

第二十二条　道路货运车辆公共平台负责对个体货运车辆和小型道路货物运输企业（拥有50辆以下重型载货汽车或牵引车）的货运车辆进行动态监控。道路货运车辆公共平台设置监控超速行驶和疲劳驾驶的限值，自动提醒驾驶员纠正超速行驶、疲劳驾驶等违法行为。

第二十三条　道路运输企业应当建立健全并严格落实动态监控管理相关制度，规范动态监控工作：

（一）系统平台的建设、维护及管理制度；

（二）车载终端安装、使用及维护制度；

（三）监控人员岗位职责及管理制度；

（四）交通违法动态信息处理和统计分析制度；

（五）其他需要建立的制度。

第二十四条　道路运输企业应当根据法律法规的相关规定以及车辆行驶道路的实际情况，按照规定设置监控超速行驶和疲劳驾驶的限值，以及核定运营线路、区域及夜间行驶时间等，在所属车辆运行期间对车辆和驾驶员进行实时监控和管理。

设置超速行驶和疲劳驾驶的限值，应当符合客运驾驶员24小时累计驾驶时间原则上不超过8小时，日间连续驾驶不超过4小时，夜间连续驾驶不超过2小时，每次停车休息时间不少于20分钟，客运车辆夜间行驶速度不得超过日间限速80%的要求。

第二十五条　监控人员应当实时分析、处理车辆行驶动态信息，及时提醒驾驶员纠正超速行驶、疲劳驾驶等违法行为，并记录存档至动态监控台账；对经提醒仍然继续违法驾驶的驾驶员，应当及时向企业安全管理机构报告，安全管理机构应当立即采取措施制止；对拒不执行制止措施仍然继续违法驾驶的，道路运输企业应当及时报告公安机关交通管理部门，并在事后解聘驾驶员。

动态监控数据应当至少保存6个月，违法驾驶信息及处理情况应当至少保存3年。对存在交通违法信息的驾驶员，道路运输企业在事后应当及时给予处理。

第二十六条　道路运输经营者应当确保卫星定位装置正常使用，保持车辆运行实时在线。

卫星定位装置出现故障不能保持在线的道路运输车辆，道路运输经营者不得安排其从事道路运输经营活动。

第二十七条　任何单位和个人不得破坏卫星定位装置以及恶意人为干扰、屏蔽卫星定位装置信号，不得篡改卫星定位装置数据。

第二十八条 卫星定位系统平台应当提供持续、可靠的技术服务，保证车辆动态监控数据真实、准确，确保提供监控服务的系统平台安全、稳定运行。

第四章 监督检查

第二十九条 道路运输管理机构应当充分发挥监控平台的作用，定期对道路运输企业动态监控工作的情况进行监督考核，并将其纳入企业质量信誉考核的内容，作为运输企业班线招标和年度审验的重要依据。

第三十条 公安机关交通管理部门可以将道路运输车辆动态监控系统记录的交通违法信息作为执法依据，依法查处。

第三十一条 应急管理部门应当按照有关规定认真开展事故调查工作，严肃查处违反本办法规定的责任单位和人员。

第三十二条 道路运输管理机构、公安机关交通管理部门、应急管理部门监督检查人员可以向被检查单位和个人了解情况，查阅和复制有关材料。被监督检查的单位和个人应当积极配合监督检查，如实提供有关资料和说明情况。

道路运输车辆发生交通事故的，道路运输企业或者道路货运车辆公共平台负责单位应当在接到事故信息后立即封存车辆动态监控数据，配合事故调查，如实提供肇事车辆动态监控数据；肇事车辆安装车载视频装置的，还应当提供视频资料。

第三十三条 鼓励各地利用卫星定位装置，对营运驾驶员安全行驶里程进行统计分析，开展安全行车驾驶员竞赛活动。

第五章 法律责任

第三十四条 道路运输管理机构对未按照要求安装卫星定位装置，或者已安装卫星定位装置但未能在联网联控系统（重型载货汽车和半挂牵引车未能在道路货运车辆公共平台）正常显示的车辆，不予发放或者审验《道路运输证》。

第三十五条 违反本办法的规定，道路运输企业有下列情形之一的，由县级以上道路运输管理机构责令改正。拒不改正的，处1000元以上3000元以下罚款：

（一）道路运输企业未使用符合标准的监控平台、监控平台未接入联网联控系统、未按规定上传道路运输车辆动态信息的；

（二）未建立或者未有效执行交通违法动态信息处理制度、对驾驶员交通违法处理率低于90%的；

（三）未按规定配备专职监控人员，或者监控人员未有效履行监控职责的。

第三十六条 违反本办法的规定，道路运输经营者使用卫星定位装置不能保持在线的运输车辆从事经营活动的，由县级以上道路运输管理机构对其进行教育并责令改正，拒不改正或者改正后再次发生同类违反规定情形的，处200元以上800元以下罚款。

第三十七条 违反本办法的规定，道路运输企业或者提供道路运输车辆动态监控社会化服务的单位伪造、篡改、删除车辆动态监控数据的，由县级以上道路运输管理机构责令改正，处500元以上2000元以下罚款。

第三十八条 违反本办法的规定，发生道路交通事故的，具有第三十五条、第三十六条、第三十七条情形之一的，依法追究相关人员的责任；构成犯罪的，依法追究刑事责任。

第三十九条 道路运输管理机构、公安机关交通管理部门、应急管理部门工作人员执行本办法过程中玩忽职守、滥用职权、徇私舞弊的，给予行政处分；构成犯罪的，依法追究刑事责任。

第六章 附则

第四十条 在本办法实施前已经进入运输市场的重型载货汽车和半挂牵引车，应当于2015年12月31日前全部安装、使用卫星定位装置，并接入道路货运车辆公共平台。

农村客运车辆动态监督管理可参照本办法执行。

第四十一条 本办法自2014年7月1日起施行。

道路运输从业人员管理规定

1. 2006年11月23日交通部令2006年第9号公布
2. 根据2016年4月21日交通运输部令2016年第52号《关于修改〈道路运输从业人员管理规定〉的决定》第一次修正
3. 根据2019年6月21日交通运输部2019年第18号《关于修改〈道路运输从业人员管理规定〉的决定》第二次修正
4. 根据2022年11月10日交通运输部2022年第38号《关于修改〈道路运输从业人员管理规定〉的决定》第三次修正

第一章　总　　则

第一条　为加强道路运输从业人员管理，提高道路运输从业人员职业素质，根据《中华人民共和国安全生产法》《中华人民共和国道路运输条例》《危险化学品安全管理条例》以及有关法律、行政法规，制定本规定。

第二条　本规定所称道路运输从业人员是指经营性道路客货运输驾驶员、道路危险货物运输从业人员、机动车维修技术技能人员、机动车驾驶培训教练员、道路运输企业主要负责人和安全生产管理人员、其他道路运输从业人员。

经营性道路客货运输驾驶员包括经营性道路旅客运输驾驶员和经营性道路货物运输驾驶员。

道路危险货物运输从业人员包括道路危险货物运输驾驶员、装卸管理人员和押运人员。

机动车维修技术技能人员包括机动车维修技术负责人员、质量检验人员以及从事机修、电器、钣金、涂漆、车辆技术评估（含检测）作业的技术技能人员。

机动车驾驶培训教练员包括理论教练员、驾驶操作教练员、道路客货运输驾驶员从业资格培训教练员和危险货物运输驾驶员从业资格培训教练员。

其他道路运输从业人员是指除上述人员以外的道路运输从业人员，包括道路客运乘务员、机动车驾驶员培训机构教学负责人及结业考核人员、机动车维修企业价格结算员及业务接待员。

第三条　道路运输从业人员应当依法经营，诚实信用，规范操作，文明从业。

第四条　道路运输从业人员管理工作应当公平、公正、公开和便民。

第五条　交通运输部负责全国道路运输从业人员管理工作。

县级以上地方交通运输主管部门负责本行政区域内的道路运输从业人员管理工作。

第二章　从业资格管理

第六条　国家对经营性道路客货运输驾驶员、道路危险货物运输从业人员实行从业资格考试制度。其他实施国家职业资格制度的道路运输从业人员，按照国家职业资格的有关规定执行。

从业资格是对道路运输从业人员所从事的特定岗位职业素质的基本评价。

经营性道路客货运输驾驶员和道路危险货物运输从业人员必须取得相应从业资格，方可从事相应的道路运输活动。

鼓励机动车维修企业、机动车驾驶员培训机构优先聘用取得国家职业资格证书或者职业技能等级证书的从业人员从事机动车维修和机动车驾驶员培训工作。

第七条　道路运输从业人员从业资格考试应当按照交通运输部编制的考试大纲、考试题库、考核标准、考试工作规范和程序组织实施。

第八条　经营性道路客货运输驾驶员从业资格考试由设区的市级交通运输主管部门组织实施。

道路危险货物运输从业人员从业资格考试由设区的市级交通运输主管部门组织实施。

第九条　经营性道路旅客运输驾驶员应当符合下列条件：

（一）取得相应的机动车驾驶证1年以上；

（二）年龄不超过60周岁；

（三）3年内无重大以上交通责任事故；

（四）掌握相关道路旅客运输法规、机动车维修和旅客急救基本知识；

（五）经考试合格，取得相应的从业资格证件。

第十条　经营性道路货物运输驾驶员应当符合下列条件：

（一）取得相应的机动车驾驶证；

（二）年龄不超过60周岁；

（三）掌握相关道路货物运输法规、机动车维修和货物装载保管基本知识；

（四）经考试合格，取得相应的从业资格证件。

第十一条 道路危险货物运输驾驶员应当符合下列条件：

（一）取得相应的机动车驾驶证；

（二）年龄不超过60周岁；

（三）3年内无重大以上交通责任事故；

（四）取得经营性道路旅客运输或者货物运输驾驶员从业资格2年以上或者接受全日制驾驶职业教育的；

（五）接受相关法规、安全知识、专业技术、职业卫生防护和应急救援知识的培训，了解危险货物性质、危害特征、包装容器的使用特性和发生意外时的应急措施；

（六）经考试合格，取得相应的从业资格证件。

从事4500千克及以下普通货运车辆运营活动的驾驶员，申请从事道路危险货物运输的，应当符合前款第（一）（二）（三）（五）（六）项规定的条件。

第十二条 道路危险货物运输装卸管理人员和押运人员应当符合下列条件：

（一）年龄不超过60周岁；

（二）初中以上学历；

（三）接受相关法规、安全知识、专业技术、职业卫生防护和应急救援知识的培训，了解危险货物性质、危害特征、包装容器的使用特性和发生意外时的应急措施；

（四）经考试合格，取得相应的从业资格证件。

第十三条 机动车维修技术技能人员应当符合下列条件：

（一）技术负责人员

1. 具有机动车维修或者相关专业大专以上学历，或者具有机动车维修或相关专业中级以上专业技术职称；

2. 熟悉机动车维修业务，掌握机动车维修相关政策法规和技术规范。

（二）质量检验人员

1. 具有高中以上学历；

2. 熟悉机动车维修检测作业规范，掌握机动车维修故障诊断和质量检验的相关技术，熟悉机动车维修服务标准相关政策法规和技术规范。

（三）从事机修、电器、钣金、涂漆、车辆技术评估（含检测）作业的技术技能人员

1. 具有初中以上学历；

2. 熟悉所从事工种的维修技术和操作规范，并了解机动车维修相关政策法规。

第十四条 机动车驾驶培训教练员应当符合下列条件：

（一）理论教练员

1. 取得机动车驾驶证，具有2年以上安全驾驶经历；

2. 具有汽车及相关专业中专以上学历或者汽车及相关专业中级以上技术职称；

3. 掌握道路交通安全法规、驾驶理论、机动车构造、交通安全心理学、常用伤员急救等安全驾驶知识，了解车辆环保和节约能源的有关知识，了解教育学、教育心理学的基本教学知识，具备编写教案、规范讲解的授课能力。

（二）驾驶操作教练员

1. 取得相应的机动车驾驶证，符合安全驾驶经历和相应车型驾驶经历的要求；

2. 年龄不超过60周岁；

3. 熟悉道路交通安全法规、驾驶理论、机动车构造、交通安全心理学和应急驾驶的基本知识，了解车辆维护和常见故障诊断等有关知识，具备驾驶要领讲解、驾驶动作示范、指导驾驶的教学能力。

（三）道路客货运输驾驶员从业资格培训教练员

1. 具有汽车及相关专业大专以上学历或者汽车及相关专业高级以上技术职称；

2. 掌握道路旅客运输法规、货物运输法规以及机动车维修、货物装卸保管和旅客急救等相关知识，具备相应的授课能力；

3. 具有2年以上从事普通机动车驾驶员培训的教学经历，且近2年无不良的教学记录。

（四）危险货物运输驾驶员从业资格培训教练员

1. 具有化工及相关专业大专以上学历或者化工及相关专业高级以上技术职称；

2. 掌握危险货物运输法规、危险化学品特性、包

装容器使用方法、职业安全防护和应急救援等知识,具备相应的授课能力;

3.具有2年以上化工及相关专业的教学经历,且近2年无不良的教学记录。

第十五条 申请参加经营性道路客货运输驾驶员从业资格考试的人员,应当向其户籍地或者暂住地设区的市级交通运输主管部门提出申请,填写《经营性道路客货运输驾驶员从业资格考试申请表》(式样见附件1),并提供下列材料:

(一)身份证明;

(二)机动车驾驶证;

(三)申请参加道路旅客运输驾驶员从业资格考试的,还应当提供道路交通安全主管部门出具的3年内无重大以上交通责任事故记录证明。

第十六条 申请参加道路危险货物运输驾驶员从业资格考试的,应当向其户籍地或者暂住地设区的市级交通运输主管部门提出申请,填写《道路危险货物运输从业人员从业资格考试申请表》(式样见附件2),并提供下列材料:

(一)身份证明;

(二)机动车驾驶证;

(三)道路旅客运输驾驶员从业资格证件或者道路货物运输驾驶员从业资格证件或者全日制驾驶职业教育学籍证明(从事4500千克及以下普通货运车辆运营活动的驾驶员除外);

(四)相关培训证明;

(五)道路交通安全主管部门出具的3年内无重大以上交通责任事故记录证明。

第十七条 申请参加道路危险货物运输装卸管理人员和押运人员从业资格考试的,应当向其户籍地或者暂住地设区的市级交通运输主管部门提出申请,填写《道路危险货物运输从业人员从业资格考试申请表》,并提供下列材料:

(一)身份证明;

(二)学历证明;

(三)相关培训证明。

第十八条 交通运输主管部门对符合申请条件的申请人应当在受理考试申请之日起30日内安排考试。

第十九条 交通运输主管部门应当在考试结束5日内公布考试成绩。实施计算机考试的,应当现场公布考试成绩。对考试合格人员,应当自公布考试成绩之日起5日内颁发相应的道路运输从业人员从业资格证件。

第二十条 道路运输从业人员从业资格考试成绩有效期为1年,考试成绩逾期作废。

第二十一条 申请人在从业资格考试中有舞弊行为的,取消当次考试资格,考试成绩无效。

第二十二条 交通运输主管部门应当建立道路运输从业人员从业资格管理档案,并推进档案电子化。

道路运输从业人员从业资格管理档案包括:从业资格考试申请材料,从业资格考试及从业资格证件记录,从业资格证件换发、补发、变更记录,违章、事故及诚信考核等。

第二十三条 交通运输主管部门应当向社会提供道路运输从业人员相关从业信息的查询服务。

第三章 从业资格证件管理

第二十四条 经营性道路客货运输驾驶员、道路危险货物运输从业人员经考试合格后,取得《中华人民共和国道路运输从业人员从业资格证》(纸质证件和电子证件式样见附件3)。

第二十五条 道路运输从业人员从业资格证件全国通用。

第二十六条 已获得从业资格证件的人员需要增加相应从业资格类别的,应当向原发证机关提出申请,并按照规定参加相应培训和考试。

第二十七条 道路运输从业人员从业资格证件由交通运输部统一印制并编号。

经营性道路客货运输驾驶员、道路危险货物运输从业人员从业资格证件由设区的市级交通运输主管部门发放和管理。

第二十八条 交通运输主管部门应当建立道路运输从业人员从业资格证件管理数据库,推广使用从业资格电子证件。

交通运输主管部门应当结合道路运输从业人员从业资格证件的管理工作,依托信息化系统,推进从业人员管理数据共享,实现异地稽查信息共享、动态资格管理和高频服务事项跨区域协同办理。

第二十九条 道路运输从业人员从业资格证件有效期为6年。道路运输从业人员应当在从业资格证件有效期届满30日前到原发证机关办理换证手续。

道路运输从业人员从业资格证件遗失、毁损的，应当到原发证机关办理证件补发手续。

道路运输从业人员服务单位等信息变更的，应当到交通运输主管部门办理从业资格证件变更手续。道路运输从业人员申请转籍的，受理地交通运输主管部门应当查询核实相应从业资格证件信息后，重新发放从业资格证件并建立档案，收回原证件并通报原发证机关注销原证件和归档。

第三十条 道路运输从业人员办理换证、补证和变更手续，应当填写《道路运输从业人员从业资格证件换发、补发、变更登记表》（式样见附件4）。

第三十一条 交通运输主管部门应当对符合要求的从业资格证件换发、补发、变更申请予以办理。

申请人违反相关从业资格管理规定且尚未接受处罚的，受理机关应当在其接受处罚后换发、补发、变更相应的从业资格证件。

第三十二条 道路运输从业人员有下列情形之一的，由发证机关注销其从业资格证件：

（一）持证人死亡的；

（二）持证人申请注销的；

（三）经营性道路客货运输驾驶员、道路危险货物运输从业人员年龄超过60周岁的；

（四）经营性道路客货运输驾驶员、道路危险货物运输驾驶员的机动车驾驶证被注销或者被吊销的；

（五）超过从业资格证件有效期180日未申请换证的。

凡被注销的从业资格证件，应当由发证机关予以收回，公告作废并登记归档；无法收回的，从业资格证件自行作废。

第三十三条 交通运输主管部门应当通过信息化手段记录、归集道路运输从业人员的交通运输违法违章等信息。尚未实现信息化管理的，应当将经营性道路客货运输驾驶员、道路危险货物运输从业人员的违章行为记录在《中华人民共和国道路运输从业人员从业资格证》的违章记录栏内，并通报发证机关。发证机关应当将相关信息作为道路运输从业人员诚信考核的依据。

第三十四条 道路运输从业人员诚信考核周期为12个月，从初次领取从业资格证件之日起计算。诚信考核等级分为优良、合格、基本合格和不合格，分别用AAA级、AA级、A级和B级表示。

省级交通运输主管部门应当将道路运输从业人员每年的诚信考核结果向社会公布，供公众查阅。

道路运输从业人员诚信考核具体办法另行制定。

第四章 从业行为规定

第三十五条 经营性道路客货运输驾驶员以及道路危险货物运输从业人员应当在从业资格证件许可的范围内从事道路运输活动。道路危险货物运输驾驶员除可以驾驶道路危险货物运输车辆外，还可以驾驶原从业资格证件许可的道路旅客运输车辆或者道路货物运输车辆。

第三十六条 道路运输从业人员在从事道路运输活动时，应当携带相应的从业资格证件，并应当遵守国家相关法规和道路运输安全操作规程，不得违法经营、违章作业。

第三十七条 道路运输从业人员应当按照规定参加国家相关法规、职业道德及业务知识培训。

经营性道路客货运输驾驶员和道路危险货物运输驾驶员诚信考核等级为不合格的，应当按照规定参加继续教育。

第三十八条 经营性道路客货运输驾驶员和道路危险货物运输驾驶员不得超限、超载运输，连续驾驶时间不得超过4个小时，不得超速行驶和疲劳驾驶。

第三十九条 经营性道路旅客运输驾驶员和道路危险货物运输驾驶员应当按照规定填写行车日志。行车日志式样由省级交通运输主管部门统一制定。

第四十条 经营性道路旅客运输驾驶员应当采取必要措施保证旅客的人身和财产安全，发生紧急情况时，应当积极进行救护。

经营性道路货物运输驾驶员应当采取必要措施防止货物脱落、扬撒等。

严禁驾驶道路货物运输车辆从事经营性道路旅客运输活动。

第四十一条 道路危险货物运输驾驶员应当按照道路交通安全主管部门指定的行车时间和路线运输危险货物。

道路危险货物运输装卸管理人员应当按照安全作业规程对道路危险货物装卸作业进行现场监督，

确保装卸安全。

道路危险货物运输押运人员应当对道路危险货物运输进行全程监管。

道路危险货物运输从业人员应当严格按照道路危险货物运输有关标准进行操作，不得违章作业。

第四十二条　在道路危险货物运输过程中发生燃烧、爆炸、污染、中毒或者被盗、丢失、流散、泄漏等事故，道路危险货物运输驾驶员、押运人员应当立即向当地公安部门和所在运输企业或者单位报告，说明事故情况、危险货物品名和特性，并采取一切可能的警示措施和应急措施，积极配合有关部门进行处置。

第四十三条　机动车维修技术技能人员应当按照维修规范和程序作业，不得擅自扩大维修项目，不得使用假冒伪劣配件，不得擅自改装机动车，不得承修已报废的机动车，不得利用配件拼装机动车。

第四十四条　机动车驾驶培训教练员应当按照全国统一的教学大纲实施教学，规范填写教学日志和培训记录，不得擅自减少学时和培训内容。

第四十五条　道路运输企业主要负责人和安全生产管理人员必须具备与本单位所从事的生产经营活动相应的安全生产知识和管理能力，由设区的市级交通运输主管部门对其安全生产知识和管理能力考核合格。考核不得收费。

道路运输企业主要负责人和安全生产管理人员考核管理办法另行制定。

第五章　法律责任

第四十六条　违反本规定，有下列行为之一的人员，由县级以上交通运输主管部门责令改正，处200元以上2000元以下的罚款：

（一）未取得相应从业资格证件，驾驶道路客运车辆的；

（二）使用失效、伪造、变造的从业资格证件，驾驶道路客运车辆的；

（三）超越从业资格证件核定范围，驾驶道路客运车辆的。

驾驶道路货运车辆违反前款规定的，由县级以上交通运输主管部门责令改正，处200元罚款。

第四十七条　违反本规定，有下列行为之一的人员，由设区的市级交通运输主管部门处5万元以上10万元以下的罚款：

（一）未取得相应从业资格证件，从事道路危险货物运输活动的；

（二）使用失效、伪造、变造的从业资格证件，从事道路危险货物运输活动的；

（三）超越从业资格证件核定范围，从事道路危险货物运输活动的。

第四十八条　道路运输从业人员有下列不具备安全条件情形之一的，由发证机关撤销其从业资格证件：

（一）经营性道路客货运输驾驶员、道路危险货物运输从业人员身体健康状况不符合有关机动车驾驶和相关从业要求且没有主动申请注销从业资格的；

（二）经营性道路客货运输驾驶员、道路危险货物运输驾驶员发生重大以上交通事故，且负主要责任的；

（三）发现重大事故隐患，不立即采取消除措施，继续作业的。

被撤销的从业资格证件应当由发证机关公告作废并登记归档。

第四十九条　道路运输企业主要负责人和安全生产管理人员未按照规定经考核合格的，由所在地设区的市级交通运输主管部门依照《中华人民共和国安全生产法》第九十七条的规定进行处罚。

第五十条　违反本规定，交通运输主管部门工作人员有下列情形之一的，依法给予行政处分：

（一）不按规定的条件、程序和期限组织从业资格考试的；

（二）发现违法行为未及时查处的；

（三）索取、收受他人财物及谋取其他不正当利益的；

（四）其他违法行为。

第六章　附　　则

第五十一条　从业资格考试收费标准和从业资格证件工本费由省级以上交通运输主管部门会同同级财政部门、物价部门核定。

第五十二条　使用总质量4500千克及以下普通货运车辆的驾驶人员，不适用本规定。

第五十三条　本规定自2007年3月1日起施行。2001年9月6日公布的《营业性道路运输驾驶员职业培训管理规定》(交通部令2001年第7号)同时废止。

附件:(略)

道路运输服务质量投诉管理规定

1. 1999年10月11日交通部发布
2. 交公路发〔1999〕535号
3. 根据2016年9月2日交通运输部令2016年第70号《关于修改〈道路运输服务质量投诉管理规定〉的决定》修正

第一章 总 则

第一条 为了保护道路运输服务对象的合法权益,及时、公正处理服务质量投诉,加强对道路运输服务质量的监督和管理,维护道路运输市场的正常秩序,依据《中华人民共和国消费者权益保护法》及其他有关法律、法规制定本规定。

第二条 县级以上(含县级,下同)人民政府交通行政主管部门负责本辖区道路运输服务质量投诉管理工作,其所属的道路运政管理机构(以下简称运政机构)是道路运输服务质量投诉(以下简称服务质量投诉)的受理机构,负责本规定的具体实施。

第三条 各级运政机构受理服务质量投诉应遵循合法、公正、高效、便民的原则。

第二章 投诉受理机构

第四条 县级以上运政机构应当向社会公布投诉地址及投诉电话,及时受理本辖区的服务质量投诉案件。

第五条 运政机构受理服务质量投诉的主要职责是:

(一)贯彻执行国家有关服务质量投诉处理的法律、法规和规章制度;

(二)及时调查处理(或批转下一级运政机构调查处理)被投诉对象注册地为本辖区的服务质量投诉案件;报请上一级运政机构将本单位收到的被投诉对象注册地为非本辖区的投诉案件批转其辖区运政机构办理;

(三)协助上一级运政机构调查处理涉及本辖区的服务质量投诉案件;

(四)受理上一级运政机构转来的投诉案件,并报告投诉的调查处理情况和结果;

(五)建立健全本辖区服务质量投诉受理工作通报表彰、统计分析和投诉档案管理以及信息反馈等制度;

(六)督促、检查本辖区道路运输经营者制定和实施服务质量纠纷处理制度。

第三章 投诉受理条件和范围

第六条 投诉受理条件:

(一)投诉人必须是权益受到损害的道路运输服务对象或他们的代理人;

(二)有明确的投诉对象、具体事实及有关证明材料或证明人。

第七条 投诉受理范围:

(一)道路运输经营者未履行合同或协议而又拒不承担违约责任的;

(二)道路运输经营者未执行国家有关价格政策或未提供与其价格相符的服务的;

(三)道路运输经营者故意或过失造成投诉人人身伤害,货物灭失、短少、变质、污染、损坏、误期等而又拒绝赔偿损失的;

(四)道路运输经营者有欺诈行为的;

(五)道路运输经营者在经营活动中违反有关法律、法规或规章导致道路运输服务对象权益受到损害的;

(六)道路运输经营者未按规定提供与其经营内容相适应的服务设施、服务项目或服务质量标准的;

(七)道路运输经营者其他侵犯投诉人权益、损害投诉人利益的行为。

第八条 下列投诉不属于本受理范围:

(一)法院、仲裁机构或者有关行政机关已经受理的案件;

(二)由于不可抗拒力造成道路运输服务对象权益受到损害的投诉;

(三)治安和刑事案件投诉;

(四)交通事故投诉;

(五)国家法律、法规已经明确规定由其他机构受理的投诉。

第四章 投诉人与被投诉人

第九条 投诉可采用书面投诉、电话投诉或当面投诉三种形式。投诉人应在书面投诉材料上阐明或在电话投诉、当面投诉时说明下列事项:

（一）投诉人的名称或姓名及联系方式；

（二）被投诉人的名称或车辆牌照号码；

（三）投诉案件发生的时间、地点、经过及有关证明材料或证明人；

（四）投诉请求（包括停止侵害、惩治违法、违章经营，赔礼道歉，赔偿损失等）。

第十条 投诉人有权了解投诉的处理情况；有权与被投诉人自行和解；有权放弃或变更投诉请求。

第十一条 被投诉人有就被投诉案件进行陈述和申辩的权利。

第十二条 被投诉人不得妨碍运政机构对投诉案件进行的调查、核实工作，不得销毁、灭失有关证据。

第五章 投诉受理程序

第十三条 运政机构接到投诉时，应当根据第七条、第八条的规定，确定是否受理，不予受理的，要说明理由。电话投诉和当面投诉的要做好投诉记录（《道路运输服务质量投诉记录》式样见附件1），也可通知其递交书面投诉材料。

第十四条 运政机构受理投诉后，应当在5日内通知被投诉人。被投诉人应当在接到投诉通知之日起10日内作出书面答复意见。书面答复应当载明以下事项：

（一）对投诉内容及投诉请求表明态度；

（二）陈述事实，申辩举证；

（三）提出解决意见。

第十五条 运政机构应依法对投诉案件进行核实。经调查核实后，依据有关法律、法规或规章，分清责任，在投诉受理之日起30日内，做出相应的投诉处理决定，并通知双方当事人。

第六章 投诉处理

第十六条 根据投诉事实的性质，对投诉案件的处理决定可采取调解或行政处罚两种处理方式。

第十七条 投诉案件的责任认定主要依据是投诉事实和有关法律、法规及规章：

（一）《中华人民共和国合同法》及其他有关道路运输或合同的法律、法规；

（二）《道路旅客运输及客运站管理规定》《道路货物运输及站场管理规定》《道路运输车辆技术管理规定》等道路运输管理规章。

第十八条 根据责任认定结果，可做出以下调解意见，并应说明理由：

（一）被投诉人过错的，由被投诉人向投诉人赔礼道歉或赔偿损失；

（二）投诉人与被投诉人共同过错的，由双方分别承担相应责任；

（三）投诉人自身过错的，责任自负。

第十九条 运政机构对投诉案件进行调解，应制作《道路运输服务质量投诉调解书》（式样见附件2），一式3份。由投诉人、被投诉人双方（或其代表）签字，并经运政管理机构盖章确认后，分别交投诉人和被投诉人各1份，运政机构存档1份。

第二十条 有关汽车维修质量纠纷的调解依照《汽车维修质量纠纷调解办法》（交公路发〔1998〕349号）办理。

第二十一条 由于道路运输经营者经营活动违反有关法律、法规及规章导致道路运输服务对象权益受到侵害的投诉案件，运政机构应责令其停止侵害，并依照有关道路运输的法律、法规及规章给予行政处罚。

第二十二条 运政机构工作人员在处理投诉案件过程中玩忽职守、推诿拖拉、徇私枉法的，应给予行政处分，构成犯罪的追究法律责任。

第七章 附 则

第二十三条 道路运输经营者被投诉的责任频率、对投诉案件调解工作是否配合等情况，是考核企业服务质量、评定企业资质等级等方面的主要依据之一，应作为年度审验的重要内容，并在涉及审批事项等方面作为先决条件。

第二十四条 本规定自2000年1月1日起实施。

附件：1. 道路运输服务质量投诉记录（略）

2. 道路运输服务质量投诉调解书（略）

互联网道路运输便民政务服务系统业务办理工作指南

1. 2021年8月4日交通运输部办公厅发布

2. 交办运〔2021〕46号

第一章 总 则

第一条 为规范互联网道路运输便民政务服务系统

（以下简称便民政务系统）业务办理，根据《国务院关于在线政务服务的若干规定》《中华人民共和国道路运输条例》《道路运输从业人员管理规定》《机动车维修管理规定》《交通运输部办公厅关于改进提升互联网道路运输便民政务服务工作的通知》及相关管理规定，编制本指南。

第二条 本指南适用于依托便民政务系统办理道路普通货物运输（以下简称普通货运）驾驶员从业资格网上申请，道路运输从业人员（旅客运输、普通货运、危货运输驾驶员，危货运输押运人员、装卸管理人员）从业资格证补发、换发、变更、注销，普通货运、危货运输车辆道路运输证补发、换发、注销，道路运输驾驶员网上诚信（信誉）考核，国际道路运输行车许可证申领，机动车维修经营网上备案（变更）和注销等业务。普通货运车辆网上年度审验工作规范另文印发。

第三条 交通运输主管部门应当按照本指南的规定程序办理相关业务。

第四条 网上业务办理应当坚持依法依规、便民利民的原则。网上业务办理与办事窗口办理效力等同，鼓励通过网上办理业务。

第五条 网上业务办理不改变业务办理机构、审查内容与责任主体。

第六条 网上业务办理鼓励应用道路运输电子证照。具备条件的省份应要求其辖区内业务办理机构在办结从业资格证和道路运输证补发、换发、变更等业务后，免费为申请人制发电子证照。

第二章 用户管理

第七条 便民政务系统注册用户包括自然人用户和法人（经营者）用户。

道路运输从业人员和新申请道路运输从业资格的人员应注册自然人用户。自然人用户注册需提交姓名、身份证号、手机号码等信息。在便民政务系统完成注册后，可通过本人身份证号自动关联本人已有从业资格信息。

道路运输及相关业务经营者、申请从事道路运输及相关业务经营的企业法人、个体工商户等通过注册法人（经营者）用户办理业务。法人（经营者）用户注册需提交单位名称、统一社会信用代码、法定代表人姓名、身份证件号码、手机号码等信息。在便民政务系统完成注册后，可通过本单位统一社会信用代码或道路运输经营许可证号自动关联本单位信息及所属营运车辆信息。

第八条 便民政务系统注册用户关联信息与实际不一致的，可通过便民政务系统向原发证机关提出核实申请。原发证机关应当自受理之日起3个工作日内完成核实，并将结果反馈部级道路运政管理信息系统。

第九条 自然人用户可办理普通货运驾驶员从业资格网上申请，道路运输驾驶员网上诚信（信誉）考核，以及道路运输从业人员从业资格证补发、换发、变更、注销。

法人（经营者）用户可办理普通货运车辆网上年度审验，普通货运和危货运输车辆道路运输证补发、换发、注销，国际道路运输行车许可证申领，以及机动车维修经营网上备案（变更）和注销。

第十条 便民政务系统注册用户可在业务办理机构受理业务前撤销网上申请。

第三章 道路运输从业资格业务

第一节 普通货运驾驶员从业资格网上申请

第十一条 自然人用户可通过便民政务系统提出普通货运驾驶员从业资格申请。

对已获得普通货运驾驶员从业资格又重复申请普通货运驾驶员从业资格的，不再办理从业资格申请业务。

第十二条 申请普通货运驾驶员从业资格需要提交机动车驾驶证准驾车型、初领机动车驾驶证日期等信息，以及电子照片和身份证、机动车驾驶证、机动车驾驶员培训结业证书等扫描件；在暂住地申请普通货运驾驶员从业资格的，还需提交暂住地证明等扫描件。

第十三条 初次申请普通货运驾驶员从业资格的，可选择申请人户籍地或暂住地设区的市级交通运输主管部门办理；申请增加普通货运驾驶员从业资格类别的，由原发证机关负责办理。

第十四条 申请普通货运驾驶员从业资格，业务办理机构受理后，经审查符合要求的，应及时将从业资格证件核发信息反馈便民政务系统。

第十五条 对在办事窗口办理从业资格申请业务的，业务办理机构应在业务办结后将业务办理情况反馈便民政务系统。

第二节　道路运输驾驶员诚信(信誉)考核

第十六条　道路旅客运输、普通货运和危货运输驾驶员可通过便民政务系统提出诚信(信誉)考核申请。

第十七条　申请诚信(信誉)考核需要提交从业资格证号、服务单位、上一个考核周期继续教育情况等信息。

第十八条　网上诚信(信誉)考核业务由从业资格证发证机关负责办理。

第十九条　业务办结后,由业务办理机构对《道路运输驾驶员网上诚信(信誉)考核凭证》(以下简称《考核凭证》,参考样式附后)加盖电子印章。电子印章样式要求参考《全国一体化在线政务服务平台电子印章管理办法(试行)》。

申请人可通过网上便民运政系统下载《考核凭证》。各地交通运输主管部门应对《考核凭证》予以采信。

第二十条　应当依法撤销从业资格证的,业务办理机构应依法对道路运输驾驶员的从业资格证予以撤销后及时将结果反馈至部级道路运政管理信息系统。

第二十一条　对在办事窗口办理诚信(信誉)考核的,业务办理机构应及时将诚信(信誉)考核计分及评定结果反馈便民政务系统。

第二十二条　鼓励具备条件的省份开展到期自动考核。

第三节　道路运输从业人员从业资格证补发、换发、变更、注销

第二十三条　道路旅客运输、普通货运和危货运输驾驶员,以及危货运输押运人员、装卸管理人员可通过便民政务系统申请办理从业资格证补发、换发、变更、注销业务。

第二十四条　申请办理从业资格证补发业务,需提交从业资格证号、服务单位、申请理由等信息以及电子照片。

原从业资格类别包含道路旅客运输、普通货运或危货运输驾驶员的,还需提交机动车驾驶证准驾车型、初领机动车驾驶证日期以及机动车驾驶证扫描件。

原从业资格类别仅包含危货运输押运人员或装卸管理人员的,还需提交身份证扫描件。

第二十五条　申请办理从业资格证换发业务,需提交从业资格证号、服务单位、申请理由等信息,电子照片以及原从业资格证扫描件。

原从业资格类别包含道路旅客运输、普通货运或危货运输驾驶员的,还需提交机动车驾驶证准驾车型、初领机动车驾驶证日期以及机动车驾驶证扫描件;

原从业资格类别仅包含危货运输押运人员或装卸管理人员的,还需提交身份证扫描件。

第二十六条　申请办理从业资格证变更业务,需提交从业资格证号、服务单位、申请理由等信息,原从业资格类别包含道路旅客运输、普通货运或危货运输驾驶员的,还需提交机动车驾驶证准驾车型、初领机动车驾驶证日期等信息。

根据申请变更内容的不同要求,还需提交身份证、机动车驾驶证或新服务单位聘用合同扫描件等证明材料。如变更信息为从业资格证展示内容,还需要提交电子照片。

第二十七条　申请办理从业资格证注销业务,需提交申请注销从业资格类别以及身份证扫描件等信息。如未申请注销证件全部从业资格类别,还需提交电子照片。

第二十八条　从业资格证补发、换发、变更、注销业务由原发证机关负责办理。业务办理机构办理从业资格证补发、换发、变更业务,除审查申请材料外,还需核查申请人继续教育、违章处理、事故记录、从业资格证是否被注销或撤销等情况。

第四章　货运车辆道路运输证业务

第二十九条　道路运输经营者可通过便民政务系统提出普通货运车辆和危货运输车辆道路运输证补发、换发、注销申请。

第三十条　申请办理道路运输证补发、换发业务,需提交车辆号牌号码、道路运输证号、申请原因等信息,以及机动车行驶证扫描件和车辆45度角彩色电子照片。申请办理道路运输证换发的,还需要提交原道路运输证扫描件。

第三十一条　申请办理道路运输证注销业务,需提交申请注销经营范围、车辆号牌号码、道路运输证号等信息。如未申请注销证件全部经营范围,还需提交车辆45度角彩色电子照片。

第三十二条 道路运输证补发、换发、注销业务由原发证机关负责办理。业务办理机构办理道路运输证补发、换发业务，除审查申请材料外，还应核查道路运输证是否因违法行为被暂扣等情况；办理道路运输证注销业务，除审查申请材料外，还应核查是否存在违章未处理等情况。

第五章 机动车维修经营业务

第三十三条 机动车维修经营者可通过便民政务系统提出机动车维修经营网上备案（变更）、注销申请。

第三十四条 申请办理机动车维修经营备案（变更）的，需在线填报《机动车维修经营备案表》，并提交维修经营者营业执照，经营场地、停车场面积、土地使用权及产权证明或租赁合同，技术人员汇总表，各相关人员学历、技术职称或职业资格证明，维修设备设施汇总表，维修检测设备及计量检定合格证明，维修管理制度，环境保护措施等相关材料扫描件。

申请办理危货运输车辆维修经营备案（变更）的，还需提交与其作业内容相适应的专用维修车间和设备设施、突发事件应急预案、安全管理人员汇总表、安全操作规程等信息。

第三十五条 申请办理机动车维修连锁经营服务网点备案（变更）的，需在线填报《机动车维修经营备案表》，并提交连锁经营协议书副本、连锁经营的作业标准和管理手册、符合机动车维修经营相应条件的承诺书等扫描件。

第三十六条 申请办理机动车维修经营备案注销业务的，需提交备案编号信息、营业执照扫描件等。

第三十七条 机动车维修经营、连锁经营服务网点所在地县级交通运输主管部门负责办理备案（变更）和注销业务。

第六章 国际道路运输行车许可证申领业务

第三十八条 道路运输经营者可通过便民政务系统向国际道路运输管理与服务信息系统提出国际道路运输行车许可证申请。

第三十九条 申请办理国际道路运输行车许可证，需要提交申请行车许可证种类、机动车行驶证、道路运输证号、吨（座）位/核定载客人数、保险单证、驾驶员机动车驾驶证和从业资格证、计划出入境时间、出境口岸、运输路线、联系人、联系电话等信息。

第四十条 国际道路运输行车许可证申领业务由离境口岸所在地的省级交通运输主管部门负责组织办理。

第四十一条 网上业务办结后，道路运输经营者可到业务办理机构或离境口岸所在地的交通运输主管部门领取国际道路运输行车许可证。

第七章 附　　则

第四十二条 便民政务系统用户对其所提交材料的真实性、有效性与合法性负责。

第四十三条 网上办结从业资格证和道路运输证补发、换发、变更等业务后，申请人可选择邮寄到付或自取方式获取证件。选择自取的，需在一个月内领取证件。

第四十四条 用户可以通过便民政务系统申诉账号被盗用情况。对于被盗用账号办理的相关业务，查实后予以撤销。

第四十五条 业务办理机构应在用户网上提交申请材料之日起 2 个工作日内决定是否受理申请，符合规定的，应自受理之日起 3 个工作日内办结业务。相关结果应及时反馈便民政务系统。

第四十六条 业务办理机构应通过便民政务系统及时告知用户办理结果。申请材料不符合要求的，业务办理机构应一次性告知具体情况，并允许用户网上补充材料。

第四十七条 业务办理机构应通过加强部门间信息共享，持续简化办事申请材料。便民政务系统根据各地精简办事材料情况进行差别化配置。

第四十八条 本指南涉及的违章行为指的是交通运输执法机构查处的违章行为。

第四十九条 使用总质量 4500 千克及以下普通货运车辆从事普通货运经营的经营者与驾驶员，无需申请办理道路运输证与从业资格证相关业务。

第五十条 本指南由交通运输部运输服务司负责解释。

第五十一条 本指南自印发之日起施行。

附件：（略）

2. 道路客运

道路旅客运输及客运站管理规定

1. 2020年7月6日交通运输部令2020年第17号公布
2. 根据2022年9月26日交通运输部令2022年第33号《关于修改〈道路旅客运输及客运站管理规定〉的决定》修正

第一章 总 则

第一条 为规范道路旅客运输及道路旅客运输站经营活动，维护道路旅客运输市场秩序，保障道路旅客运输安全，保护旅客和经营者的合法权益，依据《中华人民共和国道路运输条例》及有关法律、行政法规的规定，制定本规定。

第二条 从事道路旅客运输（以下简称道路客运）经营以及道路旅客运输站（以下简称客运站）经营的，应当遵守本规定。

第三条 本规定所称道路客运经营，是指使用客车运送旅客、为社会公众提供服务、具有商业性质的道路客运活动，包括班车（加班车）客运、包车客运、旅游客运。

（一）班车客运是指客车在城乡道路上按照固定的线路、时间、站点、班次运行的一种客运方式。加班车客运是班车客运的一种补充形式，是在客运班车不能满足需要或者无法正常运营时，临时增加或者调配客车按客运班车的线路、站点运行的方式。

（二）包车客运是指以运送团体旅客为目的，将客车包租给用户安排使用，提供驾驶劳务，按照约定的起始地、目的地和路线行驶，由包车用户统一支付费用的一种客运方式。

（三）旅游客运是指以运送旅游观光的旅客为目的，在旅游景区内运营或者其线路至少有一端在旅游景区（点）的一种客运方式。

本规定所称客运站经营，是指以站场设施为依托，为道路客运经营者和旅客提供有关运输服务的经营活动。

第四条 道路客运和客运站管理应当坚持以人为本、安全第一的宗旨，遵循公平、公正、公开、便民的原则，打破地区封锁和垄断，促进道路运输市场的统一、开放、竞争、有序，满足广大人民群众的美好出行需求。

道路客运及客运站经营者应当依法经营，诚实信用，公平竞争，优质服务。

鼓励道路客运和客运站相关行业协会加强行业自律。

第五条 国家实行道路客运企业质量信誉考核制度，鼓励道路客运经营者实行规模化、集约化、公司化经营，禁止挂靠经营。

第六条 交通运输部主管全国道路客运及客运站管理工作。

县级以上地方人民政府交通运输主管部门（以下简称交通运输主管部门）负责本行政区域的道路客运及客运站管理工作。

第七条 道路客运应当与铁路、水路、民航等其他运输方式协调发展、有效衔接，与信息技术、旅游、邮政等关联产业融合发展。

农村道路客运具有公益属性。国家推进城乡道路客运服务一体化，提升公共服务均等化水平。

第二章 经营许可

第八条 班车客运的线路按照经营区域分为以下四种类型：

一类客运班线：跨省级行政区域（毗邻县之间除外）的客运班线。

二类客运班线：在省级行政区域内，跨设区的市级行政区域（毗邻县之间除外）的客运班线。

三类客运班线：在设区的市级行政区域内，跨县级行政区域（毗邻县之间除外）的客运班线。

四类客运班线：县级行政区域内的客运班线或者毗邻县之间的客运班线。

本规定所称毗邻县，包括相互毗邻的县、旗、县级市、下辖乡镇的区。

第九条 包车客运按照经营区域分为省际包车客运和省内包车客运。

省级人民政府交通运输主管部门可以根据实际需要，将省内包车客运分为市际包车客运、县际包车客运和县内包车客运并实行分类管理。

包车客运经营者可以向下兼容包车客运业务。

第十条 旅游客运按照营运方式分为定线旅游客运和非定线旅游客运。

定线旅游客运按照班车客运管理,非定线旅游客运按照包车客运管理。

第十一条 申请从事道路客运经营的,应当具备下列条件:

(一)有与其经营业务相适应并经检测合格的客车:

1. 客车技术要求应当符合《道路运输车辆技术管理规定》有关规定。

2. 客车类型等级要求:

从事一类、二类客运班线和包车客运的客车,其类型等级应当达到中级以上。

3. 客车数量要求:

(1)经营一类客运班线的班车客运经营者应当自有营运客车 100 辆以上,其中高级客车 30 辆以上;或者自有高级营运客车 40 辆以上;

(2)经营二类客运班线的班车客运经营者应当自有营运客车 50 辆以上,其中中高级客车 15 辆以上;或者自有高级营运客车 20 辆以上;

(3)经营三类客运班线的班车客运经营者应当自有营运客车 10 辆以上;

(4)经营四类客运班线的班车客运经营者应当自有营运客车 1 辆以上;

(5)经营省际包车客运的经营者,应当自有中高级营运客车 20 辆以上;

(6)经营省内包车客运的经营者,应当自有营运客车 10 辆以上。

(二)从事客运经营的驾驶员,应当符合《道路运输从业人员管理规定》有关规定。

(三)有健全的安全生产管理制度,包括安全生产操作规程、安全生产责任制、安全生产监督检查、驾驶员和车辆安全生产管理的制度。

申请从事道路客运班线经营,还应当有明确的线路和站点方案。

第十二条 申请从事道路客运经营的,应当依法向市场监督管理部门办理有关登记手续后,按照下列规定提出申请:

(一)从事一类、二类、三类客运班线经营或者包车客运经营的,向所在地设区的市级交通运输主管部门提出申请;

(二)从事四类客运班线经营的,向所在地县级交通运输主管部门提出申请。

在直辖市申请从事道路客运经营的,应当向直辖市人民政府确定的交通运输主管部门提出申请。

省级人民政府交通运输主管部门对省内包车客运实行分类管理的,对从事市际包车客运、县际包车客运经营的,向所在地设区的市级交通运输主管部门提出申请;对从事县内包车客运经营的,向所在地县级交通运输主管部门提出申请。

第十三条 申请从事道路客运经营的,应当提供下列材料:

(一)《道路旅客运输经营申请表》(见附件 1);

(二)企业法定代表人或者个体经营者身份证件,经办人的身份证件和委托书;

(三)安全生产管理制度文本;

(四)拟投入车辆和聘用驾驶员承诺,包括客车数量、类型等级、技术等级,聘用的驾驶员具备从业资格。

申请道路客运班线经营的,还应当提供下列材料:

(一)《道路旅客运输班线经营申请表》(见附件 2);

(二)承诺在投入运营前,与起讫地客运站和中途停靠地客运站签订进站协议(农村道路客运班线在乡村一端无客运站的,不作此端的进站承诺);

(三)运输服务质量承诺书。

第十四条 已获得相应道路客运班线经营许可的经营者,申请新增客运班线时,应当按照本规定第十二条的规定进行申请,并提供第十三条第一款第(四)项、第二款规定的材料以及经办人的身份证件和委托书。

第十五条 申请从事客运站经营的,应当具备下列条件:

(一)客运站经验收合格;

(二)有与业务量相适应的专业人员和管理人员;

(三)有相应的设备、设施;

(四)有健全的业务操作规程和安全管理制度,包括服务规范、安全生产操作规程、车辆发车前例检、安全生产责任制,以及国家规定的危险物品及其他禁止携带的物品(以下统称违禁物品)查堵、人员和车辆进出站安全管理等安全生产监督检查的制度。

第十六条　申请从事客运站经营的，应当依法向市场监督管理部门办理有关登记手续后，向所在地县级交通运输主管部门提出申请。

第十七条　申请从事客运站经营的，应当提供下列材料：

（一）《道路旅客运输站经营申请表》（见附件3）；

（二）企业法定代表人或者个体经营者身份证件，经办人的身份证件和委托书；

（三）承诺已具备本规定第十五条规定的条件。

第十八条　交通运输主管部门应当定期向社会公布本行政区域内的客运运力投放、客运线路布局、主要客流流向和流量等情况。

交通运输主管部门在审查客运申请时，应当考虑客运市场的供求状况、普遍服务和方便群众等因素；在审查营运线路长度在800公里以上的客运班线申请时，还应当进行安全风险评估。

第十九条　交通运输主管部门应当按照《中华人民共和国道路运输条例》和《交通行政许可实施程序规定》以及本规定规范的程序实施道路客运经营、道路客运班线经营和客运站经营的行政许可。

第二十条　交通运输主管部门对道路客运经营申请、道路客运班线经营申请予以受理的，应当通过部门间信息共享、内部核查等方式获取营业执照、申请人已取得的其他道路客运经营许可、现有车辆等信息，并自受理之日起20日内作出许可或者不予许可的决定。

交通运输主管部门对符合法定条件的道路客运经营申请作出准予行政许可决定的，应当出具《道路客运经营行政许可决定书》（见附件4），明确经营主体、经营范围、车辆数量及要求等许可事项，在作出准予行政许可决定之日起10日内向被许可人发放《道路运输经营许可证》，并告知被许可人所在地交通运输主管部门。

交通运输主管部门对符合法定条件的道路客运班线经营申请作出准予行政许可决定的，还应当出具《道路客运班线经营行政许可决定书》（见附件5），明确起讫地、中途停靠地客运站点、日发班次下限、车辆数量及要求、经营期限等许可事项，并告知班线起讫地同级交通运输主管部门；对成立线路公司的道路客运班线或者农村道路客运班线，中途停靠地客运站点可以由其经营者自行决定，并告知原许可机关。

属于一类、二类客运班线的，许可机关应当将《道路客运班线经营行政许可决定书》抄告中途停靠地同级交通运输主管部门。

第二十一条　客运站经营许可实行告知承诺制。申请人承诺具备经营许可条件并提交本规定第十七条规定的相关材料的，交通运输主管部门应当经形式审查后当场作出许可或者不予许可的决定。作出准予行政许可决定的，应当出具《道路旅客运输站经营行政许可决定书》（见附件6），明确经营主体、客运站名称、站场地址、站场级别和经营范围等许可事项，并在10日内向被许可人发放《道路运输经营许可证》。

第二十二条　交通运输主管部门对不符合法定条件的申请作出不予行政许可决定的，应当向申请人出具《不予交通行政许可决定书》，并说明理由。

第二十三条　受理一类、二类客运班线和四类中的毗邻县间客运班线经营申请的，交通运输主管部门应当在受理申请后7日内征求中途停靠地和目的地同级交通运输主管部门意见；同级交通运输主管部门应当在收到之日起10日内反馈，不予同意的，应当依法注明理由，逾期不予答复的，视为同意。

相关交通运输主管部门对设区的市内毗邻县间客运班线经营申请持不同意见且协商不成的，由受理申请的交通运输主管部门报设区的市级交通运输主管部门决定，并书面通知申请人。相关交通运输主管部门对省际、市际毗邻县间客运班线经营申请持不同意见且协商不成的，由受理申请的交通运输主管部门报设区的市级交通运输主管部门协商，仍协商不成的，报省级交通运输主管部门（协商）决定，并书面通知申请人。相关交通运输主管部门对一类、二类客运班线经营申请持不同意见且协商不成的，由受理申请的交通运输主管部门报省级交通运输主管部门（协商）决定，并书面通知申请人。

上级交通运输主管部门作出的决定应当书面通知受理申请的交通运输主管部门，由受理申请的交通运输主管部门为申请人办理有关手续。

因客运班线经营期限届满，班车客运经营者重新提出申请的，受理申请的交通运输主管部门不需向中途停靠地和目的地交通运输主管部门再次征求意见。

第二十四条 班车客运经营者应当持进站协议向原许可机关备案起讫地客运站点、途经路线。营运线路长度在800公里以上的客运班线还应当备案车辆号牌。交通运输主管部门应当按照该客运班线车辆数量同时配发班车客运标志牌（见附件7）和《道路客运班线经营信息表》（见附件8）。

第二十五条 客运经营者应当按照确定的时间落实拟投入车辆和聘用驾驶员等承诺。交通运输主管部门核实后，应当为投入运输的客车配发《道路运输证》，注明经营范围。营运线路长度在800公里以上的客运班线还应当注明客运班线和班车客运标志牌编号等信息。

第二十六条 因拟从事不同类型客运经营需向不同层级交通运输主管部门申请的，应当由相应层级的交通运输主管部门许可，由最高一级交通运输主管部门核发《道路运输经营许可证》，并注明各级交通运输主管部门许可的经营范围，下级交通运输主管部门不再核发。下级交通运输主管部门已向被许可人发放《道路运输经营许可证》的，上级交通运输主管部门应当予以换发。

第二十七条 道路客运经营者设立子公司的，应当按照规定向设立地交通运输主管部门申请经营许可；设立分公司的，应当向设立地交通运输主管部门备案。

第二十八条 客运班线经营许可可以通过服务质量招投标的方式实施，并签订经营服务协议。申请人数量达不到招投标要求的，交通运输主管部门应当按照许可条件择优确定客运经营者。

相关交通运输主管部门协商确定通过服务质量招投标方式，实施跨省客运班线经营许可的，可以采取联合招标、各自分别招标等方式进行。一方不实行招投标的，不影响另外一方进行招投标。

道路客运班线经营服务质量招投标管理办法另行制定。

第二十九条 在道路客运班线经营许可过程中，任何单位和个人不得以对等投放运力等不正当理由拒绝、阻挠实施客运班线经营许可。

第三十条 客运经营者、客运站经营者需要变更许可事项，应当向原许可机关提出申请，按本章有关规定办理。班车客运经营者变更起讫地客运站点、途经路线的，应当重新备案。

客运班线的经营主体、起讫地和日发班次下限变更和客运站经营主体、站址变更应当按照重新许可办理。

客运班线许可事项或者备案事项发生变更的，交通运输主管部门应当换发《道路客运班线经营信息表》。

客运经营者和客运站经营者在取得全部经营许可证件后无正当理由超过180日不投入运营，或者运营后连续180日以上停运的，视为自动终止经营。

第三十一条 客运班线的经营期限由其许可机关按照《中华人民共和国道路运输条例》的有关规定确定。

第三十二条 客运班线经营者在经营期限内暂停、终止班线经营的，应当提前30日告知原许可机关。经营期限届满，客运班线经营者应当按照本规定第十二条重新提出申请。许可机关应当依据本章有关规定作出许可或者不予许可的决定。予以许可的，重新办理有关手续。

客运经营者终止经营，应当在终止经营后10日内，将相关的《道路运输经营许可证》和《道路运输证》、客运标志牌交回原发放机关。

第三十三条 客运站经营者终止经营的，应当提前30日告知原许可机关和进站经营者。原许可机关发现关闭客运站可能对社会公众利益造成重大影响的，应当采取措施对进站车辆进行分流，并在终止经营前15日向社会公告。客运站经营者应当在终止经营后10日内将《道路运输经营许可证》交回原发放机关。

第三章 客运经营管理

第三十四条 客运经营者应当按照交通运输主管部门决定的许可事项从事客运经营活动，不得转让、出租道路运输经营许可证件。

第三十五条 道路客运班线属于国家所有的公共资源。班车客运经营者取得经营许可后，应当向公众提供连续运输服务，不得擅自暂停、终止或者转让班线运输。

第三十六条 在重大活动、节假日、春运期间、旅游旺季等特殊时段或者发生突发事件，客运经营者不能满足运力需求的，交通运输主管部门可以临时调用车辆技术等级不低于二级的营运客车和社会非营运客车开行包车或者加班车。非营运客车凭交通运输主管部门开具的证明运行。

第三十七条 客运班车应当按照许可的起讫地、日发班次下限和备案的途经路线运行，在起讫地客运站点和中途停靠地客运站点（以下统称配客站点）上下旅客。

客运班车不得在规定的配客站点外上客或者沿途揽客，无正当理由不得改变途经路线。客运班车在遵守道路交通安全、城市管理相关法规的前提下，可以在起讫地、中途停靠地所在的城市市区、县城城区沿途下客。

重大活动期间，客运班车应当按照相关交通运输主管部门指定的配客站点上下旅客。

第三十八条 一类、二类客运班线的经营者或者其委托的售票单位、配客站点，应当实行实名售票和实名查验（以下统称实名制管理），免票儿童除外。其他客运班线及客运站实行实名制管理的范围，由省级人民政府交通运输主管部门确定。

实行实名制管理的，购票人购票时应当提供有效身份证件原件（有效身份证件类别见附件 9），并由售票人在客票上记载旅客的身份信息。通过网络、电话等方式实名购票的，购票人应当提供有效的身份证件信息，并在取票时提供有效身份证件原件。

旅客遗失客票的，经核实其身份信息后，售票人应当免费为其补办客票。

第三十九条 客运经营者不得强迫旅客乘车，不得将旅客交给他人运输，不得甩客，不得敲诈旅客，不得使用低于规定的类型等级营运客车承运，不得阻碍其他经营者的正常经营活动。

第四十条 严禁营运客车超载运行，在载客人数已满的情况下，允许再搭乘不超过核定载客人数 10% 的免票儿童。

第四十一条 客车不得违反规定载货。客运站经营者受理客运班车行李舱载货运输业务的，应当对托运人有效身份信息进行登记，并对托运物品进行安全检查或者开封验视，不得受理有关法律法规禁止运送、可能危及运输安全和托运人拒绝安全检查的托运物品。

客运班车行李舱装载托运物品时，应当不超过行李舱内径尺寸、不大于客车允许最大总质量与整备质量和核定载客质量之差，并合理均衡配重；对于容易在舱内滚动、滑动的物品应当采取有效的固定措施。

第四十二条 客运经营者应当遵守有关运价规定，使用规定的票证，不得乱涨价、恶意压价、乱收费。

第四十三条 客运经营者应当在客运车辆外部的适当位置喷印企业名称或者标识，在车厢内醒目位置公示驾驶员姓名和从业资格证号、交通运输服务监督电话、票价和里程表。

第四十四条 客运经营者应当为旅客提供良好的乘车环境，确保车辆设备、设施齐全有效，保持车辆清洁、卫生，并采取必要的措施防止在运输过程中发生侵害旅客人身、财产安全的违法行为。

客运经营者应当按照有关规定在发车前进行旅客系固安全带等安全事项告知，运输过程中发生侵害旅客人身、财产安全的治安违法行为时，应当及时向公安机关报告并配合公安机关处理治安违法行为。

客运经营者不得在客运车辆上从事播放淫秽录像等不健康的活动，不得传播、使用破坏社会安定、危害国家安全、煽动民族分裂等非法出版物。

第四十五条 鼓励客运经营者使用配置下置行李舱的客车从事道路客运。没有下置行李舱或者行李舱容积不能满足需要的客车，可以在车厢内设立专门的行李堆放区，但行李堆放区和座位区必须隔离，并采取相应的安全措施。严禁行李堆放区载客。

第四十六条 客运经营者应当为旅客投保承运人责任险。

第四十七条 客运经营者应当加强车辆技术管理，建立客运车辆技术状况检查制度，加强对从业人员的安全、职业道德教育和业务知识、操作规程培训，并采取有效措施，防止驾驶员连续驾驶时间超过 4 个小时。

客运车辆驾驶员应当遵守道路运输法规和道路运输驾驶员操作规程，安全驾驶，文明服务。

第四十八条　客运经营者应当制定突发事件应急预案。应急预案应当包括报告程序、应急指挥、应急车辆和设备的储备以及处置措施等内容。

发生突发事件时，客运经营者应当服从县级以上人民政府或者有关部门的统一调度、指挥。

第四十九条　客运经营者应当建立和完善各类台账和档案，并按照要求及时报送有关资料和信息。

第五十条　旅客应当持有效客票乘车，配合行李物品安全检查，按照规定使用安全带，遵守乘车秩序，文明礼貌；不得携带违禁物品乘车，不得干扰驾驶员安全驾驶。

实行实名制管理的客运班线及客运站，旅客还应当持有本人有效身份证件原件，配合工作人员查验。旅客乘车前，客运站经营者应当对客票记载的身份信息与旅客及其有效身份证件原件（以下简称票、人、证）进行一致性核对并记录有关信息。

对旅客拒不配合行李物品安全检查或者坚持携带违禁物品、乘坐实名制管理的客运班线拒不提供本人有效身份证件原件或者票、人、证不一致的，班车客运经营者和客运站经营者不得允许其乘车。

第五十一条　实行实名制管理的班车客运经营者及客运站经营者应当配备必要的设施设备，并加强实名制管理相关人员的培训和相关系统及设施设备的管理，确保符合国家相关法律法规规定。

第五十二条　班车客运经营者及客运站经营者对实行实名制管理所登记采集的旅客身份信息及乘车信息，除应当依公安机关的要求向其如实提供外，应当予以保密。对旅客身份信息及乘车信息自采集之日起保存期限不得少于1年，涉及视频图像信息的，自采集之日起保存期限不得少于90日。

第五十三条　班车客运经营者或者其委托的售票单位、配客站点应当针对客流高峰、恶劣天气及设备系统故障、重大活动等特殊情况下实名制管理的特点，制定有效的应急预案。

第五十四条　客运车辆驾驶员应当随车携带《道路运输证》、从业资格证等有关证件，在规定位置放置客运标志牌。

第五十五条　有下列情形之一的，客运车辆可以凭临时班车客运标志牌运行：

（一）在特殊时段或者发生突发事件，客运经营者不能满足运力需求，使用其他客运经营者的客车开行加班车的；

（二）因车辆故障、维护等原因，需要调用其他客运经营者的客车接驳或者顶班的；

（三）班车客运标志牌正在制作或者不慎灭失，等待领取的。

第五十六条　凭临时班车客运标志牌运营的客车应当按正班车的线路和站点运行。属于加班或者顶班的，还应当持有始发站签章并注明事由的当班行车路单；班车客运标志牌正在制作或者灭失的，还应当持有该条班线的《道路客运班线经营信息表》或者《道路客运班线经营行政许可决定书》的复印件。

第五十七条　客运包车应当凭车籍所在地交通运输主管部门配发的包车客运标志牌，按照约定的时间、起始地、目的地和线路运行，并持有包车合同，不得招揽包车合同外的旅客乘车。

客运包车除执行交通运输主管部门下达的紧急包车任务外，其线路一端应当在车籍所在的设区的市，单个运次不超过15日。

第五十八条　省际临时班车客运标志牌（见附件10）、省际包车客运标志牌（见附件11）由设区的市级交通运输主管部门按照交通运输部的统一式样印制，交由当地交通运输主管部门向客运经营者配发。省际临时班车客运标志牌和省际包车客运标志牌在一个运次所需的时间内有效。因班车客运标志牌正在制作或者灭失而使用的省际临时班车客运标志牌，有效期不得超过30日。

从事省际包车客运的企业应当按照交通运输部的统一要求，通过运政管理信息系统向车籍地交通运输主管部门备案。

省内临时班车客运标志牌、省内包车客运标志牌式样及管理要求由各省级人民政府交通运输主管部门自行规定。

第四章　班车客运定制服务

第五十九条　国家鼓励开展班车客运定制服务（以下简称定制客运）。

前款所称定制客运，是指已经取得道路客运班线经营许可的经营者依托电子商务平台发布道路客运班线起讫地等信息、开展线上售票，按照旅客需求灵活确定发车时间、上下旅客地点并提供运输服务的班车客运运营方式。

第六十条 开展定制客运的营运客车（以下简称定制客运车辆）核定载客人数应当在7人及以上。

第六十一条 提供定制客运网络信息服务的电子商务平台（以下简称网络平台），应当依照国家有关法规办理市场主体登记、互联网信息服务许可或者备案等有关手续。

第六十二条 网络平台应当建立班车客运经营者、驾驶员、车辆档案，并确保班车客运经营者已取得相应的道路客运班线经营许可，驾驶员具备相应的机动车驾驶证和从业资格并受班车客运经营者合法聘用，车辆具备有效的《道路运输证》、按规定投保承运人责任险。

第六十三条 班车客运经营者开展定制客运的，应当向原许可机关备案，并提供以下材料：

（一）《班车客运定制服务信息表》（见附件12）；

（二）与网络平台签订的合作协议或者相关证明。

网络平台由班车客运经营者自营的，免于提交前款第（二）项材料。

《班车客运定制服务信息表》记载信息发生变更的，班车客运经营者应当重新备案。

第六十四条 班车客运经营者应当在定制客运车辆随车携带的班车客运标志牌显著位置粘贴“定制客运”标识（见附件7）。

第六十五条 班车客运经营者可以自行决定定制客运日发班次。

定制客运车辆在遵守道路交通安全、城市管理相关法规的前提下，可以在道路客运班线起讫地、中途停靠地的城市市区、县城城区按乘客需求停靠。

网络平台不得超出班车客运经营者的许可范围开展定制客运服务。

第六十六条 班车客运经营者应当为定制客运车辆随车配备便携式安检设备，并由驾驶员或者其他工作人员对旅客行李物品进行安全检查。

第六十七条 网络平台应当提前向旅客提供班车客运经营者、联系方式、车辆品牌、号牌等车辆信息以及乘车地点、时间，并确保发布的提供服务的经营者、车辆和驾驶员与实际提供服务的经营者、车辆和驾驶员一致。

实行实名制管理的客运班线开展定制客运的，班车客运经营者和网络平台应当落实实名制管理相关要求。网络平台应当采取安全保护措施，妥善保存采集的个人信息和生成的业务数据，保存期限应当不少于3年，并不得用于定制客运以外的业务。

网络平台应当按照交通运输主管部门的要求，如实提供其接入的经营者、车辆、驾驶员信息和相关业务数据。

第六十八条 网络平台发现车辆存在超速、驾驶员疲劳驾驶、未按照规定的线路行驶等违法违规行为的，应当及时通报班车客运经营者。班车客运经营者应当及时纠正。

网络平台使用不符合规定的经营者、车辆或者驾驶员开展定制客运，造成旅客合法权益受到侵害的，应当依法承担相应的责任。

第五章 客运站经营

第六十九条 客运站经营者应当按照交通运输主管部门决定的许可事项从事客运站经营活动，不得转让、出租客运站经营许可证件，不得改变客运站基本用途和服务功能。

客运站经营者应当维护好各种设施、设备，保持其正常使用。

第七十条 客运站经营者和进站发车的客运经营者应当依法自愿签订服务合同，双方按照合同的规定履行各自的权利和义务。

第七十一条 客运站经营者应当依法加强安全管理，完善安全生产条件，健全和落实安全生产责任制。

客运站经营者应当对出站客车进行安全检查，采取措施防止违禁物品进站上车，按照车辆核定载客限额售票，严禁超载车辆或者未经安全检查的车辆出站，保证安全生产。

第七十二条 客运站经营者应当将客运线路、班次等基础信息接入省域道路客运联网售票系统。

鼓励客运站经营者为旅客提供网络售票、自助终端售票等多元化售票服务。鼓励电子客票在道路客运行业的推广应用。

第七十三条 鼓励客运站经营者在客运站所在城市市区、县城城区的客运班线主要途经地点设立停靠点，提供售检票、行李物品安全检查和营运客车停靠服务。

客运站经营者设立停靠点的，应当向原许可机关备案，并在停靠点显著位置公示客运站《道路运输经营许可证》等信息。

第七十四条 客运站经营者应当禁止无证经营的车辆进站从事经营活动，无正当理由不得拒绝合法客运车辆进站经营。

客运站经营者应当坚持公平、公正原则，合理安排发车时间，公平售票。

客运经营者在发车时间安排上发生纠纷，客运站经营者协调无效时，由当地交通运输主管部门裁定。

第七十五条 客运站经营者应当公布进站客车的类型等级、运输线路、配客站点、班次、发车时间、票价等信息，调度车辆进站发车，疏导旅客，维持秩序。

第七十六条 进站客运经营者应当在发车30分钟前备齐相关证件进站并按时发车；进站客运经营者因故不能发班的，应当提前1日告知客运站经营者，双方要协商调度车辆顶班。

对无故停班达7日以上的进站班车，客运站经营者应当报告当地交通运输主管部门。

第七十七条 客运站经营者应当设置旅客购票、候车、乘车指示、行李寄存和托运、公共卫生等服务设施，按照有关规定为军人、消防救援人员等提供优先购票乘车服务，并建立老幼病残孕等特殊旅客服务保障制度，向旅客提供安全、便捷、优质的服务，加强宣传，保持站场卫生、清洁。

客运站经营者在不改变客运站基本服务功能的前提下，可以根据客流变化和市场需要，拓展旅游集散、邮政、物流等服务功能。

客运站经营者从事前款经营活动的，应当遵守相应的法律、行政法规的规定。

第七十八条 客运站经营者应当严格执行价格管理规定，在经营场所公示收费项目和标准，严禁乱收费。

第七十九条 客运站经营者应当按照规定的业务操作规程装卸、储存、保管行包。

第八十条 客运站经营者应当制定突发事件应急预案。应急预案应当包括报告程序、应急指挥、应急设备的储备以及处置措施等内容。

第八十一条 客运站经营者应当建立和完善各类台账和档案，并按照要求报送有关信息。

第六章 监督检查

第八十二条 交通运输主管部门应当加强对道路客运和客运站经营活动的监督检查。

交通运输主管部门工作人员应当严格按照法定职责权限和程序，原则上采取随机抽取检查对象、随机选派执法检查人员的方式进行监督检查，监督检查结果应当及时向社会公布。

第八十三条 交通运输主管部门应当每年对客运车辆进行一次审验。审验内容包括：

（一）车辆违法违章记录；

（二）车辆技术等级评定情况；

（三）车辆类型等级评定情况；

（四）按照规定安装、使用符合标准的具有行驶记录功能的卫星定位装置情况；

（五）客运经营者为客运车辆投保承运人责任险情况。

审验符合要求的，交通运输主管部门在《道路运输证》中注明；不符合要求的，应当责令限期改正或者办理变更手续。

第八十四条 交通运输主管部门及其工作人员应当重点在客运站、旅客集散地对道路客运、客运站经营活动实施监督检查。此外，根据管理需要，可以在公路路口实施监督检查，但不得随意拦截正常行驶的道路运输车辆，不得双向拦截车辆进行检查。

第八十五条 交通运输主管部门的工作人员实施监督检查时，应当有2名以上人员参加，并向当事人出示合法有效的交通运输行政执法证件。

第八十六条 交通运输主管部门的工作人员可以向被检查单位和个人了解情况，查阅和复制有关材料，但应当保守被调查单位和个人的商业秘密。

被监督检查的单位和个人应当接受交通运输主管部门及其工作人员依法实施的监督检查，如实提供有关资料或者说明情况。

第八十七条 交通运输主管部门的工作人员在实施道路运输监督检查过程中，发现客运车辆有超载行为的，应当立即予以制止，移交相关部门处理，并采取相应措施安排旅客改乘。

第八十八条 交通运输主管部门应当对客运经营者拟投入车辆和聘用驾驶员承诺、进站承诺履行情况开展检查。

客运经营者未按照许可要求落实拟投入车辆承诺或者聘用驾驶员承诺的，原许可机关可以依法撤销相应的行政许可决定；班车客运经营者未按照许可要求提供进站协议的，原许可机关应当责令限期整改，拒不整改的，可以依法撤销相应的行政许可决定。

原许可机关应当在客运站经营者获得经营许可60日内，对其告知承诺情况进行核查。客运站经营者应当按照要求提供相关证明材料。客运站经营者承诺内容与实际情况不符的，原许可机关应当责令限期整改；拒不整改或者整改后仍达不到要求的，原许可机关可以依法撤销相应的行政许可决定。

第八十九条　客运经营者在许可的交通运输主管部门管辖区域外违法从事经营活动的，违法行为发生地的交通运输主管部门应当依法将当事人的违法事实、处罚结果记录到《道路运输证》上，并抄告作出道路客运经营许可的交通运输主管部门。

第九十条　交通运输主管部门作出行政处罚决定后，客运经营者拒不履行的，作出行政处罚决定的交通运输主管部门可以将其拒不履行行政处罚决定的事实抄告违法车辆车籍所在地交通运输主管部门，作为能否通过车辆年度审验和决定质量信誉考核结果的重要依据。

第九十一条　交通运输主管部门的工作人员在实施道路运输监督检查过程中，对没有合法有效《道路运输证》又无法当场提供其他有效证明的客运车辆可以予以暂扣，并出具《道路运输车辆暂扣凭证》（见附件14），对暂扣车辆应当妥善保管，不得使用，不得收取或者变相收取保管费用。

违法当事人应当在暂扣凭证规定的时间内到指定地点接受处理。逾期不接受处理的，交通运输主管部门可以依法作出处罚决定，并将处罚决定书送达当事人。当事人无正当理由逾期不履行处罚决定的，交通运输主管部门可以申请人民法院强制执行。

第九十二条　交通运输主管部门应当在道路运政管理信息系统中如实记录道路客运经营者、客运站经营者、网络平台、从业人员的违法行为信息，并按照有关规定将违法行为纳入有关信用信息共享平台。

第七章　法律责任

第九十三条　违反本规定，有下列行为之一的，由交通运输主管部门责令停止经营；有违法所得的，没收违法所得，处违法所得2倍以上10倍以下的罚款；没有违法所得或者违法所得不足2万元的，处3万元以上10万元以下的罚款；构成犯罪的，依法追究刑事责任：

（一）未取得道路客运经营许可，擅自从事道路客运经营的；

（二）未取得道路客运班线经营许可，擅自从事班车客运经营的；

（三）使用失效、伪造、变造、被注销等无效的道路客运许可证件从事道路客运经营的；

（四）超越许可事项，从事道路客运经营的。

第九十四条　违反本规定，有下列行为之一的，由交通运输主管部门责令停止经营；有违法所得的，没收违法所得，处违法所得2倍以上10倍以下的罚款；没有违法所得或者违法所得不足1万元的，处2万元以上5万元以下的罚款；构成犯罪的，依法追究刑事责任：

（一）未取得客运站经营许可，擅自从事客运站经营的；

（二）使用失效、伪造、变造、被注销等无效的客运站许可证件从事客运站经营的；

（三）超越许可事项，从事客运站经营的。

第九十五条　违反本规定，客运经营者、客运站经营者非法转让、出租道路运输经营许可证件的，由交通运输主管部门责令停止违法行为，收缴有关证件，处2000元以上1万元以下的罚款；有违法所得的，没收违法所得。

第九十六条　违反本规定，客运经营者有下列行为之一的，由交通运输主管部门责令限期投保；拒不投保的，由原许可机关吊销相应许可：

（一）未为旅客投保承运人责任险的；

（二）未按照最低投保限额投保的；

（三）投保的承运人责任险已过期，未继续投保的。

第九十七条　违反本规定，客运经营者使用未持合法有效《道路运输证》的车辆参加客运经营的，或者聘用不具备从业资格的驾驶员参加客运经营的，由交通运输主管部门责令改正，处3000元以上1万元以下的罚款。

违反本规定，客运经营者不按照规定随车携带《道路运输证》的，由交通运输主管部门责令改正，处警告或者 20 元以上 200 元以下的罚款。

第九十八条 一类、二类客运班线的经营者或者其委托的售票单位、客运站经营者未按照规定对旅客身份进行查验，或者对身份不明、拒绝提供身份信息的旅客提供服务的，由交通运输主管部门处 10 万元以上 50 万元以下的罚款，并对其直接负责的主管人员和其他直接责任人员处 10 万元以下的罚款；情节严重的，由交通运输主管部门责令其停止从事相关道路旅客运输或者客运站经营业务；造成严重后果的，由原许可机关吊销有关道路旅客运输或者客运站经营许可证件。

第九十九条 违反本规定，客运经营者有下列情形之一的，由交通运输主管部门责令改正，处 1000 元以上 3000 元以下的罚款：

（一）客运班车不按照批准的配客站点停靠或者不按照规定的线路、日发班次下限行驶的；

（二）加班车、顶班车、接驳车无正当理由不按照规定的线路、站点运行的；

（三）以欺骗、暴力等手段招揽旅客的；

（四）擅自将旅客移交他人运输的；

（五）在旅客运输途中擅自变更运输车辆的；

（六）未报告原许可机关，擅自终止道路客运经营的；

（七）客运包车未持有效的包车客运标志牌进行经营的，不按照包车客运标志牌载明的事项运行的，线路两端均不在车籍所在地的，招揽包车合同以外的旅客乘车的；

（八）开展定制客运未按照规定备案的；

（九）未按照规定在发车前对旅客进行安全事项告知的。

违反前款第（一）至（六）项规定，情节严重的，由原许可机关吊销相应许可。

第一百条 违反本规定，客运经营者、客运站经营者存在重大运输安全隐患等情形，导致不具备安全生产条件，经停产停业整顿仍不具备安全生产条件的，由交通运输主管部门依法吊销相应许可。

第一百零一条 违反本规定，客运站经营者有下列情形之一的，由交通运输主管部门责令改正，处 1 万元以上 3 万元以下的罚款：

（一）允许无经营证件的车辆进站从事经营活动的；

（二）允许超载车辆出站的；

（三）允许未经安全检查或者安全检查不合格的车辆发车的；

（四）无正当理由拒绝客运车辆进站从事经营活动的；

（五）设立的停靠点未按照规定备案的。

第一百零二条 违反本规定，客运站经营者有下列情形之一的，由交通运输主管部门责令改正；拒不改正的，处 3000 元的罚款；有违法所得的，没收违法所得：

（一）擅自改变客运站的用途和服务功能的；

（二）不公布运输线路、配客站点、班次、发车时间、票价的。

第一百零三条 违反本规定，网络平台有下列情形之一的，由交通运输主管部门责令改正，处 3000 元以上 1 万元以下的罚款：

（一）发布的提供服务班车客运经营者与实际提供服务班车客运经营者不一致的；

（二）发布的提供服务车辆与实际提供服务车辆不一致的；

（三）发布的提供服务驾驶员与实际提供服务驾驶员不一致的；

（四）超出班车客运经营者许可范围开展定制客运的。

网络平台接入或者使用不符合规定的班车客运经营者、车辆或者驾驶员开展定制客运的，由交通运输主管部门责令改正，处 1 万元以上 3 万元以下的罚款。

第八章　附　　则

第一百零四条 本规定所称农村道路客运，是指县级行政区域内或者毗邻县间，起讫地至少有一端在乡村且主要服务于农村居民的旅客运输。

第一百零五条 出租汽车客运、城市公共汽车客运管理根据国家有关规定执行。

第一百零六条 客运经营者从事国际道路旅客运输经营活动，除遵守本规定外，有关从业条件等特殊要求还应当适用交通运输部制定的《国际道路运输管理规定》。

第一百零七条　交通运输主管部门依照本规定发放的道路运输经营许可证件和《道路运输证》，可以收取工本费。工本费的具体收费标准由省、自治区、直辖市人民政府财政、价格主管部门会同同级交通运输主管部门核定。

第一百零八条　本规定自 2020 年 9 月 1 日起施行。2005 年 7 月 12 日以交通部令 2005 年第 10 号公布的《道路旅客运输及客运站管理规定》、2008 年 7 月 23 日以交通运输部令 2008 年第 10 号公布的《关于修改〈道路旅客运输及客运站管理规定〉的决定》、2009 年 4 月 20 日以交通运输部令 2009 年第 4 号公布的《关于修改〈道路旅客运输及客运站管理规定〉的决定》、2012 年 3 月 14 日以交通运输部令 2012 年第 2 号公布的《关于修改〈道路旅客运输及客运站管理规定〉的决定》、2012 年 12 月 11 日以交通运输部令 2012 年第 8 号公布的《关于修改〈道路旅客运输及客运站管理规定〉的决定》、2016 年 4 月 11 日以交通运输部令 2016 年第 34 号公布的《关于修改〈道路旅客运输及客运站管理规定〉的决定》、2016 年 12 月 6 日以交通运输部令 2016 年第 82 号公布的《关于修改〈道路旅客运输及客运站管理规定〉的决定》同时废止。

附件：（略）

网络预约出租汽车经营服务管理暂行办法

1. *2016 年 7 月 27 日交通运输部、工业和信息化部、公安部、商务部、工商总局、质检总局、国家网信办令 2016 年第 60 号公布*
2. *根据 2019 年 12 月 28 日交通运输部、工业和信息化部、公安部、商务部、市场监管总局、国家网信办令 2019 年第 46 号《关于修改〈网络预约出租汽车经营服务管理暂行办法〉的决定》第一次修正*
3. *根据 2022 年 11 月 30 日交通运输部、工业和信息化部、公安部、商务部、市场监管总局、国家网信办令 2022 年第 42 号《关于修改〈网络预约出租汽车经营服务管理暂行办法〉的决定》第二次修正*

第一章　总　　则

第一条　为更好地满足社会公众多样化出行需求，促进出租汽车行业和互联网融合发展，规范网络预约出租汽车经营服务行为，保障运营安全和乘客合法权益，根据国家有关法律、行政法规，制定本办法。

第二条　从事网络预约出租汽车（以下简称网约车）经营服务，应当遵守本办法。

本办法所称网约车经营服务，是指以互联网技术为依托构建服务平台，整合供需信息，使用符合条件的车辆和驾驶员，提供非巡游的预约出租汽车服务的经营活动。

本办法所称网络预约出租汽车经营者（以下称网约车平台公司），是指构建网络服务平台，从事网约车经营服务的企业法人。

第三条　坚持优先发展城市公共交通、适度发展出租汽车，按照高品质服务、差异化经营的原则，有序发展网约车。

网约车运价实行市场调节价，城市人民政府认为有必要实行政府指导价的除外。

第四条　国务院交通运输主管部门负责指导全国网约车管理工作。

各省、自治区人民政府交通运输主管部门在本级人民政府领导下，负责指导本行政区域内网约车管理工作。

直辖市、设区的市级或者县级交通运输主管部门或人民政府指定的其他出租汽车行政主管部门（以下称出租汽车行政主管部门）在本级人民政府领导下，负责具体实施网约车管理。

其他有关部门依据法定职责，对网约车实施相关监督管理。

第二章　网约车平台公司

第五条　申请从事网约车经营的，应当具备线上线下服务能力，符合下列条件：

（一）具有企业法人资格；

（二）具备开展网约车经营的互联网平台和与拟开展业务相适应的信息数据交互及处理能力，具备供交通、通信、公安、税务、网信等相关监管部门依法调取查询相关网络数据信息的条件，网络服务平台数据库接入出租汽车行政主管部门监管平台，服务器设置在中国内地，有符合规定的网络安全管理制度和安全保护技术措施；

（三）使用电子支付的，应当与银行、非银行支付机构签订提供支付结算服务的协议；

（四）有健全的经营管理制度、安全生产管理制度和服务质量保障制度；

（五）在服务所在地有相应服务机构及服务能力；

（六）法律法规规定的其他条件。

外商投资网约车经营的，除符合上述条件外，还应当符合外商投资相关法律法规的规定。

第六条 申请从事网约车经营的，应当根据经营区域向相应的出租汽车行政主管部门提出申请，并提交以下材料：

（一）网络预约出租汽车经营申请表（见附件）；

（二）投资人、负责人身份、资信证明及其复印件，经办人的身份证明及其复印件和委托书；

（三）企业法人营业执照，属于分支机构的还应当提交营业执照；

（四）服务所在地办公场所、负责人员和管理人员等信息；

（五）具备互联网平台和信息数据交互及处理能力的证明材料，具备供交通、通信、公安、税务、网信等相关监管部门依法调取查询相关网络数据信息条件的证明材料，数据库接入情况说明，服务器设置在中国内地的情况说明，依法建立并落实网络安全管理制度和安全保护技术措施的证明材料；

（六）使用电子支付的，应当提供与银行、非银行支付机构签订的支付结算服务协议；

（七）经营管理制度、安全生产管理制度和服务质量保障制度文本；

（八）法律法规要求提供的其他材料。

首次从事网约车经营的，应当向企业注册地相应出租汽车行政主管部门提出申请，前款第（五）、第（六）项有关线上服务能力材料由网约车平台公司注册地省级交通运输主管部门商同级通信、公安、税务、网信、人民银行等部门审核认定，并提供相应认定结果，认定结果全国有效。网约车平台公司在注册地以外申请从事网约车经营的，应当提交前款第（五）、第（六）项有关线上服务能力认定结果。

其他线下服务能力材料，由受理申请的出租汽车行政主管部门进行审核。

第七条 出租汽车行政主管部门应当自受理之日起20日内作出许可或者不予许可的决定。20日内不能作出决定的，经实施机关负责人批准，可以延长10日，并应当将延长期限的理由告知申请人。

第八条 出租汽车行政主管部门对于网约车经营申请作出行政许可决定的，应当明确经营范围、经营区域、经营期限等，并发放《网络预约出租汽车经营许可证》。

第九条 出租汽车行政主管部门对不符合规定条件的申请作出不予行政许可决定的，应当向申请人出具《不予行政许可决定书》。

第十条 网约车平台公司应当在取得相应《网络预约出租汽车经营许可证》并向企业注册地省级通信主管部门申请互联网信息服务备案后，方可开展相关业务。备案内容包括经营者真实身份信息、接入信息、出租汽车行政主管部门核发的《网络预约出租汽车经营许可证》等。涉及经营电信业务的，还应当符合电信管理的相关规定。

网约车平台公司应当自网络正式联通之日起30日内，到网约车平台公司管理运营机构所在地的省级人民政府公安机关指定的受理机关办理备案手续。

第十一条 网约车平台公司暂停或者终止运营的，应当提前30日向服务所在地出租汽车行政主管部门书面报告，说明有关情况，通告提供服务的车辆所有人和驾驶员，并向社会公告。终止经营的，应当将相应《网络预约出租汽车经营许可证》交回原许可机关。

第三章 网约车车辆和驾驶员

第十二条 拟从事网约车经营的车辆，应当符合以下条件：

（一）7座及以下乘用车；

（二）安装具有行驶记录功能的车辆卫星定位装置、应急报警装置；

（三）车辆技术性能符合运营安全相关标准要求。

车辆的具体标准和营运要求，由相应的出租汽车行政主管部门，按照高品质服务、差异化经营的发展原则，结合本地实际情况确定。

第十三条 服务所在地出租汽车行政主管部门依车辆所有人或者网约车平台公司申请，按第十二条规定的条件审核后，对符合条件并登记为预约出租客运的车辆，发放《网络预约出租汽车运输证》。

城市人民政府对网约车发放《网络预约出租汽车运输证》另有规定的，从其规定。

第十四条　从事网约车服务的驾驶员，应当符合以下条件：

（一）取得相应准驾车型机动车驾驶证并具有3年以上驾驶经历；

（二）无交通肇事犯罪、危险驾驶犯罪记录，无吸毒记录，无饮酒后驾驶记录，最近连续3个记分周期内没有记满12分记录；

（三）无暴力犯罪记录；

（四）城市人民政府规定的其他条件。

第十五条　服务所在地设区的市级出租汽车行政主管部门依驾驶员或者网约车平台公司申请，按第十四条规定的条件核查并按规定考核后，为符合条件且考核合格的驾驶员，发放《网络预约出租汽车驾驶员证》。

第四章　网约车经营行为

第十六条　网约车平台公司承担承运人责任，应当保证运营安全，保障乘客合法权益。

第十七条　网约车平台公司应当保证提供服务车辆具备合法营运资质，技术状况良好，安全性能可靠，具有营运车辆相关保险，保证线上提供服务的车辆与线下实际提供服务的车辆一致，并将车辆相关信息向服务所在地出租汽车行政主管部门报备。

第十八条　网约车平台公司应当保证提供服务的驾驶员具有合法从业资格，按照有关法律法规规定，根据工作时长、服务频次等特点，与驾驶员签订多种形式的劳动合同或者协议，明确双方的权利和义务。网约车平台公司应当维护和保障驾驶员合法权益，开展有关法律法规、职业道德、服务规范、安全运营等方面的岗前培训和日常教育，保证线上提供服务的驾驶员与线下实际提供服务的驾驶员一致，并将驾驶员相关信息向服务所在地出租汽车行政主管部门报备。

网约车平台公司应当记录驾驶员、约车人在其服务平台发布的信息内容、用户注册信息、身份认证信息、订单日志、上网日志、网上交易日志、行驶轨迹日志等数据并备份。

第十九条　网约车平台公司应当公布确定符合国家有关规定的计程计价方式，明确服务项目和质量承诺，建立服务评价体系和乘客投诉处理制度，如实采集与记录驾驶员服务信息。在提供网约车服务时，提供驾驶员姓名、照片、手机号码和服务评价结果，以及车辆牌照等信息。

第二十条　网约车平台公司应当合理确定网约车运价，实行明码标价，并向乘客提供相应的出租汽车发票。

第二十一条　网约车平台公司不得妨碍市场公平竞争，不得侵害乘客合法权益和社会公共利益。

网约车平台公司不得有为排挤竞争对手或者独占市场，以低于成本的价格运营扰乱正常市场秩序，损害国家利益或者其他经营者合法权益等不正当价格行为，不得有价格违法行为。

第二十二条　网约车应当在许可的经营区域内从事经营活动，超出许可的经营区域的，起讫点一端应当在许可的经营区域内。

第二十三条　网约车平台公司应当依法纳税，为乘客购买承运人责任险等相关保险，充分保障乘客权益。

第二十四条　网约车平台公司应当加强安全管理，落实运营、网络等安全防范措施，严格数据安全保护和管理，提高安全防范和抗风险能力，支持配合有关部门开展相关工作。

第二十五条　网约车平台公司和驾驶员提供经营服务应当符合国家有关运营服务标准，不得途中甩客或者故意绕道行驶，不得违规收费，不得对举报、投诉其服务质量或者对其服务作出不满意评价的乘客实施报复行为。

第二十六条　网约车平台公司应当通过其服务平台以显著方式将驾驶员、约车人和乘客等个人信息的采集和使用的目的、方式和范围进行告知。未经信息主体明示同意，网约车平台公司不得使用前述个人信息用于开展其他业务。

网约车平台公司采集驾驶员、约车人和乘客的个人信息，不得超越提供网约车业务所必需的范围。

除配合国家机关依法行使监督检查权或者刑事侦查权外，网约车平台公司不得向任何第三方提供驾驶员、约车人和乘客的姓名、联系方式、家庭住址、银行账户或者支付账户、地理位置、出行线路等个人信息，不得泄露地理坐标、地理标志物等涉及国家安全的敏感信息。发生信息泄露后，网约车平台公司应当及时向相关主管部门报告，并采取及时有效的补救措施。

第二十七条　网约车平台公司应当遵守国家网络和信息安全有关规定，所采集的个人信息和生成的业务数据，应当在中国内地存储和使用，保存期限不少于2年，除法律法规另有规定外，上述信息和数据不得外流。

网约车平台公司不得利用其服务平台发布法律法规禁止传播的信息，不得为企业、个人及其他团体、组织发布有害信息提供便利，并采取有效措施过滤阻断有害信息传播。发现他人利用其网络服务平台传播有害信息的，应当立即停止传输，保存有关记录，并向国家有关机关报告。

网约车平台公司应当依照法律规定，为公安机关依法开展国家安全工作，防范、调查违法犯罪活动提供必要的技术支持与协助。

第二十八条　任何企业和个人不得向未取得合法资质的车辆、驾驶员提供信息对接开展网约车经营服务。不得以私人小客车合乘名义提供网约车经营服务。

网约车车辆和驾驶员不得通过未取得经营许可的网络服务平台提供运营服务。

第五章　监督检查

第二十九条　出租汽车行政主管部门应当建设和完善政府监管平台，实现与网约车平台信息共享。共享信息应当包括车辆和驾驶员基本信息、服务质量以及乘客评价信息等。

出租汽车行政主管部门应当加强对网约车市场监管，加强对网约车平台公司、车辆和驾驶员的资质审查与证件核发管理。

出租汽车行政主管部门应当定期组织开展网约车服务质量测评，并及时向社会公布本地区网约车平台公司基本信息、服务质量测评结果、乘客投诉处理情况等信息。

出租汽车行政主管、公安等部门有权根据管理需要依法调取查阅管辖范围内网约车平台公司的登记、运营和交易等相关数据信息。

第三十条　通信主管部门和公安、网信部门应当按照各自职责，对网约车平台公司非法收集、存储、处理和利用有关个人信息、违反互联网信息服务有关规定、危害网络和信息安全、应用网约车服务平台发布有害信息或者为企业、个人及其他团体组织发布有害信息提供便利的行为，依法进行查处，并配合出租汽车行政主管部门对认定存在违法违规行为的网约车平台公司进行依法处置。

公安机关、网信部门应当按照各自职责监督检查网络安全管理制度和安全保护技术措施的落实情况，防范、查处有关违法犯罪活动。

第三十一条　发展改革、价格、通信、公安、人力资源社会保障、商务、人民银行、税务、市场监管、网信等部门按照各自职责，对网约车经营行为实施相关监督检查，并对违法行为依法处理。

第三十二条　各有关部门应当按照职责建立网约车平台公司和驾驶员信用记录，并纳入全国信用信息共享平台。同时将网约车平台公司行政许可和行政处罚等信用信息在国家企业信用信息公示系统上予以公示。

第三十三条　出租汽车行业协会组织应当建立网约车平台公司和驾驶员不良记录名单制度，加强行业自律。

第六章　法律责任

第三十四条　违反本规定，擅自从事或者变相从事网约车经营活动，有下列行为之一的，由县级以上出租汽车行政主管部门责令改正，予以警告，并按照以下规定分别予以罚款；构成犯罪的，依法追究刑事责任：

（一）未取得《网络预约出租汽车经营许可证》的，对网约车平台公司处以10000元以上30000元以下罚款；

（二）未取得《网络预约出租汽车运输证》的，对当事人处以3000元以上10000元以下罚款；

（三）未取得《网络预约出租汽车驾驶员证》的，对当事人处以200元以上2000元以下罚款。

伪造、变造或者使用伪造、变造、失效的《网络预约出租汽车运输证》《网络预约出租汽车驾驶员证》从事网约车经营活动的，分别按照前款第（二）项、第（三）项的规定予以罚款。

第三十五条　网约车平台公司违反本规定，有下列行为之一的，由县级以上出租汽车行政主管部门和价格主管部门按照职责责令改正，对每次违法行为处以5000元以上10000元以下罚款；情节严重的，处以10000元以上30000元以下罚款：

（一）提供服务车辆未取得《网络预约出租汽车运输证》，或者线上提供服务车辆与线下实际提供服务车辆不一致的；

（二）提供服务驾驶员未取得《网络预约出租汽

车驾驶员证》，或者线上提供服务驾驶员与线下实际提供服务驾驶员不一致的；

（三）未按照规定保证车辆技术状况良好的；

（四）起讫点均不在许可的经营区域从事网约车经营活动的；

（五）未按照规定将提供服务的车辆、驾驶员相关信息向服务所在地出租汽车行政主管部门报备的；

（六）未按照规定制定服务质量标准、建立并落实投诉举报制度的；

（七）未按照规定提供共享信息，或者不配合出租汽车行政主管部门调取查阅相关数据信息的；

（八）未履行管理责任，出现甩客、故意绕道、违规收费等严重违反国家相关运营服务标准行为的。

网约车平台公司不再具备线上线下服务能力或者有严重违法行为的，由县级以上出租汽车行政主管部门依据相关法律法规的有关规定责令停业整顿、吊销相关许可证件。

第三十六条　网约车驾驶员违反本规定，有下列情形之一的，由县级以上出租汽车行政主管部门和价格主管部门按照职责责令改正，对每次违法行为处以50元以上200元以下罚款：

（一）途中甩客或者故意绕道行驶的；

（二）违规收费的；

（三）对举报、投诉其服务质量或者对其服务作出不满意评价的乘客实施报复行为的。

网约车驾驶员不再具备从业条件或者有严重违法行为的，由县级以上出租汽车行政主管部门依据相关法律法规的有关规定撤销或者吊销从业资格证件。

对网约车驾驶员的行政处罚信息计入驾驶员和网约车平台公司信用记录。

第三十七条　网约车平台公司违反本规定第十、十八、二十六、二十七条有关规定的，由网信部门、公安机关和通信主管部门按各自职责依照相关法律法规规定给予处罚；给信息主体造成损失的，依法承担民事责任；涉嫌犯罪的，依法追究刑事责任。

网约车平台公司及网约车驾驶员违法使用或者泄露约车人、乘客个人信息的，由公安、网信等部门依照各自职责处以2000元以上10000元以下罚款；给信息主体造成损失的，依法承担民事责任；涉嫌犯罪的，依法追究刑事责任。

网约车平台公司拒不履行或者拒不按要求为公安机关依法开展国家安全工作，防范、调查违法犯罪活动提供技术支持与协助的，由公安机关依法予以处罚；构成犯罪的，依法追究刑事责任。

第七章　附　　则

第三十八条　私人小客车合乘，也称为拼车、顺风车，按城市人民政府有关规定执行。

第三十九条　网约车行驶里程达到60万千米时强制报废。行驶里程未达到60万千米但使用年限达到8年时，退出网约车经营。

小、微型非营运载客汽车登记为预约出租客运的，按照网约车报废标准报废。其他小、微型营运载客汽车登记为预约出租客运的，按照该类型营运载客汽车报废标准和网约车报废标准中先行达到的标准报废。

省、自治区、直辖市人民政府有关部门要结合本地实际情况，制定网约车报废标准的具体规定，并报国务院商务、公安、交通运输等部门备案。

第四十条　本办法自2016年11月1日起实施。各地可根据本办法结合本地实际制定具体实施细则。

附件：（略）

巡游出租汽车经营服务管理规定

1. *2014年9月30日交通运输部令2014年第16号发布*
2. *根据2016年8月26日交通运输部令2016年第64号《关于修改〈出租汽车经营服务管理规定〉的决定》第一次修正*
3. *根据2021年8月11日交通运输部令2021年第16号《关于修改〈巡游出租汽车经营服务管理规定〉的决定》第二次修正*

第一章　总　　则

第一条　为规范巡游出租汽车经营服务行为，保障乘客、驾驶员和巡游出租汽车经营者的合法权益，促进出租汽车行业健康发展，根据国家有关法律、行政法规，制定本规定。

第二条　从事巡游出租汽车经营服务，应当遵守本规定。

第三条　出租汽车是城市综合交通运输体系的组成部

分，是城市公共交通的补充，为社会公众提供个性化运输服务。优先发展城市公共交通，适度发展出租汽车。

巡游出租汽车发展应当与城市经济社会发展相适应，与公共交通等客运服务方式协调发展。

第四条 巡游出租汽车应当依法经营，诚实守信，公平竞争，优质服务。

第五条 国家鼓励巡游出租汽车实行规模化、集约化、公司化经营。

第六条 交通运输部负责指导全国巡游出租汽车管理工作。

各省、自治区人民政府交通运输主管部门在本级人民政府领导下，负责指导本行政区域内巡游出租汽车管理工作。

直辖市、设区的市级或者县级交通运输主管部门或者人民政府指定的其他出租汽车行政主管部门（以下称出租汽车行政主管部门）在本级人民政府领导下，负责具体实施巡游出租汽车管理。

第七条 县级以上地方人民政府出租汽车行政主管部门应当根据经济社会发展和人民群众出行需要，按照巡游出租汽车功能定位，制定巡游出租汽车发展规划，并报经同级人民政府批准后实施。

第二章　经营许可

第八条 申请巡游出租汽车经营的，应当根据经营区域向相应的县级以上地方人民政府出租汽车行政主管部门提出申请，并符合下列条件：

（一）有符合机动车管理要求并满足以下条件的车辆或者提供保证满足以下条件的车辆承诺书：

1. 符合国家、地方规定的巡游出租汽车技术条件；

2. 有按照第十三条规定取得的巡游出租汽车车辆经营权。

（二）有取得符合要求的从业资格证件的驾驶人员；

（三）有健全的经营管理制度、安全生产管理制度和服务质量保障制度；

（四）有固定的经营场所和停车场地。

第九条 申请人申请巡游出租汽车经营时，应当提交以下材料：

（一）《巡游出租汽车经营申请表》（见附件 1）；

（二）投资人、负责人身份、资信证明及其复印件，经办人的身份证明及其复印件和委托书；

（三）巡游出租汽车车辆经营权证明及拟投入车辆承诺书（见附件 2），包括车辆数量、座位数、类型及等级、技术等级；

（四）聘用或者拟聘用驾驶员从业资格证及其复印件；

（五）巡游出租汽车经营管理制度、安全生产管理制度和服务质量保障制度文本；

（六）经营场所、停车场地有关使用证明等。

第十条 县级以上地方人民政府出租汽车行政主管部门对巡游出租汽车经营申请予以受理的，应当自受理之日起 20 日内作出许可或者不予许可的决定。

第十一条 县级以上地方人民政府出租汽车行政主管部门对巡游出租汽车经营申请作出行政许可决定的，应当出具《巡游出租汽车经营行政许可决定书》（见附件 3），明确经营范围、经营区域、车辆数量及要求、巡游出租汽车车辆经营权期限等事项，并在 10 日内向被许可人发放《道路运输经营许可证》。

县级以上地方人民政府出租汽车行政主管部门对不符合规定条件的申请作出不予行政许可决定的，应当向申请人出具《不予行政许可决定书》。

第十二条 县级以上地方人民政府出租汽车行政主管部门应当按照当地巡游出租汽车发展规划，综合考虑市场实际供需状况、巡游出租汽车运营效率等因素，科学确定巡游出租汽车运力规模，合理配置巡游出租汽车的车辆经营权。

第十三条 国家鼓励通过服务质量招投标方式配置巡游出租汽车的车辆经营权。

县级以上地方人民政府出租汽车行政主管部门应当根据投标人提供的运营方案、服务质量状况或者服务质量承诺、车辆设备和安全保障措施等因素，择优配置巡游出租汽车的车辆经营权，向中标人发放车辆经营权证明，并与中标人签订经营协议。

第十四条 巡游出租汽车车辆经营权的经营协议应当包括以下内容：

（一）巡游出租汽车车辆经营权的数量、使用方式、期限等；

（二）巡游出租汽车经营服务标准；

（三）巡游出租汽车车辆经营权的变更、终止和延续等；

（四）履约担保；

（五）违约责任；

（六）争议解决方式；

（七）双方认为应当约定的其他事项。

在协议有效期限内，确需变更协议内容的，协议双方应当在共同协商的基础上签订补充协议。

第十五条　被许可人应当按照《巡游出租汽车经营行政许可决定书》和经营协议，投入符合规定数量、座位数、类型及等级、技术等级等要求的车辆。原许可机关核实符合要求后，为车辆核发《道路运输证》。

投入运营的巡游出租汽车车辆应当安装符合规定的计程计价设备、具有行驶记录功能的车辆卫星定位装置、应急报警装置，按照要求喷涂车身颜色和标识，设置有中英文"出租汽车"字样的顶灯和能显示空车、暂停运营、电召等运营状态的标志，按照规定在车辆醒目位置标明运价标准、乘客须知、经营者名称和服务监督电话。

第十六条　巡游出租汽车车辆经营权不得超过规定的期限，具体期限由县级以上地方人民政府出租汽车行政主管部门报本级人民政府根据投入车辆的车型和报废周期等因素确定。

第十七条　巡游出租汽车车辆经营权因故不能继续经营的，授予车辆经营权的出租汽车行政主管部门可优先收回。在车辆经营权有效期限内，需要变更车辆经营权经营主体的，应当到原许可机关办理变更许可手续。出租汽车行政主管部门在办理车辆经营权变更许可手续时，应当按照第八条的规定，审查新的车辆经营权经营主体的条件，提示车辆经营权期限等相关风险，并重新签订经营协议，经营期限为该车辆经营权的剩余期限。

第十八条　巡游出租汽车经营者在车辆经营权期限内，不得擅自暂停或者终止经营。需要变更许可事项或者暂停、终止经营的，应当提前30日向原许可机关提出申请，依法办理相关手续。巡游出租汽车经营者终止经营的，应当将相关的《道路运输经营许可证》和《道路运输证》等交回原许可机关。

巡游出租汽车经营者取得经营许可后无正当理由超过180天不投入符合要求的车辆运营或者运营后连续180天以上停运的，视为自动终止经营，由原许可机关收回相应的巡游出租汽车车辆经营权。

巡游出租汽车经营者合并、分立或者变更经营主体名称的，应当到原许可机关办理变更许可手续。

第十九条　巡游出租汽车车辆经营权到期后，巡游出租汽车经营者拟继续从事经营的，应当在车辆经营权有效期届满60日前，向原许可机关提出申请。原许可机关应当根据《出租汽车服务质量信誉考核办法》规定的出租汽车经营者服务质量信誉考核等级，审核巡游出租汽车经营者的服务质量信誉考核结果，并按照以下规定处理：

（一）考核等级在经营期限内均为AA级及以上的，应当批准其继续经营；

（二）考核等级在经营期限内有A级的，应当督促其加强内部管理，整改合格后准许其继续经营；

（三）考核等级在经营期限内有B级或者一半以上为A级的，可视情适当核减车辆经营权；

（四）考核等级在经营期限内有一半以上为B级的，应当收回车辆经营权，并按照第十三条的规定重新配置车辆经营权。

第三章　运营服务

第二十条　巡游出租汽车经营者应当为乘客提供安全、便捷、舒适的出租汽车服务。

鼓励巡游出租汽车经营者使用节能环保车辆和为残疾人提供服务的无障碍车辆。

第二十一条　巡游出租汽车经营者应当遵守下列规定：

（一）在许可的经营区域内从事经营活动，超出许可的经营区域的，起讫点一端应当在许可的经营区域内；

（二）保证营运车辆性能良好；

（三）按照国家相关标准运营服务；

（四）保障聘用人员合法权益，依法与其签订劳动合同或者经营合同；

（五）加强从业人员管理和培训教育；

（六）不得将巡游出租汽车交给未经从业资格注册的人员运营。

第二十二条　巡游出租汽车运营时，车容车貌、设施设备应当符合以下要求：

（一）车身外观整洁完好，车厢内整洁、卫生，无异味；

（二）车门功能正常，车窗玻璃密闭良好，无遮蔽物，升降功能有效；

（三）座椅牢固无塌陷，前排座椅可前后移动，靠背倾度可调，安全带和锁扣齐全、有效；

（四）座套、头枕套、脚垫齐全；

（五）计程计价设备、顶灯、运营标志、服务监督卡（牌）、车载信息化设备等完好有效。

第二十三条　巡游出租汽车驾驶员应当按照国家出租汽车服务标准提供服务，并遵守下列规定：

（一）做好运营前例行检查，保持车辆设施、设备完好，车容整洁，备齐发票、备足零钱；

（二）衣着整洁，语言文明，主动问候，提醒乘客系好安全带；

（三）根据乘客意愿升降车窗玻璃及使用空调、音响、视频等服务设备；

（四）乘客携带行李时，主动帮助乘客取放行李；

（五）主动协助老、幼、病、残、孕等乘客上下车；

（六）不得在车内吸烟，忌食有异味的食物；

（七）随车携带道路运输证、从业资格证，并按规定摆放、粘贴有关证件和标志；

（八）按照乘客指定的目的地选择合理路线行驶，不得拒载、议价、途中甩客、故意绕道行驶；

（九）在机场、火车站、汽车客运站、港口、公共交通枢纽等客流集散地载客时应当文明排队，服从调度，不得违反规定在非指定区域揽客；

（十）未经乘客同意不得搭载其他乘客；

（十一）按规定使用计程计价设备，执行收费标准并主动出具有效车费票据；

（十二）遵守道路交通安全法规，文明礼让行车。

第二十四条　巡游出租汽车驾驶员遇到下列特殊情形时，应当按照下列方式办理：

（一）乘客对服务不满意时，虚心听取批评意见；

（二）发现乘客遗失财物，设法及时归还失主。无法找到失主的，及时上交巡游出租汽车企业或者有关部门处理，不得私自留存；

（三）发现乘客遗留可疑危险物品的，立即报警。

第二十五条　巡游出租汽车乘客应当遵守下列规定：

（一）不得携带易燃、易爆、有毒等危害公共安全的物品乘车；

（二）不得携带宠物和影响车内卫生的物品乘车；

（三）不得向驾驶员提出违反道路交通安全法规的要求；

（四）不得向车外抛洒物品，不得破坏车内设施设备；

（五）醉酒者或者精神病患者乘车的，应当有陪同（监护）人员；

（六）遵守电召服务规定，按照约定的时间和地点乘车；

（七）按照规定支付车费。

第二十六条　乘客要求去偏远、冷僻地区或者夜间要求驶出城区的，驾驶员可以要求乘客随同到就近的有关部门办理验证登记手续；乘客不予配合的，驾驶员有权拒绝提供服务。

第二十七条　巡游出租汽车运营过程中有下列情形之一的，乘客有权拒绝支付费用：

（一）驾驶员不按照规定使用计程计价设备，或者计程计价设备发生故障时继续运营的；

（二）驾驶员不按照规定向乘客出具相应车费票据的；

（三）驾驶员因发生道路交通安全违法行为接受处理，不能将乘客及时送达目的地的；

（四）驾驶员拒绝按规定接受刷卡付费的。

第二十八条　巡游出租汽车电召服务应当符合下列要求：

（一）根据乘客通过电信、互联网等方式提出的服务需求，按照约定时间和地点提供巡游出租汽车运营服务；

（二）巡游出租汽车电召服务平台应当提供24小时不间断服务；

（三）电召服务人员接到乘客服务需求后，应当按照乘客需求及时调派巡游出租汽车；

（四）巡游出租汽车驾驶员接受电召任务后，应当按照约定时间到达约定地点。乘客未按约定候车时，驾驶员应当与乘客或者电召服务人员联系确认；

（五）乘客上车后，驾驶员应当向电召服务人员发送乘客上车确认信息。

第二十九条　巡游出租汽车经营者应当自觉接受社会监督，公布服务监督电话，指定部门或者人员受理投诉。

巡游出租汽车经营者应当建立24小时服务投诉值班制度，接到乘客投诉后，应当及时受理，10日内处理完毕，并将处理结果告知乘客。

第四章　运营保障

第三十条　县级以上地方人民政府出租汽车行政主管部门应当在本级人民政府的领导下，会同有关部门合理规划、建设巡游出租汽车综合服务区、停车场、停靠点等，并设置明显标识。

巡游出租汽车综合服务区应当为进入服务区的巡游出租汽车驾驶员提供餐饮、休息等服务。

第三十一条　县级以上地方人民政府出租汽车行政主管部门应当配合有关部门，按照有关规定，并综合考虑巡游出租汽车行业定位、运营成本、经济发展水平等因素合理制定运价标准，并适时进行调整。

县级以上地方人民政府出租汽车行政主管部门应当配合有关部门合理确定巡游出租汽车电召服务收费标准，并纳入出租汽车专用收费项目。

第三十二条　巡游出租汽车经营者应当建立健全和落实安全生产管理制度，依法加强管理，履行管理责任，提升运营服务水平。

第三十三条　巡游出租汽车经营者应当按照有关法律法规的规定保障驾驶员的合法权益，规范与驾驶员签订的劳动合同或者经营合同。

巡游出租汽车经营者应当通过建立替班驾驶员队伍、减免驾驶员休息日经营承包费用等方式保障巡游出租汽车驾驶员休息权。

第三十四条　巡游出租汽车经营者应当合理确定承包、管理费用，不得向驾驶员转嫁投资和经营风险。

巡游出租汽车经营者应当根据经营成本、运价变化等因素及时调整承包费标准或者定额任务等。

第三十五条　巡游出租汽车经营者应当建立车辆技术管理制度，按照车辆维护标准定期维护车辆。

第三十六条　巡游出租汽车经营者应当按照《出租汽车驾驶员从业资格管理规定》，对驾驶员等从业人员进行培训教育和监督管理，按照规范提供服务。驾驶员有私自转包经营等违法行为的，应当予以纠正；情节严重的，可按照约定解除合同。

第三十七条　巡游出租汽车经营者应当制定包括报告程序、应急指挥、应急车辆以及处置措施等内容的突发公共事件应急预案。

第三十八条　巡游出租汽车经营者应当按照县级以上地方人民政府出租汽车行政主管部门要求，及时完成抢险救灾等指令性运输任务。

第三十九条　各地应当根据实际情况发展巡游出租汽车电召服务，采取多种方式建设巡游出租汽车电召服务平台，推广人工电话召车、手机软件召车等巡游出租汽车电召服务，建立完善电召服务管理制度。

巡游出租汽车经营者应当根据实际情况建设或者接入巡游出租汽车电召服务平台，提供巡游出租汽车电召服务。

第五章　监督管理

第四十条　县级以上地方人民政府出租汽车行政主管部门应当加强对巡游出租汽车经营行为的监督检查，会同有关部门纠正、制止非法从事巡游出租汽车经营及其他违法行为，维护出租汽车市场秩序。

第四十一条　县级以上地方人民政府出租汽车行政主管部门应当对巡游出租汽车经营者履行经营协议情况进行监督检查，并按照规定对巡游出租汽车经营者和驾驶员进行服务质量信誉考核。

第四十二条　巡游出租汽车不再用于经营的，县级以上地方人民政府出租汽车行政主管部门应当组织对巡游出租汽车配备的运营标志和专用设备进行回收处置。

第四十三条　县级以上地方人民政府出租汽车行政主管部门应当建立投诉举报制度，公开投诉电话、通信地址或者电子邮箱，接受乘客、驾驶员以及经营者的投诉和社会监督。

县级以上地方人民政府出租汽车行政主管部门受理的投诉，应当在10日内办结；情况复杂的，应当在30日内办结。

第四十四条　县级以上地方人民政府出租汽车行政主管部门应当对完成政府指令性运输任务成绩突出，经营管理、品牌建设、文明服务成绩显著，有拾金不昧、救死扶伤、见义勇为等先进事迹的出租汽车经营者和驾驶员，予以表彰和奖励。

第六章 法律责任

第四十五条 违反本规定,未取得巡游出租汽车经营许可,擅自从事巡游出租汽车经营活动的,由县级以上地方人民政府出租汽车行政主管部门责令改正,并处以5000元以上2万元以下罚款。构成犯罪的,依法追究刑事责任。

第四十六条 违反本规定,有下列行为之一的,由县级以上地方人民政府出租汽车行政主管部门责令改正,并处以3000元以上1万元以下罚款。构成犯罪的,依法追究刑事责任:

(一)起讫点均不在许可的经营区域从事巡游出租汽车经营活动的;

(二)使用未取得道路运输证的车辆,擅自从事巡游出租汽车经营活动的;

(三)使用失效、伪造、变造、被注销等无效道路运输证的车辆从事巡游出租汽车经营活动的。

第四十七条 巡游出租汽车经营者违反本规定,有下列行为之一的,由县级以上地方人民政府出租汽车行政主管部门责令改正,并处以5000元以上1万元以下罚款。构成犯罪的,依法追究刑事责任:

(一)擅自暂停、终止全部或者部分巡游出租汽车经营的;

(二)出租或者擅自转让巡游出租汽车车辆经营权的;

(三)巡游出租汽车驾驶员转包经营未及时纠正的;

(四)不按照规定保证车辆技术状况良好的;

(五)不按照规定配置巡游出租汽车相关设备的;

(六)不按照规定建立并落实投诉举报制度的。

第四十八条 巡游出租汽车驾驶员违反本规定,有下列情形之一的,由县级以上地方人民政府出租汽车行政主管部门责令改正,并处以200元以上500元以下罚款:

(一)拒载、议价、途中甩客或者故意绕道行驶的;

(二)未经乘客同意搭载其他乘客的;

(三)不按照规定使用计程计价设备、违规收费的;

(四)不按照规定出具相应车费票据的;

(五)不按照规定使用巡游出租汽车相关设备的;

(六)接受巡游出租汽车电召任务后未履行约定的;

(七)不按照规定使用文明用语,车容车貌不符合要求的;

(八)在机场、火车站、汽车客运站、港口、公共交通枢纽等客流集散地不服从调度私自揽客的;

(九)转让、倒卖、伪造巡游出租汽车相关票据的。

第四十九条 出租汽车行政主管部门的工作人员违反本规定,有下列情形之一的,依照有关规定给予行政处分;构成犯罪的,依法追究刑事责任:

(一)未按规定的条件、程序和期限实施行政许可的;

(二)参与或者变相参与巡游出租汽车经营的;

(三)发现违法行为不及时查处的;

(四)索取、收受他人财物,或者谋取其他利益的;

(五)其他违法行为。

第五十条 地方性法规、政府规章对巡游出租汽车经营违法行为需要承担的法律责任与本规定有不同规定的,从其规定。

第七章 附 则

第五十一条 网络预约出租汽车以外的其他预约出租汽车经营服务参照本规定执行。

第五十二条 本规定中下列用语的含义:

(一)“巡游出租汽车经营服务”,是指可在道路上巡游揽客、站点候客,喷涂、安装出租汽车标识,以七座及以下乘用车和驾驶劳务为乘客提供出行服务,并按照乘客意愿行驶,根据行驶里程和时间计费的经营活动;

(二)“预约出租汽车经营服务”,是指以符合条件的七座及以下乘用车通过预约方式承揽乘客,并按照乘客意愿行驶、提供驾驶劳务,根据行驶里程、时间或者约定计费的经营活动;

(三)“网络预约出租汽车经营服务”,是指以互联网技术为依托构建服务平台,整合供需信息,使用符合条件的车辆和驾驶员,提供非巡游的预约出租汽车服务的经营活动;

(四)“巡游出租汽车电召服务”,是指根据乘客

通过电信、互联网等方式提出的服务需求,按照约定时间和地点提供巡游出租汽车运营服务;

(五)"拒载",是指在道路上空车待租状态下,巡游出租汽车驾驶员在得知乘客去向后,拒绝提供服务的行为;或者巡游出租汽车驾驶员未按承诺提供电召服务的行为;

(六)"绕道行驶",是指巡游出租汽车驾驶员未按合理路线行驶的行为;

(七)"议价",是指巡游出租汽车驾驶员与乘客协商确定车费的行为;

(八)"甩客",是指在运营途中,巡游出租汽车驾驶员无正当理由擅自中断载客服务的行为。

第五十三条　本规定自 2015 年 1 月 1 日起施行。

附件:(略)

城市公共汽车和电车客运管理规定

1. 2017 年 3 月 7 日交通运输部令 2017 年第 5 号公布

2. 自 2017 年 5 月 1 日起施行

第一章　总　　则

第一条　为规范城市公共汽车和电车客运活动,保障运营安全,提高服务质量,促进城市公共汽车和电车客运事业健康有序发展,依据《国务院关于城市优先发展公共交通的指导意见》(国发〔2012〕64 号),制定本规定。

第二条　从事城市公共汽车和电车(以下简称城市公共汽电车)客运的服务提供、运营管理、设施设备维护、安全保障等活动,应当遵守本规定。

本规定所称城市公共汽电车客运,是指在城市人民政府确定的区域内,运用符合国家有关标准和规定的公共汽电车车辆和城市公共汽电车客运服务设施,按照核准的线路、站点、时间和票价运营,为社会公众提供基本出行服务的活动。

本规定所称城市公共汽电车客运服务设施,是指保障城市公共汽电车客运服务的停车场、保养场、站务用房、候车亭、站台、站牌以及加油(气)站、电车触线网、整流站和电动公交车充电设施等相关设施。

第三条　交通运输部负责指导全国城市公共汽电车客运管理工作。

省、自治区人民政府交通运输主管部门负责指导本行政区域内城市公共汽电车客运管理工作。

城市人民政府交通运输主管部门或者城市人民政府指定的城市公共交通运营主管部门(以下简称城市公共交通主管部门)具体承担本行政区域内城市公共汽电车客运管理工作。

第四条　城市公共汽电车客运是城市公共交通的重要组成部分,具有公益属性。

省、自治区人民政府交通运输主管部门和城市公共交通主管部门应当在本级人民政府的领导下,会同有关部门,根据国家优先发展公共交通战略,落实在城市规划、财政政策、用地供给、设施建设、路权分配等方面优先保障城市公共汽电车客运事业发展的政策措施。

第五条　城市公共汽电车客运的发展,应当遵循安全可靠、便捷高效、经济适用、节能环保的原则。

第六条　国家鼓励城市公共汽电车客运运营企业实行规模化、集约化经营。

第七条　国家鼓励推广新技术、新能源、新装备,加强城市公共交通智能化建设,推进物联网、大数据、移动互联网等现代信息技术在城市公共汽电车客运运营、服务和管理方面的应用。

第二章　规划与建设

第八条　城市公共交通主管部门应当统筹考虑城市发展和社会公众基本出行需求,会同有关部门组织编制、修改城市公共汽电车线网规划。

编制、修改城市公共汽电车线网规划,应当科学设计城市公共汽电车线网、场站布局、换乘枢纽和重要交通节点设置,注重城市公共汽电车与其他出行方式的衔接和协调,并广泛征求相关部门和社会各方的意见。

第九条　城市公共交通主管部门应当依据城市公共汽电车线网规划,结合城市发展和社会公众出行需求,科学论证、适时开辟或者调整城市公共汽电车线路和站点,并征求社会公众意见。

新建、改建、扩建城市公共汽电车客运服务设施,应当符合城市公共汽电车线网规划。

第十条　城市公共交通主管部门应当按照城市公共汽电车线网规划,对城市道路等市政设施以及规模居住区、交通枢纽、商业中心、工业园区等大型建设项目配套建设城市公共汽电车客运服务设施制定相关标准。

第十一条 城市公共交通主管部门应当会同有关部门,按照相关标准要求,科学设置公交专用道、公交优先通行信号系统、港湾式停靠站等,提高城市公共汽电车的通行效率。

第十二条 城市公共交通主管部门应当定期开展社会公众出行调查,充分利用移动互联网、大数据、云计算等现代信息技术收集、分析社会公众出行时间、方式、频率、空间分布等信息,作为优化城市公共交通线网的依据。

第十三条 城市公共交通主管部门应当按照有关标准对城市公共汽电车线路、站点进行统一命名,方便乘客出行及换乘。

第三章 运营管理

第十四条 城市公共汽电车客运按照国家相关规定实行特许经营,城市公共交通主管部门应当根据规模经营、适度竞争的原则,综合考虑运力配置、社会公众需求、社会公众安全等因素,通过服务质量招投标的方式选择运营企业,授予城市公共汽电车线路运营权;不符合招投标条件的,由城市公共交通主管部门择优选择取得线路运营权的运营企业。城市公共交通主管部门应当与取得线路运营权的运营企业签订线路特许经营协议。

城市公共汽电车线路运营权实行无偿授予,城市公共交通主管部门不得拍卖城市公共汽电车线路运营权。运营企业不得转让、出租或者变相转让、出租城市公共汽电车线路运营权。

第十五条 申请城市公共汽电车线路运营权应当符合下列条件:

(一)具有企业法人营业执照;

(二)具有符合运营线路要求的运营车辆或者提供保证符合国家有关标准和规定车辆的承诺书;

(三)具有合理可行、符合安全运营要求的线路运营方案;

(四)具有健全的经营服务管理制度、安全生产管理制度和服务质量保障制度;

(五)具有相应的管理人员和与运营业务相适应的从业人员;

(六)有关法律、法规规定的其他条件。

第十六条 城市公共汽电车线路运营权实行期限制,同一城市公共汽电车线路运营权实行统一的期限。

第十七条 城市公共汽电车线路特许经营协议应当明确以下内容:

(一)运营线路、站点设置、配置车辆数及车型、首末班次时间、运营间隔、线路运营权期限等;

(二)运营服务标准;

(三)安全保障制度、措施和责任;

(四)执行的票制、票价;

(五)线路运营权的变更、延续、暂停、终止的条件和方式;

(六)履约担保;

(七)运营期限内的风险分担;

(八)应急预案和临时接管预案;

(九)运营企业相关运营数据上报要求;

(十)违约责任;

(十一)争议调解方式;

(十二)双方的其他权利和义务;

(十三)双方认为应当约定的其他事项。

在线路特许经营协议有效期限内,确需变更协议内容的,协议双方应当在共同协商的基础上签订补充协议。

第十八条 城市公共汽电车线路运营权期限届满,由城市公共交通主管部门按照第十四条规定重新选择取得该线路运营权的运营企业。

第十九条 获得城市公共汽电车线路运营权的运营企业,应当按照线路特许经营协议要求提供连续服务,不得擅自停止运营。

运营企业需要暂停城市公共汽电车线路运营的,应当提前3个月向城市公共交通主管部门提出报告。运营企业应当按照城市公共交通主管部门的要求,自拟暂停之日7日前向社会公告;城市公共交通主管部门应当根据需要,采取临时指定运营企业、调配车辆等应对措施,保障社会公众出行需求。

第二十条 在线路运营权期限内,运营企业因破产、解散、被撤销线路运营权以及不可抗力等原因不能运营时,应当及时书面告知城市公共交通主管部门。城市公共交通主管部门应当按照国家相关规定重新选择线路运营企业。

在线路运营权期限内，运营企业合并、分立的，应当向城市公共交通主管部门申请终止其原有线路运营权。合并、分立后的运营企业符合本规定第十五条规定条件的，城市公共交通主管部门可以与其就运营企业原有的线路运营权重新签订线路特许经营协议；不符合相关要求的，城市公共交通主管部门应当按照国家相关规定重新选择线路运营企业。

第二十一条　城市公共交通主管部门应当配合有关部门依法做好票制票价的制定和调整，依据成本票价，并按照鼓励社会公众优先选择城市公共交通出行的原则，统筹考虑社会公众承受能力、政府财政状况和出行距离等因素，确定票制票价。

运营企业应当执行城市人民政府确定的城市公共汽电车票制票价。

第二十二条　运营企业应当按照企业会计准则等有关规定，加强财务管理，规范会计核算，并按规定向城市公共交通主管部门报送运营信息、统计报表和年度会计报告等信息。年度会计报告内容应当包括运营企业实际执行票价低于运营成本的部分，执行政府乘车优惠政策减少的收入，以及执行抢险救灾等政府指令性任务发生的支出等。

第二十三条　城市公共交通主管部门应当配合有关部门建立运营企业的运营成本核算制度和补偿、补贴制度。

对于运营企业执行票价低于成本票价等所减少的运营收入，执行政府乘车优惠政策减少的收入，以及因承担政府指令性任务所造成的政策性亏损，城市公共交通主管部门应当建议有关部门按规定予以补偿、补贴。

第四章　运营服务

第二十四条　运营企业应当按照线路特许经营协议确定的数量、车型配备符合有关标准规定的城市公共汽电车车辆，并报城市公共交通主管部门备案。

第二十五条　运营企业应当按照有关标准及城市公共交通主管部门的要求，在投入运营的车辆上配置符合以下要求的相关服务设施和运营标识：

（一）在规定位置公布运营线路图、价格表；

（二）在规定位置张贴统一制作的乘车规则和投诉电话；

（三）在规定位置设置特需乘客专用座位；

（四）在无人售票车辆上配置符合规定的投币箱、电子读卡器等服务设施；

（五）规定的其他车辆服务设施和标识。

第二十六条　运营企业应当按照有关标准及城市公共交通主管部门的要求，在城市公共汽电车客运首末站和中途站配置符合以下要求的相关服务设施和运营标识：

（一）在规定位置公布线路票价、站点名称和服务时间；

（二）在规定位置张贴投诉电话；

（三）规定的其他站点服务设施和标识配置要求。

第二十七条　运营企业聘用的从事城市公共汽电车客运的驾驶员、乘务员，应当具备以下条件：

（一）具有履行岗位职责的能力；

（二）身心健康，无可能危及运营安全的疾病或者病史；

（三）无吸毒或者暴力犯罪记录。

从事城市公共汽电车客运的驾驶员还应当符合以下条件：

（一）取得与准驾车型相符的机动车驾驶证且实习期满；

（二）最近连续 3 个记分周期内没有记满 12 分违规记录；

（三）无交通肇事犯罪、危险驾驶犯罪记录，无饮酒后驾驶记录。

第二十八条　运营企业应当按照有关规范和标准对城市公共汽电车客运驾驶员、乘务员进行有关法律法规、岗位职责、操作规程、服务规范、安全防范和应急处置等基本知识与技能的培训和考核，安排培训、考核合格人员上岗。运营企业应当将相关培训、考核情况建档备查，并报城市公共交通主管部门备案。

第二十九条　从事城市公共汽电车客运的驾驶员、乘务员，应当遵守以下规定：

（一）履行相关服务标准；

（二）按照规定的时段、线路和站点运营，不得追抢客源、滞站揽客；

（三）按照价格主管部门核准的票价收费，并执行有关优惠乘车的规定；

（四）维护城市公共汽电车场站和车厢内的正

常运营秩序，播报线路名称、走向和停靠站，提示安全注意事项；

（五）为老、幼、病、残、孕乘客提供必要的帮助；

（六）发生突发事件时应当及时处置，保护乘客安全，不得先于乘客弃车逃离；

（七）遵守城市公共交通主管部门制定的其他服务规范。

第三十条　运营企业应当按照线路特许经营协议规定的线路、站点、运营间隔、首末班次时间、车辆数、车型等组织运营。未经城市公共交通主管部门同意，运营企业不得擅自改变线路特许经营协议内容。按照第十七条规定变更协议内容签订补充协议的，应当向社会公示。

第三十一条　运营企业应当依据城市公共汽电车线路特许经营协议制定行车作业计划，并报城市公共交通主管部门备案。运营企业应当履行约定的服务承诺，保证服务质量，按照行车作业计划调度车辆，并如实记录、保存线路运营情况和数据。

第三十二条　运营企业应当及时向城市公共交通主管部门上报相关信息和数据，主要包括运营企业人员、资产等信息，场站、车辆等设施设备相关数据，运营线路、客运量及乘客出行特征、运营成本等相关数据，公共汽电车调查数据，企业政策与制度信息等。

第三十三条　由于交通管制、城市建设、重大公共活动、公共突发事件等影响城市公共汽电车线路正常运营的，城市公共交通主管部门和运营企业应当及时向社会公告相关线路运营的变更、暂停情况，并采取相应措施，保障社会公众出行需求。

第三十四条　城市公共交通主管部门应当根据社会公众出行便利、城市公共汽电车线网优化等需要，组织运营企业提供社区公交、定制公交、夜间公交等多样化服务。

第三十五条　发生下列情形之一的，运营企业应当按照城市公共交通主管部门的要求，按照应急预案采取应急运输措施：

（一）抢险救灾；

（二）主要客流集散点运力严重不足；

（三）举行重大公共活动；

（四）其他需要及时组织运力对人员进行疏运的突发事件。

第三十六条　城市公共汽电车客运场站等服务设施的日常管理单位应当按照有关标准和规定，对场站等服务设施进行日常管理，定期进行维修、保养，保持其技术状况、安全性能符合国家标准，维护场站的正常运营秩序。

第三十七条　运营企业应当按照国家有关标准，定期对城市公共电车触线网、馈线网、整流站等供配电设施进行维护，保证其正常使用，并按照国家有关规定设立保护标识。

第三十八条　乘客应当遵守乘车规则，文明乘车，不得在城市公共汽电车客运车辆或者场站内饮酒、吸烟、乞讨或者乱扔废弃物。

乘客有违反前款行为时，运营企业从业人员应当对乘客进行劝止，劝阻无效的，运营企业从业人员有权拒绝为其提供服务。

第三十九条　乘客应当按照规定票价支付车费，未按规定票价支付的，运营企业从业人员有权要求乘客补交车费，并按照有关规定加收票款。

符合当地优惠乘车条件的乘客，应当按规定出示有效乘车凭证，不能出示的，运营企业从业人员有权要求其按照普通乘客支付车费。

第四十条　有下列情形之一的，乘客可以拒绝支付车费：

（一）运营车辆未按规定公布运营收费标准的；

（二）无法提供车票凭证或者车票凭证不符合规定的；

（三）不按核准的收费标准收费的。

第四十一条　城市公共汽电车客运车辆在运营途中发生故障不能继续运营时，驾驶员、乘务员应当向乘客说明原因，安排改乘同线路后序车辆或者采取其他有效措施疏导乘客，并及时报告运营企业。

第四十二条　进入城市公共汽电车客运场站等服务设施的单位和个人，应当遵守城市公共汽电车场站等服务设施运营管理制度。

第四十三条　运营企业利用城市公共汽电车客运服务设施和车辆设置广告的，应当遵守有关广告管理的法律、法规及标准。广告设置不得有覆盖站牌标识和车辆运营标识、妨碍车辆行驶安全视线等影响运营安全的情形。

第五章　运营安全

第四十四条　运营企业是城市公共汽电车客运安全生产的责任主体。运营企业应当建立健全企业安全生产管理制度，设置安全生产管理机构或者配备专职安全生产管理人员，保障安全生产经费投入，增强突发事件防范和应急处置能力，定期开展安全检查和隐患排查，加强安全乘车和应急知识宣传。

第四十五条　运营企业应当制定城市公共汽电车客运运营安全操作规程，加强对驾驶员、乘务员等从业人员的安全管理和教育培训。驾驶员、乘务员等从业人员在运营过程中应当执行安全操作规程。

第四十六条　运营企业应当对城市公共汽电车客运服务设施设备建立安全生产管理制度，落实责任制，加强对有关设施设备的管理和维护。

第四十七条　运营企业应当建立城市公共汽电车车辆安全管理制度，定期对运营车辆及附属设备进行检测、维护、更新，保证其处于良好状态。不得将存在安全隐患的车辆投入运营。

第四十八条　运营企业应当在城市公共汽电车车辆和场站醒目位置设置安全警示标志、安全疏散示意图等，并为车辆配备灭火器、安全锤等安全应急设备，保证安全应急设备处于良好状态。

第四十九条　禁止携带违禁物品乘车。运营企业应当在城市公共汽电车主要站点的醒目位置公布禁止携带的违禁物品目录。有条件的，应当在城市公共汽电车车辆上张贴禁止携带违禁物品乘车的提示。

第五十条　运营企业应当依照规定配备安保人员和相应设备设施，加强安全检查和保卫工作。乘客应当自觉接受、配合安全检查。对于拒绝接受安全检查或者携带违禁物品的乘客，运营企业从业人员应当制止其乘车；制止无效的，及时报告公安部门处理。

第五十一条　城市公共交通主管部门应当会同有关部门，定期进行安全检查，督促运营企业及时采取措施消除各种安全隐患。

第五十二条　城市公共交通主管部门应当会同有关部门制定城市公共汽电车客运突发事件应急预案，报城市人民政府批准。

运营企业应当根据城市公共汽电车客运突发事件应急预案，制定本企业的应急预案，并定期演练。

发生安全事故或者影响城市公共汽电车客运运营安全的突发事件时，城市公共交通主管部门、运营企业等应当按照应急预案及时采取应急处置措施。

第五十三条　禁止从事下列危害城市公共汽电车运营安全、扰乱乘车秩序的行为：

（一）非法拦截或者强行上下城市公共汽电车车辆；

（二）在城市公共汽电车场站及其出入口通道擅自停放非城市公共汽电车车辆、堆放杂物或者摆摊设点等；

（三）妨碍驾驶员的正常驾驶；

（四）违反规定进入公交专用道；

（五）擅自操作有警示标志的城市公共汽电车按钮、开关装置，非紧急状态下动用紧急或安全装置；

（六）妨碍乘客正常上下车；

（七）其他危害城市公共汽电车运营安全、扰乱乘车秩序的行为。

运营企业从业人员接到报告或者发现上述行为应当及时制止；制止无效的，及时报告公安部门处理。

第五十四条　任何单位和个人都有保护城市公共汽电车客运服务设施的义务，不得有下列行为：

（一）破坏、盗窃城市公共汽电车车辆、设施设备；

（二）擅自关闭、侵占、拆除城市公共汽电车客运服务设施或者挪作他用；

（三）损坏、覆盖电车供电设施及其保护标识，在电车架线杆、馈线安全保护范围内修建建筑物、构筑物或者堆放、悬挂物品，搭设管线、电（光）缆等；

（四）擅自覆盖、涂改、污损、毁坏或者迁移、拆除站牌；

（五）其他影响城市公共汽电车客运服务设施功能和安全的行为。

第六章　监督检查

第五十五条　城市公共交通主管部门应当建立“双随机”抽查制度，并定期对城市公共汽电车客运进行监督检查，维护正常的运营秩序，保障运营服务质量。

第五十六条　城市公共交通主管部门有权行使以下监

督检查职责：

（一）向运营企业了解情况，要求其提供有关凭证、票据、账簿、文件及其他相关材料；

（二）进入运营企业进行检查，调阅、复制相关材料；

（三）向有关单位和人员了解情况。

城市公共交通主管部门对检查中发现的违法行为，应当当场予以纠正或者要求限期改正；对依法应当给予行政处罚、采取强制措施的行为，应当依法予以处理。

有关单位和个人应当接受城市公共交通主管部门及其工作人员依法实施的监督检查，如实提供有关材料或者说明情况。

第五十七条 城市公共交通主管部门应当建立运营企业服务质量评价制度，定期对运营企业的服务质量进行评价并向社会公布，评价结果作为衡量运营企业运营绩效、发放政府补贴和线路运营权管理等的依据。

对服务质量评价不合格的线路，城市公共交通主管部门应当责令相关运营企业整改。整改不合格，严重危害公共利益，或者造成重大安全事故的，城市公共交通主管部门可以终止其部分或者全部线路运营权的协议内容。

第五十八条 城市公共交通主管部门和运营企业应当分别建立城市公共交通服务投诉受理制度并向社会公布，及时核查和处理投诉事项，并将处理结果及时告知投诉人。

第五十九条 城市公共交通主管部门应当对完成政府指令性运输任务成绩突出，文明服务成绩显著，有救死扶伤、见义勇为等先进事迹的运营企业和相关从业人员予以表彰。

第七章　法律责任

第六十条 未取得线路运营权、未与城市公共交通主管部门签订城市公共汽电车线路特许经营协议，擅自从事城市公共汽电车客运线路运营的，由城市公共交通主管部门责令停止运营，并处2万元以上3万元以下的罚款。

第六十一条 运营企业违反本规定第二十五条、第二十六条规定，未配置符合要求的服务设施和运营标识的，由城市公共交通主管部门责令限期改正；逾期不改正的，处5000元以下的罚款。

第六十二条 运营企业有下列行为之一的，由城市公共交通主管部门责令限期改正；逾期未改正的，处5000元以上1万元以下的罚款：

（一）未定期对城市公共汽电车车辆及其安全设施设备进行检测、维护、更新的；

（二）未在城市公共汽电车车辆和场站醒目位置设置安全警示标志、安全疏散示意图和安全应急设备的；

（三）使用不具备本规定第二十七条规定条件的人员担任驾驶员、乘务员的；

（四）未对拟担任驾驶员、乘务员的人员进行培训、考核的。

第六十三条 运营企业未制定应急预案并组织演练的，由城市公共交通主管部门责令限期改正，并处1万元以下的罚款。

发生影响运营安全的突发事件时，运营企业未按照应急预案的规定采取应急处置措施，造成严重后果的，由城市公共交通主管部门处2万元以上3万元以下的罚款。

第六十四条 城市公共汽电车客运场站和服务设施的日常管理单位未按照规定对有关场站设施进行管理和维护的，由城市公共交通主管部门责令限期改正；逾期未改正的，处1万元以下的罚款。

第六十五条 违法携带违禁物品进站乘车的，或者有本规定第五十三条危害运营安全行为的，运营企业应当报当地公安部门依法处理。

第六十六条 违反本规定第五十四条，有危害城市公共汽电车客运服务设施行为的，由城市公共交通主管部门责令改正，对损坏的设施依法赔偿，并对个人处1000元以下的罚款，对单位处5000元以下的罚款。构成犯罪的，依法追究刑事责任。

第六十七条 城市公共交通主管部门不履行本规定职责、造成严重后果的，或者有其他滥用职权、玩忽职守、徇私舞弊行为的，对负有责任的领导人员和直接责任人员依法给予处分；构成犯罪的，依法追究刑事责任。

第六十八条 地方性法规、政府规章对城市公共汽电车客运违法行为需要承担的法律责任与本规定有不同规定的，从其规定。

第八章 附 则

第六十九条 县(自治县、旗、自治旗、团场)开通公共汽电车客运的,参照适用本规定。

第七十条 经相关城市人民政府协商开通的毗邻城市间公共汽电车客运,参照适用本规定。

第七十一条 本规定自2017年5月1日起施行。

道路旅客运输班线经营权招标投标办法

1. 2008年7月22日交通运输部令2008年第8号公布
2. 自2009年1月1日起施行

第一章 总 则

第一条 为规范道路旅客运输班线经营权招标投标活动,公平配置道路旅客运输班线资源,引导道路旅客运输经营者提高运输安全水平和服务质量,保护社会公共利益和招标投标当事人的合法权益,依据《中华人民共和国招标投标法》、《中华人民共和国道路运输条例》及相关规定,制定本办法。

第二条 本办法适用于以招标投标的方式进行道路旅客运输班线(含定线旅游客运班线)经营权许可的活动。

本办法所称道路旅客运输班线经营权招标投标(以下简称客运班线招标投标),是指道路运输管理机构在不实行班线经营权有偿使用或者竞价的前提下,通过公开招标,对参加投标的道路旅客运输经营者(以下简称客运经营者)的质量信誉情况、企业规模、运力结构和经营该客运班线的安全保障措施、服务质量承诺、运营方案等因素进行综合评价,择优确定客运班线经营者的许可方式。

第三条 客运班线招标投标应当遵循公开、公平、公正和诚信的原则。

第四条 国家鼓励通过招标投标的方式配置客运班线经营权。

第五条 交通运输部主管全国客运班线招标投标工作。

县级以上人民政府交通运输主管部门负责组织领导本行政区域的客运班线招标投标工作。

县级以上道路运输管理机构负责具体实施客运班线招标投标工作。

第二章 招 标

第六条 县级以上道路运输管理机构根据《中华人民共和国道路运输条例》规定的许可权限,对下列客运班线经营权可以采取招标投标的方式进行许可,并作为招标人组织开展招标工作:

(一)在确定被许可人之前,同一条客运班线有3个以上申请人申请的;

(二)根据道路运输发展规划和市场需求,道路运输管理机构决定开通的干线公路客运班线,或者在原干线公路客运线路上投放新的运力;

(三)根据双边或者多边政府协定开通的国际道路客运班线;

(四)已有的客运班线经营期限到期,原经营者不具备延续经营资格条件,需要重新许可的。

第七条 招标人可以将两条以上客运班线经营权作为一个招标项目进行招标投标。

第八条 客运班线招标投标应当采用公开招标方式,招标公告和招标结果应当向社会公布。

第九条 相关省级道路运输管理机构协商确定实施省际客运班线招标投标的,可以采取联合招标、各自分别招标等方式进行。一省不实行招标投标的,不影响另外一省实行招标投标。按照本办法的规定进行招标投标确定的经营者,相关道路运输管理机构应当予以认可,并按规定办理相关手续。

采取联合招标的,班线起讫地省级道路运输管理机构为共同招标人,由双方协商办理招标事宜。

第十条 通过招标投标方式许可的客运班线经营权的经营期限为4年到8年,新开发的客运班线经营权的经营期限为6年到8年,具体期限由招标人确定。

第十一条 对确定以招标投标方式进行行政许可的客运班线,在招标投标工作没有开始之前,申请人提出申请的,许可机关应当告知申请人该客运班线将以招标投标方式进行许可,并在6个月内完成招标投标工作。

第十二条 招标人可以自行选择具备法定条件的招标代理机构,委托其办理招标事宜。各地道路运输行业协会组织可以接受招标人的委托,具体承担与招标投标有关的事务性工作。

招标人具备相应能力的,可以自行办理招标事宜。任何单位和个人不得强制其委托招标代理机构办理招标事宜。

第十三条 对确定以招标投标方式实行行政许可的客运班线,招标人应当在其指定的报纸、网络等媒介上发布招标公告。招标公告应当包括以下内容:

(一)招标人名称、地址和联系方式;

(二)招标项目内容、要求和经营期限;

(三)中标人数量;

(四)投标人的资格条件;

(五)报名的方式、地点和截止时间等要求;

(六)报名时所需提交的材料和要求;

(七)其他需要公告的事项。

招标公告要求报名时所需提交的材料应当包括本办法第二十四条规定的内容。

第十四条 招标人应当根据有关规定和招标项目的特点、需要编制招标文件,招标文件应当包括下列内容:

(一)投标人须知;

(二)招标项目内容、要求和经营期限;

(三)中标人数量;

(四)投标文件的内容和编制要求;

(五)投标人参加投标所需提交的材料及要求。所需提交材料应当包括《道路旅客运输及客运站管理规定》要求的可行性报告、进站方案、运输服务质量承诺书;

(六)需提交投标文件的正副本数量以及提交要求、方式、地点和截止时间;

(七)缴纳履约保证金的要求及处置方法;

(八)开标的时间、地点;

(九)评分标准;

(十)中标合同文本;

(十一)其他应当说明的事项。

第十五条 招标人不得违背《道路旅客运输及客运站管理规定》的规定,提高、增设或者降低、减少条件限制投标人,也不得对投标人实行地域限制。

招标人不得限制投标人之间的竞争,不得强制投标人组成联合体共同投标。

第十六条 客运班线招标投标评分标准总分为200分,包括标前分80分和评标分120分。标前分的评分标准见附件。评标分中应当包括安全保障措施、车辆站场设施、运营方案、经营方式、服务承诺、服务质量保障措施等内容,具体评分项目和分值设置由省级道路运输管理机构根据下列要求设定:

(一)有利于引导客运经营者加强管理、规范经营;

(二)有利于引导客运经营者提高运输安全水平、服务水平和承担社会责任;

(三)有利于引导客运经营者节能减排;

(四)有利于引导客运经营者提高车辆技术装备水平;

(五)有利于促进规模化、集约化、公司化经营。

第十七条 招标人应当确定不少于10日的时间作为投标人的报名时间,该期间自招标公告发布之日起至报名截止日止。

第十八条 招标人应当根据投标人报名时提交的材料对投标人的资格条件进行审查。对其中已具备招标项目所要求的许可条件的,发售招标文件。

第十九条 招标人应当确定不少于30日的时间作为投标人编制投标文件所需要的时间,该期间自招标文件发售截止之日起至投标人提交投标文件截止之日止。

第二十条 在招标文件要求的提交投标文件截止时间后送达的投标文件,招标人应当拒收。

第二十一条 客运班线招标投标所发生的费用,应纳入各级运管机构正常的工作经费计划。

第三章 投 标

第二十二条 投标人是响应招标,参加投标竞争的已具备或者拟申请招标项目所要求的道路客运经营范围的公民、法人或者其他组织。

第二十三条 两个以上法人或者其他组织可以组成一个联合体,以一个投标人的身份投标。联合体各方均应当符合第二十二条规定的条件,并不得再独立或者以筹建其他联合体的形式参加同一招标项目的投标。

联合体各方应当签订共同投标协议,约定各方拟承担的工作和责任,明确在中标后是否联合成立新的经营实体,并将共同投标协议连同投标文件一并提交招标人。

第二十四条 投标人应当在招标公告规定的期限内向招标人报名,并按照招标公告的要求提交以下材料:

（一）资格预审材料：包括《道路旅客运输及客运站管理规定》要求的除可行性报告、进站方案、运输服务质量承诺书之外的其他申请客运班线许可的材料。不具备招标项目所要求的道路客运经营范围的，应当同时提出申请，相关申请材料一并提交。

（二）标前分评定材料：包括最近两年企业客运质量信誉考核情况、自有营运客车数量、高级客车数量以及相关证明材料。

招标人已经准确掌握投标人上述有关情况的，可以不再要求投标人报送相应材料。

第二十五条　通过资格预审的投标人购买招标文件后，应当按照招标文件的要求编制投标文件。投标文件及相关材料由投标人的法定代表人签字并加盖单位印章，进行密封，并在招标文件要求提交投标文件的截止时间前，将投标文件送达指定地点。招标人收到投标文件后，应当签收保存。任何人和单位不得在开标之前开启。

投标文件正本、副本的内容应当保持一致。

联合体参加投标的投标文件及相关材料由各方法定代表人共同签字并加盖各方印章。

正在筹建成立经营实体的申请人的投标文件及相关材料由筹建负责人签字，不需加盖单位印章。

第二十六条　投标人在编制投标文件过程中，如果对招标文件的内容存有疑问，可以在领取投标文件之日起10日内以书面形式要求招标人进行解释。招标人在研究所有投标人提出的问题后，在提交投标文件截止时间至少15日前，以书面形式进行必要澄清或者修改，并发至所有投标人。澄清或者修改的内容作为招标文件的补充部分，与招标文件具有同等效力。

第二十七条　在提交投标文件截止时间前，投标人可以对已提交的投标文件进行修改、补充，也可以撤回投标文件，并书面通知招标人。

修改、补充的内容为投标文件的组成部分。修改、补充的内容应当在提交投标文件截止时间前按照第二十五条的规定提交给招标人。

第二十八条　投标人不得相互串通或者与招标人串通投标，不得排挤其他投标人的公平竞争。不得以他人名义投标或者以其他方式弄虚作假，骗取中标。

第二十九条　到提交投标文件截止时间止，投标人为3个以上的，按本办法规定进行开标和评标；投标人不足3个的，招标人可以重新组织招标或者按照有关规定进行许可。

第四章　开标、评标和中标

第三十条　省级道路运输管理机构应当建立客运班线招标投标评审专家库，公布并定期调整评审专家。评审专家应当具备下列条件之一：

（一）各级交通运输主管部门、道路运输管理机构从事客货运输、财务、安全、技术管理工作5年以上并具备大专以上学历的工作人员；

（二）道路运输企业、高等院校、科研机构和道路运输中介组织中从事道路运输领域的管理、财务、安全、技术或者研究工作8年以上，并具有相应专业高级职称或者具有同等专业水平的人员。

第三十一条　招标人应当在开标前委派1名招标人代表并从评审专家库中随机抽取一定数量的评审专家组成评标委员会进行评标，评标委员会的成员人数应当为5人以上单数。评委名单在中标结果确定前应当保密。评委与投标人有利害关系的，不得进入本次评标委员会，已经进入的应当更换。

第三十二条　两个以上省级道路运输管理机构联合招标的，评标委员会由相关省级道路运输管理机构分别从各自的评审专家库中抽取的评审专家组成，每省的评审专家数量由相关方共同商定，每省应当各派1名招标人代表，但招标人代表总数不得超过评委总数的三分之一。

第三十三条　招标人应当在开标前对已取得招标文件的投标人提供的标前分评定材料进行核实，并完成标前分的评定工作。

第三十四条　开标应当在招标文件确定的提交投标文件截止时间的同一时间公开进行。开标地点应当为招标文件中预先确定的地点。

第三十五条　开标由招标人主持，邀请所有投标人的法定代表人（筹建负责人）或者其委托代理人参加。

第三十六条　开标时，由投标人或者其推选的代表检查所有投标文件的密封情况，也可以由招标人委托的公证机构检查并公证；经确认无误后，由工作人员当场拆封全部投标文件，并宣读投标人名称和投标文件的主要内容。

招标投标开标过程应当记录，并存档备查。

第三十七条 开标后，招标人应当组织评标委员会进行评标。评标必须在严格保密的条件下进行，禁止任何单位和个人非法干预、影响评标的过程和结果。评标过程应当遵守下列要求：

（一）评标场所必须具有保密条件；

（二）只允许评委、招标人指定的工作人员参加；

（三）所有参加评标的人员不得携带通讯工具；

（四）评标场所内不设电话机和上网的计算机。

第三十八条 在开标和评标过程中，有下列情况之一的，应当认定为废标：

（一）投标文件不符合招标文件规定的实质性要求，或者因缺乏相关内容而无法进行评标的；

（二）投标文件未按招标文件规定的要求正确署名与盖章的；

（三）投标文件附有招标人无法接受的条件的；

（四）投标文件的内容及有关材料不是真实有效的；

（五）投标文件正、副本的内容不符，影响评标的。

在排除废标后，投标人为3个以上的，继续进行招标投标工作；投标人不足3个的，招标人可以重新组织招标投标或者按有关规定进行许可。

第三十九条 评标委员会应当按以下程序进行评标：

（一）审查投标文件及相关材料，并对不明确的内容进行质询；

（二）招标人或者招标代理机构根据评委质询意见，要求投标人对投标文件中不明确的内容进行必要澄清和说明，但澄清和说明不得超出投标文件的范围或者改变投标文件的实质性内容；

（三）认定是否存在废标；

（四）评委按照招标文件确定的评分标准和方法，客观公正的评定投标人的评标分，并对所提出的评审意见承担个人责任。如果招标项目由两条以上客运班线组成，则分别确定每条客运班线的评标分后，取所有客运班线评标分的算术平均值为投标人在该招标项目的评标分；

（五）评委对招标人评定的标前分进行复核确认；

（六）在评委评定的评标分中，去掉一个最高分和一个最低分后，取算术平均值作为投标人在该招标项目的最终评标分。最终评标分加上标前分，作为投标人的评标总分；

（七）按照评标总分由高到低的原则推荐中标候选人和替补中标候选人。替补中标候选人为多个的，应当明确替补顺序。评标总分分数相同且影响评标结果的确定时，由评委现场投票表决确定中标候选人、替补中标候选人；

（八）出具书面评标报告，并经全体评委签字后，提交招标人。

第四十条 招标人、招标代理机构的工作人员和评委不得私下接触投标人，不得收受投标人的财物或者其他好处，在开标前不得向他人透露投标人提交的资格预审材料的有关内容，在任何时候不得透露对投标文件的评审和比较意见、中标候选人的推荐情况以及评标的其他情况，严禁发生任何可能影响公正评标的行为。

招标人或者监察部门发现评标委员会在评标过程中有不公正的行为时，可以向评标委员会提出质疑，评标委员会应当进行解释。经调查确有不公正行为的，由招标人另行组织评标委员会重新评标和确定中标人。

第四十一条 招标人应当根据评标委员会提交的书面评标报告和推荐意见确定中标人和替补中标人。

确定中标人后，招标人应当在7日内向中标人发出中标通知书，并将中标结果书面通知替补中标人和其他投标人。

第四十二条 招标人和中标人应当在中标通知书发出之日起30日内，签订中标合同并按照有关规定办理许可手续。

第四十三条 中标合同不得对招标文件及中标人的承诺进行实质性改变，并应当作为中标人取得的道路客运班线经营行政许可决定书的附件。

中标合同的违约责任条款内容不得与《中华人民共和国道路运输条例》中已明确的相应处罚规定相违背。

第四十四条 招标文件要求中标人缴纳履约保证金或者提交其开户银行出具的履约保函的，中标人应当于签订中标合同的同时予以缴纳或者提交。由于中标人原因逾期不签订中标合同或者不按要求缴纳履约保证金、提交履约保函的，视为自动放弃中标资格，其中标资格由替补中标人取得（替补中标人为多个的，按替补顺序依次替补，后同），并按上述规定办理有关手续。

招标人向中标人收取的履约保证金不得超过中标人所投入车辆购置价格的3%，且中标人交纳履约保证金（不含履约保函）达到30万元之后，如果再次中标取得其他客运班线经营权，不再向该招标人交纳履约保证金。

第四十五条　两个以上法人或者其他组织组成的联合体中标但不成立新的经营实体的，联合体各方应当共同与招标人签订中标合同，就中标项目向招标人承担连带责任。招标人应当根据中标合同分别为联合体各方办理道路客运班线经营行政许可手续，并分别颁发相关许可证件。

第四十六条　中标人在投标时申请招标项目所要求的道路客运经营范围的，道路运输管理机构应当按照有关规定予以办理客运经营许可的有关手续。

第四十七条　中标人不得转让中标的客运班线经营权，可以将中标客运班线经营权授予其分公司经营，但不得委托其子公司经营。

第四十八条　中标人注册地不在中标客运班线起点或者终点的，应当在起点县级以上城市注册分公司进行经营，注册地运管机构应当按照有关规定予以办理有关注册手续。

第四十九条　中标人应当在中标合同约定的时限内按中标方案投入运营。

第五章　监督和考核

第五十条　招标投标活动全过程应当自觉接受投标人、监察部门、交通运输主管部门、上级道路运输管理机构和社会的监督。交通运输主管部门和上级道路运输管理机构发现正在进行的招标投标活动严重违反相关法律、行政法规和本办法规定的，应当责令招标人中止招标活动。

第五十一条　招标人、评标委员会评委、招标工作人员、招标代理机构、投标人有违法违纪行为的，应当按《中华人民共和国招标投标法》的规定进行处理。

第五十二条　投标人有下列行为之一，投标无效；已经中标的，中标无效，中标资格由替补中标人取得。给招标人或者其他投标人造成损失的，依法承担赔偿责任。

（一）在投标过程中弄虚作假的；

（二）与投标人或者评标委员会评委相互串通，事先商定投标方案或者合谋使特定人中标的；

（三）向招标人或者评标委员会成员行贿或者提供其他不正当利益的。

第五十三条　已经提交投标文件的投标人在提交投标文件截止时间后无正当理由放弃投标的，在评定当年客运质量信誉等级时，每发生一次从总分中扣除30分。如果投标人在异地投标的，招标人应当将此情况通报投标人所在地道路运输管理机构。

第五十四条　招标人和中标人应当根据双方签订的中标合同履行各自的权利和义务。

招标人应当对中标人履行承诺情况进行定期或者不定期的检查，发现中标人不遵守服务质量承诺、不规范经营或者存在重大安全隐患的，应当要求中标人进行整改。整改不合格的，招标人依据中标合同的约定可以从履约保证金中扣除相应数额的违约金，直至收回该客运班线或者该客运车辆的经营权。

第五十五条　道路运输管理机构对中标人缴纳的履约保证金应当专户存放，不得挪用。

道路运输管理机构依据中标合同从履约保证金中扣除的相应数额的违约金，应当按照财务管理的相关规定进行管理。

道路运输管理机构按照合同约定从中标人履约保证金中扣除违约金后，中标人应当在招标人规定的时间内补交。逾期不交的，道路运输管理机构可以依据中标合同进行处理。

合同履行完毕后，道路运输管理机构应当及时将剩余的履约保证金本息归还中标人。

第五十六条　道路运输管理机构应当按照国家有关法律、行政法规和规章对中标人在经营期内的违法行为处以相应行政处罚。

第六章　附　　则

第五十七条　本办法自2009年1月1日起施行。

附件：道路旅客运输班线经营权招标投标标前分评分标准（略）

3. 道路货运

道路货物运输及站场管理规定

1. 2005年6月16日交通部令2005年第6号公布
2. 根据2008年7月23日交通运输部令2008年第9号《关于修改〈道路货物运输及站场管理规定〉的决定》第一次修正
3. 根据2009年4月20日交通运输部令2009年第3号《关于修改〈道路货物运输及站场管理规定〉的决定》第二次修正
4. 根据2012年3月14日交通运输部令2012年第1号《关于修改〈道路货物运输及站场管理规定〉的决定》第三次修正
5. 根据2016年4月11日交通运输部令2016年第35号《关于修改〈道路货物运输及站场管理规定〉的决定》第四次修正
6. 根据2019年6月20日交通运输部令2019年第17号《关于修改〈道路货物运输及站场管理规定〉的决定》第五次修正
7. 根据2022年9月26日交通运输部令2022年第30号《关于修改〈道路货物运输及站场管理规定〉的决定》第六次修正

第一章 总 则

第一条 为规范道路货物运输和道路货物运输站(场)经营活动,维护道路货物运输市场秩序,保障道路货物运输安全,保护道路货物运输和道路货物运输站(场)有关各方当事人的合法权益,根据《中华人民共和国道路运输条例》及有关法律、行政法规的规定,制定本规定。

第二条 从事道路货物运输经营和道路货物运输站(场)经营的,应当遵守本规定。

本规定所称道路货物运输经营,是指为社会提供公共服务、具有商业性质的道路货物运输活动。道路货物运输包括道路普通货运、道路货物专用运输、道路大型物件运输和道路危险货物运输。

本规定所称道路货物专用运输,是指使用集装箱、冷藏保鲜设备、罐式容器等专用车辆进行的货物运输。

本规定所称道路货物运输站(场)(以下简称货运站),是指以场地设施为依托,为社会提供有偿服务的具有仓储、保管、配载、信息服务、装卸、理货等功能的综合货运站(场)、零担货运站、集装箱中转站、物流中心等经营场所。

第三条 道路货物运输和货运站经营者应当依法经营,诚实信用,公平竞争。

道路货物运输管理应当公平、公正、公开和便民。

第四条 鼓励道路货物运输实行集约化、网络化经营。鼓励采用集装箱、封闭厢式车和多轴重型车运输。

第五条 交通运输部主管全国道路货物运输和货运站管理工作。

县级以上地方人民政府交通运输主管部门(以下简称交通运输主管部门)负责本行政区域的道路货物运输和货运站管理工作。

第二章 经营许可和备案

第六条 申请从事道路货物运输经营的,应当具备下列条件:

(一)有与其经营业务相适应并经检测合格的运输车辆:

1. 车辆技术要求应当符合《道路运输车辆技术管理规定》有关规定。

2. 车辆其他要求:

(1)从事大型物件运输经营的,应当具有与所运输大型物件相适应的超重型车组;

(2)从事冷藏保鲜、罐式容器等专用运输的,应当具有与运输货物相适应的专用容器、设备、设施,并固定在专用车辆上;

(3)从事集装箱运输的,车辆还应当有固定集装箱的转锁装置。

(二)有符合规定条件的驾驶人员:

1. 取得与驾驶车辆相应的机动车驾驶证;

2. 年龄不超过60周岁;

3. 经设区的市级交通运输主管部门对有关道路货物运输法规、机动车维修和货物及装载保管基本知识考试合格,并取得从业资格证(使用总质量4500千克及以下普通货运车辆的驾驶人员除外)。

(三)有健全的安全生产管理制度,包括安全生产责任制度、安全生产业务操作规程、安全生产监督检查制度、驾驶员和车辆安全生产管理制度等。

第七条　从事货运站经营的，应当具备下列条件：

（一）有与其经营规模相适应的货运站房、生产调度办公室、信息管理中心、仓库、仓储库棚、场地和道路等设施，并经有关部门组织的工程竣工验收合格；

（二）有与其经营规模相适应的安全、消防、装卸、通讯、计量等设备；

（三）有与其经营规模、经营类别相适应的管理人员和专业技术人员；

（四）有健全的业务操作规程和安全生产管理制度。

第八条　申请从事道路货物运输经营的，应当依法向市场监督管理部门办理有关登记手续后，向县级交通运输主管部门提出申请，并提供以下材料：

（一）《道路货物运输经营申请表》（见附件1）；

（二）负责人身份证明，经办人的身份证明和委托书；

（三）机动车辆行驶证、车辆技术等级评定结论复印件；拟投入运输车辆的承诺书，承诺书应当包括车辆数量、类型、技术性能、投入时间等内容；

（四）聘用或者拟聘用驾驶员的机动车驾驶证、从业资格证及其复印件；

（五）安全生产管理制度文本；

（六）法律、法规规定的其他材料。

第九条　从事货运站经营的，应当依法向市场监督管理部门办理有关登记手续后，最迟不晚于开始货运站经营活动的15日内，向所在地县级交通运输主管部门备案，并提供以下材料，保证材料真实、完整、有效：

（一）《道路货物运输站（场）经营备案表》（见附件2）；

（二）负责人身份证明，经办人的身份证明和委托书；

（三）经营货运站的土地、房屋的合法证明；

（四）货运站竣工验收证明；

（五）与业务相适应的专业人员和管理人员的身份证明、专业证书；

（六）业务操作规程和安全生产管理制度文本。

第十条　交通运输主管部门应当按照《中华人民共和国道路运输条例》《交通行政许可实施程序规定》和本规定规范的程序实施道路货物运输经营的行政许可。

第十一条　交通运输主管部门对道路货运经营申请予以受理的，应当自受理之日起20日内作出许可或者不予许可的决定。

第十二条　交通运输主管部门对符合法定条件的道路货物运输经营申请作出准予行政许可决定的，应当出具《道路货物运输经营行政许可决定书》（见附件3），明确许可事项。在10日内向被许可人颁发《道路运输经营许可证》，在《道路运输经营许可证》上注明经营范围。

对道路货物运输经营不予许可的，应当向申请人出具《不予交通行政许可决定书》。

第十三条　交通运输主管部门收到货运站经营备案材料后，对材料齐全且符合要求的，应当予以备案并编号归档；对材料不全或者不符合要求的，应当场或者自收到备案材料之日起5日内一次性书面通知备案人需要补充的全部内容。

交通运输主管部门应当向社会公布并及时更新已备案的货运站名单，便于社会查询和监督。

第十四条　被许可人应当按照承诺书的要求投入运输车辆。购置车辆或者已有车辆经交通运输主管部门核实并符合条件的，交通运输主管部门向投入运输的车辆配发《道路运输证》。

第十五条　使用总质量4500千克及以下普通货运车辆从事普通货运经营的，无需按照本规定申请取得《道路运输经营许可证》及《道路运输证》。

第十六条　道路货物运输经营者设立子公司的，应当向设立地的交通运输主管部门申请经营许可；设立分公司的，应当向设立地的交通运输主管部门报备。

第十七条　从事货运代理（代办）等货运相关服务的经营者，应当依法到市场监督管理部门办理有关登记手续，并持有关登记证件到设立地的交通运输主管部门备案。

第十八条　道路货物运输和货运站经营者需要终止经营的，应当在终止经营之日30日前告知原许可或者备案的交通运输主管部门，并按照规定办理有关注销手续。

第十九条　道路货物运输经营者变更许可事项、扩大经营范围的，按本章有关许可规定办理。

道路货物运输经营者变更名称、地址等，应当向作出原许可决定的交通运输主管部门备案。

货运站名称、经营场所等备案事项发生变化的，应当向原办理备案的交通运输主管部门办理备案变更。

第三章　货运经营管理

第二十条　道路货物运输经营者应当按照《道路运输经营许可证》核定的经营范围从事货物运输经营，不得转让、出租道路运输经营许可证件。

第二十一条　道路货物运输经营者应当对从业人员进行经常性的安全、职业道德教育和业务知识、操作规程培训。

第二十二条　道路货物运输经营者应当按照国家有关规定在其重型货运车辆、牵引车上安装、使用行驶记录仪，并采取有效措施，防止驾驶人员连续驾驶时间超过4个小时。

第二十三条　道路货物运输经营者应当要求其聘用的车辆驾驶员随车携带按照规定要求取得的《道路运输证》。

《道路运输证》不得转让、出租、涂改、伪造。

第二十四条　道路货物运输经营者应当聘用按照规定要求持有从业资格证的驾驶人员。

第二十五条　营运驾驶员应当按照规定驾驶与其从业资格类别相符的车辆。驾驶营运车辆时，应当随身携带按照规定要求取得的从业资格证。

第二十六条　运输的货物应当符合货运车辆核定的载质量，载物的长、宽、高不得违反装载要求。禁止货运车辆违反国家有关规定超限、超载运输。

禁止使用货运车辆运输旅客。

第二十七条　道路货物运输经营者运输大型物件，应当制定道路运输组织方案。涉及超限运输的应当按照交通运输部颁布的《超限运输车辆行驶公路管理规定》办理相应的审批手续。

第二十八条　从事大型物件运输的车辆，应当按照规定装置统一的标志和悬挂标志旗；夜间行驶和停车休息时应当设置标志灯。

第二十九条　道路货物运输经营者不得运输法律、行政法规禁止运输的货物。

道路货物运输经营者在受理法律、行政法规规定限运、凭证运输的货物时，应当查验并确认有关手续齐全有效后方可运输。

货物托运人应当按照有关法律、行政法规的规定办理限运、凭证运输手续。

第三十条　道路货物运输经营者不得采取不正当手段招揽货物、垄断货源。不得阻碍其他货运经营者开展正常的运输经营活动。

道路货物运输经营者应当采取有效措施，防止货物变质、腐烂、短少或者损失。

第三十一条　道路货物运输经营者和货物托运人应当按照《中华人民共和国民法典》的要求，订立道路货物运输合同。

鼓励道路货物运输经营者采用电子合同、电子运单等信息化技术，提升运输管理水平。

第三十二条　国家鼓励实行封闭式运输。道路货物运输经营者应当采取有效的措施，防止货物脱落、扬撒等情况发生。

第三十三条　道路货物运输经营者应当制定有关交通事故、自然灾害、公共卫生以及其他突发公共事件的道路运输应急预案。应急预案应当包括报告程序、应急指挥、应急车辆和设备的储备以及处置措施等内容。

第三十四条　发生交通事故、自然灾害、公共卫生以及其他突发公共事件，道路货物运输经营者应当服从县级以上人民政府或者有关部门的统一调度、指挥。

第三十五条　道路货物运输经营者应当严格遵守国家有关价格法律、法规和规章的规定，不得恶意压价竞争。

第四章　货运站经营管理

第三十六条　货运站经营者应当按照国家有关标准运营，不得随意改变货运站用途和服务功能。

第三十七条　货运站经营者应当依法加强安全管理，完善安全生产条件，健全和落实安全生产责任制。

货运站经营者应当对出站车辆进行安全检查，防止超载车辆或者未经安全检查的车辆出站，保证安全生产。

第三十八条　货运站经营者应当按照货物的性质、保管要求进行分类存放，保证货物完好无损，不得违规存放危险货物。

第三十九条　货物运输包装应当按照国家规定的货物

运输包装标准作业，包装物和包装技术、质量要符合运输要求。

第四十条　货运站经营者应当按照规定的业务操作规程进行货物的搬运装卸。搬运装卸作业应当轻装、轻卸，堆放整齐，防止混杂、撒漏、破损，严禁有毒、易污染物品与食品混装。

第四十一条　货运站经营者应当严格执行价格规定，在经营场所公布收费项目和收费标准。严禁乱收费。

第四十二条　进入货运站经营的经营业户及车辆，经营手续必须齐全。

货运站经营者应当公平对待使用货运站的道路货物运输经营者，禁止无证经营的车辆进站从事经营活动，无正当理由不得拒绝道路货物运输经营者进站从事经营活动。

第四十三条　货运站经营者不得垄断货源、抢装货物、扣押货物。

第四十四条　货运站要保持清洁卫生，各项服务标志醒目。

第四十五条　货运站经营者经营配载服务应当坚持自愿原则，提供的货源信息和运力信息应当真实、准确。

第四十六条　货运站经营者不得超限、超载配货，不得为无道路运输经营许可证或证照不全者提供服务；不得违反国家有关规定，为运输车辆装卸国家禁运、限运的物品。

第四十七条　货运站经营者应当制定有关突发公共事件的应急预案。应急预案应当包括报告程序、应急指挥、应急车辆和设备的储备以及处置措施等内容。

第四十八条　货运站经营者应当建立和完善各类台账和档案，并按要求报送有关信息。

第五章　监 督 检 查

第四十九条　交通运输主管部门应当加强对道路货物运输经营和货运站经营活动的监督检查。

交通运输主管部门工作人员应当严格按照职责权限和法定程序进行监督检查。

第五十条　交通运输主管部门应当定期对配发《道路运输证》的货运车辆进行审验，每年审验一次。审验内容包括车辆技术等级评定情况、车辆结构及尺寸变动情况和违章记录等。

审验符合要求的，交通运输主管部门在《道路运输证》上做好审验记录；不符合要求的，应当责令限期改正或者办理变更手续。

第五十一条　交通运输主管部门及其工作人员应当重点在货运站、货物集散地对道路货物运输、货运站经营活动实施监督检查。此外，根据管理需要，可以在公路路口实施监督检查，但不得随意拦截正常行驶的道路运输车辆，不得双向拦截车辆进行检查。

第五十二条　交通运输主管部门的工作人员实施监督检查时，应当有2名以上人员参加，并向当事人出示行政执法证件。

第五十三条　交通运输主管部门的工作人员可以向被检查单位和个人了解情况，查阅和复制有关材料。但是，应当保守被调查单位和个人的商业秘密。

被监督检查的单位和个人应当接受交通运输主管部门及其工作人员依法实施的监督检查，如实提供有关情况或者资料。

第五十四条　交通运输主管部门的工作人员在货运站、货物集散地实施监督检查过程中，发现货运车辆有超载行为的，应当立即予以制止，装载符合标准后方可放行。

第五十五条　取得道路货物运输经营许可的道路货物运输经营者在许可的交通运输主管部门管辖区域外违法从事经营活动的，违法行为发生地的交通运输主管部门应当依法将当事人的违法事实、处罚结果记录到《道路运输证》上，并抄告作出道路运输经营许可的交通运输主管部门。

第五十六条　道路货物运输经营者违反本规定的，交通运输主管部门在作出行政处罚决定的过程中，可以按照《中华人民共和国行政处罚法》的规定将其违法证据先行登记保存。作出行政处罚决定后，道路货物运输经营者拒不履行的，作出行政处罚决定的交通运输主管部门可以将其拒不履行行政处罚决定的事实通知违法车辆车籍所在地交通运输主管部门，作为能否通过车辆年度审验和决定质量信誉考核结果的重要依据。

第五十七条　交通运输主管部门的工作人员在实施道路运输监督检查过程中，对没有《道路运输证》又无法当场提供其他有效证明的货运车辆可以予以暂扣，并出具《道路运输车辆暂扣凭证》（见附件4）。对暂扣车辆应当妥善保管，不得使用，不得收取或者变相收取保管费用。

违法当事人应当在暂扣凭证规定时间内到指定地点接受处理。逾期不接受处理的，交通运输主管部门可依法作出处罚决定，并将处罚决定书送达当事人。当事人无正当理由逾期不履行处罚决定的，交通运输主管部门可申请人民法院强制执行。

第五十八条 交通运输主管部门在实施道路运输监督检查过程中，发现取得道路货物运输经营许可的道路货物运输经营者不再具备开业要求的安全生产条件的，应当由原许可机关撤销原许可。

第五十九条 有下列行为之一的，由交通运输主管部门责令限期整改，整改不合格的，予以公示：

（一）没有按照国家有关规定在货运车辆上安装符合标准的具有行驶记录功能的卫星定位装置的；

（二）大型物件运输车辆不按规定悬挂、标明运输标志的；

（三）发生公共突发性事件，不接受当地政府统一调度安排的；

（四）因配载造成超限、超载的；

（五）运输没有限运证明物资的；

（六）未查验禁运、限运物资证明，配载禁运、限运物资的。

第六十条 交通运输主管部门应当将道路货物运输及货运站经营者和从业人员的违法行为记入信用记录，并依照有关法律、行政法规的规定予以公示。

第六章 法律责任

第六十一条 违反本规定，有下列行为之一的，由交通运输主管部门责令停止经营；有违法所得的，没收违法所得，处违法所得2倍以上10倍以下的罚款；没有违法所得或者违法所得不足2万元的，处3万元以上10万元以下的罚款；构成犯罪的，依法追究刑事责任：

（一）未按规定取得道路货物运输经营许可，擅自从事道路货物运输经营的；

（二）使用失效、伪造、变造、被注销等无效的道路运输经营许可证件从事道路货物运输经营的；

（三）超越许可的事项，从事道路货物运输经营的。

第六十二条 违反本规定，道路货物运输经营者非法转让、出租道路运输经营许可证件的，由交通运输主管部门责令停止违法行为，收缴有关证件，处2000元以上1万元以下的罚款；有违法所得的，没收违法所得。

第六十三条 违反本规定，取得道路货物运输经营许可的道路货物运输经营者使用无《道路运输证》的车辆参加普通货物运输的，由交通运输主管部门责令改正，处1000元以上3000元以下的罚款。

违反前款规定使用无《道路运输证》的车辆参加危险货物运输的，由交通运输主管部门责令改正，处3000元以上1万元以下的罚款。

违反本规定，道路货物运输经营者不按照规定携带《道路运输证》的，由交通运输主管部门责令改正，处警告或者20元以上200元以下的罚款。

第六十四条 违反本规定，道路货物运输经营者有下列情形之一的，由交通运输主管部门责令改正，处1000元以上3000元以下的罚款；情节严重的，由原许可机关吊销道路运输经营许可证或者吊销其相应的经营范围：

（一）强行招揽货物的；

（二）没有采取必要措施防止货物脱落、扬撒的。

第六十五条 从事货运站经营，未按规定进行备案的，由交通运输主管部门责令改正；拒不改正的，处5000元以上2万元以下的罚款。备案时提供虚假材料情节严重的，其直接负责的主管人员和其他直接责任人员5年内不得从事原备案的业务。

第六十六条 违反本规定，货运站经营者允许无证经营的车辆进站从事经营活动以及超载车辆、未经安全检查的车辆出站或者无正当理由拒绝道路运输车辆进站从事经营活动的，由交通运输主管部门责令改正，处1万元以上3万元以下的罚款。

第六十七条 违反本规定，货运站经营者擅自改变货运站的用途和服务功能，由交通运输主管部门责令改正；拒不改正的，处3000元的罚款；有违法所得的，没收违法所得。

第六十八条 交通运输主管部门的工作人员违反本规定，有下列情形之一的，依法给予相应的行政处分；构成犯罪的，依法追究刑事责任：

（一）不依照本规定规定的条件、程序和期限实施行政许可或者备案的；

（二）参与或者变相参与道路货物运输和货运站经营的；

（三）发现违法行为不及时查处的；

（四）违反规定拦截、检查正常行驶的道路运输车辆的；

（五）违法扣留运输车辆、《道路运输证》的；

（六）索取、收受他人财物，或者谋取其他利益的；

（七）其他违法行为。

第七章　附　　则

第六十九条　道路货物运输经营者从事国际道路货物运输经营、危险货物运输活动，除一般行为规范适用本规定外，有关从业条件等特殊要求应当适用交通运输部制定的《国际道路运输管理规定》《道路危险货物运输管理规定》。

第七十条　交通运输主管部门依照规定发放道路货物运输经营许可证件和《道路运输证》，可以收取工本费。工本费的具体收费标准由省级人民政府财政、价格主管部门会同同级交通运输主管部门核定。

第七十一条　本规定自2005年8月1日起施行。交通部1993年5月19日发布的《道路货物运输业户开业技术经济条件（试行）》（交运发〔1993〕531号）、1996年12月2日发布的《道路零担货物运输管理办法》（交公路发〔1996〕1039号）、1997年5月22日发布的《道路货物运单使用和管理办法》（交通部令1997年第4号）、2001年4月5日发布的《道路货物运输企业经营资质管理规定（试行）》（交公路发〔2001〕154号）同时废止。

附件：（略）

道路危险货物运输管理规定

1. 2013年1月23日交通运输部令2013年第2号公布

2. 根据2016年4月11日交通运输部令2016年第36号《关于修改〈道路危险货物运输管理规定〉的决定》第一次修正

3. 根据2019年11月28日交通运输部令2019年第42号《关于修改〈道路危险货物运输管理规定〉的决定》第二次修正

第一章　总　　则

第一条　为规范道路危险货物运输市场秩序，保障人民生命财产安全，保护环境，维护道路危险货物运输各方当事人的合法权益，根据《中华人民共和国道路运输条例》和《危险化学品安全管理条例》等有关法律、行政法规，制定本规定。

第二条　从事道路危险货物运输活动，应当遵守本规定。军事危险货物运输除外。

法律、行政法规对民用爆炸物品、烟花爆竹、放射性物品等特定种类危险货物的道路运输另有规定的，从其规定。

第三条　本规定所称危险货物，是指具有爆炸、易燃、毒害、感染、腐蚀等危险特性，在生产、经营、运输、储存、使用和处置中，容易造成人身伤亡、财产损毁或者环境污染而需要特别防护的物质和物品。危险货物以列入国家标准《危险货物品名表》（GB 12268）的为准，未列入《危险货物品名表》的，以有关法律、行政法规的规定或者国务院有关部门公布的结果为准。

本规定所称道路危险货物运输，是指使用载货汽车通过道路运输危险货物的作业全过程。

本规定所称道路危险货物运输车辆，是指满足特定技术条件和要求，从事道路危险货物运输的载货汽车（以下简称专用车辆）。

第四条　危险货物的分类、分项、品名和品名编号应当按照国家标准《危险货物分类和品名编号》（GB 6944）、《危险货物品名表》（GB 12268）执行。危险货物的危险程度依据国家标准《危险货物运输包装通用技术条件》（GB 12463），分为Ⅰ、Ⅱ、Ⅲ等级。

第五条　从事道路危险货物运输应当保障安全，依法运输，诚实信用。

第六条　国家鼓励技术力量雄厚、设备和运输条件好的大型专业危险化学品生产企业从事道路危险货物运输，鼓励道路危险货物运输企业实行集约化、专业化经营，鼓励使用厢式、罐式和集装箱等专用车辆运输危险货物。

第七条　交通运输部主管全国道路危险货物运输管理工作。

县级以上地方人民政府交通运输主管部门负责组织领导本行政区域的道路危险货物运输管理工作。

县级以上道路运输管理机构负责具体实施道路

危险货物运输管理工作。

第二章　道路危险货物运输许可

第八条　申请从事道路危险货物运输经营,应当具备下列条件:

(一)有符合下列要求的专用车辆及设备:

1. 自有专用车辆(挂车除外)5 辆以上;运输剧毒化学品、爆炸品的,自有专用车辆(挂车除外)10 辆以上。

2. 专用车辆的技术要求应当符合《道路运输车辆技术管理规定》有关规定。

3. 配备有效的通讯工具。

4. 专用车辆应当安装具有行驶记录功能的卫星定位装置。

5. 运输剧毒化学品、爆炸品、易制爆危险化学品的,应当配备罐式、厢式专用车辆或者压力容器等专用容器。

6. 罐式专用车辆的罐体应当经质量检验部门检验合格,且罐体载货后总质量与专用车辆核定载质量相匹配。运输爆炸品、强腐蚀性危险货物的罐式专用车辆的罐体容积不得超过 20 立方米,运输剧毒化学品的罐式专用车辆的罐体容积不得超过 10 立方米,但符合国家有关标准的罐式集装箱除外。

7. 运输剧毒化学品、爆炸品、强腐蚀性危险货物的非罐式专用车辆,核定载质量不得超过 10 吨,但符合国家有关标准的集装箱运输专用车辆除外。

8. 配备与运输的危险货物性质相适应的安全防护、环境保护和消防设施设备。

(二)有符合下列要求的停车场地:

1. 自有或者租借期限为 3 年以上,且与经营范围、规模相适应的停车场地,停车场地应当位于企业注册地市级行政区域内。

2. 运输剧毒化学品、爆炸品专用车辆以及罐式专用车辆,数量为 20 辆(含)以下的,停车场地面积不低于车辆正投影面积的 1.5 倍,数量为 20 辆以上的,超过部分,每辆车的停车场地面积不低于车辆正投影面积;运输其他危险货物的,专用车辆数量为 10 辆(含)以下的,停车场地面积不低于车辆正投影面积的 1.5 倍;数量为 10 辆以上的,超过部分,每辆车的停车场地面积不低于车辆正投影面积。

3. 停车场地应当封闭并设立明显标志,不得妨碍居民生活和威胁公共安全。

(三)有符合下列要求的从业人员和安全管理人员:

1. 专用车辆的驾驶人员取得相应机动车驾驶证,年龄不超过 60 周岁。

2. 从事道路危险货物运输的驾驶人员、装卸管理人员、押运人员应当经所在地设区的市级人民政府交通运输主管部门考试合格,并取得相应的从业资格证;从事剧毒化学品、爆炸品道路运输的驾驶人员、装卸管理人员、押运人员,应当经考试合格,取得注明为“剧毒化学品运输”或者“爆炸品运输”类别的从业资格证。

3. 企业应当配备专职安全管理人员。

(四)有健全的安全生产管理制度:

1. 企业主要负责人、安全管理部门负责人、专职安全管理人员安全生产责任制度。

2. 从业人员安全生产责任制度。

3. 安全生产监督检查制度。

4. 安全生产教育培训制度。

5. 从业人员、专用车辆、设备及停车场地安全管理制度。

6. 应急救援预案制度。

7. 安全生产作业规程。

8. 安全生产考核与奖惩制度。

9. 安全事故报告、统计与处理制度。

第九条　符合下列条件的企事业单位,可以使用自备专用车辆从事为本单位服务的非经营性道路危险货物运输:

(一)属于下列企事业单位之一:

1. 省级以上安全生产监督管理部门批准设立的生产、使用、储存危险化学品的企业。

2. 有特殊需求的科研、军工等企事业单位。

(二)具备第八条规定的条件,但自有专用车辆(挂车除外)的数量可以少于 5 辆。

第十条　申请从事道路危险货物运输经营的企业,应当依法向工商行政管理机关办理有关登记手续后,向所在地设区的市级道路运输管理机构提出申请,并提交以下材料:

(一)《道路危险货物运输经营申请表》,包括申请人基本信息、申请运输的危险货物范围(类别、项别或品名,如果为剧毒化学品应当标注“剧毒”)等内容。

(二)拟担任企业法定代表人的投资人或者负责人的身份证明及其复印件,经办人身份证明及其复印件和书面委托书。

(三)企业章程文本。

(四)证明专用车辆、设备情况的材料,包括:

1. 未购置专用车辆、设备的,应当提交拟投入专用车辆、设备承诺书。承诺书内容应当包括车辆数量、类型、技术等级、总质量、核定载质量、车轴数以及车辆外廓尺寸;通讯工具和卫星定位装置配备情况;罐式专用车辆的罐体容积;罐式专用车辆罐体载货后的总质量与车辆核定载质量相匹配情况;运输剧毒化学品、爆炸品、易制爆危险化学品的专用车辆核定载质量等有关情况。承诺期限不得超过 1 年。

2. 已购置专用车辆、设备的,应当提供车辆行驶证、车辆技术等级评定结论;通讯工具和卫星定位装置配备;罐式专用车辆的罐体检测合格证或者检测报告及复印件等有关材料。

(五)拟聘用专职安全管理人员、驾驶人员、装卸管理人员、押运人员的,应当提交拟聘用承诺书,承诺期限不得超过 1 年;已聘用的应当提交从业资格证及其复印件以及驾驶证及其复印件。

(六)停车场地的土地使用证、租借合同、场地平面图等材料。

(七)相关安全防护、环境保护、消防设施设备的配备情况清单。

(八)有关安全生产管理制度文本。

第十一条　申请从事非经营性道路危险货物运输的单位,向所在地设区的市级道路运输管理机构提出申请时,除提交第十条第(四)项至第(八)项规定的材料外,还应当提交以下材料:

(一)《道路危险货物运输申请表》,包括申请人基本信息、申请运输的物品范围(类别、项别或品名,如果为剧毒化学品应当标注“剧毒”)等内容。

(二)下列形式之一的单位基本情况证明:

1. 省级以上安全生产监督管理部门颁发的危险化学品生产、使用等证明。

2. 能证明科研、军工等企事业单位性质或者业务范围的有关材料。

(三)特殊运输需求的说明材料。

(四)经办人的身份证明及其复印件以及书面委托书。

第十二条　设区的市级道路运输管理机构应当按照《中华人民共和国道路运输条例》和《交通行政许可实施程序规定》,以及本规定所明确的程序和时限实施道路危险货物运输行政许可,并进行实地核查。

决定准予许可的,应当向被许可人出具《道路危险货物运输行政许可决定书》,注明许可事项,具体内容应当包括运输危险货物的范围(类别、项别或品名,如果为剧毒化学品应当标注“剧毒”),专用车辆数量、要求以及运输性质,并在 10 日内向道路危险货物运输经营申请人发放《道路运输经营许可证》,向非经营性道路危险货物运输申请人发放《道路危险货物运输许可证》。

市级道路运输管理机构应当将准予许可的企业或单位的许可事项等,及时以书面形式告知县级道路运输管理机构。

决定不予许可的,应当向申请人出具《不予交通行政许可决定书》。

第十三条　被许可人已获得其他道路运输经营许可的,设区的市级道路运输管理机构应当为其换发《道路运输经营许可证》,并在经营范围中加注新许可的事项。如果原《道路运输经营许可证》是由省级道路运输管理机构发放的,由原许可机关按照上述要求予以换发。

第十四条　被许可人应当按照承诺期限落实拟投入的专用车辆、设备。

原许可机关应当对被许可人落实的专用车辆、设备予以核实,对符合许可条件的专用车辆配发《道路运输证》,并在《道路运输证》经营范围栏内注明允许运输的危险货物类别、项别或者品名,如果为剧毒化学品应标注“剧毒”;对从事非经营性道路危险货物运输的车辆,还应当加盖“非经营性危险货物运输专用章”。

被许可人未在承诺期限内落实专用车辆、设备的,原许可机关应当撤销许可决定,并收回已核发的许可证明文件。

第十五条　被许可人应当按照承诺期限落实拟聘用的专职安全管理人员、驾驶人员、装卸管理人员和押运人员。

被许可人未在承诺期限内按照承诺聘用专职安全管理人员、驾驶人员、装卸管理人员和押运人员的，原许可机关应当撤销许可决定，并收回已核发的许可证明文件。

第十六条 道路运输管理机构不得许可一次性、临时性的道路危险货物运输。

第十七条 道路危险货物运输企业设立子公司从事道路危险货物运输的，应当向子公司注册地设区的市级道路运输管理机构申请运输许可。设立分公司的，应当向分公司注册地设区的市级道路运输管理机构备案。

第十八条 道路危险货物运输企业或者单位需要变更许可事项的，应当向原许可机关提出申请，按照本章有关许可的规定办理。

道路危险货物运输企业或者单位变更法定代表人、名称、地址等工商登记事项的，应当在30日内向原许可机关备案。

第十九条 道路危险货物运输企业或者单位终止危险货物运输业务的，应当在终止之日的30日前告知原许可机关，并在停业后10日内将《道路运输经营许可证》或者《道路危险货物运输许可证》以及《道路运输证》交回原许可机关。

第三章 专用车辆、设备管理

第二十条 道路危险货物运输企业或者单位应当按照《道路运输车辆技术管理规定》中有关车辆管理的规定，维护、检测、使用和管理专用车辆，确保专用车辆技术状况良好。

第二十一条 设区的市级道路运输管理机构应当定期对专用车辆进行审验，每年审验一次。审验按照《道路运输车辆技术管理规定》进行，并增加以下审验项目：

（一）专用车辆投保危险货物承运人责任险情况；

（二）必需的应急处理器材、安全防护设施设备和专用车辆标志的配备情况；

（三）具有行驶记录功能的卫星定位装置的配备情况。

第二十二条 禁止使用报废的、擅自改装的、检测不合格的、车辆技术等级达不到一级的和其他不符合国家规定的车辆从事道路危险货物运输。

除铰接列车、具有特殊装置的大型物件运输专用车辆外，严禁使用货车列车从事危险货物运输；倾卸式车辆只能运输散装硫磺、萘饼、粗蒽、煤焦沥青等危险货物。

禁止使用移动罐体（罐式集装箱除外）从事危险货物运输。

第二十三条 用于装卸危险货物的机械及工具的技术状况应当符合行业标准《汽车运输危险货物规则》（JT617）规定的技术要求。

第二十四条 罐式专用车辆的常压罐体应当符合国家标准《道路运输液体危险货物罐式车辆第1部分：金属常压罐体技术要求》（GB 18564.1）、《道路运输液体危险货物罐式车辆第2部分：非金属常压罐体技术要求》（GB 18564.2）等有关技术要求。

使用压力容器运输危险货物的，应当符合国家特种设备安全监督管理部门制订并公布的《移动式压力容器安全技术监察规程》（TSG R0005）等有关技术要求。

压力容器和罐式专用车辆应当在质量检验部门出具的压力容器或者罐体检验合格的有效期内承运危险货物。

第二十五条 道路危险货物运输企业或者单位对重复使用的危险货物包装物、容器，在重复使用前应当进行检查；发现存在安全隐患的，应当维修或者更换。

道路危险货物运输企业或者单位应当对检查情况作出记录，记录的保存期限不得少于2年。

第二十六条 道路危险货物运输企业或者单位应当到具有污染物处理能力的机构对常压罐体进行清洗（置换）作业，将废气、污水等污染物集中收集，消除污染，不得随意排放，污染环境。

第四章 道路危险货物运输

第二十七条 道路危险货物运输企业或者单位应当严格按照道路运输管理机构决定的许可事项从事道路危险货物运输活动，不得转让、出租道路危险货物运输许可证件。

严禁非经营性道路危险货物运输单位从事道路危险货物运输经营活动。

第二十八条 危险货物托运人应当委托具有道路危险货物运输资质的企业承运。

危险货物托运人应当对托运的危险货物种类、数量和承运人等相关信息予以记录,记录的保存期限不得少于 1 年。

第二十九条 危险货物托运人应当严格按照国家有关规定妥善包装并在外包装设置标志,并向承运人说明危险货物的品名、数量、危害、应急措施等情况。需要添加抑制剂或者稳定剂的,托运人应当按照规定添加,并告知承运人相关注意事项。

危险货物托运人托运危险化学品的,还应当提交与托运的危险化学品完全一致的安全技术说明书和安全标签。

第三十条 不得使用罐式专用车辆或者运输有毒、感染性、腐蚀性危险货物的专用车辆运输普通货物。

其他专用车辆可以从事食品、生活用品、药品、医疗器具以外的普通货物运输,但应当由运输企业对专用车辆进行消除危害处理,确保不对普通货物造成污染、损害。

不得将危险货物与普通货物混装运输。

第三十一条 专用车辆应当按照国家标准《道路运输危险货物车辆标志》(GB 13392)的要求悬挂标志。

第三十二条 运输剧毒化学品、爆炸品的企业或者单位,应当配备专用停车区域,并设立明显的警示标牌。

第三十三条 专用车辆应当配备符合有关国家标准以及与所载运的危险货物相适应的应急处理器材和安全防护设备。

第三十四条 道路危险货物运输企业或者单位不得运输法律、行政法规禁止运输的货物。

法律、行政法规规定的限运、凭证运输货物,道路危险货物运输企业或者单位应当按照有关规定办理相关运输手续。

法律、行政法规规定托运人必须办理有关手续后方可运输的危险货物,道路危险货物运输企业应当查验有关手续齐全有效后方可承运。

第三十五条 道路危险货物运输企业或者单位应当采取必要措施,防止危险货物脱落、扬散、丢失以及燃烧、爆炸、泄漏等。

第三十六条 驾驶人员应当随车携带《道路运输证》。驾驶人员或者押运人员应当按照《汽车运输危险货物规则》(JT 617)的要求,随车携带《道路运输危险货物安全卡》。

第三十七条 在道路危险货物运输过程中,除驾驶人员外,还应当在专用车辆上配备押运人员,确保危险货物处于押运人员监管之下。

第三十八条 道路危险货物运输途中,驾驶人员不得随意停车。

因住宿或者发生影响正常运输的情况需要较长时间停车的,驾驶人员、押运人员应当设置警戒带,并采取相应的安全防范措施。

运输剧毒化学品或者易制爆危险化学品需要较长时间停车的,驾驶人员或者押运人员应当向当地公安机关报告。

第三十九条 危险货物的装卸作业应当遵守安全作业标准、规程和制度,并在装卸管理人员的现场指挥或者监控下进行。

危险货物运输托运人和承运人应当按照合同约定指派装卸管理人员;若合同未予约定,则由负责装卸作业的一方指派装卸管理人员。

第四十条 驾驶人员、装卸管理人员和押运人员上岗时应当随身携带从业资格证。

第四十一条 严禁专用车辆违反国家有关规定超载、超限运输。

道路危险货物运输企业或者单位使用罐式专用车辆运输货物时,罐体载货后的总质量应当和专用车辆核定载质量相匹配;使用牵引车运输货物时,挂车载货后的总质量应当与牵引车的准牵引总质量相匹配。

第四十二条 道路危险货物运输企业或者单位应当要求驾驶人员和押运人员在运输危险货物时,严格遵守有关部门关于危险货物运输线路、时间、速度方面的有关规定,并遵守有关部门关于剧毒、爆炸危险品道路运输车辆在重大节假日通行高速公路的相关规定。

第四十三条 道路危险货物运输企业或者单位应当通过卫星定位监控平台或者监控终端及时纠正和处理超速行驶、疲劳驾驶、不按规定线路行驶等违法违规驾驶行为。

监控数据应当至少保存 3 个月,违法驾驶信息及处理情况应当至少保存 3 年。

第四十四条 道路危险货物运输从业人员必须熟悉有

关安全生产的法规、技术标准和安全生产规章制度、安全操作规程，了解所装运危险货物的性质、危害特性、包装物或者容器的使用要求和发生意外事故时的处置措施，并严格执行《汽车运输危险货物规则》(JT 617)、《汽车运输、装卸危险货物作业规程》(JT 618)等标准，不得违章作业。

第四十五条 道路危险货物运输企业或者单位应当通过岗前培训、例会、定期学习等方式，对从业人员进行经常性安全生产、职业道德、业务知识和操作规程的教育培训。

第四十六条 道路危险货物运输企业或者单位应当加强安全生产管理，制定突发事件应急预案，配备应急救援人员和必要的应急救援器材、设备，并定期组织应急救援演练，严格落实各项安全制度。

第四十七条 道路危险货物运输企业或者单位应当委托具备资质条件的机构，对本企业或单位的安全管理情况每3年至少进行一次安全评估，出具安全评估报告。

第四十八条 在危险货物运输过程中发生燃烧、爆炸、污染、中毒或者被盗、丢失、流散、泄漏等事故，驾驶人员、押运人员应当立即根据应急预案和《道路运输危险货物安全卡》的要求采取应急处置措施，并向事故发生地公安部门、交通运输主管部门和本运输企业或者单位报告。运输企业或者单位接到事故报告后，应当按照本单位危险货物应急预案组织救援，并向事故发生地安全生产监督管理部门和环境保护、卫生主管部门报告。

道路危险货物运输管理机构应当公布事故报告电话。

第四十九条 在危险货物装卸过程中，应当根据危险货物的性质，轻装轻卸，堆码整齐，防止混杂、撒漏、破损，不得与普通货物混合堆放。

第五十条 道路危险货物运输企业或者单位应当为其承运的危险货物投保承运人责任险。

第五十一条 道路危险货物运输企业异地经营(运输线路起讫点均不在企业注册地市域内)累计3个月以上的，应当向经营地设区的市级道路运输管理机构备案并接受其监管。

第五章 监督检查

第五十二条 道路危险货物运输监督检查按照《道路货物运输及站场管理规定》执行。

道路运输管理机构工作人员应当定期或者不定期对道路危险货物运输企业或者单位进行现场检查。

第五十三条 道路运输管理机构工作人员对在异地取得从业资格的人员监督检查时，可以向原发证机关申请提供相应的从业资格档案资料，原发证机关应当予以配合。

第五十四条 道路运输管理机构在实施监督检查过程中，经本部门主要负责人批准，可以对没有随车携带《道路运输证》又无法当场提供其他有效证明文件的危险货物运输专用车辆予以扣押。

第五十五条 任何单位和个人对违反本规定的行为，有权向道路危险货物运输管理机构举报。

道路危险货物运输管理机构应当公布举报电话，并在接到举报后及时依法处理；对不属于本部门职责的，应当及时移送有关部门处理。

第六章 法律责任

第五十六条 违反本规定，有下列情形之一的，由县级以上道路运输管理机构责令停止运输经营，有违法所得的，没收违法所得，处违法所得2倍以上10倍以下的罚款；没有违法所得或者违法所得不足2万元的，处3万元以上10万元以下的罚款；构成犯罪的，依法追究刑事责任：

(一)未取得道路危险货物运输许可，擅自从事道路危险货物运输的；

(二)使用失效、伪造、变造、被注销等无效道路危险货物运输许可证件从事道路危险货物运输的；

(三)超越许可事项，从事道路危险货物运输的；

(四)非经营性道路危险货物运输单位从事道路危险货物运输经营的。

第五十七条 违反本规定，道路危险货物运输企业或者单位非法转让、出租道路危险货物运输许可证件的，由县级以上道路运输管理机构责令停止违法行为，收缴有关证件，处2000元以上1万元以下的罚款；有违法所得的，没收违法所得。

第五十八条 违反本规定，道路危险货物运输企业或者单位有下列行为之一，由县级以上道路运输管理机构责令限期投保；拒不投保的，由原许可机关吊销

《道路运输经营许可证》或者《道路危险货物运输许可证》，或者吊销相应的经营范围：

（一）未投保危险货物承运人责任险的；

（二）投保的危险货物承运人责任险已过期，未继续投保的。

第五十九条 违反本规定，道路危险货物运输企业或者单位不按照规定随车携带《道路运输证》的，由县级以上道路运输管理机构责令改正，处警告或者20元以上200元以下的罚款。

第六十条 违反本规定，道路危险货物运输企业或者单位以及托运人有下列情形之一的，由县级以上道路运输管理机构责令改正，并处5万元以上10万元以下的罚款，拒不改正的，责令停产停业整顿；构成犯罪的，依法追究刑事责任：

（一）驾驶人员、装卸管理人员、押运人员未取得从业资格上岗作业的；

（二）托运人不向承运人说明所托运的危险化学品的种类、数量、危险特性以及发生危险情况的应急处置措施，或者未按照国家有关规定对所托运的危险化学品妥善包装并在外包装上设置相应标志的；

（三）未根据危险化学品的危险特性采取相应的安全防护措施，或者未配备必要的防护用品和应急救援器材的；

（四）运输危险化学品需要添加抑制剂或者稳定剂，托运人未添加或者未将有关情况告知承运人的。

第六十一条 违反本规定，道路危险货物运输企业或者单位未配备专职安全管理人员的，由县级以上道路运输管理机构责令改正，可以处1万元以下的罚款；拒不改正的，对危险化学品运输企业或单位处1万元以上5万元以下的罚款，对运输危险化学品以外其他危险货物的企业或单位处1万元以上2万元以下的罚款。

第六十二条 违反本规定，道路危险化学品运输托运人有下列行为之一的，由县级以上道路运输管理机构责令改正，处10万元以上20万元以下的罚款，有违法所得的，没收违法所得；拒不改正的，责令停产停业整顿；构成犯罪的，依法追究刑事责任：

（一）委托未依法取得危险货物道路运输许可的企业承运危险化学品的；

（二）在托运的普通货物中夹带危险化学品，或者将危险化学品谎报或者匿报为普通货物托运的。

第六十三条 违反本规定，道路危险货物运输企业擅自改装已取得《道路运输证》的专用车辆及罐式专用车辆罐体的，由县级以上道路运输管理机构责令改正，并处5000元以上2万元以下的罚款。

第七章 附 则

第六十四条 本规定对道路危险货物运输经营未作规定的，按照《道路货物运输及站场管理规定》执行；对非经营性道路危险货物运输未作规定的，参照《道路货物运输及站场管理规定》执行。

第六十五条 道路危险货物运输许可证件和《道路运输证》工本费的具体收费标准由省、自治区、直辖市人民政府财政、价格主管部门会同同级交通运输主管部门核定。

第六十六条 交通运输部可以根据相关行业协会的申请，经组织专家论证后，统一公布可以按照普通货物实施道路运输管理的危险货物。

第六十七条 本规定自2013年7月1日起施行。交通部2005年发布的《道路危险货物运输管理规定》（交通部令2005年第9号）及交通运输部2010年发布的《关于修改〈道路危险货物运输管理规定〉的决定》（交通运输部令2010年第5号）同时废止。

危险货物道路运输安全管理办法

1. 2019年11月10日交通运输部、工业和信息化部、公安部、生态环境部、应急管理部、国家市场监督管理总局令2019年第29号公布

2. 自2020年1月1日起施行

第一章 总 则

第一条 为了加强危险货物道路运输安全管理，预防危险货物道路运输事故，保障人民群众生命、财产安全，保护环境，依据《中华人民共和国安全生产法》《中华人民共和国道路运输条例》《危险化学品安全管理条例》《公路安全保护条例》等有关法律、行政法规，制定本办法。

第二条 对使用道路运输车辆从事危险货物运输及相关活动的安全管理，适用本办法。

第三条 危险货物道路运输应当坚持安全第一、预防为主、综合治理、便利运输的原则。

第四条　国务院交通运输主管部门主管全国危险货物道路运输管理工作。

县级以上地方人民政府交通运输主管部门负责组织领导本行政区域的危险货物道路运输管理工作。

工业和信息化、公安、生态环境、应急管理、市场监督管理等部门按照各自职责，负责对危险货物道路运输相关活动进行监督检查。

第五条　国家建立危险化学品监管信息共享平台，加强危险货物道路运输安全管理。

第六条　不得托运、承运法律、行政法规禁止运输的危险货物。

第七条　托运人、承运人、装货人应当制定危险货物道路运输作业查验、记录制度，以及人员安全教育培训、设备管理和岗位操作规程等安全生产管理制度。

托运人、承运人、装货人应当按照相关法律法规和《危险货物道路运输规则》（JT/T 617）要求，对本单位相关从业人员进行岗前安全教育培训和定期安全教育。未经岗前安全教育培训考核合格的人员，不得上岗作业。

托运人、承运人、装货人应当妥善保存安全教育培训及考核记录。岗前安全教育培训及考核记录保存至相关从业人员离职后12个月；定期安全教育记录保存期限不得少于12个月。

第八条　国家鼓励危险货物道路运输企业应用先进技术和装备，实行专业化、集约化经营。

禁止危险货物运输车辆挂靠经营。

第二章　危险货物托运

第九条　危险货物托运人应当委托具有相应危险货物道路运输资质的企业承运危险货物。托运民用爆炸物品、烟花爆竹的，应当委托具有第一类爆炸品或者第一类爆炸品中相应项别运输资质的企业承运。

第十条　托运人应当按照《危险货物道路运输规则》（JT/T 617）确定危险货物的类别、项别、品名、编号，遵守相关特殊规定要求。需要添加抑制剂或者稳定剂的，托运人应当按照规定添加，并将有关情况告知承运人。

第十一条　托运人不得在托运的普通货物中违规夹带危险货物，或者将危险货物匿报、谎报为普通货物托运。

第十二条　托运人应当按照《危险货物道路运输规则》（JT/T 617）妥善包装危险货物，并在外包装设置相应的危险货物标志。

第十三条　托运人在托运危险货物时，应当向承运人提交电子或者纸质形式的危险货物托运清单。

危险货物托运清单应当载明危险货物的托运人、承运人、收货人、装货人、始发地、目的地、危险货物的类别、项别、品名、编号、包装及规格、数量、应急联系电话等信息，以及危险货物危险特性、运输注意事项、急救措施、消防措施、泄漏应急处置、次生环境污染处置措施等信息。

托运人应当妥善保存危险货物托运清单，保存期限不得少于12个月。

第十四条　托运人应当在危险货物运输期间保持应急联系电话畅通。

第十五条　托运人托运剧毒化学品、民用爆炸物品、烟花爆竹或者放射性物品的，应当向承运人相应提供公安机关核发的剧毒化学品道路运输通行证、民用爆炸物品运输许可证、烟花爆竹道路运输许可证、放射性物品道路运输许可证明或者文件。

托运人托运第一类放射性物品的，应当向承运人提供国务院核安全监管部门批准的放射性物品运输核与辐射安全分析报告。

托运人托运危险废物（包括医疗废物，下同）的，应当向承运人提供生态环境主管部门发放的电子或者纸质形式的危险废物转移联单。

第三章　例外数量与有限数量危险货物运输的特别规定

第十六条　例外数量危险货物的包装、标记、包件测试，以及每个内容器和外容器可运输危险货物的最大数量，应当符合《危险货物道路运输规则》（JT/T 617）要求。

第十七条　有限数量危险货物的包装、标记，以及每个内容器或者物品所装的最大数量、总质量（含包装），应当符合《危险货物道路运输规则》（JT/T 617）要求。

第十八条　托运人托运例外数量危险货物的，应当向承运人书面声明危险货物符合《危险货物道路运输规则》（JT/T 617）包装要求。承运人应当要求驾驶人随车携带书面声明。

托运人应当在托运清单中注明例外数量危险货物以及包件的数量。

第十九条 托运人托运有限数量危险货物的，应当向承运人提供包装性能测试报告或者书面声明危险货物符合《危险货物道路运输规则》(JT/T 617)包装要求。承运人应当要求驾驶人随车携带测试报告或者书面声明。

托运人应当在托运清单中注明有限数量危险货物以及包件的数量、总质量(含包装)。

第二十条 例外数量、有限数量危险货物包件可以与其他危险货物、普通货物混合装载，但有限数量危险货物包件不得与爆炸品混合装载。

第二十一条 运输车辆载运例外数量危险货物包件数不超过1000个或者有限数量危险货物总质量(含包装)不超过8000千克的，可以按照普通货物运输。

第四章 危险货物承运

第二十二条 危险货物承运人应当按照交通运输主管部门许可的经营范围承运危险货物。

第二十三条 危险货物承运人应当使用安全技术条件符合国家标准要求且与承运危险货物性质、重量相匹配的车辆、设备进行运输。

危险货物承运人使用常压液体危险货物罐式车辆运输危险货物的，应当在罐式车辆罐体的适装介质列表范围内承运；使用移动式压力容器运输危险货物的，应当按照移动式压力容器使用登记证上限定的介质承运。

危险货物承运人应当按照运输车辆的核定载质量装载危险货物，不得超载。

第二十四条 危险货物承运人应当制作危险货物运单，并交由驾驶人随车携带。危险货物运单应当妥善保存，保存期限不得少于12个月。

危险货物运单格式由国务院交通运输主管部门统一制定。危险货物运单可以是电子或者纸质形式。

运输危险废物的企业还应当填写并随车携带电子或者纸质形式的危险废物转移联单。

第二十五条 危险货物承运人在运输前，应当对运输车辆、罐式车辆罐体、可移动罐柜、罐式集装箱(以下简称罐箱)及相关设备的技术状况，以及卫星定位装置进行检查并做好记录，对驾驶人、押运人员进行运输安全告知。

第二十六条 危险货物道路运输车辆驾驶人、押运人员在起运前，应当对承运危险货物的运输车辆、罐式车辆罐体、可移动罐柜、罐箱进行外观检查，确保没有影响运输安全的缺陷。

危险货物道路运输车辆驾驶人、押运人员在起运前，应当检查确认危险货物运输车辆按照《道路运输危险货物车辆标志》(GB 13392)要求安装、悬挂标志。运输爆炸品和剧毒化学品的，还应当检查确认车辆安装、粘贴符合《道路运输爆炸品和剧毒化学品车辆安全技术条件》(GB 20300)要求的安全标示牌。

第二十七条 危险货物承运人除遵守本办法规定外，还应当遵守《道路危险货物运输管理规定》有关运输行为的要求。

第五章 危险货物装卸

第二十八条 装货人应当在充装或者装载货物前查验以下事项；不符合要求的，不得充装或者装载：

(一)车辆是否具有有效行驶证和营运证；

(二)驾驶人、押运人员是否具有有效资质证件；

(三)运输车辆、罐式车辆罐体、可移动罐柜、罐箱是否在检验合格有效期内；

(四)所充装或者装载的危险货物是否与危险货物运单载明的事项相一致；

(五)所充装的危险货物是否在罐式车辆罐体的适装介质列表范围内，或者满足可移动罐柜导则、罐箱适用代码的要求。

充装或者装载剧毒化学品、民用爆炸物品、烟花爆竹、放射性物品或者危险废物时，还应当查验本办法第十五条规定的单证报告。

第二十九条 装货人应当按照相关标准进行装载作业。装载货物不得超过运输车辆的核定载质量，不得超出罐式车辆罐体、可移动罐柜、罐箱的允许充装量。

第三十条 危险货物交付运输时，装货人应当确保危险货物运输车辆按照《道路运输危险货物车辆标志》(GB 13392)要求安装、悬挂标志，确保包装容器没有损坏或者泄漏，罐式车辆罐体、可移动罐柜、罐箱的关闭装置处于关闭状态。

爆炸品和剧毒化学品交付运输时，装货人还应当确保车辆安装、粘贴符合《道路运输爆炸品和剧毒化学品车辆安全技术条件》（GB 20300）要求的安全标示牌。

第三十一条 装货人应当建立危险货物装货记录制度，记录所充装或者装载的危险货物类别、品名、数量、运单编号和托运人、承运人、运输车辆及驾驶人等相关信息并妥善保存，保存期限不得少于12个月。

第三十二条 充装或者装载危险化学品的生产、储存、运输、使用和经营企业，应当按照本办法要求建立健全并严格执行充装或者装载查验、记录制度。

第三十三条 收货人应当及时收货，并按照安全操作规程进行卸货作业。

第三十四条 禁止危险货物运输车辆在卸货后直接实施排空作业等活动。

第六章 危险货物运输车辆与罐式车辆罐体、可移动罐柜、罐箱

第三十五条 工业和信息化主管部门应当通过《道路机动车辆生产企业及产品公告》公布产品型号，并按照《危险货物运输车辆结构要求》（GB 21668）公布危险货物运输车辆类型。

第三十六条 危险货物运输车辆生产企业应当按照工业和信息化主管部门公布的产品型号进行生产。危险货物运输车辆应当获得国家强制性产品认证证书。

第三十七条 危险货物运输车辆生产企业应当按照《危险货物运输车辆结构要求》（GB 21668）标注危险货物运输车辆的类型。

第三十八条 液体危险化学品常压罐式车辆罐体生产企业应当取得工业产品生产许可证，生产的罐体应当符合《道路运输液体危险货物罐式车辆》（GB 18564）要求。

检验机构应当严格按照国家标准、行业标准及国家统一发布的检验业务规则，开展液体危险化学品常压罐式车辆罐体检验，对检验合格的罐体出具检验合格证书。检验合格证书包括罐体载质量、罐体容积、罐体编号、适装介质列表和下次检验日期等内容。

检验机构名录及检验业务规则由国务院市场监督管理部门、国务院交通运输主管部门共同公布。

第三十九条 常压罐式车辆罐体生产企业应当按照要求为罐体分配并标注唯一性编码。

第四十条 罐式车辆罐体应当在检验有效期内装载危险货物。

检验有效期届满后，罐式车辆罐体应当经具有专业资质的检验机构重新检验合格，方可投入使用。

第四十一条 装载危险货物的常压罐式车辆罐体的重大维修、改造，应当委托具备罐体生产资质的企业实施，并通过具有专业资质的检验机构维修、改造检验，取得检验合格证书，方可重新投入使用。

第四十二条 运输危险货物的可移动罐柜、罐箱应当经具有专业资质的检验机构检验合格，取得检验合格证书，并取得相应的安全合格标志，按照规定用途使用。

第四十三条 危险货物包装容器属于移动式压力容器或者气瓶的，还应当满足特种设备相关法律法规、安全技术规范以及国际条约的要求。

第七章 危险货物运输车辆运行管理

第四十四条 在危险货物道路运输过程中，除驾驶人外，还应当在专用车辆上配备必要的押运人员，确保危险货物处于押运人员监管之下。

运输车辆应当安装、悬挂符合《道路运输危险货物车辆标志》（GB 13392）要求的警示标志，随车携带防护用品、应急救援器材和危险货物道路运输安全卡，严格遵守道路交通安全法律法规规定，保障道路运输安全。

运输爆炸品和剧毒化学品车辆还应当安装、粘贴符合《道路运输爆炸品和剧毒化学品车辆安全技术条件》（GB 20300）要求的安全标示牌。

运输剧毒化学品、民用爆炸物品、烟花爆竹、放射性物品或者危险废物时，还应当随车携带本办法第十五条规定的单证报告。

第四十五条 危险货物承运人应当按照《中华人民共和国反恐怖主义法》和《道路运输车辆动态监督管理办法》要求，在车辆运行期间通过定位系统对车辆和驾驶人进行监控管理。

第四十六条 危险货物运输车辆在高速公路上行驶速度不得超过每小时80公里，在其他道路上行驶速度

不得超过每小时60公里。道路限速标志、标线标明的速度低于上述规定速度的，车辆行驶速度不得高于限速标志、标线标明的速度。

第四十七条　驾驶人应当确保罐式车辆罐体、可移动罐柜、罐箱的关闭装置在运输过程中处于关闭状态。

第四十八条　运输民用爆炸物品、烟花爆竹和剧毒、放射性等危险物品时，应当按照公安机关批准的路线、时间行驶。

第四十九条　有下列情形之一的，公安机关可以依法采取措施，限制危险货物运输车辆通行：

（一）城市（含县城）重点地区、重点单位、人流密集场所、居民生活区；

（二）饮用水水源保护区、重点景区、自然保护区；

（三）特大桥梁、特长隧道、隧道群、桥隧相连路段及水下公路隧道；

（四）坡长坡陡、临水临崖等通行条件差的山区公路；

（五）法律、行政法规规定的其他可以限制通行的情形。

除法律、行政法规另有规定外，公安机关综合考虑相关因素，确需对通过高速公路运输危险化学品依法采取限制通行措施的，限制通行时段应当在0时至6时之间确定。

公安机关采取限制危险货物运输车辆通行措施的，应当提前向社会公布，并会同交通运输主管部门确定合理的绕行路线，设置明显的绕行提示标志。

第五十条　遇恶劣天气、重大活动、重要节假日、交通事故、突发事件等，公安机关可以临时限制危险货物运输车辆通行，并做好告知提示。

第五十一条　危险货物运输车辆需在高速公路服务区停车的，驾驶人、押运人员应当按照有关规定采取相应的安全防范措施。

第八章　监督检查

第五十二条　对危险货物道路运输负有安全监督管理职责的部门，应当依照下列规定加强监督检查：

（一）交通运输主管部门负责核发危险货物道路运输经营许可证，定期对危险货物道路运输企业动态监控工作的情况进行考核，依法对危险货物道路运输企业进行监督检查，负责对运输环节充装查验、核准、记录等进行监管。

（二）工业和信息化主管部门应当依法对《道路机动车辆生产企业及产品公告》内的危险货物运输车辆生产企业进行监督检查，依法查处违法违规生产企业及产品。

（三）公安机关负责核发剧毒化学品道路运输通行证、民用爆炸物品运输许可证、烟花爆竹道路运输许可证和放射性物品运输许可证明或者文件，并负责危险货物运输车辆的通行秩序管理。

（四）生态环境主管部门应当依法对放射性物品运输容器的设计、制造和使用等进行监督检查，负责监督核设施营运单位、核技术利用单位建立健全并执行托运及充装管理制度规程。

（五）应急管理部门和其他负有安全生产监督管理职责的部门依法负责危险化学品生产、储存、使用和经营环节的监管，按照职责分工督促企业建立健全充装管理制度规程。

（六）市场监督管理部门负责依法查处危险化学品及常压罐式车辆罐体质量违法行为和常压罐式车辆罐体检验机构出具虚假检验合格证书的行为。

第五十三条　对危险货物道路运输负有安全监督管理职责的部门，应当建立联合执法协作机制。

第五十四条　对危险货物道路运输负有安全监督管理职责的部门发现危险货物托运、承运或者装载过程中存在重大隐患，有可能发生安全事故的，应当要求其停止作业并消除隐患。

第五十五条　对危险货物道路运输负有安全监督管理职责的部门监督检查时，发现需由其他负有安全监督管理职责的部门处理的违法行为，应当及时移交。

其他负有安全监督管理职责的部门应当接收，依法处理，并将处理结果反馈移交部门。

第九章　法律责任

第五十六条　交通运输主管部门对危险货物承运人违反本办法第七条，未对从业人员进行安全教育和培训的，应当责令限期改正，可以处5万元以下的罚款；逾期未改正的，责令停产停业整顿，并处5万元以上10万元以下的罚款，对其直接负责的主管人员和其他直接责任人员处1万元以上2万元以下的罚款。

第五十七条　交通运输主管部门对危险化学品托运人

有下列情形之一的，应当责令改正，处10万元以上20万元以下的罚款，有违法所得的，没收违法所得；拒不改正的，责令停产停业整顿：

（一）违反本办法第九条，委托未依法取得危险货物道路运输资质的企业承运危险化学品的；

（二）违反本办法第十一条，在托运的普通货物中违规夹带危险化学品，或者将危险化学品匿报或者谎报为普通货物托运的。

有前款第（二）项情形，构成违反治安管理行为的，由公安机关依法给予治安管理处罚。

第五十八条 交通运输主管部门对危险货物托运人违反本办法第十条，危险货物的类别、项别、品名、编号不符合相关标准要求的，应当责令改正，属于非经营性的，处1000元以下的罚款；属于经营性的，处1万元以上3万元以下的罚款。

第五十九条 交通运输主管部门对危险化学品托运人有下列情形之一的，应当责令改正，处5万元以上10万元以下的罚款；拒不改正的，责令停产停业整顿：

（一）违反本办法第十条，运输危险化学品需要添加抑制剂或者稳定剂，托运人未添加或者未将有关情况告知承运人的；

（二）违反本办法第十二条，未按照要求对所托运的危险化学品妥善包装并在外包装设置相应标志的。

第六十条 交通运输主管部门对危险货物承运人有下列情形之一的，应当责令改正，处2000元以上5000元以下的罚款：

（一）违反本办法第二十三条，未在罐式车辆罐体的适装介质列表范围内或者移动式压力容器使用登记证上限定的介质承运危险货物的；

（二）违反本办法第二十四条，未按照规定制作危险货物运单或者保存期限不符合要求的；

（三）违反本办法第二十五条，未按照要求对运输车辆、罐式车辆罐体、可移动罐柜、罐箱及设备进行检查和记录的。

第六十一条 交通运输主管部门对危险货物道路运输车辆驾驶人具有下列情形之一的，应当责令改正，处1000元以上3000元以下的罚款：

（一）违反本办法第二十四条、第四十四条，未按照规定随车携带危险货物运单、安全卡的；

（二）违反本办法第四十七条，罐式车辆罐体、可移动罐柜、罐箱的关闭装置在运输过程中未处于关闭状态的。

第六十二条 交通运输主管部门对危险货物承运人违反本办法第四十条、第四十一条、第四十二条，使用未经检验合格或者超出检验有效期的罐式车辆罐体、可移动罐柜、罐箱从事危险货物运输的，应当责令限期改正，可以处5万元以下的罚款；逾期未改正的，处5万元以上20万元以下的罚款，对其直接负责的主管人员和其他直接责任人员处1万元以上2万元以下的罚款；情节严重的，责令停产停业整顿。

第六十三条 交通运输主管部门对危险货物承运人违反本办法第四十五条，未按照要求对运营中的危险化学品、民用爆炸物品、核与放射性物品的运输车辆通过定位系统实行监控的，应当给予警告，并责令改正；拒不改正的，处10万元以下的罚款，并对其直接负责的主管人员和其他直接责任人员处1万元以下的罚款。

第六十四条 工业和信息化主管部门对作为装货人的民用爆炸物品生产、销售企业违反本办法第七条、第二十八条、第三十一条，未建立健全并严格执行充装或者装载查验、记录制度的，应当责令改正，处1万元以上3万元以下的罚款。

生态环境主管部门对核设施营运单位、核技术利用单位违反本办法第七条、第二十八条、第三十一条，未建立健全并严格执行充装或者装载查验、记录制度的，应当责令改正，处1万元以上3万元以下的罚款。

第六十五条 交通运输主管部门、应急管理部门和其他负有安全监督管理职责的部门对危险化学品生产、储存、运输、使用和经营企业违反本办法第三十二条，未建立健全并严格执行充装或者装载查验、记录制度的，应当按照职责分工责令改正，处1万元以上3万元以下的罚款。

第六十六条 对装货人违反本办法第四十三条，未按照规定实施移动式压力容器、气瓶充装查验、记录制度，或者对不符合安全技术规范要求的移动式压力容器、气瓶进行充装的，依照特种设备相关法律法规进行处罚。

第六十七条　公安机关对有关企业、单位或者个人违反本办法第十五条，未经许可擅自通过道路运输危险货物的，应当责令停止非法运输活动，并予以处罚：

（一）擅自运输剧毒化学品的，处5万元以上10万元以下的罚款；

（二）擅自运输民用爆炸物品的，处5万元以上20万元以下的罚款，并没收非法运输的民用爆炸物品及违法所得；

（三）擅自运输烟花爆竹的，处1万元以上5万元以下的罚款，并没收非法运输的物品及违法所得；

（四）擅自运输放射性物品的，处2万元以上10万元以下的罚款。

第六十八条　公安机关对危险货物承运人有下列行为之一的，应当责令改正，处5万元以上10万元以下的罚款；构成违反治安管理行为的，依法给予治安管理处罚：

（一）违反本办法第二十三条，使用安全技术条件不符合国家标准要求的车辆运输危险化学品的；

（二）违反本办法第二十三条，超过车辆核定载质量运输危险化学品的。

第六十九条　公安机关对危险货物承运人违反本办法第四十四条，通过道路运输危险化学品不配备押运人员的，应当责令改正，处1万元以上5万元以下的罚款；构成违反治安管理行为的，依法给予治安管理处罚。

第七十条　公安机关对危险货物运输车辆违反本办法第四十四条，未按照要求安装、悬挂警示标志的，应当责令改正，并对承运人予以处罚：

（一）运输危险化学品的，处1万元以上5万元以下的罚款；

（二）运输民用爆炸物品的，处5万元以上20万元以下的罚款；

（三）运输烟花爆竹的，处200元以上2000元以下的罚款；

（四）运输放射性物品的，处2万元以上10万元以下的罚款。

第七十一条　公安机关对危险货物承运人违反本办法第四十四条，运输剧毒化学品、民用爆炸物品、烟花爆竹或者放射性物品未随车携带相应单证报告的，应当责令改正，并予以处罚：

（一）运输剧毒化学品未随车携带剧毒化学品道路运输通行证的，处500元以上1000元以下的罚款；

（二）运输民用爆炸物品未随车携带民用爆炸物品运输许可证的，处5万元以上20万元以下的罚款；

（三）运输烟花爆竹未随车携带烟花爆竹道路运输许可证的，处200元以上2000元以下的罚款；

（四）运输放射性物品未随车携带放射性物品道路运输许可证明或者文件的，有违法所得的，处违法所得3倍以下且不超过3万元的罚款；没有违法所得的，处1万元以下的罚款。

第七十二条　公安机关对危险货物运输车辆违反本办法第四十八条，未依照批准路线等行驶的，应当责令改正，并对承运人予以处罚：

（一）运输剧毒化学品的，处1000元以上1万元以下的罚款；

（二）运输民用爆炸物品的，处5万元以上20万元以下的罚款；

（三）运输烟花爆竹的，处200元以上2000元以下的罚款；

（四）运输放射性物品的，处2万元以上10万元以下的罚款。

第七十三条　危险化学品常压罐式车辆罐体检验机构违反本办法第三十八条，为不符合相关法规和标准要求的危险化学品常压罐式车辆罐体出具检验合格证书的，按照有关法律法规的规定进行处罚。

第七十四条　交通运输、工业和信息化、公安、生态环境、应急管理、市场监督管理等部门应当相互通报有关处罚情况，并将涉企行政处罚信息及时归集至国家企业信用信息公示系统，依法向社会公示。

第七十五条　对危险货物道路运输负有安全监督管理职责的部门工作人员在危险货物道路运输监管工作中滥用职权、玩忽职守、徇私舞弊的，依法进行处理；构成犯罪的，依法追究刑事责任。

第十章　附　　则

第七十六条　军用车辆运输危险货物的安全管理，不适用本办法。

第七十七条　未列入《危险货物道路运输规则》（JT/T

617）的危险化学品、《国家危险废物名录》中明确的在转移和运输环节实行豁免管理的危险废物、诊断用放射性药品的道路运输安全管理，不适用本办法，由国务院交通运输、生态环境等主管部门分别依据各自职责另行规定。

第七十八条　本办法下列用语的含义是：

（一）危险货物，是指列入《危险货物道路运输规则》（JT/T 617），具有爆炸、易燃、毒害、感染、腐蚀、放射性等危险特性的物质或者物品。

（二）例外数量危险货物，是指列入《危险货物道路运输规则》（JT/T 617），通过包装、包件测试、单证等特别要求，消除或者降低其运输危险性并免除相关运输条件的危险货物。

（三）有限数量危险货物，是指列入《危险货物道路运输规则》（JT/T 617），通过数量限制、包装、标记等特别要求，消除或者降低其运输危险性并免除相关运输条件的危险货物。

（四）装货人，是指受托运人委托将危险货物装进危险货物车辆、罐式车辆罐体、可移动罐柜、集装箱、散装容器，或者将装有危险货物的包装容器装载到车辆上的企业或者单位。

第七十九条　本办法自2020年1月1日起施行。

超限运输车辆行驶公路管理规定

1. 2016年8月19日交通运输部令2016年第62号公布

2. 根据2021年8月11日交通运输部令2021年第12号《关于修改〈超限运输车辆行驶公路管理规定〉的决定》修正

第一章　总　　则

第一条　为加强超限运输车辆行驶公路管理，保障公路设施和人民生命财产安全，根据《公路法》《公路安全保护条例》等法律、行政法规，制定本规定。

第二条　超限运输车辆通过公路进行货物运输，应当遵守本规定。

第三条　本规定所称超限运输车辆，是指有下列情形之一的货物运输车辆：

（一）车货总高度从地面算起超过4米；

（二）车货总宽度超过2.55米；

（三）车货总长度超过18.1米；

（四）二轴货车，其车货总质量超过18000千克；

（五）三轴货车，其车货总质量超过25000千克；三轴汽车列车，其车货总质量超过27000千克；

（六）四轴货车，其车货总质量超过31000千克；四轴汽车列车，其车货总质量超过36000千克；

（七）五轴汽车列车，其车货总质量超过43000千克；

（八）六轴及六轴以上汽车列车，其车货总质量超过49000千克，其中牵引车驱动轴为单轴的，其车货总质量超过46000千克。

前款规定的限定标准的认定，还应当遵守下列要求：

（一）二轴组按照二个轴计算，三轴组按照三个轴计算；

（二）除驱动轴外，二轴组、三轴组以及半挂车和全挂车的车轴每侧轮胎按照双轮胎计算，若每轴每侧轮胎为单轮胎，限定标准减少3000千克，但安装符合国家有关标准的加宽轮胎的除外；

（三）车辆最大允许总质量不应超过各车轴最大允许轴荷之和；

（四）拖拉机、农用车、低速货车，以行驶证核定的总质量为限定标准；

（五）符合《汽车、挂车及汽车列车外廓尺寸、轴荷及质量限值》（GB 1589）规定的冷藏车、汽车列车、安装空气悬架的车辆，以及专用作业车，不认定为超限运输车辆。

第四条　交通运输部负责全国超限运输车辆行驶公路的管理工作。

县级以上地方人民政府交通运输主管部门负责本行政区域内超限运输车辆行驶公路的管理工作。

公路管理机构具体承担超限运输车辆行驶公路的监督管理。

县级以上人民政府相关主管部门按照职责分工，依法负责或者参与、配合超限运输车辆行驶公路的监督管理。交通运输主管部门应当在本级人民政府统一领导下，与相关主管部门建立治理超限运输联动工作机制。

第五条　各级交通运输主管部门应当组织公路管理机构、道路运输管理机构建立相关管理信息系统，推行车辆超限管理信息系统、道路运政管理信息系统联网，实现数据交换与共享。

第二章　大件运输许可管理

第六条　载运不可解体物品的超限运输（以下称大件运输）车辆，应当依法办理有关许可手续，采取有效措施后，按照指定的时间、路线、速度行驶公路。未经许可，不得擅自行驶公路。

第七条　大件运输的托运人应当委托具有大型物件运输经营资质的道路运输经营者承运，并在运单上如实填写托运货物的名称、规格、重量等相关信息。

第八条　大件运输车辆行驶公路前，承运人应当按下列规定向公路管理机构申请公路超限运输许可：

（一）跨省、自治区、直辖市进行运输的，向起运地省级公路管理机构递交申请书，申请机关需要列明超限运输途经公路沿线各省级公路管理机构，由起运地省级公路管理机构统一受理并组织协调沿线各省级公路管理机构联合审批，必要时可由交通运输部统一组织协调处理；

（二）在省、自治区范围内跨设区的市进行运输，或者在直辖市范围内跨区、县进行运输的，向该省级公路管理机构提出申请，由其受理并审批；

（三）在设区的市范围内跨区、县进行运输的，向该市级公路管理机构提出申请，由其受理并审批；

（四）在区、县范围内进行运输的，向该县级公路管理机构提出申请，由其受理并审批。

第九条　各级交通运输主管部门、公路管理机构应当利用信息化手段，建立公路超限运输许可管理平台，实行网上办理许可手续，并及时公开相关信息。

第十条　申请公路超限运输许可的，承运人应当提交下列材料：

（一）公路超限运输申请表，主要内容包括货物的名称、外廓尺寸和质量，车辆的厂牌型号、整备质量、轴数、轴距和轮胎数，载货时车货总体的外廓尺寸、总质量、各车轴轴荷，拟运输的起讫点、通行路线和行驶时间；

（二）承运人的道路运输经营许可证，经办人的身份证件和授权委托书；

（三）车辆行驶证或者临时行驶车号牌。

车货总高度从地面算起超过4.5米，或者总宽度超过3.75米，或者总长度超过28米，或者总质量超过100000千克，以及其他可能严重影响公路完好、安全、畅通情形的，还应当提交记录载货时车货总体外廓尺寸信息的轮廓图和护送方案。

护送方案应当包含护送车辆配置方案、护送人员配备方案、护送路线情况说明、护送操作细则、异常情况处理等相关内容。

第十一条　承运人提出的公路超限运输许可申请有下列情形之一的，公路管理机构不予受理：

（一）货物属于可分载物品的；

（二）承运人所持有的道路运输经营许可证记载的经营资质不包括大件运输的；

（三）承运人被依法限制申请公路超限运输许可未满限制期限的；

（四）法律、行政法规规定的其他情形。

载运单个不可解体物品的大件运输车辆，在不改变原超限情形的前提下，加装多个品种相同的不可解体物品的，视为载运不可解体物品。

第十二条　公路管理机构受理公路超限运输许可申请后，应当对承运人提交的申请材料进行审查。属于第十条第二款规定情形的，公路管理机构应当对车货总体外廓尺寸、总质量、轴荷等数据和护送方案进行核查，并征求同级公安机关交通管理部门意见。

属于统一受理、集中办理跨省、自治区、直辖市进行运输的，由起运地省级公路管理机构负责审查。

第十三条　公路管理机构审批公路超限运输申请，应当根据实际情况组织人员勘测通行路线。需要采取加固、改造措施的，承运人应当按照规定要求采取有效的加固、改造措施。公路管理机构应当对承运人提出的加固、改造措施方案进行审查，并组织验收。

承运人不具备加固、改造措施的条件和能力的，可以通过签订协议的方式，委托公路管理机构制定相应的加固、改造方案，由公路管理机构进行加固、改造，或者由公路管理机构通过市场化方式选择具有相应资质的单位进行加固、改造。

采取加固、改造措施所需的费用由承运人承担。相关收费标准应当公开、透明。

第十四条　采取加固、改造措施应当满足公路设施安全需要，并遵循下列原则：

（一）优先采取临时措施，便于实施、拆除和可回收利用；

（二）采取永久性或者半永久性措施的，可以考虑与公路设施的技术改造同步实施；

（三）对公路设施采取加固、改造措施仍无法满足大件运输车辆通行的，可以考虑采取修建临时便桥或者便道的改造措施；

（四）有多条路线可供选择的，优先选取桥梁技术状况评定等级高和采取加固、改造措施所需费用低的路线通行；

（五）同一时期，不同的超限运输申请，涉及对同一公路设施采取加固、改造措施的，由各承运人按照公平、自愿的原则分担有关费用。

第十五条 公路管理机构应当在下列期限内作出行政许可决定：

（一）车货总高度从地面算起未超过4.2米、总宽度未超过3米、总长度未超过20米且车货总质量、轴荷未超过本规定第三条、第十七条规定标准的，自受理申请之日起2个工作日内作出，属于统一受理、集中办理跨省、自治区、直辖市大件运输的，办理的时间最长不得超过5个工作日；

（二）车货总高度从地面算起未超过4.5米、总宽度未超过3.75米、总长度未超过28米且总质量未超过100000千克的，属于本辖区内大件运输的，自受理申请之日起5个工作日内作出，属于统一受理、集中办理跨省、自治区、直辖市大件运输的，办理的时间最长不得超过10个工作日；

（三）车货总高度从地面算起超过4.5米，或者总宽度超过3.75米，或者总长度超过28米，或者总质量超过100000千克的，属于本辖区内大件运输的，自受理申请之日起15个工作日内作出，属于统一受理、集中办理跨省、自治区、直辖市大件运输的，办理的时间最长不得超过20个工作日。

采取加固、改造措施所需时间不计算在前款规定的期限内。

第十六条 受理跨省、自治区、直辖市公路超限运输申请后，起运地省级公路管理机构应当在2个工作日内向途经公路沿线各省级公路管理机构转送其受理的申请资料。

属于第十五条第一款第二项规定的情形的，途经公路沿线各省级公路管理机构应当在收到转送的申请材料起5个工作日内作出行政许可决定；属于第十五条第一款第三项规定的情形的，应当在收到转送的申请材料起15个工作日内作出行政许可决定，并向起运地省级公路管理机构反馈。需要采取加固、改造措施的，由相关省级公路管理机构按照本规定第十三条执行；上下游省、自治区、直辖市范围内路线或者行驶时间调整的，应当及时告知承运人和起运地省级公路管理机构，由起运地省级公路管理机构组织协调处理。

第十七条 有下列情形之一的，公路管理机构应当依法作出不予行政许可的决定：

（一）采用普通平板车运输，车辆单轴的平均轴荷超过10000千克或者最大轴荷超过13000千克的；

（二）采用多轴多轮液压平板车运输，车辆每轴线（一线两轴8轮胎）的平均轴荷超过18000千克或者最大轴荷超过20000千克的；

（三）承运人不履行加固、改造义务的；

（四）法律、行政法规规定的其他情形。

第十八条 公路管理机构批准公路超限运输申请的，根据大件运输的具体情况，指定行驶公路的时间、路线和速度，并颁发《超限运输车辆通行证》。其中，批准跨省、自治区、直辖市运输的，由起运地省级公路管理机构颁发。

《超限运输车辆通行证》的式样由交通运输部统一制定，各省级公路管理机构负责印制和管理。申请人可到许可窗口领取或者通过网上自助方式打印。

第十九条 同一大件运输车辆短期内多次通行固定路线，装载方式、装载物品相同，且不需要采取加固、改造措施的，承运人可以根据运输计划向公路管理机构申请办理行驶期限不超过6个月的《超限运输车辆通行证》。运输计划发生变化的，需按原许可机关的有关规定办理变更手续。

第二十条 经批准进行大件运输的车辆，行驶公路时应当遵守下列规定：

（一）采取有效措施固定货物，按照有关要求在车辆上悬挂明显标志，保证运输安全；

（二）按照指定的时间、路线和速度行驶；

（三）车货总质量超限的车辆通行公路桥梁，应当匀速居中行驶，避免在桥上制动、变速或者停驶；

（四）需要在公路上临时停车的，除遵守有关道路交通安全规定外，还应当在车辆周边设置警告标志，并采取相应的安全防范措施；需要较长时间停车或者遇有恶劣天气的，应当驶离公路，就近选择安全区域停靠；

（五）通行采取加固、改造措施的公路设施，承运人应当提前通知该公路设施的养护管理单位，由其加强现场管理和指导；

（六）因自然灾害或者其他不可预见因素而出现公路通行状况异常致使大件运输车辆无法继续行驶的，承运人应当服从现场管理并及时告知作出行政许可决定的公路管理机构，由其协调当地公路管理机构采取相关措施后继续行驶。

第二十一条 大件运输车辆应当随车携带有效的《超限运输车辆通行证》，主动接受公路管理机构的监督检查。

大件运输车辆及装载物品的有关情况应当与《超限运输车辆通行证》记载的内容一致。

任何单位和个人不得租借、转让《超限运输车辆通行证》，不得使用伪造、变造的《超限运输车辆通行证》。

第二十二条 对于本规定第十条第二款规定的大件运输车辆，承运人应当按照护送方案组织护送。

承运人无法采取护送措施的，可以委托作出行政许可决定的公路管理机构协调公路沿线的公路管理机构进行护送，并承担所需费用。护送收费标准由省级交通运输主管部门会同同级财政、价格主管部门按规定制定，并予以公示。

第二十三条 行驶过程中，护送车辆应当与大件运输车辆形成整体车队，并保持实时、畅通的通讯联系。

第二十四条 经批准的大件运输车辆途经实行计重收费的收费公路时，对其按照基本费率标准收取车辆通行费，但车辆及装载物品的有关情况与《超限运输车辆通行证》记载的内容不一致的除外。

第二十五条 公路管理机构应当加强与辖区内重大装备制造、运输企业的联系，了解其制造、运输计划，加强服务，为重大装备运输提供便利条件。

大件运输需求量大的地区，可以统筹考虑建设成本、运输需求等因素，适当提高通行路段的技术条件。

第二十六条 公路管理机构、公路经营企业应当按照有关规定，定期对公路、公路桥梁、公路隧道等设施进行检测和评定，并为社会公众查询其技术状况信息提供便利。

公路收费站应当按照有关要求设置超宽车道。

第三章 违法超限运输管理

第二十七条 载运可分载物品的超限运输（以下称违法超限运输）车辆，禁止行驶公路。

在公路上行驶的车辆，其车货总体的外廓尺寸或者总质量未超过本规定第三条规定的限定标准，但超过相关公路、公路桥梁、公路隧道限载、限高、限宽、限长标准的，不得在该公路、公路桥梁或者公路隧道行驶。

第二十八条 煤炭、钢材、水泥、砂石、商品车等货物集散地以及货运站等场所的经营人、管理人（以下统称货运源头单位），应当在货物装运场（站）安装合格的检测设备，对出场（站）货运车辆进行检测，确保出场（站）货运车辆合法装载。

第二十九条 货运源头单位、道路运输企业应当加强对货运车辆驾驶人的教育和管理，督促其合法运输。

道路运输企业是防止违法超限运输的责任主体，应当按照有关规定加强对车辆装载及运行全过程监控，防止驾驶人违法超限运输。

任何单位和个人不得指使、强令货运车辆驾驶人违法超限运输。

第三十条 货运车辆驾驶人不得驾驶违法超限运输车辆。

第三十一条 道路运输管理机构应当加强对政府公布的重点货运源头单位的监督检查。通过巡查、技术监控等方式督促其落实监督车辆合法装载的责任，制止违法超限运输车辆出场（站）。

第三十二条 公路管理机构、道路运输管理机构应当建立执法联动工作机制，将违法超限运输行为纳入道路运输企业质量信誉考核和驾驶人诚信考核，实行违法超限运输“黑名单”管理制度，依法追究违法超限运输的货运车辆、车辆驾驶人、道路运输企业、货运源头单位的责任。

第三十三条 公路管理机构应当对货运车辆进行超限检测。超限检测可以采取固定站点检测、流动检测、技术监控等方式。

第三十四条 采取固定站点检测的，应当在经省级人民政府批准设置的公路超限检测站进行。

第三十五条　公路管理机构可以利用移动检测设备，开展流动检测。经流动检测认定的违法超限运输车辆，应当就近引导至公路超限检测站进行处理。

流动检测点远离公路超限检测站的，应当就近引导至县级以上地方交通运输主管部门指定并公布的执法站所、停车场、卸载场等具有停放车辆及卸载条件的地点或者场所进行处理。

第三十六条　经检测认定违法超限运输的，公路管理机构应当责令当事人自行采取卸载等措施，消除违法状态；当事人自行消除违法状态确有困难的，可以委托第三人或者公路管理机构协助消除违法状态。

属于载运不可解体物品，在接受调查处理完毕后，需要继续行驶公路的，应当依法申请公路超限运输许可。

第三十七条　公路管理机构对车辆进行超限检测，不得收取检测费用。对依法扣留或者停放接受调查处理的超限运输车辆，不得收取停车保管费用。由公路管理机构协助卸载、分装或者保管卸载货物的，超过保管期限经通知当事人仍不领取的，可以按照有关规定予以处理。

第三十八条　公路管理机构应当使用经国家有关部门检定合格的检测设备对车辆进行超限检测；未定期检定或者检定不合格的，其检测数据不得作为执法依据。

第三十九条　收费高速公路入口应当按照规定设置检测设备，对货运车辆进行检测，不得放行违法超限运输车辆驶入高速公路。其他收费公路实行计重收费的，利用检测设备发现违法超限运输车辆时，有权拒绝其通行。收费公路经营管理者应当将违法超限运输车辆及时报告公路管理机构或者公安机关交通管理部门依法处理。

公路管理机构有权查阅和调取公路收费站车辆称重数据、照片、视频监控等有关资料。

第四十条　公路管理机构应当根据保护公路的需要，在货物运输主通道、重要桥梁入口处等普通公路以及开放式高速公路的重要路段和节点，设置车辆检测等技术监控设备，依法查处违法超限运输行为。

第四十一条　新建、改建公路时，应当按照规划，将超限检测站点、车辆检测等技术监控设备作为公路附属设施一并列入工程预算，与公路主体工程同步设计、同步建设、同步验收运行。

第四章　法律责任

第四十二条　违反本规定，依照《公路法》《公路安全保护条例》《道路运输条例》和本规定予以处理。

第四十三条　车辆违法超限运输的，由公路管理机构根据违法行为的性质、情节和危害程度，按下列规定给予处罚：

（一）车货总高度从地面算起未超过 4.2 米、总宽度未超过 3 米且总长度未超过 20 米的，可以处 200 元以下罚款；车货总高度从地面算起未超过 4.5 米、总宽度未超过 3.75 米且总长度未超过 28 米的，处 200 元以上 1000 元以下罚款；车货总高度从地面算起超过 4.5 米、总宽度超过 3.75 米或者总长度超过 28 米的，处 1000 元以上 3000 元以下的罚款；

（二）车货总质量超过本规定第三条第一款第四项至第八项规定的限定标准，但未超过 1000 千克的，予以警告；超过 1000 千克的，每超 1000 千克罚款 500 元，最高不得超过 30000 元。

有前款所列多项违法行为的，相应违法行为的罚款数额应当累计，但累计罚款数额最高不得超过 30000 元。

第四十四条　公路管理机构在违法超限运输案件处理完毕后 7 个工作日内，应当将与案件相关的下列信息通过车辆超限管理信息系统抄告车籍所在地道路运输管理机构：

（一）车辆的号牌号码、车型、车辆所属企业、道路运输证号信息；

（二）驾驶人的姓名、驾驶人从业资格证编号、驾驶人所属企业信息；

（三）货运源头单位、货物装载单信息；

（四）行政处罚决定书信息；

（五）与案件相关的其他资料信息。

第四十五条　公路管理机构在监督检查中发现违法超限运输车辆不符合《汽车、挂车及汽车列车外廓尺寸、轴荷及质量限值》（GB 1589），或者与行驶证记载的登记内容不符的，应当予以记录，定期抄告车籍所在地的公安机关交通管理部门等单位。

第四十六条　对 1 年内违法超限运输超过 3 次的货运车辆和驾驶人，以及违法超限运输的货运车辆超过本单位货运车辆总数10%的道路运输企业，由道路运输管理机构依照《公路安全保护条例》第六十六条予以处理。

前款规定的违法超限运输记录累计计算周期，从初次领取《道路运输证》、道路运输从业人员从业资格证、道路运输经营许可证之日算起，可跨自然年度。

第四十七条　大件运输车辆有下列情形之一的，视为违法超限运输：

（一）未经许可擅自行驶公路的；

（二）车辆及装载物品的有关情况与《超限运输车辆通行证》记载的内容不一致的；

（三）未按许可的时间、路线、速度行驶公路的；

（四）未按许可的护送方案采取护送措施的。

第四十八条　承运人隐瞒有关情况或者提供虚假材料申请公路超限运输许可的，除依法给予处理外，并在1年内不准申请公路超限运输许可。

第四十九条　违反本规定，指使、强令车辆驾驶人超限运输货物的，由道路运输管理机构责令改正，处30000元以下罚款。

第五十条　违法行为地或者车籍所在地公路管理机构可以依照相关法律行政法规的规定利用技术监控设备记录资料，对违法超限运输车辆依法给予处罚，并提供适当方式，供社会公众查询违法超限运输记录。

第五十一条　公路管理机构、道路运输管理机构工作人员有玩忽职守、徇私舞弊、滥用职权的，依法给予行政处分；涉嫌犯罪的，移送司法机关依法查处。

第五十二条　对违法超限运输车辆行驶公路现象严重，造成公路桥梁垮塌等重大安全事故，或者公路受损严重、通行能力明显下降的，交通运输部、省级交通运输主管部门可以按照职责权限，在1年内停止审批该地区申报的地方性公路工程建设项目。

第五十三条　相关单位和个人拒绝、阻碍公路管理机构、道路运输管理机构工作人员依法执行职务，构成违反治安管理行为的，由公安机关依法给予治安管理处罚；构成犯罪的，依法追究刑事责任。

第五章　附　　则

第五十四条　因军事和国防科研需要，载运保密物品的大件运输车辆确需行驶公路的，参照本规定执行；国家另有规定的，从其规定。

第五十五条　本规定自2016年9月21日起施行。原交通部发布的《超限运输车辆行驶公路管理规定》（交通部令2000年第2号）同时废止。

放射性物品道路运输管理规定

1. 2010年10月27日交通运输部令2010年第6号发布

2. 根据2016年9月2日交通运输部令2016年第71号《关于修改〈放射性物品道路运输管理规定〉的决定》修正

第一章　总　　则

第一条　为了规范放射性物品道路运输活动，保障人民生命财产安全，保护环境，根据《道路运输条例》和《放射性物品运输安全管理条例》，制定本规定。

第二条　从事放射性物品道路运输活动的，应当遵守本规定。

第三条　本规定所称放射性物品，是指含有放射性核素，并且其活度和比活度均高于国家规定的豁免值的物品。

本规定所称放射性物品道路运输专用车辆（以下简称专用车辆），是指满足特定技术条件和要求，用于放射性物品道路运输的载货汽车。

本规定所称放射性物品道路运输，是指使用专用车辆通过道路运输放射性物品的作业过程。

第四条　根据放射性物品的特性及其对人体健康和环境的潜在危害程度，将放射性物品分为一类、二类和三类。

一类放射性物品，是指Ⅰ类放射源、高水平放射性废物、乏燃料等释放到环境后对人体健康和环境产生重大辐射影响的放射性物品。

二类放射性物品，是指Ⅱ类和Ⅲ类放射源、中等水平放射性废物等释放到环境后对人体健康和环境产生一般辐射影响的放射性物品。

三类放射性物品，是指Ⅳ类和Ⅴ类放射源、低水平放射性废物、放射性药品等释放到环境后对人体健康和环境产生较小辐射影响的放射性物品。

放射性物品的具体分类和名录，按照国务院核安全监管部门会同国务院公安、卫生、海关、交通运输、铁路、民航、核工业行业主管部门制定的放射性物品具体分类和名录执行。

第五条 从事放射性物品道路运输应当保障安全，依法运输，诚实信用。

第六条 国务院交通运输主管部门主管全国放射性物品道路运输管理工作。

县级以上地方人民政府交通运输主管部门负责组织领导本行政区域放射性物品道路运输管理工作。

县级以上道路运输管理机构负责具体实施本行政区域放射性物品道路运输管理工作。

第二章 运输资质许可

第七条 申请从事放射性物品道路运输经营的，应当具备下列条件：

（一）有符合要求的专用车辆和设备。

1. 专用车辆要求。

（1）专用车辆的技术要求应当符合《道路运输车辆技术管理规定》有关规定；

（2）车辆为企业自有，且数量为5辆以上；

（3）核定载质量在1吨及以下的车辆为厢式或者封闭货车；

（4）车辆配备满足在线监控要求，且具有行驶记录仪功能的卫星定位系统。

2. 设备要求。

（1）配备有效的通讯工具；

（2）配备必要的辐射防护用品和依法经定期检定合格的监测仪器。

（二）有符合要求的从业人员。

1. 专用车辆的驾驶人员取得相应机动车驾驶证，年龄不超过60周岁；

2. 从事放射性物品道路运输的驾驶人员、装卸管理人员、押运人员经所在地设区的市级人民政府交通运输主管部门考试合格，取得注明从业资格类别为“放射性物品道路运输”的道路运输从业资格证（以下简称道路运输从业资格证）；

3. 有具备辐射防护与相关安全知识的安全管理人员。

（三）有健全的安全生产管理制度。

1. 有关安全生产应急预案；

2. 从业人员、车辆、设备及停车场地安全管理制度；

3. 安全生产作业规程和辐射防护管理措施；

4. 安全生产监督检查和责任制度。

第八条 生产、销售、使用或者处置放射性物品的单位（含在放射性废物收贮过程中的从事放射性物品运输的省、自治区、直辖市城市放射性废物库营运单位），符合下列条件的，可以使用自备专用车辆从事为本单位服务的非经营性放射性物品道路运输活动：

（一）持有有关部门依法批准的生产、销售、使用、处置放射性物品的有效证明；

（二）有符合国家规定要求的放射性物品运输容器；

（三）有具备辐射防护与安全防护知识的专业技术人员；

（四）具备满足第七条规定条件的驾驶人员、专用车辆、设备和安全生产管理制度，但专用车辆的数量可以少于5辆。

第九条 国家鼓励技术力量雄厚、设备和运输条件好的生产、销售、使用或者处置放射性物品的单位按照第八条规定的条件申请从事非经营性放射性物品道路运输。

第十条 申请从事放射性物品道路运输经营的企业，应当向所在地设区的市级道路运输管理机构提出申请，并提交下列材料：

（一）《放射性物品道路运输经营申请表》，包括申请人基本信息、拟申请运输的放射性物品范围（类别或者品名）等内容；

（二）企业负责人身份证明及复印件，经办人身份证明及复印件和委托书；

（三）证明专用车辆、设备情况的材料，包括：

1. 未购置车辆的，应当提交拟投入车辆承诺书。内容包括拟购车辆数量、类型、技术等级、总质量、核定载质量、车轴数以及车辆外廓尺寸等有关情况；

2. 已购置车辆的，应当提供车辆行驶证、车辆技术等级评定结论及复印件等有关材料；

3. 对辐射防护用品、监测仪器等设备配置情况的说明材料。

（四）有关驾驶人员、装卸管理人员、押运人员的道路运输从业资格证及复印件，驾驶人员的驾驶证及复印件，安全管理人员的工作证明；

（五）企业经营方案及相关安全生产管理制度

文本。

第十一条 申请从事非经营性放射性物品道路运输的单位，向所在地设区的市级道路运输管理机构提出申请时，除提交第十条第（三）项、第（五）项规定的材料外，还应当提交下列材料：

（一）《放射性物品道路运输申请表》，包括申请人基本信息、拟申请运输的放射性物品范围（类别或者品名）等内容；

（二）单位负责人身份证明及复印件，经办人身份证明及复印件和委托书；

（三）有关部门依法批准生产、销售、使用或者处置放射性物品的有效证明；

（四）放射性物品运输容器、监测仪器检测合格证明；

（五）对放射性物品运输需求的说明材料；

（六）有关驾驶人员的驾驶证、道路运输从业资格证及复印件；

（七）有关专业技术人员的工作证明，依法应当取得相关从业资格证件的，还应当提交有效的从业资格证件及复印件。

第十二条 设区的市级道路运输管理机构应当按照《道路运输条例》和《交通运输行政许可实施程序规定》以及本规定规范的程序实施行政许可。

决定准予许可的，应当向被许可人作出准予行政许可的书面决定，并在10日内向放射性物品道路运输经营申请人发放《道路运输经营许可证》，向非经营性放射性物品道路运输申请人颁发《放射性物品道路运输许可证》。决定不予许可的，应当书面通知申请人并说明理由。

第十三条 对申请时未购置专用车辆，但提交拟投入车辆承诺书的，被许可人应当自收到《道路运输经营许可证》或者《放射性物品道路运输许可证》之日起半年内落实拟投入车辆承诺书。做出许可决定的道路运输管理机构对被许可人落实拟投入车辆承诺书的落实情况进行核实，符合许可要求的，应当为专用车辆配发《道路运输证》。

对申请时已购置专用车辆，且按照第十条、第十一条规定提交了专用车辆有关材料的，做出许可决定的道路运输管理机构应当对专用车辆情况进行核实，符合许可要求的，应当在向被许可人颁发《道路运输经营许可证》或者《放射性物品道路运输许可证》的同时，为专用车辆配发《道路运输证》。

做出许可决定的道路运输管理机构应当在《道路运输证》有关栏目内注明允许运输放射性物品的范围（类别或者品名）。对从事非经营性放射性物品道路运输的，还应当在《道路运输证》上加盖“非经营性放射性物品道路运输专用章”。

第十四条 放射性物品道路运输企业或者单位终止放射性物品运输业务的，应当在终止之日30日前书面告知做出原许可决定的道路运输管理机构。属于经营性放射性物品道路运输业务的，做出原许可决定的道路运输管理机构应当在接到书面告知之日起10日内向将放射性道路运输企业终止放射性物品运输业务的有关情况向社会公布。

放射性物品道路运输企业或者单位应当在终止放射性物品运输业务之日起10日内将相关许可证件缴回原发证机关。

第三章 专用车辆、设备管理

第十五条 放射性物品道路运输企业或者单位应当按照有关车辆及设备管理的标准和规定，维护、检测、使用和管理专用车辆和设备，确保专用车辆和设备技术状况良好。

第十六条 设区的市级道路运输管理机构应当按照《道路运输车辆技术管理规定》的规定定期对专用车辆是否符合第七条、第八条规定的许可条件进行审验，每年审验一次。

第十七条 设区的市级道路运输管理机构应当对监测仪器定期检定合格证明和专用车辆投保危险货物承运人责任险情况进行检查。检查可以结合专用车辆定期审验的频率一并进行。

第十八条 禁止使用报废的、擅自改装的、检测不合格的或者其他不符合国家规定要求的车辆、设备从事放射性物品道路运输活动。

第十九条 禁止专用车辆用于非放射性物品运输，但集装箱运输车（包括牵引车、挂车）、甩挂运输的牵引车以及运输放射性药品的专用车辆除外。

按照本条第一款规定使用专用车辆运输非放射性物品的，不得将放射性物品与非放射性物品混装。

第四章 放射性物品运输

第二十条 道路运输放射性物品的托运人(以下简称托运人)应当制定核与辐射事故应急方案,在放射性物品运输中采取有效的辐射防护和安全保卫措施,并对放射性物品运输中的核与辐射安全负责。

第二十一条 道路运输放射性物品的承运人(以下简称承运人)应当取得相应的放射性物品道路运输资质,并对承运事项是否符合本企业或者单位放射性物品运输资质许可的运输范围负责。

第二十二条 非经营性放射性物品道路运输单位应当按照《放射性物品运输安全管理条例》《道路运输条例》和本规定的要求履行托运人和承运人的义务,并负相应责任。

非经营性放射性物品道路运输单位不得从事放射性物品道路运输经营活动。

第二十三条 承运人与托运人订立放射性物品道路运输合同前,应当查验、收存托运人提交的下列材料:

(一)运输说明书,包括放射性物品的品名、数量、物理化学形态、危害风险等内容;

(二)辐射监测报告,其中一类放射性物品的辐射监测报告由托运人委托有资质的辐射监测机构出具;二、三类放射性物品的辐射监测报告由托运人出具;

(三)核与辐射事故应急响应指南;

(四)装卸作业方法指南;

(五)安全防护指南。

托运人将本条第一款第(四)项、第(五)项要求的内容在运输说明书中一并作出说明的,可以不提交第(四)项、第(五)项要求的材料。

托运人提交材料不齐全的,或者托运的物品经监测不符合国家放射性物品运输安全标准的,承运人不得与托运人订立放射性物品道路运输合同。

第二十四条 一类放射性物品启运前,承运人应当向托运人查验国务院核安全主管部门关于核与辐射安全分析报告书的审批文件以及公安部门关于准予道路运输放射性物品的审批文件。

二、三类放射性物品启运前,承运人应当向托运人查验公安部门关于准予道路运输放射性物品的审批文件。

第二十五条 托运人应当按照《放射性物质安全运输规程》(GB 11806)等有关国家标准和规定,在放射性物品运输容器上设置警示标志。

第二十六条 专用车辆运输放射性物品过程中,应当悬挂符合国家标准《道路危险货物运输车辆标志》(GB 13392)要求的警示标志。

第二十七条 专用车辆不得违反国家有关规定超载、超限运输放射性物品。

第二十八条 在放射性物品道路运输过程中,除驾驶人员外,还应当在专用车辆上配备押运人员,确保放射性物品处于押运人员监管之下。运输一类放射性物品的,承运人必要时可以要求托运人随车提供技术指导。

第二十九条 驾驶人员、装卸管理人员和押运人员上岗时应当随身携带道路运输从业资格证,专用车辆驾驶人员还应当随车携带《道路运输证》。

第三十条 驾驶人员、装卸管理人员和押运人员应当按照托运人所提供的资料了解所运输的放射性物品的性质、危害特性、包装物或者容器的使用要求、装卸要求以及发生突发事件时的处置措施。

第三十一条 放射性物品运输中发生核与辐射事故的,承运人、托运人应当按照核与辐射事故应急响应指南的要求,结合本企业安全生产应急预案的有关内容,做好事故应急工作,并立即报告事故发生地的县级以上人民政府环境保护主管部门。

第三十二条 放射性物品道路运输企业或者单位应当聘用具有相应道路运输从业资格证的驾驶人员、装卸管理人员和押运人员,并定期对驾驶人员、装卸管理人员和押运人员进行运输安全生产和基本应急知识等方面的培训,确保驾驶人员、装卸管理人员和押运人员熟悉有关安全生产法规、标准以及相关操作规程等业务知识和技能。

放射性物品道路运输企业或者单位应当对驾驶人员、装卸管理人员和押运人员进行运输安全生产和基本应急知识等方面的考核;考核不合格的,不得从事相关工作。

第三十三条 放射性物品道路运输企业或者单位应当按照国家职业病防治的有关规定,对驾驶人员、装卸管理人员和押运人员进行个人剂量监测,建立个人剂量档案和职业健康监护档案。

第三十四条 放射性物品道路运输企业或者单位应当

投保危险货物承运人责任险。

第三十五条 放射性物品道路运输企业或者单位不得转让、出租、出借放射性物品道路运输许可证件。

第三十六条 县级以上道路运输管理机构应当督促放射性物品道路运输企业或者单位对专用车辆、设备及安全生产制度等安全条件建立相应的自检制度，并加强监督检查。

县级以上道路运输管理机构工作人员依法对放射性物品道路运输活动进行监督检查的，应当按照劳动保护规定配备必要的安全防护设备。

第五章　法律责任

第三十七条 拒绝、阻碍道路运输管理机构依法履行放射性物品运输安全监督检查，或者在接受监督检查时弄虚作假的，由县级以上道路运输管理机构责令改正，处1万元以上2万元以下的罚款；构成违反治安管理行为的，交由公安机关依法给予治安管理处罚；构成犯罪的，依法追究刑事责任。

第三十八条 违反本规定，未取得有关放射性物品道路运输资质许可，有下列情形之一的，由县级以上道路运输管理机构责令停止运输，有违法所得的，没收违法所得，处违法所得2倍以上10倍以下的罚款；没有违法所得或者违法所得不足2万元的，处3万元以上10万元以下的罚款。构成犯罪的，依法追究刑事责任：

（一）无资质许可擅自从事放射性物品道路运输的；

（二）使用失效、伪造、变造、被注销等无效放射性物品道路运输许可证件从事放射性物品道路运输的；

（三）超越资质许可事项，从事放射性物品道路运输的；

（四）非经营性放射性物品道路运输单位从事放射性物品道路运输经营的。

第三十九条 违反本规定，放射性物品道路运输企业或者单位擅自改装已取得《道路运输证》的专用车辆的，由县级以上道路运输管理机构责令改正，处5000元以上2万元以下的罚款。

第四十条 违反本规定，未随车携带《道路运输证》的，由县级以上道路运输管理机构责令改正，对放射性物品道路运输企业或者单位处警告或者20元以上200元以下的罚款。

第四十一条 放射性物品道路运输活动中，由不符合本规定第七条、第八条规定条件的人员驾驶专用车辆的，由县级以上道路运输管理机构责令改正，处200元以上2000元以下的罚款；构成犯罪的，依法追究刑事责任。

第四十二条 违反本规定，放射性物品道路运输企业或者单位有下列行为之一，由县级以上道路运输管理机构责令限期投保；拒不投保的，由原许可的设区的市级道路运输管理机构吊销《道路运输经营许可证》或者《放射性物品道路运输许可证》，或者在许可证件上注销相应的许可范围：

（一）未投保危险货物承运人责任险的；

（二）投保的危险货物承运人责任险已过期，未继续投保的。

第四十三条 违反本规定，放射性物品道路运输企业或者单位非法转让、出租放射性物品道路运输许可证件的，由县级以上道路运输管理机构责令停止违法行为，收缴有关证件，处2000元以上1万元以下的罚款；有违法所得的，没收违法所得。

第四十四条 违反本规定，放射性物品道路运输企业或者单位已不具备许可要求的有关安全条件，存在重大运输安全隐患的，由县级以上道路运输管理机构责令限期改正；在规定时间内不能按要求改正且情节严重的，由原许可机关吊销《道路运输经营许可证》或者《放射性物品道路运输许可证》，或者在许可证件上注销相应的许可范围。

第四十五条 县级以上道路运输管理机构工作人员在实施道路运输监督检查过程中，发现放射性物品道路运输企业或者单位有违规情形，且按照《放射性物品运输安全管理条例》等有关法律法规的规定，应当由公安部门、核安全监管部门或者环境保护等部门处罚情形的，应当通报有关部门依法处理。

第六章　附　　则

第四十六条 军用放射性物品道路运输不适用于本规定。

第四十七条 本规定自2011年1月1日起施行。

网络平台道路货物运输经营管理暂行办法

1. 2019年9月6日交通运输部、国家税务总局发布
2. 交运规〔2019〕12号
3. 自2020年1月1日起施行

第一章　总　　则

第一条　为促进道路货物运输业与互联网融合发展，规范网络平台道路货物运输经营活动，维护道路货物运输市场秩序，保护网络平台道路货物运输经营各方当事人的合法权益，根据《中华人民共和国道路运输条例》及有关法律法规规章的规定和国务院关于促进平台经济规范健康发展的决策部署，制定本办法。

第二条　从事网络平台道路货物运输（以下简称网络货运）经营，应当遵守本办法。

本办法所称网络货运经营，是指经营者依托互联网平台整合配置运输资源，以承运人身份与托运人签订运输合同，委托实际承运人完成道路货物运输，承担承运人责任的道路货物运输经营活动。网络货运经营不包括仅为托运人和实际承运人提供信息中介和交易撮合等服务的行为。

实际承运人，是指接受网络货运经营者委托，使用符合条件的载货汽车和驾驶员，实际从事道路货物运输的经营者。

第三条　网络货运经营者从事经营活动，应当遵循自愿、平等、公平、诚信的原则，遵守法律和商业道德，公平参与市场竞争，承担运输服务质量责任，接受行业管理部门和社会的监督。

网络货运管理应当公正、公平、便民。

第四条　国务院交通运输主管部门主管全国网络货运管理工作。

县级以上地方人民政府交通运输主管部门主管本行政区域的网络货运管理工作。

县级以上负有道路运输监督管理职责的机构具体实施本行政区域的网络货运管理工作。

第五条　鼓励网络货运经营者利用大数据、云计算、卫星定位、人工智能等技术整合资源，应用多式联运、甩挂运输和共同配送等运输组织模式，实现规模化、集约化运输生产。鼓励组织新能源车辆、中置轴模块化汽车列车等标准化车辆运输。

第二章　经 营 管 理

第六条　鼓励发展网络货运，促进物流资源集约整合、高效利用。

需要申领道路运输经营许可证的，可向所在地县级负有道路运输监督管理职责的机构提出申请，县级负有道路运输监督管理职责的机构应按照《中华人民共和国道路运输条例》《道路货物运输及站场管理规定》的规定，向符合条件的申请人颁发《道路运输经营许可证》，经营范围为网络货运。

第七条　从事网络货运经营的，应当符合《互联网信息服务管理办法》等相关法律法规规章关于经营性互联网信息服务的要求，并具备与开展业务相适应的信息交互处理及全程跟踪记录等线上服务能力。

第八条　网络货运经营者应按照《中华人民共和国安全生产法》的规定，建立健全安全生产管理制度，落实安全生产主体责任。

第九条　网络货运经营者应当在许可的经营范围内从事经营活动。

网络货运经营者不得运输法律法规规章禁止运输的货物。

第十条　网络货运经营者应当对实际承运车辆及驾驶员资质进行审查，保证提供运输服务的车辆具备合法有效的营运证（从事普通货物运输经营的总质量4.5吨及以下普通货运车辆除外）、驾驶员具有合法有效的从业资格证（使用总质量4.5吨及以下普通货运车辆的驾驶人员除外）。

网络货运经营者和实际承运人应当保证线上提供服务的车辆、驾驶员与线下实际提供服务的车辆、驾驶员一致。

网络货运经营者委托运输不得超越实际承运人的经营范围。

第十一条　网络货运经营者不得虚构运输交易相互委托运输服务。

第十二条　网络货运经营者委托实际承运人从事道路货物运输服务，经营行为应符合合同约定条款及国家相关运营服务规范。

第十三条　网络货运经营者应当遵守车辆装载的要

求，不得指使或者强令要求实际承运人超载、超限运输。

第十四条 网络货运经营者应按照相关技术规范的要求上传运单数据至省级网络货运信息监测系统。

第十五条 鼓励网络货运经营者采取承运人责任保险等措施，充分保障托运人合法权益。

第十六条 网络货运经营者从事零担货物运输经营的，应当按照《零担货物道路运输服务规范》的相关要求，对托运人身份进行查验登记，督促实际承运人实行安全查验制度，对货物进行安全检查或者开封验视。网络货运经营者应当如实记录托运人身份、物品信息。

第十七条 网络货运经营者应当建立健全交易规则和服务协议，明确实际承运人及其车辆及驾驶员进入和退出平台，托运人及实际承运人权益保护等规定，建立对实际承运人的服务评价体系，公示服务评价结果。

网络货运经营者应当建立健全投诉和举报机制，公开投诉举报电话，及时受理并处理投诉举报。鼓励网络货运经营者建立争议在线解决机制，制定并公示争议解决规则。

第十八条 网络货运经营者应按照《中华人民共和国电子商务法》《中华人民共和国税收征收管理法》及其实施细则等法律法规规章的要求，记录实际承运人、托运人的用户注册信息、身份认证信息、服务信息、交易信息，并保存相关涉税资料，确保信息的真实性、完整性、可用性。信息的保存时间自交易完成之日起不少于三年，相关涉税资料（包括属于涉税资料的相关信息）应当保存十年；法律、行政法规另有规定的，依照其规定。

前款所指交易信息包括订单日志、网上交易日志、款项结算、含有时间和地理位置信息的实时行驶轨迹数据等。

网络货运经营者应对运输、交易全过程进行实时监控和动态管理，不得虚构交易、运输、结算信息。

第十九条 网络货运经营者应遵照国家税收法律法规，依法依规抵扣增值税进项税额，不得虚开虚抵增值税发票等扣税凭证。

第二十条 网络货运经营者和实际承运人均应当依法履行纳税或扣缴税款义务。

第二十一条 网络货运经营者应当遵守《中华人民共和国网络安全法》等国家关于网络和信息安全有关规定。

第二十二条 网络货运经营者应当采取有效措施加强对驾驶员、车辆、托运人等相关信息的保密管理，未经被收集者同意，不得泄露、出售或者非法向他人提供信息，不得使用相关信息开展其他业务。

第三章 监督检查

第二十三条 省级交通运输主管部门应按照相关技术规范的要求建立和完善省级网络货运信息监测系统，实现与网络货运经营者信息平台的有效对接；应定期将监测数据上传至交通运输部网络货运信息交互系统，并及时传递给同级税务部门；应利用省级网络货运信息监测系统对网络货运经营者经营行为进行信息化监测，并建立信息通报制度，指导辖区内负有道路运输监督管理职责的机构基于网络货运经营者的信用等级和风险类型，实行差异化监管。

第二十四条 网络货运经营者发生虚开虚抵增值税发票等税收违法违规行为的，税务部门按照《中华人民共和国税收征收管理法》等有关法律法规规定处理。

网络货运经营者虚构交易、运输、结算信息，造成监测结果异常的，县级以上负有道路运输监督管理职责的机构应依法查处。

第二十五条 网络货运经营者、实际承运人有违反道路运输法律法规规章规定的，由县级以上负有道路运输监督管理职责的机构按照《公路安全保护条例》《中华人民共和国道路运输条例》《道路货物运输及站场管理规定》《道路危险货物运输管理规定》等相关法律法规规章的规定查处。

网络货运经营者有下列行为之一，造成重大责任事故的，县级以上负有道路运输监督管理职责的机构应依法查处，并将其纳入道路货物运输失信联合惩戒对象名单，实施联合惩戒：

（一）委托不具备资质的实际承运人从事运输；

（二）承运国家法律法规规章禁止运输的货物；

（三）指使、强令实际承运人超限超载运输货物。

第二十六条 网络货运经营者违反道路运输法律法规规章及本办法相关规定的，县级以上负有道路运输监督管理职责的机构按照《中华人民共和国行政处罚法》的规定，可将其违法证据先行登记保存。

第二十七条 省级交通运输主管部门应当建立网络货运经营者信用评价机制，定期组织开展网络货运经营者信用评价，并将信用评价结果、处罚记录等信息公示。

第二十八条 支持成立行业协会，鼓励行业协会商会等社会组织引导企业贯彻落实国家法规制度及标准规范，加强行业自律，规范企业经营行为，推动网络货运发展模式创新。

第四章 附 则

第二十九条 《中华人民共和国电子商务法》《中华人民共和国行政许可法》《中华人民共和国行政处罚法》《公路安全保护条例》《中华人民共和国道路运输条例》《道路货物运输及站场管理规定》《道路危险货物运输管理规定》《中华人民共和国税收征收管理法实施细则》等相关法律法规规章有明确规定的，从其规定；未作出明确规定的，按照本办法执行。

第三十条 本办法自2020年1月1日起施行，有效期2年。

网络平台道路货物运输经营服务指南

1. 2019年9月24日交通运输部办公厅发布
2. 交办运函〔2019〕1391号

网络平台道路货物运输经营者（以下简称网络货运经营者）应当遵守《中华人民共和国安全生产法》《中华人民共和国道路交通安全法》《中华人民共和国网络安全法》《中华人民共和国电子商务法》《中华人民共和国道路运输条例》《中华人民共和国电信条例》，以及《道路货物运输及站场管理规定》《危险货物道路运输管理规定》《网络平台道路货物运输经营管理暂行办法》等有关法律、行政法规和相关规定，严格操作规程，完善平台功能，加强安全管理，提高服务品质。

一、网络平台服务功能

（一）线上服务能力要求。

网络货运经营者线上服务能力应包括以下条件：

1. 取得增值电信业务许可证（公司名称与网络货运经营申请人名称一致）。

2. 符合国家关于信息系统安全等级保护的要求（单位名称与网络货运经营申请人名称一致，建议取得三级及以上信息系统安全等级保护备案证明及相关材料）。

3. 网络平台接入省级网络货运信息监测系统。

4. 具备本章“（二）功能要求”的功能。

省级交通运输主管部门应对县级交通运输主管部门提交的网络货运申请者相关信息进行线上服务能力认定，认定合格的，开具线上服务能力认定结果（详见附件）或在省级交通运输主管部门官网公示。

（二）功能要求。

1. 信息发布。

网络货运经营者依托网络平台为托运人、实际承运人提供真实、有效的货源及运力信息，并对货源及车源信息进行管理，包括但不限于信息发布、筛选、修改、推送、撤回等功能。

2. 线上交易。

网络货运经营者应通过网络平台在线组织运力，进行货源、运力资源的有效整合，实现信息精准配置，生成电子运单，完成线上交易。

3. 全程监控。

网络平台应自行或者使用第三方平台对运输地点、轨迹、状态进行动态监控，具备对装货、卸货、结算等进行有效管控的功能和物流信息全流程跟踪、记录、存储、分析能力；应记录含有时间和地理位置信息的实时行驶轨迹数据；宜实时展示实际承运驾驶员、车辆运输轨迹，并实现实际承运人相关资格证件到期预警提示、违规行为报警等功能。

4. 金融支付。

网络平台应具备核销对账、交易明细查询、生成资金流水单等功能，宜具备在线支付功能。

5. 咨询投诉。

网络平台应具备咨询、举报投诉、结果反馈等功能。

6. 在线评价。

网络平台应具备对托运、实际承运人进行信用打分及评级的功能。

7. 查询统计。

网络平台应具备信息查询功能，包括运单、资金流水、运输轨迹、信用记录、投诉处理等信息分类分户查询以及数据统计分析的功能。

8. 数据调取。

网络平台应具备交通运输、税务等相关部门依法调取数据的条件。

二、服务流程及要求

（一）信息审核。

1. 托运人信息。

网络货运经营者应在平台上登记并核对托运人信息：托运人为法人的，信息包括托运单位及法人代表名称、统一社会信用代码、联系人、联系方式、通信地址等基本信息，留存营业执照扫描件；托运人为自然人的，信息包括托运人姓名、有效证件号码、联系方式，留存有效证件扫描件。

2. 实际承运人信息。

网络货运经营者应要求实际承运人在网络平台注册登记并核对以下信息：实际承运人名称、道路运输经营许可证号、统一社会信用代码（或身份证号）等基本信息；驾驶员姓名、身份证号、联系方式、道路运输从业资格证号、机动车驾驶证号；车辆牌照号、车牌颜色、车辆道路运输证号、车辆行驶证档案编号、车辆总质量、核定载质量、外廓尺寸（4.5 吨及以下普通道路货物运输车辆从事普通道路货物运输经营的，无需登记道路运输经营许可证号、道路运输证号、驾驶员从业资格证号）。

网络货运经营者应留存以下有效证件扫描件：实际承运人营业执照、身份证等扫描件；驾驶员身份证、机动车驾驶证、道路运输从业资格证；车辆行驶证、道路运输证（挂车、4.5 吨及以下普通道路货物运输车辆从事普通道路货物运输经营的，无需上传道路运输经营许可证、道路运输证、驾驶员从业资格证）。

网络货运经营者应对实际承运人资质信息进行审核，通过审核后方能委托其承担运输业务。

（二）签订合同。

网络货运经营者应按照《中华人民共和国合同法》的要求，分别与托运人和实际承运人签订运输合同，主要内容应包括但不限于：

1. 当事人信息：包括托运人、收货人、网络货运经营者、实际承运人的名称、联系方式；

2. 服务内容：包括货物信息、运输方式、起讫地、运输价格、时效要求等；

3. 当事人权利义务关系；

4. 运费结算方式。

合同保存时间自签订之日起不少于 3 年。

（三）运输过程监控。

网络货运经营者应在生成运单号码后，实时采集实际承运车辆运输轨迹的动态信息，并在货物起运和确认送达时，经驾驶员授权同意后，实时采集和上传驾驶员地理位置信息，实现交易、运输、结算等各环节全过程透明化动态管理。网络货运经营者使用 12 吨及以上的重型普通载货汽车和半挂牵引车承担运输任务时，应督促实际承运人保持车载卫星定位装置在线。

网络货运经营者应确保线上提供服务的车辆和驾驶员与线下实际提供服务的车辆和驾驶员一致。

网络货运经营者不得虚构运输交易相互委托运输服务。

（四）交付验收。

1. 交接装货。

网络货运经营者应当在许可的经营范围内从事经营活动，不得违规承运危险货物。

网络货运经营者从事零担货物运输的，应当按照《零担货物道路运输服务规范》的相关要求，对托运人身份进行查验登记，督促实际承运人对货物进行安全检查或者开封验视。

网络货运经营者接到实际承运人有关发现违禁物品、可疑物品或瞒报危险物品报告的，应向公安机关或有关部门及时报告。

2. 交付卸货。

收货人确认收货后，实际承运人应及时将交付信息上传至货运经营者网络平台。

货物交付时存在异议的，网络货运经营者应及时处理。

（五）运费结算。

1. 结算流程。

网络货运经营者应按照合同约定及时向实际承运人支付运费。

2. 支付方式。

网络货运经营者宜与银行等金融机构、第三方支付平台合作,通过电子支付实现交易留痕。

(六)信息上传。

网络货运经营者应按照《部网络货运信息交互系统接入指南》的要求,在收货人确认收货后,实时将运单数据上传至省级网络货运信息监测系统。

网络货运经营者应在结算完成后,实时将资金流水单信息上传至省级网络货运信息监测系统。

(七)保险理赔。

鼓励网络货运经营者采用投保网络平台道路货物运输承运人责任险等措施,保障托运人合法权益。

(八)投诉处理。

1. 网络货运经营者应建立便捷有效的投诉举报机制,公开投诉举报方式等信息,包括服务电话、投诉方式、处理流程等。鼓励网络货运经营者建立投诉举报在线解决机制。

2. 网络货运经营者应在接到投诉举报后 24 小时内给予有效响应,及时处理并将结果告知投诉方。

3. 网络货运经营者应加强对举报、投诉处理相关信息的汇总分析,在网络平台公示投诉处理满意率。及时查找管理不足和漏洞,制定改进措施,不断提高服务质量。

(九)信用评价。

网络货运经营者应建立对实际承运人公平公正的信用评价体系,围绕运输效率、运输安全、服务质量、客户满意度等方面进行综合考核评价,评价结果在网络平台上公示。根据信用评价结果建立实际承运人退出机制。

三、安全及风险管控要求

(一)安全生产管理。

1. 安全生产管理制度。

网络货运经营者应建立健全适合网络货运经营特点的安全生产责任制度、安全生产业务操作规程、驾驶员和车辆资质登记查验制度、托运人身份查验登记制度等,设立相应的安全生产管理部门或者配备专职安全管理人员。

2. 应急管理。

网络货运经营者应制定安全生产事故应急救援预案。发生事故或不可抗力事件时,第一时间启动应急预案,组织实际承运人进行应急处置,并积极配合相关部门开展应急救援。

网络货运经营者应跟踪了解行业动态和各方诉求,及时化解和疏导矛盾,并向有关部门报告。

3. 安全人员考核。

网络货运经营者的主要负责人和安全生产管理人员应当由县级以上交通运输主管部门对其安全生产知识和管理能力考核合格。

(二)信息安全管理。

1. 建立信息安全管理制度。

网络货运经营者应按照《中华人民共和国网络安全法》等有关法律法规的要求,采取有效措施防病毒、防攻击、防泄密,落实网络安全管理责任。

2. 加强信息使用管理。

网络货运经营者应按照合法、正当、必要的原则,采集与网络货运经营相关的数据信息,采集的信息未经被采集者同意,不得用于网络货运以外的其他用途,不得转让给第三方。

(三)司机权益保护。

网络货运经营者不得利用市场垄断地位排除、限制竞争,随意压低运价,损害货车司机权益;应按照合同约定及时支付运费,不得拖欠运费;不得提供虚假信息、扰乱市场秩序;应合理安排运输计划、保障货车司机合理休息,避免疲劳驾驶。

附件

线上服务能力认定结果

________(企业名称)于______年____月____日,经__________________(县级交通运输主管部门名称)向____________________(省级交通运输主管部门名称)提出网络货运经营线上服务能力认定申请。经联调测试,申请单位已按照《部网络货运经营信息交互系统接入指南》的要求,完成网络平台接入省级网络货运信息监测系统。经核查,申请单位已取得《增值电信业务许可证》、____级信息系统安全等级保护备案证明。网络平台具备信息发布、线上交易、全程监控、金融支付、咨询投诉、在线评价、查询统计、数据调取等功能,符合《网络平台道路货物运输经营管理暂行办法》《网络平台道路货物运输经营服务指南》及相关规定，具备线上服务能力。

道路普通货物运输车辆网上年度审验工作规范

1. 2022年3月22日交通运输部办公厅修订发布
2. 交办运〔2022〕18号
3. 自2022年5月1日起施行

第一条　为规范道路普通货物运输车辆（以下简称普通货运车辆）网上年度审验（以下简称网上年审）业务办理工作，根据《道路运输车辆技术管理规定》《道路货物运输及站场管理规定》《道路运输车辆动态监督管理办法》及相关规定，制定本规范。

第二条　本规范适用于普通货运车辆（不含总质量4.5吨及以下从事道路普通货运经营的普通货运车辆）网上年审工作。

第三条　网上年审应坚持依法依规、便民利民、程序公开、服务高效的原则。网上年审与原有车籍所在地窗口年审效力等同。鼓励道路货物运输经营者通过网上办理普通货运车辆年审。

第四条　网上年审不改变普通货运车辆审验机关、审验内容与责任主体。

开展道路运输车辆检验检测业务的机构对所出具的道路运输车辆检验检测报告、车辆技术等级评定结论负责，审验机关对审验结果负责。

第五条　车籍所在地交通运输主管部门为车辆网上年审的审验机关，审验内容如下：

（一）对于总质量4.5吨（不含）以上、12吨（不含）以下普通货运车辆，审验内容为车辆技术等级评定情况、车辆结构及尺寸变动情况、车辆违章记录情况。

（二）对于总质量12吨及以上普通货运车辆、半挂牵引车，审验内容为车辆技术等级评定情况、车辆结构及尺寸变动情况、按规定使用符合标准的具有行驶记录功能的卫星定位装置并接入全国道路货运车辆公共监管与服务平台情况、车辆违章记录情况。

（三）对于挂车，审验内容为行驶证是否在检验有效期内。

第六条　道路货物运输经营者可通过全国互联网道路运输便民政务服务系统办理普通货运车辆网上年审业务。

道路货物运输经营者在非车籍所在地窗口办理网上年审业务的，窗口办事人员应协助办理。

第七条　道路货物运输经营者按照本规范第五条要求提交相应车辆年审材料，相关材料由全国互联网道路运输便民政务服务系统共享给车籍所在地道路运政管理信息系统。

总质量12吨及以上普通货运车辆、半挂牵引车按规定使用符合标准的具有行驶记录功能的卫星定位装置并接入全国道路货运车辆公共监管与服务平台情况，车辆技术等级评定情况等能够自动归集的信息，无需重复提交。

道路货物运输经营者对所提交材料的真实性、有效性与合法性负责。

第八条　鼓励开展道路运输车辆检验检测业务的机构协助道路货物运输经营者办理网上年审。

第九条　审验机关收到网上年审材料起3个工作日内，通过本省道路运政管理信息系统对车辆年审材料完成审验。

车辆结构及尺寸变动情况、车辆技术等级评定情况以车籍所在地省级道路运输车辆检验检测信息系统共享给道路运政管理信息系统的车辆技术等级评定结论为依据。

总质量12吨及以上普通货运车辆、半挂牵引车使用符合标准的具有行驶记录功能的卫星定位装置并接入全国道路货运车辆公共监管与服务平台情况，以全国道路货运车辆公共监管与服务平台共享给全国互联网道路运输便民政务服务系统的数据信息为依据。

车辆违章记录情况以车籍所在地道路运政管理信息系统和交通综合执法系统的记录为依据。

第十条　对于道路运输经营者逾期办理网上年审业务的，审验机关本着便利道路货物运输经营者的原则遵照有关规定执行。

第十一条　审验机关通过全国互联网道路运输便民政务服务系统告知道路货物运输经营者年审结果，也可通过短信推送方式告知。

审验符合要求的，道路货物运输经营者可通过全国互联网道路运输便民政务服务系统下载《普通货运车辆网上年审凭证》（参考样式见附件1）并留存。电子印章（参考样式见附件1）标注在《普通货运车辆网上年审凭证》上，由审验机关加盖。

审验不符合要求的，审验机关应将不符合审验要求的具体事项告知道路货物运输经营者。道路货物运输经营者可通过全国互联网道路运输便民政务服务系统补充提交车辆年审材料。

第十二条 鼓励具备条件的省份优化审验程序，通过信息化手段实现车辆年审材料的自动判断和审验结果的自动告知。

第十三条 交通运输主管部门可通过扫描《普通货运车辆网上年审凭证》中的二维码对车辆年审情况进行核查，道路货物运输经营者或者驾驶员出示《普通货运车辆网上年审凭证》予以配合。

交通运输主管部门可通过全国互联网道路运输便民政务服务系统查验车辆年审结果。

第十四条 车籍所在地省份已开通网上年审服务系统的也可通过本省系统办理。

第十五条 本规范由交通运输部运输服务司负责解释。

第十六条 本规范自2022年5月1日起施行。

四、交通事故处理与赔偿责任

资料补充栏

1. 综合

中华人民共和国道路交通安全法

1. 2003年10月28日第十届全国人民代表大会常务委员会第五次会议通过
2. 根据2007年12月29日第十届全国人民代表大会常务委员会第三十一次会议《关于修改〈中华人民共和国道路交通安全法〉的决定》第一次修正
3. 根据2011年4月22日第十一届全国人民代表大会常务委员会第二十次会议《关于修改〈中华人民共和国道路交通安全法〉的决定》第二次修正
4. 根据2021年4月29日第十三届全国人民代表大会常务委员会第二十八次会议《关于修改〈中华人民共和国道路交通安全法〉等八部法律的决定》第三次修正

目　　录

第一章　总　　则

第一条　【立法目的】为了维护道路交通秩序，预防和减少交通事故，保护人身安全，保护公民、法人和其他组织的财产安全及其他合法权益，提高通行效率，制定本法。

第二条　【适用范围】中华人民共和国境内的车辆驾驶人、行人、乘车人以及与道路交通活动有关的单位和个人，都应当遵守本法。

第三条　【工作原则】道路交通安全工作，应当遵循依法管理、方便群众的原则，保障道路交通有序、安全、畅通。

第四条　【政府职责】各级人民政府应当保障道路交通安全管理工作与经济建设和社会发展相适应。

县级以上地方各级人民政府应当适应道路交通发展的需要，依据道路交通安全法律、法规和国家有关政策，制定道路交通安全管理规划，并组织实施。

第五条　【主管部门】国务院公安部门负责全国道路交通安全管理工作。县级以上地方各级人民政府公安机关交通管理部门负责本行政区域内的道路交通安全管理工作。

县级以上各级人民政府交通、建设管理部门依据各自职责，负责有关的道路交通工作。

第六条　【宣传教育】各级人民政府应当经常进行道路交通安全教育，提高公民的道路交通安全意识。

公安机关交通管理部门及其交通警察执行职务时，应当加强道路交通安全法律、法规的宣传，并模范遵守道路交通安全法律、法规。

机关、部队、企业事业单位、社会团体以及其他组织，应当对本单位的人员进行道路交通安全教育。

教育行政部门、学校应当将道路交通安全教育纳入法制教育的内容。

新闻、出版、广播、电视等有关单位，有进行道路交通安全教育的义务。

第七条　【科学推广】对道路交通安全管理工作，应当加强科学研究，推广、使用先进的管理方法、技术、设备。

第二章　车辆和驾驶人

第一节　机动车、非机动车

第八条　【机动车登记制度】国家对机动车实行登记制度。机动车经公安机关交通管理部门登记后，方可上道路行驶。尚未登记的机动车，需要临时上道路行驶的，应当取得临时通行牌证。

第九条　【申请登记证明及受理】申请机动车登记，应当提交以下证明、凭证：

（一）机动车所有人的身份证明；

（二）机动车来历证明；

（三）机动车整车出厂合格证明或者进口机动车进口凭证；

（四）车辆购置税的完税证明或者免税凭证；

（五）法律、行政法规规定应当在机动车登记时提交的其他证明、凭证。

公安机关交通管理部门应当自受理申请之日起五个工作日内完成机动车登记审查工作，对符合前款规定条件的，应当发放机动车登记证书、号牌和行驶证；对不符合前款规定条件的，应当向申请人说明不予登记的理由。

公安机关交通管理部门以外的任何单位或者个人不得发放机动车号牌或者要求机动车悬挂其他号牌，本法另有规定的除外。

机动车登记证书、号牌、行驶证的式样由国务院公安部门规定并监制。

第十条　【安全技术检验】准予登记的机动车应当符合机动车国家安全技术标准。申请机动车登记时，应当接受对该机动车的安全技术检验。但是，经国家机动车产品主管部门依据机动车国家安全技术标准认定的企业生产的机动车型，该车型的新车在出厂时经检验符合机动车国家安全技术标准，获得检验合格证的，免予安全技术检验。

第十一条　【车牌号的使用规定】驾驶机动车上道路行驶，应当悬挂机动车号牌，放置检验合格标志、保险标志，并随车携带机动车行驶证。

机动车号牌应当按照规定悬挂并保持清晰、完整，不得故意遮挡、污损。

任何单位和个人不得收缴、扣留机动车号牌。

第十二条　【变更登记】有下列情形之一的，应当办理相应的登记：

（一）机动车所有权发生转移的；

（二）机动车登记内容变更的；

（三）机动车用作抵押的；

（四）机动车报废的。

第十三条　【安检】对登记后上道路行驶的机动车，应当依照法律、行政法规的规定，根据车辆用途、载客载货数量、使用年限等不同情况，定期进行安全技术检验。对提供机动车行驶证和机动车第三者责任强制保险单的，机动车安全技术检验机构应当予以检验，任何单位不得附加其他条件。对符合机动车国家安全技术标准的，公安机关交通管理部门应当发给检验合格标志。

对机动车的安全技术检验实行社会化。具体办法由国务院规定。

机动车安全技术检验实行社会化的地方，任何单位不得要求机动车到指定的场所进行检验。

公安机关交通管理部门、机动车安全技术检验机构不得要求机动车到指定的场所进行维修、保养。

机动车安全技术检验机构对机动车检验收取费用，应当严格执行国务院价格主管部门核定的收费标准。

第十四条　【强制报废制度】国家实行机动车强制报废制度，根据机动车的安全技术状况和不同用途，规定不同的报废标准。

应当报废的机动车必须及时办理注销登记。

达到报废标准的机动车不得上道路行驶。报废的大型客、货车及其他营运车辆应当在公安机关交通管理部门的监督下解体。

第十五条　【特种车辆标志的使用】警车、消防车、救护车、工程救险车应当按照规定喷涂标志图案，安装警报器、标志灯具。其他机动车不得喷涂、安装、使用上述车辆专用的或者与其相类似的标志图案、警报器或者标志灯具。

警车、消防车、救护车、工程救险车应当严格按照规定的用途和条件使用。

公路监督检查的专用车辆，应当依照公路法的规定，设置统一的标志和示警灯。

第十六条　【禁止行为】任何单位或者个人不得有下列行为：

（一）拼装机动车或者擅自改变机动车已登记的结构、构造或者特征；

（二）改变机动车型号、发动机号、车架号或者车辆识别代号；

（三）伪造、变造或者使用伪造、变造的机动车登记证书、号牌、行驶证、检验合格标志、保险标志；

（四）使用其他机动车的登记证书、号牌、行驶证、检验合格标志、保险标志。

第十七条　【强制保险】国家实行机动车第三者责任强制保险制度，设立道路交通事故社会救助基金。具体办法由国务院规定。

第十八条　【非机动车的登记】依法应当登记的非机动车，经公安机关交通管理部门登记后，方可上道路行驶。

依法应当登记的非机动车的种类，由省、自治区、直辖市人民政府根据当地实际情况规定。

非机动车的外形尺寸、质量、制动器、车铃和夜间反光装置，应当符合非机动车安全技术标准。

第二节　机动车驾驶人

第十九条　【驾驶证】驾驶机动车，应当依法取得机动车驾驶证。

申请机动车驾驶证，应当符合国务院公安部门规定的驾驶许可条件；经考试合格后，由公安机关交通管理部门发给相应类别的机动车驾驶证。

持有境外机动车驾驶证的人，符合国务院公安部门规定的驾驶许可条件，经公安机关交通管理部门考核合格的，可以发给中国的机动车驾驶证。

驾驶人应当按照驾驶证载明的准驾车型驾驶机动车；驾驶机动车时，应当随身携带机动车驾驶证。

公安机关交通管理部门以外的任何单位或者个人，不得收缴、扣留机动车驾驶证。

第二十条　【驾驶培训】机动车的驾驶培训实行社会化，由交通运输主管部门对驾驶培训学校、驾驶培训班实行备案管理，并对驾驶培训活动加强监督，其中专门的拖拉机驾驶培训学校、驾驶培训班由农业（农业机械）主管部门实行监督管理。

驾驶培训学校、驾驶培训班应当严格按照国家有关规定，对学员进行道路交通安全法律、法规、驾驶技能的培训，确保培训质量。

任何国家机关以及驾驶培训和考试主管部门不得举办或者参与举办驾驶培训学校、驾驶培训班。

第二十一条　【上路前检查】驾驶人驾驶机动车上道路行驶前，应当对机动车的安全技术性能进行认真检查；不得驾驶安全设施不全或者机件不符合技术标准等具有安全隐患的机动车。

第二十二条　【安全、文明驾驶】机动车驾驶人应当遵守道路交通安全法律、法规的规定，按照操作规范安全驾驶、文明驾驶。

饮酒、服用国家管制的精神药品或者麻醉药品，或者患有妨碍安全驾驶机动车的疾病，或者过度疲劳影响安全驾驶的，不得驾驶机动车。

任何人不得强迫、指使、纵容驾驶人违反道路交通安全法律、法规和机动车安全驾驶要求驾驶机动车。

第二十三条　【驾驶证审验制度】公安机关交通管理部门依照法律、行政法规的规定，定期对机动车驾驶证实施审验。

第二十四条　【累积记分制】公安机关交通管理部门对机动车驾驶人违反道路交通安全法律、法规的行为，除依法给予行政处罚外，实行累积记分制度。公安机关交通管理部门对累积记分达到规定分值的机动车驾驶人，扣留机动车驾驶证，对其进行道路交通安全法律、法规教育，重新考试；考试合格的，发还其机动车驾驶证。

对遵守道路交通安全法律、法规，在一年内无累积记分的机动车驾驶人，可以延长机动车驾驶证的审验期。具体办法由国务院公安部门规定。

第三章　道路通行条件

第二十五条　【道路交通信号】全国实行统一的道路交通信号。

交通信号包括交通信号灯、交通标志、交通标线和交通警察的指挥。

交通信号灯、交通标志、交通标线的设置应当符合道路交通安全、畅通的要求和国家标准，并保持清晰、醒目、准确、完好。

根据通行需要，应当及时增设、调换、更新道路交通信号。增设、调换、更新限制性的道路交通信号，应当提前向社会公告，广泛进行宣传。

第二十六条　【交通信号灯】交通信号灯由红灯、绿灯、黄灯组成。红灯表示禁止通行，绿灯表示准许通行，黄灯表示警示。

第二十七条　【铁路警示标志】铁路与道路平面交叉的道口，应当设置警示灯、警示标志或者安全防护设施。无人看守的铁路道口，应当在距道口一定距离处设置警示标志。

第二十八条　【交通设施的保护】任何单位和个人不得擅自设置、移动、占用、损毁交通信号灯、交通标志、交通标线。

道路两侧及隔离带上种植的树木或者其他植物，设置的广告牌、管线等，应当与交通设施保持必要的距离，不得遮挡路灯、交通信号灯、交通标志，不得妨碍安全视距，不得影响通行。

第二十九条　【安全防范】道路、停车场和道路配套设施的规划、设计、建设，应当符合道路交通安全、畅通的要求，并根据交通需求及时调整。

公安机关交通管理部门发现已经投入使用的道路存在交通事故频发路段，或者停车场、道路配套设施存在交通安全严重隐患的，应当及时向当地人民政府报告，并提出防范交通事故、消除隐患的建议，当地人民政府应当及时作出处理决定。

第三十条　【警示与修复损毁道路】道路出现坍塌、坑漕、水毁、隆起等损毁或者交通信号灯、交通标志、交通标线等交通设施损毁、灭失的，道路、交通设施的养护部门或者管理部门应当设置警示标志并及时修复。

公安机关交通管理部门发现前款情形，危及交通安全，尚未设置警示标志的，应当及时采取安全措施，疏导交通，并通知道路、交通设施的养护部门或者管理部门。

第三十一条　【非法占道】未经许可，任何单位和个人不得占用道路从事非交通活动。

第三十二条　【施工要求】因工程建设需要占用、挖掘道路，或者跨越、穿越道路架设、增设管线设施，应当事先征得道路主管部门的同意；影响交通安全的，还应当征得公安机关交通管理部门的同意。

施工作业单位应当在经批准的路段和时间内施工作业，并在距离施工作业地点来车方向安全距离处设置明显的安全警示标志，采取防护措施；施工作业完毕，应当迅速清除道路上的障碍物，消除安全隐患，经道路主管部门和公安机关交通管理部门验收合格，符合通行要求后，方可恢复通行。

对未中断交通的施工作业道路，公安机关交通管理部门应当加强交通安全监督检查，维护道路交通秩序。

第三十三条　【停车泊位】新建、改建、扩建的公共建筑、商业街区、居住区、大（中）型建筑等，应当配建、增建停车场；停车泊位不足的，应当及时改建或者扩建；投入使用的停车场不得擅自停止使用或者改作他用。

在城市道路范围内，在不影响行人、车辆通行的情况下，政府有关部门可以施划停车泊位。

第三十四条　【人行横道及盲道】学校、幼儿园、医院、养老院门前的道路没有行人过街设施的，应当施划人行横道线，设置提示标志。

城市主要道路的人行道，应当按照规划设置盲道。盲道的设置应当符合国家标准。

第四章　道路通行规定

第一节　一般规定

第三十五条　【右行】机动车、非机动车实行右侧通行。

第三十六条　【分道通行】根据道路条件和通行需要，道路划分为机动车道、非机动车道和人行道的，机动车、非机动车、行人实行分道通行。没有划分机动车道、非机动车道和人行道的，机动车在道路中间通行，非机动车和行人在道路两侧通行。

第三十七条　【专用车道的使用】道路划设专用车道的，在专用车道内，只准许规定的车辆通行，其他车辆不得进入专用车道内行驶。

第三十八条　【通行原则】车辆、行人应当按照交通信号通行；遇有交通警察现场指挥时，应当按照交通警察的指挥通行；在没有交通信号的道路上，应当在确保安全、畅通的原则下通行。

第三十九条　【交通限制的提前公告】公安机关交通管理部门根据道路和交通流量的具体情况，可以对机动车、非机动车、行人采取疏导、限制通行、禁止通行等措施。遇有大型群众性活动、大范围施工等情况，需要采取限制交通的措施，或者作出与公众的道路交通活动直接有关的决定，应当提前向社会公告。

第四十条　【交通管制的条件】遇有自然灾害、恶劣气象条件或者重大交通事故等严重影响交通安全的情形，采取其他措施难以保证交通安全时，公安机关交通管理部门可以实行交通管制。

第四十一条　【立法委任】有关道路通行的其他具体规定，由国务院规定。

第二节　机动车通行规定

第四十二条　【车速】机动车上道路行驶，不得超过限速标志标明的最高时速。在没有限速标志的路段，应当保持安全车速。

夜间行驶或者在容易发生危险的路段行驶，以及遇有沙尘、冰雹、雨、雪、雾、结冰等气象条件时，应当降低行驶速度。

第四十三条　【安全车距及禁止超车情形】同车道行驶的机动车,后车应当与前车保持足以采取紧急制动措施的安全距离。有下列情形之一的,不得超车:

(一)前车正在左转弯、掉头、超车的;

——(二)与对面来车有会车可能的;

(三)前车为执行紧急任务的警车、消防车、救护车、工程救险车的;

(四)行经铁路道口、交叉路口、窄桥、弯道、陡坡、隧道、人行横道、市区交通流量大的路段等没有超车条件的。

第四十四条　【减速行驶】机动车通过交叉路口,应当按照交通信号灯、交通标志、交通标线或者交通警察的指挥通过;通过没有交通信号灯、交通标志、交通标线或者交通警察指挥的交叉路口时,应当减速慢行,并让行人和优先通行的车辆先行。

第四十五条　【超车限制】机动车遇有前方车辆停车排队等候或者缓慢行驶时,不得借道超车或者占用对面车道,不得穿插等候的车辆。

在车道减少的路段、路口,或者在没有交通信号灯、交通标志、交通标线或者交通警察指挥的交叉路口遇到停车排队等候或者缓慢行驶时,机动车应当依次交替通行。

第四十六条　【铁路道口行驶规定】机动车通过铁路道口时,应当按照交通信号或者管理人员的指挥通行;没有交通信号或者管理人员的,应当减速或者停车,在确认安全后通过。

第四十七条　【避让行人】机动车行经人行横道时,应当减速行驶;遇行人正在通过人行横道,应当停车让行。

机动车行经没有交通信号的道路时,遇行人横过道路,应当避让。

第四十八条　【载物规定】机动车载物应当符合核定的载质量,严禁超载;载物的长、宽、高不得违反装载要求,不得遗洒、飘散载运物。

机动车运载超限的不可解体的物品,影响交通安全的,应当按照公安机关交通管理部门指定的时间、路线、速度行驶,悬挂明显标志。在公路上运载超限的不可解体的物品,并应当依照公路法的规定执行。

机动车载运爆炸物品、易燃易爆化学物品以及剧毒、放射性等危险物品,应当经公安机关批准后,按指定的时间、路线、速度行驶,悬挂警示标志并采取必要的安全措施。

第四十九条　【核定载人量】机动车载人不得超过核定的人数,客运机动车不得违反规定载货。

第五十条　【货运车载客限制】禁止货运机动车载客。

货运机动车需要附载作业人员的,应当设置保护作业人员的安全措施。

第五十一条　【安全带及头盔】机动车行驶时,驾驶人、乘坐人员应当按规定使用安全带,摩托车驾驶人及乘坐人员应当按规定戴安全头盔。

第五十二条　【排除故障】机动车在道路上发生故障,需要停车排除故障时,驾驶人应当立即开启危险报警闪光灯,将机动车移至不妨碍交通的地方停放;难以移动的,应当持续开启危险报警闪光灯,并在来车方向设置警告标志等措施扩大示警距离,必要时迅速报警。

第五十三条　【优先通行权之一】警车、消防车、救护车、工程救险车执行紧急任务时,可以使用警报器、标志灯具;在确保安全的前提下,不受行驶路线、行驶方向、行驶速度和信号灯的限制,其他车辆和行人应当让行。

警车、消防车、救护车、工程救险车非执行紧急任务时,不得使用警报器、标志灯具,不享有前款规定的道路优先通行权。

第五十四条　【优先通行权之二】道路养护车辆、工程作业车进行作业时,在不影响过往车辆通行的前提下,其行驶路线和方向不受交通标志、标线限制,过往车辆和人员应当注意避让。

洒水车、清扫车等机动车应当按照安全作业标准作业;在不影响其他车辆通行的情况下,可以不受车辆分道行驶的限制,但是不得逆向行驶。

第五十五条　【拖拉机通行规定】高速公路、大中城市中心城区内的道路,禁止拖拉机通行。其他禁止拖拉机通行的道路,由省、自治区、直辖市人民政府根据当地实际情况规定。

在允许拖拉机通行的道路上,拖拉机可以从事货运,但是不得用于载人。

第五十六条　【机动车停放】机动车应当在规定地点

停放。禁止在人行道上停放机动车；但是，依照本法第三十三条规定施划的停车泊位除外。

在道路上临时停车的，不得妨碍其他车辆和行人通行。

第三节 非机动车通行规定

第五十七条 【非机动车行驶规定】驾驶非机动车在道路上行驶应当遵守有关交通安全的规定。非机动车应当在非机动车道内行驶；在没有非机动车道的道路上，应当靠车行道的右侧行驶。

第五十八条 【残疾人机动轮椅车、电动自行车的最高时速限制】残疾人机动轮椅车、电动自行车在非机动车道内行驶时，最高时速不得超过十五公里。

第五十九条 【非机动车停放】非机动车应当在规定地点停放。未设停放地点的，非机动车停放不得妨碍其他车辆和行人通行。

第六十条 【驾驭畜力车规定】驾驭畜力车，应当使用驯服的牲畜；驾驭畜力车横过道路时，驾驭人应当下车牵引牲畜；驾驭人离开车辆时，应当拴系牲畜。

第四节 行人和乘车人通行规定

第六十一条 【行人行走规则】行人应当在人行道内行走，没有人行道的靠路边行走。

第六十二条 【通过路口或横过道路】行人通过路口或者横过道路，应当走人行横道或者过街设施；通过有交通信号灯的人行横道，应当按照交通信号灯指示通行；通过没有交通信号灯、人行横道的路口，或者在没有过街设施的路段横过道路，应当在确认安全后通过。

第六十三条 【妨碍道路交通安全行为】行人不得跨越、倚坐道路隔离设施，不得扒车、强行拦车或者实施妨碍道路交通安全的其他行为。

第六十四条 【限制行为能力人的保护】学龄前儿童以及不能辨认或者不能控制自己行为的精神疾病患者、智力障碍者在道路上通行，应当由其监护人、监护人委托的人或者对其负有管理、保护职责的人带领。

盲人在道路上通行，应当使用盲杖或者采取其他导盲手段，车辆应当避让盲人。

第六十五条 【通过铁路道口规定】行人通过铁路道口时，应当按照交通信号或者管理人员的指挥通行；没有交通信号和管理人员的，应当在确认无火车驶临后，迅速通过。

第六十六条 【禁带危险物品乘车】乘车人不得携带易燃易爆等危险物品，不得向车外抛洒物品，不得有影响驾驶人安全驾驶的行为。

第五节 高速公路的特别规定

第六十七条 【禁入高速公路的规定及高速限速】行人、非机动车、拖拉机、轮式专用机械车、铰接式客车、全挂拖斗车以及其他设计最高时速低于七十公里的机动车，不得进入高速公路。高速公路限速标志标明的最高时速不得超过一百二十公里。

第六十八条 【高速公路上的故障处理】机动车在高速公路上发生故障时，应当依照本法第五十二条的有关规定办理；但是，警告标志应当设置在故障车来车方向一百五十米以外，车上人员应当迅速转移到右侧路肩上或者应急车道内，并且迅速报警。

机动车在高速公路上发生故障或者交通事故，无法正常行驶的，应当由救援车、清障车拖曳、牵引。

第六十九条 【禁止拦截高速公路行驶车辆】任何单位、个人不得在高速公路上拦截检查行驶的车辆，公安机关的人民警察依法执行紧急公务除外。

第五章 交通事故处理

第七十条 【交通事故的现场处理】在道路上发生交通事故，车辆驾驶人应当立即停车，保护现场；造成人身伤亡的，车辆驾驶人应当立即抢救受伤人员，并迅速报告执勤的交通警察或者公安机关交通管理部门。因抢救受伤人员变动现场的，应当标明位置。乘车人、过往车辆驾驶人、过往行人应当予以协助。

在道路上发生交通事故，未造成人身伤亡，当事人对事实及成因无争议的，可以即行撤离现场，恢复交通，自行协商处理损害赔偿事宜；不即行撤离现场的，应当迅速报告执勤的交通警察或者公安机关交通管理部门。

在道路上发生交通事故，仅造成轻微财产损失，并且基本事实清楚的，当事人应当先撤离现场再进行协商处理。

第七十一条 【交通肇事逃逸】车辆发生交通事故后逃逸的，事故现场目击人员和其他知情人员应当向公安机关交通管理部门或者交通警察举报。举报属实的，公安机关交通管理部门应当给予奖励。

第七十二条　【事故处理措施】公安机关交通管理部门接到交通事故报警后，应当立即派交通警察赶赴现场，先组织抢救受伤人员，并采取措施，尽快恢复交通。

交通警察应当对交通事故现场进行勘验、检查，收集证据；因收集证据的需要，可以扣留事故车辆，但是应当妥善保管，以备核查。

对当事人的生理、精神状况等专业性较强的检验，公安机关交通管理部门应当委托专门机构进行鉴定。鉴定结论应当由鉴定人签名。

第七十三条　【交通事故认定书】公安机关交通管理部门应当根据交通事故现场勘验、检查、调查情况和有关的检验、鉴定结论，及时制作交通事故认定书，作为处理交通事故的证据。交通事故认定书应当载明交通事故的基本事实、成因和当事人的责任，并送达当事人。

第七十四条　【事故赔偿争议】对交通事故损害赔偿的争议，当事人可以请求公安机关交通管理部门调解，也可以直接向人民法院提起民事诉讼。

经公安机关交通管理部门调解，当事人未达成协议或者调解书生效后不履行的，当事人可以向人民法院提起民事诉讼。

第七十五条　【抢救费用】医疗机构对交通事故中的受伤人员应当及时抢救，不得因抢救费用未及时支付而拖延救治。肇事车辆参加机动车第三者责任强制保险的，由保险公司在责任限额范围内支付抢救费用；抢救费用超过责任限额的，未参加机动车第三者责任强制保险或者肇事后逃逸的，由道路交通事故社会救助基金先行垫付部分或者全部抢救费用，道路交通事故社会救助基金管理机构有权向交通事故责任人追偿。

第七十六条　【交通事故的赔偿原则】机动车发生交通事故造成人身伤亡、财产损失的，由保险公司在机动车第三者责任强制保险责任限额范围内予以赔偿；不足的部分，按照下列规定承担赔偿责任：

（一）机动车之间发生交通事故的，由有过错的一方承担赔偿责任；双方都有过错的，按照各自过错的比例分担责任。

（二）机动车与非机动车驾驶人、行人之间发生交通事故，非机动车驾驶人、行人没有过错的，由机动车一方承担赔偿责任；有证据证明非机动车驾驶人、行人有过错的，根据过错程度适当减轻机动车一方的赔偿责任；机动车一方没有过错的，承担不超过百分之十的赔偿责任。

交通事故的损失是由非机动车驾驶人、行人故意碰撞机动车造成的，机动车一方不承担赔偿责任。

第七十七条　【道路外交通事故的处理】车辆在道路以外通行时发生的事故，公安机关交通管理部门接到报案的，参照本法有关规定办理。

第六章　执法监督

第七十八条　【交警培训与考核】公安机关交通管理部门应当加强对交通警察的管理，提高交通警察的素质和管理道路交通的水平。

公安机关交通管理部门应当对交通警察进行法制和交通安全管理业务培训、考核。交通警察经考核不合格的，不得上岗执行职务。

第七十九条　【工作目标】公安机关交通管理部门及其交通警察实施道路交通安全管理，应当依据法定的职权和程序，简化办事手续，做到公正、严格、文明、高效。

第八十条　【警容警纪】交通警察执行职务时，应当按照规定着装，佩带人民警察标志，持有人民警察证件，保持警容严整，举止端庄，指挥规范。

第八十一条　【工本费】依照本法发放牌证等收取工本费，应当严格执行国务院价格主管部门核定的收费标准，并全部上缴国库。

第八十二条　【罚款决定与收缴分离】公安机关交通管理部门依法实施罚款的行政处罚，应当依照有关法律、行政法规的规定，实施罚款决定与罚款收缴分离；收缴的罚款以及依法没收的违法所得，应当全部上缴国库。

第八十三条　【回避】交通警察调查处理道路交通安全违法行为和交通事故，有下列情形之一的，应当回避：

（一）是本案的当事人或者当事人的近亲属；

（二）本人或者其近亲属与本案有利害关系；

（三）与本案当事人有其他关系，可能影响案件的公正处理。

第八十四条　【执法监督】公安机关交通管理部门及

其交通警察的行政执法活动，应当接受行政监察机关依法实施的监督。

公安机关督察部门应当对公安机关交通管理部门及其交通警察执行法律、法规和遵守纪律的情况依法进行监督。

上级公安机关交通管理部门应当对下级公安机关交通管理部门的执法活动进行监督。

第八十五条　【社会监督】公安机关交通管理部门及其交通警察执行职务，应当自觉接受社会和公民的监督。

任何单位和个人都有权对公安机关交通管理部门及其交通警察不严格执法以及违法违纪行为进行检举、控告。收到检举、控告的机关，应当依据职责及时查处。

第八十六条　【不得下达罚款指标】任何单位不得给公安机关交通管理部门下达或者变相下达罚款指标；公安机关交通管理部门不得以罚款数额作为考核交通警察的标准。

公安机关交通管理部门及其交通警察对超越法律、法规规定的指令，有权拒绝执行，并同时向上级机关报告。

第七章　法律责任

第八十七条　【现场处罚】公安机关交通管理部门及其交通警察对道路交通安全违法行为，应当及时纠正。

公安机关交通管理部门及其交通警察应当依据事实和本法的有关规定对道路交通安全违法行为予以处罚。对于情节轻微，未影响道路通行的，指出违法行为，给予口头警告后放行。

第八十八条　【处罚种类】对道路交通安全违法行为的处罚种类包括：警告、罚款、暂扣或者吊销机动车驾驶证、拘留。

第八十九条　【行人、乘车人、非机动车驾驶人违规】行人、乘车人、非机动车驾驶人违反道路交通安全法律、法规关于道路通行规定的，处警告或者五元以上五十元以下罚款；非机动车驾驶人拒绝接受罚款处罚的，可以扣留其非机动车。

第九十条　【机动车驾驶人违规】机动车驾驶人违反道路交通安全法律、法规关于道路通行规定的，处警告或者二十元以上二百元以下罚款。本法另有规定的，依照规定处罚。

第九十一条　【酒后驾车】饮酒后驾驶机动车的，处暂扣六个月机动车驾驶证，并处一千元以上二千元以下罚款。因饮酒后驾驶机动车被处罚，再次饮酒后驾驶机动车的，处十日以下拘留，并处一千元以上二千元以下罚款，吊销机动车驾驶证。

醉酒驾驶机动车的，由公安机关交通管理部门约束至酒醒，吊销机动车驾驶证，依法追究刑事责任；五年内不得重新取得机动车驾驶证。

饮酒后驾驶营运机动车的，处十五日拘留，并处五千元罚款，吊销机动车驾驶证，五年内不得重新取得机动车驾驶证。

醉酒驾驶营运机动车的，由公安机关交通管理部门约束至酒醒，吊销机动车驾驶证，依法追究刑事责任；十年内不得重新取得机动车驾驶证，重新取得机动车驾驶证后，不得驾驶营运机动车。

饮酒后或者醉酒驾驶机动车发生重大交通事故，构成犯罪的，依法追究刑事责任，并由公安机关交通管理部门吊销机动车驾驶证，终生不得重新取得机动车驾驶证。

第九十二条　【超载】公路客运车辆载客超过额定乘员的，处二百元以上五百元以下罚款；超过额定乘员百分之二十或者违反规定载货的，处五百元以上二千元以下罚款。

货运机动车超过核定载质量的，处二百元以上五百元以下罚款；超过核定载质量百分之三十或者违反规定载客的，处五百元以上二千元以下罚款。

有前两款行为的，由公安机关交通管理部门扣留机动车至违法状态消除。

运输单位的车辆有本条第一款、第二款规定的情形，经处罚不改的，对直接负责的主管人员处二千元以上五千元以下罚款。

第九十三条　【违规停车】对违反道路交通安全法律、法规关于机动车停放、临时停车规定的，可以指出违法行为，并予以口头警告，令其立即驶离。

机动车驾驶人不在现场或者虽在现场但拒绝立即驶离，妨碍其他车辆、行人通行的，处二十元以上二百元以下罚款，并可以将该机动车拖移至不妨碍交通的地点或者公安机关交通管理部门指定的地点停放。公安机关交通管理部门拖车不得向当事人收取费用，并应当及时告知当事人停放地点。

因采取不正确的方法拖车造成机动车损坏的，应当依法承担补偿责任。

第九十四条　【违反安检规定】机动车安全技术检验机构实施机动车安全技术检验超过国务院价格主管部门核定的收费标准收取费用的，退还多收取的费用，并由价格主管部门依照《中华人民共和国价格法》的有关规定给予处罚。

机动车安全技术检验机构不按照机动车国家安全技术标准进行检验，出具虚假检验结果的，由公安机关交通管理部门处所收检验费用五倍以上十倍以下罚款，并依法撤销其检验资格；构成犯罪的，依法追究刑事责任。

第九十五条　【无牌、无证驾驶】上道路行驶的机动车未悬挂机动车号牌，未放置检验合格标志、保险标志，或者未随车携带行驶证、驾驶证的，公安机关交通管理部门应当扣留机动车，通知当事人提供相应的牌证、标志或者补办相应手续，并可以依照本法第九十条的规定予以处罚。当事人提供相应的牌证、标志或者补办相应手续的，应当及时退还机动车。

故意遮挡、污损或者不按规定安装机动车号牌的，依照本法第九十条的规定予以处罚。

第九十六条　【使用虚假或他人证照】伪造、变造或者使用伪造、变造的机动车登记证书、号牌、行驶证、驾驶证的，由公安机关交通管理部门予以收缴，扣留该机动车，处十五日以下拘留，并处二千元以上五千元以下罚款；构成犯罪的，依法追究刑事责任。

伪造、变造或者使用伪造、变造的检验合格标志、保险标志的，由公安机关交通管理部门予以收缴，扣留该机动车，处十日以下拘留，并处一千元以上三千元以下罚款；构成犯罪的，依法追究刑事责任。

使用其他车辆的机动车登记证书、号牌、行驶证、检验合格标志、保险标志的，由公安机关交通管理部门予以收缴，扣留该机动车，处二千元以上五千元以下罚款。

当事人提供相应的合法证明或者补办相应手续的，应当及时退还机动车。

第九十七条　【非法安装警报器具】非法安装警报器、标志灯具的，由公安机关交通管理部门强制拆除，予以收缴，并处二百元以上二千元以下罚款。

第九十八条　【未上第三者责任强制险】机动车所有人、管理人未按照国家规定投保机动车第三者责任强制保险的，由公安机关交通管理部门扣留车辆至依照规定投保后，并处依照规定投保最低责任限额应缴纳的保险费的二倍罚款。

依照前款缴纳的罚款全部纳入道路交通事故社会救助基金。具体办法由国务院规定。

第九十九条　【其他行政处罚】有下列行为之一的，由公安机关交通管理部门处二百元以上二千元以下罚款：

（一）未取得机动车驾驶证、机动车驾驶证被吊销或者机动车驾驶证被暂扣期间驾驶机动车的；

（二）将机动车交由未取得机动车驾驶证或者机动车驾驶证被吊销、暂扣的人驾驶的；

（三）造成交通事故后逃逸，尚不构成犯罪的；

（四）机动车行驶超过规定时速百分之五十的；

（五）强迫机动车驾驶人违反道路交通安全法律、法规和机动车安全驾驶要求驾驶机动车，造成交通事故，尚不构成犯罪的；

（六）违反交通管制的规定强行通行，不听劝阻的；

（七）故意损毁、移动、涂改交通设施，造成危害后果，尚不构成犯罪的；

（八）非法拦截、扣留机动车辆，不听劝阻，造成交通严重阻塞或者较大财产损失的。

行为人有前款第二项、第四项情形之一的，可以并处吊销机动车驾驶证；有第一项、第三项、第五项至第八项情形之一的，可以并处十五日以下拘留。

第一百条　【驾驶、出售不合标准机动车】驾驶拼装的机动车或者已达到报废标准的机动车上道路行驶的，公安机关交通管理部门应当予以收缴，强制报废。

对驾驶前款所列机动车上道路行驶的驾驶人，处二百元以上二千元以下罚款，并吊销机动车驾驶证。

出售已达到报废标准的机动车的，没收违法所得，处销售金额等额的罚款，对该机动车依照本条第一款的规定处理。

第一百零一条　【重大交通事故责任】违反道路交通

安全法律、法规的规定,发生重大交通事故,构成犯罪的,依法追究刑事责任,并由公安机关交通管理部门吊销机动车驾驶证。

造成交通事故后逃逸的,由公安机关交通管理部门吊销机动车驾驶证,且终生不得重新取得机动车驾驶证。

第一百零二条 【半年内二次以上发生特大交通事故】对六个月内发生二次以上特大交通事故负有主要责任或者全部责任的专业运输单位,由公安机关交通管理部门责令消除安全隐患,未消除安全隐患的机动车,禁止上道路行驶。

第一百零三条 【有关机动车生产、销售的违法行为】国家机动车产品主管部门未按照机动车国家安全技术标准严格审查,许可不合格机动车型投入生产的,对负有责任的主管人员和其他直接责任人员给予降级或者撤职的行政处分。

机动车生产企业经国家机动车产品主管部门许可生产的机动车型,不执行机动车国家安全技术标准或者不严格进行机动车成品质量检验,致使质量不合格的机动车出厂销售的,由质量技术监督部门依照《中华人民共和国产品质量法》的有关规定给予处罚。

擅自生产、销售未经国家机动车产品主管部门许可生产的机动车型的,没收非法生产、销售的机动车成品及配件,可以并处非法产品价值三倍以上五倍以下罚款;有营业执照的,由工商行政管理部门吊销营业执照,没有营业执照的,予以查封。

生产、销售拼装的机动车或者生产、销售擅自改装的机动车的,依照本条第三款的规定处罚。

有本条第二款、第三款、第四款所列违法行为,生产或者销售不符合机动车国家安全技术标准的机动车,构成犯罪的,依法追究刑事责任。

第一百零四条 【道路施工影响交通安全行为】未经批准,擅自挖掘道路、占用道路施工或者从事其他影响道路交通安全活动的,由道路主管部门责令停止违法行为,并恢复原状,可以依法给予罚款;致使通行的人员、车辆及其他财产遭受损失的,依法承担赔偿责任。

有前款行为,影响道路交通安全活动的,公安机关交通管理部门可以责令停止违法行为,迅速恢复交通。

第一百零五条 【未采取安全防护措施行为】道路施工作业或者道路出现损毁,未及时设置警示标志、未采取防护措施,或者应当设置交通信号灯、交通标志、交通标线而没有设置或者应当及时变更交通信号灯、交通标志、交通标线而没有及时变更,致使通行的人员、车辆及其他财产遭受损失的,负有相关职责的单位应当依法承担赔偿责任。

第一百零六条 【妨碍安全视距行为】在道路两侧及隔离带上种植树木、其他植物或者设置广告牌、管线等,遮挡路灯、交通信号灯、交通标志,妨碍安全视距的,由公安机关交通管理部门责令行为人排除妨碍;拒不执行的,处二百元以上二千元以下罚款,并强制排除妨碍,所需费用由行为人负担。

第一百零七条 【当场处罚决定书】对道路交通违法行为人予以警告、二百元以下罚款,交通警察可以当场作出行政处罚决定,并出具行政处罚决定书。

行政处罚决定书应当载明当事人的违法事实、行政处罚的依据、处罚内容、时间、地点以及处罚机关名称,并由执法人员签名或者盖章。

第一百零八条 【罚款的缴纳】当事人应当自收到罚款的行政处罚决定书之日起十五日内,到指定的银行缴纳罚款。

对行人、乘车人和非机动车驾驶人的罚款,当事人无异议的,可以当场予以收缴罚款。

罚款应当开具省、自治区、直辖市财政部门统一制发的罚款收据;不出具财政部门统一制发的罚款收据的,当事人有权拒绝缴纳罚款。

第一百零九条 【对不履行处罚决定可采取的措施】当事人逾期不履行行政处罚决定的,作出行政处罚决定的行政机关可以采取下列措施:

(一)到期不缴纳罚款的,每日按罚款数额的百分之三加处罚款;

(二)申请人民法院强制执行。

第一百一十条 【暂扣或吊销驾驶证】执行职务的交通警察认为应当对道路交通违法行为人给予暂扣或者吊销机动车驾驶证处罚的,可以先予扣留机动车驾驶证,并在二十四小时内将案件移交公安机关交通管理部门处理。

道路交通违法行为人应当在十五日内到公安机

关交通管理部门接受处理。无正当理由逾期未接受处理的，吊销机动车驾驶证。

公安机关交通管理部门暂扣或者吊销机动车驾驶证的，应当出具行政处罚决定书。

第一百一十一条 【拘留裁决机关】对违反本法规定予以拘留的行政处罚，由县、市公安局、公安分局或者相当于县一级的公安机关裁决。

第一百一十二条 【对扣留车辆的处理】公安机关交通管理部门扣留机动车、非机动车，应当当场出具凭证，并告知当事人在规定期限内到公安机关交通管理部门接受处理。

公安机关交通管理部门对被扣留的车辆应当妥善保管，不得使用。

逾期不来接受处理，并且经公告三个月仍不来接受处理的，对扣留的车辆依法处理。

第一百一十三条 【暂扣与重新申领驾驶证期限的计算】暂扣机动车驾驶证的期限从处罚决定生效之日起计算；处罚决定生效前先予扣留机动车驾驶证的，扣留一日折抵暂扣期限一日。

吊销机动车驾驶证后重新申请领取机动车驾驶证的期限，按照机动车驾驶证管理规定办理。

第一百一十四条 【电子警察的处罚依据】公安机关交通管理部门根据交通技术监控记录资料，可以对违法的机动车所有人或者管理人依法予以处罚。对能够确定驾驶人的，可以依照本法的规定依法予以处罚。

第一百一十五条 【行政处分】交通警察有下列行为之一的，依法给予行政处分：

（一）为不符合法定条件的机动车发放机动车登记证书、号牌、行驶证、检验合格标志的；

（二）批准不符合法定条件的机动车安装、使用警车、消防车、救护车、工程救险车的警报器、标志灯具，喷涂标志图案的；

（三）为不符合驾驶许可条件、未经考试或者考试不合格人员发放机动车驾驶证的；

（四）不执行罚款决定与罚款收缴分离制度或者不按规定将依法收取的费用、收缴的罚款及没收的违法所得全部上缴国库的；

（五）举办或者参与举办驾驶学校或者驾驶培训班、机动车修理厂或者收费停车场等经营活动的；

（六）利用职务上的便利收受他人财物或者谋取其他利益的；

（七）违法扣留车辆、机动车行驶证、驾驶证、车辆号牌的；

（八）使用依法扣留的车辆的；

（九）当场收取罚款不开具罚款收据或者不如实填写罚款额的；

（十）徇私舞弊，不公正处理交通事故的；

（十一）故意刁难，拖延办理机动车牌证的；

（十二）非执行紧急任务时使用警报器、标志灯具的；

（十三）违反规定拦截、检查正常行驶的车辆的；

（十四）非执行紧急公务时拦截搭乘机动车的；

（十五）不履行法定职责的。

公安机关交通管理部门有前款所列行为之一的，对直接负责的主管人员和其他直接责任人员给予相应的行政处分。

第一百一十六条 【停职和辞退】依照本法第一百一十五条的规定，给予交通警察行政处分的，在作出行政处分决定前，可以停止其执行职务；必要时，可以予以禁闭。

依照本法第一百一十五条的规定，交通警察受到降级或者撤职行政处分的，可以予以辞退。

交通警察受到开除处分或者被辞退的，应当取消警衔；受到撤职以下行政处分的交通警察，应当降低警衔。

第一百一十七条 【渎职责任】交通警察利用职权非法占有公共财物，索取、收受贿赂，或者滥用职权、玩忽职守，构成犯罪的，依法追究刑事责任。

第一百一十八条 【执法不当的损失赔偿】公安机关交通管理部门及其交通警察有本法第一百一十五条所列行为之一，给当事人造成损失的，应当依法承担赔偿责任。

第八章 附 则

第一百一十九条 【用语含义】本法中下列用语的含义：

（一）“道路”，是指公路、城市道路和虽在单位管辖范围但允许社会机动车通行的地方，包括广场、公共停车场等用于公众通行的场所。

（二）“车辆”，是指机动车和非机动车。

（三）“机动车”，是指以动力装置驱动或者牵引，上道路行驶的供人员乘用或者用于运送物品以及进行工程专项作业的轮式车辆。

（四）“非机动车”，是指以人力或者畜力驱动，上道路行驶的交通工具，以及虽有动力装置驱动但设计最高时速、空车质量、外形尺寸符合有关国家标准的残疾人机动轮椅车、电动自行车等交通工具。

（五）“交通事故”，是指车辆在道路上因过错或者意外造成的人身伤亡或者财产损失的事件。

第一百二十条　【部队在编机动车管理】中国人民解放军和中国人民武装警察部队在编机动车牌证、在编机动车检验以及机动车驾驶人考核工作，由中国人民解放军、中国人民武装警察部队有关部门负责。

第一百二十一条　【拖拉机管理】对上道路行驶的拖拉机，由农业（农业机械）主管部门行使本法第八条、第九条、第十三条、第十九条、第二十三条规定的公安机关交通管理部门的管理职权。

农业（农业机械）主管部门依照前款规定行使职权，应当遵守本法有关规定，并接受公安机关交通管理部门的监督；对违反规定的，依照本法有关规定追究法律责任。

本法施行前由农业（农业机械）主管部门发放的机动车牌证，在本法施行后继续有效。

第一百二十二条　【入境的境外机动车管理】国家对入境的境外机动车的道路交通安全实施统一管理。

第一百二十三条　【地方执行标准】省、自治区、直辖市人民代表大会常务委员会可以根据本地区的实际情况，在本法规定的罚款幅度内，规定具体的执行标准。

第一百二十四条　【施行日期】本法自2004年5月1日起施行。

中华人民共和国
道路交通安全法实施条例

1. 2004年4月30日国务院令第405号公布

2. 根据2017年10月7日国务院令第687号《关于修改部分行政法规的决定》修订

第一章　总　　则

第一条　根据《中华人民共和国道路交通安全法》（以下简称道路交通安全法）的规定，制定本条例。

第二条　中华人民共和国境内的车辆驾驶人、行人、乘车人以及与道路交通活动有关的单位和个人，应当遵守道路交通安全法和本条例。

第三条　县级以上地方各级人民政府应当建立、健全道路交通安全工作协调机制，组织有关部门对城市建设项目进行交通影响评价，制定道路交通安全管理规划，确定管理目标，制定实施方案。

第二章　车辆和驾驶人

第一节　机　动　车

第四条　机动车的登记，分为注册登记、变更登记、转移登记、抵押登记和注销登记。

第五条　初次申领机动车号牌、行驶证的，应当向机动车所有人住所地的公安机关交通管理部门申请注册登记。

申请机动车注册登记，应当交验机动车，并提交以下证明、凭证：

（一）机动车所有人的身份证明；

（二）购车发票等机动车来历证明；

（三）机动车整车出厂合格证明或者进口机动车进口凭证；

（四）车辆购置税完税证明或者免税凭证；

（五）机动车第三者责任强制保险凭证；

（六）法律、行政法规规定应当在机动车注册登记时提交的其他证明、凭证。

不属于国务院机动车产品主管部门规定免予安全技术检验的车型的，还应当提供机动车安全技术检验合格证明。

第六条　已注册登记的机动车有下列情形之一的，机动车所有人应当向登记该机动车的公安机关交通管理部门申请变更登记：

（一）改变机动车车身颜色的；

（二）更换发动机的；

（三）更换车身或者车架的；

（四）因质量有问题，制造厂更换整车的；

（五）营运机动车改为非营运机动车或者非营运机动车改为营运机动车的；

（六）机动车所有人的住所迁出或者迁入公安机关交通管理部门管辖区域的。

申请机动车变更登记，应当提交下列证明、凭证，属于前款第（一）项、第（二）项、第（三）项、第（四）项、第（五）项情形之一的，还应当交验机动车；属于前款第（二）项、第（三）项情形之一的，还应当同时提交机动车安全技术检验合格证明：

（一）机动车所有人的身份证明；

（二）机动车登记证书；

（三）机动车行驶证。

机动车所有人的住所在公安机关交通管理部门管辖区域内迁移、机动车所有人的姓名（单位名称）或者联系方式变更的，应当向登记该机动车的公安机关交通管理部门备案。

第七条 已注册登记的机动车所有权发生转移的，应当及时办理转移登记。

申请机动车转移登记，当事人应当向登记该机动车的公安机关交通管理部门交验机动车，并提交以下证明、凭证：

（一）当事人的身份证明；

（二）机动车所有权转移的证明、凭证；

（三）机动车登记证书；

（四）机动车行驶证。

第八条 机动车所有人将机动车作为抵押物抵押的，机动车所有人应当向登记该机动车的公安机关交通管理部门申请抵押登记。

第九条 已注册登记的机动车达到国家规定的强制报废标准的，公安机关交通管理部门应当在报废期满的 2 个月前通知机动车所有人办理注销登记。机动车所有人应当在报废期满前将机动车交售给机动车回收企业，由机动车回收企业将报废的机动车登记证书、号牌、行驶证交公安机关交通管理部门注销。机动车所有人逾期不办理注销登记的，公安机关交通管理部门应当公告该机动车登记证书、号牌、行驶证作废。

因机动车灭失申请注销登记的，机动车所有人应当向公安机关交通管理部门提交本人身份证明，交回机动车登记证书。

第十条 办理机动车登记的申请人提交的证明、凭证齐全、有效的，公安机关交通管理部门应当当场办理登记手续。

人民法院、人民检察院以及行政执法部门依法查封、扣押的机动车，公安机关交通管理部门不予办理机动车登记。

第十一条 机动车登记证书、号牌、行驶证丢失或者损毁，机动车所有人申请补发的，应当向公安机关交通管理部门提交本人身份证明和申请材料。公安机关交通管理部门经与机动车登记档案核实后，在收到申请之日起 15 日内补发。

第十二条 税务部门、保险机构可以在公安机关交通管理部门的办公场所集中办理与机动车有关的税费缴纳、保险合同订立等事项。

第十三条 机动车号牌应当悬挂在车前、车后指定位置，保持清晰、完整。重型、中型载货汽车及其挂车、拖拉机及其挂车的车身或者车厢后部应当喷涂放大的牌号，字样应当端正并保持清晰。

机动车检验合格标志、保险标志应当粘贴在机动车前窗右上角。

机动车喷涂、粘贴标识或者车身广告的，不得影响安全驾驶。

第十四条 用于公路营运的载客汽车、重型载货汽车、半挂牵引车应当安装、使用符合国家标准的行驶记录仪。交通警察可以对机动车行驶速度、连续驾驶时间以及其他行驶状态信息进行检查。安装行驶记录仪可以分步实施，实施步骤由国务院机动车产品主管部门会同有关部门规定。

第十五条 机动车安全技术检验由机动车安全技术检验机构实施。机动车安全技术检验机构应当按照国家机动车安全技术检验标准对机动车进行检验，对检验结果承担法律责任。

质量技术监督部门负责对机动车安全技术检验机构实行计量认证管理，对机动车安全技术检验设备进行检定，对执行国家机动车安全技术检验标准的情况进行监督。

机动车安全技术检验项目由国务院公安部门会同国务院质量技术监督部门规定。

第十六条 机动车应当从注册登记之日起，按照下列期限进行安全技术检验：

（一）营运载客汽车 5 年以内每年检验 1 次；超过 5 年的，每 6 个月检验 1 次；

（二）载货汽车和大型、中型非营运载客汽车 10 年以内每年检验 1 次；超过 10 年的，每 6 个月检验 1 次；

(三)小型、微型非营运载客汽车6年以内每2年检验1次;超过6年的,每年检验1次;超过15年的,每6个月检验1次;

(四)摩托车4年以内每2年检验1次;超过4年的,每年检验1次;

(五)拖拉机和其他机动车每年检验1次。

营运机动车在规定检验期限内经安全技术检验合格的,不再重复进行安全技术检验。

第十七条　已注册登记的机动车进行安全技术检验时,机动车行驶证记载的登记内容与该机动车的有关情况不符,或者未按照规定提供机动车第三者责任强制保险凭证的,不予通过检验。

第十八条　警车、消防车、救护车、工程救险车标志图案的喷涂以及警报器、标志灯具的安装、使用规定,由国务院公安部门制定。

第二节　机动车驾驶人

第十九条　符合国务院公安部门规定的驾驶许可条件的人,可以向公安机关交通管理部门申请机动车驾驶证。

机动车驾驶证由国务院公安部门规定式样并监制。

第二十条　学习机动车驾驶,应当先学习道路交通安全法律、法规和相关知识,考试合格后,再学习机动车驾驶技能。

在道路上学习驾驶,应当按照公安机关交通管理部门指定的路线、时间进行。在道路上学习机动车驾驶技能应当使用教练车,在教练员随车指导下进行,与教学无关的人员不得乘坐教练车。学员在学习驾驶中有道路交通安全违法行为或者造成交通事故的,由教练员承担责任。

第二十一条　公安机关交通管理部门应当对申请机动车驾驶证的人进行考试,对考试合格的,在5日内核发机动车驾驶证;对考试不合格的,书面说明理由。

第二十二条　机动车驾驶证的有效期为6年,本条例另有规定的除外。

机动车驾驶人初次申领机动车驾驶证后的12个月为实习期。在实习期内驾驶机动车的,应当在车身后部粘贴或者悬挂统一式样的实习标志。

机动车驾驶人在实习期内不得驾驶公共汽车、营运客车或者执行任务的警车、消防车、救护车、工程救险车以及载有爆炸物品、易燃易爆化学物品、剧毒或者放射性等危险物品的机动车;驾驶的机动车不得牵引挂车。

第二十三条　公安机关交通管理部门对机动车驾驶人的道路交通安全违法行为除给予行政处罚外,实行道路交通安全违法行为累积记分(以下简称记分)制度,记分周期为12个月。对在一个记分周期内记分达到12分的,由公安机关交通管理部门扣留其机动车驾驶证,该机动车驾驶人应当按照规定参加道路交通安全法律、法规的学习并接受考试。考试合格的,记分予以清除,发还机动车驾驶证;考试不合格的,继续参加学习和考试。

应当给予记分的道路交通安全违法行为及其分值,由国务院公安部门根据道路交通安全违法行为的危害程度规定。

公安机关交通管理部门应当提供记分查询方式供机动车驾驶人查询。

第二十四条　机动车驾驶人在一个记分周期内记分未达到12分,所处罚款已经缴纳的,记分予以清除;记分虽未达到12分,但尚有罚款未缴纳的,记分转入下一记分周期。

机动车驾驶人在一个记分周期内记分2次以上达到12分的,除按照第二十三条的规定扣留机动车驾驶证、参加学习、接受考试外,还应当接受驾驶技能考试。考试合格的,记分予以清除,发还机动车驾驶证;考试不合格的,继续参加学习和考试。

接受驾驶技能考试的,按照本人机动车驾驶证载明的最高准驾车型考试。

第二十五条　机动车驾驶人记分达到12分,拒不参加公安机关交通管理部门通知的学习,也不接受考试的,由公安机关交通管理部门公告其机动车驾驶证停止使用。

第二十六条　机动车驾驶人在机动车驾驶证的6年有效期内,每个记分周期均未达到12分的,换发10年有效期的机动车驾驶证;在机动车驾驶证的10年有效期内,每个记分周期均未达到12分的,换发长期有效的机动车驾驶证。

换发机动车驾驶证时,公安机关交通管理部门应当对机动车驾驶证进行审验。

第二十七条　机动车驾驶证丢失、损毁,机动车驾驶人申请补发的，应当向公安机关交通管理部门提交本人身份证明和申请材料。公安机关交通管理部门经与机动车驾驶证档案核实后，在收到申请之日起3日内补发。

第二十八条　机动车驾驶人在机动车驾驶证丢失、损毁、超过有效期或者被依法扣留、暂扣期间以及记分达到12分的，不得驾驶机动车。

第三章　道路通行条件

第二十九条　交通信号灯分为：机动车信号灯、非机动车信号灯、人行横道信号灯、车道信号灯、方向指示信号灯、闪光警告信号灯、道路与铁路平面交叉道口信号灯。

第三十条　交通标志分为：指示标志、警告标志、禁令标志、指路标志、旅游区标志、道路施工安全标志和辅助标志。

道路交通标线分为：指示标线、警告标线、禁止标线。

第三十一条　交通警察的指挥分为：手势信号和使用器具的交通指挥信号。

第三十二条　道路交叉路口和行人横过道路较为集中的路段应当设置人行横道、过街天桥或者过街地下通道。

在盲人通行较为集中的路段，人行横道信号灯应当设置声响提示装置。

第三十三条　城市人民政府有关部门可以在不影响行人、车辆通行的情况下，在城市道路上施划停车泊位，并规定停车泊位的使用时间。

第三十四条　开辟或者调整公共汽车、长途汽车的行驶路线或者车站，应当符合交通规划和安全、畅通的要求。

第三十五条　道路养护施工单位在道路上进行养护、维修时，应当按照规定设置规范的安全警示标志和安全防护设施。道路养护施工作业车辆、机械应当安装示警灯，喷涂明显的标志图案，作业时应当开启示警灯和危险报警闪光灯。对未中断交通的施工作业道路，公安机关交通管理部门应当加强交通安全监督检查。发生交通阻塞时，及时做好分流、疏导，维护交通秩序。

道路施工需要车辆绕行的，施工单位应当在绕行处设置标志；不能绕行的，应当修建临时通道，保证车辆和行人通行。需要封闭道路中断交通的，除紧急情况外，应当提前5日向社会公告。

第三十六条　道路或者交通设施养护部门、管理部门应当在急弯、陡坡、临崖、临水等危险路段，按照国家标准设置警告标志和安全防护设施。

第三十七条　道路交通标志、标线不规范，机动车驾驶人容易发生辨认错误的，交通标志、标线的主管部门应当及时予以改善。

道路照明设施应当符合道路建设技术规范，保持照明功能完好。

第四章　道路通行规定

第一节　一般规定

第三十八条　机动车信号灯和非机动车信号灯表示：

（一）绿灯亮时，准许车辆通行，但转弯的车辆不得妨碍被放行的直行车辆、行人通行；

（二）黄灯亮时，已越过停止线的车辆可以继续通行；

（三）红灯亮时，禁止车辆通行。

在未设置非机动车信号灯和人行横道信号灯的路口，非机动车和行人应当按照机动车信号灯的表示通行。

红灯亮时，右转弯的车辆在不妨碍被放行的车辆、行人通行的情况下，可以通行。

第三十九条　人行横道信号灯表示：

（一）绿灯亮时，准许行人通过人行横道；

（二）红灯亮时，禁止行人进入人行横道，但是已经进入人行横道的，可以继续通过或者在道路中心线处停留等候。

第四十条　车道信号灯表示：

（一）绿色箭头灯亮时，准许本车道车辆按指示方向通行；

（二）红色叉形灯或者箭头灯亮时，禁止本车道车辆通行。

第四十一条　方向指示信号灯的箭头方向向左、向上、向右分别表示左转、直行、右转。

第四十二条　闪光警告信号灯为持续闪烁的黄灯，提示车辆、行人通行时注意瞭望，确认安全后通过。

第四十三条　道路与铁路平面交叉道口有两个红灯交替闪烁或者一个红灯亮时，表示禁止车辆、行人通行；红灯熄灭时，表示允许车辆、行人通行。

第二节　机动车通行规定

第四十四条　在道路同方向划有 2 条以上机动车道的，左侧为快速车道，右侧为慢速车道。在快速车道行驶的机动车应当按照快速车道规定的速度行驶，未达到快速车道规定的行驶速度的，应当在慢速车道行驶。摩托车应当在最右侧车道行驶。有交通标志标明行驶速度的，按照标明的行驶速度行驶。慢速车道内的机动车超越前车时，可以借用快速车道行驶。

在道路同方向划有 2 条以上机动车道的，变更车道的机动车不得影响相关车道内行驶的机动车的正常行驶。

第四十五条　机动车在道路上行驶不得超过限速标志、标线标明的速度。在没有限速标志、标线的道路上，机动车不得超过下列最高行驶速度：

（一）没有道路中心线的道路，城市道路为每小时 30 公里，公路为每小时 40 公里；

（二）同方向只有 1 条机动车道的道路，城市道路为每小时 50 公里，公路为每小时 70 公里。

第四十六条　机动车行驶中遇有下列情形之一的，最高行驶速度不得超过每小时 30 公里，其中拖拉机、电瓶车、轮式专用机械车不得超过每小时 15 公里：

（一）进出非机动车道，通过铁路道口、急弯路、窄路、窄桥时；

（二）掉头、转弯、下陡坡时；

（三）遇雾、雨、雪、沙尘、冰雹，能见度在 50 米以内时；

（四）在冰雪、泥泞的道路上行驶时；

（五）牵引发生故障的机动车时。

第四十七条　机动车超车时，应当提前开启左转向灯、变换使用远、近光灯或者鸣喇叭。在没有道路中心线或者同方向只有 1 条机动车道的道路上，前车遇后车发出超车信号时，在条件许可的情况下，应当降低速度、靠右让路。后车应当在确认有充足的安全距离后，从前车的左侧超越，在与被超车辆拉开必要的安全距离后，开启右转向灯，驶回原车道。

第四十八条　在没有中心隔离设施或者没有中心线的道路上，机动车遇相对方向来车时应当遵守下列规定：

（一）减速靠右行驶，并与其他车辆、行人保持必要的安全距离；

（二）在有障碍的路段，无障碍的一方先行；但有障碍的一方已驶入障碍路段而无障碍的一方未驶入时，有障碍的一方先行；

（三）在狭窄的坡路，上坡的一方先行；但下坡的一方已行至中途而上坡的一方未上坡时，下坡的一方先行；

（四）在狭窄的山路，不靠山体的一方先行；

（五）夜间会车应当在距相对方向来车 150 米以外改用近光灯，在窄路、窄桥与非机动车会车时应当使用近光灯。

第四十九条　机动车在有禁止掉头或者禁止左转弯标志、标线的地点以及在铁路道口、人行横道、桥梁、急弯、陡坡、隧道或者容易发生危险的路段，不得掉头。

机动车在没有禁止掉头或者没有禁止左转弯标志、标线的地点可以掉头，但不得妨碍正常行驶的其他车辆和行人的通行。

第五十条　机动车倒车时，应当察明车后情况，确认安全后倒车。不得在铁路道口、交叉路口、单行路、桥梁、急弯、陡坡或者隧道中倒车。

第五十一条　机动车通过有交通信号灯控制的交叉路口，应当按照下列规定通行：

（一）在划有导向车道的路口，按所需行进方向驶入导向车道；

（二）准备进入环形路口的让已在路口内的机动车先行；

（三）向左转弯时，靠路口中心点左侧转弯。转弯时开启转向灯，夜间行驶开启近光灯；

（四）遇放行信号时，依次通过；

（五）遇停止信号时，依次停在停止线以外。没有停止线的，停在路口以外；

（六）向右转弯遇有同车道前车正在等候放行信号时，依次停车等候；

（七）在没有方向指示信号灯的交叉路口，转弯的机动车让直行的车辆、行人先行。相对方向行驶的右转弯机动车让左转弯车辆先行。

第五十二条　机动车通过没有交通信号灯控制也没有交通警察指挥的交叉路口，除应当遵守第五十一条第（二）项、第（三）项的规定外，还应当遵守下列规定：

（一）有交通标志、标线控制的，让优先通行的一方先行；

（二）没有交通标志、标线控制的，在进入路口前停车瞭望，让右方道路的来车先行；

（三）转弯的机动车让直行的车辆先行；

（四）相对方向行驶的右转弯的机动车让左转弯的车辆先行。

第五十三条　机动车遇有前方交叉路口交通阻塞时，应当依次停在路口以外等候，不得进入路口。

机动车在遇有前方机动车停车排队等候或者缓慢行驶时，应当依次排队，不得从前方车辆两侧穿插或者超越行驶，不得在人行横道、网状线区域内停车等候。

机动车在车道减少的路口、路段，遇有前方机动车停车排队等候或者缓慢行驶的，应当每车道一辆依次交替驶入车道减少后的路口、路段。

第五十四条　机动车载物不得超过机动车行驶证上核定的载质量，装载长度、宽度不得超出车厢，并应当遵守下列规定：

（一）重型、中型载货汽车，半挂车载物，高度从地面起不得超过4米，载运集装箱的车辆不得超过4.2米；

（二）其他载货的机动车载物，高度从地面起不得超过2.5米；

（三）摩托车载物，高度从地面起不得超过1.5米，长度不得超出车身0.2米。两轮摩托车载物宽度左右各不得超出车把0.15米；三轮摩托车载物宽度不得超过车身。

载客汽车除车身外部的行李架和内置的行李箱外，不得载货。载客汽车行李架载货，从车顶起高度不得超过0.5米，从地面起高度不得超过4米。

第五十五条　机动车载人应当遵守下列规定：

（一）公路载客汽车不得超过核定的载客人数，但按照规定免票的儿童除外，在载客人数已满的情况下，按照规定免票的儿童不得超过核定载客人数的10%；

（二）载货汽车车厢不得载客。在城市道路上，货运机动车在留有安全位置的情况下，车厢内可以附载临时作业人员1人至5人；载物高度超过车厢栏板时，货物上不得载人；

（三）摩托车后座不得乘坐未满12周岁的未成年人，轻便摩托车不得载人。

第五十六条　机动车牵引挂车应当符合下列规定：

（一）载货汽车、半挂牵引车、拖拉机只允许牵引1辆挂车。挂车的灯光信号、制动、连接、安全防护等装置应当符合国家标准；

（二）小型载客汽车只允许牵引旅居挂车或者总质量700千克以下的挂车。挂车不得载人；

（三）载货汽车所牵引挂车的载质量不得超过载货汽车本身的载质量。

大型、中型载客汽车，低速载货汽车，三轮汽车以及其他机动车不得牵引挂车。

第五十七条　机动车应当按照下列规定使用转向灯：

（一）向左转弯、向左变更车道、准备超车、驶离停车地点或者掉头时，应当提前开启左转向灯；

（二）向右转弯、向右变更车道、超车完毕驶回原车道、靠路边停车时，应当提前开启右转向灯。

第五十八条　机动车在夜间没有路灯、照明不良或者遇有雾、雨、雪、沙尘、冰雹等低能见度情况下行驶时，应当开启前照灯、示廓灯和后位灯，但同方向行驶的后车与前车近距离行驶时，不得使用远光灯。机动车雾天行驶应当开启雾灯和危险报警闪光灯。

第五十九条　机动车在夜间通过急弯、坡路、拱桥、人行横道或者没有交通信号灯控制的路口时，应当交替使用远近光灯示意。

机动车驶近急弯、坡道顶端等影响安全视距的路段以及超车或者遇有紧急情况时，应当减速慢行，并鸣喇叭示意。

第六十条　机动车在道路上发生故障或者发生交通事故，妨碍交通又难以移动的，应当按照规定开启危险报警闪光灯并在车后50米至100米处设置警告标志，夜间还应当同时开启示廓灯和后位灯。

第六十一条　牵引故障机动车应当遵守下列规定：

（一）被牵引的机动车除驾驶人外不得载人，不得拖带挂车；

（二）被牵引的机动车宽度不得大于牵引机动车的宽度；

（三）使用软连接牵引装置时，牵引车与被牵引车之间的距离应当大于4米小于10米；

（四）对制动失效的被牵引车，应当使用硬连接牵引装置牵引；

（五）牵引车和被牵引车均应当开启危险报警闪光灯。

汽车吊车和轮式专用机械车不得牵引车辆。摩托车不得牵引车辆或者被其他车辆牵引。

转向或者照明、信号装置失效的故障机动车，应当使用专用清障车拖曳。

第六十二条　驾驶机动车不得有下列行为：

（一）在车门、车厢没有关好时行车；

（二）在机动车驾驶室的前后窗范围内悬挂、放置妨碍驾驶人视线的物品；

（三）拨打接听手持电话、观看电视等妨碍安全驾驶的行为；

（四）下陡坡时熄火或者空挡滑行；

（五）向道路上抛撒物品；

（六）驾驶摩托车手离车把或者在车把上悬挂物品；

（七）连续驾驶机动车超过4小时未停车休息或者停车休息时间少于20分钟；

（八）在禁止鸣喇叭的区域或者路段鸣喇叭。

第六十三条　机动车在道路上临时停车，应当遵守下列规定：

（一）在设有禁停标志、标线的路段，在机动车道与非机动车道、人行道之间设有隔离设施的路段以及人行横道、施工地段，不得停车；

（二）交叉路口、铁路道口、急弯路、宽度不足4米的窄路、桥梁、陡坡、隧道以及距离上述地点50米以内的路段，不得停车；

（三）公共汽车站、急救站、加油站、消防栓或者消防队（站）门前以及距离上述地点30米以内的路段，除使用上述设施的以外，不得停车；

（四）车辆停稳前不得开车门和上下人员，开关车门不得妨碍其他车辆和行人通行；

（五）路边停车应当紧靠道路右侧，机动车驾驶人不得离车，上下人员或者装卸物品后，立即驶离；

（六）城市公共汽车不得在站点以外的路段停车上下乘客。

第六十四条　机动车行经漫水路或者漫水桥时，应当停车察明水情，确认安全后，低速通过。

第六十五条　机动车载运超限物品行经铁路道口的，应当按照当地铁路部门指定的铁路道口、时间通过。

机动车行经渡口，应当服从渡口管理人员指挥，按照指定地点依次待渡。机动车上下渡船时，应当低速慢行。

第六十六条　警车、消防车、救护车、工程救险车在执行紧急任务遇交通受阻时，可以断续使用警报器，并遵守下列规定：

（一）不得在禁止使用警报器的区域或者路段使用警报器；

（二）夜间在市区不得使用警报器；

（三）列队行驶时，前车已经使用警报器的，后车不再使用警报器。

第六十七条　在单位院内、居民居住区内，机动车应当低速行驶，避让行人；有限速标志的，按照限速标志行驶。

第三节　非机动车通行规定

第六十八条　非机动车通过有交通信号灯控制的交叉路口，应当按照下列规定通行：

（一）转弯的非机动车让直行的车辆、行人优先通行；

（二）遇有前方路口交通阻塞时，不得进入路口；

（三）向左转弯时，靠路口中心点的右侧转弯；

（四）遇有停止信号时，应当依次停在路口停止线以外。没有停止线的，停在路口以外；

（五）向右转弯遇有同方向前车正在等候放行信号时，在本车道内能够转弯的，可以通行；不能转弯的，依次等候。

第六十九条　非机动车通过没有交通信号灯控制也没有交通警察指挥的交叉路口，除应当遵守第六十八条第（一）项、第（二）项和第（三）项的规定外，还应当遵守下列规定：

（一）有交通标志、标线控制的，让优先通行的一方先行；

（二）没有交通标志、标线控制的，在路口外慢行或者停车瞭望，让右方道路的来车先行；

（三）相对方向行驶的右转弯的非机动车让左转弯的车辆先行。

第七十条　驾驶自行车、电动自行车、三轮车在路段上横过机动车道,应当下车推行,有人行横道或者行人过街设施的,应当从人行横道或者行人过街设施通过;没有人行横道、没有行人过街设施或者不便使用行人过街设施的,在确认安全后直行通过。

因非机动车道被占用无法在本车道内行驶的非机动车,可以在受阻的路段借用相邻的机动车道行驶,并在驶过被占用路段后迅速驶回非机动车道。机动车遇此情况应当减速让行。

第七十一条 非机动车载物,应当遵守下列规定:

(一)自行车、电动自行车、残疾人机动轮椅车载物,高度从地面起不得超过 1.5 米,宽度左右各不得超出车把 0.15 米,长度前端不得超出车轮,后端不得超出车身 0.3 米;

(二)三轮车、人力车载物,高度从地面起不得超过 2 米,宽度左右各不得超出车身 0.2 米,长度不得超出车身 1 米;

(三)畜力车载物,高度从地面起不得超过 2.5 米,宽度左右各不得超出车身 0.2 米,长度前端不得超出车辕,后端不得超出车身 1 米。

自行车载人的规定,由省、自治区、直辖市人民政府根据当地实际情况制定。

第七十二条 在道路上驾驶自行车、三轮车、电动自行车、残疾人机动轮椅车应当遵守下列规定:

(一)驾驶自行车、三轮车必须年满 12 周岁;

(二)驾驶电动自行车和残疾人机动轮椅车必须年满 16 周岁;

(三)不得醉酒驾驶;

(四)转弯前应当减速慢行,伸手示意,不得突然猛拐,超越前车时不得妨碍被超越的车辆行驶;

(五)不得牵引、攀扶车辆或者被其他车辆牵引,不得双手离把或者手中持物;

(六)不得扶身并行、互相追逐或者曲折竞驶;

(七)不得在道路上骑独轮自行车或者 2 人以上骑行的自行车;

(八)非下肢残疾的人不得驾驶残疾人机动轮椅车;

(九)自行车、三轮车不得加装动力装置;

(十)不得在道路上学习驾驶非机动车。

第七十三条 在道路上驾驭畜力车应当年满 16 周岁,并遵守下列规定:

(一)不得醉酒驾驭;

(二)不得并行,驾驭人不得离开车辆;

(三)行经繁华路段、交叉路口、铁路道口、人行横道、急弯路、宽度不足 4 米的窄路或者窄桥、陡坡、隧道或者容易发生危险的路段,不得超车。驾驭两轮畜力车应当下车牵引牲畜;

(四)不得使用未经驯服的牲畜驾车,随车幼畜须拴系;

(五)停放车辆应当拉紧车闸,拴系牲畜。

第四节 行人和乘车人通行规定

第七十四条 行人不得有下列行为:

(一)在道路上使用滑板、旱冰鞋等滑行工具;

(二)在车行道内坐卧、停留、嬉闹;

(三)追车、抛物击车等妨碍道路交通安全的行为。

第七十五条 行人横过机动车道,应当从行人过街设施通过;没有行人过街设施的,应当从人行横道通过;没有人行横道的,应当观察来往车辆的情况,确认安全后直行通过,不得在车辆临近时突然加速横穿或者中途倒退、折返。

第七十六条 行人列队在道路上通行,每横列不得超过 2 人,但在已经实行交通管制的路段不受限制。

第七十七条 乘坐机动车应当遵守下列规定:

(一)不得在机动车道上拦乘机动车;

(二)在机动车道上不得从机动车左侧上下车;

(三)开关车门不得妨碍其他车辆和行人通行;

(四)机动车行驶中,不得干扰驾驶,不得将身体任何部分伸出车外,不得跳车;

(五)乘坐两轮摩托车应当正向骑坐。

第五节 高速公路的特别规定

第七十八条 高速公路应当标明车道的行驶速度,最高车速不得超过每小时 120 公里,最低车速不得低于每小时 60 公里。

在高速公路上行驶的小型载客汽车最高车速不得超过每小时 120 公里,其他机动车不得超过每小时 100 公里,摩托车不得超过每小时 80 公里。

同方向有 2 条车道的,左侧车道的最低车速为每小时 100 公里;同方向有 3 条以上车道的,最左侧车道的最低车速为每小时 110 公里,中间车道的最低车速为每小时90公里。道路限速标志标明的车速与上述车道行驶车速的规定不一致的,按照道路限速标志标明的车速行驶。

第七十九条 机动车从匝道驶入高速公路,应当开启左转向灯,在不妨碍已在高速公路内的机动车正常行驶的情况下驶入车道。

机动车驶离高速公路时,应当开启右转向灯,驶入减速车道,降低车速后驶离。

第八十条 机动车在高速公路上行驶,车速超过每小时100公里时,应当与同车道前车保持100米以上的距离,车速低于每小时100公里时,与同车道前车距离可以适当缩短,但最小距离不得少于50米。

第八十一条 机动车在高速公路上行驶,遇有雾、雨、雪、沙尘、冰雹等低能见度气象条件时,应当遵守下列规定:

(一)能见度小于200米时,开启雾灯、近光灯、示廓灯和前后位灯,车速不得超过每小时60公里,与同车道前车保持100米以上的距离;

(二)能见度小于100米时,开启雾灯、近光灯、示廓灯、前后位灯和危险报警闪光灯,车速不得超过每小时40公里,与同车道前车保持50米以上的距离;

(三)能见度小于50米时,开启雾灯、近光灯、示廓灯、前后位灯和危险报警闪光灯,车速不得超过每小时20公里,并从最近的出口尽快驶离高速公路。

遇有前款规定情形时,高速公路管理部门应当通过显示屏等方式发布速度限制、保持车距等提示信息。

第八十二条 机动车在高速公路上行驶,不得有下列行为:

(一)倒车、逆行、穿越中央分隔带掉头或者在车道内停车;

(二)在匝道、加速车道或者减速车道上超车;

(三)骑、轧车行道分界线或者在路肩上行驶;

(四)非紧急情况时在应急车道行驶或者停车;

(五)试车或者学习驾驶机动车。

第八十三条 在高速公路上行驶的载货汽车车厢不得载人。两轮摩托车在高速公路行驶时不得载人。

第八十四条 机动车通过施工作业路段时,应当注意警示标志,减速行驶。

第八十五条 城市快速路的道路交通安全管理,参照本节的规定执行。

高速公路、城市快速路的道路交通安全管理工作,省、自治区、直辖市人民政府公安机关交通管理部门可以指定设区的市人民政府公安机关交通管理部门或者相当于同级的公安机关交通管理部门承担。

第五章 交通事故处理

第八十六条 机动车与机动车、机动车与非机动车在道路上发生未造成人身伤亡的交通事故,当事人对事实及成因无争议的,在记录交通事故的时间、地点、对方当事人的姓名和联系方式、机动车牌号、驾驶证号、保险凭证号、碰撞部位,并共同签名后,撤离现场,自行协商损害赔偿事宜。当事人对交通事故事实及成因有争议的,应当迅速报警。

第八十七条 非机动车与非机动车或者行人在道路上发生交通事故,未造成人身伤亡,且基本事实及成因清楚的,当事人应当先撤离现场,再自行协商处理损害赔偿事宜。当事人对交通事故事实及成因有争议的,应当迅速报警。

第八十八条 机动车发生交通事故,造成道路、供电、通讯等设施损毁的,驾驶人应当报警等候处理,不得驶离。机动车可以移动的,应当将机动车移至不妨碍交通的地点。公安机关交通管理部门应当将事故有关情况通知有关部门。

第八十九条 公安机关交通管理部门或者交通警察接到交通事故报警,应当及时赶赴现场,对未造成人身伤亡,事实清楚,并且机动车可以移动的,应当在记录事故情况后责令当事人撤离现场,恢复交通。对拒不撤离现场的,予以强制撤离。

对属于前款规定情况的道路交通事故,交通警察可以适用简易程序处理,并当场出具事故认定书。当事人共同请求调解的,交通警察可以当场对损害赔偿争议进行调解。

对道路交通事故造成人员伤亡和财产损失需要勘验、检查现场的,公安机关交通管理部门应当按照勘查现场工作规范进行。现场勘查完毕,应当组织清理现场,恢复交通。

第九十条 投保机动车第三者责任强制保险的机动车

发生交通事故，因抢救受伤人员需要保险公司支付抢救费用的，由公安机关交通管理部门通知保险公司。

抢救受伤人员需要道路交通事故救助基金垫付费用的，由公安机关交通管理部门通知道路交通事故社会救助基金管理机构。

第九十一条　公安机关交通管理部门应当根据交通事故当事人的行为对发生交通事故所起的作用以及过错的严重程度，确定当事人的责任。

第九十二条　发生交通事故后当事人逃逸的，逃逸的当事人承担全部责任。但是，有证据证明对方当事人也有过错的，可以减轻责任。

当事人故意破坏、伪造现场、毁灭证据的，承担全部责任。

第九十三条　公安机关交通管理部门对经过勘验、检查现场的交通事故应当在勘查现场之日起10日内制作交通事故认定书。对需要进行检验、鉴定的，应当在检验、鉴定结果确定之日起5日内制作交通事故认定书。

第九十四条　当事人对交通事故损害赔偿有争议，各方当事人一致请求公安机关交通管理部门调解的，应当在收到交通事故认定书之日起10日内提出书面调解申请。

对交通事故致死的，调解从办理丧葬事宜结束之日起开始；对交通事故致伤的，调解从治疗终结或者定残之日起开始；对交通事故造成财产损失的，调解从确定损失之日起开始。

第九十五条　公安机关交通管理部门调解交通事故损害赔偿争议的期限为10日。调解达成协议的，公安机关交通管理部门应当制作调解书送交各方当事人，调解书经各方当事人共同签字后生效；调解未达成协议的，公安机关交通管理部门应当制作调解终结书送交各方当事人。

交通事故损害赔偿项目和标准依照有关法律的规定执行。

第九十六条　对交通事故损害赔偿的争议，当事人向人民法院提起民事诉讼的，公安机关交通管理部门不再受理调解申请。

公安机关交通管理部门调解期间，当事人向人民法院提起民事诉讼的，调解终止。

第九十七条　车辆在道路以外发生交通事故，公安机关交通管理部门接到报案的，参照道路交通安全法和本条例的规定处理。

车辆、行人与火车发生的交通事故以及在渡口发生的交通事故，依照国家有关规定处理。

第六章　执法监督

第九十八条　公安机关交通管理部门应当公开办事制度、办事程序，建立警风警纪监督员制度，自觉接受社会和群众的监督。

第九十九条　公安机关交通管理部门及其交通警察办理机动车登记，发放号牌，对驾驶人考试、发证，处理道路交通安全违法行为，处理道路交通事故，应当严格遵守有关规定，不得越权执法，不得延迟履行职责，不得擅自改变处罚的种类和幅度。

第一百条　公安机关交通管理部门应当公布举报电话，受理群众举报投诉，并及时调查核实，反馈查处结果。

第一百零一条　公安机关交通管理部门应当建立执法质量考核评议、执法责任制和执法过错追究制度，防止和纠正道路交通安全执法中的错误或者不当行为。

第七章　法律责任

第一百零二条　违反本条例规定的行为，依照道路交通安全法和本条例的规定处罚。

第一百零三条　以欺骗、贿赂等不正当手段取得机动车登记或者驾驶许可的，收缴机动车登记证书、号牌、行驶证或者机动车驾驶证，撤销机动车登记或者机动车驾驶许可；申请人在3年内不得申请机动车登记或者机动车驾驶许可。

第一百零四条　机动车驾驶人有下列行为之一，又无其他机动车驾驶人即时替代驾驶的，公安机关交通管理部门除依法给予处罚外，可以将其驾驶的机动车移至不妨碍交通的地点或者有关部门指定的地点停放：

（一）不能出示本人有效驾驶证的；

（二）驾驶的机动车与驾驶证载明的准驾车型不符的；

（三）饮酒、服用国家管制的精神药品或者麻醉药品、患有妨碍安全驾驶的疾病，或者过度疲劳仍继续驾驶的；

（四）学习驾驶人员没有教练人员随车指导单独驾驶的。

第一百零五条　机动车驾驶人有饮酒、醉酒、服用国家管制的精神药品或者麻醉药品嫌疑的，应当接受测试、检验。

第一百零六条　公路客运载客汽车超过核定乘员、载货汽车超过核定载质量的，公安机关交通管理部门依法扣留机动车后，驾驶人应当将超载的乘车人转运、将超载的货物卸载，费用由超载机动车的驾驶人或者所有人承担。

第一百零七条　依照道路交通安全法第九十二条、第九十五条、第九十六条、第九十八条的规定被扣留的机动车，驾驶人或者所有人、管理人30日内没有提供被扣留机动车的合法证明，没有补办相应手续，或者不前来接受处理，经公安机关交通管理部门通知并且经公告3个月仍不前来接受处理的，由公安机关交通管理部门将该机动车送交有资格的拍卖机构拍卖，所得价款上缴国库；非法拼装的机动车予以拆除；达到报废标准的机动车予以报废；机动车涉及其他违法犯罪行为的，移交有关部门处理。

第一百零八条　交通警察按照简易程序当场作出行政处罚的，应当告知当事人道路交通安全违法行为的事实、处罚的理由和依据，并将行政处罚决定书当场交付被处罚人。

第一百零九条　对道路交通安全违法行为人处以罚款或者暂扣驾驶证处罚的，由违法行为发生地的县级以上人民政府公安机关交通管理部门或者相当于同级的公安机关交通管理部门作出决定；对处以吊销机动车驾驶证处罚的，由设区的市人民政府公安机关交通管理部门或者相当于同级的公安机关交通管理部门作出决定。

公安机关交通管理部门对非本辖区机动车的道路交通安全违法行为没有当场处罚的，可以由机动车登记地的公安机关交通管理部门处罚。

第一百一十条　当事人对公安机关交通管理部门及其交通警察的处罚有权进行陈述和申辩，交通警察应当充分听取当事人的陈述和申辩，不得因当事人陈述、申辩而加重其处罚。

第八章　附　　则

第一百一十一条　本条例所称上道路行驶的拖拉机，是指手扶拖拉机等最高设计行驶速度不超过每小时20公里的轮式拖拉机和最高设计行驶速度不超过每小时40公里、牵引挂车方可从事道路运输的轮式拖拉机。

第一百一十二条　农业（农业机械）主管部门应当定期向公安机关交通管理部门提供拖拉机登记、安全技术检验以及拖拉机驾驶证发放的资料、数据。公安机关交通管理部门对拖拉机驾驶人作出暂扣、吊销驾驶证处罚或者记分处理的，应当定期将处罚决定书和记分情况通报有关的农业（农业机械）主管部门。吊销驾驶证的，还应当将驾驶证送交有关的农业（农业机械）主管部门。

第一百一十三条　境外机动车入境行驶，应当向入境地的公安机关交通管理部门申请临时通行号牌、行驶证。临时通行号牌、行驶证应当根据行驶需要，载明有效日期和允许行驶的区域。

入境的境外机动车申请临时通行号牌、行驶证以及境外人员申请机动车驾驶许可的条件、考试办法由国务院公安部门规定。

第一百一十四条　机动车驾驶许可考试的收费标准，由国务院价格主管部门规定。

第一百一十五条　本条例自2004年5月1日起施行。1960年2月11日国务院批准、交通部发布的《机动车管理办法》，1988年3月9日国务院发布的《中华人民共和国道路交通管理条例》，1991年9月22日国务院发布的《道路交通事故处理办法》，同时废止。

道路交通安全违法行为记分管理办法

1. 2021年12月17日公安部令第163号公布
2. 自2022年4月1日起施行

第一章　总　　则

第一条　为充分发挥记分制度的管理、教育、引导功能，提升机动车驾驶人交通安全意识，减少道路交通安全违法行为（以下简称交通违法行为），预防和减少道路交通事故，根据《中华人民共和国道路交通安全法》及其实施条例，制定本办法。

第二条　公安机关交通管理部门对机动车驾驶人的交

通违法行为,除依法给予行政处罚外,实行累积记分制度。

第三条 记分周期为十二个月,满分为12分。记分周期自机动车驾驶人初次领取机动车驾驶证之日起连续计算,或者自初次取得临时机动车驾驶许可之日起累积计算。

第四条 记分达到满分的,机动车驾驶人应当按照本办法规定参加满分学习、考试。

第五条 在记分达到满分前,符合条件的机动车驾驶人可以按照本办法规定减免部分记分。

第六条 公安机关交通管理部门应当通过互联网、公安机关交通管理部门业务窗口提供交通违法行为记录及记分查询。

第二章 记 分 分 值

第七条 根据交通违法行为的严重程度,一次记分的分值为12分、9分、6分、3分、1分。

第八条 机动车驾驶人有下列交通违法行为之一,一次记12分:

(一)饮酒后驾驶机动车的;

(二)造成致人轻伤以上或者死亡的交通事故后逃逸,尚不构成犯罪的;

(三)使用伪造、变造的机动车号牌、行驶证、驾驶证、校车标牌或者使用其他机动车号牌、行驶证的;

(四)驾驶校车、公路客运汽车、旅游客运汽车载人超过核定人数百分之二十以上,或者驾驶其他载客汽车载人超过核定人数百分之百以上的;

(五)驾驶校车、中型以上载客载货汽车、危险物品运输车辆在高速公路、城市快速路上行驶超过规定时速百分之二十以上,或者驾驶其他机动车在高速公路、城市快速路上行驶超过规定时速百分之五十以上的;

(六)驾驶机动车在高速公路、城市快速路上倒车、逆行、穿越中央分隔带掉头的;

(七)代替实际机动车驾驶人接受交通违法行为处罚和记分牟取经济利益的。

第九条 机动车驾驶人有下列交通违法行为之一,一次记9分:

(一)驾驶7座以上载客汽车载人超过核定人数百分之五十以上未达到百分之百的;

(二)驾驶校车、中型以上载客载货汽车、危险物品运输车辆在高速公路、城市快速路以外的道路上行驶超过规定时速百分之五十以上的;

(三)驾驶机动车在高速公路或者城市快速路上违法停车的;

(四)驾驶未悬挂机动车号牌或者故意遮挡、污损机动车号牌的机动车上道路行驶的;

(五)驾驶与准驾车型不符的机动车的;

(六)未取得校车驾驶资格驾驶校车的;

(七)连续驾驶中型以上载客汽车、危险物品运输车辆超过4小时未停车休息或者停车休息时间少于20分钟的。

第十条 机动车驾驶人有下列交通违法行为之一,一次记6分:

(一)驾驶校车、公路客运汽车、旅游客运汽车载人超过核定人数未达到百分之二十,或者驾驶7座以上载客汽车载人超过核定人数百分之二十以上未达到百分之五十,或者驾驶其他载客汽车载人超过核定人数百分之五十以上未达到百分之百的;

(二)驾驶校车、中型以上载客载货汽车、危险物品运输车辆在高速公路、城市快速路上行驶超过规定时速未达到百分之二十,或者在高速公路、城市快速路以外的道路上行驶超过规定时速百分之二十以上未达到百分之五十的;

(三)驾驶校车、中型以上载客载货汽车、危险物品运输车辆以外的机动车在高速公路、城市快速路上行驶超过规定时速百分之二十以上未达到百分之五十,或者在高速公路、城市快速路以外的道路上行驶超过规定时速百分之五十以上的;

(四)驾驶载货汽车载物超过最大允许总质量百分之五十以上的;

(五)驾驶机动车载运爆炸物品、易燃易爆化学物品以及剧毒、放射性等危险物品,未按指定的时间、路线、速度行驶或者未悬挂警示标志并采取必要的安全措施的;

(六)驾驶机动车运载超限的不可解体的物品,未按指定的时间、路线、速度行驶或者未悬挂警示标志的;

(七)驾驶机动车运输危险化学品,未经批准进入危险化学品运输车辆限制通行的区域的;

（八）驾驶机动车不按交通信号灯指示通行的；

（九）机动车驾驶证被暂扣或者扣留期间驾驶机动车的；

（十）造成致人轻微伤或者财产损失的交通事故后逃逸，尚不构成犯罪的；

（十一）驾驶机动车在高速公路或者城市快速路上违法占用应急车道行驶的。

第十一条 机动车驾驶人有下列交通违法行为之一，一次记3分：

（一）驾驶校车、公路客运汽车、旅游客运汽车、7座以上载客汽车以外的其他载客汽车载人超过核定人数百分之二十以上未达到百分之五十的；

（二）驾驶校车、中型以上载客载货汽车、危险物品运输车辆以外的机动车在高速公路、城市快速路以外的道路上行驶超过规定时速百分之二十以上未达到百分之五十的；

（三）驾驶机动车在高速公路或者城市快速路上不按规定车道行驶的；

（四）驾驶机动车不按规定超车、让行，或者在高速公路、城市快速路以外的道路上逆行的；

（五）驾驶机动车遇前方机动车停车排队或者缓慢行驶时，借道超车或者占用对面车道、穿插等候车辆的；

（六）驾驶机动车有拨打、接听手持电话等妨碍安全驾驶的行为的；

（七）驾驶机动车行经人行横道不按规定减速、停车、避让行人的；

（八）驾驶机动车不按规定避让校车的；

（九）驾驶载货汽车载物超过最大允许总质量百分之三十以上未达到百分之五十的，或者违反规定载客的；

（十）驾驶不按规定安装机动车号牌的机动车上道路行驶的；

（十一）在道路上车辆发生故障、事故停车后，不按规定使用灯光或者设置警告标志的；

（十二）驾驶未按规定定期进行安全技术检验的公路客运汽车、旅游客运汽车、危险物品运输车辆上道路行驶的；

（十三）驾驶校车上道路行驶前，未对校车车况是否符合安全技术要求进行检查，或者驾驶存在安全隐患的校车上道路行驶的；

（十四）连续驾驶载货汽车超过4小时未停车休息或者停车休息时间少于20分钟的；

（十五）驾驶机动车在高速公路上行驶低于规定最低时速的。

第十二条 机动车驾驶人有下列交通违法行为之一，一次记1分：

（一）驾驶校车、中型以上载客载货汽车、危险物品运输车辆在高速公路、城市快速路以外的道路上行驶超过规定时速百分之十以上未达到百分之二十的；

（二）驾驶机动车不按规定会车，或者在高速公路、城市快速路以外的道路上不按规定倒车、掉头的；

（三）驾驶机动车不按规定使用灯光的；

（四）驾驶机动车违反禁令标志、禁止标线指示的；

（五）驾驶机动车载货长度、宽度、高度超过规定的；

（六）驾驶载货汽车载物超过最大允许总质量未达到百分之三十的；

（七）驾驶未按规定定期进行安全技术检验的公路客运汽车、旅游客运汽车、危险物品运输车辆以外的机动车上道路行驶的；

（八）驾驶擅自改变已登记的结构、构造或者特征的载货汽车上道路行驶的；

（九）驾驶机动车在道路上行驶时，机动车驾驶人未按规定系安全带的；

（十）驾驶摩托车，不戴安全头盔的。

第三章 记分执行

第十三条 公安机关交通管理部门对机动车驾驶人的交通违法行为，在作出行政处罚决定的同时予以记分。

对机动车驾驶人作出处罚前，应当在告知拟作出的行政处罚决定的同时，告知该交通违法行为的记分分值，并在处罚决定书上载明。

第十四条 机动车驾驶人有二起以上交通违法行为应当予以记分的，记分分值累积计算。

机动车驾驶人可以一次性处理完毕同一辆机动车的多起交通违法行为记录，记分分值累积计算。

累积记分未满12分的，可以处理其驾驶的其他机动车的交通违法行为记录；累积记分满12分的，不得再处理其他机动车的交通违法行为记录。

第十五条　机动车驾驶人在一个记分周期期限届满，累积记分未满12分的，该记分周期内的记分予以清除；累积记分虽未满12分，但有罚款逾期未缴纳的，该记分周期内尚未缴纳罚款的交通违法行为记分分值转入下一记分周期。

第十六条　行政处罚决定被依法变更或者撤销的，相应记分应当变更或者撤销。

第四章　满分处理

第十七条　机动车驾驶人在一个记分周期内累积记分满12分的，公安机关交通管理部门应当扣留其机动车驾驶证，开具强制措施凭证，并送达满分教育通知书，通知机动车驾驶人参加满分学习、考试。

临时入境的机动车驾驶人在一个记分周期内累积记分满12分的，公安机关交通管理部门应当注销其临时机动车驾驶许可，并送达满分教育通知书。

第十八条　机动车驾驶人在一个记分周期内累积记分满12分的，应当参加为期七天的道路交通安全法律、法规和相关知识学习。其中，大型客车、重型牵引挂车、城市公交车、中型客车、大型货车驾驶人应当参加为期三十天的道路交通安全法律、法规和相关知识学习。

机动车驾驶人在一个记分周期内参加满分教育的次数每增加一次或者累积记分每增加12分，道路交通安全法律、法规和相关知识的学习时间增加七天，每次满分学习的天数最多六十天。其中，大型客车、重型牵引挂车、城市公交车、中型客车、大型货车驾驶人在一个记分周期内参加满分教育的次数每增加一次或者累积记分每增加12分，道路交通安全法律、法规和相关知识的学习时间增加三十天，每次满分学习的天数最多一百二十天。

第十九条　道路交通安全法律、法规和相关知识学习包括现场学习、网络学习和自主学习。网络学习应当通过公安机关交通管理部门互联网学习教育平台进行。

机动车驾驶人参加现场学习、网络学习的天数累计不得少于五天，其中，现场学习的天数不得少于二天。大型客车、重型牵引挂车、城市公交车、中型客车、大型货车驾驶人参加现场学习、网络学习的天数累计不得少于十天，其中，现场学习的天数不得少于五天。满分学习的剩余天数通过自主学习完成。

机动车驾驶人单日连续参加现场学习超过三小时或者参加网络学习时间累计超过三小时的，按照一天计入累计学习天数。同日既参加现场学习又参加网络学习的，学习天数不累积计算。

第二十条　机动车驾驶人可以在机动车驾驶证核发地或者交通违法行为发生地、处理地参加公安机关交通管理部门组织的道路交通安全法律、法规和相关知识学习，并在学习地参加考试。

第二十一条　机动车驾驶人在一个记分周期内累积记分满12分，符合本办法第十八条、第十九条第一款、第二款规定的，可以预约参加道路交通安全法律、法规和相关知识考试。考试不合格的，十日后预约重新考试。

第二十二条　机动车驾驶人在一个记分周期内二次累积记分满12分或者累积记分满24分未满36分的，应当在道路交通安全法律、法规和相关知识考试合格后，按照《机动车驾驶证申领和使用规定》第四十四条的规定预约参加道路驾驶技能考试。考试不合格的，十日后预约重新考试。

机动车驾驶人在一个记分周期内三次以上累积记分满12分或者累积记分满36分的，应当在道路交通安全法律、法规和相关知识考试合格后，按照《机动车驾驶证申领和使用规定》第四十三条和第四十四条的规定预约参加场地驾驶技能和道路驾驶技能考试。考试不合格的，十日后预约重新考试。

第二十三条　机动车驾驶人经满分学习、考试合格且罚款已缴纳的，记分予以清除，发还机动车驾驶证。机动车驾驶人同时被处以暂扣机动车驾驶证的，在暂扣期限届满后发还机动车驾驶证。

第二十四条　满分学习、考试内容应当按照机动车驾驶证载明的准驾车型确定。

第五章　记分减免

第二十五条　机动车驾驶人处理完交通违法行为记录后累积记分未满12分，参加公安机关交通管理部门组织的交通安全教育并达到规定要求的，可以申请在机动车驾驶人现有累积记分分值中扣减记分。在一个记分周期内累计最高扣减6分。

第二十六条 机动车驾驶人申请接受交通安全教育扣减交通违法行为记分的，公安机关交通管理部门应当受理。但有以下情形之一的，不予受理：

（一）在本记分周期内或者上一个记分周期内，机动车驾驶人有二次以上参加满分教育记录的；

（二）在最近三个记分周期内，机动车驾驶人因造成交通事故后逃逸，或者饮酒后驾驶机动车，或者使用伪造、变造的机动车号牌、行驶证、驾驶证、校车标牌，或者使用其他机动车号牌、行驶证，或者买分卖分受到过处罚的；

（三）机动车驾驶证在实习期内，或者机动车驾驶证逾期未审验，或者机动车驾驶证被扣留、暂扣期间的；

（四）机动车驾驶人名下有安全技术检验超过有效期或者未按规定办理注销登记的机动车的；

（五）在最近三个记分周期内，机动车驾驶人参加接受交通安全教育扣减交通违法行为记分或者机动车驾驶人满分教育、审验教育时，有弄虚作假、冒名顶替记录的。

第二十七条 参加公安机关交通管理部门组织的道路交通安全法律、法规和相关知识网上学习三日内累计满三十分钟且考试合格的，一次扣减1分。

参加公安机关交通管理部门组织的道路交通安全法律、法规和相关知识现场学习满一小时且考试合格的，一次扣减2分。

参加公安机关交通管理部门组织的交通安全公益活动的，满一小时为一次，一次扣减1分。

第二十八条 交通违法行为情节轻微，给予警告处罚的，免予记分。

第六章 法律责任

第二十九条 机动车驾驶人在一个记分周期内累积记分满12分，机动车驾驶证未被依法扣留或者收到满分教育通知书后三十日内拒不参加公安机关交通管理部门通知的满分学习、考试的，由公安机关交通管理部门公告其机动车驾驶证停止使用。

第三十条 机动车驾驶人请他人代为接受交通违法行为处罚和记分并支付经济利益的，由公安机关交通管理部门处所支付经济利益三倍以下罚款，但最高不超过五万元；同时，依法对原交通违法行为作出处罚。

代替实际机动车驾驶人接受交通违法行为处罚和记分牟取经济利益的，由公安机关交通管理部门处违法所得三倍以下罚款，但最高不超过五万元；同时，依法撤销原行政处罚决定。

组织他人实施前两款行为之一牟取经济利益的，由公安机关交通管理部门处违法所得五倍以下罚款，但最高不超过十万元；有扰乱单位秩序等行为，构成违反治安管理行为的，依法予以治安管理处罚。

第三十一条 机动车驾驶人参加满分教育时在签注学习记录、满分学习考试中弄虚作假的，相应学习记录、考试成绩无效，由公安机关交通管理部门处一千元以下罚款。

机动车驾驶人在参加接受交通安全教育扣减交通违法行为记分中弄虚作假的，由公安机关交通管理部门撤销相应记分扣减记录，恢复相应记分，处一千元以下罚款。

代替实际机动车驾驶人参加满分教育签注学习记录、满分学习考试或者接受交通安全教育扣减交通违法行为记分的，由公安机关交通管理部门处二千元以下罚款。

组织他人实施前三款行为之一，有违法所得的，由公安机关交通管理部门处违法所得三倍以下罚款，但最高不超过二万元；没有违法所得的，由公安机关交通管理部门处二万元以下罚款。

第三十二条 公安机关交通管理部门及其交通警察开展交通违法行为记分管理工作，应当接受监察机关、公安机关督察审计部门等依法实施的监督。

公安机关交通管理部门及其交通警察开展交通违法行为记分管理工作，应当自觉接受社会和公民的监督。

第三十三条 交通警察有下列情形之一的，按照有关规定给予处分；警务辅助人员有下列情形之一的，予以解聘；构成犯罪的，依法追究刑事责任：

（一）当事人对实施处罚和记分提出异议拒不核实，或者经核实属实但不纠正、整改的；

（二）为未经满分学习考试、考试不合格人员签注学习记录、合格考试成绩的；

（三）在满分考试时，减少考试项目、降低评判标准或者参与、协助、纵容考试舞弊的；

（四）为不符合记分扣减条件的机动车驾驶人扣减记分的；

（五）串通他人代替实际机动车驾驶人接受交通违法行为处罚和记分的；

（六）弄虚作假，将记分分值高的交通违法行为变更为记分分值低或者不记分的交通违法行为的；

（七）故意泄露、篡改系统记分数据的；

（八）根据交通技术监控设备记录资料处理交通违法行为时，未严格审核当事人提供的证据材料，导致他人代替实际机动车驾驶人接受交通违法行为处罚和记分，情节严重的。

第七章　附　　则

第三十四条　公安机关交通管理部门对拖拉机驾驶人予以记分的，应当定期将记分情况通报农业农村主管部门。

第三十五条　省、自治区、直辖市公安厅、局可以根据本地区的实际情况，在本办法规定的处罚幅度范围内，制定具体的执行标准。

对本办法规定的交通违法行为的处理程序按照《道路交通安全违法行为处理程序规定》执行。

第三十六条　本办法所称"三日""十日""三十日"，是指自然日。期间的最后一日为节假日的，以节假日期满后的第一个工作日为期间届满的日期。

第三十七条　本办法自2022年4月1日起施行。

国务院关于加强道路交通安全工作的意见

1．2012年7月22日
2．国发〔2012〕30号

为适应我国道路通车里程、机动车和驾驶人数量、道路交通运量持续大幅度增长的形势，进一步加强道路交通安全工作，保障人民群众生命财产安全，提出以下意见：

一、总体要求

（一）指导思想。以邓小平理论和"三个代表"重要思想为指导，深入贯彻落实科学发展观，牢固树立以人为本、安全发展的理念，始终把维护人民群众生命财产安全放在首位，以防事故、保安全、保畅通为核心，以落实企业主体责任为重点，全面加强人、车、路、环境的安全管理和监督执法，推进交通安全社会管理创新，形成政府统一领导、各部门协调联动、全社会共同参与的交通安全管理工作格局，有效防范和坚决遏制重特大道路交通事故，促进全国安全生产形势持续稳定好转，为经济社会发展、人民平安出行创造良好环境。

（二）基本原则。

——安全第一，协调发展。正确处理安全与速度、质量、效益的关系，坚持把安全放在首位，加强统筹规划，使道路交通安全融入国民经济社会发展大局，与经济社会同步协调发展。

——预防为主，综合治理。严格驾驶人、车辆、运输企业准入和安全管理，加强道路交通安全设施建设，深化隐患排查治理，着力解决制约和影响道路交通安全的源头性、根本性问题，夯实道路交通安全基础。

——落实责任，强化考核。全面落实企业主体责任、政府及部门监管责任和属地管理责任，健全目标考核和责任追究制度，加强督导检查和责任倒查，依法严格追究事故责任。

——科技支撑，法治保障。强化科技装备和信息化技术应用，建立健全法律法规和标准规范，加强执法队伍建设，依法严厉打击各类交通违法违规行为，不断提高道路交通科学管理与执法服务水平。

二、强化道路运输企业安全管理

（三）规范道路运输企业生产经营行为。严格道路运输市场准入管理，对新设立运输企业，要严把安全管理制度和安全生产条件审核关。强化道路运输企业安全主体责任，鼓励客运企业实行规模化、公司化经营，积极培育集约化、网络化经营的货运龙头企业。严禁客运车辆、危险品运输车辆挂靠经营。推进道路运输企业诚信体系建设，将诚信考核结果与客运线路招投标、运力投放以及保险费率、银行信贷等挂钩，不断完善企业安全管理的激励约束机制。鼓励运输企业采用交通安全统筹等形式，加强行业互助，提高企业抗风险能力。

（四）加强企业安全生产标准化建设。道路运输企业要建立健全安全生产管理机构，加强安全班组建设，严格执行安全生产制度、规范和技术标准，强化对车辆和驾驶人的安全管理，持续加大道路交通安全投入，提足、用好安全生产费用。建立专业运输企业交通安全质量管理体系，健全客运、危险品运输企业安全评估制度，对安全管理混乱、存在重大安全隐患的企业，依法责令停业整顿，对整改不达标的按规定取消其相应资质。

（五）严格长途客运和旅游客运安全管理。严格客运班线审批和监管，加强班线途经道路的安全适应性评估，合理确定营运线路、车型和时段，严格控制1000公里以上的跨省长途客运班线和夜间运行时间，对现有的长途客运班线进行清理整顿，整改不合格的坚决停止运营。创造条件积极推行长途客运车辆凌晨2时至5时停止运行或实行接驳运输。客运车辆夜间行驶速度不得超过日间限速的80%，并严禁夜间通行达不到安全通行条件的三级以下山区公路。夜间遇暴雨、浓雾等影响安全视距的恶劣天气时，可以采取临时管理措施，暂停客运车辆运行。加强旅游包车安全管理，根据运行里程严格按规定配备包车驾驶人，逐步推行包车业务网上申请和办理制度，严禁发放空白旅游包车牌证。运输企业要积极创造条件，严格落实长途客运驾驶人停车换人、落地休息制度，确保客运驾驶人24小时累计驾驶时间原则上不超过8小时，日间连续驾驶不超过4小时，夜间连续驾驶不超过2小时，每次停车休息时间不少于20分钟。有关部门要加强监督检查，对违反规定超时、超速驾驶的驾驶人及相关企业依法严格处罚。

（六）加强运输车辆动态监管。抓紧制定道路运输车辆动态监督管理办法，规范卫星定位装置安装、使用行为。旅游包车、三类以上班线客车、危险品运输车和校车应严格按规定安装使用具有行驶记录功能的卫星定位装置，卧铺客车应同时安装车载视频装置，鼓励农村客运车辆安装使用卫星定位装置。重型载货汽车和半挂牵引车应在出厂前安装卫星定位装置，并接入道路货运车辆公共监管与服务平台。运输企业要落实安全监控主体责任，切实加强对所属车辆和驾驶人的动态监管，确保车载卫星定位装置工作正常、监控有效。对不按规定使用或故意损坏卫星定位装置的，要追究相关责任人和企业负责人的责任。

三、严格驾驶人培训考试和管理

（七）加强和改进驾驶人培训考试工作。进一步完善机动车驾驶人培训大纲和考试标准，严格考试程序，推广应用科技评判和监控手段，强化驾驶人安全、法制、文明意识和实际道路驾驶技能考试。客、货车辆驾驶人培训考试要增加复杂路况、恶劣天气、突发情况应对处置技能的内容，大中型客、货车辆驾驶人增加夜间驾驶考试。将大客车驾驶人培养纳入国家职业教育体系，努力解决高素质客运驾驶人短缺问题。实行交通事故驾驶人培训质量、考试发证责任倒查制度。

（八）严格驾驶人培训机构监管。加强驾驶人培训市场调控，提高驾驶人培训机构准入门槛，按照培训能力核定其招生数量，严格教练员资格管理。加强驾驶人培训质量监督，全面推广应用计算机计时培训管理系统，督促落实培训教学大纲和学时。定期向社会公开驾驶人培训机构的培训质量、考试合格率以及毕业学员的交通违法率和肇事率等，并作为其资质审核的重要参考。

（九）加强客货运驾驶人安全管理。严把客货运驾驶人从业资格准入关，加强从业条件审核与培训考试。建立客货运驾驶人从业信息、交通违法信息、交通事故信息的共享机制，加快推进信息查询平台建设，设立驾驶人"黑名单"信息库。加强对长期在本地经营的异地客货运车辆和驾驶人安全管理。督促运输企业加强驾驶人聘用管理，对发生道路交通事故致人死亡且负同等以上责任的，交通违法记满12分的，以及有酒后驾驶、超员20%以上、超速50%（高速公路超速20%）以上，或者12个月内有3次以上超速违法记录的客运驾驶人，要严格依法处罚并通报企业解除聘用。

四、加强车辆安全监管

（十）提高机动车安全性能。制定完善相关政策，推动机动车生产企业兼并重组，调整产品结构，鼓励发展安全、节能、环保的汽车产品，积极推进机动车标准化、轻量化，加快传统汽车升级换代。大力推广厢式货车取代栏板式货车，尽快淘汰高安全风险车型。抓紧清理、修订并逐步提高机动车安全技术标准，督促生产企业改进车辆安全技术，增设客运车辆限速和货运车辆限载等安全装置。进一步提高大中型客车和公共汽车的车身结构强度、座椅安装强度、内部装饰材料阻燃性能等,增强车辆行驶稳定性和抗侧倾能力。客运车辆座椅要尽快全部配置安全带。

(十一)加强机动车安全管理。落实和完善机动车生产企业及产品公告管理、强制性产品认证、注册登记、使用维修和报废等管理制度。积极推动机动车生产企业诚信体系建设,加强机动车产品准入、生产一致性监管,对不符合机动车国家安全技术标准或者与公告产品不一致的车辆,不予办理注册登记,生产企业要依法依规履行更换、退货义务。严禁无资质企业生产、销售电动汽车。落实和健全缺陷汽车产品召回制度,加大对大中型客、货汽车缺陷产品召回力度。严格报废汽车回收企业资格认定和监督管理,依法严厉打击制造和销售拼装车行为,严禁拼装车和报废汽车上路行驶。加强机动车安全技术检验和营运车辆综合性能检测,严格检验检测机构的资格管理和计量认证管理。对道路交通事故中涉及车辆非法生产、改装、拼装以及机动车产品严重质量安全问题的,要严查责任,依法从重处理。

(十二)强化电动自行车安全监管。修订完善电动自行车生产国家强制标准,着力加强对电动自行车生产、销售和使用的监督管理,严禁生产、销售不符合国家强制标准的电动自行车。省级人民政府要制定电动自行车登记管理办法,质监部门要做好电动自行车生产许可证管理和国家强制性标准修订工作,工业和信息化部门要严格电动自行车生产的行业管理,工商部门要依法加强电动自行车销售企业的日常监管。对违规生产、销售不合格产品的企业,要依法责令整改并严格处罚、公开曝光。公安机关要加强电动自行车通行秩序管理,严格查处电动自行车交通违法行为。地方各级人民政府要通过加强政策引导,逐步解决在用的超出国家标准的电动自行车问题。

五、提高道路安全保障水平

(十三)完善道路交通安全设施标准和制度。加快修订完善公路安全设施设计、施工、安全性评价等技术规范和行业标准,科学设置安全防护设施。鼓励地方在国家和行业标准的基础上,进一步提高本地区公路安全设施建设标准。严格落实交通安全设施与道路建设主体工程同时设计、同时施工、同时投入使用的“三同时”制度,新建、改建、扩建道路工程在竣(交)工验收时要吸收公安、安全监管等部门人员参加,严格安全评价,交通安全设施验收不合格的不得通车运行。对因交通安全设施缺失导致重大事故的,要限期进行整改,整改到位前暂停该区域新建道路项目的审批。

(十四)加强道路交通安全设施建设。地方各级人民政府要结合实际科学规划,有计划、分步骤地逐年增加和改善道路交通安全设施。在保证国省干线公路网等项目建设资金的基础上,加大车辆购置税等资金对公路安保工程的投入力度,进一步加强国省干线公路安全防护设施建设,特别是临水临崖、连续下坡、急弯陡坡等事故易发路段要严格按标准安装隔离栅、防护栏、防撞墙等安全设施,设置标志标线。加强公路与铁路、河道、码头联接交叉路段特别是公铁立交、跨航道桥梁的安全保护。收费公路经营企业要加强公路养护管理,对安全设施缺失、损毁的,要及时予以完善和修复,确保公路及其附属设施始终处于良好的技术状况。要积极推进公路灾害性天气预报和预警系统建设,提高对暴雨、浓雾、团雾、冰雪等恶劣天气的防范应对能力。

(十五)深入开展隐患排查治理。地方各级人民政府要建立完善道路交通安全隐患排查治理制度,落实治理措施和治理资金,根据隐患严重程度,实施省、市、县三级人民政府挂牌督办整改,对隐患整改不落实的,要追究有关负责人的责任。有关部门要强化交通事故统计分析,排查确定事故多发点段和存在安全隐患路段,全面梳理桥涵隧道、客货运场站等风险点,设立管理台账,明确治理责任单位和时限,强化对整治情况的全过程监督。切实加强公路两侧农作物秸秆禁烧监管,严防焚烧烟雾影响交通安全。

六、加大农村道路交通安全管理力度

(十六)强化农村道路交通安全基础。深入开展“平安畅通县市”和“平安农机”创建活动,改善农村道路交通安全环境。严格落实县级人民政府农村公路建设养护管理主体责任,制定改善农村道路交通安全状况的计划,落实资金,加大建设和养护力度。新建、改建农村公路要根据需要同步建设安全设施,已建成的农村公路要按照“安全、有效、经济、实用”的原则,逐步完善安全设施。地方各级人民政府要统筹城乡公共交通发展,以城市公交同等优惠条件扶持发展农村公共交通,拓展延伸农村地区客运的覆盖范围,着力解决农村群众安全出行问题。

(十七)加强农村道路交通安全监管。地方各级人民政府要加强农村道路交通安全组织体系建设,落实乡镇政府安全监督管理责任,调整优化交警警力布局,加强乡镇道路交通安全管控。发挥农村派出所、农机监理站以及驾驶人协会、村委会的作用,建立专兼职道路交通安全管理队伍,扩大农村道路交通管理覆盖面。完善农业机械安全监督管理体系,加强对农机安全监理机构的支持保障,积极推广应用农机安全技术,加强对拖拉机、联合收割机等农业机械的安全管理。

七、强化道路交通安全执法

(十八)严厉整治道路交通违法行为。加强公路巡逻管控,加大客运、旅游包车、危险品运输车等重点车辆检查力度,严厉打击和整治超速超员超载、疲劳驾驶、酒后驾驶、吸毒后驾驶、货车违法占道行驶、不按规定使用安全带等各类交通违法行为,严禁三轮汽车、低速货车和拖拉机违法载人。依法加强校车安全管理,保障乘坐校车学生安全。健全和完善治理车辆超限超载工作长效机制。研究推动将客货运车辆严重超速、超员、超限超载等行为列入以危险方法危害公共安全行为,追究驾驶人刑事责任。制定客货运车辆和驾驶人严重交通违法行为有奖举报办法,并将车辆动态监控系统记录的交通违法信息作为执法依据,定期进行检查,依法严格处罚。大力推进文明交通示范公路创建活动,加强城市道路通行秩序整治,规范机动车通行和停放,严格非机动车、行人交通管理。

(十九)切实提升道路交通安全执法效能。推进高速公路全程监控等智能交通管理系统建设,强化科技装备和信息化技术在道路交通执法中的应用,提高道路交通安全管控能力。整合道路交通管理力量和资源,建立部门、区域联勤联动机制,实现监控信息等资源共享。严格落实客货运车辆及驾驶人交通事故、交通违法行为通报制度,全面推进交通违法记录省际转递工作。研究推动将公民交通安全违法记录与个人信用、保险、职业准入等挂钩。

(二十)完善道路交通事故应急救援机制。地方各级人民政府要进一步加强道路交通事故应急救援体系建设,完善应急救援预案,定期组织演练。健全公安消防、卫生等部门联动的省、市、县三级交通事故紧急救援机制,完善交通事故急救通信系统,加强交通事故紧急救援队伍建设,配足救援设备,提高施救水平。地方各级人民政府要依法加快道路交通事故社会救助基金制度建设,制定并完善实施细则,确保事故受伤人员的医疗救治。

八、深入开展道路交通安全宣传教育

(二十一)建立交通安全宣传教育长效机制。地方各级人民政府每年要制定并组织实施道路交通安全宣传教育计划,加大宣传投入,督促各部门和单位积极履行宣传责任和义务,实现交通安全宣传教育社会化、制度化。加大公益宣传力度,报刊、广播、电视、网络等新闻媒体要在重要版面、时段通过新闻报道、专题节目、公益广告等方式开展交通安全公益宣传。设立“全国交通安全日”,充分发挥主管部门、汽车企业、行业协会、社区、学校和单位的宣传作用,广泛开展道路交通安全宣传活动,不断提高全民的交通守法意识、安全意识和公德意识。

(二十二)全面实施文明交通素质教育工程。深入推进“文明交通行动计划”,广泛开展交通安全宣传进农村、进社区、进企业、进学校、进家庭活动,推行实时、动态的交通安全教育和在线服务。建立交通安全警示提示信息发布平台,加强事故典型案例警示教育,开展交通安全文明驾驶人评选活动,充分利用各种手段促进驾驶人依法驾车、安全驾车、文明驾车。坚持交通安全教育从儿童抓起,督促指导中小学结合有关课程加强交通安全教育,鼓励学校结合实际开发有关交通安全教育的校本课程,夯实国民交通安全素质基础。

(二十三)加强道路交通安全文化建设。积极拓展交通安全宣传渠道,建立交通安全宣传教育基地,创新宣传教育方法,以学校、驾驶人培训机构、运输企业为重点,广泛宣传道路交通安全法律法规和安全知识。推动开设交通安全宣传教育网站、电视频道,加强交通安全文学、文艺、影视等作品创作、征集和传播活动,积极营造全社会关注交通安全、全民参与文明交通的良好文化氛围。

九、严格道路交通事故责任追究

（二十四）加强重大道路交通事故联合督办。严格执行重大事故挂牌督办制度，健全完善重大道路交通事故“现场联合督导、统筹协调调查、挂牌通报警示、重点约谈检查、跟踪整改落实”的联合督办工作机制，形成各有关部门齐抓共管的监管合力。研究制定道路交通安全奖惩制度，对于成效显著的地方、部门和单位予以表扬和奖励；对发生特别重大道路交通事故的，或者一年内发生 3 起及以上重大道路交通事故的，省级人民政府要向国务院作出书面检查；对一年内发生两起重大道路交通事故或发生性质严重、造成较大社会影响的重大道路交通事故的，国务院安全生产委员会办公室要会同有关部门及时约谈相关地方政府和部门负责同志。

（二十五）加大事故责任追究力度。研究制定重特大道路交通事故处置规范，完善跨区域责任追究机制，建立健全重大道路交通事故信息公开制度。对发生重大及以上或者 6 个月内发生两起较大及以上责任事故的道路运输企业，依法责令停业整顿；停业整顿后符合安全生产条件的，准予恢复运营，但客运企业 3 年内不得新增客运班线，旅游企业 3 年内不得新增旅游车辆；停业整顿仍不具备安全生产条件的，取消相应许可或吊销其道路运输经营许可证，并责令其办理变更、注销登记直至依法吊销营业执照。对道路交通事故发生负有责任的单位及其负责人，依法依规予以处罚，构成犯罪的，依法追究刑事责任。发生重特大道路交通事故的，要依法依纪追究地方政府及相关部门的责任。

十、强化道路交通安全组织保障

（二十六）加强道路交通安全组织领导。地方各级人民政府要高度重视道路交通安全工作，将其纳入经济和社会发展规划，与经济建设和社会发展同部署、同落实、同考核，并加强对道路交通安全工作的统筹协调和监督指导。实行道路交通安全地方行政首长负责制，将道路交通安全工作纳入政府工作重要议事日程，定期分析研判安全形势，研究部署重点工作。严格道路交通事故总结报告制度，省级人民政府每年 1 月 15 日前要将本地区道路交通安全工作情况向国务院作出专题报告。

（二十七）落实部门管理和监督职责。各有关部门要按照“谁主管、谁负责，谁审批、谁负责”的原则，依法履行职责，落实监管责任，切实构建“权责一致、分工负责、齐抓共管、综合治理”的协调联动机制。要严格责任考核，将道路交通安全工作作为有关领导干部实绩考评的重要内容，并将考评结果作为综合考核评价的重要依据。

（二十八）完善道路交通安全保障机制。研究建立中央、地方、企业和社会共同承担的道路交通安全长效投入机制，不断拓展道路交通安全资金保障来源，推动完善相关财政、税收、信贷支持政策，强化政府投资对道路交通安全投入的引导和带动作用，将交警、运政、路政、农机监理各项经费按规定纳入政府预算。要根据道路里程、机动车增长等情况，相应加强道路交通安全管理力量建设，完善道路交通警务保障机制。地方各级人民政府要研究出台高速公路交通安全发展的相关保障政策，将高速公路交通安全执勤执法营房等配套设施与高速公路建设同步规划设计、同步投入使用并给予资金保障，高速公路建设管理单位要积极创造条件予以配合支持。

2. 处理程序

道路交通安全违法行为处理程序规定

1. 2008年12月20日公安部令第105号修订公布
2. 根据2020年4月7日公安部令第157号《关于修改〈道路交通安全违法行为处理程序规定〉的决定》修正

第一章　总　　则

第一条　为了规范道路交通安全违法行为处理程序，保障公安机关交通管理部门正确履行职责，保护公民、法人和其他组织的合法权益，根据《中华人民共和国道路交通安全法》及其实施条例等法律、行政法规制定本规定。

第二条　公安机关交通管理部门及其交通警察对道路交通安全违法行为（以下简称违法行为）的处理程序，在法定职权范围内依照本规定实施。

第三条　对违法行为的处理应当遵循合法、公正、文明、公开、及时的原则，尊重和保障人权，保护公民的人格尊严。

对违法行为的处理应当坚持教育与处罚相结合的原则，教育公民、法人和其他组织自觉遵守道路交通安全法律法规。

对违法行为的处理，应当以事实为依据，与违法行为的事实、性质、情节以及社会危害程度相当。

第二章　管　　辖

第四条　交通警察执勤执法中发现的违法行为由违法行为发生地的公安机关交通管理部门管辖。

对管辖权发生争议的，报请共同的上一级公安机关交通管理部门指定管辖。上一级公安机关交通管理部门应当及时确定管辖主体，并通知争议各方。

第五条　违法行为人可以在违法行为发生地、机动车登记地或者其他任意地公安机关交通管理部门处理交通技术监控设备记录的违法行为。

违法行为人在违法行为发生地以外的地方（以下简称处理地）处理交通技术监控设备记录的违法行为的，处理地公安机关交通管理部门可以协助违法行为发生地公安机关交通管理部门调查违法事实、代为送达法律文书、代为履行处罚告知程序，由违法行为发生地公安机关交通管理部门按照发生地标准作出处罚决定。

违法行为人或者机动车所有人、管理人对交通技术监控设备记录的违法行为事实有异议的，可以通过公安机关交通管理部门互联网站、移动互联网应用程序或者违法行为处理窗口向公安机关交通管理部门提出。处理地公安机关交通管理部门应当在收到当事人申请后当日，通过道路交通违法信息管理系统通知违法行为发生地公安机关交通管理部门。违法行为发生地公安机关交通管理部门应当在五日内予以审查，异议成立的，予以消除；异议不成立的，告知当事人。

第六条　对违法行为人处以警告、罚款或者暂扣机动车驾驶证处罚的，由县级以上公安机关交通管理部门作出处罚决定。

对违法行为人处以吊销机动车驾驶证处罚的，由设区的市公安机关交通管理部门作出处罚决定。

对违法行为人处以行政拘留处罚的，由县、市公安局、公安分局或者相当于县一级的公安机关作出处罚决定。

第三章　调查取证

第一节　一般规定

第七条　交通警察调查违法行为时，应当表明执法身份。

交通警察执勤执法应当严格执行安全防护规定，注意自身安全，在公路上执勤执法不得少于两人。

第八条　交通警察应当全面、及时、合法收集能够证实违法行为是否存在、违法情节轻重的证据。

第九条　交通警察调查违法行为时，应当查验机动车驾驶证、行驶证、机动车号牌、检验合格标志、保险标志等牌证以及机动车和驾驶人违法信息。对运载爆炸物品、易燃易爆化学物品以及剧毒、放射性等危险物品车辆驾驶人违法行为调查的，还应当查验其他相关证件及信息。

第十条　交通警察查验机动车驾驶证时，应当询问驾驶人姓名、住址、出生年月并与驾驶证上记录的内容进行核对；对持证人的相貌与驾驶证上的照片进行核对。必要时，可以要求驾驶人出示居民身份证进行核对。

第十一条　调查中需要采取行政强制措施的，依照法律、法规、本规定及国家其他有关规定实施。

第十二条　交通警察对机动车驾驶人不在现场的违法停放机动车行为，应当在机动车侧门玻璃或者摩托车座位上粘贴违法停车告知单，并采取拍照或者录像方式固定相关证据。

第十三条　调查中发现违法行为人有其他违法行为的，在依法对其道路交通安全违法行为作出处理决定的同时，按照有关规定移送有管辖权的单位处理。涉嫌构成犯罪的，转为刑事案件办理或者移送有权处理的主管机关、部门办理。

第十四条　公安机关交通管理部门对于控告、举报的违法行为以及其他行政主管部门移送的案件应当接受，并按规定处理。

第二节　交通技术监控

第十五条　公安机关交通管理部门可以利用交通技术监控设备、执法记录设备收集、固定违法行为证据。

交通技术监控设备、执法记录设备应当符合国家标准或者行业标准，需要认定、检定的交通技术监控设备应当经认定、检定合格后，方可用于收集、固定违法行为证据。

交通技术监控设备应当定期维护、保养、检测，保持功能完好。

第十六条　交通技术监控设备的设置应当遵循科学、规范、合理的原则，设置的地点应当有明确规范相应交通行为的交通信号。

固定式交通技术监控设备设置地点应当向社会公布。

第十七条　使用固定式交通技术监控设备测速的路段，应当设置测速警告标志。

使用移动测速设备测速的，应当由交通警察操作。使用车载移动测速设备的，还应当使用制式警车。

第十八条　作为处理依据的交通技术监控设备收集的违法行为记录资料，应当清晰、准确地反映机动车类型、号牌、外观等特征以及违法时间、地点、事实。

第十九条　交通技术监控设备收集违法行为记录资料后五日内，违法行为发生地公安机关交通管理部门应当对记录内容进行审核，经审核无误后录入道路交通违法信息管理系统，作为处罚违法行为的证据。

第二十条　交通技术监控设备记录的违法行为信息录入道路交通违法信息管理系统后当日，违法行为发生地和机动车登记地公安机关交通管理部门应当向社会提供查询。违法行为发生地公安机关交通管理部门应当在违法行为信息录入道路交通违法信息管理系统后五日内，按照机动车备案信息中的联系方式，通过移动互联网应用程序、手机短信或者邮寄等方式将违法时间、地点、事实通知违法行为人或者机动车所有人、管理人，并告知其在三十日内接受处理。

公安机关交通管理部门应当在违法行为人或者机动车所有人、管理人处理违法行为和交通事故、办理机动车或者驾驶证业务时，书面确认违法行为人或者机动车所有人、管理人的联系方式和法律文书送达方式，并告知其可以通过公安机关交通管理部门互联网站、移动互联网应用程序等方式备案或者变更联系方式、法律文书送达方式。

第二十一条　对交通技术监控设备记录的违法行为信息，经核查能够确定实际驾驶人的，公安机关交通管理部门可以在道路交通违法信息管理系统中将其记录为实际驾驶人的违法行为信息。

第二十二条　交通技术监控设备记录或者录入道路交通违法信息管理系统的违法行为信息，有下列情形之一并经核实的，违法行为发生地或者机动车登记地公安机关交通管理部门应当自核实之日起三日内予以消除：

（一）警车、消防救援车辆、救护车、工程救险车执行紧急任务期间交通技术监控设备记录的违法行为；

（二）机动车所有人或者管理人提供报案记录证明机动车被盗抢期间、机动车号牌被他人冒用期间交通技术监控设备记录的违法行为；

（三）违法行为人或者机动车所有人、管理人提供证据证明机动车因救助危难或者紧急避险造成的违法行为；

（四）已经在现场被交通警察处理的交通技术监控设备记录的违法行为；

（五）因交通信号指示不一致造成的违法行为；

（六）作为处理依据的交通技术监控设备收集的违法行为记录资料，不能清晰、准确地反映机动车类型、号牌、外观等特征以及违法时间、地点、事实的；

（七）经比对交通技术监控设备记录的违法行为照片、道路交通违法信息管理系统登记的机动车信息，确认记录的机动车号牌信息错误的；

（八）其他应当消除的情形。

第二十三条 经查证属实，单位或者个人提供的违法行为照片或者视频等资料可以作为处罚的证据。

对群众举报的违法行为照片或者视频资料的审核录入要求，参照本规定执行。

第四章 行政强制措施适用

第二十四条 公安机关交通管理部门及其交通警察在执法过程中，依法可以采取下列行政强制措施：

（一）扣留车辆；

（二）扣留机动车驾驶证；

（三）拖移机动车；

（四）检验体内酒精、国家管制的精神药品、麻醉药品含量；

（五）收缴物品；

（六）法律、法规规定的其他行政强制措施。

第二十五条 采取本规定第二十四条第（一）、（二）、（四）、（五）项行政强制措施，应当按照下列程序实施：

（一）口头告知违法行为人或者机动车所有人、管理人违法行为的基本事实、拟作出行政强制措施的种类、依据及其依法享有的权利；

（二）听取当事人的陈述和申辩，当事人提出的事实、理由或者证据成立的，应当采纳；

（三）制作行政强制措施凭证，并告知当事人在十五日内到指定地点接受处理；

（四）行政强制措施凭证应当由当事人签名、交通警察签名或者盖章，并加盖公安机关交通管理部门印章；当事人拒绝签名的，交通警察应当在行政强制措施凭证上注明；

（五）行政强制措施凭证应当当场交付当事人；当事人拒收的，由交通警察在行政强制措施凭证上注明，即为送达。

现场采取行政强制措施的，交通警察应当在二十四小时内向所属公安机关交通管理部门负责人报告，并补办批准手续。公安机关交通管理部门负责人认为不应当采取行政强制措施的，应当立即解除。

第二十六条 行政强制措施凭证应当载明当事人的基本情况、车辆牌号、车辆类型、违法事实、采取行政强制措施种类和依据、接受处理的具体地点和期限、决定机关名称及当事人依法享有的行政复议、行政诉讼权利等内容。

第二十七条 有下列情形之一的，依法扣留车辆：

（一）上道路行驶的机动车未悬挂机动车号牌，未放置检验合格标志、保险标志，或者未随车携带机动车行驶证、驾驶证的；

（二）有伪造、变造或者使用伪造、变造的机动车登记证书、号牌、行驶证、检验合格标志、保险标志、驾驶证或者使用其他车辆的机动车登记证书、号牌、行驶证、检验合格标志、保险标志嫌疑的；

（三）未按照国家规定投保机动车交通事故责任强制保险的；

（四）公路客运车辆或者货运机动车超载的；

（五）机动车有被盗抢嫌疑的；

（六）机动车有拼装或者达到报废标准嫌疑的；

（七）未申领《剧毒化学品公路运输通行证》通过公路运输剧毒化学品的；

（八）非机动车驾驶人拒绝接受罚款处罚的。

对发生道路交通事故，因收集证据需要的，可以依法扣留事故车辆。

第二十八条 交通警察应当在扣留车辆后二十四小时内，将被扣留车辆交所属公安机关交通管理部门。

公安机关交通管理部门扣留车辆的，不得扣留车辆所载货物。对车辆所载货物应当通知当事人自行处理，当事人无法自行处理或者不自行处理的，应当登记并妥善保管，对容易腐烂、损毁、灭失或者其他不具备保管条件的物品，经县级以上公安机关交通管理部门负责人批准，可以在拍照或者录像后变卖或者拍卖，变卖、拍卖所得按照有关规定处理。

第二十九条 对公路客运车辆载客超过核定乘员、货运机动车超过核定载质量的，公安机关交通管理部门应当按照下列规定消除违法状态：

（一）违法行为人可以自行消除违法状态的，应当在公安机关交通管理部门的监督下，自行将超载

的乘车人转运、将超载的货物卸载;

(二)违法行为人无法自行消除违法状态的,对超载的乘车人,公安机关交通管理部门应当及时通知有关部门联系转运;对超载的货物,应当在指定的场地卸载,并由违法行为人与指定场地的保管方签订卸载货物的保管合同。

消除违法状态的费用由违法行为人承担。违法状态消除后,应当立即退还被扣留的机动车。

第三十条 对扣留的车辆,当事人接受处理或者提供、补办的相关证明或者手续经核实后,公安机关交通管理部门应当依法及时退还。

公安机关交通管理部门核实的时间不得超过十日;需要延长的,经县级以上公安机关交通管理部门负责人批准,可以延长至十五日。核实时间自车辆驾驶人或者所有人、管理人提供被扣留车辆合法来历证明,补办相应手续,或者接受处理之日起计算。

发生道路交通事故因收集证据需要扣留车辆的,扣留车辆时间依照《道路交通事故处理程序规定》有关规定执行。

第三十一条 有下列情形之一的,依法扣留机动车驾驶证:

(一)饮酒后驾驶机动车的;

(二)将机动车交由未取得机动车驾驶证或者机动车驾驶证被吊销、暂扣的人驾驶的;

(三)机动车行驶超过规定时速百分之五十的;

(四)驾驶有拼装或者达到报废标准嫌疑的机动车上道路行驶的;

(五)在一个记分周期内累积记分达到十二分的。

第三十二条 交通警察应当在扣留机动车驾驶证后二十四小时内,将被扣留机动车驾驶证交所属公安机关交通管理部门。

具有本规定第三十一条第(一)、(二)、(三)、(四)项所列情形之一的,扣留机动车驾驶证至作出处罚决定之日;处罚决定生效前先予扣留机动车驾驶证的,扣留一日折抵暂扣期限一日。只对违法行为人作出罚款处罚的,缴纳罚款完毕后,应当立即发还机动车驾驶证。具有本规定第三十一条第(五)项情形的,扣留机动车驾驶证至考试合格之日。

第三十三条 违反机动车停放、临时停车规定,驾驶人不在现场或者虽在现场但拒绝立即驶离,妨碍其他车辆、行人通行的,公安机关交通管理部门及其交通警察可以将机动车拖移至不妨碍交通的地点或者公安机关交通管理部门指定的地点。

拖移机动车的,现场交通警察应当通过拍照、录像等方式固定违法事实和证据。

第三十四条 公安机关交通管理部门应当公开拖移机动车查询电话,并通过设置拖移机动车专用标志牌明示或者以其他方式告知当事人。当事人可以通过电话查询接受处理的地点、期限和被拖移机动车的停放地点。

第三十五条 车辆驾驶人有下列情形之一的,应当对其检验体内酒精含量:

(一)对酒精呼气测试等方法测试的酒精含量结果有异议并当场提出的;

(二)涉嫌饮酒驾驶车辆发生交通事故的;

(三)涉嫌醉酒驾驶的;

(四)拒绝配合酒精呼气测试等方法测试的。

车辆驾驶人对酒精呼气测试结果无异议的,应当签字确认。事后提出异议的,不予采纳。

车辆驾驶人涉嫌吸食、注射毒品或者服用国家管制的精神药品、麻醉药品后驾驶车辆的,应当按照《吸毒检测程序规定》对车辆驾驶人进行吸毒检测,并通知其家属,但无法通知的除外。

对酒后、吸毒后行为失控或者拒绝配合检验、检测的,可以使用约束带或者警绳等约束性警械。

第三十六条 对车辆驾驶人进行体内酒精含量检验的,应当按照下列程序实施:

(一)由两名交通警察或者由一名交通警察带领警务辅助人员将车辆驾驶人带到医疗机构提取血样,或者现场由法医等具有相应资质的人员提取血样;

(二)公安机关交通管理部门应当在提取血样后五日内将血样送交有检验资格的单位或者机构进行检验,并在收到检验结果后五日内书面告知车辆驾驶人。

检验车辆驾驶人体内酒精含量的,应当通知其家属,但无法通知的除外。

车辆驾驶人对检验结果有异议的,可以在收到检验结果之日起三日内申请重新检验。

具有下列情形之一的，应当进行重新检验：

（一）检验程序违法或者违反相关专业技术要求，可能影响检验结果正确性的；

（二）检验单位或者机构、检验人不具备相应资质和条件的；

（三）检验结果明显依据不足的；

（四）检验人故意作虚假检验的；

（五）检验人应当回避而没有回避的；

（六）检材虚假或者被污染的；

（七）其他应当重新检验的情形。

不符合前款规定情形的，经县级以上公安机关交通管理部门负责人批准，作出不准予重新检验的决定，并在作出决定之日起的三日内书面通知申请人。

重新检验，公安机关应当另行指派或者聘请检验人。

第三十七条　对非法安装警报器、标志灯具或者自行车、三轮车加装动力装置的，公安机关交通管理部门应当强制拆除，予以收缴，并依法予以处罚。

交通警察现场收缴非法装置的，应当在二十四小时内，将收缴的物品交所属公安机关交通管理部门。

对收缴的物品，除作为证据保存外，经县级以上公安机关交通管理部门批准后，依法予以销毁。

第三十八条　公安机关交通管理部门对扣留的拼装或者已达到报废标准的机动车，经县级以上公安机关交通管理部门批准后，予以收缴，强制报废。

第三十九条　对伪造、变造或者使用伪造、变造的机动车登记证书、号牌、行驶证、检验合格标志、保险标志、驾驶证的，应当予以收缴，依法处罚后予以销毁。

对使用其他车辆的机动车登记证书、号牌、行驶证、检验合格标志、保险标志的，应当予以收缴，依法处罚后转至机动车登记地车辆管理所。

第四十条　对在道路两侧及隔离带上种植树木、其他植物或者设置广告牌、管线等，遮挡路灯、交通信号灯、交通标志，妨碍安全视距的，公安机关交通管理部门应当向违法行为人送达排除妨碍通知书，告知履行期限和不履行的后果。违法行为人在规定期限内拒不履行的，依法予以处罚并强制排除妨碍。

第四十一条　强制排除妨碍，公安机关交通管理部门及其交通警察可以当场实施。无法当场实施的，应当按照下列程序实施：

（一）经县级以上公安机关交通管理部门负责人批准，可以委托或者组织没有利害关系的单位予以强制排除妨碍；

（二）执行强制排除妨碍时，公安机关交通管理部门应当派员到场监督。

第五章　行政处罚

第一节　行政处罚的决定

第四十二条　交通警察对于当场发现的违法行为，认为情节轻微、未影响道路通行和安全的，口头告知其违法行为的基本事实、依据，向违法行为人提出口头警告，纠正违法行为后放行。

各省、自治区、直辖市公安机关交通管理部门可以根据实际确定适用口头警告的具体范围和实施办法。

第四十三条　对违法行为人处以警告或者二百元以下罚款的，可以适用简易程序。

对违法行为人处以二百元（不含）以上罚款、暂扣或者吊销机动车驾驶证的，应当适用一般程序。不需要采取行政强制措施的，现场交通警察应当收集、固定相关证据，并制作违法行为处理通知书。其中，对违法行为人单处二百元（不含）以上罚款的，可以通过简化取证方式和审核审批手续等措施快速办理。

对违法行为人处以行政拘留处罚的，按照《公安机关办理行政案件程序规定》实施。

第四十四条　适用简易程序处罚的，可以由一名交通警察作出，并应当按照下列程序实施：

（一）口头告知违法行为人违法行为的基本事实、拟作出的行政处罚、依据及其依法享有的权利；

（二）听取违法行为人的陈述和申辩，违法行为人提出的事实、理由或者证据成立的，应当采纳；

（三）制作简易程序处罚决定书；

（四）处罚决定书应当由被处罚人签名、交通警察签名或者盖章，并加盖公安机关交通管理部门印章；被处罚人拒绝签名的，交通警察应当在处罚决定书上注明；

（五）处罚决定书应当当场交付被处罚人；被处罚人拒收的，由交通警察在处罚决定书上注明，即为送达。

交通警察应当在二日内将简易程序处罚决定书报所属公安机关交通管理部门备案。

第四十五条 简易程序处罚决定书应当载明被处罚人的基本情况、车辆牌号、车辆类型、违法事实、处罚的依据、处罚的内容、履行方式、期限、处罚机关名称及被处罚人依法享有的行政复议、行政诉讼权利等内容。

第四十六条 制发违法行为处理通知书应当按照下列程序实施：

（一）口头告知违法行为人违法行为的基本事实；

（二）听取违法行为人的陈述和申辩，违法行为人提出的事实、理由或者证据成立的，应当采纳；

（三）制作违法行为处理通知书，并通知当事人在十五日内接受处理；

（四）违法行为处理通知书应当由违法行为人签名、交通警察签名或者盖章，并加盖公安机关交通管理部门印章；当事人拒绝签名的，交通警察应当在违法行为处理通知书上注明；

（五）违法行为处理通知书应当当场交付当事人；当事人拒收的，由交通警察在违法行为处理通知书上注明，即为送达。

交通警察应当在二十四小时内将违法行为处理通知书报所属公安机关交通管理部门备案。

第四十七条 违法行为处理通知书应当载明当事人的基本情况、车辆牌号、车辆类型、违法事实、接受处理的具体地点和时限、通知机关名称等内容。

第四十八条 适用一般程序作出处罚决定，应当由两名以上交通警察按照下列程序实施：

（一）对违法事实进行调查，询问当事人违法行为的基本情况，并制作笔录；当事人拒绝接受询问、签名或者盖章的，交通警察应当在询问笔录上注明；

（二）采用书面形式或者笔录形式告知当事人拟作出的行政处罚的事实、理由及依据，并告知其依法享有的权利；

（三）对当事人陈述、申辩进行复核，复核结果应当在笔录中注明；

（四）制作行政处罚决定书；

（五）行政处罚决定书应当由被处罚人签名，并加盖公安机关交通管理部门印章；被处罚人拒绝签名的，交通警察应当在处罚决定书上注明；

（六）行政处罚决定书应当当场交付被处罚人；被处罚人拒收的，由交通警察在处罚决定书上注明，即为送达；被处罚人不在场的，应当依照《公安机关办理行政案件程序规定》的有关规定送达。

第四十九条 行政处罚决定书应当载明被处罚人的基本情况、车辆牌号、车辆类型、违法事实和证据、处罚的依据、处罚的内容、履行方式、期限、处罚机关名称及被处罚人依法享有的行政复议、行政诉讼权利等内容。

第五十条 一人有两种以上违法行为，分别裁决，合并执行，可以制作一份行政处罚决定书。

一人只有一种违法行为，依法应当并处两个以上处罚种类且涉及两个处罚主体的，应当分别制作行政处罚决定书。

第五十一条 对违法行为事实清楚，需要按照一般程序处以罚款的，应当自违法行为人接受处理之时起二十四小时内作出处罚决定；处以暂扣机动车驾驶证的，应当自违法行为人接受处理之日起三日内作出处罚决定；处以吊销机动车驾驶证的，应当自违法行为人接受处理或者听证程序结束之日起七日内作出处罚决定，交通肇事构成犯罪的，应当在人民法院判决后及时作出处罚决定。

第五十二条 对交通技术监控设备记录的违法行为，当事人应当及时到公安机关交通管理部门接受处理，处以警告或者二百元以下罚款的，可以适用简易程序；处以二百元（不含）以上罚款、吊销机动车驾驶证的，应当适用一般程序。

第五十三条 违法行为人或者机动车所有人、管理人收到道路交通安全违法行为通知后，应当及时到公安机关交通管理部门接受处理。机动车所有人、管理人将机动车交由他人驾驶的，应当通知机动车驾驶人按照本规定第二十条规定期限接受处理。

违法行为人或者机动车所有人、管理人无法在三十日内接受处理的，可以申请延期处理。延长的期限最长不得超过三个月。

第五十四条 机动车有五起以上未处理的违法行为记录，违法行为人或者机动车所有人、管理人未在三十日内接受处理且未申请延期处理的，违法行为发生地公安机关交通管理部门应当按照备案信息中的联系方式，通过移动互联网应用程序、手机短信或者邮寄等方式将拟作出的行政处罚决定的事实、理由、依据以及依法享有的权利，告知违法行为人或者机动车所有人、管理人。违法行为人或者机动车所有人、管理人未在告知后三十日内接受处理的，可以采取公告方式告知拟作出的行政处罚决定的事实、理由、依据、依法享有的权利以及公告期届满后将依法作出行政处罚决定。公告期为七日。

违法行为人或者机动车所有人、管理人提出申辩或者接受处理的，应当按照本规定第四十四条或者第四十八条办理；违法行为人或者机动车所有人、管理人未提出申辩的，公安机关交通管理部门可以依法作出行政处罚决定，并制作行政处罚决定书。

第五十五条　行政处罚决定书可以邮寄或者电子送达。邮寄或者电子送达不成功的，公安机关交通管理部门可以公告送达，公告期为六十日。

第五十六条　电子送达可以采用移动互联网应用程序、电子邮件、移动通信等能够确认受送达人收悉的特定系统作为送达媒介。送达日期为公安机关交通管理部门对应系统显示发送成功的日期。受送达人证明到达其特定系统的日期与公安机关交通管理部门对应系统显示发送成功的日期不一致的，以受送达人证明到达其特定系统的日期为准。

公告应当通过互联网交通安全综合服务管理平台、移动互联网应用程序等方式进行。公告期满，即为送达。

公告内容应当避免泄漏个人隐私。

第五十七条　交通警察在道路执勤执法时，发现违法行为人或者机动车所有人、管理人有交通技术监控设备记录的违法行为逾期未处理的，应当以口头或者书面方式告知违法行为人或者机动车所有人、管理人。

第五十八条　违法行为人可以通过公安机关交通管理部门自助处理平台自助处理违法行为。

第二节　行政处罚的执行

第五十九条　对行人、乘车人、非机动车驾驶人处以罚款，交通警察当场收缴的，交通警察应当在简易程序处罚决定书上注明，由被处罚人签名确认。被处罚人拒绝签名的，交通警察应当在处罚决定书上注明。

交通警察依法当场收缴罚款的，应当开具省、自治区、直辖市财政部门统一制发的罚款收据；不开具省、自治区、直辖市财政部门统一制发的罚款收据的，当事人有权拒绝缴纳罚款。

第六十条　当事人逾期不履行行政处罚决定的，作出行政处罚决定的公安机关交通管理部门可以采取下列措施：

（一）到期不缴纳罚款的，每日按罚款数额的百分之三加处罚款，加处罚款总额不得超出罚款数额；

（二）申请人民法院强制执行。

第六十一条　公安机关交通管理部门对非本辖区机动车驾驶人给予暂扣、吊销机动车驾驶证处罚的，应当在作出处罚决定之日起十五日内，将机动车驾驶证转至核发地公安机关交通管理部门。

违法行为人申请不将暂扣的机动车驾驶证转至核发地公安机关交通管理部门的，应当准许，并在行政处罚决定书上注明。

第六十二条　对违法行为人决定行政拘留并处罚款的，公安机关交通管理部门应当告知违法行为人可以委托他人代缴罚款。

第六章　执法监督

第六十三条　交通警察执勤执法时，应当按照规定着装，佩戴人民警察标志，随身携带人民警察证件，保持警容严整，举止端庄，指挥规范。

交通警察查处违法行为时应当使用规范、文明的执法用语。

第六十四条　公安机关交通管理部门所属的交警队、车管所及重点业务岗位应当建立值日警官和法制员制度，防止和纠正执法中的错误和不当行为。

第六十五条　各级公安机关交通管理部门应当加强执法监督，建立本单位及其所属民警的执法档案，实施执法质量考评、执法责任制和执法过错追究。

执法档案可以是电子档案或者纸质档案。

第六十六条　公安机关交通管理部门应当依法建立交通民警执勤执法考核评价标准，不得下达或者变相下达罚款指标，不得以处罚数量作为考核民警执法效果的依据。

第七章　其他规定

第六十七条　当事人对公安机关交通管理部门采取的

行政强制措施或者作出的行政处罚决定不服的，可以依法申请行政复议或者提起行政诉讼。

第六十八条　公安机关交通管理部门应当使用道路交通违法信息管理系统对违法行为信息进行管理。对记录和处理的交通违法行为信息应当及时录入道路交通违法信息管理系统。

第六十九条　公安机关交通管理部门对非本辖区机动车有违法行为记录的，应当在违法行为信息录入道路交通违法信息管理系统后，在规定时限内将违法行为信息转至机动车登记地公安机关交通管理部门。

第七十条　公安机关交通管理部门对非本辖区机动车驾驶人的违法行为给予记分或者暂扣、吊销机动车驾驶证以及扣留机动车驾驶证的，应当在违法行为信息录入道路交通违法信息管理系统后，在规定时限内将违法行为信息转至驾驶证核发地公安机关交通管理部门。

第七十一条　公安机关交通管理部门可以与保险监管机构建立违法行为与机动车交通事故责任强制保险费率联系浮动制度。

第七十二条　机动车所有人为单位的，公安机关交通管理部门可以将严重影响道路交通安全的违法行为通报机动车所有人。

第七十三条　对非本辖区机动车驾驶人申请在违法行为发生地、处理地参加满分学习、考试的，公安机关交通管理部门应当准许，考试合格后发还扣留的机动车驾驶证，并将考试合格的信息转至驾驶证核发地公安机关交通管理部门。

驾驶证核发地公安机关交通管理部门应当根据转递信息清除机动车驾驶人的累积记分。

第七十四条　以欺骗、贿赂等不正当手段取得机动车登记的，应当收缴机动车登记证书、号牌、行驶证，由机动车登记地公安机关交通管理部门撤销机动车登记。

以欺骗、贿赂等不正当手段取得驾驶许可的，应当收缴机动车驾驶证，由驾驶证核发地公安机关交通管理部门撤销机动车驾驶许可。

非本辖区机动车登记或者机动车驾驶许可需要撤销的，公安机关交通管理部门应当将收缴的机动车登记证书、号牌、行驶证或者机动车驾驶证以及相关证据材料，及时转至机动车登记地或者驾驶证核发地公安机关交通管理部门。

第七十五条　撤销机动车登记或者机动车驾驶许可的，应当按照下列程序实施：

（一）经设区的市公安机关交通管理部门负责人批准，制作撤销决定书送达当事人；

（二）将收缴的机动车登记证书、号牌、行驶证或者机动车驾驶证以及撤销决定书转至机动车登记地或者驾驶证核发地车辆管理所予以注销；

（三）无法收缴的，公告作废。

第七十六条　简易程序案卷应当包括简易程序处罚决定书。一般程序案卷应当包括行政强制措施凭证或者违法行为处理通知书、证据材料、公安交通管理行政处罚决定书。

在处理违法行为过程中形成的其他文书应当一并存入案卷。

第八章　附　　则

第七十七条　本规定中下列用语的含义：

（一）“违法行为人”，是指违反道路交通安全法律、行政法规规定的公民、法人及其他组织。

（二）“县级以上公安机关交通管理部门”，是指县级以上人民政府公安机关交通管理部门或者相当于同级的公安机关交通管理部门。“设区的市公安机关交通管理部门”，是指设区的市人民政府公安机关交通管理部门或者相当于同级的公安机关交通管理部门。

第七十八条　交通技术监控设备记录的非机动车、行人违法行为参照本规定关于机动车违法行为处理程序处理。

第七十九条　公安机关交通管理部门可以以电子案卷形式保存违法处理案卷。

第八十条　本规定未规定的违法行为处理程序，依照《公安机关办理行政案件程序规定》执行。

第八十一条　本规定所称“以上”“以下”，除特别注明的外，包括本数在内。

本规定所称的“二日”“三日”“五日”“七日”“十日”“十五日”，是指工作日，不包括节假日。

第八十二条　执行本规定所需要的法律文书式样，由公安部制定。公安部没有制定式样，执法工作中需要的其他法律文书，各省、自治区、直辖市公安机关交通管理部门可以制定式样。

第八十三条　本规定自2009年4月1日起施行。2004年4月30日发布的《道路交通安全违法行为处理程序规定》(公安部第69号令)同时废止。本规定生效后,以前有关规定与本规定不一致的,以本规定为准。

道路交通事故处理程序规定

1. *2017年7月22日公安部令第146号修订公布*
2. *自2018年5月1日起施行*

第一章　总　　则

第一条　为了规范道路交通事故处理程序,保障公安机关交通管理部门依法履行职责,保护道路交通事故当事人的合法权益,根据《中华人民共和国道路交通安全法》及其实施条例等有关法律、行政法规,制定本规定。

第二条　处理道路交通事故,应当遵循合法、公正、公开、便民、效率的原则,尊重和保障人权,保护公民的人格尊严。

第三条　道路交通事故分为财产损失事故、伤人事故和死亡事故。

财产损失事故是指造成财产损失,尚未造成人员伤亡的道路交通事故。

伤人事故是指造成人员受伤,尚未造成人员死亡的道路交通事故。

死亡事故是指造成人员死亡的道路交通事故。

第四条　道路交通事故的调查处理应当由公安机关交通管理部门负责。

财产损失事故可以由当事人自行协商处理,但法律法规及本规定另有规定的除外。

第五条　交通警察经过培训并考试合格,可以处理适用简易程序的道路交通事故。

处理伤人事故,应当由具有道路交通事故处理初级以上资格的交通警察主办。

处理死亡事故,应当由具有道路交通事故处理中级以上资格的交通警察主办。

第六条　公安机关交通管理部门处理道路交通事故应当使用全国统一的交通管理信息系统。

鼓励应用先进的科技装备和先进技术处理道路交通事故。

第七条　交通警察处理道路交通事故,应当按照规定使用执法记录设备。

第八条　公安机关交通管理部门应当建立与司法机关、保险机构等有关部门间的数据信息共享机制,提高道路交通事故处理工作信息化水平。

第二章　管　　辖

第九条　道路交通事故由事故发生地的县级公安机关交通管理部门管辖。未设立县级公安机关交通管理部门的,由设区的市公安机关交通管理部门管辖。

第十条　道路交通事故发生在两个以上管辖区域的,由事故起始点所在地公安机关交通管理部门管辖。

对管辖权有争议的,由共同的上一级公安机关交通管理部门指定管辖。指定管辖前,最先发现或者最先接到报警的公安机关交通管理部门应当先行处理。

第十一条　上级公安机关交通管理部门在必要的时候,可以处理下级公安机关交通管理部门管辖的道路交通事故,或者指定下级公安机关交通管理部门限时将案件移送其他下级公安机关交通管理部门处理。

案件管辖权发生转移的,处理时限从案件接收之日起计算。

第十二条　中国人民解放军、中国人民武装警察部队人员、车辆发生道路交通事故的,按照本规定处理。依法应当吊销、注销中国人民解放军、中国人民武装警察部队核发的机动车驾驶证以及对现役军人实施行政拘留或者追究刑事责任的,移送中国人民解放军、中国人民武装警察部队有关部门处理。

上道路行驶的拖拉机发生道路交通事故的,按照本规定处理。公安机关交通管理部门对拖拉机驾驶人依法暂扣、吊销、注销驾驶证或者记分处理的,应当将决定书和记分情况通报有关的农业(农业机械)主管部门。吊销、注销驾驶证的,还应当将驾驶证送交有关的农业(农业机械)主管部门。

第三章　报警和受案

第十三条　发生死亡事故、伤人事故的,或者发生财产损失事故且有下列情形之一的,当事人应当保护现场并立即报警：

（一）驾驶人无有效机动车驾驶证或者驾驶的机动车与驾驶证载明的准驾车型不符的；

（二）驾驶人有饮酒、服用国家管制的精神药品或者麻醉药品嫌疑的；

（三）驾驶人有从事校车业务或者旅客运输，严重超过额定乘员载客，或者严重超过规定时速行驶嫌疑的；

（四）机动车无号牌或者使用伪造、变造的号牌的；

（五）当事人不能自行移动车辆的；

（六）一方当事人离开现场的；

（七）有证据证明事故是由一方故意造成的。

驾驶人必须在确保安全的原则下，立即组织车上人员疏散到路外安全地点，避免发生次生事故。驾驶人已因道路交通事故死亡或者受伤无法行动的，车上其他人员应当自行组织疏散。

第十四条 发生财产损失事故且有下列情形之一，车辆可以移动的，当事人应当组织车上人员疏散到路外安全地点，在确保安全的原则下，采取现场拍照或者标划事故车辆现场位置等方式固定证据，将车辆移至不妨碍交通的地点后报警：

（一）机动车无检验合格标志或者无保险标志的；

（二）碰撞建筑物、公共设施或者其他设施的。

第十五条 载运爆炸性、易燃性、毒害性、放射性、腐蚀性、传染病病原体等危险物品车辆发生事故的，当事人应当立即报警，危险物品车辆驾驶人、押运人应当按照危险物品安全管理法律、法规、规章以及有关操作规程的规定，采取相应的应急处置措施。

第十六条 公安机关及其交通管理部门接到报警的，应当受理，制作受案登记表并记录下列内容：

（一）报警方式、时间，报警人姓名、联系方式，电话报警的，还应当记录报警电话；

（二）发生或者发现道路交通事故的时间、地点；

（三）人员伤亡情况；

（四）车辆类型、车辆号牌号码，是否载有危险物品以及危险物品的种类、是否发生泄漏等；

（五）涉嫌交通肇事逃逸的，还应当询问并记录肇事车辆的车型、颜色、特征及其逃逸方向、逃逸驾驶人的体貌特征等有关情况。

报警人不报姓名的，应当记录在案。报警人不愿意公开姓名的，应当为其保密。

第十七条 接到道路交通事故报警后，需要派员到现场处置，或者接到出警指令的，公安机关交通管理部门应当立即派交通警察赶赴现场。

第十八条 发生道路交通事故后当事人未报警，在事故现场撤除后，当事人又报警请求公安机关交通管理部门处理的，公安机关交通管理部门应当按照本规定第十六条规定的记录内容予以记录，并在三日内作出是否接受案件的决定。

经核查道路交通事故事实存在的，公安机关交通管理部门应当受理，制作受案登记表；经核查无法证明道路交通事故事实存在，或者不属于公安机关交通管理部门管辖的，应当书面告知当事人，并说明理由。

第四章 自行协商

第十九条 机动车与机动车、机动车与非机动车发生财产损失事故，当事人应当在确保安全的原则下，采取现场拍照或者标划事故车辆现场位置等方式固定证据后，立即撤离现场，将车辆移至不妨碍交通的地点，再协商处理损害赔偿事宜，但有本规定第十三条第一款情形的除外。

非机动车与非机动车或者行人发生财产损失事故，当事人应当先撤离现场，再协商处理损害赔偿事宜。

对应当自行撤离现场而未撤离的，交通警察应当责令当事人撤离现场；造成交通堵塞的，对驾驶人处以200元罚款。

第二十条 发生可以自行协商处理的财产损失事故，当事人可以通过互联网在线自行协商处理；当事人对事实及成因有争议的，可以通过互联网共同申请公安机关交通管理部门在线确定当事人的责任。

当事人报警的，交通警察、警务辅助人员可以指导当事人自行协商处理。当事人要求交通警察到场处理的，应当指派交通警察到现场调查处理。

第二十一条 当事人自行协商达成协议的，制作道路交通事故自行协商协议书，并共同签名。道路交通事故自行协商协议书应当载明事故发生的时间、地点、天气、当事人姓名、驾驶证号或者身份证号、联系方式、机动车种类和号牌号码、保险公司、保险凭证号、事故形态、碰撞部位、当事人的责任等内容。

第二十二条　当事人自行协商达成协议的，可以按照下列方式履行道路交通事故损害赔偿：

（一）当事人自行赔偿；

（二）到投保的保险公司或者道路交通事故保险理赔服务场所办理损害赔偿事宜。

当事人自行协商达成协议后未履行的，可以申请人民调解委员会调解或者向人民法院提起民事诉讼。

第五章　简易程序

第二十三条　公安机关交通管理部门可以适用简易程序处理以下道路交通事故，但有交通肇事、危险驾驶犯罪嫌疑的除外：

（一）财产损失事故；

（二）受伤当事人伤势轻微，各方当事人一致同意适用简易程序处理的伤人事故。

适用简易程序的，可以由一名交通警察处理。

第二十四条　交通警察适用简易程序处理道路交通事故时，应当在固定现场证据后，责令当事人撤离现场，恢复交通。拒不撤离现场的，予以强制撤离。当事人无法及时移动车辆影响通行和交通安全的，交通警察应当将车辆移至不妨碍交通的地点。具有本规定第十三条第一款第一项、第二项情形之一的，按照《中华人民共和国道路交通安全法实施条例》第一百零四条规定处理。

撤离现场后，交通警察应当根据现场固定的证据和当事人、证人陈述等，认定并记录道路交通事故发生的时间、地点、天气、当事人姓名、驾驶证号或者身份证号、联系方式、机动车种类和号牌号码、保险公司、保险凭证号、道路交通事故形态、碰撞部位等，并根据本规定第六十条确定当事人的责任，当场制作道路交通事故认定书。不具备当场制作条件的，交通警察应当在三日内制作道路交通事故认定书。

道路交通事故认定书应当由当事人签名，并现场送达当事人。当事人拒绝签名或者接收的，交通警察应当在道路交通事故认定书上注明情况。

第二十五条　当事人共同请求调解的，交通警察应当当场进行调解，并在道路交通事故认定书上记录调解结果，由当事人签名，送达当事人。

第二十六条　有下列情形之一的，不适用调解，交通警察可以在道路交通事故认定书上载明有关情况后，将道路交通事故认定书送达当事人：

（一）当事人对道路交通事故认定有异议的；

（二）当事人拒绝在道路交通事故认定书上签名的；

（三）当事人不同意调解的。

第六章　调　　查

第一节　一般规定

第二十七条　除简易程序外，公安机关交通管理部门对道路交通事故进行调查时，交通警察不得少于二人。

交通警察调查时应当向被调查人员出示《人民警察证》，告知被调查人依法享有的权利和义务，向当事人发送联系卡。联系卡载明交通警察姓名、办公地址、联系方式、监督电话等内容。

第二十八条　交通警察调查道路交通事故时，应当合法、及时、客观、全面地收集证据。

第二十九条　对发生一次死亡三人以上道路交通事故的，公安机关交通管理部门应当开展深度调查；对造成其他严重后果或者存在严重安全问题的道路交通事故，可以开展深度调查。具体程序另行规定。

第二节　现场处置和调查

第三十条　交通警察到达事故现场后，应当立即进行下列工作：

（一）按照事故现场安全防护有关标准和规范的要求划定警戒区域，在安全距离位置放置发光或者反光锥筒和警告标志，确定专人负责现场交通指挥和疏导。因道路交通事故导致交通中断或者现场处置、勘查需要采取封闭道路等交通管制措施的，还应当视情在事故现场来车方向提前组织分流，放置绕行提示标志；

（二）组织抢救受伤人员；

（三）指挥救护、勘查等车辆停放在安全和便于抢救、勘查的位置，开启警灯，夜间还应当开启危险报警闪光灯和示廓灯；

（四）查找道路交通事故当事人和证人，控制肇事嫌疑人；

（五）其他需要立即开展的工作。

第三十一条 道路交通事故造成人员死亡的，应当经急救、医疗人员或者法医确认，并由具备资质的医疗机构出具死亡证明。尸体应当存放在殡葬服务单位或者医疗机构等有停尸条件的场所。

第三十二条 交通警察应当对事故现场开展下列调查工作：

（一）勘查事故现场，查明事故车辆、当事人、道路及其空间关系和事故发生时的天气情况；

（二）固定、提取或者保全现场证据材料；

（三）询问当事人、证人并制作询问笔录；现场不具备制作询问笔录条件的，可以通过录音、录像记录询问过程；

（四）其他调查工作。

第三十三条 交通警察勘查道路交通事故现场，应当按照有关法规和标准的规定，拍摄现场照片，绘制现场图，及时提取、采集与案件有关的痕迹、物证等，制作现场勘查笔录。现场勘查过程中发现当事人涉嫌利用交通工具实施其他犯罪的，应当妥善保护犯罪现场和证据，控制犯罪嫌疑人，并立即报告公安机关主管部门。

发生一次死亡三人以上事故的，应当进行现场摄像，必要时可以聘请具有专门知识的人参加现场勘验、检查。

现场图、现场勘查笔录应当由参加勘查的交通警察、当事人和见证人签名。当事人、见证人拒绝签名或者无法签名以及无见证人的，应当记录在案。

第三十四条 痕迹、物证等证据可能因时间、地点、气象等原因导致改变、毁损、灭失的，交通警察应当及时固定、提取或者保全。

对涉嫌饮酒或者服用国家管制的精神药品、麻醉药品驾驶车辆的人员，公安机关交通管理部门应当按照《道路交通安全违法行为处理程序规定》及时抽血或者提取尿样等检材，送交有检验鉴定资质的机构进行检验。

车辆驾驶人员当场死亡的，应当及时抽血检验。不具备抽血条件的，应当由医疗机构或者鉴定机构出具证明。

第三十五条 交通警察应当核查当事人的身份证件、机动车驾驶证、机动车行驶证、检验合格标志、保险标志等。

对交通肇事嫌疑人可以依法传唤。对在现场发现的交通肇事嫌疑人，经出示《人民警察证》，可以口头传唤，并在询问笔录中注明嫌疑人到案经过、到案时间和离开时间。

第三十六条 勘查事故现场完毕后，交通警察应当清点并登记现场遗留物品，迅速组织清理现场，尽快恢复交通。

现场遗留物品能够当场发还的，应当当场发还并做记录；当场无法确定所有人的，应当登记，并妥善保管，待所有人确定后，及时发还。

第三十七条 因调查需要，公安机关交通管理部门可以向有关单位、个人调取汽车行驶记录仪、卫星定位装置、技术监控设备的记录资料以及其他与事故有关的证据材料。

第三十八条 因调查需要，公安机关交通管理部门可以组织道路交通事故当事人、证人对肇事嫌疑人、嫌疑车辆等进行辨认。

辨认应当在交通警察的主持下进行。主持辨认的交通警察不得少于二人。多名辨认人对同一辨认对象进行辨认时，应当由辨认人个别进行。

辨认时，应当将辨认对象混杂在特征相类似的其他对象中，不得给辨认人任何暗示。辨认肇事嫌疑人时，被辨认的人数不得少于七人；对肇事嫌疑人照片进行辨认的，不得少于十人的照片。辨认嫌疑车辆时，同类车辆不得少于五辆；对肇事嫌疑车辆照片进行辨认时，不得少于十辆的照片。

对尸体等特定辨认对象进行辨认，或者辨认人能够准确描述肇事嫌疑人、嫌疑车辆独有特征的，不受数量的限制。

对肇事嫌疑人的辨认，辨认人不愿意公开进行时，可以在不暴露辨认人的情况下进行，并应当为其保守秘密。

对辨认经过和结果，应当制作辨认笔录，由交通警察、辨认人、见证人签名。必要时，应当对辨认过程进行录音或者录像。

第三十九条 因收集证据的需要，公安机关交通管理部门可以扣留事故车辆，并开具行政强制措施凭证。扣留的车辆应当妥善保管。

公安机关交通管理部门不得扣留事故车辆所载

货物。对所载货物在核实重量、体积及货物损失后，通知机动车驾驶人或者货物所有人自行处理。无法通知当事人或者当事人不自行处理的，按照《公安机关办理行政案件程序规定》的有关规定办理。

严禁公安机关交通管理部门指定停车场停放扣留的事故车辆。

第四十条　当事人涉嫌犯罪的，因收集证据的需要，公安机关交通管理部门可以依据《中华人民共和国刑事诉讼法》《公安机关办理刑事案件程序规定》，扣押机动车驾驶证等与事故有关的物品、证件，并按照规定出具扣押法律文书。扣押的物品应当妥善保管。

对扣押的机动车驾驶证等物品、证件，作为证据使用的，应当随案移送，并制作随案移送清单一式两份，一份留存，一份交人民检察院。对于实物不宜移送的，应当将其清单、照片或者其他证明文件随案移送。待人民法院作出生效判决后，按照人民法院的通知，依法作出处理。

第四十一条　经过调查，不属于公安机关交通管理部门管辖的，应当将案件移送有关部门并书面通知当事人，或者告知当事人处理途径。

公安机关交通管理部门在调查过程中，发现当事人涉嫌交通肇事、危险驾驶犯罪的，应当按照《中华人民共和国刑事诉讼法》《公安机关办理刑事案件程序规定》立案侦查。发现当事人有其他违法犯罪嫌疑的，应当及时移送有关部门，移送不影响事故的调查和处理。

第四十二条　投保机动车交通事故责任强制保险的车辆发生道路交通事故，因抢救受伤人员需要保险公司支付抢救费用的，公安机关交通管理部门应当书面通知保险公司。

抢救受伤人员需要道路交通事故社会救助基金垫付费用的，公安机关交通管理部门应当书面通知道路交通事故社会救助基金管理机构。

道路交通事故造成人员死亡需要救助基金垫付丧葬费用的，公安机关交通管理部门应当在送达尸体处理通知书的同时，告知受害人亲属向道路交通事故社会救助基金管理机构提出书面垫付申请。

第三节　交通肇事逃逸查缉

第四十三条　公安机关交通管理部门应当根据管辖区域和道路情况，制定交通肇事逃逸案件查缉预案，并组织专门力量办理交通肇事逃逸案件。

发生交通肇事逃逸案件后，公安机关交通管理部门应当立即启动查缉预案，布置警力堵截，并通过全国机动车缉查布控系统查缉。

第四十四条　案发地公安机关交通管理部门可以通过发协查通报、向社会公告等方式要求协查、举报交通肇事逃逸车辆或者侦破线索。发出协查通报或者向社会公告时，应当提供交通肇事逃逸案件基本事实、交通肇事逃逸车辆情况、特征及逃逸方向等有关情况。

中国人民解放军和中国人民武装警察部队车辆涉嫌交通肇事逃逸的，公安机关交通管理部门应当通报中国人民解放军、中国人民武装警察部队有关部门。

第四十五条　接到协查通报的公安机关交通管理部门，应当立即布置堵截或者排查。发现交通肇事逃逸车辆或者嫌疑车辆的，应当予以扣留，依法传唤交通肇事逃逸人或者与协查通报相符的嫌疑人，并及时将有关情况通知案发地公安机关交通管理部门。案发地公安机关交通管理部门应当立即派交通警察前往办理移交。

第四十六条　公安机关交通管理部门查获交通肇事逃逸车辆或者交通肇事逃逸嫌疑人后，应当按原范围撤销协查通报，并通过全国机动车缉查布控系统撤销布控。

第四十七条　公安机关交通管理部门侦办交通肇事逃逸案件期间，交通肇事逃逸案件的受害人及其家属向公安机关交通管理部门询问案件侦办情况的，除依法不应当公开的内容外，公安机关交通管理部门应当告知并做好记录。

第四十八条　道路交通事故社会救助基金管理机构已经为受害人垫付抢救费用或者丧葬费用的，公安机关交通管理部门应当在交通肇事逃逸案件侦破后及时书面告知道路交通事故社会救助基金管理机构交通肇事逃逸驾驶人的有关情况。

第四节　检验、鉴定

第四十九条　需要进行检验、鉴定的，公安机关交通管理部门应当按照有关规定，自事故现场调查结束之日起三日内委托具备资质的鉴定机构进行检验、鉴定。

尸体检验应当在死亡之日起三日内委托。对交通肇事逃逸车辆的检验、鉴定自查获肇事嫌疑车辆之日起三日内委托。

对现场调查结束之日起三日后需要检验、鉴定的，应当报经上一级公安机关交通管理部门批准。

对精神疾病的鉴定，由具有精神病鉴定资质的鉴定机构进行。

第五十条 检验、鉴定费用由公安机关交通管理部门承担，但法律法规另有规定或者当事人自行委托伤残评定、财产损失评估的除外。

第五十一条 公安机关交通管理部门应当与鉴定机构确定检验、鉴定完成的期限，确定的期限不得超过三十日。超过三十日的，应当报经上一级公安机关交通管理部门批准，但最长不得超过六十日。

第五十二条 尸体检验不得在公众场合进行。为了确定死因需要解剖尸体的，应当征得死者家属同意。死者家属不同意解剖尸体的，经县级以上公安机关或者上一级公安机关交通管理部门负责人批准，可以解剖尸体，并且通知死者家属到场，由其在解剖尸体通知书上签名。

死者家属无正当理由拒不到场或者拒绝签名的，交通警察应当在解剖尸体通知书上注明。对身份不明的尸体，无法通知死者家属的，应当记录在案。

第五十三条 尸体检验报告确定后，应当书面通知死者家属在十日内办理丧葬事宜。无正当理由逾期不办理的应记录在案，并经县级以上公安机关或者上一级公安机关交通管理部门负责人批准，由公安机关或者上一级公安机关交通管理部门处理尸体，逾期存放的费用由死者家属承担。

对于没有家属、家属不明或者因自然灾害等不可抗力导致无法通知或者通知后家属拒绝领回的，经县级以上公安机关或者上一级公安机关交通管理部门负责人批准，可以及时处理。

对身份不明的尸体，由法医提取人身识别检材，并对尸体拍照、采集相关信息后，由公安机关交通管理部门填写身份不明尸体信息登记表，并在设区的市级以上报纸刊登认尸启事。登报后三十日仍无人认领的，经县级以上公安机关或者上一级公安机关交通管理部门负责人批准，可以及时处理。

因宗教习俗等原因对尸体处理期限有特殊需要的，经县级以上公安机关或者上一级公安机关交通管理部门负责人批准，可以紧急处理。

第五十四条 鉴定机构应当在规定的期限内完成检验、鉴定，并出具书面检验报告、鉴定意见，由鉴定人签名，鉴定意见还应当加盖机构印章。检验报告、鉴定意见应当载明以下事项：

（一）委托人；

（二）委托日期和事项；

（三）提交的相关材料；

（四）检验、鉴定的时间；

（五）依据和结论性意见，通过分析得出结论性意见的，应当有分析证明过程。

检验报告、鉴定意见应当附有鉴定机构、鉴定人的资质证明或者其他证明文件。

第五十五条 公安机关交通管理部门应当对检验报告、鉴定意见进行审核，并在收到检验报告、鉴定意见之日起五日内，将检验报告、鉴定意见复印件送达当事人，但有下列情形之一的除外：

（一）检验、鉴定程序违法或者违反相关专业技术要求，可能影响检验报告、鉴定意见公正、客观的；

（二）鉴定机构、鉴定人不具备鉴定资质和条件的；

（三）检验报告、鉴定意见明显依据不足的；

（四）故意作虚假鉴定的；

（五）鉴定人应当回避而没有回避的；

（六）检材虚假或者检材被损坏、不具备鉴定条件的；

（七）其他可能影响检验报告、鉴定意见公正、客观的情形。

检验报告、鉴定意见有前款规定情形之一的，经县级以上公安机关交通管理部门负责人批准，应当在收到检验报告、鉴定意见之日起三日内重新委托检验、鉴定。

第五十六条 当事人对检验报告、鉴定意见有异议，申请重新检验、鉴定的，应当自公安机关交通管理部门送达之日起三日内提出书面申请，经县级以上公安机关交通管理部门负责人批准，原办案单位应当重新委托检验、鉴定。检验报告、鉴定意见不具有本规定第五十五条第一款情形的，经县级以上公安机关交通管理部门负责人批准，由原办案单位作出不准予重新检验、鉴定的决定，并在作出决定之日起三日内书面通知申请人。

同一交通事故的同一检验、鉴定事项，重新检验、鉴定以一次为限。

第五十七条　重新检验、鉴定应当另行委托鉴定机构。

第五十八条　自检验报告、鉴定意见确定之日起五日内，公安机关交通管理部门应当通知当事人领取扣留的事故车辆。

因扣留车辆发生的费用由作出决定的公安机关交通管理部门承担，但公安机关交通管理部门通知当事人领取，当事人逾期未领取产生的停车费用由当事人自行承担。

经通知当事人三十日后不领取的车辆，经公告三个月仍不领取的，对扣留的车辆依法处理。

第七章　认定与复核

第一节　道路交通事故认定

第五十九条　道路交通事故认定应当做到事实清楚、证据确实充分、适用法律正确、责任划分公正、程序合法。

第六十条　公安机关交通管理部门应当根据当事人的行为对发生道路交通事故所起的作用以及过错的严重程度，确定当事人的责任。

（一）因一方当事人的过错导致道路交通事故的，承担全部责任；

（二）因两方或者两方以上当事人的过错发生道路交通事故的，根据其行为对事故发生的作用以及过错的严重程度，分别承担主要责任、同等责任和次要责任；

（三）各方均无导致道路交通事故的过错，属于交通意外事故的，各方均无责任。

一方当事人故意造成道路交通事故的，他方无责任。

第六十一条　当事人有下列情形之一的，承担全部责任：

（一）发生道路交通事故后逃逸的；

（二）故意破坏、伪造现场、毁灭证据的。

为逃避法律责任追究，当事人弃车逃逸以及潜逃藏匿的，如有证据证明其他当事人也有过错，可以适当减轻责任，但同时有证据证明逃逸当事人有第一款第二项情形的，不予减轻。

第六十二条　公安机关交通管理部门应当自现场调查之日起十日内制作道路交通事故认定书。交通肇事逃逸案件在查获交通肇事车辆和驾驶人后十日内制作道路交通事故认定书。对需要进行检验、鉴定的，应当在检验报告、鉴定意见确定之日起五日内制作道路交通事故认定书。

有条件的地方公安机关交通管理部门可以试行在互联网公布道路交通事故认定书，但对涉及的国家秘密、商业秘密或者个人隐私，应当保密。

第六十三条　发生死亡事故以及复杂、疑难的伤人事故后，公安机关交通管理部门应当在制作道路交通事故认定书或者道路交通事故证明前，召集各方当事人到场，公开调查取得的证据。

证人要求保密或者涉及国家秘密、商业秘密以及个人隐私的，按照有关法律法规的规定执行。

当事人不到场的，公安机关交通管理部门应当予以记录。

第六十四条　道路交通事故认定书应当载明以下内容：

（一）道路交通事故当事人、车辆、道路和交通环境等基本情况；

（二）道路交通事故发生经过；

（三）道路交通事故证据及事故形成原因分析；

（四）当事人导致道路交通事故的过错及责任或者意外原因；

（五）作出道路交通事故认定的公安机关交通管理部门名称和日期。

道路交通事故认定书应当由交通警察签名或者盖章，加盖公安机关交通管理部门道路交通事故处理专用章。

第六十五条　道路交通事故认定书应当在制作后三日内分别送达当事人，并告知申请复核、调解和提起民事诉讼的权利、期限。

当事人收到道路交通事故认定书后，可以查阅、复制、摘录公安机关交通管理部门处理道路交通事故的证据材料，但证人要求保密或者涉及国家秘密、商业秘密以及个人隐私的，按照有关法律法规的规定执行。公安机关交通管理部门对当事人复制的证据材料应当加盖公安机关交通管理部门事故处理专用章。

第六十六条 交通肇事逃逸案件尚未侦破，受害一方当事人要求出具道路交通事故认定书的，公安机关交通管理部门应当在接到当事人书面申请后十日内，根据本规定第六十一条确定各方当事人责任，制作道路交通事故认定书，并送达受害方当事人。道路交通事故认定书应当载明事故发生的时间、地点、受害人情况及调查得到的事实，以及受害方当事人的责任。

交通肇事逃逸案件侦破后，已经按照前款规定制作道路交通事故认定书的，应当按照本规定第六十一条重新确定责任，制作道路交通事故认定书，分别送达当事人。重新制作的道路交通事故认定书除应当载明本规定第六十四条规定的内容外，还应当注明撤销原道路交通事故认定书。

第六十七条 道路交通事故基本事实无法查清、成因无法判定的，公安机关交通管理部门应当出具道路交通事故证明，载明道路交通事故发生的时间、地点、当事人情况及调查得到的事实，分别送达当事人，并告知申请复核、调解和提起民事诉讼的权利、期限。

第六十八条 由于事故当事人、关键证人处于抢救状态或者因其他客观原因导致无法及时取证，现有证据不足以认定案件基本事实的，经上一级公安机关交通管理部门批准，道路交通事故认定的时限可中止计算，并书面告知各方当事人或者其代理人，但中止的时间最长不得超过六十日。

当中止认定的原因消失，或者中止期满受伤人员仍然无法接受调查的，公安机关交通管理部门应当在五日内，根据已经调查取得的证据制作道路交通事故认定书或者出具道路交通事故证明。

第六十九条 伤人事故符合下列条件，各方当事人一致书面申请快速处理的，经县级以上公安机关交通管理部门负责人批准，可以根据已经取得的证据，自当事人申请之日起五日内制作道路交通事故认定书：

（一）当事人不涉嫌交通肇事、危险驾驶犯罪的；

（二）道路交通事故基本事实及成因清楚，当事人无异议的。

第七十条 对尚未查明身份的当事人，公安机关交通管理部门应当在道路交通事故认定书或者道路交通事故证明中予以注明，待身份信息查明以后，制作书面补充说明送达各方当事人。

第二节 复 核

第七十一条 当事人对道路交通事故认定或者出具道路交通事故证明有异议的，可以自道路交通事故认定书或者道路交通事故证明送达之日起三日内提出书面复核申请。当事人逾期提交复核申请的，不予受理，并书面通知申请人。

复核申请应当载明复核请求及其理由和主要证据。同一事故的复核以一次为限。

第七十二条 复核申请人通过作出道路交通事故认定的公安机关交通管理部门提出复核申请的，作出道路交通事故认定的公安机关交通管理部门应当自收到复核申请之日起二日内将复核申请连同道路交通事故有关材料移送上一级公安机关交通管理部门。

复核申请人直接向上一级公安机关交通管理部门提出复核申请的，上一级公安机关交通管理部门应当通知作出道路交通事故认定的公安机关交通管理部门自收到通知之日起五日内提交案卷材料。

第七十三条 除当事人逾期提交复核申请的情形外，上一级公安机关交通管理部门收到复核申请之日即为受理之日。

第七十四条 上一级公安机关交通管理部门自受理复核申请之日起三十日内，对下列内容进行审查，并作出复核结论：

（一）道路交通事故认定的事实是否清楚、证据是否确实充分、适用法律是否正确、责任划分是否公正；

（二）道路交通事故调查及认定程序是否合法；

（三）出具道路交通事故证明是否符合规定。

复核原则上采取书面审查的形式，但当事人提出要求或者公安机关交通管理部门认为有必要时，可以召集各方当事人到场，听取各方意见。

办理复核案件的交通警察不得少于二人。

第七十五条 复核审查期间，申请人提出撤销复核申请的，公安机关交通管理部门应当终止复核，并书面通知各方当事人。

受理复核申请后，任何一方当事人就该事故向人民法院提起诉讼并经人民法院受理的，公安机关交通管理部门应当将受理当事人复核申请的有关情况告知相关人民法院。

受理复核申请后，人民检察院对交通肇事犯罪嫌疑人作出批准逮捕决定的，公安机关交通管理部门应当将受理当事人复核申请的有关情况告知相关人民检察院。

第七十六条　上一级公安机关交通管理部门认为原道路交通事故认定事实清楚、证据确实充分、适用法律正确、责任划分公正、程序合法的，应当作出维持原道路交通事故认定的复核结论。

上一级公安机关交通管理部门认为调查及认定程序存在瑕疵，但不影响道路交通事故认定的，在责令原办案单位补正或者作出合理解释后，可以作出维持原道路交通事故认定的复核结论。

上一级公安机关交通管理部门认为原道路交通事故认定有下列情形之一的，应当作出责令原办案单位重新调查、认定的复核结论：

（一）事实不清的；

（二）主要证据不足的；

（三）适用法律错误的；

（四）责任划分不公正的；

（五）调查及认定违反法定程序可能影响道路交通事故认定的。

第七十七条　上一级公安机关交通管理部门审查原道路交通事故证明后，按下列规定处理：

（一）认为事故成因确属无法查清，应当作出维持原道路交通事故证明的复核结论；

（二）认为事故成因仍需进一步调查的，应当作出责令原办案单位重新调查、认定的复核结论。

第七十八条　上一级公安机关交通管理部门应当在作出复核结论后三日内将复核结论送达各方当事人。公安机关交通管理部门认为必要的，应当召集各方当事人，当场宣布复核结论。

第七十九条　上一级公安机关交通管理部门作出责令重新调查、认定的复核结论后，原办案单位应当在十日内依照本规定重新调查，重新作出道路交通事故认定，撤销原道路交通事故认定书或者原道路交通事故证明。

重新调查需要检验、鉴定的，原办案单位应当在检验报告、鉴定意见确定之日起五日内，重新作出道路交通事故认定。

重新作出道路交通事故认定的，原办案单位应当送达各方当事人，并报上一级公安机关交通管理部门备案。

第八十条　上一级公安机关交通管理部门可以设立道路交通事故复核委员会，由办理复核案件的交通警察会同相关行业代表、社会专家学者等人员共同组成，负责案件复核，并以上一级公安机关交通管理部门的名义作出复核结论。

第八章　处 罚 执 行

第八十一条　公安机关交通管理部门应当按照《道路交通安全违法行为处理程序规定》，对当事人的道路交通安全违法行为依法作出处罚。

第八十二条　对发生道路交通事故构成犯罪，依法应当吊销驾驶人机动车驾驶证的，应当在人民法院作出有罪判决后，由设区的市公安机关交通管理部门依法吊销机动车驾驶证。同时具有逃逸情形的，公安机关交通管理部门应当同时依法作出终生不得重新取得机动车驾驶证的决定。

第八十三条　专业运输单位六个月内两次发生一次死亡三人以上事故，且单位或者车辆驾驶人对事故承担全部责任或者主要责任的，专业运输单位所在地的公安机关交通管理部门应当报经设区的市公安机关交通管理部门批准后，作出责令限期消除安全隐患的决定，禁止未消除安全隐患的机动车上道路行驶，并通报道路交通事故发生地及运输单位所在地的人民政府有关行政管理部门。

第九章　损害赔偿调解

第八十四条　当事人可以采取以下方式解决道路交通事故损害赔偿争议：

（一）申请人民调解委员会调解；

（二）申请公安机关交通管理部门调解；

（三）向人民法院提起民事诉讼。

第八十五条　当事人申请人民调解委员会调解，达成调解协议后，双方当事人认为有必要的，可以根据《中华人民共和国人民调解法》共同向人民法院申请司法确认。

当事人申请人民调解委员会调解，调解未达成协议的，当事人可以直接向人民法院提起民事诉讼，或者自人民调解委员会作出终止调解之日起三日内，一致书面申请公安机关交通管理部门进行调解。

第八十六条 当事人申请公安机关交通管理部门调解的，应当在收到道路交通事故认定书、道路交通事故证明或者上一级公安机关交通管理部门维持原道路交通事故认定的复核结论之日起十日内一致书面申请。

当事人申请公安机关交通管理部门调解，调解未达成协议的，当事人可以依法向人民法院提起民事诉讼，或者申请人民调解委员会进行调解。

第八十七条 公安机关交通管理部门应当按照合法、公正、自愿、及时的原则进行道路交通事故损害赔偿调解。

道路交通事故损害赔偿调解应当公开进行，但当事人申请不予公开的除外。

第八十八条 公安机关交通管理部门应当与当事人约定调解的时间、地点，并于调解时间三日前通知当事人。口头通知的，应当记入调解记录。

调解参加人因故不能按期参加调解的，应当在预定调解时间一日前通知承办的交通警察，请求变更调解时间。

第八十九条 参加损害赔偿调解的人员包括：

（一）道路交通事故当事人及其代理人；

（二）道路交通事故车辆所有人或者管理人；

（三）承保机动车保险的保险公司人员；

（四）公安机关交通管理部门认为有必要参加的其他人员。

委托代理人应当出具由委托人签名或者盖章的授权委托书。授权委托书应当载明委托事项和权限。

参加损害赔偿调解的人员每方不得超过三人。

第九十条 公安机关交通管理部门受理调解申请后，应当按照下列规定日期开始调解：

（一）造成人员死亡的，从规定的办理丧葬事宜时间结束之日起；

（二）造成人员受伤的，从治疗终结之日起；

（三）因伤致残的，从定残之日起；

（四）造成财产损失的，从确定损失之日起。

公安机关交通管理部门受理调解申请时已超过前款规定的时间，调解自受理调解申请之日起开始。

公安机关交通管理部门应当自调解开始之日起十日内制作道路交通事故损害赔偿调解书或者道路交通事故损害赔偿调解终结书。

第九十一条 交通警察调解道路交通事故损害赔偿，按照下列程序实施：

（一）告知各方当事人权利、义务；

（二）听取各方当事人的请求及理由；

（三）根据道路交通事故认定书认定的事实以及《中华人民共和国道路交通安全法》第七十六条的规定，确定当事人承担的损害赔偿责任；

（四）计算损害赔偿的数额，确定各方当事人承担的比例，人身损害赔偿的标准按照《中华人民共和国侵权责任法》《最高人民法院关于审理人身损害赔偿案件适用法律若干问题的解释》《最高人民法院关于审理道路交通事故损害赔偿案件适用法律若干问题的解释》等有关规定执行，财产损失的修复费用、折价赔偿费用按照实际价值或者评估机构的评估结论计算；

（五）确定赔偿履行方式及期限。

第九十二条 因确定损害赔偿的数额，需要进行伤残评定、财产损失评估的，由各方当事人协商确定有资质的机构进行，但财产损失数额巨大涉嫌刑事犯罪的，由公安机关交通管理部门委托。

当事人委托伤残评定、财产损失评估的费用，由当事人承担。

第九十三条 经调解达成协议的，公安机关交通管理部门应当当场制作道路交通事故损害赔偿调解书，由各方当事人签字，分别送达各方当事人。

调解书应当载明以下内容：

（一）调解依据；

（二）道路交通事故认定书认定的基本事实和损失情况；

（三）损害赔偿的项目和数额；

（四）各方的损害赔偿责任及比例；

（五）赔偿履行方式和期限；

（六）调解日期。

经调解各方当事人未达成协议的，公安机关交通管理部门应当终止调解，制作道路交通事故损害赔偿调解终结书，送达各方当事人。

第九十四条　有下列情形之一的，公安机关交通管理部门应当终止调解，并记录在案：

（一）调解期间有一方当事人向人民法院提起民事诉讼的；

（二）一方当事人无正当理由不参加调解的；

（三）一方当事人调解过程中退出调解的。

第九十五条　有条件的地方公安机关交通管理部门可以联合有关部门，设置道路交通事故保险理赔服务场所。

第十章　涉外道路交通事故处理

第九十六条　外国人在中华人民共和国境内发生道路交通事故的，除按照本规定执行外，还应当按照办理涉外案件的有关法律、法规、规章的规定执行。

公安机关交通管理部门处理外国人发生的道路交通事故，应当告知当事人我国法律、法规、规章规定的当事人在处理道路交通事故中的权利和义务。

第九十七条　外国人发生道路交通事故有下列情形之一的，不准其出境：

（一）涉嫌犯罪的；

（二）有未了结的道路交通事故损害赔偿案件，人民法院决定不准出境的；

（三）法律、行政法规规定不准出境的其他情形。

第九十八条　外国人发生道路交通事故并承担全部责任或者主要责任的，公安机关交通管理部门应当告知道路交通事故损害赔偿权利人可以向人民法院提出采取诉前保全措施的请求。

第九十九条　公安机关交通管理部门在处理道路交通事故过程中，使用中华人民共和国通用的语言文字。对不通晓我国语言文字的，应当为其提供翻译；当事人通晓我国语言文字而不需要他人翻译的，应当出具书面声明。

经公安机关交通管理部门批准，外国人可以自行聘请翻译，翻译费由当事人承担。

第一百条　享有外交特权与豁免的人员发生道路交通事故时，应当主动出示有效身份证件，交通警察认为应当给予暂扣或者吊销机动车驾驶证处罚的，可以扣留其机动车驾驶证。需要对享有外交特权与豁免的人员进行调查的，可以约谈，谈话时仅限于与道路交通事故有关的内容。需要检验、鉴定车辆的，公安机关交通管理部门应当征得其同意，并在检验、鉴定后立即发还。

公安机关交通管理部门应当根据收集的证据，制作道路交通事故认定书送达当事人，当事人拒绝接收的，送达至其所在机构；没有所在机构或者所在机构不明确的，由当事人所属国家的驻华使领馆转交送达。

享有外交特权与豁免的人员应当配合公安机关交通管理部门的调查和检验、鉴定。对于经核查确实享有外交特权与豁免但不同意接受调查或者检验、鉴定的，公安机关交通管理部门应当将有关情况记录在案，损害赔偿事宜通过外交途径解决。

第一百零一条　公安机关交通管理部门处理享有外交特权与豁免的外国人发生人员死亡事故的，应当将其身份、证件及事故经过、损害后果等基本情况记录在案，并将有关情况迅速通报省级人民政府外事部门和该外国人所属国家的驻华使馆或者领馆。

第一百零二条　外国驻华领事机构、国际组织、国际组织驻华代表机构享有特权与豁免的人员发生道路交通事故的，公安机关交通管理部门参照本规定第一百条、第一百零一条规定办理，但《中华人民共和国领事特权与豁免条例》、中国已参加的国际公约以及我国与有关国家或者国际组织缔结的协议有不同规定的除外。

第十一章　执法监督

第一百零三条　公安机关警务督察部门可以依法对公安机关交通管理部门及其交通警察处理道路交通事故工作进行现场督察，查处违纪违法行为。

上级公安机关交通管理部门对下级公安机关交通管理部门处理道路交通事故工作进行监督，发现错误应当及时纠正，造成严重后果的，依纪依法追究有关人员的责任。

第一百零四条　公安机关交通管理部门及其交通警察处理道路交通事故，应当公开办事制度、办事程序，建立警风警纪监督员制度，并自觉接受社会和群众的监督。

任何单位和个人都有权对公安机关交通管理部门及其交通警察不依法严格公正处理道路交通事故、利用职务上的便利收受他人财物或者谋取其他利益、徇私舞弊、滥用职权、玩忽职守以及其他违纪违法行为进行检举、控告。收到检举、控告的机关，应当依据职责及时查处。

第一百零五条 在调查处理道路交通事故时，交通警察或者公安机关检验、鉴定人员有下列情形之一的，应当回避：

（一）是本案的当事人或者是当事人的近亲属的；

（二）本人或者其近亲属与本案有利害关系的；

（三）与本案当事人有其他关系，可能影响案件公正处理的。

交通警察或者公安机关检验、鉴定人员需要回避的，由本级公安机关交通管理部门负责人或者检验、鉴定人员所属的公安机关决定。公安机关交通管理部门负责人需要回避的，由公安机关或者上一级公安机关交通管理部门负责人决定。

对当事人提出的回避申请，公安机关交通管理部门应当在二日内作出决定，并通知申请人。

第一百零六条 人民法院、人民检察院审理、审查道路交通事故案件，需要公安机关交通管理部门提供有关证据的，公安机关交通管理部门应当在接到调卷公函之日起三日内，或者按照其时限要求，将道路交通事故案件调查材料正本移送人民法院或者人民检察院。

第一百零七条 公安机关交通管理部门对查获交通肇事逃逸车辆及人员提供有效线索或者协助的人员、单位，应当给予表彰和奖励。

公安机关交通管理部门及其交通警察接到协查通报不配合协查并造成严重后果的，由公安机关或者上级公安机关交通管理部门追究有关人员和单位主管领导的责任。

第十二章 附 则

第一百零八条 道路交通事故处理资格等级管理规定由公安部另行制定，资格证书式样全国统一。

第一百零九条 公安机关交通管理部门应当在邻省、市（地）、县交界的国、省、县道上，以及辖区内交通流量集中的路段，设置标有管辖地公安机关交通管理部门名称及道路交通事故报警电话号码的提示牌。

第一百一十条 车辆在道路以外通行时发生的事故，公安机关交通管理部门接到报案的，参照本规定处理。涉嫌犯罪的，及时移送有关部门。

第一百一十一条 执行本规定所需要的法律文书式样，由公安部制定。公安部没有制定式样，执法工作中需要的其他法律文书，省级公安机关可以制定式样。

当事人自行协商处理损害赔偿事宜的，可以自行制作协议书，但应当符合本规定第二十一条关于协议书内容的规定。

第一百一十二条 本规定中下列用语的含义是：

（一）“交通肇事逃逸”，是指发生道路交通事故后，当事人为逃避法律责任，驾驶或者遗弃车辆逃离道路交通事故现场以及潜逃藏匿的行为。

（二）“深度调查”，是指以有效防范道路交通事故为目的，对道路交通事故发生的深层次原因以及道路交通安全相关因素开展延伸调查，分析查找安全隐患及管理漏洞，并提出从源头解决问题的意见和建议的活动。

（三）“检验报告、鉴定意见确定”，是指检验报告、鉴定意见复印件送达当事人之日起三日内，当事人未申请重新检验、鉴定的，以及公安机关交通管理部门批准重新检验、鉴定，鉴定机构出具检验报告、鉴定意见的。

（四）“外国人”，是指不具有中国国籍的人。

（五）本规定所称的“一日”、“二日”、“三日”、“五日”、“十日”，是指工作日，不包括节假日。

（六）本规定所称的“以上”、“以下”均包括本数在内。

（七）“县级以上公安机关交通管理部门”，是指县级以上人民政府公安机关交通管理部门或者相当于同级的公安机关交通管理部门。

（八）“设区的市公安机关交通管理部门”，是指设区的市人民政府公安机关交通管理部门或者相当于同级的公安机关交通管理部门。

（九）“设区的市公安机关”，是指设区的市人民政府公安机关或者相当于同级的公安机关。

第一百一十三条 本规定没有规定的道路交通事故案件办理程序，依照《公安机关办理行政案件程序规定》《公安机关办理刑事案件程序规定》的有关规定执行。

第一百一十四条　本规定自2018年5月1日起施行。2008年8月17日发布的《道路交通事故处理程序规定》（公安部令第104号）同时废止。

道路交通事故处理工作规范

1. 2018年3月29日公安部发布
2. 公交管〔2018〕149号
3. 自2018年5月1日起施行

第一章　总　　则

第一条　为规范道路交通事故处理工作，保障公安机关交通管理部门及其交通警察依法公正处理道路交通事故，提高办案质量和效率，保护当事人的合法权益，根据《中华人民共和国道路交通安全法》《中华人民共和国道路交通安全法实施条例》《道路交通事故处理程序规定》等法律、行政法规、规章，制定本规范。

第二条　公安机关交通管理部门及其交通警察处理道路交通事故应当以事实为根据，以法律为准绳，遵循合法、公正、公开、便民、效率的原则，尊重和保障人权，保护公民的人格尊严。

公安机关交通管理部门及其交通警察应当遵循事故处理与事故预防相结合的原则，按照规定及时开展事故深度调查，加强事故统计分析和事故预防对策研究。

第三条　交通警察在处理道路交通事故时应当按照规定使用规范用语。

第四条　公安机关交通管理部门办理道路交通事故案件实行分级负责、专人办案、领导审批制度。对造成人员死亡或者其他疑难、复杂案件应当集体研究决定。

第五条　县级以上公安机关交通管理部门应当按照道路交通事故处理岗位正规化建设要求，配置必需的人员、装备和办公场所。

第六条　公安机关交通管理部门应当加强道路交通事故现场安全防护工作，提高交通警察安全防护意识和防护能力，加大安全防护投入，配备性能优良、操作简便的安全防护装备和设施，组织开展安全防护培训和实战演练。

第七条　公安机关交通管理部门应当加强道路交通事故处理队伍专业化建设和人才培养，设区的市级以上公安机关交通管理部门应当建立道路交通事故处理人才库，聘请专业人员组建专家组。

第八条　交通警察经过培训并考试合格，可以处理适用简易程序的道路交通事故。

取得初级资格的交通警察，可以处理除死亡事故以外的道路交通事故，并可以协助取得中级以上资格的交通警察处理死亡事故。

取得中级以上资格的交通警察，可以处理所有道路交通事故，并可以对道路交通事故案件进行复核。

取得高级资格的交通警察，可以对取得初级、中级资格的交通警察处理道路交通事故进行指导。

设区的市、县级公安机关交通管理部门分管事故处理工作的领导和事故处理机构负责人，应当取得中级以上资格。

省级公安机关交通管理部门负责组织道路交通事故处理资格等级培训考试，对经培训并考试合格的交通警察核发道路交通事故处理资格等级证书。

道路交通事故处理资格等级证书由公安部交通管理局统一式样，省级公安机关交通管理部门负责印制。

第九条　交通警察执勤巡逻时，警车应当配备警示标志、现场标划用具、执法记录设备等对道路交通事故现场进行先期处置的必需装备，以及适用简易程序处理道路交通事故的法律文书等。

第十条　各级公安机关交通管理部门应当制定道路交通事故处理及追逃办案经费预算，保障所需经费。

第十一条　各级公安机关交通管理部门应当制定群死群伤道路交通事故应急处置、载运危险物品车辆道路交通事故应急处置、校车道路交通事故应急处置、隧道道路交通事故应急处置、恶劣天气条件下道路交通事故应急处置以及自然灾害造成事故应急处置和交通肇事逃逸案件查缉等预案，并与相邻省、设区的市、县级公安机关交通管理部门建立协作、查缉机制。

第十二条　警务辅助人员可以在交通警察的指导或监督下承担以下辅助工作：

（一）协助接受道路交通事故报警；

（二）维护事故现场秩序；

（三）协助勘查事故现场；

（四）保护和清理事故现场；

（五）为当事人自行协商处理财产损失事故提供指导或协助；

（六）协助监控、看管违法犯罪嫌疑人和交通肇事人；

（七）查询、核对、采集和录入道路交通事故信息资料；

（八）管理道路交通事故案卷文书、档案；

（九）其他非执法工作。

第二章　报警的受理与处理

第十三条　设区的市、县级公安机关交通管理部门事故处理机构实行二十四小时值班备勤制度，根据辖区道路交通事故情况确定值班备勤人数，值班备勤民警不得少于二人。

第十四条　交通警察巡逻发现道路交通事故，除符合自行协商条件或者可以适用简易程序处理的，应当立即报告本级公安机关交通管理部门指挥中心或者值班室（以下简称指挥中心），并先期处置事故现场。本级公安机关交通管理部门未单独设立指挥中心接受交通事故报警的，直接报告本级公安机关指挥中心。

第十五条　指挥中心接到道路交通事故报警的，应当按照《道路交通事故处理程序规定》第十六条规定的内容进行询问并作记录，制作《受案登记表》。需要派员到现场处置的，指派就近执勤的交通警察立即赶赴现场进行先期处置，并根据情况进行以下处理：

（一）需要适用一般程序处理的，通知事故处理民警赶赴现场，并调派支援警力赶赴现场维护交通安全和交通秩序；

（二）需要现场救援的，立即通知相关单位救援人员、车辆赶赴现场；

（三）属于上报范围的，立即报告上一级公安机关交通管理部门，并通过本级公安机关报告当地人民政府；

（四）需要堵截、查缉交通肇事逃逸车辆的，通知相关路段执勤民警堵截或查缉过往车辆，通报相邻的公安机关交通管理部门布控、协查；

（五）载运爆炸性、易燃性、毒害性、放射性、腐蚀性、传染病病原体等危险物品车辆发生事故的，立即通过本级公安机关报告当地人民政府，通报有关部门及时赶赴事故现场；

（六）营运车辆、校车发生人员死亡事故的，通知当地人民政府有关行政管理部门；

（七）造成道路、供电、供水、燃气、通讯等设施损毁的，通报有关部门及时处理。

属于应急处置范围的，指挥中心应当立即报告公安机关有关负责人，并启动相应的应急处置预案。

属于重大敏感的道路交通事故，指挥中心应当及时通报公安机关新闻舆论部门、网络安全保卫部门及其他相关单位，同步做好舆情导控等工作。

第十六条　指挥中心处置道路交通事故警情时，应当记录下列内容：

（一）处警指令发出的时间；

（二）接受处警指令的人员姓名；

（三）处警指令的内容；

（四）通知联动单位的时间；

（五）向单位领导或上级部门报告的时间、方式以及批示和指示情况；

（六）处警人员到达现场以及现场处置结束后，向指挥中心报告的时间及内容。

第十七条　交通警察接到处警指令后，白天应当在五分钟内出警，夜间应当在十分钟内出警。

第十八条　交通警察到达事故现场后，应当及时向指挥中心报告到达时间和事故发生地点、事故形态、车辆类型、乘载人员、道路通行、初查后果等现场简要情况，需要增加救援人员或者装备的，一并报告。

第十九条　发生道路交通事故有以下情形的，公安机关交通管理部门应当立即通过本级公安机关报告当地人民政府，并逐级上报省级公安机关交通管理部门：

（一）一次死亡三人以上的；

（二）接送学生、幼儿车辆发生事故造成学生、幼儿受伤的；

（三）高速公路上发生单起或者连续发生多起事故涉及五辆以上机动车的；

（四）伤人事故涉及现役军人、公安民警或者军车、警车的；

（五）造成外国人、港澳台人员受伤的；

（六）省级公安机关交通管理部门要求上报的其他情形。

第二十条 发生道路交通事故有以下情形的，公安机关交通管理部门应当立即通过本级公安机关报告当地人民政府，并逐级上报公安部交通管理局：

（一）一次死亡五人以上的；

（二）载运危险物品的车辆发生泄漏、爆炸、燃烧的；

（三）发生大中型客车翻车、坠车、燃烧的；

（四）接送学生、幼儿车辆发生事故造成学生、幼儿死亡或者五人以上受伤的；

（五）高速公路上发生单起或者连续发生多起事故涉及十辆以上机动车，或者造成单向或双向交通中断的；

（六）死亡事故涉及现役军人、公安民警或者军车、警车的；

（七）造成外国人、港澳台人员死亡或者三人以上重伤的；

（八）应当上报的其他情形。

第二十一条 具有本规范第十九条和第二十条第五项至第八项规定情形的，设区的市公安机关交通管理部门负责人应当立即赶赴事故现场，指导现场救援、调查取证等工作。必要时，应从辖区其他公安机关交通管理部门抽调警力赶赴现场支援。

具有本规范第二十条第一项至第四项规定情形的，省级公安机关交通管理部门应当派人赶赴事故现场，指导现场救援和调查取证工作。

发生一次死亡十人以上或者其他重大敏感的道路交通事故，公安部交通管理局应当派人赶赴事故现场，指导现场救援和调查取证工作。

第二十二条 发生道路交通事故后当事人未报警，在事故现场撤除后，当事人又报警请求公安机关交通管理部门处理的，公安机关交通管理部门应当按照《道路交通事故处理程序规定》第十六条规定的记录内容予以记录，并在三日内根据当事人提供的证据或案件线索，对事故发生地点的道路情况、事故车辆情况等进行核查，查找并询问事故当事人和证人。

经核查道路交通事故事实存在的，公安机关交通管理部门应当受理，制作《受案登记表》，并告知当事人；经核查无法证明道路交通事故事实存在或者不属于公安机关交通管理部门管辖的，应当制作《不予受理告知书》，注明理由，送达当事人；

经核查不属于道路交通事故但属于公安机关管辖范围的案件，应当移送公安机关相关部门，并书面告知当事人，说明理由；经核查不属于公安机关管辖的案件，应当告知当事人向相关部门报案，并通知相关部门。

第三章 自行协商

第二十三条 公安机关交通管理部门接到当事人报警，符合自行协商条件的，可以通过电话、微信、短信等方式，引导当事人按照规定采取开启危险报警闪光灯、设置警告标志等安全措施，组织车上人员疏散到路外安全地点，在确保安全的原则下，采取拍摄现场照片或者标划事故车辆现场位置等方式固定证据后，将车辆就近移至不妨碍交通的地点，再协商处理损害赔偿事宜，并可以指导当事人通过互联网在线快速处理等方式自行协商处理道路交通事故。

不符合自行协商条件的，应当告知驾驶人保护现场，立即组织车上人员疏散到路外安全地点，等候交通警察处理。

第二十四条 交通警察或者警务辅助人员执勤中发现的道路交通事故属于互联网在线快速处理范围的，可以指导或协助当事人通过互联网在线自行协商处理。

第四章 简易程序

第二十五条 交通警察到达现场后，事故车辆可以移动的，交通警察对现场拍照或者采用其他方式固定现场证据后，应当责令当事人立即撤离现场，将车辆就近移至不妨碍交通的地点。拒不撤离的，予以强制撤离。车辆无法移动的，当事人可以自行联系施救单位将车辆移至不妨碍交通的地点，当事人无法及时移动车辆且影响通行和交通安全的，交通警察可以通知施救单位将车辆移至不妨碍交通的地点。

第二十六条 撤离现场后，交通警察应当按照《道路交通事故处理程序规定》第二十四条第二款的规定予以记录，并根据固定的现场证据和当事人陈述、证人证言，认定道路交通事故事实，确定当事人的责任，填写《道路交通事故认定书（简易程序）》，由当事人签名，并当场送达当事人。

不具备当场制作《道路交通事故认定书（简易程序）》条件的，交通警察应当在三日内制作并送达当事人。

第二十七条 当事人共同请求调解的，交通警察应当当场进行调解，并在《道路交通事故认定书（简易程序）》上记录调解结果，由当事人签名，送达当事人。

第二十八条 当事人对道路交通事故认定有异议，或者拒绝在《道路交通事故认定书（简易程序）》上签名，或者不同意调解的，交通警察应当在《道路交通事故认定书（简易程序）》上予以记录，送达当事人；当事人拒绝接收的，交通警察应当在《道路交通事故认定书（简易程序）》上予以记录。

第二十九条 当事人伤势轻微，各方当事人一致同意适用简易程序处理的，交通警察应当在《道路交通事故认定书（简易程序）》上予以记录，并由各方当事人签名。

第三十条 交通警察适用简易程序处理道路交通事故，当事人为未成年人、精神病人等无民事行为能力人或者限制民事行为能力人的，应当通知其监护人或者近亲属到场，并在《道路交通事故认定书（简易程序）》上记录其身份信息。当事人能够正确理解和表达且有签字能力的，由当事人及其监护人或者近亲属共同签字；当事人不能正确理解和表达或者无签字能力的，由其监护人或者近亲属签字。

第五章 现场安全防护

第三十一条 交通警察到达事故现场后，应当按照《道路交通事故处理程序规定》及有关标准和规范的要求，严格落实安全防护措施。

第三十二条 交通警察赶赴现场处理道路交通事故，应当按照规定穿着现场防护服或者专门的现场勘查服，夜间佩戴发光或者反光器具，配备必要警用装备，携带道路交通事故现场勘查器材和现场防护装备。

第三十三条 交通警察到达现场后，应当根据现场情况利用警戒带、锥筒等划出警戒区，白天在距离现场来车方向五十米至一百五十米外或者路口处放置发光或者反光锥筒和警告标志，并指派专人负责现场安全警戒，指挥疏导过往车辆。夜间或雨、雪、雾、冰、沙尘等特殊气象条件下，应当增加发光或反光锥筒，延长警示距离。遇有群死群伤的交通事故现场，应当扩大警戒区范围，在现场警戒区外围设置缓冲区或者预警区，防止无关人员靠近警戒区。

高速公路应当停放警车示警，白天应当在距离现场来车方向二百米外，夜间或雨、雪、雾、冰、沙尘等特殊气象条件下，在距离现场来车方向五百米至一千米外，设置警告标志和减（限）速标志，放置发光或者反光锥筒。

事故现场道路不具备条件的，可以适当缩短标志、锥筒的设置距离。

第三十四条 最先到达现场的警车应当停放在距事故现场来车方向一百米以外，并开启警灯、危险报警闪光灯，待现场安全防护设置完成后再根据现场指挥，停放在安全和便于抢救、勘查的位置。事故现场附近有弯道和坡道的，警车停放地点和指挥交通的警察应当选择在坡顶、上坡路段或者进入弯道前端。

交通警察可以通过车载可变信息屏、警报器或者广播喊话等方式提醒过往车辆减速、变更车道或者停车等候。

第三十五条 道路交通事故涉及爆炸性、易燃性、毒害性、放射性、腐蚀性、传染病病原体等危险物品的，公安机关交通管理部门应当协同有关部门划定隔离区，封闭道路、疏散过往车辆、人员，禁止无关人员、车辆进入，待险情消除后方可勘查现场。必要时，现场交通警察应当穿着防化服、佩戴防护用具。

第三十六条 因道路交通事故导致交通中断或者现场处置、勘查需要采取封闭道路等交通管制措施的，交通警察应当报告指挥中心，由指挥中心通知相关路段执勤民警在事故现场来车方向提前组织分流，并通过可变信息标志、绕行提示标志以及电台广播、互联网发布等方式，及时提醒其他车辆绕行。

第六章 调　　查

第一节 一般规定

第三十七条 交通警察应当在道路交通事故现场勘查完毕后二十四小时内，将有关信息录入公安交通管理综合应用平台，并及时补充完善。

第三十八条　交通警察调查道路交通事故时，应当合法、及时、客观、全面地收集证据。

办理涉嫌交通肇事或者危险驾驶犯罪案件侦查终结的，公安机关交通管理部门应当全面审查证明证据收集合法性的证据材料，依法排除非法证据。排除非法证据后，证据不足的，不得移送审查起诉。

第三十九条　交通警察调查道路交通事故时，需要见证的，应当邀请与案件无关的公民作为见证人。

第四十条　公安机关交通管理部门在调查道路交通事故过程中，发现当事人涉嫌交通肇事或者危险驾驶犯罪的，应当依法立案侦查。发现当事人有其他违法犯罪嫌疑的，应当及时移送公安机关有关部门。

第二节　现 场 处 置

第四十一条　交通警察到达现场后，发现有人员受伤的，应当立即组织施救。急救、医疗人员到达现场后，交通警察应当积极协助抢救受伤人员。因抢救伤员需要变动现场的，应当标明或者记录需要变动的现场元素，并通过拍照或者摄像记录伤员在现场的原始位置及状态。受伤人员被送往医院的，应当记录医院名称、地址及受伤人员基本情况。

第四十二条　交通警察到达现场后，应当紧急疏散现场人员、车辆，对进入警戒区的无关人员，责令其立即离开，必要时可予以带离。遇有与勘查工作无关人员对事故现场以及受伤人员和尸体进行拍照、摄像的，应当立即予以劝阻，劝阻过程应当全程使用执法记录设备记录。事故现场围观人员较多的，应当通过设置提示牌、警示灯、语音设备等方式提示引导群众不得进入事故现场警戒区。

第四十三条　交通警察对现场停放的尸体以及敏感的物品要用尸袋、围布等予以遮盖，避免外露。事故现场血腥、惨烈的，可采用立体围挡设施进行遮挡。

第四十四条　已初步确定肇事逃逸车辆的车型、车号、车身特征或者逃逸路线、方向等信息的，交通警察应当立即报告指挥中心布置堵截和查缉。

第四十五条　交通警察应当根据现场情况，确认案件性质和管辖权。对属于道路交通事故但不属于本单位管辖区域的，报告指挥中心通知有管辖权的公安机关交通管理部门赶赴现场；管辖权有争议的，报告共同的上一级公安机关交通管理部门指定管辖，上一级公安机关交通管理部门应当在接到报告后二十四小时内作出决定。管辖权确定之前，最先到达现场的交通警察不得中止或拖延对该事故的组织施救、现场处置及处理工作；管辖权确定后，移交案件有关材料，由有管辖权的单位继续处理。

经调查，不属于公安机关交通管理部门管辖的，经请示单位负责人同意后，告知当事人，并报告指挥中心通知相关部门处理。

第三节　现 场 勘 查

第四十六条　交通警察应当现场查验道路交通事故当事人的身份证件、机动车驾驶证、机动车行驶证、保险标志等，并进行登记。依法传唤交通肇事嫌疑人，告知其他当事人、证人等有关人员应当配合调查。当事人不在现场的，应当立即查找；驾驶人不明确的，应当按照《道路交通事故机动车驾驶人识别调查取证规范》等有关标准和规范的要求调查。

第四十七条　交通警察在现场勘查过程中，应当使用呼气式酒精测试仪或者唾液试纸等器材，对车辆驾驶人进行酒精含量、国家管制的精神药品和麻醉药品测试。发现车辆驾驶人有饮酒或者服用国家管制的精神药品、麻醉药品嫌疑的，应当按照《道路交通事故处理程序规定》第三十四条的规定及时提取血样或者尿样，及时送交有资质的鉴定机构进行检验。

车辆驾驶人当场死亡或者受伤无法接受测试的，应当及时抽血或者提取尿样。不具备抽血或者提取尿样条件的，应当由医疗机构或者鉴定机构出具证明。医疗机构或者鉴定机构拒绝出具证明的，交通警察应当在现场勘查笔录或者工作记录中予以记录。现场难以确定车辆驾驶人的，应当对车上驾车嫌疑人进行酒精含量、国家管制的精神药品和麻醉药品测试。

第四十八条　提取的血样、尿样一式两份，提取人、被提取人、办案交通警察应当分别在《当事人血样（尿样）提取登记表》上签名，被提取人拒绝签名的，予以注明。

交通警察应当使用执法记录设备全程记录血样提取过程。

第四十九条 交通警察应当按照有关法律法规和《道路交通事故痕迹物证勘验》等标准的规定，客观、全面勘查现场，及时发现、提取痕迹物证，通过照相、摄像、标记、绘图、制作现场勘查笔录等方式固定现场证据。必要时，可以聘请具有专门知识的人员参加现场勘验、检查。

第五十条 交通警察应当按照《道路交通事故现场勘验照相》等标准，拍摄、制作道路交通事故照片。事故现场有两辆以上车辆无法识别或者两具以上尸体的，应当编号，逐一拍照，并记录车辆、尸体的位置、特征等。

第五十一条 交通警察应当按照《道路交通事故现场图绘制》《道路交通事故现场图形符号》等标准，绘制道路交通事故现场记录图或者制作现场实景记录图，并根据需要绘制现场比例图、现场断面图、现场立面图、现场分析图。道路交通事故现场记录图或者现场实景记录图经核对无误后，由勘查现场的交通警察、当事人和见证人签名；当事人不在现场、无见证人或者当事人、见证人拒绝签名、无法签名的，应当在现场图上注明。

第五十二条 交通警察应当及时制作道路交通事故现场勘查笔录。现场勘查笔录应当与现场图、现场照片相互补充、印证，主要载明下列内容：

（一）相关部门和人员到达现场时间、现场勘查开始时间、现场勘查结束时间；

（二）事故现场具体位置、天气、照明以及道路、设施和周围环境情况；

（三）现场监控设备情况；

（四）现场伤亡人员基本情况（人员位置在现场图中已有标注的，可不再记录）及救援简要过程；

（五）现场事故车辆车型、牌号及车辆挡位、转向、灯光、仪表指针位置，汽车行驶记录仪、车载事件数据记录仪、卫星定位装置等安装及使用情况；

（六）现场痕迹物证的种类、形态、尺寸、位置以及固定或者提取情况；

（七）对车辆驾驶人进行酒精含量、国家管制的精神药品和麻醉药品测试的结果以及提取血样、尿样情况；

（八）肇事车辆不在现场的，应当记录初步调查认定的肇事车辆驶离的方向、车型、牌号、车身颜色等情况；

（九）勘查现场的交通警察认为应当记录的其他情况。

现场勘查笔录经核对无误后，由勘查现场的交通警察、当事人和见证人签名；当事人不在现场、无见证人或者当事人、见证人拒绝签名、无法签名的，应当在现场勘查笔录中注明。

补充勘查道路交通事故现场的，应当制作道路交通事故现场补充勘查笔录，记录补充勘查发现、提取的痕迹、物证，经核对无误后，由勘查现场的交通警察、当事人和见证人签名。当事人不在现场、无见证人或者当事人、见证人拒绝或者无法签名的，应当在补充勘查笔录中注明。

第五十三条 对需要进一步核查、检验、鉴定的车辆、证件、物品等，交通警察应当依法扣留或者扣押，并出具行政强制措施凭证或者扣押决定书、扣押清单等法律文书，当场送达当事人；当事人已经死亡或者不在现场的，应当在法律文书中注明。

第五十四条 交通警察在现场勘查过程中，应当注意查找现场证人，记录证人的姓名、家庭住址、联系方式等信息。

交通警察可以在现场对道路交通事故当事人、证人针对事故现场需要确认的问题分别进行询问，并制作询问笔录，交由当事人、证人核对无误后签字确认；不具备制作询问笔录条件的，可以通过录音、录像记录询问过程。

第五十五条 道路交通事故造成人员死亡的，应当经急救、医疗人员确认，并由具备资质的医疗机构出具死亡证明。

第五十六条 交通警察应当尽快核查道路交通事故当事人身份以及伤亡人员家属联系方式；核查清楚后，应当及时告知伤亡人员家属伤者就医的医疗机构或者尸体的存放单位，并做好记录。

第五十七条 现场勘查结束后，交通警察应当组织清理事故现场，清点、登记并按规定处理现场遗留物品。通知殡葬服务单位或者有停尸条件的医疗机构将尸体运走存放。事故车辆能移动的，应当立即撤离；无法移动的，应当开启事故车辆的危险报警灯并按规定在来车方向设置危险警告标志。除公安机关交通管理部门依法扣留车辆的情形外，当事人可以自行联系施救单位将车辆移至不妨碍交通的地点，当事人无法及时移动车辆且影响通行和交通安全的，交通警察可以通知施救单位将车辆移至不妨碍交通的地点。

现场清理完毕后，应当及时向指挥中心报告。现场交通恢复正常后，负责维护现场秩序的交通警察方可撤离现场。

第五十八条　因条件限制或者案情复杂，现场勘查有困难的，经县级以上公安机关交通管理部门负责人批准，可以保留部分或者全部事故现场，待条件具备后再继续勘查。保留全部现场的，原警戒线不得撤除；保留部分现场的，只对所保留部分进行警戒。

第五十九条　现场勘查结束后，交通警察应当立即赶往医疗机构了解受伤人员伤情、案发经过等情况。告知医护人员，受伤人员伤情发生变化或者死亡等特殊情况时，应当立即告知公安机关交通管理部门。

第四节　询问和讯问

第六十条　交通警察应当在事故现场撤除后二十四小时内，按照《公安机关办理行政案件程序规定》对交通肇事嫌疑人、其他当事人进行询问，及时对证人进行询问，并制作询问笔录。

当事人、证人请求提交自行书写的陈述材料的，应当准许。必要时，办案交通警察也可以要求当事人、证人自行书写陈述材料。当事人、证人应当在其提供的陈述材料的结尾处签名或者捺指印。对打印的陈述材料，当事人、证人应当逐页签名或者捺指印。交通警察应当对当事人、证人提交自行书写的陈述材料进行核查，确认是否由本人书写，由他人代笔的，应当注明。办案交通警察无法确认签名或指印真伪的，应当要求当事人或者证人当场重新签名或者捺指印。核对无误后，在首页右上方注明收到日期，并签名。

办案交通警察应当告知当事人、证人在询问中依法享有的权利和承担的义务。证人要求保密的，应当为其保密，并在询问笔录和自行书写的陈述材料上注明。

第六十一条　道路交通事故有人员受伤并已被送往医疗机构的，交通警察应当尽快赶赴医疗机构了解情况，记录伤者姓名、年龄、性别、受伤部位和程度等情况；条件允许时，可以对伤者体形外貌、体表损伤、衣着痕迹等特征通过拍照、录像等方式固定。必要时，可以提取伤者的衣着物品，并制作提取笔录。针对事故发生经过的主要情节对伤者进行简要询问，并作记录，交由伤者核对无误后签名或者录音、录像保全，伤者无法签字或者拒绝签字的，由见证人签字或者记录在案。伤者因伤情严重无法接受询问的，应当记录在案，并告知其所就医医疗机构的医护人员或者其陪护人员，及时将伤情变化情况通知办案交通警察，伤者伤情好转能够接受询问时，办案交通警察应当及时进行询问。

第六十二条　对犯罪嫌疑人进行讯问，应当按照《公安机关办理刑事案件程序规定》进行。

第五节　调取证据

第六十三条　办案交通警察应当及时提取《受案登记表》、接处警记录表等接警记录。

第六十四条　因调查需要，公安机关交通管理部门可以向有关单位、个人调取汽车行驶记录仪、卫星定位装置、技术监控设备的记录资料以及其他与事故有关的证据材料。调取证据时，办案交通警察应当告知其必须如实提供证据，并告知其伪造、隐匿、毁灭证据，提供虚假证词应当承担的法律责任。

调取证据应当经办案部门负责人批准，开具调取证据通知书。被调取人应当在通知书上盖章或者签名，被调取人拒绝的，办案交通警察应当注明。必要时，应当采用录音、录像等方式固定证据内容及调取过程。

第六十五条　交通警察将当事人的身份证件、机动车驾驶证、机动车行驶证等证据材料复印或者照相、扫描作为证据使用时，应当注明提取的时间、是否与原件一致、原件的来源及存放处，并由制作人和物品持有人或者持有单位有关人员签名。物品持有人或者持有单位有关人员拒绝签名的，应当注明。

第六十六条　有关单位或者个人主动提供证据的，不再办理调取手续，但应当出具《接受证据清单》，一式三份，一份交证据提交人，一份交公安机关交通管理部门保管人员，一份存入案卷。

第六节　辨认和模拟实验

第六十七条　交通警察组织辨认前，应当向辨认人详细询问辨认对象的具体特征，查明辨认人是否具备辨认条件。

第六十八条 被辨认的照片应当按顺序编号，打印或者贴附纸上，照片中不得出现肇事嫌疑人、陪衬人的姓名等身份信息或其他个人明显身份特征信息，不得给予辨认人任何暗示。多次辨认应当对辨认对象重新排序。

第六十九条 辨认结束后，应当制作辨认笔录，并载明以下内容：

（一）辨认的起止时间、地点；

（二）办案交通警察、记录人的姓名和单位；

（三）辨认人、见证人、辨认对象的基本情况；

（四）辨认事由、辨认目的、辨认过程、辨认结果。

辨认笔录应当由主持辨认的交通警察、辨认人、见证人、记录人签名。

第七十条 因调查取证的需要，经县级以上公安机关交通管理部门负责人批准，交通警察可以补充勘查道路交通事故现场或者进行模拟实验。

实验的经过和结果，应当进行录音、录像，并制作实验笔录。实验笔录应载明实验目的、方法、步骤、经过、结果以及安全保障措施等内容，并由参加实验的人员和见证人签名。

模拟实验禁止危险、侮辱人格或者有伤风化的行为。

第七节 检验、鉴定

第七十一条 对当事人生理、精神状况、人体损伤、尸体、车辆及其行驶速度、痕迹、物品以及现场的道路状况等需要检验、鉴定的，公安机关交通管理部门应当按照《道路交通事故处理程序规定》第四十九条规定的时限和要求办理。

对交通肇事逃逸案件，公安机关交通管理部门应当自查获肇事嫌疑车辆之日起三日内对嫌疑车辆进行检验、鉴定。

第七十二条 公安机关交通管理部门及其送检人不得暗示或者强迫鉴定机构及其鉴定人作出某种鉴定意见。

第七十三条 尸体检验报告确定后，应当制作《尸体处理通知书》，通知死者家属在十日内办理丧葬事宜。无正当理由逾期不办理的应当记录在案，经县级以上公安机关或者上一级公安机关交通管理部门负责人批准，由公安机关或者上一级公安机关交通管理部门处理尸体，逾期存放尸体的费用由死者家属承担。

第七十四条 卫生行政主管部门许可的医疗机构具有执业资格的医生为道路交通事故受伤人员出具的诊断证明，公安机关交通管理部门可以作为认定道路交通事故受伤人员的人身伤害程度的依据。但当事人涉嫌交通肇事犯罪、当事人要求做伤情鉴定以及对伤害程度有争议的，应当委托具有资质的专门机构进行伤情鉴定。

第七十五条 公安机关交通管理部门应当对检验报告、鉴定意见进行审核。经审核，具有《道路交通事故处理程序规定》第五十五条第一款规定情形之一的，经县级以上公安机关交通管理部门负责人批准，应当在收到检验报告、鉴定意见之日起三日内重新委托检验、鉴定。

第七十六条 伤残评定、财产损失评估由当事人自行委托具备资质的机构进行评定、评估。财产损失数额较大涉嫌刑事犯罪的，应当由公安机关交通管理部门委托。

第七十七条 对身份不明的尸体，办案交通警察应当根据尸体的DNA、手印、体貌特征等信息，通过全国失踪人员信息管理系统及其他信息系统进行查询比对，从中查找线索，调查尸体身份。

第七十八条 经调查，尸体身份无法确定的，应当由法医提取人身识别检材，并对尸体拍照、采集相关信息后，由公安机关交通管理部门填写《未知名尸体信息登记/撤销表》《未知名尸体勘验信息登记表》，自发现未知名尸体之日起十日内，通报设区的市公安机关刑侦部门，录入未知名尸体信息系统。提取的生物检材经检测得到DNA数据后，应当立即补充录入未知名尸体信息管理系统。DNA数据按照有关程序上报全国公安机关DNA数据库。

第七十九条 经调查，尸体身份无法确定的，公安机关交通管理部门应当在道路交通事故发生之日起三十日内在设区的市级以上报纸刊登认尸启事，并可以通过互联网、电视、广播等媒体发布信息，查找死者亲属。登报后三十日仍无人认领的，经县级以上公安机关负责人或者上一级公安机关交通管理部门负责人批准,可以及时处理尸体。

对未知名尸体的骨灰存放一年,存放证留档备查。一年后,公安机关交通管理部门通知殡葬部门处理骨灰。

公安机关交通管理部门查明尸体的身份后,应当填写《未知名尸体信息登记/撤销表》,三日内通报设区的市公安机关刑侦部门。

第七章 交通肇事逃逸查缉

第八十条 设区的市公安机关交通管理部门应当组建专职逃逸案件侦破队伍。

县级公安机关交通管理部门应当制作辖区警力部署、急救和医疗机构、修理厂、车辆配件门市部、洗车场、加油站、视频监控点、道路收费站及主要出入口等重要信息分布图,完善交通肇事逃逸案件查缉网络。

第八十一条 发生交通肇事逃逸案件后,公安机关交通管理部门应当立即启动查缉预案,布置警力堵截,并通过全国公安交通集成指挥平台进行查缉布控。

第八十二条 公安机关交通管理部门应当通过现场勘查、检验鉴定、询问当事人和证人、调取监控录像等,调查以下基本情况,确定查缉方案,开展查缉工作:

(一)交通事故发生的时间范围;

(二)交通事故发生地点的交通环境、交通流特征,以及事故发生时间段内通过该路段的车辆数量、型号等;

(三)肇事逃逸车辆的厂牌型号、牌号、车身颜色、特征、损坏部位、装载货物、逃逸方向等;

(四)肇事嫌疑人的体貌、衣着等特征。

第八十三条 肇事车辆逃逸的,公安机关交通管理部门可以发布协查通报,请求有关公安机关交通管理部门协助查缉。

协查通报应当由事故发生地的县级公安机关交通管理部门向肇事车辆可能逃逸区域的同级公安机关交通管理部门发布;逃逸区域跨地(市)的,可以由设区的市级公安机关交通管理部门向请求协查的同级公安机关交通管理部门发布;逃逸区域跨省(自治区、直辖市)的,可以由省级公安机关交通管理部门发布。相邻公安机关交通管理部门建立交通肇事逃逸案件协查工作机制的,协查通报应按照协查工作机制所确定的形式发布。

第八十四条 公安机关交通管理部门接到交通肇事逃逸案件协查通报后,应当根据通报要求,立即组织开展以下工作:

(一)立即在肇事逃逸车辆可能通过的路段、路口部署警力,根据车辆特征,严格排查过往车辆,发现交通肇事逃逸车辆或者嫌疑车辆的,应当予以扣留;

(二)肇事逃逸车辆为本地车辆的,立即组织专人查扣;案发地公安机关交通管理部门已派人到达的,派专人配合查扣;

(三)肇事逃逸嫌疑人为本地人员的,依法传唤;案发地公安机关发布《通缉令》或上网通缉的,组织警力予以抓捕;案发地公安机关交通管理部门已派人到达的,派专人配合传唤、抓捕。

公安机关交通管理部门及其交通警察接到协查通报不配合协查并造成严重后果的,追究有关人员和单位主管领导的责任。

第八十五条 公安机关交通管理部门侦办交通肇事逃逸案件,应当做好工作记录。造成人员死亡的交通肇事逃逸案件,公安机关交通管理部门应当在不泄露侦办工作秘密的前提下,定期主动向受害人家属通报侦办工作进展情况。

交通肇事逃逸案件的受害人及其家属向公安机关交通管理部门询问案件侦办情况的,公安机关交通管理部门应当在不泄露侦办工作秘密的前提下,告知其侦办工作进展情况。

第八十六条 公安机关交通管理部门应当建立交通肇事逃逸案件侦破奖励制度,对有功单位和人员及时表彰奖励。

第八十七条 交通肇事嫌疑人逃逸涉嫌犯罪的,公安机关交通管理部门应当自刑事案件立案之日起一个月内将犯罪嫌疑人信息通过同级公安机关刑侦部门录入全国在逃人员信息系统,抓获犯罪嫌疑人后,予以撤销。必要时,可以发布协查通报或者通缉令。

第八十八条 公安机关交通管理部门排查中发现涉嫌交通肇事逃逸的车辆的,应当通知车辆所有人在规定时间内将车辆停放至指定地点接受调查。车辆所有人无法通知或者未在规定的时间内将车辆停放至指定地点的,公安机关交通管理部门可以将肇事嫌疑车辆信息录入全国公安交通集成指挥平台和公安交通管理综合应用平台。

第八章 认定与复核

第一节 道路交通事故认定

第八十九条 交通警察应当自现场调查之日起七日内,交通肇事逃逸案件自查获交通肇事车辆和驾驶人之日起七日内,需要进行检验、鉴定的自检验、鉴定结论确定之日起二日内,向道路交通事故处理机构负责人提交道路交通事故调查报告。道路交通事故调查报告应当载明以下内容:

(一)道路交通事故当事人、车辆、道路和交通环境等基本情况;

(二)道路交通事故发生经过;

(三)道路交通事故证据及事故形成原因分析;

(四)适用法律、法规及责任划分意见;

(五)道路交通事故暴露出来的事故预防工作中存在的突出问题及预防对策建议。

道路交通事故处理机构负责人应当在接到道路交通事故调查报告之日起二日内进行审批。

第九十条 对死亡事故和其他疑难、复杂案件,道路交通事故处理机构负责人应当召集具有中级以上道路交通事故处理资格的民警,对道路交通事故调查报告进行集体研究,按照少数服从多数的原则,形成集体研究意见,并将不同意见记录在案,提交公安机关交通管理部门负责人审批。集体研究和公安机关交通管理部门负责人审批工作需在接到道路交通事故调查报告之日起二日内完成。

必要时,道路交通事故处理机构可以在前款规定的期限内组织专家进行会商。

第九十一条 道路交通事故调查报告经审批后,办案交通警察应当根据审批意见制作道路交通事故认定书或者道路交通事故证明,并提交公安机关交通管理部门负责人审批。

第九十二条 发生死亡事故以及复杂、疑难的伤人事故后,公安机关交通管理部门应当在制作道路交通事故认定书或者道路交通事故证明前,召集各方当事人到场,公开调查取得的证据。公开证据应当由二名以上办案交通警察主持,参加证据公开的人员每方不得超过三人。

公开证据应当制作记录,并载明以下内容:

(一)证据公开的时间、地点;

(二)参加人员的基本情况;

(三)道路交通事故简要案情;

(四)调查取得的证据;

(五)当事人对所公开证据的意见;

(六)当事人提供的新证据材料;

(七)其他需要记录的内容。

参加证据公开的当事人及其近亲属、代理人和主持证据公开的交通警察应当在证据公开记录中签名。当事人不到场或拒绝签名的,应当予以记录。

在证据公开过程中当事人提供新证据的,经公安机关交通管理部门负责人批准,交通警察应当按照本规范有关要求开展补充调查。开展补充调查的,事故认定时限重新计算。

第九十三条 当事人及其代理人收到道路交通事故认定书后,要求查阅道路交通事故证据材料的,应当提交书面申请,明确查阅、复制、摘录的具体内容,除涉及国家秘密、商业秘密或者个人隐私,以及应证人要求保密的内容外,公安机关交通管理部门应当安排其在指定地点按照规定查阅。

当事人及其代理人可以复制证据材料,公安机关交通管理部门应当在当事人复制的材料上注明复制时间,并加盖道路交通事故处理专用章。

第九十四条 符合《道路交通事故处理程序规定》第六十八条规定道路交通事故认定的时限中止计算的,公安机关交通管理部门应当制作《道路交通事故认定中止告知书》,告知当事人或者其代理人认定时限中止的原因、依据和时限。

第九十五条 伤人事故符合《道路交通事故处理程序规定》第六十九条规定情形的,办案交通警察应当告知当事人可以自事故发生之日起三日内申请快速处理。

当事人申请快速处理的,应当共同提交书面申请书,申请书应当载明申请人基本情况、事故基本事实及当事人对事实和成因无异议等内容,并由各方当事人或者其代理人共同签名或者捺指印。

当事人及其代理人申请快速处理的,经县级以上公安机关交通管理部门负责人批准,可以根据已经取得的证据,自当事人申请之日起五日内制作道路交通事故认定书。公安机关交通管理部门决定不予批准快速处理的,应当自当事人申请之日起二日内书面告知各方当事人。

公安机关交通管理部门在事故调查中发现新的事实或者证据可能影响事故认定的，以及当事人死亡或者涉嫌交通肇事、危险驾驶犯罪的，应当终止快速处理程序，并书面告知各方当事人。已经作出道路交通事故认定的，应当撤销原道路交通事故认定书，重新调查处理。

第二节　复　　核

第九十六条　省级和设区的市公安机关交通管理部门应当组织具有道路交通事故处理中级以上资格的交通警察负责道路交通事故认定的复核工作。对道路交通事故认定进行复核时，交通警察不得少于二人。

第九十七条　当事人及其法定代理人对道路交通事故认定或者出具道路交通事故证明有异议的，可以由本人或者其法定代理人、委托代理人申请复核。

委托代理人申请复核的，应当向公安机关交通管理部门提交授权委托书。授权委托书应当载明委托事项和委托期限。

第九十八条　当事人逾期提交复核申请的，上一级公安机关交通管理部门不予受理，并自收到复核申请之日起三日内书面通知申请人。

第九十九条　上一级公安机关交通管理部门受理复核申请的，应当自收到复核申请之日起三日内书面通知各方当事人。

第一百条　上一级公安机关交通管理部门经复核后，应当作出复核结论。复核结论应当载明下列内容：

（一）复核申请人基本情况；

（二）申请复核的主要事项、理由和依据；

（三）复核意见。

复核结论应当加盖上一级公安机关交通管理部门道路交通事故处理复核专用章，送达各方当事人和原办案单位。

第一百零一条　公安机关交通管理部门办理复核案件时，可以设立复核委员会。复核委员会实行一案一设，由五至九人组成，成员人数应当为单数。

复核委员会成员应当包括办理复核案件的交通警察，其他成员可以由以下人员担任：

（一）具备高级事故处理资格证的交通警察；

（二）交通工程、检验鉴定、事故调查、危化品管理、法律等领域的专业人员；

（三）法官、检察官代表；

（四）公安机关警务督察、刑侦、法制、信访等部门的警察；

（五）人大代表、政协委员；

（六）人民调解委员会、律师协会、保险行业的代表；

（七）其他专业人员。

与案件具有利害关系的人员、原办案单位人员，不得担任复核委员会成员。

第一百零二条　省级和设区的市公安机关交通管理部门可以设立案件复核委员会专业人员库。

第一百零三条　复核委员会复核案件时应当由办理复核案件的交通警察主持，共同研究形成复核意见。

复核委员会应当针对申请人提出的复核请求、理由、主要证据和新证据等对案件进行复核。复核案件形成的复核意见应当提交公安机关交通管理部门负责人审批，批准后以公安机关交通管理部门的名义作出复核结论。

第一百零四条　上一级公安机关交通管理部门作出责令原办案单位重新调查、认定的复核结论的，应当制作《重新调查、认定意见书》，载明责令重新调查、认定的事实、理由以及重新调查、认定的指导意见。《重新调查、认定意见书》应当随同复核结论一并送达原办案单位。原办案单位应当在规定时限内重新调查、认定，并对《重新调查、认定意见书》中指出的问题进行核查、整改，在规定时限内重新制作道路交通事故认定书或道路交通事故证明。重新制作的道路交通事故认定书或道路交通事故证明应当另行编号，并注明撤销原道路交通事故认定书或者道路交通事故证明。

原办案部门重新调查、认定后，应当制作道路交通事故重新调查报告，随同重新制作的道路交通事故认定书或者道路交通事故证明一并报上一级公安机关交通管理部门备案。

第一百零五条　受理复核申请后，任何一方当事人就该事故向人民法院提起诉讼并经人民法院受理的，公安机关交通管理部门应当及时将受理当事人复核申请的有关情况书面告知相关人民法院。

受理复核申请后，人民检察院对该事故当事人作出批准逮捕决定的，公安机关交通管理部门应当自收到批准逮捕决定书之日起三日内将受理当事人复核申请的有关情况书面告知相关人民检察院。

公安机关交通管理部门应当在作出复核结论后三日内将复核结论书面告知相关人民法院、人民检察院。

第九章　处罚执行

第一百零六条　公安机关交通管理部门应当按照《道路交通安全违法行为处理程序规定》，对当事人的道路交通安全违法行为作出处罚。

公安机关交通管理部门按照《道路交通安全违法行为处理程序规定》扣留当事人机动车驾驶证，经调查需要对当事人给予暂扣机动车驾驶证处罚的，扣留一日折抵暂扣期限一日。

第一百零七条　公安机关交通管理部门扣押机动车驾驶证后，应当及时在公安交通管理综合应用平台将其机动车驾驶证状态标注为扣押状态。扣押的机动车驾驶证发还的，应当在发还后二十四小时内解除扣押状态标注。

第一百零八条　发生道路交通事故构成犯罪，依法应当吊销机动车驾驶证的，公安机关交通管理部门应当及时通过公安交通管理综合应用平台查询人民法院的生效判决书信息，并在查询到机动车驾驶人有罪判决信息或者收到人民法院对机动车驾驶人的有罪判决书、证明机动车驾驶人有罪的司法建议函后，由设区的市公安机关交通管理部门依法吊销其驾驶证。机动车驾驶人同时具有饮酒后或者醉酒驾驶机动车、逃逸情形的，公安机关交通管理部门还应当依法作出终生不得重新取得机动车驾驶证的决定，并录入公安交通管理综合应用平台。

第一百零九条　专业运输单位的车辆发生一次死亡三人以上的道路交通事故，且该单位或者车辆驾驶人对事故承担全部责任或者主要责任的，事故发生地的县级公安机关交通管理部门应当将专业运输单位车辆肇事情况录入公安交通管理综合应用平台，并将处理意见转递至专业运输单位所在地县级公安机关交通管理部门。

县级公安机关交通管理部门应当定期统计辖区内专业运输单位车辆肇事情况，对六个月内两次发生一次死亡三人以上的道路交通事故，且该单位或者车辆驾驶人对事故承担全部责任或者主要责任的，经报设区的市公安机关交通管理部门批准后，作出责令限期消除安全隐患的决定，禁止未消除安全隐患的机动车上道路行驶，并通报道路交通事故发生地及运输单位所在地的人民政府有关行政管理部门。

第十章　损害赔偿调解

第一百一十条　道路交通事故各方当事人一致请求公安机关交通管理部门调解的，公安机关交通管理部门应当在收到各方当事人的《道路交通事故损害赔偿调解申请书》后，审核下列事项：

（一）申请人是否具有道路交通事故损害赔偿权利人、义务人主体资格；

（二）申请书是否自收到道路交通事故认定书、道路交通事故证明或者上一级公安机关交通管理部门维持原道路交通事故认定的复核结论之日起十日内提出，或者自人民调解委员会作出终止调解之日起三日内提出。

符合前款规定的，公安机关交通管理部门应当予以受理。

申请人资格不符的，公安机关交通管理部门应当告知当事人予以变更。当事人申请超过法定时限或者对道路交通事故认定有异议的，公安机关交通管理部门制作《道路交通事故处理（不调解）通知书》，说明公安机关交通管理部门不予调解的理由和依据，送达当事人并告知其可以向人民法院提起民事诉讼或者申请人民调解委员会进行调解。

第一百一十一条　调解开始前，交通警察应当对调解参加人的资格进行审核：

（一）是否属于道路交通事故当事人或者其代理人，委托代理人提供的授权委托书是否载明委托事项和委托权限，当事人、法定代理人或者其遗产继承人是否在授权委托书上签名或者盖章，必要时可以要求对授权委托书进行公证；

（二）是否是道路交通事故车辆所有人或者管理人；

（三）是否是承保机动车保险的保险公司人员；

（四）是否是垫付费用的道路交通事故社会救助基金管理机构指派或者委派的人员；

（五）是否是经公安机关交通管理部门同意的其他人员。

对不具备资格的，交通警察应当告知其更换调解参加人或者退出调解。经审核，调解参加人资格和人数符合规定的，进行调解。

第一百一十二条 同一起道路交通事故中当事人为三方以上的，交通警察可以根据赔偿权利人和义务人的共同申请，分别组织调解。

第一百一十三条 交通警察应当按照《道路交通事故处理程序规定》第九十一条的有关规定主持调解，并制作调解记录，记录调解过程及当事人在调解过程中提出解决道路交通事故损害赔偿纠纷的意见。

第一百一十四条 道路交通事故造成人身伤亡的，交通警察应当按照《中华人民共和国侵权责任法》《最高人民法院关于审理人身损害赔偿案件适用法律若干问题的解释》《最高人民法院关于审理道路交通事故损害赔偿案件适用法律若干问题的解释》等有关规定，并按照道路交通事故发生地省、自治区、直辖市以及经济特区和计划单列市政府统计部门公布的上一年度相关统计数据，计算伤亡人员损害赔偿的项目和数额。

赔偿权利人要求按照其住所地或者经常居住地的标准计算残疾赔偿金或者死亡赔偿金等赔偿数额的，公安机关交通管理部门应当要求其举证证明住所地或者经常居住地，以及所在省、自治区、直辖市以及经济特区和计划单列市政府统计部门公布的上一年度相关统计数据。

第一百一十五条 道路交通事故造成伤亡人员的损害赔偿数额、财产损失，以及其他因道路交通事故造成的损失或产生的费用确定后，交通警察可以根据《道路交通安全法》第七十六条的规定，以及道路交通事故认定书中确定的当事各方的过错大小，提出各方承担赔偿责任的比例和数额建议，由赔偿权利人和义务人协商；或者赔偿权利人和义务人先自行协商，协商不成的，公安机关交通管理部门再针对双方争议的事项进行调解。

第一百一十六条 经调解达成协议的，公安机关交通管理部门应当当场制作《道路交通事故损害赔偿调解书》，由参加调解的各方当事人签字，主持调解的交通警察签名或者盖章，并加盖道路交通事故处理专用章，分别送达各方当事人。

经调解未达成协议的，公安机关交通管理部门应当制作《道路交通事故损害赔偿调解终结书》，主持调解的交通警察签名或者盖章，并加盖道路交通事故处理专用章，分别送达各方当事人。

经调解未达成协议或达成协议一方当事人不履行的，交通警察应当告知当事人可以向人民法院提起民事诉讼，或者申请人民调解委员会进行调解。

第一百一十七条 对未知名死者的人身损害赔偿，公安机关交通管理部门应当将其所得赔偿费交付有关部门保存，其损害赔偿权利人确认后，通知有关部门交付损害赔偿权利人。

第一百一十八条 公安机关交通管理部门应当协助道路交通事故社会救助基金管理机构做好救助基金垫付费用的追偿工作。

第一百一十九条 具有《道路交通事故处理程序规定》第九十七条规定第一、三项情形的，公安机关交通管理部门可以按照有关规定办理边控手续，依法不准其出境。

外国人可能承担道路交通事故民事赔偿责任的，公安机关交通管理部门应当告知赔偿权利人可以向人民法院申请依法不准该外国人出境。

第十一章 结 案

第一百二十条 公安机关交通管理部门在办理道路交通事故案件过程中，有下列情形之一的，应当予以结案：

（一）道路交通事故认定书、道路交通事故证明生效后，已对道路交通安全违法行为人行政处罚完毕，且当事人向人民法院提起民事诉讼或者道路交通事故损害赔偿经调解达成协议、调解终结、终止调解，以及赔偿权利人和义务人在规定期限内未提出调解申请或者调解申请不予受理的；

（二）当事人涉嫌交通肇事犯罪，案件已经人民法院判决或者检察机关不予起诉决定生效，且公安机关交通管理部门已对交通肇事犯罪嫌疑人以及其他道路交通安全违法行为人行政处罚完毕的；

（三）其他应当结案的情形。

未侦破的交通肇事逃逸案件应当继续侦办，不得结案。

第一百二十一条 公安机关交通管理部门应当按照《道路交通事故案卷文书》标准制作道路交通事故案卷，建立道路交通事故档案。

道路交通事故案卷应当在结案后三十日内移交、归档。案卷文书应当内容完整、准确，格式统一、规范。

视听资料、电子数据应当刻制光盘保存并备份存储，光盘存入道路交通事故档案。备份存储的位置应当在案卷中说明，存储期限与案卷保管期限相同。

第一百二十二条　适用一般程序处理的道路交通事故案卷分正卷、副卷，一案一档。同一起道路交通事故中涉及多人被追究法律责任的，不再分别立卷建档。

适用简易程序处理的道路交通事故，可以多案一卷，定期归档，但间隔期限最长不得超过三个月。

第一百二十三条　公安机关交通管理部门应当妥善保管道路交通事故案卷材料，非经法定审批程序不得销毁。

对损毁、丢失以及伪造或者擅自修改、抽取道路交通事故案卷材料的，应当依照《中华人民共和国档案法》有关规定，对直接负责的主管人员或者其他直接责任人员依法给予行政处分；构成犯罪的，依法追究刑事责任。

第一百二十四条　公安机关交通管理部门应当建立、完善道路交通事故档案的借阅、查阅、复印、翻拍、调用、销毁以及安全管理制度，提高档案管理水平。

第一百二十五条　人民法院、人民检察院审理、审查道路交通事故案件，需要调取案卷的，公安机关交通管理部门应当按照规定的时间将道路交通事故正卷移交给人民法院或者人民检察院，并复制正卷形成副本，复制视听资料、电子数据，与副卷、调卷函一并存档。

当事人及其代理人查阅案卷材料的，应当将查阅申请与道路交通事故副卷一并存档。

第十二章　执法监督

第一百二十六条　公安机关交通管理部门应当加强道路交通事故处理执法监督管理，建立健全本单位及所属交通警察执法档案，实施执法质量考核评议、执法责任制和执法过错责任追究。

第一百二十七条　上级公安机关交通管理部门对下一级公安机关交通管理部门应当定期开展道路交通事故案卷评查，省级公安机关交通管理部门对下级公安机关交通管理部门每年度至少组织开展一次道路交通事故案卷评查。

第一百二十八条　交通警察在事故处理中，因故意或者过失造成下列执法错误的，应当依据《公安机关人民警察执法过错责任追究规定》追究其执法过错责任：

（一）现场勘查过程中，因故意或重大过失导致重要证据灭失，造成道路交通事故认定错误或无法认定的；

（二）违法扣留、扣押车辆、驾驶证等物品、证件的；

（三）违法处理、使用或者未妥善保管扣留、扣押的车辆、证件，致使车辆、证件灭失或者损坏的；

（四）违法采取限制或剥夺公民人身自由强制措施的；

（五）对没有犯罪事实或者没有证据证明有犯罪嫌疑的人，错误采取刑事强制措施的；

（六）违规收取事故保证金、检验鉴定费以及被扣留、扣押车辆的停车费或者清障拖车费的；

（七）采用逼供、骗供、诱供等方式询（讯）问嫌疑人或者证人的；

（八）制作询（讯）问笔录弄虚作假、隐瞒真相的；

（九）拒绝或者故意拖延履行法定义务，造成事故认定、损害赔偿调解等工作超过规定期限的；

（十）故意歪曲事实真相，致使事故认定明显错误或者显失公正的；

（十一）违反法律法规规定，对涉嫌犯罪的应当立案而不予立案的；

（十二）出具虚假事故认定书、复核结论或者其他法律文书的；

（十三）违反法律法规规定，作出错误处罚决定的；

（十四）在事故损害赔偿调解中，隐瞒、歪曲损害赔偿项目和标准或者采用误导、诱导、恐吓等方式欺骗、威胁当事人签定损害赔偿协议，显失公平、公正的；

（十五）丢失案卷及相关案件物证和重要资料的；

（十六）其他因故意或者过失造成认定事实错误、适用法律错误、违反法定程序、作出违法处理决定等执法错误的。

第一百二十九条 具有下列情形之一的，上级公安机关交通管理部门可以按照《公安机关内部执法监督工作规定》，对原办案单位作出的道路交通事故认定书、道路交通事故证明予以撤销或者变更；造成执法错误的，按照规定追究原办案单位有关人员执法过错责任：

（一）原办案单位拒不执行上一级公安机关交通管理部门复核结论的；

（二）经复核责令原办案单位重新调查、认定的，原办案单位未重新调查就以原有的事实、证据和理由，作出相同或者相近的事故认定或者事故证明的；

（三）重新作出事故认定后，仍存在事实不清、主要证据不足、适用法律错误、责任划分不公正、调查及认定违反法定程序的；

（四）其他依法应当撤销或变更的情形。

第十三章 附 则

第一百三十条 本规范中下列用语的含义：

（一）本规范所称的“二日”“三日”“五日”“七日”“十日”是指工作日，不包括节假日。

（二）本规范所称的“以上”“以下”均包括本数在内。

第一百三十一条 本规范自2018年5月1日起施行，公安部印发的《道路交通事故处理工作规范》（公交管〔2008〕277号）同时废止。法律、行政法规以及公安部规章另有规定的，以法律、行政法规、规章为准。此前公安部发布的其他文件规定与本规范不一致的，以本规范为准。

道路交通事故社会救助基金管理办法

1. 2021年12月1日财政部、中国银行保险监督管理委员会、公安部、国家卫生健康委员会、农业农村部令第107号公布

2. 自2022年1月1日起施行

第一章 总 则

第一条 为加强道路交通事故社会救助基金管理，对道路交通事故中受害人依法进行救助，根据《中华人民共和国道路交通安全法》、《机动车交通事故责任强制保险条例》，制定本办法。

第二条 道路交通事故社会救助基金的筹集、使用和管理适用本办法。

本办法所称道路交通事故社会救助基金（以下简称救助基金），是指依法筹集用于垫付机动车道路交通事故中受害人人身伤亡的丧葬费用、部分或者全部抢救费用的社会专项基金。

第三条 救助基金实行统一政策、地方筹集、分级管理、分工负责。

救助基金管理应当坚持扶危救急、公开透明、便捷高效的原则，保障救助基金安全高效和可持续运行。

第四条 省、自治区、直辖市、计划单列市人民政府（以下统称省级人民政府）应当设立救助基金。

省级救助基金主管部门会同有关部门报省级人民政府确定省级以下救助基金的设立以及管理级次，并推进省级以下救助基金整合，逐步实现省级统筹。

第五条 财政部门是救助基金的主管部门。

财政部负责会同有关部门制定救助基金的有关政策，并对省级救助基金的筹集、使用和管理进行指导。

县级以上地方财政部门根据救助基金设立情况，依法监督检查救助基金的筹集、使用和管理，按照规定确定救助基金管理机构，并对其管理情况进行考核。

第六条 国务院保险监督管理机构的派出机构负责对保险公司缴纳救助基金情况实施监督检查。

县级以上地方公安机关交通管理部门负责通知救助基金管理机构垫付道路交通事故中受害人的抢救费用，并协助救助基金管理机构做好相关救助基金垫付费用的追偿工作。

县级以上地方农业机械化主管部门负责协助救助基金管理机构做好相关救助基金垫付费用的追偿工作。

县级以上地方卫生健康主管部门负责监督医疗机构按照道路交通事故受伤人员临床诊疗相关指南和规范及时抢救道路交通事故中的受害人以及依法申请救助基金垫付抢救费用。

第七条　县级以上财政部门、公安机关交通管理部门、卫生健康主管部门、农业机械化主管部门以及国务院保险监督管理机构及其派出机构，应当通过多种渠道加强救助基金有关政策的宣传和提示，为道路交通事故受害人及其亲属申请使用救助基金提供便利。

第八条　救助基金主管部门可以通过政府采购等方式依法确定救助基金管理机构。

保险公司或者其他能够独立承担民事责任的专业机构可以作为救助基金管理机构，具体负责救助基金运行管理。

第二章　救助基金筹集

第九条　救助基金的来源包括：

（一）按照机动车交通事故责任强制保险（以下简称交强险）的保险费的一定比例提取的资金；

（二）对未按照规定投保交强险的机动车的所有人、管理人的罚款；

（三）依法向机动车道路交通事故责任人追偿的资金；

（四）救助基金孳息；

（五）地方政府按照规定安排的财政临时补助；

（六）社会捐款；

（七）其他资金。

第十条　每年5月1日前，财政部会同国务院保险监督管理机构根据上一年度救助基金的收支情况，按照收支平衡的原则，合理确定当年从交强险保险费中提取救助基金的比例幅度。省级人民政府在幅度范围内确定本地区具体提取比例。

以省级为单位，救助基金累计结余达到上一年度支出金额3倍以上的，本年度暂停从交强险保险费中提取。

第十一条　办理交强险业务的保险公司应当按照确定的比例，从交强险保险费中提取资金，并在每季度结束后10个工作日内，通过银行转账方式足额转入省级救助基金账户。

第十二条　县级以上地方财政部门应当根据当年预算在每季度结束后10个工作日内，将未按照规定投保交强险的罚款全额划拨至省级救助基金账户。

第十三条　县级以上地方财政部门向救助基金安排临时补助的，应当依照《中华人民共和国预算法》等预算管理法律法规的规定及时拨付。

第三章　救助基金使用

第十四条　有下列情形之一时，救助基金垫付道路交通事故中受害人人身伤亡的丧葬费用、部分或者全部抢救费用：

（一）抢救费用超过交强险责任限额的；

（二）肇事机动车未参加交强险的；

（三）机动车肇事后逃逸的。

救助基金一般垫付受害人自接受抢救之时起7日内的抢救费用，特殊情况下超过7日的抢救费用，由医疗机构书面说明理由。具体费用应当按照规定的收费标准核算。

第十五条　依法应当由救助基金垫付受害人丧葬费用、部分或者全部抢救费用的，由道路交通事故发生地的救助基金管理机构及时垫付。

第十六条　发生本办法第十四条所列情形之一需要救助基金垫付部分或者全部抢救费用的，公安机关交通管理部门应当在处理道路交通事故之日起3个工作日内书面通知救助基金管理机构。

第十七条　医疗机构在抢救受害人结束后，对尚未结算的抢救费用，可以向救助基金管理机构提出垫付申请，并提供需要垫付抢救费用的相关材料。

受害人或者其亲属对尚未支付的抢救费用，可以向救助基金管理机构提出垫付申请，医疗机构应当予以协助并提供需要垫付抢救费用的相关材料。

第十八条　救助基金管理机构收到公安机关交通管理部门的抢救费用垫付通知或者申请人的抢救费用垫付申请以及相关材料后，应当在3个工作日内按照本办法有关规定、道路交通事故受伤人员临床诊疗相关指南和规范，以及规定的收费标准，对下列内容进行审核，并将审核结果书面告知处理该道路交通事故的公安机关交通管理部门或者申请人：

（一）是否属于本办法第十四条规定的救助基金垫付情形；

（二）抢救费用是否真实、合理；

（三）救助基金管理机构认为需要审核的其他内容。

对符合垫付要求的，救助基金管理机构应当在2个工作日内将相关费用结算划入医疗机构账户。对不符合垫付要求的，不予垫付，并向处理该交通事故的公安机关交通管理部门或者申请人书面说明理由。

第十九条　发生本办法第十四条所列情形之一需要救助基金垫付丧葬费用的，由受害人亲属凭处理该道路交通事故的公安机关交通管理部门出具的《尸体处理通知书》向救助基金管理机构提出书面垫付申请。

对无主或者无法确认身份的遗体，由县级以上公安机关交通管理部门会同有关部门按照规定处理。

第二十条　救助基金管理机构收到丧葬费用垫付申请和相关材料后，对符合垫付要求的，应当在3个工作日内按照有关标准垫付丧葬费用；对不符合垫付要求的，不予垫付，并向申请人书面说明理由。救助基金管理机构应当同时将审核结果书面告知处理该道路交通事故的公安机关交通管理部门。

第二十一条　救助基金管理机构对抢救费用和丧葬费用的垫付申请进行审核时，可以向公安机关交通管理部门、医疗机构和保险公司等有关单位核实情况，有关单位应当予以配合。

第二十二条　救助基金管理机构与医疗机构或者其他单位就垫付抢救费用、丧葬费用问题发生争议时，由救助基金主管部门会同卫生健康主管部门或者其他有关部门协调解决。

第四章　救助基金管理

第二十三条　救助基金管理机构应当保持相对稳定，一经确定，除本办法另有规定外，3年内不得变更。

第二十四条　救助基金管理机构履行下列管理职责：

（一）接收救助基金资金；

（二）制作、发放宣传材料，积极宣传救助基金申请使用和管理有关政策；

（三）受理、审核垫付申请，并及时垫付；

（四）追偿垫付款，向人民法院、公安机关等单位通报拒不履行偿还义务的机动车道路交通事故责任人信息；

（五）如实报告救助基金业务事项；

（六）管理救助基金的其他职责。

第二十五条　救助基金管理机构应当建立符合救助基金筹集、使用和管理要求的信息系统，建立数据信息交互机制，规范救助基金网上申请和审核流程，提高救助基金使用和管理效率。

救助基金管理机构应当设立热线电话，建立24小时值班制度，确保能够及时受理、审核垫付申请。

第二十六条　救助基金管理机构应当公开以下信息：

（一）救助基金有关政策文件；

（二）救助基金管理机构的电话、地址和救助网点；

（三）救助基金申请流程以及所需提供的材料清单；

（四）救助基金筹集、使用、追偿和结余信息，但涉及国家秘密、商业秘密的除外；

（五）救助基金主管部门对救助基金管理机构的考核结果；

（六）救助基金主管部门规定的其他信息。

救助基金管理机构、有关部门及其工作人员对被救助人的个人隐私和个人信息，应当依法予以保密。

第二十七条　救助基金账户应当按照国家有关银行账户管理规定开立。

救助基金实行单独核算、专户管理，并按照本办法第十四条的规定使用，不得用于担保、出借、投资或者其他用途。

第二十八条　救助基金管理机构根据本办法垫付抢救费用和丧葬费用后，应当依法向机动车道路交通事故责任人进行追偿。

发生本办法第十四条第三项情形救助基金垫付丧葬费用、部分或者全部抢救费用的，道路交通事故案件侦破后，处理该道路交通事故的公安机关交通管理部门应当及时通知救助基金管理机构。

有关单位、受害人或者其继承人应当协助救助基金管理机构进行追偿。

第二十九条　道路交通事故受害人或者其继承人已经从机动车道路交通事故责任人或者通过其他方式获得赔偿的，应当退还救助基金垫付的相应费用。

对道路交通事故死亡人员身份无法确认或者其受益人不明的，救助基金管理机构可以在扣除垫付的抢救费用和丧葬费用后，代为保管死亡人员所得赔偿款，死亡人员身份或者其受益人身份确定后，应当依法处理。

第三十条　救助基金管理机构已经履行追偿程序和职责，但有下列情形之一导致追偿未果的，可以提请救助基金主管部门批准核销：

（一）肇事逃逸案件超过3年未侦破的；

（二）机动车道路交通事故责任人死亡（被宣告死亡）、被宣告失踪或者终止，依法认定无财产可供追偿的；

（三）机动车道路交通事故责任人、应当退还救助基金垫付费用的受害人或者其继承人家庭经济特别困难，依法认定无财产可供追偿或者退还的。

省级救助基金主管部门会同有关部门根据本省实际情况，遵循账销案存权存的原则，制定核销实施细则。

第三十一条 救助基金管理机构应当于每季度结束后15个工作日内，将上一季度的财务会计报告报送至救助基金主管部门；于每年2月1日前，将上一年度工作报告和财务会计报告报送至救助基金主管部门，并接受救助基金主管部门依法实施的年度考核、监督检查。

第三十二条 救助基金管理机构变更或者终止时，应当委托会计师事务所依法进行审计，并对救助基金进行清算。

第三十三条 救助基金主管部门应当每年向社会公告救助基金的筹集、使用、管理和追偿情况。

第三十四条 救助基金主管部门应当委托会计师事务所对救助基金年度财务会计报告依法进行审计，并将审计结果向社会公告。

第三十五条 救助基金主管部门应当根据救助基金管理机构年度服务数量和质量结算管理费用。

救助基金的管理费用列入本级预算，不得在救助基金中列支。

第三十六条 救助基金主管部门在确定救助基金管理机构时，应当书面约定有下列情形之一的，救助基金主管部门可以变更救助基金管理机构，并依法追究有关单位和人员的责任：

（一）未按照本办法规定受理、审核救助基金垫付申请并进行垫付的；

（二）提供虚假工作报告、财务会计报告的；

（三）违反本办法规定使用救助基金的；

（四）违规核销的；

（五）拒绝或者妨碍有关部门依法实施监督检查的；

（六）可能严重影响救助基金管理的其他情形。

第三十七条 省级救助基金主管部门应当于每年3月1日前，将本地区上一年度救助基金的筹集、使用、管理、追偿以及救助基金管理机构相关情况报送至财政部和国务院保险监督管理机构。

第五章 法律责任

第三十八条 办理交强险业务的保险公司未依法从交强险保险费中提取资金并及时足额转入救助基金账户的，由国务院保险监督管理机构的派出机构进行催缴，超过3个工作日仍未足额上缴的，给予警告，并予以公告。

第三十九条 医疗机构提供虚假抢救费用材料或者拒绝、推诿、拖延抢救道路交通事故受害人的，由卫生健康主管部门按照有关规定予以处理。

第四十条 救助基金主管部门和有关部门工作人员，在工作中滥用职权、玩忽职守、徇私舞弊的，依法给予处分；涉嫌犯罪的，依法追究刑事责任。

第六章 附 则

第四十一条 本办法所称受害人，是指机动车发生道路交通事故造成人身伤亡的人员。

第四十二条 本办法所称抢救费用，是指机动车发生道路交通事故导致人员受伤时，医疗机构按照道路交通事故受伤人员临床诊疗相关指南和规范，对生命体征不平稳和虽然生命体征平稳但如果不采取必要的救治措施会产生生命危险，或者导致残疾、器官功能障碍，或者导致病程明显延长的受伤人员，采取必要的救治措施所发生的医疗费用。

第四十三条 本办法所称丧葬费用，是指丧葬所必需的遗体接运、存放、火化、骨灰寄存和安葬等服务费用。具体垫付费用标准由救助基金主管部门会同有关部门结合当地实际，参考有关规定确定。

第四十四条 机动车在道路以外的地方通行时发生事故，造成人身伤亡的，参照适用本办法。

第四十五条 省级救助基金主管部门应当依据本办法有关规定，会同本地区有关部门制定实施细则，明确有关主体的职责，细化垫付等具体工作流程和规则，并将实施细则报财政部和有关部门备案。

第四十六条 本办法自2022年1月1日起施行。《道路交通事故社会救助基金管理试行办法》（财政部 保监会 公安部 卫生部 农业部令第56号）同时废止。

全国人民代表大会常务委员会法制工作委员会关于交通事故责任认定行为是否属于具体行政行为，可否纳入行政诉讼受案范围的意见

1．2005年1月5日

2．法工办复字〔2005〕1号

湖南省人大常委会法规工作委员会：

你委2004年12月17日（湘人法工函〔2004〕36号）来函收悉。经研究，答复如下：根据道路交通安全法第七十三条的规定，公安机关交通管理部门制作的交通事故认定书，作为处理交通事故案件的证据使用。因此，交通事故责任认定行为不属于具体行政行为，不能向人民法院提起行政诉讼。如果当事人对交通事故认定书牵连的民事赔偿不服的，可以向人民法院提起民事诉讼。

3. 相关鉴定

道路交通事故涉案者交通行为方式鉴定规范

1. 2016年9月22日司法部司法鉴定管理局发布
2. SF/Z JD 0101001—2016
3. 自2016年9月22日起实施

前　　言

本技术规范按照 GB/T 1.1 - 2009 给出的规则起草。

本技术规范由司法部司法鉴定科学技术研究所提出。

本技术规范由司法部司法鉴定管理局归口。

本技术规范起草单位:司法部司法鉴定科学技术研究所。

本技术规范起草人:陈建国、刘宁国、陈忆九、秦志强、张建华、李丽莉、冯浩、邹冬华、毛明远。

本技术规范所代替规范的历次版本发布情况为:SF/Z JD0101001—2010。

引　　言

我国目前对于道路交通事故现场、车辆勘验和伤亡人员检验等方面已有一系列较为完备的标准,在道路交通事故技术鉴定方面发挥着很大的作用。为满足道路交通事故处理中对涉案者交通行为方式鉴定的需求,本技术规范在已有道路交通事故相关标准的基础上,规定了对道路交通事故涉案者交通行为方式鉴定的原则、方法和内容。

本技术规范规定了如何利用各方面信息进行交通行为方式鉴定的原则、方法和内容。

1　范　　围

1.1　本技术规范规定了道路交通事故涉案者交通行为方式鉴定中的综合判断方法。

1.2　本技术规范适用于在有关鉴定机构中具有相应执业资格的鉴定人推断或认定道路交通事故涉案者的交通行为方式。

1.3　技术规范中的注是对正文的说明、举例,它们既不包含要求,也不构成技术规范的主体部分。

2　规范性引用文件

下列文件对于本技术规范的应用是必不可少的。凡是注日期的引用文件,仅注日期的版本适用于本技术规范。凡是不注日期的引用文件,其最新版本(包括所有的修改单)适用于本技术规范。

GA/41　道路交通事故痕迹物证勘验

GA/50　道路交通事故勘验照相

GA/268　道路交通事故尸体检验

GA/T 147　法医学尸体解剖

GA/T 148　法医病理学检材的提取、固定、包装及送检方法

GA/T 149　法医学尸表检验

GA/T 150　机械性窒息尸体检验

GA/T 168　机械性损伤尸体检验

GA/T 169　法医学物证检材的提取、保存与送检

GA/T 944　道路交通事故机动车驾驶人识别调查取证规范

GA/T 1087　道路交通事故痕迹鉴定

3　术语和定义

本规范采用下列术语和定义:

3.1　道路交通事故　road traffic accidents

是指单方、双方或多方当事人利用交通工具(机动车或非机动车)在道路行驶过程中发生的人员伤亡或者财产损失的事件。

3.2　交通行为方式　manner of action in road traffic accidents

是指道路交通事故发生时道路交通事故涉案者所处的行为状态。

注:涉案者所处的行为状态,如驾驶、乘坐、骑行、推行车辆或在道路上直立、蹲踞、倒卧等。

3.3　驾驶状态　driving state

是指涉及各类车辆的道路交通事故发生时,处于车辆驾驶座位置的人员正在驾驶车辆的状态。

3.4　乘坐状态　state as a passenger

是指涉及各类车辆的道路交通事故发生时,处于车辆驾驶座以外的其他位置的人员正在乘坐车辆的状态。

3.5　推行状态　state of pushing a bicycle

是指道路交通事故发生时,持有自行车、机动两轮

车等车辆的涉案者正在推车行进的状态。

3.6　直立状态　state as a pedestrian

是指道路交通事故发生时,涉案者正处在道路上直立行走或站立的状态。

3.7　蹲踞状态　squat state

是指道路交通事故发生时,涉案者正处在蹲或坐于地面上的非直立状态。

3.8　倒卧状态　lying state

是指道路交通事故发生时,涉案者正处在倒卧于地面的状态。

4　道路交通行为方式判断的原则与依据

4.1　总　则

4.1.1　交通行为方式鉴定是根据案情,对与事故相关的现场、车辆、伤亡人员进行勘验后,依据勘查结果进行综合分析,并做出涉案者在事故发生时所处行为状态书面意见的过程。

4.1.2　交通行为方式鉴定是对道路交通事故涉案者在事故发生时的状态进行分析判断的技术行为,如对车辆驾驶人或乘坐人的判断,对非机动车持有人骑行或推行的判断,对行人直立、蹲踞或倒卧状态的判断等。

4.1.3　交通行为方式鉴定的全过程应符合相关法律、法规。

4.1.4　从事交通行为方式鉴定的人员,应具有相应鉴定人资格,并能掌握和运用交通工程学、车辆工程学、法医学、痕迹物证学等相关专业知识。

4.2　行为方式的分析判断原则

4.2.1　成立原则

有关证据可以互相印证,能确立存在逻辑链关系的原则。

4.2.2　排除原则

有关证据不能互相印证,不能确立存在关系的原则。

4.2.3　对比原则

通过对涉案者之间交通行为方式的诸多认定依据,进行能不能确立关系的比较,得出更具倾向性的意见。

4.2.4　典型证据优先原则

交通行为方式鉴定依据最有典型特征的证据为判断支撑点,可以根据损伤典型特征推断,可以根据碰撞后运动轨迹典型特征推断,也可以利用生物检材、织物纤维等物质交换进行个体识别。交通行为方式鉴定还可运用计算机仿真事故再现等技术进行辅助分析。

4.3　交通行为方式判断的依据

4.3.1　根据事故所涉人、车、道路及周围环境等的痕迹物证勘验,客观分析出道路交通事故形态及处在不同道路交通事故形态中涉案各方的行为状态。

4.3.2　根据分析得出的碰撞形态及车的运动过程,结合有关信息,查找人与车的二次碰撞形成的痕迹和附着物,推断事故所涉人在事发时所处的位置。

4.3.3　根据人体(活体或尸体)体表痕迹及损伤形态特征,结合有关信息,分析致伤物和致伤方式,汇总分析重建道路交通事故过程,推断处于不同事故现象中所涉当事人的交通行为方式。

5　典型道路交通事故的交通行为方式判断

5.1　汽车驾驶人/乘坐人的判断

5.1.1　根据不同事故的碰撞形态,车内人员会形成不同的碰撞结果,其在车内驾驶座位置或驾驶座以外位置所形成的碰撞现象因周边环境不同而形成的损伤及体表痕迹也会有所不同。

5.1.2　根据车辆前后风窗玻璃及左右车门玻璃的损坏情况,分析是与硬物碰撞形成还是与软性客体(如人体)碰撞形成,并结合人员体表痕迹及损伤进行判断。

5.1.3　根据各座位上安全带痕迹及锁止情况,分析各座位上的当事人是否使用了安全带,气囊是否起爆,并结合车内人员的不同体表痕迹及损伤进行判断。

5.1.4　根据驾驶座周边部件(如方向盘等)及其它座位周边部件是否异常损坏和留有撞击印痕及附着物,结合车内人员的不同衣着及损伤进行比对判断,必要时对微量物证进行比对。

5.1.5　根据勘验到的各座位周边附着的血迹、毛发和人体组织物,结合车内人员不同部位的痕迹及损伤形态特征进行判断,必要时与当事人进行 DNA 检验比对。

5.1.6　根据在第一现场查找到的各座位周边的遗留物(手机、鞋等个人用品),确认其所有人。

5.1.7 根据各车门、车窗的变形、锁闭情况，分析车内人员的撤离、抛甩条件。

5.1.8 对于已经被抛甩出车外的人员，应再结合原始现场人、车的相对位置进行判断。

5.2 摩托车驾驶人/乘坐人的判断

5.2.1 根据摩托车正面碰撞事故的碰撞对象及碰撞形态，分析碰撞时的减速度或加速度，会造成摩托车车上人员不同的运动轨迹；依据被碰撞车、物上的痕迹和各人不同的着地位置，结合人体体表痕迹及损伤判断其事发时在车上所处的位置。

5.2.2 摩托车正面碰撞事故中，应根据碰撞对其前后座人员所形成的不同损伤进行分析。前座人员除头面部（或头盔）直接在碰撞中形成损伤外，其胸腹部和顶枕部、腰背部往往又会与所驾车辆的驾驶操纵部件以及和后座人员身体碰撞形成特征性损伤；此时后座人员的损伤程度则一般较轻。

5.2.3 对于摩托车侧面被其它车辆碰撞的事故，应在确认两车具体碰撞部位的基础上，区分摩托车车上人员是否应受到直接碰撞和可能形成的不同受伤情况。对于摩托车前后座踏脚高度不同的情况，可根据受伤人员下肢损伤位置距地高来判断。

5.2.4 对于踏板式摩托车，可根据前后座人员下肢、会阴区所处的位置及其接触物的不同，分析不同的损伤机理。其前座驾驶人两腿间无异物，且处于相对隐蔽位置；后座骑跨式座位的乘座人的腿部则比较暴露，碰撞或倒地时下肢和会阴部的内外侧往往都会形成骑跨式损伤痕迹。

5.2.5 应注意摩托车驾驶人在事故碰撞、倒地中，其上肢和手容易受到的特征性损伤（如大鱼际擦挫伤、腕关节脱位或尺、桡骨下段骨折等）。

5.2.6 应注意摩托车车上人员衣裤的损坏和车辆表面附着物特征来区分事发时摩托车上人员所处的位置。

5.3 自行车驾驶/乘坐人员的判定

5.3.1 根据自行车正面碰撞事故的碰撞对象及碰撞形态，分析方法类似于5.2.1，但自行车由于缺乏动力，所发生的交通事故现象与摩托车亦有所区别，进行分析时应充分考虑到车速、动力、自身重量等因素。

5.3.2 自行车正面碰撞事故中，应根据其前后座人员的不同损伤进行分析。前座人员的损伤特征以正面直接撞击伤，特别是头面部及四肢前侧为主，后座乘坐人员的损伤则以随自行车倒地摔跌形成的损伤为主。

5.3.3 对于自行车侧面被其它车辆碰撞的事故，应在确认两车具体碰撞部位的基础上，区分自行车车上人员是否应受到直接碰撞和可能形成的不同受伤情况。对于自行车前后座踏脚高度不同的情况，可根据受伤人员下肢损伤位置距地高来判断。

5.3.4 应注意自行车驾驶人在事故碰撞、倒地中，其上肢和手容易受到的特征性损伤（如大鱼际擦挫伤、腕关节脱位或尺、桡骨下段骨折等）。

5.4 自行车骑行/推行状态的判定

5.4.1 当事人是否具有骑跨伤的特征：双下肢内外侧均有损伤或体表痕迹，其中外侧呈现一侧为直接撞击伤、另一侧为摔跌伤，而内侧通常为在摔跌中与自行车部件接触形成的擦、挫伤。

5.4.2 可根据绝大多数自行车当事人的推车习惯位于自行车的左侧的情况（特殊情况除外）及与其它车辆的碰撞形态，分析两车间是否存在直立的当事人，如自行车同侧前后部均有碰擦痕迹，则说明当事人呈骑跨状态的可能性比较大。

5.4.3 当事人下肢直接撞击形成的损伤位置偏低，与造成其损伤的汽车保险杠距地高度有偏差，可以考虑碰撞时其脚位于自行车踏板上的可能性。

5.4.4 当事人处于推行状态时可与推行的车辆相碰撞产生相应的损伤、痕迹。

5.5 行人的直立、蹲踞、倒卧状态的判定

5.5.1 根据肇事车辆的痕迹高度来判断被撞人体的高度，以判定其是直立、蹲踞还是倒卧。

5.5.2 根据当事人的损伤结合碰撞或摔跌来判定其是直立、蹲踞还是倒卧。

5.5.3 根据事故现场人、血迹和车的相对位置来判定其是直立、蹲踞还是倒卧。

6 附 则

6.1 非道路交通事故涉案者交通行为方式鉴定参照本规范执行。

6.2 本规范未规定的道路交通事故涉案者交通行为方式，可根据案情、依照法律、法规，应用现代科学

手段,作出科学合理的鉴定。

6.3　对于农用运输车、叉车等带有驾驶舱类其它机动车和电动自行车、人力三轮车、电动轮椅车及机动轮椅车等非机动车的当事人交通行为方式鉴定可以参照本规范执行。

道路交通事故受伤人员治疗终结时间

1. 2013年10月11日公安部发布
2. GA/T 1088－2013
3. 自2013年12月1日起实施

前　　言

本标准按照GB/T 1.1－2009给出的规则起草。

本标准由上海市公安局交通警察总队提出。

本标准由公安部道路交通管理标准化技术委员会归口。

本标准负责起草单位:司法部司法鉴定科学技术研究所、上海市公安局交通警察总队。

本标准参加起草单位:上海市卫生局。

本标准主要起草人:朱广友、侯心一、范利华、夏文涛、程亦斌、邱忠、周顺福、宋桂香、喻彦、刘瑞珏、杨小萍、汪忠军。

1　范　　围

本标准规定了道路交通事故受伤人员临床治愈、临床稳定、治疗终结的时间。

本标准适用于道路交通事故受伤人员治疗终结时间的鉴定,也可适用于道路交通事故人身损害赔偿调解。

2　规范性引用文件

下列文件对于本文件的应用是必不可少的。凡是注日期的引用文件,仅注日期的版本适用于本文件。凡是不注日期的引用文件,其最新版本(包括所有的修改单)适用于本文件。

GB 18667　道路交通事故受伤人员伤残评定

GA/T 521　人身损害受伤人员误工损失日评定准则

3　术语和定义

下列术语和定义适用于本文件。

3.1　临床治愈　clinical cure

道路交通事故直接导致的损伤或损伤引发的并发症经过治疗,症状和体征消失。

3.2　临床稳定
clinical stable condition

道路交通事故直接导致的损伤或损伤引发的并发症经过治疗,症状和体征基本稳定。

3.3　治疗终结　end of treatment

道路交通事故直接导致的损伤或损伤引发的并发症经过治疗,达到临床治愈或临床稳定。

3.4　治疗终结时间　treatment time

道路交通事故直接导致的损伤或损伤引发的并发症治疗终结所需要的时间。

4　一般规定

4.1　道路交通事故受伤人员治疗终结时间应按照实际治疗终结时间认定。治疗终结时间难以认定或有争议的,可按照本标准认定。

4.2　遇有本标准以外的损伤时,应根据损伤所需的实际治疗终结时间,或比照本标准相类似损伤所需的治疗终结时间确定治疗终结时间。

4.3　对于多处损伤或不同器官损伤,以损伤部位对应最长的治疗终结时间为治疗终结时间。

5　临床治愈 临床稳定和治疗终结时间

5.1　头皮损伤

5.1.1　头皮擦伤

5.1.1.1　临床治愈

头皮肿胀消退,创面愈合,组织缺损基本修复。

5.1.1.2　治疗终结时间

2周。

5.1.2　头皮血肿

5.1.2.1　临床治愈

血肿消退,无感染。

5.1.2.2　治疗终结时间

符合下列情形的治疗终结时间为:

a)头皮下血肿2周;

b)帽状腱膜下血肿或骨膜下血肿,范围较小,经加压包扎即可吸收,1个月;

c)帽状腱膜下血肿或骨膜下血肿,范围较大,需穿刺抽血和加压包扎,2个月。

5.1.3 头皮裂伤

5.1.3.1 临床治愈

头皮裂伤愈合,肿胀消退,无感染。

5.1.3.2 治疗终结时间

符合下列情形的治疗终结时间为:

a)轻度裂伤(帽状腱膜完整或帽状腱膜受损创长度小于 10 cm),2 个月;

b)重度裂伤(帽状腱膜受损长度大于或等于 10 cm), 3 个月。

5.1.4 头皮撕脱伤

5.1.4.1 临床治愈

头皮修复,创面愈合。

5.1.4.2 治疗终结时间

符合下列情形的治疗终结时间为:

a)轻度撕脱伤(撕脱面积小于或等于 100 cm^2),2 个月;

b)重度撕脱伤(撕脱面积大于 100 cm^2),4 个月。

5.2 颅骨损伤

5.2.1 颅盖骨折

5.2.1.1 临床治愈

符合下列情形的为临床治愈:

a)合并的头皮伤愈合;

b)引起脑受压或刺入脑内的凹陷骨片获得整复或摘除,伤口愈合,无并发症;

c)可有脑损伤后遗症状。

5.2.1.2 治疗终结时间

符合下列情形的治疗终结时间为:

a)闭合性线型骨折,3 个月;

b)粉碎性或开放性骨折,非手术治疗,4 个月;

c)开放性、凹陷性或粉碎性骨折,经手术治疗,6 个月。

5.2.2 颅底骨折

5.2.2.1 临床治愈

符合下列情形的为临床治愈:

a)软组织肿胀、淤血已消退;

b)脑局灶症状和神经功能障碍基本恢复。

5.2.2.2 临床稳定

遗留脑神经或脑损害症状趋于稳定。

5.2.2.3 治疗终结时间

3 个月。

5.2.3 颅底骨折伴脑脊液漏

5.2.3.1 临床治愈

符合下列情形的为临床治愈:

a)软组织肿胀、淤血已消退;

b)脑脊液漏已愈,无感染;

c)脑局灶症状和神经功能障碍基本恢复。

5.2.3.2 临床稳定

遗留脑神经或脑损害症状趋于稳定。

5.2.3.3 治疗终结时间

6 个月。

5.3 脑损伤

5.3.1 脑震荡

5.3.1.1 临床治愈

神志清楚,症状基本消失。

5.3.1.2 治疗终结时间

2 个月。

5.3.2 脑挫裂伤

5.3.2.1 临床治愈

符合下列情形的为临床治愈:

a)神志清楚,症状基本消失,颅内压正常;

b)无神经功能障碍。

5.3.2.2 临床稳定

符合下列情形的为临床稳定:

a)意识清醒,但存在认知功能障碍;

b)存在某些神经损害如部分性瘫痪等症状和体征,或尚存在某些精神症状;

c)生活基本自理或部分自理。

5.3.2.3 治疗终结时间

符合下列情形的治疗终结时间为:

a)局限性挫裂伤,6 个月;

b)多发或广泛挫裂伤,8 个月。

5.3.3 原发性脑干损伤或弥漫性轴索损伤

5.3.3.1 临床治愈

临床症状、体征基本消失。

5.3.3.2 临床稳定

符合下列情形的为临床稳定:

a)主要症状、体征消失,或遗留后遗症趋于稳定或生活基本能够自理;

b)尚遗有某些脑损害征象;

c)生活尚不能完全自理。

5.3.3.3　治疗终结时间

12个月。

5.3.4　颅内血肿(出血)

5.3.4.1　临床治愈

符合下列情形的为临床治愈:

a)经手术或非手术治疗后血肿消失;

b)脑受压已解除,颅内压正常,头痛等症状已消失;

c)遗有颅骨缺损。

5.3.4.2　临床稳定

符合下列情形的为临床稳定:

a)血肿消失,尚有轻度头痛,肢体无力等表现;

b)生活可以自理,尚有部分劳动能力。

5.3.4.3　治疗终结时间

符合下列情形的治疗终结时间为:

a)非手术治疗,4~6个月;

b)手术治疗,8个月。

5.3.5　脑肿胀

5.3.5.1　临床治愈

符合下列情形的为临床治愈:

a)神志清楚,症状基本消失,颅内压正常;

b)无神经功能缺失征象。

5.3.5.2　治疗终结时间

符合下列情形的治疗终结时间为:

a)轻度脑肿胀(脑室受压,无脑干、脑池受压),3个月;

b)中度脑肿胀(脑室和脑池受压),4个月;

c)严重脑肿胀(脑室或脑池消失),6个月。

5.3.6　开放性颅脑损伤

5.3.6.1　临床治愈

符合下列情形的为临床治愈:

a)伤口愈合,可遗留颅骨缺损,无颅内感染;

b)神志清楚,症状基本消失,颅内压正常;

c)无神经功能缺失征象。

5.3.6.2　临床稳定

符合下列情形的为临床稳定:

a)伤口愈合,尚遗留某些神经损害,包括肢体瘫痪、失语、癫痫等;

b)生活基本自理或部分自理。

5.3.6.3　治疗终结时间

8个月。

5.4　脑损伤后血管病变

5.4.1　外伤后脑梗死

5.4.1.1　临床治愈

意识清楚,血压平稳,肢体及言语功能恢复较好,能自理生活,可遗留轻度神经损害体征。

5.4.1.2　临床稳定

意识清楚,肢体及言语功能有不同程度改善,趋于稳定。

5.4.1.3　治疗终结时间

6~8个月。

5.4.2　外伤性脑动脉瘤

5.4.2.1　临床治愈

符合下列情形的为临床治愈:

a)经治疗后,病灶消失或大部分消失;

b)神经系统症状恢复正常或稳定。

5.4.2.2　临床稳定

符合下列情形的为临床稳定:

a)病灶部分消失;

b)神经系统症状缓解。

5.4.2.3　治疗终结时间

6个月。

5.5　面部皮肤损伤

5.5.1　临床治愈

伤口愈合,肿胀消退,组织缺损基本修复。

5.5.2　治疗终结时间

符合下列情形的治疗终结时间为:

a)皮肤挫伤治疗终结时间为2周;

b)浅表创或创长度小于或等于5 cm,治疗终结时间为3周;

c)创长度大于或等于6 cm,治疗终结时间为1.5个月;

d)重度撕脱伤(大于25 cm^2),治疗终结时间为3个月。

5.6　眼　损　伤

5.6.1　泪道损伤

5.6.1.1　临床治愈

泪道冲洗通畅,溢泪消失。

5.6.1.2　临床稳定

泪道冲洗较通畅,溢泪减轻。

5.6.1.3　治疗终结时间

6 个月。

5.6.2　结膜损伤

5.6.2.1　临床治愈

伤口愈合,眼部刺激症状消失。

5.6.2.2　治疗终结时间

符合下列情形的治疗终结时间为:

a)出血或充血,治疗终结时间为 1 个月;

b)后遗粘连伴眼球运动障碍,治疗终结时间为 6 个月。

5.6.3　角膜损伤

5.6.3.1　临床治愈

上皮愈合,刺激症状消失,视力恢复。

5.6.3.2　临床稳定

上皮愈合,刺激症状消失,视力无进一步改善。

5.6.3.3　治疗终结时间

符合下列情形的治疗终结时间为:

a)角膜擦伤为 1 个月;

b)角膜挫伤为 3 个月;

c)角膜裂伤为 4 个月。

5.6.4　虹膜睫状体损伤

5.6.4.1　临床治愈

单眼复视消失,前房积血吸收,角膜透明,视力恢复。

5.6.4.2　临床稳定

前房积血吸收,可遗留一定程度的复视或视力减退。

5.6.4.3　治疗终结时间

符合下列情形的治疗终结时间为:

a)外伤性虹膜睫状体炎为 3 个月;

b)瞳孔永久性散大,虹膜根部离断为 3 个月;

c)前房出血为 3 个月;

d)前房出血致角膜血染需行角膜移植术为 6 个月;

e)睫状体脱离为 6 个月。

5.6.5　巩膜损伤

5.6.5.1　临床治愈

伤口愈合,根据损伤位置,视力有不同程度恢复。

5.6.5.2　临床稳定

伤口愈合,视力无进一步改善,但已趋于稳定。

5.6.5.3　治疗终结时间

符合下列情形的治疗终结时间为:

a)单纯性巩膜裂伤为 3 个月;

b)角巩膜裂伤,伴眼内容物脱出为 6 个月。

5.6.6　晶体损伤

5.6.6.1　临床治愈

手术伤口愈合,脱位之晶体被摘除,无明显刺激症状,无严重并发症,视力稳定。

5.6.6.2　治疗终结时间

符合下列情形的治疗终结时间为:

a)晶体脱位为 3 个月;

b)外伤性白内障为 6 个月。

5.6.7　玻璃体损伤

5.6.7.1　临床治愈

符合下列情形的为临床治愈:

a)玻璃体出血静止,出血全部或大部分吸收;

b)进行玻璃体手术者,伤口愈合,出血清除。

5.6.7.2　临床稳定

符合下列情形的为临床稳定:

a)出血部分吸收;

b)手术后伤口愈合,出血部分清除,有机化组织残留。

5.6.7.3　治疗终结时间

6 个月。

5.6.8　脉络膜破裂

5.6.8.1　临床治愈

伤口愈合,眼部刺激症状消失。

5.6.8.2　治疗终结时间

6 个月。

5.6.9　眼底损伤

5.6.9.1　临床治愈

眼底水肿消退,黄斑裂孔封闭。根据黄斑损伤情况,视力可有不同程度的恢复。

5.6.9.2　治疗终结时间

符合下列情形的治疗终结时间为:

a)视网膜震荡为 2 个月;

b)视网膜出血为 4 个月;

c)视网膜脱离或脉络膜脱离为 6 个月;

d)黄斑裂孔为 6 个月;

e)外伤性视网膜病变为 6 个月。

5.6.10　眼球后血肿

5.6.10.1 临床治愈

血肿基本吸收,视力恢复正常或基本正常。

5.6.10.2 临床稳定

血肿基本吸收,视力未改善,但已趋于稳定。

5.6.10.3 治疗终结时间

3个月。

5.6.11 眼球内异物或眼眶内异物

5.6.11.1 临床治愈

异物取出,伤口愈合,眼部症状缓解,视力趋于稳定。

5.6.11.2 临床稳定

异物存留,眼部症状缓解,视力趋于稳定。

5.6.11.3 治疗终结时间

4个月。

5.6.12 视神经损伤

5.6.12.1 临床治愈

经治疗后视力恢复或基本恢复。

5.6.12.2 临床稳定

视力部分恢复或趋于稳定。

5.6.12.3 治疗终结时间

6个月。

5.6.13 眼眶骨折

5.6.13.1 临床治愈

骨折修复,眼球正位,复视基本消失。

5.6.13.2 治疗终结时间

符合下列情形的治疗终结时间为:

a)眼眶线型骨折为3个月;

b)眼眶粉碎型骨折为6个月。

5.7 耳损伤

5.7.1 耳廓损伤

5.7.1.1 临床治愈

伤口愈合,耳廓缺损创面已基本修复。

5.7.1.2 治疗终结时间

符合下列情形的治疗终结时间为:

a)耳廓创,无软骨损伤为2~3周;

b)耳廓创并软骨损伤为4~8周。

5.7.2 外耳道撕裂伤

5.7.2.1 临床治愈

伤口愈合。

5.7.2.2 治疗终结时间

2个月。

5.7.3 外伤性鼓膜穿孔

5.7.3.1 临床治愈

中耳无分泌物,鼓膜穿孔愈合。

5.7.3.2 治疗终结时间

符合下列情形的治疗终结时间为:

a)鼓膜穿孔自愈为2~4周;

b)鼓膜穿孔经手术修补为2~3个月。

5.7.4 听骨链脱位或断裂

5.7.4.1 临床治愈

复位或手术行听骨链重建。

5.7.4.2 治疗终结时间

2~3个月。

5.7.5 内耳损伤

5.7.5.1 临床治愈

骨折已愈合,听力障碍已恢复。

5.7.5.2 临床稳定

骨折已愈合,听力障碍无进一步改善。

5.7.5.3 治疗终结时间

4个月。

5.8 鼻骨骨折

5.8.1 临床治愈

骨折复位,伤口愈合,外形及鼻腔功能基本恢复正常。

5.8.2 临床稳定

骨折畸形愈合,外形及鼻腔功能基本恢复正常。

5.8.3 治疗终结时间

符合下列情形的治疗终结时间为:

a)鼻骨线型骨折为2~4周;

b)鼻骨粉碎型骨折保守治疗或鼻骨线型骨折,经复位治疗后4~6周。

5.9 口腔损伤

5.9.1 舌损伤

5.9.1.1 临床治愈

伤口愈合,肿胀消退,组织缺损基本修复。

5.9.1.2 治疗终结时间

符合下列情形的治疗终结时间为:

a)舌裂伤(浅表)为1个月;

b)舌裂伤(深在,广泛)为2个月。

5.9.2 牙齿损伤

5.9.2.1 临床治愈

无自觉症状,牙不松动,恢复牙齿外形和功能。

5.9.2.2 临床稳定

无自觉症状或症状减轻,但有牙色或轻微松动。

5.9.2.3 治疗终结时间

符合下列情形的治疗终结时间为:

a)牙齿脱位或松动(不包括Ⅰ度)为1~2个月;

b)牙齿断裂为2个月;

c)牙齿撕脱为3个月。

5.9.3 腮腺损伤

5.9.3.1 临床治愈

伤口愈合,肿胀消退,组织缺损基本修复,腺体分泌功能恢复正常。

5.9.3.2 治疗终结时间

3个月。

5.9.4 面神经损伤

5.9.4.1 临床治愈

面部表情肌运动功能完全恢复或基本恢复。

5.9.4.2 临床稳定

面部表情肌功能部分恢复,且无进一步改善。

5.9.4.3 治疗终结时间

6个月。

5.10 颌面部骨、关节损伤

5.10.1 齿槽骨骨折

5.10.1.1 临床治愈

骨折愈合,咬合基本恢复正常。

5.10.1.2 临床稳定

骨折愈合,可遗留轻度咬合错位。

5.10.1.3 治疗终结时间

3个月。

5.10.2 颌骨骨折

5.10.2.1 临床治愈

骨折对位对线好,骨折愈合,功能恢复正常。

5.10.2.2 临床稳定

骨折愈合,可遗留轻度咬合错位。

5.10.2.3 治疗终结时间

符合下列情形的治疗终结时间为:

a)单纯性骨折为3个月;

b)粉碎性骨折为6个月。

5.10.3 颞颌关节损伤

5.10.3.1 临床治愈

颞颌关节结构正常,局部无肿痛,咀嚼有力,功能完全或基本恢复。

5.10.3.2 临床稳定

咀嚼时疼痛,功能轻度受限。

5.10.3.3 治疗终结时间

符合下列情形的治疗终结时间为:

a)颞颌关节扭伤为2个月;

b)颞颌关节脱位为3个月。

5.11 颈部损伤

5.11.1 颈部皮肤损伤

5.11.1.1 临床治愈

伤口愈合,血肿吸收,组织缺损已修复。

5.11.1.2 治疗终结时间

符合下列情形的治疗终结时间为:

a)皮肤擦伤为2周;

b)皮肤挫伤(血肿)为3周;

c)皮肤轻度裂伤(浅表)为3周;

d)皮肤重度裂伤(长度大于15 cm,并深入皮下组织)为1个月;

e)皮肤轻度撕脱伤(浅表小于或等于50 cm^2)为1.5个月;

f)皮肤重度撕脱伤(大于50 cm^2)为2个月;

g)穿透伤(组织缺损大于50 cm^2)为3~4个月。

5.11.2 咽喉损伤

5.11.2.1 临床治愈

伤口愈合,吞咽、发音、呼吸功能等已恢复正常。

5.11.2.2 临床稳定

伤口愈合,进食和发音功能基本恢复正常。

5.11.2.3 治疗终结时间

符合下列情形的治疗终结时间为:

a)咽喉挫伤为2个月;

b)咽喉裂伤(非全层)为3~4个月;

c)咽喉穿孔伤为6~8个月。

5.11.3 食管损伤

5.11.3.1 临床治愈

进食情况良好,无脓胸。

5.11.3.2 临床稳定

自觉吞咽困难,但无食管扩张或狭窄。

5.11.3.3 治疗终结时间

符合下列情形的治疗终结时间为：

a）食管挫伤（血肿）为2个月；

b）食管裂伤（非全层）为3个月；

c）食管穿孔伤为6～8个月；

d）食管断裂为10～12个月。

5.11.4　气管损伤

5.11.4.1　临床治愈

符合下列情形的治疗终结时间为：

a）经保守治疗或支气管镜扩张后通气功能良好；

b）重建呼吸道后，呼吸通畅，功能良好；

c）肺切除后情况良好，无并发症。

5.11.4.2　临床稳定

自觉呼吸困难，但无气管扩张或狭窄。

5.11.4.3　治疗终结时间

符合下列情形的治疗终结时间为：

a）气管挫伤（血肿）为2个月；

b）气管裂伤（非全层）为3个月；

c）气管穿孔伤为4～5个月；

d）气管断裂为6～8个月。

5.11.5　甲状腺损伤

5.11.5.1　临床治愈

伤口愈合，腺体分泌及代谢调节功能恢复正常。

5.11.5.2　治疗终结时间

符合下列情形的治疗终结时间为：

a）甲状腺挫伤为2个月；

b）甲状腺裂伤为3个月。

5.11.6　声带损伤

5.11.6.1　临床治愈

损伤修复，发音功能正常。

5.11.6.2　临床稳定

损伤修复，声音嘶哑趋于稳定。

5.11.6.3　治疗终结时间

符合下列情形的治疗终结时间为：

a）单侧声带损伤为3个月；

b）双侧声带损伤为4个月。

5.12　胸部损伤

5.12.1　胸部皮肤损伤

5.12.1.1　临床治愈

皮肤肿胀消退，伤口愈合。

5.12.1.2　治疗终结时间

符合下列情形的治疗终结时间为：

a）皮肤擦伤为2周；

b）皮肤挫伤（血肿）为3周；

c）皮肤轻度裂伤（浅表）为1个月；

d）皮肤重度裂伤（长度大于20 cm，并深入皮下）为1.5个月；

e）皮肤轻度撕脱伤（浅表；小于或等于100 cm^2）为2个月；

f）皮肤重度撕脱伤（大于100 cm^2）为4个月。

5.12.2　乳腺损伤

5.12.2.1　临床治愈

伤口完全愈合。

5.12.2.2　临床稳定

伤口未完全愈合。

5.12.2.3　治疗终结时间

符合下列情形的治疗终结时间为：

a）乳腺表皮挫伤，单侧或双侧累计小于或等于100 cm^2，1.5个月；

b）乳腺表皮挫伤，单侧或双侧累计大于100 cm^2，3个月；

c）乳腺组织裂伤，单侧或双侧累计长度小于或等于5 cm，1.5个月；

d）乳腺组织裂伤，单侧或双侧累计长度大于5 cm，3个月；

e）乳腺组织缺损，单侧或双侧累计小于或等于10 cm^2，2个月；

f）乳腺组织缺损，单侧或双侧累计大于10 cm^2、小于或等于20 cm^2，4个月；

g）乳腺组织缺损，单侧或双侧累计大于20 cm^2，6个月；

h）单侧乳腺组织缺失，8个月；

i）双侧乳腺缺失，16个月。

5.12.3　胸壁损伤

5.12.3.1　临床治愈

伤口愈合，组织缺损已修复。

5.12.3.2　治疗终结时间

符合下列情形的治疗终结时间为：

a）胸壁轻度穿透伤（浅表；未深入胸膜腔；但未累及深部结构）为2个月；

b）胸壁严重穿透伤（伴组织缺损大于100 cm^2）为

4 个月。

5.12.4 胸腔积血

5.12.4.1 临床治愈

符合下列情形的为临床治愈：

a)症状消失；

b)体温、血象正常；

c)胸腔积血已抽尽或引流排出；

d)X 线检查胸膜腔无积液，肺扩张良好。

5.12.4.2 临床稳定

符合下列情形的为临床稳定：

a)胸腔积血已抽尽或引流排出，但遗留胸膜粘连或增厚；

b)可能伴有一定程度的呼吸不畅。

5.12.4.3 治疗终结时间

符合下列情形的治疗终结时间为：

a)小量（胸腔积血小于或等于 500mL）为 2 个月；

b)中量（胸腔积血大于 500mL、小于或等于 1500mL）为 3 个月；

c)大量（胸腔积血大于 1500mL）为 4 个月。

5.12.5 胸腔积气

5.12.5.1 临床治愈

符合下列情形的为临床治愈：

a)症状消失；

b)胸壁伤口愈合；

c)X 线检查气体消失，无积液，肺扩张良好。

5.12.5.2 治疗终结时间

符合下列情形的治疗终结时间为：

a)小量（肺压缩三分之一以下）为 2 个月；

b)中量（肺压缩三分之二以下）为 3 个月；

c)大量（肺压缩三分之二以上）为 4 个月。

5.12.6 气管损伤

同 5.11.4。

5.12.7 食管损伤

同 5.11.3。

5.12.8 肺损伤

5.12.8.1 临床治愈

症状消失，呼吸通畅，X 线检查无气体，无积液，心功能正常。

5.12.8.2 临床稳定

自觉呼吸困难，可留有轻度胸膜粘连。

5.12.8.3 治疗终结时间

符合下列情形的治疗终结时间为：

a)单侧肺挫伤为 1.5 个月；

b)双侧肺挫伤为 2 个月；

c)肺裂伤为 2 个月；

d)肺裂伤伴胸腔积血或胸腔积气为 4 个月；

e)肺裂伤伴纵膈气肿或纵膈血肿为 6 个月。

5.12.9 心脏损伤

5.12.9.1 临床治愈

符合下列情形的为临床治愈：

a)症状消失；

b)心电图及超声心动图基本恢复正常；

c)外伤性缺损经手术修复后，伤口愈合良好，无重要并发症，且术后无症状。

5.12.9.2 临床稳定

遗留胸痛、心跳、气短等症状，但心电图及超声心动图略有改善或无改善。

5.12.9.3 治疗终结时间

符合下列情形的治疗终结时间为：

a)心脏挫伤（血肿）为 4 个月；

b)心脏裂伤（未穿孔）为 6 个月；

c)心脏穿孔为 8 个月；

d)心内瓣膜裂伤（破裂）为 8 个月；

e)室间隔或房间隔裂伤（破裂）为 10 个月。

5.12.10 心包损伤

5.12.10.1 临床治愈

症状消失，伤口愈合。

5.12.10.2 治疗终结时间

4 个月。

5.12.11 胸主动脉内膜撕裂伤（血管未破裂）

5.12.11.1 临床治愈

动脉瘤切除后，症状消失，伤口愈合，无重要并发症。

5.12.11.2 治疗终结时间

4 个月。

5.12.12 胸主动脉裂伤（穿孔）

5.12.12.1 临床治愈

符合下列情形的为临床治愈：

a)经手术修复后症状消失；

b)胸片显示无动脉瘤形成，纵隔影不增宽；

c）伤口愈合，无重要并发症。

5.12.12.2 治疗终结时间

6个月。

5.12.13 肋骨骨折

5.12.13.1 临床治愈

骨折愈合，对位满意，局部肿痛消失，咳嗽及深呼吸无疼痛。

5.12.13.2 治疗终结时间

符合下列情形的治疗终结时间为：

a）单根肋骨骨折为3个月；

b）一侧多于3根肋骨骨折，另一侧少于3根肋骨骨折为4个月；

c）双侧均多于3根肋骨骨折为6个月；

d）多发性肋骨骨折（连枷胸）为8个月。

5.12.14 胸骨骨折

5.12.14.1 临床治愈

骨折愈合，局部肿痛消失，咳嗽或深呼吸时无不适。

5.12.14.2 治疗终结时间

3个月。

5.13 腹部和盆部损伤

5.13.1 腹部皮肤损伤

5.13.1.1 临床治愈

皮肤肿胀消退，伤口愈合，组织缺损修复。

5.13.1.2 治疗终结时间

符合下列情形的治疗终结时间为：

a）皮肤擦伤为2周；

b）皮肤挫伤（血肿）为3周；

c）皮肤轻度裂伤（浅表）为1个月；

d）皮肤重度裂伤（长度大于20 cm，并深入皮下）为1.5个月；

e）皮肤轻度撕脱伤（浅表；小于或等于100 cm^2）为2个月；

f）皮肤重度撕脱伤（大于100 cm^2）为3个月。

5.13.2 腹壁穿透伤

5.13.2.1 临床治愈

组织缺损修复，伤口愈合。

5.13.2.2 治疗终结时间

符合下列情形的治疗终结时间为：

a）腹壁轻度穿透伤，浅表；深入腹腔；但未累及深部结构为2个月；

b）腹壁严重穿透伤，伴组织缺损大于100 cm^2 深入腹腔为6个月。

5.13.3 腹主动脉损伤

5.13.3.1 腹主动脉内膜撕裂伤（血管未破裂）

5.13.3.1.1 临床治愈

动脉瘤切除后，症状消失，伤口愈合，无重要并发症。

5.13.3.1.2 治疗终结时间

4个月。

5.13.3.2 腹主动脉裂伤（穿孔）

5.13.3.2.1 临床治愈

符合下列情形的为临床治愈：

a）经手术修复后症状消失；

b）胸片显示无动脉瘤形成，纵隔影不增宽；

c）伤口愈合，无重要并发症。

5.13.3.2.2 治疗终结时间

6个月。

5.13.4 胃损伤

5.13.4.1 临床治愈

伤口、切口愈合，无腹膜刺激症状。

5.13.4.2 临床稳定

遗留腹痛、轻度腹胀。

5.13.4.3 治疗终结时间

符合下列情形的治疗终结时间为：

a）胃挫伤（血肿）为2个月；

b）胃非全层裂伤为3个月；

c）胃全层裂伤（穿孔）为4个月；

d）胃广泛性损伤伴组织缺损为6个月。

5.13.5 十二指肠损伤

5.13.5.1 临床治愈

伤口、切口愈合，无腹膜刺激症状。

5.13.5.2 临床稳定

遗留腹痛、轻度腹胀。

5.13.5.3 治疗终结时间

符合下列情形的治疗终结时间为：

a）十二指肠挫伤（血肿）为2个月；

b）十二指肠非全层裂伤为3个月；

c）十二指肠全层裂伤为5个月；

d）十二指肠广泛撕脱伤伴组织缺损为10个月。

5.13.6　空－回肠（小肠）

5.13.6.1　临床治愈

伤口、切口愈合，无腹膜刺激症状。

5.13.6.2　稳定标准

遗留腹痛、轻度腹胀。

5.13.6.3　治疗终结时间

符合下列情形的治疗终结时间为：

a）挫伤（血肿）为2个月；

b）非全层裂伤为3个月；

c）全层裂伤但未完全横断为4个月；

d）广泛撕脱或组织缺损或横断为6个月。

5.13.7　结肠损伤

5.13.7.1　临床治愈

伤口、切口愈合，无腹膜刺激症状。

5.13.7.2　临床稳定

遗留腹痛、轻度腹胀。

5.13.7.3　治疗终结时间

符合下列情形的治疗终结时间为：

a）结肠挫伤（血肿）为2个月；

b）结肠非全层裂伤为3个月；

c）结肠全层裂伤为6个月；

d）结肠广泛撕脱伤伴组织缺损为10个月。

5.13.8　直肠损伤

5.13.8.1　临床治愈

伤口、切口愈合，无腹膜刺激症状。

5.13.8.2　临床稳定

自述腹痛、轻度腹胀，可遗留排便不畅或便意等症状，但检查无直肠狭窄。

5.13.8.3　治疗终结时间

符合下列情形的治疗终结时间为：

a）挫伤（血肿）为2个月；

b）直肠非全层裂伤为3个月；

c）直肠全层裂伤为6个月；

d）直肠广泛撕脱伤伴组织缺损为10个月。

5.13.9　肛门损伤

5.13.9.1　临床治愈

伤口、切口愈合，大便无困难。

5.13.9.2　临床稳定

可留有肛门括约肌功能障碍，无明显改善。

5.13.9.3　治疗终结时间

符合下列情形的治疗终结时间为：

a）肛门挫伤（血肿）为2个月；

b）肛门非全层裂伤为3个月；

c）肛门全层裂伤为6个月；

d）肛门广泛撕脱伤伴组织缺损为10个月。

5.13.10　肠系膜损伤

5.13.10.1　临床治愈

血肿吸收，症状消失。

5.13.10.2　治疗终结时间

符合下列情形的治疗终结时间为：

a）肠系膜挫伤（血肿）为2个月；

b）肠系膜破裂伤，经手术治疗为4个月。

5.13.11　网膜损伤

5.13.11.1　临床治愈

血肿吸收，症状消失。

5.13.11.2　治疗终结时间

符合下列情形的治疗终结时间为：

a）网膜挫伤（血肿）为1.5个月；

b）网膜破裂伤，经手术治疗为2个月。

5.13.12　肝脏损伤

5.13.12.1　临床治愈

经治疗后，症状体征消失，无并发症。

5.13.12.2　临床稳定

经治疗后，急性症状和体征消失，留有并发症。

5.13.12.3　治疗终结时间

符合下列情形的治疗终结时间为：

a）肝脏挫裂伤，保守治疗为3个月；

b）肝脏损伤，修补术为4个月；

c）肝脏损伤，肝叶切除为6个月。

5.13.13　胆囊挫裂伤

5.13.13.1　临床治愈

经治疗后，症状体征消失，或胆囊切除术后无并发症。

5.13.13.2　临床稳定

经治疗后，急性症状和体征消失，留有并发症未完全痊愈。

5.13.13.3　治疗终结时间

符合下列情形的治疗终结时间为：

a）胆囊挫伤（血肿）为2个月；

b）胆囊轻度裂伤（胆囊管未受累，行胆囊切除术）

为3个月；

c)胆囊重度裂伤(广泛,胆囊管破裂,行胆囊切除术)为4个月。

5.13.14　脾脏损伤

5.13.14.1　临床治愈

生命体征稳定,各种症状消失,血肿吸收。或脾切除后无并发症。

5.13.14.2　治疗终结时间

符合下列情形的治疗终结时间为:

a)脾脏挫裂伤,保守治疗为2个月;

b)脾脏损伤,修补术为3个月;

c)脾破裂,脾切除为4个月。

5.13.15　胰腺损伤

5.13.15.1　临床治愈

生命体征稳定,各种症状消失,血肿吸收,功能基本恢复,实验室检查恢复正常。

5.13.15.2　临床稳定

自述腹痛、腹胀,实验室检查轻度异常。

5.13.15.3　治疗终结时间

符合下列情形的治疗终结时间为:

a)胰腺轻度挫裂伤(浅表;无胰管损伤)为3个月;

b)胰腺中度挫裂伤(广泛,胰管受累)为8个月;

c)胰腺重度挫裂伤(多处裂伤,壶腹受累)为12个月。

5.13.16　肾脏损伤

5.13.16.1　临床治愈

符合下列情形的为临床治愈:

a)疼痛消失,尿液检验正常;

b)伤口愈合良好,无尿瘘形成,亦无并发泌尿系统感染。

5.13.16.2　临床稳定

符合下列情形的为临床稳定:

a)持续或间歇性镜下血尿;

b)伤口未完全愈合或有尿瘘形成或屡发泌尿系统感染。

5.13.16.3　治疗终结时间

符合下列情形的治疗终结时间为:

a)肾脏轻度挫伤,包括包膜下血肿、浅表、实质无裂伤,保守治疗,治疗终结时间为1.5个月;

b)肾脏重度挫伤,包括包膜下血肿;面积大于50%或呈扩展性,治疗终结时间为3个月;

c)肾脏轻度裂伤,肾皮质深度小于或等于1 cm;无尿外渗,治疗终结时间为3个月;

d)肾脏中度裂伤,肾皮质深度大于1 cm;无尿外渗,治疗终结时间为6个月;

e)肾脏重度裂伤累及肾实质和主要血管,尿外渗,经手术治疗后,治疗终结时间为8个月。

5.13.17　肾上腺损伤

5.13.17.1　临床治愈

伤口愈合,腺体功能恢复正常。

5.13.17.2　治疗终结时间

符合下列情形的治疗终结时间为:

a)肾上腺挫裂伤保守治疗为2个月;

b)肾上腺破裂,一侧切除为4个月。

5.13.18　膀胱损伤

5.13.18.1　临床治愈

生命体征稳定,各种症状消失,血肿吸收,功能基本恢复,实验室检查恢复正常。

5.13.18.2　临床稳定

符合下列情形的为临床稳定:

a)伤口基本愈合;

b)留有尿频及尿痛等膀胱刺激症状;

c)尿液检查仍不正常。

5.13.18.3　治疗终结时间

符合下列情形的治疗终结时间为:

a)膀胱挫伤(血肿)为2个月;

b)膀胱非全层裂伤,行修补手术,治疗终结时间为4个月;

c)膀胱全层裂伤、手术治疗,治疗终结时间为6个月;

d)膀胱广泛损伤伴组织缺损、手术治疗,治疗终结时间为10个月。

5.13.19　输尿管损伤

5.13.19.1　临床治愈

符合下列情形的为临床治愈:

a)切口愈合良好,尿液正常;

b)已有的肾积水、肾功能减退均有明显改善。

5.13.19.2　临床稳定

符合下列情形的为临床稳定:

a)术后伤口愈合良好,但有输尿管狭窄,原有的肾积水有所加重;

b)反复发作泌尿系统感染。

5.13.19.3 治疗终结时间

符合下列情形的治疗终结时间为:

a)输尿管挫伤(血肿)为2个月;

b)输尿管非全层裂伤为4个月;

c)输尿管全层裂伤、手术治疗,治疗终结时间为6个月;

d)输尿管广泛毁损、手术治疗,治疗终结时间为12个月。

5.13.20 子宫损伤

5.13.20.1 临床治愈

血肿吸收,伤口愈合,或子宫切除后无并发症。

5.13.20.2 治疗终结时间

符合下列情形的治疗终结时间为:

a)子宫挫伤(血肿)为2个月;

b)子宫轻度裂伤小于或等于1 cm;浅表,行修补术,治疗终结时间为2个月;

c)子宫重度裂伤大于1 cm;深在,行修补术,治疗终结时间为3个月;

d)子宫广泛破裂伤、行切除术,治疗终结时间为4个月。

5.13.21 卵巢损伤

5.13.21.1 临床治愈

血肿吸收,伤口愈合,或卵巢切除后无并发症。

5.13.21.2 治疗终结时间

符合下列情形的治疗终结时间为:

a)卵巢挫伤(血肿)为1个月;

b)卵巢轻度裂伤,浅表;小于或等于0.5 cm,治疗终结时间为2个月;

c)卵巢重度裂伤,深在;大于0.5 cm或广泛损伤,行卵巢切除术,治疗终结时间为3个月。

5.13.22 输卵管裂伤

5.13.22.1 临床治愈

血肿吸收,伤口愈合,或输卵管切除后无并发症。

5.13.22.2 治疗终结时间

符合下列情形的治疗终结时间为:

a)输卵管挫伤、血肿,保守治疗,治疗终结时间为1个月;

b)输卵管挫例伤,经手术修补或行输卵管切除术,治疗终结时间为3个月。

5.13.23 会阴部损伤

5.13.23.1 会阴部皮肤损伤

5.13.23.1.1 临床治愈

血肿吸收,伤口愈合,缺损组织已修复。

5.13.23.1.2 治疗终结时间

符合下列情形的治疗终结时间为:

a)会阴挫伤(血肿)为1个月;

b)会阴裂伤为2个月;

c)会阴撕脱伤,广泛破裂伤(Ⅲ度以上裂伤),治疗终结时间为6个月。

5.13.23.2 阴茎损伤

5.13.23.2.1 临床治愈

伤口愈合,排尿通畅,勃起功能良好。

5.13.23.2.2 临床稳定

伤口虽愈合,阴茎有变形,影响排尿或勃起。

5.13.23.2.3 治疗终结时间

符合下列情形的治疗终结时间为:

a)阴茎挫伤(血肿),治疗终结时间为2个月;

b)阴茎轻度裂伤,治疗终结时间为4个月;

c)阴茎撕脱脱伤或断裂伤,治疗终结时间为6个月。

5.13.23.3 尿道损伤

5.13.23.3.1 临床治愈

血肿吸收,伤口愈合,症状消失,排尿通畅,尿检正常。

5.13.23.3.2 临床稳定

排尿不畅或有尿瘘形成,或尚需定期做尿道扩张。

5.13.23.3.3 治疗终结时间

符合下列情形的治疗终结时间为:

a)尿道挫伤(血肿)为2个月;

b)尿道非全层裂伤为4个月;

c)尿道全层裂伤为6个月;

d)尿道全层裂伤,手术治疗后需定期做尿道扩张,治疗终结时间为12个月;

e)尿道广泛毁损、组织缺损,手术治疗后需定期做尿道扩张,治疗终结时间为24个月。

5.13.23.4 阴囊损伤

5.13.23.4.1 临床治愈

血肿吸收,伤口愈合,缺损组织已修复。

5.13.23.4.2　治疗终结时间

符合下列情形的治疗终结时间为：

a)阴囊挫伤(血肿)为1个月；

b)阴囊轻度裂伤(浅表)为2个月；

c)阴囊重度裂伤(撕脱；离断)，广泛毁损、组织缺损，治疗终结时间为3个月。

5.13.23.5　睾丸损伤

5.13.23.5.1　临床治愈

伤口愈合，保留之睾丸无萎缩。

5.13.23.5.2　治疗终结时间

符合下列情形的治疗终结时间为：

a)睾丸挫伤(血肿)为2个月；

b)睾丸浅表裂伤为3个月；

c)睾丸撕脱伤、破裂伤、离断伤，治疗终结时间为4个月。

5.13.23.6　阴道损伤

5.13.23.6.1　临床治愈

血肿吸收，伤口愈合，症状消失，性交无困难。

5.13.23.6.2　临床稳定

自述性交痛，但查无明显狭窄。

5.13.23.6.3　治疗终结时间

符合下列情形的治疗终结时间为：

a)阴道挫伤(血肿)为1个月；

b)阴道轻度裂伤(浅表)为2个月；

c)阴道重度裂伤(深在)为3个月；

d)阴道广泛破裂伤为4个月。

5.13.24　骨盆骨折

5.13.24.1　临床治愈

骨折对位满意，骨折愈合，症状消失，功能完全或基本恢复。

5.13.24.2　治疗终结时间

符合下列情形的治疗终结时间为：

a)骨盆耻骨坐骨枝骨折为3个月；

b)骨盆后关环骨折为6个月；

c)骨盆骨折伴骶髂关节脱位为9个月。

5.14　脊椎损伤

5.14.1　臂丛神经损伤

5.14.1.1　临床治愈

肌力、感觉恢复满意，肢体无畸形，功能良好。电生理检查示神经传导功能基本恢复。

5.14.1.2　临床稳定

可留有感觉、运动功能障碍，电生理检查示神经传导功能异常。

5.14.1.3　治疗终结时间

符合下列情形的治疗终结时间为：

a)臂丛神经挫伤为6个月；

b)臂丛神经裂伤(部分损伤)为9个月；

c)臂丛神经撕脱伤(完全断裂)为12个月。

5.14.2　神经根损伤

5.14.2.1　临床治愈

肌力、感觉恢复满意，肢体无畸形，功能良好。电生理检查示神经传导功能基本恢复。

5.14.2.2　临床稳定

可留有感觉、运动功能障碍，电生理检查示神经传导功能异常。

5.14.2.3　治疗终结时间

符合下列情形的治疗终结时间为：

a)神经根挫伤为6个月；

b)神经根裂伤(部分损伤)为9个月；

c)神经根撕脱伤(完全断裂)为12个月。

5.14.3　马尾神经损伤

5.14.3.1　临床治愈

肌力、感觉恢复满意，功能良好。神经电生理学传导功能基本恢复。

5.14.3.2　临床稳定

可留有感觉、运动功能障碍，神经电生理学检查异常。

5.14.3.3　治疗终结时间

符合下列情形的治疗终结时间为：

a)马尾神经挫伤伴一过性神经体征(感觉异常)，治疗终结时间为6个月；

b)马尾神经挫伤出现不全性马尾损伤综合征，治疗终结时间为10个月；

c)马尾神经挫伤出现完全性马尾损伤综合征，治疗终结时间为12个月。

5.14.4　脊髓损伤

5.14.4.1　临床治愈

肌力、感觉恢复满意，肢体无畸形，功能良好。神经电生理学检查基本正常。

5.14.4.2　临床稳定

可留有感觉、运动功能障碍。电生理检查异常。

5.14.4.3 治疗终结时间

符合下列情形的治疗终结时间为：

a)脊髓挫伤伴一过性神经体征为6个月；

b)脊髓挫伤出现不完全性脊髓损伤综合征(残留部分感觉或运动功能),治疗终结时间为10个月；

c)脊髓挫伤出现完全性脊髓损伤综合征(四肢瘫或截瘫),治疗终结时间为12~18个月；

d)脊髓不全性裂伤(残留部分感觉或运动功能障碍),治疗终结时间为12个月；

e)脊髓裂伤出现完全性脊髓损伤综合征(四肢瘫或截瘫),治疗终结时间为12~18个月。

5.14.5 椎间盘破裂、髓核突出

5.14.5.1 临床治愈

非手术或手术治疗后症状消失,神经功能完全或基本恢复。

5.14.5.2 临床稳定

症状大部分消失,功能改善。

5.14.5.3 治疗终结时间

符合下列情形的治疗终结时间为：

a)椎间盘损伤不伴神经根损害,治疗终结时间为3个月；

b)椎间盘损伤伴神经根损害,椎间盘破裂,治疗终结时间为6个月。

5.14.6 棘间韧带损伤

5.14.6.1 临床治愈

局部肿胀消退,脊柱活动功能正常。

5.14.6.2 临床稳定

症状大部分消失,功能改善。

5.14.6.3 治疗终结时间

3个月。

5.14.7 脊柱急性扭伤

5.14.7.1 临床治愈

局部肿胀消退,脊柱活动功能正常。

5.14.7.2 临床稳定

症状大部分消失,可遗留功能障碍。

5.14.7.3 治疗终结时间

3个月。

5.14.8 环、枢椎骨折、脱位

5.14.8.1 临床治愈

骨折脱位矫正,基本愈合,症状及体征基本消失,功能恢复或基本恢复,无严重后遗症发生。

5.14.8.2 临床稳定

可留有局部疼痛不适,或颈部活动功能障碍。

5.14.8.3 治疗终结时间

符合下列情形的治疗终结时间为：

a)环、枢椎骨折为6个月；

b)环、枢椎脱位为4~6个月。

5.14.9 颈椎骨折、脱位

5.14.9.1 临床治愈

骨关节关系正常,骨折愈合,局部无疼痛,颈部活动功能恢复,截瘫消失,肢体功能恢复正常。

5.14.9.2 临床稳定

可留有局部疼痛不适,或颈部活动功能障碍。

5.14.9.3 治疗终结时间

符合下列情形的治疗终结时间为：

a)颈椎骨折或脱位为4个月；

b)颈椎骨折伴脱位为6个月；

c)颈椎骨折或脱位合并肢体瘫痪,治疗终结时间为12个月。

5.14.10 颈椎小关节脱位

5.14.10.1 临床治愈

骨关节关系正常,局部无疼痛,颈部活动功能恢复。

5.14.10.2 临床稳定

留有局部疼痛不适。

5.14.10.3 治疗终结时间

3个月。

5.14.11 腰椎棘突骨折

5.14.11.1 临床治愈

骨折愈合,局部无疼痛,颈部活动功能恢复。

5.14.11.2 临床稳定

留有局部疼痛不适。

5.14.11.3 治疗终结时间

3个月。

5.14.12 腰椎横突骨折

5.14.12.1 临床治愈

骨折愈合,局部无疼痛,颈部活动功能恢复。

5.14.12.2 临床稳定

留有局部疼痛不适。

5.14.12.3　治疗终结时间

3 个月。

5.14.13　椎板骨折

5.14.13.1　临床治愈

骨折愈合，局部无疼痛，颈部活动功能恢复。

5.14.13.2　临床稳定

可留有局部疼痛不适。

5.14.13.3　治疗终结时间

3 个月。

5.14.14　腰椎椎弓根骨折

5.14.14.1　临床治愈

骨折愈合，局部无疼痛，颈部活动功能恢复。

5.14.14.2　临床稳定

可留有局部疼痛不适。

5.14.14.3　治疗终结时间

单侧 4 个月，双侧 6 个月。

5.14.15　胸、腰椎骨折

5.14.15.1　临床治愈

压缩椎体基本恢复正常形态，骨折愈合，胸腰部无不适，功能完全或基本恢复。

5.14.15.2　临床稳定

压缩椎体大部分恢复正常形态，骨折基本愈合，症状及体征减轻，脊柱功能有改善。

5.14.15.3　治疗终结时间

符合下列情形的治疗终结时间为：

a）椎体轻度压缩（前侧压缩小于或等于 1/3）为 3 个月；

b）椎体重度压缩（压缩大于 1/3）为 6 个月；

c）椎体粉碎性骨折为 6 个月。

5.15　上 肢 损 伤

5.15.1　上肢皮肤损伤

5.15.1.1　临床治愈

创口愈合，血肿消失，组织缺损已修复。

5.15.1.2　治疗终结时间

符合下列情形的治疗终结时间为：

a）皮肤擦伤为 2 周；

b）皮肤挫伤（血肿）为 3 周；

c）皮肤轻度裂伤（浅表）为 1 个月；

d）皮肤重度裂伤，手部伤口长大于 10 cm 或整个上肢大于 20 cm，伤口深及深筋膜，治疗终结时间为 1.5 个月；

e）轻度撕脱伤，浅表；手部伤口小于或等于 25 cm^2 或整个上肢小于或等于 100 cm^2，治疗终结时间为 2 个月；

f）上肢轻度穿透伤、深至肌肉，治疗终结时间为 2 个月；

g）上肢重度穿透伤伴软组织缺损大于 25 cm^2，治疗终结时间为 3 个月。

5.15.2　上肢神经损伤

5.15.2.1　正中神经损伤

5.15.2.1.1　临床治愈

肌力、感觉恢复满意，肢体无畸形、功能良好。电生理检查示神经传导功能恢复满意。

5.15.2.1.2　临床稳定

可留有肌力、感觉轻度障碍，电生理检查示神经传导功能轻度异常。

5.15.2.1.3　治疗终结时间

符合下列情形的治疗终结时间为：

a）正中神经挫伤为 6 个月；

b）正中神经裂伤为 9 个月；

c）正中神经断伤为 12 个月。

5.15.2.2　尺神经损伤

同 5.15.2.1。

5.15.2.3　桡神经损伤

同 5.12.2.1。

5.15.2.4　指神经损伤

5.15.2.4.1　临床治愈

感觉恢复满意，手指无畸形、功能良好。

5.15.2.4.2　临床稳定

可留有感觉轻度障碍。

5.15.2.4.3　治疗终结时间

符合下列情形的治疗终结时间为：

a）指神经挫伤为 3 个月；

b）指神经断裂伤为 6 个月。

5.15.3　腋动脉、肱动脉损伤

5.15.3.1　临床治愈

手术后伤口愈合，腕部桡动脉搏动正常，末梢充盈时间和皮肤温度恢复正常。功能完全或基本恢复正常。

5.15.3.2　临床稳定

伤口愈合。肢体循环恢复，但供血不够完善或遗留不同程度的缺血症状。

5.15.3.3 治疗终结时间

符合下列情形的治疗终结时间为：

a）腋动脉、肱动脉内膜撕脱（未破裂）为2个月；

b）腋动脉、肱动脉破裂为4个月。

5.15.4 手部多根肌腱裂伤

5.15.4.1 临床治愈

经治疗后手部无明显畸形，功能基本恢复正常。

5.15.4.2 临床稳定

经治疗后手功能大部恢复正常。

5.15.4.3 治疗终结时间

6～10个月。

5.15.5 上肢损伤伴骨筋膜室综合征

5.15.5.1 临床治愈

症状消失，功能恢复，无后遗症。

5.15.5.2 临床稳定

症状稳定，功能基本恢复。

5.15.5.3 治疗终结时间

6个月。

5.16 关节损伤

5.16.1 肩关节损伤（伤）

5.16.1.1 临床治愈

关节结构正常，症状消失，功能完全或基本恢复正常。

5.16.1.2 临床稳定

关节结构正常，症状基本消失，功能大部分恢复。

5.16.1.3 治疗终结时间

符合下列情形的治疗终结时间为：

a）肩关节软组织钝挫伤为2个月；

b）肩关节捩伤为3个月；

c）肩关节脱位为4个月。

5.16.2 胸锁关节脱位

5.16.2.1 临床治愈

关节结构恢复正常，症状消失，功能完全或基本恢复正常。

5.16.2.2 临床稳定

关节结构正常，症状基本消失，功能大部分恢复。

5.16.2.3 治疗终结时间

符合下列情形的治疗终结时间为：

a）胸锁关节软组织钝挫伤为2个月；

b）胸锁关节半脱位/脱位为3个月。

5.16.3 肘关节损伤

5.16.3.1 临床治愈

关节结构正常，症状消失，功能完全或基本恢复正常。

5.16.3.2 临床稳定

关节结构正常，症状消失，功能大部分恢复。

5.16.3.3 治疗终结时间

符合下列情形的治疗终结时间为：

a）肘关节软组织钝挫伤为2个月；

b）肘关节侧副韧带损伤为3个月；

c）肘关节脱位为4个月；

d）肘关节脱位后伴骨化性肌炎为6个月。

5.16.4 腕关节损伤

5.16.4.1 临床治愈

关节结构正常，症状消失，功能完全或基本恢复正常。

5.16.4.2 临床稳定标准

关节结构正常，症状消失，功能大部分恢复。

5.16.4.3 治疗终结时间

符合下列情形的治疗终结时间为：

a）腕关节软组织钝挫伤为2个月；

b）腕关节韧带损伤为3个月；

c）腕关节脱位为3个月；

d）三角纤维软骨损伤伴下尺桡关节分离为4个月。

5.16.5 桡骨头半脱位

5.16.5.1 临床治愈

局部疼痛消失，肘关节活动功能恢复正常。

5.16.5.2 临床稳定

关节结构正常，症状消失，功能大部分恢复。

5.16.5.3 治疗终结时间

3个月。

5.16.6 腕掌关节或掌指关节损伤

5.16.6.1 临床治愈

局部肿痛消失，无压痛，前臂旋转功能恢复正常。

5.16.6.2 临床稳定

症状基本消失，关节功能基本恢复。

5.16.6.3 治疗终结时间

符合下列情形的治疗终结时间为：
a)腕掌关节或掌指关节损伤为3个月；
b)腕掌关节或掌指关节脱位为3个月。
5.16.7 指间关节损伤
5.16.7.1 临床治愈
关节结构正常，症状消失，功能恢复正常。
5.16.7.2 临床稳定
关节结构正常，症状消失，功能大部分恢复。
5.16.7.3 治疗终结时间
符合下列情形的治疗终结时间为：
a)指间关节侧副韧带损伤为3个月；
b)指间关节脱位为3个月。

5.17 上肢骨折

5.17.1 肩峰骨折
5.17.1.1 临床治愈
骨折愈合，功能完全或基本恢复。
5.17.1.2 临床稳定
对位尚可，或骨折对位欠佳，功能恢复尚可。
5.17.1.3 治疗终结时间
符合下列情形的治疗终结时间为：
a)肩峰关节闭合性骨折:3个月；
b)肩峰关节开放性骨折:4个月。
5.17.2 肩胛骨骨折
5.17.2.1 临床治愈
骨折对位满意，骨折线模糊，功能完全或基本恢复。
5.17.2.2 临床稳定
对位尚可，或骨折对位欠佳，功能恢复尚可。
5.17.2.3 治疗终结时间
根据损伤程度不同，治疗终结时间如下：
a)肩胛骨闭合性骨折为3个月；
b)肩胛骨开放性骨折为4~6个月。
5.17.3 锁骨骨折
5.17.3.1 临床治愈
骨折对线对位满意，有连续性骨痂形成，断端无压痛，无冲击痛，功能恢复。
5.17.3.2 临床稳定
对位尚可，或骨折对位欠佳，功能恢复尚可。
5.17.3.3 治疗终结时间
符合下列情形的治疗终结时间为：
a)锁骨闭合性骨折为3个月；
b)锁骨开放性骨折为4个月。
5.17.4 肱骨骨折
5.17.4.1 临床治愈
骨折愈合，对位满意，功能及外形完全或基本恢复。
5.17.4.2 临床稳定
骨折愈合对位良好，或骨折对位欠佳，功能恢复尚可。
5.17.4.3 治疗终结时间
符合下列情形的治疗终结时间为：
a)肱骨闭合性骨折为3个月；
b)肱骨开放性骨折为4~6个月；
c)肱骨下1/3开放性骨折为6个月。
5.17.5 尺骨骨折
5.17.5.1 临床治愈
骨折对位良好，骨折愈合，功能完全或基本恢复。
5.17.5.2 临床稳定
骨折对位1/3以上，对线满意，前臂旋转受限在45°以内。
5.17.5.3 治疗终结时间
符合下列情形的治疗终结时间为：
a)尺骨闭合性骨折为3个月；
b)尺骨开放性骨折为4个月。
5.17.6 桡骨骨折
5.17.6.1 临床治愈
骨折有连续骨痂形成已愈合，肘关节屈伸功能正常，前臂旋转功能正常或活动受限在15°以内。
5.17.6.2 临床稳定
骨折对线对位欠佳，下尺桡关节分离，腕背伸掌屈受限在30°以内，前臂旋转功能受限16°~30°。
5.17.6.3 治疗终结时间
符合下列情形的治疗终结时间为：
a)桡骨闭合性骨折为3个月；
b)桡骨开放性骨折为4个月。
5.17.7 尺、桡骨双骨折
5.17.7.1 临床治愈
骨折愈合，功能完全恢复或基本恢复。
5.17.7.2 临床稳定
对位对线及固定良好。手术后伤口愈合，骨折部位明显连续性骨痂。

5.17.7.3　治疗终结时间

符合下列情形的治疗终结时间为：

a）尺、桡骨闭合性骨折为6个月；

b）尺、桡骨开放性骨折为6～8个月。

5.17.8　腕骨骨折

5.17.8.1　临床治愈

骨折对位满意愈合，功能完全或基本恢复。

5.17.8.2　临床稳定

骨折基本愈合，对位良好，功能恢复尚可。

5.17.8.3　治疗终结时间

符合下列情形的治疗终结时间为：

a）腕骨骨折为6个月；

b）手舟状骨骨折为8个月；

c）舟状骨骨折伴月骨周围脱位为10个月。

5.17.9　掌骨骨折

5.17.9.1　临床治愈

骨折愈合，第二至第五掌指关节序列恢复，掌指关节屈伸正常。

5.17.9.2　临床稳定

骨折愈合，对线对位尚可，无明显畸形，留有部分功能受限。

5.17.9.3　治疗终结时间

4个月。

5.17.10　手指骨折

5.17.10.1　临床治愈

骨折对位满意已愈合，手指功能及外形完全或基本恢复。

5.17.10.2　临床稳定

骨折愈合，有轻度旋转或成角畸形，手指功能尚能满足一般生活及工作需要。

5.17.10.3　治疗终结时间

3个月。

5.18　下肢损伤

5.18.1　下肢皮肤损伤

同5.15.1。

5.18.2　神经损伤

5.18.2.1　坐骨神经损伤

5.18.2.1.1　临床治愈

肌力、感觉恢复满意，肢体无畸形，功能良好，电生理检查提示神经传导功能恢复满意。

5.18.2.1.2　临床稳定

可留有肌力、感觉轻度障碍，电生理检查提示神经传导功能轻度异常。

5.18.2.1.3　治疗终结时间

符合下列情形的治疗终结时间为：

a）坐骨神经挫伤为8个月；

b）坐骨神经部分损伤为10个月；

c）坐骨神经完全性损伤为12个月。

5.18.2.2　股神经损伤

5.18.2.2.1　临床治愈

肌力、感觉恢复满意，肢体无畸形，功能良好，电生理检查提示神经传导功能恢复满意。

5.18.2.2.2　临床稳定

可留有肌力、感觉轻度障碍，电生理检查提示神经传导功能轻度异常。

5.18.2.2.3　治疗终结时间

符合下列情形的治疗终结时间为：

a）股神经挫伤为6个月；

b）股神经部分断裂伤为9个月；

c）股神经完全断裂伤为12个月。

5.18.2.3　胫神经损伤

5.18.2.3.1　临床治愈

肌力、感觉恢复满意，肢体无畸形，功能良好。电生理检查提示神经传导功能完全恢复。

5.18.2.3.2　临床稳定

可留有肌力、感觉轻度障碍，电生理检查提示神经传导功能轻度异常。

5.18.2.3.3　治疗终结时间

符合下列情形的治疗终结时间为：

a）胫神经挫伤为6个月；

b）胫神经部分断裂伤为9个月；

c）胫神经完全断裂伤为12个月。

5.18.2.4　腓总神经损伤

5.18.2.4.1　临床治愈

肌力、感觉恢复满意，肢体无畸形，功能良好，电生理检查提示神经传导功能恢复满意。

5.18.2.4.2　临床稳定

可留有肌力、感觉轻度障碍，电生理检查提示神经传导功能轻度异常。

5.18.2.4.3　治疗终结时间

符合下列情形的治疗终结时间为：

a)腓总神经挫伤为6个月；

b)腓总神经部分损伤为10个月；

c)腓总神经撕脱伤或完全断裂伤为12个月。

5.18.2.5　趾神经损伤

5.18.2.5.1　临床治愈

感觉恢复满意，功能良好。

5.18.2.5.2　临床稳定

可留有感觉轻度障碍。

5.18.2.5.3　治疗终结时间

符合下列情形的治疗终结时间为：

a)趾神经挫伤为3个月；

b)趾神经断裂伤为6个月。

5.18.3　股血管、腘血管损伤

5.18.3.1　临床治愈

手术后伤口愈合，脉搏正常，肢体循环恢复正常。功能完全或基本恢复正常。

5.18.3.2　临床稳定

伤口愈合。肢体循环恢复，但供血不够完善或遗留不同程度的缺血症状。

5.18.3.3　治疗终结时间

符合下列情形的治疗终结时间为：

a)股血管、腘血管内膜撕裂(未破裂)为2个月；

b)股血管、腘血管破裂为4个月。

5.18.4　肌腱及韧带损伤

5.18.4.1　髌韧带损伤

5.18.4.1.1　临床治愈

韧带修复满意，症状完全消失，功能恢复正常。

5.18.4.1.2　临床稳定

韧带修复，症状基本消失，功能基本恢复。

5.18.4.1.3　治疗终结时间

符合下列情形的治疗终结时间为：

a)髌韧带裂伤(破裂，撕裂，撕脱)为3个月；

b)髌韧带完全横断为6个月。

5.18.4.2　膝关节侧副韧带损伤

5.18.4.2.1　临床治愈

肿胀疼痛压痛消失，膝关节功能完全或基本恢复。

5.18.4.2.2　临床稳定

膝部无明显疼痛，并节有轻度不稳定，屈伸正常或稍受限。

5.18.4.2.3　治疗终结时间

3个月。

5.18.4.3　十字韧带损伤

5.18.4.3.1　临床治愈

关节无疼痛，稳定，功能完全恢复。

5.18.4.3.2　临床稳定

关节无明显疼痛，有轻度不稳，功能基本恢复。

5.18.4.3.3　治疗终结时间

符合下列情形的治疗终结时间为：

a)不完全断裂为3～4个月；

b)单一十字韧带断裂、韧带替代修补术为4～6个月；

c)双十字韧带断裂、韧带替代修补术为6个月。

5.18.4.4　跟腱损伤

5.18.4.4.1　临床治愈

韧带修复满意，症状完全消失，功能恢复正常。

5.18.4.4.2　临床稳定

韧带修复，症状基本消失，功能基本恢复。

5.18.4.4.3　治疗终结时间

符合下列情形的治疗终结时间为：

a)跟腱不完全性裂伤(破裂，撕脱，撕裂)为3个月；

b)跟腱完全性裂伤(破裂，撕脱，撕裂)为6个月。

5.18.4.5　膝关节半月板损伤

5.18.4.5.1　临床治愈

膝关节疼痛肿胀消失，无关节弹响和交锁，膝关节旋转挤压和研磨试验(—)，膝关节功能基本恢复。

5.18.4.5.2　临床稳定

症状基本消失，活动多或长时间工作后仍有轻度疼痛或酸困，股四头肌轻度萎缩，膝关节功能接近正常。

5.18.4.5.3　治疗终结时间

符合下列情形的治疗终结时间为：

a)非手术治疗为2个月；

b)半月板修补缝合为3个月；

c)关节镜修整为3个月。

5.18.5　下肢损伤致骨筋膜室综合征

5.18.5.1　临床治愈

症状消失，功能恢复，无后遗症。

5.18.5.2　临床稳定

症状消失，功能基本恢复。

5.18.5.3　治疗终结时间

6个月。

5.18.6　下肢关节损伤

5.18.6.1　髋关节损伤

5.18.6.1.1　临床治愈

髋关节关系正常，功能完全或基本恢复，可以正常负重及参加劳动。

5.18.6.1.2　临床稳定

关节关系正常，可留有疼痛不适、功能轻度受限。

5.18.6.1.3　治疗终结时间

符合下列情形的治疗终结时间为：

a）髋关节软组织钝挫伤为2个月；

b）髋关节扭伤为2个月；

c）单纯髋关节脱位（关节软骨未受累）为3个月；

d）髋关节骨折伴脱位为8～12个月；

e）髋关节开放性脱位为8～12个月。

5.18.6.2　膝关节损伤

5.18.6.2.1　临床治愈

膝关节关系正常，关节无疼痛，行走无不适，关节稳定，功能完全或基本恢复。

5.18.6.2.2　临床稳定

关节关系正常，可留有疼痛不适、功能轻度受限。

5.18.6.2.3　治疗终结时间

符合下列情形的治疗终结时间为：

a）膝关节软组织钝挫伤为2个月；

b）膝关节扭伤为3个月；

c）膝关节多根韧带损伤为6个月；

d）膝关节脱位伴骨折为8个月；

e）膝关节开放性脱位为6个月。

5.18.6.3　踝关节损伤

5.18.6.3.1　临床治愈

踝关节关系正常，关节无疼痛，症状消失，功能完全或基本恢复。

5.18.6.3.2　临床稳定

关节关系正常，可留有疼痛不适、功能轻度受限。

5.18.6.3.3　治疗终结时间

符合下列情形的治疗终结时间为：

a）踝部软组织钝挫伤为2个月；

b）踝关节扭伤为3个月；

c）踝关节骨折/伴脱位为8个月；

d）踝关节开放性脱位为6个月。

5.18.6.4　跖、趾或趾间关节损伤

5.18.6.4.1　临床治愈

关节关系正常，局部无肿痛，无皮下瘀斑，无明显压痛，步行无疼痛。

5.18.6.4.2　临床稳定

关节关系正常，可留有疼痛不适、功能轻度受限。

5.18.6.4.3　治疗终结时间

符合下列情形的治疗终结时间为：

a）跖趾或趾间关节扭伤为2个月；

b）跖趾或趾间关节脱位为2个月；

c）开放性跖趾或趾间关节脱位或闭合性骨折伴脱位为4个月；

d）跖趾关节骨折伴脱位为4个月。

5.18.6.5　距下、距舟或跖跗关节损伤

5.18.6.5.1　临床治愈

关节关系正常，局部无肿痛，无皮下瘀斑，无明显压痛，步行无疼痛。

5.18.6.5.2　临床稳定

关节关系正常，可留有疼痛不适、功能轻度受限。

5.18.6.5.3　治疗终结时间

符合下列情形的治疗终结时间为：

a）距下、距舟或跖跗关节扭伤为2个月；

b）距下或距舟关节脱位为3个月；

c）闭合性距骨骨折伴关节脱位为4～6个月；

d）开放性距骨骨折伴关节脱位为6个月。

5.18.7　下肢骨折

5.18.7.1　股骨骨折

5.18.7.1.1　股骨干骨折

5.18.7.1.1.1　临床治愈

骨折对线对位满意，骨折愈合，功能完全或基本恢复。

5.18.7.1.1.2　临床稳定

骨折愈合，对位良好，轻度疼痛、跛行，可半蹲，生活可自理。

5.18.7.1.1.3　治疗终结时间

6～8个月。

5.18.7.1.2　股骨转子间骨折

5.18.7.1.2.1 临床治愈

骨折对位满意，有连续性骨痂通过骨折线，无跛行及疼痛，能恢复正常行走、下蹲。

5.18.7.1.2.2 临床稳定

骨折线模糊，对位尚满意，髋内翻在25°以内，短缩畸形在2 cm以内，轻度跛行及下蹲受限，能参加一般劳动及自理生活者。

5.18.7.1.2.3 治疗终结时间

符合下列情形的治疗终结时间为：

a)稳定型为6个月；

b)不稳定型手术治疗为6～9个月。

5.18.7.1.3 股骨颈骨折

5.18.7.1.3.1 临床治愈

骨折愈合，对位满意，局部无疼痛，无跛行，伸髋正常，屈髋超过90°。

5.18.7.1.3.2 临床稳定

骨折愈合，对位良好，轻度疼痛、跛行，可半蹲，生活可自理。

5.18.7.1.3.3 治疗终结时间

符合下列情形的治疗终结时间为：

a)骨折内固定为9～12个月；

b)人工股骨头或全髋置换为6～9个月。

5.18.7.2 胫骨骨折

5.18.7.2.1 临床治愈

对线对位满意，局部无压痛、叩痛，伤肢无明显短缩，骨折成角小于5°，膝关节屈伸功能受限在15°内，踝关节屈伸活动受限在5°以内。

5.18.7.2.2 临床稳定

对位良好，或对位尚可已愈合，行走时轻度疼痛，膝关节活动轻度受限。

5.18.7.2.3 治疗终结时间

符合下列情形的治疗终结时间为：

a)胫骨平台闭合性骨折为6个月；

b)胫骨平台开放性骨折为8～10个月；

c)胫骨髁间嵴骨折为6个月；

d)单纯性内髁骨折为4个月；

e)单纯性后髁骨折为3个月。

5.18.7.3 髌骨骨折

5.18.7.3.1 临床治愈

骨折对位满意，骨折愈合，行走无疼痛，膝关节功能完全或基本恢复。

5.18.7.3.2 临床稳定

对位尚满意，骨折愈合，行走有疼痛，膝关节自主伸直受限5°～10°，屈曲受限45°以内者。

5.18.7.3.3 治疗终结时间

3～4个月。

5.18.7.4 腓骨骨折

5.18.7.4.1 临床治愈

对线对位满意，骨折线模糊，局部无压痛、叩痛，伤肢无明显短缩，骨折成角小于5°，膝关节屈伸功能受限在15°内，踝关节屈伸活动受限在5°以内。

5.18.7.4.2 临床稳定

对线对位尚可，骨折线模糊，伤肢短缩小于2 cm，成角小于15°，膝关节活动受限在30°～45°以内，踝关节屈伸受限在10°～15°以内。

5.18.7.4.3 治疗终结时间

3个月。

5.18.7.5 踝部多发性骨折

5.18.7.5.1 临床治愈

骨折对位对线好，骨折愈合，伤口愈合，功能恢复正常。X线片显示骨折对位对线好。

5.18.7.5.2 临床稳定

对位良好，骨折线模糊，踝部轻微疼痛，劳累后加重，内外踝侧方移位在2 mm以内，前后移位在2 mm～4 mm以内，后踝向后上移位在2 mm～5 mm之间。

5.18.7.5.3 治疗终结时间

符合下列情形的治疗终结时间为：

a)双踝或三踝骨折为6个月；

b)开放性双踝或三踝骨折为6个月。

5.18.7.6 跟骨骨折

5.18.7.6.1 临床治愈

足跟外观无畸形，对位满意，骨折线模糊或消失，行走无不适，功能完全或基本恢复。

5.18.7.6.2 临床稳定

骨对位良好已愈合，或足跟轻度畸形，足弓轻度变平，行走轻度疼痛，距下关节活动轻度受限。

5.18.7.6.3 治疗终结时间

3个月。

5.18.7.7 跖骨或跗骨骨折

5.18.7.7.1 临床治愈

骨折对位满意，有连续性骨痂通过骨折线，局部无肿胀及压痛，功能完全或基本恢复。

5.18.7.7.2　临床稳定

骨折对位良好，已愈合，走路仍有疼痛。

5.18.7.7.3　治疗终结时间

3个月。

5.18.7.8　足趾骨折

5.18.7.8.1　临床治愈

骨折对位或骨折对线好，已愈合。

5.18.7.8.2　临床稳定

骨折对位良好，或骨折对线好，对位差，已愈合，外观轻度畸形，微肿胀，无压痛，行走时略有疼痛。

5.18.7.8.3　治疗终结时间

3个月。

5.19　烧伤和腐蚀伤

5.19.1　烧伤

5.19.1.1　临床治愈

符合下列情形的为临床治愈：

a）Ⅰ度及浅Ⅱ度创面完全愈合；

b）深Ⅱ度、Ⅲ度创面基本愈合，剩余散在创面可望换药痊愈；

c）内脏并发症基本痊愈；

d）严重烧伤、大面积烧伤者基本能生活自理，颜面无严重畸形。

5.19.1.2　临床稳定

符合下列情形的为临床稳定：

a）严重烧伤、大面积烧伤、或Ⅲ度烧伤创面大部愈合，剩余创面尚需植皮；

b）颜面部有较明显畸形，或有其他功能障碍。

5.19.1.3　治疗终结时间

以实际治愈或稳定时间为准。

5.19.2　腐蚀伤

5.19.2.1　临床治愈

全身症状消失，皮肤创面愈合，受损伤的骨骼已愈合，功能障碍轻。

5.19.2.2　临床稳定

全身症状基本平稳，无明显后遗中毒病变，仍有散在小创面，或明显畸形应整复者。

5.19.2.3　治疗终结时间

以实际治愈或稳定时间为准。

道路交通事故受伤人员精神伤残评定规范

1. 2014年3月17日司法部司法鉴定管理局发布

2. SF/Z JD 0104004－2014

3. 自2014年3月17日起实施

前　言

本技术规范按照GB/T 1.1－2009给出的规则起草。

本技术规范由司法部司法鉴定科学技术研究所提出。

本技术规范由司法部司法鉴定管理局归口。

本技术规范起草单位：司法部司法鉴定科学技术研究所。

本技术规范主要起草人：张钦廷、管唯、蔡伟雄、汤涛、黄富银。

本技术规范为首次发布。

引　言

本规范根据中华人民共和国国家标准《道路交通事故受伤人员伤残评定》（GB 18667－2002）及司法部《司法鉴定程序通则》，运用精神医学、赔偿医学及法学的理论和技术，结合精神疾病司法鉴定的实践经验而制定，为道路交通事故受伤人员精神伤残程度的评定提供科学依据和统一标准。

1　范　围

本技术规范规定了道路交通事故受伤人员精神伤残程度评定的总则、要求、方法、判定标准。

本技术规范适用于对道路交通事故受伤人员精神伤残程度的评定，其他人身损害所致精神伤残程度的评定亦可参照执行。

2　规范性引用文件

下列文件对于本文件的应用是必不可少的。凡是注日期的引用文件，仅注日期的版本适用于本文件。凡是不注日期的引用文件，其最新版本（包括所有的修改单）适用于本文件。

GB 18667－2002　道路交通事故受伤人员伤残评定

SJ/Z JD0104001－2011 精神障碍者司法鉴定精神检查规范

3 术语和定义

下列术语和定义适用于本文件。

3.1 精神伤残 mental impairment

因道路交通事故颅脑损伤所致的精神残疾，是指道路交通事故受伤人员颅脑损伤后，大脑功能出现紊乱，出现不可逆的认知、情感、意志和行为等方面的精神紊乱和缺损，及其导致的生活、工作和社会活动能力不同程度损害。

3.2 精神障碍 mental disorder

在各种因素的作用下造成的心理功能失调，而出现感知、思维、情感、行为、意志及智力等精神活动方面的异常，又称精神疾病(mental illness)。

3.3 脑外伤所致精神障碍 mental disorder due to brain damage

颅脑遭受直接或间接外伤后，在脑组织损伤的基础上所产生的精神障碍和后遗综合征。

3.4 脑震荡后综合征 mental disorder due to brain concussion

脑震荡后出现的一组症状，根据出现的频度次序，可表现为头痛、头晕、疲乏、焦虑、失眠、对声光敏感、集中困难、易激惹、主观感觉不良、心情抑郁等；约有55%的病人在恢复期出现，20－30%的患者可迁延呈慢性状态。

3.5 精神病性症状 psychotic symptom

患者由于丧失了现实检验能力而明显地不能处理某些现实问题的表现。指有下列表现之一者：

a)突出的妄想；

b)持久或反复出现的幻觉；

c)紧张症行为，包括紧张性兴奋与紧张性木僵；

d)广泛的兴奋和活动过多；

e)显著的精神运动性迟滞。

4 总 则

4.1 评定原则

4.1.1 精神伤残评定以道路交通事故所致人体损伤后治疗效果为依据，应认真分析残疾与事故、损伤之间的关系，实事求是地评定。

4.1.2 进行精神伤残程度评定时，首先应评定被评定人的精神状态，根据CCMD－3或ICD－10进行医学诊断；在确认被评定人患有脑外伤所致精神障碍的基础上，考察精神症状对被评定人的日常生活、工作和社会活动能力等的影响，根据受损程度评定精神伤残等级。

4.2 评定时机

4.2.1 评定时机应以事故直接所致的损伤或确因损伤所致的并发症治疗终结为准。

4.2.2 精神伤残的评定应当在医疗终结后进行，一般在脑外伤6个月以后进行。如被评定人后遗精神异常主要表现为明显的精神病性症状等较严重情形的，应在进行系统精神专科治疗后进行。

4.3 评定人条件

由具有法医精神病鉴定资质的司法鉴定人担任。

4.4 评定书

4.4.1 评定人进行评定后，应制作评定书并签名。

4.4.2 评定书包括一般情况、简要案情、旁证调查、病历摘抄、神经系统检查及精神检查所见、必要的辅助检查所得、分析说明及评定意见等内容。

4.5 精神伤残程度

4.5.1 本技术规范根据道路交通事故受伤人员的伤残状况，将受伤人员的精神伤残程度划分为10级，从第一级到第十级。

4.5.2 精神伤残程度评定时应遵循附录A中的判定准则。

5 脑外伤所致精神障碍的诊断原则和方法

5.1 病史资料审查

应当对被评定人诊断、治疗的相关病史资料进行审查，明确被评定人是否存在脑外伤及其具体形式，了解被评定人治疗及康复情况。一般应当对被评定人事故后的头颅影像学(CT、MRI等)资料进行审核，确证道路交通事故后脑外伤情况。

5.2 旁证调查或旁证材料审查

5.2.1 一般应当对熟悉被评定人情况的相关人员进行调查，重点掌握道路交通事故前被评定人是否存在精神异常、是否具有影响被评定人精神功能状况的各种脑部及躯体疾患病史，以及事故后被评定人精神异常的表现形式及发展变化情况，了解事故前后被评定人工作、生活情况的改变情况。

5.2.2 掌握被评定人情况的相关人员也可通过书面形式向委托人或鉴定人反映上述情况。

5.3 神经系统检查和精神检查

5.3.1 神经系统检查：应按一定顺序，亦可根据病史和初步观察所见，有所侧重。通常先查颅神经，包括其运动、感觉、反射和植物神经各个功能；然后依次查上肢和下肢的运动系统和反射；最后查感觉和植物神经系统。

5.3.2 精神检查：按 SJ/Z JD0104001－2011 的规定进行。

5.4 辅助检查

5.4.1 智力测验

被评定人主要表现为智能损害的，应当进行标准化智力测验（一般选用中国修订韦氏智力量表，有语言功能障碍或种族因素者，可根据具体情况选用相应的智力测验工具），由于精神症状不能配合检查的除外。对被评定人在测验过程中的合作程度或努力程度应当进行描述。对智力测验结果应当进行评估，不能单纯根据智商确定智能缺损等级。

5.4.2 记忆测验

被评定人主要表现为记忆损害的，应当进行标准化记忆测验（一般选用中国修订韦氏记忆测验），由于精神症状影响不能配合完成检查的除外。对被评定人在测验过程中的合作程度或努力程度应当进行描述。

5.4.3 头颅影像学检查

条件许可时，可对被评定人行头颅 CT 或 MRI 检查，明确评定时或最近 3 个月内被评定人的脑解剖结构状况。

5.4.4 脑电生理检查

条件许可时，可对被评定人行脑电图、脑电地形图或事件相关电位检查，明确评定时被评定人脑自发电位或诱发电位状况。

5.5 诊断

5.5.1 综合旁证材料、病史资料及检查所得，根据 ICD－10 或 CCMD－3 明确被评定人的精神状态；在分析说明部分应当说明被评定人主要的精神损害表现，如智能损害、记忆损害、人格改变或精神病性症状等。

5.5.2 脑外伤所致精神障碍的诊断必须首先确证存在脑外伤，如脑挫裂伤、颅内血肿（包括硬脑膜外、硬脑膜下血肿和脑内血肿）、蛛网膜下腔出血等。

5.5.3 脑震荡后综合征的诊断必须在排除脑实质性损害后确证存在脑震荡，即存在短暂意识丧失和逆行性遗忘。

6 道路交通事故受伤人员精神伤残程度判定标准

6.1 按 GB 18667－2002 的规定进行判定。

6.2 脑外伤所致精神障碍致日常活动能力轻度受限，可评定为十级伤残。

6.3 脑震荡后综合征明显影响日常生活、工作等，最高可评定为十级伤残。

7 附 则

7.1 评定道路交通事故受伤人员精神伤残程度时，应排除原有伤、病等进行评定。

7.2 存在原有伤、病时，可首先确定被评定人目前精神状况相当于的伤残程度；然后根据原有伤、病对目前造成伤残程度的影响后进行相应扣除，最终给出本次道路交通事故所致的精神伤残程度；如不能区分原有伤、病对造成目前伤残程度的影响，则说明不能评定原有伤、病的影响。

7.3 附录 A 与规范正文判定标准，二者应同时使用。

附 录 A
（规范性附录）
道路交通事故所致精神伤残程度评定细则

A.1 脑外伤所致精神障碍的诊断细则

A.1.1 症状标准

有脑外伤，伴有相应的神经系统及实验室检查证据，并至少有下列 1 项：

a）器质性智能损害综合征；

b）器质性遗忘综合征（器质性记忆损害）；

c）器质性人格改变；

d）器质性意识障碍；

e)器质性精神病性症状;

f)器质性情感障碍综合征(如躁狂综合征、抑郁综合征等);

g)器质性解离(转换)综合征;

h)器质性神经症样综合征(如焦虑综合征、情感脆弱综合征等)。

A. 1. 2　严重标准:日常生活或社会功能受损。

A. 1. 3　病程标准:精神障碍的发生、发展,以及病程与脑外伤相关。

A. 1. 4　排除标准:缺乏精神障碍由其他原因(如精神活性物质)引起的足够证据。

A. 1. 5　脑外伤所致精神障碍评定时不作严重程度区分。

A. 2　脑震荡后综合征的诊断细则

A. 2. 1　症状标准

A. 2. 1. 1　有脑外伤导致不同程度的意识障碍病史;中枢神经系统和脑 CT 检查,不能发现弥漫性或局灶性损害征象。

A. 2. 1. 2　精神障碍的发生、发展,及病程与脑外伤相关。

A. 2. 1. 3　目前的症状与脑外伤相关,并至少有下列 3 项:

a)头痛、眩晕、内感性不适,或疲乏;

b)情绪改变,如易激惹、抑郁,或焦虑;

c)主诉集中注意困难,思考效率低,或记忆损害,但是缺乏客观证据;

d)失眠;

e)对酒的耐受性降低;

f)过分担心上述症状,一定程度的疑病性超价观念和采取病人角色。

A. 2. 2　严重标准:社会功能受损。

A. 2. 3　病程标准:符合症状标准和严重标准至少已 3 个月。

A. 2. 4　排除标准:排除脑挫裂伤后综合征、精神分裂症、情感性精神障碍,或创伤后应激障碍。

A. 3　颅脑损伤所致智力缺损的诊断细则

A. 3. 1　症状标准

症状表现为:

a)记忆减退,最明显的是学习新事物的能力受损;

b)以思维和信息处理过程减退为特征的智能损害,如抽象概括能力减退,难以解释成语、谚语,掌握词汇量减少,不能理解抽象意义的词汇,难以概括同类事物的共同特征,或判断力减退;

c)情感障碍,如抑郁、淡漠,或敌意增加;

d)意志减退,如懒散、主动性降低;

e)其他高级皮层功能受损,如失语、失认、失用,或人格改变等;

f)无意识障碍;

g)实验室检查:如 CT、MRI 检查对诊断有帮助,神经病理学检查有助于确诊,智商、记忆商等心理测验有助于量化智力及记忆缺损程度。

A. 3. 2　严重标准:日常生活或社会功能受损。

A. 3. 3　病程标准:符合症状标准和严重程度标准至少已 6 个月。

A. 3. 4　排除标准:排除假性痴呆、精神发育迟滞、归因于社会环境极度贫乏和教育受限的认知功能低下,或药源性智能损害。

A. 3. 5　智能缺损程度评定

A. 3. 5. 1　极重度智能缺损

表现为:

a)智商在 20 以下;

b)社会功能完全丧失,不会逃避危险;

c)生活完全不能自理,大小便失禁;

d)言语功能丧失。

A. 3. 5. 2　重度智能缺损

表现为:

a)智商在 20 – 34 之间;

b)表现显著的运动损害或其他相关的缺陷,不能学习和劳动;

c)生活不能自理;

d)言语功能严重受损,不能进行有效的交流。

A. 3. 5. 3　中度智能受损

表现为:

a)智商在 35 – 49 之间;

b)不能适应普通学校学习,可进行个位数的加、减法计算;可从事简单劳动,但质量低、效率差;

c)可学会自理简单生活,但需督促、帮助;

d)可掌握简单生活用语,但词汇贫乏。

A. 3. 5. 4　轻度智能缺损

表现为:

a)智商在 50－69 之间;

b)学习成绩差或工作能力差,只能完成较简单的手工劳动;

c)能自理生活;

d)无明显言语障碍,但对语言的理解和使用能力有不同程度的延迟。

车辆驾驶人员血液、呼气酒精含量阈值与检验

1. 2011 年 1 月 27 日国家质量监督检验检疫总局、中国国家标准化管理委员会发布

2. GB 19522－2010

3. 根据 2017 年 2 月 28 日国家标准化管理委员会公告 2017 年第 3 号《关于批准发布 GB 19522－2010〈车辆驾驶人员血液、呼气酒精含量阈值与检验〉国家标准第 1 号修改单的公告》修正

前　言

本标准的第 4 章、5.2、5.3 为强制性的,其余为推荐性的。

本标准按照 GB/T 1.1－2009 给出的规则起草。

本标准代替 GB 19522－2004《车辆驾驶人员血液、呼气酒精含量阈值与检验》,与 GB 19522－2004 相比主要技术变化如下:

——删除了规范性引用文件中的 GA 307,增加了 GB/T 21254、GA/T 842 和 GA/T 843(见第 2 章,2004 年版的第 2 章);

——删除了术语和定义中的“饮酒驾车”、“醉酒驾车”(2004 年版的 3.3、3.4);

——4.1 表 1 中的表述修改:“饮酒驾车”修改为:“饮酒后驾驶”,“醉酒驾车”修改为:“醉酒后驾驶”(见表 1,2004 年版的表 1);

——在血液酒精含量检验中,增加“检验结果应当出具书面报告”(见 5.3.1);

——增加了血液酒精含量检验(见 5.3.2);

——增加了唾液酒精检测(见 5.4);

——修改了“呼出气体酒精含量探测器”的名称(见 5.2,2004 年版 5.1、6.1)。

本标准由中华人民共和国公安部提出并归口。

本标准起草单位:重庆市公安局交通管理局。

本标准主要起草人:赵新才、蒋志全、曹峻华、万驰。

本标准所代替标准的历次版本发布情况为:

——GB 19522－2004。

1　范　　围

本标准规定了车辆驾驶人员饮酒后及醉酒后驾车时血液、呼气中的酒精含量值和检验方法。

本标准适用于驾车中的车辆驾驶人员。

2　规范性引用文件

下列文件对于本文件的应用是必不可少的。凡是注日期的引用文件,仅注日期的版本适用于本文件。凡是不注日期的引用文件,其最新版本(包括所有的修改单)适用于本文件。

GB/T 21254　呼出气体酒精含量检测仪

GA/T 1073　生物样品血液、尿液中乙醇、甲醇、正丙醇、乙醛、丙酮、异丙醇和正丁醇的顶空－气相色谱检验方法

GA/T 842　血液酒精含量的检验方法

GA/T 843　唾液酒精检测试纸条

3　术语和定义

下列术语和定义适用于本文件。

3.1　车辆驾驶人员

vehicle drivers

机动车驾驶人员和非机动车驾驶人员。

3.2　酒精含量

alcohol concentration

车辆驾驶人员血液或呼气中的酒精浓度。

4　酒精含量值

4.1　酒精含量阈值

车辆驾驶人员饮酒后或者醉酒后驾车血液中的酒精含量阈值见表 1。

表 1　车辆驾驶人员血液酒精含量阈值

驾驶行为类别	阈值/(mg/100 mL)
饮酒后驾车	≥20,<80
醉酒后驾车	≥80

4.2 血液与呼气酒精含量换算

车辆驾驶人员呼气酒精含量按1∶2200的比例关系换算成血液酒精含量,即呼气酒精含量值乘以2200等于血液酒精含量值。

5 检验方法

5.1 一般规定

车辆驾驶人员饮酒后或者醉酒后驾车时的酒精含量检验应进行呼气酒精含量检验或者血液酒精含量检验。对不具备呼气或者血液酒精含量检验条件的,应进行唾液酒精定性检测或者人体平衡试验评价驾驶能力。

5.2 呼气酒精含量检验

5.2.1 呼气酒精含量采用呼出气体酒精含量检测仪进行检验。检验结果应记录并签字。

5.2.2 呼出气体酒精含量检测仪的技术指标和性能应符合GB/T 21254的规定。

5.2.3 呼气酒精含量检验的具体操作步骤,按照呼出气体酒精含量检测仪的操作要求进行。

5.3 血液酒精含量检验

5.3.1 对需要检验血液中酒精含量的,应及时抽取血样。抽取血样应由专业人员按要求进行,不应采用醇类药品对皮肤进行消毒;抽出血样中应添加抗凝剂,防止血液凝固;装血样的容器应洁净、干燥,按检验规范封装,低温保存,及时送检。检验结果应当出具书面报告。

5.3.2 血液酒精含量检验方法按照GA/T 1073或者GA/T 842的规定。

5.4 唾液酒精检测

5.4.1 唾液酒精检测采用唾液酒精检测试纸条进行定性检测。检测结果应记录并签字。

5.4.2 唾液酒精检测试纸条的技术指标、性能应符合GA/T 843的规定。

5.4.3 唾液酒精检测的具体操作步骤按照唾液酒精检测试纸条的操作要求进行。

5.5 人体平衡试验

人体平衡试验采用步行回转试验或者单腿直立试验,评价驾驶能力。步行回转试验、单腿直立试验的具体方法、要求和评价标准,见附录A。

附 录 A
(规范性附录)
人体平衡试验

A.1 平衡试验的要求

步行回转试验和单腿直立试验应在结实、干燥、不滑、照明良好的环境下进行。对年龄超过60岁、身体有缺陷影响自身平衡的人不进行此项试验。被试人员鞋后跟不应高于5 cm。在试验时,试验人员与被试人员应保持1 m以上距离。

A.2 步行回转试验

A.2.1 步行回转试验即被试人员沿着一条直线行走九步,边走边大声数步数(1,2,3,…,9),然后转身按原样返回。试验时,分讲解和行走两个阶段进行。讲解阶段,被试人员按照脚跟对脚尖的方式站立在直线的一端,两手在身体两侧自然下垂,听试验人员的试验过程讲解;行走阶段,被试人员在得到试验人员行走指令后,开始行走。

A.2.2 试验中,试验人员观察以下八个指标,符合二个以上的,视为暂时丧失驾驶能力:

a)在讲解过程中,被试人员失去平衡(失去原来的脚跟对脚尖的姿态);

b)讲解结束之前,开始行走;

c)为保持自身平衡,在行走时停下来;

d)行走时,脚跟与脚尖不能互相碰撞,至少间隔1.5 cm;

e)行走时偏离直线;

f)用手臂进行平衡(手臂离开原位置15 cm以上);

g)失去平衡或转弯不当;

h)走错步数。

A.3 单腿直立试验

A.3.1 单腿直立试验即被试人员一只脚站立,向前提起另一只脚距地面15 cm以上,脚趾向前,脚底平行地面,并大声用千位数计数(1001,1002,1003,…),持续30 s。试验时,分讲解、平衡与计数两个阶段。讲解阶段,被试人员双脚同时站立,两手在身体两侧自然下垂,听试验人员的试验过程讲解。平衡与计数阶段,被试人员一只脚站立并开始计数。

A.3.2 试验中,试验人员观察以下四个指标,符合二个以上的，视为暂时丧失驾驶能力：

a)在平衡时发生摇晃，前后、左右摇摆 15 cm 以上；

b)用手臂进行平衡，手臂离开原位置 15 cm 以上；

c)为保持平衡单脚跳；

d)放下提起的脚。

4. 车辆保险

(1)强制责任保险

机动车交通事故责任强制保险条例

1. 2006年3月21日国务院令第462号公布
2. 根据2012年3月30日国务院令第618号《关于修改〈机动车交通事故责任强制保险条例〉的决定》第一次修订
3. 根据2012年12月17日国务院令第630号《关于修改〈机动车交通事故责任强制保险条例〉的决定》第二次修订
4. 根据2016年2月6日国务院令第666号《关于修改部分行政法规的决定》第三次修订
5. 根据2019年3月2日国务院令第709号《关于修改部分行政法规的决定》第四次修订

第一章 总 则

第一条 为了保障机动车道路交通事故受害人依法得到赔偿,促进道路交通安全,根据《中华人民共和国道路交通安全法》、《中华人民共和国保险法》,制定本条例。

第二条 在中华人民共和国境内道路上行驶的机动车的所有人或者管理人,应当依照《中华人民共和国道路交通安全法》的规定投保机动车交通事故责任强制保险。

机动车交通事故责任强制保险的投保、赔偿和监督管理,适用本条例。

第三条 本条例所称机动车交通事故责任强制保险,是指由保险公司对被保险机动车发生道路交通事故造成本车人员、被保险人以外的受害人的人身伤亡、财产损失,在责任限额内予以赔偿的强制性责任保险。

第四条 国务院保险监督管理机构依法对保险公司的机动车交通事故责任强制保险业务实施监督管理。

公安机关交通管理部门、农业(农业机械)主管部门(以下统称机动车管理部门)应当依法对机动车参加机动车交通事故责任强制保险的情况实施监督检查。对未参加机动车交通事故责任强制保险的机动车,机动车管理部门不得予以登记,机动车安全技术检验机构不得予以检验。

公安机关交通管理部门及其交通警察在调查处理道路交通安全违法行为和道路交通事故时,应当依法检查机动车交通事故责任强制保险的保险标志。

第二章 投 保

第五条 保险公司可以从事机动车交通事故责任强制保险业务。

为了保证机动车交通事故责任强制保险制度的实行,国务院保险监督管理机构有权要求保险公司从事机动车交通事故责任强制保险业务。

除保险公司外,任何单位或者个人不得从事机动车交通事故责任强制保险业务。

第六条 机动车交通事故责任强制保险实行统一的保险条款和基础保险费率。国务院保险监督管理机构按照机动车交通事故责任强制保险业务总体上不盈利不亏损的原则审批保险费率。

国务院保险监督管理机构在审批保险费率时,可以聘请有关专业机构进行评估,可以举行听证会听取公众意见。

第七条 保险公司的机动车交通事故责任强制保险业务,应当与其他保险业务分开管理,单独核算。

国务院保险监督管理机构应当每年对保险公司的机动车交通事故责任强制保险业务情况进行核查,并向社会公布;根据保险公司机动车交通事故责任强制保险业务的总体盈利或者亏损情况,可以要求或者允许保险公司相应调整保险费率。

调整保险费率的幅度较大的,国务院保险监督管理机构应当进行听证。

第八条 被保险机动车没有发生道路交通安全违法行为和道路交通事故的,保险公司应当在下一年度降低其保险费率。在此后的年度内,被保险机动车仍然没有发生道路交通安全违法行为和道路交通事故的,保险公司应当继续降低其保险费率,直至最低标准。被保险机动车发生道路交通安全违法行为或者道路交通事故的,保险公司应当在下一年度提高其保险费率。多次发生道路交通安全违法行为、道路交通事故,或者发生重大道路交通事故的,保险公司应当加大提高其保险费率的幅度。在道路交通事故中被保险人没有过错的,不提高其保险费率。降低或者提高保险费率的标准,由国务院保险监督管理机构会同国务院公安部门制定。

第九条 国务院保险监督管理机构、国务院公安部门、国务院农业主管部门以及其他有关部门应当逐步建立有关机动车交通事故责任强制保险、道路交通安全违法行为和道路交通事故的信息共享机制。

第十条 投保人在投保时应当选择从事机动车交通事故责任强制保险业务的保险公司，被选择的保险公司不得拒绝或者拖延承保。

国务院保险监督管理机构应当将从事机动车交通事故责任强制保险业务的保险公司向社会公示。

第十一条 投保人投保时，应当向保险公司如实告知重要事项。

重要事项包括机动车的种类、厂牌型号、识别代码、牌照号码、使用性质和机动车所有人或者管理人的姓名（名称）、性别、年龄、住所、身份证或者驾驶证号码（组织机构代码）、续保前该机动车发生事故的情况以及国务院保险监督管理机构规定的其他事项。

第十二条 签订机动车交通事故责任强制保险合同时，投保人应当一次支付全部保险费；保险公司应当向投保人签发保险单、保险标志。保险单、保险标志应当注明保险单号码、车牌号码、保险期限、保险公司的名称、地址和理赔电话号码。

被保险人应当在被保险机动车上放置保险标志。

保险标志式样全国统一。保险单、保险标志由国务院保险监督管理机构监制。任何单位或者个人不得伪造、变造或者使用伪造、变造的保险单、保险标志。

第十三条 签订机动车交通事故责任强制保险合同时，投保人不得在保险条款和保险费率之外，向保险公司提出附加其他条件的要求。

签订机动车交通事故责任强制保险合同时，保险公司不得强制投保人订立商业保险合同以及提出附加其他条件的要求。

第十四条 保险公司不得解除机动车交通事故责任强制保险合同；但是，投保人对重要事项未履行如实告知义务的除外。

投保人对重要事项未履行如实告知义务，保险公司解除合同前，应当书面通知投保人，投保人应当自收到通知之日起 5 日内履行如实告知义务；投保人在上述期限内履行如实告知义务的，保险公司不得解除合同。

第十五条 保险公司解除机动车交通事故责任强制保险合同的，应当收回保险单和保险标志，并书面通知机动车管理部门。

第十六条 投保人不得解除机动车交通事故责任强制保险合同，但有下列情形之一的除外：

（一）被保险机动车被依法注销登记的；

（二）被保险机动车办理停驶的；

（三）被保险机动车经公安机关证实丢失的。

第十七条 机动车交通事故责任强制保险合同解除前，保险公司应当按照合同承担保险责任。

合同解除时，保险公司可以收取自保险责任开始之日起至合同解除之日止的保险费，剩余部分的保险费退还投保人。

第十八条 被保险机动车所有权转移的，应当办理机动车交通事故责任强制保险合同变更手续。

第十九条 机动车交通事故责任强制保险合同期满，投保人应当及时续保，并提供上一年度的保险单。

第二十条 机动车交通事故责任强制保险的保险期间为 1 年，但有下列情形之一的，投保人可以投保短期机动车交通事故责任强制保险：

（一）境外机动车临时入境的；

（二）机动车临时上道路行驶的；

（三）机动车距规定的报废期限不足 1 年的；

（四）国务院保险监督管理机构规定的其他情形。

第三章 赔　　偿

第二十一条 被保险机动车发生道路交通事故造成本车人员、被保险人以外的受害人人身伤亡、财产损失的，由保险公司依法在机动车交通事故责任强制保险责任限额范围内予以赔偿。

道路交通事故的损失是由受害人故意造成的，保险公司不予赔偿。

第二十二条 有下列情形之一的，保险公司在机动车交通事故责任强制保险责任限额范围内垫付抢救费用，并有权向致害人追偿：

（一）驾驶人未取得驾驶资格或者醉酒的；

（二）被保险机动车被盗抢期间肇事的；

（三）被保险人故意制造道路交通事故的。

有前款所列情形之一，发生道路交通事故的，造成受害人的财产损失，保险公司不承担赔偿责任。

第二十三条 机动车交通事故责任强制保险在全国范围内实行统一的责任限额。责任限额分为死亡伤残赔偿限额、医疗费用赔偿限额、财产损失赔偿限额以及被保险人在道路交通事故中无责任的赔偿限额。

机动车交通事故责任强制保险责任限额由国务院保险监督管理机构会同国务院公安部门、国务院卫生主管部门、国务院农业主管部门规定。

第二十四条 国家设立道路交通事故社会救助基金（以下简称救助基金）。有下列情形之一时，道路交通事故中受害人人身伤亡的丧葬费用、部分或者全部抢救费用，由救助基金先行垫付，救助基金管理机构有权向道路交通事故责任人追偿：

（一）抢救费用超过机动车交通事故责任强制保险责任限额的；

（二）肇事机动车未参加机动车交通事故责任强制保险的；

（三）机动车肇事后逃逸的。

第二十五条 救助基金的来源包括：

（一）按照机动车交通事故责任强制保险的保险费的一定比例提取的资金；

（二）对未按照规定投保机动车交通事故责任强制保险的机动车的所有人、管理人的罚款；

（三）救助基金管理机构依法向道路交通事故责任人追偿的资金；

（四）救助基金孳息；

（五）其他资金。

第二十六条 救助基金的具体管理办法，由国务院财政部门会同国务院保险监督管理机构、国务院公安部门、国务院卫生主管部门、国务院农业主管部门制定试行。

第二十七条 被保险机动车发生道路交通事故，被保险人或者受害人通知保险公司的，保险公司应当立即给予答复，告知被保险人或者受害人具体的赔偿程序等有关事项。

第二十八条 被保险机动车发生道路交通事故的，由被保险人向保险公司申请赔偿保险金。保险公司应当自收到赔偿申请之日起 1 日内，书面告知被保险人需要向保险公司提供的与赔偿有关的证明和资料。

第二十九条 保险公司应当自收到被保险人提供的证明和资料之日起 5 日内，对是否属于保险责任作出核定，并将结果通知被保险人；对不属于保险责任的，应当书面说明理由；对属于保险责任的，在与被保险人达成赔偿保险金的协议后 10 日内，赔偿保险金。

第三十条 被保险人与保险公司对赔偿有争议的，可以依法申请仲裁或者向人民法院提起诉讼。

第三十一条 保险公司可以向被保险人赔偿保险金，也可以直接向受害人赔偿保险金。但是，因抢救受伤人员需要保险公司支付或者垫付抢救费用的，保险公司在接到公安机关交通管理部门通知后，经核对应当及时向医疗机构支付或者垫付抢救费用。

因抢救受伤人员需要救助基金管理机构垫付抢救费用的，救助基金管理机构在接到公安机关交通管理部门通知后，经核对应当及时向医疗机构垫付抢救费用。

第三十二条 医疗机构应当参照国务院卫生主管部门组织制定的有关临床诊疗指南，抢救、治疗道路交通事故中的受伤人员。

第三十三条 保险公司赔偿保险金或者垫付抢救费用，救助基金管理机构垫付抢救费用，需要向有关部门、医疗机构核实有关情况的，有关部门、医疗机构应当予以配合。

第三十四条 保险公司、救助基金管理机构的工作人员对当事人的个人隐私应当保密。

第三十五条 道路交通事故损害赔偿项目和标准依照有关法律的规定执行。

第四章　罚　　则

第三十六条 保险公司以外的单位或者个人，非法从事机动车交通事故责任强制保险业务的，由国务院保险监督管理机构予以取缔；构成犯罪的，依法追究刑事责任；尚不构成犯罪的，由国务院保险监督管理机构没收违法所得，违法所得 20 万元以上的，并处违法所得 1 倍以上 5 倍以下罚款；没有违法所得或者违法所得不足 20 万元的，处 20 万元以上 100 万元以下罚款。

第三十七条 保险公司违反本条例规定，有下列行为之一的，由国务院保险监督管理机构责令改正，处 5 万元以上 30 万元以下罚款；情节严重的，可以限制业务范围、责令停止接受新业务或者吊销经营保险业务许可证：

（一）拒绝或者拖延承保机动车交通事故责任强制保险的；

（二）未按照统一的保险条款和基础保险费率从事机动车交通事故责任强制保险业务的；

（三）未将机动车交通事故责任强制保险业务和其他保险业务分开管理，单独核算的；

（四）强制投保人订立商业保险合同的；

（五）违反规定解除机动车交通事故责任强制保险合同的；

（六）拒不履行约定的赔偿保险金义务的；

（七）未按照规定及时支付或者垫付抢救费用的。

第三十八条 机动车所有人、管理人未按照规定投保机动车交通事故责任强制保险的，由公安机关交通管理部门扣留机动车，通知机动车所有人、管理人依照规定投保，处依照规定投保最低责任限额应缴纳的保险费的 2 倍罚款。

机动车所有人、管理人依照规定补办机动车交通事故责任强制保险的，应当及时退还机动车。

第三十九条 上道路行驶的机动车未放置保险标志的，公安机关交通管理部门应当扣留机动车，通知当事人提供保险标志或者补办相应手续，可以处警告或者 20 元以上 200 元以下罚款。

当事人提供保险标志或者补办相应手续的，应当及时退还机动车。

第四十条 伪造、变造或者使用伪造、变造的保险标志，或者使用其他机动车的保险标志，由公安机关交通管理部门予以收缴，扣留该机动车，处 200 元以上 2000 元以下罚款；构成犯罪的，依法追究刑事责任。

当事人提供相应的合法证明或者补办相应手续的，应当及时退还机动车。

第五章 附 则

第四十一条 本条例下列用语的含义：

（一）投保人，是指与保险公司订立机动车交通事故责任强制保险合同，并按照合同负有支付保险费义务的机动车的所有人、管理人。

（二）被保险人，是指投保人及其允许的合法驾驶人。

（三）抢救费用，是指机动车发生道路交通事故导致人员受伤时，医疗机构参照国务院卫生主管部门组织制定的有关临床诊疗指南，对生命体征不平稳和虽然生命体征平稳但如果不采取处理措施会产生生命危险，或者导致残疾、器官功能障碍，或者导致病程明显延长的受伤人员，采取必要的处理措施所发生的医疗费用。

第四十二条 挂车不投保机动车交通事故责任强制保险。发生道路交通事故造成人身伤亡、财产损失的，由牵引车投保的保险公司在机动车交通事故责任强制保险责任限额范围内予以赔偿；不足的部分，由牵引车方和挂车方依照法律规定承担赔偿责任。

第四十三条 机动车在道路以外的地方通行时发生事故，造成人身伤亡、财产损失的赔偿，比照适用本条例。

第四十四条 中国人民解放军和中国人民武装警察部队在编机动车参加机动车交通事故责任强制保险的办法，由中国人民解放军和中国人民武装警察部队另行规定。

第四十五条 机动车所有人、管理人自本条例施行之日起 3 个月内投保机动车交通事故责任强制保险；本条例施行前已经投保商业性机动车第三者责任保险的，保险期满，应当投保机动车交通事故责任强制保险。

第四十六条 本条例自 2006 年 7 月 1 日起施行。

机动车交通事故责任
强制保险责任限额

1. 2006 年 6 月 19 日中国保险监督管理委员会发布
2. 根据 2020 年 9 月 9 日《中国银保监会关于调整交强险责任限额和费率浮动系数的公告》修正

在中华人民共和国境内（不含港、澳、台地区），被保险人在使用被保险机动车过程中发生交通事故，致使受害人遭受人身伤亡或者财产损失，依法应当由被保险人承担的损害赔偿责任，每次事故责任限额为：死亡伤残赔偿限额 18 万元，医疗费用赔偿限额 1.8 万元，财产损失赔偿限额 0.2 万元。被保险人无责任时，死亡伤残赔偿限额 1.8 万元，医疗费用赔偿限额 1800 元，财产损失赔偿限额 100 元。

机动车交通事故责任强制保险基础费率表

2006 年 6 月 19 日中国保险监督管理委员会发布

金额单位：人民币元

车辆大类	序号	车辆明细分类	保费
一、家庭自用车	1	家庭自用汽车 6 座以下	1,050
	2	家庭自用汽车 6 座及以上	1,100
二、非营业客车	3	企业非营业汽车 6 座以下	1,000
	4	企业非营业汽车 6—10 座	1,190
	5	企业非营业汽车 10—20 座	1,300
	6	企业非营业汽车 20 座以上	1,580
	7	机关非营业汽车 6 座以下	950
	8	机关非营业汽车 6—10 座	1,070
	9	机关非营业汽车 10—20 座	1,140
	10	机关非营业汽车 20 座以上	1,320
三、营业客车	11	营业出租租赁 6 座以下	1,800
	12	营业出租租赁 6—10 座	2,360
	13	营业出租租赁 10—20 座	2,580
	14	营业出租租赁 20—36 座	3,730
	15	营业出租租赁 36 座以上	3,880
	16	营业城市公交 6—10 座	2,250
	17	营业城市公交 10—20 座	2,520
	18	营业城市公交 20—36 座	3,270
	19	营业城市公交 36 座以上	4,250
	20	营业公路客运 6—10 座	2,350
	21	营业公路客运 10—20 座	2,620
	22	营业公路客运 20—36 座	3,420
	23	营业公路客运 36 座以上	4,690
四、非营业货车	24	非营业货车 2 吨以下	1,200
	25	非营业货车 2—5 吨	1,630
	26	非营业货车 5—10 吨	1,750
	27	非营业货车 10 吨以上	2,220

续表

车辆大类	序号	车辆明细分类	保费
五、营业货车	28	营业货车 2 吨以下	1,850
	29	营业货车 2—5 吨	3,070
	30	营业货车 5—10 吨	3,450
	31	营业货车 10 吨以上	4,480
六、特种车	32	特种车一	6,040
	33	特种车二	2,430
	34	特种车三	1,320
	35	特种车四	5,660
七、摩托车	36	摩托车 50CC 及以下	120
	37	摩托车 50CC—250CC(含)	180
	38	摩托车 250CC 以上及侧三轮	400
八、拖拉机	39	农用型拖拉机 14.7KW 及以下	待定
	40	农用型拖拉机 14.7KW 以上	待定
	41	运输型拖拉机 14.7KW 及以下	待定
	42	运输型拖拉机 14.7KW 以上	待定

1. 座位和吨位的分类都按照“含起点不含终点”的原则来解释。

2. 特种车一：油罐车、汽罐车、液罐车、冷藏车；

特种车二：用于牵引、清障、清扫、清洁、起重、装卸、升降、搅拌、挖掘、推土等的各种专用机动车；

特种车三：装有固定专用仪器设备从事专业工作的监测、消防、医疗、电视转播等的各种专用机动车；

特种车四：集装箱拖头。

3. 挂车根据实际的使用性质并按照对应吨位货车的 50% 计算。

机动车交通事故责任强制保险业务单独核算管理暂行办法

1. 2006 年 6 月 30 日中国保险监督管理委员会发布

2. 保监发〔2006〕74 号

第一章　总　　则

第一条　为了规范机动车交通事故责任强制保险业务（以下简称交强险）的核算和报告，根据《机动车交通事故责任强制保险条例》（以下简称《条例》）和有关法规,制定本办法。

第二条 本办法所称保险公司,指经中国保监会批准,经营交强险的保险公司。

第二章 核算原则

第三条 保险公司应当遵循"准确、公平、透明"的基本原则,单独核算、单独报告交强险的经营损益、专属资产和专属负债。

前款所指专属资产,是指仅由交强险的交易或事项形成的资产。

前款所指专属负债,是指仅由交强险的交易或事项形成的负债。

第四条 保险公司应当准确核算交强险的经营损益、专属资产、专属负债。公司应当根据业务的经济实质,采用科学、合理、公平的标准,准确认定各项收入和费用的归属对象。

第五条 保险公司在单独核算交强险损益时,资金管理方式和会计政策的选择应当公平对待交强险保单持有人和其他保险业务保单持有人的利益。交强险的会计政策应当和其他保险业务的会计政策相同。

保险公司在核算交强险损益时,不得挤占其他保险业务的成本,不得随意分摊费用,不得用经营费用挤占赔款性支出。

第六条 保险公司应当按照中国保监会的有关要求,及时、充分地报告和披露交强险的收入、支出、损益和专属资产、专属负债等财务信息。

第七条 缴纳的救助基金作为保险公司的支出,计入交强险的经营费用。

第八条 保险公司根据《条例》第二十二条的规定在责任限额内垫付或承诺支付的抢救费用,应当按照实质重于形式的原则,作为当期的赔款支出。向致害人追偿的款项,应当在确有证据表明能够收回且其金额可以可靠计量时,作为当期的赔款的减项。

第九条 保险公司应当严格按照《保险公司非寿险业务准备金管理办法(试行)》(保监会令〔2004〕13号)的要求评估交强险的各项准备金。其中,未到期责任准备金按照三百六十五分之一法评估。

第三章 核算要求

第十条 申请经营交强险的保险公司应当具备能够准确、公平核算交强险损益和专属资产、专属负债的组织体制、专业人员和技术条件。

保险公司应当通过加强内部控制、改造业务流程、明确岗位职责、完善信息系统、开展专业培训,来达到本办法规定的核算要求。

保险公司应当根据本办法,结合自身实际,制定具体的核算制度和实施办法,加强对分支机构的管理,确保分支机构能够严格按照本办法的有关规定单独核算交强险。

第十一条 保险公司应当为交强险设定单独代码,在财务、承保、理赔、再保等信息系统中实现交强险的单独记录和处理。

保险公司应当在会计核算系统中通过明细核算来准确反映交强险的经营损益、专属资产、专属负债。

保险公司应定期对财务系统与业务系统中交强险的数据进行检验,保证业务系统数据与财务系统数据的一致性。

第十二条 交强险的资金可以单独管理和运用,也可以不单独管理和运用。

交强险的资金单独管理和运用时,保险公司不得以任何方式在交强险资金账户和其他业务资金账户之间转移利益。

第十三条 交强险的资金单独运用时,保险公司应当以日、周或月为基础,按照收付实现制的原则确认、计量交强险实际可运用资金量并定期、及时归集和划转。实际可运用资金量 = 实际收到的保费 - 实际支付的赔款性支出 - 实际支付的专属费用性支出 - 应当归属于交强险的实际支付的共同费用性支出 - 实际支付的分保账款 + 实际收到的分保账款。无法按照上述公式准确计量的,可以用"实际收到的保费 - 实际支付的赔款"来确定交强险的可运用资金量。

按照上款规定计算出的某日、周或月的实际可运用资金量小于零时,可从交强险的资金归集专户中转出,也可在以后各日、周或月划入的实际可运用资金量中扣减。

专属费用,指专为经营交强险所发生的、应当全部归属于交强险的费用,如:交强险的手续费、佣金、保单印制费等。

共同费用，指不是专为经营交强险发生的，不能全部归属于交强险的费用，如：房屋租赁费和折旧费、行政管理人员的薪酬等。

第十四条 保险公司应当根据中国保监会的有关规定，结合公司实际，对交强险的收入和费用项目进行细分，将每项收入认定为专属收入或共同收入，将每项费用认定为专属费用或共同费用，并且能够对共同收入、共同费用实施公平、合理的分摊，同时在会计核算系统中做出明确的标识。

专属收入，指仅由交强险产生的收入。如：保费收入、资金单独运用情况下的投资收益等。

共同收入，指交强险和其他保险业务共同产生的收入，如：资金未单独运用情况下的投资收益等。

第十五条 保险公司应当在单独核算交强险损益的基础上，按照家庭用车、非营业客车、营业客车、非营业货车、营业货车、特种车、摩托车、拖拉机、挂车9大类车型核算交强险业务分部的经营损益，同时按照省级（自治区/直辖市）行政区划核算交强险地区分部的经营损益。

第四章 共同收入和共同费用的分摊

第十六条 保险公司应当按照《保险公司费用分摊指引》的规定进行费用的认定和分摊。《保险公司费用分摊指引》由中国保监会另行制定。

保险公司应当根据本办法和《保险公司费用分摊指引》的规定，结合公司自身情况，制定具体的费用分摊实施办法，并获得公司董事会的批准。

第十七条 保险公司应当在《保险公司费用分摊指引》发布后2个月内将公司制定的费用分摊实施办法报中国保监会备案。

保险公司应当填报《保险公司费用分摊实施办法备案表》（附件1）一式两份，报中国保监会备案。中国保监会审核后加盖财务会计部印章表示认可备案。

中国保监会认为公司备案材料不符合本办法规定的，有权要求公司更正。

保险公司分公司应当将经中国保监会认可备案的《保险公司费用分摊实施办法备案表》及相关材料的复印件向当地保监局备案。

第十八条 在资金未单独运用的情况下，保险公司应当以实际可运用资金量的比例将投资收益在交强险和其他保险业务之间进行分摊。

实际可运用资金量根据本办法第十三条规定的方法确定。

第十九条 在核算交强险业务分部和地区分部的经营损益时，保险公司应当以“报告期实际收到的保费－报告期实际支付的赔款”的比例将交强险业务投资收益在各业务分部或地区分部之间进行分摊。

交强险各业务（地区）分部之间共同费用分摊的原则、方法应当符合《保险公司费用分摊指引》的规定。

第二十条 保险公司不得随意变更收入、费用的认定结果和分摊标准。如确有需要变更，应当说明变更的原因和对交强险损益的影响，并于决定变更之日起10日内按照本办法第十七条的规定重新履行备案程序。

第二十一条 保险公司应当保留可供核查和审计的收入、费用认定和分摊的依据。

第五章 专题财务报告

第二十二条 保险公司应当在每年的4月30日前报送上一年度的交强险专题财务报告和注册会计师审计报告。

中国保监会可以根据监管需要，调整交强险专题财务报告的报送频率和时间。

第二十三条 交强险专题财务报告由以下各部分内容组成：

（一）交强险业务基本情况；

（二）管理层对交强险损益状况的分析；

（三）交强险损益表（附件3）；

（四）交强险经营费用明细表（附件4）；

（五）交强险分部损益表（业务分部）（附件5）；

（六）交强险分部损益表（地区分部）（附件6）；

（七）交强险专属资产和专属负债表（附件7）；

（八）报表附注；

（九）注册会计师审计意见。

第二十四条 交强险业务基本情况包括公司获得经营资格的时间、公司为保证交强险的准确核算采取的措施、报告期经营情况等内容。

第二十五条　管理层对交强险损益情况的分析包括管理层对报告期交强险业务结构、收入和赔付情况、费用结构(专属费用和共同费用)分析等内容。

第二十六条　报表附注包括:

(一)会计政策和会计政策变更的原因及其影响;

(二)资金管理方式和投资收益的分摊方法,包括资金是否单独运用、资金没有单独运用时投资收益的分摊方法和分摊计算公式;

(三)重要报表项目的明细;

(四)保险公司报告期内发生和累计发生的实际垫付以及以承诺支付方式垫付的抢救费用金额及追偿情况;

(五)或有负债等其他应披露的信息。

第二十七条　交强险专题财务报告应当由注册会计师审计。注册会计师应当就以下两方面发表审计意见:

(一)各项费用的认定结果及共同费用的分摊方法是否与公司向保监会的备案一致,共同收入、共同费用的分摊结果是否准确、合理;

(二)交强险经营损益、专属资产、专属负债的核算和表达是否公允。

此外,注册会计师还应当关注相关内部控制是否健全、有效,财务核算系统是否能满足交强险单独核算的要求以及业务系统数据和财务核算系统数据是否定期核对并能保持一致等问题,并发表审核意见。

第六章　附　　则

第二十八条　各保监局应当加强对辖区内保险公司分支机构交强险核算工作的指导,并对分支机构的会计核算是否符合本办法有关规定实施监督检查。

第二十九条　保险公司有违反本办法规定行为的,中国保监会将按照《保险法》及《条例》等有关法规进行处罚。

第三十条　本办法自发布之日起施行。

附件:(略)

(2)机动车商业保险

中华人民共和国保险法(节录)

1. 1995年6月30日第八届全国人民代表大会常务委员会第十四次会议通过

2. 根据2002年10月28日第九届全国人民代表大会常务委员会第三十次会议《关于修改〈中华人民共和国保险法〉的决定》第一次修正

3. 2009年2月28日第十一届全国人民代表大会常务委员会第七次会议修订

4. 根据2014年8月31日第十二届全国人民代表大会常务委员会第十次会议《关于修改〈中华人民共和国保险法〉等五部法律的决定》第二次修正

5. 根据2015年4月24日第十二届全国人民代表大会常务委员会第十四次会议《关于修改〈中华人民共和国计量法〉等五部法律的决定》第三次修正

第二章　保 险 合 同

第一节　一 般 规 定

第十条　**【保险合同、投保人以及保险人的定义】**保险合同是投保人与保险人约定保险权利义务关系的协议。

投保人是指与保险人订立保险合同,并按照合同约定负有支付保险费义务的人。

保险人是指与投保人订立保险合同,并按照合同约定承担赔偿或者给付保险金责任的保险公司。

第十一条　**【公平原则、自愿原则】**订立保险合同,应当协商一致,遵循公平原则确定各方的权利和义务。

除法律、行政法规规定必须保险的外,保险合同自愿订立。

第十二条　**【保险利益原则】**人身保险的投保人在保险合同订立时,对被保险人应当具有保险利益。

财产保险的被保险人在保险事故发生时,对保险标的应当具有保险利益。

人身保险是以人的寿命和身体为保险标的的保险。

财产保险是以财产及其有关利益为保险标的的

保险。

被保险人是指其财产或者人身受保险合同保障，享有保险金请求权的人。投保人可以为被保险人。

保险利益是指投保人或者被保险人对保险标的具有的法律上承认的利益。

第十三条 【保险合同的成立与生效】投保人提出保险要求，经保险人同意承保，保险合同成立。保险人应当及时向投保人签发保险单或者其他保险凭证。

保险单或者其他保险凭证应当载明当事人双方约定的合同内容。当事人也可以约定采用其他书面形式载明合同内容。

依法成立的保险合同，自成立时生效。投保人和保险人可以对合同的效力约定附条件或者附期限。

第十四条 【保险责任的开始】保险合同成立后，投保人按照约定交付保险费，保险人按照约定的时间开始承担保险责任。

第十五条 【保险合同的解除权】除本法另有规定或者保险合同另有约定外，保险合同成立后，投保人可以解除合同，保险人不得解除合同。

第十六条 【投保人的告知义务与不可抗辩条款】订立保险合同，保险人就保险标的或者被保险人的有关情况提出询问的，投保人应当如实告知。

投保人故意或者因重大过失未履行前款规定的如实告知义务，足以影响保险人决定是否同意承保或者提高保险费率的，保险人有权解除合同。

前款规定的合同解除权，自保险人知道有解除事由之日起，超过三十日不行使而消灭。自合同成立之日起超过二年的，保险人不得解除合同；发生保险事故的，保险人应当承担赔偿或者给付保险金的责任。

投保人故意不履行如实告知义务的，保险人对于合同解除前发生的保险事故，不承担赔偿或者给付保险金的责任，并不退还保险费。

投保人因重大过失未履行如实告知义务，对保险事故的发生有严重影响的，保险人对于合同解除前发生的保险事故，不承担赔偿或者给付保险金的责任，但应当退还保险费。

保险人在合同订立时已经知道投保人未如实告知的情况的，保险人不得解除合同；发生保险事故的，保险人应当承担赔偿或者给付保险金的责任。

保险事故是指保险合同约定的保险责任范围内的事故。

第十七条 【保险合同格式条款的说明义务与免责条款的无效】订立保险合同，采用保险人提供的格式条款的，保险人向投保人提供的投保单应当附格式条款，保险人应当向投保人说明合同的内容。

对保险合同中免除保险人责任的条款，保险人在订立合同时应当在投保单、保险单或者其他保险凭证上作出足以引起投保人注意的提示，并对该条款的内容以书面或者口头形式向投保人作出明确说明；未作提示或者明确说明的，该条款不产生效力。

第十八条 【基本条款应载明的事项】保险合同应当包括下列事项：

（一）保险人的名称和住所；

（二）投保人、被保险人的姓名或者名称、住所，以及人身保险的受益人的姓名或者名称、住所；

（三）保险标的；

（四）保险责任和责任免除；

（五）保险期间和保险责任开始时间；

（六）保险金额；

（七）保险费以及支付办法；

（八）保险金赔偿或者给付办法；

（九）违约责任和争议处理；

（十）订立合同的年、月、日。

投保人和保险人可以约定与保险有关的其他事项。

受益人是指人身保险合同中由被保险人或者投保人指定的享有保险金请求权的人。投保人、被保险人可以为受益人。

保险金额是指保险人承担赔偿或者给付保险金责任的最高限额。

第十九条 【无效的格式条款】采用保险人提供的格式条款订立的保险合同中的下列条款无效：

（一）免除保险人依法应承担的义务或者加重投保人、被保险人责任的；

（二）排除投保人、被保险人或者受益人依法享有的权利的。

第二十条 【保险合同的变更及证明】投保人和保险人可以协商变更合同内容。

变更保险合同的，应当由保险人在保险单或者其他保险凭证上批注或者附贴批单，或者由投保人和保险人订立变更的书面协议。

第二十一条 【保险事故发生的通知义务及例外】投保人、被保险人或者受益人知道保险事故发生后，应当及时通知保险人。故意或者因重大过失未及时通知，致使保险事故的性质、原因、损失程度等难以确定的，保险人对无法确定的部分，不承担赔偿或者给付保险金的责任，但保险人通过其他途径已经及时知道或者应当及时知道保险事故发生的除外。

第二十二条 【协助理赔义务】保险事故发生后，按照保险合同请求保险人赔偿或者给付保险金时，投保人、被保险人或者受益人应当向保险人提供其所能提供的与确认保险事故的性质、原因、损失程度等有关的证明和资料。

保险人按照合同的约定，认为有关的证明和资料不完整的，应当及时一次性通知投保人、被保险人或者受益人补充提供。

第二十三条 【保险金的赔付义务与赔付程序】保险人收到被保险人或者受益人的赔偿或者给付保险金的请求后，应当及时作出核定；情形复杂的，应当在三十日内作出核定，但合同另有约定的除外。保险人应当将核定结果通知被保险人或者受益人；对属于保险责任的，在与被保险人或者受益人达成赔偿或者给付保险金的协议后十日内，履行赔偿或者给付保险金义务。保险合同对赔偿或者给付保险金的期限有约定的，保险人应当按照约定履行赔偿或者给付保险金义务。

保险人未及时履行前款规定义务的，除支付保险金外，应当赔偿被保险人或者受益人因此受到的损失。

任何单位和个人不得非法干预保险人履行赔偿或者给付保险金的义务，也不得限制被保险人或者受益人取得保险金的权利。

第二十四条 【保险人拒绝赔付的通知义务】保险人依照本法第二十三条的规定作出核定后，对不属于保险责任的，应当自作出核定之日起三日内向被保险人或者受益人发出拒绝赔偿或者拒绝给付保险金通知书，并说明理由。

第二十五条 【保险人的先行赔付义务】保险人自收到赔偿或者给付保险金的请求和有关证明、资料之日起六十日内，对其赔偿或者给付保险金的数额不能确定的，应当根据已有证明和资料可以确定的数额先予支付；保险人最终确定赔偿或者给付保险金的数额后，应当支付相应的差额。

第二十六条 【保险金请求权的诉讼时效】人寿保险以外的其他保险的被保险人或者受益人，向保险人请求赔偿或者给付保险金的诉讼时效期间为二年，自其知道或者应当知道保险事故发生之日起计算。

人寿保险的被保险人或者受益人向保险人请求给付保险金的诉讼时效期间为五年，自其知道或者应当知道保险事故发生之日起计算。

第二十七条 【保险人的合同解除权】未发生保险事故，被保险人或者受益人谎称发生了保险事故，向保险人提出赔偿或者给付保险金请求的，保险人有权解除合同，并不退还保险费。

投保人、被保险人故意制造保险事故的，保险人有权解除合同，不承担赔偿或者给付保险金的责任；除本法第四十三条规定外，不退还保险费。

保险事故发生后，投保人、被保险人或者受益人以伪造、变造的有关证明、资料或者其他证据，编造虚假的事故原因或者夸大损失程度的，保险人对其虚报的部分不承担赔偿或者给付保险金的责任。

投保人、被保险人或者受益人有前三款规定行为之一，致使保险人支付保险金或者支出费用的，应当退回或者赔偿。

第二十八条 【再保险的定义】保险人将其承担的保险业务，以分保形式部分转移给其他保险人的，为再保险。

应再保险接受人的要求，再保险分出人应当将其自负责任及原保险的有关情况书面告知再保险接受人。

第二十九条 【再保险合同的相对性】再保险接受人不得向原保险的投保人要求支付保险费。

原保险的被保险人或者受益人不得向再保险接受人提出赔偿或者给付保险金的请求。

再保险分出人不得以再保险接受人未履行再保

险责任为由，拒绝履行或者迟延履行其原保险责任。

第三十条 【保险合同格式条款的解释规则】采用保险人提供的格式条款订立的保险合同，保险人与投保人、被保险人或者受益人对合同条款有争议的，应当按照通常理解予以解释。对合同条款有两种以上解释的，人民法院或者仲裁机构应当作出有利于被保险人和受益人的解释。

第三节 财产保险合同

第四十八条 【保险利益的存在时间】保险事故发生时，被保险人对保险标的不具有保险利益的，不得向保险人请求赔偿保险金。

第四十九条 【转让保险标的的效力】保险标的转让的，保险标的的受让人承继被保险人的权利和义务。

保险标的转让的，被保险人或者受让人应当及时通知保险人，但货物运输保险合同和另有约定的合同除外。

因保险标的转让导致危险程度显著增加的，保险人自收到前款规定的通知之日起三十日内，可以按照合同约定增加保险费或者解除合同。保险人解除合同的，应当将已收取的保险费，按照合同约定扣除自保险责任开始之日起至合同解除之日止应收的部分后，退还投保人。

被保险人、受让人未履行本条第二款规定的通知义务的，因转让导致保险标的危险程度显著增加而发生的保险事故，保险人不承担赔偿保险金的责任。

第五十条 【运输类保险合同解除权的禁止】货物运输保险合同和运输工具航程保险合同，保险责任开始后，合同当事人不得解除合同。

第五十一条 【维护保险标的的安全义务】被保险人应当遵守国家有关消防、安全、生产操作、劳动保护等方面的规定，维护保险标的的安全。

保险人可以按照合同约定对保险标的的安全状况进行检查，及时向投保人、被保险人提出消除不安全因素和隐患的书面建议。

投保人、被保险人未按照约定履行其对保险标的的安全应尽责任的，保险人有权要求增加保险费或者解除合同。

保险人为维护保险标的的安全，经被保险人同意，可以采取安全预防措施。

第五十二条 【危险程度增加的通知义务】在合同有效期内，保险标的的危险程度显著增加的，被保险人应当按照合同约定及时通知保险人，保险人可以按照合同约定增加保险费或者解除合同。保险人解除合同的，应当将已收取的保险费，按照合同约定扣除自保险责任开始之日起至合同解除之日止应收的部分后，退还投保人。

被保险人未履行前款规定的通知义务的，因保险标的的危险程度显著增加而发生的保险事故，保险人不承担赔偿保险金的责任。

第五十三条 【减收保险费的情形】有下列情形之一的，除合同另有约定外，保险人应当降低保险费，并按日计算退还相应的保险费：

（一）据以确定保险费率的有关情况发生变化，保险标的的危险程度明显减少的；

（二）保险标的的保险价值明显减少的。

第五十四条 【投保人的解除权及其效力】保险责任开始前，投保人要求解除合同的，应当按照合同约定向保险人支付手续费，保险人应当退还保险费。保险责任开始后，投保人要求解除合同的，保险人应当将已收取的保险费，按照合同约定扣除自保险责任开始之日起至合同解除之日止应收的部分后，退还投保人。

第五十五条 【定值与不定值保险以及超额与不足额保险的效力】投保人和保险人约定保险标的的保险价值并在合同中载明的，保险标的发生损失时，以约定的保险价值为赔偿计算标准。

投保人和保险人未约定保险标的的保险价值的，保险标的发生损失时，以保险事故发生时保险标的的实际价值为赔偿计算标准。

保险金额不得超过保险价值。超过保险价值的，超过部分无效，保险人应当退还相应的保险费。

保险金额低于保险价值的，除合同另有约定外，保险人按照保险金额与保险价值的比例承担赔偿保险金的责任。

第五十六条 【重复保险的定义及效力】重复保险的投保人应当将重复保险的有关情况通知各保险人。

重复保险的各保险人赔偿保险金的总和不得超过保险价值。除合同另有约定外，各保险人按照其保险金额与保险金额总和的比例承担赔偿保险金的责任。

重复保险的投保人可以就保险金额总和超过保险价值的部分,请求各保险人按比例返还保险费。

重复保险是指投保人对同一保险标的、同一保险利益、同一保险事故分别与两个以上保险人订立保险合同,且保险金额总和超过保险价值的保险。

第五十七条　【防止与减少保险标的损失的义务】保险事故发生时,被保险人应当尽力采取必要的措施,防止或者减少损失。

保险事故发生后,被保险人为防止或者减少保险标的的损失所支付的必要的、合理的费用,由保险人承担;保险人所承担的费用数额在保险标的损失赔偿金额以外另行计算,最高不超过保险金额的数额。

第五十八条　【保险标的部分损失时的合同解除权】保险标的发生部分损失的,自保险人赔偿之日起三十日内,投保人可以解除合同;除合同另有约定外,保险人也可以解除合同,但应当提前十五日通知投保人。

合同解除的,保险人应当将保险标的未受损失部分的保险费,按照合同约定扣除自保险责任开始之日起至合同解除之日止应收的部分后,退还投保人。

第五十九条　【保险标的的权利归属】保险事故发生后,保险人已支付了全部保险金额,并且保险金额等于保险价值的,受损保险标的的全部权利归于保险人;保险金额低于保险价值的,保险人按照保险金额与保险价值的比例取得受损保险标的的部分权利。

第六十条　【保险人代位权的行使】因第三者对保险标的的损害而造成保险事故的,保险人自向被保险人赔偿保险金之日起,在赔偿金额范围内代位行使被保险人对第三者请求赔偿的权利。

前款规定的保险事故发生后,被保险人已经从第三者取得损害赔偿的,保险人赔偿保险金时,可以相应扣减被保险人从第三者已取得的赔偿金额。

保险人依照本条第一款规定行使代位请求赔偿的权利,不影响被保险人就未取得赔偿的部分向第三者请求赔偿的权利。

第六十一条　【被保险人追偿权的放弃与限制】保险事故发生后,保险人未赔偿保险金之前,被保险人放弃对第三者请求赔偿的权利的,保险人不承担赔偿保险金的责任。

保险人向被保险人赔偿保险金后,被保险人未经保险人同意放弃对第三者请求赔偿的权利的,该行为无效。

被保险人故意或者因重大过失致使保险人不能行使代位请求赔偿的权利的,保险人可以扣减或者要求返还相应的保险金。

第六十二条　【保险人代位权行使的禁止】除被保险人的家庭成员或者其组成人员故意造成本法第六十条第一款规定的保险事故外,保险人不得对被保险人的家庭成员或者其组成人员行使代位请求赔偿的权利。

第六十三条　【被保险人对代位权行使的协助】保险人向第三者行使代位请求赔偿的权利时,被保险人应当向保险人提供必要的文件和所知道的有关情况。

第六十四条　【查明及确定保险事故费用的承担】保险人、被保险人为查明和确定保险事故的性质、原因和保险标的的损失程度所支付的必要的、合理的费用,由保险人承担。

第六十五条　【责任保险的定义、赔付及第三人的直接请求权】保险人对责任保险的被保险人给第三者造成的损害,可以依照法律的规定或者合同的约定,直接向该第三者赔偿保险金。

责任保险的被保险人给第三者造成损害,被保险人对第三者应负的赔偿责任确定的,根据被保险人的请求,保险人应当直接向该第三者赔偿保险金。被保险人怠于请求的,第三者有权就其应获赔偿部分直接向保险人请求赔偿保险金。

责任保险的被保险人给第三者造成损害,被保险人未向该第三者赔偿的,保险人不得向被保险人赔偿保险金。

责任保险是指以被保险人对第三者依法应负的赔偿责任为保险标的的保险。

第六十六条　【责任保险中保险人承担保险责任的范围】责任保险的被保险人因给第三者造成损害的保险事故而被提起仲裁或者诉讼的,被保险人支付的仲裁或者诉讼费用以及其他必要的、合理的费用,除合同另有约定外,由保险人承担。

最高人民法院关于适用《中华人民共和国保险法》若干问题的解释(一)

1. 2009年9月14日最高人民法院审判委员会第1473次会议通过
2. 2009年9月21日公布
3. 法释〔2009〕12号
4. 自2009年10月1日起施行

为正确审理保险合同纠纷案件,切实维护当事人的合法权益,现就人民法院适用2009年2月28日第十一届全国人大常委会第七次会议修订的《中华人民共和国保险法》(以下简称保险法)的有关问题规定如下:

第一条　保险法施行后成立的保险合同发生的纠纷,适用保险法的规定。保险法施行前成立的保险合同发生的纠纷,除本解释另有规定外,适用当时的法律规定;当时的法律没有规定的,参照适用保险法的有关规定。

认定保险合同是否成立,适用合同订立时的法律。

第二条　对于保险法施行前成立的保险合同,适用当时的法律认定无效而适用保险法认定有效的,适用保险法的规定。

第三条　保险合同成立于保险法施行前而保险标的转让、保险事故、理赔、代位求偿等行为或事件,发生于保险法施行后的,适用保险法的规定。

第四条　保险合同成立于保险法施行前,保险法施行后,保险人以投保人未履行如实告知义务或者申报被保险人年龄不真实为由,主张解除合同的,适用保险法的规定。

第五条　保险法施行前成立的保险合同,下列情形下的期间自2009年10月1日起计算:

(一)保险法施行前,保险人收到赔偿或者给付保险金的请求,保险法施行后,适用保险法第二十三条规定的三十日的;

(二)保险法施行前,保险人知道解除事由,保险法施行后,按照保险法第十六条、第三十二条的规定行使解除权,适用保险法第十六条规定的三十日的;

(三)保险法施行后,保险人按照保险法第十六条第二款的规定请求解除合同,适用保险法第十六条规定的二年的;

(四)保险法施行前,保险人收到保险标的转让通知,保险法施行后,以保险标的转让导致危险程度显著增加为由请求按照合同约定增加保险费或者解除合同,适用保险法第四十九条规定的三十日的。

第六条　保险法施行前已经终审的案件,当事人申请再审或者按照审判监督程序提起再审的案件,不适用保险法的规定。

最高人民法院关于适用《中华人民共和国保险法》若干问题的解释(二)

1. 2013年5月6日最高人民法院审判委员会第1577次会议通过、2013年5月31日公布、自2013年6月8日起施行(法释〔2013〕14号)
2. 根据2020年12月23日最高人民法院审判委员会第1823次会议通过、2020年12月29日公布、自2021年1月1日起施行的《最高人民法院关于修改〈最高人民法院关于破产企业国有划拨土地使用权应否列入破产财产等问题的批复〉等二十九件商事类司法解释的决定》(法释〔2020〕18号)修正

为正确审理保险合同纠纷案件,切实维护当事人的合法权益,根据《中华人民共和国民法典》《中华人民共和国保险法》《中华人民共和国民事诉讼法》等法律规定,结合审判实践,就保险法中关于保险合同一般规定部分有关法律适用问题解释如下:

第一条　财产保险中,不同投保人就同一保险标的分别投保,保险事故发生后,被保险人在其保险利益范围内依据保险合同主张保险赔偿的,人民法院应予支持。

第二条　人身保险中,因投保人对被保险人不具有保险利益导致保险合同无效,投保人主张保险人退还扣减相应手续费后的保险费的,人民法院应予支持。

第三条　投保人或者投保人的代理人订立保险合同时

没有亲自签字或者盖章,而由保险人或者保险人的代理人代为签字或者盖章的,对投保人不生效。但投保人已经交纳保险费的,视为其对代签字或者盖章行为的追认。

保险人或者保险人的代理人代为填写保险单证后经投保人签字或者盖章确认的,代为填写的内容视为投保人的真实意思表示。但有证据证明保险人或者保险人的代理人存在保险法第一百一十六条、第一百三十一条相关规定情形的除外。

第四条 保险人接受了投保人提交的投保单并收取了保险费,尚未作出是否承保的意思表示,发生保险事故,被保险人或者受益人请求保险人按照保险合同承担赔偿或者给付保险金责任,符合承保条件的,人民法院应予支持;不符合承保条件的,保险人不承担保险责任,但应当退还已经收取的保险费。

保险人主张不符合承保条件的,应承担举证责任。

第五条 保险合同订立时,投保人明知的与保险标的或者被保险人有关的情况,属于保险法第十六条第一款规定的投保人"应当如实告知"的内容。

第六条 投保人的告知义务限于保险人询问的范围和内容。当事人对询问范围及内容有争议的,保险人负举证责任。

保险人以投保人违反了对投保单询问表中所列概括性条款的如实告知义务为由请求解除合同的,人民法院不予支持。但该概括性条款有具体内容的除外。

第七条 保险人在保险合同成立后知道或者应当知道投保人未履行如实告知义务,仍然收取保险费,又依照保险法第十六条第二款的规定主张解除合同的,人民法院不予支持。

第八条 保险人未行使合同解除权,直接以存在保险法第十六条第四款、第五款规定的情形为由拒绝赔偿的,人民法院不予支持。但当事人就拒绝赔偿事宜及保险合同存续另行达成一致的情况除外。

第九条 保险人提供的格式合同文本中的责任免除条款、免赔额、免赔率、比例赔付或者给付等免除或者减轻保险人责任的条款,可以认定为保险法第十七条第二款规定的"免除保险人责任的条款"。

保险人因投保人、被保险人违反法定或者约定义务,享有解除合同权利的条款,不属于保险法第十七条第二款规定的"免除保险人责任的条款"。

第十条 保险人将法律、行政法规中的禁止性规定情形作为保险合同免责条款的免责事由,保险人对该条款作出提示后,投保人、被保险人或者受益人以保险人未履行明确说明义务为由主张该条款不成为合同内容的,人民法院不予支持。

第十一条 保险合同订立时,保险人在投保单或者保险单等其他保险凭证上,对保险合同中免除保险人责任的条款,以足以引起投保人注意的文字、字体、符号或者其他明显标志作出提示的,人民法院应当认定其履行了保险法第十七条第二款规定的提示义务。

保险人对保险合同中有关免除保险人责任条款的概念、内容及其法律后果以书面或者口头形式向投保人作出常人能够理解的解释说明的,人民法院应当认定保险人履行了保险法第十七条第二款规定的明确说明义务。

第十二条 通过网络、电话等方式订立的保险合同,保险人以网页、音频、视频等形式对免除保险人责任条款予以提示和明确说明的,人民法院可以认定其履行了提示和明确说明义务。

第十三条 保险人对其履行了明确说明义务负举证责任。

投保人对保险人履行了符合本解释第十一条第二款要求的明确说明义务在相关文书上签字、盖章或者以其他形式予以确认的,应当认定保险人履行了该项义务。但另有证据证明保险人未履行明确说明义务的除外。

第十四条 保险合同中记载的内容不一致的,按照下列规则认定:

(一)投保单与保险单或者其他保险凭证不一致的,以投保单为准。但不一致的情形系经保险人说明并经投保人同意的,以投保人签收的保险单或者其他保险凭证载明的内容为准;

(二)非格式条款与格式条款不一致的,以非格式条款为准;

(三)保险凭证记载的时间不同的,以形成时间在后的为准;

(四)保险凭证存在手写和打印两种方式的,以双方签字、盖章的手写部分的内容为准。

第十五条 保险法第二十三条规定的三十日核定期间，应自保险人初次收到索赔请求及投保人、被保险人或者受益人提供的有关证明和资料之日起算。

保险人主张扣除投保人、被保险人或者受益人补充提供有关证明和资料期间的，人民法院应予支持。扣除期间自保险人根据保险法第二十二条规定作出的通知到达投保人、被保险人或者受益人之日起，至投保人、被保险人或者受益人按照通知要求补充提供的有关证明和资料到达保险人之日止。

第十六条 保险人应以自己的名义行使保险代位求偿权。

根据保险法第六十条第一款的规定，保险人代位求偿权的诉讼时效期间应自其取得代位求偿权之日起算。

第十七条 保险人在其提供的保险合同格式条款中对非保险术语所作的解释符合专业意义，或者虽不符合专业意义，但有利于投保人、被保险人或者受益人的，人民法院应予认可。

第十八条 行政管理部门依据法律规定制作的交通事故认定书、火灾事故认定书等，人民法院应当依法审查并确认其相应的证明力，但有相反证据能够推翻的除外。

第十九条 保险事故发生后，被保险人或者受益人起诉保险人，保险人以被保险人或者受益人未要求第三者承担责任为由抗辩不承担保险责任的，人民法院不予支持。

财产保险事故发生后，被保险人就其所受损失从第三者取得赔偿后的不足部分提起诉讼，请求保险人赔偿的，人民法院应予依法受理。

第二十条 保险公司依法设立并取得营业执照的分支机构属于《中华人民共和国民事诉讼法》第四十八条规定的其他组织，可以作为保险合同纠纷案件的当事人参加诉讼。

第二十一条 本解释施行后尚未终审的保险合同纠纷案件，适用本解释；本解释施行前已经终审，当事人申请再审或者按照审判监督程序决定再审的案件，不适用本解释。

最高人民法院关于适用《中华人民共和国保险法》若干问题的解释（三）

1. 2015年9月21日最高人民法院审判委员会第1661次会议通过、2015年11月25日公布、自2015年12月1日起施行（法释〔2015〕21号）

2. 根据2020年12月23日最高人民法院审判委员会第1823次会议通过、2020年12月29日公布、自2021年1月1日起施行的《最高人民法院关于修改〈最高人民法院关于破产企业国有划拨土地使用权应否列入破产财产等问题的批复〉等二十九件商事类司法解释的决定》（法释〔2020〕18号）修正

为正确审理保险合同纠纷案件，切实维护当事人的合法权益，根据《中华人民共和国民法典》《中华人民共和国保险法》《中华人民共和国民事诉讼法》等法律规定，结合审判实践，就保险法中关于保险合同章人身保险部分有关法律适用问题解释如下：

第一条 当事人订立以死亡为给付保险金条件的合同，根据保险法第三十四条的规定，“被保险人同意并认可保险金额”可以采取书面形式、口头形式或者其他形式；可以在合同订立时作出，也可以在合同订立后追认。

有下列情形之一的，应认定为被保险人同意投保人为其订立保险合同并认可保险金额：

（一）被保险人明知他人代其签名同意而未表示异议的；

（二）被保险人同意投保人指定的受益人的；

（三）有证据足以认定被保险人同意投保人为其投保的其他情形。

第二条 被保险人以书面形式通知保险人和投保人撤销其依据保险法第三十四条第一款规定所作出的同意意思表示的，可认定为保险合同解除。

第三条 人民法院审理人身保险合同纠纷案件时，应主动审查投保人订立保险合同时是否具有保险利益，以及以死亡为给付保险金条件的合同是否经过被保险人同意并认可保险金额。

第四条 保险合同订立后,因投保人丧失对被保险人的保险利益,当事人主张保险合同无效的,人民法院不予支持。

第五条 保险人在合同订立时指定医疗机构对被保险人体检,当事人主张投保人如实告知义务免除的,人民法院不予支持。

保险人知道被保险人的体检结果,仍以投保人未就相关情况履行如实告知义务为由要求解除合同的,人民法院不予支持。

第六条 未成年人父母之外的其他履行监护职责的人为未成年人订立以死亡为给付保险金条件的合同,当事人主张参照保险法第三十三条第二款、第三十四条第三款的规定认定该合同有效的,人民法院不予支持,但经未成年人父母同意的除外。

第七条 当事人以被保险人、受益人或者他人已经代为支付保险费为由,主张投保人对应的交费义务已经履行的,人民法院应予支持。

第八条 保险合同效力依照保险法第三十六条规定中止,投保人提出恢复效力申请并同意补交保险费的,除被保险人的危险程度在中止期间显著增加外,保险人拒绝恢复效力的,人民法院不予支持。

保险人在收到恢复效力申请后,三十日内未明确拒绝的,应认定为同意恢复效力。

保险合同自投保人补交保险费之日恢复效力。保险人要求投保人补交相应利息的,人民法院应予支持。

第九条 投保人指定受益人未经被保险人同意的,人民法院应认定指定行为无效。

当事人对保险合同约定的受益人存在争议,除投保人、被保险人在保险合同之外另有约定外,按以下情形分别处理:

(一)受益人约定为“法定”或者“法定继承人”的,以民法典规定的法定继承人为受益人;

(二)受益人仅约定为身份关系的,投保人与被保险人为同一主体时,根据保险事故发生时与被保险人的身份关系确定受益人;投保人与被保险人为不同主体时,根据保险合同成立时与被保险人的身份关系确定受益人;

(三)约定的受益人包括姓名和身份关系,保险事故发生时身份关系发生变化的,认定为未指定受益人。

第十条 投保人或者被保险人变更受益人,当事人主张变更行为自变更意思表示发出时生效的,人民法院应予支持。

投保人或者被保险人变更受益人未通知保险人,保险人主张变更对其不发生效力的,人民法院应予支持。

投保人变更受益人未经被保险人同意,人民法院应认定变更行为无效。

第十一条 投保人或者被保险人在保险事故发生后变更受益人,变更后的受益人请求保险人给付保险金的,人民法院不予支持。

第十二条 投保人或者被保险人指定数人为受益人,部分受益人在保险事故发生前死亡、放弃受益权或者依法丧失受益权的,该受益人应得的受益份额按照保险合同的约定处理;保险合同没有约定或者约定不明的,该受益人应得的受益份额按照以下情形分别处理:

(一)未约定受益顺序及受益份额的,由其他受益人平均享有;

(二)未约定受益顺序但约定受益份额的,由其他受益人按照相应比例享有;

(三)约定受益顺序但未约定受益份额的,由同顺序的其他受益人平均享有;同一顺序没有其他受益人的,由后一顺序的受益人平均享有;

(四)约定受益顺序及受益份额的,由同顺序的其他受益人按照相应比例享有;同一顺序没有其他受益人的,由后一顺序的受益人按照相应比例享有。

第十三条 保险事故发生后,受益人将与本次保险事故相对应的全部或者部分保险金请求权转让给第三人,当事人主张该转让行为有效的,人民法院应予支持,但根据合同性质、当事人约定或者法律规定不得转让的除外。

第十四条 保险金根据保险法第四十二条规定作为被保险人遗产,被保险人的继承人要求保险人给付保险金,保险人以其已向持有保险单的被保险人的其他继承人给付保险金为由抗辩的,人民法院应予支持。

第十五条 受益人与被保险人存在继承关系,在同一事件中死亡且不能确定死亡先后顺序的,人民法院应依据保险法第四十二条第二款推定受益人死亡在先，并按照保险法及本解释的相关规定确定保险金归属。

第十六条　人身保险合同解除时，投保人与被保险人、受益人为不同主体，被保险人或者受益人要求退还保险单的现金价值的，人民法院不予支持，但保险合同另有约定的除外。

投保人故意造成被保险人死亡、伤残或者疾病，保险人依照保险法第四十三条规定退还保险单的现金价值的，其他权利人按照被保险人、被保险人的继承人的顺序确定。

第十七条　投保人解除保险合同，当事人以其解除合同未经被保险人或者受益人同意为由主张解除行为无效的，人民法院不予支持，但被保险人或者受益人已向投保人支付相当于保险单现金价值的款项并通知保险人的除外。

第十八条　保险人给付费用补偿型的医疗费用保险金时，主张扣减被保险人从公费医疗或者社会医疗保险取得的赔偿金额的，应当证明该保险产品在厘定医疗费用保险费率时已经将公费医疗或者社会医疗保险部分相应扣除，并按照扣减后的标准收取保险费。

第十九条　保险合同约定按照基本医疗保险的标准核定医疗费用，保险人以被保险人的医疗支出超出基本医疗保险范围为由拒绝给付保险金的，人民法院不予支持；保险人有证据证明被保险人支出的费用超过基本医疗保险同类医疗费用标准，要求对超出部分拒绝给付保险金的，人民法院应予支持。

第二十条　保险人以被保险人未在保险合同约定的医疗服务机构接受治疗为由拒绝给付保险金的，人民法院应予支持，但被保险人因情况紧急必须立即就医的除外。

第二十一条　保险人以被保险人自杀为由拒绝承担给付保险金责任的，由保险人承担举证责任。

受益人或者被保险人的继承人以被保险人自杀时无民事行为能力为由抗辩的，由其承担举证责任。

第二十二条　保险法第四十五条规定的“被保险人故意犯罪”的认定，应当以刑事侦查机关、检察机关和审判机关的生效法律文书或者其他结论性意见为依据。

第二十三条　保险人主张根据保险法第四十五条的规定不承担给付保险金责任的，应当证明被保险人的死亡、伤残结果与其实施的故意犯罪或者抗拒依法采取的刑事强制措施的行为之间存在因果关系。

被保险人在羁押、服刑期间因意外或者疾病造成伤残或者死亡，保险人主张根据保险法第四十五条的规定不承担给付保险金责任的，人民法院不予支持。

第二十四条　投保人为被保险人订立以死亡为给付保险金条件的人身保险合同，被保险人被宣告死亡后，当事人要求保险人按照保险合同约定给付保险金的，人民法院应予支持。

被保险人被宣告死亡之日在保险责任期间之外，但有证据证明下落不明之日在保险责任期间之内，当事人要求保险人按照保险合同约定给付保险金的，人民法院应予支持。

第二十五条　被保险人的损失系由承保事故或者非承保事故、免责事由造成难以确定，当事人请求保险人给付保险金的，人民法院可以按照相应比例予以支持。

第二十六条　本解释施行后尚未终审的保险合同纠纷案件，适用本解释；本解释施行前已经终审，当事人申请再审或者按照审判监督程序决定再审的案件，不适用本解释。

最高人民法院关于适用《中华人民共和国保险法》若干问题的解释（四）

1. 2018年5月14日最高人民法院审判委员会第1738次会议通过、2018年7月31日公布、自2018年9月1日起施行（法释〔2018〕13号）

2. 根据2020年12月23日最高人民法院审判委员会第1823次会议通过、2020年12月29日公布、自2021年1月1日起施行的《最高人民法院关于修改〈最高人民法院关于破产企业国有划拨土地使用权应否列入破产财产等问题的批复〉等二十九件商事类司法解释的决定》（法释〔2020〕18号）修正

为正确审理保险合同纠纷案件，切实维护当事人的合法权益，根据《中华人民共和国民法典》《中华人民共和国保险法》《中华人民共和国民事诉讼法》等法律规定，结合审判实践，就保险法中财产保险合同部分有关法律适用问题解释如下：

第一条　保险标的已交付受让人，但尚未依法办理所有权变更登记，承担保险标的毁损灭失风险的受让人，依照保险法第四十八条、第四十九条的规定主张行使被保险人权利的，人民法院应予支持。

第二条　保险人已向投保人履行了保险法规定的提示和明确说明义务，保险标的受让人以保险标的转让后保险人未向其提示或者明确说明为由，主张免除保险人责任的条款不成为合同内容的，人民法院不予支持。

第三条　被保险人死亡，继承保险标的的当事人主张承继被保险人的权利和义务的，人民法院应予支持。

第四条　人民法院认定保险标的是否构成保险法第四十九条、第五十二条规定的“危险程度显著增加”时，应当综合考虑以下因素：

（一）保险标的用途的改变；

（二）保险标的使用范围的改变；

（三）保险标的所处环境的变化；

（四）保险标的因改装等原因引起的变化；

（五）保险标的使用人或者管理人的改变；

（六）危险程度增加持续的时间；

（七）其他可能导致危险程度显著增加的因素。

保险标的危险程度虽然增加，但增加的危险属于保险合同订立时保险人预见或者应当预见的保险合同承保范围的，不构成危险程度显著增加。

第五条　被保险人、受让人依法及时向保险人发出保险标的转让通知后，保险人作出答复前，发生保险事故，被保险人或者受让人主张保险人按照保险合同承担赔偿保险金的责任的，人民法院应予支持。

第六条　保险事故发生后，被保险人依照保险法第五十七条的规定，请求保险人承担为防止或者减少保险标的的损失所支付的必要、合理费用，保险人以被保险人采取的措施未产生实际效果为由抗辩的，人民法院不予支持。

第七条　保险人依照保险法第六十条的规定，主张代位行使被保险人因第三者侵权或者违约等享有的请求赔偿的权利的，人民法院应予支持。

第八条　投保人和被保险人为不同主体，因投保人对保险标的的损害而造成保险事故，保险人依法主张代位行使被保险人对投保人请求赔偿的权利的，人民法院应予支持，但法律另有规定或者保险合同另有约定的除外。

第九条　在保险人以第三者为被告提起的代位求偿权之诉中，第三者以被保险人在保险合同订立前已放弃对其请求赔偿的权利为由进行抗辩，人民法院认定上述放弃行为合法有效，保险人就相应部分主张行使代位求偿权的，人民法院不予支持。

保险合同订立时，保险人就是否存在上述放弃情形提出询问，投保人未如实告知，导致保险人不能代位行使请求赔偿的权利，保险人请求返还相应保险金的，人民法院应予支持，但保险人知道或者应当知道上述情形仍同意承保的除外。

第十条　因第三者对保险标的的损害而造成保险事故，保险人获得代位请求赔偿的权利的情况未通知第三者或者通知到达第三者前，第三者在被保险人已经从保险人处获赔的范围内又向被保险人作出赔偿，保险人主张代位行使被保险人对第三者请求赔偿的权利的，人民法院不予支持。保险人就相应保险金主张被保险人返还的，人民法院应予支持。

保险人获得代位请求赔偿的权利的情况已经通知到第三者，第三者又向被保险人作出赔偿，保险人主张代位行使请求赔偿的权利，第三者以其已经向被保险人赔偿为由抗辩的，人民法院不予支持。

第十一条　被保险人因故意或者重大过失未履行保险法第六十三条规定的义务，致使保险人未能行使或者未能全部行使代位请求赔偿的权利，保险人主张在其损失范围内扣减或者返还相应保险金的，人民法院应予支持。

第十二条　保险人以造成保险事故的第三者为被告提起代位求偿权之诉的，以被保险人与第三者之间的法律关系确定管辖法院。

第十三条　保险人提起代位求偿权之诉时，被保险人已经向第三者提起诉讼的，人民法院可以依法合并审理。

保险人行使代位求偿权时，被保险人已经向第三者提起诉讼，保险人向受理该案的人民法院申请变更当事人，代位行使被保险人对第三者请求赔偿的权利，被保险人同意的，人民法院应予准许；被保险人不同意的，保险人可以作为共同原告参加诉讼。

第十四条　具有下列情形之一的，被保险人可以依照保险法第六十五条第二款的规定请求保险人直接向第三者赔偿保险金：

（一）被保险人对第三者所负的赔偿责任经人民法院生效裁判、仲裁裁决确认；

（二）被保险人对第三者所负的赔偿责任经被保险人与第三者协商一致；

（三）被保险人对第三者应负的赔偿责任能够确定的其他情形。

前款规定的情形下，保险人主张按照保险合同确定保险赔偿责任的，人民法院应予支持。

第十五条　被保险人对第三者应负的赔偿责任确定后，被保险人不履行赔偿责任，且第三者以保险人为被告或者以保险人与被保险人为共同被告提起诉讼时，被保险人尚未向保险人提出直接向第三者赔偿保险金的请求的，可以认定为属于保险法第六十五条第二款规定的"被保险人怠于请求"的情形。

第十六条　责任保险的被保险人因共同侵权依法承担连带责任，保险人以该连带责任超出被保险人应承担的责任份额为由，拒绝赔付保险金的，人民法院不予支持。保险人承担保险责任后，主张就超出被保险人责任份额的部分向其他连带责任人追偿的，人民法院应予支持。

第十七条　责任保险的被保险人对第三者所负的赔偿责任已经生效判决确认并已进入执行程序，但未获得清偿或者未获得全部清偿，第三者依法请求保险人赔偿保险金，保险人以前述生效判决已进入执行程序为由抗辩的，人民法院不予支持。

第十八条　商业责任险的被保险人向保险人请求赔偿保险金的诉讼时效期间，自被保险人对第三者应负的赔偿责任确定之日起计算。

第十九条　责任保险的被保险人与第三者就被保险人的赔偿责任达成和解协议且经保险人认可，被保险人主张保险人在保险合同范围内依据和解协议承担保险责任的，人民法院应予支持。

被保险人与第三者就被保险人的赔偿责任达成和解协议，未经保险人认可，保险人主张对保险责任范围以及赔偿数额重新予以核定的，人民法院应予支持。

第二十条　责任保险的保险人在被保险人向第三者赔偿之前向被保险人赔偿保险金，第三者依照保险法第六十五条第二款的规定行使保险金请求权时，保险人以其已向被保险人赔偿为由拒绝赔偿保险金的，人民法院不予支持。保险人向第三者赔偿后，请求被保险人返还相应保险金的，人民法院应予支持。

第二十一条　本解释自2018年9月1日起施行。

本解释施行后人民法院正在审理的一审、二审案件，适用本解释；本解释施行前已经终审，当事人申请再审或者按照审判监督程序决定再审的案件，不适用本解释。

5. 法律责任

(1) 民事赔偿责任

中华人民共和国民法典(节录)

1. 2020年5月28日第十三届全国人民代表大会第三次会议通过
2. 2020年5月28日中华人民共和国主席令第45号公布
3. 自2021年1月1日起施行

第七编 侵权责任

第一章 一般规定

第一千一百六十四条 【侵权责任编的调整范围】本编调整因侵害民事权益产生的民事关系。

第一千一百六十五条 【过错责任与过错推定责任原则】行为人因过错侵害他人民事权益造成损害的,应当承担侵权责任。

依照法律规定推定行为人有过错,其不能证明自己没有过错的,应当承担侵权责任。

第一千一百六十六条 【无过错责任原则】行为人造成他人民事权益损害,不论行为人有无过错,法律规定应当承担侵权责任的,依照其规定。

第一千一百六十七条 【危及他人人身、财产安全的责任承担方式】侵权行为危及他人人身、财产安全的,被侵权人有权请求侵权人承担停止侵害、排除妨碍、消除危险等侵权责任。

第一千一百六十八条 【共同侵权】二人以上共同实施侵权行为,造成他人损害的,应当承担连带责任。

第一千一百六十九条 【教唆侵权、帮助侵权】教唆、帮助他人实施侵权行为的,应当与行为人承担连带责任。

教唆、帮助无民事行为能力人、限制民事行为能力人实施侵权行为的,应当承担侵权责任;该无民事行为能力人、限制民事行为能力人的监护人未尽到监护职责的,应当承担相应的责任。

第一千一百七十条 【共同危险行为】二人以上实施危及他人人身、财产安全的行为,其中一人或者数人的行为造成他人损害,能够确定具体侵权人的,由侵权人承担责任;不能确定具体侵权人的,行为人承担连带责任。

第一千一百七十一条 【分别侵权承担连带责任】二人以上分别实施侵权行为造成同一损害,每个人的侵权行为都足以造成全部损害的,行为人承担连带责任。

第一千一百七十二条 【分别侵权承担按份责任】二人以上分别实施侵权行为造成同一损害,能够确定责任大小的,各自承担相应的责任;难以确定责任大小的,平均承担责任。

第一千一百七十三条 【与有过错】被侵权人对同一损害的发生或者扩大有过错的,可以减轻侵权人的责任。

第一千一百七十四条 【受害人故意】损害是因受害人故意造成的,行为人不承担责任。

第一千一百七十五条 【第三人过错】损害是因第三人造成的,第三人应当承担侵权责任。

第一千一百七十六条 【自甘风险】自愿参加具有一定风险的文体活动,因其他参加者的行为受到损害的,受害人不得请求其他参加者承担侵权责任;但是,其他参加者对损害的发生有故意或者重大过失的除外。

活动组织者的责任适用本法第一千一百九十八条至第一千二百零一条的规定。

第一千一百七十七条 【自助行为】合法权益受到侵害,情况紧迫且不能及时获得国家机关保护,不立即采取措施将使其合法权益受到难以弥补的损害的,受害人可以在保护自己合法权益的必要范围内采取扣留侵权人的财物等合理措施;但是,应当立即请求有关国家机关处理。

受害人采取的措施不当造成他人损害的,应当承担侵权责任。

第一千一百七十八条 【优先适用特别规定】本法和其他法律对不承担责任或者减轻责任的情形另有规定的,依照其规定。

第二章 损害赔偿

第一千一百七十九条 【人身损害赔偿范围】侵害他人造成人身损害的,应当赔偿医疗费、护理费、交通费、营养费、住院伙食补助费等为治疗和康复支出的合理费用，以及因误工减少的收入。造成残疾的，还应当赔偿辅助器具费和残疾赔偿金；造成死亡的，还应当赔偿丧葬费和死亡赔偿金。

第一千一百八十条　【以相同数额确定死亡赔偿金】 因同一侵权行为造成多人死亡的，可以以相同数额确定死亡赔偿金。

第一千一百八十一条　【被侵权人死亡后请求权主体的确定】 被侵权人死亡的，其近亲属有权请求侵权人承担侵权责任。被侵权人为组织，该组织分立、合并的，承继权利的组织有权请求侵权人承担侵权责任。

被侵权人死亡的，支付被侵权人医疗费、丧葬费等合理费用的人有权请求侵权人赔偿费用，但是侵权人已经支付该费用的除外。

第一千一百八十二条　【侵害他人人身权益造成财产损失的赔偿数额的确定】 侵害他人人身权益造成财产损失的，按照被侵权人因此受到的损失或者侵权人因此获得的利益赔偿；被侵权人因此受到的损失以及侵权人因此获得的利益难以确定，被侵权人和侵权人就赔偿数额协商不一致，向人民法院提起诉讼的，由人民法院根据实际情况确定赔偿数额。

第一千一百八十三条　【精神损害赔偿】 侵害自然人人身权益造成严重精神损害的，被侵权人有权请求精神损害赔偿。

因故意或者重大过失侵害自然人具有人身意义的特定物造成严重精神损害的，被侵权人有权请求精神损害赔偿。

第一千一百八十四条　【财产损失计算方式】 侵害他人财产的，财产损失按照损失发生时的市场价格或者其他合理方式计算。

第一千一百八十五条　【侵害知识产权的惩罚性赔偿】 故意侵害他人知识产权，情节严重的，被侵权人有权请求相应的惩罚性赔偿。

第一千一百八十六条　【公平责任原则】 受害人和行为人对损害的发生都没有过错的，依照法律的规定由双方分担损失。

第一千一百八十七条　【赔偿费用支付方式】 损害发生后，当事人可以协商赔偿费用的支付方式。协商不一致的，赔偿费用应当一次性支付；一次性支付确有困难的，可以分期支付，但是被侵权人有权请求提供相应的担保。

第三章　责任主体的特殊规定

第一千一百八十八条　【监护人责任】 无民事行为能力人、限制民事行为能力人造成他人损害的，由监护人承担侵权责任。监护人尽到监护职责的，可以减轻其侵权责任。

有财产的无民事行为能力人、限制民事行为能力人造成他人损害的，从本人财产中支付赔偿费用；不足部分，由监护人赔偿。

第一千一百八十九条　【委托监护责任】 无民事行为能力人、限制民事行为能力人造成他人损害，监护人将监护职责委托给他人的，监护人应当承担侵权责任；受托人有过错的，承担相应的责任。

第一千一百九十条　【丧失意识侵权责任】 完全民事行为能力人对自己的行为暂时没有意识或者失去控制造成他人损害有过错的，应当承担侵权责任；没有过错的，根据行为人的经济状况对受害人适当补偿。

完全民事行为能力人因醉酒、滥用麻醉药品或者精神药品对自己的行为暂时没有意识或者失去控制造成他人损害的，应当承担侵权责任。

第一千一百九十一条　【用人单位责任和劳务派遣单位、劳务用工单位责任】 用人单位的工作人员因执行工作任务造成他人损害的，由用人单位承担侵权责任。用人单位承担侵权责任后，可以向有故意或者重大过失的工作人员追偿。

劳务派遣期间，被派遣的工作人员因执行工作任务造成他人损害的，由接受劳务派遣的用工单位承担侵权责任；劳务派遣单位有过错的，承担相应的责任。

第一千一百九十二条　【个人劳务关系中的侵权责任】 个人之间形成劳务关系，提供劳务一方因劳务造成他人损害的，由接受劳务一方承担侵权责任。接受劳务一方承担侵权责任后，可以向有故意或者重大过失的提供劳务一方追偿。提供劳务一方因劳务受到损害的，根据双方各自的过错承担相应的责任。

提供劳务期间，因第三人的行为造成提供劳务一方损害的，提供劳务一方有权请求第三人承担侵权责任，也有权请求接受劳务一方给予补偿。接受劳务一方补偿后，可以向第三人追偿。

第一千一百九十三条 【承揽关系中的侵权责任】承揽人在完成工作过程中造成第三人损害或者自己损害的,定作人不承担侵权责任。但是,定作人对定作、指示或者选任有过错的,应当承担相应的责任。

第一千一百九十四条 【网络侵权责任】网络用户、网络服务提供者利用网络侵害他人民事权益的,应当承担侵权责任。法律另有规定的,依照其规定。

第一千一百九十五条 【网络服务提供者侵权补救措施与责任承担】网络用户利用网络服务实施侵权行为的,权利人有权通知网络服务提供者采取删除、屏蔽、断开链接等必要措施。通知应当包括构成侵权的初步证据及权利人的真实身份信息。

网络服务提供者接到通知后,应当及时将该通知转送相关网络用户,并根据构成侵权的初步证据和服务类型采取必要措施;未及时采取必要措施的,对损害的扩大部分与该网络用户承担连带责任。

权利人因错误通知造成网络用户或者网络服务提供者损害的,应当承担侵权责任。法律另有规定的,依照其规定。

第一千一百九十六条 【不侵权声明】网络用户接到转送的通知后,可以向网络服务提供者提交不存在侵权行为的声明。声明应当包括不存在侵权行为的初步证据及网络用户的真实身份信息。

网络服务提供者接到声明后,应当将该声明转送发出通知的权利人,并告知其可以向有关部门投诉或者向人民法院提起诉讼。网络服务提供者在转送声明到达权利人后的合理期限内,未收到权利人已经投诉或者提起诉讼通知的,应当及时终止所采取的措施。

第一千一百九十七条 【网络服务提供者的连带责任】网络服务提供者知道或者应当知道网络用户利用其网络服务侵害他人民事权益,未采取必要措施的,与该网络用户承担连带责任。

第一千一百九十八条 【安全保障义务人责任】宾馆、商场、银行、车站、机场、体育场馆、娱乐场所等经营场所、公共场所的经营者、管理者或者群众性活动的组织者,未尽到安全保障义务,造成他人损害的,应当承担侵权责任。

因第三人的行为造成他人损害的,由第三人承担侵权责任;经营者、管理者或者组织者未尽到安全保障义务的,承担相应的补充责任。经营者、管理者或者组织者承担补充责任后,可以向第三人追偿。

第一千一百九十九条 【教育机构的过错推定责任】无民事行为能力人在幼儿园、学校或者其他教育机构学习、生活期间受到人身损害的,幼儿园、学校或者其他教育机构应当承担侵权责任;但是,能够证明尽到教育、管理职责的,不承担侵权责任。

第一千二百条 【教育机构的过错责任】限制民事行为能力人在学校或者其他教育机构学习、生活期间受到人身损害,学校或者其他教育机构未尽到教育、管理职责的,应当承担侵权责任。

第一千二百零一条 【在教育机构内第三人侵权时的责任分担】无民事行为能力人或者限制民事行为能力人在幼儿园、学校或者其他教育机构学习、生活期间,受到幼儿园、学校或者其他教育机构以外的第三人人身损害的,由第三人承担侵权责任;幼儿园、学校或者其他教育机构未尽到管理职责的,承担相应的补充责任。幼儿园、学校或者其他教育机构承担补充责任后,可以向第三人追偿。

第四章 产 品 责 任

第一千二百零二条 【产品生产者责任】因产品存在缺陷造成他人损害的,生产者应当承担侵权责任。

第一千二百零三条 【被侵权人请求损害赔偿的途径和先行赔偿人追偿权】因产品存在缺陷造成他人损害的,被侵权人可以向产品的生产者请求赔偿,也可以向产品的销售者请求赔偿。

产品缺陷由生产者造成的,销售者赔偿后,有权向生产者追偿。因销售者的过错使产品存在缺陷的,生产者赔偿后,有权向销售者追偿。

第一千二百零四条 【生产者和销售者对有过错第三人的追偿权】因运输者、仓储者等第三人的过错使产品存在缺陷,造成他人损害的,产品的生产者、销售者赔偿后,有权向第三人追偿。

第一千二百零五条 【危及他人人身、财产安全的责任承担方式】因产品缺陷危及他人人身、财产安全的,被侵权人有权请求生产者、销售者承担停止侵害、排除妨碍、消除危险等侵权责任。

第一千二百零六条 【流通后发现有缺陷的补救措施和侵权责任】产品投入流通后发现存在缺陷的,生产者、销售者应当及时采取停止销售、警示、召回等补救措施；未及时采取补救措施或者补救措施不力造成损害扩大的，对扩大的损害也应当承担侵权责任。

依据前款规定采取召回措施的，生产者、销售者应当负担被侵权人因此支出的必要费用。

第一千二百零七条　【产品责任惩罚性赔偿】明知产品存在缺陷仍然生产、销售，或者没有依据前条规定采取有效补救措施，造成他人死亡或者健康严重损害的，被侵权人有权请求相应的惩罚性赔偿。

第五章　机动车交通事故责任

第一千二百零八条　【机动车交通事故责任的法律适用】机动车发生交通事故造成损害的，依照道路交通安全法律和本法的有关规定承担赔偿责任。

第一千二百零九条　【机动车所有人、管理人与使用人不一致时的侵权责任】因租赁、借用等情形机动车所有人、管理人与使用人不是同一人时，发生交通事故造成损害，属于该机动车一方责任的，由机动车使用人承担赔偿责任；机动车所有人、管理人对损害的发生有过错的，承担相应的赔偿责任。

第一千二百一十条　【转让并交付但未办理登记的机动车侵权责任】当事人之间已经以买卖或者其他方式转让并交付机动车但是未办理登记，发生交通事故造成损害，属于该机动车一方责任的，由受让人承担赔偿责任。

第一千二百一十一条　【挂靠机动车侵权责任】以挂靠形式从事道路运输经营活动的机动车，发生交通事故造成损害，属于该机动车一方责任的，由挂靠人和被挂靠人承担连带责任。

第一千二百一十二条　【未经允许驾驶他人机动车侵权责任】未经允许驾驶他人机动车，发生交通事故造成损害，属于该机动车一方责任的，由机动车使用人承担赔偿责任；机动车所有人、管理人对损害的发生有过错的，承担相应的赔偿责任，但是本章另有规定的除外。

第一千二百一十三条　【交通事故责任承担主体赔偿顺序】机动车发生交通事故造成损害，属于该机动车一方责任的，先由承保机动车强制保险的保险人在强制保险责任限额范围内予以赔偿；不足部分，由承保机动车商业保险的保险人按照保险合同的约定予以赔偿；仍然不足或者没有投保机动车商业保险的，由侵权人赔偿。

第一千二百一十四条　【拼装车或报废车侵权责任】以买卖或者其他方式转让拼装或者已经达到报废标准的机动车，发生交通事故造成损害的，由转让人和受让人承担连带责任。

第一千二百一十五条　【盗窃、抢劫或抢夺机动车侵权责任】盗窃、抢劫或者抢夺的机动车发生交通事故造成损害的，由盗窃人、抢劫人或者抢夺人承担赔偿责任。盗窃人、抢劫人或者抢夺人与机动车使用人不是同一人，发生交通事故造成损害，属于该机动车一方责任的，由盗窃人、抢劫人或者抢夺人与机动车使用人承担连带责任。

保险人在机动车强制保险责任限额范围内垫付抢救费用的，有权向交通事故责任人追偿。

第一千二百一十六条　【肇事后逃逸责任及受害人救济】机动车驾驶人发生交通事故后逃逸，该机动车参加强制保险的，由保险人在机动车强制保险责任限额范围内予以赔偿；机动车不明、该机动车未参加强制保险或者抢救费用超过机动车强制保险责任限额，需要支付被侵权人人身伤亡的抢救、丧葬等费用的，由道路交通事故社会救助基金垫付。道路交通事故社会救助基金垫付后，其管理机构有权向交通事故责任人追偿。

第一千二百一十七条　【好意同乘的责任承担】非营运机动车发生交通事故造成无偿搭乘人损害，属于该机动车一方责任的，应当减轻其赔偿责任，但是机动车使用人有故意或者重大过失的除外。

第六章　医疗损害责任

第一千二百一十八条　【医疗损害责任归责原则和责任承担主体】患者在诊疗活动中受到损害，医疗机构或者其医务人员有过错的，由医疗机构承担赔偿责任。

第一千二百一十九条　【医务人员说明义务和患者知情同意权】医务人员在诊疗活动中应当向患者说明病情和医疗措施。需要实施手术、特殊检查、特殊治疗的，医务人员应当及时向患者具体说明医疗风险、替代医疗方案等情况，并取得其明确同意；不能或者不宜向患者说明的，应当向患者的近亲属说明，并取得其明确同意。

医务人员未尽到前款义务，造成患者损害的，医疗机构应当承担赔偿责任。

第一千二百二十条 【紧急情况下实施医疗措施】因抢救生命垂危的患者等紧急情况，不能取得患者或者其近亲属意见的，经医疗机构负责人或者授权的负责人批准，可以立即实施相应的医疗措施。

第一千二百二十一条 【医务人员过错诊疗的赔偿责任】医务人员在诊疗活动中未尽到与当时的医疗水平相应的诊疗义务，造成患者损害的，医疗机构应当承担赔偿责任。

第一千二百二十二条 【推定医疗机构有过错的情形】患者在诊疗活动中受到损害，有下列情形之一的，推定医疗机构有过错：

（一）违反法律、行政法规、规章以及其他有关诊疗规范的规定；

（二）隐匿或者拒绝提供与纠纷有关的病历资料；

（三）遗失、伪造、篡改或者违法销毁病历资料。

第一千二百二十三条 【药品、消毒产品、医疗器械的缺陷，或者输入不合格血液的侵权责任】因药品、消毒产品、医疗器械的缺陷，或者输入不合格的血液造成患者损害的，患者可以向药品上市许可持有人、生产者、血液提供机构请求赔偿，也可以向医疗机构请求赔偿。患者向医疗机构请求赔偿的，医疗机构赔偿后，有权向负有责任的药品上市许可持有人、生产者、血液提供机构追偿。

第一千二百二十四条 【医疗机构免责情形】患者在诊疗活动中受到损害，有下列情形之一的，医疗机构不承担赔偿责任：

（一）患者或者其近亲属不配合医疗机构进行符合诊疗规范的诊疗；

（二）医务人员在抢救生命垂危的患者等紧急情况下已经尽到合理诊疗义务；

（三）限于当时的医疗水平难以诊疗。

前款第一项情形中，医疗机构或者其医务人员也有过错的，应当承担相应的赔偿责任。

第一千二百二十五条 【医疗机构对病历资料的义务、患者对病历资料的权利】医疗机构及其医务人员应当按照规定填写并妥善保管住院志、医嘱单、检验报告、手术及麻醉记录、病理资料、护理记录等病历资料。

患者要求查阅、复制前款规定的病历资料的，医疗机构应当及时提供。

第一千二百二十六条 【患者隐私和个人信息保护】医疗机构及其医务人员应当对患者的隐私和个人信息保密。泄露患者的隐私和个人信息，或者未经患者同意公开其病历资料的，应当承担侵权责任。

第一千二百二十七条 【禁止违规实施不必要的检查】医疗机构及其医务人员不得违反诊疗规范实施不必要的检查。

第一千二百二十八条 【维护医疗机构及其医务人员合法权益】医疗机构及其医务人员的合法权益受法律保护。

干扰医疗秩序，妨碍医务人员工作、生活，侵害医务人员合法权益的，应当依法承担法律责任。

第七章 环境污染和生态破坏责任

第一千二百二十九条 【污染环境、破坏生态致损的侵权责任】因污染环境、破坏生态造成他人损害的，侵权人应当承担侵权责任。

第一千二百三十条 【环境污染、生态破坏侵权举证责任】因污染环境、破坏生态发生纠纷，行为人应当就法律规定的不承担责任或者减轻责任的情形及其行为与损害之间不存在因果关系承担举证责任。

第一千二百三十一条 【两个以上侵权人的责任大小确定】两个以上侵权人污染环境、破坏生态的，承担责任的大小，根据污染物的种类、浓度、排放量，破坏生态的方式、范围、程度，以及行为对损害后果所起的作用等因素确定。

第一千二百三十二条 【环境污染、生态破坏侵权的惩罚性赔偿】侵权人违反法律规定故意污染环境、破坏生态造成严重后果的，被侵权人有权请求相应的惩罚性赔偿。

第一千二百三十三条 【因第三人的过错污染环境、破坏生态的侵权责任】因第三人的过错污染环境、破坏生态的，被侵权人可以向侵权人请求赔偿，也可以向第三人请求赔偿。侵权人赔偿后，有权向第三人追偿。

第一千二百三十四条 【生态环境修复责任】违反国家规定造成生态环境损害，生态环境能够修复的，国家规定的机关或者法律规定的组织有权请求侵权人在合理期限内承担修复责任。侵权人在期限内未修复的，国家规定的机关或者法律规定的组织可以自行或者委托他人进行修复，所需费用由侵权人负担。

第一千二百三十五条　【生态环境损害赔偿范围】违反国家规定造成生态环境损害的，国家规定的机关或者法律规定的组织有权请求侵权人赔偿下列损失和费用：

（一）生态环境受到损害至修复完成期间服务功能丧失导致的损失；

（二）生态环境功能永久性损害造成的损失；

（三）生态环境损害调查、鉴定评估等费用；

（四）清除污染、修复生态环境费用；

（五）防止损害的发生和扩大所支出的合理费用。

第八章　高度危险责任

第一千二百三十六条　【高度危险责任的一般规定】从事高度危险作业造成他人损害的，应当承担侵权责任。

第一千二百三十七条　【民用核设施或者核材料致害责任】民用核设施或者运入运出核设施的核材料发生核事故造成他人损害的，民用核设施的营运单位应当承担侵权责任；但是，能够证明损害是因战争、武装冲突、暴乱等情形或者受害人故意造成的，不承担责任。

第一千二百三十八条　【民用航空器致害责任】民用航空器造成他人损害的，民用航空器的经营者应当承担侵权责任；但是，能够证明损害是因受害人故意造成的，不承担责任。

第一千二百三十九条　【占有或使用高度危险物致害责任】占有或者使用易燃、易爆、剧毒、高放射性、强腐蚀性、高致病性等高度危险物造成他人损害的，占有人或者使用人应当承担侵权责任；但是，能够证明损害是因受害人故意或者不可抗力造成的，不承担责任。被侵权人对损害的发生有重大过失的，可以减轻占有人或者使用人的责任。

第一千二百四十条　【从事高空、高压、地下挖掘活动或者使用高速轨道运输工具致害责任】从事高空、高压、地下挖掘活动或者使用高速轨道运输工具造成他人损害的，经营者应当承担侵权责任；但是，能够证明损害是因受害人故意或者不可抗力造成的，不承担责任。被侵权人对损害的发生有重大过失的，可以减轻经营者的责任。

第一千二百四十一条　【遗失、抛弃高度危险物致害责任】遗失、抛弃高度危险物造成他人损害的，由所有人承担侵权责任。所有人将高度危险物交由他人管理的，由管理人承担侵权责任；所有人有过错的，与管理人承担连带责任。

第一千二百四十二条　【非法占有高度危险物致害责任】非法占有高度危险物造成他人损害的，由非法占有人承担侵权责任。所有人、管理人不能证明对防止非法占有尽到高度注意义务的，与非法占有人承担连带责任。

第一千二百四十三条　【高度危险场所安全保障责任】未经许可进入高度危险活动区域或者高度危险物存放区域受到损害，管理人能够证明已经采取足够安全措施并尽到充分警示义务的，可以减轻或者不承担责任。

第一千二百四十四条　【高度危险责任赔偿限额】承担高度危险责任，法律规定赔偿限额的，依照其规定，但是行为人有故意或者重大过失的除外。

第九章　饲养动物损害责任

第一千二百四十五条　【饲养动物致害责任的一般规定】饲养的动物造成他人损害的，动物饲养人或者管理人应当承担侵权责任；但是，能够证明损害是因被侵权人故意或者重大过失造成的，可以不承担或者减轻责任。

第一千二百四十六条　【违反规定未对动物采取安全措施致害责任】违反管理规定，未对动物采取安全措施造成他人损害的，动物饲养人或者管理人应当承担侵权责任；但是，能够证明损害是因被侵权人故意造成的，可以减轻责任。

第一千二百四十七条　【禁止饲养的危险动物致害责任】禁止饲养的烈性犬等危险动物造成他人损害的，动物饲养人或者管理人应当承担侵权责任。

第一千二百四十八条　【动物园的动物致害责任】动物园的动物造成他人损害的，动物园应当承担侵权责任；但是，能够证明尽到管理职责的，不承担侵权责任。

第一千二百四十九条　【遗弃、逃逸的动物致害责任】遗弃、逃逸的动物在遗弃、逃逸期间造成他人损害的，由动物原饲养人或者管理人承担侵权责任。

第一千二百五十条　【因第三人的过错致使动物致害

责任】因第三人的过错致使动物造成他人损害的，被侵权人可以向动物饲养人或者管理人请求赔偿，也可以向第三人请求赔偿。动物饲养人或者管理人赔偿后，有权向第三人追偿。

第一千二百五十一条 【饲养动物应履行的义务】饲养动物应当遵守法律法规，尊重社会公德，不得妨碍他人生活。

第十章 建筑物和物件损害责任

第一千二百五十二条 【建筑物、构筑物或者其他设施倒塌、塌陷致害责任】建筑物、构筑物或者其他设施倒塌、塌陷造成他人损害的，由建设单位与施工单位承担连带责任，但是建设单位与施工单位能够证明不存在质量缺陷的除外。建设单位、施工单位赔偿后，有其他责任人的，有权向其他责任人追偿。

因所有人、管理人、使用人或者第三人的原因，建筑物、构筑物或者其他设施倒塌、塌陷造成他人损害的，由所有人、管理人、使用人或者第三人承担侵权责任。

第一千二百五十三条 【建筑物、构筑物或者其他设施及其搁置物、悬挂物脱落、坠落致害责任】建筑物、构筑物或者其他设施及其搁置物、悬挂物发生脱落、坠落造成他人损害，所有人、管理人或者使用人不能证明自己没有过错的，应当承担侵权责任。所有人、管理人或者使用人赔偿后，有其他责任人的，有权向其他责任人追偿。

第一千二百五十四条 【从建筑物中抛掷物、坠落物致害责任】禁止从建筑物中抛掷物品。从建筑物中抛掷物品或者从建筑物上坠落的物品造成他人损害的，由侵权人依法承担侵权责任；经调查难以确定具体侵权人的，除能够证明自己不是侵权人的外，由可能加害的建筑物使用人给予补偿。可能加害的建筑物使用人补偿后，有权向侵权人追偿。

物业服务企业等建筑物管理人应当采取必要的安全保障措施防止前款规定情形的发生；未采取必要的安全保障措施的，应当依法承担未履行安全保障义务的侵权责任。

发生本条第一款规定的情形的，公安等机关应当依法及时调查，查清责任人。

第一千二百五十五条 【堆放物倒塌、滚落或者滑落致害责任】堆放物倒塌、滚落或者滑落造成他人损害，堆放人不能证明自己没有过错的，应当承担侵权责任。

第一千二百五十六条 【在公共道路上堆放、倾倒、遗撒妨碍通行的物品致害责任】在公共道路上堆放、倾倒、遗撒妨碍通行的物品造成他人损害的，由行为人承担侵权责任。公共道路管理人不能证明已经尽到清理、防护、警示等义务的，应当承担相应的责任。

第一千二百五十七条 【林木折断、倾倒或者果实坠落等致人损害的侵权责任】因林木折断、倾倒或者果实坠落等造成他人损害，林木的所有人或者管理人不能证明自己没有过错的，应当承担侵权责任。

第一千二百五十八条 【公共场所或者道路上施工致害责任和窨井等地下设施致害责任】在公共场所或者道路上挖掘、修缮安装地下设施等造成他人损害，施工人不能证明已经设置明显标志和采取安全措施的，应当承担侵权责任。

窨井等地下设施造成他人损害，管理人不能证明尽到管理职责的，应当承担侵权责任。

最高人民法院关于审理道路交通事故损害赔偿案件适用法律若干问题的解释

1. *2012年9月17日最高人民法院审判委员会第1556次会议通过、2012年11月27日公布、自2012年12月21日起施行（法释〔2012〕19号）*
2. *根据2020年12月23日最高人民法院审判委员会第1823次会议通过、2020年12月29日公布、自2021年1月1日起施行的《最高人民法院关于修改〈最高人民法院关于在民事审判工作中适用《中华人民共和国工会法》若干问题的解释〉等二十七件民事类司法解释的决定》（法释〔2020〕17号）修正*

为正确审理道路交通事故损害赔偿案件，根据《中华人民共和国民法典》《中华人民共和国道路交通安全法》《中华人民共和国保险法》《中华人民共和国民事诉讼法》等法律的规定，结合审判实践，制定本解释。

一、关于主体责任的认定

第一条　机动车发生交通事故造成损害，机动车所有人或者管理人有下列情形之一，人民法院应当认定其对损害的发生有过错，并适用民法典第一千二百零九条的规定确定其相应的赔偿责任：

（一）知道或者应当知道机动车存在缺陷，且该缺陷是交通事故发生原因之一的；

（二）知道或者应当知道驾驶人无驾驶资格或者未取得相应驾驶资格的；

（三）知道或者应当知道驾驶人因饮酒、服用国家管制的精神药品或者麻醉药品，或者患有妨碍安全驾驶机动车的疾病等依法不能驾驶机动车的；

（四）其它应当认定机动车所有人或者管理人有过错的。

第二条　被多次转让但是未办理登记的机动车发生交通事故造成损害，属于该机动车一方责任，当事人请求由最后一次转让并交付的受让人承担赔偿责任的，人民法院应予支持。

第三条　套牌机动车发生交通事故造成损害，属于该机动车一方责任，当事人请求由套牌机动车的所有人或者管理人承担赔偿责任的，人民法院应予支持；被套牌机动车所有人或者管理人同意套牌的，应当与套牌机动车的所有人或者管理人承担连带责任。

第四条　拼装车、已达到报废标准的机动车或者依法禁止行驶的其他机动车被多次转让，并发生交通事故造成损害，当事人请求由所有的转让人和受让人承担连带责任的，人民法院应予支持。

第五条　接受机动车驾驶培训的人员，在培训活动中驾驶机动车发生交通事故造成损害，属于该机动车一方责任，当事人请求驾驶培训单位承担赔偿责任的，人民法院应予支持。

第六条　机动车试乘过程中发生交通事故造成试乘人损害，当事人请求提供试乘服务者承担赔偿责任的，人民法院应予支持。试乘人有过错的，应当减轻提供试乘服务者的赔偿责任。

第七条　因道路管理维护缺陷导致机动车发生交通事故造成损害，当事人请求道路管理者承担相应赔偿责任的，人民法院应予支持。但道路管理者能够证明已经依照法律、法规、规章的规定，或者按照国家标准、行业标准、地方标准的要求尽到安全防护、警示等管理维护义务的除外。

依法不得进入高速公路的车辆、行人，进入高速公路发生交通事故造成自身损害，当事人请求高速公路管理者承担赔偿责任的，适用民法典第一千二百四十三条的规定。

第八条　未按照法律、法规、规章或者国家标准、行业标准、地方标准的强制性规定设计、施工，致使道路存在缺陷并造成交通事故，当事人请求建设单位与施工单位承担相应赔偿责任的，人民法院应予支持。

第九条　机动车存在产品缺陷导致交通事故造成损害，当事人请求生产者或者销售者依照民法典第七编第四章的规定承担赔偿责任的，人民法院应予支持。

第十条　多辆机动车发生交通事故造成第三人损害，当事人请求多个侵权人承担赔偿责任的，人民法院应当区分不同情况，依照民法典第一千一百七十条、第一千一百七十一条、第一千一百七十二条的规定，确定侵权人承担连带责任或者按份责任。

二、关于赔偿范围的认定

第十一条　道路交通安全法第七十六条规定的“人身伤亡”，是指机动车发生交通事故侵害被侵权人的生命权、身体权、健康权等人身权益所造成的损害，包括民法典第一千一百七十九条和第一千一百八十三条规定的各项损害。

道路交通安全法第七十六条规定的“财产损失”，是指因机动车发生交通事故侵害被侵权人的财产权益所造成的损失。

第十二条　因道路交通事故造成下列财产损失，当事人请求侵权人赔偿的，人民法院应予支持：

（一）维修被损坏车辆所支出的费用、车辆所载物品的损失、车辆施救费用；

（二）因车辆灭失或者无法修复，为购买交通事故发生时与被损坏车辆价值相当的车辆重置费用；

（三）依法从事货物运输、旅客运输等经营性活动的车辆，因无法从事相应经营活动所产生的合理停运损失；

（四）非经营性车辆因无法继续使用，所产生的通常替代性交通工具的合理费用。

三、关于责任承担的认定

第十三条 同时投保机动车第三者责任强制保险（以下简称“交强险”）和第三者责任商业保险（以下简称“商业三者险”）的机动车发生交通事故造成损害，当事人同时起诉侵权人和保险公司的，人民法院应当依照民法典第一千二百一十三条的规定，确定赔偿责任。

被侵权人或者其近亲属请求承保交强险的保险公司优先赔偿精神损害的，人民法院应予支持。

第十四条 投保人允许的驾驶人驾驶机动车致使投保人遭受损害，当事人请求承保交强险的保险公司在责任限额范围内予以赔偿的，人民法院应予支持，但投保人为本车上人员的除外。

第十五条 有下列情形之一导致第三人人身损害，当事人请求保险公司在交强险责任限额范围内予以赔偿，人民法院应予支持：

（一）驾驶人未取得驾驶资格或者未取得相应驾驶资格的；

（二）醉酒、服用国家管制的精神药品或者麻醉药品后驾驶机动车发生交通事故的；

（三）驾驶人故意制造交通事故的。

保险公司在赔偿范围内向侵权人主张追偿权的，人民法院应予支持。追偿权的诉讼时效期间自保险公司实际赔偿之日起计算。

第十六条 未依法投保交强险的机动车发生交通事故造成损害，当事人请求投保义务人在交强险责任限额范围内予以赔偿的，人民法院应予支持。

投保义务人和侵权人不是同一人，当事人请求投保义务人和侵权人在交强险责任限额范围内承担相应责任的，人民法院应予支持。

第十七条 具有从事交强险业务资格的保险公司违法拒绝承保、拖延承保或者违法解除交强险合同，投保义务人在向第三人承担赔偿责任后，请求该保险公司在交强险责任限额范围内承担相应赔偿责任的，人民法院应予支持。

第十八条 多辆机动车发生交通事故造成第三人损害，损失超出各机动车交强险责任限额之和的，由各保险公司在各自责任限额范围内承担赔偿责任；损失未超出各机动车交强险责任限额之和，当事人请求由各保险公司按照其责任限额与责任限额之和的比例承担赔偿责任的，人民法院应予支持。

依法分别投保交强险的牵引车和挂车连接使用时发生交通事故造成第三人损害，当事人请求由各保险公司在各自的责任限额范围内平均赔偿的，人民法院应予支持。

多辆机动车发生交通事故造成第三人损害，其中部分机动车未投保交强险，当事人请求先由已承保交强险的保险公司在责任限额范围内予以赔偿的，人民法院应予支持。保险公司就超出其应承担的部分向未投保交强险的投保义务人或者侵权人行使追偿权的，人民法院应予支持。

第十九条 同一交通事故的多个被侵权人同时起诉的，人民法院应当按照各被侵权人的损失比例确定交强险的赔偿数额。

第二十条 机动车所有权在交强险合同有效期内发生变动，保险公司在交通事故发生后，以该机动车未办理交强险合同变更手续为由主张免除赔偿责任的，人民法院不予支持。

机动车在交强险合同有效期内发生改装、使用性质改变等导致危险程度增加的情形，发生交通事故后，当事人请求保险公司在责任限额范围内予以赔偿的，人民法院应予支持。

前款情形下，保险公司另行起诉请求投保义务人按照重新核定后的保险费标准补足当期保险费的，人民法院应予支持。

第二十一条 当事人主张交强险人身伤亡保险金请求权转让或者设定担保的行为无效的，人民法院应予支持。

四、关于诉讼程序的规定

第二十二条 人民法院审理道路交通事故损害赔偿案件，应当将承保交强险的保险公司列为共同被告。但该保险公司已经在交强险责任限额范围内予以赔偿且当事人无异议的除外。

人民法院审理道路交通事故损害赔偿案件，当事人请求将承保商业三者险的保险公司列为共同被告的，人民法院应予准许。

第二十三条 被侵权人因道路交通事故死亡，无近亲属或者近亲属不明，未经法律授权的机关或者有关组织向人民法院起诉主张死亡赔偿金的，人民法院不予受理。

侵权人以已向未经法律授权的机关或者有关组织支付死亡赔偿金为理由，请求保险公司在交强险责任限额范围内予以赔偿的，人民法院不予支持。

被侵权人因道路交通事故死亡，无近亲属或者近亲属不明，支付被侵权人医疗费、丧葬费等合理费用的单位或者个人，请求保险公司在交强险责任限额范围内予以赔偿的，人民法院应予支持。

第二十四条　公安机关交通管理部门制作的交通事故认定书，人民法院应依法审查并确认其相应的证明力，但有相反证据推翻的除外。

五、关于适用范围的规定

第二十五条　机动车在道路以外的地方通行时引发的损害赔偿案件，可以参照适用本解释的规定。

第二十六条　本解释施行后尚未终审的案件，适用本解释；本解释施行前已经终审，当事人申请再审或者按照审判监督程序决定再审的案件，不适用本解释。

最高人民法院关于审理人身损害赔偿案件适用法律若干问题的解释

1. 2003年12月4日最高人民法院审判委员会第1299次会议通过、2003年12月26日公布、自2004年5月1日起施行(法释〔2003〕20号)

2. 根据2020年12月23日最高人民法院审判委员会第1823次会议通过、2020年12月29日公布、自2021年1月1日起施行的《最高人民法院关于修改〈最高人民法院关于在民事审判工作中适用《中华人民共和国工会法》若干问题的解释〉等二十七件民事类司法解释的决定》(法释〔2020〕17号)第一次修正

3. 根据2022年2月15日最高人民法院审判委员会第1864次会议通过、2022年4月24日公布、自2022年5月1日起施行的《最高人民法院关于修改〈最高人民法院关于审理人身损害赔偿案件适用法律若干问题的解释〉的决定》(法释〔2022〕14号)第二次修正

为正确审理人身损害赔偿案件，依法保护当事人的合法权益，根据《中华人民共和国民法典》《中华人民共和国民事诉讼法》等有关法律规定，结合审判实践，制定本解释。

第一条　因生命、身体、健康遭受侵害，赔偿权利人起诉请求赔偿义务人赔偿物质损害和精神损害的，人民法院应予受理。

本条所称“赔偿权利人”，是指因侵权行为或者其他致害原因直接遭受人身损害的受害人以及死亡受害人的近亲属。

本条所称“赔偿义务人”，是指因自己或者他人的侵权行为以及其他致害原因依法应当承担民事责任的自然人、法人或者非法人组织。

第二条　赔偿权利人起诉部分共同侵权人的，人民法院应当追加其他共同侵权人作为共同被告。赔偿权利人在诉讼中放弃对部分共同侵权人的诉讼请求的，其他共同侵权人对被放弃诉讼请求的被告应当承担的赔偿份额不承担连带责任。责任范围难以确定的，推定各共同侵权人承担同等责任。

人民法院应当将放弃诉讼请求的法律后果告知赔偿权利人，并将放弃诉讼请求的情况在法律文书中叙明。

第三条　依法应当参加工伤保险统筹的用人单位的劳动者，因工伤事故遭受人身损害，劳动者或者其近亲属向人民法院起诉请求用人单位承担民事赔偿责任的，告知其按《工伤保险条例》的规定处理。

因用人单位以外的第三人侵权造成劳动者人身损害，赔偿权利人请求第三人承担民事赔偿责任的，人民法院应予支持。

第四条　无偿提供劳务的帮工人，在从事帮工活动中致人损害的，被帮工人应当承担赔偿责任。被帮工人承担赔偿责任后向有故意或者重大过失的帮工人追偿的，人民法院应予支持。被帮工人明确拒绝帮工的，不承担赔偿责任。

第五条　无偿提供劳务的帮工人因帮工活动遭受人身损害的，根据帮工人和被帮工人各自的过错承担相应的责任；被帮工人明确拒绝帮工的，被帮工人不承担赔偿责任，但可以在受益范围内予以适当补偿。

帮工人在帮工活动中因第三人的行为遭受人身损害的，有权请求第三人承担赔偿责任，也有权请求被帮工人予以适当补偿。被帮工人补偿后，可以向第三人追偿。

第六条　医疗费根据医疗机构出具的医药费、住院费等收款凭证，结合病历和诊断证明等相关证据确定。

赔偿义务人对治疗的必要性和合理性有异议的，应当承担相应的举证责任。

医疗费的赔偿数额，按照一审法庭辩论终结前实际发生的数额确定。器官功能恢复训练所必要的康复费、适当的整容费以及其他后续治疗费，赔偿权利人可以待实际发生后另行起诉。但根据医疗证明或者鉴定结论确定必然发生的费用，可以与已经发生的医疗费一并予以赔偿。

第七条 误工费根据受害人的误工时间和收入状况确定。

误工时间根据受害人接受治疗的医疗机构出具的证明确定。受害人因伤致残持续误工的，误工时间可以计算至定残日前一天。

受害人有固定收入的，误工费按照实际减少的收入计算。受害人无固定收入的，按照其最近三年的平均收入计算；受害人不能举证证明其最近三年的平均收入状况的，可以参照受诉法院所在地相同或者相近行业上一年度职工的平均工资计算。

第八条 护理费根据护理人员的收入状况和护理人数、护理期限确定。

护理人员有收入的，参照误工费的规定计算；护理人员没有收入或者雇佣护工的，参照当地护工从事同等级别护理的劳务报酬标准计算。护理人员原则上为一人，但医疗机构或者鉴定机构有明确意见的，可以参照确定护理人员人数。

护理期限应计算至受害人恢复生活自理能力时止。受害人因残疾不能恢复生活自理能力的，可以根据其年龄、健康状况等因素确定合理的护理期限，但最长不超过二十年。

受害人定残后的护理，应当根据其护理依赖程度并结合配制残疾辅助器具的情况确定护理级别。

第九条 交通费根据受害人及其必要的陪护人员因就医或者转院治疗实际发生的费用计算。交通费应当以正式票据为凭；有关凭据应当与就医地点、时间、人数、次数相符合。

第十条 住院伙食补助费可以参照当地国家机关一般工作人员的出差伙食补助标准予以确定。

受害人确有必要到外地治疗，因客观原因不能住院，受害人本人及其陪护人员实际发生的住宿费和伙食费，其合理部分应予赔偿。

第十一条 营养费根据受害人伤残情况参照医疗机构的意见确定。

第十二条 残疾赔偿金根据受害人丧失劳动能力程度或者伤残等级，按照受诉法院所在地上一年度城镇居民人均可支配收入标准，自定残之日起按二十年计算。但六十周岁以上的，年龄每增加一岁减少一年；七十五周岁以上的，按五年计算。

受害人因伤致残但实际收入没有减少，或者伤残等级较轻但造成职业妨害严重影响其劳动就业的，可以对残疾赔偿金作相应调整。

第十三条 残疾辅助器具费按照普通适用器具的合理费用标准计算。伤情有特殊需要的，可以参照辅助器具配制机构的意见确定相应的合理费用标准。

辅助器具的更换周期和赔偿期限参照配制机构的意见确定。

第十四条 丧葬费按照受诉法院所在地上一年度职工月平均工资标准，以六个月总额计算。

第十五条 死亡赔偿金按照受诉法院所在地上一年度城镇居民人均可支配收入标准，按二十年计算。但六十周岁以上的，年龄每增加一岁减少一年；七十五周岁以上的，按五年计算。

第十六条 被扶养人生活费计入残疾赔偿金或者死亡赔偿金。

第十七条 被扶养人生活费根据扶养人丧失劳动能力程度，按照受诉法院所在地上一年度城镇居民人均消费支出标准计算。被扶养人为未成年人的，计算至十八周岁；被扶养人无劳动能力又无其他生活来源的，计算二十年。但六十周岁以上的，年龄每增加一岁减少一年；七十五周岁以上的，按五年计算。

被扶养人是指受害人依法应当承担扶养义务的未成年人或者丧失劳动能力又无其他生活来源的成年近亲属。被扶养人还有其他扶养人的，赔偿义务人只赔偿受害人依法应当负担的部分。被扶养人有数人的，年赔偿总额累计不超过上一年度城镇居民人均消费支出额。

第十八条 赔偿权利人举证证明其住所地或者经常居住地城镇居民人均可支配收入高于受诉法院所在地标准的，残疾赔偿金或者死亡赔偿金可以按照其住所地或者经常居住地的相关标准计算。

被扶养人生活费的相关计算标准，依照前款原则确定。

第十九条 超过确定的护理期限、辅助器具费给付年限或者残疾赔偿金给付年限，赔偿权利人向人民法院起诉请求继续给付护理费、辅助器具费或者残疾赔偿金的，人民法院应予受理。赔偿权利人确需继续护理、配制辅助器具，或者没有劳动能力和生活来源的，人民法院应当判令赔偿义务人继续给付相关费用五至十年。

第二十条 赔偿义务人请求以定期金方式给付残疾赔偿金、辅助器具费的，应当提供相应的担保。人民法院可以根据赔偿义务人的给付能力和提供担保的情况，确定以定期金方式给付相关费用。但是，一审法庭辩论终结前已经发生的费用、死亡赔偿金以及精神损害抚慰金，应当一次性给付。

第二十一条 人民法院应当在法律文书中明确定期金的给付时间、方式以及每期给付标准。执行期间有关统计数据发生变化的，给付金额应当适时进行相应调整。

定期金按照赔偿权利人的实际生存年限给付，不受本解释有关赔偿期限的限制。

第二十二条 本解释所称"城镇居民人均可支配收入""城镇居民人均消费支出""职工平均工资"，按照政府统计部门公布的各省、自治区、直辖市以及经济特区和计划单列市上一年度相关统计数据确定。

"上一年度"，是指一审法庭辩论终结时的上一统计年度。

第二十三条 精神损害抚慰金适用《最高人民法院关于确定民事侵权精神损害赔偿责任若干问题的解释》予以确定。

第二十四条 本解释自2022年5月1日起施行。施行后发生的侵权行为引起的人身损害赔偿案件适用本解释。

本院以前发布的司法解释与本解释不一致的，以本解释为准。

最高人民法院关于确定民事侵权精神损害赔偿责任若干问题的解释

1. 2001年2月26日最高人民法院审判委员会第1161次会议通过、2001年3月8日公布、自2001年3月10日起施行(法释〔2001〕7号)

2. 根据2020年12月23日最高人民法院审判委员会第1823次会议通过、2020年12月29日公布、自2021年1月1日起施行的《最高人民法院关于修改〈最高人民法院关于在民事审判工作中适用《中华人民共和国工会法》若干问题的解释〉等二十七件民事类司法解释的决定》(法释〔2020〕17号)修正

为在审理民事侵权案件中正确确定精神损害赔偿责任，根据《中华人民共和国民法典》等有关法律规定，结合审判实践，制定本解释。

第一条 因人身权益或者具有人身意义的特定物受到侵害，自然人或者其近亲属向人民法院提起诉讼请求精神损害赔偿的，人民法院应当依法予以受理。

第二条 非法使被监护人脱离监护，导致亲子关系或者近亲属间的亲属关系遭受严重损害，监护人向人民法院起诉请求赔偿精神损害的，人民法院应当依法予以受理。

第三条 死者的姓名、肖像、名誉、荣誉、隐私、遗体、遗骨等受到侵害，其近亲属向人民法院提起诉讼请求精神损害赔偿的，人民法院应当依法予以支持。

第四条 法人或者非法人组织以名誉权、荣誉权、名称权遭受侵害为由，向人民法院起诉请求精神损害赔偿的，人民法院不予支持。

第五条 精神损害的赔偿数额根据以下因素确定：

(一)侵权人的过错程度，但是法律另有规定的除外；

(二)侵权行为的目的、方式、场合等具体情节；

(三)侵权行为所造成的后果；

(四)侵权人的获利情况；

(五)侵权人承担责任的经济能力；

(六)受理诉讼法院所在地的平均生活水平。

第六条 在本解释公布施行之前已经生效施行的司法解释,其内容有与本解释不一致的,以本解释为准。

(2)刑事责任

中华人民共和国刑法(节录)

1. *1979年7月1日第五届全国人民代表大会第二次会议通过*
2. *1997年3月14日第八届全国人民代表大会第五次会议修订*
3. *根据1998年12月29日第九届全国人民代表大会常务委员会第六次会议通过的《关于惩治骗购外汇、逃汇和非法买卖外汇犯罪的决定》第一次修正*
4. *根据1999年12月25日第九届全国人民代表大会常务委员会第十三次会议通过的《中华人民共和国刑法修正案》第二次修正*
5. *根据2001年8月31日第九届全国人民代表大会常务委员会第二十三次会议通过的《中华人民共和国刑法修正案(二)》第三次修正*
6. *根据2001年12月29日第九届全国人民代表大会常务委员会第二十五次会议通过的《中华人民共和国刑法修正案(三)》第四次修正*
7. *根据2002年12月28日第九届全国人民代表大会常务委员会第三十一次会议通过的《中华人民共和国刑法修正案(四)》第五次修正*
8. *根据2005年2月28日第十届全国人民代表大会常务委员会第十四次会议通过的《中华人民共和国刑法修正案(五)》第六次修正*
9. *根据2006年6月29日第十届全国人民代表大会常务委员会第二十二次会议通过的《中华人民共和国刑法修正案(六)》第七次修正*
10. *根据2009年2月28日第十一届全国人民代表大会常务委员会第七次会议通过的《中华人民共和国刑法修正案(七)》第八次修正*
11. *根据2009年8月27日第十一届全国人民代表大会常务委员会第十次会议通过的《关于修改部分法律的决定》第九次修正*
12. *根据2011年2月25日第十一届全国人民代表大会常务委员会第十九次会议通过的《中华人民共和国刑法修正案(八)》第十次修正*
13. *根据2015年8月29日第十二届全国人民代表大会常务委员会第十六次会议通过的《中华人民共和国刑法修正案(九)》第十一次修正*
14. *根据2017年11月4日第十二届全国人民代表大会常务委员会第三十次会议通过的《中华人民共和国刑法修正案(十)》第十二次修正*
15. *根据2020年12月26日第十三届全国人民代表大会常务委员会第二十四次会议通过的《中华人民共和国刑法修正案(十一)》第十三次修正*

第一百一十四条 **【放火罪;决水罪;爆炸罪;投放危险物质罪;以危险方法危害公共安全罪】**放火、决水、爆炸以及投放毒害性、放射性、传染病病原体等物质或者以其他危险方法危害公共安全,尚未造成严重后果的,处三年以上十年以下有期徒刑。

第一百一十五条 **【放火罪;决水罪;爆炸罪;投放危险物质罪;以危险方法危害公共安全罪】**放火、决水、爆炸以及投放毒害性、放射性、传染病病原体等物质或者以其他危险方法致人重伤、死亡或者使公私财产遭受重大损失的,处十年以上有期徒刑、无期徒刑或者死刑。

【失火罪;过失决水罪;过失爆炸罪;过失投放危险物质罪;过失以危险方法危害公共安全罪】过失犯前款罪的,处三年以上七年以下有期徒刑;情节较轻的,处三年以下有期徒刑或者拘役。

第一百三十三条 **【交通肇事罪】**违反交通运输管理法规,因而发生重大事故,致人重伤、死亡或者使公私财产遭受重大损失的,处三年以下有期徒刑或者拘役;交通运输肇事后逃逸或者有其他特别恶劣情节的,处三年以上七年以下有期徒刑;因逃逸致人死亡的,处七年以上有期徒刑。

第一百三十三条之一 **【危险驾驶罪】**在道路上驾驶机动车,有下列情形之一的,处拘役,并处罚金:

(一)追逐竞驶,情节恶劣的;

(二)醉酒驾驶机动车的;

(三)从事校车业务或者旅客运输,严重超过额定乘员载客,或者严重超过规定时速行驶的;

(四)违反危险化学品安全管理规定运输危险化学品,危及公共安全的。

机动车所有人、管理人对前款第三项、第四项行为负有直接责任的,依照前款的规定处罚。

有前两款行为,同时构成其他犯罪的,依照处罚较重的规定定罪处罚。

第一百三十三条之二　**【妨害安全驾驶罪】**对行驶中的公共交通工具的驾驶人员使用暴力或者抢控驾驶操纵装置，干扰公共交通工具正常行驶，危及公共安全的，处一年以下有期徒刑、拘役或者管制，并处或者单处罚金。

前款规定的驾驶人员在行驶的公共交通工具上擅离职守，与他人互殴或者殴打他人，危及公共安全的，依照前款的规定处罚。

有前两款行为，同时构成其他犯罪的，依照处罚较重的规定定罪处罚。

第二百三十二条　**【故意杀人罪】**故意杀人的，处死刑、无期徒刑或者十年以上有期徒刑；情节较轻的，处三年以上十年以下有期徒刑。

第二百三十四条　**【故意伤害罪】**故意伤害他人身体的，处三年以下有期徒刑、拘役或者管制。

犯前款罪，致人重伤的，处三年以上十年以下有期徒刑；致人死亡或者以特别残忍手段致人重伤造成严重残疾的，处十年以上有期徒刑、无期徒刑或者死刑。本法另有规定的，依照规定。

最高人民法院关于审理交通肇事刑事案件具体应用法律若干问题的解释

1. *2000年11月10日最高人民法院审判委员会第1136次会议通过*
2. *2000年11月15日公布*
3. *法释〔2000〕33号*
4. *自2000年11月21日起施行*

为依法惩处交通肇事犯罪活动，根据刑法有关规定，现将审理交通肇事刑事案件具体应用法律的若干问题解释如下：

第一条　从事交通运输人员或者非交通运输人员，违反交通运输管理法规发生重大交通事故，在分清事故责任的基础上，对于构成犯罪的，依照刑法第一百三十三条的规定定罪处罚。

第二条　交通肇事具有下列情形之一的，处三年以下有期徒刑或者拘役：

（一）死亡一人或者重伤三人以上，负事故全部或者主要责任的；

（二）死亡三人以上，负事故同等责任的；

（三）造成公共财产或者他人财产直接损失，负事故全部或者主要责任，无能力赔偿数额在三十万元以上的。

交通肇事致一人以上重伤，负事故全部或者主要责任，并具有下列情形之一的，以交通肇事罪定罪处罚：

（一）酒后、吸食毒品后驾驶机动车辆的；

（二）无驾驶资格驾驶机动车辆的；

（三）明知是安全装置不全或者安全机件失灵的机动车辆而驾驶的；

（四）明知是无牌证或者已报废的机动车辆而驾驶的；

（五）严重超载驾驶的；

（六）为逃避法律追究逃离事故现场的。

第三条　“交通运输肇事后逃逸”，是指行为人具有本解释第二条第一款规定和第二款第（一）至（五）项规定的情形之一，在发生交通事故后，为逃避法律追究而逃跑的行为。

第四条　交通肇事具有下列情形之一的，属于“有其他特别恶劣情节”，处三年以上七年以下有期徒刑：

（一）死亡二人以上或者重伤五人以上，负事故全部或者主要责任的；

（二）死亡六人以上，负事故同等责任的；

（三）造成公共财产或者他人财产直接损失，负事故全部或者主要责任，无能力赔偿数额在六十万元以上的。

第五条　“因逃逸致人死亡”，是指行为人在交通肇事后为逃避法律追究而逃跑，致使被害人因得不到救助而死亡的情形。

交通肇事后，单位主管人员、机动车辆所有人、承包人或者乘车人指使肇事人逃逸，致使被害人因得不到救助而死亡的，以交通肇事罪的共犯论处。

第六条　行为人在交通肇事后为逃避法律追究，将被害人带离事故现场后隐藏或者遗弃，致使被害人无法得到救助而死亡或者严重残疾的，应当分别依照刑法第二百三十二条、第二百三十四条第二款的规定,以故意杀人罪或者故意伤害罪定罪处罚。

第七条 单位主管人员、机动车辆所有人或者机动车辆承包人指使、强令他人违章驾驶造成重大交通事故,具有本解释第二条规定情形之一的,以交通肇事罪定罪处罚。

第八条 在实行公共交通管理的范围内发生重大交通事故的,依照刑法第一百三十三条和本解释的有关规定办理。

在公共交通管理的范围外,驾驶机动车辆或者使用其他交通工具致人伤亡或者致使公共财产或者他人财产遭受重大损失,构成犯罪的,分别依照刑法第一百三十四条、第一百三十五条、第二百三十三条等规定定罪处罚。

第九条 各省、自治区、直辖市高级人民法院可以根据本地实际情况,在三十万元至六十万元、六十万元至一百万元的幅度内,确定本地区执行本解释第二条第一款第(三)项、第四条第(三)项的起点数额标准,并报最高人民法院备案。

最高人民法院关于醉酒驾车犯罪法律适用问题的意见

1. 2009年9月11日
2. 法发〔2009〕47号

为依法严肃处理醉酒驾车犯罪案件,统一法律适用标准,充分发挥刑罚惩治和预防犯罪的功能,有效遏制酒后和醉酒驾车犯罪的多发、高发态势,切实维护广大人民群众的生命健康安全,有必要对醉酒驾车犯罪法律适用问题作出统一规范。

一、准确适用法律,依法严惩醉酒驾车犯罪

刑法规定,醉酒的人犯罪,应当负刑事责任。行为人明知酒后驾车违法、醉酒驾车会危害公共安全,却无视法律醉酒驾车,特别是在肇事后继续驾车冲撞,造成重大伤亡,说明行为人主观上对持续发生的危害结果持放任态度,具有危害公共安全的故意。对此类醉酒驾车造成重大伤亡的,应依法以以危险方法危害公共安全罪定罪。

2009年9月8日公布的两起醉酒驾车犯罪案件中,被告人黎景全和被告人孙伟铭都是在严重醉酒状态下驾车肇事,连续冲撞,造成重大伤亡。其中,黎景全驾车肇事后,不顾伤者及劝阻他的众多村民的安危,继续驾车行驶,致2人死亡,1人轻伤;孙伟铭长期无证驾驶,多次违反交通法规,在醉酒驾车与其他车辆追尾后,为逃逸继续驾车超限速行驶,先后与4辆正常行驶的轿车相撞,造成4人死亡、1人重伤。被告人黎景全和被告人孙伟铭在醉酒驾车发生交通事故后,继续驾车冲撞行驶,其主观上对他人伤亡的危害结果明显持放任态度,具有危害公共安全的故意。二被告人的行为均已构成以危险方法危害公共安全罪。

二、贯彻宽严相济刑事政策,适当裁量刑罚

根据刑法第一百一十五条第一款的规定,醉酒驾车,放任危害结果发生,造成重大伤亡事故,构成以危险方法危害公共安全罪的,应处以十年以上有期徒刑、无期徒刑或者死刑。具体决定对被告人的刑罚时,要综合考虑此类犯罪的性质、被告人的犯罪情节、危害后果及其主观恶性、人身危险性。一般情况下,醉酒驾车构成本罪的,行为人在主观上并不希望、也不追求危害结果的发生,属于间接故意犯罪,行为的主观恶性与以制造事端为目的而恶意驾车撞人并造成重大伤亡后果的直接故意犯罪有所不同,因此,在决定刑罚时,也应当有所区别。此外,醉酒状态下驾车,行为人的辨认和控制能力实际有所减弱,量刑时也应酌情考虑。

被告人黎景全和被告人孙伟铭醉酒驾车犯罪案件,依法没有适用死刑,而是分别判处无期徒刑,主要考虑到二被告人均系间接故意犯罪,与直接故意犯罪相比,主观恶性不是很深,人身危险性不是很大;犯罪时驾驶车辆的控制能力有所减弱;归案后认罪、悔罪态度较好,积极赔偿被害方的经济损失,一定程度上获得了被害方的谅解。广东省高级人民法院和四川省高级人民法院的终审裁判对二被告人的量刑是适当的。

三、统一法律适用,充分发挥司法审判职能作用

为依法严肃处理醉酒驾车犯罪案件,遏制酒后和醉酒驾车对公共安全造成的严重危害,警示、教育潜在违规驾驶人员,今后,对醉酒驾车,放任危害结果的发生,造成重大伤亡的,一律按照本意见规定,并参照附发的典型案例,依法以以危险方法危害公共安全罪定罪量刑。

为维护生效裁判的既判力，稳定社会关系，对于此前已经处理过的将特定情形的醉酒驾车认定为交通肇事罪的案件，应维持终审裁判，不再变动。

本意见执行中有何情况和问题，请及时层报最高人民法院。

最高人民法院、最高人民检察院、公安部关于办理醉酒驾驶机动车刑事案件适用法律若干问题的意见

1. 2013年12月18日
2. 法发〔2013〕15号

为保障法律的正确、统一实施，依法惩处醉酒驾驶机动车犯罪，维护公共安全和人民群众生命财产安全，根据刑法、刑事诉讼法的有关规定，结合侦查、起诉、审判实践，制定本意见。

一、在道路上驾驶机动车，血液酒精含量达到80毫克/100毫升以上的，属于醉酒驾驶机动车，依照刑法第一百三十三条之一第一款的规定，以危险驾驶罪定罪处罚。

前款规定的"道路""机动车"，适用道路交通安全法的有关规定。

二、醉酒驾驶机动车，具有下列情形之一的，依照刑法第一百三十三条之一第一款的规定，从重处罚：

（一）造成交通事故且负事故全部或者主要责任，或者造成交通事故后逃逸，尚未构成其他犯罪的；

（二）血液酒精含量达到200毫克/100毫升以上的；

（三）在高速公路、城市快速路上驾驶的；

（四）驾驶载有乘客的营运机动车的；

（五）有严重超员、超载或者超速驾驶，无驾驶资格驾驶机动车，使用伪造或者变造的机动车牌证等严重违反道路交通安全法的行为的；

（六）逃避公安机关依法检查，或者拒绝、阻碍公安机关依法检查尚未构成其他犯罪的；

（七）曾因酒后驾驶机动车受过行政处罚或者刑事追究的；

（八）其他可以从重处罚的情形。

三、醉酒驾驶机动车，以暴力、威胁方法阻碍公安机关依法检查，又构成妨害公务罪等其他犯罪的，依照数罪并罚的规定处罚。

四、对醉酒驾驶机动车的被告人判处罚金，应当根据被告人的醉酒程度、是否造成实际损害、认罪悔罪态度等情况，确定与主刑相适应的罚金数额。

五、公安机关在查处醉酒驾驶机动车的犯罪嫌疑人时，对查获经过、呼气酒精含量检验和抽取血样过程应当制作记录；有条件的，应当拍照、录音或者录像；有证人的，应当收集证人证言。

六、血液酒精含量检验鉴定意见是认定犯罪嫌疑人是否醉酒的依据。犯罪嫌疑人经呼气酒精含量检验达到本意见第一条规定的醉酒标准，在抽取血样之前脱逃的，可以以呼气酒精含量检验结果作为认定其醉酒的依据。

犯罪嫌疑人在公安机关依法检查时，为逃避法律追究，在呼气酒精含量检验或者抽取血样前又饮酒，经检验其血液酒精含量达到本意见第一条规定的醉酒标准的，应当认定为醉酒。

七、办理醉酒驾驶机动车刑事案件，应当严格执行刑事诉讼法的有关规定，切实保障犯罪嫌疑人、被告人的诉讼权利，在法定诉讼期限内及时侦查、起诉、审判。

对醉酒驾驶机动车的犯罪嫌疑人、被告人，根据案件情况，可以拘留或者取保候审。对符合取保候审条件，但犯罪嫌疑人、被告人不能提出保证人，也不交纳保证金的，可以监视居住。对违反取保候审、监视居住规定的犯罪嫌疑人、被告人，情节严重的，可以予以逮捕。

五、交通运输行政管理

资料补充栏

中华人民共和国行政处罚法

1. 1996年3月17日第八届全国人民代表大会第四次会议通过
2. 根据2009年8月27日第十一届全国人民代表大会常务委员会第十次会议《关于修改部分法律的决定》第一次修正
3. 根据2017年9月1日第十二届全国人民代表大会常务委员会第二十九次会议《关于修改〈中华人民共和国法官法〉等八部法律的决定》第二次修正
4. 2021年1月22日第十三届全国人民代表大会常务委员会第二十五次会议修订

目　　录

第一章　总　　则

第一条　【立法目的】为了规范行政处罚的设定和实施，保障和监督行政机关有效实施行政管理，维护公共利益和社会秩序，保护公民、法人或者其他组织的合法权益，根据宪法，制定本法。

第二条　【定义】行政处罚是指行政机关依法对违反行政管理秩序的公民、法人或者其他组织，以减损权益或者增加义务的方式予以惩戒的行为。

第三条　【适用范围】行政处罚的设定和实施，适用本法。

第四条　【处罚法定】公民、法人或者其他组织违反行政管理秩序的行为，应当给予行政处罚的，依照本法由法律、法规、规章规定，并由行政机关依照本法规定的程序实施。

第五条　【公正、公开和过罚相当原则】行政处罚遵循公正、公开的原则。

设定和实施行政处罚必须以事实为依据，与违法行为的事实、性质、情节以及社会危害程度相当。

对违法行为给予行政处罚的规定必须公布；未经公布的，不得作为行政处罚的依据。

第六条　【处罚与教育相结合原则】实施行政处罚，纠正违法行为，应当坚持处罚与教育相结合，教育公民、法人或者其他组织自觉守法。

第七条　【权利保障原则】公民、法人或者其他组织对行政机关所给予的行政处罚，享有陈述权、申辩权；对行政处罚不服的，有权依法申请行政复议或者提起行政诉讼。

公民、法人或者其他组织因行政机关违法给予行政处罚受到损害的，有权依法提出赔偿要求。

第八条　【民事责任与禁止以罚代刑】公民、法人或者其他组织因违法行为受到行政处罚，其违法行为对他人造成损害的，应当依法承担民事责任。

违法行为构成犯罪，应当依法追究刑事责任的，不得以行政处罚代替刑事处罚。

第二章　行政处罚的种类和设定

第九条　【行政处罚的种类】行政处罚的种类：

（一）警告、通报批评；

（二）罚款、没收违法所得、没收非法财物；

（三）暂扣许可证件、降低资质等级、吊销许可证件；

（四）限制开展生产经营活动、责令停产停业、责令关闭、限制从业；

（五）行政拘留；

（六）法律、行政法规规定的其他行政处罚。

第十条　【法律的行政处罚设定权】法律可以设定各种行政处罚。

限制人身自由的行政处罚，只能由法律设定。

第十一条　【行政法规的行政处罚设定权】行政法规可以设定除限制人身自由以外的行政处罚。

法律对违法行为已经作出行政处罚规定，行政法规需要作出具体规定的，必须在法律规定的给予行政处罚的行为、种类和幅度的范围内规定。

法律对违法行为未作出行政处罚规定,行政法规为实施法律,可以补充设定行政处罚。拟补充设定行政处罚的,应当通过听证会、论证会等形式广泛听取意见,并向制定机关作出书面说明。行政法规报送备案时,应当说明补充设定行政处罚的情况。

第十二条　【地方性法规的行政处罚设定权】地方性法规可以设定除限制人身自由、吊销营业执照以外的行政处罚。

法律、行政法规对违法行为已经作出行政处罚规定,地方性法规需要作出具体规定的,必须在法律、行政法规规定的给予行政处罚的行为、种类和幅度的范围内规定。

法律、行政法规对违法行为未作出行政处罚规定,地方性法规为实施法律、行政法规,可以补充设定行政处罚。拟补充设定行政处罚的,应当通过听证会、论证会等形式广泛听取意见,并向制定机关作出书面说明。地方性法规报送备案时,应当说明补充设定行政处罚的情况。

第十三条　【国务院部门规章的行政处罚设定权】国务院部门规章可以在法律、行政法规规定的给予行政处罚的行为、种类和幅度的范围内作出具体规定。

尚未制定法律、行政法规的,国务院部门规章对违反行政管理秩序的行为,可以设定警告、通报批评或者一定数额罚款的行政处罚。罚款的限额由国务院规定。

第十四条　【地方政府规章的行政处罚设定权】地方政府规章可以在法律、法规规定的给予行政处罚的行为、种类和幅度的范围内作出具体规定。

尚未制定法律、法规的,地方政府规章对违反行政管理秩序的行为,可以设定警告、通报批评或者一定数额罚款的行政处罚。罚款的限额由省、自治区、直辖市人民代表大会常务委员会规定。

第十五条　【行政处罚的评估】国务院部门和省、自治区、直辖市人民政府及其有关部门应当定期组织评估行政处罚的实施情况和必要性,对不适当的行政处罚事项及种类、罚款数额等,应当提出修改或者废止的建议。

第十六条　【其他规范性文件不得设定行政处罚】除法律、法规、规章外,其他规范性文件不得设定行政处罚。

第三章　行政处罚的实施机关

第十七条　【行政处罚的实施主体】行政处罚由具有行政处罚权的行政机关在法定职权范围内实施。

第十八条　【相对集中行政处罚权】国家在城市管理、市场监管、生态环境、文化市场、交通运输、应急管理、农业等领域推行建立综合行政执法制度,相对集中行政处罚权。

国务院或者省、自治区、直辖市人民政府可以决定一个行政机关行使有关行政机关的行政处罚权。

限制人身自由的行政处罚权只能由公安机关和法律规定的其他机关行使。

第十九条　【行政处罚的授权】法律、法规授权的具有管理公共事务职能的组织可以在法定授权范围内实施行政处罚。

第二十条　【行政处罚的委托】行政机关依照法律、法规、规章的规定,可以在其法定权限内书面委托符合本法第二十一条规定条件的组织实施行政处罚。行政机关不得委托其他组织或者个人实施行政处罚。

委托书应当载明委托的具体事项、权限、期限等内容。委托行政机关和受委托组织应当将委托书向社会公布。

委托行政机关对受委托组织实施行政处罚的行为应当负责监督,并对该行为的后果承担法律责任。

受委托组织在委托范围内,以委托行政机关名义实施行政处罚;不得再委托其他组织或者个人实施行政处罚。

第二十一条　【受委托组织的条件】受委托组织必须符合以下条件:

(一)依法成立并具有管理公共事务职能;

(二)有熟悉有关法律、法规、规章和业务并取得行政执法资格的工作人员;

(三)需要进行技术检查或者技术鉴定的,应当有条件组织进行相应的技术检查或者技术鉴定。

第四章　行政处罚的管辖和适用

第二十二条　【行政处罚的地域管辖】行政处罚由违法行为发生地的行政机关管辖。法律、行政法规、部门规章另有规定的,从其规定。

第二十三条　【行政处罚的级别管辖和职能管辖】行政处罚由县级以上地方人民政府具有行政处罚权的行政机关管辖。法律、行政法规另有规定的,从其规定。

第二十四条 【下放行政处罚权的条件与情形】省、自治区、直辖市根据当地实际情况,可以决定将基层管理迫切需要的县级人民政府部门的行政处罚权交由能够有效承接的乡镇人民政府、街道办事处行使,并定期组织评估。决定应当公布。

承接行政处罚权的乡镇人民政府、街道办事处应当加强执法能力建设,按照规定范围、依照法定程序实施行政处罚。

有关地方人民政府及其部门应当加强组织协调、业务指导、执法监督,建立健全行政处罚协调配合机制,完善评议、考核制度。

第二十五条 【行政处罚案件管辖及管辖争议】两个以上行政机关都有管辖权的,由最先立案的行政机关管辖。

对管辖发生争议的,应当协商解决,协商不成的,报请共同的上一级行政机关指定管辖;也可以直接由共同的上一级行政机关指定管辖。

第二十六条 【行政处罚的协助实施请求权】行政机关因实施行政处罚的需要,可以向有关机关提出协助请求。协助事项属于被请求机关职权范围内的,应当依法予以协助。

第二十七条 【行政处罚案件的移送管辖】违法行为涉嫌犯罪的,行政机关应当及时将案件移送司法机关,依法追究刑事责任。对依法不需要追究刑事责任或者免予刑事处罚,但应当给予行政处罚的,司法机关应当及时将案件移送有关行政机关。

行政处罚实施机关与司法机关之间应当加强协调配合,建立健全案件移送制度,加强证据材料移交、接收衔接,完善案件处理信息通报机制。

第二十八条 【责令改正违法行为与没收违法所得】行政机关实施行政处罚时,应当责令当事人改正或者限期改正违法行为。

当事人有违法所得,除依法应当退赔的外,应当予以没收。违法所得是指实施违法行为所取得的款项。法律、行政法规、部门规章对违法所得的计算另有规定的,从其规定。

第二十九条 【一事不再罚】对当事人的同一个违法行为,不得给予两次以上罚款的行政处罚。同一个违法行为违反多个法律规范应当给予罚款处罚的,按照罚款数额高的规定处罚。

第三十条 【未成年人的行政处罚】不满十四周岁的未成年人有违法行为的,不予行政处罚,责令监护人加以管教;已满十四周岁不满十八周岁的未成年人有违法行为的,应当从轻或者减轻行政处罚。

第三十一条 【精神状况异常及智力低下的人的行政处罚】精神病人、智力残疾人在不能辨认或者不能控制自己行为时有违法行为的,不予行政处罚,但应当责令其监护人严加看管和治疗。间歇性精神病人在精神正常时有违法行为的,应当给予行政处罚。尚未完全丧失辨认或者控制自己行为能力的精神病人、智力残疾人有违法行为的,可以从轻或者减轻行政处罚。

第三十二条 【从轻或减轻处罚】当事人有下列情形之一,应当从轻或者减轻行政处罚:

(一)主动消除或者减轻违法行为危害后果的;

(二)受他人胁迫或者诱骗实施违法行为的;

(三)主动供述行政机关尚未掌握的违法行为的;

(四)配合行政机关查处违法行为有立功表现的;

(五)法律、法规、规章规定其他应当从轻或者减轻行政处罚的。

第三十三条 【免予处罚】违法行为轻微并及时改正,没有造成危害后果的,不予行政处罚。初次违法且危害后果轻微并及时改正的,可以不予行政处罚。

当事人有证据足以证明没有主观过错的,不予行政处罚。法律、行政法规另有规定的,从其规定。

对当事人的违法行为依法不予行政处罚的,行政机关应当对当事人进行教育。

第三十四条 【裁量基准的制定】行政机关可以依法制定行政处罚裁量基准,规范行使行政处罚裁量权。行政处罚裁量基准应当向社会公布。

第三十五条 【刑罚的折抵】违法行为构成犯罪,人民法院判处拘役或者有期徒刑时,行政机关已经给予当事人行政拘留的,应当依法折抵相应刑期。

违法行为构成犯罪,人民法院判处罚金时,行政机关已经给予当事人罚款的,应当折抵相应罚金;行政机关尚未给予当事人罚款的,不再给予罚款。

第三十六条 【行政处罚追责时效】违法行为在二年

内未被发现的，不再给予行政处罚；涉及公民生命健康安全、金融安全且有危害后果的，上述期限延长至五年。法律另有规定的除外。

前款规定的期限，从违法行为发生之日起计算；违法行为有连续或者继续状态的，从行为终了之日起计算。

第三十七条　【从旧兼从轻原则】实施行政处罚，适用违法行为发生时的法律、法规、规章的规定。但是，作出行政处罚决定时，法律、法规、规章已被修改或者废止，且新的规定处罚较轻或者不认为是违法的，适用新的规定。

第三十八条　【无效的行政处罚】行政处罚没有依据或者实施主体不具有行政主体资格的，行政处罚无效。

违反法定程序构成重大且明显违法的，行政处罚无效。

第五章　行政处罚的决定

第一节　一般规定

第三十九条　【行政处罚公示范围】行政处罚的实施机关、立案依据、实施程序和救济渠道等信息应当公示。

第四十条　【行政处罚的前提条件】公民、法人或者其他组织违反行政管理秩序的行为，依法应当给予行政处罚的，行政机关必须查明事实；违法事实不清、证据不足的，不得给予行政处罚。

第四十一条　【规范利用电子技术监控设备】行政机关依照法律、行政法规规定利用电子技术监控设备收集、固定违法事实的，应当经过法制和技术审核，确保电子技术监控设备符合标准、设置合理、标志明显，设置地点应当向社会公布。

电子技术监控设备记录违法事实应当真实、清晰、完整、准确。行政机关应当审核记录内容是否符合要求；未经审核或者经审核不符合要求的，不得作为行政处罚的证据。

行政机关应当及时告知当事人违法事实，并采取信息化手段或者其他措施，为当事人查询、陈述和申辩提供便利。不得限制或者变相限制当事人享有的陈述权、申辩权。

第四十二条　【执法人员及执法要求】行政处罚应当由具有行政执法资格的执法人员实施。执法人员不得少于两人，法律另有规定的除外。

执法人员应当文明执法，尊重和保护当事人合法权益。

第四十三条　【行政执法人员回避制度】执法人员与案件有直接利害关系或者有其他关系可能影响公正执法的，应当回避。

当事人认为执法人员与案件有直接利害关系或者有其他关系可能影响公正执法的，有权申请回避。

当事人提出回避申请的，行政机关应当依法审查，由行政机关负责人决定。决定作出之前，不停止调查。

第四十四条　【行政机关的告知义务】行政机关在作出行政处罚决定之前，应当告知当事人拟作出的行政处罚内容及事实、理由、依据，并告知当事人依法享有的陈述、申辩、要求听证等权利。

第四十五条　【当事人的陈述和申辩权】当事人有权进行陈述和申辩。行政机关必须充分听取当事人的意见，对当事人提出的事实、理由和证据，应当进行复核；当事人提出的事实、理由或者证据成立的，行政机关应当采纳。

行政机关不得因当事人陈述、申辩而给予更重的处罚。

第四十六条　【证据的种类及审查适用规则】证据包括：

（一）书证；

（二）物证；

（三）视听资料；

（四）电子数据；

（五）证人证言；

（六）当事人的陈述；

（七）鉴定意见；

（八）勘验笔录、现场笔录。

证据必须经查证属实，方可作为认定案件事实的根据。

以非法手段取得的证据，不得作为认定案件事实的根据。

第四十七条　【行政执法全过程记录制度】行政机关应当依法以文字、音像等形式，对行政处罚的启动、调查取证、审核、决定、送达、执行等进行全过程记录，归档保存。

第四十八条 【行政处罚决定信息公开】具有一定社会影响的行政处罚决定应当依法公开。

公开的行政处罚决定被依法变更、撤销、确认违法或者确认无效的，行政机关应当在三日内撤回行政处罚决定信息并公开说明理由。

第四十九条 【重大突发事件快速、从重处罚】发生重大传染病疫情等突发事件，为了控制、减轻和消除突发事件引起的社会危害，行政机关对违反突发事件应对措施的行为，依法快速、从重处罚。

第五十条 【保护国家秘密、商业秘密或者个人隐私义务】行政机关及其工作人员对实施行政处罚过程中知悉的国家秘密、商业秘密或者个人隐私，应当依法予以保密。

第二节 简易程序

第五十一条 【当场处罚】违法事实确凿并有法定依据，对公民处以二百元以下、对法人或者其他组织处以三千元以下罚款或者警告的行政处罚的，可以当场作出行政处罚决定。法律另有规定的，从其规定。

第五十二条 【当场处罚需履行法定手续】执法人员当场作出行政处罚决定的，应当向当事人出示执法证件，填写预定格式、编有号码的行政处罚决定书，并当场交付当事人。当事人拒绝签收的，应当在行政处罚决定书上注明。

前款规定的行政处罚决定书应当载明当事人的违法行为，行政处罚的种类和依据、罚款数额、时间、地点，申请行政复议、提起行政诉讼的途径和期限以及行政机关名称，并由执法人员签名或者盖章。

执法人员当场作出的行政处罚决定，应当报所属行政机关备案。

第五十三条 【当场处罚履行方式】对当场作出的行政处罚决定，当事人应当依照本法第六十七条至第六十九条的规定履行。

第三节 普通程序

第五十四条 【处罚前的调查取证】除本法第五十一条规定的可以当场作出的行政处罚外，行政机关发现公民、法人或者其他组织有依法应当给予行政处罚的行为的，必须全面、客观、公正地调查，收集有关证据；必要时，依照法律、法规的规定，可以进行检查。

符合立案标准的，行政机关应当及时立案。

第五十五条 【执法人员出示执法证件及调查对象配合义务】执法人员在调查或者进行检查时，应当主动向当事人或者有关人员出示执法证件。当事人或者有关人员有权要求执法人员出示执法证件。执法人员不出示执法证件的，当事人或者有关人员有权拒绝接受调查或者检查。

当事人或者有关人员应当如实回答询问，并协助调查或者检查，不得拒绝或者阻挠。询问或者检查应当制作笔录。

第五十六条 【取证方法和程序】行政机关在收集证据时，可以采取抽样取证的方法；在证据可能灭失或者以后难以取得的情况下，经行政机关负责人批准，可以先行登记保存，并应当在七日内及时作出处理决定，在此期间，当事人或者有关人员不得销毁或者转移证据。

第五十七条 【处罚决定】调查终结，行政机关负责人应当对调查结果进行审查，根据不同情况，分别作出如下决定：

（一）确有应受行政处罚的违法行为的，根据情节轻重及具体情况，作出行政处罚决定；

（二）违法行为轻微，依法可以不予行政处罚的，不予行政处罚；

（三）违法事实不能成立的，不予行政处罚；

（四）违法行为涉嫌犯罪的，移送司法机关。

对情节复杂或者重大违法行为给予行政处罚，行政机关负责人应当集体讨论决定。

第五十八条 【特定事项法制审核及审核人员资质要求】有下列情形之一，在行政机关负责人作出行政处罚的决定之前，应当由从事行政处罚决定法制审核的人员进行法制审核；未经法制审核或者审核未通过的，不得作出决定：

（一）涉及重大公共利益的；

（二）直接关系当事人或者第三人重大权益，经过听证程序的；

（三）案件情况疑难复杂、涉及多个法律关系的；

（四）法律、法规规定应当进行法制审核的其他情形。

行政机关中初次从事行政处罚决定法制审核的

人员，应当通过国家统一法律职业资格考试取得法律职业资格。

第五十九条　【处罚决定书的制作及所含内容】行政机关依照本法第五十七条的规定给予行政处罚，应当制作行政处罚决定书。行政处罚决定书应当载明下列事项：

（一）当事人的姓名或者名称、地址；

（二）违反法律、法规、规章的事实和证据；

（三）行政处罚的种类和依据；

（四）行政处罚的履行方式和期限；

（五）申请行政复议、提起行政诉讼的途径和期限；

（六）作出行政处罚决定的行政机关名称和作出决定的日期。

行政处罚决定书必须盖有作出行政处罚决定的行政机关的印章。

第六十条　【行政处罚办案期限】行政机关应当自行政处罚案件立案之日起九十日内作出行政处罚决定。法律、法规、规章另有规定的，从其规定。

第六十一条　【行政处罚决定书的送达】行政处罚决定书应当在宣告后当场交付当事人；当事人不在场的，行政机关应当在七日内依照《中华人民共和国民事诉讼法》的有关规定，将行政处罚决定书送达当事人。

当事人同意并签订确认书的，行政机关可以采用传真、电子邮件等方式，将行政处罚决定书等送达当事人。

第六十二条　【行政处罚程序违法的法律后果】行政机关及其执法人员在作出行政处罚决定之前，未依照本法第四十四条、第四十五条的规定向当事人告知拟作出的行政处罚内容及事实、理由、依据，或者拒绝听取当事人的陈述、申辩，不得作出行政处罚决定；当事人明确放弃陈述或者申辩权利的除外。

第四节　听证程序

第六十三条　【听证程序的适用范围】行政机关拟作出下列行政处罚决定，应当告知当事人有要求听证的权利，当事人要求听证的，行政机关应当组织听证：

（一）较大数额罚款；

（二）没收较大数额违法所得、没收较大价值非法财物；

（三）降低资质等级、吊销许可证件；

（四）责令停产停业、责令关闭、限制从业；

（五）其他较重的行政处罚；

（六）法律、法规、规章规定的其他情形。

当事人不承担行政机关组织听证的费用。

第六十四条　【听证程序】听证应当依照以下程序组织：

（一）当事人要求听证的，应当在行政机关告知后五日内提出；

（二）行政机关应当在举行听证的七日前，通知当事人及有关人员听证的时间、地点；

（三）除涉及国家秘密、商业秘密或者个人隐私依法予以保密外，听证公开举行；

（四）听证由行政机关指定的非本案调查人员主持；当事人认为主持人与本案有直接利害关系的，有权申请回避；

（五）当事人可以亲自参加听证，也可以委托一至二人代理；

（六）当事人及其代理人无正当理由拒不出席听证或者未经许可中途退出听证的，视为放弃听证权利，行政机关终止听证；

（七）举行听证时，调查人员提出当事人违法的事实、证据和行政处罚建议，当事人进行申辩和质证；

（八）听证应当制作笔录。笔录应当交当事人或者其代理人核对无误后签字或者盖章。当事人或者其代理人拒绝签字或者盖章的，由听证主持人在笔录中注明。

第六十五条　【作出决定】听证结束后，行政机关应当根据听证笔录，依照本法第五十七条的规定，作出决定。

第六章　行政处罚的执行

第六十六条　【履行期限】行政处罚决定依法作出后，当事人应当在行政处罚决定书载明的期限内，予以履行。

当事人确有经济困难，需要延期或者分期缴纳罚款的，经当事人申请和行政机关批准，可以暂缓或者分期缴纳。

第六十七条　【罚缴分离原则】作出罚款决定的行政

机关应当与收缴罚款的机构分离。

除依照本法第六十八条、第六十九条的规定当场收缴的罚款外，作出行政处罚决定的行政机关及其执法人员不得自行收缴罚款。

当事人应当自收到行政处罚决定书之日起十五日内，到指定的银行或者通过电子支付系统缴纳罚款。银行应当收受罚款，并将罚款直接上缴国库。

第六十八条　【当场收缴罚款情形】依照本法第五十一条的规定当场作出行政处罚决定，有下列情形之一，执法人员可以当场收缴罚款：

（一）依法给予一百元以下罚款的；

（二）不当场收缴事后难以执行的。

第六十九条　【特殊地区当场收缴罚款】在边远、水上、交通不便地区，行政机关及其执法人员依照本法第五十一条、第五十七条的规定作出罚款决定后，当事人到指定的银行或者通过电子支付系统缴纳罚款确有困难，经当事人提出，行政机关及其执法人员可以当场收缴罚款。

第七十条　【罚款专用票据】行政机关及其执法人员当场收缴罚款的，必须向当事人出具国务院财政部门或者省、自治区、直辖市人民政府财政部门统一制发的专用票据；不出具财政部门统一制发的专用票据的，当事人有权拒绝缴纳罚款。

第七十一条　【当场收缴罚款上缴程序】执法人员当场收缴的罚款，应当自收缴罚款之日起二日内，交至行政机关；在水上当场收缴的罚款，应当自抵岸之日起二日内交至行政机关；行政机关应当在二日内将罚款缴付指定的银行。

第七十二条　【执行措施】当事人逾期不履行行政处罚决定的，作出行政处罚决定的行政机关可以采取下列措施：

（一）到期不缴纳罚款的，每日按罚款数额的百分之三加处罚款，加处罚款的数额不得超出罚款的数额；

（二）根据法律规定，将查封、扣押的财物拍卖、依法处理或者将冻结的存款、汇款划拨抵缴罚款；

（三）根据法律规定，采取其他行政强制执行方式；

（四）依照《中华人民共和国行政强制法》的规定申请人民法院强制执行。

行政机关批准延期、分期缴纳罚款的，申请人民法院强制执行的期限，自暂缓或者分期缴纳罚款期限结束之日起计算。

第七十三条　【复议、诉讼期间行政处罚不停止执行】当事人对行政处罚决定不服，申请行政复议或者提起行政诉讼的，行政处罚不停止执行，法律另有规定的除外。

当事人对限制人身自由的行政处罚决定不服，申请行政复议或者提起行政诉讼的，可以向作出决定的机关提出暂缓执行申请。符合法律规定情形的，应当暂缓执行。

当事人申请行政复议或者提起行政诉讼的，加处罚款的数额在行政复议或者行政诉讼期间不予计算。

第七十四条　【罚没非法财物的处理】除依法应当予以销毁的物品外，依法没收的非法财物必须按照国家规定公开拍卖或者按照国家有关规定处理。

罚款、没收的违法所得或者没收非法财物拍卖的款项，必须全部上缴国库，任何行政机关或者个人不得以任何形式截留、私分或者变相私分。

罚款、没收的违法所得或者没收非法财物拍卖的款项，不得同作出行政处罚决定的行政机关及其工作人员的考核、考评直接或者变相挂钩。除依法应当退还、退赔的外，财政部门不得以任何形式向作出行政处罚决定的行政机关返还罚款、没收的违法所得或者没收非法财物拍卖的款项。

第七十五条　【监督制度】行政机关应当建立健全对行政处罚的监督制度。县级以上人民政府应当定期组织开展行政执法评议、考核，加强对行政处罚的监督检查，规范和保障行政处罚的实施。

行政机关实施行政处罚应当接受社会监督。公民、法人或者其他组织对行政机关实施行政处罚的行为，有权申诉或者检举；行政机关应当认真审查，发现有错误的，应当主动改正。

第七章　法律责任

第七十六条　【违法实施处罚人员的法律责任】行政机关实施行政处罚，有下列情形之一，由上级行政机关或者有关机关责令改正，对直接负责的主管人员和其他直接责任人员依法给予处分：

（一）没有法定的行政处罚依据的；

（二）擅自改变行政处罚种类、幅度的；

（三）违反法定的行政处罚程序的；

（四）违反本法第二十条关于委托处罚的规定的；

（五）执法人员未取得执法证件的。

行政机关对符合立案标准的案件不及时立案的，依照前款规定予以处理。

第七十七条 【**违法使用单据的法律责任**】行政机关对当事人进行处罚不使用罚款、没收财物单据或者使用非法定部门制发的罚款、没收财物单据的，当事人有权拒绝，并有权予以检举，由上级行政机关或者有关机关对使用的非法单据予以收缴销毁，对直接负责的主管人员和其他直接责任人员依法给予处分。

第七十八条 【**违反罚缴分离原则的法律责任**】行政机关违反本法第六十七条的规定自行收缴罚款的，财政部门违反本法第七十四条的规定向行政机关返还罚款、没收的违法所得或者拍卖款项的，由上级行政机关或者有关机关责令改正，对直接负责的主管人员和其他直接责任人员依法给予处分。

第七十九条 【**截留私分罚没款的法律责任**】行政机关截留、私分或者变相私分罚款、没收的违法所得或者财物的，由财政部门或者有关机关予以追缴，对直接负责的主管人员和其他直接责任人员依法给予处分；情节严重构成犯罪的，依法追究刑事责任。

执法人员利用职务上的便利，索取或者收受他人财物、将收缴罚款据为己有，构成犯罪的，依法追究刑事责任；情节轻微不构成犯罪的，依法给予处分。

第八十条 【**使用、损毁扣押财物的法律责任**】行政机关使用或者损毁查封、扣押的财物，对当事人造成损失的，应当依法予以赔偿，对直接负责的主管人员和其他直接责任人员依法给予处分。

第八十一条 【**违法检查和执行的法律责任**】行政机关违法实施检查措施或者执行措施，给公民人身或者财产造成损害、给法人或者其他组织造成损失的，应当依法予以赔偿，对直接负责的主管人员和其他直接责任人员依法给予处分；情节严重构成犯罪的，依法追究刑事责任。

第八十二条 【**以罚代刑及徇私舞弊、包庇纵容的法律责任**】行政机关对应当依法移交司法机关追究刑事责任的案件不移交，以行政处罚代替刑事处罚，由上级行政机关或者有关机关责令改正，对直接负责的主管人员和其他直接责任人员依法给予处分；情节严重构成犯罪的，依法追究刑事责任。

第八十三条 【**执法人员玩忽职守的法律责任**】行政机关对应当予以制止和处罚的违法行为不予制止、处罚，致使公民、法人或者其他组织的合法权益、公共利益和社会秩序遭受损害的，对直接负责的主管人员和其他直接责任人员依法给予处分；情节严重构成犯罪的，依法追究刑事责任。

第八章 附 则

第八十四条 【**法的对象效力范围**】外国人、无国籍人、外国组织在中华人民共和国领域内有违法行为，应当给予行政处罚的，适用本法，法律另有规定的除外。

第八十五条 【**期限的计算**】本法中“二日”“三日”“五日”“七日”的规定是指工作日，不含法定节假日。

第八十六条 【**施行日期**】本法自2021年7月15日起施行。

无证无照经营查处办法

1. 2017年8月6日国务院令第684号公布
2. 自2017年10月1日起施行

第一条 为了维护社会主义市场经济秩序，促进公平竞争，保护经营者和消费者的合法权益，制定本办法。

第二条 任何单位或者个人不得违反法律、法规、国务院决定的规定，从事无证无照经营。

第三条 下列经营活动，不属于无证无照经营：

（一）在县级以上地方人民政府指定的场所和时间，销售农副产品、日常生活用品，或者个人利用自己的技能从事依法无须取得许可的便民劳务活动；

（二）依照法律、行政法规、国务院决定的规定，从事无须取得许可或者办理注册登记的经营活动。

第四条 县级以上地方人民政府负责组织、协调本行政区域的无证无照经营查处工作，建立有关部门分工负责、协调配合的无证无照经营查处工作机制。

第五条 经营者未依法取得许可从事经营活动的，由法律、法规、国务院决定规定的部门予以查处；法律、法规、国务院决定没有规定或者规定不明确的，由省、自治区、直辖市人民政府确定的部门予以查处。

第六条 经营者未依法取得营业执照从事经营活动的，由履行工商行政管理职责的部门（以下称工商行政管理部门）予以查处。

第七条 经营者未依法取得许可且未依法取得营业执照从事经营活动的，依照本办法第五条的规定予以查处。

第八条 工商行政管理部门以及法律、法规、国务院决定规定的部门和省、自治区、直辖市人民政府确定的部门（以下统称查处部门）应当依法履行职责，密切协同配合，利用信息网络平台加强信息共享；发现不属于本部门查处职责的无证无照经营，应当及时通报有关部门。

第九条 任何单位或者个人有权向查处部门举报无证无照经营。

查处部门应当向社会公开受理举报的电话、信箱或者电子邮件地址，并安排人员受理举报，依法予以处理。对实名举报的，查处部门应当告知处理结果，并为举报人保密。

第十条 查处部门依法查处无证无照经营，应当坚持查处与引导相结合、处罚与教育相结合的原则，对具备办理证照的法定条件、经营者有继续经营意愿的，应当督促、引导其依法办理相应证照。

第十一条 县级以上人民政府工商行政管理部门对涉嫌无照经营进行查处，可以行使下列职权：

（一）责令停止相关经营活动；

（二）向与涉嫌无照经营有关的单位和个人调查了解有关情况；

（三）进入涉嫌从事无照经营的场所实施现场检查；

（四）查阅、复制与涉嫌无照经营有关的合同、票据、账簿以及其他有关资料。

对涉嫌从事无照经营的场所，可以予以查封；对涉嫌用于无照经营的工具、设备、原材料、产品（商品）等物品，可以予以查封、扣押。

对涉嫌无证经营进行查处，依照相关法律、法规的规定采取措施。

第十二条 从事无证经营的，由查处部门依照相关法律、法规的规定予以处罚。

第十三条 从事无照经营的，由工商行政管理部门依照相关法律、行政法规的规定予以处罚。法律、行政法规对无照经营的处罚没有明确规定的，由工商行政管理部门责令停止违法行为，没收违法所得，并处1万元以下的罚款。

第十四条 明知属于无照经营而为经营者提供经营场所，或者提供运输、保管、仓储等条件的，由工商行政管理部门责令停止违法行为，没收违法所得，可以处5000元以下的罚款。

第十五条 任何单位或者个人从事无证无照经营的，由查处部门记入信用记录，并依照相关法律、法规的规定予以公示。

第十六条 妨害查处部门查处无证无照经营，构成违反治安管理行为的，由公安机关依照《中华人民共和国治安管理处罚法》的规定予以处罚。

第十七条 查处部门及其工作人员滥用职权、玩忽职守、徇私舞弊的，对负有责任的领导人员和直接责任人员依法给予处分。

第十八条 违反本办法规定，构成犯罪的，依法追究刑事责任。

第十九条 本办法自2017年10月1日起施行。2003年1月6日国务院公布的《无照经营查处取缔办法》同时废止。

交通行政许可实施程序规定

1. 2004年11月22日交通部令2004年第10号公布
2. 自2005年1月1日起施行

第一条 为保证交通行政许可依法实施，维护交通行政许可各方当事人的合法权益，保障和规范交通行政机关依法实施行政管理，根据《中华人民共和国行政许可法》（以下简称《行政许可法》），制定本规定。

第二条 实施交通行政许可，应当遵守《行政许可法》和有关法律、法规及本规定规定的程序。

本规定所称交通行政许可，是指依据法律、法规、国务院决定、省级地方人民政府规章的设定，由本规定第三条规定的实施机关实施的行政许可。

第三条 交通行政许可由下列机关实施：

（一）交通部、地方人民政府交通主管部门、地方人民政府港口行政管理部门依据法定职权实施交通行政许可；

（二）海事管理机构、航标管理机关、县级以上道路运输管理机构在法律、法规授权范围内实施交通行政许可；

（三）交通部、地方人民政府交通主管部门、地方人民政府港口行政管理部门在其法定职权范围内，可以依据本规定，委托其他行政机关实施行政许可。

第四条 实施交通行政许可，应当遵循公开、公平、公正、便民、高效的原则。

第五条 实施交通行政许可，实施机关应当按照《行政许可法》的有关规定，将下列内容予以公示：

（一）交通行政许可的事项；

（二）交通行政许可的依据；

（三）交通行政许可的实施主体；

（四）受委托行政机关和受委托实施行政许可的内容；

（五）交通行政许可统一受理的机构；

（六）交通行政许可的条件；

（七）交通行政许可的数量；

（八）交通行政许可的程序和实施期限；

（九）依法需要举行听证的交通行政许可事项；

（十）需要申请人提交材料的目录；

（十一）申请书文本式样；

（十二）作出的准予交通行政许可的决定；

（十三）实施交通行政许可依法应当收费的法定项目和收费标准；

（十四）交通行政许可的监督部门和投诉渠道；

（十五）依法需要公示的其他事项。

已实行电子政务的实施机关应当公布网站地址。

第六条 交通行政许可的公示，可以采取下列方式：

（一）在实施机关的办公场所设置公示栏、电子显示屏或者将公示信息资料集中在实施机关的专门场所供公众查阅；

（二）在联合办理、集中办理行政许可的场所公示；

（三）在实施机关的网站上公示；

（四）法律、法规和规章规定的其他方式。

第七条 公民、法人或者其他组织，依法申请交通行政许可的，应当依法向交通行政许可实施机关提出。

申请人申请交通行政许可，应当如实向实施机关提交有关材料和反映真实情况，并对其申请材料实质内容的真实性负责。

第八条 申请人以书面方式提出交通行政许可申请的，应当填写本规定所规定的《交通行政许可申请书》。但是，法律、法规、规章对申请书格式文本已有规定的，从其规定。

依法使用申请书格式文本的，交通行政机关应当免费提供。

申请人可以通过信函、电报、电传、传真、电子数据交换和电子邮件等方式提交交通行政许可申请。

申请人以书面方式提出交通行政许可申请确有困难的，可以口头方式提出申请，交通行政机关应当记录申请人申请事项，并经申请人确认。

第九条 申请人可以委托代理人代为提出交通行政许可申请，但依法应当由申请人到实施机关办公场所提出行政许可申请的除外。

代理人代为提出申请的，应当出具载明委托事项和代理人权限的授权委托书，并出示能证明其身份的证件。

第十条 实施机关收到交通行政许可申请材料后，应当根据下列情况分别作出处理：

（一）申请事项依法不需要取得交通行政许可的，应当即时告知申请人不受理；

（二）申请事项依法不属于本实施机关职权范围的，应当即时作出不予受理的决定，并向申请人出具《交通行政许可申请不予受理决定书》，同时告知申请人应当向有关行政机关提出申请；

（三）申请材料可以当场补全或者更正错误的，应当允许申请人当场补全或者更正错误；

（四）申请材料不齐全或者不符合法定形式，申请人当场不能补全或者更正的，应当当场或者在5日内向申请人出具《交通行政许可申请补正通知书》，一次性告知申请人需要补正的全部内容；逾期不告知的，自收到申请材料之日起即为受理；

（五）申请事项属于本实施机关职权范围，申请材料齐全，符合法定形式，或者申请人已提交全部补正申请材料的，应当在收到完备的申请材料后受理交通行政许可申请，除当场作出交通行政许可决定的外，应当出具《交通行政许可申请受理通知书》。

《交通行政许可申请不予受理决定书》、《交通行政许可申请补正通知书》、《交通行政许可申请受理通知书》，应当加盖实施机关行政许可专用印章，注明日期。

第十一条 交通行政许可需要实施机关内设的多个机构办理的，该实施机关应当确定一个机构统一受理行政许可申请，并统一送达交通行政许可决定。

实施机关未确定统一受理内设机构的，由最先受理的内设机构作为统一受理内设机构。

第十二条 实施交通行政许可，应当实行责任制度。实施机关应当明确每一项交通行政许可申请的直接负责主管人员和其他直接责任人员。

第十三条 实施机关受理交通行政许可申请后，应当对申请人提交的申请材料进行审查。

申请人提交的申请材料齐全、符合法定形式，实施机关能够当场作出决定的，应当当场作出交通行政许可决定，并向申请人出具《交通行政许可（当场）决定书》。

依照法律、法规和规章的规定，需要对申请材料的实质内容进行核实的，应当审查申请材料反映的情况是否与法定的行政许可条件相一致。

实施实质审查，应当指派两名以上工作人员进行。可以采用以下方式：

（一）当面询问申请人及申请材料内容有关的相关人员；

（二）根据申请人提交的材料之间的内容相互进行印证；

（三）根据行政机关掌握的有关信息与申请材料进行印证；

（四）请求其他行政机关协助审查申请材料的真实性；

（五）调取查阅有关材料，核实申请材料的真实性；

（六）对有关设备、设施、工具、场地进行实地核查；

（七）依法进行检验、勘验、监测；

（八）听取利害关系人意见；

（九）举行听证；

（十）召开专家评审会议审查申请材料的真实性。

依照法律、行政法规规定，实施交通行政许可应当通过招标、拍卖等公平竞争的方式作出决定的，从其规定。

第十四条 实施机关对交通行政许可申请进行审查时，发现行政许可事项直接关系他人重大利益的，应当告知利害关系人，向该利害关系人送达《交通行政许可征求意见通知书》及相关材料（不包括涉及申请人商业秘密的材料）。

利害关系人有权在接到上述通知之日起5日内提出意见，逾期未提出意见的视为放弃上述权利。

实施机关应当将利害关系人的意见及时反馈给申请人，申请人有权进行陈述和申辩。

实施机关作出行政许可决定应当听取申请人、利害关系人的意见。

第十五条 除当场作出交通行政许可决定外，实施机关应当自受理申请之日起20日内作出交通行政许可决定。20日内不能作出决定的，经实施机关负责人批准，可以延长10日，并应当向申请人送达《延长交通行政许可期限通知书》，将延长期限的理由告知申请人。但是，法律、法规另有规定的，从其规定。

实施机关作出行政许可决定，依照法律、法规和规章的规定需要听证、招标、拍卖、检验、检测、检疫、鉴定和专家评审的，所需时间不计算在本条规定的期限内。实施机关应当向申请人送达《交通行政许可期限法定除外时间通知书》，将所需时间书面告知申请人。

第十六条 申请人的申请符合法定条件、标准的，实施机关应当依法作出准予行政许可的决定，并出具《交通行政许可决定书》。

依照法律、法规规定实施交通行政许可，应当根据考试成绩、考核结果、检验、检测、检疫结果作出行政许可决定的，从其规定。

第十七条 实施机关依法做出不予行政许可的决定的，应当出具《不予交通行政许可决定书》，说明理由，并告知申请人享有依法申请行政复议或者提起行政诉讼的权利。

第十八条 实施机关在作出准予或者不予许可决定后，应当在10日内向申请人送达《交通行政许可决定书》或者《不予交通行政许可决定书》。

《交通行政许可(当场)决定书》、《交通行政许可决定书》、《不予交通行政许可决定书》，应当加盖实施机关印章，注明日期。

第十九条 实施机关作出准予交通行政许可决定的，应当在作出决定之日起10日内，向申请人颁发加盖实施机关印章的下列行政许可证件：

(一)交通行政许可批准文件或者证明文件；

(二)许可证、执照或者其他许可证书；

(三)资格证、资质证或者其他合格证书；

(四)法律、法规、规章规定的其他行政许可证件。

第二十条 法律、法规、规章规定实施交通行政许可应当听证的事项，或者交通行政许可实施机关认为需要听证的其他涉及公共利益的行政许可事项，实施机关应当在作出交通行政许可决定之前，向社会发布《交通行政许可听证公告》，公告期限不少于10日。

第二十一条 交通行政许可直接涉及申请人与他人之间重大利益冲突的，实施机关在作出交通行政许可决定前，应当告知申请人、利害关系人享有要求听证的权利，并出具《交通行政许可告知听证权利书》。

申请人、利害关系人在被告知听证权利之日起5日内提出听证申请的，实施机关应当在20日内组织听证。

第二十二条 听证按照《行政许可法》第四十八条规定的程序进行。

听证应当制作听证笔录。听证笔录应当包括下列事项：

(一)事由；

(二)举行听证的时间、地点和方式；

(三)听证主持人、记录人等；

(四)申请人姓名或者名称、法定代理人及其委托代理人；

(五)利害关系人姓名或者名称、法定代理人及其委托代理人；

(六)审查该行政许可申请的工作人员；

(七)审查该行政许可申请的工作人员的审查意见及证据、依据、理由；

(八)申请人、利害关系人的陈述、申辩、质证的内容及提出的证据；

(九)其他需要载明的事项。

听证笔录应当由听证参加人确认无误后签字或者盖章。

第二十三条 交通行政许可实施机关及其工作人员违反本规定的，按照《行政许可法》和《交通行政许可监督检查及责任追究规定》查处。

第二十四条 实施机关应当建立健全交通行政许可档案制度，及时归档，妥善保管交通行政许可档案材料。

第二十五条 实施交通行政许可对交通行政许可文书格式有特殊要求的，其文书格式由交通部另行规定。

第二十六条 本规定自2005年1月1日起施行。

交通运输行政许可
网上办理监督管理办法

1. 2010年5月10日交通运输部发布

2. 交政法发〔2010〕233号

第一章 总 则

第一条 为进一步推进电子政务建设，规范行政许可网上审批工作，提高行政审批效率和便民服务水平，根据《中华人民共和国行政许可法》、《交通行政许可监督检查及责任追究规定》等有关法律、法规和规章，制定本办法。

第二条 本办法适用于使用网上审批系统从事网上行政许可审批工作的交通运输部有关司局、直属有关单位、行政许可初审单位及行政许可申请人。

第三条 行政许可网上办理平台(以下统称网上办理平台)是集中提供所有行政许可事项的办理指南、表格下载、受理状态查询、结果公示的一站式服务平台，具有网上申请登记、受理状态查询、网上审批、进程及结果查询等功能。

行政许可电子监察平台(以下统称电子监察平台)是纪检监察部门对行政许可审批过程履行监督职能的系统平台,主要功能是对审批过程实时监控、催办正在受理的行政许可申请、接收申请人的网上投诉和处理、对违规行为及时发出预警等。

第四条　开展行政许可网上审批工作,按照条件成熟一项建设一项的原则实施动态管理。条件成熟的行政许可事项,应及时纳入行政许可网上审批业务范围。

第五条　网上审批系统各使用单位及其工作人员应严格遵守国家网络安全管理和监察的有关法律、法规和规章,依照本办法使用网上审批系统。各部门应积极配合,做好网上审批流程设置、系统衔接、数据交换等工作。

第二章　职责分工

第六条　交通运输部信息化主管部门是网上办理平台和电子监察平台的运行管理机构,主要负责组织系统开发、推广实施、人员培训和技术支持等工作。

第七条　交通运输部法制工作机构负责研究制定相关工作制度并监督实施。

第八条　交通运输部行政许可项目受理单位(以下统称许可受理单位)是交通运输部行政许可审批机构,主要负责对行政许可事项进行网上受理、状态反馈、网上发布和在线咨询,并及时准确发布、更新本单位行政许可事项的有关信息。

第九条　交通运输部行政许可网上审批初审单位按照规定流程负责接收行政许可申请人网上报送的行政许可事项,并进行初审、电子材料与纸质材料的核实。

第十条　中国交通通信信息中心是交通运输部行政许可网上审批的技术服务机构,主要负责网上审批系统的运行维护、改造、升级及数据传送的安全技术保障等工作。

第十一条　交通运输部纪检监察机构是行政许可网上审批的监督监察部门,负责使用电子监察平台对行政许可网上办理情况实施全程监督,并对违反相关规定的行政行为追究相应责任。

第三章　办理流程

第十二条　行政许可申请人通过网上办理平台注册登录名及密码或电子钥匙及密码,选择需要申请的行政许可项目,按系统提示操作流程填写和打印审批登记表,并连同有关审批材料送交许可受理单位。申请人可以根据系统生成的预受理号和查询密码登录网上办理平台查询行政许可事项的办理进程、审批结果等信息。

第十三条　许可受理单位收到有关审批材料后,对申请人的网上申请资料在法律规定的期限内组织审核,并依据审批登记号登录网上办理平台提交受理状态。网上办理平台将通过短信、邮件以及网上发布等方式将行政许可受理情况告知申请人。

需要下级单位初审的行政许可申请,下级初审单位在收到网上申请后应在行政许可法及相关法规规定的时限内及时组织初审。对初审合格的,按照网上办理平台的操作要求将初审意见和申请材料及时送至交通运输部许可受理单位;对初审不合格的,应及时反馈申请人,并说明理由和依据。

行政许可审批过程中需要申请人补充申请材料的,应自收到申请之日起五天内通过网络、电话、手机短信等形式告知申请人。逾期不告知的,自收到申请材料之日起即为受理。

第十四条　许可受理单位对受理的行政许可申请应及时组织审查,对纸质材料进行核实,并在法定时限内依法作出行政许可审批决定。受理日期自收到纸质申请材料之日起算。需要组织听证的,依照相关法定程序办理。

第十五条　许可受理单位应依据审批登记号将许可审批结果提交网上办理平台,并书面告知申请人。网上办理平台将通过短信、邮件以及网上发布等方式自动将审批过程中的阶段性意见及审批结果告知申请人,并将行政许可网上办理的全部信息提交电子监察平台。

第十六条　按照有关规定许可审批需要延期处理的,要在网上记录延期处理的原因,以方便用户查询和网上监督。

第十七条　对不予批准的行政许可申请,应通过网上办理平台、短信或电子邮件等方式向申请人说明理由,并告知申请人享有依法申请行政复议或者提起行政诉讼的权利。

第十八条　涉及行政事业性收费的许可事项,申请人可选择现金、支票、电汇等方式及时缴费。因延误缴费造成受理延迟,由申请人承担责任。

第十九条 申请人直接到许可受理单位进行办理或使用部门业务系统进行行政许可办理的,许可受理单位应将办理信息在网上予以公布。

第四章 安全保障

第二十条 申请人申请行政许可,应如实填报和提交有关申请材料,并对申请材料实质内容的真实性负责。

第二十一条 许可受理单位应根据使用权限在网上办理平台进行操作,规范各流程的运行,确保网上审批工作有序开展。

第二十二条 行政许可申请人应通过网上办理平台注册获得的用户名及密码登录使用系统,注册用户名及密码通过系统管理员审核后生效。申请人也可根据需求,向交通运输部指定的电子认证服务机构申请使用数字证书登录使用系统,数字证书的申请与使用按照电子认证服务机构有关规定执行。数字证书的购置和使用费用由行政许可申请人承担。

第二十三条 许可受理单位、初审单位以及使用数字证书的行政许可申请人,应妥善保管数字证书及其密钥。数字证书载体丢失或密钥失控、变更证书所有人身份信息时,应及时通知电子认证服务机构,由电子认证服务机构撤销或变更其数字证书。

第二十四条 数字证书应根据有效期限适时更新。因数字证书所有人管理不善或逾期未更新申请所造成的后果由本人承担。

第二十五条 任何单位和个人不得在网上审批系统中从事下列活动:

(一)制作、复制、传播非法信息;

(二)非法入侵网上审批系统窃取信息;

(三)违反规定擅自对网上审批系统中数据和应用程序进行增加、删除、修改、复制等;

(四)未经授权查阅他人工作信息;

(五)冒用他人名义进行审批操作和发送消息;

(六)从事其他危害网上审批系统安全的活动。

第二十六条 网上审批系统运行管理机构应建立完善的数据备份制度,并按照国家有关计算机信息服务管理的规定对备份数据进行保存。

第二十七条 在网上审批系统发生故障,造成系统不能正常运行时,技术服务机构应尽快组织有关单位查明原因,排除故障,并及时通知各许可受理单位,保障审批工作的正常进行。

第五章 监督检查

第二十八条 行政许可网上审批事项的受理、审查、办结等工作情况,纳入电子监察平台,实施全过程监督。

第二十九条 许可受理单位工作人员在网上审批过程中有下列行为之一的,由交通运输部纪检监察机构通过电子监察平台发出警告或通报批评:

(一)不按规定时限办理审批业务的;

(二)非法、越权操作,造成数据遗失,贻误工作的;

(三)擅自改动既定程序,造成损失的;

(四)不按规定通过系统受理业务、查询、告知事项的;

(五)冒用他人名义进行审批操作的;

(六)在网上审批系统建设过程中,不积极配合或设置人为障碍,造成工程延误的;

(七)其他违反规定,影响行政效率和政府形象的行为。

第三十条 交通运输部纪检监察机构根据电子监察平台发出的警告或收到的投诉、检举信息,督促相关单位在规定时间内作出说明,有关单位应及时予以答复。

第三十一条 对违反本办法的行政许可申请人,视情节轻重给予警告或取消网上申请资格的处理;构成犯罪的,依法移送司法机关追究刑事责任。

第六章 附则

第三十二条 本办法由交通运输部负责解释。

第三十三条 本办法所称行政许可网上审批事项,不包括定有密级的行政审批项目。

第三十四条 交通运输部海事局海事行政许可系统的建设和运行应参照本办法施行,并应将有关行政许可信息共享整合至网上办理平台。

第三十五条 本办法自印发之日起施行。

交通扶贫项目和资金监督管理办法

1. 2019年8月27日交通运输部发布
2. 交规划发〔2019〕112号
3. 自2019年10月1日起施行

第一章　总　　则

第一条　为贯彻落实党中央、国务院关于打赢脱贫攻坚战的决策部署，进一步加强和规范中央投资交通扶贫项目和资金监督管理，根据《政府投资条例》（国务院令第712号）、《交通运输（公路水路）基本建设中央投资管理办法（试行）》（交规划发〔2016〕62号）和《车辆购置税收入补助地方资金管理暂行办法》（财建〔2014〕654号）等有关规定，制定本办法。

第二条　本办法适用于交通扶贫规划范围内使用车购税、港建费等中央投资资金的公路水路交通建设项目（以下简称交通扶贫项目）。

第三条　交通扶贫项目和资金监督管理应分工明确、各负其责，保障交通扶贫项目有序实施和交通扶贫资金安全有效运行。

第二章　职责分工

第四条　交通运输部对全国交通扶贫项目和中央投资计划进行监督管理，组织有关地方交通运输主管部门对交通扶贫项目进行监督检查，对存在问题的项目和中央投资计划执行不力的省（区、市）进行督导。

第五条　地方各级交通运输主管部门按照职责和隶属关系加强本行政区域内交通扶贫项目和资金的监督管理。省级交通运输主管部门具体负责本省（区、市）交通扶贫项目和资金的监督、检查、督导、问责。市、县两级交通运输主管部门按照职责和有关要求，履行本行政区域内交通扶贫项目和资金的日常监管职责。

第三章　中央资金管理

第六条　交通扶贫项目按国家基本建设的相关规定，取得相关部门对前期工作的批复文件后方可申请中央投资。

地方各级交通运输主管部门在编报年度投资建议计划时，应对申报项目严格审核把关，确保项目相关申请资料真实有效、资金需求合理。

第七条　交通运输部及时将财政部预算批复情况通知省级交通运输主管部门，并下达年度投资计划。省级交通运输主管部门收到计划文件后，应按规定转发下达。地方各级交通运输主管部门应及时告知项目单位中央投资资金到位情况。

第八条　地方各级交通运输主管部门要严格执行年度投资计划，不得截留、挤占中央投资或挪作他用。地方各级交通运输主管部门发现中央投资被截留、挤占或挪用，应及时向同级人民政府和上级交通运输主管部门报告。项目单位发现中央投资被截留、挤占或挪用，应及时向有权处理单位报告。

纳入贫困县统筹整合财政涉农资金范围的车购税用于农村公路建设资金应按相关规定执行。要严格按规定层级、范围和程序进行资金整合，不得以资金整合名义违规挪用资金。省级交通运输主管部门应加强指导，贫困县交通运输主管部门要按脱贫攻坚要求积极落实交通扶贫项目。

第九条　因项目建设条件或进度发生变化等原因需对已下达的中央投资进行调整时，应按有关计划和资金管理规定及时履行调整和备案程序。

第四章　项目监督管理

第十条　各级交通运输主管部门要做到日常监管与监督检查相结合。

第十一条　日常监管是交通扶贫项目和资金监管的基础。地方各级交通运输主管部门应按职责明确每个项目的日常监管直接责任单位及监管责任人。日常监管直接责任单位原则上为对项目单位负直接管理责任的交通运输主管部门。监管责任人由日常监管直接责任单位确定，对于交通运输重点项目原则上应为日常监管直接责任单位相关负责人。

第十二条　日常监管直接责任单位应建立监管台账，针对建设手续、资金拨付、资金使用、建设进度、信息上报等方面开展定期或不定期检查，对发现的问题组织核查，提出整改意见，督促整改；发现重大问题，及时向上级交通运输主管部门报告。

第十三条　项目日常监管责任人应及时掌握项目建设、资金拨付及使用等情况，对项目单位发挥有效督促作用，发现问题及时向日常监管直接责任单位报告。日常监管责任人应到项目现场了解建设情况，对投资多、规模大的项目,适当增加到现场频次,对建设地点比较分散的项目,可根据实际情况到现场抽查。

第十四条　省级交通运输主管部门应加强组织,创新手段,综合利用内业数据检查、遥感影像核查、实地检查等各种方式方法,认真履行本省(区、市)交通扶贫项目和资金监督管理职责,并指导市、县交通运输主管部门开展日常监管工作。

第十五条　交通运输部通过统计数据、督查抽查等方式对交通扶贫项目进行监督管理。对督查抽查中发现的问题,及时形成整改意见并下发各省(区、市)。相关省(区、市)交通运输主管部门应督促责任单位落实整改,并限期报送整改情况。

第十六条　各级交通运输主管部门应加强扶贫项目统计工作,按统计报表要求及时、全面报送统计数据,重视统计数据审核,确保数据质量。

第五章　信 息 公 开

第十七条　年度投资计划下达后,各级交通运输主管部门应对本级项目和资金安排情况按有关规定进行公开。项目日常监管直接责任单位应对项目相关信息及时予以公开。

第十八条　交通运输部及省、市、县级交通运输主管部门可在行业门户网站上进行公开。项目单位可在乡镇政府、村委会或项目实施地等地利用信息公开栏等进行公告公示。

第十九条　畅通举报渠道,公告公示单位对群众反映的问题要认真对待、及时受理,限时反馈调查结果和处理意见。

第六章　处 理 措 施

第二十条　中央投资资金申请和使用、项目实施、监督管理中发生违规问题的,按照有关规定追究责任单位和责任人的责任,涉嫌违法犯罪的,按有关规定移送监察机关、司法机关处理。各级交通运输主管部门根据具体情况,依法依规暂停、停止下达或收回已下达的中央投资资金。

第七章　附　　则

第二十一条　各省级交通运输主管部门可参照本办法,制定本地区的实施办法。

第二十二条　本办法由交通运输部综合规划司负责解释。

第二十三条　本办法自2019年10月1日起施行。

交通运输标准化管理办法

1. 2019年5月13日交通运输部令2019年第12号公布
2. 自2019年7月1日起施行

第一章　总　　则

第一条　为规范交通运输标准化工作,提升产品和服务质量,促进交通运输行业高质量发展,依据《中华人民共和国标准化法》,制定本办法。

第二条　在中华人民共和国境内从事综合交通运输、铁路、公路、水路、民航、邮政领域的标准(统称为交通运输标准)制定、实施、监督等相关活动,除遵守相关法律、行政法规外,还应当遵守本办法。

第三条　交通运输标准包括国家标准、行业标准、地方标准、团体标准和企业标准。国家标准分为强制性标准、推荐性标准,行业标准、地方标准是推荐性标准。

第四条　涉及铁路、公路、水路、民航、邮政两种及以上领域需要协调衔接和共同使用的技术要求,应当制定综合交通运输标准。

铁路、公路、水路、民航、邮政领域的标准应当与综合交通运输标准协调衔接。

第五条　国家对标准化工作实行国务院标准化行政主管部门统一管理与国务院有关行政主管部门分工管理相结合的工作机制。

交通运输部负责综合交通运输和公路、水路领域标准化相关管理工作。

国家铁路局、中国民用航空局、国家邮政局按照各自职责分别负责铁路、民航、邮政领域标准化相关管理工作。

县级以上地方人民政府标准化行政主管部门会同交通运输主管部门按照职责负责本行政区域内交通运输标准化相关管理工作。

第六条　交通运输部标准化管理委员会负责指导交通运输标准技术体系建设,统筹协调衔接综合交通运输、铁路、公路、水路、民航、邮政领域标准,研究审核交通运输标准化发展重大政策和重要事项等工作。

第七条 鼓励组织和参与制定国际标准，持续推进交通运输标准的外文翻译和出版工作，加强与世界各国在交通运输标准方面的交流与合作。

第二章 标准化规划

第八条 交通运输标准化规划应当符合国家标准化体系建设规划、交通运输行业规划，充分考虑新技术、新业态发展趋势，经交通运输部标准化管理委员会审核后，报请交通运输部发布。

第九条 交通运输标准体系应当依据交通运输标准化规划制定，由交通运输部发布。

综合交通运输标准体系应当经交通运输部标准化管理委员会审核后，报请交通运输部发布。

标准体系实行动态管理，根据需要及时进行调整。

第十条 交通运输标准化年度计划应当依据标准体系并结合行业发展需要制定，由交通运输部发布。

第十一条 国家铁路局、中国民用航空局、国家邮政局可以根据工作需要制定本领域标准化规划、标准体系和年度计划。

第三章 标准制定

第十二条 拟制定交通运输国家标准的项目，应当按照有关规定报国务院标准化行政主管部门立项；拟制定交通运输行业标准的项目，由交通运输部立项，其中铁路、民航、邮政领域的行业标准分别由国家铁路局、中国民用航空局、国家邮政局立项。

有关单位和个人可以向前款规定的立项单位提出标准项目立项建议。

第十三条 交通运输国家或者行业推荐性标准的起草、技术审查工作，应当由专业标准化技术委员会（以下简称标委会）承担；强制性标准的起草、技术审查工作，可以委托标委会承担。

标委会可以由生产者、经营者、使用者、消费者以及有关行政主管部门、科研院所、检测机构、社会团体等相关方组成。

未成立标委会的，应当成立专家组承担国家标准、行业标准的起草、技术审查工作。标委会和专家组的组成应当具有广泛代表性。

第十四条 标委会或者专家组应当在广泛调研、深入研讨、试验论证的基础上，起草标准征求意见稿。

标委会或者专家组可以组织科研机构、大专院校、社会团体和企业具体参与或者承担标准起草的相关工作，并全过程跟踪指导。

第十五条 交通运输标准应当采取多种方式征求行业内外有关部门、协会、企业以及相关生产、使用、管理、科研和检测等单位的意见。综合交通运输标准涉及铁路、民航、邮政领域的标准，还应当征求国家铁路局、中国民用航空局、国家邮政局意见。

第十六条 标委会或者专家组根据意见征集情况对标准征求意见稿及时进行修改完善，形成标准送审稿，并按照标准审查有关规定对标准送审稿及时进行技术审查。

技术审查可以采用会议审查、书面审查或者网络电子投票审查方式。强制性标准应当采用会议审查。对技术、经济和社会意义重大以及涉及面广、分歧意见多的推荐性标准，原则上应当采用会议审查。

第十七条 交通运输国家标准报国务院标准化行政主管部门按照有关规定发布；行业标准由交通运输部编号、发布，其中铁路、民航、邮政领域的行业标准分别由国家铁路局、中国民用航空局、国家邮政局编号、发布，报国务院标准化行政主管部门备案。

交通运输国家标准、行业标准按照国务院标准化行政主管部门制定的编号规则进行编号。

第十八条 交通运输国家标准、行业标准发布后，县级以上人民政府交通运输主管部门、相关标委会应当积极组织开展标准宣传实施等工作，传播标准化理念，推广标准化经验，推动全行业运用标准化方式组织生产、经营、管理和服务。

第十九条 交通运输国家标准、行业标准制定过程中形成的有关资料，应当按照标准档案管理相关规定的要求归档。

第二十条 交通运输地方标准、团体标准、企业标准的制定按照国务院标准化行政主管部门有关规定执行。

第四章 标准实施与监督

第二十一条 交通运输强制性标准应当严格执行。鼓励积极采用交通运输推荐性标准。

不符合交通运输强制性标准的产品、服务，不得生产、销售、进口或者提供。

第二十二条 交通运输强制性标准应当免费向社会公

开。推动交通运输推荐性标准免费向社会公开。鼓励团体标准、企业标准通过标准信息公开服务平台向社会公开。

第二十三条　企业应当依法公开其执行的交通运输标准的编号和名称，并按照标准组织生产经营活动；执行自行制定的企业标准的，还应当公开产品、服务的功能指标和产品的性能指标。企业研制新产品、改进产品或者进行技术改造，应当符合标准化要求。

第二十四条　县级以上人民政府交通运输主管部门应当依据法定职责，对交通运输标准实施情况进行监督检查。强制性标准实施情况应当作为监督检查的重点。

第二十五条　县级以上人民政府交通运输主管部门应当建立举报投诉制度，公开举报投诉方式。接到举报投诉的，应当按照规定及时处理。

第二十六条　交通运输部应当建立交通运输标准实施信息反馈和评估机制，根据技术进步情况和行业发展需要适时进行实施效果评估，并对其制定的标准进行复审。复审结果应当作为修订、废止相关标准的依据。复审周期一般不超过5年。

铁路、民航、邮政领域的标准实施信息反馈和评估机制分别由国家铁路局、中国民用航空局、国家邮政局依据前款规定执行。

鼓励有关单位和个人向县级以上地方人民政府交通运输主管部门或者标准化行政主管部门反馈标准实施情况。

第二十七条　县级以上人民政府交通运输主管部门应当加强计量、检验检测、认证认可基础能力建设，完善相关制度，提升技术水平，增强标准化工作监督检查及服务能力。

第二十八条　交通运输企事业单位违反本办法有关规定的，依照有关法律、行政法规的规定予以处罚。

第五章　附　　则

第二十九条　国家铁路局、中国民用航空局、国家邮政局可以依据本办法制定铁路、民航、邮政领域标准化具体管理规定。

第三十条　法律、行政法规和国务院决定对工程建设强制性标准的制定另有规定的，从其规定。

第三十一条　本办法自2019年7月1日起施行。

交通运输行政执法程序规定

1. 2019年4月12日交通运输部令2019年第9号公布

2. 根据2021年6月30日交通运输部令2021年第6号《关于修改〈交通运输行政执法程序规定〉的决定》修正

第一章　总　　则

第一条　为规范交通运输行政执法行为，促进严格规范公正文明执法，保护公民、法人和其他组织的合法权益，根据《中华人民共和国行政处罚法》《中华人民共和国行政强制法》等法律、行政法规，制定本规定。

第二条　交通运输行政执法部门（以下简称执法部门）及其执法人员实施交通运输行政执法行为，适用本规定。

前款所称交通运输行政执法，包括公路、水路执法部门及其执法人员依法实施的行政检查、行政强制、行政处罚等执法行为。

第三条　执法部门应当全面推行行政执法公示制度、执法全过程记录制度、重大执法决定法制审核制度，加强执法信息化建设，推进执法信息共享，提高执法效率和规范化水平。

第四条　实施交通运输行政执法应当遵循以下原则：

（一）事实认定清楚，证据确凿；

（二）适用法律、法规、规章正确；

（三）严格执行法定程序；

（四）正确行使自由裁量权；

（五）依法公平公正履行职责；

（六）依法维护当事人合法权益；

（七）处罚与教育相结合。

第五条　执法部门应当建立健全执法监督制度。上级交通运输执法部门应当定期组织开展行政执法评议、考核，加强对行政执法的监督检查，规范行政执法。

执法部门应当主动接受社会监督。公民、法人或者其他组织对执法部门实施行政执法的行为，有权申诉或者检举；执法部门应当认真审查，发现有错误的，应当主动改正。

第二章　一般规定

第一节　管　　辖

第六条　行政处罚由违法行为发生地的执法部门管

辖。行政检查由执法部门在法定职权范围内实施。法律、行政法规、部门规章另有规定的,从其规定。

第七条 对当事人的同一违法行为,两个以上执法部门都有管辖权的,由最先立案的执法部门管辖。

第八条 两个以上执法部门因管辖权发生争议的,应当协商解决,协商不成的,报请共同的上一级部门指定管辖;也可以直接由共同的上一级部门指定管辖。

第九条 执法部门发现所查处的案件不属于本部门管辖的,应当移送有管辖权的其他部门。执法部门发现违法行为涉嫌犯罪的,应当及时依照《行政执法机关移送涉嫌犯罪案件的规定》将案件移送司法机关。

第十条 下级执法部门认为其管辖的案件属重大、疑难案件,或者由于特殊原因难以办理的,可以报请上一级部门指定管辖。

第十一条 跨行政区域的案件,相关执法部门应当相互配合。相关行政区域执法部门共同的上一级部门应当做好协调工作。

第二节 回 避

第十二条 执法人员有下列情形之一的,应当自行申请回避,当事人及其代理人有权用口头或者书面方式申请其回避:

(一)是本案当事人或者当事人、代理人近亲属的;

(二)本人或者其近亲属与本案有利害关系的;

(三)与本案当事人或者代理人有其他利害关系,可能影响案件公正处理的。

第十三条 申请回避,应当说明理由。执法部门应当对回避申请及时作出决定并通知申请人。

执法人员的回避,由其所属的执法部门负责人决定。

第十四条 执法部门作出回避决定前,执法人员不得停止对案件的调查;作出回避决定后,应当回避的执法人员不得再参与该案件的调查、决定、实施等工作。

第十五条 检测、检验及技术鉴定人员、翻译人员需要回避的,适用本节规定。

检测、检验及技术鉴定人员、翻译人员的回避,由指派或者聘请上述人员的执法部门负责人决定。

第十六条 被决定回避的执法人员、鉴定人员和翻译人员,在回避决定作出前进行的与执法有关的活动是否有效,由作出回避决定的执法部门根据其活动是否对执法公正性造成影响的实际情况决定。

第三节 期间与送达

第十七条 期间以时、日、月、年计算,期间开始当日或者当时不计算在内。期间届满的最后一日为节假日的,以节假日后的第一日为期间届满的日期。

第十八条 执法部门应当按照下列规定送达执法文书:

(一)直接送交受送达人,由受送达人记明收到日期,签名或者盖章,受送达人的签收日期为送达日期。受送达人是公民的,本人不在交其同住的成年家属签收;受送达人是法人或者其他组织的,应当由法人的法定代表人、该组织的主要负责人或者办公室、收发室、值班室等负责收件的人签收或者盖章;当事人指定代收人的,交代收人签收。受送达人的同住成年家属,法人或者其他组织的负责收件的人或者代收人在《送达回证》上签收的日期为送达日期;

(二)受送达人或者他的同住成年家属拒绝接收的,可以邀请受送达人住所地的居民委员会、村民委员会的工作人员或者受送达人所在单位的工作人员作见证人,说明情况,在《送达回证》上记明拒收事由和日期,由执法人员、见证人签名或者盖章,将执法文书留在受送达人的住所;也可以把执法文书留在受送达人的住所,并采取拍照、录像等方式记录送达过程,即视为送达;

(三)经受送达人同意,可以采用传真、电子邮件、移动通信等能够确认其即时收悉的特定系统作为送达媒介电子送达执法文书。受送达人同意采用电子方式送达的,应当在送达地址确认书中予以确认。采取电子送达方式送达的,以执法部门对应系统显示发送成功的日期为送达日期,但受送达人证明到达其确认的特定系统的日期与执法部门对应系统显示发送成功的日期不一致的,以受送达人证明到达其特定系统的日期为准;

(四)直接送达有困难的,可以邮寄送达或者委托其他执法部门代为送达。委托送达的,受委托的执法部门按照直接送达或者留置送达方式送达执法文书,并及时将《送达回证》交回委托的执法部门。

邮寄送达的，以回执上注明的收件日期为送达日期。执法文书在期满前交邮的，不算过期；

（五）受送达人下落不明或者用上述方式无法送达的，采取公告方式送达，说明公告送达的原因，并在案卷中记明原因和经过。公告送达可以在执法部门的公告栏和受送达人住所地张贴公告，也可以在报纸、信息网络等媒体上刊登公告，发出公告日期以最后张贴或者刊登的日期为准，经过六十日，即视为送达。在受送达人住所地张贴公告的，应当采取拍照、录像等方式记录张贴过程。

第三章　行政检查

第十九条　执法部门在路面、水面、生产经营等场所实施现场检查，对行政相对人实施书面调查，通过技术系统、设备实施电子监控，应当符合法定职权，依照法律、法规、规章规定实施。

第二十条　执法部门应当建立随机抽取被检查对象、随机选派检查人员的抽查机制，健全随机抽查对象和执法检查人员名录库，合理确定抽查比例和抽查频次。随机抽查情况及查处结果除涉及国家秘密、商业秘密、个人隐私的，应当及时向社会公布。

海事执法部门根据履行国际公约要求的有关规定开展行政检查的，从其规定。

第二十一条　执法部门应当按照有关装备标准配备交通工具、通讯工具、交通管理器材、个人防护装备、办公设备等装备，加大科技装备的资金投入。

第二十二条　实施行政检查时，执法人员应当依据相关规定着制式服装，根据需要穿着多功能反光腰带、反光背心、救生衣，携带执法记录仪、对讲机、摄像机、照相机，配备发光指挥棒、反光锥筒、停车示意牌、警戒带等执法装备。

第二十三条　实施行政检查，执法人员不得少于两人，应当出示交通运输行政执法证件，表明执法身份，并说明检查事由。

第二十四条　实施行政检查，不得超越检查范围和权限，不得检查与执法活动无关的物品，避免对被检查的场所、设施和物品造成损坏。

第二十五条　实施路（水）面巡查时，应当保持执法车（船）清洁完好、标志清晰醒目、车（船）技术状况良好，遵守相关法律法规，安全驾驶。

第二十六条　实施路面巡查，应当遵守下列规定：

（一）根据道路条件和交通状况，选择不妨碍通行的地点进行，在来车方向设置分流或者避让标志，避免引发交通堵塞；

（二）依照有关规定，在距离检查现场安全距离范围摆放发光或者反光的示警灯、减速提示标牌、反光锥筒等警示标志；

（三）驾驶执法车辆巡查时，发现涉嫌违法车辆，待其行驶至视线良好、路面开阔地段时，发出停车检查信号，实施检查；

（四）对拒绝接受检查、恶意闯关冲卡逃逸、暴力抗法的涉嫌违法车辆，及时固定、保存、记录现场证据或线索，或者记下车号依法交由相关部门予以处理。

第二十七条　实施水面巡航，应当遵守下列规定：

（一）一般在船舶停泊或者作业期间实施行政检查；

（二）除在航船舶涉嫌有明显违法行为且如果不对其立即制止可能造成严重后果的情况外，不得随意截停在航船舶登临检查；

（三）不得危及船舶、人员和货物的安全，避免对环境造成污染。除法律法规规定情形外，不得操纵或者调试船上仪器设备。

第二十八条　检查生产经营场所，应当遵守下列规定：

（一）有被检查人或者见证人在场；

（二）对涉及被检查人的商业秘密、个人隐私，应当为其保密；

（三）不得影响被检查人的正常生产经营活动；

（四）遵守被检查人有关安全生产的制度规定。

第二十九条　实施行政检查，应当制作检查记录，如实记录检查情况。对于行政检查过程中涉及到的证据材料，应当依法及时采集和保存。

第四章　调查取证

第一节　一般规定

第三十条　执法部门办理执法案件的证据包括：

（一）书证；

（二）物证；

（三）视听资料；

（四）电子数据；

（五）证人证言；

（六）当事人的陈述；

（七）鉴定意见；

（八）勘验笔录、现场笔录。

第三十一条 证据应当具有合法性、真实性、关联性。

第三十二条 证据必须查证属实，方可作为认定案件事实的根据。

第二节 证据收集

第三十三条 执法人员应当合法、及时、客观、全面地收集证据材料，依法履行保密义务，不得收集与案件无关的材料，不得将证据用于法定职责以外的其他用途。

第三十四条 执法部门可以通过下列方式收集证据：

（一）询问当事人、利害关系人、其他有关单位或者个人，听取当事人或者有关人员的陈述、申辩；

（二）向有关单位和个人调取证据；

（三）通过技术系统、设备收集、固定证据；

（四）委托有资质的机构对与违法行为有关的问题进行鉴定；

（五）对案件相关的现场或者涉及的物品进行勘验、检查；

（六）依法收集证据的其他方式。

第三十五条 收集、调取书证应当遵守下列规定：

（一）收集书证原件。收集原件确有困难的，可以收集与原件核对无误的复制件、影印件或者节录本；

（二）收集书证复制件、影印件或者节录本的，标明“经核对与原件一致”，注明出具日期、证据来源，并由被调查对象或者证据提供人签名或者盖章；

（三）收集图纸、专业技术资料等书证的，应当附说明材料，明确证明对象；

（四）收集评估报告的，应当附有评估机构和评估人员的有效证件或者资质证明的复印件；

（五）取得书证原件的节录本的，应当保持文件内容的完整性，注明出处和节录地点、日期，并有节录人的签名；

（六）公安、税务、市场监督管理等有关部门出具的证明材料作为证据的，证明材料上应当加盖出具部门的印章并注明日期；

（七）被调查对象或者证据提供者拒绝在证据复制件、各式笔录及其他需要其确认的证据材料上签名或者盖章的，可以邀请有关基层组织、被调查对象所在单位、公证机构、法律服务机构或者公安机关代表到场见证，说明情况，在相关证据材料上记明拒绝确认事由和日期，由执法人员、见证人签名或者盖章。

第三十六条 收集、调取物证应当遵守下列规定：

（一）收集原物。收集原物确有困难的，可以收集与原物核对无误的复制件或者证明该物证的照片、录像等其他证据；

（二）原物为数量较多的种类物的，收集其中的一部分，也可以采用拍照、取样、摘要汇编等方式收集。拍照取证的，应当对物证的现场方位、全貌以及重点部位特征等进行拍照或者录像；抽样取证的，应当通知当事人到场，当事人拒不到场或者暂时难以确定当事人的，可以由在场的无利害关系人见证；

（三）收集物证，应当载明获取该物证的时间、原物存放地点、发现地点、发现过程以及该物证的主要特征，并对现场尽可能以照片、视频等方式予以同步记录；

（四）物证不能入卷的，应当采取妥善保管措施，并拍摄该物证的照片或者录像存入案卷。

第三十七条 收集视听资料应当遵守下列规定：

（一）收集有关资料的原始载体，并由证据提供人在原始载体或者说明文件上签名或者盖章确认；

（二）收集原始载体确有困难的，可以收集复制件。收集复制件的，应当由证据提供人出具由其签名或者盖章的说明文件，注明复制件与原始载体内容一致；

（三）原件、复制件均应当注明制作方法、制作时间、制作地点、制作人和证明对象等；

（四）复制视听资料的形式包括采用存储磁盘、存储光盘进行复制保存、对屏幕显示内容进行打印固定、对所载内容进行书面摘录与描述等。条件允许时，应当优先以书面形式对视听资料内容进行固定，由证据提供人注明“经核对与原件一致”，并签名或者盖章确认；

（五）视听资料的存储介质无法入卷的，可以转录入存储光盘存入案卷，并标明光盘序号、证据原始制作方法、制作时间、制作地点、制作人，及转录的制作人、制作时间、制作地点等。证据存储介质需要退还证据提供人的，应当要求证据提供人对转录的复制件进行确认。

第三十八条　收集电子数据应当遵守下列规定：

（一）收集电子数据的原始存储介质。收集电子数据原始存储介质确有困难的，可以收集电子数据复制件，但应当附有不能或者难以提取原始存储介质的原因、复制过程以及原始存储介质存放地点或者电子数据网络地址的说明，并由复制件制作人和原始存储介质持有人签名或者盖章，或者以公证等其他有效形式证明电子数据与原始存储介质的一致性和完整性；

（二）收集电子数据应当记载取证的参与人员、技术方法、步骤和过程，记录收集对象的事项名称、内容、规格、类别以及时间、地点等，或者将收集电子数据的过程拍照或者录像；

（三）收集的电子数据应当使用光盘或者其他数字存储介质备份；

（四）收集通过技术手段恢复或者破解的与案件有关的光盘或者其他数字存储介质，电子设备中被删除、隐藏或者加密的电子数据，应当附有恢复或者破解对象、过程、方法和结果的专业说明；

（五）依照法律、行政法规规定利用电子技术监控设备收集、固定违法事实的，应当经过法制和技术审核，确保电子技术监控设备符合标准、设置合理、标志明显，设置地点应当向社会公布。电子技术监控设备记录违法事实应当真实、清晰、完整、准确。执法部门应当审核记录内容是否符合要求；未经审核或者经审核不符合要求的，不得作为行政处罚的证据。执法部门应当及时告知当事人违法事实，并采取信息化手段或者其他措施，为当事人查询、陈述和申辩提供便利。不得限制或者变相限制当事人享有的陈述权、申辩权。

第三十九条　收集当事人陈述、证人证言应当遵守下列规定：

（一）询问当事人、证人，制作《询问笔录》或者由当事人、证人自行书写材料证明案件事实；

（二）询问应当个别进行，询问时可以全程录音、录像，并保持录音、录像资料的完整性；

（三）《询问笔录》应当客观、如实地记录询问过程和询问内容，对询问人提出的问题被询问人不回答或者拒绝回答的，应当注明；

（四）《询问笔录》应当交被询问人核对，对阅读有困难的，应当向其宣读。记录有误或者遗漏的，应当允许被询问人更正或者补充，并要求其在修改处签名或者盖章；

（五）被询问人确认执法人员制作的笔录无误的，应当在《询问笔录》上逐页签名或者盖章。被询问人确认自行书写的笔录无误的，应当在结尾处签名或者盖章。拒绝签名或者盖章的，执法人员应当在《询问笔录》中注明。

第四十条　对与案件事实有关的物品或者场所实施勘验的，应当遵守下列规定：

（一）制作《勘验笔录》；

（二）实施勘验，应当有当事人或者第三人在场。如当事人不在场且没有第三人的，执法人员应当在《勘验笔录》中注明；

（三）勘验应当限于与案件事实相关的物品和场所；

（四）根据实际情况进行音像记录。

第四十一条　执法人员抽样取证时，应当制作《抽样取证凭证》，对样品加贴封条，开具物品清单，由执法人员和当事人在封条和相关记录上签名或者盖章。

法律、法规、规章或者国家有关规定对抽样机构或者方式有规定的，执法部门应当委托相关机构或者按规定方式抽取样品。

第四十二条　为查明案情，需要对案件中专门事项进行鉴定的，执法部门应当委托具有法定鉴定资格的鉴定机构进行鉴定。没有法定鉴定机构的，可以委托其他具备鉴定条件的机构进行鉴定。

第三节　证据先行登记保存

第四十三条　在证据可能灭失或者以后难以取得的情况下，经执法部门负责人批准，可以对与涉嫌违法行为有关的证据采取先行登记保存措施。

第四十四条　先行登记保存有关证据，应当当场清点，制作《证据登记保存清单》，由当事人和执法人员签名或者盖章，当场交当事人一份。

先行登记保存期间，当事人或者有关人员不得销毁或者转移证据。

第四十五条　对先行登记保存的证据，执法部门应当于先行登记保存之日起七日内采取以下措施：

（一）及时采取记录、复制、拍照、录像等证据保全措施，不再需要采取登记保存措施的，及时解除登记保存措施，并作出《解除证据登记保存决定书》；

（二）需要鉴定的，及时送交有关部门鉴定；

（三）违法事实成立，应当依法予以没收的，作出行政处罚决定，没收违法物品；

执法部门逾期未作出处理决定的，先行登记保存措施自动解除。

第四节　证据审查与认定

第四十六条　执法部门应当对收集到的证据逐一审查，进行全面、客观和公正地分析判断，审查证据的合法性、真实性、关联性，判断证据有无证明力以及证明力的大小。

第四十七条　审查证据的合法性，应当审查下列事项：

（一）调查取证的执法人员是否具有相应的执法资格；

（二）证据的取得方式是否符合法律、法规和规章的规定；

（三）证据是否符合法定形式；

（四）是否有影响证据效力的其他违法情形。

第四十八条　审查证据的真实性，应当审查下列事项：

（一）证据形成的原因；

（二）发现证据时的客观环境；

（三）证据是否为原件、原物，复制件、复制品与原件、原物是否相符；

（四）提供证据的人或者证人与当事人是否具有利害关系；

（五）影响证据真实性的其他因素。

单个证据的部分内容不真实的，不真实部分不得采信。

第四十九条　审查证据的关联性，应当审查下列事项：

（一）证据的证明对象是否与案件事实有内在联系，以及关联程度；

（二）证据证明的事实对案件主要情节和案件性质的影响程度；

（三）证据之间是否互相印证，形成证据链。

第五十条　当事人对违法事实无异议，视听资料、电子数据足以认定案件事实的，视听资料、电子数据可以替代询问笔录、现场笔录，必要时，对视听资料、电子数据的关键内容和相应时间段等作文字说明。

第五十一条　下列证据材料不能作为定案依据：

（一）以非法手段取得的证据；

（二）被进行技术处理而无法辨明真伪的证据材料；

（三）不能正确表达意志的证人提供的证言；

（四）不具备合法性和真实性的其他证据材料。

第五章　行政强制措施

第五十二条　为制止违法行为、防止证据损毁、避免危害发生、控制危险扩大等情形，执法部门履行行政执法职能，可以依照法律、法规的规定，实施行政强制措施。

违法行为情节显著轻微或者没有明显社会危害的，可以不采取行政强制措施。

第五十三条　行政强制措施由执法部门在法定职权范围内实施。行政强制措施权不得委托。

第五十四条　执法部门实施行政强制措施应当遵守下列规定：

（一）实施前向执法部门负责人报告并经批准；

（二）由不少于两名执法人员实施，并出示行政执法证件；

（三）通知当事人到场；

（四）当场告知当事人采取行政强制措施的理由、依据以及当事人依法享有的权利、救济途径；

（五）听取当事人的陈述和申辩；

（六）制作《现场笔录》，由当事人和执法人员签名或者盖章，当事人拒绝的，在笔录中予以注明；当事人不到场的，邀请见证人到场，由见证人和执法人员在现场笔录上签名或者盖章；

（七）制作并当场交付《行政强制措施决定书》；

（八）法律、法规规定的其他程序。

对查封、扣押的现场执法活动和执法办案场所，应当进行全程音像记录。

第五十五条　发生紧急情况，需要当场实施行政强制措施的，执法人员应当在二十四小时内向执法部门负责人报告，补办批准手续。执法部门负责人认为不应当采取行政强制措施的，应当立即解除。

第五十六条　实施查封、扣押的期限不得超过三十日；情况复杂需延长查封、扣押期限的，应当经执法部门负责人批准，可以延长，但是延长期限不得超过三十日。法律、行政法规另有规定的除外。

需要延长查封、扣押期限的,执法人员应当制作《延长行政强制措施期限通知书》,将延长查封、扣押的决定及时书面通知当事人,并说明理由。

对物品需要进行检测、检验或者技术鉴定的,应当明确检测、检验或者技术鉴定的期间,并书面告知当事人。查封、扣押的期间不包括检测、检验或者技术鉴定的期间。检测、检验或者技术鉴定的费用由执法部门承担。

第五十七条 执法部门采取查封、扣押措施后,应当及时查清事实,在本规定第五十六条规定的期限内作出处理决定。对违法事实清楚,依法应当没收的非法财物予以没收;法律、行政法规规定应当销毁的,依法销毁;应当解除查封、扣押的,作出解除的决定。

第五十八条 对查封、扣押的财物,执法部门应当妥善保管,不得使用或者损毁;造成损失的,应当承担赔偿责任。

第五十九条 有下列情形之一的,应当及时作出解除查封、扣押决定,制作《解除行政强制措施决定书》,并及时送达当事人,退还扣押财物:

(一)当事人没有违法行为;

(二)查封、扣押的场所、设施、财物与违法行为无关;

(三)对违法行为已经作出处理决定,不再需要查封、扣押;

(四)查封、扣押期限已经届满;

(五)其他不再需要采取查封、扣押措施的情形。

第六章 行政处罚

第一节 简易程序

第六十条 违法事实确凿并有法定依据,对公民处二百元以下、对法人或者其他组织处三千元以下罚款或者警告的行政处罚的,可以适用简易程序,当场作出行政处罚决定。法律另有规定的,从其规定。

第六十一条 执法人员适用简易程序当场作出行政处罚的,应当按照下列步骤实施:

(一)向当事人出示交通运输行政执法证件并查明对方身份;

(二)调查并收集必要的证据;

(三)口头告知当事人违法事实、处罚理由和依据;

(四)口头告知当事人享有的权利与义务;

(五)听取当事人的陈述和申辩并进行复核;当事人提出的事实、理由或者证据成立的,应当采纳;

(六)填写预定格式、编有号码的《当场行政处罚决定书》并当场交付当事人,《当场行政处罚决定书》应当载明当事人的违法行为,行政处罚的种类和依据、罚款数额、时间、地点,申请行政复议、提起行政诉讼的途径和期限以及执法部门名称,并由执法人员签名或者盖章;

(七)当事人在《当场行政处罚决定书》上签名或盖章,当事人拒绝签收的,应当在行政处罚决定书上注明;

(八)作出当场处罚决定之日起五日内,将《当场行政处罚决定书》副本提交所属执法部门备案。

第二节 普通程序

第六十二条 除依法可以当场作出的行政处罚外,执法部门实施行政检查或者通过举报、其他机关移送、上级机关交办等途径,发现公民、法人或者其他组织有依法应当给予行政处罚的交通运输违法行为的,应当及时决定是否立案。

第六十三条 立案应当填写《立案登记表》,同时附上与案件相关的材料,由执法部门负责人批准。

第六十四条 执法部门应当按照本规定第四章的规定全面、客观、公正地调查,收集相关证据。

第六十五条 委托其他单位协助调查、取证的,应当制作并出具协助调查函。

第六十六条 执法部门作出行政处罚决定的,应当责令当事人改正或者限期改正违法行为;构成违法行为、但依法不予行政处罚的,执法部门应当制作《责令改正违法行为通知书》,责令当事人改正或者限期改正违法行为。

第六十七条 执法人员在初步调查结束后,认为案件事实清楚,主要证据齐全的,应当制作案件调查报告,提出处理意见,报办案机构审核。

第六十八条 案件调查报告经办案机构负责人审查后,执法人员应当将案件调查报告、案卷报执法部门负责人审查批准。

第六十九条 执法部门负责人批准案件调查报告后,拟对当事人予以行政处罚的,执法人员应当制作《违法行为通知书》,告知当事人拟作出行政处罚的事实、理由、依据、处罚内容,并告知当事人依法享有陈述权、申辩权或者要求举行听证的权利。

第七十条 当事人要求陈述、申辩的,应当如实记录当事人的陈述、申辩意见。符合听证条件,当事人要求组织听证的,应当按照本章第三节的规定组织听证。

执法部门应当充分听取当事人的意见,对当事人提出的事实、理由、证据认真进行复核;当事人提出的事实、理由或者证据成立的,应当予以采纳。不得因当事人陈述、申辩而加重处罚。

第七十一条 有下列情形之一,在执法部门负责人作出行政处罚的决定之前,应当由从事行政处罚决定法制审核的人员进行法制审核:

(一)涉及重大公共利益的;

(二)直接关系当事人或者第三人重大权益,经过听证程序的;

(三)案件情况疑难复杂、涉及多个法律关系的;

(四)法律、法规规定应当进行法制审核的其他情形。

初次从事行政处罚决定法制审核的人员,应当通过国家统一法律职业资格考试取得法律职业资格。

第七十二条 从事行政处罚决定法制审核的人员主要从下列方面进行合法性审核,并提出书面审核意见:

(一)行政执法主体是否合法,行政执法人员是否具备执法资格;

(二)行政执法程序是否合法;

(三)案件事实是否清楚,证据是否合法充分;

(四)适用法律、法规、规章是否准确,裁量基准运用是否适当;

(五)执法是否超越执法部门的法定权限;

(六)行政执法文书是否完备、规范;

(七)违法行为是否涉嫌犯罪、需要移送司法机关。

第七十三条 执法部门负责人经审查,根据不同情况分别作出如下决定:

(一)确有应受行政处罚的违法行为的,根据情节轻重及具体情况,作出行政处罚决定;

(二)违法行为轻微,依法可以不予行政处罚的,不予行政处罚;

(三)违法事实不能成立的,不予行政处罚;

(四)违法行为涉嫌犯罪的,移送司法机关。

第七十四条 有下列情形之一的,依法不予行政处罚:

(一)违法行为轻微并及时改正,没有造成危害后果的,不予行政处罚;

(二)除法律、行政法规另有规定的情形外,当事人有证据足以证明没有主观过错的,不予行政处罚;

(三)精神病人、智力残疾人在不能辨认或者不能控制自己行为时有违法行为的,不予行政处罚,但应当责令其监护人严加看管和治疗;

(四)不满十四周岁的未成年人有违法行为的,不予行政处罚,但应责令监护人加以管教;

(五)其他依法不予行政处罚的情形。

初次违法且危害后果轻微并及时改正的,可以不予行政处罚。

违法行为在二年内未被处罚的,不再给予行政处罚;涉及公民生命健康安全、金融安全且有危害后果的,上述期限延长至五年。法律另有规定的除外。

对当事人的违法行为依法不予行政处罚的,执法部门应当对当事人进行教育。

第七十五条 作出行政处罚决定应当适用违法行为发生时的法律、法规、规章的规定。但是,作出行政处罚决定时,法律、法规、规章已被修改或者废止,且新的规定处罚较轻或者不认为是违法的,适用新的规定。

第七十六条 行政处罚案件有下列情形之一的,应当提交执法部门重大案件集体讨论会议决定:

(一)拟作出降低资质等级、吊销许可证件、责令停产停业、责令关闭、限制从业、较大数额罚款、没收较大数额违法所得、没收较大价值非法财物的;

(二)认定事实和证据争议较大的,适用的法律、法规和规章有较大异议的,违法行为较恶劣或者危害较大的,或者复杂、疑难案件的执法管辖区域不明确或有争议的;

(三)对情节复杂或者重大违法行为给予较重的行政处罚的其他情形。

第七十七条 执法部门作出行政处罚决定,应当制作《行政处罚决定书》。行政处罚决定书的内容包括:

(一)当事人的姓名或者名称、地址等基本情况;

（二）违反法律、法规或者规章的事实和证据；

（三）行政处罚的种类和依据；

（四）行政处罚的履行方式和期限；

（五）不服行政处罚决定，申请行政复议或者提起行政诉讼的途径和期限；

（六）作出行政处罚决定的执法部门名称和作出决定的日期。

行政处罚决定书应当盖有作出行政处罚决定的执法部门的印章。

第七十八条 执法部门应当自行政处罚案件立案之日起九十日内作出行政处罚决定。案情复杂、期限届满不能终结的案件，可以经执法部门负责人批准延长三十日。

第七十九条 执法部门应当依法公开行政处罚决定信息，但法律、行政法规另有规定的除外。

公开的行政处罚决定被依法变更、撤销、确认违法或者确认无效的，执法部门应当在三日内撤回行政处罚决定信息并公开说明理由。

第三节 听证程序

第八十条 执法部门在作出下列行政处罚决定前，应当在送达《违法行为通知书》时告知当事人有要求举行听证的权利：

（一）责令停产停业、责令关闭、限制从业；

（二）降低资质等级、吊销许可证件；

（三）较大数额罚款；

（四）没收较大数额违法所得、没收较大价值非法财物；

（五）其他较重的行政处罚；

（六）法律、法规、规章规定的其他情形。

前款第（三）、（四）项规定的较大数额，地方执法部门按照省级人大常委会或者人民政府规定或者其授权部门规定的标准执行。海事执法部门按照对自然人处1万元以上、对法人或者其他组织10万元以上的标准执行。

第八十一条 执法部门不得因当事人要求听证而加重处罚。

第八十二条 当事人要求听证的，应当自收到《违法行为通知书》之日起五日内以书面或者口头形式提出。当事人以口头形式提出的，执法部门应当将情况记入笔录，并由当事人在笔录上签名或者盖章。

第八十三条 执法部门应当在举行听证的七日前向当事人及有关人员送达《听证通知书》，将听证的时间、地点通知当事人和其他听证参加人。

第八十四条 听证设听证主持人一名，负责组织听证；记录员一名，具体承担听证准备和制作听证笔录工作。

听证主持人由执法部门负责人指定；记录员由听证主持人指定。

本案调查人员不得担任听证主持人或者记录员。

第八十五条 听证主持人在听证活动中履行下列职责：

（一）决定举行听证的时间、地点；

（二）决定听证是否公开举行；

（三）要求听证参加人到场参加听证、提供或者补充证据；

（四）就案件的事实、理由、证据、程序、处罚依据和行政处罚建议等相关内容组织质证和辩论；

（五）决定听证的延期、中止或者终止，宣布结束听证；

（六）维持听证秩序。对违反听证会场纪律的，应当警告制止；对不听制止，干扰听证正常进行的旁听人员，责令其退场；

（七）其他有关职责。

第八十六条 听证参加人包括：

（一）当事人及其代理人；

（二）本案执法人员；

（三）证人、检测、检验及技术鉴定人；

（四）翻译人员；

（五）其他有关人员。

第八十七条 要求举行听证的公民、法人或者其他组织是听证当事人。当事人在听证活动中享有下列权利：

（一）申请回避；

（二）参加听证，或者委托一至二人代理参加听证；

（三）进行陈述、申辩和质证；

（四）核对、补正听证笔录；

（五）依法享有的其他权利。

第八十八条 与听证案件处理结果有利害关系的其他

公民、法人或者其他组织，作为第三人申请参加听证的，应当允许。为查明案情，必要时，听证主持人也可以通知其参加听证。

第八十九条　委托他人代为参加听证的，应当向执法部门提交由委托人签名或者盖章的授权委托书以及委托代理人的身份证明文件。

授权委托书应当载明委托事项及权限。委托代理人代为放弃行使陈述权、申辩权和质证权的，必须有委托人的明确授权。

第九十条　听证主持人有权决定与听证案件有关的证人、检测、检验及技术鉴定人等听证参加人到场参加听证。

第九十一条　听证应当公开举行，涉及国家秘密、商业秘密或者个人隐私依法予以保密的除外。

公开举行听证的，应当公告当事人姓名或者名称、案由以及举行听证的时间、地点等。

第九十二条　听证按下列程序进行：

（一）宣布案由和听证纪律；

（二）核对当事人或其代理人、执法人员、证人及其他有关人员是否到场，并核实听证参加人的身份；

（三）宣布听证员、记录员和翻译人员名单，告知当事人有申请主持人回避、申辩和质证的权利；对不公开听证的，宣布不公开听证的理由；

（四）宣布听证开始；

（五）执法人员陈述当事人违法的事实、证据，拟作出行政处罚的建议和法律依据；执法人员提出证据时，应当向听证会出示。证人证言、检测、检验及技术鉴定意见和其他作为证据的文书，应当当场宣读；

（六）当事人或其代理人对案件的事实、证据、适用法律、行政处罚意见等进行陈述、申辩和质证，并可以提供新的证据；第三人可以陈述事实，提供证据；

（七）听证主持人可以就案件的有关问题向当事人或其代理人、执法人员、证人询问；

（八）经听证主持人允许，当事人、执法人员就案件的有关问题可以向到场的证人发问。当事人有权申请通知新的证人到会作证，调取新的证据。当事人提出申请的，听证主持人应当当场作出是否同意的决定；申请重新检测、检验及技术鉴定的，按照有关规定办理；

（九）当事人、第三人和执法人员可以围绕案件所涉及的事实、证据、程序、适用法律、处罚种类和幅度等问题进行辩论；

（十）辩论结束后，听证主持人应当听取当事人或其代理人、第三人和执法人员的最后陈述意见；

（十一）中止听证的，听证主持人应当宣布再次听证的有关事宜；

（十二）听证主持人宣布听证结束，听证笔录交当事人或其代理人核对。当事人或其代理人认为听证笔录有错误的，有权要求补充或改正。当事人或其代理人核对无误后签名或者盖章；当事人或其代理人拒绝的，在听证笔录上写明情况。

第九十三条　有下列情形之一的，听证主持人可以决定延期举行听证：

（一）当事人因不可抗拒的事由无法到场的；

（二）当事人临时申请回避的；

（三）其他应当延期的情形。

延期听证，应当在听证笔录中写明情况，由听证主持人签名。

第九十四条　听证过程中，有下列情形之一的，应当中止听证：

（一）需要通知新的证人到会、调取新的证据或者证据需要重新检测、检验及技术鉴定的；

（二）当事人提出新的事实、理由和证据，需要由本案调查人员调查核实的；

（三）当事人死亡或者终止，尚未确定权利、义务承受人的；

（四）当事人因不可抗拒的事由，不能继续参加听证的；

（五）因回避致使听证不能继续进行的；

（六）其他应当中止听证的情形。

中止听证，应当在听证笔录中写明情况，由听证主持人签名。

第九十五条　延期、中止听证的情形消失后，听证主持人应当及时恢复听证，并将听证的时间、地点通知听证参加人。

第九十六条　听证过程中，有下列情形之一的，应当终止听证：

（一）当事人撤回听证申请的；

（二）当事人或其代理人无正当理由不参加听证或者未经听证主持人允许，中途退出听证的；

（三）当事人死亡或者终止，没有权利、义务承受人的；

（四）听证过程中，当事人或其代理人扰乱听证秩序，不听劝阻，致使听证无法正常进行的；

（五）其他应当终止听证的情形。

听证终止，应当在听证笔录中写明情况，由听证主持人签名。

第九十七条　记录员应当将举行听证的全部活动记入《听证笔录》，经听证参加人审核无误或者补正后，由听证参加人当场签名或者盖章。当事人或其代理人、证人拒绝签名或盖章的，由听证主持人在《听证笔录》中注明情况。

《听证笔录》经听证主持人审阅后，由听证主持人和记录员签名。

第九十八条　听证结束后，执法部门应当根据听证笔录，依照本规定第七十三条的规定，作出决定。

第七章　执　　行

第一节　罚款的执行

第九十九条　执法部门对当事人作出罚款处罚的，当事人应当自收到处罚决定书之日起十五日内，到指定的银行缴纳罚款；具备条件的，也可以通过电子支付系统缴纳罚款。具有下列情形之一的，执法人员可以当场收缴罚款：

（一）依法当场作出行政处罚决定，处一百元以下的罚款或者不当场收缴事后难以执行的；

（二）在边远、水上、交通不便地区，当事人到指定的银行或者通过电子支付系统缴纳罚款确有困难，经当事人提出的。

当场收缴罚款的，应当向当事人出具国务院财政部门或者省、自治区、直辖市人民政府财政部门统一制发的专用票据。

第一百条　执法人员当场收缴的罚款，应当自收缴罚款之日起二日内，交至其所属执法部门。在水上当场收缴的罚款，应当自抵岸之日起二日内交至其所属执法部门。执法部门应当在二日内将罚款缴付指定的银行。

第一百零一条　当事人确有经济困难，经当事人申请和作出处罚决定的执法部门批准，可以暂缓或者分期缴纳罚款。执法人员应当制作并向当事人送达《分期（延期）缴纳罚款通知书》。

第一百零二条　罚款必须全部上缴国库，不得以任何形式截留、私分或者变相私分。

第一百零三条　当事人未在规定期限内缴纳罚款的，作出行政处罚决定的执法部门可以依法加处罚款。加处罚款的标准应当告知当事人。

加处罚款的数额不得超出原罚款的数额。

第一百零四条　执法部门实施加处罚款超过三十日，经催告当事人仍不履行的，作出行政处罚决定的执法部门应当依法向所在地有管辖权的人民法院申请强制执行。但是，当事人在法定期限内不申请行政复议或者提起行政诉讼，经催告仍不履行行政处罚决定、加处罚款决定的，在实施行政执法过程中已经采取扣押措施的执法部门，可以将扣押的财物依法拍卖抵缴罚款。

第一百零五条　依法拍卖财物，由执法部门委托拍卖机构依照《中华人民共和国拍卖法》的规定办理。

拍卖所得的款项应当上缴国库或者划入财政专户。任何单位或者个人不得以任何形式截留、私分或者变相私分。

第二节　行政强制执行

第一百零六条　执法部门依法作出行政决定后，当事人在执法部门决定的期限内不履行义务的，执法部门可以依法强制执行。

第一百零七条　法律规定具有行政强制执行权的执法部门依法作出强制执行决定前，应当制作《催告书》，事先以书面形式催告当事人履行义务。

第一百零八条　当事人收到催告书后有权进行陈述和申辩。执法部门应当充分听取并记录、复核。当事人提出的事实、理由或者证据成立的，执法部门应当采纳。

第一百零九条　经催告，当事人逾期仍不履行行政决定，且无正当理由的，执法部门可以依法作出强制执行决定，制作《行政强制执行决定书》，并送达当事人。

第一百一十条　有下列情形之一的，执法部门应当中止执行，制作《中止行政强制执行通知书》：

（一）当事人履行行政决定确有困难或者暂无

履行能力的；

（二）第三人对执行标的主张权利，确有理由的；

（三）执行可能造成难以弥补的损失，且中止执行不损害公共利益的；

（四）执法部门认为需要中止执行的其他情形。

中止执行的情形消失后，执法部门应当恢复执行，制作《恢复行政强制执行通知书》。对没有明显社会危害，当事人确无能力履行，中止执行满三年未恢复执行的，执法部门不再执行。

第一百一十一条 有下列情形之一的，执法部门应当终结执行，制作《终结行政强制执行通知书》，并送达当事人：

（一）公民死亡，无遗产可供执行，又无义务承受人的；

（二）法人或者其他组织终止，无财产可供执行，又无义务承受人的；

（三）执行标的灭失的；

（四）据以执行的行政决定被撤销的；

（五）执法部门认为需要终结执行的其他情形。

第一百一十二条 在执行中或者执行完毕后，据以执行的行政决定被撤销、变更，或者执行错误的，应当恢复原状或者退还财物；不能恢复原状或者退还财物的，依法给予赔偿。

第一百一十三条 实施行政强制执行过程中，执法部门可以在不损害公共利益和他人合法权益的情况下，与当事人达成执行协议。执行协议可以约定分阶段履行；当事人采取补救措施的，可以减免加处的罚款或者滞纳金。

执行协议应当履行。当事人不履行执行协议的，执法部门应当恢复强制执行。

第一百一十四条 对违法的建筑物、构筑物、设施等需要强制拆除的，应当由执法部门发布《执行公告》，限期当事人自行拆除。当事人在法定期限内不申请行政复议或者提起行政诉讼，又不拆除的，执法部门可以依法强制拆除。

第一百一十五条 执法部门依法作出要求当事人履行排除妨碍、恢复原状等义务的行政决定，当事人逾期不履行，经催告仍不履行，其后果已经或者即将危害交通安全、造成环境污染或者破坏自然资源的，执法部门可以代履行，或者委托没有利害关系的第三人代履行。

第一百一十六条 代履行应当遵守下列规定：

（一）代履行前送达《代履行决定书》；

（二）代履行三日前催告当事人履行；当事人履行的，停止代履行；

（三）委托无利害关系的第三人代履行时，作出决定的执法部门应当派员到场监督；

（四）代履行完毕，执法部门到场监督的工作人员、代履行人、当事人或者见证人应当在执行文书上签名或者盖章。

代履行的费用按照成本合理确定，由当事人承担。但是，法律另有规定的除外。

第一百一十七条 需要立即清理道路、航道等的遗洒物、障碍物、污染物，当事人不能清除的，执法部门可以决定立即实施代履行；当事人不在场的，执法部门应当在事后立即通知当事人，并依法作出处理。

第三节 申请人民法院强制执行

第一百一十八条 当事人在法定期限内不申请行政复议或者提起行政诉讼，又不履行行政决定的，没有行政强制执行权的执法部门可以自期限届满之日起三个月内，依法向有管辖权的人民法院申请强制执行。

执法部门批准延期、分期缴纳罚款的，申请人民法院强制执行的期限，自暂缓或者分期缴纳罚款期限结束之日起计算。

强制执行的费用由被执行人承担。

第一百一十九条 申请人民法院强制执行前，执法部门应当制作《催告书》，催告当事人履行义务。催告书送达十日后当事人仍未履行义务的，执法部门可以向人民法院申请强制执行。

第一百二十条 执法部门向人民法院申请强制执行，应当提供下列材料：

（一）强制执行申请书；

（二）行政决定书及作出决定的事实、理由和依据；

（三）当事人的意见及执法部门催告情况；

（四）申请强制执行标的情况；

（五）法律、行政法规规定的其他材料。

强制执行申请书应当由作出处理决定的执法部门负责人签名，加盖执法部门印章，并注明日期。

第一百二十一条　执法部门对人民法院不予受理强制执行申请、不予强制执行的裁定有异议的，可以在十五日内向上一级人民法院申请复议。

第八章　案件终结

第一百二十二条　有下列情形之一的，执法人员应当制作《结案报告》，经执法部门负责人批准，予以结案：

（一）决定撤销立案的；

（二）作出不予行政处罚决定的；

（三）作出行政处罚等行政处理决定，且已执行完毕的；

（四）案件移送有管辖权的行政机关或者司法机关的；

（五）作出行政处理决定后，因执行标的灭失、被执行人死亡等客观原因导致无法执行或者无需执行的；

（六）其他应予结案的情形。

申请人民法院强制执行，人民法院受理的，按照结案处理。人民法院强制执行完毕后，执法部门应当及时将相关案卷材料归档。

第一百二十三条　经过调查，有下列情形之一的，经执法部门负责人批准，终止调查：

（一）没有违法事实的；

（二）违法行为已过追究时效的；

（三）其他需要终止调查的情形。

终止调查时，当事人的财物已被采取行政强制措施的，应当立即解除。

第九章　涉案财物的管理

第一百二十四条　对于依法查封、扣押、抽样取证的财物以及由执法部门负责保管的先行证据登记保存的财物，执法部门应当妥善保管，不得使用、挪用、调换或者损毁。造成损失的，应当承担赔偿责任。

涉案财物的保管费用由作出决定的执法部门承担。

第一百二十五条　执法部门可以建立专门的涉案财物保管场所、账户，并指定内设机构或专门人员负责对办案机构的涉案财物集中统一管理。

第一百二十六条　执法部门应当建立台账，对涉案财物逐一编号登记，载明案由、来源、保管状态、场所和去向。

第一百二十七条　执法人员应当在依法提取涉案财物后的二十四小时内将财物移交涉案财物管理人员，并办理移交手续。对查封、扣押、先行证据登记保存的涉案财物，应当在采取措施后的二十四小时内，将执法文书复印件及涉案财物的情况送交涉案财物管理人员予以登记。

在异地或者偏远、交通不便地区提取涉案财物的，执法人员应当在返回单位后的二十四小时内移交。

对情况紧急，需要在提取涉案财物后的二十四小时内进行鉴定的，经办案机构负责人批准，可以在完成鉴定后的二十四小时内移交。

第一百二十八条　容易腐烂变质及其他不易保管的物品，经执法部门负责人批准，在拍照或者录像后依法变卖或者拍卖，变卖或者拍卖的价款暂予保存，待结案后按有关规定处理。

易燃、易爆、毒害性、放射性等危险物品应当存放在符合危险物品存放条件的专门场所。

第一百二十九条　当事人下落不明或者无法确定涉案物品所有人的，执法部门按照本规定第十八条第五项规定的公告送达方式告知领取。公告期满仍无人领取的，经执法部门负责人批准，将涉案物品上缴国库或者依法拍卖后将所得款项上缴国库。

第十章　附　　则

第一百三十条　本规定所称以上、以下、以内，包括本数或者本级。

第一百三十一条　执法部门应当使用交通运输部统一制定的执法文书式样。交通运输部没有制定式样，执法工作中需要的其他执法文书，或者对已有执法文书式样需要调整细化的，省级交通运输主管部门可以制定式样。

直属海事执法部门的执法文书式样，由交通运输部海事局统一制定。

第一百三十二条　本规定自2019年6月1日起施行。交通部于1996年9月25日发布的《交通行政处罚程序规定》（交通部令1996年第7号）和交通运输部于2008年12月30日发布的《关于印发交通行政执法风纪等5个规范的通知》（交体法发〔2008〕562号）中的《交通行政执法风纪》《交通行政执法用语规范》《交通行政执法检查行为规范》《交通行政处罚行为规范》《交通行政执法文书制作规范》同时废止。

附件:(略)

交通行政许可监督检查及责任追究规定

1. 2004年11月22日交通部令2004年第11号公布
2. 自2005年1月1日起施行

第一条 为加强交通行政许可实施工作的监督检查,及时纠正和查处交通行政许可实施过程中的违法、违纪行为,保证交通行政机关正确履行行政许可的法定职责,根据《中华人民共和国行政许可法》(以下简称《行政许可法》),制定本规定。

第二条 交通行政许可监督检查及其责任追究,应当遵守《行政许可法》和有关法律、法规及本规定。

第三条 实施交通行政许可监督检查及责任追究,应当遵守合法、公正、公平、及时的原则,坚持有错必纠、违法必究,保障有关法律、法规和规章的正确实施。

第四条 县级以上交通主管部门应当建立健全行政许可监督检查制度和责任追究制度,加强对交通行政许可监督。

上级交通主管部门应当加强对下级交通主管部门实施行政许可的监督检查,及时纠正交通行政许可实施中的违法违纪行为。

第五条 交通主管部门应当加强对法律、法规授权的交通行政许可实施组织实施交通行政许可的监督检查,督促其及时纠正交通行政许可实施中的违法违纪行为。

第六条 交通主管部门委托其他行政机关实施交通行政许可的,委托机关应当加强对受委托的行政机关实施交通行政许可的行为的监督检查,并对受委托的行政机关实施交通行政许可的后果承担法律责任。

第七条 交通行政许可实施机关应当建立健全内部监督制度,加强对本机关实施行政许可工作人员的内部监督。

第八条 交通主管部门、交通行政许可实施机关的法制工作机构、监察机关按照职责分工具体负责行政许可监督检查责任追究工作。

第九条 交通行政许可实施机关实施行政许可,应当自觉接受社会和公民的监督。

任何单位和个人都有权对交通行政许可实施机关及其工作人员不严格执行有关行政许可的法律、法规、规章以及在实施交通行政许可中的违法违纪行为进行检举、控告。

第十条 交通行政许可实施机关应当建立交通行政许可举报制度,公开举报电话号码、通信地址或者电子邮件信箱。

交通行政许可实施机关收到举报后,应当依据职责及时查处。

第十一条 实施交通行政许可监督检查的主要内容包括:

(一)交通行政许可申请的受理情况;

(二)交通行政许可申请的审查和决定的情况;

(三)交通行政许可实施机关依法履行对被许可人的监督检查职责的情况;

(四)实施交通行政许可过程中的其他相关行为。

第十二条 有下列情形之一的,作出交通行政许可决定的交通行政许可实施机关或者其上级交通主管部门,根据利害关系人的请求或者依据职权,可以撤销交通行政许可:

(一)交通行政机关工作人员滥用职权、玩忽职守作出准予交通行政许可决定的;

(二)超越法定职权作出准予交通行政许可决定的;

(三)违反法定程序作出准予交通行政许可决定的;

(四)对不具备申请资格或者不符合法定条件的申请人准予交通行政许可的;

(五)依法可以撤销交通行政许可的其他情形。

第十三条 交通行政许可实施机关及其工作人员违反《行政许可法》的规定,有下列情形之一的,由交通行政许可实施机关或者其上级交通主管部门或者监察部门责令改正;情节严重的,对直接负责的主管人员和其他直接责任人员依法给予行政处分:

（一）对符合法定条件的交通行政许可申请不予受理的；

（二）不依法公示应当公示的材料的；

（三）在受理、审查、决定交通行政许可过程中，未向申请人、利害关系人履行法定告知义务的；

（四）申请人提交的申请材料不齐全、不符合法定形式，不一次告知申请人必须补正的全部内容的；

（五）未依法说明不受理交通行政许可申请或者不予交通行政许可的理由的；

（六）依法应当举行听证而不举行听证的。

第十四条　交通行政许可实施机关实施交通行政许可，有下列情形之一的，由其上级交通主管部门或者监察部门责令改正，对直接负责的主管人员和其他直接责任人员依法给予行政处分；构成犯罪的，依法追究刑事责任：

（一）对不符合法定条件的申请人准予行政许可或者超越法定职权作出准予交通行政许可决定的；

（二）对符合法定条件的申请人不予交通行政许可或者不在法定期限内作出准予交通行政许可决定的；

（三）依法应当根据招标、拍卖结果或者考试成绩择优作出准予交通行政许可决定，未经招标、拍卖或者考试，或者不根据招标、拍卖结果或者考试成绩择优作出准予交通行政许可决定的。

第十五条　交通行政许可实施机关在实施行政许可的过程中，擅自收费或者超出法定收费项目和收费标准收费的，由其上级交通主管部门或者监察部门责令退还非法收取的费用，对直接负责的主管人员和其他直接责任人员给予行政处分。

第十六条　交通行政许可实施机关及其工作人员，在实施行政许可的过程中，截留、挪用、私分或者变相私分依法收取的费用的，由其上级交通主管部门或者监察部门予以追缴，并直接负责的主管人员和其他直接责任人员给予行政处分；构成犯罪的应当移交司法机关，依法追究刑事责任。

第十七条　交通行政许可实施机关工作人员办理行政许可、实施监督检查，索取或者收受他人钱物、谋取不正当利益的，应当直接负责的主管人员和其他直接责任人员给予行政处分；构成犯罪的应当移交司法机关，依法追究刑事责任。

第十八条　交通主管部门不依法履行对被许可人的监督职责或者监督不力，造成严重后果的，由其上级交通主管部门或者监察部门责令改正，对直接负责的主管人员和其他直接责任人员依法给予行政处分；构成犯罪的，依法追究刑事责任。

第十九条　交通行政许可的实施机关及其工作人员违法实施行政许可，给当事人的合法权益造成损害的，应当按照《国家赔偿法》的有关规定给予赔偿，并责令有故意或者重大过失的直接负责的主管人员和其他直接责任人员承担相应的赔偿费用。

第二十条　交通主管部门、交通行政许可实施机关的法制工作机构具体负责对本机关负责实施行政许可的内设机构，下级交通主管部门，法律、法规授权的交通行政许可实施组织，受委托实施交通行政许可的行政机关实施行政许可进行执法监督。

法制工作机构发现交通行政许可实施机关实施交通行政许可违法，应当向法制工作机构所在机关提出意见，经机关负责人同意后，按下列规定作出决定：

（一）依法应当撤销行政许可的，决定撤销；

（二）依法应当责令改正的，决定责令改正。

收到责令改正决定的机关应当在10日内以书面形式向作出责令改正决定的机关报告纠正情况。

第二十一条　监察机关依照有关法律、行政法规规定对交通行政许可实施机关及其工作人员实施监察，作出处理决定。

第二十二条　交通行政许可实施机关及其工作人员拒不接受交通行政许可监督检查，或者拒不执行交通行政许可监督检查决定，由其上级交通主管部门或者监察部门对直接负责的主管人员和其他直接责任人员依法给予行政处分。

第二十三条　本规定自2005年1月1日起施行。

交通运输行政执法评议考核规定

1. 2010年7月27日交通运输部令2010年第2号公布
2. 自2010年10月1日起施行

第一章　总　　则

第一条　为了加强交通运输行政执法监督，落实执法责任，提高执法水平，规范交通运输行政执法评议考核工作，根据国务院《全面推进依法行政实施纲要》和国务院办公厅《关于推行行政执法责任制的若干意见》，制定本规定。

第二条 交通运输行政执法评议考核是指上级交通运输主管部门对下级交通运输主管部门、部直属系统上级管理机构对下级管理机构、各级交通运输主管部门对所属行政执法机构和行政执法人员行使行政执法职权、履行法定义务的情况进行评议考核。

第三条 交通运输部主管和指导全国执法评议考核工作。

地方各级交通运输主管部门在各自的职责范围内负责管理和组织本辖区的执法评议考核工作。

各级交通运输主管部门的法制工作机构负责具体组织实施本辖区的执法评议考核工作。

第四条 执法评议考核应当遵守严格依法、公开公正、有错必纠、奖罚分明的原则。

第二章 执法评议考核的内容与标准

第五条 执法评议考核的主要内容包括：

（一）在行政处罚过程中的执法情况；

（二）在行政强制过程中的执法情况；

（三）办理行政许可的情况；

（四）办理行政复议、行政诉讼、国家赔偿以及控告申诉案件的情况；

（五）开展执法监督和执法责任追究工作的情况。

第六条 执法评议考核的基本标准：

（一）行政执法主体合法；

（二）行政执法内容符合执法权限，适用执法依据适当；

（三）行政执法行为公正、文明、规范；

（四）行政执法决定的内容合法、适当；

（五）行政执法程序合法、规范；

（六）法律文书规范、完备；

（七）依法制定有关行政执法工作的规范性文件，文件内容不与国家法律、行政法规、规章及上级规范性文件相抵触；

（八）在登记、统计、上报各类执法情况的工作中，实事求是，严格遵守有关规定，无弄虚作假、隐瞒不报的情形。

第七条 行政处罚和行政强制工作应当达到以下标准：

（一）行政执法主体合法，符合管辖规定；

（二）行政执法符合执法权限，无越权处罚情形；

（三）案件事实清楚，证据确实充分；

（四）调查取证合法、及时、客观、全面，无篡改、伪造、隐瞒、毁灭证据以及因故意或者严重过失导致证据无法取得等情形；

（五）定性及适用法规准确，处理适当；

（六）行政执法程序合法；

（七）对依法暂扣、罚没的财务妥善保管、依法处置，无截留、坐支、私分、挪用或者以其他方式侵吞等情形；

（八）依法履行告知的义务，保障行政管理相对人的陈述、申辩和要求听证的权利；

（九）法律文书规范、完备。

第八条 行政许可工作应当达到以下标准：

（一）行政许可的实施主体合法，具有相应的行政许可权；

（二）行政许可的实施主体已经按照有关规定，将行政许可事项、依据、条件以及受理要求等相关内容予以公示；

（三）依法履行告知的义务，保障行政许可申请人和利害关系人要求听证的权利；

（四）行政许可的受理、审查、决定和听证程序合法；

（五）法律文书规范、完备。

第九条 办理行政复议、行政诉讼、国家赔偿以及控告申诉案件应当达到以下标准：

（一）依法办理行政复议案件，无符合法定受理条件不依法受理、不依法作出复议决定或者复议决定被人民法院依法撤销等情形；

（二）对行政诉讼案件依法应诉，无拒不出庭、不提出诉讼证据和答辩意见等情形；

（三）依法进行国家赔偿，对违法行为无拖延确认、不予确认或不依法理赔等情形；

（四）依法、及时处理控告申诉，无推诿、拖延、敷衍等情形。

第十条 开展执法监督和执法责任追究工作应当达到以下标准：

（一）严格执行上级交通运输行政主管部门的监督决定和命令，无拒不执行、拖延执行等情形；

（二）对已经发现的错误案件及时纠正，无故意隐瞒、拒不纠正的情形；

（三）依法及时追究有关责任人的过错责任，无应当追究而不追究或者降格追究的情形。

第三章 执法评议考核的组织与实施

第十一条 交通运输部负责组织开展全国交通运输系统的执法评议考核工作。

部海事局、长江航务管理局应当组织开展对本系统的执法评议考核工作。

地方各级交通运输主管部门应当对下级交通运输主管部门及其所属执法机构的执法情况按照本规定开展日常执法评议考核和年度执法评议考核工作，并将年度执法评议考核结果报送上一级交通运输主管部门。

第十二条 交通运输部对省级交通运输主管部门执法评议考核结果予以通报。

部海事局、长江航务管理局对本系统执法评议考核结果予以通报。

省级交通运输主管部门应当将年度执法评议考核结果在本辖区内予以通报。

第十三条 开展年度执法评议考核工作可以成立以本级交通运输主管部门相关负责人任组长，交通运输有关部门或者机构参加的考核领导小组。考核小组的日常工作可以由各级交通运输主管部门法制工作机构负责具体实施。

第十四条 执法评议考核实行百分制，根据考核的内容范围确定各项考核内容所占分数。省级交通运输主管部门、部直属系统应结合本地、本系统实际情况确定统一的考核项目和评分标准。

执法评议考核结果以年度计分为准，分为优秀、达标、不达标三档。

第十五条 行政执法机构具有下列情形之一的，该年度执法评议考核结果应当确定为不达标：

（一）违法执法导致行政相对人伤亡或者引发群体性事件，造成恶劣社会影响的；

（二）违法执法拒不纠正导致行政相对人长期赴京、到省上访的；

（三）违法执法导致媒体集中报道引起社会公众广泛关注、造成较为严重负面影响的；

（四）对上级指出的严重违法问题未予改正的；

（五）弄虚作假、对已生效的执法文书等执法卷宗材料进行事后加工、修改、完善的；

（六）拒绝接受或者不积极配合执法评议考核的。

第十六条 执法评议考核应当将内部评议与外部评议相结合。

内部执法评议考核的主要方法包括：

（一）审阅有关报告材料、听取情况汇报；

（二）组织现场检查或者暗访活动；

（三）评查执法案卷，调阅相关文件、资料；

（四）进行专项工作检查或者专案调查；

（五）对行政执法人员进行法律水平测试。

外部执法评议考核的主要方法包括：

（一）召开座谈会；

（二）发放执法评议卡；

（三）设立公众意见箱；

（四）开通执法评议专线电话；

（五）聘请监督评议员；

（六）发放问卷调查表；

（七）举行民意测验。

第十七条 有下列情形之一的，应当在执法评议考核结果中适当加分：

（一）在重大社会事件中行使行政执法职权或者履行法定义务及时、适当，在本地区或者本系统反响良好的；

（二）落实行政执法责任制工作扎实，总结典型经验，被上级主管部门推广的。

第十八条 对违法执法自查自纠，并依法追究执法过错责任的，可以减少扣分。

第十九条 上级交通运输主管部门可以对下级交通运输主管部门的执法评议考核结果进行复核。

第二十条 对执法评议考核结果有异议的，相关单位可以自结果通报之日起 15 日内向负责执法评议考核的交通运输主管部门提出书面申诉。负责执法评议考核的交通运输主管部门根据情况可以重新组织人员复查，并将复查结果书面通知申诉单位。

第二十一条 各级交通运输主管部门应当建立行政执法评议考核档案，如实记录日常执法评议考核情况，作为年度执法评议考核的重要依据。

第二十二条 各级地方交通运输主管部门要建立执法反馈制度，适时邀请执法相对人开展执法反馈工作，改进执法工作，提高行政执法水平。

第四章 奖 惩

第二十三条 执法评议考核结果是衡量交通运输主管部门及其所属执法机构工作实绩的重要指标。对考核结果为优秀的单位要予以通报表彰；连续三年被评为优秀的，对单位及主要领导给予嘉奖。

凡申报交通运输系统全国性荣誉的，执法评议考核结果应当是优秀。

第二十四条 对执法评议考核结果不达标的单位，应当予以通报批评，责令限期整改，并取消其当年评优受奖资格。

第二十五条 在执法评议考核过程中，发现已办结的案件或者执法活动确有错误或不适当的，应当依法及时纠正。需要追究有关领导或者直接责任人员执法责任的，依照相关规定予以追究。

第二十六条 上级交通运输主管部门应当根据执法评议考核结果及执法工作需要，向执法考核中未达标的执法机构派出执法督导组进行有针对性的执法指导，与基层执法机构共同执法，发现问题，及时纠正。

第五章 附 则

第二十七条 本办法自2010年10月1日施行。

交通运输行政执法证件管理规定

1. 2011年1月4日交通运输部令2011年第1号公布
2. 自2011年3月1日起施行

第一章 总 则

第一条 为加强交通运输行政执法证件管理，规范交通运输行政执法人员的执法资格，提高交通运输行政执法人员的整体素质和执法水平，根据《中华人民共和国行政处罚法》等法律、行政法规，制定本规定。

第二条 交通运输行政执法证件是取得交通运输行政执法资格的合法凭证，是依法从事公路路政、道路运政、水路运政、航道行政、港口行政、交通建设工程质量安全监督、海事行政、交通综合行政执法等交通运输行政执法工作的身份证明。

交通运输行政执法证件包括《交通运输行政执法证》和《海事行政执法证》。从事海事执法工作的人员应当持有《海事行政执法证》，从事其他交通运输执法工作的人员应当持有《交通运输行政执法证》。

第三条 交通运输部负责全国交通运输行政执法证件管理工作。

县级以上地方交通运输主管部门负责本地区交通运输行政执法证件管理工作。

交通运输部海事局负责《海事行政执法证》管理工作。长江航务管理局、长江口航道管理局在职责范围内负责《交通运输行政执法证》管理工作。

县级以上交通运输主管部门、交通运输部海事局、长江航务管理局、长江口航道管理局的法制机构负责实施交通运输行政执法证件管理工作。

第四条 交通运输行政执法证件的格式、内容、编号和制作要求由交通运输部规定。

第五条 交通运输行政执法人员在执行公务时，应当出示交通运输行政执法证件。

未取得交通运输行政执法证件的，一律不得从事交通运输行政执法工作。

第二章 证件申领

第六条 申领交通运输行政执法证件应当参加交通运输行政执法人员资格培训，经交通运输行政执法人员资格考试合格。

第七条 参加交通运输行政执法人员资格培训与考试，应当具备以下条件：

（一）十八周岁以上，身体健康；

（二）具有国民教育序列大专以上学历；

（三）具有交通运输行政执法机构正式编制并拟从事交通运输行政执法工作；

（四）品行良好，遵纪守法；

（五）法律、行政法规和规章规定的其他条件。

已经持有《交通行政执法证》但不符合前款规定的第（二）项、第（三）项条件的人员，可以通过申请参加交通运输行政执法人员资格培训和考试，取得《交通运输行政执法证》。

第八条 下列人员不得申请参加交通运输行政执法人员资格培训和考试：

（一）曾因犯罪受过刑事处罚的；

（二）曾被开除公职的。

第九条　符合下列条件之一的人员申请交通运输行政执法资格，经省级交通运输行政执法主管部门、交通运输部海事局、长江航务管理局、长江口航道管理局审核合格，可免予参加交通运输行政执法人员资格培训和考试：

（一）在法制管理或交通运输行政执法岗位工作15年以上，且具有大学本科以上学历；

（二）在法制管理或基层执法岗位工作10年以上，且具有法学专业本科以上学历。

第十条　申请参加交通运输行政执法人员资格培训和考试的，应当向其所属主管部门提交下列申请材料：

（一）交通运输行政执法人员资格培训和考试申请表，注明申请人基本情况及拟申请参加资格培训和考试的相应执法门类等主要内容；

（二）居民身份证原件及复印件；

（三）学历证书原件及复印件；

（四）人员编制证明材料；

（五）所在单位的推荐函。

第十一条　主管部门收到申请材料后，应当按照本规定第七条、第八条规定的条件进行审查。

县级以上交通运输主管部门设立业务管理机构的，由业务管理机构对所提交的相应执法门类的申请材料提出初步审查意见。

主管部门审查合格的，由其主要负责人签署审查意见并加盖本机关公章后，通过执法人员与执法证件管理系统逐级报送至省级交通运输主管部门或者交通运输部海事局、长江航务管理局、长江口航道管理局。

第十二条　交通运输部负责组织编制全国交通运输行政执法人员培训规划、各执法门类的培训大纲和教材。

第十三条　交通运输部和省级交通运输主管部门、交通运输部海事局、长江航务管理局、长江口航道管理局根据教学设备设施、教学人员力量等情况组织选择交通运输行政执法人员资格培训机构。

第十四条　交通运输行政执法人员资格培训教学人员应当是参加交通运输部组织的培训并经考试合格的人员，或者经省级以上交通运输主管部门、交通运输部海事局、长江航务管理局、长江口航道管理局认可的法学专家、具有丰富执法经验和较高法制理论水平的专业人员。

第十五条　交通运输行政执法人员培训由交通运输部和省级交通运输主管部门、交通运输部海事局、长江航务管理局、长江口航道管理局在各自的职责范围内负责实施。

第十六条　交通运输行政执法人员资格培训的内容，应当包括基本法律知识、相关交通运输法规、职业道德规范、现场执法实务和军训，其中面授课时数不少于60个学时。

第十七条　交通运输部负责组织制定交通运输行政执法人员资格考试各门类的大纲和考试题库，并逐步推行全国交通运输行政执法人员资格计算机联网考试。

第十八条　省级交通运输主管部门、交通运输部海事局、长江航务管理局、长江口航道管理局负责组织本地区、本系统交通运输行政执法人员资格考试，按照执法门类分别实行统一命题、统一制卷、统一阅卷。

培训和考试应当按照申领执法证件的门类分科目进行。

第十九条　交通运输行政执法人员资格考试包括以下内容：

（一）法律基础知识，包括宪法、立法法、行政许可法、行政处罚法、行政复议法、行政诉讼法、国家赔偿法等；

（二）专业法律知识，包括有关交通运输的法律、行政法规和交通运输部规章，以及与交通运输密切相关的法律、行政法规；

（三）行政执法基础理论和专业知识，包括交通运输行政执法人员道德规范、执法程序规范、执法风纪、执法禁令、执法忌语、执法文书等；

（四）交通运输部规定的其他相关知识。

第二十条　省级交通运输主管部门、交通运输部海事局、长江航务管理局、长江口航道管理局应当将资格培训和考试的相关信息及时录入执法人员与执法证件管理系统，并在本地区、本系统范围内进行公示，公示时间为一周。公示期间无异议的，报交通运输部备案审查。

第三章 证件发放与管理

第二十一条 省级交通运输主管部门是本地区交通运输行政执法证件的发证机关。交通运输部海事局、长江航务管理局、长江口航道管理局是本系统交通运输行政执法证件的发证机关。

发证机关通过执法人员与执法证件管理系统制作并发放交通运输行政执法证件。

第二十二条 持证人应当按照其所持交通运输行政执法证件中注明的执法门类在法定职责和辖区范围内从事交通运输行政执法工作。

第二十三条 持证人应当妥善保管交通运输行政执法证件，不得损毁、涂改或者转借他人。

第二十四条 持证人遗失交通运输行政执法证件的，应当立即向其所属主管部门报告，由其所属主管部门逐级报告至发证机关。发证机关审核属实的，于3日内通过媒体发表遗失声明。声明后通过执法人员与执法证件管理系统补发新证。

第二十五条 交通运输行政执法人员有下列情形之一的，所在单位逐级上报至发证机关，由发证机关注销其交通运输行政执法资格及交通运输行政执法证件：

（一）持证人调离执法单位或者岗位的；

（二）持证人退休的；

（三）其他应当注销交通运输行政执法证件的情况。

第四章 监督检查与责任追究

第二十六条 各级交通运输主管部门及交通运输部海事局、长江航务管理局、长江口航道管理局应当加强交通运输行政执法人员的监督管理，并结合新出台的法律法规及时组织在岗培训，提高交通运输行政执法人员的法律意识、业务素质和执法水平。

第二十七条 发证机关应当结合实际每年组织对本地区、本系统交通运输行政执法人员进行执法工作考核。

第二十八条 交通运输行政执法人员执法工作考核分为以下四个等次：

（一）优秀：工作实绩突出，精通法律与业务，执法行为文明规范，职业道德良好，风纪严明，执法无差错；

（二）合格：能够完成工作任务，熟悉或者比较熟悉法律、业务知识，执法行为规范，职业道德良好，遵章守纪，无故意或者过失引起的执法错案；

（三）基本合格：基本能够完成工作任务，了解一般法律、业务知识，执法行为基本规范，具有一定职业操守，无故意或者重大过失引起的执法错案；

（四）不合格：法律、业务素质差，难以胜任执法工作；因故意或者重大过失引起执法错案。

第二十九条 发证机关应当将交通运输行政执法人员的在岗培训情况、年度考核结果及时输入执法人员与执法证件管理系统，并在本地区、本系统范围内进行通报。

第三十条 发证机关每年应当根据年度考核结果对交通运输行政执法证件进行年审。交通运输行政执法人员考核等次为优秀、合格、基本合格的，保留其交通运输行政执法人员资格，由省级交通运输主管部门、交通运输部海事局、长江航务管理局、长江口航道管理局对其交通运输行政执法证件予以年度审验通过。

未经发证机关年度审验的交通运输行政执法证件自行失效。

第三十一条 交通运输行政执法人员有下列情形之一的，由发证机关作出暂扣其交通运输行政执法证件的决定，并由其所在单位收缴其证件：

（一）年度考核等次为不合格的；

（二）无故不参加岗位培训或考核的；

（三）涂改交通运输行政执法证件或者将交通运输行政执法证件转借他人的；

（四）其他应当暂扣交通运输行政执法证件的情形。

因前款被暂扣交通运输行政执法证件的，在暂扣期间不得从事交通运输行政执法活动。

第三十二条 对暂扣交通运输行政执法证件的人员，发证机关应当对其进行离岗培训。经培训考试合格的，返还其交通运输行政执法证件。

第三十三条 交通运输行政执法人员有下列情形之一的，由发证机关作出吊销其交通运输行政执法证件的决定，并由其所在县级以上交通运输主管部门或者海事管理机构收缴其证件：

（一）受到刑事处罚、劳动教养、行政拘留或者开除处分的；

（二）利用交通运输行政执法权牟取私利、从事违法活动的；

（三）利用职务收受贿赂、以权谋私等行为受到行政记大过以上处分的；

（四）以欺诈、贿赂等不正当手段取得交通运输行政执法证件的；

（五）因违法执法导致行政执法行为经行政诉讼败诉、行政复议被撤销、变更，并引起国家赔偿，造成严重后果的；

（六）违反执法人员工作纪律，造成严重不良社会影响的；

（七）连续两年考核等次为不合格的；

（八）违反交通运输行政执法禁令，情节严重的；

（九）其他应当吊销交通运输行政执法证件的情形。

第三十四条 被吊销交通运输行政执法证件的，不得重新申领交通运输行政执法证件。

第三十五条 交通运输行政执法人员对吊销交通运输行政执法证件不服的，可以在接到吊销通知之日起三十日内向作出该决定的机关申请复核。收到复核申请的机关应当组成调查组自收到复核申请之日起三十日内作出复核决定并书面通知申请人。

第三十六条 暂扣、吊销交通运输行政执法证件的，省级交通运输主管部门、交通运输部海事局、长江航务管理局、长江口航道管理局应当登记，并将有关信息及时通过执法人员与执法证件管理系统报交通运输部备案。

第五章 附 则

第三十七条 本规定自2011年3月1日起实施。《交通行政执法证件管理规定》（交通部1997年第16号令）同时废止。

交通运输突发事件应急管理规定

1. 2011年11月14日交通运输部令2011年第9号公布

2. 自2012年1月1日起施行

第一章 总 则

第一条 为规范交通运输突发事件应对活动，控制、减轻和消除突发事件引起的危害，根据《中华人民共和国突发事件应对法》和有关法律、行政法规，制定本规定。

第二条 交通运输突发事件的应急准备、监测与预警、应急处置、终止与善后等活动，适用本规定。

本规定所称交通运输突发事件，是指突然发生，造成或者可能造成交通运输设施毁损，交通运输中断、阻塞，重大船舶污染及海上溢油应急处置等，需要采取应急处置措施，疏散或者救援人员，提供应急运输保障的自然灾害、事故灾难、公共卫生事件和社会安全事件。

第三条 国务院交通运输主管部门主管全国交通运输突发事件应急管理工作。

县级以上各级交通运输主管部门按照职责分工负责本辖区内交通运输突发事件应急管理工作。

第四条 交通运输突发事件应对活动应当遵循属地管理原则，在各级地方人民政府的统一领导下，建立分级负责、分类管理、协调联动的交通运输应急管理体制。

第五条 县级以上各级交通运输主管部门应当会同有关部门建立应急联动协作机制，共同加强交通运输突发事件应急管理工作。

第二章 应 急 准 备

第六条 国务院交通运输主管部门负责编制并发布国家交通运输应急保障体系建设规划，统筹规划、建设国家级交通运输突发事件应急队伍、应急装备和应急物资保障基地，储备应急运力，相关内容纳入国家应急保障体系规划。

各省、自治区、直辖市交通运输主管部门负责编制并发布地方交通运输应急保障体系建设规划，统筹规划、建设本辖区应急队伍、应急装备和应急物资保障基地，储备应急运力，相关内容纳入地方应急保障体系规划。

第七条 国务院交通运输主管部门应当根据国家突发事件总体应急预案和相关专项应急预案，制定交通运输突发事件部门应急预案。

县级以上各级交通运输主管部门应当根据本级地方人民政府和上级交通运输主管部门制定的相关突发事件应急预案，制定本部门交通运输突发事件应急预案。

交通运输企业应当按照所在地交通运输主管部门制定的交通运输突发事件应急预案，制定本单位交通运输突发事件应急预案。

第八条 应急预案应当根据有关法律、法规的规定，针对交通运输突发事件的性质、特点、社会危害程度以及可能需要提供的交通运输应急保障措施，明确应急管理的组织指挥体系与职责、监测与预警、处置程序、应急保障措施、恢复与重建、培训与演练等具体内容。

第九条 应急预案的制定、修订程序应当符合国家相关规定。应急预案涉及其他相关部门职能的，在制定过程中应当征求各相关部门的意见。

第十条 交通运输主管部门制定的应急预案应当与本级人民政府及上级交通运输主管部门制定的相关应急预案衔接一致。

第十一条 交通运输主管部门制定的应急预案应当报上级交通运输主管部门和本级人民政府备案。

公共交通工具、重点港口和场站的经营单位以及储运易燃易爆物品、危险化学品、放射性物品等危险物品的交通运输企业所制定的应急预案，应当向所属地交通运输主管部门备案。

第十二条 应急预案应当根据实际需要、情势变化和演练验证，适时修订。

第十三条 交通运输主管部门、交通运输企业应当按照有关规划和应急预案的要求，根据应急工作的实际需要，建立健全应急装备和应急物资储备、维护、管理和调拨制度，储备必需的应急物资和运力，配备必要的专用应急指挥交通工具和应急通信装备，并确保应急物资装备处于正常使用状态。

第十四条 交通运输主管部门可以根据交通运输突发事件应急处置的实际需要，统筹规划、建设交通运输专业应急队伍。

交通运输企业应当根据实际需要，建立由本单位职工组成的专职或者兼职应急队伍。

第十五条 交通运输主管部门应当加强应急队伍应急能力和人员素质建设，加强专业应急队伍与非专业应急队伍的合作、联合培训及演练，提高协同应急能力。

交通运输主管部门可以根据应急处置的需要，与其他应急力量提供单位建立必要的应急合作关系。

第十六条 交通运输主管部门应当将本辖区内应急装备、应急物资、运力储备和应急队伍的实时情况及时报上级交通运输主管部门和本级人民政府备案。

交通运输企业应当将本单位应急装备、应急物资、运力储备和应急队伍的实时情况及时报所在地交通运输主管部门备案。

第十七条 所有列入应急队伍的交通运输应急人员，其所属单位应当为其购买人身意外伤害保险，配备必要的防护装备和器材，减少应急人员的人身风险。

第十八条 交通运输主管部门可以根据应急处置实际需要鼓励志愿者参与交通运输突发事件应对活动。

第十九条 交通运输主管部门可以建立专家咨询制度，聘请专家或者专业机构，为交通运输突发事件应对活动提供相关意见和支持。

第二十条 交通运输主管部门应当建立健全交通运输突发事件应急培训制度，并结合交通运输的实际情况和需要，组织开展交通运输应急知识的宣传普及活动。

交通运输企业应当按照交通运输主管部门制定的应急预案的有关要求，制订年度应急培训计划，组织开展应急培训工作。

第二十一条 交通运输主管部门、交通运输企业应当根据本地区、本单位交通运输突发事件的类型和特点，制订应急演练计划，定期组织开展交通运输突发事件应急演练。

第二十二条 交通运输主管部门应当鼓励、扶持研究开发用于交通运输突发事件预防、监测、预警、应急处置和救援的新技术、新设备和新工具。

第二十三条 交通运输主管部门应当根据本级人民政府财政预算情况，编列应急资金年度预算，设立突发事件应急工作专项资金。

交通运输企业应当安排应急专项经费，保障交通运输突发事件应急工作的需要。

应急专项资金和经费主要用于应急预案编制及修订、应急培训演练、应急装备和队伍建设、日常应急管理、应急宣传以及应急处置措施等。

第三章　监测与预警

第二十四条 交通运输主管部门应当建立并完善交通运输突发事件信息管理制度，及时收集、统计、分析、报告交通运输突发事件信息。

交通运输主管部门应当与各有关部门建立信息共享机制，及时获取与交通运输有关的突发事件信息。

第二十五条　交通运输主管部门应当建立交通运输突发事件风险评估机制，对影响或者可能影响交通运输的相关信息及时进行汇总分析，必要时同相关部门进行会商，评估突发事件发生的可能性及可能造成的损害，研究确定应对措施，制定应对方案。对可能发生重大或者特别重大突发事件的，应当立即向本级人民政府及上一级交通运输主管部门报告相关信息。

第二十六条　交通运输主管部门负责本辖区内交通运输突发事件危险源管理工作。对危险源、危险区域进行调查、登记、风险评估，组织检查、监控，并责令有关单位采取安全防范措施。

交通运输企业应当组织开展企业内交通运输突发事件危险源辨识、评估工作，采取相应安全防范措施，加强危险源监控与管理，并按规定及时向交通运输主管部门报告。

第二十七条　交通运输主管部门应当根据自然灾害、事故灾难、公共卫生事件和社会安全事件的种类和特点，建立健全交通运输突发事件基础信息数据库，配备必要的监测设备、设施和人员，对突发事件易发区域加强监测。

第二十八条　交通运输主管部门应当建立交通运输突发事件应急指挥通信系统。

第二十九条　交通运输主管部门、交通运输企业应当建立应急值班制度，根据交通运输突发事件的种类、特点和实际需要，配备必要值班设施和人员。

第三十条　县级以上地方人民政府宣布进入预警期后，交通运输主管部门应当根据预警级别和可能发生的交通运输突发事件的特点，采取下列措施：

（一）启动相应的交通运输突发事件应急预案；

（二）根据需要启动应急协作机制，加强与相关部门的协调沟通；

（三）按照所属地方人民政府和上级交通运输主管部门的要求，指导交通运输企业采取相关预防措施；

（四）加强对突发事件发生、发展情况的跟踪监测，加强值班和信息报告；

（五）按照地方人民政府的授权，发布相关信息，宣传避免、减轻危害的常识，提出采取特定措施避免或者减轻危害的建议、劝告；

（六）组织应急救援队伍和相关人员进入待命状态，调集应急处置所需的运力和装备，检测用于疏运转移的交通运输工具和应急通信设备，确保其处于良好状态；

（七）加强对交通运输枢纽、重点通航建筑物、重点场站、重点港口、码头、重点运输线路及航道的巡查维护；

（八）法律、法规或者所属地方人民政府提出的其他应急措施。

第三十一条　交通运输主管部门应当根据事态发展以及所属地方人民政府的决定，相应调整或者停止所采取的措施。

第四章　应急处置

第三十二条　交通运输突发事件的应急处置应当在各级人民政府的统一领导下进行。

第三十三条　交通运输突发事件发生后，发生地交通运输主管部门应当立即启动相应的应急预案，在本级人民政府的领导下，组织、部署交通运输突发事件的应急处置工作。

第三十四条　交通运输突发事件发生后，负责或者参与应急处置的交通运输主管部门应当根据有关规定和实际需要，采取以下措施：

（一）组织运力疏散、撤离受困人员，组织搜救突发事件中的遇险人员，组织应急物资运输；

（二）调集人员、物资、设备、工具，对受损的交通基础设施进行抢修、抢通或搭建临时性设施；

（三）对危险源和危险区域进行控制，设立警示标志；

（四）采取必要措施，防止次生、衍生灾害发生；

（五）必要时请求本级人民政府和上级交通运输主管部门协调有关部门，启动联合机制，开展联合应急行动；

（六）按照应急预案规定的程序报告突发事件信息以及应急处置的进展情况；

（七）建立新闻发言人制度，按照本级人民政府的委托或者授权及相关规定，统一、及时、准确的向社会和媒体发布应急处置信息；

（八）其他有利于控制、减轻和消除危害的必要措施。

第三十五条 交通运输突发事件超出本级交通运输主管部门处置能力或管辖范围的，交通运输主管部门可以采取以下措施：

（一）根据应急处置需要请求上级交通运输主管部门在资金、物资、设备设施、应急队伍等方面给予支持；

（二）请求上级交通运输主管部门协调突发事件发生地周边交通运输主管部门给予支持；

（三）请求上级交通运输主管部门派出现场工作组及有关专业技术人员给予指导；

（四）按照建立的应急协作机制，协调有关部门参与应急处置。

第三十六条 在需要组织开展大规模人员疏散、物资疏运的情况下，交通运输主管部门应当根据本级人民政府或者上级交通运输主管部门的指令，及时组织运力参与应急运输。

第三十七条 交通运输企业应当加强对本单位应急设备、设施、队伍的日常管理，保证应急处置工作及时、有效开展。

交通运输突发事件应急处置过程中，交通运输企业应当接受交通运输主管部门的组织、调度和指挥。

第三十八条 交通运输主管部门根据应急处置工作的需要，可以征用有关单位和个人的交通运输工具、相关设备和其他物资。有关单位和个人应当予以配合。

第五章 终止与善后

第三十九条 交通运输突发事件的威胁和危害得到控制或者消除后，负责应急处置的交通运输主管部门应当按照相关人民政府的决定停止执行应急处置措施，并按照有关要求采取必要措施，防止发生次生、衍生事件。

第四十条 交通运输突发事件应急处置结束后，负责应急处置工作的交通运输主管部门应当对应急处置工作进行评估，并向上级交通运输主管部门和本级人民政府报告。

第四十一条 交通运输突发事件应急处置结束后，交通运输主管部门应当根据国家有关扶持遭受突发事件影响行业和地区发展的政策规定以及本级人民政府的恢复重建规划，制定相应的交通运输恢复重建计划并组织实施，重建受损的交通基础设施，消除突发事件造成的破坏及影响。

第四十二条 因应急处置工作需要被征用的交通运输工具、装备和物资在使用完毕应当及时返还。交通运输工具、装备、物资被征用或者征用后毁损、灭失的，应当按照相关法律法规予以补偿。

第六章 监督检查

第四十三条 交通运输主管部门应当建立健全交通运输突发事件应急管理监督检查和考核机制。

监督检查应当包含以下内容：

（一）应急组织机构建立情况；

（二）应急预案制订及实施情况；

（三）应急物资储备情况；

（四）应急队伍建设情况；

（五）危险源监测情况；

（六）信息管理、报送、发布及宣传情况；

（七）应急培训及演练情况；

（八）应急专项资金和经费落实情况；

（九）突发事件应急处置评估情况。

第四十四条 交通运输主管部门应当加强对辖区内交通运输企业等单位应急工作的指导和监督。

第四十五条 违反本规定影响交通运输突发事件应对活动有效进行的，由其上级交通运输主管部门责令改正、通报批评；情节严重的，对直接负责的主管人员和其他直接责任人员按照有关规定给予相应处分；造成严重后果的，由有关部门依法给予处罚或追究相应责任。

第七章 附 则

第四十六条 海事管理机构及各级地方人民政府交通运输主管部门对水上交通安全和防治船舶污染等突发事件的应对活动，依照有关法律法规执行。

一般生产安全事故的应急处置，依照国家有关法律法规执行。

第四十七条 本规定自2012年1月1日起实施。

突发公共卫生事件交通应急规定

1. 2004年3月4日卫生部、交通部令2004年第2号公布
2. 自2004年5月1日起施行

第一章　总　　则

第一条　为了有效预防、及时控制和消除突发公共卫生事件的危害，防止重大传染病疫情通过车辆、船舶及其乘运人员、货物传播流行，保障旅客身体健康与生命安全，保证突发公共卫生事件应急物资及时运输，维护正常的社会秩序，根据《中华人民共和国传染病防治法》、《中华人民共和国传染病防治法实施办法》、《突发公共卫生事件应急条例》、《国内交通卫生检疫条例》的有关规定，制定本规定。

第二条　本规定所称突发公共卫生事件（以下简称突发事件），是指突然发生，造成或者可能造成社会公众健康严重损害的重大传染病疫情、群体性不明原因疾病、重大食物和职业中毒以及其他严重影响公众健康的事件。

本规定所称重大传染病疫情，是指根据《突发公共卫生事件应急条例》有关规定确定的传染病疫情。

本规定所称交通卫生检疫，是指根据《国内交通卫生检疫条例》对车船、港站、乘运人员和货物等实施的卫生检验、紧急卫生处理、紧急控制、临时隔离、医学检查和留验以及其他应急卫生防范、控制、处置措施。

本规定所称检疫传染病病人、疑似检疫传染病病人，是指国务院确定并公布的检疫传染病的病人、疑似传染病病人。

本规定所称车船，是指从事道路运输、水路运输活动的客车、货车、客船（包括客渡船）和货船。

本规定所称港站，是指提供停靠车船、上下旅客、装卸货物的场所，包括汽车客运站、货运站、港口客运站、货运码头、港口堆场和仓库等。

本规定所称乘运人员，是指车船上的所有人员，包括车辆驾驶人员和乘务人员、船员、旅客等。

第三条　突发事件交通应急工作，应当遵循预防为主、常备不懈的方针，贯彻统一领导、分级负责、反应及时、措施果断、依靠科学、加强合作的原则，在确保控制重大传染病病源传播和蔓延的前提下，做到交通不中断、客流不中断、货流不中断。

第四条　交通部根据职责，依法负责全国突发事件交通应急工作。

县级以上地方人民政府交通行政主管部门在本部门的职责范围内，依法负责本行政区域内的突发事件交通应急工作。

突发事件发生后，县级以上地方人民政府交通行政主管部门设立突发事件应急处理指挥部，负责对突发事件交通应急处理工作的领导和指挥。

县级以上人民政府交通行政主管部门履行突发事件交通应急职责，应当与同级人民政府卫生行政主管部门密切配合，协调行动。

第五条　县级以上人民政府交通行政主管部门应当建立和完善突发事件交通防范和应急责任制，保证突发事件交通应急工作的顺利进行。

第六条　任何单位和个人有权对县级以上人民政府交通行政主管部门不履行突发事件交通应急处理职责，或者不按照规定履行职责的行为向其上级人民政府交通行政主管部门举报。

对报告在车船、港站发生的突发事件或者举报突发事件交通应急渎职行为有功的单位和个人，县级以上人民政府交通行政主管部门应当予以奖励。

第二章　预防和应急准备

第七条　县级以上人民政府交通行政主管部门应当结合本行政区域或者管辖范围的交通实际情况，制定突发事件交通应急预案。

道路运输经营者、水路运输经营者应当按照有关规定，建立卫生责任制度，制定各自的突发事件应急预案。

第八条　制定突发事件交通应急预案，应当以突发事件的类别和快速反应的要求为依据，并征求同级人民政府卫生行政主管部门的意见。

为防范和处理重大传染病疫情突发事件制定的突发事件交通应急预案，应当包括以下主要内容：

（一）突发事件交通应急处理指挥部的组成和相关机构的职责；

（二）突发事件有关车船、港站重大传染病病人、疑似重大传染病病人和可能感染重大传染病病人的应急处理方案；

（三）突发事件有关污染车船、港站和污染物的应急处理方案；

（四）突发事件有关人员群体、防疫人员和救护人员的运输方案；

（五）突发事件有关药品、医疗救护设备器械等紧急物资的运输方案；

（六）突发事件有关车船、港站、道路、航道、船闸的应急维护和应急管理方案；

（七）突发事件有关交通应急信息的收集、分析、报告、通报、宣传方案；

（八）突发事件有关应急物资、运力储备与调度方案；

（九）突发事件交通应急处理执行机构及其任务；

（十）突发事件交通应急处理人员的组织和培训方案；

（十一）突发事件交通应急处理工作的检查监督方案；

（十二）突发事件交通应急处理其他有关工作方案。

为防范和处理其他突发事件制定的突发事件交通应急预案，应当包括本条前款除第（二）项、第（三）项和第（八）项规定以外的内容，并包括突发事件交通应急设施、设备以及其他有关物资的储备与调度方案。

突发事件交通应急预案应当根据突发事件的变化和实施中出现的问题及时进行修订、补充。

第九条 县级以上人民政府交通行政主管部门应当根据突发事件交通应急工作预案的要求，保证突发事件交通应急运力和有关物资储备。

第十条 道路运输经营者、水路运输经营者应当按照国家有关规定，使客车、客船、客运站保持良好的卫生状况，消除车船、港站的病媒昆虫和鼠类以及其他染疫动物的危害。

第十一条 县级以上人民政府交通行政主管部门应当开展突发事件交通应急知识的宣传教育，增强道路、水路运输从业人员和旅客对突发事件的防范意识和应对能力。

第十二条 在车船、港站发生突发事件，县级以上人民政府交通行政主管部门应当协助同级人民政府卫生行政主管部门组织专家对突发事件进行综合评估，初步判断突发事件的类型，按照有关规定向省级以上人民政府提出是否启动突发事件应急预案的建议。

第十三条 国务院或者省级人民政府决定突发事件应急预案启动后，突发事件发生地的县级以上人民政府交通行政主管部门应当根据突发事件的类别，立即启动相应的突发事件交通应急预案，并向社会公布有关突发事件交通应急预案。

第三章 应急信息报告

第十四条 县级以上人民政府交通行政主管部门应当建立突发事件交通应急值班制度、应急报告制度和应急举报制度，公布统一的突发事件报告、举报电话，保证突发事件交通应急信息畅通。

第十五条 县级以上人民政府交通行政主管部门应当按有关规定向上级人民政府交通行政主管部门报告下列有关突发事件的情况：

（一）突发事件的实际发生情况；

（二）预防、控制和处理突发事件的情况；

（三）运输突发事件紧急物资的情况；

（四）保障交通畅通的情况；

（五）突发事件应急的其他有关情况。

道路运输经营者、水路运输经营者应当按有关规定向所在地县级人民政府交通行政主管部门和卫生行政主管部门报告有关突发事件的预防、控制、处理和紧急物资运输的有关情况。

第十六条 县级以上人民政府交通行政主管部门接到有关突发事件的报告后，应当在接到报告后 1 小时内向上级人民政府交通行政主管部门和同级人民政府卫生行政主管部门报告，根据卫生行政主管部门的要求，立即采取有关预防和控制措施，并协助同级人民政府卫生行政主管部门组织有关人员对报告事项调查核实、确证，采取必要的控制措施。

突发事件发生地的县级以上人民政府交通行政主管部门应当在首次初步调查结束后 2 小时内，向上一级人民政府交通行政主管部门报告突发事件的有关调查情况。

上级人民政府交通行政主管部门接到下级人民政府交通行政主管部门有关突发事件的报告后 1 小

时内，向本交通行政主管部门的上一级人民政府交通行政主管部门报告。

突发事件发生地的县级以上地方人民政府交通行政主管部门，应当及时向毗邻和其他有关县级以上人民政府交通行政主管部门通报突发事件的有关情况。

第十七条 任何单位和个人不得隐瞒、缓报、谎报或者授意他人隐瞒、缓报、谎报有关突发事件和突发事件交通应急情况。

第四章 疫情应急处理

第十八条 重大传染病疫情发生后，县级以上人民政府交通行政主管部门应当按照省级人民政府依法确定的检疫传染病疫区以及对出入检疫传染病疫区的交通工具及其乘运人员、物资实施交通应急处理的决定，和同级人民政府卫生行政主管部门在客运站、客运渡口、路口等设立交通卫生检疫站或者留验站，依法实施交通卫生检疫。

第十九条 重大传染病疫情发生后，县级以上人民政府交通行政主管部门应当及时将县级以上人民政府卫生行政主管部门通报的有关疫情通知有关道路运输经营者、水路运输经营者。

县级以上人民政府交通行政主管部门应当及时会同同级人民政府卫生行政主管部门对道路运输经营者、水路运输经营者以及乘运人员进行相应的卫生防疫基本知识的宣传教育。

第二十条 重大传染病疫情发生后，道路运输经营者、水路运输经营者对车船、港站、货物应当按规定进行消毒或者进行其他必要的卫生处理，并经县级以上地方人民政府卫生行政主管部门疾病预防控制机构检疫合格，领取《交通卫生检疫合格证》后，方可投入营运或者进行运输。

《交通卫生检疫合格证》的印制、发放和使用，按照交通部与卫生部等国务院有关行政主管部门联合发布的《国内交通卫生检疫条例实施方案》的有关规定执行。

第二十一条 重大传染病疫情发生后，道路旅客运输经营者、水路旅客运输经营者应当组织对驾驶人员、乘务人员和船员进行健康检查，发现有检疫症状的，不得安排上车、上船。

第二十二条 重大传染病疫情发生后，道路运输经营者、水路运输经营者应当在车船、港站以及其他经营场所的显著位置张贴有关传染病预防和控制的宣传材料，并提醒旅客不得乘坐未取得《交通卫生检疫合格证》和道路旅客运输经营资格或者水路旅客运输经营资格的车辆、船舶，不得携带或者托运染疫行李和货物。

重大传染病疫情发生后，客车、客船应当在依法批准并符合突发事件交通应急预案要求的客运站、客运渡口上下旅客。

第二十三条 重大传染病疫情发生后，旅客购买车票、船票，应当事先填写交通部会同有关部门统一制定的《旅客健康申报卡》。旅客填写确有困难的，由港站工作人员帮助填写。

客运站出售客票时，应当对《旅客健康申报卡》所有事项进行核实。没有按规定填写《旅客健康申报卡》的旅客，客运站不得售票。

途中需要上下旅客的，客车、客船应当进入中转客运站，从始发客运站乘坐车船的旅客，不得再次被要求填写《旅客健康申报卡》。

第二十四条 重大传染病疫情发生后，旅客乘坐车船，应当接受交通卫生检疫，如被初验为检疫传染病病人或者疑似检疫传染病病人、可能感染检疫传染病病人以及国务院卫生行政主管部门规定需要采取应急控制措施的传染病病人、疑似传染病病人及其密切接触者，还应当接受留验站或者卫生行政主管部门疾病预防控制机构对其实施临时隔离、医学检查或者其他应急医学措施。

客运站应当认真查验《旅客健康申报卡》和客票。对不填报《旅客健康申报卡》的旅客，应当拒绝其乘坐客车、客船，并说明理由。

第二十五条 重大传染病疫情发生后，客运站应按车次或者航班将《旅客健康申报卡》交给旅客所乘坐车船的驾驶员或者船长、乘务员。

到达终点客运站后，驾驶员、船长或者乘务员应当将《旅客健康申报卡》交终点客运站，由终点客运站保存。

在中转客运站下车船的旅客，由该车船的驾驶员、船长或者乘务员将下车船旅客的《旅客健康申报卡》交中转客运站保存。

第二十六条 车船上发现检疫传染病病人或者疑似检

疫传染病病人、可能感染检疫传染病病人以及国务院卫生行政主管部门规定需要采取应急控制措施的传染病病人、疑似传染病病人及其密切接触者时，驾驶员或者船长应当组织有关人员依法采取下列临时措施：

（一）以最快的方式通知前方停靠点，并向车船的所有人或者经营人和始发客运站报告；

（二）对检疫传染病病人、疑似检疫传染病病人、可能感染检疫传染病病人以及国务院卫生行政主管部门确定的其他重大传染病病人、疑似重大传染病病人、可能感染重大传染病病人及与其密切接触者实施紧急卫生处理和临时隔离；

（三）封闭已被污染或者可能被污染的区域，禁止向外排放污物；

（四）将车船迅速驶向指定的停靠点，并将《旅客健康申报卡》、乘运人员名单移交当地县级以上地方人民政府交通行政主管部门；

（五）对承运过检疫传染病病人、疑似检疫传染病病人、可能感染检疫传染病病人以及国务院卫生行政主管部门确定的其他重大传染病病人、疑似重大传染病病人、可能感染重大传染病病人及与其密切接触者的车船和可能被污染的停靠场所实施卫生处理。

车船的前方停靠点、车船的所有人或者经营人以及始发客运站接到有关报告后，应当立即向当地县级以上地方人民政府交通行政主管部门、卫生行政主管部门报告。

县级以上地方人民政府交通行政主管部门接到报告后，应当立即和同级人民政府卫生行政主管部门组织有关人员到达现场，采取相应的交通卫生检疫措施。

第二十七条 县级以上地方人民政府交通行政主管部门发现正在行驶的车船载有检疫传染病病人或者疑似检疫传染病病人、可能感染检疫传染病病人以及国务院卫生行政主管部门规定需要采取应急控制措施的传染病病人、疑似传染病病人及其密切接触者，应当立即通知该客车、客船的所有人或者经营人，并通报该车船行驶路线相关的县级人民政府交通行政主管部门。

第二十八条 对拒绝交通卫生检疫可能传播检疫传染病的车船、港站和其他停靠场所、乘运人员、运输货物，县级以上地方人民政府交通行政主管部门协助卫生行政主管部门，依法采取强制消毒或者其他必要的交通卫生检疫措施。

第二十九条 重大传染病疫情发生后，县级以上人民政府交通行政主管部门发现车船近期曾经载运过检疫传染病病人或者疑似检疫传染病病人、可能感染检疫传染病病人以及国务院卫生行政主管部门规定需要采取应急控制措施的传染病病人、疑似传染病病人及其密切接触者，应当立即将有关《旅客健康申报卡》送交卫生行政主管部门或者其指定的疾病预防控制机构。

第三十条 参加重大传染病疫情交通应急处理的工作人员，应当按照有关突发事件交通应急预案的要求，采取卫生防护措施，并在专业卫生人员的指导下进行工作。

第五章　交通应急保障

第三十一条 突发事件交通应急预案启动后，县级以上人民政府交通行政主管部门应当加强对车船、港站、道路、航道、船闸、渡口的维护、检修，保证其经常处于良好的技术状态。

除因阻断检疫传染病传播途径需要或者其他法定事由并依照法定程序可以中断交通外，任何单位和个人不得以任何方式中断交通。

县级以上人民政府交通行政主管部门发现交通中断或者紧急运输受阻，应当迅速报告上一级人民政府交通行政主管部门和当地人民政府，并采取措施恢复交通。如难以迅速恢复交通，应当提请当地人民政府予以解决，或者提请上一级人民政府交通行政主管部门协助解决。

第三十二条 在非检疫传染病疫区运行的车辆上发现检疫传染病病人、疑似检疫传染病病人、可能感染检疫传染病病人以及国务院卫生行政主管部门规定需要采取应急控制措施的传染病病人、疑似传染病病人及其密切接触者，由县级以上人民政府交通行政主管部门协助同级人民政府卫生行政主管部门依法决定对该车辆及其乘运人员、货物实施交通卫生检疫。

在非检疫传染病疫区运行船舶上发现检疫传染病病人、疑似检疫传染病病人、可能感染检疫传染病病人以及国务院卫生行政主管部门规定需要采取应急控制措施的传染病病人、疑似传染病病人及其密切接触者，由海事管理机构协助同级人民政府卫生行政主管部门依法对该船舶及其乘运人员、货物实施交通卫生检疫。

在非传染病疫区跨省、自治区、直辖市运行的船舶上发现检疫传染病病人、疑似检疫传染病病人、可能感染检疫传染病病人以及国务院卫生行政主管部门规定需要采取应急控制措施的传染病病人、疑似传染病病人及其密切接触者，交通部会同卫生部依法决定对该船舶实施交通卫生检疫，命令该船舶不得停靠或者通过港站。但是，因实施卫生检疫导致中断干线交通，报国务院决定。

第六章　紧急运输

第三十三条　突发事件发生后，县级以上地方人民政府交通行政主管部门应当采取措施保证突发事件应急处理所需运输的人员群体、防疫人员、医护人员以及突发事件应急处理所需的救治消毒药品、医疗救护设备器械等紧急物资及时运输。

第三十四条　依法负责处理突发事件的防疫人员、医护人员凭县级以上人民政府卫生行政主管部门出具的有关证明以及本人有效身份证件，可以优先购买客票；道路运输经营者、水路运输经营者应当保证其购得最近一次通往目的地的客票。

第三十五条　根据县级以上人民政府突发事件应急处理指挥部的命令，县级以上人民政府交通行政主管部门应当协助紧急调用有关人员、车船以及相关设施、设备。

被调用的单位和个人必须确保完成有关人员和紧急物资运输任务，不得延误和拒绝。

第三十六条　承担突发事件应急处理所需紧急运输的车船，应当使用《紧急运输通行证》。其中，跨省运送紧急物资的，应当使用交通部统一印制的《紧急运输通行证》；省内运送紧急物资的，可以使用省级交通行政主管部门统一印制的《紧急运输通行证》。使用《紧急运输通行证》的车船，按国家有关规定免交车辆通行费、船舶过闸费，并优先通行。

《紧急运输通行证》应当按照交通部的有关规定印制、发放和使用。

第三十七条　承担重大传染病疫情应急处理紧急运输任务的道路运输经营者、水路运输经营者应当遵守下列规定：

（一）车船在装卸货物前后根据需要进行清洗、消毒或者进行其他卫生处理；

（二）有关运输人员事前应当接受健康检查和有关防护知识培训，配备相应的安全防护用具；

（三）保证驾驶员休息充足，不得疲劳驾驶；

（四）进入疫区前，应当采取严格的防护措施；驶离疫区后，应当立即对车船和随行人员进行消毒或者采取其他必要卫生处理措施；

（五）紧急运输任务完成后，交回《紧急运输通行证》，对运输人员应当进行健康检查，并安排休息观察。

第三十八条　重大传染病疫情发生后，引航人员、理货人员上船引航、理货，应当事先体检，采取相应的有效防护措施，上船时应当主动出示健康合格证。

第七章　检查监督

第三十九条　县级以上人民政府交通行政主管部门应当加强对本行政区域内突发事件交通应急工作的指导和督察；上级人民政府交通行政主管部门对突发事件交通应急处理工作进行指导和督察，下级人民政府交通行政主管部门应当予以配合。

第四十条　县级以上地方人民政府交通行政主管部门的工作人员依法协助或者实施交通卫生检疫，应当携带证件，佩戴标志，热情服务，秉公执法，任何单位和个人应当予以配合，不得阻挠。

第四十一条　县级以上人民政府交通行政主管部门应当加强对《交通卫生检疫合格证》、《旅客健康申报卡》使用情况的监督检查；对已按规定使用《交通卫生检疫合格证》、《旅客健康申报卡》的车船，应当立即放行。

任何单位和个人不得擅自印制、伪造、变造、租借、转让《交通卫生检疫合格证》、《紧急运输通行证》。

任何单位和个人不得使用擅自印制、伪造、变造、租借、转让的《交通卫生检疫合格证》、《紧急运输通行证》。

第八章　法律责任

第四十二条　县级以上地方人民政府交通行政主管部

门违反本规定，有下列行为之一的，对其主要负责人依法给予行政处分：

（一）未依照本规定履行报告职责，对突发事件隐瞒、缓报、谎报或者授意他人隐瞒、缓报、谎报的；

（二）未依照本规定，组织完成突发事件应急处理所需要的紧急物资的运输的；

（三）对上级人民政府交通行政主管部门进行有关调查不予配合，或者采取其他方式阻碍、干涉调查的。

县级以上人民政府交通行政主管部门违反有关规定，造成传染病传播、流行或者对社会公众健康造成其他严重危害后果的，对主要负责人、负有责任的主管人员和其他责任人员依法给予开除的行政处分；构成犯罪的，依法追究刑事责任。

第四十三条 县级以上人民政府交通行政主管部门违反本规定，有下列行为之一，由上级人民政府交通行政主管部门责令改正、通报批评、给予警告；对主要负责人、负有责任的主管人员和其他责任人员依法给予降级、撤职的行政处分：

（一）在突发事件调查、控制工作中玩忽职守、失职、渎职的；

（二）拒不履行突发事件交通应急处理职责的。

第四十四条 道路运输经营者、水路运输经营者违反本规定，对在车船上发现的检疫传染病病人、疑似检疫传染病病人，未按有关规定采取相应措施的，由县级以上地方人民政府卫生行政主管部门责令改正，给予警告，并处1000元以上5000元以下的罚款。

第四十五条 检疫传染病病人、疑似检疫传染病病人以及与其密切接触者隐瞒真实情况、逃避交通卫生检疫的，由县级以上地方人民政府卫生行政主管部门责令限期改正，给予警告，可以并处1000元以下的罚款；拒绝接受交通卫生检疫和必要的卫生处理的，给予警告，并处1000元以上5000元以下的罚款。

第四十六条 突发事件发生后，未取得相应的运输经营资格，擅自从事道路运输、水路运输；或者有其他违反有关道路运输、水路运输管理规定行为的，依照有关道路运输、水路运输管理法规、规章的规定从重给予行政处罚。

第九章 附 则

第四十七条 群体性不明原因疾病交通应急方案，参照重大传染病交通应急方案执行。

第四十八条 本规定自2004年5月1日起施行。

高速公路交通应急管理程序规定

1. 2008年12月3日公安部发布
2. 公通字〔2008〕54号

第一章 总 则

第一条 为加强高速公路交通应急管理，切实保障高速公路交通安全畅通和人民生命财产安全，有效处置交通拥堵，根据《中华人民共和国道路交通安全法》及其实施条例、《中华人民共和国突发事件应对法》的有关规定，制定本规定。

第二条 因道路交通事故、危险化学品泄漏、恶劣天气、自然灾害以及其他突然发生影响安全畅通的事件，造成高速公路交通中断和车辆滞留，各级公安机关按照本规定进行应急处置。

第三条 高速公路交通应急管理工作应当坚持以人为本、统一领导、分工负责、协调联动、快速反应、依法实施的原则，将应急救援和交通疏导工作作为首要任务，确保人民群众生命财产安全和交通安全畅通。

第四条 各级公安机关要完善高速公路交通应急管理领导机构，建立统一指挥、分级负责、部门联动、协调有序、反应灵敏、运转高效的高速公路交通应急管理机制。

第五条 各级公安机关应当建立高速公路分级应急响应机制。公安部指导各级公安机关开展高速公路交通应急管理工作，省级公安机关指导或指挥本省（自治区、直辖市）公安机关开展高速公路交通应急管理工作，地市级以下公安机关根据职责负责辖区内高速公路交通应急管理工作。

第六条 各级公安机关应当结合实际，在本级人民政府统一领导下，会同环境保护、交通运输、卫生、安全监管、气象等部门和高速公路经营管理、医疗急救、抢险救援等单位，联合建立高速公路交通应急管理预警机制和协作机制。

第七条 省级公安机关应当建立完善相邻省（自治

区、直辖市）高速公路交通应急管理协调工作机制，配合相邻省（自治区、直辖市）做好跨省际高速公路交通应急管理工作。

第八条　各级公安机关交通管理部门根据管理体制和管理职责，具体负责本辖区内高速公路交通应急管理工作。

第二章　应急准备

第九条　根据道路交通中断造成车辆滞留的影响范围和严重程度，高速公路应急响应从高到低分为一级、二级、三级和四级应急响应级别。各级公安机关应当完善高速公路交通管理应急预案体系，根据职权制定相应级别的应急预案，在应急预案中分别对交通事故、危险化学品泄漏、恶劣天气、自然灾害等不同突发情况做出具体规定。

第十条　各级公安机关应当根据高速公路交通应急管理实际需要，为高速公路公安交通管理部门配备应急处置的有关装备和设施，完善通讯、交通、救援、信息发布等装备器材及民警个人防护装备。

第十一条　公安部制定一级响应应急预案，每两年组织一次演练和培训。省级公安机关制定二级和三级响应应急预案，每年组织一次演练和培训。地市级公安机关制定四级响应应急预案，每半年组织一次演练和培训。

第十二条　跨省（自治区、直辖市）实施交通应急管理的应急预案应由省级公安机关制定，通报相关省级公安机关，并报公安部备案。

跨地市实施交通应急管理的应急预案应由地市级公安机关制定，通报相关地市级公安机关，并报省级公安机关备案。

第三章　应急响应

第十三条　道路交通中断24小时以上，造成车辆滞留严重影响相邻三个以上省（自治区、直辖市）高速公路通行的为一级响应；道路交通中断24小时以上，造成车辆滞留涉及相邻两个以上省（自治区、直辖市）高速公路通行的为二级响应；道路交通中断24小时以上，造成车辆滞留影响省（自治区、直辖市）内相邻三个以上地市辖区高速公路通行的为三级响应；道路交通中断12小时以上，造成车辆滞留影响两个以上地市辖区内高速公路通行的为四级响应。

第十四条　各级公安机关接到应急事件报警后，应当详细了解事件情况，对事件的处置时间和可能造成的影响及时作出研判。在确认高速公路交通应急管理响应级别后，应当立即启动相应级别的应急预案并明确向下一级公安机关宣布进入应急状态。各级公安机关在宣布或者接上级公安机关命令进入应急状态后，应当立即部署本级相关部门或相关下级公安机关执行。

第十五条　一级响应时，公安部启动一级响应应急预案，宣布进入一级应急状态，成立高速公路交通应急管理指挥部，指导、协调所涉及地区公安机关开展交通应急管理工作，必要时派员赴现场指导工作，相关省级公安机关成立相应领导机构，指导或指挥省（自治区、直辖市）内各级公安机关开展各项交通应急管理工作。

第十六条　二级响应时，由发生地省级公安机关联合被影响地省级公安机关启动二级响应应急预案，宣布进入二级应急状态，以发生地省级公安机关为主成立高速公路交通应急管理指挥部，协调被影响地省级公安机关开展交通应急管理工作。必要时由公安部协调开展工作。

第十七条　三级响应时，省级公安机关启动三级响应应急预案，宣布进入三级应急状态，成立高速公路交通应急管理指挥部，指挥本省（自治区、直辖市）内各级公安机关开展交通应急管理工作。

第十八条　四级响应时，由发生地地市级公安机关联合被影响地公安机关启动四级响应应急预案，宣布进入四级应急状态，以发生地地市级公安机关为主成立高速公路交通应急管理指挥部，指挥本地公安机关，协调被影响地公安机关开展交通应急管理工作。

第十九条　发生地和被影响地难以区分时，上级公安机关可以指令下级公安机关牵头成立临时领导机构，指挥、协调高速公路交通应急管理工作。

第二十条　各级公安机关要根据事态的发展和现场处置情况及时调整响应级别。响应级别需要提高的，应当在初步确定后30分钟内，宣布提高响应级别或报请上级公安机关提高响应级别，启动相应级别的应急预案。

第四章　应急处置

第二十一条　一级响应，需要采取封闭高速公路交通管理措施的，由公安部作出决定；二级以下响应，需要采取封闭高速公路交通管理措施的，应当由省级公安机关作出决定，封闭高速公路24小时以上的应报公安部备案；情况特别紧急，如不采取封闭高速公路交通管理措施，可能造成群死群伤重特大交通事故等情形的，可先行封闭高速公路，再按规定逐级上报批准或备案。

第二十二条　高速公路实施交通应急管理时，非紧急情况不得关闭省际入口，一级、二级响应时，本省（自治区、直辖市）范围内不能疏导交通，确需关闭高速公路省际入口的，按以下要求进行：

（一）采取关闭高速公路省际入口措施，应当事先征求相邻省级公安机关意见；

（二）一级响应时，需要关闭高速公路省际入口的，应当报公安部批准后实施；

（三）二级响应时，关闭高速公路省际入口可能在24小时以上的，由省级公安机关批准后实施，同时应当向公安部上报道路基本情况、处置措施、关闭高速公路省际入口后采取的应对措施以及征求相邻省级公安机关意见情况；24小时以内的，由省级公安机关批准后实施；

（四）具体实施关闭高速公路省际入口措施的公安机关，应当每小时向相邻省（自治区、直辖市）协助实施交通管理的公安机关通报一次处置突发事件工作进展情况；

（五）应急处置完毕，应当立即解除高速公路省际入口关闭措施，并通知相邻省级公安机关协助疏导交通，关闭高速公路省际入口24小时以上的，还应当同时上报公安部。

第二十三条　高速公路实施交通应急管理一级、二级响应时，实施远端分流，需组织车辆绕道相邻省（自治区、直辖市）公路通行的，按以下要求进行：

（一）跨省（自治区、直辖市）组织实施车辆绕道通行的，应当报省级公安机关同意，并与相邻省级公安机关就通行线路、通行组织等有关情况协商一致后报公安部批准；

（二）组织车辆绕道通行应当采取现场指挥、引导通行等措施确保安全；

（三）按照有关规定发布车辆绕道通行和路况等信息。

第五章　现场处置措施

第二十四条　重特大交通事故交通应急管理现场处置措施：

（一）启动高速公路交通应急管理协作机制，立即联系医疗急救机构，组织抢救受伤人员，上报事故现场基本情况，保护事故现场，维护现场秩序；

（二）划定警戒区，并在警戒区外按照“远疏近密”的要求，从距来车方向五百米以外开始设置警告标志。白天要指定交通警察负责警戒并指挥过往车辆减速、变更车道。夜间或者雨、雪、雾等天气情况造成能见度低于五百米时，需从距来车方向一千米以外开始设置警告标志，并停放警车，打开警灯或电子显示屏示警；

（三）控制交通肇事人，疏散无关人员，视情采取临时性交通管制措施及其他控制措施，防止引发次生交通事故；

（四）在医疗急救机构人员到达现场之前，组织抢救受伤人员，对因抢救伤员需要移动车辆、物品的，应当先标明原始位置；

（五）确保应急车道畅通，引导医疗、施救等车辆、人员顺利出入事故现场，做好辅助性工作；救护车辆不足时，启用警车或征用过往车辆协助运送伤员到医疗急救机构。

第二十五条　危险化学品运输车辆交通事故交通应急管理现场处置措施：

（一）启动高速公路交通应急管理协作机制，及时向驾驶人、押运人员及其他有关人员了解运载的物品种类及可能导致的后果，迅速上报危险化学品种类、危害程度、是否泄漏、死伤人员及周边河流、村庄受害等情况；

（二）划定警戒区域，设置警戒线，清理、疏散无关车辆、人员，安排事故未受伤人员至现场上风口地带；在医疗急救机构人员到达现场之前，组织抢救受伤人员。控制、保护肇事者和当事人，防止逃逸和其他意外的发生；

（三）确保应急车道畅通，引导医疗、救援等车辆、人员顺利出入事故现场，做好辅助性工作；救护车辆不足时，启用警车或征用过往车辆协助运送伤员到医疗急救机构；

（四）严禁在事故现场吸烟、拨打手机或使用明火等可能引起燃烧、爆炸等严重后果的行为。经环境保护、安全监管等部门及公安消防机构监测可能发生重大险情的，要立即将现场警力和人员撤至安全区域；

（五）解救因车辆撞击、侧翻、失火、落水、坠落而被困的人员，排除可能存在的隐患和险情，防止发生次生交通事故。

第二十六条　恶劣天气交通应急管理现场处置措施：

（一）迅速上报路况信息，包括雾、雨、雪、冰等恶劣天气的区域范围及变化趋势、能见度、车流量等情况；

（二）根据路况和上级要求，采取分段通行、间断放行、绕道通行、引导通行等措施；

（三）加强巡逻，及时发现和处置交通事故现场，严防发生次生交通事故；

（四）采取封闭高速公路交通管理措施时，要通过设置绕行提示标志、电子显示屏或可变情报板、交通广播等方式发布提示信息，按照交通应急管理预案进行分流。

第二十七条　自然灾害交通应急管理现场处置措施：

（一）接到报警后，民警迅速赶往现场，了解现场具体情况；

（二）因自然灾害导致路面堵塞，及时采取封闭道路措施，对受影响路段入口实施交通管制；

（三）通过设置绕行提示标志、电子显示屏或可变情报板、交通广播等方式发布提示信息，按照交通分流预案进行分流；

（四）封闭道路分流后须立即采取带离的方式清理道路上的滞留车辆；

（五）根据现场情况调度施救力量，及时清理现场，确保尽早恢复交通。

第二十八条　公安机关接报应急情况后，应当采取以下措施：

（一）了解道路交通中断和车辆滞留的影响范围和严重程度，根据高速公路交通应急管理响应级别，启动相应的应急预案，启动高速公路交通应急管理协作机制；

（二）按照本规定要求及时上报有关信息；

（三）会同相关职能部门，组织实施交通管理措施，及时采取分段通行、间断放行、绕道通行、引导通行等措施疏导滞留车辆；

（四）依法及时发布交通预警、分流和诱导等交通管理信息。

第二十九条　公安机关接到危险化学品泄露交通事故报警后，应当立即报告当地人民政府，通知有关部门到现场协助处理。

第三十条　各级公安机关应当在高速公路交通管理应急预案中详细规定交通警察现场处置操作规程。

第三十一条　交通警察在实施交通应急管理现场处置操作规程时，应当严格执行安全防护规定，注意自身安全。

第六章　信息报告与发布

第三十二条　需采取的应急措施超出公安机关职权范围的，事发地公安机关应当向当地人民政府报告，请求协调解决，同时向上级公安机关报告。

第三十三条　高速公路实施交通应急管理可能影响相邻省（自治区、直辖市）道路交通的，在及时处置的同时，要立即向相邻省（自治区、直辖市）的同级公安机关通报。

第三十四条　受邻省高速公路实施交通应急管理影响，造成本省（自治区、直辖市）道路交通中断和车辆滞留的，应当立即向邻省同级公安机关通报，同时向上级公安机关和当地人民政府报告。

第三十五条　信息上报的内容应当包括事件发生时间、地点、原因、目前道路交通状况、事件造成损失及危害、判定的响应级别、已经采取的措施、工作建议以及预计恢复交通的时间等情况，完整填写《高速公路交通应急管理信息上报表》。

第三十六条　信息上报可通过电话、传真、公安信息网传输等方式，紧急情况下，应当立即通过电话上报，遇有暂时无法查清的情况，待查清后续报。

第三十七条　高速公路实施交通应急管理需启动一级响应的，应当在初步确定启动一级响应 1 小时内将基本信息逐级上报至公安部；需启动二级响应的，应当在初步确定启动二级响应 30 分钟内将基本信息逐级上报至省级公安机关；需启动三级和四级响应的，应当及时将基本信息逐级上报至省级公安机关。公安部指令要求查报的，可由当地公安机关在规定时间内直接报告。

第三十八条　各级公安机关应当按照有关规定在第一

时间向社会发布高速公路交通应急管理简要信息，随后发布初步核实情况、政府应对措施和公众防范措施等，并根据事件处置情况做好后续发布工作。对外发布的有关信息应当及时、准确、客观、全面。

第三十九条 本省(自治区、直辖市)或相邻省(自治区、直辖市)高速公路实施交通应急管理，需采取交通管制措施影响本省(自治区、直辖市)道路交通，应当采取现场接受采访、举行新闻发布会等形式通过本省(自治区、直辖市)电视、广播、报纸、网络等媒体及时公布信息。同时，协调高速公路经营管理单位在高速公路沿线电子显示屏滚动播放交通管制措施。

第四十条 应急处置完毕，应当迅速取消交通应急管理等措施，尽快恢复交通，待道路交通畅通后撤离现场，并及时向社会发布取消交通应急管理措施和恢复交通的信息。

第七章 评估总结

第四十一条 各级公安机关要对制定的应急预案定期组织评估，并根据演练和启动预案的情况，适时调整应急预案内容。公安部每两年组织对一级响应应急预案进行一次评估，省级公安机关每年组织对二级和三级响应应急预案进行一次评估，地市级公安机关每半年对四级响应应急预案进行一次评估。

第四十二条 应急处置结束后，应急处置工作所涉及的公安机关应当对应急响应工作进行总结，并对应急预案进行修订完善。

第八章 附 则

第四十三条 违反本规定中关于关闭高速公路省际入口、组织车辆绕行分流和信息报告、发布等要求，影响应急事件处置的，给予有关人员相应纪律处分；造成严重后果的，依法追究有关人员法律责任。

第四十四条 本规定中所称“以上”、“以下”、“以内”、“以外”包含本数。

第四十五条 高速公路以外的其他道路交通应急管理参照本规定执行。

第四十六条 本规定自印发之日起实施。

附件：(略)

公路交通突发事件应急预案

1. 2017年9月4日交通运输部发布
2. 交应急发〔2017〕135号

目 录

1. 总　　则

1.1　编制目的

为规范和加强公路交通突发事件的应急管理工作，指导、协调各地建立和完善应急预案体系，有效应对公路交通突发事件，及时保障、恢复公路交通正常运行，制定本预案。

1.2　编制依据

依据《中华人民共和国突发事件应对法》《中华人民共和国公路法》《公路安全保护条例》《突发事件应急预案管理办法》《国家突发公共事件总体应急预案》《交通运输突发事件应急管理规定》《交通运输部突发事件应急工作暂行规范》等相关规定。

1.3　事件分级

本预案所称公路交通突发事件，是指由于自然灾害、事故等原因引发，造成或者可能造成公路交通运行中断，需要及时进行抢修保通、恢复通行能力的，以及由于重要物资、人员运输特殊要求，需要提供公路应急通行保障的紧急事件。

公路交通突发事件按照性质类型、严重程度、可控性和影响范围等因素，分为四个等级：Ⅰ级（特别重大）、Ⅱ级（重大）、Ⅲ级（较大）和Ⅳ级（一般）。

（1）Ⅰ级事件。事态非常复杂，已经或可能造成特别重大人员伤亡、特别重大财产损失，需交通运输部组织协调系统内多方面力量和资源进行应急处置的公路交通突发事件。

（2）Ⅱ级事件。事态复杂，已经或可能造成重大人员伤亡、重大财产损失，需省级交通运输主管部门组织协调系统内多方面力量和资源进行应急处置的公路交通突发事件。

（3）Ⅲ级事件。事态较为复杂，已经或可能造成较大人员伤亡、较大财产损失，需市级交通运输主管部门组织协调系统内多方面力量和资源进行应急处置的公路交通突发事件。

（4）Ⅳ级事件。事态比较简单，已经或可能造成人员伤亡、财产损失，需县级交通运输主管部门组织协调系统内多方面力量和资源进行应急处置的公路交通突发事件。

公路交通突发事件等级确定标准见附件1。自然灾害等对公路交通的影响尚不明确，而国家专项应急预案或相关主管部门已明确事件等级标准的，可参照执行。详见附件2～附件4。

省级交通运输主管部门可以结合本地区实际情况，对Ⅱ级、Ⅲ级和Ⅳ级公路交通突发事件分级情形进行细化补充。

1.4　适用范围

本预案适用于Ⅰ级公路交通突发事件的应对工作，以及需要由交通运输部指导、支持处置的Ⅰ级以下公路交通突发事件或者其他紧急事件的应对工作。

本预案指导地方公路交通突发事件应急预案的编制和地方交通运输主管部门对公路交通突发事件的应对工作。

1.5　工作原则

（1）依法应对，预防为主。公路交通突发事件应对要坚持以人民为中心的发展思想，严格按照国家相关法律法规要求，不断提高应急科技水平，增强预警预防、应急处置与保障能力，坚持预防与应急相结合，常态与非常态相结合，提高防范意识，做好预案演练、宣传和培训等各项保障工作。

（2）统一领导，分级负责。公路交通突发事件应对以属地管理为主，在人民政府的统一领导下，由交通运输主管部门牵头，结合各地公路管理体制，充分发挥公路管理机构的作用，建立健全责任明确、分级响应、条块结合、保障有力的应急管理体系。

（3）规范有序，协调联动。建立统一指挥、分工明确、反应灵敏、协调有序、运转高效的应急响应程序，加强与其他相关部门的协作，形成优势互补、资源共享的公路交通突发事件应急处置机制，提高应对突发事件的科学决策和指挥能力。

1.6　应急预案体系

（1）国家公路交通突发事件应急预案。交通运输部应对公路交通突发事件和指导地方公路交通突发事件应急预案编制的政策性文件，由交通运输部公布实施。

（2）地方公路交通突发事件应急预案。省、市、县级交通运输主管部门按照交通运输部制定的公路交通突发事件应急预案，在本级人民政府的领导和上级交通运输主管部门的指导下，为及时应对本行政区域内发生的公路交通突发事件而制定的应急预案，由地方交通运输主管部门公布实施。

（3）公路交通企事业单位突发事件应急预案。公路管理机构、公路交通企业等根据国家及地方公路交通突发事件应急预案的要求，结合自身实际，为及时应对可能发生的各类突发事件而制定的应急预案，由各公路交通企事业单位实施。

（4）应急预案操作手册。各级交通运输主管部门、公路交通企事业单位可根据有关应急预案要求，制定与应急预案相配套的工作程序文件。

2. 组织体系及职责

公路交通应急组织体系由国家、省、市和县四级组成。

2.1 国家应急组织机构

交通运输部负责全国公路交通突发事件应急处置工作的协调、指导和监督。

2.1.1 应急领导小组

交通运输部在启动公路交通突发事件应急响应时，同步成立交通运输部应对XX事件应急工作领导小组（以下简称领导小组）。领导小组是公路交通突发事件的指挥机构，由交通运输部部长或者经部长授权的分管部领导任组长，分管部领导、部总师或者公路局及办公厅、应急办主要负责人任副组长，交通运输部相关司局及路网监测与应急处置中心（以下简称部路网中心）负责人为成员。领导小组主要职责如下：

（1）负责组织协调公路交通突发事件的应急处置工作，发布指挥调度命令，并督促检查执行情况。

（2）根据国务院要求或者根据应急处置需要，成立现场工作组，并派往突发事件现场开展应急处置工作。

（3）根据需要，会同国务院有关部门，制定应对突发事件的联合行动方案，并监督实施。

（4）当突发事件由国务院统一指挥时，领导小组按照国务院的指令，执行相应的应急行动。

（5）决定公路交通突发事件应急响应终止。

（6）其他相关重大事项。

领导小组下设综合协调组、抢通保通组、运输保障组、新闻宣传组、通信保障组、后勤保障组等应急工作组。应急工作组由部相关司局和单位组成，在领导小组统一领导下具体承担应急处置工作，并在终止应急响应时宣布取消。应急工作组组成人员，由各应急工作组组长根据应急工作需要提出，报领导小组批准。视情成立专家组、现场工作组和灾情评估组，在领导小组统一协调下开展工作。

2.1.2 应急工作组

（1）综合协调组。由部应急办或办公厅负责人任组长，视情由部相关司局和单位人员组成。负责起草领导小组工作会议纪要、明传电报、重要报告、综合类文件，向中办信息综合室、国务院总值班室和相关部门报送信息，协助领导小组落实党中央和国务院领导同志以及部领导的有关要求，承办领导小组交办的其他工作。

（2）抢通保通组。由部公路局负责人任组长，视情由部相关司局和单位人员组成。负责组织协调公路抢修保通、跨省应急通行保障工作，组织协调跨省应急队伍调度和应急装备物资调配，拟定跨省公路绕行方案并组织实施，协调武警交通部队和社会力量参与公路抢通工作，拟定抢险救灾资金补助方案。

（3）运输保障组。由部运输服务司负责人任组长，视情由部相关司局和单位人员组成。负责组织协调人员、物资的应急运输保障工作，协调与其他运输方式的联运工作，拟定应急运输征用补偿资金补助方案。

（4）新闻宣传组。由部政策研究室负责人任组长，视情由部相关司局和单位人员组成。负责突发事件的新闻宣传工作。

（5）通信保障组。由部通信信息中心负责人任组长，部通信信息中心相关处室负责人任成员。负责应急处置过程中网络、视频、通信等保障工作。

（6）后勤保障组。由部机关服务中心负责人任组长，部机关服务中心相关处室人员任成员。负责应急响应期间24小时后勤服务保障工作；承办领导小组交办的其他工作。

2.1.3 专家组

专家组由领导小组在专家库中选择与事件处置有关的专家组成。负责对应急准备以及应急行动方案提供专业咨询和建议，根据需要参加公路交通突发事件的应急处置工作。

2.1.4　现场工作组

现场工作组由部公路局带队，相关司局和单位人员组成。现场工作组按照统一部署，在突发事件现场指导开展应急处置工作，并及时向领导小组报告现场有关情况。必要时，现场工作组可由部领导带队。

2.1.5　灾情评估组

灾情评估组由部总师任组长，根据需要由部相关司局和单位人员组成。负责组织灾后调查工作，指导拟定公路灾后恢复重建方案，对突发事件情况、应急处置措施、取得成效、存在的主要问题等进行总结和评估。

2.1.6　日常机构

部路网中心作为国家公路交通应急日常机构，在交通运输部领导下开展工作。

日常状态时，主要承担国家高速公路网、重要干线公路及特大桥梁、长大隧道的运行监测及有关信息的接收、分析、处理和发布，承担全国公路网运行监测、应急处置技术支持等相关政策、规章制度、标准规范的研究、起草工作，承担全国公路网运行监测、重大突发事件预警与应急处置等信息平台的管理和维护，组织公路交通应急培训，参与组织部省联合应急演练，承担应急咨询专家库的建设与管理，承担国家区域性公路交通应急装备物资储备运行管理有关工作等。

应急状态时，在领导小组统一领导下，主要承担全国公路网运行统筹调度、跨省公路绕行、应急抢修保通等事项的组织与协调的有关业务支撑工作，承担与地方公路交通相关机构的联络和全国公路交通突发事件应急信息的内部报送等。

2.2　地方应急组织机构

地方交通运输主管部门负责本行政区域内相应级别公路交通突发事件应急处置工作的组织、协调、指导和监督。

省、市、县级交通运输主管部门可参照国家应急组织机构组建模式，根据本地区实际情况成立应急组织机构，明确相关职责。

3. 预防与预警

3.1　预警机制

各级交通运输主管部门应在日常工作中开展预警预防工作，重点做好对气象、国土等部门的预警信息以及公路交通突发事件相关信息的搜集、接收、整理和风险分析工作，完善预测预警联动机制，建立完善预测预警及出行信息发布系统。针对各种可能对公路交通运行产生影响的情况，按照相关程序转发或者联合发布预警信息，做好预防与应对准备工作，并及时向公众发布出行服务信息和提示信息。

3.2　预警信息收集

预警信息及出行服务信息来源包括：

（1）气象、地震、国土资源、水利、公安、安监等有关部门的监测和灾害预报预警信息以及国家重点或者紧急物资运输通行保障需求信息。

（2）各级交通运输主管部门及相关管理机构有关公路交通中断、阻塞的监测信息。

（3）其他需要交通运输主管部门提供应急保障的紧急事件信息。

信息收集内容包括预计发生事件的类型、出现的时间、地点、规模、可能引发的影响及发展趋势等。

3.3　预警信息发布

部路网中心接到可能引发重大公路交通突发事件的相关信息后，及时核实有关情况，确需发布预警信息的，报请公路局，转发预警信息或与气象部门联合发布重大公路气象预警，提示地方交通运输主管部门做好相应防范和准备工作。省级交通运输主管部门接到预警信息后，应当加强应急监测，及时向部路网中心报送路网运行信息，并研究确定应对方案。

地方各级交通运输主管部门或公路管理机构，可根据所在行政区域有关部门发布的预警信息，及其对公路交通影响情况，转发或联合发布预警信息。预警信息发布程序可结合当地实际确定。

3.4　防御响应

3.4.1　防御响应范围

防御响应是根据预警信息，在突发事件发生前采取的应对措施，是预警预防机制的重要内容。根据实际工作需要，本预案主要规定低温雨雪冰冻、强降水等天气下，部本级的防御响应工作。

3.4.2　防御响应程序

（1）部路网中心接到预计全国将出现大范围低温雨雪冰冻天气、区域性强降水，且对公路交通可能造成严重影响的信息时，及时核实有关情况，报部公路局、应急办。

（2）部公路局商部应急办提出启动防御响应建议。

（3）拟启动Ⅰ级防御响应的，经分管部领导同意，报请部长核准后启动；拟启动Ⅱ级防御响应的，经分管部领导同意后启动。启动防御响应时，同步成立领导小组，并将启动防御响应有关信息按规定报中办信息综合室、国务院总值班室，抄送应急协作部门，通知相关省级交通运输主管部门。有关信息需及时向社会公布。

（4）根据事件发展态势，防御响应可转入应急响应，按照应急响应程序处置。

（5）当预计的天气情况未对公路交通造成影响，或天气预警降低为蓝色（一般）级别或解除时，防御响应自动结束。

3.4.3　防御措施

由部领导组织召开会议，部相关司局负责人参加，立即部署防御响应工作，明确工作重点；指导地方各级交通运输主管部门和应急队伍做好装备、物资、人员等各项准备工作；做好和相关部门信息共享和协调联动工作。

部路网中心立即开展应急监测和预警信息专项报送工作，掌握并报告事态进展情况，根据领导小组要求增加报告频率，形成事件动态报告机制。

4.应急处置

4.1　分级响应

公路交通突发事件应急响应分为部、省、市、县四级部门响应。交通运输部应急响应分Ⅰ级和Ⅱ级，省、市、县级部门应急响应一般可分为Ⅰ级、Ⅱ级、Ⅲ级和Ⅳ级四个等级。

4.1.1　Ⅰ级公路交通突发事件分级响应

发生Ⅰ级公路交通突发事件时，由交通运输部启动并实施Ⅰ级应急响应，相关省、市、县级交通运输主管部门分别启动并实施本级部门Ⅰ级应急响应。

4.1.2　Ⅱ级公路交通突发事件分级响应

发生Ⅱ级公路交通突发事件时，由省级交通运输主管部门启动并实施省级部门应急响应，相关市、县级交通运输主管部门分别启动并实施本级部门应急响应且响应级别不应低于省级部门应急响应级别。

4.1.3　Ⅲ级公路交通突发事件分级响应

发生Ⅲ级公路交通突发事件时，由市级交通运输主管部门启动并实施市级部门应急响应，相关县级交通运输主管部门启动并实施县级部门应急响应且响应级别不应低于市级部门应急响应级别。

4.1.4　Ⅳ级公路交通突发事件分级响应

发生Ⅳ级公路交通突发事件时，由县级交通运输主管部门启动并实施县级部门应急响应。

4.1.5　专项响应

发生Ⅱ、Ⅲ、Ⅳ级公路交通突发事件时，按照国务院部署，或者根据省级交通运输主管部门请求，或者根据对省、市、县级部门应急响应工作的重点跟踪，交通运输部可视情启动Ⅱ级应急响应，指导、支持地方交通运输主管部门开展应急处置工作。

指导、支持措施主要包括：

（1）派出现场工作组或者有关专业技术人员给予指导。

（2）协调事发地周边省份交通运输主管部门、武警交通部队给予支持。

（3）调用国家区域性公路交通应急装备物资储备给予支持。

（4）在资金等方面给予支持。

4.2　响应启动程序

4.2.1　交通运输部应急响应启动程序

（1）部路网中心接到突发事件信息报告后，及时核实有关情况，报部公路局、应急办。

（2）由部公路局商应急办提出启动Ⅰ、Ⅱ级应急响应建议。

（3）拟启动Ⅰ级应急响应的，经分管部领导同意，报请部长核准后启动，同步成立领导小组，各应急工作组、部路网中心等按照职责开展应急工作，并将启动Ⅰ级应急响应有关信息按规定报中办信息综合室、国务院总值班室，抄送应急协作部门，通知相关省级交通运输主管部门。

（4）拟启动Ⅱ级应急响应的，经分管部领导同意后启动，同步成立领导小组，并按照需要成立相应应急工作组。领导小组组成人员报部长核准。

（5）Ⅱ级应急响应启动后，发现事态扩大并符合Ⅰ级应急响应条件的，按照前款规定及时启动Ⅰ级应急响应。

（6）应急响应启动后，应及时向社会公布。

4.2.2　省、市、县级部门应急响应启动程序

省、市、县级交通运输主管部门根据本地区实际情况，制定本级部门应急响应等级、响应措施及启动程序。省级交通运输主管部门启动Ⅲ级及以上公路交通突发事件应急响应的，应报部路网中心。

4.3　信息报告与处理

交通运输部按有关规定向中办信息综合室、国务院总值班室及时报送突发事件信息。

交通运输部和应急协作部门建立部际信息快速通报与联动响应机制，明确各相关部门的应急日常管理机构名称和联络方式，确定不同类别预警与应急信息的通报部门，建立信息快速沟通渠道，规定各类信息的通报与反馈时限，形成较为完善的突发事件信息快速沟通机制。

交通运输部和省级交通运输主管部门建立完善部省公路交通应急信息报送与联动机制，部路网中心汇总上报的公路交通突发事件信息，及时向可能受影响的省（区、市）发布。

交通运输部应急响应启动后，事件所涉及省份的相关机构应将应急处置工作进展情况及时报部路网中心，并按照“零报告”制度，形成定时情况简报，直到应急响应终止。具体报送程序、报送方式按照《交通运输突发事件信息报告和处理办法》《交通运输部公路交通阻断信息报送制度》等相关规定执行。部路网中心应及时将进展信息汇总形成每日公路交通突发事件情况简报，上报领导小组。省、市、县级部门应急响应的信息报送与处理，参照交通运输部应急响应执行。信息报告内容包括事件的类型、发生时间、地点、发生原因、影响范围和程度、发展势态、受损情况、已采取的应急处置措施和成效、联系人及联系方式等。

省级交通运输主管部门制定本地信息报送内容要求与处理流程。

4.4　响应终止

4.4.1　应急响应终止程序

（1）部路网中心根据掌握的事件信息，并向事发地省级交通运输主管部门核实公路交通基本恢复运行或者公路交通突发事件得到控制后，报领导小组。

（2）由抢通保通组商综合协调组提出终止Ⅰ、Ⅱ级应急响应建议和后续处理意见。

（3）拟终止Ⅰ级应急响应的，经领导小组组长同意后终止，或者降低为Ⅱ级应急响应，转入相应等级的应急响应工作程序，同步调整领导小组及下设工作组。

（4）拟终止Ⅱ级应急响应的，经领导小组组长同意后终止。

（5）终止应急响应或降低响应等级的有关信息，按规定报中办信息综合室、国务院总值班室，抄送应急协作部门，通知相关省级交通运输主管部门。

4.4.2　省、市、县级部门应急响应终止程序

省、市、县级交通运输主管部门根据本地区实际情况，制定本级部门应急响应终止程序。

4.5　总结评估

事发地交通运输主管部门应当按照有关要求，及时开展灾后总结评估工作，准确统计公路基础设施损毁情况，客观评估应急处置工作成效，深入总结存在问题和下一步改进措施，并按规定向本级人民政府和上级交通运输主管部门上报总结评估材料。交通运输部应急响应终止后，部公路局及时组织参与单位开展总结评估工作，并报部领导。

5. 应急保障

5.1　队伍保障

各级交通运输主管部门按照“统一指挥、分级负责，平急结合、协调运转”的原则建立公路交通突发事件应急队伍。

5.1.1　国家公路交通应急队伍

武警交通部队纳入国家应急救援力量体系，作为国家公路交通应急抢险救援、抢通保通队伍，兵力调动使用按照有关规定执行。

5.1.2　地方公路交通应急队伍

地方交通运输主管部门应当根据路网规模、结构和易发突发事件特点，负责本地应急抢险救援、抢通保通队伍的组建和日常管理。应急队伍可以专兼结合，充分吸收社会力量参与。

5.1.3　社会力量动员与参与

地方交通运输主管部门应根据本地区实际情况和突发事件特点，制定社会动员方案，明确动员的范围、组织程序、决策程序。在公路交通自有应急力量不能满足应急处置需求时，向本级人民政府提出请求，动员

社会力量或协调其他专业应急力量参与应急处置工作。

5.2 装备物资保障

5.2.1 公路交通应急装备物资储备原则

建立实物储备与商业储备相结合、生产能力储备与技术储备相结合、政府采购与政府补贴相结合的应急装备物资储备方式，强化应急装备物资储备能力。储备装备物资时，应统筹考虑交通战备物资储备情况。

5.2.2 公路交通应急装备物资储备体系

公路交通应急装备物资储备体系由国家、省、市三级公路交通应急装备物资储备中心（点）构成。

（1）国家区域性公路交通应急装备物资储备中心。按照“统一规划、部省共建、布局合理、规模适当”的原则，建立国家区域性公路交通应急装备物资储备中心，由交通运输部负责总体规划，其所在地省级交通运输主管部门负责建设和管理。交通运输部应当定期对国家区域性公路交通应急装备物资储备中心的整体布局进行后评估，对布点和规模及时调整完善。

（2）省、市级公路交通应急装备物资储备中心（点）。省、市级交通运输主管部门应当根据本地区易发公路交通突发事件的类型特点及分布规律，结合公路抢通和应急运输保障队伍的分布，依托公路管理机构、公路经营企业和公路养护施工企业的各类设施资源，合理布局、统筹规划建设省、市级公路交通应急装备物资储备中心（点）。

5.2.3 应急装备物资管理

公路交通应急装备物资储备中心（点）应当建立完善的各项应急物资管理规章制度，制定采购、储存、更新、调拨、回收各个工作环节的程序和规范，加强装备物资储备过程中的监管，防止储备装备物资被盗用、挪用、流失和失效，对各类物资及时予以补充和更新。

当本级应急装备物资储备在数量、种类及时间、地理条件等受限制的情况下，需要调用上一级应急装备物资储备中心（点）装备物资储备时，由上一级交通运输主管部门下达调用指令；需要调用国家区域性公路交通应急装备物资储备中心装备物资储备时，由交通运输部下达调用指令。

5.3 通信保障

在充分整合现有交通通信信息资源的基础上，加快建立和完善“统一管理、多网联动、快速响应、处理有效”的公路交通应急通信系统，确保公路交通突发事件应对工作的通信畅通。

5.4 技术保障

5.4.1 科技支撑

各级交通运输主管部门应当建立健全公路交通突发事件技术支撑体系，加强突发事件管理技术的开发和储备，重点加强智能化的应急指挥通信、预测预警、辅助决策、特种应急抢险等技术装备的应用，建立突发事件预警、分析、评估、决策支持系统，提高防范和处置公路交通突发事件的决策水平。

5.4.2 应急数据库

建立包括专家咨询、知识储备、应急预案、应急队伍与装备物资资源等数据库。

公路交通应急抢险保通和应急运输保障队伍，以及装备物资的数据资料应当定期更新。

公路数据库、农村公路数据库、交通移动应急通信指挥平台数据库、交通量调查数据库等交通运输各业务数据库应当为公路交通突发事件处置工作提供数据支持。在部启动防御响应或应急响应后，相关数据库维护管理单位应当为应急处置工作提供必要的技术支撑，并安排专职应急值班人员。

5.5 资金保障

公路交通应急保障所需的各项经费，应当按照事权、财权划分原则，分级负担，并按规定程序列入各级交通运输主管部门年度预算。

鼓励自然人、法人或者其他组织按照有关法律法规的规定进行捐赠和援助。

各级交通运输主管部门应当建立有效的监管和评估体系，对公路交通突发事件应急保障资金的使用及效果进行监管和评估。

5.6 应急演练

交通运输部会同有关单位制定部省联合应急演练计划并组织开展实地演练与模拟演练相结合的多形式应急演练活动。

地方交通运输主管部门要结合所辖区域实际，有计划、有重点地组织应急演练。地方公路交通突发事件应急演练至少每年进行一次，突发事件易发地应当经常组织开展应急演练。应急演练结束后，演练组织单位应当及时组织演练评估。鼓励委托第三方进行演练评估。

5.7 应急培训

各级交通运输主管部门应当将应急教育培训纳入日常管理工作,应急保障相关人员至少每2年接受一次培训,并依据培训记录,对应急人员实行动态管理。

5.8 责任与奖惩

对公路交通突发事件应对工作中做出突出贡献的先进集体和个人要及时地给予宣传、表彰和奖励。

对迟报、谎报、瞒报和漏报重要信息或者应急管理工作有其他失职、渎职行为的,按照有关规定处理。

6. 附　　则

6.1 预案管理与更新

出现下列情形之一时,交通运输部将组织修改完善本预案,更新后报国务院:

(1)预案依据的有关法律、行政法规、规章、标准、上位预案中的有关规定发生变化的;

(2)公路交通突发事件应急机构及其职责发生重大变化或调整的;

(3)预案中的其他重要信息发生变化的;

(4)在突发事件实际应对和应急演练中发现问题需要进行重大调整的;

(5)预案制定单位认为应当修订的其他情况。

地方公路交通突发事件应急预案于印发后20个工作日内报本级人民政府和上级交通运输主管部门备案。公路交通企事业单位突发事件应急预案于印发后20个工作日内报所属地交通运输主管部门备案。

6.2 预案监督与检查

上级交通运输主管部门应根据职责,定期组织对下级交通运输主管部门、公路交通企事业单位应急预案编制与执行情况进行监督检查,并予以通报。

监督检查内容主要包括应急预案编制、组织机构及队伍建设、装备物资储备、信息报送与发布、应急培训与演练、应急资金落实、应急评估等情况。

6.3 预案制定与解释

本预案由交通运输部负责制定、组织实施和解释。

6.4 预案实施时间

本预案自印发之日起实施。

7. 附　　件

附件:1. 公路交通突发事件等级标准(略)

2. 公路交通地震灾害应急处置操作指南(略)

3. 公路交通泥石流灾害应急处置操作指南(略)

4. 公路交通低温雨雪冰冻灾害应急处置操作指南(略)

道路运输突发事件应急预案

1. 2017年9月4日交通运输部发布

2. 交应急发〔2017〕135号

目　　录

6. 附则

6.1　预案管理与更新

6.2　预案制定与解释

6.3　预案实施时间

1. 总　　则

1.1　编 制 目 的

为健全完善道路运输突发事件应急预案体系，规范和加强道路运输突发事件的应急管理工作，有效应对道路运输突发事件，保障人民群众生命财产安全，恢复道路运输正常运行，制定本预案。

1.2　编 制 依 据

依据《中华人民共和国突发事件应对法》《中华人民共和国安全生产法》《中华人民共和国道路运输条例》《生产安全事故报告和调查处理条例》《国家突发公共事件总体应急预案》《突发事件应急预案管理办法》《交通运输突发事件应急管理规定》《关于道路运输应急保障车队建设的指导意见》《交通运输部突发事件应急工作暂行规范》《交通运输突发事件信息处理程序》等相关规定。

1.3　事 件 分 级

本预案所称道路运输突发事件，是指由于自然灾害、道路运输生产事故等原因引发，造成或者可能造成重要客运枢纽（重要客运枢纽，是指除常规客运场站以外，还包括含两种以上运输方式的综合运输场站）运行中断、严重人员伤亡、大量人员需要疏散、生态环境破坏和严重社会危害，以及由于社会经济异常波动造成重要物资、旅客运输紧张，需要交通运输部门提供应急运输保障的紧急事件。

道路运输突发事件按照性质类型、严重程度、可控性和影响范围等因素，分为四级：Ⅰ级（特别重大）、Ⅱ级（重大）、Ⅲ级（较大）和Ⅳ级（一般）。

1.3.1　Ⅰ级道路运输突发事件

有下列情形之一的，为Ⅰ级道路运输突发事件：

（1）重要客运枢纽运行中断

造成或可能造成运行中断48小时以上，致使大量旅客滞留，恢复运行需要多部门协调，人员疏散需要跨省组织。

（2）特别重大道路运输安全事故

客运车辆、危险货物运输车辆以及包含客货运车辆在内的道路运输安全事故，造成30人以上（“以上”包含本数及以上，“以下”不包含本数。）死亡或失踪，或100人以上重伤的事故。

（3）重要物资道路运输应急保障

重要物资缺乏、价格大幅波动等原因可能严重影响全国或者大片区经济整体运行和人民正常生活，超出事发区域省级交通运输主管部门运力组织能力，需要跨省、跨部门协调。

（4）需要由交通运输部提供道路运输应急保障的边境口岸撤侨等其他突发事件。

以上四种情形，事发区域省级交通运输主管部门难以独立处置，需要协调相关省份、相关部门调动运力疏解，提出跨省域道路运输应急保障请求。

1.3.2　Ⅱ级道路运输突发事件

有下列情形之一的，为Ⅱ级道路运输突发事件：

（1）重要客运枢纽运行中断

造成或可能造成运行中断24小时以上，致使大量旅客滞留，恢复运行需要多部门协调，人员疏散需要跨市组织。

（2）重大道路运输安全事故

客运车辆、危险货物运输车辆以及包含客货运车辆在内的道路运输安全事故，造成10人以上、30人以下死亡或失踪，或50人及以上、100人以下重伤的事故。

（3）重要物资道路运输应急保障

重要物资缺乏、价格大幅波动等原因可能严重影响省域内经济整体运行和人民正常生活，超出事发区域市级交通运输主管部门运力组织能力，需要跨市、跨部门协调。

（4）需要由省级交通运输主管部门提供道路运输应急保障的其他突发事件。

1.3.3　Ⅲ级道路运输突发事件

有下列情形之一的，为Ⅲ级道路运输突发事件：

（1）重要客运枢纽运行中断，造成或可能造成大量旅客滞留，事发区域县级交通运输主管部门提出跨县域道路运输应急保障请求的。

（2）客运车辆、危险货物运输车辆以及包含客货运车辆在内的道路运输安全事故，造成3人以上、10人以下死亡或失踪，或10人及以上、50人以下重伤的事故。

（3）发生因重要物资缺乏、价格大幅波动等原因可能严重影响市域内经济整体运行和人民正常生活，需要紧急安排跨县域道路运输保障的。

（4）需要由市级交通运输主管部门提供道路运输应急保障的其他突发事件。

1.3.4　Ⅳ级道路运输突发事件

有下列情形之一的，为Ⅳ级道路运输突发事件：

（1）一般客运枢纽运行中断，造成或可能造成旅客滞留。

（2）客运车辆、危险货物运输车辆以及包含客货运车辆在内的道路运输安全事故，造成3人以下死亡或失踪，或10人以下重伤的事故。

（3）需要由县级交通运输主管部门提供道路运输应急保障的其他突发事件。

1.4　适用范围

本预案适用于Ⅰ级道路运输突发事件的应对处置工作。

本预案指导地方道路运输突发事件应急预案的编制和地方交通运输主管部门对道路运输突发事件的应对工作。

已有国家专项应急预案明确的危险品道路运输事故应对处置工作，适用其规定。

1.5　工作原则

（1）以人民为中心，安全第一

道路运输突发事件应对的预警、预测，以及道路运输事故的善后处置和调查处理应坚持以人民为中心，把保护人民群众生命、财产安全放在首位，不断完善应急预案，做好突发事件应对准备，把事故损失降到最低限度。

（2）依法应对，预防为主

道路运输突发事件应对应按国家相关法律法规要求，不断提高应急科技水平，增强预警预防、应急处置与保障能力，坚持预防与应急相结合，常态与非常态相结合，提高防范意识，做好预案演练、宣传和培训工作，以及有效应对道路运输突发事件的各项保障工作。

（3）统一领导，分级负责

道路运输突发事件应急处置工作以属地管理为主，在各级人民政府的统一领导下，按照事件等级和法定职责，分工合作，共同做好突发事件的应急处置工作。由交通运输主管部门牵头，结合各地道路运输管理体制，充分发挥道路运输管理机构的作用，建立健全责任明确、分级响应、条块结合、保障有力的应急管理体系。

（4）规范有序，协调联动

建立统一指挥、分工明确、反应灵敏、协调有序、运转高效的应急工作响应程序，加强与其他相关部门的协作，形成资源共享、互联互动的道路运输突发事件应急处置机制，实现应急管理工作的制度化、规范化、科学化、高效化。

1.6　应急预案体系

道路运输突发事件应急预案体系包括国家道路运输突发事件应急预案、地方道路运输突发事件应急预案及道路运输企业突发事件应急预案。

（1）国家道路运输突发事件应急预案

交通运输部负责制定、发布国家道路运输突发事件应急预案。

（2）地方道路运输突发事件应急预案

省级、市级、县级交通运输主管部门按照交通运输部制定的国家道路运输突发事件应急预案，在本级人民政府的领导和上级交通运输主管部门的指导下，负责编制、发布地方道路运输突发事件应急预案，报本级人民政府和上级交通运输主管部门备案。

（3）道路运输企业突发事件应急预案

道路运输企业根据国家及地方道路运输突发事件应急预案的要求，结合自身实际，负责编制并实施企业道路运输突发事件应急预案，报所属地交通运输主管部门备案。

2. 组织体系

道路运输应急组织体系由国家、省、市和县四级组成。

2.1　国家应急组织机构

交通运输部协调、指导全国道路运输突发事件的应急处置工作。

2.1.1　应急领导小组

交通运输部在启动Ⅰ级道路运输突发事件应急响应时，同步成立交通运输部应对XX事件应急工作领导小组（以下简称领导小组）。领导小组是Ⅰ级道路运输突发事件的应急指挥机构，由部长或经部长授权的分管部领导担任组长，部安全总监及部办公厅、部政策研究室、部运输服务司、部安全与质量监督管理司（以下简称安质司）、部应急办等部门主要负责人担任副组长（部长担任组长时，分管部领导担任副组长），相关单位负责人为成员。

领导小组主要职责如下：

（1）组织协调Ⅰ级（特别重大）道路运输突发事件的应急处置工作，明确应急工作组的构成，指导应急处置工作。

（2）根据国务院要求，或根据应急处置需要，成立现场工作组，并派往突发事件现场开展应急处置工作。

（3）根据需要，会同国务院有关部门，制定应对突发事件的联合行动方案。

（4）当突发事件由国务院统一指挥时，按照国务院的指令，执行相应的应急行动。

（5）其他相关重大事项。

2.1.2　应急工作组

应急工作组由交通运输部相关司局和单位组成，在领导小组统一协调下开展工作，并在应急响应终止时宣布取消。应急工作组成员由各应急工作组组长根据应急工作需要提出，报领导小组批准。

（1）综合协调组。由部应急办或部办公厅负责人任组长，视情由相关司局和单位人员组成。负责与各应急协作部门的沟通联系；保持与各应急工作组的信息沟通及工作协调；搜集、分析和汇总应急工作情况，跟踪应急处置工作进展情况；定时向中办信息综合室、国务院总值班室和相关部门报送信息；协助领导小组落实党中央和国务院领导同志以及部领导的有关要求；承办领导小组交办的其他工作。

（2）应急指挥组。由部运输服务司负责人任组长，视情由相关司局和单位人员组成。负责参加国务院组织的有关事故调查；组织协调跨省应急队伍调度；协调人员、重要物资的应急运输保障工作；协调与其他运输方式的联运工作；拟定应急运输征用补偿资金补助方案；承办领导小组交办的其他工作。

（3）通信保障组。由部通信信息中心负责人任组长，视情由相关司局和单位人员组成。负责应急响应过程中的网络、视频、通信等保障工作；承办领导小组交办的其他工作。

（4）新闻宣传组。由部政策研究室负责人任组长，视情由相关司局和单位人员组成。负责对外发布应急信息；负责突发事件的新闻宣传工作；承办领导小组交办的其他工作。

（5）现场工作组。由部运输服务司、部应急办等有关司局人员及相关专家组成，必要时由部领导带队。按照统一部署，在突发事件现场协助开展突发事件应急处置工作，并及时向领导小组报告现场有关情况。

（6）专家组。由道路运输行业及相关行业技术、科研、管理、法律等方面专家组成。负责对应急准备以及应急行动方案提供专业咨询和建议，根据需要参加道路运输突发事件的应急处置工作。

2.1.3　日常机构

部运输服务司，作为国家道路运输应急日常机构，在交通运输部领导下开展工作，承担有关道路运输突发事件日常应急管理工作。主要包括：

（1）做好道路运输突发事件日常应急管理有关工作。

（2）接收、搜集、整理、分析道路运输突发事件相关信息及预警信息，向部应急办报送道路运输应急信息。

（3）组织开展Ⅰ级应急响应相关处置工作。

（4）负责组织制修订道路运输突发事件应急预案。

（5）指导地方道路运输突发事件应急预案体系建设。

（6）承办领导小组交办的工作。

2.2　地方应急组织机构

省级、市级、县级交通运输主管部门负责本行政区域内道路运输突发事件应急处置工作的组织、协调、指导。

省级、市级、县级交通运输主管部门可参照国家级道路运输突发事件应急组织机构组建模式，根据本地区实际情况成立应急组织机构，明确相应人员安排和职责分工。

3. 预防与预警

各级交通运输主管部门应结合《交通运输综合应急预案》和本预案的要求做好突发事件的预防预警工

作，重点做好对气象、国土等部门的预警信息以及道路运输突发事件相关信息的搜集、接收、整理和风险分析工作，完善预测预警联动机制，指导地方交通运输主管部门做好相应的应急准备。

预警信息来源包括：

（1）气象、地震、国土资源、水利、公安、安监、商务、外交等有关部门的监测和灾害预报预警信息，以及国家重点或者紧急物资道路运输保障需求信息。

（2）各级交通运输主管部门及相关管理机构有关道路运输延误、中断等监测信息。

（3）其他需要交通运输主管部门提供道路运输应急保障的紧急事件信息。

4. 应急响应

4.1　分级响应

道路运输突发事件应急响应分为国家、省、市、县四级部门响应。每级部门应急响应一般可分为Ⅰ级、Ⅱ级、Ⅲ级和Ⅳ级四个等级。

4.1.1　Ⅰ级道路运输突发事件响应

发生Ⅰ级道路运输突发事件时，由交通运输部启动并实施国家级部门应急响应，事发区域省、市、县级交通运输主管部门分别启动并实施本级部门Ⅰ级应急响应。

4.1.2　Ⅱ级道路运输突发事件响应

发生Ⅱ级道路运输突发事件时，由事发区域省级交通运输主管部门启动并实施省级部门应急响应。事发区域市级、县级交通运输主管部门分别启动并实施本级部门应急响应，且响应级别不应低于上级部门应急响应级别。

4.1.3　Ⅲ级道路运输突发事件响应

发生Ⅲ级道路运输突发事件时，由事发区域市级交通运输主管部门启动并实施市级部门应急响应。事发区域县级交通运输主管部门启动并实施县级部门应急响应，且响应级别不应低于市级部门应急响应级别。

4.1.4　Ⅳ级道路运输突发事件响应

发生Ⅳ级道路运输突发事件时，由事发区域县级交通运输主管部门启动并实施县级部门应急响应。

4.2　响应程序

4.2.1　国家级部门应急响应启动程序

（1）发生Ⅰ级道路运输突发事件或者接到国务院责成处理的道路运输突发事件，部运输服务司及时核实有关情况，并进行分析研究，第一时间向分管部领导报告有关情况，提出启动Ⅰ级应急响应及成立相关应急工作组的建议。

（2）经分管部领导同意后，报请部长核准。由部长或经部长授权的分管部领导宣布启动交通运输部应对XX事件Ⅰ级响应。

（3）同步成立领导小组，领导小组组长明确应急工作组构成；各应急工作组按照职责开展应急工作，并将启动Ⅰ级应急响应有关信息按规定报中办信息综合室、国务院总值班室和相关部门，抄送应急协作部门，通知相关省级交通运输主管部门。

Ⅰ级道路运输突发事件应急响应的具体流程如下图所示。

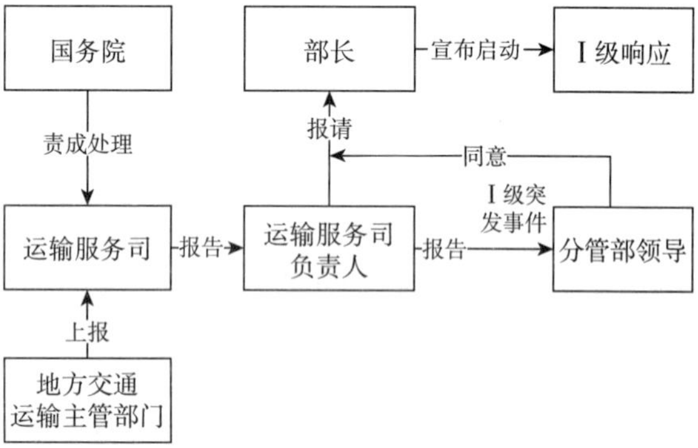

图1　Ⅰ级道路运输突发事件应急响应流程图

4.2.2　省市县级部门应急响应启动程序

省级、市级、县级交通运输主管部门可以参照本预案，根据本地区实际情况，制定本级部门应急响应级别及程序。

各级交通运输主管部门在启动实施本级应急响应的同时，应将应急响应情况报送上一级交通运输主管部门。各级交通运输主管部门在处理超出本级范围的突发事件，需要上一级交通运输主管部门协调处置时，应及时提出请求，并按照前款规定及时启动上一级别应急响应。

4.3　信息报告与处理

交通运输部按有关规定向中办信息综合室、国务院总值班室及时报送突发事件信息。

交通运输部和应急协作部门建立部际信息快速通

报与联动响应机制，明确各相关部门的应急日常管理机构名称和联络方式，确定不同类别预警与应急信息的通报部门，建立信息快速沟通渠道，规定各类信息的通报与反馈时限，形成较为完善的突发事件信息快速沟通机制。

交通运输部和省级交通运输主管部门建立完善部省道路运输应急信息报送与联动机制，部运输服务司汇总上报的道路运输突发事件信息，及时向可能受影响的省（区、市）通报。

Ⅰ级道路运输突发事件应急响应启动后，事发区域省级道路运输主管部门应当将应急处置工作进展情况及时报部运输服务司，并按照“零报告”制度，形成定时情况简报，直到应急响应终止；部运输服务司应及时将进展信息汇总形成每日道路运输突发事件情况简报，上报领导小组，并抄送部应急办。信息报告内容包括：事件的类型、发生时间、地点、发生原因、影响范围和程度、发生势态、受损情况、已采取的应急处置措施和成效、联系人及联系方式等。

4.4 分类处置

启动Ⅰ级应急响应后，根据事件的不同类别，有效组织采取不同处置措施：

（1）应对重要客运枢纽运行中断、重要物资道路运输应急保障的突发事件，应按照《关于道路运输应急保障车队建设的指导意见》（交运发〔2011〕682号）的规定，指挥调动国家应急保障车队，协调事发区域附近省份应急队伍，协调与其他运输方式的联运工作，事发区域地方应急组织机构及相关省份应急队伍应积极配合，完成人员的疏散及重要物资的运输保障。

（2）应对特别重大道路运输安全事故，在做好上述运力组织保障的基础上，还应按照《交通运输部突发事件应急工作暂行规范》（交应急发〔2014〕238号）的规定，派现场工作组赶赴事故第一现场，指导地方交通运输主管部门配合其他相关部门开展事故救援工作，同时组织选派相关人员和专家参与事故调查及处理工作。

4.5 响应终止

4.5.1 国家级部门应急响应终止程序

（1）经领导小组会商评估，认为突发事件的威胁和危害得到控制或者消除，或国务院有关单位发出宣布突发事件应急响应终止或降级的指令时，由部运输服务司商部应急办提出终止Ⅰ级应急响应或降低响应等级建议，报领导小组组长核准。

（2）经报请领导小组组长核准后，终止交通运输部应对XX事件Ⅰ级响应，或降级为Ⅱ级响应，同时取消Ⅰ级响应期间成立的领导小组及下设各应急工作组。

4.5.2 省市县级部门应急响应终止程序

省级、市级、县级交通运输主管部门根据本地区实际情况，制定本级部门应急响应终止程序。

4.6 后期处置

4.6.1 善后处置

事发地交通运输主管部门配合属地人民政府，对因参与应急处理工作致病、致残、死亡的人员，给予相应的补助和抚恤；对因突发事件造成生活困难需要社会救助的人员，按国家有关规定负责救助。

事发地交通运输主管部门配合民政部门及时组织救灾物资、生活必需品和社会捐赠物品的运送，保障群众基本生活。

4.6.2 总结评估

交通运输部应急响应终止后，部运输服务司及时组织参与开展总结评估工作，客观评估应急处置工作成效，深入总结存在问题和下一步改进措施，并报分管部领导。

省市县级部门应急响应终止后，事发地交通运输主管部门应当按照有关要求，及时开展事后总结评估工作，客观评估应急处置工作成效，深入总结存在问题和下一步改进措施，并按规定向本级人民政府和上级交通运输主管部门上报总结评估材料。

5. 应急保障

5.1 队伍保障

各级交通运输主管部门按照“统一指挥、分级负责，平急结合、军民融合”的原则，通过平急转换机制，将道路运输日常生产经营与应急运输相结合，建立道路运输应急保障车队及应急队伍。按照军民融合式发展思路，将道路运输突发事件应急体系建设同交通战备工作有机结合。

5.2 通信保障

在充分整合现有交通通信信息资源的基础上，加快建立和完善“统一管理、多网联动、快速响应、处理有效”的道路运输应急通信系统，确保道路运输突发事件应对工作的通信畅通。

5.3　资金保障

各级交通运输主管部门应积极协调同级财政部门，落实道路运输应急保障所需的各项经费；同时，积极争取各级政府设立应急保障专项基金，并确保专款专用。

鼓励自然人、法人或者其他组织按照有关法律法规的规定进行捐赠和援助。

各级交通运输主管部门应当建立有效的监管和评估体系，对道路运输突发事件应急保障资金的使用及效果进行监管和评估。

5.4　应急演练

部运输服务司会同部应急办建立应急演练制度，组织定期或不定期的桌面应急演练，组织应急相关人员、应急联动机构广泛参与。

地方交通运输主管部门要结合所辖区域实际，有计划、有重点地组织应急演练。预案至少每3年组织一次应急演练。应急演练结束后，演练组织单位应当及时组织演练评估。鼓励委托第三方进行演练评估。

5.5　应急培训

各级交通运输主管部门应当将应急教育培训纳入日常管理工作，并定期开展应急培训。

6. 附　　则

6.1　预案管理与更新

当出现下列情形之一时，交通运输部将组织修改完善本预案，更新后报国务院：

（1）预案依据的有关法律、行政法规、规章、标准、上位预案中的有关规定发生变化的；

（2）道路运输突发事件应急机构及其职责发生重大变化或调整的；

（3）预案中的其他重要信息发生变化的；

（4）在突发事件实际应对和应急演练中发现问题需要进行重大调整的；

（5）预案制定单位认为应当修订的其他情况。

6.2　预案制定与解释

本预案由交通运输部负责制定、组织实施和解释。

6.3　预案实施时间

本预案自印发之日起实施。

公路水运工程生产安全事故应急预案

1. 2017年9月4日交通运输部发布
2. 交应急发〔2017〕135号

目　　录

1. 总　　则

1.1 编制目的

为切实加强公路水运工程生产安全事故的应急管理工作，指导、协调各地建立完善应急预案体系，有效应对生产安全事故，保障公路水运工程建设正常实施，制定本预案。

1.2 编制依据

依据《中华人民共和国突发事件应对法》《中华人民共和国安全生产法》《建设工程安全生产管理条例》《生产安全事故报告和调查处理条例》《生产安全事故应急预案管理办法》《公路水运工程安全生产监督管理办法》《国家突发公共事件总体应急预案》《突发事件应急预案管理办法》《交通运输突发事件应急管理规定》等。

1.3 事故分级

公路水运工程生产安全事故是指经依法审批、核准或者备案的公路水运工程项目新建、改建和扩建活动中发生的生产安全事故。

公路水运工程生产安全事故按照人员伤亡（含失踪）、涉险人数、直接经济损失、影响范围等因素，分为四级：Ⅰ级（特别重大）事故、Ⅱ级（重大）事故、Ⅲ级（较大）事故和Ⅳ级（一般）事故。

1.3.1 Ⅰ级（特别重大）事故

有下列情形之一的，为Ⅰ级（特别重大）事故（以下简称Ⅰ级事故）：

（1）造成30人以上死亡（含失踪），或危及30人以上生命安全；

（2）100人以上重伤；

（3）直接经济损失1亿元以上；

（4）国务院责成交通运输部组织处置的事故。

1.3.2 Ⅱ级（重大）事故

有下列情形之一的，为Ⅱ级（重大）事故（以下简称Ⅱ级事故）：

（1）造成10人以上死亡（含失踪），或危及10人以上生命安全；

（2）50人以上重伤；

（3）直接经济损失5000万元以上；

（4）省政府责成省级交通运输主管部门组织处置的事故。

1.3.3 Ⅲ级（较大）事故

有下列情形之一的，为Ⅲ级（较大）事故（以下简称Ⅲ级事故）：

（1）造成3人以上死亡（含失踪），或危及3人以上生命安全；

（2）10人以上重伤；

（3）直接经济损失1000万元以上。

1.3.4 Ⅳ级（一般）事故

有下列情形之一的，为Ⅳ级（一般）事故（以下简称Ⅳ级事故）：

（1）造成3人以下死亡（含失踪），或危及3人以下生命安全；

（2）10人以下重伤；

（3）直接经济损失1000万元以下。

本条所称的"以上"包括本数，"以下"不包括本数。公路水运工程生产安全事故同时符合本条规定的多个分级情形的，按照最高级别认定。

省级交通运输主管部门可以结合本地区实际情况，对Ⅱ级、Ⅲ级和Ⅳ级事故分类情形进行细化补充。

1.4 适用范围

本预案适用于我国境内（除台湾、香港特别行政区和澳门特别行政区外）公路水运工程Ⅰ级事故的应对工作，以及需要由交通运输部支持处置的Ⅰ级以下事故的应对工作。自然灾害导致的公路水运工程生产安全事故可参照本预案进行处置。

本预案指导地方公路水运工程生产安全事故应急预案的编制以及地方交通运输主管部门、公路水运工程项目参建单位对公路水运工程生产安全事故的应对工作。

1.5　工作原则

(1)以人民为中心、预防为主。

应急管理工作应当以人民为中心,以最大限度地减少人员伤亡为出发点,坚持预防与应急相结合,督促项目参建单位依法开展风险分级管控和事故隐患排查治理,提高生产安全事故的预防预控能力。

(2)以属地为主、分级响应。

各级交通运输主管部门应当在本级人民政府的统一领导下,遵循属地为主原则,按照职责分工做好分级响应,充分发挥专业技术优势,积极参与事故救援。项目参建单位应按规定开展先期自救互救,服从各级人民政府及交通运输主管部门的现场指挥,配合事故救援、调查处理工作。

(3)协调联动、快速反应。

按照协同、快速、高效原则,各级交通运输主管部门应当做好应急资源调查,加强专业技术力量储备,与当地有关部门和专业应急救援队伍保持密切协作,建立协调联动的快速反应机制。督促项目参建单位加强兼职应急救援队伍建设,提高自救、互救和应对各类生产安全事故的能力。

1.6　预案体系

(1)国家公路水运工程生产安全事故应急预案(以下简称国家部门预案或本预案)。本预案是交通运输部应对公路水运工程Ⅰ级事故和指导地方公路水运工程生产安全事故应急预案编制的政策性文件,由交通运输部公布实施。

(2)地方公路水运工程生产安全事故应急预案(以下简称地方预案)。地方预案是省级、市级、县级交通运输主管部门根据国家相关法规及本预案要求,在本级人民政府的领导和上级交通运输主管部门的指导下,为及时应对本行政区域内发生的公路水运工程生产安全事故而分别制定的应急预案,由地方交通运输主管部门公布实施。其中,省级预案是省级交通运输主管部门应对公路水运工程Ⅰ级、Ⅱ级事故处置,以及省级人民政府责成处置的其他事故的政策性文件。县级、市级预案的适用范围由省级交通运输主管部门根据职责分工自行确定。

(3)公路水运工程项目生产安全事故应急预案(以下简称项目预案)。项目预案是公路水运工程项目建设或施工等参建单位制定的生产安全事故应急预案。本层级预案包括项目综合应急预案、合同段施工专项应急预案和现场处置方案。按照本预案和地方预案的总体要求,建设单位根据建设条件、自然环境、工程特点和风险特征等,制定项目综合应急预案;施工单位根据项目综合应急预案,结合施工工艺、地质、水文和气候等实际情况,对危险性较大的分部分项工程和风险等级较高的作业活动,编制合同段施工专项应急预案或现场处置方案。

(4)应急预案操作手册。各级交通运输主管部门、项目建设单位、施工单位等可根据有关应急预案要求,制定与应急预案相配套的工作程序文件。

2.组织体系

2.1　应急组织体系构成

公路水运工程生产安全事故应急组织体系由国家级(交通运输部)、地方级(各级交通运输主管部门)、项目级(各公路水运工程项目参建单位)三级应急组织机构构成。

2.2　交通运输部应急组织机构

2.2.1　机构构成

交通运输部在启动公路水运工程生产安全事故Ⅰ级应急响应时,同步成立“交通运输部应对XX公路水运工程生产安全事故应急工作领导小组”(以下简称领导小组),领导小组是我部应对公路水运工程Ⅰ级事故的指挥机构。

2.2.2　领导小组组成及职责

由部长或经部长授权的部领导任组长,分管副部长或部安全总监或部安全与质量监督管理司(以下简称安质司)及办公厅主要负责人任副组长,相关单位负责人任成员,并指明一名工作人员作为联络员。视情况成立现场工作组和专家组,在领导小组统一指导、协调下开展工作。如表2-1所示。

表2-1　领导小组组成

领导小组组成	
组长	交通运输部部长或经部长授权的部领导
副组长	分管副部长或部安全总监或安质司及办公厅主要负责人

续表

成员 (视需要参加)	部应急办、政策研究室、公路局、水运局、公安局、海事局、救捞局、通信信息中心主要负责人,安质司分管负责人

领导小组主要职责:

(1)决定终止公路水运工程生产安全事故应急响应;

(2)按规定组织或配合国务院实施公路水运工程Ⅰ级事故的应急处置工作;

(3)Ⅰ级应急响应启动后,立即召开领导小组第一次工作会议,议定Ⅰ级应急响应期间领导小组各项工作制度及安排;应急响应期间,根据事态发展变化情况,及时召开后续工作会议;

(4)根据国务院要求或现场应急处置需要,决定是否成立现场工作组和专家组;

(5)当事故应急工作由国务院统一指挥时,领导小组按照国务院的指令、批示,配合协调相应的应急行动;

(6)研究决定其他相关重大事项。

2.2.3 应急日常机构

部安质司作为部公路水运工程生产安全事故应急日常机构,具体承担公路水运工程安全生产应急管理的日常工作,以及Ⅰ级应急响应启动后的组织、协调等具体工作。

应急状态下应急响应的主要职责:

(1)接收、汇总事故信息,起草有关事故情况报告,提出相关应急处置建议;

(2)传达落实领导小组下达的指令;

(3)向部应急办提出需要其他应急协作部门支持的建议;

(4)研究提出赴现场督导的技术专家人选;

(5)与部政策研究室保持沟通,确认对外发布的事故信息;

(6)与部应急办保持沟通,确认上报的事故信息;

(7)承办领导小组安排的其他工作。

应急响应结束后的主要工作:

(1)评估应急处置方案、措施及效果,总结应急救援的经验与教训,对预案体系、组织体系、应急机制及应急联动等方面进行系统性评估,提出完善应急工作的意见和建议,并向领导小组提交评估报告;

(2)参与事故调查,侧重分析技术层面原因。

2.2.4 部内有关单位职责

在领导小组的统一领导下,部安质司负责公路水运工程生产安全事故的应急处置,部应急办(中国海上搜救中心)、办公厅、政策研究室、公路局、水运局、通信信息中心等按职责分工予以配合,公安局、海事局、救捞局等视情况参与。

2.2.5 现场工作组

现场工作组视事故情况决定成立,由部安质司负责联络。公路水运工程Ⅰ级事故现场工作组经领导小组批准成立,必要时由部领导带队;Ⅱ级事故现场工作组经部长批准后成立,由部安质司主要负责人带队;Ⅱ级以下事故现场工作组经分管副部长批准后成立,由部安质司分管负责人带队。现场工作组由交通运输部、省级交通运输主管部门分别派员和有关专家组成。当国务院统一组建现场工作机构时,部应当派出相应级别的人员参加。

现场工作组职责:

(1)传达部应急工作要求,及时向部报告现场有关情况;

(2)主动与地方政府组成的事故现场应急抢险指挥机构联系和会商;

(3)根据现场所了解的情况,研究事故救援技术和处置方法,提供相应的技术咨询意见;

(4)必要时向部请求调用相关专业应急救援队伍;

(5)从专业角度分析事故原因,总结经验教训,为事故调查提供技术分析材料;

(6)承办部交办的其他工作。

2.2.6 专家组

专家组依地方交通运输主管部门申请或根据部应急处置工作需要成立,由部安质司提出建议。专家组由公路水运工程及其他相关行业工程技术、科研、管理等方面专家组成,根据需要参加公路水运工程生产安全事故的应急处置工作,提供专业咨询意见。

2.3 地方级交通运输主管部门应急组织机构

省、市、县级交通运输主管部门应当分别组建本级公路水运工程生产安全事故应急组织机构和管理体系,明确相关岗位职责,落实具体责任人员。在本级人民政府的领导和上级交通运输主管部门的指导下，负责本行政区域内相应事故级别的公路水运工程生产安全事故应急处置工作的组织、协调、指导和监督，会同本级相关职能部门，建立应急管理预警机制和救援协作机制。

2.4　项目级应急组织机构

项目建设单位应设立应急组织机构，协调各合同段施工单位的应急资源，按规定及时向交通、安监等属地直接监管的负有安全生产监督管理职责的有关部门报送事故情况，组织相邻合同段之间的自救互救，控制事故的蔓延和扩大，并保护事故现场。项目建设单位应急管理工作，应当按照属地政府和直接监管的相关主管部门的有关规定执行。

2.5　协同工作机制

2.5.1　工作联络

交通运输部建立公路水运工程生产安全事故应急联络员制度，加强信息沟通，相互配合，形成协同工作机制，部安质司负责联络。

部办公厅、政策研究室、公路局、水运局、海事局、通信信息中心等相关司局应分别明确一名应急联络员，省级交通运输主管部门应确定厅级、处级各一名本地区应急联络员。应急联络员在应急响应期间，须保持联络畅通。

2.5.2　响应联动

各层级预案在组织体系、预防预警、应急响应、应急保障和预案管理等方面应协调一致。省级交通运输主管部门的应急预案应与本预案相衔接。当上一级应急组织机构启动响应时，下级应急组织机构应同时启动相应的应急响应，形成行业联动。

项目综合应急预案应与属地直接监管的交通运输主管部门的预案相衔接。同一个项目相邻或邻近合同段的施工专项应急预案应体现预警信息共享、应急救援互助等要求。

2.5.3　应急协作

各级交通运输主管部门应加强与本地区安监、公安、国土、环保、水利、卫生、消防、气象、地震、质监等相关部门的沟通联系，逐步建立完善应急会商机制；当公路水运工程Ⅰ级、Ⅱ级事故发生后，主动协调上述相关部门给予支持配合。

根据地方政府或各级交通运输主管部门的请求，由部应急办牵头协调武警交通部队、中央企业等专业或兼职救援队伍。救援队伍抵达事故现场后，应接受当地政府组成的现场事故应急救援指挥机构的指挥、调遣。

3. 预防与预警

3.1　预防预警机制

各级交通运输主管部门应在日常工作中，按照《交通运输综合应急预案》的相关要求开展对气象、海洋、水利、国土等部门的预警信息以及公路水运工程生产安全事故相关信息的搜集、接收、整理和风险分析工作，完善预防预警机制，针对各种可能发生的公路水运工程生产安全事故情形，按照相关程序发布预警信息，做到早发现、早报告、早处置。

3.2　预警信息来源

预警信息来源主要包括：

（1）中共中央、国务院以及中央领导指示、批示的信息；

（2）安监等同级或横向部门转送（或抄送）的信息；

（3）各级交通运输主管部门和相关单位上报的信息；

（4）气象、海洋、水利、国土等政府相关部门对外发布的橙色及以上级别的天气、海况、地质等灾害预警信息；

（5）公路水运工程生产安全事故（或险情），以及上级部门对外发布的较大及以上生产安全事故情况通报或预警信息；

（6）经交通运输主管部门核实的新闻媒体报道的信息。

3.3　预防工作

3.3.1　各级交通运输主管部门预防工作

各级交通运输主管部门应了解辖区内公路水运工程项目重大风险、重大事故隐患的分布情况，对接收到的各类预警信息要及时转发，督促项目建设单位对辖区内重点工程项目的办公场所、驻地环境、施工现场等开展经常性的隐患排查，对发现的重大事故隐患要督促项目参建单位按规定报备，提前采取排险加固等防控措施，及时撤离可能涉险的人员、船机设备等。

各级交通运输主管部门应按规定接收自然灾害类预警信息，通过网络、短消息等多种方式及时转发橙色及以上级别的预警信息，提出防范要求，有效督促、指导项目参建单位做好灾害防御工作。

3.3.2 项目参建单位预防工作

项目参建单位均应指定专人接收预警信息，按照地方政府、行业主管部门的应急布置和项目级应急预案，提前做好各项事故预防工作。

项目建设单位应当牵头组织整个项目的事故预防工作，督促、指导项目其他参建单位按照职责做好各自的预防工作。项目施工单位应结合事故发生规律，有效开展安全风险评估与预控，认真排查各类事故隐患，制定重大事故隐患清单并组织专项治理，提前做好各项应对措施。

3.4 项目预警信息发布和解除

项目预警信息由建设单位根据上级预警信息或本级实际情况发布和解除。建设单位向施工合同段发布的项目预警信息应包括：可能发生的生产安全事故类别、起始时间、预警级别、影响范围、影响估计及应对措施、警示事项、从业人员自防自救措施、发布单位等。

4. 应急响应

4.1 分级响应原则

公路水运工程生产安全事故应急响应级别分为Ⅰ、Ⅱ、Ⅲ、Ⅳ四级。当发生符合公路水运工程Ⅰ级事故情形时，交通运输部启动并实施Ⅰ级应急响应，并立即以《交通运输部值班信息》的形式，报中办信息综合室、国务院总值班室，应急组织机构按照本预案2.2款规定开展应急工作。

当发生符合公路水运工程Ⅱ、Ⅲ、Ⅳ级事故情形时，交通运输部视情启动Ⅱ级应急响应，应急响应内容主要包括密切跟踪突发事件进展情况，协助地方开展应急处置工作，派出现场工作组或者有关专家给予指导，协调事发地周边省份交通运输主管部门给予支持，根据应急处置需要在装备物资等方面给予协调等。

各地根据本地区实际情况制定并细化响应等级及应急响应措施。

对于Ⅰ、Ⅱ级生产安全事故，上级部门启动应急响应后，事发地应急响应级别不能低于上级部门的应急响应级别。

4.2 事故信息报送

公路水运工程生产安全事故发生后，项目施工单位应立即向项目建设单位、事发地交通运输主管部门和安全生产监督管理部门报告，必要时可越级上报。

事发地省级交通运输主管部门应急联络员或值班部门接报事故后，应当立即口头或短信报告部安质司应急联络员或部安质司责任处室相关人员，并按照《交通运输行业建设工程生产安全事故统计报表制度》要求，在1小时内将信息上报至部安质司，其中Ⅰ、Ⅱ级事故还应按照《交通运输突发事件信息报告和处理办法》的要求上报部应急办，并及时续报相关情况。事故信息报送流程如图4－1所示。

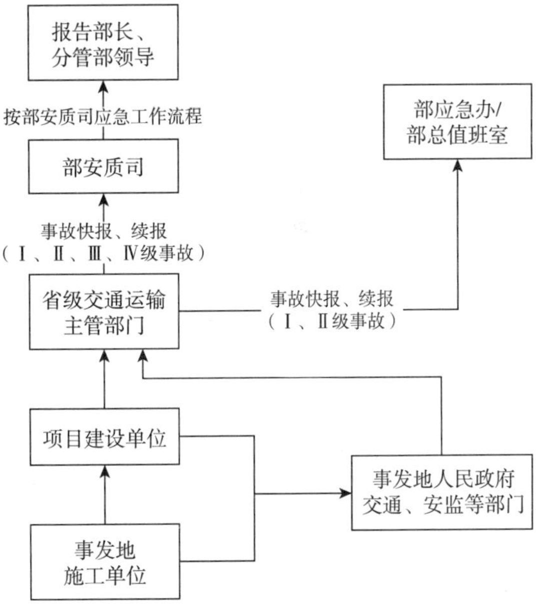

图4－1 事故信息报送流程图

4.3 应急响应程序

4.3.1 Ⅰ级应急响应

Ⅰ级应急响应按下列程序和内容启动，具体响应及处置流程如图4－2所示。

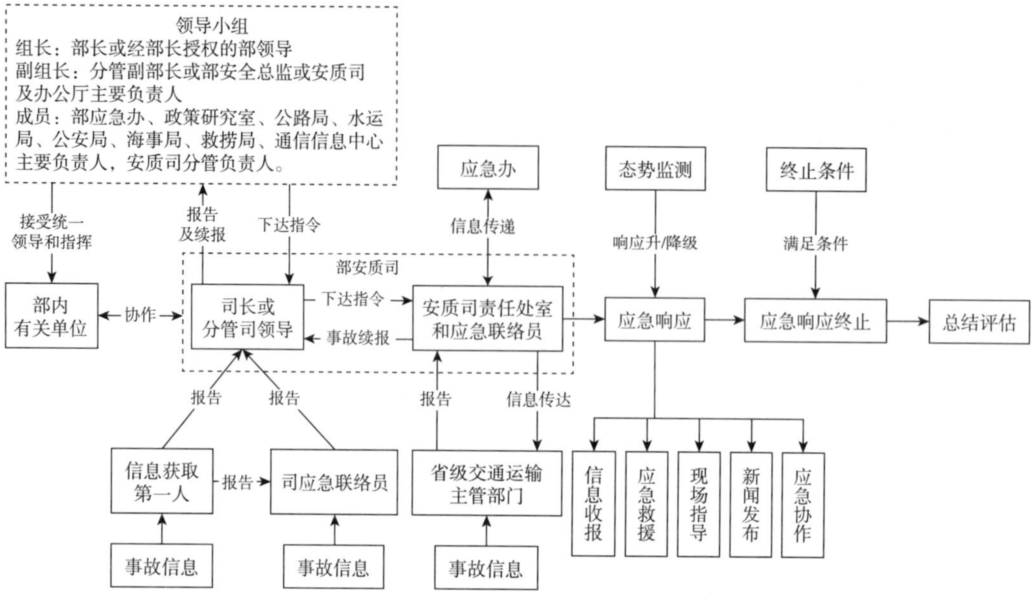

图 4－2　应急响应流程图

（1）发生公路水运工程Ⅰ级事故或者接到国务院责成处理的公路水运工程生产安全事故，部安质司主要负责人（主要负责人不在京时为分管负责人）应在第一时间向分管副部长、部长报告有关情况，提出启动Ⅰ级应急响应建议，经分管副部长同意后，报请部长核准。由部长或经部长授权的部领导宣布启动交通运输部应对XX公路水运工程生产安全事故的Ⅰ级应急响应，同时成立领导小组。

（2）部安质司负责筹备领导小组第一次工作会议，拟定应急响应期间的指挥协调、会商制度，提出派驻现场工作组、专家组建议，以及信息报告、新闻发布、专家咨询、后期保障等事项。

（3）部安质司负责将应急响应信息通知部内相关司局和事发地省级交通运输主管部门，各级公路水运工程生产安全事故应急响应同步启动。

（4）根据事故信息和现场情况，经部长或经部长授权的部领导批准后，尽快组织现场工作组、专家组赶赴现场参与应急处置的技术指导，追踪掌握即时事故信息。

4.3.2　Ⅱ级应急响应

Ⅱ级应急响应按照下列程序和内容启动：

（1）发生Ⅱ级事故，部安质司主要负责人（主要负责人不在京时为分管负责人）应在第一时间向分管副部长、部长报告有关情况，提出启动Ⅱ级应急响应建议，经分管副部长同意后，报请部长核准。由分管副部长或经部长授权的部安全总监宣布启动交通运输部应对XX公路水运工程生产安全事故的Ⅱ级应急响应，视情况组织现场工作组和专家组，参与事故现场应急处置的技术指导，追踪掌握即时事故信息。

（2）发生Ⅲ级事故，部安质司主要负责人（主要负责人不在京时为分管负责人）应在第一时间向分管副部长报告有关情况，经分管副部长同意，由部安质司主要负责人或分管负责人宣布启动交通运输部应对XX公路水运工程生产安全事故的Ⅱ级应急响应，根据事故应急救援需要，视情况组织现场工作组和专家组。

（3）发生Ⅳ级事故，部安质司责任处室负责人提出启动Ⅱ级应急响应建议，报部安质司主要负责人（主要负责人不在京时为分管负责人）核准，由部安质司主要负责人或分管负责人宣布启动交通运输部应对XX公路水运工程生产安全事故的Ⅱ级应急响应。

（4）Ⅱ级应急响应期间，部安质司负责跟踪、指导事发地的省级交通运输主管部门开展事故救援方案会商、专家技术支持、协调救援协作机构等具体工作。

4.3.3　应急响应终止条件与程序

Ⅰ级、Ⅱ级应急响应至少符合下列条件方可终止：

(1)经论证人员无生还可能；

(2)现场应急救援工作已经结束；

(3)险情得到控制，涉险人员安全离开危险区域并得到安置；

(4)次生灾害基本消除。

Ⅰ级应急响应终止程序如下：

部安质司根据掌握的信息，并向事发地省级交通运输主管部门核实后，满足终止响应条件时，由部安质司向领导小组提出终止响应建议，报请组长核准后，由组长宣布终止Ⅰ级应急响应，或者降低为Ⅱ级应急响应，转入相应等级的应急响应工作程序，同时宣布取消领导小组。

Ⅱ级应急响应终止程序如下：

部安质司根据掌握的信息，并向事发地省级交通运输主管部门核实后，满足终止响应条件时，经分管副部长同意，Ⅱ级事故由分管副部长或部安全总监、Ⅲ级与Ⅳ级事故由部安质司主要负责人或分管负责人宣布终止应急响应。

地方应急响应终止程序由地方各级交通运输主管部门参照交通运输部应急响应终止程序，结合本地区特点制定。

4.4　应急处置

4.4.1　Ⅰ级应急响应处置

(1)现场督导。

Ⅰ级应急响应启动后，需派出现场工作组时，由部领导带队赶赴现场。部安质司负责人与责任处室负责人及相关司局人员参加现场工作组。现场工作组还应包括若干(一般1～3名)技术专家，部安质司应保持与现场工作组的即时联系沟通。现场工作组抵达事故现场后，通过事发地交通运输主管部门及时与当地政府组成的现场应急救援指挥机构取得联系，尽快确定协同工作内容及联系会商机制，按照应急处置的统一安排，积极主动配合工作，为抢险救援提供技术咨询意见。

(2)信息上传与下达。

部安质司承办处室按照《交通运输部突发事件应急工作暂行规范》做好信息上传下达工作。现场工作组抵达事故现场4小时内，应将现场情况以短信、传真或邮件等方式传给部安质司。部安质司接到现场工作组发回的事故信息1小时内，向分管副部长、部长报告，并抄报部应急办。事故现场有新情况或新风险时，现场工作组应及时向部安质司和应急办报送动态信息。

当国务院、交通运输部领导对应急处置有批示(或指示)时，部安质司应及时向事发地省级交通运输主管部门和现场工作组传达。

4.4.2　Ⅱ级应急响应处置

Ⅱ级应急响应启动后，视情况成立现场工作组时，由部安质司主要负责人或分管负责人带队赶赴现场。

部安质司按照《交通运输部安全与质量监督管理司公路水运工程施工阶段突发事件应急工作流程》开展应急处置工作。承办处室应跟踪现场工作组工作及应急处置情况，并与部应急办及时沟通相关信息。现场工作组按照本预案2.2.5及4.4.1有关规定开展相关工作。

4.5　信息发布

突发事件处置与信息发布应同步启动、同步进行。信息发布坚持实事求是、及时公开的原则，按照《交通运输综合应急预案》规定执行。对于情况较为复杂的突发事件，在事态尚未清楚、但可能引起公众猜测或恐慌时，应在第一时间发布已认定的简要信息，根据事态发展和处置工作进展情况，再作后续详细发布。

4.6　善后处置

事故善后处置工作以属地为主，在属地人民政府以及负责事故调查处置的相关机构的统一部署、领导下，各级交通运输主管部门要按职责分工做好相关工作；同时督促项目参建单位对事故引发的各种潜在危害要组织安全风险评估，对主要结构物进行监测，在此基础上制定相应的专项施工方案，防止盲目复工，导致二次或衍生事故的发生。

4.7　总结评估

4.7.1　评估总体要求

(1)应急响应终止后，事发地交通运输主管部门应结合项目建设单位、监理单位、施工单位上报的应急工作总结，及时总结分析评估，编写应急工作总结、事故应急评估报告。

(2)Ⅰ级应急响应终止后，部安质司应根据事发地省级交通运输主管部门的应急工作总结、事故应急评估报告及现场督导情况，编制部级应急总结评估报告，评估应急工作情况，总结经验教训，提出预案改进建议。

4.7.2 评估目的

通过评估，判断应急工作的质量和效率，发现存在的问题，总结经验教训，寻找有效的解决手段，为以后事故处置提供可借鉴信息；修订完善应急预案，进一步健全应急管理体系和运行机制。

4.7.3 评估内容和程序

4.7.3.1 评估内容

在充分分析工程风险因素、事故起因、救援经过的基础上，重点评估以下内容：

(1)预防预警和预控措施；

(2)项目应急自救效果及能力；

(3)信息报送的时效性与准确性；

(4)事故救援组织机构设置及运行；

(5)现场救援决策、指挥、协调机制及效率；

(6)技术方案及实施情况；

(7)应急协作及应急保障。

4.7.3.2 评估程序

(1)搜集评估信息；

(2)邀请专家协助开展评估；

(3)事发地交通运输主管部门编写事故(或险情)应急评估报告，发生Ⅱ级以上事故，或交通运输部启动应急响应时，省级交通运输主管部门应于应急响应终止后的45个工作日内将本级部门的应急工作总结、事故应急评估报告向部安质司报备。

4.8 事故调查及原因分析

各级交通运输主管部门应当积极参与国务院或有关地方人民政府组织的事故调查工作，选派相应的技术专家和应急管理人员参加事故调查工作。技术专家和应急管理人员应当诚信公正、恪尽职守，遵守事故调查组的各项工作纪律。

交通运输主管部门派出的人员参与事故调查时，应注重从技术调查入手，提供技术咨询，促进事故技术调查更加深入，并为行业监管提供借鉴。重点分析事故发生的工程质量、技术管理等方面的主观因素，以及工程地质、水文、气象等方面的客观因素，并提出行业监管的改进建议等。

Ⅱ级以上事故调查完毕后30个工作日内，参与调查的人员应向部安质司提交技术调查总结材料。

5.应急保障

5.1 日常应急机构运行

部安质司在日常状态下根据国家有关安全生产应急管理的法律、法规，拟定公路水运工程生产安全事故应急管理的政策、制度，制定和修订本预案，指导公路水运工程生产安全应急管理工作。跟踪、收集、分析事故信息，提出改进应急管理的工作建议，按规定组织或参与公路水运工程安全生产应急培训和演练、重大以上级别生产安全事故的调查处理等。

5.2 人力保障

公路水运工程应急救援队伍建设遵循“专兼结合、上下联动”的原则。建设单位应发挥施工单位的自我救助能力，充分了解本项目可调配的应急救援人力和物力，建立兼职的抢险救援队伍和救援设备力量，或与社会专业救援队伍签订救援协议。武警交通部队纳入国家应急救援力量体系，是国家公路交通应急抢险救援保通专业队伍，救援力量调动使用应按照有关规定执行。

各级交通运输主管部门要重视公路水运工程应急技术专家管理、应急管理队伍建设和应急资源信息收集。

(1)应急技术专家：交通运输部成立公路水运工程建设领域安全生产应急专家组，主要由从事科研、勘察、设计、施工、监理、安全等专业的技术专家组成。应急专家按照部应急专家工作规则的要求，为事故分析评估、现场应急救援及灾后恢复重建等提供咨询意见。地方交通运输主管部门启动Ⅱ级及以下应急响应时，可提请部安质司协助选派部应急专家。

(2)应急管理队伍：主要由各级交通运输主管部门的安监、建设管理等相关处室及公路、港航、海事、质监机构的负责人和应急联络员组成，参与或组织公路水运工程生产安全事故应急救援工作。

(3)应急资源信息：充分了解、掌握本地区及邻近地区的专业(兼职)抢险救援队伍和应急技术装备等应急资源信息分布情况，为应急处置工作提供社会资源储备。

5.3 财力保障

(1)应急保障所需的各项经费按照现行事权、财权划分原则，分级负担，并按规定程序列入各级交通运输主管部门年度财政预算。

(2)项目建设、施工单位应建立应急资金保障制度,制定年度应急保障计划,设立应急管理台账,按照国家有关规定设立、提取和使用安全生产专项费用,按要求配备必要的应急救援器材、设备。监理单位应加强对施工单位应急资金使用台账的审核。

(3)项目建设单位应按规定投保建筑工程一切险等险种。项目施工单位应按相关保险规定,为本单位员工及相关劳务合作人员缴纳工伤保险费,鼓励为危险岗位作业人员投保意外伤害险和安全生产责任险。

5.4 宣传、教育和培训

各级交通运输主管部门应将应急宣传、教育和培训作为安全生产教育的重要内容,纳入年度培训计划。每年对应急工作人员进行培训;督导项目建设、施工、监理等单位结合当地政府的统一部署,有计划、有针对性地开展应急工作的宣传、教育和培训。

项目建设和施工单位应将应急培训纳入到项目年度培训计划,有计划地对管理人员,尤其是施工一线工人进行培训,提高其专业技能。监理单位应督促施工单位定期组织安全培训,并审查其安全培训记录。应急培训教育可通过农民工夜校、安全技术交底、岗前警示教育等形式,采用多媒体、动漫、案例等手段,有效开展应急知识培训宣传教育,切实提高一线人员的应急逃生及避险技能。

5.5 预案演练

各级交通运输主管部门应组织开展本级应急预案的演练。项目参建单位应根据工程特点,分门别类定期开展应急演练工作。

演练可通过桌面推演、实战演习等多种形式开展,解决操作性、针对性、协同配合等问题,提高快速反应能力、应急救援能力和协同作战能力。

应急演练组织单位应在演练过程中做好演练记录,应急演练结束后对演练进行总结和评价。

5.6 责任与奖惩

公路水运工程生产安全事故应急管理工作实行领导负责制和责任追究制。

各级交通运输主管部门应对在应急工作中做出突出贡献的集体和个人给予宣传、表彰和奖励。

违反《交通运输部安全生产事故责任追究办法》(试行)(交安监发〔2014〕115号)第八条、第九条、第十条的情形,依此办法规定追究相关人员的责任,构成犯罪的移交司法部门,依法追究刑事责任。

6. 附 则

6.1 预案评审

各级交通运输主管部门应当组织有关专家对本部门编制的公路水运工程生产安全事故应急预案进行审定。

施工单位针对危险性较大的分部分项工程和风险等级较高的作业活动编制的专项应急预案和现场处置方案,应当组织专家评审,形成书面纪要并附有专家名单。

预案评审时应考虑应急预案的实用性、基本要素的完整性、预防措施的针对性、组织体系的科学性、响应程序的可操作性、应急保障措施的可行性、预案间的衔接性等内容。

6.2 预案备案

各级交通运输主管部门按照本预案的规定制定相应的公路水运工程生产安全事故应急预案,并应及时向当地人民政府和上级交通运输主管部门备案。

国家高速公路、独立特大桥及特长隧道、10万吨级以上码头、航电枢纽等工程的项目综合应急预案,按规定向属地直接监管的负有安全生产监督管理职责的交通运输管理部门和安全生产监督管理部门备案。

施工单位制定的合同段施工专项应急预案和现场处置方案应向建设单位备案,并履行相关审批程序。

6.3 预案管理与更新

当出现下列情形之一的,交通运输部将组织修改完善本预案,更新后报国务院:

(1)预案依据的有关法律、行政法规、规章、标准、上位预案中的有关规定发生变化的;

(2)公路水运工程生产安全事故应急机构及其职责发生重大变化或调整的;

(3)预案中的其他重要信息发生变化的;

(4)在事故实际应对和预案应急演练中发现问题需要进行重大调整的;

(5)预案制定单位认为应当修订的其他情况。

各级交通运输主管部门应参照本预案更新情况，及时进行同步更新或修订。项目建设单位、施工单位、监理单位遇有预案更新情况，应及时进行更新或修订。公路水运工程建设项目的防台防汛等应急预案，原则上每年应在汛期来临前予以更新。

6.4　预案制定与解释

本预案由交通运输部负责制定、组织实施和解释。

6.5　预案实施时间

本预案自印发之日起实施。

六、交通税费

资料补充栏

1. 车辆购置税

中华人民共和国车辆购置税法

1. 2018年12月29日第十三届全国人民代表大会常务委员会第七次会议通过
2. 2018年12月29日中华人民共和国主席令第19号公布
3. 自2019年7月1日起施行

第一条　【纳税人】在中华人民共和国境内购置汽车、有轨电车、汽车挂车、排气量超过一百五十毫升的摩托车(以下统称应税车辆)的单位和个人,为车辆购置税的纳税人,应当依照本法规定缴纳车辆购置税。

第二条　【购置】本法所称购置,是指以购买、进口、自产、受赠、获奖或者其他方式取得并自用应税车辆的行为。

第三条　【一次性征收】车辆购置税实行一次性征收。购置已征车辆购置税的车辆,不再征收车辆购置税。

第四条　【税率】车辆购置税的税率为百分之十。

第五条　【纳税额】车辆购置税的应纳税额按照应税车辆的计税价格乘以税率计算。

第六条　【计税价格】应税车辆的计税价格,按照下列规定确定:

(一)纳税人购买自用应税车辆的计税价格,为纳税人实际支付给销售者的全部价款,不包括增值税税款;

(二)纳税人进口自用应税车辆的计税价格,为关税完税价格加上关税和消费税;

(三)纳税人自产自用应税车辆的计税价格,按照纳税人生产的同类应税车辆的销售价格确定,不包括增值税税款;

(四)纳税人以受赠、获奖或者其他方式取得自用应税车辆的计税价格,按照购置应税车辆时相关凭证载明的价格确定,不包括增值税税款。

第七条　【计税价格明显偏低的核定】纳税人申报的应税车辆计税价格明显偏低,又无正当理由的,由税务机关依照《中华人民共和国税收征收管理法》的规定核定其应纳税额。

第八条　【外汇结算】纳税人以外汇结算应税车辆价款的,按照申报纳税之日的人民币汇率中间价折合成人民币计算缴纳税款。

第九条　【免税】下列车辆免征车辆购置税:

(一)依照法律规定应当予以免税的外国驻华使馆、领事馆和国际组织驻华机构及其有关人员自用的车辆;

(二)中国人民解放军和中国人民武装警察部队列入装备订货计划的车辆;

(三)悬挂应急救援专用号牌的国家综合性消防救援车辆;

(四)设有固定装置的非运输专用作业车辆;

(五)城市公交企业购置的公共汽电车辆。

根据国民经济和社会发展的需要,国务院可以规定减征或者其他免征车辆购置税的情形,报全国人民代表大会常务委员会备案。

第十条　【征收单位】车辆购置税由税务机关负责征收。

第十一条　【申报机关】纳税人购置应税车辆,应当向车辆登记地的主管税务机关申报缴纳车辆购置税;购置不需要办理车辆登记的应税车辆的,应当向纳税人所在地的主管税务机关申报缴纳车辆购置税。

第十二条　【纳税义务发生时间和纳税期限】车辆购置税的纳税义务发生时间为纳税人购置应税车辆的当日。纳税人应当自纳税义务发生之日起六十日内申报缴纳车辆购置税。

第十三条　【车辆注册登记】纳税人应当在向公安机关交通管理部门办理车辆注册登记前,缴纳车辆购置税。

公安机关交通管理部门办理车辆注册登记,应当根据税务机关提供的应税车辆完税或者免税电子信息对纳税人申请登记的车辆信息进行核对,核对无误后依法办理车辆注册登记。

第十四条　【减免变更】免税、减税车辆因转让、改变用途等原因不再属于免税、减税范围的,纳税人应当在办理车辆转移登记或者变更登记前缴纳车辆购置税。计税价格以免税、减税车辆初次办理纳税申报时确定的计税价格为基准,每满一年扣减百分之十。

第十五条　【退税】纳税人将已征车辆购置税的车辆退回车辆生产企业或者销售企业的,可以向主管税务机关申请退还车辆购置税。退税额以已缴税款为基准，自缴纳税款之日至申请退税之日，每满一年扣减百分之十。

第十六条　【信息共享配合机制】税务机关和公安、商务、海关、工业和信息化等部门应当建立应税车辆信息共享和工作配合机制，及时交换应税车辆和纳税信息资料。

第十七条　【法律依据】车辆购置税的征收管理，依照本法和《中华人民共和国税收征收管理法》的规定执行。

第十八条　【法律责任】纳税人、税务机关及其工作人员违反本法规定的，依照《中华人民共和国税收征收管理法》和有关法律法规的规定追究法律责任。

第十九条　【施行日期】本法自 2019 年 7 月 1 日起施行。2000 年 10 月 22 日国务院公布的《中华人民共和国车辆购置税暂行条例》同时废止。

2. 车船税

中华人民共和国车船税法

1. 2011年2月25日第十一届全国人民代表大会常务委员会第十九次会议通过

2. 根据2019年4月23日第十三届全国人民代表大会常务委员会第十次会议《关于修改〈中华人民共和国建筑法〉等八部法律的决定》修正

第一条　【纳税主体】在中华人民共和国境内属于本法所附《车船税税目税额表》规定的车辆、船舶(以下简称车船)的所有人或者管理人,为车船税的纳税人,应当依照本法缴纳车船税。

第二条　【税额】车船的适用税额依照本法所附《车船税税目税额表》执行。

车辆的具体适用税额由省、自治区、直辖市人民政府依照本法所附《车船税税目税额表》规定的税额幅度和国务院的规定确定。

船舶的具体适用税额由国务院在本法所附《车船税税目税额表》规定的税额幅度内确定。

第三条　【免税】下列车船免征车船税:

(一)捕捞、养殖渔船;

(二)军队、武装警察部队专用的车船;

(三)警用车船;

(四)悬挂应急救援专用号牌的国家综合性消防救援车辆和国家综合性消防救援专用船舶;

(五)依照法律规定应当予以免税的外国驻华使领馆、国际组织驻华代表机构及其有关人员的车船。

第四条　【减税或免税】对节约能源、使用新能源的车船可以减征或者免征车船税;对受严重自然灾害影响纳税困难以及有其他特殊原因确需减税、免税的,可以减征或者免征车船税。具体办法由国务院规定,并报全国人民代表大会常务委员会备案。

第五条　【定期减免税】省、自治区、直辖市人民政府根据当地实际情况,可以对公共交通车船,农村居民拥有并主要在农村地区使用的摩托车、三轮汽车和低速载货汽车定期减征或者免征车船税。

第六条　【代收车船税】从事机动车第三者责任强制保险业务的保险机构为机动车车船税的扣缴义务人,应当在收取保险费时依法代收车船税,并出具代收税款凭证。

第七条　【纳税地】车船税的纳税地点为车船的登记地或者车船税扣缴义务人所在地。依法不需要办理登记的车船,车船税的纳税地点为车船的所有人或者管理人所在地。

第八条　【纳税义务发生时间】车船税纳税义务发生时间为取得车船所有权或者管理权的当月。

第九条　【年度申报】车船税按年申报缴纳。具体申报纳税期限由省、自治区、直辖市人民政府规定。

第十条　【协作义务】公安、交通运输、农业、渔业等车船登记管理部门、船舶检验机构和车船税扣缴义务人的行业主管部门应当在提供车船有关信息等方面,协助税务机关加强车船税的征收管理。

车辆所有人或者管理人在申请办理车辆相关登记、定期检验手续时,应当向公安机关交通管理部门提交依法纳税或者免税证明。公安机关交通管理部门核查后办理相关手续。

第十一条　【征收管理】车船税的征收管理,依照本法和《中华人民共和国税收征收管理法》的规定执行。

第十二条　【实施条例】国务院根据本法制定实施条例。

第十三条　【施行日期】本法自2012年1月1日起施行。2006年12月29日国务院公布的《中华人民共和国车船税暂行条例》同时废止。

附：

车船税税目税额表

税　　目		计税单位	年基准税额	备　　注
乘用车〔按发动机汽缸容量（排气量）分档〕	1.0 升（含）以下的	每辆	60 元至 360 元	定载客人数 9 人（含）以下
	1.0 升以上至 1.6 升（含）的		300 元至 540 元	
	1.6 升以上至 2.0 升（含）的		360 元至 660 元	
	2.0 升以上至 2.5 升（含）的		660 元至 1200 元	
	2.5 升以上至 3.0 升（含）的		1200 元至 2400 元	
	3.0 升以上至 4.0 升（含）的		2400 元至 3600 元	
	4.0 升以上的		3600 元至 5400 元核	
商用车	客　车	每辆	480 元至 1440 元	核定载客人数 9 人以上，包括电车
	货　车	整备质量每吨	16 元至 120 元	包括半挂牵引车、三轮汽车和低速载货汽车等
挂　车		整备质量每吨	按照货车税额的 50% 计算	
其他车辆	专用作业车	整备质量每吨	16 元至 120 元	不包括拖拉机
	轮式专用机械车		16 元至 120 元	
摩托车		每辆	36 元至 180 元	
船舶	机动船舶	净吨位每吨	3 元至 6 元	拖船、非机动驳船分别按照机动船舶税额的 50% 计算
	游艇	艇身长度每米	600 元至 2000 元	

中华人民共和国车船税法实施条例

1. 2011 年 12 月 5 日国务院令第 611 号公布
2. 根据 2019 年 3 月 2 日国务院令第 709 号《关于修改部分行政法规的决定》修订

第一条　根据《中华人民共和国车船税法》（以下简称车船税法）的规定，制定本条例。

第二条　车船税法第一条所称车辆、船舶，是指：

（一）依法应当在车船登记管理部门登记的机动车辆和船舶；

（二）依法不需要在车船登记管理部门登记的在单位内部场所行驶或者作业的机动车辆和船舶。

第三条　省、自治区、直辖市人民政府根据车船税法所附《车船税税目税额表》确定车辆具体适用税额，应当遵循以下原则：

（一）乘用车依排气量从小到大递增税额；

（二）客车按照核定载客人数 20 人以下和 20 人（含）以上两档划分，递增税额。

省、自治区、直辖市人民政府确定的车辆具体适用税额，应当报国务院备案。

第四条　机动船舶具体适用税额为：

（一）净吨位不超过 200 吨的，每吨 3 元；

（二）净吨位超过 200 吨但不超过 2000 吨的，每吨 4 元；

（三）净吨位超过 2000 吨但不超过 10000 吨的，每吨 5 元；

（四）净吨位超过10000吨的，每吨6元。

拖船按照发动机功率每1千瓦折合净吨位0.67吨计算征收车船税。

第五条 游艇具体适用税额为：

（一）艇身长度不超过10米的，每米600元；

（二）艇身长度超过10米但不超过18米的，每米900元；

（三）艇身长度超过18米但不超过30米的，每米1300元；

（四）艇身长度超过30米的，每米2000元；

（五）辅助动力帆艇，每米600元。

第六条 车船税法和本条例所涉及的排气量、整备质量、核定载客人数、净吨位、千瓦、艇身长度，以车船登记管理部门核发的车船登记证书或者行驶证所载数据为准。

依法不需要办理登记的车船和依法应当登记而未办理登记或者不能提供车船登记证书、行驶证的车船，以车船出厂合格证明或者进口凭证标注的技术参数、数据为准；不能提供车船出厂合格证明或者进口凭证的，由主管税务机关参照国家相关标准核定，没有国家相关标准的参照同类车船核定。

第七条 车船税法第三条第一项所称的捕捞、养殖渔船，是指在渔业船舶登记管理部门登记为捕捞船或者养殖船的船舶。

第八条 车船税法第三条第二项所称的军队、武装警察部队专用的车船，是指按照规定在军队、武装警察部队车船登记管理部门登记，并领取军队、武警牌照的车船。

第九条 车船税法第三条第三项所称的警用车船，是指公安机关、国家安全机关、监狱、劳动教养管理机关和人民法院、人民检察院领取警用牌照的车辆和执行警务的专用船舶。

第十条 节约能源、使用新能源的车船可以免征或者减半征收车船税。免征或者减半征收车船税的车船的范围，由国务院财政、税务主管部门商国务院有关部门制订，报国务院批准。

对受地震、洪涝等严重自然灾害影响纳税困难以及其他特殊原因确需减免税的车船，可以在一定期限内减征或者免征车船税。具体减免期限和数额由省、自治区、直辖市人民政府确定，报国务院备案。

第十一条 车船税由税务机关负责征收。

第十二条 机动车车船税扣缴义务人在代收车船税时，应当在机动车交通事故责任强制保险的保险单以及保费发票上注明已收税款的信息，作为代收税款凭证。

第十三条 已完税或者依法减免税的车辆，纳税人应当向扣缴义务人提供登记地的主管税务机关出具的完税凭证或者减免税证明。

第十四条 纳税人没有按照规定期限缴纳车船税的，扣缴义务人在代收代缴税款时，可以一并代收代缴欠缴税款的滞纳金。

第十五条 扣缴义务人已代收代缴车船税的，纳税人不再向车辆登记地的主管税务机关申报缴纳车船税。

没有扣缴义务人的，纳税人应当向主管税务机关自行申报缴纳车船税。

第十六条 纳税人缴纳车船税时，应当提供反映排气量、整备质量、核定载客人数、净吨位、千瓦、艇身长度等与纳税相关信息的相应凭证以及税务机关根据实际需要要求提供的其他资料。

纳税人以前年度已经提供前款所列资料信息的，可以不再提供。

第十七条 车辆车船税的纳税人按照纳税地点所在的省、自治区、直辖市人民政府确定的具体适用税额缴纳车船税。

第十八条 扣缴义务人应当及时解缴代收代缴的税款和滞纳金，并向主管税务机关申报。扣缴义务人向税务机关解缴税款和滞纳金时，应当同时报送明细的税款和滞纳金扣缴报告。扣缴义务人解缴税款和滞纳金的具体期限，由省、自治区、直辖市税务机关依照法律、行政法规的规定确定。

第十九条 购置的新车船，购置当年的应纳税额自纳税义务发生的当月起按月计算。应纳税额为年应纳税额除以12再乘以应纳税月份数。

在一个纳税年度内，已完税的车船被盗抢、报废、灭失的，纳税人可以凭有关管理机关出具的证明和完税凭证，向纳税所在地的主管税务机关申请退还自被盗抢、报废、灭失月份起至该纳税年度终了期间的税款。

已办理退税的被盗抢车船失而复得的，纳税人应当从公安机关出具相关证明的当月起计算缴纳车船税。

第二十条　已缴纳车船税的车船在同一纳税年度内办理转让过户的，不另纳税，也不退税。

第二十一条　车船税法第八条所称取得车船所有权或者管理权的当月，应当以购买车船的发票或者其他证明文件所载日期的当月为准。

第二十二条　税务机关可以在车船登记管理部门、车船检验机构的办公场所集中办理车船税征收事宜。

公安机关交通管理部门在办理车辆相关登记和定期检验手续时，经核查，对没有提供依法纳税或者免税证明的，不予办理相关手续。

第二十三条　车船税按年申报，分月计算，一次性缴纳。纳税年度为公历1月1日至12月31日。

第二十四条　临时入境的外国车船和香港特别行政区、澳门特别行政区、台湾地区的车船，不征收车船税。

第二十五条　按照规定缴纳船舶吨税的机动船舶，自车船税法实施之日起5年内免征车船税。

依法不需要在车船登记管理部门登记的机场、港口、铁路站场内部行驶或者作业的车船，自车船税法实施之日起5年内免征车船税。

第二十六条　车船税法所附《车船税税目税额表》中车辆、船舶的含义如下：

乘用车，是指在设计和技术特性上主要用于载运乘客及随身行李，核定载客人数包括驾驶员在内不超过9人的汽车。

商用车，是指除乘用车外，在设计和技术特性上用于载运乘客、货物的汽车，划分为客车和货车。

半挂牵引车，是指装备有特殊装置用于牵引半挂车的商用车。

三轮汽车，是指最高设计车速不超过每小时50公里，具有三个车轮的货车。

低速载货汽车，是指以柴油机为动力，最高设计车速不超过每小时70公里，具有四个车轮的货车。

挂车，是指就其设计和技术特性需由汽车或者拖拉机牵引，才能正常使用的一种无动力的道路车辆。

专用作业车，是指在其设计和技术特性上用于特殊工作的车辆。

轮式专用机械车，是指有特殊结构和专门功能，装有橡胶车轮可以自行行驶，最高设计车速大于每小时20公里的轮式工程机械车。

摩托车，是指无论采用何种驱动方式，最高设计车速大于每小时50公里，或者使用内燃机，其排量大于50毫升的两轮或者三轮车辆。

船舶，是指各类机动、非机动船舶以及其他水上移动装置，但是船舶上装备的救生艇筏和长度小于5米的艇筏除外。其中，机动船舶是指用机器推进的船舶；拖船是指专门用于拖（推）动运输船舶的专业作业船舶；非机动驳船，是指在船舶登记管理部门登记为驳船的非机动船舶；游艇是指具备内置机械推进动力装置，长度在90米以下，主要用于游览观光、休闲娱乐、水上体育运动等活动，并应当具有船舶检验证书和适航证书的船舶。

第二十七条　本条例自2012年1月1日起施行。

3. 其他税费

交通运输部、国家发展改革委、财政部关于进一步规范收费公路权益转让行为的通知

1. 2017年5月17日
2. 交财审发〔2017〕80号

为维护收费公路权益转让市场秩序，保护投资主体合法利益和社会公众合法权益，盘活收费公路存量资产，筹集公路发展资金，经研究，现就进一步规范收费公路权益转让行为的有关事项通知如下：

一、各地转让收费公路权益应按照《公路法》《收费公路管理条例》和《收费公路权益转让办法》及本通知的规定，严格执行有关转让条件、转让程序、转让收入使用、转让后续管理及收回等规定，防止国有资产流失。

二、各级交通运输主管部门要切实加强对收费公路权益转让的监督管理工作。交通运输部主管全国收费公路权益转让监督管理工作，负责指导、督查省级交通运输主管部门的日常监管工作。各省级交通运输主管部门负责辖区内收费公路权益转让具体管理工作，承担国道收费权益转让监管的主体责任。对符合条件的转让行为，各级交通运输部门应按规定加快审批审核。对经有关部门认定的严重违法失信主体，禁止受让收费公路权益。

三、根据《公路法》第五十九条、第六十一条的相关规定，县级以上地方人民政府交通运输主管部门筹资建成的公路，其收费权转让必须经相关政府部门批准，其中国道的收费权转让必须经交通运输部批准，国道以外的其他公路的收费权转让必须经省、自治区、直辖市人民政府批准，并报交通运输部备案。

四、为落实国家“放管服”要求，简化公路收费权转让的审批程序，将公路收费权转让的立项申请及审批申请等两项程序合并，有关申请材料在转让方提交审批申请时一并提交。根据《国务院关于第二批清理规范192项国务院部门行政审批中介服务事项的决定》（国发〔2016〕11号）规定，需提交的申请材料中取消经审计机关或者有资格的会计师事务所审计的上一年度会计报告、竣工财务决算和竣工审计报告等三项内容。

五、各省级交通运输主管部门在审查转让申请材料时，应着重对申请材料中有关转让的原因和目的、转让条件、转让程序、转让收入使用管理、转让后续管理等相关具体内容进行审核并提出意见。省级交通运输主管部门的意见作为转让方提交审批申请的必要文件。

六、转让政府还贷公路权益，应当明确要求受让方以现金方式支付转让金，不能以财政拨款、补贴等各类形式的财政资金支付，不得以股票（股权）、债券、实物资产或无形资产等其他非现金方式支付。受让方支付转让金期限，最长不超过合同生效后6个月，且受让方不得以公路收费权作质押获取银行贷款支付转让金。

七、本通知自印发之日起执行。《关于加强收费公路权益转让管理有关问题的通知》（交财发〔2008〕315号）、《关于公路经营企业产权（股权）转让有关问题的通知》（交财发〔2010〕739号）同时废止。

七、纠纷解决

资料补充栏

1. 调解与仲裁

中华人民共和国人民调解法

1. 2010年8月28日第十一届全国人民代表大会常务委员会第十六次会议通过
2. 2010年8月28日中华人民共和国主席令第34号公布
3. 自2011年1月1日起施行

目　录

第一章　总　　则

第一条　【立法目的】为了完善人民调解制度，规范人民调解活动，及时解决民间纠纷，维护社会和谐稳定，根据宪法，制定本法。

第二条　【人民调解的内涵】本法所称人民调解，是指人民调解委员会通过说服、疏导等方法，促使当事人在平等协商基础上自愿达成调解协议，解决民间纠纷的活动。

第三条　【人民调解的原则】人民调解委员会调解民间纠纷，应当遵循下列原则：

（一）在当事人自愿、平等的基础上进行调解；

（二）不违背法律、法规和国家政策；

（三）尊重当事人的权利，不得因调解而阻止当事人依法通过仲裁、行政、司法等途径维护自己的权利。

第四条　【调解不收费原则】人民调解委员会调解民间纠纷，不收取任何费用。

第五条　【对人民调解工作的指导】国务院司法行政部门负责指导全国的人民调解工作，县级以上地方人民政府司法行政部门负责指导本行政区域的人民调解工作。

基层人民法院对人民调解委员会调解民间纠纷进行业务指导。

第六条　【国家对人民调解工作的支持和保障】国家鼓励和支持人民调解工作。县级以上地方人民政府对人民调解工作所需经费应当给予必要的支持和保障，对有突出贡献的人民调解委员会和人民调解员按照国家规定给予表彰奖励。

第二章　人民调解委员会

第七条　【人民调解委员会的性质和法律地位】人民调解委员会是依法设立的调解民间纠纷的群众性组织。

第八条　【人民调解委员会的组成】村民委员会、居民委员会设立人民调解委员会。企业事业单位根据需要设立人民调解委员会。

人民调解委员会由委员三至九人组成，设主任一人，必要时，可以设副主任若干人。

人民调解委员会应当有妇女成员，多民族居住的地区应当有人数较少民族的成员。

第九条　【人民调解委员会委员的产生和任期】村民委员会、居民委员会的人民调解委员会委员由村民会议或者村民代表会议、居民会议推选产生；企业事业单位设立的人民调解委员会委员由职工大会、职工代表大会或者工会组织推选产生。

人民调解委员会委员每届任期三年，可以连选连任。

第十条　【人民调解委员会的设立情况统计】县级人民政府司法行政部门应当对本行政区域内人民调解委员会的设立情况进行统计，并且将人民调解委员会以及人员组成和调整情况及时通报所在地基层人民法院。

第十一条　【人民调解委员会工作制度的建立健全和监督】人民调解委员会应当建立健全各项调解工作制度，听取群众意见，接受群众监督。

第十二条　【人民调解委员会的工作保障】村民委员会、居民委员会和企业事业单位应当为人民调解委员会开展工作提供办公条件和必要的工作经费。

第三章　人民调解员

第十三条　【人民调解员的产生】人民调解员由人民调解委员会委员和人民调解委员会聘任的人员

担任。

第十四条　【人民调解员的个人素质及其培训】人民调解员应当由公道正派、热心人民调解工作，并具有一定文化水平、政策水平和法律知识的成年公民担任。

县级人民政府司法行政部门应当定期对人民调解员进行业务培训。

第十五条　【对不良调解员的处理】人民调解员在调解工作中有下列行为之一的，由其所在的人民调解委员会给予批评教育、责令改正，情节严重的，由推选或者聘任单位予以罢免或者解聘：

（一）偏袒一方当事人的；

（二）侮辱当事人的；

（三）索取、收受财物或者牟取其他不正当利益的；

（四）泄露当事人的个人隐私、商业秘密的。

第十六条　【对人民调解员的生活、医疗保障及其家属的救助】人民调解员从事调解工作，应当给予适当的误工补贴；因从事调解工作致伤致残，生活发生困难的，当地人民政府应当提供必要的医疗、生活救助；在人民调解工作岗位上牺牲的人民调解员，其配偶、子女按照国家规定享受抚恤和优待。

第四章　调 解 程 序

第十七条　【调解程序的启动】当事人可以向人民调解委员会申请调解；人民调解委员会也可以主动调解。当事人一方明确拒绝调解的，不得调解。

第十八条　【人民调解与行政调解、诉讼调解三种方式的衔接】基层人民法院、公安机关对适宜通过人民调解方式解决的纠纷，可以在受理前告知当事人向人民调解委员会申请调解。

第十九条　【人民调解员的选择】人民调解委员会根据调解纠纷的需要，可以指定一名或者数名人民调解员进行调解，也可以由当事人选择一名或者数名人民调解员进行调解。

第二十条　【调解活动的参与】人民调解员根据调解纠纷的需要，在征得当事人的同意后，可以邀请当事人的亲属、邻里、同事等参与调解，也可以邀请具有专门知识、特定经验的人员或者有关社会组织的人员参与调解。

人民调解委员会支持当地公道正派、热心调解、群众认可的社会人士参与调解。

第二十一条　【调解公正与调解及时原则】人民调解员调解民间纠纷，应当坚持原则，明法析理，主持公道。

调解民间纠纷，应当及时、就地进行，防止矛盾激化。

第二十二条　【调解的灵活性原则】人民调解员根据纠纷的不同情况，可以采取多种方式调解民间纠纷，充分听取当事人的陈述，讲解有关法律、法规和国家政策，耐心疏导，在当事人平等协商、互谅互让的基础上提出纠纷解决方案，帮助当事人自愿达成调解协议。

第二十三条　【当事人的权利】当事人在人民调解活动中享有下列权利：

（一）选择或者接受人民调解员；

（二）接受调解、拒绝调解或者要求终止调解；

（三）要求调解公开进行或者不公开进行；

（四）自主表达意愿、自愿达成调解协议。

第二十四条　【当事人的义务】当事人在人民调解活动中履行下列义务：

（一）如实陈述纠纷事实；

（二）遵守调解现场秩序，尊重人民调解员；

（三）尊重对方当事人行使权利。

第二十五条　【人民调解员的能动性】人民调解员在调解纠纷过程中，发现纠纷有可能激化的，应当采取有针对性的预防措施；对有可能引起治安案件、刑事案件的纠纷，应当及时向当地公安机关或者其他有关部门报告。

第二十六条　【调解不成的处理】人民调解员调解纠纷，调解不成的，应当终止调解，并依据有关法律、法规的规定，告知当事人可以依法通过仲裁、行政、司法等途径维护自己的权利。

第二十七条　【调解案件的立档、归档问题】人民调解员应当记录调解情况。人民调解委员会应当建立调解工作档案，将调解登记、调解工作记录、调解协议书等材料立卷归档。

第五章　调 解 协 议

第二十八条　【调解协议的达成】经人民调解委员会调解达成调解协议的，可以制作调解协议书。当事人认为无需制作调解协议书的，可以采取口头协议方式，人民调解员应当记录协议内容。

第二十九条 【调解协议书的内容】调解协议书可以载明下列事项：

（一）当事人的基本情况；

（二）纠纷的主要事实、争议事项以及各方当事人的责任；

（三）当事人达成调解协议的内容，履行的方式、期限。

调解协议书自各方当事人签名、盖章或者按指印，人民调解员签名并加盖人民调解委员会印章之日起生效。调解协议书由当事人各执一份，人民调解委员会留存一份。

第三十条 【口头调解协议的生效日期】口头调解协议自各方当事人达成协议之日起生效。

第三十一条 【调解协议书的效力】经人民调解委员会调解达成的调解协议，具有法律约束力，当事人应当按照约定履行。

人民调解委员会应当对调解协议的履行情况进行监督，督促当事人履行约定的义务。

第三十二条 【调解协议达成后的司法救济】经人民调解委员会调解达成调解协议后，当事人之间就调解协议的履行或者调解协议的内容发生争议的，一方当事人可以向人民法院提起诉讼。

第三十三条 【人民调解协议的司法确认】经人民调解委员会调解达成调解协议后，双方当事人认为有必要的，可以自调解协议生效之日起三十日内共同向人民法院申请司法确认，人民法院应当及时对调解协议进行审查，依法确认调解协议的效力。

人民法院依法确认调解协议有效，一方当事人拒绝履行或者未全部履行的，对方当事人可以向人民法院申请强制执行。

人民法院依法确认调解协议无效的，当事人可以通过人民调解方式变更原调解协议或者达成新的调解协议，也可以向人民法院提起诉讼。

第六章 附　　则

第三十四条 【人民调解委员会的参照设立】乡镇、街道以及社会团体或者其他组织根据需要可以参照本法有关规定设立人民调解委员会，调解民间纠纷。

第三十五条 【施行日期】本法自2011年1月1日起施行。

最高人民法院关于人民法院民事调解工作若干问题的规定

1. 2004年8月18日最高人民法院审判委员会第1321次会议通过、2004年9月16日公布、自2004年11月1日起施行（法释〔2004〕12号）

2. 根据2020年12月23日最高人民法院审判委员会第1823次会议通过、2020年12月29日公布、自2021年1月1日起施行的《最高人民法院关于修改〈最高人民法院关于人民法院民事调解工作若干问题的规定〉等十九件民事诉讼类司法解释的决定》（法释〔2020〕20号）修正

为了保证人民法院正确调解民事案件，及时解决纠纷，保障和方便当事人依法行使诉讼权利，节约司法资源，根据《中华人民共和国民事诉讼法》等法律的规定，结合人民法院调解工作的经验和实际情况，制定本规定。

第一条 根据民事诉讼法第九十五条的规定，人民法院可以邀请与当事人有特定关系或者与案件有一定联系的企业事业单位、社会团体或者其他组织，和具有专门知识、特定社会经验、与当事人有特定关系并有利于促成调解的个人协助调解工作。

经各方当事人同意，人民法院可以委托前款规定的单位或者个人对案件进行调解，达成调解协议后，人民法院应当依法予以确认。

第二条 当事人在诉讼过程中自行达成和解协议的，人民法院可以根据当事人的申请依法确认和解协议制作调解书。双方当事人申请庭外和解的期间，不计入审限。

当事人在和解过程中申请人民法院对和解活动进行协调的，人民法院可以委派审判辅助人员或者邀请、委托有关单位和个人从事协调活动。

第三条 人民法院应当在调解前告知当事人主持调解人员和书记员姓名以及是否申请回避等有关诉讼权利和诉讼义务。

第四条 在答辩期满前人民法院对案件进行调解，适用普通程序的案件在当事人同意调解之日起15天内，适用简易程序的案件在当事人同意调解之日起

7天内未达成调解协议的，经各方当事人同意，可以继续调解。延长的调解期间不计入审限。

第五条 当事人申请不公开进行调解的，人民法院应当准许。

调解时当事人各方应当同时在场，根据需要也可以对当事人分别作调解工作。

第六条 当事人可以自行提出调解方案，主持调解的人员也可以提出调解方案供当事人协商时参考。

第七条 调解协议内容超出诉讼请求的，人民法院可以准许。

第八条 人民法院对于调解协议约定一方不履行协议应当承担民事责任的，应予准许。

调解协议约定一方不履行协议，另一方可以请求人民法院对案件作出裁判的条款，人民法院不予准许。

第九条 调解协议约定一方提供担保或者案外人同意为当事人提供担保的，人民法院应当准许。

案外人提供担保的，人民法院制作调解书应当列明担保人，并将调解书送交担保人。担保人不签收调解书的，不影响调解书生效。

当事人或者案外人提供的担保符合民法典规定的条件时生效。

第十条 调解协议具有下列情形之一的，人民法院不予确认：

（一）侵害国家利益、社会公共利益的；

（二）侵害案外人利益的；

（三）违背当事人真实意思的；

（四）违反法律、行政法规禁止性规定的。

第十一条 当事人不能对诉讼费用如何承担达成协议的，不影响调解协议的效力。人民法院可以直接决定当事人承担诉讼费用的比例，并将决定记入调解书。

第十二条 对调解书的内容既不享有权利又不承担义务的当事人不签收调解书的，不影响调解书的效力。

第十三条 当事人以民事调解书与调解协议的原意不一致为由提出异议，人民法院审查后认为异议成立的，应当根据调解协议裁定补正民事调解书的相关内容。

第十四条 当事人就部分诉讼请求达成调解协议的，人民法院可以就此先行确认并制作调解书。

当事人就主要诉讼请求达成调解协议，请求人民法院对未达成协议的诉讼请求提出处理意见并表示接受该处理结果的，人民法院的处理意见是调解协议的一部分内容，制作调解书的记入调解书。

第十五条 调解书确定的担保条款条件或者承担民事责任的条件成就时，当事人申请执行的，人民法院应当依法执行。

不履行调解协议的当事人按照前款规定承担了调解书确定的民事责任后，对方当事人又要求其承担民事诉讼法第二百五十三条规定的迟延履行责任的，人民法院不予支持。

第十六条 调解书约定给付特定标的物的，调解协议达成前该物上已经存在的第三人的物权和优先权不受影响。第三人在执行过程中对执行标的物提出异议的，应当按照民事诉讼法第二百二十七条规定处理。

第十七条 人民法院对刑事附带民事诉讼案件进行调解，依照本规定执行。

第十八条 本规定实施前人民法院已经受理的案件，在本规定施行后尚未审结的，依照本规定执行。

第十九条 本规定实施前最高人民法院的有关司法解释与本规定不一致的，适用本规定。

第二十条 本规定自2004年11月1日起实施。

最高人民法院关于人民法院特邀调解的规定

1. 2016年5月23日最高人民法院审判委员会第1684次会议通过
2. 2016年6月28日公布
3. 法释〔2016〕14号
4. 自2016年7月1日起施行

为健全多元化纠纷解决机制，加强诉讼与非诉讼纠纷解决方式的有效衔接，规范人民法院特邀调解工作，维护当事人合法权益，根据《中华人民共和国民事诉讼法》《中华人民共和国人民调解法》等法律及相关司法解释，结合人民法院工作实际，制定本规定。

第一条 特邀调解是指人民法院吸纳符合条件的人民

调解、行政调解、商事调解、行业调解等调解组织或者个人成为特邀调解组织或者特邀调解员，接受人民法院立案前委派或者立案后委托依法进行调解，促使当事人在平等协商基础上达成调解协议、解决纠纷的一种调解活动。

第二条 特邀调解应当遵循以下原则：

（一）当事人平等自愿；

（二）尊重当事人诉讼权利；

（三）不违反法律、法规的禁止性规定；

（四）不损害国家利益、社会公共利益和他人合法权益；

（五）调解过程和调解协议内容不公开，但是法律另有规定的除外。

第三条 人民法院在特邀调解工作中，承担以下职责：

（一）对适宜调解的纠纷，指导当事人选择名册中的调解组织或者调解员先行调解；

（二）指导特邀调解组织和特邀调解员开展工作；

（三）管理特邀调解案件流程并统计相关数据；

（四）提供必要场所、办公设施等相关服务；

（五）组织特邀调解员进行业务培训；

（六）组织开展特邀调解业绩评估工作；

（七）承担其他与特邀调解有关的工作。

第四条 人民法院应当指定诉讼服务中心等部门具体负责指导特邀调解工作，并配备熟悉调解业务的工作人员。

人民法庭根据需要开展特邀调解工作。

第五条 人民法院开展特邀调解工作应当建立特邀调解组织和特邀调解员名册。建立名册的法院应当为入册的特邀调解组织或者特邀调解员颁发证书，并对名册进行管理。上级法院建立的名册，下级法院可以使用。

第六条 依法成立的人民调解、行政调解、商事调解、行业调解及其他具有调解职能的组织，可以申请加入特邀调解组织名册。品行良好、公道正派、热心调解工作并具有一定沟通协调能力的个人可以申请加入特邀调解员名册。

人民法院可以邀请符合条件的调解组织加入特邀调解组织名册，可以邀请人大代表、政协委员、人民陪审员、专家学者、律师、仲裁员、退休法律工作者等符合条件的个人加入特邀调解员名册。

特邀调解组织应当推荐本组织中适合从事特邀调解工作的调解员加入名册，并在名册中列明；在名册中列明的调解员，视为人民法院特邀调解员。

第七条 特邀调解员在入册前和任职期间，应当接受人民法院组织的业务培训。

第八条 人民法院应当在诉讼服务中心等场所提供特邀调解组织和特邀调解员名册，并在法院公示栏、官方网站等平台公开名册信息，方便当事人查询。

第九条 人民法院可以设立家事、交通事故、医疗纠纷等专业调解委员会，并根据特定专业领域的纠纷特点，设定专业调解委员会的入册条件，规范专业领域特邀调解程序。

第十条 人民法院应当建立特邀调解组织和特邀调解员业绩档案，定期组织开展特邀调解评估工作，并及时更新名册信息。

第十一条 对适宜调解的纠纷，登记立案前，人民法院可以经当事人同意委派给特邀调解组织或者特邀调解员进行调解；登记立案后或者在审理过程中，可以委托给特邀调解组织或者特邀调解员进行调解。

当事人申请调解的，应当以口头或者书面方式向人民法院提出；当事人口头提出的，人民法院应当记入笔录。

第十二条 双方当事人应当在名册中协商确定特邀调解员；协商不成的，由特邀调解组织或者人民法院指定。当事人不同意指定的，视为不同意调解。

第十三条 特邀调解一般由一名调解员进行。对于重大、疑难、复杂或者当事人要求由两名以上调解员共同调解的案件，可以由两名以上调解员调解，并由特邀调解组织或者人民法院指定一名调解员主持。当事人有正当理由的，可以申请更换特邀调解员。

第十四条 调解一般应当在人民法院或者调解组织所在地进行，双方当事人也可以在征得人民法院同意的情况下选择其他地点进行调解。

特邀调解组织或者特邀调解员接受委派或者委托调解后，应当将调解时间、地点等相关事项及时通知双方当事人，也可以通知与纠纷有利害关系的案外人参加调解。

调解程序开始之前，特邀调解员应当告知双方当事人权利义务、调解规则、调解程序、调解协议效力、司法确认申请等事项。

第十五条　特邀调解员有下列情形之一的，当事人有权申请回避：

（一）是一方当事人或者其代理人近亲属的；

（二）与纠纷有利害关系的；

（三）与纠纷当事人、代理人有其他关系，可能影响公正调解的。

特邀调解员有上述情形的，应当自行回避；但是双方当事人同意由该调解员调解的除外。

特邀调解员的回避由特邀调解组织或者人民法院决定。

第十六条　特邀调解员不得在后续的诉讼程序中担任该案的人民陪审员、诉讼代理人、证人、鉴定人以及翻译人员等。

第十七条　特邀调解员应当根据案件具体情况采用适当的方法进行调解，可以提出解决争议的方案建议。特邀调解员为促成当事人达成调解协议，可以邀请对达成调解协议有帮助的人员参与调解。

第十八条　特邀调解员发现双方当事人存在虚假调解可能的，应当中止调解，并向人民法院或者特邀调解组织报告。

人民法院或者特邀调解组织接到报告后，应当及时审查，并依据相关规定作出处理。

第十九条　委派调解达成调解协议，特邀调解员应当将调解协议送达双方当事人，并提交人民法院备案。

委派调解达成的调解协议，当事人可以依照民事诉讼法、人民调解法等法律申请司法确认。当事人申请司法确认的，由调解组织所在地或者委派调解的基层人民法院管辖。

第二十条　委托调解达成调解协议，特邀调解员应当向人民法院提交调解协议，由人民法院审查并制作调解书结案。达成调解协议后，当事人申请撤诉的，人民法院应当依法作出裁定。

第二十一条　委派调解未达成调解协议的，特邀调解员应当将当事人的起诉状等材料移送人民法院；当事人坚持诉讼的，人民法院应当依法登记立案。

委托调解未达成调解协议的，转入审判程序审理。

第二十二条　在调解过程中，当事人为达成调解协议作出妥协而认可的事实，不得在诉讼程序中作为对其不利的根据，但是当事人均同意的除外。

第二十三条　经特邀调解组织或者特邀调解员调解达成调解协议的，可以制作调解协议书。当事人认为无需制作调解协议书的，可以采取口头协议方式，特邀调解员应当记录协议内容。

第二十四条　调解协议书应当记载以下内容：

（一）当事人的基本情况；

（二）纠纷的主要事实、争议事项；

（三）调解结果。

双方当事人和特邀调解员应当在调解协议书或者调解笔录上签名、盖章或者捺印；由特邀调解组织主持达成调解协议的，还应当加盖调解组织印章。

委派调解达成调解协议，自双方当事人签名、盖章或者捺印后生效。委托调解达成调解协议，根据相关法律规定确定生效时间。

第二十五条　委派调解达成调解协议后，当事人就调解协议的履行或者调解协议的内容发生争议的，可以向人民法院提起诉讼，人民法院应当受理。一方当事人以原纠纷向人民法院起诉，对方当事人以调解协议提出抗辩的，应当提供调解协议书。

经司法确认的调解协议，一方当事人拒绝履行或者未全部履行的，对方当事人可以向人民法院申请执行。

第二十六条　有下列情形之一的，特邀调解员应当终止调解：

（一）当事人达成调解协议的；

（二）一方当事人撤回调解请求或者明确表示不接受调解的；

（三）特邀调解员认为双方分歧较大且难以达成调解协议的；

（四）其他导致调解难以进行的情形。

特邀调解员终止调解的，应当向委派、委托的人民法院书面报告，并移送相关材料。

第二十七条　人民法院委派调解的案件，调解期限为30日。但是双方当事人同意延长调解期限的，不受此限。

人民法院委托调解的案件，适用普通程序的调解期限为15日，适用简易程序的调解期限为7日。但是双方当事人同意延长调解期限的，不受此限。

延长的调解期限不计入审理期限。

委派调解和委托调解的期限自特邀调解组织或者特邀调解员签字接收法院移交材料之日起计算。

第二十八条 特邀调解员不得有下列行为：

（一）强迫调解；

（二）违法调解；

（三）接受当事人请托或收受财物；

（四）泄露调解过程或调解协议内容；

（五）其他违反调解员职业道德的行为。

当事人发现存在上述情形的，可以向人民法院投诉。经审查属实的，人民法院应当予以纠正并作出警告、通报、除名等相应处理。

第二十九条 人民法院应当根据实际情况向特邀调解员发放误工、交通等补贴，对表现突出的特邀调解组织和特邀调解员给予物质或者荣誉奖励。补贴经费应当纳入人民法院专项预算。

人民法院可以根据有关规定向有关部门申请特邀调解专项经费。

第三十条 本规定自2016年7月1日起施行。

中华人民共和国仲裁法

1. 1994年8月31日第八届全国人民代表大会常务委员会第九次会议通过

2. 根据2009年8月27日第十一届全国人民代表大会常务委员会第十次会议《关于修改部分法律的决定》第一次修正

3. 根据2017年9月1日第十二届全国人民代表大会常务委员会第二十九次会议《关于修改〈中华人民共和国法官法〉等八部法律的决定》第二次修正

目 录

第一章 总 则

第一条 【立法目的】为保证公正、及时地仲裁经济纠纷，保护当事人的合法权益，保障社会主义市场经济健康发展，制定本法。

第二条 【适用范围】平等主体的公民、法人和其他组织之间发生的合同纠纷和其他财产权益纠纷，可以仲裁。

第三条 【适用范围的例外】下列纠纷不能仲裁：

（一）婚姻、收养、监护、扶养、继承纠纷；

（二）依法应当由行政机关处理的行政争议。

第四条 【自愿仲裁原则】当事人采用仲裁方式解决纠纷，应当双方自愿，达成仲裁协议。没有仲裁协议，一方申请仲裁的，仲裁委员会不予受理。

第五条 【或裁或审原则】当事人达成仲裁协议，一方向人民法院起诉的，人民法院不予受理，但仲裁协议无效的除外。

第六条 【仲裁机构的选定】仲裁委员会应当由当事人协议选定。

仲裁不实行级别管辖和地域管辖。

第七条 【依据事实和法律仲裁原则】仲裁应当根据事实，符合法律规定，公平合理地解决纠纷。

第八条 【独立仲裁原则】仲裁依法独立进行，不受行政机关、社会团体和个人的干涉。

第九条 【一裁终局制】仲裁实行一裁终局的制度。裁决作出后，当事人就同一纠纷再申请仲裁或者向人民法院起诉的，仲裁委员会或者人民法院不予受理。

裁决被人民法院依法裁定撤销或者不予执行的，当事人就该纠纷可以根据双方重新达成的仲裁协议申请仲裁，也可以向人民法院起诉。

第二章 仲裁委员会和仲裁协会

第十条 【仲裁委员会的设置】仲裁委员会可以在直辖市和省、自治区人民政府所在地的市设立，也可以根据需要在其他设区的市设立，不按行政区划层层设立。

仲裁委员会由前款规定的市的人民政府组织有关部门和商会统一组建。

设立仲裁委员会,应当经省、自治区、直辖市的司法行政部门登记。

第十一条 【仲裁委员会的设立条件】仲裁委员会应当具备下列条件:

(一)有自己的名称、住所和章程;

(二)有必要的财产;

(三)有该委员会的组成人员;

(四)有聘任的仲裁员。

仲裁委员会的章程应当依照本法制定。

第十二条 【仲裁委员会的组成】仲裁委员会由主任一人、副主任二至四人和委员七至十一人组成。

仲裁委员会的主任、副主任和委员由法律、经济贸易专家和有实际工作经验的人员担任。仲裁委员会的组成人员中,法律、经济贸易专家不得少于三分之二。

第十三条 【仲裁员的条件】仲裁委员会应当从公道正派的人员中聘任仲裁员。

仲裁员应当符合下列条件之一:

(一)通过国家统一法律职业资格考试取得法律职业资格,从事仲裁工作满八年的;

(二)从事律师工作满八年的;

(三)曾任法官满八年的;

(四)从事法律研究、教学工作并具有高级职称的;

(五)具有法律知识、从事经济贸易等专业工作并具有高级职称或者具有同等专业水平的。

仲裁委员会按照不同专业设仲裁员名册。

第十四条 【仲裁委员会的独立性】仲裁委员会独立于行政机关,与行政机关没有隶属关系。仲裁委员会之间也没有隶属关系。

第十五条 【中国仲裁协会】中国仲裁协会是社会团体法人。仲裁委员会是中国仲裁协会的会员。中国仲裁协会的章程由全国会员大会制定。

中国仲裁协会是仲裁委员会的自律性组织,根据章程对仲裁委员会及其组成人员、仲裁员的违纪行为进行监督。

中国仲裁协会依照本法和民事诉讼法的有关规定制定仲裁规则。

第三章 仲裁协议

第十六条 【仲裁协议的形式和内容】仲裁协议包括合同中订立的仲裁条款和以其他书面方式在纠纷发生前或者纠纷发生后达成的请求仲裁的协议。

仲裁协议应当具有下列内容:

(一)请求仲裁的意思表示;

(二)仲裁事项;

(三)选定的仲裁委员会。

第十七条 【仲裁协议的无效】有下列情形之一的,仲裁协议无效:

(一)约定的仲裁事项超出法律规定的仲裁范围的;

(二)无民事行为能力人或者限制民事行为能力人订立的仲裁协议;

(三)一方采取胁迫手段,迫使对方订立仲裁协议的。

第十八条 【内容不明确的仲裁协议的处理】仲裁协议对仲裁事项或者仲裁委员会没有约定或者约定不明确的,当事人可以补充协议;达不成补充协议的,仲裁协议无效。

第十九条 【仲裁协议效力的独立性】仲裁协议独立存在,合同的变更、解除、终止或者无效,不影响仲裁协议的效力。

仲裁庭有权确认合同的效力。

第二十条 【仲裁协议异议的处理】当事人对仲裁协议的效力有异议的,可以请求仲裁委员会作出决定或者请求人民法院作出裁定。一方请求仲裁委员会作出决定,另一方请求人民法院作出裁定的,由人民法院裁定。

当事人对仲裁协议的效力有异议,应当在仲裁庭首次开庭前提出。

第四章 仲裁程序

第一节 申请和受理

第二十一条 【申请仲裁的条件】当事人申请仲裁应当符合下列条件:

(一)有仲裁协议;

(二)有具体的仲裁请求和事实、理由;

(三)属于仲裁委员会的受理范围。

第二十二条 【申请仲裁的文件】当事人申请仲裁,应当向仲裁委员会递交仲裁协议、仲裁申请书及副本。

第二十三条 【仲裁申请书内容】仲裁申请书应当载明下列事项：

（一）当事人的姓名、性别、年龄、职业、工作单位和住所，法人或者其他组织的名称、住所和法定代表人或者主要负责人的姓名、职务；

（二）仲裁请求和所根据的事实、理由；

（三）证据和证据来源、证人姓名和住所。

第二十四条 【仲裁申请的受理与不受理】仲裁委员会收到仲裁申请书之日起五日内，认为符合受理条件的，应当受理，并通知当事人；认为不符合受理条件的，应当书面通知当事人不予受理，并说明理由。

第二十五条 【受理后的准备工作】仲裁委员会受理仲裁申请后，应当在仲裁规则规定的期限内将仲裁规则和仲裁员名册送达申请人，并将仲裁申请书副本和仲裁规则、仲裁员名册送达被申请人。

被申请人收到仲裁申请书副本后，应当在仲裁规则规定的期限内向仲裁委员会提交答辩书。仲裁委员会收到答辩书后，应当在仲裁规则规定的期限内将答辩书副本送达申请人。被申请人未提交答辩书的，不影响仲裁程序的进行。

第二十六条 【仲裁当事人起诉的处理】当事人达成仲裁协议，一方向人民法院起诉未声明有仲裁协议，人民法院受理后，另一方在首次开庭前提交仲裁协议的，人民法院应当驳回起诉，但仲裁协议无效的除外；另一方在首次开庭前未对人民法院受理该案提出异议的，视为放弃仲裁协议，人民法院应当继续审理。

第二十七条 【仲裁请求变动】申请人可以放弃或者变更仲裁请求。被申请人可以承认或者反驳仲裁请求，有权提出反请求。

第二十八条 【财产保全】一方当事人因另一方当事人的行为或者其他原因，可能使裁决不能执行或者难以执行的，可以申请财产保全。

当事人申请财产保全的，仲裁委员会应当将当事人的申请依照民事诉讼法的有关规定提交人民法院。

申请有错误的，申请人应当赔偿被申请人因财产保全所遭受的损失。

第二十九条 【仲裁代理】当事人、法定代理人可以委托律师和其他代理人进行仲裁活动。委托律师和其他代理人进行仲裁活动的，应当向仲裁委员会提交授权委托书。

第二节 仲裁庭的组成

第三十条 【仲裁庭的组成】仲裁庭可以由三名仲裁员或者一名仲裁员组成。由三名仲裁员组成的，设首席仲裁员。

第三十一条 【仲裁员的选任】当事人约定由三名仲裁员组成仲裁庭的，应当各自选定或者各自委托仲裁委员会主任指定一名仲裁员，第三名仲裁员由当事人共同选定或者共同委托仲裁委员会主任指定。第三名仲裁员是首席仲裁员。

当事人约定由一名仲裁员成立仲裁庭的，应当由当事人共同选定或者共同委托仲裁委员会主任指定仲裁员。

第三十二条 【仲裁员的指定】当事人没有在仲裁规则规定的期限内约定仲裁庭的组成方式或者选定仲裁员的，由仲裁委员会主任指定。

第三十三条 【仲裁庭组成情况的通知】仲裁庭组成后，仲裁委员会应当将仲裁庭的组成情况书面通知当事人。

第三十四条 【回避的适用范围】仲裁员有下列情形之一的，必须回避，当事人也有权提出回避申请：

（一）是本案当事人或者当事人、代理人的近亲属；

（二）与本案有利害关系；

（三）与本案当事人、代理人有其他关系，可能影响公正仲裁的；

（四）私自会见当事人、代理人，或者接受当事人、代理人的请客送礼的。

第三十五条 【当事人申请回避】当事人提出回避申请，应当说明理由，在首次开庭前提出。回避事由在首次开庭后知道的，可以在最后一次开庭终结前提出。

第三十六条 【回避的决定】仲裁员是否回避，由仲裁委员会主任决定；仲裁委员会主任担任仲裁员时，由仲裁委员会集体决定。

第三十七条 【仲裁员的重新确定】仲裁员因回避或者其他原因不能履行职责的，应当依照本法规定重新选定或者指定仲裁员。

因回避而重新选定或者指定仲裁员后，当事人可以请求已进行的仲裁程序重新进行,是否准许,由仲裁庭决定;仲裁庭也可以自行决定已进行的仲裁程序是否重新进行。

第三十八条　【仲裁员的除名】仲裁员有本法第三十四条第四项规定的情形,情节严重的,或者有本法第五十八条第六项规定的情形的,应当依法承担法律责任,仲裁委员会应当将其除名。

第三节　开庭和裁决

第三十九条　【仲裁审理的方式】仲裁应当开庭进行。当事人协议不开庭的,仲裁庭可以根据仲裁申请书、答辩书以及其他材料作出裁决。

第四十条　【仲裁不公开原则】仲裁不公开进行。当事人协议公开的,可以公开进行,但涉及国家秘密的除外。

第四十一条　【开庭通知与延期审理】仲裁委员会应当在仲裁规则规定的期限内将开庭日期通知双方当事人。当事人有正当理由的,可以在仲裁规则规定的期限内请求延期开庭。是否延期,由仲裁庭决定。

第四十二条　【视为撤回申请和缺席判决】申请人经书面通知,无正当理由不到庭或者未经仲裁庭许可中途退庭的,可以视为撤回仲裁申请。

被申请人经书面通知,无正当理由不到庭或者未经仲裁庭许可中途退庭的,可以缺席裁决。

第四十三条　【举证责任】当事人应当对自己的主张提供证据。

仲裁庭认为有必要收集的证据,可以自行收集。

第四十四条　【专门性问题的鉴定】仲裁庭对专门性问题认为需要鉴定的,可以交由当事人约定的鉴定部门鉴定,也可以由仲裁庭指定的鉴定部门鉴定。

根据当事人的请求或者仲裁庭的要求,鉴定部门应当派鉴定人参加开庭。当事人经仲裁庭许可,可以向鉴定人提问。

第四十五条　【证据出示和质证】证据应当在开庭时出示,当事人可以质证。

第四十六条　【证据保全】在证据可能灭失或者以后难以取得的情况下,当事人可以申请证据保全。当事人申请证据保全的,仲裁委员会应当将当事人的申请提交证据所在地的基层人民法院。

第四十七条　【当事人的辩论】当事人在仲裁过程中有权进行辩论。辩论终结时,首席仲裁员或者独任仲裁员应当征询当事人的最后意见。

第四十八条　【仲裁笔录】仲裁庭应当将开庭情况记入笔录。当事人和其他仲裁参与人认为对自己陈述的记录有遗漏或者差错的,有权申请补正。如果不予补正,应当记录该申请。

笔录由仲裁员、记录人员、当事人和其他仲裁参与人签名或者盖章。

第四十九条　【仲裁和解】当事人申请仲裁后,可以自行和解。达成和解协议的,可以请求仲裁庭根据和解协议作出裁决书,也可以撤回仲裁申请。

第五十条　【和解后反悔的处理】当事人达成和解协议,撤回仲裁申请后反悔的,可以根据仲裁协议申请仲裁。

第五十一条　【仲裁调解】仲裁庭在作出裁决前,可以先行调解。当事人自愿调解的,仲裁庭应当调解。调解不成的,应当及时作出裁决。

调解达成协议的,仲裁庭应当制作调解书或者根据协议的结果制作裁决书。调解书与裁决书具有同等法律效力。

第五十二条　【仲裁调解书】调解书应当写明仲裁请求和当事人协议的结果。调解书由仲裁员签名,加盖仲裁委员会印章,送达双方当事人。

调解书经双方当事人签收后,即发生法律效力。

在调解书签收前当事人反悔的,仲裁庭应当及时作出裁决。

第五十三条　【仲裁裁决的作出】裁决应当按照多数仲裁员的意见作出,少数仲裁员的不同意见可以记入笔录。仲裁庭不能形成多数意见时,裁决应当按照首席仲裁员的意见作出。

第五十四条　【裁决书的内容】裁决书应当写明仲裁请求、争议事实、裁决理由、裁决结果、仲裁费用的负担和裁决日期。当事人协议不愿写明争议事实和裁决理由的,可以不写。裁决书由仲裁员签名,加盖仲裁委员会印章。对裁决持不同意见的仲裁员,可以签名,也可以不签名。

第五十五条　【先行裁决】仲裁庭仲裁纠纷时,其中一部分事实已经清楚,可以就该部分先行裁决。

第五十六条　【裁决书的补正】对裁决书中的文字、计算错误或者仲裁庭已经裁决但在裁决书中遗漏的事项,仲裁庭应当补正;当事人自收到裁决书之日起三十日内,可以请求仲裁庭补正。

第五十七条 【裁决书的生效】裁决书自作出之日起发生法律效力。

第五章 申请撤销裁决

第五十八条 【申请撤销裁决条件】当事人提出证据证明裁决有下列情形之一的,可以向仲裁委员会所在地的中级人民法院申请撤销裁决:

(一)没有仲裁协议的;

(二)裁决的事项不属于仲裁协议的范围或者仲裁委员会无权仲裁的;

(三)仲裁庭的组成或者仲裁的程序违反法定程序的;

(四)裁决所根据的证据是伪造的;

(五)对方当事人隐瞒了足以影响公正裁决的证据的;

(六)仲裁员在仲裁该案时有索贿受贿,徇私舞弊,枉法裁决行为的。

人民法院经组成合议庭审查核实裁决有前款规定情形之一的,应当裁定撤销。

人民法院认定该裁决违背社会公共利益的,应当裁定撤销。

第五十九条 【申请撤销裁决的期限】当事人申请撤销裁决的,应当自收到裁决书之日起六个月内提出。

第六十条 【撤销与否的期限】人民法院应当在受理撤销裁决申请之日起两个月内作出撤销裁决或者驳回申请的裁定。

第六十一条 【申请撤销裁决的后果】人民法院受理撤销裁决的申请后,认为可以由仲裁庭重新仲裁的,通知仲裁庭在一定期限内重新仲裁,并裁定中止撤销程序。仲裁庭拒绝重新仲裁的,人民法院应当裁定恢复撤销程序。

第六章 执　　行

第六十二条 【仲裁裁决的执行】当事人应当履行裁决。一方当事人不履行的,另一方当事人可以依照民事诉讼法的有关规定向人民法院申请执行。受申请的人民法院应当执行。

第六十三条 【仲裁裁决的不予执行】被申请人提出证据证明裁决有民事诉讼法第二百一十三条第二款规定的情形之一的,经人民法院组成合议庭审查核实,裁定不予执行。

第六十四条 【裁决中止、终结与恢复执行】一方当事人申请执行裁决,另一方当事人申请撤销裁决的,人民法院应当裁定中止执行。

人民法院裁定撤销裁决的,应当裁定终结执行。撤销裁决的申请被裁定驳回的,人民法院应当裁定恢复执行。

第七章 涉外仲裁的特别规定

第六十五条 【涉外仲裁的范围】涉外经济贸易、运输和海事中发生的纠纷的仲裁,适用本章规定。本章没有规定的,适用本法其他有关规定。

第六十六条 【涉外仲裁委员会的设立】涉外仲裁委员会可以由中国国际商会组织设立。

涉外仲裁委员会由主任一人、副主任若干人和委员若干人组成。

涉外仲裁委员会的主任、副主任和委员可以由中国国际商会聘任。

第六十七条 【涉外仲裁委员会仲裁员聘任】涉外仲裁委员会可以从具有法律、经济贸易、科学技术等专门知识的外籍人士中聘任仲裁员。

第六十八条 【涉外仲裁的证据保全】涉外仲裁的当事人申请证据保全的,涉外仲裁委员会应当将当事人的申请提交证据所在地的中级人民法院。

第六十九条 【涉外仲裁的开庭笔录】涉外仲裁的仲裁庭可以将开庭情况记入笔录,或者作出笔录要点,笔录要点可以由当事人和其他仲裁参与人签字或者盖章。

第七十条 【涉外仲裁裁决的撤销】当事人提出证据证明涉外仲裁裁决有民事诉讼法第二百五十八条第一款规定的情形之一的,经人民法院组成合议庭审查核实,裁定撤销。

第七十一条 【裁决的不予执行】被申请人提出证据证明涉外仲裁裁决有民事诉讼法第二百五十八条第一款规定的情形之一的,经人民法院组成合议庭审查核实,裁定不予执行。

第七十二条 【仲裁裁决在外国的承认和执行】涉外仲裁委员会作出的发生法律效力的仲裁裁决,当事人请求执行的,如果被执行人或者其财产不在中华人民共和国领域内,应当由当事人直接向有管辖权的外国法院申请承认和执行。

第七十三条　【涉外仲裁规则】涉外仲裁规则可以由中国国际商会依照本法和民事诉讼法的有关规定制定。

第八章　附　　则

第七十四条　【仲裁时效】法律对仲裁时效有规定的，适用该规定。法律对仲裁时效没有规定的，适用诉讼时效的规定。

第七十五条　【涉外仲裁暂行规则制定】中国仲裁协会制定仲裁规则前，仲裁委员会依照本法和民事诉讼法的有关规定可以制定仲裁暂行规则。

第七十六条　【仲裁费用】当事人应当按照规定交纳仲裁费用。

收取仲裁费用的办法，应当报物价管理部门核准。

第七十七条　【不适用本法的两类合同】劳动争议和农业集体经济组织内部的农业承包合同纠纷的仲裁，另行规定。

第七十八条　【本法施行前有关仲裁规定的效力】本法施行前制定的有关仲裁的规定与本法的规定相抵触的，以本法为准。

第七十九条　【新旧仲裁机构的衔接过渡】本法施行前在直辖市、省、自治区人民政府所在地的市和其他设区的市设立的仲裁机构，应当依照本法的有关规定重新组建；未重新组建的，自本法施行之日起届满一年时终止。

本法施行前设立的不符合本法规定的其他仲裁机构，自本法施行之日起终止。

第八十条　【施行日期】本法自1995年9月1日起施行。

最高人民法院关于实施《中华人民共和国仲裁法》几个问题的通知

1．1997年3月26日

2．法发〔1997〕4号

各省、自治区、直辖市高级人民法院：

现就人民法院实施《中华人民共和国仲裁法》（以下简称《仲裁法》）需要明确的几个问题，通知如下：

一、《仲裁法》施行前当事人依法订立的仲裁协议继续有效，有关当事人向人民法院起诉的，人民法院不予受理，应当告知其向依照《仲裁法》组建的仲裁机构申请仲裁。当事人双方书面协议放弃仲裁后，一方向人民法院起诉的，人民法院应当依法受理。

二、在仲裁过程中，当事人申请财产保全的，一般案件由被申请人住所地或者财产所在地的基层人民法院作出裁定；属涉外仲裁案件的，依据《中华人民共和国民事诉讼法》第二百五十六条的规定，由被申请人住所地或者财产所在地的中级人民法院作出裁定。有关人民法院对仲裁机构提交的财产保全申请应当认真进行审查，符合法律规定的，即应依法作出财产保全的裁定；如认为不符合法律规定的，应依法裁定驳回申请。

三、对依照《仲裁法》组建的仲裁机构所作出的仲裁裁决（包括涉外仲裁裁决），当事人申请执行的，人民法院应当依法受理。

最高人民法院关于适用《中华人民共和国仲裁法》若干问题的解释

1．2005年12月26日最高人民法院审判委员会第1375次会议通过

2．2006年8月23日公布

3．法释〔2006〕7号

根据《中华人民共和国仲裁法》和《中华人民共和国民事诉讼法》等法律规定，对人民法院审理涉及仲裁案件适用法律的若干问题作如下解释：

第一条　仲裁法第十六条规定的“其他书面形式”的仲裁协议，包括以合同书、信件和数据电文（包括电报、电传、传真、电子数据交换和电子邮件）等形式达成的请求仲裁的协议。

第二条　当事人概括约定仲裁事项为合同争议的，基于合同成立、效力、变更、转让、履行、违约责任、解释、解除等产生的纠纷都可以认定为仲裁事项。

第三条　仲裁协议约定的仲裁机构名称不准确，但能够确定具体的仲裁机构的，应当认定选定了仲裁机构。

第四条　仲裁协议仅约定纠纷适用的仲裁规则的，视为未约定仲裁机构，但当事人达成补充协议或者按照约定的仲裁规则能够确定仲裁机构的除外。

第五条　仲裁协议约定两个以上仲裁机构的，当事人可以协议选择其中的一个仲裁机构申请仲裁；当事人不能就仲裁机构选择达成一致的，仲裁协议无效。

第六条　仲裁协议约定由某地的仲裁机构仲裁且该地仅有一个仲裁机构的，该仲裁机构视为约定的仲裁机构。该地有两个以上仲裁机构的，当事人可以协议选择其中的一个仲裁机构申请仲裁；当事人不能就仲裁机构选择达成一致的，仲裁协议无效。

第七条　当事人约定争议可以向仲裁机构申请仲裁也可以向人民法院起诉的，仲裁协议无效。但一方向仲裁机构申请仲裁，另一方未在仲裁法第二十条第二款规定期间内提出异议的除外。

第八条　当事人订立仲裁协议后合并、分立的，仲裁协议对其权利义务的继受人有效。

当事人订立仲裁协议后死亡的，仲裁协议对承继其仲裁事项中的权利义务的继承人有效。

前两款规定情形，当事人订立仲裁协议时另有约定的除外。

第九条　债权债务全部或者部分转让的，仲裁协议对受让人有效，但当事人另有约定、在受让债权债务时受让人明确反对或者不知有单独仲裁协议的除外。

第十条　合同成立后未生效或者被撤销的，仲裁协议效力的认定适用仲裁法第十九条第一款的规定。

当事人在订立合同时就争议达成仲裁协议的，合同未成立不影响仲裁协议的效力。

第十一条　合同约定解决争议适用其他合同、文件中的有效仲裁条款的，发生合同争议时，当事人应当按照该仲裁条款提请仲裁。

涉外合同应当适用的有关国际条约中有仲裁规定的，发生合同争议时，当事人应当按照国际条约中的仲裁规定提请仲裁。

第十二条　当事人向人民法院申请确认仲裁协议效力的案件，由仲裁协议约定的仲裁机构所在地的中级人民法院管辖；仲裁协议约定的仲裁机构不明确的，由仲裁协议签订地或者被申请人住所地的中级人民法院管辖。

申请确认涉外仲裁协议效力的案件，由仲裁协议约定的仲裁机构所在地、仲裁协议签订地、申请人或者被申请人住所地的中级人民法院管辖。

涉及海事海商纠纷仲裁协议效力的案件，由仲裁协议约定的仲裁机构所在地、仲裁协议签订地、申请人或者被申请人住所地的海事法院管辖；上述地点没有海事法院的，由就近的海事法院管辖。

第十三条　依照仲裁法第二十条第二款的规定，当事人在仲裁庭首次开庭前没有对仲裁协议的效力提出异议，而后向人民法院申请确认仲裁协议无效的，人民法院不予受理。

仲裁机构对仲裁协议的效力作出决定后，当事人向人民法院申请确认仲裁协议效力或者申请撤销仲裁机构的决定的，人民法院不予受理。

第十四条　仲裁法第二十六条规定的“首次开庭”是指答辩期满后人民法院组织的第一次开庭审理，不包括审前程序中的各项活动。

第十五条　人民法院审理仲裁协议效力确认案件，应当组成合议庭进行审查，并询问当事人。

第十六条　对涉外仲裁协议的效力审查，适用当事人约定的法律；当事人没有约定适用的法律但约定了仲裁地的，适用仲裁地法律；没有约定适用的法律也没有约定仲裁地或者仲裁地约定不明的，适用法院地法律。

第十七条　当事人以不属于仲裁法第五十八条或者民事诉讼法第二百五十八条规定的事由申请撤销仲裁裁决的，人民法院不予支持。

第十八条　仲裁法第五十八条第一款第一项规定的“没有仲裁协议”是指当事人没有达成仲裁协议。仲裁协议被认定无效或者被撤销的，视为没有仲裁协议。

第十九条　当事人以仲裁裁决事项超出仲裁协议范围为由申请撤销仲裁裁决，经审查属实的，人民法院应当撤销仲裁裁决中的超裁部分。但超裁部分与其他裁决事项不可分的，人民法院应当撤销仲裁裁决。

第二十条　仲裁法第五十八条规定的“违反法定程序”，是指违反仲裁法规定的仲裁程序和当事人选择的仲裁规则可能影响案件正确裁决的情形。

第二十一条　当事人申请撤销国内仲裁裁决的案件属

于下列情形之一的，人民法院可以依照仲裁法第六十一条的规定通知仲裁庭在一定期限内重新仲裁：

（一）仲裁裁决所根据的证据是伪造的；

（二）对方当事人隐瞒了足以影响公正裁决的证据的。

人民法院应当在通知中说明要求重新仲裁的具体理由。

第二十二条　仲裁庭在人民法院指定的期限内开始重新仲裁的，人民法院应当裁定终结撤销程序；未开始重新仲裁的，人民法院应当裁定恢复撤销程序。

第二十三条　当事人对重新仲裁裁决不服的，可以在重新仲裁裁决书送达之日起六个月内依据仲裁法第五十八条规定向人民法院申请撤销。

第二十四条　当事人申请撤销仲裁裁决的案件，人民法院应当组成合议庭审理，并询问当事人。

第二十五条　人民法院受理当事人撤销仲裁裁决的申请后，另一方当事人申请执行同一仲裁裁决的，受理执行申请的人民法院应当在受理后裁定中止执行。

第二十六条　当事人向人民法院申请撤销仲裁裁决被驳回后，又在执行程序中以相同理由提出不予执行抗辩的，人民法院不予支持。

第二十七条　当事人在仲裁程序中未对仲裁协议的效力提出异议，在仲裁裁决作出后以仲裁协议无效为由主张撤销仲裁裁决或者提出不予执行抗辩的，人民法院不予支持。

当事人在仲裁程序中对仲裁协议的效力提出异议，在仲裁裁决作出后又以此为由主张撤销仲裁裁决或者提出不予执行抗辩，经审查符合仲裁法第五十八条或者民事诉讼法第二百一十三条、第二百五十八条规定的，人民法院应予支持。

第二十八条　当事人请求不予执行仲裁调解书或者根据当事人之间的和解协议作出的仲裁裁决书的，人民法院不予支持。

第二十九条　当事人申请执行仲裁裁决案件，由被执行人住所地或者被执行的财产所在地的中级人民法院管辖。

第三十条　根据审理撤销、执行仲裁裁决案件的实际需要，人民法院可以要求仲裁机构作出说明或者向相关仲裁机构调阅仲裁案卷。

人民法院在办理涉及仲裁的案件过程中作出的裁定，可以送相关的仲裁机构。

第三十一条　本解释自公布之日起实施。

本院以前发布的司法解释与本解释不一致的，以本解释为准。

2. 民事诉讼

中华人民共和国民事诉讼法

1. 1991年4月9日第七届全国人民代表大会第四次会议通过
2. 根据2007年10月28日第十届全国人民代表大会常务委员会第三十次会议《关于修改〈中华人民共和国民事诉讼法〉的决定》第一次修正
3. 根据2012年8月31日第十一届全国人民代表大会常务委员会第二十八次会议《关于修改〈中华人民共和国民事诉讼法〉的决定》第二次修正
4. 根据2017年6月27日第十二届全国人民代表大会常务委员会第二十八次会议《关于修改〈中华人民共和国民事诉讼法〉和〈中华人民共和国行政诉讼法〉的决定》第三次修正
5. 根据2021年12月24日第十三届全国人民代表大会常务委员会第三十二次会议《关于修改〈中华人民共和国民事诉讼法〉的决定》第四次修正

目　　录

第一编　总　　则

第一章　任务、适用范围和基本原则

第一条　【立法依据】中华人民共和国民事诉讼法以宪法为根据，结合我国民事审判工作的经验和实际情况制定。

第二条　【立法任务】中华人民共和国民事诉讼法的

任务，是保护当事人行使诉讼权利，保证人民法院查明事实，分清是非，正确适用法律，及时审理民事案件，确认民事权利义务关系，制裁民事违法行为，保护当事人的合法权益，教育公民自觉遵守法律，维护社会秩序、经济秩序，保障社会主义建设事业顺利进行。

第三条　**【适用范围】**人民法院受理公民之间、法人之间、其他组织之间以及他们相互之间因财产关系和人身关系提起的民事诉讼，适用本法的规定。

第四条　**【空间效力】**凡在中华人民共和国领域内进行民事诉讼，必须遵守本法。

第五条　**【涉外民诉同等原则、对等原则】**外国人、无国籍人、外国企业和组织在人民法院起诉、应诉，同中华人民共和国公民、法人和其他组织有同等的诉讼权利义务。

外国法院对中华人民共和国公民、法人和其他组织的民事诉讼权利加以限制的，中华人民共和国人民法院对该国公民、企业和组织的民事诉讼权利，实行对等原则。

第六条　**【审判权】**民事案件的审判权由人民法院行使。

人民法院依照法律规定对民事案件独立进行审判，不受行政机关、社会团体和个人的干涉。

第七条　**【审理原则】**人民法院审理民事案件，必须以事实为根据，以法律为准绳。

第八条　**【诉讼权利平等原则】**民事诉讼当事人有平等的诉讼权利。人民法院审理民事案件，应当保障和便利当事人行使诉讼权利，对当事人在适用法律上一律平等。

第九条　**【调解原则】**人民法院审理民事案件，应当根据自愿和合法的原则进行调解；调解不成的，应当及时判决。

第十条　**【审判制度】**人民法院审理民事案件，依照法律规定实行合议、回避、公开审判和两审终审制度。

第十一条　**【语言文字】**各民族公民都有用本民族语言、文字进行民事诉讼的权利。

在少数民族聚居或者多民族共同居住的地区，人民法院应当用当地民族通用的语言、文字进行审理和发布法律文书。

人民法院应当对不通晓当地民族通用的语言、文字的诉讼参与人提供翻译。

第十二条　**【辩论权】**人民法院审理民事案件时，当事人有权进行辩论。

第十三条　**【诚信原则、当事人处分原则】**民事诉讼应当遵循诚信原则。

当事人有权在法律规定的范围内处分自己的民事权利和诉讼权利。

第十四条　**【法律监督权】**人民检察院有权对民事诉讼实行法律监督。

第十五条　**【支持起诉】**机关、社会团体、企业事业单位对损害国家、集体或者个人民事权益的行为，可以支持受损害的单位或者个人向人民法院起诉。

第十六条　**【在线诉讼的法律效力】**经当事人同意，民事诉讼活动可以通过信息网络平台在线进行。

民事诉讼活动通过信息网络平台在线进行的，与线下诉讼活动具有同等法律效力。

第十七条　**【变通规定】**民族自治地方的人民代表大会根据宪法和本法的原则，结合当地民族的具体情况，可以制定变通或者补充的规定。自治区的规定，报全国人民代表大会常务委员会批准。自治州、自治县的规定，报省或者自治区的人民代表大会常务委员会批准，并报全国人民代表大会常务委员会备案。

第二章　管　　辖

第一节　级别管辖

第十八条　**【基层法院管辖】**基层人民法院管辖第一审民事案件，但本法另有规定的除外。

第十九条　**【中级法院管辖】**中级人民法院管辖下列第一审民事案件：

（一）重大涉外案件；

（二）在本辖区有重大影响的案件；

（三）最高人民法院确定由中级人民法院管辖的案件。

第二十条　**【高级法院管辖】**高级人民法院管辖在本辖区有重大影响的第一审民事案件。

第二十一条　**【最高法院管辖】**最高人民法院管辖下列第一审民事案件：

（一）在全国有重大影响的案件；

（二）认为应当由本院审理的案件。

第二节 地域管辖

第二十二条 【一般地域管辖】对公民提起的民事诉讼，由被告住所地人民法院管辖；被告住所地与经常居住地不一致的，由经常居住地人民法院管辖。

对法人或者其他组织提起的民事诉讼，由被告住所地人民法院管辖。

同一诉讼的几个被告住所地、经常居住地在两个以上人民法院辖区的，各该人民法院都有管辖权。

第二十三条 【特别规定】下列民事诉讼，由原告住所地人民法院管辖；原告住所地与经常居住地不一致的，由原告经常居住地人民法院管辖：

（一）对不在中华人民共和国领域内居住的人提起的有关身份关系的诉讼；

（二）对下落不明或者宣告失踪的人提起的有关身份关系的诉讼；

（三）对被采取强制性教育措施的人提起的诉讼；

（四）对被监禁的人提起的诉讼。

第二十四条 【合同纠纷管辖】因合同纠纷提起的诉讼，由被告住所地或者合同履行地人民法院管辖。

第二十五条 【保险合同纠纷管辖】因保险合同纠纷提起的诉讼，由被告住所地或者保险标的物所在地人民法院管辖。

第二十六条 【票据纠纷管辖】因票据纠纷提起的诉讼，由票据支付地或者被告住所地人民法院管辖。

第二十七条 【公司诉讼管辖】因公司设立、确认股东资格、分配利润、解散等纠纷提起的诉讼，由公司住所地人民法院管辖。

第二十八条 【运输合同纠纷管辖】因铁路、公路、水上、航空运输和联合运输合同纠纷提起的诉讼，由运输始发地、目的地或者被告住所地人民法院管辖。

第二十九条 【侵权纠纷管辖】因侵权行为提起的诉讼，由侵权行为地或者被告住所地人民法院管辖。

第三十条 【交通事故管辖】因铁路、公路、水上和航空事故请求损害赔偿提起的诉讼，由事故发生地或者车辆、船舶最先到达地、航空器最先降落地或者被告住所地人民法院管辖。

第三十一条 【海损事故管辖】因船舶碰撞或者其他海事损害事故请求损害赔偿提起的诉讼，由碰撞发生地、碰撞船舶最先到达地、加害船舶被扣留地或者被告住所地人民法院管辖。

第三十二条 【海难救助费用管辖】因海难救助费用提起的诉讼，由救助地或者被救助船舶最先到达地人民法院管辖。

第三十三条 【共同海损管辖】因共同海损提起的诉讼，由船舶最先到达地、共同海损理算地或者航程终止地的人民法院管辖。

第三十四条 【专属管辖】下列案件，由本条规定的人民法院专属管辖：

（一）因不动产纠纷提起的诉讼，由不动产所在地人民法院管辖；

（二）因港口作业中发生纠纷提起的诉讼，由港口所在地人民法院管辖；

（三）因继承遗产纠纷提起的诉讼，由被继承人死亡时住所地或者主要遗产所在地人民法院管辖。

第三十五条 【协议管辖】合同或者其他财产权益纠纷的当事人可以书面协议选择被告住所地、合同履行地、合同签订地、原告住所地、标的物所在地等与争议有实际联系的地点的人民法院管辖，但不得违反本法对级别管辖和专属管辖的规定。

第三十六条 【共同管辖】两个以上人民法院都有管辖权的诉讼，原告可以向其中一个人民法院起诉；原告向两个以上有管辖权的人民法院起诉的，由最先立案的人民法院管辖。

第三节 移送管辖和指定管辖

第三十七条 【移送管辖】人民法院发现受理的案件不属于本院管辖的，应当移送有管辖权的人民法院，受移送的人民法院应当受理。受移送的人民法院认为受移送的案件依照规定不属于本院管辖的，应当报请上级人民法院指定管辖，不得再自行移送。

第三十八条 【指定管辖】有管辖权的人民法院由于特殊原因，不能行使管辖权的，由上级人民法院指定管辖。

人民法院之间因管辖权发生争议，由争议双方协商解决；协商解决不了的，报请它们的共同上级人民法院指定管辖。

第三十九条 【管辖权转移】上级人民法院有权审理下级人民法院管辖的第一审民事案件；确有必要将本院管辖的第一审民事案件交下级人民法院审理的，应当报请其上级人民法院批准。

下级人民法院对它所管辖的第一审民事案件，认为需要由上级人民法院审理的，可以报请上级人民法院审理。

第三章 审判组织

第四十条 【一审审判组织】人民法院审理第一审民事案件，由审判员、陪审员共同组成合议庭或者由审判员组成合议庭。合议庭的成员人数，必须是单数。

适用简易程序审理的民事案件，由审判员一人独任审理。基层人民法院审理的基本事实清楚、权利义务关系明确的第一审民事案件，可以由审判员一人适用普通程序独任审理。

陪审员在执行陪审职务时，与审判员有同等的权利义务。

第四十一条 【二审、重审、再审审判组织】人民法院审理第二审民事案件，由审判员组成合议庭。合议庭的成员人数，必须是单数。

中级人民法院对第一审适用简易程序审结或者不服裁定提起上诉的第二审民事案件，事实清楚、权利义务关系明确的，经双方当事人同意，可以由审判员一人独任审理。

发回重审的案件，原审人民法院应当按照第一审程序另行组成合议庭。

审理再审案件，原来是第一审的，按照第一审程序另行组成合议庭；原来是第二审的或者是上级人民法院提审的，按照第二审程序另行组成合议庭。

第四十二条 【不得适用独任制的案件】人民法院审理下列民事案件，不得由审判员一人独任审理：

（一）涉及国家利益、社会公共利益的案件；

（二）涉及群体性纠纷，可能影响社会稳定的案件；

（三）人民群众广泛关注或者其他社会影响较大的案件；

（四）属于新类型或者疑难复杂的案件；

（五）法律规定应当组成合议庭审理的案件；

（六）其他不宜由审判员一人独任审理的案件。

第四十三条 【向合议制转换】人民法院在审理过程中，发现案件不宜由审判员一人独任审理的，应当裁定转由合议庭审理。

当事人认为案件由审判员一人独任审理违反法律规定的，可以向人民法院提出异议。人民法院对当事人提出的异议应当审查，异议成立的，裁定转由合议庭审理；异议不成立的，裁定驳回。

第四十四条 【审判长】合议庭的审判长由院长或者庭长指定审判员一人担任；院长或者庭长参加审判的，由院长或者庭长担任。

第四十五条 【评议原则】合议庭评议案件，实行少数服从多数的原则。评议应当制作笔录，由合议庭成员签名。评议中的不同意见，必须如实记入笔录。

第四十六条 【依法办案】审判人员应当依法秉公办案。

审判人员不得接受当事人及其诉讼代理人请客送礼。

审判人员有贪污受贿，徇私舞弊，枉法裁判行为的，应当追究法律责任；构成犯罪的，依法追究刑事责任。

第四章 回　　避

第四十七条 【回避情形】审判人员有下列情形之一的，应当自行回避，当事人有权用口头或者书面方式申请他们回避：

（一）是本案当事人或者当事人、诉讼代理人近亲属的；

（二）与本案有利害关系的；

（三）与本案当事人、诉讼代理人有其他关系，可能影响对案件公正审理的。

审判人员接受当事人、诉讼代理人请客送礼，或者违反规定会见当事人、诉讼代理人的，当事人有权要求他们回避。

审判人员有前款规定的行为的，应当依法追究法律责任。

前三款规定，适用于书记员、翻译人员、鉴定人、勘验人。

第四十八条 【回避申请】当事人提出回避申请，应当说明理由，在案件开始审理时提出；回避事由在案件开始审理后知道的，也可以在法庭辩论终结前提出。

被申请回避的人员在人民法院作出是否回避的决定前，应当暂停参与本案的工作，但案件需要采取紧急措施的除外。

第四十九条 【回避决定权人】院长担任审判长或者独任审判员时的回避，由审判委员会决定；审判人员的回避，由院长决定；其他人员的回避，由审判长或者独任审判员决定。

第五十条　【回避申请决定程序】人民法院对当事人提出的回避申请，应当在申请提出的三日内，以口头或者书面形式作出决定。申请人对决定不服的，可以在接到决定时申请复议一次。复议期间，被申请回避的人员，不停止参与本案的工作。人民法院对复议申请，应当在三日内作出复议决定，并通知复议申请人。

第五章　诉讼参加人

第一节　当　事　人

第五十一条　【诉讼当事人】公民、法人和其他组织可以作为民事诉讼的当事人。

法人由其法定代表人进行诉讼。其他组织由其主要负责人进行诉讼。

第五十二条　【诉讼权利义务】当事人有权委托代理人，提出回避申请，收集、提供证据，进行辩论，请求调解，提起上诉，申请执行。

当事人可以查阅本案有关材料，并可以复制本案有关材料和法律文书。查阅、复制本案有关材料的范围和办法由最高人民法院规定。

当事人必须依法行使诉讼权利，遵守诉讼秩序，履行发生法律效力的判决书、裁定书和调解书。

第五十三条　【和解】双方当事人可以自行和解。

第五十四条　【诉讼请求、反诉】原告可以放弃或者变更诉讼请求。被告可以承认或者反驳诉讼请求，有权提起反诉。

第五十五条　【共同诉讼】当事人一方或者双方为二人以上，其诉讼标的是共同的，或者诉讼标的是同一种类、人民法院认为可以合并审理并经当事人同意的，为共同诉讼。

共同诉讼的一方当事人对诉讼标的有共同权利义务的，其中一人的诉讼行为经其他共同诉讼人承认，对其他共同诉讼人发生效力；对诉讼标的没有共同权利义务的，其中一人的诉讼行为对其他共同诉讼人不发生效力。

第五十六条　【人数确定的代表人诉讼】当事人一方人数众多的共同诉讼，可以由当事人推选代表人进行诉讼。代表人的诉讼行为对其所代表的当事人发生效力，但代表人变更、放弃诉讼请求或者承认对方当事人的诉讼请求，进行和解，必须经被代表的当事人同意。

第五十七条　【人数不确定的代表人诉讼】诉讼标的是同一种类、当事人一方人数众多在起诉时人数尚未确定的，人民法院可以发出公告，说明案件情况和诉讼请求，通知权利人在一定期间向人民法院登记。

向人民法院登记的权利人可以推选代表人进行诉讼；推选不出代表人的，人民法院可以与参加登记的权利人商定代表人。

代表人的诉讼行为对其所代表的当事人发生效力，但代表人变更、放弃诉讼请求或者承认对方当事人的诉讼请求，进行和解，必须经被代表的当事人同意。

人民法院作出的判决、裁定，对参加登记的全体权利人发生效力。未参加登记的权利人在诉讼时效期间提起诉讼的，适用该判决、裁定。

第五十八条　【民事公益诉讼】对污染环境、侵害众多消费者合法权益等损害社会公共利益的行为，法律规定的机关和有关组织可以向人民法院提起诉讼。

人民检察院在履行职责中发现破坏生态环境和资源保护、食品药品安全领域侵害众多消费者合法权益等损害社会公共利益的行为，在没有前款规定的机关和组织或者前款规定的机关和组织不提起诉讼的情况下，可以向人民法院提起诉讼。前款规定的机关或者组织提起诉讼的，人民检察院可以支持起诉。

第五十九条　【诉讼第三人、第三人撤销之诉】对当事人双方的诉讼标的，第三人认为有独立请求权的，有权提起诉讼。

对当事人双方的诉讼标的，第三人虽然没有独立请求权，但案件处理结果同他有法律上的利害关系的，可以申请参加诉讼，或者由人民法院通知他参加诉讼。人民法院判决承担民事责任的第三人，有当事人的诉讼权利义务。

前两款规定的第三人，因不能归责于本人的事由未参加诉讼，但有证据证明发生法律效力的判决、裁定、调解书的部分或者全部内容错误，损害其民事权益的，可以自知道或者应当知道其民事权益受到损害之日起六个月内，向作出该判决、裁定、调解书的人民法院提起诉讼。人民法院经审理，诉讼请求成立的，应当改变或者撤销原判决、裁定、调解书；诉讼请求不成立的，驳回诉讼请求。

第二节　诉讼代理人

第六十条　【法定代理人】无诉讼行为能力人由他的监护人作为法定代理人代为诉讼。法定代理人之间互相推诿代理责任的，由人民法院指定其中一人代为诉讼。

第六十一条　【委托代理人】当事人、法定代理人可以委托一至二人作为诉讼代理人。

下列人员可以被委托为诉讼代理人：

（一）律师、基层法律服务工作者；

（二）当事人的近亲属或者工作人员；

（三）当事人所在社区、单位以及有关社会团体推荐的公民。

第六十二条　【委托程序】委托他人代为诉讼，必须向人民法院提交由委托人签名或者盖章的授权委托书。

授权委托书必须记明委托事项和权限。诉讼代理人代为承认、放弃、变更诉讼请求，进行和解，提起反诉或者上诉，必须有委托人的特别授权。

侨居在国外的中华人民共和国公民从国外寄交或者托交的授权委托书，必须经中华人民共和国驻该国的使领馆证明；没有使领馆的，由与中华人民共和国有外交关系的第三国驻该国的使领馆证明，再转由中华人民共和国驻该第三国使领馆证明，或者由当地的爱国华侨团体证明。

第六十三条　【代理权变更、解除】诉讼代理人的权限如果变更或者解除，当事人应当书面告知人民法院，并由人民法院通知对方当事人。

第六十四条　【诉讼代理人权利】代理诉讼的律师和其他诉讼代理人有权调查收集证据，可以查阅本案有关材料。查阅本案有关材料的范围和办法由最高人民法院规定。

第六十五条　【离婚诉讼代理】离婚案件有诉讼代理人的，本人除不能表达意思的以外，仍应出庭；确因特殊情况无法出庭的，必须向人民法院提交书面意见。

第六章　证　　据

第六十六条　【证据种类】证据包括：

（一）当事人的陈述；

（二）书证；

（三）物证；

（四）视听资料；

（五）电子数据；

（六）证人证言；

（七）鉴定意见；

（八）勘验笔录。

证据必须查证属实，才能作为认定事实的根据。

第六十七条　【举证责任】当事人对自己提出的主张，有责任提供证据。

当事人及其诉讼代理人因客观原因不能自行收集的证据，或者人民法院认为审理案件需要的证据，人民法院应当调查收集。

人民法院应当按照法定程序，全面地、客观地审查核实证据。

第六十八条　【及时提供证据义务】当事人对自己提出的主张应当及时提供证据。

人民法院根据当事人的主张和案件审理情况，确定当事人应当提供的证据及其期限。当事人在该期限内提供证据确有困难的，可以向人民法院申请延长期限，人民法院根据当事人的申请适当延长。当事人逾期提供证据的，人民法院应当责令其说明理由；拒不说明理由或者理由不成立的，人民法院根据不同情形可以不予采纳该证据，或者采纳该证据但予以训诫、罚款。

第六十九条　【证据收据】人民法院收到当事人提交的证据材料，应当出具收据，写明证据名称、页数、份数、原件或者复印件以及收到时间等，并由经办人员签名或者盖章。

第七十条　【人民法院调查取证】人民法院有权向有关单位和个人调查取证，有关单位和个人不得拒绝。

人民法院对有关单位和个人提出的证明文书，应当辨别真伪，审查确定其效力。

第七十一条　【法庭质证】证据应当在法庭上出示，并由当事人互相质证。对涉及国家秘密、商业秘密和个人隐私的证据应当保密，需要在法庭出示的，不得在公开开庭时出示。

第七十二条　【公证证据效力】经过法定程序公证证明的法律事实和文书，人民法院应当作为认定事实的根据，但有相反证据足以推翻公证证明的除外。

第七十三条 【书证、物证】书证应当提交原件。物证应当提交原物。提交原件或者原物确有困难的,可以提交复制品、照片、副本、节录本。

提交外文书证,必须附有中文译本。

第七十四条 【视听资料】人民法院对视听资料,应当辨别真伪,并结合本案的其他证据,审查确定能否作为认定事实的根据。

第七十五条 【证人义务、资格】凡是知道案件情况的单位和个人,都有义务出庭作证。有关单位的负责人应当支持证人作证。

不能正确表达意思的人,不能作证。

第七十六条 【证人出庭作证】经人民法院通知,证人应当出庭作证。有下列情形之一的,经人民法院许可,可以通过书面证言、视听传输技术或者视听资料等方式作证:

(一)因健康原因不能出庭的;

(二)因路途遥远,交通不便不能出庭的;

(三)因自然灾害等不可抗力不能出庭的;

(四)其他有正当理由不能出庭的。

第七十七条 【证人出庭费用负担】证人因履行出庭作证义务而支出的交通、住宿、就餐等必要费用以及误工损失,由败诉一方当事人负担。当事人申请证人作证的,由该当事人先行垫付;当事人没有申请,人民法院通知证人作证的,由人民法院先行垫付。

第七十八条 【当事人陈述】人民法院对当事人的陈述,应当结合本案的其他证据,审查确定能否作为认定事实的根据。

当事人拒绝陈述的,不影响人民法院根据证据认定案件事实。

第七十九条 【鉴定程序启动和鉴定人选任】当事人可以就查明事实的专门性问题向人民法院申请鉴定。当事人申请鉴定的,由双方当事人协商确定具备资格的鉴定人;协商不成的,由人民法院指定。

当事人未申请鉴定,人民法院对专门性问题认为需要鉴定的,应当委托具备资格的鉴定人进行鉴定。

第八十条 【鉴定人权利义务】鉴定人有权了解进行鉴定所需要的案件材料,必要时可以询问当事人、证人。

鉴定人应当提出书面鉴定意见,在鉴定书上签名或者盖章。

第八十一条 【鉴定人出庭作证】当事人对鉴定意见有异议或者人民法院认为鉴定人有必要出庭的,鉴定人应当出庭作证。经人民法院通知,鉴定人拒不出庭作证的,鉴定意见不得作为认定事实的根据;支付鉴定费用的当事人可以要求返还鉴定费用。

第八十二条 【专家证人出庭】当事人可以申请人民法院通知有专门知识的人出庭,就鉴定人作出的鉴定意见或者专业问题提出意见。

第八十三条 【勘验笔录】勘验物证或者现场,勘验人必须出示人民法院的证件,并邀请当地基层组织或者当事人所在单位派人参加。当事人或者当事人的成年家属应当到场,拒不到场的,不影响勘验的进行。

有关单位和个人根据人民法院的通知,有义务保护现场,协助勘验工作。

勘验人应当将勘验情况和结果制作笔录,由勘验人、当事人和被邀参加人签名或者盖章。

第八十四条 【证据保全】在证据可能灭失或者以后难以取得的情况下,当事人可以在诉讼过程中向人民法院申请保全证据,人民法院也可以主动采取保全措施。

因情况紧急,在证据可能灭失或者以后难以取得的情况下,利害关系人可以在提起诉讼或者申请仲裁前向证据所在地、被申请人住所地或者对案件有管辖权的人民法院申请保全证据。

证据保全的其他程序,参照适用本法第九章保全的有关规定。

第七章 期间、送达

第一节 期　间

第八十五条 【期间种类、计算】期间包括法定期间和人民法院指定的期间。

期间以时、日、月、年计算。期间开始的时和日,不计算在期间内。

期间届满的最后一日是法定休假日的,以法定休假日后的第一日为期间届满的日期。

期间不包括在途时间,诉讼文书在期满前交邮的,不算过期。

第八十六条 【期间顺延】当事人因不可抗拒的事由或者其他正当理由耽误期限的,在障碍消除后的十日内,可以申请顺延期限,是否准许,由人民法院决定。

第二节　送　　达

第八十七条　【送达回证】送达诉讼文书必须有送达回证,由受送达人在送达回证上记明收到日期,签名或者盖章。

受送达人在送达回证上的签收日期为送达日期。

第八十八条　【直接送达】送达诉讼文书,应当直接送交受送达人。受送达人是公民的,本人不在交他的同住成年家属签收;受送达人是法人或者其他组织的,应当由法人的法定代表人、其他组织的主要负责人或者该法人、组织负责收件的人签收;受送达人有诉讼代理人的,可以送交其代理人签收;受送达人已向人民法院指定代收人的,送交代收人签收。

受送达人的同住成年家属,法人或者其他组织的负责收件的人,诉讼代理人或者代收人在送达回证上签收的日期为送达日期。

第八十九条　【留置送达】受送达人或者他的同住成年家属拒绝接收诉讼文书的,送达人可以邀请有关基层组织或者所在单位的代表到场,说明情况,在送达回证上记明拒收事由和日期,由送达人、见证人签名或者盖章,把诉讼文书留在受送达人的住所;也可以把诉讼文书留在受送达人的住所,并采用拍照、录像等方式记录送达过程,即视为送达。

第九十条　【简易送达】经受送达人同意,人民法院可以采用能够确认其收悉的电子方式送达诉讼文书。通过电子方式送达的判决书、裁定书、调解书,受送达人提出需要纸质文书的,人民法院应当提供。

采用前款方式送达的,以送达信息到达受送达人特定系统的日期为送达日期。

第九十一条　【委托送达、邮寄送达】直接送达诉讼文书有困难的,可以委托其他人民法院代为送达,或者邮寄送达。邮寄送达的,以回执上注明的收件日期为送达日期。

第九十二条　【转交送达之一】受送达人是军人的,通过其所在部队团以上单位的政治机关转交。

第九十三条　【转交送达之二】受送达人被监禁的,通过其所在监所转交。

受送达人被采取强制性教育措施的,通过其所在强制性教育机构转交。

第九十四条　【转交送达日期】代为转交的机关、单位收到诉讼文书后,必须立即交受送达人签收,以在送达回证上的签收日期,为送达日期。

第九十五条　【公告送达】受送达人下落不明,或者用本节规定的其他方式无法送达的,公告送达。自发出公告之日起,经过三十日,即视为送达。

公告送达,应当在案卷中记明原因和经过。

第八章　调　　解

第九十六条　【调解原则】人民法院审理民事案件,根据当事人自愿的原则,在事实清楚的基础上,分清是非,进行调解。

第九十七条　【调解组织形式】人民法院进行调解,可以由审判员一人主持,也可以由合议庭主持,并尽可能就地进行。

人民法院进行调解,可以用简便方式通知当事人、证人到庭。

第九十八条　【协助调解】人民法院进行调解,可以邀请有关单位和个人协助。被邀请的单位和个人,应当协助人民法院进行调解。

第九十九条　【调解协议】调解达成协议,必须双方自愿,不得强迫。调解协议的内容不得违反法律规定。

第一百条　【调解书】调解达成协议,人民法院应当制作调解书。调解书应当写明诉讼请求、案件的事实和调解结果。

调解书由审判人员、书记员署名,加盖人民法院印章,送达双方当事人。

调解书经双方当事人签收后,即具有法律效力。

第一百零一条　【不制作调解书的情形】下列案件调解达成协议,人民法院可以不制作调解书:

(一)调解和好的离婚案件;

(二)调解维持收养关系的案件;

(三)能够即时履行的案件;

(四)其他不需要制作调解书的案件。

对不需要制作调解书的协议,应当记入笔录,由双方当事人、审判人员、书记员签名或者盖章后,即具有法律效力。

第一百零二条　【调解失败】调解未达成协议或者调解书送达前一方反悔的,人民法院应当及时判决。

第九章 保全和先予执行

第一百零三条 【诉讼中保全】人民法院对于可能因当事人一方的行为或者其他原因，使判决难以执行或者造成当事人其他损害的案件，根据对方当事人的申请，可以裁定对其财产进行保全、责令其作出一定行为或者禁止其作出一定行为；当事人没有提出申请的，人民法院在必要时也可以裁定采取保全措施。

人民法院采取保全措施，可以责令申请人提供担保，申请人不提供担保的，裁定驳回申请。

人民法院接受申请后，对情况紧急的，必须在四十八小时内作出裁定；裁定采取保全措施的，应当立即开始执行。

第一百零四条 【诉前保全】利害关系人因情况紧急，不立即申请保全将会使其合法权益受到难以弥补的损害的，可以在提起诉讼或者申请仲裁前向被保全财产所在地、被申请人住所地或者对案件有管辖权的人民法院申请采取保全措施。申请人应当提供担保，不提供担保的，裁定驳回申请。

人民法院接受申请后，必须在四十八小时内作出裁定；裁定采取保全措施的，应当立即开始执行。

申请人在人民法院采取保全措施后三十日内不依法提起诉讼或者申请仲裁的，人民法院应当解除保全。

第一百零五条 【保全范围】保全限于请求的范围，或者与本案有关的财物。

第一百零六条 【财产保全措施】财产保全采取查封、扣押、冻结或者法律规定的其他方法。人民法院保全财产后，应当立即通知被保全财产的人。

财产已被查封、冻结的，不得重复查封、冻结。

第一百零七条 【保全解除】财产纠纷案件，被申请人提供担保的，人民法院应当裁定解除保全。

第一百零八条 【保全错误补救】申请有错误的，申请人应当赔偿被申请人因保全所遭受的损失。

第一百零九条 【先予执行】人民法院对下列案件，根据当事人的申请，可以裁定先予执行：

（一）追索赡养费、扶养费、抚养费、抚恤金、医疗费用的；

（二）追索劳动报酬的；

（三）因情况紧急需要先予执行的。

第一百一十条 【先予执行条件】人民法院裁定先予执行的，应当符合下列条件：

（一）当事人之间权利义务关系明确，不先予执行将严重影响申请人的生活或者生产经营的；

（二）被申请人有履行能力。

人民法院可以责令申请人提供担保，申请人不提供担保的，驳回申请。申请人败诉的，应当赔偿被申请人因先予执行遭受的财产损失。

第一百一十一条 【复议】当事人对保全或者先予执行的裁定不服的，可以申请复议一次。复议期间不停止裁定的执行。

第十章 对妨害民事诉讼的强制措施

第一百一十二条 【拘传】人民法院对必须到庭的被告，经两次传票传唤，无正当理由拒不到庭的，可以拘传。

第一百一十三条 【对妨害法庭秩序的强制措施】诉讼参与人和其他人应当遵守法庭规则。

人民法院对违反法庭规则的人，可以予以训诫，责令退出法庭或者予以罚款、拘留。

人民法院对哄闹、冲击法庭，侮辱、诽谤、威胁、殴打审判人员，严重扰乱法庭秩序的人，依法追究刑事责任；情节较轻的，予以罚款、拘留。

第一百一十四条 【对某些妨害诉讼行为的强制措施】诉讼参与人或者其他人有下列行为之一的，人民法院可以根据情节轻重予以罚款、拘留；构成犯罪的，依法追究刑事责任：

（一）伪造、毁灭重要证据，妨碍人民法院审理案件的；

（二）以暴力、威胁、贿买方法阻止证人作证或者指使、贿买、胁迫他人作伪证的；

（三）隐藏、转移、变卖、毁损已被查封、扣押的财产，或者已被清点并责令其保管的财产，转移已被冻结的财产的；

（四）对司法工作人员、诉讼参加人、证人、翻译人员、鉴定人、勘验人、协助执行的人，进行侮辱、诽谤、诬陷、殴打或者打击报复的；

（五）以暴力、威胁或者其他方法阻碍司法工作人员执行职务的；

（六）拒不履行人民法院已经发生法律效力的判决、裁定的。

人民法院对有前款规定的行为之一的单位，可以对其主要负责人或者直接责任人员予以罚款、拘留；构成犯罪的，依法追究刑事责任。

第一百一十五条 【对虚假诉讼、调解行为的司法处罚】当事人之间恶意串通，企图通过诉讼、调解等方式侵害他人合法权益的，人民法院应当驳回其请求，并根据情节轻重予以罚款、拘留；构成犯罪的，依法追究刑事责任。

第一百一十六条 【对恶意串通逃避执行行为的司法处罚】被执行人与他人恶意串通，通过诉讼、仲裁、调解等方式逃避履行法律文书确定的义务的，人民法院应当根据情节轻重予以罚款、拘留；构成犯罪的，依法追究刑事责任。

第一百一十七条 【不协助调查、执行的强制措施】有义务协助调查、执行的单位有下列行为之一的，人民法院除责令其履行协助义务外，并可以予以罚款：

（一）有关单位拒绝或者妨碍人民法院调查取证的；

（二）有关单位接到人民法院协助执行通知书后，拒不协助查询、扣押、冻结、划拨、变价财产的；

（三）有关单位接到人民法院协助执行通知书后，拒不协助扣留被执行人的收入、办理有关财产权证照转移手续、转交有关票证、证照或者其他财产的；

（四）其他拒绝协助执行的。

人民法院对有前款规定的行为之一的单位，可以对其主要负责人或者直接责任人员予以罚款；对仍不履行协助义务的，可以予以拘留；并可以向监察机关或者有关机关提出予以纪律处分的司法建议。

第一百一十八条 【罚款、拘留】对个人的罚款金额，为人民币十万元以下。对单位的罚款金额，为人民币五万元以上一百万元以下。

拘留的期限，为十五日以下。

被拘留的人，由人民法院交公安机关看管。在拘留期间，被拘留人承认并改正错误的，人民法院可以决定提前解除拘留。

第一百一十九条 【拘传、罚款、拘留程序】拘传、罚款、拘留必须经院长批准。

拘传应当发拘传票。

罚款、拘留应当用决定书。对决定不服的，可以向上一级人民法院申请复议一次。复议期间不停止执行。

第一百二十条 【强制措施决定权】采取对妨害民事诉讼的强制措施必须由人民法院决定。任何单位和个人采取非法拘禁他人或者非法私自扣押他人财产追索债务的，应当依法追究刑事责任，或者予以拘留、罚款。

第十一章 诉讼费用

第一百二十一条 【诉讼费用的交纳】当事人进行民事诉讼，应当按照规定交纳案件受理费。财产案件除交纳案件受理费外，并按照规定交纳其他诉讼费用。

当事人交纳诉讼费用确有困难的，可以按照规定向人民法院申请缓交、减交或者免交。

收取诉讼费用的办法另行制定。

第二编 审判程序

第十二章 第一审普通程序

第一节 起诉和受理

第一百二十二条 【起诉条件】起诉必须符合下列条件：

（一）原告是与本案有直接利害关系的公民、法人和其他组织；

（二）有明确的被告；

（三）有具体的诉讼请求和事实、理由；

（四）属于人民法院受理民事诉讼的范围和受诉人民法院管辖。

第一百二十三条 【起诉方式】起诉应当向人民法院递交起诉状，并按照被告人数提出副本。

书写起诉状确有困难的，可以口头起诉，由人民法院记入笔录，并告知对方当事人。

第一百二十四条 【起诉状】起诉状应当记明下列事项：

（一）原告的姓名、性别、年龄、民族、职业、工作单位、住所、联系方式，法人或者其他组织的名称、住所和法定代表人或者主要负责人的姓名、职务、联系方式；

（二）被告的姓名、性别、工作单位、住所等信息，法人或者其他组织的名称、住所等信息；

（三）诉讼请求和所根据的事实与理由；

（四）证据和证据来源，证人姓名和住所。

第一百二十五条 【先行调解】当事人起诉到人民法院的民事纠纷，适宜调解的，先行调解，但当事人拒绝调解的除外。

第一百二十六条 【立案期限】人民法院应当保障当事人依照法律规定享有的起诉权利。对符合本法第一百二十二条的起诉，必须受理。符合起诉条件的，应当在七日内立案，并通知当事人；不符合起诉条件的，应当在七日内作出裁定书，不予受理；原告对裁定不服的，可以提起上诉。

第一百二十七条 【审查起诉】人民法院对下列起诉，分别情形，予以处理：

（一）依照行政诉讼法的规定，属于行政诉讼受案范围的，告知原告提起行政诉讼；

（二）依照法律规定，双方当事人达成书面仲裁协议申请仲裁、不得向人民法院起诉的，告知原告向仲裁机构申请仲裁；

（三）依照法律规定，应当由其他机关处理的争议，告知原告向有关机关申请解决；

（四）对不属于本院管辖的案件，告知原告向有管辖权的人民法院起诉；

（五）对判决、裁定、调解书已经发生法律效力的案件，当事人又起诉的，告知原告申请再审，但人民法院准许撤诉的裁定除外；

（六）依照法律规定，在一定期限内不得起诉的案件，在不得起诉的期限内起诉的，不予受理；

（七）判决不准离婚和调解和好的离婚案件，判决、调解维持收养关系的案件，没有新情况、新理由，原告在六个月内又起诉的，不予受理。

第二节 审理前的准备

第一百二十八条 【答辩状提出】人民法院应当在立案之日起五日内将起诉状副本发送被告，被告应当在收到之日起十五日内提出答辩状。答辩状应当记明被告的姓名、性别、年龄、民族、职业、工作单位、住所、联系方式；法人或者其他组织的名称、住所和法定代表人或者主要负责人的姓名、职务、联系方式。人民法院应当在收到答辩状之日起五日内将答辩状副本发送原告。

被告不提出答辩状的，不影响人民法院审理。

第一百二十九条 【权利义务告知】人民法院对决定受理的案件，应当在受理案件通知书和应诉通知书中向当事人告知有关的诉讼权利义务，或者口头告知。

第一百三十条 【管辖权异议、应诉管辖】人民法院受理案件后，当事人对管辖权有异议的，应当在提交答辩状期间提出。人民法院对当事人提出的异议，应当审查。异议成立的，裁定将案件移送有管辖权的人民法院；异议不成立的，裁定驳回。

当事人未提出管辖异议，并应诉答辩的，视为受诉人民法院有管辖权，但违反级别管辖和专属管辖规定的除外。

第一百三十一条 【告知审判人员组成】审判人员确定后，应当在三日内告知当事人。

第一百三十二条 【审核取证】审判人员必须认真审核诉讼材料，调查收集必要的证据。

第一百三十三条 【法院调查程序】人民法院派出人员进行调查时，应当向被调查人出示证件。

调查笔录经被调查人校阅后，由被调查人、调查人签名或者盖章。

第一百三十四条 【委托调查】人民法院在必要时可以委托外地人民法院调查。

委托调查，必须提出明确的项目和要求。受委托人民法院可以主动补充调查。

受委托人民法院收到委托书后，应当在三十日内完成调查。因故不能完成的，应当在上述期限内函告委托人民法院。

第一百三十五条 【当事人追加】必须共同进行诉讼的当事人没有参加诉讼的，人民法院应当通知其参加诉讼。

第一百三十六条 【开庭准备程序】人民法院对受理的案件，分别情形，予以处理：

（一）当事人没有争议，符合督促程序规定条件的，可以转入督促程序；

（二）开庭前可以调解的，采取调解方式及时解决纠纷；

（三）根据案件情况，确定适用简易程序或者普通程序；

（四）需要开庭审理的，通过要求当事人交换证据等方式，明确争议焦点。

第三节 开庭审理

第一百三十七条 【审理方式】人民法院审理民事案

件，除涉及国家秘密、个人隐私或者法律另有规定的以外，应当公开进行。

离婚案件，涉及商业秘密的案件，当事人申请不公开审理的，可以不公开审理。

第一百三十八条 【巡回审理】人民法院审理民事案件，根据需要进行巡回审理，就地办案。

第一百三十九条 【开庭通知及公告】人民法院审理民事案件，应当在开庭三日前通知当事人和其他诉讼参与人。公开审理的，应当公告当事人姓名、案由和开庭的时间、地点。

第一百四十条 【庭前准备】开庭审理前，书记员应当查明当事人和其他诉讼参与人是否到庭，宣布法庭纪律。

开庭审理时，由审判长或者独任审判员核对当事人，宣布案由，宣布审判人员、书记员名单，告知当事人有关的诉讼权利义务，询问当事人是否提出回避申请。

第一百四十一条 【法庭调查顺序】法庭调查按照下列顺序进行：

（一）当事人陈述；

（二）告知证人的权利义务，证人作证，宣读未到庭的证人证言；

（三）出示书证、物证、视听资料和电子数据；

（四）宣读鉴定意见；

（五）宣读勘验笔录。

第一百四十二条 【当事人庭审权利】当事人在法庭上可以提出新的证据。

当事人经法庭许可，可以向证人、鉴定人、勘验人发问。

当事人要求重新进行调查、鉴定或者勘验的，是否准许，由人民法院决定。

第一百四十三条 【诉的合并】原告增加诉讼请求，被告提出反诉，第三人提出与本案有关的诉讼请求，可以合并审理。

第一百四十四条 【法庭辩论】法庭辩论按照下列顺序进行：

（一）原告及其诉讼代理人发言；

（二）被告及其诉讼代理人答辩；

（三）第三人及其诉讼代理人发言或者答辩；

（四）互相辩论。

法庭辩论终结，由审判长或者独任审判员按照原告、被告、第三人的先后顺序征询各方最后意见。

第一百四十五条 【法庭辩论后的调解】法庭辩论终结，应当依法作出判决。判决前能够调解的，还可以进行调解，调解不成的，应当及时判决。

第一百四十六条 【按撤诉处理】原告经传票传唤，无正当理由拒不到庭的，或者未经法庭许可中途退庭的，可以按撤诉处理；被告反诉的，可以缺席判决。

第一百四十七条 【缺席判决】被告经传票传唤，无正当理由拒不到庭的，或者未经法庭许可中途退庭的，可以缺席判决。

第一百四十八条 【撤诉】宣判前，原告申请撤诉的，是否准许，由人民法院裁定。

人民法院裁定不准许撤诉的，原告经传票传唤，无正当理由拒不到庭的，可以缺席判决。

第一百四十九条 【延期审理】有下列情形之一的，可以延期开庭审理：

（一）必须到庭的当事人和其他诉讼参与人有正当理由没有到庭的；

（二）当事人临时提出回避申请的；

（三）需要通知新的证人到庭，调取新的证据，重新鉴定、勘验，或者需要补充调查的；

（四）其他应当延期的情形。

第一百五十条 【法庭笔录】书记员应当将法庭审理的全部活动记入笔录，由审判人员和书记员签名。

法庭笔录应当当庭宣读，也可以告知当事人和其他诉讼参与人当庭或者在五日内阅读。当事人和其他诉讼参与人认为对自己的陈述记录有遗漏或者差错的，有权申请补正。如果不予补正，应当将申请记录在案。

法庭笔录由当事人和其他诉讼参与人签名或者盖章。拒绝签名盖章的，记明情况附卷。

第一百五十一条 【宣判】人民法院对公开审理或者不公开审理的案件，一律公开宣告判决。

当庭宣判的，应当在十日内发送判决书；定期宣判的，宣判后立即发给判决书。

宣告判决时，必须告知当事人上诉权利、上诉期限和上诉的法院。

宣告离婚判决，必须告知当事人在判决发生法律效力前不得另行结婚。

第一百五十二条 【审限】人民法院适用普通程序审理的案件,应当在立案之日起六个月内审结。有特殊情况需要延长的,经本院院长批准,可以延长六个月;还需要延长的,报请上级人民法院批准。

第四节 诉讼中止和终结

第一百五十三条 【中止诉讼】有下列情形之一的,中止诉讼:

(一)一方当事人死亡,需要等待继承人表明是否参加诉讼的;

(二)一方当事人丧失诉讼行为能力,尚未确定法定代理人的;

(三)作为一方当事人的法人或者其他组织终止,尚未确定权利义务承受人的;

(四)一方当事人因不可抗拒的事由,不能参加诉讼的;

(五)本案必须以另一案的审理结果为依据,而另一案尚未审结的;

(六)其他应当中止诉讼的情形。

中止诉讼的原因消除后,恢复诉讼。

第一百五十四条 【终结诉讼】有下列情形之一的,终结诉讼:

(一)原告死亡,没有继承人,或者继承人放弃诉讼权利的;

(二)被告死亡,没有遗产,也没有应当承担义务的人的;

(三)离婚案件一方当事人死亡的;

(四)追索赡养费、扶养费、抚养费以及解除收养关系案件的一方当事人死亡的。

第五节 判决和裁定

第一百五十五条 【判决书】判决书应当写明判决结果和作出该判决的理由。判决书内容包括:

(一)案由、诉讼请求、争议的事实和理由;

(二)判决认定的事实和理由、适用的法律和理由;

(三)判决结果和诉讼费用的负担;

(四)上诉期间和上诉的法院。

判决书由审判人员、书记员署名,加盖人民法院印章。

第一百五十六条 【先行判决】人民法院审理案件,其中一部分事实已经清楚,可以就该部分先行判决。

第一百五十七条 【裁定】裁定适用于下列范围:

(一)不予受理;

(二)对管辖权有异议的;

(三)驳回起诉;

(四)保全和先予执行;

(五)准许或者不准许撤诉;

(六)中止或者终结诉讼;

(七)补正判决书中的笔误;

(八)中止或者终结执行;

(九)撤销或者不予执行仲裁裁决;

(十)不予执行公证机关赋予强制执行效力的债权文书;

(十一)其他需要裁定解决的事项。

对前款第一项至第三项裁定,可以上诉。

裁定书应当写明裁定结果和作出该裁定的理由。裁定书由审判人员、书记员署名,加盖人民法院印章。口头裁定的,记入笔录。

第一百五十八条 【生效裁判】最高人民法院的判决、裁定,以及依法不准上诉或者超过上诉期没有上诉的判决、裁定,是发生法律效力的判决、裁定。

第一百五十九条 【裁判文书公开】公众可以查阅发生法律效力的判决书、裁定书,但涉及国家秘密、商业秘密和个人隐私的内容除外。

第十三章 简易程序

第一百六十条 【适用范围】基层人民法院和它派出的法庭审理事实清楚、权利义务关系明确、争议不大的简单的民事案件,适用本章规定。

基层人民法院和它派出的法庭审理前款规定以外的民事案件,当事人双方也可以约定适用简易程序。

第一百六十一条 【起诉方式】对简单的民事案件,原告可以口头起诉。

当事人双方可以同时到基层人民法院或者它派出的法庭,请求解决纠纷。基层人民法院或者它派出的法庭可以当即审理,也可以另定日期审理。

第一百六十二条 【简便方式传唤、送达和审理】基层人民法院和它派出的法庭审理简单的民事案件,可以用简便方式传唤当事人和证人、送达诉讼文书、审理案件,但应当保障当事人陈述意见的权利。

第一百六十三条 【简单民事案件的审理方式】简单

的民事案件由审判员一人独任审理，并不受本法第一百三十九条、第一百四十一条、第一百四十四条规定的限制。

第一百六十四条 【简易程序案件的审理期限】人民法院适用简易程序审理案件，应当在立案之日起三个月内审结。有特殊情况需要延长的，经本院院长批准，可以延长一个月。

第一百六十五条 【小额诉讼程序】基层人民法院和它派出的法庭审理事实清楚、权利义务关系明确、争议不大的简单金钱给付民事案件，标的额为各省、自治区、直辖市上年度就业人员年平均工资百分之五十以下的，适用小额诉讼的程序审理，实行一审终审。

基层人民法院和它派出的法庭审理前款规定的民事案件，标的额超过各省、自治区、直辖市上年度就业人员年平均工资百分之五十但在二倍以下的，当事人双方也可以约定适用小额诉讼的程序。

第一百六十六条 【不适用小额诉讼程序的案件】人民法院审理下列民事案件，不适用小额诉讼的程序：

（一）人身关系、财产确权案件；

（二）涉外案件；

（三）需要评估、鉴定或者对诉前评估、鉴定结果有异议的案件；

（四）一方当事人下落不明的案件；

（五）当事人提出反诉的案件；

（六）其他不宜适用小额诉讼的程序审理的案件。

第一百六十七条 【小额诉讼案件的审理方式】人民法院适用小额诉讼的程序审理案件，可以一次开庭审结并且当庭宣判。

第一百六十八条 【小额诉讼案件的审理期限】人民法院适用小额诉讼的程序审理案件，应当在立案之日起两个月内审结。有特殊情况需要延长的，经本院院长批准，可以延长一个月。

第一百六十九条 【当事人程序异议权】人民法院在审理过程中，发现案件不宜适用小额诉讼的程序的，应当适用简易程序的其他规定审理或者裁定转为普通程序。

当事人认为案件适用小额诉讼的程序审理违反法律规定的，可以向人民法院提出异议。人民法院对当事人提出的异议应当审查，异议成立的，应当适用简易程序的其他规定审理或者裁定转为普通程序；异议不成立的，裁定驳回。

第一百七十条 【简易程序转普通程序】人民法院在审理过程中，发现案件不宜适用简易程序的，裁定转为普通程序。

第十四章 第二审程序

第一百七十一条 【上诉】当事人不服地方人民法院第一审判决的，有权在判决书送达之日起十五日内向上一级人民法院提起上诉。

当事人不服地方人民法院第一审裁定的，有权在裁定书送达之日起十日内向上一级人民法院提起上诉。

第一百七十二条 【上诉状】上诉应当递交上诉状。上诉状的内容，应当包括当事人的姓名，法人的名称及其法定代表人的姓名或者其他组织的名称及其主要负责人的姓名；原审人民法院名称、案件的编号和案由；上诉的请求和理由。

第一百七十三条 【上诉方式】上诉状应当通过原审人民法院提出，并按照对方当事人或者代表人的人数提出副本。

当事人直接向第二审人民法院上诉的，第二审人民法院应当在五日内将上诉状移交原审人民法院。

第一百七十四条 【受理上诉】原审人民法院收到上诉状，应当在五日内将上诉状副本送达对方当事人，对方当事人在收到之日起十五日内提出答辩状。人民法院应当在收到答辩状之日起五日内将副本送达上诉人。对方当事人不提出答辩状的，不影响人民法院审理。

原审人民法院收到上诉状、答辩状，应当在五日内连同全部案卷和证据，报送第二审人民法院。

第一百七十五条 【审查范围】第二审人民法院应当对上诉请求的有关事实和适用法律进行审查。

第一百七十六条 【二审审理方式】第二审人民法院对上诉案件应当开庭审理。经过阅卷、调查和询问当事人，对没有提出新的事实、证据或者理由，人民法院认为不需要开庭审理的，可以不开庭审理。

第二审人民法院审理上诉案件，可以在本院进行，也可以到案件发生地或者原审人民法院所在地进行。

第一百七十七条　【二审裁判】第二审人民法院对上诉案件，经过审理，按照下列情形，分别处理：

（一）原判决、裁定认定事实清楚，适用法律正确的，以判决、裁定方式驳回上诉，维持原判决、裁定；

（二）原判决、裁定认定事实错误或者适用法律错误的，以判决、裁定方式依法改判、撤销或者变更；

（三）原判决认定基本事实不清的，裁定撤销原判决，发回原审人民法院重审，或者查清事实后改判；

（四）原判决遗漏当事人或者违法缺席判决等严重违反法定程序的，裁定撤销原判决，发回原审人民法院重审。

原审人民法院对发回重审的案件作出判决后，当事人提起上诉的，第二审人民法院不得再次发回重审。

第一百七十八条　【裁定上诉处理】第二审人民法院对不服第一审人民法院裁定的上诉案件的处理，一律使用裁定。

第一百七十九条　【二审调解】第二审人民法院审理上诉案件，可以进行调解。调解达成协议，应当制作调解书，由审判人员、书记员署名，加盖人民法院印章。调解书送达后，原审人民法院的判决即视为撤销。

第一百八十条　【撤回上诉】第二审人民法院判决宣告前，上诉人申请撤回上诉的，是否准许，由第二审人民法院裁定。

第一百八十一条　【二审适用程序】第二审人民法院审理上诉案件，除依照本章规定外，适用第一审普通程序。

第一百八十二条　【二审裁判效力】第二审人民法院的判决、裁定，是终审的判决、裁定。

第一百八十三条　【二审审限】人民法院审理对判决的上诉案件，应当在第二审立案之日起三个月内审结。有特殊情况需要延长的，由本院院长批准。

人民法院审理对裁定的上诉案件，应当在第二审立案之日起三十日内作出终审裁定。

第十五章　特 别 程 序

第一节　一 般 规 定

第一百八十四条　【适用范围】人民法院审理选民资格案件、宣告失踪或者宣告死亡案件、认定公民无民事行为能力或者限制民事行为能力案件、认定财产无主案件、确认调解协议案件和实现担保物权案件，适用本章规定。本章没有规定的，适用本法和其他法律的有关规定。

第一百八十五条　【审级及审判组织】依照本章程序审理的案件，实行一审终审。选民资格案件或者重大、疑难的案件，由审判员组成合议庭审理；其他案件由审判员一人独任审理。

第一百八十六条　【特别程序转化】人民法院在依照本章程序审理案件的过程中，发现本案属于民事权益争议的，应当裁定终结特别程序，并告知利害关系人可以另行起诉。

第一百八十七条　【审限】人民法院适用特别程序审理的案件，应当在立案之日起三十日内或者公告期满后三十日内审结。有特殊情况需要延长的，由本院院长批准。但审理选民资格的案件除外。

第二节　选民资格案件

第一百八十八条　【起诉与受理】公民不服选举委员会对选民资格的申诉所作的处理决定，可以在选举日的五日以前向选区所在地基层人民法院起诉。

第一百八十九条　【审限与判决】人民法院受理选民资格案件后，必须在选举日前审结。

审理时，起诉人、选举委员会的代表和有关公民必须参加。

人民法院的判决书，应当在选举日前送达选举委员会和起诉人，并通知有关公民。

第三节　宣告失踪、宣告死亡案件

第一百九十条　【宣告失踪】公民下落不明满二年，利害关系人申请宣告其失踪的，向下落不明人住所地基层人民法院提出。

申请书应当写明失踪的事实、时间和请求，并附有公安机关或者其他有关机关关于该公民下落不明的书面证明。

第一百九十一条　【宣告死亡】公民下落不明满四年，或者因意外事件下落不明满二年，或者因意外事件下落不明，经有关机关证明该公民不可能生存，利害关系人申请宣告其死亡的，向下落不明人住所地基层人民法院提出。

申请书应当写明下落不明的事实、时间和请求，并附有公安机关或者其他有关机关关于该公民下落不明的书面证明。

第一百九十二条　【公告与判决】人民法院受理宣告失踪、宣告死亡案件后，应当发出寻找下落不明人的公告。宣告失踪的公告期间为三个月，宣告死亡的公告期间为一年。因意外事件下落不明，经有关机关证明该公民不可能生存的，宣告死亡的公告期间为三个月。

公告期间届满，人民法院应当根据被宣告失踪、宣告死亡的事实是否得到确认，作出宣告失踪、宣告死亡的判决或者驳回申请的判决。

第一百九十三条　【判决撤销】被宣告失踪、宣告死亡的公民重新出现，经本人或者利害关系人申请，人民法院应当作出新判决，撤销原判决。

第四节　认定公民无民事行为能力、限制民事行为能力案件

第一百九十四条　【管辖与申请】申请认定公民无民事行为能力或者限制民事行为能力，由利害关系人或者有关组织向该公民住所地基层人民法院提出。

申请书应当写明该公民无民事行为能力或者限制民事行为能力的事实和根据。

第一百九十五条　【医学鉴定】人民法院受理申请后，必要时应当对被请求认定为无民事行为能力或者限制民事行为能力的公民进行鉴定。申请人已提供鉴定意见的，应当对鉴定意见进行审查。

第一百九十六条　【代理人、审理与判决】人民法院审理认定公民无民事行为能力或者限制民事行为能力的案件，应当由该公民的近亲属为代理人，但申请人除外。近亲属互相推诿的，由人民法院指定其中一人为代理人。该公民健康情况许可的，还应当询问本人的意见。

人民法院经审理认定申请有事实根据的，判决该公民为无民事行为能力或者限制民事行为能力人；认定申请没有事实根据的，应当判决予以驳回。

第一百九十七条　【判决撤销】人民法院根据被认定为无民事行为能力人、限制民事行为能力人本人、利害关系人或者有关组织的申请，证实该公民无民事行为能力或者限制民事行为能力的原因已经消除的，应当作出新判决，撤销原判决。

第五节　认定财产无主案件

第一百九十八条　【管辖与申请书】申请认定财产无主，由公民、法人或者其他组织向财产所在地基层人民法院提出。

申请书应当写明财产的种类、数量以及要求认定财产无主的根据。

第一百九十九条　【公告与判决】人民法院受理申请后，经审查核实，应当发出财产认领公告。公告满一年无人认领的，判决认定财产无主，收归国家或者集体所有。

第二百条　【撤销判决】判决认定财产无主后，原财产所有人或者继承人出现，在民法典规定的诉讼时效期间可以对财产提出请求，人民法院审查属实后，应当作出新判决，撤销原判决。

第六节　确认调解协议案件

第二百零一条　【申请与管辖】经依法设立的调解组织调解达成调解协议，申请司法确认的，由双方当事人自调解协议生效之日起三十日内，共同向下列人民法院提出：

（一）人民法院邀请调解组织开展先行调解的，向作出邀请的人民法院提出；

（二）调解组织自行开展调解的，向当事人住所地、标的物所在地、调解组织所在地的基层人民法院提出；调解协议所涉纠纷应当由中级人民法院管辖的，向相应的中级人民法院提出。

第二百零二条　【裁定与执行】人民法院受理申请后，经审查，符合法律规定的，裁定调解协议有效，一方当事人拒绝履行或者未全部履行的，对方当事人可以向人民法院申请执行；不符合法律规定的，裁定驳回申请，当事人可以通过调解方式变更原调解协议或者达成新的调解协议，也可以向人民法院提起诉讼。

第七节　实现担保物权案件

第二百零三条　【申请与管辖】申请实现担保物权，由担保物权人以及其他有权请求实现担保物权的人依照民法典等法律，向担保财产所在地或者担保物权登记地基层人民法院提出。

第二百零四条　【裁定与执行】人民法院受理申请后，经审查，符合法律规定的，裁定拍卖、变卖担保财产，

当事人依据该裁定可以向人民法院申请执行;不符合法律规定的,裁定驳回申请,当事人可以向人民法院提起诉讼。

第十六章 审判监督程序

第二百零五条 【法院依职权提起再审】各级人民法院院长对本院已经发生法律效力的判决、裁定、调解书,发现确有错误,认为需要再审的,应当提交审判委员会讨论决定。

最高人民法院对地方各级人民法院已经发生法律效力的判决、裁定、调解书,上级人民法院对下级人民法院已经发生法律效力的判决、裁定、调解书,发现确有错误的,有权提审或者指令下级人民法院再审。

第二百零六条 【当事人申请再审】当事人对已经发生法律效力的判决、裁定,认为有错误的,可以向上一级人民法院申请再审;当事人一方人数众多或者当事人双方为公民的案件,也可以向原审人民法院申请再审。当事人申请再审的,不停止判决、裁定的执行。

第二百零七条 【申请再审的条件】当事人的申请符合下列情形之一的,人民法院应当再审:

(一)有新的证据,足以推翻原判决、裁定的;

(二)原判决、裁定认定的基本事实缺乏证据证明的;

(三)原判决、裁定认定事实的主要证据是伪造的;

(四)原判决、裁定认定事实的主要证据未经质证的;

(五)对审理案件需要的主要证据,当事人因客观原因不能自行收集,书面申请人民法院调查收集,人民法院未调查收集的;

(六)原判决、裁定适用法律确有错误的;

(七)审判组织的组成不合法或者依法应当回避的审判人员没有回避的;

(八)无诉讼行为能力人未经法定代理人代为诉讼或者应当参加诉讼的当事人,因不能归责于本人或者其诉讼代理人的事由,未参加诉讼的;

(九)违反法律规定,剥夺当事人辩论权利的;

(十)未经传票传唤,缺席判决的;

(十一)原判决、裁定遗漏或者超出诉讼请求的;

(十二)据以作出原判决、裁定的法律文书被撤销或者变更的;

(十三)审判人员审理该案件时有贪污受贿,徇私舞弊,枉法裁判行为的。

第二百零八条 【对调解书申请再审】当事人对已经发生法律效力的调解书,提出证据证明调解违反自愿原则或者调解协议的内容违反法律的,可以申请再审。经人民法院审查属实的,应当再审。

第二百零九条 【离婚判决、调解不得再审】当事人对已经发生法律效力的解除婚姻关系的判决、调解书,不得申请再审。

第二百一十条 【当事人申请再审程序】当事人申请再审的,应当提交再审申请书等材料。人民法院应当自收到再审申请书之日起五日内将再审申请书副本发送对方当事人。对方当事人应当自收到再审申请书副本之日起十五日内提交书面意见;不提交书面意见的,不影响人民法院审查。人民法院可以要求申请人和对方当事人补充有关材料,询问有关事项。

第二百一十一条 【再审申请的审查与再审案件的审级】人民法院应当自收到再审申请书之日起三个月内审查,符合本法规定的,裁定再审;不符合本法规定的,裁定驳回申请。有特殊情况需要延长的,由本院院长批准。

因当事人申请裁定再审的案件由中级人民法院以上的人民法院审理,但当事人依照本法第二百零六条的规定选择向基层人民法院申请再审的除外。最高人民法院、高级人民法院裁定再审的案件,由本院再审或者交其他人民法院再审,也可以交原审人民法院再审。

第二百一十二条 【当事人申请再审期限】当事人申请再审,应当在判决、裁定发生法律效力后六个月内提出;有本法第二百零七条第一项、第三项、第十二项、第十三项规定情形的,自知道或者应当知道之日起六个月内提出。

第二百一十三条 【中止执行及例外】按照审判监督程序决定再审的案件,裁定中止原判决、裁定、调解书的执行,但追索赡养费、扶养费、抚养费、抚恤金、医疗费用、劳动报酬等案件,可以不中止执行。

第二百一十四条 【再审审理程序】人民法院按照审

判监督程序再审的案件，发生法律效力的判决、裁定是由第一审法院作出的，按照第一审程序审理，所作的判决、裁定，当事人可以上诉；发生法律效力的判决、裁定是由第二审法院作出的，按照第二审程序审理，所作的判决、裁定，是发生法律效力的判决、裁定；上级人民法院按照审判监督程序提审的，按照第二审程序审理，所作的判决、裁定是发生法律效力的判决、裁定。

人民法院审理再审案件，应当另行组成合议庭。

第二百一十五条　【检察院提出抗诉或者检察建议】最高人民检察院对各级人民法院已经发生法律效力的判决、裁定，上级人民检察院对下级人民法院已经发生法律效力的判决、裁定，发现有本法第二百零七条规定情形之一的，或者发现调解书损害国家利益、社会公共利益的，应当提出抗诉。

地方各级人民检察院对同级人民法院已经发生法律效力的判决、裁定，发现有本法第二百零七条规定情形之一的，或者发现调解书损害国家利益、社会公共利益的，可以向同级人民法院提出检察建议，并报上级人民检察院备案；也可以提请上级人民检察院向同级人民法院提出抗诉。

各级人民检察院对审判监督程序以外的其他审判程序中审判人员的违法行为，有权向同级人民法院提出检察建议。

第二百一十六条　【当事人申请检察建议或者抗诉】有下列情形之一的，当事人可以向人民检察院申请检察建议或者抗诉：

（一）人民法院驳回再审申请的；

（二）人民法院逾期未对再审申请作出裁定的；

（三）再审判决、裁定有明显错误的。

人民检察院对当事人的申请应当在三个月内进行审查，作出提出或者不予提出检察建议或者抗诉的决定。当事人不得再次向人民检察院申请检察建议或者抗诉。

第二百一十七条　【检察院的调查权】人民检察院因履行法律监督职责提出检察建议或者抗诉的需要，可以向当事人或者案外人调查核实有关情况。

第二百一十八条　【抗诉案件的审理】人民检察院提出抗诉的案件，接受抗诉的人民法院应当自收到抗诉书之日起三十日内作出再审的裁定；有本法第二百零七条第一项至第五项规定情形之一的，可以交下一级人民法院再审，但经该下一级人民法院再审的除外。

第二百一十九条　【抗诉书】人民检察院决定对人民法院的判决、裁定、调解书提出抗诉的，应当制作抗诉书。

第二百二十条　【检察员出庭】人民检察院提出抗诉的案件，人民法院再审时，应当通知人民检察院派员出席法庭。

第十七章　督促程序

第二百二十一条　【支付令申请】债权人请求债务人给付金钱、有价证券，符合下列条件的，可以向有管辖权的基层人民法院申请支付令：

（一）债权人与债务人没有其他债务纠纷的；

（二）支付令能够送达债务人的。

申请书应当写明请求给付金钱或者有价证券的数量和所根据的事实、证据。

第二百二十二条　【受理】债权人提出申请后，人民法院应当在五日内通知债权人是否受理。

第二百二十三条　【支付令的审理、异议和执行】人民法院受理申请后，经审查债权人提供的事实、证据，对债权债务关系明确、合法的，应当在受理之日起十五日内向债务人发出支付令；申请不成立的，裁定予以驳回。

债务人应当自收到支付令之日起十五日内清偿债务，或者向人民法院提出书面异议。

债务人在前款规定的期间不提出异议又不履行支付令的，债权人可以向人民法院申请执行。

第二百二十四条　【终结督促程序】人民法院收到债务人提出的书面异议后，经审查，异议成立的，应当裁定终结督促程序，支付令自行失效。

支付令失效的，转入诉讼程序，但申请支付令的一方当事人不同意提起诉讼的除外。

第十八章　公示催告程序

第二百二十五条　【适用范围】按照规定可以背书转让的票据持有人，因票据被盗、遗失或者灭失，可以向票据支付地的基层人民法院申请公示催告。依照法律规定可以申请公示催告的其他事项，适用本章规定。

申请人应当向人民法院递交申请书，写明票面金额、发票人、持票人、背书人等票据主要内容和申请的理由、事实。

第二百二十六条　【公告及期限】人民法院决定受理申请，应当同时通知支付人停止支付，并在三日内发出公告，催促利害关系人申报权利。公示催告的期间，由人民法院根据情况决定，但不得少于六十日。

第二百二十七条　【停止支付】支付人收到人民法院停止支付的通知，应当停止支付，至公示催告程序终结。

公示催告期间，转让票据权利的行为无效。

第二百二十八条　【申报票据权利】利害关系人应当在公示催告期间向人民法院申报。

人民法院收到利害关系人的申报后，应当裁定终结公示催告程序，并通知申请人和支付人。

申请人或者申报人可以向人民法院起诉。

第二百二十九条　【公示催告判决】没有人申报的，人民法院应当根据申请人的申请，作出判决，宣告票据无效。判决应当公告，并通知支付人。自判决公告之日起，申请人有权向支付人请求支付。

第二百三十条　【利害关系人起诉】利害关系人因正当理由不能在判决前向人民法院申报的，自知道或者应当知道判决公告之日起一年内，可以向作出判决的人民法院起诉。

第三编　执行程序

第十九章　一般规定

第二百三十一条　【执行根据、管辖】发生法律效力的民事判决、裁定，以及刑事判决、裁定中的财产部分，由第一审人民法院或者与第一审人民法院同级的被执行的财产所在地人民法院执行。

法律规定由人民法院执行的其他法律文书，由被执行人住所地或者被执行的财产所在地人民法院执行。

第二百三十二条　【对违法执行行为的异议】当事人、利害关系人认为执行行为违反法律规定的，可以向负责执行的人民法院提出书面异议。当事人、利害关系人提出书面异议的，人民法院应当自收到书面异议之日起十五日内审查，理由成立的，裁定撤销或者改正；理由不成立的，裁定驳回。当事人、利害关系人对裁定不服的，可以自裁定送达之日起十日内向上一级人民法院申请复议。

第二百三十三条　【变更执行法院】人民法院自收到申请执行书之日起超过六个月未执行的，申请执行人可以向上一级人民法院申请执行。上一级人民法院经审查，可以责令原人民法院在一定期限内执行，也可以决定由本院执行或者指令其他人民法院执行。

第二百三十四条　【案外人异议】执行过程中，案外人对执行标的提出书面异议的，人民法院应当自收到书面异议之日起十五日内审查，理由成立的，裁定中止对该标的的执行；理由不成立的，裁定驳回。案外人、当事人对裁定不服，认为原判决、裁定错误的，依照审判监督程序办理；与原判决、裁定无关的，可以自裁定送达之日起十五日内向人民法院提起诉讼。

第二百三十五条　【执行机构、程序】执行工作由执行员进行。

采取强制执行措施时，执行员应当出示证件。执行完毕后，应当将执行情况制作笔录，由在场的有关人员签名或者盖章。

人民法院根据需要可以设立执行机构。

第二百三十六条　【委托执行】被执行人或者被执行的财产在外地的，可以委托当地人民法院代为执行。受委托人民法院收到委托函件后，必须在十五日内开始执行，不得拒绝。执行完毕后，应当将执行结果及时函复委托人民法院；在三十日内如果还未执行完毕，也应当将执行情况函告委托人民法院。

受委托人民法院自收到委托函件之日起十五日内不执行的，委托人民法院可以请求受委托人民法院的上级人民法院指令受委托人民法院执行。

第二百三十七条　【执行和解】在执行中，双方当事人自行和解达成协议的，执行员应当将协议内容记入笔录，由双方当事人签名或者盖章。

申请执行人因受欺诈、胁迫与被执行人达成和解协议，或者当事人不履行和解协议的，人民法院可以根据当事人的申请，恢复对原生效法律文书的执行。

第二百三十八条　【执行担保】在执行中，被执行人向人民法院提供担保，并经申请执行人同意的，人民法院可以决定暂缓执行及暂缓执行的期限。被执行人逾期仍不履行的，人民法院有权执行被执行人的担保财产或者担保人的财产。

第二百三十九条　【执行承担】作为被执行人的公民死亡的，以其遗产偿还债务。作为被执行人的法人或者其他组织终止的，由其权利义务承受人履行义务。

第二百四十条　【执行回转】执行完毕后，据以执行的判决、裁定和其他法律文书确有错误，被人民法院撤销的，对已被执行的财产，人民法院应当作出裁定，责令取得财产的人返还；拒不返还的，强制执行。

第二百四十一条　【调解书执行】人民法院制作的调解书的执行，适用本编的规定。

第二百四十二条　【民事执行法律监督】人民检察院有权对民事执行活动实行法律监督。

第二十章　执行的申请和移送

第二百四十三条　【申请执行和移送执行】发生法律效力的民事判决、裁定，当事人必须履行。一方拒绝履行的，对方当事人可以向人民法院申请执行，也可以由审判员移送执行员执行。

调解书和其他应当由人民法院执行的法律文书，当事人必须履行。一方拒绝履行的，对方当事人可以向人民法院申请执行。

第二百四十四条　【仲裁裁决执行】对依法设立的仲裁机构的裁决，一方当事人不履行的，对方当事人可以向有管辖权的人民法院申请执行。受申请的人民法院应当执行。

被申请人提出证据证明仲裁裁决有下列情形之一的，经人民法院组成合议庭审查核实，裁定不予执行：

（一）当事人在合同中没有订有仲裁条款或者事后没有达成书面仲裁协议的；

（二）裁决的事项不属于仲裁协议的范围或者仲裁机构无权仲裁的；

（三）仲裁庭的组成或者仲裁的程序违反法定程序的；

（四）裁决所根据的证据是伪造的；

（五）对方当事人向仲裁机构隐瞒了足以影响公正裁决的证据的；

（六）仲裁员在仲裁该案时有贪污受贿，徇私舞弊，枉法裁决行为的。

人民法院认定执行该裁决违背社会公共利益的，裁定不予执行。

裁定书应当送达双方当事人和仲裁机构。

仲裁裁决被人民法院裁定不予执行的，当事人可以根据双方达成的书面仲裁协议重新申请仲裁，也可以向人民法院起诉。

第二百四十五条　【公证债权文书执行】对公证机关依法赋予强制执行效力的债权文书，一方当事人不履行的，对方当事人可以向有管辖权的人民法院申请执行，受申请的人民法院应当执行。

公证债权文书确有错误的，人民法院裁定不予执行，并将裁定书送达双方当事人和公证机关。

第二百四十六条　【申请执行期间】申请执行的期间为二年。申请执行时效的中止、中断，适用法律有关诉讼时效中止、中断的规定。

前款规定的期间，从法律文书规定履行期间的最后一日起计算；法律文书规定分期履行的，从最后一期履行期限届满之日起计算；法律文书未规定履行期间的，从法律文书生效之日起计算。

第二百四十七条　【执行通知】执行员接到申请执行书或者移交执行书，应当向被执行人发出执行通知，并可以立即采取强制执行措施。

第二十一章　执行措施

第二百四十八条　【被执行人报告义务】被执行人未按执行通知履行法律文书确定的义务，应当报告当前以及收到执行通知之日前一年的财产情况。被执行人拒绝报告或者虚假报告的，人民法院可以根据情节轻重对被执行人或者其法定代理人、有关单位的主要负责人或者直接责任人员予以罚款、拘留。

第二百四十九条　【查询、扣押、冻结、划拨、变价金融资产】被执行人未按执行通知履行法律文书确定的义务，人民法院有权向有关单位查询被执行人的存款、债券、股票、基金份额等财产情况。人民法院有权根据不同情形扣押、冻结、划拨、变价被执行人的财产。人民法院查询、扣押、冻结、划拨、变价的财产不得超出被执行人应当履行义务的范围。

人民法院决定扣押、冻结、划拨、变价财产，应当作出裁定，并发出协助执行通知书，有关单位必须办理。

第二百五十条　【扣留、提取收入】被执行人未按执行通知履行法律文书确定的义务，人民法院有权扣留、提取被执行人应当履行义务部分的收入。但应当保留被执行人及其所扶养家属的生活必需费用。

人民法院扣留、提取收入时,应当作出裁定,并发出协助执行通知书,被执行人所在单位、银行、信用合作社和其他有储蓄业务的单位必须办理。

第二百五十一条 【查封、扣押、冻结、拍卖、变卖被执行人财产】被执行人未按执行通知履行法律文书确定的义务,人民法院有权查封、扣押、冻结、拍卖、变卖被执行人应当履行义务部分的财产。但应当保留被执行人及其所扶养家属的生活必需品。

采取前款措施,人民法院应当作出裁定。

第二百五十二条 【查封、扣押财产程序】人民法院查封、扣押财产时,被执行人是公民的,应当通知被执行人或者他的成年家属到场;被执行人是法人或者其他组织的,应当通知其法定代表人或者主要负责人到场。拒不到场的,不影响执行。被执行人是公民的,其工作单位或者财产所在地的基层组织应当派人参加。

对被查封、扣押的财产,执行员必须造具清单,由在场人签名或者盖章后,交被执行人一份。被执行人是公民的,也可以交他的成年家属一份。

第二百五十三条 【查封财产保管】被查封的财产,执行员可以指定被执行人负责保管。因被执行人的过错造成的损失,由被执行人承担。

第二百五十四条 【拍卖、变卖财产】财产被查封、扣押后,执行员应当责令被执行人在指定期间履行法律文书确定的义务。被执行人逾期不履行的,人民法院应当拍卖被查封、扣押的财产;不适于拍卖或者当事人双方同意不进行拍卖的,人民法院可以委托有关单位变卖或者自行变卖。国家禁止自由买卖的物品,交有关单位按照国家规定的价格收购。

第二百五十五条 【搜查被执行人财产】被执行人不履行法律文书确定的义务,并隐匿财产的,人民法院有权发出搜查令,对被执行人及其住所或者财产隐匿地进行搜查。

采取前款措施,由院长签发搜查令。

第二百五十六条 【指定交付】法律文书指定交付的财物或者票证,由执行员传唤双方当事人当面交付,或者由执行员转交,并由被交付人签收。

有关单位持有该项财物或者票证的,应当根据人民法院的协助执行通知书转交,并由被交付人签收。

有关公民持有该项财物或者票证的,人民法院通知其交出。拒不交出的,强制执行。

第二百五十七条 【强制迁出】强制迁出房屋或者强制退出土地,由院长签发公告,责令被执行人在指定期间履行。被执行人逾期不履行的,由执行员强制执行。

强制执行时,被执行人是公民的,应当通知被执行人或者他的成年家属到场;被执行人是法人或者其他组织的,应当通知其法定代表人或者主要负责人到场。拒不到场的,不影响执行。被执行人是公民的,其工作单位或者房屋、土地所在地的基层组织应当派人参加。执行员应当将强制执行情况记入笔录,由在场人签名或者盖章。

强制迁出房屋被搬出的财物,由人民法院派人运至指定处所,交给被执行人。被执行人是公民的,也可以交给他的成年家属。因拒绝接收而造成的损失,由被执行人承担。

第二百五十八条 【财产权证照转移】在执行中,需要办理有关财产权证照转移手续的,人民法院可以向有关单位发出协助执行通知书,有关单位必须办理。

第二百五十九条 【对行为执行】对判决、裁定和其他法律文书指定的行为,被执行人未按执行通知履行的,人民法院可以强制执行或者委托有关单位或者其他人完成,费用由被执行人承担。

第二百六十条 【迟延履行】被执行人未按判决、裁定和其他法律文书指定的期间履行给付金钱义务的,应当加倍支付迟延履行期间的债务利息。被执行人未按判决、裁定和其他法律文书指定的期间履行其他义务的,应当支付迟延履行金。

第二百六十一条 【继续履行】人民法院采取本法第二百四十九条、第二百五十条、第二百五十一条规定的执行措施后,被执行人仍不能偿还债务的,应当继续履行义务。债权人发现被执行人有其他财产的,可以随时请求人民法院执行。

第二百六十二条 【对被执行人的限制措施】被执行人不履行法律文书确定的义务的,人民法院可以对其采取或者通知有关单位协助采取限制出境,在征信系统记录、通过媒体公布不履行义务信息以及法律规定的其他措施。

第二十二章 执行中止和终结

第二百六十三条 【执行中止】有下列情形之一的，人民法院应当裁定中止执行：

（一）申请人表示可以延期执行的；

（二）案外人对执行标的提出确有理由的异议的；

（三）作为一方当事人的公民死亡，需要等待继承人继承权利或者承担义务的；

（四）作为一方当事人的法人或者其他组织终止，尚未确定权利义务承受人的；

（五）人民法院认为应当中止执行的其他情形。

中止的情形消失后，恢复执行。

第二百六十四条 【执行终结】有下列情形之一的，人民法院裁定终结执行：

（一）申请人撤销申请的；

（二）据以执行的法律文书被撤销的；

（三）作为被执行人的公民死亡，无遗产可供执行，又无义务承担人的；

（四）追索赡养费、扶养费、抚养费案件的权利人死亡的；

（五）作为被执行人的公民因生活困难无力偿还借款，无收入来源，又丧失劳动能力的；

（六）人民法院认为应当终结执行的其他情形。

第二百六十五条 【中止、终结裁定效力】中止和终结执行的裁定，送达当事人后立即生效。

第四编 涉外民事诉讼程序的特别规定

第二十三章 一 般 原 则

第二百六十六条 【适用本国法】在中华人民共和国领域内进行涉外民事诉讼，适用本编规定。本编没有规定的，适用本法其他有关规定。

第二百六十七条 【国际条约优先】中华人民共和国缔结或者参加的国际条约同本法有不同规定的，适用该国际条约的规定，但中华人民共和国声明保留的条款除外。

第二百六十八条 【外交特权与豁免】对享有外交特权与豁免的外国人、外国组织或者国际组织提起的民事诉讼，应当依照中华人民共和国有关法律和中华人民共和国缔结或者参加的国际条约的规定办理。

第二百六十九条 【语言文字】人民法院审理涉外民事案件，应当使用中华人民共和国通用的语言、文字。当事人要求提供翻译的，可以提供，费用由当事人承担。

第二百七十条 【中国律师代理】外国人、无国籍人、外国企业和组织在人民法院起诉、应诉，需要委托律师代理诉讼的，必须委托中华人民共和国的律师。

第二百七十一条 【公证和认证】在中华人民共和国领域内没有住所的外国人、无国籍人、外国企业和组织委托中华人民共和国律师或者其他人代理诉讼，从中华人民共和国领域外寄交或者托交的授权委托书，应当经所在国公证机关证明，并经中华人民共和国驻该国使领馆认证，或者履行中华人民共和国与该所在国订立的有关条约中规定的证明手续后，才具有效力。

第二十四章 管 辖

第二百七十二条 【特殊地域管辖】因合同纠纷或者其他财产权益纠纷，对在中华人民共和国领域内没有住所的被告提起的诉讼，如果合同在中华人民共和国领域内签订或者履行，或者诉讼标的物在中华人民共和国领域内，或者被告在中华人民共和国领域内有可供扣押的财产，或者被告在中华人民共和国领域内设有代表机构，可以由合同签订地、合同履行地、诉讼标的物所在地、可供扣押财产所在地、侵权行为地或者代表机构住所地人民法院管辖。

第二百七十三条 【专属管辖】因在中华人民共和国履行中外合资经营企业合同、中外合作经营企业合同、中外合作勘探开发自然资源合同发生纠纷提起的诉讼，由中华人民共和国人民法院管辖。

第二十五章 送达、期间

第二百七十四条 【送达方式】人民法院对在中华人民共和国领域内没有住所的当事人送达诉讼文书，可以采用下列方式：

（一）依照受送达人所在国与中华人民共和国缔结或者共同参加的国际条约中规定的方式送达；

（二）通过外交途径送达；

（三）对具有中华人民共和国国籍的受送达人，可以委托中华人民共和国驻受送达人所在国的使领馆代为送达；

（四）向受送达人委托的有权代其接受送达的诉讼代理人送达；

（五）向受送达人在中华人民共和国领域内设立的代表机构或者有权接受送达的分支机构、业务代办人送达；

（六）受送达人所在国的法律允许邮寄送达的，可以邮寄送达，自邮寄之日起满三个月，送达回证没有退回，但根据各种情况足以认定已经送达的，期间届满之日视为送达；

（七）采用传真、电子邮件等能够确认受送达人收悉的方式送达；

（八）不能用上述方式送达的，公告送达，自公告之日起满三个月，即视为送达。

第二百七十五条　【答辩期间】被告在中华人民共和国领域内没有住所的，人民法院应当将起诉状副本送达被告，并通知被告在收到起诉状副本后三十日内提出答辩状。被告申请延期的，是否准许，由人民法院决定。

第二百七十六条　【上诉期间】在中华人民共和国领域内没有住所的当事人，不服第一审人民法院判决、裁定的，有权在判决书、裁定书送达之日起三十日内提起上诉。被上诉人在收到上诉状副本后，应当在三十日内提出答辩状。当事人不能在法定期间提起上诉或者提出答辩状，申请延期的，是否准许，由人民法院决定。

第二百七十七条　【审理期限】人民法院审理涉外民事案件的期间，不受本法第一百五十二条、第一百八十三条规定的限制。

第二十六章　仲　　裁

第二百七十八条　【涉外仲裁与诉讼关系】涉外经济贸易、运输和海事中发生的纠纷，当事人在合同中订有仲裁条款或者事后达成书面仲裁协议，提交中华人民共和国涉外仲裁机构或者其他仲裁机构仲裁的，当事人不得向人民法院起诉。

当事人在合同中没有订有仲裁条款或者事后没有达成书面仲裁协议的，可以向人民法院起诉。

第二百七十九条　【涉外仲裁保全】当事人申请采取保全的，中华人民共和国的涉外仲裁机构应当将当事人的申请，提交被申请人住所地或者财产所在地的中级人民法院裁定。

第二百八十条　【涉外仲裁效力】经中华人民共和国涉外仲裁机构裁决的，当事人不得向人民法院起诉。一方当事人不履行仲裁裁决的，对方当事人可以向被申请人住所地或者财产所在地的中级人民法院申请执行。

第二百八十一条　【涉外仲裁裁决不予执行】对中华人民共和国涉外仲裁机构作出的裁决，被申请人提出证据证明仲裁裁决有下列情形之一的，经人民法院组成合议庭审查核实，裁定不予执行：

（一）当事人在合同中没有订有仲裁条款或者事后没有达成书面仲裁协议的；

（二）被申请人没有得到指定仲裁员或者进行仲裁程序的通知，或者由于其他不属于被申请人负责的原因未能陈述意见的；

（三）仲裁庭的组成或者仲裁的程序与仲裁规则不符的；

（四）裁决的事项不属于仲裁协议的范围或者仲裁机构无权仲裁的。

人民法院认定执行该裁决违背社会公共利益的，裁定不予执行。

第二百八十二条　【救济途径】仲裁裁决被人民法院裁定不予执行的，当事人可以根据双方达成的书面仲裁协议重新申请仲裁，也可以向人民法院起诉。

第二十七章　司 法 协 助

第二百八十三条　【协助原则】根据中华人民共和国缔结或者参加的国际条约，或者按照互惠原则，人民法院和外国法院可以相互请求，代为送达文书、调查取证以及进行其他诉讼行为。

外国法院请求协助的事项有损于中华人民共和国的主权、安全或者社会公共利益的，人民法院不予执行。

第二百八十四条　【协助途径】请求和提供司法协助，应当依照中华人民共和国缔结或者参加的国际条约所规定的途径进行；没有条约关系的，通过外交途径进行。

外国驻中华人民共和国的使领馆可以向该国公民送达文书和调查取证，但不得违反中华人民共和国的法律，并不得采取强制措施。

除前款规定的情况外，未经中华人民共和国主管机关准许，任何外国机关或者个人不得在中华人民共和国领域内送达文书、调查取证。

第二百八十五条　【文字要求】外国法院请求人民法院提供司法协助的请求书及其所附文件，应当附有中文译本或者国际条约规定的其他文字文本。

人民法院请求外国法院提供司法协助的请求书及其所附文件，应当附有该国文字译本或者国际条约规定的其他文字文本。

第二百八十六条　【协助程序】人民法院提供司法协助，依照中华人民共和国法律规定的程序进行。外国法院请求采用特殊方式的，也可以按照其请求的特殊方式进行，但请求采用的特殊方式不得违反中华人民共和国法律。

第二百八十七条　【申请外国法院承认和执行】人民法院作出的发生法律效力的判决、裁定，如果被执行人或者其财产不在中华人民共和国领域内，当事人请求执行的，可以由当事人直接向有管辖权的外国法院申请承认和执行，也可以由人民法院依照中华人民共和国缔结或者参加的国际条约的规定，或者按照互惠原则，请求外国法院承认和执行。

中华人民共和国涉外仲裁机构作出的发生法律效力的仲裁裁决，当事人请求执行的，如果被执行人或者其财产不在中华人民共和国领域内，应当由当事人直接向有管辖权的外国法院申请承认和执行。

第二百八十八条　【提出申请对外国法院判决的承认和执行】外国法院作出的发生法律效力的判决、裁定，需要中华人民共和国人民法院承认和执行的，可以由当事人直接向中华人民共和国有管辖权的中级人民法院申请承认和执行，也可以由外国法院依照该国与中华人民共和国缔结或者参加的国际条约的规定，或者按照互惠原则，请求人民法院承认和执行。

第二百八十九条　【审查对外国法院裁判的承认执行的申请】人民法院对申请或者请求承认和执行的外国法院作出的发生法律效力的判决、裁定，依照中华人民共和国缔结或者参加的国际条约，或者按照互惠原则进行审查后，认为不违反中华人民共和国法律的基本原则或者国家主权、安全、社会公共利益的，裁定承认其效力，需要执行的，发出执行令，依照本法的有关规定执行。违反中华人民共和国法律的基本原则或者国家主权、安全、社会公共利益的，不予承认和执行。

第二百九十条　【外国仲裁裁决的承认与执行】国外仲裁机构的裁决，需要中华人民共和国人民法院承认和执行的，应当由当事人直接向被执行人住所地或者其财产所在地的中级人民法院申请，人民法院应当依照中华人民共和国缔结或者参加的国际条约，或者按照互惠原则办理。

第二百九十一条　【施行日期】本法自公布之日起施行，《中华人民共和国民事诉讼法（试行）》同时废止。

最高人民法院关于适用
《中华人民共和国民事诉讼法》的解释

1. 2014年12月18日最高人民法院审判委员会第1636次会议通过、2015年1月30日公布、自2015年2月4日起施行（法释〔2015〕5号）

2. 根据2020年12月23日最高人民法院审判委员会第1823次会议通过、2020年12月29日公布、自2021年1月1日起施行的《最高人民法院关于修改〈最高人民法院关于人民法院民事调解工作若干问题的规定〉等十九件民事诉讼类司法解释的决定》（法释〔2020〕20号）第一次修正

3. 根据2022年3月22日最高人民法院审判委员会第1866次会议通过、2022年4月1日公布、自2022年4月10日起施行的《最高人民法院关于修改〈最高人民法院关于适用《中华人民共和国民事诉讼法》的解释〉的决定》（法释〔2022〕11号）第二次修正

目　　录

2012年8月31日，第十一届全国人民代表大会常务委员会第二十八次会议审议通过了《关于修改〈中华人民共和国民事诉讼法〉的决定》。根据修改后的民事诉讼法，结合人民法院民事审判和执行工作实际，制定本解释。

一、管　　辖

第一条　民事诉讼法第十九条第一项规定的重大涉外案件，包括争议标的额大的案件、案情复杂的案件，或者一方当事人人数众多等具有重大影响的案件。

第二条　专利纠纷案件由知识产权法院、最高人民法院确定的中级人民法院和基层人民法院管辖。

海事、海商案件由海事法院管辖。

第三条　公民的住所地是指公民的户籍所在地，法人或者其他组织的住所地是指法人或者其他组织的主要办事机构所在地。

法人或者其他组织的主要办事机构所在地不能确定的，法人或者其他组织的注册地或者登记地为住所地。

第四条　公民的经常居住地是指公民离开住所地至起诉时已连续居住一年以上的地方，但公民住院就医的地方除外。

第五条　对没有办事机构的个人合伙、合伙型联营体提起的诉讼，由被告注册登记地人民法院管辖。没有注册登记，几个被告又不在同一辖区的，被告住所地的人民法院都有管辖权。

第六条　被告被注销户籍的，依照民事诉讼法第二十三条规定确定管辖；原告、被告均被注销户籍的，由被告居住地人民法院管辖。

第七条　当事人的户籍迁出后尚未落户，有经常居住地的，由该地人民法院管辖；没有经常居住地的，由其原户籍所在地人民法院管辖。

第八条　双方当事人都被监禁或者被采取强制性教育措施的，由被告原住所地人民法院管辖。被告被监禁或者被采取强制性教育措施一年以上的，由被告被监禁地或者被采取强制性教育措施地人民法院管辖。

第九条　追索赡养费、扶养费、抚养费案件的几个被告住所地不在同一辖区的，可以由原告住所地人民法院管辖。

第十条　不服指定监护或者变更监护关系的案件，可以由被监护人住所地人民法院管辖。

第十一条　双方当事人均为军人或者军队单位的民事案件由军事法院管辖。

第十二条　夫妻一方离开住所地超过一年，另一方起诉离婚的案件，可以由原告住所地人民法院管辖。

夫妻双方离开住所地超过一年，一方起诉离婚的案件，由被告经常居住地人民法院管辖；没有经常居住地的，由原告起诉时被告居住地人民法院管辖。

第十三条　在国内结婚并定居国外的华侨，如定居国法院以离婚诉讼须由婚姻缔结地法院管辖为由不予受理，当事人向人民法院提出离婚诉讼的，由婚姻缔结地或者一方在国内的最后居住地人民法院管辖。

第十四条　在国外结婚并定居国外的华侨，如定居国法院以离婚诉讼须由国籍所属国法院管辖为由不予受理，当事人向人民法院提出离婚诉讼的，由一方原住所地或者在国内的最后居住地人民法院管辖。

第十五条　中国公民一方居住在国外，一方居住在国内，不论哪一方向人民法院提起离婚诉讼，国内一方住所地人民法院都有权管辖。国外一方在居住国法院起诉，国内一方向人民法院起诉的，受诉人民法院有权管辖。

第十六条　中国公民双方在国外但未定居，一方向人民法院起诉离婚的，应由原告或者被告原住所地人民法院管辖。

第十七条　已经离婚的中国公民，双方均定居国外，仅就国内财产分割提起诉讼的，由主要财产所在地人民法院管辖。

第十八条　合同约定履行地点的,以约定的履行地点为合同履行地。

合同对履行地点没有约定或者约定不明确,争议标的为给付货币的,接收货币一方所在地为合同履行地;交付不动产的,不动产所在地为合同履行地;其他标的,履行义务一方所在地为合同履行地。即时结清的合同,交易行为地为合同履行地。

合同没有实际履行,当事人双方住所地都不在合同约定的履行地的,由被告住所地人民法院管辖。

第十九条　财产租赁合同、融资租赁合同以租赁物使用地为合同履行地。合同对履行地有约定的,从其约定。

第二十条　以信息网络方式订立的买卖合同,通过信息网络交付标的的,以买受人住所地为合同履行地;通过其他方式交付标的的,收货地为合同履行地。合同对履行地有约定的,从其约定。

第二十一条　因财产保险合同纠纷提起的诉讼,如果保险标的物是运输工具或者运输中的货物,可以由运输工具登记注册地、运输目的地、保险事故发生地人民法院管辖。

因人身保险合同纠纷提起的诉讼,可以由被保险人住所地人民法院管辖。

第二十二条　因股东名册记载、请求变更公司登记、股东知情权、公司决议、公司合并、公司分立、公司减资、公司增资等纠纷提起的诉讼,依照民事诉讼法第二十七条规定确定管辖。

第二十三条　债权人申请支付令,适用民事诉讼法第二十二条规定,由债务人住所地基层人民法院管辖。

第二十四条　民事诉讼法第二十九条规定的侵权行为地,包括侵权行为实施地、侵权结果发生地。

第二十五条　信息网络侵权行为实施地包括实施被诉侵权行为的计算机等信息设备所在地,侵权结果发生地包括被侵权人住所地。

第二十六条　因产品、服务质量不合格造成他人财产、人身损害提起的诉讼,产品制造地、产品销售地、服务提供地、侵权行为地和被告住所地人民法院都有管辖权。

第二十七条　当事人申请诉前保全后没有在法定期间起诉或者申请仲裁,给被申请人、利害关系人造成损失引起的诉讼,由采取保全措施的人民法院管辖。

当事人申请诉前保全后在法定期间内起诉或者申请仲裁,被申请人、利害关系人因保全受到损失提起的诉讼,由受理起诉的人民法院或者采取保全措施的人民法院管辖。

第二十八条　民事诉讼法第三十四条第一项规定的不动产纠纷是指因不动产的权利确认、分割、相邻关系等引起的物权纠纷。

农村土地承包经营合同纠纷、房屋租赁合同纠纷、建设工程施工合同纠纷、政策性房屋买卖合同纠纷,按照不动产纠纷确定管辖。

不动产已登记的,以不动产登记簿记载的所在地为不动产所在地;不动产未登记的,以不动产实际所在地为不动产所在地。

第二十九条　民事诉讼法第三十五条规定的书面协议,包括书面合同中的协议管辖条款或者诉讼前以书面形式达成的选择管辖的协议。

第三十条　根据管辖协议,起诉时能够确定管辖法院的,从其约定;不能确定的,依照民事诉讼法的相关规定确定管辖。

管辖协议约定两个以上与争议有实际联系的地点的人民法院管辖,原告可以向其中一个人民法院起诉。

第三十一条　经营者使用格式条款与消费者订立管辖协议,未采取合理方式提请消费者注意,消费者主张管辖协议无效的,人民法院应予支持。

第三十二条　管辖协议约定由一方当事人住所地人民法院管辖,协议签订后当事人住所地变更的,由签订管辖协议时的住所地人民法院管辖,但当事人另有约定的除外。

第三十三条　合同转让的,合同的管辖协议对合同受让人有效,但转让时受让人不知道有管辖协议,或者转让协议另有约定且原合同相对人同意的除外。

第三十四条　当事人因同居或者在解除婚姻、收养关系后发生财产争议,约定管辖的,可以适用民事诉讼法第三十五条规定确定管辖。

第三十五条　当事人在答辩期间届满后未应诉答辩,人民法院在一审开庭前,发现案件不属于本院管辖的,应当裁定移送有管辖权的人民法院。

第三十六条　两个以上人民法院都有管辖权的诉讼,

先立案的人民法院不得将案件移送给另一个有管辖权的人民法院。人民法院在立案前发现其他有管辖权的人民法院已先立案的，不得重复立案；立案后发现其他有管辖权的人民法院已先立案的，裁定将案件移送给先立案的人民法院。

第三十七条 案件受理后，受诉人民法院的管辖权不受当事人住所地、经常居住地变更的影响。

第三十八条 有管辖权的人民法院受理案件后，不得以行政区域变更为由，将案件移送给变更后有管辖权的人民法院。判决后的上诉案件和依审判监督程序提审的案件，由原审人民法院的上级人民法院进行审判；上级人民法院指令再审、发回重审的案件，由原审人民法院再审或者重审。

第三十九条 人民法院对管辖异议审查后确定有管辖权的，不因当事人提起反诉、增加或者变更诉讼请求等改变管辖，但违反级别管辖、专属管辖规定的除外。

人民法院发回重审或者按第一审程序再审的案件，当事人提出管辖异议的，人民法院不予审查。

第四十条 依照民事诉讼法第三十八条第二款规定，发生管辖权争议的两个人民法院因协商不成报请它们的共同上级人民法院指定管辖时，双方为同属一个地、市辖区的基层人民法院的，由该地、市的中级人民法院及时指定管辖；同属一个省、自治区、直辖市的两个人民法院的，由该省、自治区、直辖市的高级人民法院及时指定管辖；双方为跨省、自治区、直辖市的人民法院，高级人民法院协商不成的，由最高人民法院及时指定管辖。

依照前款规定报请上级人民法院指定管辖时，应当逐级进行。

第四十一条 人民法院依照民事诉讼法第三十八条第二款规定指定管辖的，应当作出裁定。

对报请上级人民法院指定管辖的案件，下级人民法院应当中止审理。指定管辖裁定作出前，下级人民法院对案件作出判决、裁定的，上级人民法院应当在裁定指定管辖的同时，一并撤销下级人民法院的判决、裁定。

第四十二条 下列第一审民事案件，人民法院依照民事诉讼法第三十九条第一款规定，可以在开庭前交下级人民法院审理：

（一）破产程序中有关债务人的诉讼案件；

（二）当事人人数众多且不方便诉讼的案件；

（三）最高人民法院确定的其他类型案件。

人民法院交下级人民法院审理前，应当报请其上级人民法院批准。上级人民法院批准后，人民法院应当裁定将案件交下级人民法院审理。

二、回　　避

第四十三条 审判人员有下列情形之一的，应当自行回避，当事人有权申请其回避：

（一）是本案当事人或者当事人近亲属的；

（二）本人或者其近亲属与本案有利害关系的；

（三）担任过本案的证人、鉴定人、辩护人、诉讼代理人、翻译人员的；

（四）是本案诉讼代理人近亲属的；

（五）本人或者其近亲属持有本案非上市公司当事人的股份或者股权的；

（六）与本案当事人或者诉讼代理人有其他利害关系，可能影响公正审理的。

第四十四条 审判人员有下列情形之一的，当事人有权申请其回避：

（一）接受本案当事人及其受托人宴请，或者参加由其支付费用的活动的；

（二）索取、接受本案当事人及其受托人财物或者其他利益的；

（三）违反规定会见本案当事人、诉讼代理人的；

（四）为本案当事人推荐、介绍诉讼代理人，或者为律师、其他人员介绍代理本案的；

（五）向本案当事人及其受托人借用款物的；

（六）有其他不正当行为，可能影响公正审理的。

第四十五条 在一个审判程序中参与过本案审判工作的审判人员，不得再参与该案其他程序的审判。

发回重审的案件，在一审法院作出裁判后又进入第二审程序的，原第二审程序中审判人员不受前款规定的限制。

第四十六条 审判人员有应当回避的情形，没有自行回避，当事人也没有申请其回避的，由院长或者审判委员会决定其回避。

第四十七条 人民法院应当依法告知当事人对合议庭

组成人员、独任审判员和书记员等人员有申请回避的权利。

第四十八条　民事诉讼法第四十七条所称的审判人员，包括参与本案审理的人民法院院长、副院长、审判委员会委员、庭长、副庭长、审判员和人民陪审员。

第四十九条　书记员和执行员适用审判人员回避的有关规定。

三、诉讼参加人

第五十条　法人的法定代表人以依法登记的为准，但法律另有规定的除外。依法不需要办理登记的法人，以其正职负责人为法定代表人；没有正职负责人的，以其主持工作的副职负责人为法定代表人。

法定代表人已经变更，但未完成登记，变更后的法定代表人要求代表法人参加诉讼的，人民法院可以准许。

其他组织，以其主要负责人为代表人。

第五十一条　在诉讼中，法人的法定代表人变更的，由新的法定代表人继续进行诉讼，并应向人民法院提交新的法定代表人身份证明书。原法定代表人进行的诉讼行为有效。

前款规定，适用于其他组织参加的诉讼。

第五十二条　民事诉讼法第五十一条规定的其他组织是指合法成立、有一定的组织机构和财产，但又不具备法人资格的组织，包括：

（一）依法登记领取营业执照的个人独资企业；

（二）依法登记领取营业执照的合伙企业；

（三）依法登记领取我国营业执照的中外合作经营企业、外资企业；

（四）依法成立的社会团体的分支机构、代表机构；

（五）依法设立并领取营业执照的法人的分支机构；

（六）依法设立并领取营业执照的商业银行、政策性银行和非银行金融机构的分支机构；

（七）经依法登记领取营业执照的乡镇企业、街道企业；

（八）其他符合本条规定条件的组织。

第五十三条　法人非依法设立的分支机构，或者虽依法设立，但没有领取营业执照的分支机构，以设立该分支机构的法人为当事人。

第五十四条　以挂靠形式从事民事活动，当事人请求由挂靠人和被挂靠人依法承担民事责任的，该挂靠人和被挂靠人为共同诉讼人。

第五十五条　在诉讼中，一方当事人死亡，需要等待继承人表明是否参加诉讼的，裁定中止诉讼。人民法院应当及时通知继承人作为当事人承担诉讼，被继承人已经进行的诉讼行为对承担诉讼的继承人有效。

第五十六条　法人或者其他组织的工作人员执行工作任务造成他人损害的，该法人或者其他组织为当事人。

第五十七条　提供劳务一方因劳务造成他人损害，受害人提起诉讼的，以接受劳务一方为被告。

第五十八条　在劳务派遣期间，被派遣的工作人员因执行工作任务造成他人损害的，以接受劳务派遣的用工单位为当事人。当事人主张劳务派遣单位承担责任的，该劳务派遣单位为共同被告。

第五十九条　在诉讼中，个体工商户以营业执照上登记的经营者为当事人。有字号的，以营业执照上登记的字号为当事人，但应同时注明该字号经营者的基本信息。

营业执照上登记的经营者与实际经营者不一致的，以登记的经营者和实际经营者为共同诉讼人。

第六十条　在诉讼中，未依法登记领取营业执照的个人合伙的全体合伙人为共同诉讼人。个人合伙有依法核准登记的字号的，应在法律文书中注明登记的字号。全体合伙人可以推选代表人；被推选的代表人，应由全体合伙人出具推选书。

第六十一条　当事人之间的纠纷经人民调解委员会或者其他依法设立的调解组织调解达成协议后，一方当事人不履行调解协议，另一方当事人向人民法院提起诉讼的，应以对方当事人为被告。

第六十二条　下列情形，以行为人为当事人：

（一）法人或者其他组织应登记而未登记，行为人即以该法人或者其他组织名义进行民事活动的；

（二）行为人没有代理权、超越代理权或者代理权终止后以被代理人名义进行民事活动的，但相对人有理由相信行为人有代理权的除外；

（三）法人或者其他组织依法终止后，行为人仍以其名义进行民事活动的。

第六十三条 企业法人合并的，因合并前的民事活动发生的纠纷，以合并后的企业为当事人；企业法人分立的，因分立前的民事活动发生的纠纷，以分立后的企业为共同诉讼人。

第六十四条 企业法人解散的，依法清算并注销前，以该企业法人为当事人；未依法清算即被注销的，以该企业法人的股东、发起人或者出资人为当事人。

第六十五条 借用业务介绍信、合同专用章、盖章的空白合同书或者银行账户的，出借单位和借用人为共同诉讼人。

第六十六条 因保证合同纠纷提起的诉讼，债权人向保证人和被保证人一并主张权利的，人民法院应当将保证人和被保证人列为共同被告。保证合同约定为一般保证，债权人仅起诉保证人的，人民法院应当通知被保证人作为共同被告参加诉讼；债权人仅起诉被保证人的，可以只列被保证人为被告。

第六十七条 无民事行为能力人、限制民事行为能力人造成他人损害的，无民事行为能力人、限制民事行为能力人和其监护人为共同被告。

第六十八条 居民委员会、村民委员会或者村民小组与他人发生民事纠纷的，居民委员会、村民委员会或者有独立财产的村民小组为当事人。

第六十九条 对侵害死者遗体、遗骨以及姓名、肖像、名誉、荣誉、隐私等行为提起诉讼的，死者的近亲属为当事人。

第七十条 在继承遗产的诉讼中，部分继承人起诉的，人民法院应通知其他继承人作为共同原告参加诉讼；被通知的继承人不愿意参加诉讼又未明确表示放弃实体权利的，人民法院仍应将其列为共同原告。

第七十一条 原告起诉被代理人和代理人，要求承担连带责任的，被代理人和代理人为共同被告。

原告起诉代理人和相对人，要求承担连带责任的，代理人和相对人为共同被告。

第七十二条 共有财产权受到他人侵害，部分共有权人起诉的，其他共有权人为共同诉讼人。

第七十三条 必须共同进行诉讼的当事人没有参加诉讼的，人民法院应当依照民事诉讼法第一百三十五条的规定，通知其参加；当事人也可以向人民法院申请追加。人民法院对当事人提出的申请，应当进行审查，申请理由不成立的，裁定驳回；申请理由成立的，书面通知被追加的当事人参加诉讼。

第七十四条 人民法院追加共同诉讼的当事人时，应当通知其他当事人。应当追加的原告，已明确表示放弃实体权利的，可不予追加；既不愿意参加诉讼，又不放弃实体权利的，仍应追加为共同原告，其不参加诉讼，不影响人民法院对案件的审理和依法作出判决。

第七十五条 民事诉讼法第五十六条、第五十七条和第二百零六条规定的人数众多，一般指十人以上。

第七十六条 依照民事诉讼法第五十六条规定，当事人一方人数众多在起诉时确定的，可以由全体当事人推选共同的代表人，也可以由部分当事人推选自己的代表人；推选不出代表人的当事人，在必要的共同诉讼中可以自己参加诉讼，在普通的共同诉讼中可以另行起诉。

第七十七条 根据民事诉讼法第五十七条规定，当事人一方人数众多在起诉时不确定的，由当事人推选代表人。当事人推选不出的，可以由人民法院提出人选与当事人协商；协商不成的，也可以由人民法院在起诉的当事人中指定代表人。

第七十八条 民事诉讼法第五十六条和第五十七条规定的代表人为二至五人，每位代表人可以委托一至二人作为诉讼代理人。

第七十九条 依照民事诉讼法第五十七条规定受理的案件，人民法院可以发出公告，通知权利人向人民法院登记。公告期间根据案件的具体情况确定，但不得少于三十日。

第八十条 根据民事诉讼法第五十七条规定向人民法院登记的权利人，应当证明其与对方当事人的法律关系和所受到的损害。证明不了的，不予登记，权利人可以另行起诉。人民法院的裁判在登记的范围内执行。未参加登记的权利人提起诉讼，人民法院认定其请求成立的，裁定适用人民法院已作出的判决、裁定。

第八十一条 根据民事诉讼法第五十九条的规定，有独立请求权的第三人有权向人民法院提出诉讼请求和事实、理由，成为当事人；无独立请求权的第三人，可以申请或者由人民法院通知参加诉讼。

第一审程序中未参加诉讼的第三人，申请参加第二审程序的，人民法院可以准许。

第八十二条 在一审诉讼中，无独立请求权的第三人无权提出管辖异议，无权放弃、变更诉讼请求或者申请撤诉，被判决承担民事责任的，有权提起上诉。

第八十三条 在诉讼中，无民事行为能力人、限制民事行为能力人的监护人是他的法定代理人。事先没有确定监护人的，可以由有监护资格的人协商确定；协商不成的，由人民法院在他们之中指定诉讼中的法定代理人。当事人没有民法典第二十七条、第二十八条规定的监护人的，可以指定民法典第三十二条规定的有关组织担任诉讼中的法定代理人。

第八十四条 无民事行为能力人、限制民事行为能力人以及其他依法不能作为诉讼代理人的，当事人不得委托其作为诉讼代理人。

第八十五条 根据民事诉讼法第六十一条第二款第二项规定，与当事人有夫妻、直系血亲、三代以内旁系血亲、近姻亲关系以及其他有抚养、赡养关系的亲属，可以当事人近亲属的名义作为诉讼代理人。

第八十六条 根据民事诉讼法第六十一条第二款第二项规定，与当事人有合法劳动人事关系的职工，可以当事人工作人员的名义作为诉讼代理人。

第八十七条 根据民事诉讼法第六十一条第二款第三项规定，有关社会团体推荐公民担任诉讼代理人的，应当符合下列条件：

（一）社会团体属于依法登记设立或者依法免予登记设立的非营利性法人组织；

（二）被代理人属于该社会团体的成员，或者当事人一方住所地位于该社会团体的活动地域；

（三）代理事务属于该社会团体章程载明的业务范围；

（四）被推荐的公民是该社会团体的负责人或者与该社会团体有合法劳动人事关系的工作人员。

专利代理人经中华全国专利代理人协会推荐，可以在专利纠纷案件中担任诉讼代理人。

第八十八条 诉讼代理人除根据民事诉讼法第六十二条规定提交授权委托书外，还应当按照下列规定向人民法院提交相关材料：

（一）律师应当提交律师执业证、律师事务所证明材料；

（二）基层法律服务工作者应当提交法律服务工作者执业证、基层法律服务所出具的介绍信以及当事人一方位于本辖区内的证明材料；

（三）当事人的近亲属应当提交身份证件和与委托人有近亲属关系的证明材料；

（四）当事人的工作人员应当提交身份证件和与当事人有合法劳动人事关系的证明材料；

（五）当事人所在社区、单位推荐的公民应当提交身份证件、推荐材料和当事人属于该社区、单位的证明材料；

（六）有关社会团体推荐的公民应当提交身份证件和符合本解释第八十七条规定条件的证明材料。

第八十九条 当事人向人民法院提交的授权委托书，应当在开庭审理前送交人民法院。授权委托书仅写“全权代理”而无具体授权的，诉讼代理人无权代为承认、放弃、变更诉讼请求，进行和解，提出反诉或者提起上诉。

适用简易程序审理的案件，双方当事人同时到庭并径行开庭审理的，可以当场口头委托诉讼代理人，由人民法院记入笔录。

四、证　　据

第九十条 当事人对自己提出的诉讼请求所依据的事实或者反驳对方诉讼请求所依据的事实，应当提供证据加以证明，但法律另有规定的除外。

在作出判决前，当事人未能提供证据或者证据不足以证明其事实主张的，由负有举证证明责任的当事人承担不利的后果。

第九十一条 人民法院应当依照下列原则确定举证证明责任的承担，但法律另有规定的除外：

（一）主张法律关系存在的当事人，应当对产生该法律关系的基本事实承担举证证明责任；

（二）主张法律关系变更、消灭或者权利受到妨害的当事人，应当对该法律关系变更、消灭或者权利受到妨害的基本事实承担举证证明责任。

第九十二条 一方当事人在法庭审理中，或者在起诉状、答辩状、代理词等书面材料中，对于己不利的事实明确表示承认的，另一方当事人无需举证证明。

对于涉及身份关系、国家利益、社会公共利益等应当由人民法院依职权调查的事实，不适用前款自认的规定。

自认的事实与查明的事实不符的，人民法院不予确认。

第九十三条 下列事实，当事人无须举证证明：

（一）自然规律以及定理、定律；

（二）众所周知的事实；

（三）根据法律规定推定的事实；

（四）根据已知的事实和日常生活经验法则推定出的另一事实；

（五）已为人民法院发生法律效力的裁判所确认的事实；

（六）已为仲裁机构生效裁决所确认的事实；

（七）已为有效公证文书所证明的事实。

前款第二项至第四项规定的事实，当事人有相反证据足以反驳的除外；第五项至第七项规定的事实，当事人有相反证据足以推翻的除外。

第九十四条 民事诉讼法第六十七条第二款规定的当事人及其诉讼代理人因客观原因不能自行收集的证据包括：

（一）证据由国家有关部门保存，当事人及其诉讼代理人无权查阅调取的；

（二）涉及国家秘密、商业秘密或者个人隐私的；

（三）当事人及其诉讼代理人因客观原因不能自行收集的其他证据。

当事人及其诉讼代理人因客观原因不能自行收集的证据，可以在举证期限届满前书面申请人民法院调查收集。

第九十五条 当事人申请调查收集的证据，与待证事实无关联、对证明待证事实无意义或者其他无调查收集必要的，人民法院不予准许。

第九十六条 民事诉讼法第六十七条第二款规定的人民法院认为审理案件需要的证据包括：

（一）涉及可能损害国家利益、社会公共利益的；

（二）涉及身份关系的；

（三）涉及民事诉讼法第五十八条规定诉讼的；

（四）当事人有恶意串通损害他人合法权益可能的；

（五）涉及依职权追加当事人、中止诉讼、终结诉讼、回避等程序性事项的。

除前款规定外，人民法院调查收集证据，应当依照当事人的申请进行。

第九十七条 人民法院调查收集证据，应当由两人以上共同进行。调查材料要由调查人、被调查人、记录人签名、捺印或者盖章。

第九十八条 当事人根据民事诉讼法第八十四条第一款规定申请证据保全的，可以在举证期限届满前书面提出。

证据保全可能对他人造成损失的，人民法院应当责令申请人提供相应的担保。

第九十九条 人民法院应当在审理前的准备阶段确定当事人的举证期限。举证期限可以由当事人协商，并经人民法院准许。

人民法院确定举证期限，第一审普通程序案件不得少于十五日，当事人提供新的证据的第二审案件不得少于十日。

举证期限届满后，当事人对已经提供的证据，申请提供反驳证据或者对证据来源、形式等方面的瑕疵进行补正的，人民法院可以酌情再次确定举证期限，该期限不受前款规定的限制。

第一百条 当事人申请延长举证期限的，应当在举证期限届满前向人民法院提出书面申请。

申请理由成立的，人民法院应当准许，适当延长举证期限，并通知其他当事人。延长的举证期限适用于其他当事人。

申请理由不成立的，人民法院不予准许，并通知申请人。

第一百零一条 当事人逾期提供证据的，人民法院应当责令其说明理由，必要时可以要求其提供相应的证据。

当事人因客观原因逾期提供证据，或者对方当事人对逾期提供证据未提出异议的，视为未逾期。

第一百零二条 当事人因故意或者重大过失逾期提供的证据，人民法院不予采纳。但该证据与案件基本事实有关的，人民法院应当采纳，并依照民事诉讼法第六十八条、第一百一十八条第一款的规定予以训诫、罚款。

当事人非因故意或者重大过失逾期提供的证据，人民法院应当采纳，并对当事人予以训诫。

当事人一方要求另一方赔偿因逾期提供证据致使其增加的交通、住宿、就餐、误工、证人出庭作证等必要费用的，人民法院可予支持。

第一百零三条　证据应当在法庭上出示，由当事人互相质证。未经当事人质证的证据，不得作为认定案件事实的根据。

当事人在审理前的准备阶段认可的证据，经审判人员在庭审中说明后，视为质证过的证据。

涉及国家秘密、商业秘密、个人隐私或者法律规定应当保密的证据，不得公开质证。

第一百零四条　人民法院应当组织当事人围绕证据的真实性、合法性以及与待证事实的关联性进行质证，并针对证据有无证明力和证明力大小进行说明和辩论。

能够反映案件真实情况、与待证事实相关联、来源和形式符合法律规定的证据，应当作为认定案件事实的根据。

第一百零五条　人民法院应当按照法定程序，全面、客观地审核证据，依照法律规定，运用逻辑推理和日常生活经验法则，对证据有无证明力和证明力大小进行判断，并公开判断的理由和结果。

第一百零六条　对以严重侵害他人合法权益、违反法律禁止性规定或者严重违背公序良俗的方法形成或者获取的证据，不得作为认定案件事实的根据。

第一百零七条　在诉讼中，当事人为达成调解协议或者和解协议作出妥协而认可的事实，不得在后续的诉讼中作为对其不利的根据，但法律另有规定或者当事人均同意的除外。

第一百零八条　对负有举证证明责任的当事人提供的证据，人民法院经审查并结合相关事实，确信待证事实的存在具有高度可能性的，应当认定该事实存在。

对一方当事人为反驳负有举证证明责任的当事人所主张事实而提供的证据，人民法院经审查并结合相关事实，认为待证事实真伪不明的，应当认定该事实不存在。

法律对于待证事实所应达到的证明标准另有规定的，从其规定。

第一百零九条　当事人对欺诈、胁迫、恶意串通事实的证明，以及对口头遗嘱或者赠与事实的证明，人民法院确信该待证事实存在的可能性能够排除合理怀疑的，应当认定该事实存在。

第一百一十条　人民法院认为有必要的，可以要求当事人本人到庭，就案件有关事实接受询问。在询问当事人之前，可以要求其签署保证书。

保证书应当载明据实陈述、如有虚假陈述愿意接受处罚等内容。当事人应当在保证书上签名或者捺印。

负有举证证明责任的当事人拒绝到庭、拒绝接受询问或者拒绝签署保证书，待证事实又欠缺其他证据证明的，人民法院对其主张的事实不予认定。

第一百一十一条　民事诉讼法第七十三条规定的提交书证原件确有困难，包括下列情形：

（一）书证原件遗失、灭失或者毁损的；

（二）原件在对方当事人控制之下，经合法通知提交而拒不提交的；

（三）原件在他人控制之下，而其有权不提交的；

（四）原件因篇幅或者体积过大而不便提交的；

（五）承担举证证明责任的当事人通过申请人民法院调查收集或者其他方式无法获得书证原件的。

前款规定情形，人民法院应当结合其他证据和案件具体情况，审查判断书证复制品等能否作为认定案件事实的根据。

第一百一十二条　书证在对方当事人控制之下的，承担举证证明责任的当事人可以在举证期限届满前书面申请人民法院责令对方当事人提交。

申请理由成立的，人民法院应当责令对方当事人提交，因提交书证所产生的费用，由申请人负担。对方当事人无正当理由拒不提交的，人民法院可以认定申请人所主张的书证内容为真实。

第一百一十三条　持有书证的当事人以妨碍对方当事人使用为目的，毁灭有关书证或者实施其他致使书证不能使用行为的，人民法院可以依照民事诉讼法第一百一十四条规定，对其处以罚款、拘留。

第一百一十四条　国家机关或者其他依法具有社会管理职能的组织，在其职权范围内制作的文书所记载的事项推定为真实，但有相反证据足以推翻的除外。必要时，人民法院可以要求制作文书的机关或者组织对文书的真实性予以说明。

第一百一十五条　单位向人民法院提出的证明材料，应当由单位负责人及制作证明材料的人员签名或者盖章,并加盖单位印章。人民法院就单位出具的证明材料,可以向单位及制作证明材料的人员进行调查核实。必要时,可以要求制作证明材料的人员出庭作证。

单位及制作证明材料的人员拒绝人民法院调查核实,或者制作证明材料的人员无正当理由拒绝出庭作证的,该证明材料不得作为认定案件事实的根据。

第一百一十六条 视听资料包括录音资料和影像资料。

电子数据是指通过电子邮件、电子数据交换、网上聊天记录、博客、微博客、手机短信、电子签名、域名等形成或者存储在电子介质中的信息。

存储在电子介质中的录音资料和影像资料,适用电子数据的规定。

第一百一十七条 当事人申请证人出庭作证的,应当在举证期限届满前提出。

符合本解释第九十六条第一款规定情形的,人民法院可以依职权通知证人出庭作证。

未经人民法院通知,证人不得出庭作证,但双方当事人同意并经人民法院准许的除外。

第一百一十八条 民事诉讼法第七十七条规定的证人因履行出庭作证义务而支出的交通、住宿、就餐等必要费用,按照机关事业单位工作人员差旅费用和补贴标准计算;误工损失按照国家上年度职工日平均工资标准计算。

人民法院准许证人出庭作证申请的,应当通知申请人预缴证人出庭作证费用。

第一百一十九条 人民法院在证人出庭作证前应当告知其如实作证的义务以及作伪证的法律后果,并责令其签署保证书,但无民事行为能力人和限制民事行为能力人除外。

证人签署保证书适用本解释关于当事人签署保证书的规定。

第一百二十条 证人拒绝签署保证书的,不得作证,并自行承担相关费用。

第一百二十一条 当事人申请鉴定,可以在举证期限届满前提出。申请鉴定的事项与待证事实无关联,或者对证明待证事实无意义的,人民法院不予准许。

人民法院准许当事人鉴定申请的,应当组织双方当事人协商确定具备相应资格的鉴定人。当事人协商不成的,由人民法院指定。

符合依职权调查收集证据条件的,人民法院应当依职权委托鉴定,在询问当事人的意见后,指定具备相应资格的鉴定人。

第一百二十二条 当事人可以依照民事诉讼法第八十二条的规定,在举证期限届满前申请一至二名具有专门知识的人出庭,代表当事人对鉴定意见进行质证,或者对案件事实所涉及的专业问题提出意见。

具有专门知识的人在法庭上就专业问题提出的意见,视为当事人的陈述。

人民法院准许当事人申请的,相关费用由提出申请的当事人负担。

第一百二十三条 人民法院可以对出庭的具有专门知识的人进行询问。经法庭准许,当事人可以对出庭的具有专门知识的人进行询问,当事人各自申请的具有专门知识的人可以就案件中的有关问题进行对质。

具有专门知识的人不得参与专业问题之外的法庭审理活动。

第一百二十四条 人民法院认为有必要的,可以根据当事人的申请或者依职权对物证或者现场进行勘验。勘验时应当保护他人的隐私和尊严。

人民法院可以要求鉴定人参与勘验。必要时,可以要求鉴定人在勘验中进行鉴定。

五、期间和送达

第一百二十五条 依照民事诉讼法第八十五条第二款规定,民事诉讼中以时起算的期间从次时起算;以日、月、年计算的期间从次日起算。

第一百二十六条 民事诉讼法第一百二十六条规定的立案期限,因起诉状内容欠缺通知原告补正的,从补正后交人民法院的次日起算。由上级人民法院转交下级人民法院立案的案件,从受诉人民法院收到起诉状的次日起算。

第一百二十七条 民事诉讼法第五十九条第三款、第二百一十二条以及本解释第三百七十二条、第三百八十二条、第三百九十九条、第四百二十条、第四百二十一条规定的六个月,民事诉讼法第二百三十条规定的一年,为不变期间,不适用诉讼时效中止、中断、延长的规定。

第一百二十八条　再审案件按照第一审程序或者第二审程序审理的，适用民事诉讼法第一百五十二条、第一百八十三条规定的审限。审限自再审立案的次日起算。

第一百二十九条　对申请再审案件，人民法院应当自受理之日起三个月内审查完毕，但公告期间、当事人和解期间等不计入审查期限。有特殊情况需要延长的，由本院院长批准。

第一百三十条　向法人或者其他组织送达诉讼文书，应当由法人的法定代表人、该组织的主要负责人或者办公室、收发室、值班室等负责收件的人签收或者盖章，拒绝签收或者盖章的，适用留置送达。

民事诉讼法第八十九条规定的有关基层组织和所在单位的代表，可以是受送达人住所地的居民委员会、村民委员会的工作人员以及受送达人所在单位的工作人员。

第一百三十一条　人民法院直接送达诉讼文书的，可以通知当事人到人民法院领取。当事人到达人民法院，拒绝签署送达回证的，视为送达。审判人员、书记员应当在送达回证上注明送达情况并签名。

人民法院可以在当事人住所地以外向当事人直接送达诉讼文书。当事人拒绝签署送达回证的，采用拍照、录像等方式记录送达过程即视为送达。审判人员、书记员应当在送达回证上注明送达情况并签名。

第一百三十二条　受送达人有诉讼代理人的，人民法院既可以向受送达人送达，也可以向其诉讼代理人送达。受送达人指定诉讼代理人为代收人的，向诉讼代理人送达时，适用留置送达。

第一百三十三条　调解书应当直接送达当事人本人，不适用留置送达。当事人本人因故不能签收的，可由其指定的代收人签收。

第一百三十四条　依照民事诉讼法第九十一条规定，委托其他人民法院代为送达的，委托法院应当出具委托函，并附需要送达的诉讼文书和送达回证，以受送达人在送达回证上签收的日期为送达日期。

委托送达的，受委托人民法院应当自收到委托函及相关诉讼文书之日起十日内代为送达。

第一百三十五条　电子送达可以采用传真、电子邮件、移动通信等即时收悉的特定系统作为送达媒介。

民事诉讼法第九十条第二款规定的到达受送达人特定系统的日期，为人民法院对应系统显示发送成功的日期，但受送达人证明到达其特定系统的日期与人民法院对应系统显示发送成功的日期不一致的，以受送达人证明到达其特定系统的日期为准。

第一百三十六条　受送达人同意采用电子方式送达的，应当在送达地址确认书中予以确认。

第一百三十七条　当事人在提起上诉、申请再审、申请执行时未书面变更送达地址的，其在第一审程序中确认的送达地址可以作为第二审程序、审判监督程序、执行程序的送达地址。

第一百三十八条　公告送达可以在法院的公告栏和受送达人住所地张贴公告，也可以在报纸、信息网络等媒体上刊登公告，发出公告日期以最后张贴或者刊登的日期为准。对公告送达方式有特殊要求的，应当按要求的方式进行。公告期满，即视为送达。

人民法院在受送达人住所地张贴公告的，应当采取拍照、录像等方式记录张贴过程。

第一百三十九条　公告送达应当说明公告送达的原因；公告送达起诉状或者上诉状副本的，应当说明起诉或者上诉要点，受送达人答辩期限及逾期不答辩的法律后果；公告送达传票，应当说明出庭的时间和地点及逾期不出庭的法律后果；公告送达判决书、裁定书的，应当说明裁判主要内容，当事人有权上诉的，还应当说明上诉权利、上诉期限和上诉的人民法院。

第一百四十条　适用简易程序的案件，不适用公告送达。

第一百四十一条　人民法院在定期宣判时，当事人拒不签收判决书、裁定书的，应视为送达，并在宣判笔录中记明。

六、调　　解

第一百四十二条　人民法院受理案件后，经审查，认为法律关系明确、事实清楚，在征得当事人双方同意后，可以径行调解。

第一百四十三条　适用特别程序、督促程序、公示催告程序的案件，婚姻等身份关系确认案件以及其他根据案件性质不能进行调解的案件，不得调解。

第一百四十四条　人民法院审理民事案件，发现当事人之间恶意串通，企图通过和解、调解方式侵害他人合法权益的,应当依照民事诉讼法第一百一十五条的规定处理。

第一百四十五条 人民法院审理民事案件,应当根据自愿、合法的原则进行调解。当事人一方或者双方坚持不愿调解的,应当及时裁判。

人民法院审理离婚案件,应当进行调解,但不应久调不决。

第一百四十六条 人民法院审理民事案件,调解过程不公开,但当事人同意公开的除外。

调解协议内容不公开,但为保护国家利益、社会公共利益、他人合法权益,人民法院认为确有必要公开的除外。

主持调解以及参与调解的人员,对调解过程以及调解过程中获悉的国家秘密、商业秘密、个人隐私和其他不宜公开的信息,应当保守秘密,但为保护国家利益、社会公共利益、他人合法权益的除外。

第一百四十七条 人民法院调解案件时,当事人不能出庭的,经其特别授权,可由其委托代理人参加调解,达成的调解协议,可由委托代理人签名。

离婚案件当事人确因特殊情况无法出庭参加调解的,除本人不能表达意志的以外,应当出具书面意见。

第一百四十八条 当事人自行和解或者调解达成协议后,请求人民法院按照和解协议或者调解协议的内容制作判决书的,人民法院不予准许。

无民事行为能力人的离婚案件,由其法定代理人进行诉讼。法定代理人与对方达成协议要求发给判决书的,可根据协议内容制作判决书。

第一百四十九条 调解书需经当事人签收后才发生法律效力的,应当以最后收到调解书的当事人签收的日期为调解书生效日期。

第一百五十条 人民法院调解民事案件,需由无独立请求权的第三人承担责任的,应当经其同意。该第三人在调解书送达前反悔的,人民法院应当及时裁判。

第一百五十一条 根据民事诉讼法第一百零一条第一款第四项规定,当事人各方同意在调解协议上签名或者盖章后即发生法律效力的,经人民法院审查确认后,应当记入笔录或者将调解协议附卷,并由当事人、审判人员、书记员签名或者盖章后即具有法律效力。

前款规定情形,当事人请求制作调解书的,人民法院审查确认后可以制作调解书送交当事人。当事人拒收调解书的,不影响调解协议的效力。

七、保全和先予执行

第一百五十二条 人民法院依照民事诉讼法第一百零三条、第一百零四条规定,在采取诉前保全、诉讼保全措施时,责令利害关系人或者当事人提供担保的,应当书面通知。

利害关系人申请诉前保全的,应当提供担保。申请诉前财产保全的,应当提供相当于请求保全数额的担保;情况特殊的,人民法院可以酌情处理。申请诉前行为保全的,担保的数额由人民法院根据案件的具体情况决定。

在诉讼中,人民法院依申请或者依职权采取保全措施的,应当根据案件的具体情况,决定当事人是否应当提供担保以及担保的数额。

第一百五十三条 人民法院对季节性商品、鲜活、易腐烂变质以及其他不宜长期保存的物品采取保全措施时,可以责令当事人及时处理,由人民法院保存价款;必要时,人民法院可予以变卖,保存价款。

第一百五十四条 人民法院在财产保全中采取查封、扣押、冻结财产措施时,应当妥善保管被查封、扣押、冻结的财产。不宜由人民法院保管的,人民法院可以指定被保全人负责保管;不宜由被保全人保管的,可以委托他人或者申请保全人保管。

查封、扣押、冻结担保物权人占有的担保财产,一般由担保物权人保管;由人民法院保管的,质权、留置权不因采取保全措施而消灭。

第一百五十五条 由人民法院指定被保全人保管的财产,如果继续使用对该财产的价值无重大影响,可以允许被保全人继续使用;由人民法院保管或者委托他人、申请保全人保管的财产,人民法院和其他保管人不得使用。

第一百五十六条 人民法院采取财产保全的方法和措施,依照执行程序相关规定办理。

第一百五十七条 人民法院对抵押物、质押物、留置物可以采取财产保全措施,但不影响抵押权人、质权人、留置权人的优先受偿权。

第一百五十八条 人民法院对债务人到期应得的收

益，可以采取财产保全措施，限制其支取，通知有关单位协助执行。

第一百五十九条　债务人的财产不能满足保全请求，但对他人有到期债权的，人民法院可以依债权人的申请裁定该他人不得对本案债务人清偿。该他人要求偿付的，由人民法院提存财物或者价款。

第一百六十条　当事人向采取诉前保全措施以外的其他有管辖权的人民法院起诉的，采取诉前保全措施的人民法院应当将保全手续移送受理案件的人民法院。诉前保全的裁定视为受移送人民法院作出的裁定。

第一百六十一条　对当事人不服一审判决提起上诉的案件，在第二审人民法院接到报送的案件之前，当事人有转移、隐匿、出卖或者毁损财产等行为，必须采取保全措施的，由第一审人民法院依当事人申请或者依职权采取。第一审人民法院的保全裁定，应当及时报送第二审人民法院。

第一百六十二条　第二审人民法院裁定对第一审人民法院采取的保全措施予以续保或者采取新的保全措施的，可以自行实施，也可以委托第一审人民法院实施。

再审人民法院裁定对原保全措施予以续保或者采取新的保全措施的，可以自行实施，也可以委托原审人民法院或者执行法院实施。

第一百六十三条　法律文书生效后，进入执行程序前，债权人因对方当事人转移财产等紧急情况，不申请保全将可能导致生效法律文书不能执行或者难以执行的，可以向执行法院申请采取保全措施。债权人在法律文书指定的履行期间届满后五日内不申请执行的，人民法院应当解除保全。

第一百六十四条　对申请保全人或者他人提供的担保财产，人民法院应当依法办理查封、扣押、冻结等手续。

第一百六十五条　人民法院裁定采取保全措施后，除作出保全裁定的人民法院自行解除或者其上级人民法院决定解除外，在保全期限内，任何单位不得解除保全措施。

第一百六十六条　裁定采取保全措施后，有下列情形之一的，人民法院应当作出解除保全裁定：

（一）保全错误的；

（二）申请人撤回保全申请的；

（三）申请人的起诉或者诉讼请求被生效裁判驳回的；

（四）人民法院认为应当解除保全的其他情形。

解除以登记方式实施的保全措施的，应当向登记机关发出协助执行通知书。

第一百六十七条　财产保全的被保全人提供其他等值担保财产且有利于执行的，人民法院可以裁定变更保全标的物为被保全人提供的担保财产。

第一百六十八条　保全裁定未经人民法院依法撤销或者解除，进入执行程序后，自动转为执行中的查封、扣押、冻结措施，期限连续计算，执行法院无需重新制作裁定书，但查封、扣押、冻结期限届满的除外。

第一百六十九条　民事诉讼法规定的先予执行，人民法院应当在受理案件后终审判决作出前采取。先予执行应当限于当事人诉讼请求的范围，并以当事人的生活、生产经营的急需为限。

第一百七十条　民事诉讼法第一百零九条第三项规定的情况紧急，包括：

（一）需要立即停止侵害、排除妨碍的；

（二）需要立即制止某项行为的；

（三）追索恢复生产、经营急需的保险理赔费的；

（四）需要立即返还社会保险金、社会救助资金的；

（五）不立即返还款项，将严重影响权利人生活和生产经营的。

第一百七十一条　当事人对保全或者先予执行裁定不服的，可以自收到裁定书之日起五日内向作出裁定的人民法院申请复议。人民法院应当在收到复议申请后十日内审查。裁定正确的，驳回当事人的申请；裁定不当的，变更或者撤销原裁定。

第一百七十二条　利害关系人对保全或者先予执行的裁定不服申请复议的，由作出裁定的人民法院依照民事诉讼法第一百一十一条规定处理。

第一百七十三条　人民法院先予执行后，根据发生法律效力的判决，申请人应当返还因先予执行所取得的利益的，适用民事诉讼法第二百四十条的规定。

八、对妨害民事诉讼的强制措施

第一百七十四条　民事诉讼法第一百一十二条规定的

必须到庭的被告，是指负有赡养、抚育、扶养义务和不到庭就无法查清案情的被告。

人民法院对必须到庭才能查清案件基本事实的原告，经两次传票传唤，无正当理由拒不到庭的，可以拘传。

第一百七十五条　拘传必须用拘传票，并直接送达被拘传人；在拘传前，应当向被拘传人说明拒不到庭的后果，经批评教育仍拒不到庭的，可以拘传其到庭。

第一百七十六条　诉讼参与人或者其他人有下列行为之一的，人民法院可以适用民事诉讼法第一百一十三条规定处理：

（一）未经准许进行录音、录像、摄影的；

（二）未经准许以移动通信等方式现场传播审判活动的；

（三）其他扰乱法庭秩序，妨害审判活动进行的。

有前款规定情形的，人民法院可以暂扣诉讼参与人或者其他人进行录音、录像、摄影、传播审判活动的器材，并责令其删除有关内容；拒不删除的，人民法院可以采取必要手段强制删除。

第一百七十七条　训诫、责令退出法庭由合议庭或者独任审判员决定。训诫的内容、被责令退出法庭者的违法事实应当记入庭审笔录。

第一百七十八条　人民法院依照民事诉讼法第一百一十三条至第一百一十七条的规定采取拘留措施的，应经院长批准，作出拘留决定书，由司法警察将被拘留人送交当地公安机关看管。

第一百七十九条　被拘留人不在本辖区的，作出拘留决定的人民法院应当派员到被拘留人所在地的人民法院，请该院协助执行，受委托的人民法院应当及时派员协助执行。被拘留人申请复议或者在拘留期间承认并改正错误，需要提前解除拘留的，受委托人民法院应当向委托人民法院转达或者提出建议，由委托人民法院审查决定。

第一百八十条　人民法院对被拘留人采取拘留措施后，应当在二十四小时内通知其家属；确实无法按时通知或者通知不到的，应当记录在案。

第一百八十一条　因哄闹、冲击法庭，用暴力、威胁等方法抗拒执行公务等紧急情况，必须立即采取拘留措施的，可在拘留后，立即报告院长补办批准手续。院长认为拘留不当的，应当解除拘留。

第一百八十二条　被拘留人在拘留期间认错悔改的，可以责令其具结悔过，提前解除拘留。提前解除拘留，应报经院长批准，并作出提前解除拘留决定书，交负责看管的公安机关执行。

第一百八十三条　民事诉讼法第一百一十三条至第一百一十六条规定的罚款、拘留可以单独适用，也可以合并适用。

第一百八十四条　对同一妨害民事诉讼行为的罚款、拘留不得连续适用。发生新的妨害民事诉讼行为的，人民法院可以重新予以罚款、拘留。

第一百八十五条　被罚款、拘留的人不服罚款、拘留决定申请复议的，应当自收到决定书之日起三日内提出。上级人民法院应当在收到复议申请后五日内作出决定，并将复议结果通知下级人民法院和当事人。

第一百八十六条　上级人民法院复议时认为强制措施不当的，应当制作决定书，撤销或者变更下级人民法院作出的拘留、罚款决定。情况紧急的，可以在口头通知后三日内发出决定书。

第一百八十七条　民事诉讼法第一百一十四条第一款第五项规定的以暴力、威胁或者其他方法阻碍司法工作人员执行职务的行为，包括：

（一）在人民法院哄闹、滞留，不听从司法工作人员劝阻的；

（二）故意毁损、抢夺人民法院法律文书、查封标志的；

（三）哄闹、冲击执行公务现场，围困、扣押执行或者协助执行公务人员的；

（四）毁损、抢夺、扣留案件材料、执行公务车辆、其他执行公务器械、执行公务人员服装和执行公务证件的；

（五）以暴力、威胁或者其他方法阻碍司法工作人员查询、查封、扣押、冻结、划拨、拍卖、变卖财产的；

（六）以暴力、威胁或者其他方法阻碍司法工作人员执行职务的其他行为。

第一百八十八条　民事诉讼法第一百一十四条第一款第六项规定的拒不履行人民法院已经发生法律效力的判决、裁定的行为，包括：

（一）在法律文书发生法律效力后隐藏、转移、变卖、毁损财产或者无偿转让财产、以明显不合理的价格交易财产、放弃到期债权、无偿为他人提供担保等，致使人民法院无法执行的；

（二）隐藏、转移、毁损或者未经人民法院允许处分已向人民法院提供担保的财产的；

（三）违反人民法院限制高消费令进行消费的；

（四）有履行能力而拒不按照人民法院执行通知履行生效法律文书确定的义务的；

（五）有义务协助执行的个人接到人民法院协助执行通知书后，拒不协助执行的。

第一百八十九条　诉讼参与人或者其他人有下列行为之一的，人民法院可以适用民事诉讼法第一百一十四条的规定处理：

（一）冒充他人提起诉讼或者参加诉讼的；

（二）证人签署保证书后作虚假证言，妨碍人民法院审理案件的；

（三）伪造、隐藏、毁灭或者拒绝交出有关被执行人履行能力的重要证据，妨碍人民法院查明被执行人财产状况的；

（四）擅自解冻已被人民法院冻结的财产的；

（五）接到人民法院协助执行通知书后，给当事人通风报信，协助其转移、隐匿财产的。

第一百九十条　民事诉讼法第一百一十五条规定的他人合法权益，包括案外人的合法权益、国家利益、社会公共利益。

第三人根据民事诉讼法第五十九条第三款规定提起撤销之诉，经审查，原案当事人之间恶意串通进行虚假诉讼的，适用民事诉讼法第一百一十五条规定处理。

第一百九十一条　单位有民事诉讼法第一百一十五条或者第一百一十六条规定行为的，人民法院应当对该单位进行罚款，并可以对其主要负责人或者直接责任人员予以罚款、拘留；构成犯罪的，依法追究刑事责任。

第一百九十二条　有关单位接到人民法院协助执行通知书后，有下列行为之一的，人民法院可以适用民事诉讼法第一百一十七条规定处理：

（一）允许被执行人高消费的；

（二）允许被执行人出境的；

（三）拒不停止办理有关财产权证照转移手续、权属变更登记、规划审批等手续的；

（四）以需要内部请示、内部审批，有内部规定等为由拖延办理的。

第一百九十三条　人民法院对个人或者单位采取罚款措施时，应当根据其实施妨害民事诉讼行为的性质、情节、后果，当地的经济发展水平，以及诉讼标的额等因素，在民事诉讼法第一百一十八条第一款规定的限额内确定相应的罚款金额。

九、诉讼费用

第一百九十四条　依照民事诉讼法第五十七条审理的案件不预交案件受理费，结案后按照诉讼标的额由败诉方交纳。

第一百九十五条　支付令失效后转入诉讼程序的，债权人应当按照《诉讼费用交纳办法》补交案件受理费。

支付令被撤销后，债权人另行起诉的，按照《诉讼费用交纳办法》交纳诉讼费用。

第一百九十六条　人民法院改变原判决、裁定、调解结果的，应当在裁判文书中对原审诉讼费用的负担一并作出处理。

第一百九十七条　诉讼标的物是证券的，按照证券交易规则并根据当事人起诉之日前最后一个交易日的收盘价、当日的市场价或者其载明的金额计算诉讼标的金额。

第一百九十八条　诉讼标的物是房屋、土地、林木、车辆、船舶、文物等特定物或者知识产权，起诉时价值难以确定的，人民法院应当向原告释明主张过高或者过低的诉讼风险，以原告主张的价值确定诉讼标的金额。

第一百九十九条　适用简易程序审理的案件转为普通程序的，原告自接到人民法院交纳诉讼费用通知之日起七日内补交案件受理费。

原告无正当理由未按期足额补交的，按撤诉处理，已经收取的诉讼费用退还一半。

第二百条　破产程序中有关债务人的民事诉讼案件，按照财产案件标准交纳诉讼费，但劳动争议案件除外。

第二百零一条　既有财产性诉讼请求，又有非财产性诉讼请求的，按照财产性诉讼请求的标准交纳诉讼费。

有多个财产性诉讼请求的，合并计算交纳诉讼费；诉讼请求中有多个非财产性诉讼请求的，按一件交纳诉讼费。

第二百零二条 原告、被告、第三人分别上诉的，按照上诉请求分别预交二审案件受理费。

同一方多人共同上诉的，只预交一份二审案件受理费；分别上诉的，按照上诉请求分别预交二审案件受理费。

第二百零三条 承担连带责任的当事人败诉的，应当共同负担诉讼费用。

第二百零四条 实现担保物权案件，人民法院裁定拍卖、变卖担保财产的，申请费由债务人、担保人负担；人民法院裁定驳回申请的，申请费由申请人负担。

申请人另行起诉的，其已经交纳的申请费可以从案件受理费中扣除。

第二百零五条 拍卖、变卖担保财产的裁定作出后，人民法院强制执行的，按照执行金额收取执行申请费。

第二百零六条 人民法院决定减半收取案件受理费的，只能减半一次。

第二百零七条 判决生效后，胜诉方预交但不应负担的诉讼费用，人民法院应当退还，由败诉方向人民法院交纳，但胜诉方自愿承担或者同意败诉方直接向其支付的除外。

当事人拒不交纳诉讼费用的，人民法院可以强制执行。

十、第一审普通程序

第二百零八条 人民法院接到当事人提交的民事起诉状时，对符合民事诉讼法第一百二十二条的规定，且不属于第一百二十七条规定情形的，应当登记立案；对当场不能判定是否符合起诉条件的，应当接收起诉材料，并出具注明收到日期的书面凭证。

需要补充必要相关材料的，人民法院应当及时告知当事人。在补齐相关材料后，应当在七日内决定是否立案。

立案后发现不符合起诉条件或者属于民事诉讼法第一百二十七条规定情形的，裁定驳回起诉。

第二百零九条 原告提供被告的姓名或者名称、住所等信息具体明确，足以使被告与他人相区别的，可以认定为有明确的被告。

起诉状列写被告信息不足以认定明确的被告的，人民法院可以告知原告补正。原告补正后仍不能确定明确的被告的，人民法院裁定不予受理。

第二百一十条 原告在起诉状中有谩骂和人身攻击之辞的，人民法院应当告知其修改后提起诉讼。

第二百一十一条 对本院没有管辖权的案件，告知原告向有管辖权的人民法院起诉；原告坚持起诉的，裁定不予受理；立案后发现本院没有管辖权的，应当将案件移送有管辖权的人民法院。

第二百一十二条 裁定不予受理、驳回起诉的案件，原告再次起诉，符合起诉条件且不属于民事诉讼法第一百二十七条规定情形的，人民法院应予受理。

第二百一十三条 原告应当预交而未预交案件受理费，人民法院应当通知其预交，通知后仍不预交或者申请减、缓、免未获批准而仍不预交的，裁定按撤诉处理。

第二百一十四条 原告撤诉或者人民法院按撤诉处理后，原告以同一诉讼请求再次起诉的，人民法院应予受理。

原告撤诉或者按撤诉处理的离婚案件，没有新情况、新理由，六个月内又起诉的，比照民事诉讼法第一百二十七条第七项的规定不予受理。

第二百一十五条 依照民事诉讼法第一百二十七条第二项的规定，当事人在书面合同中订有仲裁条款，或者在发生纠纷后达成书面仲裁协议，一方向人民法院起诉的，人民法院应当告知原告向仲裁机构申请仲裁，其坚持起诉的，裁定不予受理，但仲裁条款或者仲裁协议不成立、无效、失效、内容不明确无法执行的除外。

第二百一十六条 在人民法院首次开庭前，被告以有书面仲裁协议为由对受理民事案件提出异议的，人民法院应当进行审查。

经审查符合下列情形之一的，人民法院应当裁定驳回起诉：

（一）仲裁机构或者人民法院已经确认仲裁协议有效的；

（二）当事人没有在仲裁庭首次开庭前对仲裁协议的效力提出异议的；

（三）仲裁协议符合仲裁法第十六条规定且不具有仲裁法第十七条规定情形的。

第二百一十七条 夫妻一方下落不明，另一方诉至人民法院，只要求离婚，不申请宣告下落不明人失踪或者死亡的案件，人民法院应当受理，对下落不明人公告送达诉讼文书。

第二百一十八条　赡养费、扶养费、抚养费案件，裁判发生法律效力后，因新情况、新理由，一方当事人再行起诉要求增加或者减少费用的，人民法院应作为新案受理。

第二百一十九条　当事人超过诉讼时效期间起诉的，人民法院应予受理。受理后对方当事人提出诉讼时效抗辩，人民法院经审理认为抗辩事由成立的，判决驳回原告的诉讼请求。

第二百二十条　民事诉讼法第七十一条、第一百三十七条、第一百五十九条规定的商业秘密，是指生产工艺、配方、贸易联系、购销渠道等当事人不愿公开的技术秘密、商业情报及信息。

第二百二十一条　基于同一事实发生的纠纷，当事人分别向同一人民法院起诉的，人民法院可以合并审理。

第二百二十二条　原告在起诉状中直接列写第三人的，视为其申请人民法院追加该第三人参加诉讼。是否通知第三人参加诉讼，由人民法院审查决定。

第二百二十三条　当事人在提交答辩状期间提出管辖异议，又针对起诉状的内容进行答辩的，人民法院应当依照民事诉讼法第一百三十条第一款的规定，对管辖异议进行审查。

当事人未提出管辖异议，就案件实体内容进行答辩、陈述或者反诉的，可以认定为民事诉讼法第一百三十条第二款规定的应诉答辩。

第二百二十四条　依照民事诉讼法第一百三十六条第四项规定，人民法院可以在答辩期届满后，通过组织证据交换、召集庭前会议等方式，作好审理前的准备。

第二百二十五条　根据案件具体情况，庭前会议可以包括下列内容：

（一）明确原告的诉讼请求和被告的答辩意见；

（二）审查处理当事人增加、变更诉讼请求的申请和提出的反诉，以及第三人提出的与本案有关的诉讼请求；

（三）根据当事人的申请决定调查收集证据，委托鉴定，要求当事人提供证据，进行勘验，进行证据保全；

（四）组织交换证据；

（五）归纳争议焦点；

（六）进行调解。

第二百二十六条　人民法院应当根据当事人的诉讼请求、答辩意见以及证据交换的情况，归纳争议焦点，并就归纳的争议焦点征求当事人的意见。

第二百二十七条　人民法院适用普通程序审理案件，应当在开庭三日前用传票传唤当事人。对诉讼代理人、证人、鉴定人、勘验人、翻译人员应当用通知书通知其到庭。当事人或者其他诉讼参与人在外地的，应当留有必要的在途时间。

第二百二十八条　法庭审理应当围绕当事人争议的事实、证据和法律适用等焦点问题进行。

第二百二十九条　当事人在庭审中对其在审理前的准备阶段认可的事实和证据提出不同意见的，人民法院应当责令其说明理由。必要时，可以责令其提供相应证据。人民法院应当结合当事人的诉讼能力、证据和案件的具体情况进行审查。理由成立的，可以列入争议焦点进行审理。

第二百三十条　人民法院根据案件具体情况并征得当事人同意，可以将法庭调查和法庭辩论合并进行。

第二百三十一条　当事人在法庭上提出新的证据的，人民法院应当依照民事诉讼法第六十八条第二款规定和本解释相关规定处理。

第二百三十二条　在案件受理后，法庭辩论结束前，原告增加诉讼请求，被告提出反诉，第三人提出与本案有关的诉讼请求，可以合并审理的，人民法院应当合并审理。

第二百三十三条　反诉的当事人应当限于本诉的当事人的范围。

反诉与本诉的诉讼请求基于相同法律关系、诉讼请求之间具有因果关系，或者反诉与本诉的诉讼请求基于相同事实的，人民法院应当合并审理。

反诉应由其他人民法院专属管辖，或者与本诉的诉讼标的及诉讼请求所依据的事实、理由无关联的，裁定不予受理，告知另行起诉。

第二百三十四条　无民事行为能力人的离婚诉讼，当事人的法定代理人应当到庭；法定代理人不能到庭的，人民法院应当在查清事实的基础上，依法作出判决。

第二百三十五条 无民事行为能力的当事人的法定代理人，经传票传唤无正当理由拒不到庭，属于原告方的，比照民事诉讼法第一百四十六条的规定，按撤诉处理；属于被告方的，比照民事诉讼法第一百四十七条的规定，缺席判决。必要时，人民法院可以拘传其到庭。

第二百三十六条 有独立请求权的第三人经人民法院传票传唤，无正当理由拒不到庭的，或者未经法庭许可中途退庭的，比照民事诉讼法第一百四十六条的规定，按撤诉处理。

第二百三十七条 有独立请求权的第三人参加诉讼后，原告申请撤诉，人民法院在准许原告撤诉后，有独立请求权的第三人作为另案原告，原案原告、被告作为另案被告，诉讼继续进行。

第二百三十八条 当事人申请撤诉或者依法可以按撤诉处理的案件，如果当事人有违反法律的行为需要依法处理的，人民法院可以不准许撤诉或者不按撤诉处理。

法庭辩论终结后原告申请撤诉，被告不同意的，人民法院可以不予准许。

第二百三十九条 人民法院准许本诉原告撤诉的，应当对反诉继续审理；被告申请撤回反诉的，人民法院应予准许。

第二百四十条 无独立请求权的第三人经人民法院传票传唤，无正当理由拒不到庭，或者未经法庭许可中途退庭的，不影响案件的审理。

第二百四十一条 被告经传票传唤无正当理由拒不到庭，或者未经法庭许可中途退庭的，人民法院应当按期开庭或者继续开庭审理，对到庭的当事人诉讼请求、双方的诉辩理由以及已经提交的证据及其他诉讼材料进行审理后，可以依法缺席判决。

第二百四十二条 一审宣判后，原审人民法院发现判决有错误，当事人在上诉期内提出上诉的，原审人民法院可以提出原判决有错误的意见，报送第二审人民法院，由第二审人民法院按照第二审程序进行审理；当事人不上诉的，按照审判监督程序处理。

第二百四十三条 民事诉讼法第一百五十二条规定的审限，是指从立案之日起至裁判宣告、调解书送达之日止的期间，但公告期间、鉴定期间、双方当事人和解期间、审理当事人提出的管辖异议以及处理人民法院之间的管辖争议期间不应计算在内。

第二百四十四条 可以上诉的判决书、裁定书不能同时送达双方当事人的，上诉期从各自收到判决书、裁定书之日计算。

第二百四十五条 民事诉讼法第一百五十七条第一款第七项规定的笔误是指法律文书误写、误算，诉讼费用漏写、误算和其他笔误。

第二百四十六条 裁定中止诉讼的原因消除，恢复诉讼程序时，不必撤销原裁定，从人民法院通知或者准许当事人双方继续进行诉讼时起，中止诉讼的裁定即失去效力。

第二百四十七条 当事人就已经提起诉讼的事项在诉讼过程中或者裁判生效后再次起诉，同时符合下列条件的，构成重复起诉：

（一）后诉与前诉的当事人相同；

（二）后诉与前诉的诉讼标的相同；

（三）后诉与前诉的诉讼请求相同，或者后诉的诉讼请求实质上否定前诉裁判结果。

当事人重复起诉的，裁定不予受理；已经受理的，裁定驳回起诉，但法律、司法解释另有规定的除外。

第二百四十八条 裁判发生法律效力后，发生新的事实，当事人再次提起诉讼的，人民法院应当依法受理。

第二百四十九条 在诉讼中，争议的民事权利义务转移的，不影响当事人的诉讼主体资格和诉讼地位。人民法院作出的发生法律效力的判决、裁定对受让人具有拘束力。

受让人申请以无独立请求权的第三人身份参加诉讼的，人民法院可予准许。受让人申请替代当事人承担诉讼的，人民法院可以根据案件的具体情况决定是否准许；不予准许的，可以追加其为无独立请求权的第三人。

第二百五十条 依照本解释第二百四十九条规定，人民法院准许受让人替代当事人承担诉讼的，裁定变更当事人。

变更当事人后，诉讼程序以受让人为当事人继续进行，原当事人应当退出诉讼。原当事人已经完成的诉讼行为对受让人具有拘束力。

第二百五十一条 二审裁定撤销一审判决发回重审的案件，当事人申请变更、增加诉讼请求或者提出反诉，第三人提出与本案有关的诉讼请求的，依照民事诉讼法第一百四十三条规定处理。

第二百五十二条 再审裁定撤销原判决、裁定发回重审的案件，当事人申请变更、增加诉讼请求或者提出反诉，符合下列情形之一的，人民法院应当准许：

（一）原审未合法传唤缺席判决，影响当事人行使诉讼权利的；

（二）追加新的诉讼当事人的；

（三）诉讼标的物灭失或者发生变化致使原诉讼请求无法实现的；

（四）当事人申请变更、增加的诉讼请求或者提出的反诉，无法通过另诉解决的。

第二百五十三条 当庭宣判的案件，除当事人当庭要求邮寄发送裁判文书的外，人民法院应当告知当事人或者诉讼代理人领取裁判文书的时间和地点以及逾期不领取的法律后果。上述情况，应当记入笔录。

第二百五十四条 公民、法人或者其他组织申请查阅发生法律效力的判决书、裁定书的，应当向作出该生效裁判的人民法院提出。申请应当以书面形式提出，并提供具体的案号或者当事人姓名、名称。

第二百五十五条 对于查阅判决书、裁定书的申请，人民法院根据下列情形分别处理：

（一）判决书、裁定书已经通过信息网络向社会公开的，应当引导申请人自行查阅；

（二）判决书、裁定书未通过信息网络向社会公开，且申请符合要求的，应当及时提供便捷的查阅服务；

（三）判决书、裁定书尚未发生法律效力，或者已失去法律效力的，不提供查阅并告知申请人；

（四）发生法律效力的判决书、裁定书不是本院作出的，应当告知申请人向作出生效裁判的人民法院申请查阅；

（五）申请查阅的内容涉及国家秘密、商业秘密、个人隐私的，不予准许并告知申请人。

十一、简易程序

第二百五十六条 民事诉讼法第一百六十条规定的简单民事案件中的事实清楚，是指当事人对争议的事实陈述基本一致，并能提供相应的证据，无须人民法院调查收集证据即可查明事实；权利义务关系明确是指能明确区分谁是责任的承担者，谁是权利的享有者；争议不大是指当事人对案件的是非、责任承担以及诉讼标的争执无原则分歧。

第二百五十七条 下列案件，不适用简易程序：

（一）起诉时被告下落不明的；

（二）发回重审的；

（三）当事人一方人数众多的；

（四）适用审判监督程序的；

（五）涉及国家利益、社会公共利益的；

（六）第三人起诉请求改变或者撤销生效判决、裁定、调解书的；

（七）其他不宜适用简易程序的案件。

第二百五十八条 适用简易程序审理的案件，审理期限到期后，有特殊情况需要延长的，经本院院长批准，可以延长审理期限。延长后的审理期限累计不得超过四个月。

人民法院发现案件不宜适用简易程序，需要转为普通程序审理的，应当在审理期限届满前作出裁定并将审判人员及相关事项书面通知双方当事人。

案件转为普通程序审理的，审理期限自人民法院立案之日计算。

第二百五十九条 当事人双方可就开庭方式向人民法院提出申请，由人民法院决定是否准许。经当事人双方同意，可以采用视听传输技术等方式开庭。

第二百六十条 已经按照普通程序审理的案件，在开庭后不得转为简易程序审理。

第二百六十一条 适用简易程序审理案件，人民法院可以依照民事诉讼法第九十条、第一百六十二条的规定采取捎口信、电话、短信、传真、电子邮件等简便方式传唤双方当事人、通知证人和送达诉讼文书。

以简便方式送达的开庭通知，未经当事人确认或者没有其他证据证明当事人已经收到的，人民法院不得缺席判决。

适用简易程序审理案件，由审判员独任审判，书记员担任记录。

第二百六十二条 人民法庭制作的判决书、裁定书、调解书，必须加盖基层人民法院印章，不得用人民法庭的印章代替基层人民法院的印章。

第二百六十三条 适用简易程序审理案件，卷宗中应当具备以下材料：

（一）起诉状或者口头起诉笔录；

（二）答辩状或者口头答辩笔录；

（三）当事人身份证明材料；

（四）委托他人代理诉讼的授权委托书或者口头委托笔录；

（五）证据；

（六）询问当事人笔录；

（七）审理（包括调解）笔录；

（八）判决书、裁定书、调解书或者调解协议；

（九）送达和宣判笔录；

（十）执行情况；

（十一）诉讼费收据；

（十二）适用民事诉讼法第一百六十五条规定审理的，有关程序适用的书面告知。

第二百六十四条 当事人双方根据民事诉讼法第一百六十条第二款规定约定适用简易程序的，应当在开庭前提出。口头提出的，记入笔录，由双方当事人签名或者捺印确认。

本解释第二百五十七条规定的案件，当事人约定适用简易程序的，人民法院不予准许。

第二百六十五条 原告口头起诉的，人民法院应当将当事人的姓名、性别、工作单位、住所、联系方式等基本信息，诉讼请求，事实及理由等准确记入笔录，由原告核对无误后签名或者捺印。对当事人提交的证据材料，应当出具收据。

第二百六十六条 适用简易程序案件的举证期限由人民法院确定，也可以由当事人协商一致并经人民法院准许，但不得超过十五日。被告要求书面答辩的，人民法院可在征得其同意的基础上，合理确定答辩期间。

人民法院应当将举证期限和开庭日期告知双方当事人，并向当事人说明逾期举证以及拒不到庭的法律后果，由双方当事人在笔录和开庭传票的送达回证上签名或者捺印。

当事人双方均表示不需要举证期限、答辩期间的，人民法院可以立即开庭审理或者确定开庭日期。

第二百六十七条 适用简易程序审理案件，可以简便方式进行审理前的准备。

第二百六十八条 对没有委托律师、基层法律服务工作者代理诉讼的当事人，人民法院在庭审过程中可以对回避、自认、举证证明责任等相关内容向其作必要的解释或者说明，并在庭审过程中适当提示当事人正确行使诉讼权利、履行诉讼义务。

第二百六十九条 当事人就案件适用简易程序提出异议，人民法院经审查，异议成立的，裁定转为普通程序；异议不成立的，裁定驳回。裁定以口头方式作出的，应当记入笔录。

转为普通程序的，人民法院应当将审判人员及相关事项以书面形式通知双方当事人。

转为普通程序前，双方当事人已确认的事实，可以不再进行举证、质证。

第二百七十条 适用简易程序审理的案件，有下列情形之一的，人民法院在制作判决书、裁定书、调解书时，对认定事实或者裁判理由部分可以适当简化：

（一）当事人达成调解协议并需要制作民事调解书的；

（二）一方当事人明确表示承认对方全部或者部分诉讼请求的；

（三）涉及商业秘密、个人隐私的案件，当事人一方要求简化裁判文书中的相关内容，人民法院认为理由正当的；

（四）当事人双方同意简化的。

十二、简易程序中的小额诉讼

第二百七十一条 人民法院审理小额诉讼案件，适用民事诉讼法第一百六十五条的规定，实行一审终审。

第二百七十二条 民事诉讼法第一百六十五条规定的各省、自治区、直辖市上年度就业人员年平均工资，是指已经公布的各省、自治区、直辖市上一年度就业人员年平均工资。在上一年度就业人员年平均工资公布前，以已经公布的最近年度就业人员年平均工资为准。

第二百七十三条 海事法院可以适用小额诉讼的程序审理海事、海商案件。案件标的额应当以实际受理案件的海事法院或者其派出法庭所在的省、自治区、直辖市上年度就业人员年平均工资为基数计算。

第二百七十四条 人民法院受理小额诉讼案件，应当向当事人告知该类案件的审判组织、一审终审、审理期限、诉讼费用交纳标准等相关事项。

第二百七十五条 小额诉讼案件的举证期限由人民法院

院确定，也可以由当事人协商一致并经人民法院准许，但一般不超过七日。

被告要求书面答辩的，人民法院可以在征得其同意的基础上合理确定答辩期间，但最长不得超过十五日。

当事人到庭后表示不需要举证期限和答辩期间的，人民法院可立即开庭审理。

第二百七十六条　当事人对小额诉讼案件提出管辖异议的，人民法院应当作出裁定。裁定一经作出即生效。

第二百七十七条　人民法院受理小额诉讼案件后，发现起诉不符合民事诉讼法第一百二十二条规定的起诉条件的，裁定驳回起诉。裁定一经作出即生效。

第二百七十八条　因当事人申请增加或者变更诉讼请求、提出反诉、追加当事人等，致使案件不符合小额诉讼案件条件的，应当适用简易程序的其他规定审理。

前款规定案件，应当适用普通程序审理的，裁定转为普通程序。

适用简易程序的其他规定或者普通程序审理前，双方当事人已确认的事实，可以不再进行举证、质证。

第二百七十九条　当事人对按照小额诉讼案件审理有异议的，应当在开庭前提出。人民法院经审查，异议成立的，适用简易程序的其他规定审理或者裁定转为普通程序；异议不成立的，裁定驳回。裁定以口头方式作出的，应当记入笔录。

第二百八十条　小额诉讼案件的裁判文书可以简化，主要记载当事人基本信息、诉讼请求、裁判主文等内容。

第二百八十一条　人民法院审理小额诉讼案件，本解释没有规定的，适用简易程序的其他规定。

十三、公益诉讼

第二百八十二条　环境保护法、消费者权益保护法等法律规定的机关和有关组织对污染环境、侵害众多消费者合法权益等损害社会公共利益的行为，根据民事诉讼法第五十八条规定提起公益诉讼，符合下列条件的，人民法院应当受理：

（一）有明确的被告；

（二）有具体的诉讼请求；

（三）有社会公共利益受到损害的初步证据；

（四）属于人民法院受理民事诉讼的范围和受诉人民法院管辖。

第二百八十三条　公益诉讼案件由侵权行为地或者被告住所地中级人民法院管辖，但法律、司法解释另有规定的除外。

因污染海洋环境提起的公益诉讼，由污染发生地、损害结果地或者采取预防污染措施地海事法院管辖。

对同一侵权行为分别向两个以上人民法院提起公益诉讼的，由最先立案的人民法院管辖，必要时由它们的共同上级人民法院指定管辖。

第二百八十四条　人民法院受理公益诉讼案件后，应当在十日内书面告知相关行政主管部门。

第二百八十五条　人民法院受理公益诉讼案件后，依法可以提起诉讼的其他机关和有关组织，可以在开庭前向人民法院申请参加诉讼。人民法院准许参加诉讼的，列为共同原告。

第二百八十六条　人民法院受理公益诉讼案件，不影响同一侵权行为的受害人根据民事诉讼法第一百二十二条规定提起诉讼。

第二百八十七条　对公益诉讼案件，当事人可以和解，人民法院可以调解。

当事人达成和解或者调解协议后，人民法院应当将和解或者调解协议进行公告。公告期间不得少于三十日。

公告期满后，人民法院经审查，和解或者调解协议不违反社会公共利益的，应当出具调解书；和解或者调解协议违反社会公共利益的，不予出具调解书，继续对案件进行审理并依法作出裁判。

第二百八十八条　公益诉讼案件的原告在法庭辩论终结后申请撤诉的，人民法院不予准许。

第二百八十九条　公益诉讼案件的裁判发生法律效力后，其他依法具有原告资格的机关和有关组织就同一侵权行为另行提起公益诉讼的，人民法院裁定不予受理，但法律、司法解释另有规定的除外。

十四、第三人撤销之诉

第二百九十条　第三人对已经发生法律效力的判决、裁定、调解书提起撤销之诉的，应当自知道或者应当知道其民事权益受到损害之日起六个月内，向作出生效判决、裁定、调解书的人民法院提出，并应当提供存在下列情形的证据材料：

（一）因不能归责于本人的事由未参加诉讼；

（二）发生法律效力的判决、裁定、调解书的全部或者部分内容错误；

（三）发生法律效力的判决、裁定、调解书内容错误损害其民事权益。

第二百九十一条　人民法院应当在收到起诉状和证据材料之日起五日内送交对方当事人，对方当事人可以自收到起诉状之日起十日内提出书面意见。

人民法院应当对第三人提交的起诉状、证据材料以及对方当事人的书面意见进行审查。必要时，可以询问双方当事人。

经审查，符合起诉条件的，人民法院应当在收到起诉状之日起三十日内立案。不符合起诉条件的，应当在收到起诉状之日起三十日内裁定不予受理。

第二百九十二条　人民法院对第三人撤销之诉案件，应当组成合议庭开庭审理。

第二百九十三条　民事诉讼法第五十九条第三款规定的因不能归责于本人的事由未参加诉讼，是指没有被列为生效判决、裁定、调解书当事人，且无过错或者无明显过错的情形。包括：

（一）不知道诉讼而未参加的；

（二）申请参加未获准许的；

（三）知道诉讼，但因客观原因无法参加的；

（四）因其他不能归责于本人的事由未参加诉讼的。

第二百九十四条　民事诉讼法第五十九条第三款规定的判决、裁定、调解书的部分或者全部内容，是指判决、裁定的主文，调解书中处理当事人民事权利义务的结果。

第二百九十五条　对下列情形提起第三人撤销之诉的，人民法院不予受理：

（一）适用特别程序、督促程序、公示催告程序、破产程序等非讼程序处理的案件；

（二）婚姻无效、撤销或者解除婚姻关系等判决、裁定、调解书中涉及身份关系的内容；

（三）民事诉讼法第五十七条规定的未参加登记的权利人对代表人诉讼案件的生效裁判；

（四）民事诉讼法第五十八条规定的损害社会公共利益行为的受害人对公益诉讼案件的生效裁判。

第二百九十六条　第三人提起撤销之诉，人民法院应当将该第三人列为原告，生效判决、裁定、调解书的当事人列为被告，但生效判决、裁定、调解书中没有承担责任的无独立请求权的第三人列为第三人。

第二百九十七条　受理第三人撤销之诉案件后，原告提供相应担保，请求中止执行的，人民法院可以准许。

第二百九十八条　对第三人撤销或者部分撤销发生法律效力的判决、裁定、调解书内容的请求，人民法院经审理，按下列情形分别处理：

（一）请求成立且确认其民事权利的主张全部或部分成立的，改变原判决、裁定、调解书内容的错误部分；

（二）请求成立，但确认其全部或部分民事权利的主张不成立，或者未提出确认其民事权利请求的，撤销原判决、裁定、调解书内容的错误部分；

（三）请求不成立的，驳回诉讼请求。

对前款规定裁判不服的，当事人可以上诉。

原判决、裁定、调解书的内容未改变或者未撤销的部分继续有效。

第二百九十九条　第三人撤销之诉案件审理期间，人民法院对生效判决、裁定、调解书裁定再审的，受理第三人撤销之诉的人民法院应当裁定将第三人的诉讼请求并入再审程序。但有证据证明原审当事人之间恶意串通损害第三人合法权益的，人民法院应当先行审理第三人撤销之诉案件，裁定中止再审诉讼。

第三百条　第三人诉讼请求并入再审程序审理的，按照下列情形分别处理：

（一）按照第一审程序审理的，人民法院应当对第三人的诉讼请求一并审理，所作的判决可以上诉；

（二）按照第二审程序审理的，人民法院可以调解，调解达不成协议的，应当裁定撤销原判决、裁定、调解书，发回一审法院重审，重审时应当列明第三人。

第三百零一条　第三人提起撤销之诉后，未中止生效判决、裁定、调解书执行的，执行法院对第三人依照民事诉讼法第二百三十四条规定提出的执行异议，应予审查。第三人不服驳回执行异议裁定，申请对原判决、裁定、调解书再审的，人民法院不予受理。

案外人对人民法院驳回其执行异议裁定不服，认为原判决、裁定、调解书内容错误损害其合法权益的，应当根据民事诉讼法第二百三十四条规定申请再审，提起第三人撤销之诉的，人民法院不予受理。

十五、执行异议之诉

第三百零二条　根据民事诉讼法第二百三十四条规定，案外人、当事人对执行异议裁定不服，自裁定送达之日起十五日内向人民法院提起执行异议之诉的，由执行法院管辖。

第三百零三条　案外人提起执行异议之诉，除符合民事诉讼法第一百二十二条规定外，还应当具备下列条件：

（一）案外人的执行异议申请已经被人民法院裁定驳回；

（二）有明确的排除对执行标的执行的诉讼请求，且诉讼请求与原判决、裁定无关；

（三）自执行异议裁定送达之日起十五日内提起。

人民法院应当在收到起诉状之日起十五日内决定是否立案。

第三百零四条　申请执行人提起执行异议之诉，除符合民事诉讼法第一百二十二条规定外，还应当具备下列条件：

（一）依案外人执行异议申请，人民法院裁定中止执行；

（二）有明确的对执行标的继续执行的诉讼请求，且诉讼请求与原判决、裁定无关；

（三）自执行异议裁定送达之日起十五日内提起。

人民法院应当在收到起诉状之日起十五日内决定是否立案。

第三百零五条　案外人提起执行异议之诉的，以申请执行人为被告。被执行人反对案外人异议的，被执行人为共同被告；被执行人不反对案外人异议的，可以列被执行人为第三人。

第三百零六条　申请执行人提起执行异议之诉的，以案外人为被告。被执行人反对申请执行人主张的，以案外人和被执行人为共同被告；被执行人不反对申请执行人主张的，可以列被执行人为第三人。

第三百零七条　申请执行人对中止执行裁定未提起执行异议之诉，被执行人提起执行异议之诉的，人民法院告知其另行起诉。

第三百零八条　人民法院审理执行异议之诉案件，适用普通程序。

第三百零九条　案外人或者申请执行人提起执行异议之诉的，案外人应当就其对执行标的享有足以排除强制执行的民事权益承担举证证明责任。

第三百一十条　对案外人提起的执行异议之诉，人民法院经审理，按照下列情形分别处理：

（一）案外人就执行标的享有足以排除强制执行的民事权益的，判决不得执行该执行标的；

（二）案外人就执行标的不享有足以排除强制执行的民事权益的，判决驳回诉讼请求。

案外人同时提出确认其权利的诉讼请求的，人民法院可以在判决中一并作出裁判。

第三百一十一条　对申请执行人提起的执行异议之诉，人民法院经审理，按照下列情形分别处理：

（一）案外人就执行标的不享有足以排除强制执行的民事权益的，判决准许执行该执行标的；

（二）案外人就执行标的享有足以排除强制执行的民事权益的，判决驳回诉讼请求。

第三百一十二条　对案外人执行异议之诉，人民法院判决不得对执行标的执行的，执行异议裁定失效。

对申请执行人执行异议之诉，人民法院判决准许对该执行标的执行的，执行异议裁定失效，执行法院可以根据申请执行人的申请或者依职权恢复执行。

第三百一十三条　案外人执行异议之诉审理期间，人民法院不得对执行标的进行处分。申请执行人请求人民法院继续执行并提供相应担保的，人民法院可以准许。

被执行人与案外人恶意串通，通过执行异议、执行异议之诉妨害执行的，人民法院应当依照民事诉讼法第一百一十六条规定处理。申请执行人因此受到损害的，可以提起诉讼要求被执行人、案外人赔偿。

第三百一十四条　人民法院对执行标的裁定中止执行后，申请执行人在法律规定的期间内未提起执行异议之诉的，人民法院应当自起诉期限届满之日起七日内解除对该执行标的采取的执行措施。

十六、第二审程序

第三百一十五条　双方当事人和第三人都提起上诉的,均列为上诉人。人民法院可以依职权确定第二审程序中当事人的诉讼地位。

第三百一十六条　民事诉讼法第一百七十三条、第一百七十四条规定的对方当事人包括被上诉人和原审其他当事人。

第三百一十七条　必要共同诉讼人的一人或者部分人提起上诉的,按下列情形分别处理:

(一)上诉仅对与对方当事人之间权利义务分担有意见,不涉及其他共同诉讼人利益的,对方当事人为被上诉人,未上诉的同一方当事人依原审诉讼地位列明;

(二)上诉仅对共同诉讼人之间权利义务分担有意见,不涉及对方当事人利益的,未上诉的同一方当事人为被上诉人,对方当事人依原审诉讼地位列明;

(三)上诉对双方当事人之间以及共同诉讼人之间权利义务承担有意见的,未提起上诉的其他当事人均为被上诉人。

第三百一十八条　一审宣判时或者判决书、裁定书送达时,当事人口头表示上诉的,人民法院应告知其必须在法定上诉期间内递交上诉状。未在法定上诉期间内递交上诉状的,视为未提起上诉。虽递交上诉状,但未在指定的期限内交纳上诉费的,按自动撤回上诉处理。

第三百一十九条　无民事行为能力人、限制民事行为能力人的法定代理人,可以代理当事人提起上诉。

第三百二十条　上诉案件的当事人死亡或者终止的,人民法院依法通知其权利义务承继者参加诉讼。

需要终结诉讼的,适用民事诉讼法第一百五十四条规定。

第三百二十一条　第二审人民法院应当围绕当事人的上诉请求进行审理。

当事人没有提出请求的,不予审理,但一审判决违反法律禁止性规定,或者损害国家利益、社会公共利益、他人合法权益的除外。

第三百二十二条　开庭审理的上诉案件,第二审人民法院可以依照民事诉讼法第一百三十六条第四项规定进行审理前的准备。

第三百二十三条　下列情形,可以认定为民事诉讼法第一百七十七条第一款第四项规定的严重违反法定程序:

(一)审判组织的组成不合法的;

(二)应当回避的审判人员未回避的;

(三)无诉讼行为能力人未经法定代理人代为诉讼的;

(四)违法剥夺当事人辩论权利的。

第三百二十四条　对当事人在第一审程序中已经提出的诉讼请求,原审人民法院未作审理、判决的,第二审人民法院可以根据当事人自愿的原则进行调解;调解不成的,发回重审。

第三百二十五条　必须参加诉讼的当事人或者有独立请求权的第三人,在第一审程序中未参加诉讼,第二审人民法院可以根据当事人自愿的原则予以调解;调解不成的,发回重审。

第三百二十六条　在第二审程序中,原审原告增加独立的诉讼请求或者原审被告提出反诉的,第二审人民法院可以根据当事人自愿的原则就新增加的诉讼请求或者反诉进行调解;调解不成的,告知当事人另行起诉。

双方当事人同意由第二审人民法院一并审理的,第二审人民法院可以一并裁判。

第三百二十七条　一审判决不准离婚的案件,上诉后,第二审人民法院认为应当判决离婚的,可以根据当事人自愿的原则,与子女抚养、财产问题一并调解;调解不成的,发回重审。

双方当事人同意由第二审人民法院一并审理的,第二审人民法院可以一并裁判。

第三百二十八条　人民法院依照第二审程序审理案件,认为依法不应由人民法院受理的,可以由第二审人民法院直接裁定撤销原裁判,驳回起诉。

第三百二十九条　人民法院依照第二审程序审理案件,认为第一审人民法院受理案件违反专属管辖规定的,应当裁定撤销原裁判并移送有管辖权的人民法院。

第三百三十条　第二审人民法院查明第一审人民法院作出的不予受理裁定有错误的,应当在撤销原裁定的同时,指令第一审人民法院立案受理;查明第一审人民法院作出的驳回起诉裁定有错误的,应当在撤销原裁定的同时,指令第一审人民法院审理。

第三百三十一条 第二审人民法院对下列上诉案件,依照民事诉讼法第一百七十六条规定可以不开庭审理:

(一)不服不予受理、管辖权异议和驳回起诉裁定的;

(二)当事人提出的上诉请求明显不能成立的;

(三)原判决、裁定认定事实清楚,但适用法律错误的;

(四)原判决严重违反法定程序,需要发回重审的。

第三百三十二条 原判决、裁定认定事实或者适用法律虽有瑕疵,但裁判结果正确的,第二审人民法院可以在判决、裁定中纠正瑕疵后,依照民事诉讼法第一百七十七条第一款第一项规定予以维持。

第三百三十三条 民事诉讼法第一百七十七条第一款第三项规定的基本事实,是指用以确定当事人主体资格、案件性质、民事权利义务等对原判决、裁定的结果有实质性影响的事实。

第三百三十四条 在第二审程序中,作为当事人的法人或者其他组织分立的,人民法院可以直接将分立后的法人或者其他组织列为共同诉讼人;合并的,将合并后的法人或者其他组织列为当事人。

第三百三十五条 在第二审程序中,当事人申请撤回上诉,人民法院经审查认为一审判决确有错误,或者当事人之间恶意串通损害国家利益、社会公共利益、他人合法权益的,不应准许。

第三百三十六条 在第二审程序中,原审原告申请撤回起诉,经其他当事人同意,且不损害国家利益、社会公共利益、他人合法权益的,人民法院可以准许。准许撤诉的,应当一并裁定撤销一审裁判。

原审原告在第二审程序中撤回起诉后重复起诉的,人民法院不予受理。

第三百三十七条 当事人在第二审程序中达成和解协议的,人民法院可以根据当事人的请求,对双方达成的和解协议进行审查并制作调解书送达当事人;因和解而申请撤诉,经审查符合撤诉条件的,人民法院应予准许。

第三百三十八条 第二审人民法院宣告判决可以自行宣判,也可以委托原审人民法院或者当事人所在地人民法院代行宣判。

第三百三十九条 人民法院审理对裁定的上诉案件,应当在第二审立案之日起三十日内作出终审裁定。有特殊情况需要延长审限的,由本院院长批准。

第三百四十条 当事人在第一审程序中实施的诉讼行为,在第二审程序中对该当事人仍具有拘束力。

当事人推翻其在第一审程序中实施的诉讼行为时,人民法院应当责令其说明理由。理由不成立的,不予支持。

十七、特别程序

第三百四十一条 宣告失踪或者宣告死亡案件,人民法院可以根据申请人的请求,清理下落不明人的财产,并指定案件审理期间的财产管理人。公告期满后,人民法院判决宣告失踪的,应当同时依照民法典第四十二条的规定指定失踪人的财产代管人。

第三百四十二条 失踪人的财产代管人经人民法院指定后,代管人申请变更代管的,比照民事诉讼法特别程序的有关规定进行审理。申请理由成立的,裁定撤销申请人的代管人身份,同时另行指定财产代管人;申请理由不成立的,裁定驳回申请。

失踪人的其他利害关系人申请变更代管的,人民法院应当告知其以原指定的代管人为被告起诉,并按普通程序进行审理。

第三百四十三条 人民法院判决宣告公民失踪后,利害关系人向人民法院申请宣告失踪人死亡,自失踪之日起满四年的,人民法院应当受理,宣告失踪的判决即是该公民失踪的证明,审理中仍应依照民事诉讼法第一百九十二条规定进行公告。

第三百四十四条 符合法律规定的多个利害关系人提出宣告失踪、宣告死亡申请的,列为共同申请人。

第三百四十五条 寻找下落不明人的公告应当记载下列内容:

(一)被申请人应当在规定期间内向受理法院申报其具体地址及其联系方式。否则,被申请人将被宣告失踪、宣告死亡;

(二)凡知悉被申请人生存现状的人,应当在公告期间内将其所知道情况向受理法院报告。

第三百四十六条 人民法院受理宣告失踪、宣告死亡案件后,作出判决前,申请人撤回申请的,人民法院应当裁定终结案件,但其他符合法律规定的利害关系人加入程序要求继续审理的除外。

第三百四十七条 在诉讼中,当事人的利害关系人或者有关组织提出该当事人不能辨认或者不能完全辨认自己的行为,要求宣告该当事人无民事行为能力或者限制民事行为能力的,应由利害关系人或者有关组织向人民法院提出申请,由受诉人民法院按照特别程序立案审理,原诉讼中止。

第三百四十八条 认定财产无主案件,公告期间有人对财产提出请求的,人民法院应当裁定终结特别程序,告知申请人另行起诉,适用普通程序审理。

第三百四十九条 被指定的监护人不服居民委员会、村民委员会或者民政部门指定,应当自接到通知之日起三十日内向人民法院提出异议。经审理,认为指定并无不当的,裁定驳回异议;指定不当的,判决撤销指定,同时另行指定监护人。判决书应当送达异议人、原指定单位及判决指定的监护人。

有关当事人依照民法典第三十一条第一款规定直接向人民法院申请指定监护人的,适用特别程序审理,判决指定监护人。判决书应当送达申请人、判决指定的监护人。

第三百五十条 申请认定公民无民事行为能力或者限制民事行为能力的案件,被申请人没有近亲属的,人民法院可以指定经被申请人住所地的居民委员会、村民委员会或者民政部门同意,且愿意担任代理人的个人或者组织为代理人。

没有前款规定的代理人的,由被申请人住所地的居民委员会、村民委员会或者民政部门担任代理人。

代理人可以是一人,也可以是同一顺序中的两人。

第三百五十一条 申请司法确认调解协议的,双方当事人应当本人或者由符合民事诉讼法第六十一条规定的代理人依照民事诉讼法第二百零一条的规定提出申请。

第三百五十二条 调解组织自行开展的调解,有两个以上调解组织参与的,符合民事诉讼法第二百零一条规定的各调解组织所在地人民法院均有管辖权。

双方当事人可以共同向符合民事诉讼法第二百零一条规定的其中一个有管辖权的人民法院提出申请;双方当事人共同向两个以上有管辖权的人民法院提出申请的,由最先立案的人民法院管辖。

第三百五十三条 当事人申请司法确认调解协议,可以采用书面形式或者口头形式。当事人口头申请的,人民法院应当记入笔录,并由当事人签名、捺印或者盖章。

第三百五十四条 当事人申请司法确认调解协议,应当向人民法院提交调解协议、调解组织主持调解的证明,以及与调解协议相关的财产权利证明等材料,并提供双方当事人的身份、住所、联系方式等基本信息。

当事人未提交上述材料的,人民法院应当要求当事人限期补交。

第三百五十五条 当事人申请司法确认调解协议,有下列情形之一的,人民法院裁定不予受理:

(一)不属于人民法院受理范围的;

(二)不属于收到申请的人民法院管辖的;

(三)申请确认婚姻关系、亲子关系、收养关系等身份关系无效、有效或者解除的;

(四)涉及适用其他特别程序、公示催告程序、破产程序审理的;

(五)调解协议内容涉及物权、知识产权确权的。

人民法院受理申请后,发现有上述不予受理情形的,应当裁定驳回当事人的申请。

第三百五十六条 人民法院审查相关情况时,应当通知双方当事人共同到场对案件进行核实。

人民法院经审查,认为当事人的陈述或者提供的证明材料不充分、不完备或者有疑义的,可以要求当事人限期补充陈述或者补充证明材料。必要时,人民法院可以向调解组织核实有关情况。

第三百五十七条 确认调解协议的裁定作出前,当事人撤回申请的,人民法院可以裁定准许。

当事人无正当理由未在限期内补充陈述、补充证明材料或者拒不接受询问的,人民法院可以按撤回申请处理。

第三百五十八条 经审查,调解协议有下列情形之一的,人民法院应当裁定驳回申请:

(一)违反法律强制性规定的;

(二)损害国家利益、社会公共利益、他人合法权益的；

（三）违背公序良俗的；

（四）违反自愿原则的；

（五）内容不明确的；

（六）其他不能进行司法确认的情形。

第三百五十九条　民事诉讼法第二百零三条规定的担保物权人，包括抵押权人、质权人、留置权人；其他有权请求实现担保物权的人，包括抵押人、出质人、财产被留置的债务人或者所有权人等。

第三百六十条　实现票据、仓单、提单等有权利凭证的权利质权案件，可以由权利凭证持有人住所地人民法院管辖；无权利凭证的权利质权，由出质登记地人民法院管辖。

第三百六十一条　实现担保物权案件属于海事法院等专门人民法院管辖的，由专门人民法院管辖。

第三百六十二条　同一债权的担保物有多个且所在地不同，申请人分别向有管辖权的人民法院申请实现担保物权的，人民法院应当依法受理。

第三百六十三条　依照民法典第三百九十二条的规定，被担保的债权既有物的担保又有人的担保，当事人对实现担保物权的顺序有约定，实现担保物权的申请违反该约定的，人民法院裁定不予受理；没有约定或者约定不明的，人民法院应当受理。

第三百六十四条　同一财产上设立多个担保物权，登记在先的担保物权尚未实现的，不影响后顺位的担保物权人向人民法院申请实现担保物权。

第三百六十五条　申请实现担保物权，应当提交下列材料：

（一）申请书。申请书应当记明申请人、被申请人的姓名或者名称、联系方式等基本信息，具体的请求和事实、理由；

（二）证明担保物权存在的材料，包括主合同、担保合同、抵押登记证明或者他项权利证书，权利质权的权利凭证或者质权出质登记证明等；

（三）证明实现担保物权条件成就的材料；

（四）担保财产现状的说明；

（五）人民法院认为需要提交的其他材料。

第三百六十六条　人民法院受理申请后，应当在五日内向被申请人送达申请书副本、异议权利告知书等文书。

被申请人有异议的，应当在收到人民法院通知后的五日内向人民法院提出，同时说明理由并提供相应的证据材料。

第三百六十七条　实现担保物权案件可以由审判员一人独任审查。担保财产标的额超过基层人民法院管辖范围的，应当组成合议庭进行审查。

第三百六十八条　人民法院审查实现担保物权案件，可以询问申请人、被申请人、利害关系人，必要时可以依职权调查相关事实。

第三百六十九条　人民法院应当就主合同的效力、期限、履行情况，担保物权是否有效设立、担保财产的范围、被担保的债权范围、被担保的债权是否已届清偿期等担保物权实现的条件，以及是否损害他人合法权益等内容进行审查。

被申请人或者利害关系人提出异议的，人民法院应当一并审查。

第三百七十条　人民法院审查后，按下列情形分别处理：

（一）当事人对实现担保物权无实质性争议且实现担保物权条件成就的，裁定准许拍卖、变卖担保财产；

（二）当事人对实现担保物权有部分实质性争议的，可以就无争议部分裁定准许拍卖、变卖担保财产；

（三）当事人对实现担保物权有实质性争议的，裁定驳回申请，并告知申请人向人民法院提起诉讼。

第三百七十一条　人民法院受理申请后，申请人对担保财产提出保全申请的，可以按照民事诉讼法关于诉讼保全的规定办理。

第三百七十二条　适用特别程序作出的判决、裁定，当事人、利害关系人认为有错误的，可以向作出该判决、裁定的人民法院提出异议。人民法院经审查，异议成立或者部分成立的，作出新的判决、裁定撤销或者改变原判决、裁定；异议不成立的，裁定驳回。

对人民法院作出的确认调解协议、准许实现担保物权的裁定，当事人有异议的，应当自收到裁定之日起十五日内提出；利害关系人有异议的，自知道或者应当知道其民事权益受到侵害之日起六个月内提出。

十八、审判监督程序

第三百七十三条　当事人死亡或者终止的，其权利义务承继者可以根据民事诉讼法第二百零六条、第二百零八条的规定申请再审。

判决、调解书生效后，当事人将判决、调解书确认的债权转让，债权受让人对该判决、调解书不服申请再审的，人民法院不予受理。

第三百七十四条 民事诉讼法第二百零六条规定的人数众多的一方当事人，包括公民、法人和其他组织。

民事诉讼法第二百零六条规定的当事人双方为公民的案件，是指原告和被告均为公民的案件。

第三百七十五条 当事人申请再审，应当提交下列材料：

（一）再审申请书，并按照被申请人和原审其他当事人的人数提交副本；

（二）再审申请人是自然人的，应当提交身份证明；再审申请人是法人或者其他组织的，应当提交营业执照、组织机构代码证书、法定代表人或者主要负责人身份证明书。委托他人代为申请的，应当提交授权委托书和代理人身份证明；

（三）原审判决书、裁定书、调解书；

（四）反映案件基本事实的主要证据及其他材料。

前款第二项、第三项、第四项规定的材料可以是与原件核对无异的复印件。

第三百七十六条 再审申请书应当记明下列事项：

（一）再审申请人与被申请人及原审其他当事人的基本信息；

（二）原审人民法院的名称，原审裁判文书案号；

（三）具体的再审请求；

（四）申请再审的法定情形及具体事实、理由。

再审申请书应当明确申请再审的人民法院，并由再审申请人签名、捺印或者盖章。

第三百七十七条 当事人一方人数众多或者当事人双方为公民的案件，当事人分别向原审人民法院和上一级人民法院申请再审且不能协商一致的，由原审人民法院受理。

第三百七十八条 适用特别程序、督促程序、公示催告程序、破产程序等非讼程序审理的案件，当事人不得申请再审。

第三百七十九条 当事人认为发生法律效力的不予受理、驳回起诉的裁定错误的，可以申请再审。

第三百八十条 当事人就离婚案件中的财产分割问题申请再审，如涉及判决中已分割的财产，人民法院应当依照民事诉讼法第二百零七条的规定进行审查，符合再审条件的，应当裁定再审；如涉及判决中未作处理的夫妻共同财产，应当告知当事人另行起诉。

第三百八十一条 当事人申请再审，有下列情形之一的，人民法院不予受理：

（一）再审申请被驳回后再次提出申请的；

（二）对再审判决、裁定提出申请的；

（三）在人民检察院对当事人的申请作出不予提出再审检察建议或者抗诉决定后又提出申请的。

前款第一项、第二项规定情形，人民法院应当告知当事人可以向人民检察院申请再审检察建议或者抗诉，但因人民检察院提出再审检察建议或者抗诉而再审作出的判决、裁定除外。

第三百八十二条 当事人对已经发生法律效力的调解书申请再审，应当在调解书发生法律效力后六个月内提出。

第三百八十三条 人民法院应当自收到符合条件的再审申请书等材料之日起五日内向再审申请人发送受理通知书，并向被申请人及原审其他当事人发送应诉通知书、再审申请书副本等材料。

第三百八十四条 人民法院受理申请再审案件后，应当依照民事诉讼法第二百零七条、第二百零八条、第二百一十一条等规定，对当事人主张的再审事由进行审查。

第三百八十五条 再审申请人提供的新的证据，能够证明原判决、裁定认定基本事实或者裁判结果错误的，应当认定为民事诉讼法第二百零七条第一项规定的情形。

对于符合前款规定的证据，人民法院应当责令再审申请人说明其逾期提供该证据的理由；拒不说明理由或者理由不成立的，依照民事诉讼法第六十八条第二款和本解释第一百零二条的规定处理。

第三百八十六条 再审申请人证明其提交的新的证据符合下列情形之一的，可以认定逾期提供证据的理由成立：

（一）在原审庭审结束前已经存在，因客观原因于庭审结束后才发现的；

（二）在原审庭审结束前已经发现，但因客观原因无法取得或者在规定的期限内不能提供的；

（三）在原审庭审结束后形成，无法据此另行提起诉讼的。

再审申请人提交的证据在原审中已经提供，原审人民法院未组织质证且未作为裁判根据的，视为逾期提供证据的理由成立，但原审人民法院依照民事诉讼法第六十八条规定不予采纳的除外。

第三百八十七条　当事人对原判决、裁定认定事实的主要证据在原审中拒绝发表质证意见或者质证中未对证据发表质证意见的，不属于民事诉讼法第二百零七条第四项规定的未经质证的情形。

第三百八十八条　有下列情形之一，导致判决、裁定结果错误的，应当认定为民事诉讼法第二百零七条第六项规定的原判决、裁定适用法律确有错误：

（一）适用的法律与案件性质明显不符的；

（二）确定民事责任明显违背当事人约定或者法律规定的；

（三）适用已经失效或者尚未施行的法律的；

（四）违反法律溯及力规定的；

（五）违反法律适用规则的；

（六）明显违背立法原意的。

第三百八十九条　原审开庭过程中有下列情形之一的，应当认定为民事诉讼法第二百零七条第九项规定的剥夺当事人辩论权利：

（一）不允许当事人发表辩论意见的；

（二）应当开庭审理而未开庭审理的；

（三）违反法律规定送达起诉状副本或者上诉状副本，致使当事人无法行使辩论权利的；

（四）违法剥夺当事人辩论权利的其他情形。

第三百九十条　民事诉讼法第二百零七条第十一项规定的诉讼请求，包括一审诉讼请求、二审上诉请求，但当事人未对一审判决、裁定遗漏或者超出诉讼请求提起上诉的除外。

第三百九十一条　民事诉讼法第二百零七条第十二项规定的法律文书包括：

（一）发生法律效力的判决书、裁定书、调解书；

（二）发生法律效力的仲裁裁决书；

（三）具有强制执行效力的公证债权文书。

第三百九十二条　民事诉讼法第二百零七条第十三项规定的审判人员审理该案件时有贪污受贿、徇私舞弊、枉法裁判行为，是指已经由生效刑事法律文书或者纪律处分决定所确认的行为。

第三百九十三条　当事人主张的再审事由成立，且符合民事诉讼法和本解释规定的申请再审条件的，人民法院应当裁定再审。

当事人主张的再审事由不成立，或者当事人申请再审超过法定申请再审期限、超出法定再审事由范围等不符合民事诉讼法和本解释规定的申请再审条件的，人民法院应当裁定驳回再审申请。

第三百九十四条　人民法院对已经发生法律效力的判决、裁定、调解书依法决定再审，依照民事诉讼法第二百一十三条规定，需要中止执行的，应当在再审裁定中同时写明中止原判决、裁定、调解书的执行；情况紧急的，可以将中止执行裁定口头通知负责执行的人民法院，并在通知后十日内发出裁定书。

第三百九十五条　人民法院根据审查案件的需要决定是否询问当事人。新的证据可能推翻原判决、裁定的，人民法院应当询问当事人。

第三百九十六条　审查再审申请期间，被申请人及原审其他当事人依法提出再审申请的，人民法院应当将其列为再审申请人，对其再审事由一并审查，审查期限重新计算。经审查，其中一方再审申请人主张的再审事由成立的，应当裁定再审。各方再审申请人主张的再审事由均不成立的，一并裁定驳回再审申请。

第三百九十七条　审查再审申请期间，再审申请人申请人民法院委托鉴定、勘验的，人民法院不予准许。

第三百九十八条　审查再审申请期间，再审申请人撤回再审申请的，是否准许，由人民法院裁定。

再审申请人经传票传唤，无正当理由拒不接受询问的，可以按撤回再审申请处理。

第三百九十九条　人民法院准许撤回再审申请或者按撤回再审申请处理后，再审申请人再次申请再审的，不予受理，但有民事诉讼法第二百零七条第一项、第三项、第十二项、第十三项规定情形，自知道或者应当知道之日起六个月内提出的除外。

第四百条　再审申请审查期间，有下列情形之一的，裁定终结审查：

（一）再审申请人死亡或者终止，无权利义务承继者或者权利义务承继者声明放弃再审申请的；

（二）在给付之诉中，负有给付义务的被申请人死亡或者终止，无可供执行的财产，也没有应当承担义务的人的；

（三）当事人达成和解协议且已履行完毕的，但当事人在和解协议中声明不放弃申请再审权利的除外；

（四）他人未经授权以当事人名义申请再审的；

（五）原审或者上一级人民法院已经裁定再审的；

（六）有本解释第三百八十一条第一款规定情形的。

第四百零一条 人民法院审理再审案件应当组成合议庭开庭审理，但按照第二审程序审理，有特殊情况或者双方当事人已经通过其他方式充分表达意见，且书面同意不开庭审理的除外。

符合缺席判决条件的，可以缺席判决。

第四百零二条 人民法院开庭审理再审案件，应当按照下列情形分别进行：

（一）因当事人申请再审的，先由再审申请人陈述再审请求及理由，后由被申请人答辩、其他原审当事人发表意见；

（二）因抗诉再审的，先由抗诉机关宣读抗诉书，再由申请抗诉的当事人陈述，后由被申请人答辩、其他原审当事人发表意见；

（三）人民法院依职权再审，有申诉人的，先由申诉人陈述再审请求及理由，后由被申诉人答辩、其他原审当事人发表意见；

（四）人民法院依职权再审，没有申诉人的，先由原审原告或者原审上诉人陈述，后由原审其他当事人发表意见。

对前款第一项至第三项规定的情形，人民法院应当要求当事人明确其再审请求。

第四百零三条 人民法院审理再审案件应当围绕再审请求进行。当事人的再审请求超出原审诉讼请求的，不予审理；符合另案诉讼条件的，告知当事人可以另行起诉。

被申请人及原审其他当事人在庭审辩论结束前提出的再审请求，符合民事诉讼法第二百一十二条规定的，人民法院应当一并审理。

人民法院经再审，发现已经发生法律效力的判决、裁定损害国家利益、社会公共利益、他人合法权益的，应当一并审理。

第四百零四条 再审审理期间，有下列情形之一的，可以裁定终结再审程序：

（一）再审申请人在再审期间撤回再审请求，人民法院准许的；

（二）再审申请人经传票传唤，无正当理由拒不到庭的，或者未经法庭许可中途退庭，按撤回再审请求处理的；

（三）人民检察院撤回抗诉的；

（四）有本解释第四百条第一项至第四项规定情形的。

因人民检察院提出抗诉裁定再审的案件，申请抗诉的当事人有前款规定的情形，且不损害国家利益、社会公共利益或者他人合法权益的，人民法院应当裁定终结再审程序。

再审程序终结后，人民法院裁定中止执行的原生效判决自动恢复执行。

第四百零五条 人民法院经再审审理认为，原判决、裁定认定事实清楚、适用法律正确的，应予维持；原判决、裁定认定事实、适用法律虽有瑕疵，但裁判结果正确的，应当在再审判决、裁定中纠正瑕疵后予以维持。

原判决、裁定认定事实、适用法律错误，导致裁判结果错误的，应当依法改判、撤销或者变更。

第四百零六条 按照第二审程序再审的案件，人民法院经审理认为不符合民事诉讼法规定的起诉条件或者符合民事诉讼法第一百二十七条规定不予受理情形的，应当裁定撤销一、二审判决，驳回起诉。

第四百零七条 人民法院对调解书裁定再审后，按照下列情形分别处理：

（一）当事人提出的调解违反自愿原则的事由不成立，且调解书的内容不违反法律强制性规定的，裁定驳回再审申请；

（二）人民检察院抗诉或者再审检察建议所主张的损害国家利益、社会公共利益的理由不成立的，裁定终结再审程序。

前款规定情形，人民法院裁定中止执行的调解书需要继续执行的，自动恢复执行。

第四百零八条 一审原告在再审审理程序中申请撤回起诉，经其他当事人同意，且不损害国家利益、社会公共利益、他人合法权益的，人民法院可以准许。裁定准许撤诉的，应当一并撤销原判决。

一审原告在再审审理程序中撤回起诉后重复起诉的，人民法院不予受理。

第四百零九条 当事人提交新的证据致使再审改判，因再审申请人或者申请检察监督当事人的过错未能在原审程序中及时举证，被申请人等当事人请求补偿其增加的交通、住宿、就餐、误工等必要费用的，人民法院应予支持。

第四百一十条 部分当事人到庭并达成调解协议，其他当事人未作出书面表示的，人民法院应当在判决中对该事实作出表述；调解协议内容不违反法律规定，且不损害其他当事人合法权益的，可以在判决主文中予以确认。

第四百一十一条 人民检察院依法对损害国家利益、社会公共利益的发生法律效力的判决、裁定、调解书提出抗诉，或者经人民检察院检察委员会讨论决定提出再审检察建议的，人民法院应予受理。

第四百一十二条 人民检察院对已经发生法律效力的判决以及不予受理、驳回起诉的裁定依法提出抗诉的，人民法院应予受理，但适用特别程序、督促程序、公示催告程序、破产程序以及解除婚姻关系的判决、裁定等不适用审判监督程序的判决、裁定除外。

第四百一十三条 人民检察院依照民事诉讼法第二百一十六条第一款第三项规定对有明显错误的再审判决、裁定提出抗诉或者再审检察建议的，人民法院应予受理。

第四百一十四条 地方各级人民检察院依当事人的申请对生效判决、裁定向同级人民法院提出再审检察建议，符合下列条件的，应予受理：

（一）再审检察建议书和原审当事人申请书及相关证据材料已经提交；

（二）建议再审的对象为依照民事诉讼法和本解释规定可以进行再审的判决、裁定；

（三）再审检察建议书列明该判决、裁定有民事诉讼法第二百一十五条第二款规定情形；

（四）符合民事诉讼法第二百一十六条第一款第一项、第二项规定情形；

（五）再审检察建议经该人民检察院检察委员会讨论决定。

不符合前款规定的，人民法院可以建议人民检察院予以补正或者撤回；不予补正或者撤回的，应当函告人民检察院不予受理。

第四百一十五条 人民检察院依当事人的申请对生效判决、裁定提出抗诉，符合下列条件的，人民法院应当在三十日内裁定再审：

（一）抗诉书和原审当事人申请书及相关证据材料已经提交；

（二）抗诉对象为依照民事诉讼法和本解释规定可以进行再审的判决、裁定；

（三）抗诉书列明该判决、裁定有民事诉讼法第二百一十五条第一款规定情形；

（四）符合民事诉讼法第二百一十六条第一款第一项、第二项规定情形。

不符合前款规定的，人民法院可以建议人民检察院予以补正或者撤回；不予补正或者撤回的，人民法院可以裁定不予受理。

第四百一十六条 当事人的再审申请被上级人民法院裁定驳回后，人民检察院对原判决、裁定、调解书提出抗诉，抗诉事由符合民事诉讼法第二百零七条第一项至第五项规定情形之一的，受理抗诉的人民法院可以交由下一级人民法院再审。

第四百一十七条 人民法院收到再审检察建议后，应当组成合议庭，在三个月内进行审查，发现原判决、裁定、调解书确有错误，需要再审的，依照民事诉讼法第二百零五条规定裁定再审，并通知当事人；经审查，决定不予再审的，应当书面回复人民检察院。

第四百一十八条 人民法院审理因人民检察院抗诉或者检察建议裁定再审的案件，不受此前已经作出的驳回当事人再审申请裁定的影响。

第四百一十九条 人民法院开庭审理抗诉案件，应当在开庭三日前通知人民检察院、当事人和其他诉讼参与人。同级人民检察院或者提出抗诉的人民检察院应当派员出庭。

人民检察院因履行法律监督职责向当事人或者案外人调查核实的情况，应当向法庭提交并予以说明，由双方当事人进行质证。

第四百二十条 必须共同进行诉讼的当事人因不能归

责于本人或者其诉讼代理人的事由未参加诉讼的，可以根据民事诉讼法第二百零七条第八项规定，自知道或者应当知道之日起六个月内申请再审，但符合本解释第四百二十一条规定情形的除外。

人民法院因前款规定的当事人申请而裁定再审，按照第一审程序再审的，应当追加其为当事人，作出新的判决、裁定；按照第二审程序再审，经调解不能达成协议的，应当撤销原判决、裁定，发回重审，重审时应追加其为当事人。

第四百二十一条　根据民事诉讼法第二百三十四条规定，案外人对驳回其执行异议的裁定不服，认为原判决、裁定、调解书内容错误损害其民事权益的，可以自执行异议裁定送达之日起六个月内，向作出原判决、裁定、调解书的人民法院申请再审。

第四百二十二条　根据民事诉讼法第二百三十四条规定，人民法院裁定再审后，案外人属于必要的共同诉讼当事人的，依照本解释第四百二十条第二款规定处理。

案外人不是必要的共同诉讼当事人的，人民法院仅审理原判决、裁定、调解书对其民事权益造成损害的内容。经审理，再审请求成立的，撤销或者改变原判决、裁定、调解书；再审请求不成立的，维持原判决、裁定、调解书。

第四百二十三条　本解释第三百三十八条规定适用于审判监督程序。

第四百二十四条　对小额诉讼案件的判决、裁定，当事人以民事诉讼法第二百零七条规定的事由向原审人民法院申请再审的，人民法院应当受理。申请再审事由成立的，应当裁定再审，组成合议庭进行审理。作出的再审判决、裁定，当事人不得上诉。

当事人以不应按小额诉讼案件审理为由向原审人民法院申请再审的，人民法院应当受理。理由成立的，应当裁定再审，组成合议庭审理。作出的再审判决、裁定，当事人可以上诉。

十九、督 促 程 序

第四百二十五条　两个以上人民法院都有管辖权的，债权人可以向其中一个基层人民法院申请支付令。

债权人向两个以上有管辖权的基层人民法院申请支付令的，由最先立案的人民法院管辖。

第四百二十六条　人民法院收到债权人的支付令申请书后，认为申请书不符合要求的，可以通知债权人限期补正。人民法院应当自收到补正材料之日起五日内通知债权人是否受理。

第四百二十七条　债权人申请支付令，符合下列条件的，基层人民法院应当受理，并在收到支付令申请书后五日内通知债权人：

（一）请求给付金钱或者汇票、本票、支票、股票、债券、国库券、可转让的存款单等有价证券；

（二）请求给付的金钱或者有价证券已到期且数额确定，并写明了请求所根据的事实、证据；

（三）债权人没有对待给付义务；

（四）债务人在我国境内且未下落不明；

（五）支付令能够送达债务人；

（六）收到申请书的人民法院有管辖权；

（七）债权人未向人民法院申请诉前保全。

不符合前款规定的，人民法院应当在收到支付令申请书后五日内通知债权人不予受理。

基层人民法院受理申请支付令案件，不受债权金额的限制。

第四百二十八条　人民法院受理申请后，由审判员一人进行审查。经审查，有下列情形之一的，裁定驳回申请：

（一）申请人不具备当事人资格的；

（二）给付金钱或者有价证券的证明文件没有约定逾期给付利息或者违约金、赔偿金，债权人坚持要求给付利息或者违约金、赔偿金的；

（三）要求给付的金钱或者有价证券属于违法所得的；

（四）要求给付的金钱或者有价证券尚未到期或者数额不确定的。

人民法院受理支付令申请后，发现不符合本解释规定的受理条件的，应当在受理之日起十五日内裁定驳回申请。

第四百二十九条　向债务人本人送达支付令，债务人拒绝接收的，人民法院可以留置送达。

第四百三十条　有下列情形之一的，人民法院应当裁定终结督促程序，已发出支付令的，支付令自行失效：

（一）人民法院受理支付令申请后，债权人就同一债权债务关系又提起诉讼的；

（二）人民法院发出支付令之日起三十日内无法送达债务人的；

（三）债务人收到支付令前，债权人撤回申请的。

第四百三十一条　债务人在收到支付令后，未在法定期间提出书面异议，而向其他人民法院起诉的，不影响支付令的效力。

债务人超过法定期间提出异议的，视为未提出异议。

第四百三十二条　债权人基于同一债权债务关系，在同一支付令申请中向债务人提出多项支付请求，债务人仅就其中一项或者几项请求提出异议的，不影响其他各项请求的效力。

第四百三十三条　债权人基于同一债权债务关系，就可分之债向多个债务人提出支付请求，多个债务人中的一人或者几人提出异议的，不影响其他请求的效力。

第四百三十四条　对设有担保的债务的主债务人发出的支付令，对担保人没有拘束力。

债权人就担保关系单独提起诉讼的，支付令自人民法院受理案件之日起失效。

第四百三十五条　经形式审查，债务人提出的书面异议有下列情形之一的，应当认定异议成立，裁定终结督促程序，支付令自行失效：

（一）本解释规定的不予受理申请情形的；

（二）本解释规定的裁定驳回申请情形的；

（三）本解释规定的应当裁定终结督促程序情形的；

（四）人民法院对是否符合发出支付令条件产生合理怀疑的。

第四百三十六条　债务人对债务本身没有异议，只是提出缺乏清偿能力、延缓债务清偿期限、变更债务清偿方式等异议的，不影响支付令的效力。

人民法院经审查认为异议不成立的，裁定驳回。

债务人的口头异议无效。

第四百三十七条　人民法院作出终结督促程序或者驳回异议裁定前，债务人请求撤回异议的，应当裁定准许。

债务人对撤回异议反悔的，人民法院不予支持。

第四百三十八条　支付令失效后，申请支付令的一方当事人不同意提起诉讼的，应当自收到终结督促程序裁定之日起七日内向受理申请的人民法院提出。

申请支付令的一方当事人不同意提起诉讼的，不影响其向其他有管辖权的人民法院提起诉讼。

第四百三十九条　支付令失效后，申请支付令的一方当事人自收到终结督促程序裁定之日起七日内未向受理申请的人民法院表明不同意提起诉讼的，视为向受理申请的人民法院起诉。

债权人提出支付令申请的时间，即为向人民法院起诉的时间。

第四百四十条　债权人向人民法院申请执行支付令的期间，适用民事诉讼法第二百四十六条的规定。

第四百四十一条　人民法院院长发现本院已经发生法律效力的支付令确有错误，认为需要撤销的，应当提交本院审判委员会讨论决定后，裁定撤销支付令，驳回债权人的申请。

二十、公示催告程序

第四百四十二条　民事诉讼法第二百二十五条规定的票据持有人，是指票据被盗、遗失或者灭失前的最后持有人。

第四百四十三条　人民法院收到公示催告的申请后，应当立即审查，并决定是否受理。经审查认为符合受理条件的，通知予以受理，并同时通知支付人停止支付；认为不符合受理条件的，七日内裁定驳回申请。

第四百四十四条　因票据丧失，申请公示催告的，人民法院应结合票据存根、丧失票据的复印件、出票人关于签发票据的证明、申请人合法取得票据的证明、银行挂失止付通知书、报案证明等证据，决定是否受理。

第四百四十五条　人民法院依照民事诉讼法第二百二十六条规定发出的受理申请的公告，应当写明下列内容：

（一）公示催告申请人的姓名或者名称；

（二）票据的种类、号码、票面金额、出票人、背书人、持票人、付款期限等事项以及其他可以申请公示催告的权利凭证的种类、号码、权利范围、权利人、义务人、行权日期等事项；

（三）申报权利的期间；

（四）在公示催告期间转让票据等权利凭证，利害关系人不申报的法律后果。

第四百四十六条 公告应当在有关报纸或者其他媒体上刊登,并于同日公布于人民法院公告栏内。人民法院所在地有证券交易所的,还应当同日在该交易所公布。

第四百四十七条 公告期间不得少于六十日,且公示催告期间届满日不得早于票据付款日后十五日。

第四百四十八条 在申报期届满后、判决作出之前,利害关系人申报权利的,应当适用民事诉讼法第二百二十八条第二款、第三款规定处理。

第四百四十九条 利害关系人申报权利,人民法院应当通知其向法院出示票据,并通知公示催告申请人在指定的期间查看该票据。公示催告申请人申请公示催告的票据与利害关系人出示的票据不一致的,应当裁定驳回利害关系人的申报。

第四百五十条 在申报权利的期间无人申报权利,或者申报被驳回的,申请人应当自公示催告期间届满之日起一个月内申请作出判决。逾期不申请判决的,终结公示催告程序。

裁定终结公示催告程序的,应当通知申请人和支付人。

第四百五十一条 判决公告之日起,公示催告申请人有权依据判决向付款人请求付款。

付款人拒绝付款,申请人向人民法院起诉,符合民事诉讼法第一百二十二条规定的起诉条件的,人民法院应予受理。

第四百五十二条 适用公示催告程序审理案件,可由审判员一人独任审理;判决宣告票据无效的,应当组成合议庭审理。

第四百五十三条 公示催告申请人撤回申请,应在公示催告前提出;公示催告期间申请撤回的,人民法院可以径行裁定终结公示催告程序。

第四百五十四条 人民法院依照民事诉讼法第二百二十七条规定通知支付人停止支付,应当符合有关财产保全的规定。支付人收到停止支付通知后拒不止付的,除可依照民事诉讼法第一百一十四条、第一百一十七条规定采取强制措施外,在判决后,支付人仍应承担付款义务。

第四百五十五条 人民法院依照民事诉讼法第二百二十八条规定终结公示催告程序后,公示催告申请人或者申报人向人民法院提起诉讼,因票据权利纠纷提起的,由票据支付地或者被告住所地人民法院管辖;因非票据权利纠纷提起的,由被告住所地人民法院管辖。

第四百五十六条 依照民事诉讼法第二百二十八条规定制作的终结公示催告程序的裁定书,由审判员、书记员署名,加盖人民法院印章。

第四百五十七条 依照民事诉讼法第二百三十条的规定,利害关系人向人民法院起诉的,人民法院可按票据纠纷适用普通程序审理。

第四百五十八条 民事诉讼法第二百三十条规定的正当理由,包括:

(一)因发生意外事件或者不可抗力致使利害关系人无法知道公告事实的;

(二)利害关系人因被限制人身自由而无法知道公告事实,或者虽然知道公告事实,但无法自己或者委托他人代为申报权利的;

(三)不属于法定申请公示催告情形的;

(四)未予公告或者未按法定方式公告的;

(五)其他导致利害关系人在判决作出前未能向人民法院申报权利的客观事由。

第四百五十九条 根据民事诉讼法第二百三十条的规定,利害关系人请求人民法院撤销除权判决的,应当将申请人列为被告。

利害关系人仅诉请确认其为合法持票人的,人民法院应当在裁判文书中写明,确认利害关系人为票据权利人的判决作出后,除权判决即被撤销。

二十一、执 行 程 序

第四百六十条 发生法律效力的实现担保物权裁定、确认调解协议裁定、支付令,由作出裁定、支付令的人民法院或者与其同级的被执行财产所在地的人民法院执行。

认定财产无主的判决,由作出判决的人民法院将无主财产收归国家或者集体所有。

第四百六十一条 当事人申请人民法院执行的生效法律文书应当具备下列条件:

(一)权利义务主体明确;

(二)给付内容明确。

法律文书确定继续履行合同的,应当明确继续履行的具体内容。

第四百六十二条 根据民事诉讼法第二百三十四条规定，案外人对执行标的提出异议的，应当在该执行标的的执行程序终结前提出。

第四百六十三条 案外人对执行标的提出的异议，经审查，按照下列情形分别处理：

（一）案外人对执行标的不享有足以排除强制执行的权益的，裁定驳回其异议；

（二）案外人对执行标的享有足以排除强制执行的权益的，裁定中止执行。

驳回案外人执行异议裁定送达案外人之日起十五日内，人民法院不得对执行标的进行处分。

第四百六十四条 申请执行人与被执行人达成和解协议后请求中止执行或者撤回执行申请的，人民法院可以裁定中止执行或者终结执行。

第四百六十五条 一方当事人不履行或者不完全履行在执行中双方自愿达成的和解协议，对方当事人申请执行原生效法律文书的，人民法院应当恢复执行，但和解协议已履行的部分应当扣除。和解协议已经履行完毕的，人民法院不予恢复执行。

第四百六十六条 申请恢复执行原生效法律文书，适用民事诉讼法第二百四十六条申请执行期间的规定。申请执行期间因达成执行中的和解协议而中断，其期间自和解协议约定履行期限的最后一日起重新计算。

第四百六十七条 人民法院依照民事诉讼法第二百三十八条规定决定暂缓执行的，如果担保是有期限的，暂缓执行的期限应当与担保期限一致，但最长不得超过一年。被执行人或者担保人对担保的财产在暂缓执行期间有转移、隐藏、变卖、毁损等行为的，人民法院可以恢复强制执行。

第四百六十八条 根据民事诉讼法第二百三十八条规定向人民法院提供执行担保的，可以由被执行人或者他人提供财产担保，也可以由他人提供保证。担保人应当具有代为履行或者代为承担赔偿责任的能力。

他人提供执行保证的，应当向执行法院出具保证书，并将保证书副本送交申请执行人。被执行人或者他人提供财产担保的，应当参照民法典的有关规定办理相应手续。

第四百六十九条 被执行人在人民法院决定暂缓执行的期限届满后仍不履行义务的，人民法院可以直接执行担保财产，或者裁定执行担保人的财产，但执行担保人的财产以担保人应当履行义务部分的财产为限。

第四百七十条 依照民事诉讼法第二百三十九条规定，执行中作为被执行人的法人或者其他组织分立、合并的，人民法院可以裁定变更后的法人或者其他组织为被执行人；被注销的，如果依照有关实体法的规定有权利义务承受人的，可以裁定该权利义务承受人为被执行人。

第四百七十一条 其他组织在执行中不能履行法律文书确定的义务的，人民法院可以裁定执行对该其他组织依法承担义务的法人或者公民个人的财产。

第四百七十二条 在执行中，作为被执行人的法人或者其他组织名称变更的，人民法院可以裁定变更后的法人或者其他组织为被执行人。

第四百七十三条 作为被执行人的公民死亡，其遗产继承人没有放弃继承的，人民法院可以裁定变更被执行人，由该继承人在遗产的范围内偿还债务。继承人放弃继承的，人民法院可以直接执行被执行人的遗产。

第四百七十四条 法律规定由人民法院执行的其他法律文书执行完毕后，该法律文书被有关机关或者组织依法撤销的，经当事人申请，适用民事诉讼法第二百四十条规定。

第四百七十五条 仲裁机构裁决的事项，部分有民事诉讼法第二百四十四条第二款、第三款规定情形的，人民法院应当裁定对该部分不予执行。

应当不予执行部分与其他部分不可分的，人民法院应当裁定不予执行仲裁裁决。

第四百七十六条 依照民事诉讼法第二百四十四条第二款、第三款规定，人民法院裁定不予执行仲裁裁决后，当事人对该裁定提出执行异议或者复议的，人民法院不予受理。当事人可以就该民事纠纷重新达成书面仲裁协议申请仲裁，也可以向人民法院起诉。

第四百七十七条 在执行中，被执行人通过仲裁程序将人民法院查封、扣押、冻结的财产确权或者分割给案外人的，不影响人民法院执行程序的进行。

案外人不服的，可以根据民事诉讼法第二百三十四条规定提出异议。

第四百七十八条 有下列情形之一的，可以认定为民事诉讼法第二百四十五条第二款规定的公证债权文书确有错误：

(一)公证债权文书属于不得赋予强制执行效力的债权文书的；

(二)被执行人一方未亲自或者未委托代理人到场公证等严重违反法律规定的公证程序的；

(三)公证债权文书的内容与事实不符或者违反法律强制性规定的；

(四)公证债权文书未载明被执行人不履行义务或者不完全履行义务时同意接受强制执行的。

人民法院认定执行该公证债权文书违背社会公共利益的，裁定不予执行。

公证债权文书被裁定不予执行后，当事人、公证事项的利害关系人可以就债权争议提起诉讼。

第四百七十九条 当事人请求不予执行仲裁裁决或者公证债权文书的，应当在执行终结前向执行法院提出。

第四百八十条 人民法院应当在收到申请执行书或者移交执行书后十日内发出执行通知。

执行通知中除应责令被执行人履行法律文书确定的义务外，还应通知其承担民事诉讼法第二百六十条规定的迟延履行利息或者迟延履行金。

第四百八十一条 申请执行人超过申请执行时效期间向人民法院申请强制执行的，人民法院应予受理。被执行人对申请执行时效期间提出异议，人民法院经审查异议成立的，裁定不予执行。

被执行人履行全部或者部分义务后，又以不知道申请执行时效期间届满为由请求执行回转的，人民法院不予支持。

第四百八十二条 对必须接受调查询问的被执行人、被执行人的法定代表人、负责人或者实际控制人，经依法传唤无正当理由拒不到场的，人民法院可以拘传其到场。

人民法院应当及时对被拘传人进行调查询问，调查询问的时间不得超过八小时；情况复杂，依法可能采取拘留措施的，调查询问的时间不得超过二十四小时。

人民法院在本辖区以外采取拘传措施时，可以将被拘传人拘传到当地人民法院，当地人民法院应予协助。

第四百八十三条 人民法院有权查询被执行人的身份信息与财产信息，掌握相关信息的单位和个人必须按照协助执行通知书办理。

第四百八十四条 对被执行的财产，人民法院非经查封、扣押、冻结不得处分。对银行存款等各类可以直接扣划的财产，人民法院的扣划裁定同时具有冻结的法律效力。

第四百八十五条 人民法院冻结被执行人的银行存款的期限不得超过一年，查封、扣押动产的期限不得超过两年，查封不动产、冻结其他财产权的期限不得超过三年。

申请执行人申请延长期限的，人民法院应当在查封、扣押、冻结期限届满前办理续行查封、扣押、冻结手续，续行期限不得超过前款规定的期限。

人民法院也可以依职权办理续行查封、扣押、冻结手续。

第四百八十六条 依照民事诉讼法第二百五十四条规定，人民法院在执行中需要拍卖被执行人财产的，可以由人民法院自行组织拍卖，也可以交由具备相应资质的拍卖机构拍卖。

交拍卖机构拍卖的，人民法院应当对拍卖活动进行监督。

第四百八十七条 拍卖评估需要对现场进行检查、勘验的，人民法院应当责令被执行人、协助义务人予以配合。被执行人、协助义务人不予配合的，人民法院可以强制进行。

第四百八十八条 人民法院在执行中需要变卖被执行人财产的，可以交有关单位变卖，也可以由人民法院直接变卖。

对变卖的财产，人民法院或者其工作人员不得买受。

第四百八十九条 经申请执行人和被执行人同意，且不损害其他债权人合法权益和社会公共利益的，人民法院可以不经拍卖、变卖，直接将被执行人的财产作价交申请执行人抵偿债务。对剩余债务，被执行人应当继续清偿。

第四百九十条 被执行人的财产无法拍卖或者变卖的，经申请执行人同意，且不损害其他债权人合法权益和社会公共利益的，人民法院可以将该项财产作价后交付申请执行人抵偿债务，或者交付申请执行人管理；申请执行人拒绝接收或者管理的，退回被执行人。

第四百九十一条 拍卖成交或者依法定程序裁定以物抵债的，标的物所有权自拍卖成交裁定或者抵债裁定送达买受人或者接受抵债物的债权人时转移。

第四百九十二条 执行标的物为特定物的，应当执行原物。原物确已毁损或者灭失的，经双方当事人同意，可以折价赔偿。

双方当事人对折价赔偿不能协商一致的，人民法院应当终结执行程序。申请执行人可以另行起诉。

第四百九十三条 他人持有法律文书指定交付的财物或者票证，人民法院依照民事诉讼法第二百五十六条第二款、第三款规定发出协助执行通知后，拒不转交的，可以强制执行，并可依照民事诉讼法第一百一十七条、第一百一十八条规定处理。

他人持有期间财物或者票证毁损、灭失的，参照本解释第四百九十二条规定处理。

他人主张合法持有财物或者票证的，可以根据民事诉讼法第二百三十四条规定提出执行异议。

第四百九十四条 在执行中，被执行人隐匿财产、会计账簿等资料的，人民法院除可依照民事诉讼法第一百一十四条第一款第六项规定对其处理外，还应责令被执行人交出隐匿的财产、会计账簿等资料。被执行人拒不交出的，人民法院可以采取搜查措施。

第四百九十五条 搜查人员应当按规定着装并出示搜查令和工作证件。

第四百九十六条 人民法院搜查时禁止无关人员进入搜查现场；搜查对象是公民的，应当通知被执行人或者他的成年家属以及基层组织派员到场；搜查对象是法人或者其他组织的，应当通知法定代表人或者主要负责人到场。拒不到场的，不影响搜查。

搜查妇女身体，应当由女执行人员进行。

第四百九十七条 搜查中发现应当依法采取查封、扣押措施的财产，依照民事诉讼法第二百五十二条第二款和第二百五十四条规定办理。

第四百九十八条 搜查应当制作搜查笔录，由搜查人员、被搜查人及其他在场人签名、捺印或者盖章。拒绝签名、捺印或者盖章的，应当记入搜查笔录。

第四百九十九条 人民法院执行被执行人对他人的到期债权，可以作出冻结债权的裁定，并通知该他人向申请执行人履行。

该他人对到期债权有异议，申请执行人请求对异议部分强制执行的，人民法院不予支持。利害关系人对到期债权有异议的，人民法院应当按照民事诉讼法第二百三十四条规定处理。

对生效法律文书确定的到期债权，该他人予以否认的，人民法院不予支持。

第五百条 人民法院在执行中需要办理房产证、土地证、林权证、专利证书、商标证书、车船执照等有关财产权证照转移手续的，可以依照民事诉讼法第二百五十八条规定办理。

第五百零一条 被执行人不履行生效法律文书确定的行为义务，该义务可由他人完成的，人民法院可以选定代履行人；法律、行政法规对履行该行为义务有资格限制的，应当从有资格的人中选定。必要时，可以通过招标的方式确定代履行人。

申请执行人可以在符合条件的人中推荐代履行人，也可以申请自己代为履行，是否准许，由人民法院决定。

第五百零二条 代履行费用的数额由人民法院根据案件具体情况确定，并由被执行人在指定期限内预先支付。被执行人未预付的，人民法院可以对该费用强制执行。

代履行结束后，被执行人可以查阅、复制费用清单以及主要凭证。

第五百零三条 被执行人不履行法律文书指定的行为，且该项行为只能由被执行人完成的，人民法院可以依照民事诉讼法第一百一十四条第一款第六项规定处理。

被执行人在人民法院确定的履行期间内仍不履行的，人民法院可以依照民事诉讼法第一百一十四条第一款第六项规定再次处理。

第五百零四条 被执行人迟延履行的，迟延履行期间的利息或者迟延履行金自判决、裁定和其他法律文书指定的履行期间届满之日起计算。

第五百零五条 被执行人未按判决、裁定和其他法律文书指定的期间履行非金钱给付义务的，无论是否已给申请执行人造成损失，都应当支付迟延履行金。

已经造成损失的，双倍补偿申请执行人已经受到的损失；没有造成损失的，迟延履行金可以由人民法院根据具体案件情况决定。

第五百零六条 被执行人为公民或者其他组织，在执行程序开始后，被执行人的其他已经取得执行依据的债权人发现被执行人的财产不能清偿所有债权的，可以向人民法院申请参与分配。

对人民法院查封、扣押、冻结的财产有优先权、担保物权的债权人，可以直接申请参与分配，主张优先受偿权。

第五百零七条 申请参与分配，申请人应当提交申请书。申请书应当写明参与分配和被执行人不能清偿所有债权的事实、理由，并附有执行依据。

参与分配申请应当在执行程序开始后，被执行人的财产执行终结前提出。

第五百零八条 参与分配执行中，执行所得价款扣除执行费用，并清偿应当优先受偿的债权后，对于普通债权，原则上按照其占全部申请参与分配债权数额的比例受偿。清偿后的剩余债务，被执行人应当继续清偿。债权人发现被执行人有其他财产的，可以随时请求人民法院执行。

第五百零九条 多个债权人对执行财产申请参与分配的，执行法院应当制作财产分配方案，并送达各债权人和被执行人。债权人或者被执行人对分配方案有异议的，应当自收到分配方案之日起十五日内向执行法院提出书面异议。

第五百一十条 债权人或者被执行人对分配方案提出书面异议的，执行法院应当通知未提出异议的债权人、被执行人。

未提出异议的债权人、被执行人自收到通知之日起十五日内未提出反对意见的，执行法院依异议人的意见对分配方案审查修正后进行分配；提出反对意见的，应当通知异议人。异议人可以自收到通知之日起十五日内，以提出反对意见的债权人、被执行人为被告，向执行法院提起诉讼；异议人逾期未提起诉讼的，执行法院按照原分配方案进行分配。

诉讼期间进行分配的，执行法院应当提存与争议债权数额相应的款项。

第五百一十一条 在执行中，作为被执行人的企业法人符合企业破产法第二条第一款规定情形的，执行法院经申请执行人之一或者被执行人同意，应当裁定中止对该被执行人的执行，将执行案件相关材料移送被执行人住所地人民法院。

第五百一十二条 被执行人住所地人民法院应当自收到执行案件相关材料之日起三十日内，将是否受理破产案件的裁定告知执行法院。不予受理的，应当将相关案件材料退回执行法院。

第五百一十三条 被执行人住所地人民法院裁定受理破产案件的，执行法院应当解除对被执行人财产的保全措施。被执行人住所地人民法院裁定宣告被执行人破产的，执行法院应当裁定终结对该被执行人的执行。

被执行人住所地人民法院不受理破产案件的，执行法院应当恢复执行。

第五百一十四条 当事人不同意移送破产或者被执行人住所地人民法院不受理破产案件的，执行法院就执行变价所得财产，在扣除执行费用及清偿优先受偿的债权后，对于普通债权，按照财产保全和执行中查封、扣押、冻结财产的先后顺序清偿。

第五百一十五条 债权人根据民事诉讼法第二百六十一条规定请求人民法院继续执行的，不受民事诉讼法第二百四十六条规定申请执行时效期间的限制。

第五百一十六条 被执行人不履行法律文书确定的义务的，人民法院除对被执行人予以处罚外，还可以根据情节将其纳入失信被执行人名单，将被执行人不履行或者不完全履行义务的信息向其所在单位、征信机构以及其他相关机构通报。

第五百一十七条 经过财产调查未发现可供执行的财产，在申请执行人签字确认或者执行法院组成合议庭审查核实并经院长批准后，可以裁定终结本次执行程序。

依照前款规定终结执行后，申请执行人发现被执行人有可供执行财产的，可以再次申请执行。再次申请不受申请执行时效期间的限制。

第五百一十八条 因撤销申请而终结执行后，当事人在民事诉讼法第二百四十六条规定的申请执行时效期间内再次申请执行的，人民法院应当受理。

第五百一十九条 在执行终结六个月内，被执行人或者其他人对已执行的标的有妨害行为的，人民法院可以依申请排除妨害，并可以依照民事诉讼法第一百一十四条规定进行处罚。因妨害行为给执行债权人或者其他人造成损失的,受害人可以另行起诉。

二十二、涉外民事诉讼程序的特别规定

第五百二十条　有下列情形之一,人民法院可以认定为涉外民事案件:

(一)当事人一方或者双方是外国人、无国籍人、外国企业或者组织的;

(二)当事人一方或者双方的经常居所地在中华人民共和国领域外的;

(三)标的物在中华人民共和国领域外的;

(四)产生、变更或者消灭民事关系的法律事实发生在中华人民共和国领域外的;

(五)可以认定为涉外民事案件的其他情形。

第五百二十一条　外国人参加诉讼,应当向人民法院提交护照等用以证明自己身份的证件。

外国企业或者组织参加诉讼,向人民法院提交的身份证明文件,应当经所在国公证机关公证,并经中华人民共和国驻该国使领馆认证,或者履行中华人民共和国与该所在国订立的有关条约中规定的证明手续。

代表外国企业或者组织参加诉讼的人,应当向人民法院提交其有权作为代表人参加诉讼的证明,该证明应当经所在国公证机关公证,并经中华人民共和国驻该国使领馆认证,或者履行中华人民共和国与该所在国订立的有关条约中规定的证明手续。

本条所称的"所在国",是指外国企业或者组织的设立登记地国,也可以是办理了营业登记手续的第三国。

第五百二十二条　依照民事诉讼法第二百七十一条以及本解释第五百二十一条规定,需要办理公证、认证手续,而外国当事人所在国与中华人民共和国没有建立外交关系的,可以经该国公证机关公证,经与中华人民共和国有外交关系的第三国驻该国使领馆认证,再转由中华人民共和国驻该第三国使领馆认证。

第五百二十三条　外国人、外国企业或者组织的代表人在人民法院法官的见证下签署授权委托书,委托代理人进行民事诉讼的,人民法院应予认可。

第五百二十四条　外国人、外国企业或者组织的代表人在中华人民共和国境内签署授权委托书,委托代理人进行民事诉讼,经中华人民共和国公证机构公证的,人民法院应予认可。

第五百二十五条　当事人向人民法院提交的书面材料是外文的,应当同时向人民法院提交中文翻译件。

当事人对中文翻译件有异议的,应当共同委托翻译机构提供翻译文本;当事人对翻译机构的选择不能达成一致的,由人民法院确定。

第五百二十六条　涉外民事诉讼中的外籍当事人,可以委托本国人为诉讼代理人,也可以委托本国律师以非律师身份担任诉讼代理人;外国驻华使领馆官员,受本国公民的委托,可以以个人名义担任诉讼代理人,但在诉讼中不享有外交或者领事特权和豁免。

第五百二十七条　涉外民事诉讼中,外国驻华使领馆授权其本馆官员,在作为当事人的本国国民不在中华人民共和国领域内的情况下,可以以外交代表身份为其本国国民在中华人民共和国聘请中华人民共和国律师或者中华人民共和国公民代理民事诉讼。

第五百二十八条　涉外民事诉讼中,经调解双方达成协议,应当制发调解书。当事人要求发给判决书的,可以依协议的内容制作判决书送达当事人。

第五百二十九条　涉外合同或者其他财产权益纠纷的当事人,可以书面协议选择被告住所地、合同履行地、合同签订地、原告住所地、标的物所在地、侵权行为地等与争议有实际联系地点的外国法院管辖。

根据民事诉讼法第三十四条和第二百七十三条规定,属于中华人民共和国法院专属管辖的案件,当事人不得协议选择外国法院管辖,但协议选择仲裁的除外。

第五百三十条　涉外民事案件同时符合下列情形的,人民法院可以裁定驳回原告的起诉,告知其向更方便的外国法院提起诉讼:

(一)被告提出案件应由更方便外国法院管辖的请求,或者提出管辖异议;

(二)当事人之间不存在选择中华人民共和国法院管辖的协议;

(三)案件不属于中华人民共和国法院专属管辖;

(四)案件不涉及中华人民共和国国家、公民、法人或者其他组织的利益;

(五)案件争议的主要事实不是发生在中华人民共和国境内,且案件不适用中华人民共和国法律,

人民法院审理案件在认定事实和适用法律方面存在重大困难；

（六）外国法院对案件享有管辖权，且审理该案件更加方便。

第五百三十一条 中华人民共和国法院和外国法院都有管辖权的案件，一方当事人向外国法院起诉，而另一方当事人向中华人民共和国法院起诉的，人民法院可予受理。判决后，外国法院申请或者当事人请求人民法院承认和执行外国法院对本案作出的判决、裁定的，不予准许；但双方共同缔结或者参加的国际条约另有规定的除外。

外国法院判决、裁定已经被人民法院承认，当事人就同一争议向人民法院起诉的，人民法院不予受理。

第五百三十二条 对在中华人民共和国领域内没有住所的当事人，经用公告方式送达诉讼文书，公告期满不应诉，人民法院缺席判决后，仍应当将裁判文书依照民事诉讼法第二百七十四条第八项规定公告送达。自公告送达裁判文书满三个月之日起，经过三十日的上诉期当事人没有上诉的，一审判决即发生法律效力。

第五百三十三条 外国人或者外国企业、组织的代表人、主要负责人在中华人民共和国领域内的，人民法院可以向该自然人或者外国企业、组织的代表人、主要负责人送达。

外国企业、组织的主要负责人包括该企业、组织的董事、监事、高级管理人员等。

第五百三十四条 受送达人所在国允许邮寄送达的，人民法院可以邮寄送达。

邮寄送达时应当附有送达回证。受送达人未在送达回证上签收但在邮件回执上签收的，视为送达，签收日期为送达日期。

自邮寄之日起满三个月，如果未收到送达的证明文件，且根据各种情况不足以认定已经送达的，视为不能用邮寄方式送达。

第五百三十五条 人民法院一审时采取公告方式向当事人送达诉讼文书的，二审时可径行采取公告方式向其送达诉讼文书，但人民法院能够采取公告方式之外的其他方式送达的除外。

第五百三十六条 不服第一审人民法院判决、裁定的上诉期，对在中华人民共和国领域内有住所的当事人，适用民事诉讼法第一百七十一条规定的期限；对在中华人民共和国领域内没有住所的当事人，适用民事诉讼法第二百七十六条规定的期限。当事人的上诉期均已届满没有上诉的，第一审人民法院的判决、裁定即发生法律效力。

第五百三十七条 人民法院对涉外民事案件的当事人申请再审进行审查的期间，不受民事诉讼法第二百一十一条规定的限制。

第五百三十八条 申请人向人民法院申请执行中华人民共和国涉外仲裁机构的裁决，应当提出书面申请，并附裁决书正本。如申请人为外国当事人，其申请书应当用中文文本提出。

第五百三十九条 人民法院强制执行涉外仲裁机构的仲裁裁决时，被执行人以有民事诉讼法第二百八十一条第一款规定的情形为由提出抗辩的，人民法院应当对被执行人的抗辩进行审查，并根据审查结果裁定执行或者不予执行。

第五百四十条 依照民事诉讼法第二百七十九条规定，中华人民共和国涉外仲裁机构将当事人的保全申请提交人民法院裁定的，人民法院可以进行审查，裁定是否进行保全。裁定保全的，应当责令申请人提供担保，申请人不提供担保的，裁定驳回申请。

当事人申请证据保全，人民法院经审查认为无需提供担保的，申请人可以不提供担保。

第五百四十一条 申请人向人民法院申请承认和执行外国法院作出的发生法律效力的判决、裁定，应当提交申请书，并附外国法院作出的发生法律效力的判决、裁定正本或者经证明无误的副本以及中文译本。外国法院判决、裁定为缺席判决、裁定的，申请人应当同时提交该外国法院已经合法传唤的证明文件，但判决、裁定已经对此予以明确说明的除外。

中华人民共和国缔结或者参加的国际条约对提交文件有规定的，按照规定办理。

第五百四十二条 当事人向中华人民共和国有管辖权的中级人民法院申请承认和执行外国法院作出的发生法律效力的判决、裁定的，如果该法院所在国与中华人民共和国没有缔结或者共同参加国际条约，也没有互惠关系的，裁定驳回申请，但当事人向人民法院申请承认外国法院作出的发生法律效力的离婚判决的除外。

承认和执行申请被裁定驳回的，当事人可以向人民法院起诉。

第五百四十三条 对临时仲裁庭在中华人民共和国领域外作出的仲裁裁决，一方当事人向人民法院申请承认和执行的，人民法院应当依照民事诉讼法第二百九十条规定处理。

第五百四十四条 对外国法院作出的发生法律效力的判决、裁定或者外国仲裁裁决，需要中华人民共和国法院执行的，当事人应当先向人民法院申请承认。人民法院经审查，裁定承认后，再根据民事诉讼法第三编的规定予以执行。

当事人仅申请承认而未同时申请执行的，人民法院仅对应否承认进行审查并作出裁定。

第五百四十五条 当事人申请承认和执行外国法院作出的发生法律效力的判决、裁定或者外国仲裁裁决的期间，适用民事诉讼法第二百四十六条的规定。

当事人仅申请承认而未同时申请执行的，申请执行的期间自人民法院对承认申请作出的裁定生效之日起重新计算。

第五百四十六条 承认和执行外国法院作出的发生法律效力的判决、裁定或者外国仲裁裁决的案件，人民法院应当组成合议庭进行审查。

人民法院应当将申请书送达被申请人。被申请人可以陈述意见。

人民法院经审查作出的裁定，一经送达即发生法律效力。

第五百四十七条 与中华人民共和国没有司法协助条约又无互惠关系的国家的法院，未通过外交途径，直接请求人民法院提供司法协助的，人民法院应予退回，并说明理由。

第五百四十八条 当事人在中华人民共和国领域外使用中华人民共和国法院的判决书、裁定书，要求中华人民共和国法院证明其法律效力的，或者外国法院要求中华人民共和国法院证明判决书、裁定书的法律效力的，作出判决、裁定的中华人民共和国法院，可以本法院的名义出具证明。

第五百四十九条 人民法院审理涉及香港、澳门特别行政区和台湾地区的民事诉讼案件，可以参照适用涉外民事诉讼程序的特别规定。

二十三、附　　则

第五百五十条 本解释公布施行后，最高人民法院于1992年7月14日发布的《关于适用〈中华人民共和国民事诉讼法〉若干问题的意见》同时废止；最高人民法院以前发布的司法解释与本解释不一致的，不再适用。

3. 行政复议

中华人民共和国行政复议法

1. 1999年4月29日第九届全国人民代表大会常务委员会第九次会议通过

2. 根据2009年8月27日第十一届全国人民代表大会常务委员会第十次会议《关于修改部分法律的决定》第一次修正

3. 根据2017年9月1日第十二届全国人民代表大会常务委员会第二十九次会议《关于修改〈中华人民共和国法官法〉等八部法律的决定》第二次修正

目　　录

第一章　总　　则

第一条　【立法目的】为了防止和纠正违法的或者不当的具体行政行为，保护公民、法人和其他组织的合法权益，保障和监督行政机关依法行使职权，根据宪法，制定本法。

第二条　【适用范围】公民、法人或者其他组织认为具体行政行为侵犯其合法权益，向行政机关提出行政复议申请，行政机关受理行政复议申请、作出行政复议决定，适用本法。

第三条　【复议机关及其职责】依照本法履行行政复议职责的行政机关是行政复议机关。行政复议机关负责法制工作的机构具体办理行政复议事项，履行下列职责：

（一）受理行政复议申请；

（二）向有关组织和人员调查取证，查阅文件和资料；

（三）审查申请行政复议的具体行政行为是否合法与适当，拟订行政复议决定；

（四）处理或者转送对本法第七条所列有关规定的审查申请；

（五）对行政机关违反本法规定的行为依照规定的权限和程序提出处理建议；

（六）办理因不服行政复议决定提起行政诉讼的应诉事项；

（七）法律、法规规定的其他职责。

行政机关中初次从事行政复议的人员，应当通过国家统一法律职业资格考试取得法律职业资格。

第四条　【复议原则】行政复议机关履行行政复议职责，应当遵循合法、公正、公开、及时、便民的原则，坚持有错必纠，保障法律、法规的正确实施。

第五条　【司法救济】公民、法人或者其他组织对行政复议决定不服的，可以依照行政诉讼法的规定向人民法院提起行政诉讼，但是法律规定行政复议决定为最终裁决的除外。

第二章　行政复议范围

第六条　【复议范围】有下列情形之一的，公民、法人或者其他组织可以依照本法申请行政复议：

（一）对行政机关作出的警告、罚款、没收违法所得、没收非法财物、责令停产停业、暂扣或者吊销许可证、暂扣或者吊销执照、行政拘留等行政处罚决定不服的；

（二）对行政机关作出的限制人身自由或者查封、扣押、冻结财产等行政强制措施决定不服的；

（三）对行政机关作出的有关许可证、执照、资质证、资格证等证书变更、中止、撤销的决定不服的；

（四）对行政机关作出的关于确认土地、矿藏、水流、森林、山岭、草原、荒地、滩涂、海域等自然资源的所有权或者使用权的决定不服的；

（五）认为行政机关侵犯合法的经营自主权的；

（六）认为行政机关变更或者废止农业承包合同，侵犯其合法权益的；

（七）认为行政机关违法集资、征收财物、摊派费用或者违法要求履行其他义务的；

（八）认为符合法定条件，申请行政机关颁发许可证、执照、资质证、资格证等证书，或者申请行政机关审批、登记有关事项，行政机关没有依法办理的；

（九）申请行政机关履行保护人身权利、财产权

利、受教育权利的法定职责,行政机关没有依法履行的;

（十）申请行政机关依法发放抚恤金、社会保险金或者最低生活保障费,行政机关没有依法发放的;

（十一）认为行政机关的其他具体行政行为侵犯其合法权益的。

第七条　【规定的审查】公民、法人或者其他组织认为行政机关的具体行政行为所依据的下列规定不合法,在对具体行政行为申请行政复议时,可以一并向行政复议机关提出对该规定的审查申请:

（一）国务院部门的规定;

（二）县级以上地方各级人民政府及其工作部门的规定;

（三）乡、镇人民政府的规定。

前款所列规定不含国务院部、委员会规章和地方人民政府规章。规章的审查依照法律、行政法规办理。

第八条　【申诉及诉讼】不服行政机关作出的行政处分或者其他人事处理决定的,依照有关法律、行政法规的规定提出申诉。

不服行政机关对民事纠纷作出的调解或者其他处理,依法申请仲裁或者向人民法院提起诉讼。

第三章　行政复议申请

第九条　【申请期限】公民、法人或者其他组织认为具体行政行为侵犯其合法权益的,可以自知道该具体行政行为之日起六十日内提出行政复议申请;但是法律规定的申请期限超过六十日的除外。

因不可抗力或者其他正当理由耽误法定申请期限的,申请期限自障碍消除之日起继续计算。

第十条　【复议申请人】依照本法申请行政复议的公民、法人或者其他组织是申请人。

有权申请行政复议的公民死亡的,其近亲属可以申请行政复议。有权申请行政复议的公民为无民事行为能力人或者限制民事行为能力人的,其法定代理人可以代为申请行政复议。有权申请行政复议的法人或者其他组织终止的,承受其权利的法人或者其他组织可以申请行政复议。

同申请行政复议的具体行政行为有利害关系的其他公民、法人或者其他组织,可以作为第三人参加行政复议。

公民、法人或者其他组织对行政机关的具体行政行为不服申请行政复议的,作出具体行政行为的行政机关是被申请人。

申请人、第三人可以委托代理人代为参加行政复议。

第十一条　【复议申请】申请人申请行政复议,可以书面申请,也可以口头申请;口头申请的,行政复议机关应当当场记录申请人的基本情况、行政复议请求、申请行政复议的主要事实、理由和时间。

第十二条　【部门具体行政行为的复议机关】对县级以上地方各级人民政府工作部门的具体行政行为不服的,由申请人选择,可以向该部门的本级人民政府申请行政复议,也可以向上一级主管部门申请行政复议。

对海关、金融、国税、外汇管理等实行垂直领导的行政机关和国家安全机关的具体行政行为不服的,向上一级主管部门申请行政复议。

第十三条　【对其他行政机关具体行政行为不服的复议申请】对地方各级人民政府的具体行政行为不服的,向上一级地方人民政府申请行政复议。

对省、自治区人民政府依法设立的派出机关所属的县级地方人民政府的具体行政行为不服的,向该派出机关申请行政复议。

第十四条　【诉讼或裁决】对国务院部门或者省、自治区、直辖市人民政府的具体行政行为不服的,向作出该具体行政行为的国务院部门或者省、自治区、直辖市人民政府申请行政复议。对行政复议决定不服的,可以向人民法院提起行政诉讼;也可以向国务院申请裁决,国务院依照本法的规定作出最终裁决。

第十五条　【其他机关具体行政行为的复议机关】对本法第十二条、第十三条、第十四条规定以外的其他行政机关、组织的具体行政行为不服的,按照下列规定申请行政复议:

（一）对县级以上地方人民政府依法设立的派出机关的具体行政行为不服的,向设立该派出机关的人民政府申请行政复议;

（二）对政府工作部门依法设立的派出机构依照法律、法规或者规章规定,以自己的名义作出的具体行政行为不服的,向设立该派出机构的部门或者该部门的本级地方人民政府申请行政复议;

（三）对法律、法规授权的组织的具体行政行为不服的，分别向直接管理该组织的地方人民政府、地方人民政府工作部门或者国务院部门申请行政复议；

（四）对两个或者两个以上行政机关以共同的名义作出的具体行政行为不服的，向其共同上一级行政机关申请行政复议；

（五）对被撤销的行政机关在撤销前所作出的具体行政行为不服的，向继续行使其职权的行政机关的上一级行政机关申请行政复议。

有前款所列情形之一的，申请人也可以向具体行政行为发生地的县级地方人民政府提出行政复议申请，由接受申请的县级地方人民政府依照本法第十八条的规定办理。

第十六条 【复议与诉讼的选择】公民、法人或者其他组织申请行政复议，行政复议机关已经依法受理的，或者法律、法规规定应当先向行政复议机关申请行政复议、对行政复议决定不服再向人民法院提起行政诉讼的，在法定行政复议期限内不得向人民法院提起行政诉讼。

公民、法人或者其他组织向人民法院提起行政诉讼，人民法院已经依法受理的，不得申请行政复议。

第四章 行政复议受理

第十七条 【复议的受理】行政复议机关收到行政复议申请后，应当在五日内进行审查，对不符合本法规定的行政复议申请，决定不予受理，并书面告知申请人；对符合本法规定，但是不属于本机关受理的行政复议申请，应当告知申请人向有关行政复议机关提出。

除前款规定外，行政复议申请自行政复议机关负责法制工作的机构收到之日起即为受理。

第十八条 【复议申请的转送】依照本法第十五条第二款的规定接受行政复议申请的县级地方人民政府，对依照本法第十五条第一款的规定属于其他行政复议机关受理的行政复议申请，应当自接到该行政复议申请之日起七日内，转送有关行政复议机关，并告知申请人。接受转送的行政复议机关应当依照本法第十七条的规定办理。

第十九条 【复议之后的行政诉讼】法律、法规规定应当先向行政复议机关申请行政复议、对行政复议决定不服再向人民法院提起行政诉讼的，行政复议机关决定不予受理或者受理后超过行政复议期限不作答复的，公民、法人或者其他组织可以自收到不予受理决定书之日起或者行政复议期满之日起十五日内，依法向人民法院提起行政诉讼。

第二十条 【上级机关责令受理及直接受理】公民、法人或者其他组织依法提出行政复议申请，行政复议机关无正当理由不予受理的，上级行政机关应当责令其受理；必要时，上级行政机关也可以直接受理。

第二十一条 【执行停止事项】行政复议期间具体行政行为不停止执行；但是，有下列情形之一的，可以停止执行：

（一）被申请人认为需要停止执行的；

（二）行政复议机关认为需要停止执行的；

（三）申请人申请停止执行，行政复议机关认为其要求合理，决定停止执行的；

（四）法律规定停止执行的。

第五章 行政复议决定

第二十二条 【书面审查原则及例外】行政复议原则上采取书面审查的办法，但是申请人提出要求或者行政复议机关负责法制工作的机构认为有必要时，可以向有关组织和人员调查情况，听取申请人、被申请人和第三人的意见。

第二十三条 【复议程序事项】行政复议机关负责法制工作的机构应当自行政复议申请受理之日起七日内，将行政复议申请书副本或者行政复议申请笔录复印件发送被申请人。被申请人应当自收到申请书副本或者申请笔录复印件之日起十日内，提出书面答复，并提交当初作出具体行政行为的证据、依据和其他有关材料。

申请人、第三人可以查阅被申请人提出的书面答复、作出具体行政行为的证据、依据和其他有关材料，除涉及国家秘密、商业秘密或者个人隐私外，行政复议机关不得拒绝。

第二十四条 【被申请人不得自行取证】在行政复议过程中，被申请人不得自行向申请人和其他有关组织或者个人收集证据。

第二十五条 【申请撤回】行政复议决定作出前，申请人要求撤回行政复议申请的，经说明理由，可以撤回；撤回行政复议申请的，行政复议终止。

第二十六条　【复议机关对规定的处理】申请人在申请行政复议时，一并提出对本法第七条所列有关规定的审查申请的，行政复议机关对该规定有权处理的，应当在三十日内依法处理；无权处理的，应当在七日内按照法定程序转送有权处理的行政机关依法处理，有权处理的行政机关应当在六十日内依法处理。处理期间，中止对具体行政行为的审查。

第二十七条　【对具体行政行为合法性的审查处理】行政复议机关在对被申请人作出的具体行政行为进行审查时，认为其依据不合法，本机关有权处理的，应当在三十日内依法处理；无权处理的，应当在七日内按照法定程序转送有权处理的国家机关依法处理。处理期间，中止对具体行政行为的审查。

第二十八条　【复议决定的作出】行政复议机关负责法制工作的机构应当对被申请人作出的具体行政行为进行审查，提出意见，经行政复议机关的负责人同意或者集体讨论通过后，按照下列规定作出行政复议决定：

（一）具体行政行为认定事实清楚，证据确凿，适用依据正确，程序合法，内容适当的，决定维持；

（二）被申请人不履行法定职责的，决定其在一定期限内履行；

（三）具体行政行为有下列情形之一的，决定撤销、变更或者确认该具体行政行为违法；决定撤销或者确认该具体行政行为违法的，可以责令被申请人在一定期限内重新作出具体行政行为：

1. 主要事实不清、证据不足的；
2. 适用依据错误的；
3. 违反法定程序的；
4. 超越或者滥用职权的；
5. 具体行政行为明显不当的。

（四）被申请人不按照本法第二十三条的规定提出书面答复、提交当初作出具体行政行为的证据、依据和其他有关材料的，视为该具体行政行为没有证据、依据，决定撤销该具体行政行为。

行政复议机关责令被申请人重新作出具体行政行为的，被申请人不得以同一的事实和理由作出与原具体行政行为相同或者基本相同的具体行政行为。

第二十九条　【行政赔偿】申请人在申请行政复议时可以一并提出行政赔偿请求，行政复议机关对符合国家赔偿法的有关规定应当给予赔偿的，在决定撤销、变更具体行政行为或者确认具体行政行为违法时，应当同时决定被申请人依法给予赔偿。

申请人在申请行政复议时没有提出行政赔偿请求的，行政复议机关在依法决定撤销或者变更罚款，撤销违法集资、没收财物、征收财物、摊派费用以及对财产的查封、扣押、冻结等具体行政行为时，应当同时责令被申请人返还财产，解除对财产的查封、扣押、冻结措施，或者赔偿相应的价款。

第三十条　【对侵犯自然资源所有权或使用权行为的先行复议原则】公民、法人或者其他组织认为行政机关的具体行政行为侵犯其已经依法取得的土地、矿藏、水流、森林、山岭、草原、荒地、滩涂、海域等自然资源的所有权或者使用权的，应当先申请行政复议；对行政复议决定不服的，可以依法向人民法院提起行政诉讼。

根据国务院或者省、自治区、直辖市人民政府对行政区划的勘定、调整或者征收土地的决定，省、自治区、直辖市人民政府确认土地、矿藏、水流、森林、山岭、草原、荒地、滩涂、海域等自然资源的所有权或者使用权的行政复议决定为最终裁决。

第三十一条　【复议期限】行政复议机关应当自受理申请之日起六十日内作出行政复议决定；但是法律规定的行政复议期限少于六十日的除外。情况复杂，不能在规定期限内作出行政复议决定的，经行政复议机关的负责人批准，可以适当延长，并告知申请人和被申请人；但是延长期限最多不超过三十日。

行政复议机关作出行政复议决定，应当制作行政复议决定书，并加盖印章。

行政复议决定书一经送达，即发生法律效力。

第三十二条　【复议决定的履行】被申请人应当履行行政复议决定。

被申请人不履行或者无正当理由拖延履行行政复议决定的，行政复议机关或者有关上级行政机关应当责令其限期履行。

第三十三条　【不履行复议决定的处理】申请人逾期不起诉又不履行行政复议决定的，或者不履行最终裁决的行政复议决定的，按照下列规定分别处理：

（一）维持具体行政行为的行政复议决定，由作出具体行政行为的行政机关依法强制执行，或者申请人民法院强制执行；

（二）变更具体行政行为的行政复议决定，由行政复议机关依法强制执行，或者申请人民法院强制执行。

第六章 法律责任

第三十四条 【复议机关不依法履行职责的处罚】行政复议机关违反本法规定，无正当理由不予受理依法提出的行政复议申请或者不按照规定转送行政复议申请的，或者在法定期限内不作出行政复议决定的，对直接负责的主管人员和其他直接责任人员依法给予警告、记过、记大过的行政处分；经责令受理仍不受理或者不按照规定转送行政复议申请，造成严重后果的，依法给予降级、撤职、开除的行政处分。

第三十五条 【渎职处罚】行政复议机关工作人员在行政复议活动中，徇私舞弊或者有其他渎职、失职行为的，依法给予警告、记过、记大过的行政处分；情节严重的，依法给予降级、撤职、开除的行政处分；构成犯罪的，依法追究刑事责任。

第三十六条 【被申请人不提交答复、资料和阻碍他人复议申请的处罚】被申请人违反本法规定，不提出书面答复或者不提交作出具体行政行为的证据、依据和其他有关材料，或者阻挠、变相阻挠公民、法人或者其他组织依法申请行政复议的，对直接负责的主管人员和其他直接责任人员依法给予警告、记过、记大过的行政处分；进行报复陷害的，依法给予降级、撤职、开除的行政处分；构成犯罪的，依法追究刑事责任。

第三十七条 【不履行、拖延履行复议决定的处罚】被申请人不履行或者无正当理由拖延履行行政复议决定的，对直接负责的主管人员和其他直接责任人员依法给予警告、记过、记大过的行政处分；经责令履行仍拒不履行的，依法给予降级、撤职、开除的行政处分。

第三十八条 【复议机关的建议权】行政复议机关负责法制工作的机构发现有无正当理由不予受理行政复议申请、不按照规定期限作出行政复议决定、徇私舞弊、对申请人打击报复或者不履行行政复议决定等情形的，应当向有关行政机关提出建议，有关行政机关应当依照本法和有关法律、行政法规的规定作出处理。

第七章 附 则

第三十九条 【经费来源】行政复议机关受理行政复议申请，不得向申请人收取任何费用。行政复议活动所需经费，应当列入本机关的行政经费，由本级财政予以保障。

第四十条 【期间计算和文书送达】行政复议期间的计算和行政复议文书的送达，依照民事诉讼法关于期间、送达的规定执行。

本法关于行政复议期间有关“五日”、“七日”的规定是指工作日，不含节假日。

第四十一条 【适用范围补充规定】外国人、无国籍人、外国组织在中华人民共和国境内申请行政复议，适用本法。

第四十二条 【法律冲突的解决】本法施行前公布的法律有关行政复议的规定与本法的规定不一致的，以本法的规定为准。

第四十三条 【施行日期】本法自1999年10月1日起施行。1990年12月24日国务院发布、1994年10月9日国务院修订发布的《行政复议条例》同时废止。

中华人民共和国行政复议法实施条例

1. 2007年5月29日国务院令第499号公布
2. 自2007年8月1日起施行

第一章 总 则

第一条 为了进一步发挥行政复议制度在解决行政争议、建设法治政府、构建社会主义和谐社会中的作用，根据《中华人民共和国行政复议法》（以下简称行政复议法），制定本条例。

第二条 各级行政复议机关应当认真履行行政复议职责，领导并支持本机关负责法制工作的机构（以下简称行政复议机构）依法办理行政复议事项，并依照有关规定配备、充实、调剂专职行政复议人员，保证行政复议机构的办案能力与工作任务相适应。

第三条 行政复议机构除应当依照行政复议法第三条的规定履行职责外，还应当履行下列职责：

（一）依照行政复议法第十八条的规定转送有关行政复议申请；

（二）办理行政复议法第二十九条规定的行政赔偿等事项；

（三）按照职责权限，督促行政复议申请的受理和行政复议决定的履行；

（四）办理行政复议、行政应诉案件统计和重大行政复议决定备案事项；

（五）办理或者组织办理未经行政复议直接提起行政诉讼的行政应诉事项；

（六）研究行政复议工作中发现的问题，及时向有关机关提出改进建议，重大问题及时向行政复议机关报告。

第四条　专职行政复议人员应当具备与履行行政复议职责相适应的品行、专业知识和业务能力，并取得相应资格。具体办法由国务院法制机构会同国务院有关部门规定。

第二章　行政复议申请

第一节　申　请　人

第五条　依照行政复议法和本条例的规定申请行政复议的公民、法人或者其他组织为申请人。

第六条　合伙企业申请行政复议的，应当以核准登记的企业为申请人，由执行合伙事务的合伙人代表该企业参加行政复议；其他合伙组织申请行政复议的，由合伙人共同申请行政复议。

前款规定以外的不具备法人资格的其他组织申请行政复议的，由该组织的主要负责人代表该组织参加行政复议；没有主要负责人的，由共同推选的其他成员代表该组织参加行政复议。

第七条　股份制企业的股东大会、股东代表大会、董事会认为行政机关作出的具体行政行为侵犯企业合法权益的，可以以企业的名义申请行政复议。

第八条　同一行政复议案件申请人超过5人的，推选1至5名代表参加行政复议。

第九条　行政复议期间，行政复议机构认为申请人以外的公民、法人或者其他组织与被审查的具体行政行为有利害关系的，可以通知其作为第三人参加行政复议。

行政复议期间，申请人以外的公民、法人或者其他组织与被审查的具体行政行为有利害关系的，可以向行政复议机构申请作为第三人参加行政复议。

第三人不参加行政复议，不影响行政复议案件的审理。

第十条　申请人、第三人可以委托1至2名代理人参加行政复议。申请人、第三人委托代理人的，应当向行政复议机构提交授权委托书。授权委托书应当载明委托事项、权限和期限。公民在特殊情况下无法书面委托的，可以口头委托。口头委托的，行政复议机构应当核实并记录在卷。申请人、第三人解除或者变更委托的，应当书面报告行政复议机构。

第二节　被 申 请 人

第十一条　公民、法人或者其他组织对行政机关的具体行政行为不服，依照行政复议法和本条例的规定申请行政复议的，作出该具体行政行为的行政机关为被申请人。

第十二条　行政机关与法律、法规授权的组织以共同的名义作出具体行政行为的，行政机关和法律、法规授权的组织为共同被申请人。

行政机关与其他组织以共同名义作出具体行政行为的，行政机关为被申请人。

第十三条　下级行政机关依照法律、法规、规章规定，经上级行政机关批准作出具体行政行为的，批准机关为被申请人。

第十四条　行政机关设立的派出机构、内设机构或者其他组织，未经法律、法规授权，对外以自己名义作出具体行政行为的，该行政机关为被申请人。

第三节　行政复议申请期限

第十五条　行政复议法第九条第一款规定的行政复议申请期限的计算，依照下列规定办理：

（一）当场作出具体行政行为的，自具体行政行为作出之日起计算；

（二）载明具体行政行为的法律文书直接送达的，自受送达人签收之日起计算；

（三）载明具体行政行为的法律文书邮寄送达的，自受送达人在邮件签收单上签收之日起计算；没有邮件签收单的，自受送达人在送达回执上签名之日起计算；

（四）具体行政行为依法通过公告形式告知受送达人的，自公告规定的期限届满之日起计算；

（五）行政机关作出具体行政行为时未告知公民、法人或者其他组织，事后补充告知的，自该公民、法人或者其他组织收到行政机关补充告知的通知之日起计算；

（六）被申请人能够证明公民、法人或者其他组织知道具体行政行为的，自证据材料证明其知道具体行政行为之日起计算。

行政机关作出具体行政行为，依法应当向有关公民、法人或者其他组织送达法律文书而未送达的，视为该公民、法人或者其他组织不知道该具体行政行为。

第十六条 公民、法人或者其他组织依照行政复议法第六条第（八）项、第（九）项、第（十）项的规定申请行政机关履行法定职责，行政机关未履行的，行政复议申请期限依照下列规定计算：

（一）有履行期限规定的，自履行期限届满之日起计算；

（二）没有履行期限规定的，自行政机关收到申请满60日起计算。

公民、法人或者其他组织在紧急情况下请求行政机关履行保护人身权、财产权的法定职责，行政机关不履行的，行政复议申请期限不受前款规定的限制。

第十七条 行政机关作出的具体行政行为对公民、法人或者其他组织的权利、义务可能产生不利影响的，应当告知其申请行政复议的权利、行政复议机关和行政复议申请期限。

第四节 行政复议申请的提出

第十八条 申请人书面申请行政复议的，可以采取当面递交、邮寄或者传真等方式提出行政复议申请。

有条件的行政复议机构可以接受以电子邮件形式提出的行政复议申请。

第十九条 申请人书面申请行政复议的，应当在行政复议申请书中载明下列事项：

（一）申请人的基本情况，包括：公民的姓名、性别、年龄、身份证号码、工作单位、住所、邮政编码；法人或者其他组织的名称、住所、邮政编码和法定代表人或者主要负责人的姓名、职务；

（二）被申请人的名称；

（三）行政复议请求、申请行政复议的主要事实和理由；

（四）申请人的签名或者盖章；

（五）申请行政复议的日期。

第二十条 申请人口头申请行政复议的，行政复议机构应当依照本条例第十九条规定的事项，当场制作行政复议申请笔录交申请人核对或者向申请人宣读，并由申请人签字确认。

第二十一条 有下列情形之一的，申请人应当提供证明材料：

（一）认为被申请人不履行法定职责的，提供曾经要求被申请人履行法定职责而被申请人未履行的证明材料；

（二）申请行政复议时一并提出行政赔偿请求的，提供受具体行政行为侵害而造成损害的证明材料；

（三）法律、法规规定需要申请人提供证据材料的其他情形。

第二十二条 申请人提出行政复议申请时错列被申请人的，行政复议机构应当告知申请人变更被申请人。

第二十三条 申请人对两个以上国务院部门共同作出的具体行政行为不服的，依照行政复议法第十四条的规定，可以向其中任何一个国务院部门提出行政复议申请，由作出具体行政行为的国务院部门共同作出行政复议决定。

第二十四条 申请人对经国务院批准实行省以下垂直领导的部门作出的具体行政行为不服的，可以选择向该部门的本级人民政府或者上一级主管部门申请行政复议；省、自治区、直辖市另有规定的，依照省、自治区、直辖市的规定办理。

第二十五条 申请人依照行政复议法第三十条第二款的规定申请行政复议的，应当向省、自治区、直辖市人民政府提出行政复议申请。

第二十六条 依照行政复议法第七条的规定，申请人认为具体行政行为所依据的规定不合法的，可以在对具体行政行为申请行政复议的同时一并提出对该规定的审查申请；申请人在对具体行政行为提出行政复议申请时尚不知道该具体行政行为所依据的规定的，可以在行政复议机关作出行政复议决定前向行政复议机关提出对该规定的审查申请。

第三章　行政复议受理

第二十七条　公民、法人或者其他组织认为行政机关的具体行政行为侵犯其合法权益提出行政复议申请，除不符合行政复议法和本条例规定的申请条件的，行政复议机关必须受理。

第二十八条　行政复议申请符合下列规定的，应当予以受理：

（一）有明确的申请人和符合规定的被申请人；

（二）申请人与具体行政行为有利害关系；

（三）有具体的行政复议请求和理由；

（四）在法定申请期限内提出；

（五）属于行政复议法规定的行政复议范围；

（六）属于收到行政复议申请的行政复议机构的职责范围；

（七）其他行政复议机关尚未受理同一行政复议申请，人民法院尚未受理同一主体就同一事实提起的行政诉讼。

第二十九条　行政复议申请材料不齐全或者表述不清楚的，行政复议机构可以自收到该行政复议申请之日起5日内书面通知申请人补正。补正通知应当载明需要补正的事项和合理的补正期限。无正当理由逾期不补正的，视为申请人放弃行政复议申请。补正申请材料所用时间不计入行政复议审理期限。

第三十条　申请人就同一事项向两个或者两个以上有权受理的行政机关申请行政复议的，由最先收到行政复议申请的行政机关受理；同时收到行政复议申请的，由收到行政复议申请的行政机关在10日内协商确定；协商不成的，由其共同上一级行政机关在10日内指定受理机关。协商确定或者指定受理机关所用时间不计入行政复议审理期限。

第三十一条　依照行政复议法第二十条的规定，上级行政机关认为行政复议机关不予受理行政复议申请的理由不成立的，可以先行督促其受理；经督促仍不受理的，应当责令其限期受理，必要时也可以直接受理；认为行政复议申请不符合法定受理条件的，应当告知申请人。

第四章　行政复议决定

第三十二条　行政复议机构审理行政复议案件，应当由2名以上行政复议人员参加。

第三十三条　行政复议机构认为必要时，可以实地调查核实证据；对重大、复杂的案件，申请人提出要求或者行政复议机构认为必要时，可以采取听证的方式审理。

第三十四条　行政复议人员向有关组织和人员调查取证时，可以查阅、复制、调取有关文件和资料，向有关人员进行询问。

调查取证时，行政复议人员不得少于2人，并应当向当事人或者有关人员出示证件。被调查单位和人员应当配合行政复议人员的工作，不得拒绝或者阻挠。

需要现场勘验的，现场勘验所用时间不计入行政复议审理期限。

第三十五条　行政复议机关应当为申请人、第三人查阅有关材料提供必要条件。

第三十六条　依照行政复议法第十四条的规定申请原级行政复议的案件，由原承办具体行政行为有关事项的部门或者机构提出书面答复，并提交作出具体行政行为的证据、依据和其他有关材料。

第三十七条　行政复议期间涉及专门事项需要鉴定的，当事人可以自行委托鉴定机构进行鉴定，也可以申请行政复议机构委托鉴定机构进行鉴定。鉴定费用由当事人承担。鉴定所用时间不计入行政复议审理期限。

第三十八条　申请人在行政复议决定作出前自愿撤回行政复议申请的，经行政复议机构同意，可以撤回。

申请人撤回行政复议申请的，不得再以同一事实和理由提出行政复议申请。但是，申请人能够证明撤回行政复议申请违背其真实意思表示的除外。

第三十九条　行政复议期间被申请人改变原具体行政行为的，不影响行政复议案件的审理。但是，申请人依法撤回行政复议申请的除外。

第四十条　公民、法人或者其他组织对行政机关行使法律、法规规定的自由裁量权作出的具体行政行为不服申请行政复议，申请人与被申请人在行政复议决定作出前自愿达成和解的，应当向行政复议机构提交书面和解协议；和解内容不损害社会公共利益和他人合法权益的，行政复议机构应当准许。

第四十一条　行政复议期间有下列情形之一，影响行政复议案件审理的，行政复议中止：

（一）作为申请人的自然人死亡，其近亲属尚未确定是否参加行政复议的；

（二）作为申请人的自然人丧失参加行政复议的能力，尚未确定法定代理人参加行政复议的；

（三）作为申请人的法人或者其他组织终止，尚未确定权利义务承受人的；

（四）作为申请人的自然人下落不明或者被宣告失踪的；

（五）申请人、被申请人因不可抗力，不能参加行政复议的；

（六）案件涉及法律适用问题，需要有权机关作出解释或者确认的；

（七）案件审理需要以其他案件的审理结果为依据，而其他案件尚未审结的；

（八）其他需要中止行政复议的情形。

行政复议中止的原因消除后，应当及时恢复行政复议案件的审理。

行政复议机构中止、恢复行政复议案件的审理，应当告知有关当事人。

第四十二条 行政复议期间有下列情形之一的，行政复议终止：

（一）申请人要求撤回行政复议申请，行政复议机构准予撤回的；

（二）作为申请人的自然人死亡，没有近亲属或者其近亲属放弃行政复议权利的；

（三）作为申请人的法人或者其他组织终止，其权利义务的承受人放弃行政复议权利的；

（四）申请人与被申请人依照本条例第四十条的规定，经行政复议机构准许达成和解的；

（五）申请人对行政拘留或者限制人身自由的行政强制措施不服申请行政复议后，因申请人同一违法行为涉嫌犯罪，该行政拘留或者限制人身自由的行政强制措施变更为刑事拘留的。

依照本条例第四十一条第一款第（一）项、第（二）项、第（三）项规定中止行政复议，满60日行政复议中止的原因仍未消除的，行政复议终止。

第四十三条 依照行政复议法第二十八条第一款第（一）项规定，具体行政行为认定事实清楚，证据确凿，适用依据正确，程序合法，内容适当的，行政复议机关应当决定维持。

第四十四条 依照行政复议法第二十八条第一款第（二）项规定，被申请人不履行法定职责的，行政复议机关应当决定其在一定期限内履行法定职责。

第四十五条 具体行政行为有行政复议法第二十八条第一款第（三）项规定情形之一的，行政复议机关应当决定撤销、变更该具体行政行为或者确认该具体行政行为违法；决定撤销该具体行政行为或者确认该具体行政行为违法的，可以责令被申请人在一定期限内重新作出具体行政行为。

第四十六条 被申请人未依照行政复议法第二十三条的规定提出书面答复、提交当初作出具体行政行为的证据、依据和其他有关材料的，视为该具体行政行为没有证据、依据，行政复议机关应当决定撤销该具体行政行为。

第四十七条 具体行政行为有下列情形之一，行政复议机关可以决定变更：

（一）认定事实清楚，证据确凿，程序合法，但是明显不当或者适用依据错误的；

（二）认定事实不清，证据不足，但是经行政复议机关审理查明事实清楚，证据确凿的。

第四十八条 有下列情形之一的，行政复议机关应当决定驳回行政复议申请：

（一）申请人认为行政机关不履行法定职责申请行政复议，行政复议机关受理后发现该行政机关没有相应法定职责或者在受理前已经履行法定职责的；

（二）受理行政复议申请后，发现该行政复议申请不符合行政复议法和本条例规定的受理条件的。

上级行政机关认为行政复议机关驳回行政复议申请的理由不成立的，应当责令其恢复审理。

第四十九条 行政复议机关依照行政复议法第二十八条的规定责令被申请人重新作出具体行政行为的，被申请人应当在法律、法规、规章规定的期限内重新作出具体行政行为；法律、法规、规章未规定期限的，重新作出具体行政行为的期限为60日。

公民、法人或者其他组织对被申请人重新作出的具体行政行为不服，可以依法申请行政复议或者提起行政诉讼。

第五十条 有下列情形之一的，行政复议机关可以按照自愿、合法的原则进行调解：

（一）公民、法人或者其他组织对行政机关行使法律、法规规定的自由裁量权作出的具体行政行为不服申请行政复议的；

（二）当事人之间的行政赔偿或者行政补偿纠纷。

当事人经调解达成协议的，行政复议机关应当制作行政复议调解书。调解书应当载明行政复议请求、事实、理由和调解结果，并加盖行政复议机关印章。行政复议调解书经双方当事人签字，即具有法律效力。

调解未达成协议或者调解书生效前一方反悔的，行政复议机关应当及时作出行政复议决定。

第五十一条　行政复议机关在申请人的行政复议请求范围内，不得作出对申请人更为不利的行政复议决定。

第五十二条　第三人逾期不起诉又不履行行政复议决定的，依照行政复议法第三十三条的规定处理。

第五章　行政复议指导和监督

第五十三条　行政复议机关应当加强对行政复议工作的领导。

行政复议机构在本级行政复议机关的领导下，按照职责权限对行政复议工作进行督促、指导。

第五十四条　县级以上各级人民政府应当加强对所属工作部门和下级人民政府履行行政复议职责的监督。

行政复议机关应当加强对其行政复议机构履行行政复议职责的监督。

第五十五条　县级以上地方各级人民政府应当建立健全行政复议工作责任制，将行政复议工作纳入本级政府目标责任制。

第五十六条　县级以上地方各级人民政府应当按照职责权限，通过定期组织检查、抽查等方式，对所属工作部门和下级人民政府行政复议工作进行检查，并及时向有关方面反馈检查结果。

第五十七条　行政复议期间行政复议机关发现被申请人或者其他下级行政机关的相关行政行为违法或者需要做好善后工作的，可以制作行政复议意见书。有关机关应当自收到行政复议意见书之日起60日内将纠正相关行政违法行为或者做好善后工作的情况通报行政复议机构。

行政复议期间行政复议机构发现法律、法规、规章实施中带有普遍性的问题，可以制作行政复议建议书，向有关机关提出完善制度和改进行政执法的建议。

第五十八条　县级以上各级人民政府行政复议机构应当定期向本级人民政府提交行政复议工作状况分析报告。

第五十九条　下级行政复议机关应当及时将重大行政复议决定报上级行政复议机关备案。

第六十条　各级行政复议机构应当定期组织对行政复议人员进行业务培训，提高行政复议人员的专业素质。

第六十一条　各级行政复议机关应当定期总结行政复议工作，对在行政复议工作中做出显著成绩的单位和个人，依照有关规定给予表彰和奖励。

第六章　法 律 责 任

第六十二条　被申请人在规定期限内未按照行政复议决定的要求重新作出具体行政行为，或者违反规定重新作出具体行政行为的，依照行政复议法第三十七条的规定追究法律责任。

第六十三条　拒绝或者阻挠行政复议人员调查取证、查阅、复制、调取有关文件和资料的，对有关责任人员依法给予处分或者治安处罚；构成犯罪的，依法追究刑事责任。

第六十四条　行政复议机关或者行政复议机构不履行行政复议法和本条例规定的行政复议职责，经有权监督的行政机关督促仍不改正的，对直接负责的主管人员和其他直接责任人员依法给予警告、记过、记大过的处分；造成严重后果的，依法给予降级、撤职、开除的处分。

第六十五条　行政机关及其工作人员违反行政复议法和本条例规定的，行政复议机构可以向人事、监察部门提出对有关责任人员的处分建议，也可以将有关人员违法的事实材料直接转送人事、监察部门处理；接受转送的人事、监察部门应当依法处理，并将处理结果通报转送的行政复议机构。

第七章　附　　则

第六十六条　本条例自2007年8月1日起施行。

交通运输行政复议规定

1. 2000年6月27日交通部令2000年第5号公布
2. 根据2015年9月9日交通运输部令2015年第18号《关于修改〈交通运输行政复议规定〉的决定》修正

第一条 为防止和纠正违法或者不当的具体行政行为，保护公民、法人和其他组织的合法权益，保障和监督交通运输行政机关依法行使职权，根据《中华人民共和国行政复议法》（以下简称《行政复议法》），制定本规定。

第二条 公民、法人或者其他组织认为具体行政行为侵犯其合法权益，向交通运输行政机关申请交通运输行政复议，交通运输行政机关受理交通运输行政复议申请、作出交通运输行政复议决定，适用《行政复议法》和本规定。

第三条 依照《行政复议法》和本规定履行交通运输行政复议职责的交通运输行政机关是交通运输行政复议机关，交通运输行政复议机关设置的法制工作机构，具体办理交通运输行政复议事项，履行《行政复议法》第三条规定的职责。

第四条 对县级以上地方人民政府交通运输主管部门的具体行政行为不服的，可以向本级人民政府申请行政复议，也可以向其上一级人民政府交通运输主管部门申请行政复议。

第五条 对县级以上地方人民政府交通运输主管部门依法设立的交通运输管理派出机构依照法律、法规或者规章规定，以自己的名义作出的具体行政行为不服的，向设立该派出机构的交通运输主管部门或者该交通运输主管部门的本级地方人民政府申请行政复议。

第六条 对县级以上地方人民政府交通运输主管部门依法设立的交通运输管理机构，依照法律、法规授权，以自己的名义作出的具体行政行为不服的，向设立该管理机构的交通运输主管部门申请行政复议。

第七条 对下列具体行政行为不服的，可以向交通运输部申请行政复议：

（一）省级人民政府交通运输主管部门的具体行政行为；

（二）交通运输部海事局的具体行政行为；

（三）长江航务管理局、珠江航务管理局的具体行政行为；

（四）交通运输部的具体行政行为。

对交通运输部直属海事管理机构的具体行政行为不服的，应当向交通运输部海事局申请行政复议。

第八条 公民、法人或者其他组织向交通运输行政复议机关申请交通运输行政复议，应当自知道该具体行政行为之日起六十日内提出行政复议申请；但是法律规定的申请期限超过六十日的除外。

因不可抗力或者其他正当理由耽误法定申请期限的，申请人应当在交通运输行政复议申请书中注明，或者向交通运输行政复议机关说明，并由交通运输行政复议机关记录在《交通运输行政复议申请笔录》（见附件1）中，经交通运输行政复议机关依法确认的，申请期限自障碍消除之日起继续计算。

第九条 申请人申请交通运输行政复议，可以书面申请，也可以口头申请。

申请人口头申请的，交通运输行政复议机关应当当场记录申请人、被申请人的基本情况，行政复议请求，主要事实、理由和时间；申请人应当在行政复议申请笔录上签名或者署印。

第十条 公民、法人或者其他组织向人民法院提起行政诉讼或者向本级人民政府申请行政复议，人民法院或者人民政府已经受理的，不得再向交通运输行政复议机关申请行政复议。

第十一条 交通运输行政复议机关收到交通运输行政复议申请后，应当在五日内进行审查。对符合《行政复议法》规定的行政复议申请，应当决定予以受理，并制作《交通运输行政复议申请受理通知书》（见附件2）送达申请人、被申请人；对不符合《行政复议法》规定的行政复议申请，决定不予受理，并制作《交通运输行政复议申请不予受理决定书》（见附件3）送达申请人；对符合《行政复议法》规定，但是不属于本机关受理的行政复议申请，应当告知申请人向有关行政复议机关提出。

除前款规定外，交通运输行政复议申请自交通运输行政复议机关设置的法制工作机构收到之日起即为受理。

第十二条 公民、法人或者其他组织依法提出交通运输行政复议申请，交通运输行政复议机关无正当理由不予受理的，上级交通运输行政机关应当制作《责令受理通知书》(见附件4)责令其受理；必要时，上级交通运输行政机关可以直接受理。

第十三条　交通运输行政复议原则上采取书面审查的办法，但是申请人提出要求或者交通运输行政复议机关设置的法制工作机构认为有必要时，可以向有关组织和个人调查情况，听取申请人、被申请人和第三人的意见。

复议人员调查情况、听取意见，应当制作《交通运输行政复议调查笔录》(见附件5)。

第十四条　交通运输行政复议机关设置的法制工作机构应当自行政复议申请受理之日起七日内，将交通运输行政复议申请书副本或者《交通运输行政复议申请笔录》复印件及《交通运输行政复议申请受理通知书》送达被申请人。

被申请人应当自收到前款通知之日起十日内向交通运输行政复议机关提交《交通运输行政复议答复意见书》(见附件6)，并提交作出具体行政行为的证据、依据和其他有关材料。

第十五条　交通运输行政复议决定作出前，申请人要求撤回行政复议申请的，经说明理由并由复议机关记录在案，可以撤回。申请人撤回行政复议申请，应当提交撤回交通运输行政复议的书面申请书或者在《撤回交通运输行政复议申请笔录》(见附件7)上签名或者署印。

撤回行政复议申请的，交通运输行政复议终止，交通运输行政复议机关应当制作《交通运输行政复议终止通知书》(见附件8)送达申请人、被申请人、第三人。

第十六条　申请人在申请交通运输行政复议时，对《行政复议法》第七条所列有关规定提出审查申请的，交通运输行政复议机关对该规定有权处理的，应当在三十日内依法处理；无权处理的，应当在七日内制作《规范性文件转送处理函》(见附件9)，按照法定程序转送有权处理的行政机关依法处理。

交通运输行政复议机关对有关规定进行处理或者转送处理期间，中止对具体行政行为的审查。中止对具体行政行为审查的，应当制作《交通运输行政复议中止审查通知书》(见附件10)及时送达申请人、被申请人、第三人。

第十七条　交通运输行政复议机关在对被申请人作出的具体行政行为审查时，认为其依据不合法，本机关有权处理的，应当在三十日内依法处理；无权处理的，应当在七日内按照法定程序转送有权处理的国家机关依法处理。处理期间，中止对具体行政行为的审查。

交通运输行政复议机关中止对具体行政行为审查的，应当制作《交通运输行政复议中止审查通知书》送达申请人、被申请人、第三人。

第十八条　交通运输行政复议机关设置的法制工作机构应当对被申请人作出的具体行政行为进行审查，提出意见，经交通运输行政复议机关的负责人同意或者集体讨论通过后，按照下列规定作出交通运输行政复议决定：

(一)具体行政行为认定事实清楚，证据确凿，适用依据正确，程序合法，内容适当的，决定维持；

(二)被申请人不履行法定职责的，责令其在一定期限内履行；

(三)具体行政行为有下列情形之一的，决定撤销、变更或者确认该具体行政行为违法；决定撤销或者确认该具体行政行为违法的，可以责令被申请人在一定期限内重新作出具体行政行为：

1. 主要事实不清、证据不足的；
2. 适用依据错误的；
3. 违反法定程序的；
4. 超越或者滥用职权的；
5. 具体行政行为明显不当的。

(四)被申请人不按照《行政复议法》第二十三条的规定提出书面答复、提交当初作出具体行政行为的证据、依据和其他有关材料的，视为该具体行政行为没有证据、依据，决定撤销该具体行政行为。

交通运输行政复议机关责令被申请人重新作出具体行政行为的，被申请人不得以同一的事实和理由作出与原具体行政行为相同或者基本相同的具体行政行为。

第十九条　交通运输行政复议机关作出交通运输行政复议决定，应当制作《交通运输行政复议决定书》(见附件11)，加盖交通运输行政复议机关印章，分别送达申请人、被申请人和第三人；交通运输行政复议决定书一经送达即发生法律效力。

交通运输行政复议机关向当事人送达《交通运输行政复议决定书》及其他交通运输行政复议文书（除邮寄、公告送达外）应当使用《送达回证》（见附件12），受送达人应当在送达回证上注明收到日期，并签名或者署印。

第二十条　交通运输行政复议机关应当自受理交通运输行政复议申请之日起六十日内作出交通运输行政复议决定；但是法律规定的行政复议期限少于六十日的除外。情况复杂，不能在规定期限内作出交通运输行政复议决定的，经交通运输行政复议机关的负责人批准，可以适当延长，并告知申请人、被申请人、第三人，但是延长期限最多不超过三十日。

交通运输行政复议机关延长复议期限的，应当制作《延长交通运输行政复议期限通知书》（见附件13）送达申请人、被申请人、第三人。

第二十一条　被申请人不履行或者无正当理由拖延履行交通运输行政复议决定的，交通运输行政复议机关或者有关上级交通运输行政机关应当责令其限期履行。

第二十二条　交通运输行政复议机关设置的法制工作机构发现有《行政复议法》第三十八条规定的违法行为的，应当制作《交通运输行政复议违法行为处理建议书》（见附件14）向有关行政机关提出建议，有关行政机关应当依照《行政复议法》和有关法律、行政法规的规定作出处理。

第二十三条　交通运输行政复议机关受理交通运输行政复议申请，不得向申请人收取任何费用。

交通运输行政复议活动所需经费应当在本机关的行政经费中单独列支，不得挪作他用。

第二十四条　本规定由交通运输部负责解释。

第二十五条　本规定自发布之日起施行，1992年交通部第39号令发布的《交通行政复议管理规定》同时废止。

附件：（略）

4. 行政诉讼

中华人民共和国行政诉讼法

1. 1989年4月4日第七届全国人民代表大会第二次会议通过

2. 根据2014年11月1日第十二届全国人民代表大会常务委员会第十一次会议《关于修改〈中华人民共和国行政诉讼法〉的决定》第一次修正

3. 根据2017年6月27日第十二届全国人民代表大会常务委员会第二十八次会议《关于修改〈中华人民共和国民事诉讼法〉和〈中华人民共和国行政诉讼法〉的决定》第二次修正

目　　录

第一章　总　　则

第一条　【立法目的】为保证人民法院公正、及时审理行政案件，解决行政争议，保护公民、法人和其他组织的合法权益，监督行政机关依法行使职权，根据宪法，制定本法。

第二条　【诉权】公民、法人或者其他组织认为行政机关和行政机关工作人员的行政行为侵犯其合法权益，有权依照本法向人民法院提起诉讼。

前款所称行政行为，包括法律、法规、规章授权的组织作出的行政行为。

第三条　【权利与义务】人民法院应当保障公民、法人和其他组织的起诉权利，对应当受理的行政案件依法受理。

行政机关及其工作人员不得干预、阻碍人民法院受理行政案件。

被诉行政机关负责人应当出庭应诉。不能出庭的，应当委托行政机关相应的工作人员出庭。

第四条　【独立行使审判权】人民法院依法对行政案件独立行使审判权，不受行政机关、社会团体和个人的干涉。

人民法院设行政审判庭，审理行政案件。

第五条　【以事实为根据，以法律为准绳原则】人民法院审理行政案件，以事实为根据，以法律为准绳。

第六条　【合法性审查原则】人民法院审理行政案件，对行政行为是否合法进行审查。

第七条　【合议、回避、公开审判和两审终审原则】人民法院审理行政案件，依法实行合议、回避、公开审判和两审终审制度。

第八条　【法律地位平等原则】当事人在行政诉讼中的法律地位平等。

第九条　【本民族语言文字原则】各民族公民都有用本民族语言、文字进行行政诉讼的权利。

在少数民族聚居或者多民族共同居住的地区，人民法院应当用当地民族通用的语言、文字进行审理和发布法律文书。

人民法院应当对不通晓当地民族通用的语言、文字的诉讼参与人提供翻译。

第十条　【辩论原则】当事人在行政诉讼中有权进行辩论。

第十一条　【法律监督原则】人民检察院有权对行政诉讼实行法律监督。

第二章　受 案 范 围

第十二条　【行政诉讼受案范围】人民法院受理公民、法人或者其他组织提起的下列诉讼：

（一）对行政拘留、暂扣或者吊销许可证和执照、责令停产停业、没收违法所得、没收非法财物、罚款、警告等行政处罚不服的；

（二）对限制人身自由或者对财产的查封、扣押、冻结等行政强制措施和行政强制执行不服的；

（三）申请行政许可，行政机关拒绝或者在法定期限内不予答复，或者对行政机关作出的有关行政许可的其他决定不服的；

（四）对行政机关作出的关于确认土地、矿藏、水流、森林、山岭、草原、荒地、滩涂、海域等自然资源的所有权或者使用权的决定不服的；

（五）对征收、征用决定及其补偿决定不服的；

（六）申请行政机关履行保护人身权、财产权等合法权益的法定职责，行政机关拒绝履行或者不予答复的；

（七）认为行政机关侵犯其经营自主权或者农村土地承包经营权、农村土地经营权的；

（八）认为行政机关滥用行政权力排除或者限制竞争的；

（九）认为行政机关违法集资、摊派费用或者违法要求履行其他义务的；

（十）认为行政机关没有依法支付抚恤金、最低生活保障待遇或者社会保险待遇的；

（十一）认为行政机关不依法履行、未按照约定履行或者违法变更、解除政府特许经营协议、土地房屋征收补偿协议等协议的；

（十二）认为行政机关侵犯其他人身权、财产权等合法权益的。

除前款规定外，人民法院受理法律、法规规定可以提起诉讼的其他行政案件。

第十三条　【受案范围的排除】人民法院不受理公民、法人或者其他组织对下列事项提起的诉讼：

（一）国防、外交等国家行为；

（二）行政法规、规章或者行政机关制定、发布的具有普遍约束力的决定、命令；

（三）行政机关对行政机关工作人员的奖惩、任免等决定；

（四）法律规定由行政机关最终裁决的行政行为。

第三章　管　　辖

第十四条　【基层人民法院管辖第一审行政案件】基层人民法院管辖第一审行政案件。

第十五条　【中级人民法院管辖的第一审行政案件】中级人民法院管辖下列第一审行政案件：

（一）对国务院部门或者县级以上地方人民政府所作的行政行为提起诉讼的案件；

（二）海关处理的案件；

（三）本辖区内重大、复杂的案件；

（四）其他法律规定由中级人民法院管辖的案件。

第十六条　【高级人民法院管辖的第一审行政案件】高级人民法院管辖本辖区内重大、复杂的第一审行政案件。

第十七条　【最高人民法院管辖的第一审行政案件】最高人民法院管辖全国范围内重大、复杂的第一审行政案件。

第十八条　【一般地域管辖和法院跨行政区域管辖】行政案件由最初作出行政行为的行政机关所在地人民法院管辖。经复议的案件，也可以由复议机关所在地人民法院管辖。

经最高人民法院批准，高级人民法院可以根据审判工作的实际情况，确定若干人民法院跨行政区域管辖行政案件。

第十九条　【限制人身自由行政案件的管辖】对限制人身自由的行政强制措施不服提起的诉讼，由被告所在地或者原告所在地人民法院管辖。

第二十条　【不动产行政案件的管辖】因不动产提起的行政诉讼，由不动产所在地人民法院管辖。

第二十一条　【选择管辖】两个以上人民法院都有管辖权的案件，原告可以选择其中一个人民法院提起诉讼。原告向两个以上有管辖权的人民法院提起诉讼的，由最先立案的人民法院管辖。

第二十二条　【移送管辖】人民法院发现受理的案件不属于本院管辖的，应当移送有管辖权的人民法院，受移送的人民法院应当受理。受移送的人民法院认为受移送的案件按照规定不属于本院管辖的，应当报请上级人民法院指定管辖，不得再自行移送。

第二十三条　【指定管辖】有管辖权的人民法院由于特殊原因不能行使管辖权的，由上级人民法院指定管辖。

人民法院对管辖权发生争议，由争议双方协商解决。协商不成的，报它们的共同上级人民法院指定管辖。

第二十四条　【管辖权转移】上级人民法院有权审理

下级人民法院管辖的第一审行政案件。

下级人民法院对其管辖的第一审行政案件，认为需要由上级人民法院审理或者指定管辖的，可以报请上级人民法院决定。

第四章　诉讼参加人

第二十五条　【原告资格】行政行为的相对人以及其他与行政行为有利害关系的公民、法人或者其他组织，有权提起诉讼。

有权提起诉讼的公民死亡，其近亲属可以提起诉讼。

有权提起诉讼的法人或者其他组织终止，承受其权利的法人或者其他组织可以提起诉讼。

人民检察院在履行职责中发现生态环境和资源保护、食品药品安全、国有财产保护、国有土地使用权出让等领域负有监督管理职责的行政机关违法行使职权或者不作为，致使国家利益或者社会公共利益受到侵害的，应当向行政机关提出检察建议，督促其依法履行职责。行政机关不依法履行职责的，人民检察院依法向人民法院提起诉讼。

第二十六条　【被告资格】公民、法人或者其他组织直接向人民法院提起诉讼的，作出行政行为的行政机关是被告。

经复议的案件，复议机关决定维持原行政行为的，作出原行政行为的行政机关和复议机关是共同被告；复议机关改变原行政行为的，复议机关是被告。

复议机关在法定期限内未作出复议决定，公民、法人或者其他组织起诉原行政行为的，作出原行政行为的行政机关是被告；起诉复议机关不作为的，复议机关是被告。

两个以上行政机关作出同一行政行为的，共同作出行政行为的行政机关是共同被告。

行政机关委托的组织所作的行政行为，委托的行政机关是被告。

行政机关被撤销或者职权变更的，继续行使其职权的行政机关是被告。

第二十七条　【共同诉讼】当事人一方或者双方为二人以上，因同一行政行为发生的行政案件，或者因同类行政行为发生的行政案件、人民法院认为可以合并审理并经当事人同意的，为共同诉讼。

第二十八条　【代表人诉讼】当事人一方人数众多的共同诉讼，可以由当事人推选代表人进行诉讼。代表人的诉讼行为对其所代表的当事人发生效力，但代表人变更、放弃诉讼请求或者承认对方当事人的诉讼请求，应当经被代表的当事人同意。

第二十九条　【诉讼第三人】公民、法人或者其他组织同被诉行政行为有利害关系但没有提起诉讼，或者同案件处理结果有利害关系的，可以作为第三人申请参加诉讼，或者由人民法院通知参加诉讼。

人民法院判决第三人承担义务或者减损第三人权益的，第三人有权依法提起上诉。

第三十条　【法定代理人】没有诉讼行为能力的公民，由其法定代理人代为诉讼。法定代理人互相推诿代理责任的，由人民法院指定其中一人代为诉讼。

第三十一条　【委托代理人】当事人、法定代理人，可以委托一至二人作为诉讼代理人。

下列人员可以被委托为诉讼代理人：

（一）律师、基层法律服务工作者；

（二）当事人的近亲属或者工作人员；

（三）当事人所在社区、单位以及有关社会团体推荐的公民。

第三十二条　【当事人及诉讼代理人权利】代理诉讼的律师，有权按照规定查阅、复制本案有关材料，有权向有关组织和公民调查，收集与本案有关的证据。对涉及国家秘密、商业秘密和个人隐私的材料，应当依照法律规定保密。

当事人和其他诉讼代理人有权按照规定查阅、复制本案庭审材料，但涉及国家秘密、商业秘密和个人隐私的内容除外。

第五章　证　　据

第三十三条　【证据种类】证据包括：

（一）书证；

（二）物证；

（三）视听资料；

（四）电子数据；

（五）证人证言；

（六）当事人的陈述；

（七）鉴定意见；

（八）勘验笔录、现场笔录。

以上证据经法庭审查属实，才能作为认定案件事实的根据。

第三十四条　【被告举证责任】被告对作出的行政行为负有举证责任，应当提供作出该行政行为的证据和所依据的规范性文件。

被告不提供或者无正当理由逾期提供证据，视为没有相应证据。但是，被诉行政行为涉及第三人合法权益，第三人提供证据的除外。

第三十五条　【行政机关收集证据的限制】在诉讼过程中，被告及其诉讼代理人不得自行向原告、第三人和证人收集证据。

第三十六条　【被告延期提供证据和补充证据】被告在作出行政行为时已经收集了证据，但因不可抗力等正当事由不能提供的，经人民法院准许，可以延期提供。

原告或者第三人提出了其在行政处理程序中没有提出的理由或者证据的，经人民法院准许，被告可以补充证据。

第三十七条　【原告可以提供证据】原告可以提供证明行政行为违法的证据。原告提供的证据不成立的，不免除被告的举证责任。

第三十八条　【原告举证责任】在起诉被告不履行法定职责的案件中，原告应当提供其向被告提出申请的证据。但有下列情形之一的除外：

（一）被告应当依职权主动履行法定职责的；

（二）原告因正当理由不能提供证据的。

在行政赔偿、补偿的案件中，原告应当对行政行为造成的损害提供证据。因被告的原因导致原告无法举证的，由被告承担举证责任。

第三十九条　【法院要求当事人提供或者补充证据】人民法院有权要求当事人提供或者补充证据。

第四十条　【法院调取证据】人民法院有权向有关行政机关以及其他组织、公民调取证据。但是，不得为证明行政行为的合法性调取被告作出行政行为时未收集的证据。

第四十一条　【申请法院调取证据】与本案有关的下列证据，原告或者第三人不能自行收集的，可以申请人民法院调取：

（一）由国家机关保存而须由人民法院调取的证据；

（二）涉及国家秘密、商业秘密和个人隐私的证据；

（三）确因客观原因不能自行收集的其他证据。

第四十二条　【证据保全】在证据可能灭失或者以后难以取得的情况下，诉讼参加人可以向人民法院申请保全证据，人民法院也可以主动采取保全措施。

第四十三条　【证据适用规则】证据应当在法庭上出示，并由当事人互相质证。对涉及国家秘密、商业秘密和个人隐私的证据，不得在公开开庭时出示。

人民法院应当按照法定程序，全面、客观地审查核实证据。对未采纳的证据应当在裁判文书中说明理由。

以非法手段取得的证据，不得作为认定案件事实的根据。

第六章　起诉和受理

第四十四条　【行政复议与行政诉讼】对属于人民法院受案范围的行政案件，公民、法人或者其他组织可以先向行政机关申请复议，对复议决定不服的，再向人民法院提起诉讼；也可以直接向人民法院提起诉讼。

法律、法规规定应当先向行政机关申请复议，对复议决定不服再向人民法院提起诉讼的，依照法律、法规的规定。

第四十五条　【经行政复议的起诉期限】公民、法人或者其他组织不服复议决定的，可以在收到复议决定书之日起十五日内向人民法院提起诉讼。复议机关逾期不作决定的，申请人可以在复议期满之日起十五日内向人民法院提起诉讼。法律另有规定的除外。

第四十六条　【起诉期限】公民、法人或者其他组织直接向人民法院提起诉讼的，应当自知道或者应当知道作出行政行为之日起六个月内提出。法律另有规定的除外。

因不动产提起诉讼的案件自行政行为作出之日起超过二十年，其他案件自行政行为作出之日起超过五年提起诉讼的，人民法院不予受理。

第四十七条　【行政机关不履行法定职责的起诉期限】公民、法人或者其他组织申请行政机关履行保护其人身权、财产权等合法权益的法定职责，行政机关在接到申请之日起两个月内不履行的，公民、法人或者其他组织可以向人民法院提起诉讼。法律、法规对行政机关履行职责的期限另有规定的，从其规定。

公民、法人或者其他组织在紧急情况下请求行政机关履行保护其人身权、财产权等合法权益的法定职责，行政机关不履行的，提起诉讼不受前款规定期限的限制。

第四十八条　【起诉期限的扣除和延长】公民、法人或者其他组织因不可抗力或者其他不属于其自身的原因耽误起诉期限的，被耽误的时间不计算在起诉期限内。

公民、法人或者其他组织因前款规定以外的其他特殊情况耽误起诉期限的，在障碍消除后十日内，可以申请延长期限，是否准许由人民法院决定。

第四十九条　【起诉条件】提起诉讼应当符合下列条件：

（一）原告是符合本法第二十五条规定的公民、法人或者其他组织；

（二）有明确的被告；

（三）有具体的诉讼请求和事实根据；

（四）属于人民法院受案范围和受诉人民法院管辖。

第五十条　【起诉方式】起诉应当向人民法院递交起诉状，并按照被告人数提出副本。

书写起诉状确有困难的，可以口头起诉，由人民法院记入笔录，出具注明日期的书面凭证，并告知对方当事人。

第五十一条　【登记立案】人民法院在接到起诉状时对符合本法规定的起诉条件的，应当登记立案。

对当场不能判定是否符合本法规定的起诉条件的，应当接收起诉状，出具注明收到日期的书面凭证，并在七日内决定是否立案。不符合起诉条件的，作出不予立案的裁定。裁定书应当载明不予立案的理由。原告对裁定不服的，可以提起上诉。

起诉状内容欠缺或者有其他错误的，应当给予指导和释明，并一次性告知当事人需要补正的内容。不得未经指导和释明即以起诉不符合条件为由不接收起诉状。

对于不接收起诉状、接收起诉状后不出具书面凭证，以及不一次性告知当事人需要补正的起诉状内容的，当事人可以向上级人民法院投诉，上级人民法院应当责令改正，并对直接负责的主管人员和其他直接责任人员依法给予处分。

第五十二条　【法院不立案的救济】人民法院既不立案，又不作出不予立案裁定的，当事人可以向上一级人民法院起诉。上一级人民法院认为符合起诉条件的，应当立案、审理，也可以指定其他下级人民法院立案、审理。

第五十三条　【规范性文件的附带审查】公民、法人或者其他组织认为行政行为所依据的国务院部门和地方人民政府及其部门制定的规范性文件不合法，在对行政行为提起诉讼时，可以一并请求对该规范性文件进行审查。

前款规定的规范性文件不含规章。

第七章　审理和判决

第一节　一般规定

第五十四条　【公开审理原则】人民法院公开审理行政案件，但涉及国家秘密、个人隐私和法律另有规定的除外。

涉及商业秘密的案件，当事人申请不公开审理的，可以不公开审理。

第五十五条　【回避】当事人认为审判人员与本案有利害关系或者有其他关系可能影响公正审判，有权申请审判人员回避。

审判人员认为自己与本案有利害关系或者有其他关系，应当申请回避。

前两款规定，适用于书记员、翻译人员、鉴定人、勘验人。

院长担任审判长时的回避，由审判委员会决定；审判人员的回避，由院长决定；其他人员的回避，由审判长决定。当事人对决定不服的，可以申请复议一次。

第五十六条　【诉讼不停止执行及例外】诉讼期间，不停止行政行为的执行。但有下列情形之一的，裁定停止执行：

（一）被告认为需要停止执行的；

（二）原告或者利害关系人申请停止执行，人民法院认为该行政行为的执行会造成难以弥补的损失，并且停止执行不损害国家利益、社会公共利益的；

（三）人民法院认为该行政行为的执行会给国

家利益、社会公共利益造成重大损害的;

(四)法律、法规规定停止执行的。

当事人对停止执行或者不停止执行的裁定不服的,可以申请复议一次。

第五十七条 【先予执行】人民法院对起诉行政机关没有依法支付抚恤金、最低生活保障金和工伤、医疗社会保险金的案件,权利义务关系明确、不先予执行将严重影响原告生活的,可以根据原告的申请,裁定先予执行。

当事人对先予执行裁定不服的,可以申请复议一次。复议期间不停止裁定的执行。

第五十八条 【拒不到庭或中途退庭的法律后果】经人民法院传票传唤,原告无正当理由拒不到庭,或者未经法庭许可中途退庭的,可以按照撤诉处理;被告无正当理由拒不到庭,或者未经法庭许可中途退庭的,可以缺席判决。

第五十九条 【妨害行政诉讼强制措施】诉讼参与人或者其他人有下列行为之一的,人民法院可以根据情节轻重,予以训诫、责令具结悔过或者处一万元以下的罚款、十五日以下的拘留;构成犯罪的,依法追究刑事责任:

(一)有义务协助调查、执行的人,对人民法院的协助调查决定、协助执行通知书,无故推拖、拒绝或者妨碍调查、执行的;

(二)伪造、隐藏、毁灭证据或者提供虚假证明材料,妨碍人民法院审理案件的;

(三)指使、贿买、胁迫他人作伪证或者威胁、阻止证人作证的;

(四)隐藏、转移、变卖、毁损已被查封、扣押、冻结的财产的;

(五)以欺骗、胁迫等非法手段使原告撤诉的;

(六)以暴力、威胁或者其他方法阻碍人民法院工作人员执行职务,或者以哄闹、冲击法庭等方法扰乱人民法院工作秩序的;

(七)对人民法院审判人员或者其他工作人员、诉讼参与人、协助调查和执行的人员恐吓、侮辱、诽谤、诬陷、殴打、围攻或者打击报复的。

人民法院对有前款规定的行为之一的单位,可以对其主要负责人或者直接责任人员依照前款规定予以罚款、拘留;构成犯罪的,依法追究刑事责任。

罚款、拘留须经人民法院院长批准。当事人不服的,可以向上一级人民法院申请复议一次。复议期间不停止执行。

第六十条 【调解】人民法院审理行政案件,不适用调解。但是,行政赔偿、补偿以及行政机关行使法律、法规规定的自由裁量权的案件可以调解。

调解应当遵循自愿、合法原则,不得损害国家利益、社会公共利益和他人合法权益。

第六十一条 【民事争议和行政争议交叉】在涉及行政许可、登记、征收、征用和行政机关对民事争议所作的裁决的行政诉讼中,当事人申请一并解决相关民事争议的,人民法院可以一并审理。

在行政诉讼中,人民法院认为行政案件的审理需以民事诉讼的裁判为依据的,可以裁定中止行政诉讼。

第六十二条 【撤诉】人民法院对行政案件宣告判决或者裁定前,原告申请撤诉的,或者被告改变其所作的行政行为,原告同意并申请撤诉的,是否准许,由人民法院裁定。

第六十三条 【审理依据】人民法院审理行政案件,以法律和行政法规、地方性法规为依据。地方性法规适用于本行政区域内发生的行政案件。

人民法院审理民族自治地方的行政案件,并以该民族自治地方的自治条例和单行条例为依据。

人民法院审理行政案件,参照规章。

第六十四条 【规范性文件审查和处理】人民法院在审理行政案件中,经审查认为本法第五十三条规定的规范性文件不合法的,不作为认定行政行为合法的依据,并向制定机关提出处理建议。

第六十五条 【裁判文书公开】人民法院应当公开发生法律效力的判决书、裁定书,供公众查阅,但涉及国家秘密、商业秘密和个人隐私的内容除外。

第六十六条 【有关行政机关工作人员和被告的处理】人民法院在审理行政案件中,认为行政机关的主管人员、直接责任人员违法违纪的,应当将有关材料移送监察机关、该行政机关或者其上一级行政机关;认为有犯罪行为的,应当将有关材料移送公安、检察机关。

人民法院对被告经传票传唤无正当理由拒不到庭,或者未经法庭许可中途退庭的,可以将被告拒不到庭或者中途退庭的情况予以公告，并可以向监察机关或者被告的上一级行政机关提出依法给予其主要负责人或者直接责任人员处分的司法建议。

第二节 第一审普通程序

第六十七条 【发送起诉状和提出答辩状】人民法院应当在立案之日起五日内，将起诉状副本发送被告。被告应当在收到起诉状副本之日起十五日内向人民法院提交作出行政行为的证据和所依据的规范性文件，并提出答辩状。人民法院应当在收到答辩状之日起五日内，将答辩状副本发送原告。

被告不提出答辩状的，不影响人民法院审理。

第六十八条 【审判组织形式】人民法院审理行政案件，由审判员组成合议庭，或者由审判员、陪审员组成合议庭。合议庭的成员，应当是三人以上的单数。

第六十九条 【驳回原告诉讼请求】行政行为证据确凿，适用法律、法规正确，符合法定程序的，或者原告申请被告履行法定职责或者给付义务理由不成立的，人民法院判决驳回原告的诉讼请求。

第七十条 【撤销判决和重作判决】行政行为有下列情形之一的，人民法院判决撤销或者部分撤销，并可以判决被告重新作出行政行为：

（一）主要证据不足的；

（二）适用法律、法规错误的；

（三）违反法定程序的；

（四）超越职权的；

（五）滥用职权的；

（六）明显不当的。

第七十一条 【重作判决对被告的限制】人民法院判决被告重新作出行政行为的，被告不得以同一的事实和理由作出与原行政行为基本相同的行政行为。

第七十二条 【履行判决】人民法院经过审理，查明被告不履行法定职责的，判决被告在一定期限内履行。

第七十三条 【给付判决】人民法院经过审理，查明被告依法负有给付义务的，判决被告履行给付义务。

第七十四条 【确认违法判决】行政行为有下列情形之一的，人民法院判决确认违法，但不撤销行政行为：

（一）行政行为依法应当撤销，但撤销会给国家利益、社会公共利益造成重大损害的；

（二）行政行为程序轻微违法，但对原告权利不产生实际影响的。

行政行为有下列情形之一，不需要撤销或者判决履行的，人民法院判决确认违法：

（一）行政行为违法，但不具有可撤销内容的；

（二）被告改变原违法行政行为，原告仍要求确认原行政行为违法的；

（三）被告不履行或者拖延履行法定职责，判决履行没有意义的。

第七十五条 【确认无效判决】行政行为有实施主体不具有行政主体资格或者没有依据等重大且明显违法情形，原告申请确认行政行为无效的，人民法院判决确认无效。

第七十六条 【确认违法和无效判决的补充规定】人民法院判决确认违法或者无效的，可以同时判决责令被告采取补救措施；给原告造成损失的，依法判决被告承担赔偿责任。

第七十七条 【变更判决】行政处罚明显不当，或者其他行政行为涉及对款额的确定、认定确有错误的，人民法院可以判决变更。

人民法院判决变更，不得加重原告的义务或者减损原告的权益。但利害关系人同为原告，且诉讼请求相反的除外。

第七十八条 【行政协议履行及补偿判决】被告不依法履行、未按照约定履行或者违法变更、解除本法第十二条第一款第十一项规定的协议的，人民法院判决被告承担继续履行、采取补救措施或者赔偿损失等责任。

被告变更、解除本法第十二条第一款第十一项规定的协议合法，但未依法给予补偿的，人民法院判决给予补偿。

第七十九条 【复议决定和原行政行为一并裁判】复议机关与作出原行政行为的行政机关为共同被告的案件，人民法院应当对复议决定和原行政行为一并作出裁判。

第八十条 【公开宣判】人民法院对公开审理和不公开审理的案件，一律公开宣告判决。

当庭宣判的，应当在十日内发送判决书；定期宣判的，宣判后立即发给判决书。

宣告判决时，必须告知当事人上诉权利、上诉期限和上诉的人民法院。

第八十一条 【第一审审限】人民法院应当在立案之日起六个月内作出第一审判决。有特殊情况需要延长的，由高级人民法院批准，高级人民法院审理第一审案件需要延长的，由最高人民法院批准。

第三节 简易程序

第八十二条 【简易程序适用情形】人民法院审理下列第一审行政案件，认为事实清楚、权利义务关系明确、争议不大的，可以适用简易程序：

（一）被诉行政行为是依法当场作出的；

（二）案件涉及款额二千元以下的；

（三）属于政府信息公开案件的。

除前款规定以外的第一审行政案件，当事人各方同意适用简易程序的，可以适用简易程序。

发回重审、按照审判监督程序再审的案件不适用简易程序。

第八十三条 【简易程序的审判组织形式和审限】适用简易程序审理的行政案件，由审判员一人独任审理，并应当在立案之日起四十五日内审结。

第八十四条 【简易程序与普通程序的转换】人民法院在审理过程中，发现案件不宜适用简易程序的，裁定转为普通程序。

第四节 第二审程序

第八十五条 【上诉】当事人不服人民法院第一审判决的，有权在判决书送达之日起十五日内向上一级人民法院提起上诉。当事人不服人民法院第一审裁定的，有权在裁定书送达之日起十日内向上一级人民法院提起上诉。逾期不提起上诉的，人民法院的第一审判决或者裁定发生法律效力。

第八十六条 【二审审理方式】人民法院对上诉案件，应当组成合议庭，开庭审理。经过阅卷、调查和询问当事人，对没有提出新的事实、证据或者理由，合议庭认为不需要开庭审理的，也可以不开庭审理。

第八十七条 【二审审查范围】人民法院审理上诉案件，应当对原审人民法院的判决、裁定和被诉行政行为进行全面审查。

第八十八条 【二审审限】人民法院审理上诉案件，应当在收到上诉状之日起三个月内作出终审判决。有特殊情况需要延长的，由高级人民法院批准，高级人民法院审理上诉案件需要延长的，由最高人民法院批准。

第八十九条 【二审裁判】人民法院审理上诉案件，按照下列情形，分别处理：

（一）原判决、裁定认定事实清楚，适用法律、法规正确的，判决或者裁定驳回上诉，维持原判决、裁定；

（二）原判决、裁定认定事实错误或者适用法律、法规错误的，依法改判、撤销或者变更；

（三）原判决认定基本事实不清、证据不足的，发回原审人民法院重审，或者查清事实后改判；

（四）原判决遗漏当事人或者违法缺席判决等严重违反法定程序的，裁定撤销原判决，发回原审人民法院重审。

原审人民法院对发回重审的案件作出判决后，当事人提起上诉的，第二审人民法院不得再次发回重审。

人民法院审理上诉案件，需要改变原审判决的，应当同时对被诉行政行为作出判决。

第五节 审判监督程序

第九十条 【当事人申请再审】当事人对已经发生法律效力的判决、裁定，认为确有错误的，可以向上一级人民法院申请再审，但判决、裁定不停止执行。

第九十一条 【再审事由】当事人的申请符合下列情形之一的，人民法院应当再审：

（一）不予立案或者驳回起诉确有错误的；

（二）有新的证据，足以推翻原判决、裁定的；

（三）原判决、裁定认定事实的主要证据不足、未经质证或者系伪造的；

（四）原判决、裁定适用法律、法规确有错误的；

（五）违反法律规定的诉讼程序，可能影响公正审判的；

（六）原判决、裁定遗漏诉讼请求的；

（七）据以作出原判决、裁定的法律文书被撤销或者变更的；

（八）审判人员在审理该案件时有贪污受贿、徇私舞弊、枉法裁判行为的。

第九十二条 【人民法院依职权再审】各级人民法院院长对本院已经发生法律效力的判决、裁定，发现有本法第九十一条规定情形之一，或者发现调解违反自愿原则或者调解书内容违法，认为需要再审的，应当提交审判委员会讨论决定。

最高人民法院对地方各级人民法院已经发生法律效力的判决、裁定，上级人民法院对下级人民法院已经发生法律效力的判决、裁定，发现有本法第九十一条规定情形之一，或者发现调解违反自愿原则或者调解书内容违法的，有权提审或者指令下级人民法院再审。

第九十三条　【抗诉和检察建议】最高人民检察院对各级人民法院已经发生法律效力的判决、裁定，上级人民检察院对下级人民法院已经发生法律效力的判决、裁定，发现有本法第九十一条规定情形之一，或者发现调解书损害国家利益、社会公共利益的，应当提出抗诉。

地方各级人民检察院对同级人民法院已经发生法律效力的判决、裁定，发现有本法第九十一条规定情形之一，或者发现调解书损害国家利益、社会公共利益的，可以向同级人民法院提出检察建议，并报上级人民检察院备案；也可以提请上级人民检察院向同级人民法院提出抗诉。

各级人民检察院对审判监督程序以外的其他审判程序中审判人员的违法行为，有权向同级人民法院提出检察建议。

第八章　执　　行

第九十四条　【生效裁判和调解书的执行】当事人必须履行人民法院发生法律效力的判决、裁定、调解书。

第九十五条　【申请强制执行和执行管辖】公民、法人或者其他组织拒绝履行判决、裁定、调解书的，行政机关或者第三人可以向第一审人民法院申请强制执行，或者由行政机关依法强制执行。

第九十六条　【对行政机关拒绝履行的执行措施】行政机关拒绝履行判决、裁定、调解书的，第一审人民法院可以采取下列措施：

（一）对应当归还的罚款或者应当给付的款额，通知银行从该行政机关的账户内划拨；

（二）在规定期限内不履行的，从期满之日起，对该行政机关负责人按日处五十元至一百元的罚款；

（三）将行政机关拒绝履行的情况予以公告；

（四）向监察机关或者该行政机关的上一级行政机关提出司法建议。接受司法建议的机关，根据有关规定进行处理，并将处理情况告知人民法院；

（五）拒不履行判决、裁定、调解书，社会影响恶劣的，可以对该行政机关直接负责的主管人员和其他直接责任人员予以拘留；情节严重，构成犯罪的，依法追究刑事责任。

第九十七条　【非诉执行】公民、法人或者其他组织对行政行为在法定期限内不提起诉讼又不履行的，行政机关可以申请人民法院强制执行，或者依法强制执行。

第九章　涉外行政诉讼

第九十八条　【涉外行政诉讼的法律适用原则】外国人、无国籍人、外国组织在中华人民共和国进行行政诉讼，适用本法。法律另有规定的除外。

第九十九条　【同等与对等原则】外国人、无国籍人、外国组织在中华人民共和国进行行政诉讼，同中华人民共和国公民、组织有同等的诉讼权利和义务。

外国法院对中华人民共和国公民、组织的行政诉讼权利加以限制的，人民法院对该国公民、组织的行政诉讼权利，实行对等原则。

第一百条　【中国律师代理】外国人、无国籍人、外国组织在中华人民共和国进行行政诉讼，委托律师代理诉讼的，应当委托中华人民共和国律师机构的律师。

第十章　附　　则

第一百零一条　【适用民事诉讼法规定】人民法院审理行政案件，关于期间、送达、财产保全、开庭审理、调解、中止诉讼、终结诉讼、简易程序、执行等，以及人民检察院对行政案件受理、审理、裁判、执行的监督，本法没有规定的，适用《中华人民共和国民事诉讼法》的相关规定。

第一百零二条　【诉讼费用】人民法院审理行政案件，应当收取诉讼费用。诉讼费用由败诉方承担，双方都有责任的由双方分担。收取诉讼费用的具体办法另行规定。

第一百零三条　【施行日期】本法自1990年10月1日起施行。

最高人民法院关于适用《中华人民共和国行政诉讼法》的解释

1. *2017年11月13日最高人民法院审判委员会第1726次会议通过*
2. *2018年2月6日公布*
3. *法释〔2018〕1号*
4. *自2018年2月8日起施行*

为正确适用《中华人民共和国行政诉讼法》(以下简称行政诉讼法),结合人民法院行政审判工作实际,制定本解释。

一、受案范围

第一条 公民、法人或者其他组织对行政机关及其工作人员的行政行为不服,依法提起诉讼的,属于人民法院行政诉讼的受案范围。

下列行为不属于人民法院行政诉讼的受案范围:

(一)公安、国家安全等机关依照刑事诉讼法的明确授权实施的行为;

(二)调解行为以及法律规定的仲裁行为;

(三)行政指导行为;

(四)驳回当事人对行政行为提起申诉的重复处理行为;

(五)行政机关作出的不产生外部法律效力的行为;

(六)行政机关为作出行政行为而实施的准备、论证、研究、层报、咨询等过程性行为;

(七)行政机关根据人民法院的生效裁判、协助执行通知书作出的执行行为,但行政机关扩大执行范围或者采取违法方式实施的除外;

(八)上级行政机关基于内部层级监督关系对下级行政机关作出的听取报告、执法检查、督促履责等行为;

(九)行政机关针对信访事项作出的登记、受理、交办、转送、复查、复核意见等行为;

(十)对公民、法人或者其他组织权利义务不产生实际影响的行为。

第二条 行政诉讼法第十三条第一项规定的“国家行为”,是指国务院、中央军事委员会、国防部、外交部等根据宪法和法律的授权,以国家的名义实施的有关国防和外交事务的行为,以及经宪法和法律授权的国家机关宣布紧急状态等行为。

行政诉讼法第十三条第二项规定的“具有普遍约束力的决定、命令”,是指行政机关针对不特定对象发布的能反复适用的规范性文件。

行政诉讼法第十三条第三项规定的“对行政机关工作人员的奖惩、任免等决定”,是指行政机关作出的涉及行政机关工作人员公务员权利义务的决定。

行政诉讼法第十三条第四项规定的“法律规定由行政机关最终裁决的行政行为”中的“法律”,是指全国人民代表大会及其常务委员会制定、通过的规范性文件。

二、管　　辖

第三条 各级人民法院行政审判庭审理行政案件和审查行政机关申请执行其行政行为的案件。

专门人民法院、人民法庭不审理行政案件,也不审查和执行行政机关申请执行其行政行为的案件。铁路运输法院等专门人民法院审理行政案件,应当执行行政诉讼法第十八条第二款的规定。

第四条 立案后,受诉人民法院的管辖权不受当事人住所地改变、追加被告等事实和法律状态变更的影响。

第五条 有下列情形之一的,属于行政诉讼法第十五条第三项规定的“本辖区内重大、复杂的案件”:

(一)社会影响重大的共同诉讼案件;

(二)涉外或者涉及香港特别行政区、澳门特别行政区、台湾地区的案件;

(三)其他重大、复杂案件。

第六条 当事人以案件重大复杂为由,认为有管辖权的基层人民法院不宜行使管辖权或者根据行政诉讼法第五十二条的规定,向中级人民法院起诉,中级人民法院应当根据不同情况在七日内分别作出以下处理:

(一)决定自行审理;

(二)指定本辖区其他基层人民法院管辖;

(三)书面告知当事人向有管辖权的基层人民法院起诉。

第七条　基层人民法院对其管辖的第一审行政案件，认为需要由中级人民法院审理或者指定管辖的，可以报请中级人民法院决定。中级人民法院应当根据不同情况在七日内分别作出以下处理：

（一）决定自行审理；

（二）指定本辖区其他基层人民法院管辖；

（三）决定由报请的人民法院审理。

第八条　行政诉讼法第十九条规定的"原告所在地"，包括原告的户籍所在地、经常居住地和被限制人身自由地。

对行政机关基于同一事实，既采取限制公民人身自由的行政强制措施，又采取其他行政强制措施或者行政处罚不服的，由被告所在地或者原告所在地的人民法院管辖。

第九条　行政诉讼法第二十条规定的"因不动产提起的行政诉讼"是指因行政行为导致不动产物权变动而提起的诉讼。

不动产已登记的，以不动产登记簿记载的所在地为不动产所在地；不动产未登记的，以不动产实际所在地为不动产所在地。

第十条　人民法院受理案件后，被告提出管辖异议的，应当在收到起诉状副本之日起十五日内提出。

对当事人提出的管辖异议，人民法院应当进行审查。异议成立的，裁定将案件移送有管辖权的人民法院；异议不成立的，裁定驳回。

人民法院对管辖异议审查后确定有管辖权的，不因当事人增加或者变更诉讼请求等改变管辖，但违反级别管辖、专属管辖规定的除外。

第十一条　有下列情形之一的，人民法院不予审查：

（一）人民法院发回重审或者按第一审程序再审的案件，当事人提出管辖异议的；

（二）当事人在第一审程序中未按照法律规定的期限和形式提出管辖异议，在第二审程序中提出的。

三、诉讼参加人

第十二条　有下列情形之一的，属于行政诉讼法第二十五条第一款规定的"与行政行为有利害关系"：

（一）被诉的行政行为涉及其相邻权或者公平竞争权的；

（二）在行政复议等行政程序中被追加为第三人的；

（三）要求行政机关依法追究加害人法律责任的；

（四）撤销或者变更行政行为涉及其合法权益的；

（五）为维护自身合法权益向行政机关投诉，具有处理投诉职责的行政机关作出或者未作出处理的；

（六）其他与行政行为有利害关系的情形。

第十三条　债权人以行政机关对债务人所作的行政行为损害债权实现为由提起行政诉讼的，人民法院应当告知其就民事争议提起民事诉讼，但行政机关作出行政行为时依法应予保护或者应予考虑的除外。

第十四条　行政诉讼法第二十五条第二款规定的"近亲属"，包括配偶、父母、子女、兄弟姐妹、祖父母、外祖父母、孙子女、外孙子女和其他具有扶养、赡养关系的亲属。

公民因被限制人身自由而不能提起诉讼的，其近亲属可以依其口头或者书面委托以该公民的名义提起诉讼。近亲属起诉时无法与被限制人身自由的公民取得联系，近亲属可以先行起诉，并在诉讼中补充提交委托证明。

第十五条　合伙企业向人民法院提起诉讼的，应当以核准登记的字号为原告。未依法登记领取营业执照的个人合伙的全体合伙人为共同原告；全体合伙人可以推选代表人，被推选的代表人，应当由全体合伙人出具推选书。

个体工商户向人民法院提起诉讼的，以营业执照上登记的经营者为原告。有字号的，以营业执照上登记的字号为原告，并应当注明该字号经营者的基本信息。

第十六条　股份制企业的股东大会、股东会、董事会等认为行政机关作出的行政行为侵犯企业经营自主权的，可以企业名义提起诉讼。

联营企业、中外合资或者合作企业的联营、合资、合作各方，认为联营、合资、合作企业权益或者自己一方合法权益受行政行为侵害的，可以自己的名义提起诉讼。

非国有企业被行政机关注销、撤销、合并、强令兼并、出售、分立或者改变企业隶属关系的，该企业或者其法定代表人可以提起诉讼。

第十七条 事业单位、社会团体、基金会、社会服务机构等非营利法人的出资人、设立人认为行政行为损害法人合法权益的，可以自己的名义提起诉讼。

第十八条 业主委员会对于行政机关作出的涉及业主共有利益的行政行为，可以自己的名义提起诉讼。

业主委员会不起诉的，专有部分占建筑物总面积过半数或者占总户数过半数的业主可以提起诉讼。

第十九条 当事人不服经上级行政机关批准的行政行为，向人民法院提起诉讼的，以在对外发生法律效力的文书上署名的机关为被告。

第二十条 行政机关组建并赋予行政管理职能但不具有独立承担法律责任能力的机构，以自己的名义作出行政行为，当事人不服提起诉讼的，应当以组建该机构的行政机关为被告。

法律、法规或者规章授权行使行政职权的行政机关内设机构、派出机构或者其他组织，超出法定授权范围实施行政行为，当事人不服提起诉讼的，应当以实施该行为的机构或者组织为被告。

没有法律、法规或者规章规定，行政机关授权其内设机构、派出机构或者其他组织行使行政职权的，属于行政诉讼法第二十六条规定的委托。当事人不服提起诉讼的，应当以该行政机关为被告。

第二十一条 当事人对由国务院、省级人民政府批准设立的开发区管理机构作出的行政行为不服提起诉讼的，以该开发区管理机构为被告；对由国务院、省级人民政府批准设立的开发区管理机构所属职能部门作出的行政行为不服提起诉讼的，以其职能部门为被告；对其他开发区管理机构所属职能部门作出的行政行为不服提起诉讼的，以开发区管理机构为被告；开发区管理机构没有行政主体资格的，以设立该机构的地方人民政府为被告。

第二十二条 行政诉讼法第二十六条第二款规定的“复议机关改变原行政行为”，是指复议机关改变原行政行为的处理结果。复议机关改变原行政行为所认定的主要事实和证据、改变原行政行为所适用的规范依据，但未改变原行政行为处理结果的，视为复议机关维持原行政行为。

复议机关确认原行政行为无效，属于改变原行政行为。

复议机关确认原行政行为违法，属于改变原行政行为，但复议机关以违反法定程序为由确认原行政行为违法的除外。

第二十三条 行政机关被撤销或者职权变更，没有继续行使其职权的行政机关的，以其所属的人民政府为被告；实行垂直领导的，以垂直领导的上一级行政机关为被告。

第二十四条 当事人对村民委员会或者居民委员会依据法律、法规、规章的授权履行行政管理职责的行为不服提起诉讼的，以村民委员会或者居民委员会为被告。

当事人对村民委员会、居民委员会受行政机关委托作出的行为不服提起诉讼的，以委托的行政机关为被告。

当事人对高等学校等事业单位以及律师协会、注册会计师协会等行业协会依据法律、法规、规章的授权实施的行政行为不服提起诉讼的，以该事业单位、行业协会为被告。

当事人对高等学校等事业单位以及律师协会、注册会计师协会等行业协会受行政机关委托作出的行为不服提起诉讼的，以委托的行政机关为被告。

第二十五条 市、县级人民政府确定的房屋征收部门组织实施房屋征收与补偿工作过程中作出行政行为，被征收人不服提起诉讼的，以房屋征收部门为被告。

征收实施单位受房屋征收部门委托，在委托范围内从事的行为，被征收人不服提起诉讼的，应当以房屋征收部门为被告。

第二十六条 原告所起诉的被告不适格，人民法院应当告知原告变更被告；原告不同意变更的，裁定驳回起诉。

应当追加被告而原告不同意追加的，人民法院应当通知其以第三人的身份参加诉讼，但行政复议机关作共同被告的除外。

第二十七条 必须共同进行诉讼的当事人没有参加诉讼的，人民法院应当依法通知其参加；当事人也可以向人民法院申请参加。

人民法院应当对当事人提出的申请进行审查，申请理由不成立的，裁定驳回；申请理由成立的，书面通知其参加诉讼。

前款所称的必须共同进行诉讼，是指按照行政诉讼法第二十七条的规定，当事人一方或者双方为两人以上，因同一行政行为发生行政争议，人民法院必须合并审理的诉讼。

第二十八条　人民法院追加共同诉讼的当事人时，应当通知其他当事人。应当追加的原告，已明确表示放弃实体权利的，可不予追加；既不愿意参加诉讼，又不放弃实体权利的，应追加为第三人，其不参加诉讼，不能阻碍人民法院对案件的审理和裁判。

第二十九条　行政诉讼法第二十八条规定的"人数众多"，一般指十人以上。

根据行政诉讼法第二十八条的规定，当事人一方人数众多的，由当事人推选代表人。当事人推选不出的，可以由人民法院在起诉的当事人中指定代表人。

行政诉讼法第二十八条规定的代表人为二至五人。代表人可以委托一至二人作为诉讼代理人。

第三十条　行政机关的同一行政行为涉及两个以上利害关系人，其中一部分利害关系人对行政行为不服提起诉讼，人民法院应当通知没有起诉的其他利害关系人作为第三人参加诉讼。

与行政案件处理结果有利害关系的第三人，可以申请参加诉讼，或者由人民法院通知其参加诉讼。人民法院判决其承担义务或者减损其权益的第三人，有权提出上诉或者申请再审。

行政诉讼法第二十九条规定的第三人，因不能归责于本人的事由未参加诉讼，但有证据证明发生法律效力的判决、裁定、调解书损害其合法权益的，可以依照行政诉讼法第九十条的规定，自知道或者应当知道其合法权益受到损害之日起六个月内，向上一级人民法院申请再审。

第三十一条　当事人委托诉讼代理人，应当向人民法院提交由委托人签名或者盖章的授权委托书。委托书应当载明委托事项和具体权限。公民在特殊情况下无法书面委托的，也可以由他人代书，并由自己捺印等方式确认，人民法院应当核实并记录在卷；被诉行政机关或者其他有义务协助的机关拒绝人民法院向被限制人身自由的公民核实的，视为委托成立。当事人解除或者变更委托的，应当书面报告人民法院。

第三十二条　依照行政诉讼法第三十一条第二款第二项规定，与当事人有合法劳动人事关系的职工，可以当事人工作人员的名义作为诉讼代理人。以当事人的工作人员身份参加诉讼活动，应当提交以下证据之一加以证明：

（一）缴纳社会保险记录凭证；

（二）领取工资凭证；

（三）其他能够证明其为当事人工作人员身份的证据。

第三十三条　根据行政诉讼法第三十一条第二款第三项规定，有关社会团体推荐公民担任诉讼代理人的，应当符合下列条件：

（一）社会团体属于依法登记设立或者依法免予登记设立的非营利性法人组织；

（二）被代理人属于该社会团体的成员，或者当事人一方住所地位于该社会团体的活动地域；

（三）代理事务属于该社会团体章程载明的业务范围；

（四）被推荐的公民是该社会团体的负责人或者与该社会团体有合法劳动人事关系的工作人员。

专利代理人经中华全国专利代理人协会推荐，可以在专利行政案件中担任诉讼代理人。

四、证　　据

第三十四条　根据行政诉讼法第三十六条第一款的规定，被告申请延期提供证据的，应当在收到起诉状副本之日起十五日内以书面方式向人民法院提出。人民法院准许延期提供的，被告应当在正当事由消除后十五日内提供证据。逾期提供的，视为被诉行政行为没有相应的证据。

第三十五条　原告或者第三人应当在开庭审理前或者人民法院指定的交换证据清单之日提供证据。因正当事由申请延期提供证据的，经人民法院准许，可以在法庭调查中提供。逾期提供证据的，人民法院应当责令其说明理由；拒不说明理由或者理由不成立的，视为放弃举证权利。

原告或者第三人在第一审程序中无正当事由未提供而在第二审程序中提供的证据，人民法院不予接纳。

第三十六条　当事人申请延长举证期限，应当在举证期限届满前向人民法院提出书面申请。

申请理由成立的，人民法院应当准许，适当延长举证期限，并通知其他当事人。申请理由不成立的，人民法院不予准许，并通知申请人。

第三十七条 根据行政诉讼法第三十九条的规定，对当事人无争议，但涉及国家利益、公共利益或者他人合法权益的事实，人民法院可以责令当事人提供或者补充有关证据。

第三十八条 对于案情比较复杂或者证据数量较多的案件，人民法院可以组织当事人在开庭前向对方出示或者交换证据，并将交换证据清单的情况记录在卷。

当事人在庭前证据交换过程中没有争议并记录在卷的证据，经审判人员在庭审中说明后，可以作为认定案件事实的依据。

第三十九条 当事人申请调查收集证据，但该证据与待证事实无关联、对证明待证事实无意义或者其他无调查收集必要的，人民法院不予准许。

第四十条 人民法院在证人出庭作证前应当告知其如实作证的义务以及作伪证的法律后果。

证人因履行出庭作证义务而支出的交通、住宿、就餐等必要费用以及误工损失，由败诉一方当事人承担。

第四十一条 有下列情形之一，原告或者第三人要求相关行政执法人员出庭说明的，人民法院可以准许：

（一）对现场笔录的合法性或者真实性有异议的；

（二）对扣押财产的品种或者数量有异议的；

（三）对检验的物品取样或者保管有异议的；

（四）对行政执法人员身份的合法性有异议的；

（五）需要出庭说明的其他情形。

第四十二条 能够反映案件真实情况、与待证事实相关联、来源和形式符合法律规定的证据，应当作为认定案件事实的根据。

第四十三条 有下列情形之一的，属于行政诉讼法第四十三条第三款规定的“以非法手段取得的证据”：

（一）严重违反法定程序收集的证据材料；

（二）以违反法律强制性规定的手段获取且侵害他人合法权益的证据材料；

（三）以利诱、欺诈、胁迫、暴力等手段获取的证据材料。

第四十四条 人民法院认为有必要的，可以要求当事人本人或者行政机关执法人员到庭，就案件有关事实接受询问。在询问之前，可以要求其签署保证书。

保证书应当载明据实陈述、如有虚假陈述愿意接受处罚等内容。当事人或者行政机关执法人员应当在保证书上签名或者捺印。

负有举证责任的当事人拒绝到庭、拒绝接受询问或者拒绝签署保证书，待证事实又欠缺其他证据加以佐证的，人民法院对其主张的事实不予认定。

第四十五条 被告有证据证明其在行政程序中依照法定程序要求原告或者第三人提供证据，原告或者第三人依法应当提供而没有提供，在诉讼程序中提供的证据，人民法院一般不予采纳。

第四十六条 原告或者第三人确有证据证明被告持有的证据对原告或者第三人有利的，可以在开庭审理前书面申请人民法院责令行政机关提交。

申请理由成立的，人民法院应当责令行政机关提交，因提交证据所产生的费用，由申请人预付。行政机关无正当理由拒不提交的，人民法院可以推定原告或者第三人基于该证据主张的事实成立。

持有证据的当事人以妨碍对方当事人使用为目的，毁灭有关证据或者实施其他致使证据不能使用行为的，人民法院可以推定对方当事人基于该证据主张的事实成立，并可依照行政诉讼法第五十九条规定处理。

第四十七条 根据行政诉讼法第三十八条第二款的规定，在行政赔偿、补偿案件中，因被告的原因导致原告无法就损害情况举证的，应当由被告就该损害情况承担举证责任。

对于各方主张损失的价值无法认定的，应当由负有举证责任的一方当事人申请鉴定，但法律、法规、规章规定行政机关在作出行政行为时依法应当评估或者鉴定的除外；负有举证责任的当事人拒绝申请鉴定的，由其承担不利的法律后果。

当事人的损失因客观原因无法鉴定的，人民法院应当结合当事人的主张和在案证据，遵循法官职业道德，运用逻辑推理和生活经验、生活常识等，酌情确定赔偿数额。

五、期间、送达

第四十八条 期间包括法定期间和人民法院指定的

期间。

期间以时、日、月、年计算。期间开始的时和日，不计算在期间内。

期间届满的最后一日是节假日的，以节假日后的第一日为期间届满的日期。

期间不包括在途时间，诉讼文书在期满前交邮的，视为在期限内发送。

第四十九条　行政诉讼法第五十一条第二款规定的立案期限，因起诉状内容欠缺或者有其他错误通知原告限期补正的，从补正后递交人民法院的次日起算。由上级人民法院转交下级人民法院立案的案件，从受诉人民法院收到起诉状的次日起算。

第五十条　行政诉讼法第八十一条、第八十三条、第八十八条规定的审理期限，是指从立案之日起至裁判宣告、调解书送达之日止的期间，但公告期间、鉴定期间、调解期间、中止诉讼期间、审理当事人提出的管辖异议以及处理人民法院之间的管辖争议期间不应计算在内。

再审案件按照第一审程序或者第二审程序审理的，适用行政诉讼法第八十一条、第八十八条规定的审理期限。审理期限自再审立案的次日起算。

基层人民法院申请延长审理期限，应当直接报请高级人民法院批准，同时报中级人民法院备案。

第五十一条　人民法院可以要求当事人签署送达地址确认书，当事人确认的送达地址为人民法院法律文书的送达地址。

当事人同意电子送达的，应当提供并确认传真号、电子信箱等电子送达地址。

当事人送达地址发生变更的，应当及时书面告知受理案件的人民法院；未及时告知的，人民法院按原地址送达，视为依法送达。

人民法院可以通过国家邮政机构以法院专递方式进行送达。

第五十二条　人民法院可以在当事人住所地以外向当事人直接送达诉讼文书。当事人拒绝签署送达回证的，采用拍照、录像等方式记录送达过程即视为送达。审判人员、书记员应当在送达回证上注明送达情况并签名。

六、起诉与受理

第五十三条　人民法院对符合起诉条件的案件应当立案，依法保障当事人行使诉讼权利。

对当事人依法提起的诉讼，人民法院应当根据行政诉讼法第五十一条的规定接收起诉状。能够判断符合起诉条件的，应当当场登记立案；当场不能判断是否符合起诉条件的，应当在接收起诉状后七日内决定是否立案；七日内仍不能作出判断的，应当先予立案。

第五十四条　依照行政诉讼法第四十九条的规定，公民、法人或者其他组织提起诉讼时应当提交以下起诉材料：

（一）原告的身份证明材料以及有效联系方式；

（二）被诉行政行为或者不作为存在的材料；

（三）原告与被诉行政行为具有利害关系的材料；

（四）人民法院认为需要提交的其他材料。

由法定代理人或者委托代理人代为起诉的，还应当在起诉状中写明或者在口头起诉时向人民法院说明法定代理人或者委托代理人的基本情况，并提交法定代理人或者委托代理人的身份证明和代理权限证明等材料。

第五十五条　依照行政诉讼法第五十一条的规定，人民法院应当就起诉状内容和材料是否完备以及是否符合行政诉讼法规定的起诉条件进行审查。

起诉状内容或者材料欠缺的，人民法院应当给予指导和释明，并一次性全面告知当事人需要补正的内容、补充的材料及期限。在指定期限内补正并符合起诉条件的，应当登记立案。当事人拒绝补正或者经补正仍不符合起诉条件的，退回诉状并记录在册；坚持起诉的，裁定不予立案，并载明不予立案的理由。

第五十六条　法律、法规规定应当先申请复议，公民、法人或者其他组织未申请复议直接提起诉讼的，人民法院裁定不予立案。

依照行政诉讼法第四十五条的规定，复议机关不受理复议申请或者在法定期限内不作出复议决定，公民、法人或者其他组织不服，依法向人民法院提起诉讼的，人民法院应当依法立案。

第五十七条　法律、法规未规定行政复议为提起行政诉讼必经程序，公民、法人或者其他组织既提起诉讼又申请行政复议的，由先立案的机关管辖；同时立案的,由公民、法人或者其他组织选择。公民、法人或者其他组织已经申请行政复议,在法定复议期间内又向人民法院提起诉讼的,人民法院裁定不予立案。

第五十八条　法律、法规未规定行政复议为提起行政诉讼必经程序,公民、法人或者其他组织向复议机关申请行政复议后,又经复议机关同意撤回复议申请,在法定起诉期限内对原行政行为提起诉讼的,人民法院应当依法立案。

第五十九条　公民、法人或者其他组织向复议机关申请行政复议后,复议机关作出维持决定的,应当以复议机关和原行为机关为共同被告,并以复议决定送达时间确定起诉期限。

第六十条　人民法院裁定准许原告撤诉后,原告以同一事实和理由重新起诉的,人民法院不予立案。

准予撤诉的裁定确有错误,原告申请再审的,人民法院应当通过审判监督程序撤销原准予撤诉的裁定,重新对案件进行审理。

第六十一条　原告或者上诉人未按规定的期限预交案件受理费,又不提出缓交、减交、免交申请,或者提出申请未获批准的,按自动撤诉处理。在按撤诉处理后,原告或者上诉人在法定期限内再次起诉或者上诉,并依法解决诉讼费预交问题的,人民法院应予立案。

第六十二条　人民法院判决撤销行政机关的行政行为后,公民、法人或者其他组织对行政机关重新作出的行政行为不服向人民法院起诉的,人民法院应当依法立案。

第六十三条　行政机关作出行政行为时,没有制作或者没有送达法律文书,公民、法人或者其他组织只要能证明行政行为存在,并在法定期限内起诉的,人民法院应当依法立案。

第六十四条　行政机关作出行政行为时,未告知公民、法人或者其他组织起诉期限的,起诉期限从公民、法人或者其他组织知道或者应当知道起诉期限之日起计算,但从知道或者应当知道行政行为内容之日起最长不得超过一年。

复议决定未告知公民、法人或者其他组织起诉期限的,适用前款规定。

第六十五条　公民、法人或者其他组织不知道行政机关作出的行政行为内容的,其起诉期限从知道或者应当知道该行政行为内容之日起计算,但最长不得超过行政诉讼法第四十六条第二款规定的起诉期限。

第六十六条　公民、法人或者其他组织依照行政诉讼法第四十七条第一款的规定,对行政机关不履行法定职责提起诉讼的,应当在行政机关履行法定职责期限届满之日起六个月内提出。

第六十七条　原告提供被告的名称等信息足以使被告与其他行政机关相区别的,可以认定为行政诉讼法第四十九条第二项规定的"有明确的被告"。

起诉状列写被告信息不足以认定明确的被告的,人民法院可以告知原告补正;原告补正后仍不能确定明确的被告的,人民法院裁定不予立案。

第六十八条　行政诉讼法第四十九条第三项规定的"有具体的诉讼请求"是指:

(一)请求判决撤销或者变更行政行为;

(二)请求判决行政机关履行特定法定职责或者给付义务;

(三)请求判决确认行政行为违法;

(四)请求判决确认行政行为无效;

(五)请求判决行政机关予以赔偿或者补偿;

(六)请求解决行政协议争议;

(七)请求一并审查规章以下规范性文件;

(八)请求一并解决相关民事争议;

(九)其他诉讼请求。

当事人单独或者一并提起行政赔偿、补偿诉讼的,应当有具体的赔偿、补偿事项以及数额;请求一并审查规章以下规范性文件的,应当提供明确的文件名称或者审查对象;请求一并解决相关民事争议的,应当有具体的民事诉讼请求。

当事人未能正确表达诉讼请求的,人民法院应当要求其明确诉讼请求。

第六十九条　有下列情形之一,已经立案的,应当裁定驳回起诉:

(一)不符合行政诉讼法第四十九条规定的;

(二)超过法定起诉期限且无行政诉讼法第四十八条规定情形的;

(三)错列被告且拒绝变更的;

(四)未按照法律规定由法定代理人、指定代理人、代表人为诉讼行为的;

（五）未按照法律、法规规定先向行政机关申请复议的；

（六）重复起诉的；

（七）撤回起诉后无正当理由再行起诉的；

（八）行政行为对其合法权益明显不产生实际影响的；

（九）诉讼标的已为生效裁判或者调解书所羁束的；

（十）其他不符合法定起诉条件的情形。

前款所列情形可以补正或者更正的，人民法院应当指定期间责令补正或者更正；在指定期间已经补正或者更正的，应当依法审理。

人民法院经过阅卷、调查或者询问当事人，认为不需要开庭审理的，可以迳行裁定驳回起诉。

第七十条　起诉状副本送达被告后，原告提出新的诉讼请求的，人民法院不予准许，但有正当理由的除外。

七、审理与判决

第七十一条　人民法院适用普通程序审理案件，应当在开庭三日前用传票传唤当事人。对证人、鉴定人、勘验人、翻译人员，应当用通知书通知其到庭。当事人或者其他诉讼参与人在外地的，应当留有必要的在途时间。

第七十二条　有下列情形之一的，可以延期开庭审理：

（一）应当到庭的当事人和其他诉讼参与人有正当理由没有到庭的；

（二）当事人临时提出回避申请且无法及时作出决定的；

（三）需要通知新的证人到庭，调取新的证据，重新鉴定、勘验，或者需要补充调查的；

（四）其他应当延期的情形。

第七十三条　根据行政诉讼法第二十七条的规定，有下列情形之一的，人民法院可以决定合并审理：

（一）两个以上行政机关分别对同一事实作出行政行为，公民、法人或者其他组织不服向同一人民法院起诉的；

（二）行政机关就同一事实对若干公民、法人或者其他组织分别作出行政行为，公民、法人或者其他组织不服分别向同一人民法院起诉的；

（三）在诉讼过程中，被告对原告作出新的行政行为，原告不服向同一人民法院起诉的；

（四）人民法院认为可以合并审理的其他情形。

第七十四条　当事人申请回避，应当说明理由，在案件开始审理时提出；回避事由在案件开始审理后知道的，应当在法庭辩论终结前提出。

被申请回避的人员，在人民法院作出是否回避的决定前，应当暂停参与本案的工作，但案件需要采取紧急措施的除外。

对当事人提出的回避申请，人民法院应当在三日内以口头或者书面形式作出决定。对当事人提出的明显不属于法定回避事由的申请，法庭可以依法当庭驳回。

申请人对驳回回避申请决定不服的，可以向作出决定的人民法院申请复议一次。复议期间，被申请回避的人员不停止参与本案的工作。对申请人的复议申请，人民法院应当在三日内作出复议决定，并通知复议申请人。

第七十五条　在一个审判程序中参与过本案审判工作的审判人员，不得再参与该案其他程序的审判。

发回重审的案件，在一审法院作出裁判后又进入第二审程序的，原第二审程序中合议庭组成人员不受前款规定的限制。

第七十六条　人民法院对于因一方当事人的行为或者其他原因，可能使行政行为或者人民法院生效裁判不能或者难以执行的案件，根据对方当事人的申请，可以裁定对其财产进行保全、责令其作出一定行为或者禁止其作出一定行为；当事人没有提出申请的，人民法院在必要时也可以裁定采取上述保全措施。

人民法院采取保全措施，可以责令申请人提供担保；申请人不提供担保的，裁定驳回申请。

人民法院接受申请后，对情况紧急的，必须在四十八小时内作出裁定；裁定采取保全措施的，应当立即开始执行。

当事人对保全的裁定不服的，可以申请复议；复议期间不停止裁定的执行。

第七十七条　利害关系人因情况紧急，不立即申请保全将会使其合法权益受到难以弥补的损害的，可以在提起诉讼前向被保全财产所在地、被申请人住所地或者对案件有管辖权的人民法院申请采取保全措施。申请人应当提供担保，不提供担保的，裁定驳回申请。

人民法院接受申请后，必须在四十八小时内作出裁定；裁定采取保全措施的，应当立即开始执行。

申请人在人民法院采取保全措施后三十日内不依法提起诉讼的，人民法院应当解除保全。

当事人对保全的裁定不服的，可以申请复议；复议期间不停止裁定的执行。

第七十八条 保全限于请求的范围，或者与本案有关的财物。

财产保全采取查封、扣押、冻结或者法律规定的其他方法。人民法院保全财产后，应当立即通知被保全人。

财产已被查封、冻结的，不得重复查封、冻结。

涉及财产的案件，被申请人提供担保的，人民法院应当裁定解除保全。

申请有错误的，申请人应当赔偿被申请人因保全所遭受的损失。

第七十九条 原告或者上诉人申请撤诉，人民法院裁定不予准许的，原告或者上诉人经传票传唤无正当理由拒不到庭，或者未经法庭许可中途退庭的，人民法院可以缺席判决。

第三人经传票传唤无正当理由拒不到庭，或者未经法庭许可中途退庭的，不发生阻止案件审理的效果。

根据行政诉讼法第五十八条的规定，被告经传票传唤无正当理由拒不到庭，或者未经法庭许可中途退庭的，人民法院可以按期开庭或者继续开庭审理，对到庭的当事人诉讼请求、双方的诉辩理由以及已经提交的证据及其他诉讼材料进行审理后，依法缺席判决。

第八十条 原告或者上诉人在庭审中明确拒绝陈述或者以其他方式拒绝陈述，导致庭审无法进行，经法庭释明法律后果后仍不陈述意见的，视为放弃陈述权利，由其承担不利的法律后果。

当事人申请撤诉或者依法可以按撤诉处理的案件，当事人有违反法律的行为需要依法处理的，人民法院可以不准许撤诉或者不按撤诉处理。

法庭辩论终结后原告申请撤诉，人民法院可以准许，但涉及到国家利益和社会公共利益的除外。

第八十一条 被告在一审期间改变被诉行政行为的，应当书面告知人民法院。

原告或者第三人对改变后的行政行为不服提起诉讼的，人民法院应当就改变后的行政行为进行审理。

被告改变原违法行政行为，原告仍要求确认原行政行为违法的，人民法院应当依法作出确认判决。

原告起诉被告不作为，在诉讼中被告作出行政行为，原告不撤诉的，人民法院应当就不作为依法作出确认判决。

第八十二条 当事人之间恶意串通，企图通过诉讼等方式侵害国家利益、社会公共利益或者他人合法权益的，人民法院应当裁定驳回起诉或者判决驳回其请求，并根据情节轻重予以罚款、拘留；构成犯罪的，依法追究刑事责任。

第八十三条 行政诉讼法第五十九条规定的罚款、拘留可以单独适用，也可以合并适用。

对同一妨害行政诉讼行为的罚款、拘留不得连续适用。发生新的妨害行政诉讼行为的，人民法院可以重新予以罚款、拘留。

第八十四条 人民法院审理行政诉讼法第六十条第一款规定的行政案件，认为法律关系明确、事实清楚，在征得当事人双方同意后，可以迳行调解。

第八十五条 调解达成协议，人民法院应当制作调解书。调解书应当写明诉讼请求、案件的事实和调解结果。

调解书由审判人员、书记员署名，加盖人民法院印章，送达双方当事人。

调解书经双方当事人签收后，即具有法律效力。调解书生效日期根据最后收到调解书的当事人签收的日期确定。

第八十六条 人民法院审理行政案件，调解过程不公开，但当事人同意公开的除外。

经人民法院准许，第三人可以参加调解。人民法院认为有必要的，可以通知第三人参加调解。

调解协议内容不公开，但为保护国家利益、社会公共利益、他人合法权益，人民法院认为确有必要公开的除外。

当事人一方或者双方不愿调解、调解未达成协议的，人民法院应当及时判决。

当事人自行和解或者调解达成协议后，请求人民法院按照和解协议或者调解协议的内容制作判决书的，人民法院不予准许。

第八十七条 在诉讼过程中，有下列情形之一的，中止诉讼：

（一）原告死亡，须等待其近亲属表明是否参加诉讼的；

（二）原告丧失诉讼行为能力，尚未确定法定代理人的；

（三）作为一方当事人的行政机关、法人或者其他组织终止，尚未确定权利义务承受人的；

（四）一方当事人因不可抗力的事由不能参加诉讼的；

（五）案件涉及法律适用问题，需要送请有权机关作出解释或者确认的；

（六）案件的审判须以相关民事、刑事或者其他行政案件的审理结果为依据，而相关案件尚未审结的；

（七）其他应当中止诉讼的情形。

中止诉讼的原因消除后，恢复诉讼。

第八十八条 在诉讼过程中，有下列情形之一的，终结诉讼：

（一）原告死亡，没有近亲属或者近亲属放弃诉讼权利的；

（二）作为原告的法人或者其他组织终止后，其权利义务的承受人放弃诉讼权利的。

因本解释第八十七条第一款第一、二、三项原因中止诉讼满九十日仍无人继续诉讼的，裁定终结诉讼，但有特殊情况的除外。

第八十九条 复议决定改变原行政行为错误，人民法院判决撤销复议决定时，可以一并责令复议机关重新作出复议决定或者判决恢复原行政行为的法律效力。

第九十条 人民法院判决被告重新作出行政行为，被告重新作出的行政行为与原行政行为的结果相同，但主要事实或者主要理由有改变的，不属于行政诉讼法第七十一条规定的情形。

人民法院以违反法定程序为由，判决撤销被诉行政行为的，行政机关重新作出行政行为不受行政诉讼法第七十一条规定的限制。

行政机关以同一事实和理由重新作出与原行政行为基本相同的行政行为，人民法院应当根据行政诉讼法第七十条、第七十一条的规定判决撤销或者部分撤销，并根据行政诉讼法第九十六条的规定处理。

第九十一条 原告请求被告履行法定职责的理由成立，被告违法拒绝履行或者无正当理由逾期不予答复的，人民法院可以根据行政诉讼法第七十二条的规定，判决被告在一定期限内依法履行原告请求的法定职责；尚需被告调查或者裁量的，应当判决被告针对原告的请求重新作出处理。

第九十二条 原告申请被告依法履行支付抚恤金、最低生活保障待遇或者社会保险待遇等给付义务的理由成立，被告依法负有给付义务而拒绝或者拖延履行义务的，人民法院可以根据行政诉讼法第七十三条的规定，判决被告在一定期限内履行相应的给付义务。

第九十三条 原告请求被告履行法定职责或者依法履行支付抚恤金、最低生活保障待遇或者社会保险待遇等给付义务，原告未先向行政机关提出申请的，人民法院裁定驳回起诉。

人民法院经审理认为原告所请求履行的法定职责或者给付义务明显不属于行政机关权限范围的，可以裁定驳回起诉。

第九十四条 公民、法人或者其他组织起诉请求撤销行政行为，人民法院经审查认为行政行为无效的，应当作出确认无效的判决。

公民、法人或者其他组织起诉请求确认行政行为无效，人民法院审查认为行政行为不属于无效情形，经释明，原告请求撤销行政行为的，应当继续审理并依法作出相应判决；原告请求撤销行政行为但超过法定起诉期限的，裁定驳回起诉；原告拒绝变更诉讼请求的，判决驳回其诉讼请求。

第九十五条 人民法院经审理认为被诉行政行为违法或者无效，可能给原告造成损失，经释明，原告请求一并解决行政赔偿争议的，人民法院可以就赔偿事项进行调解；调解不成的，应当一并判决。人民法院也可以告知其就赔偿事项另行提起诉讼。

第九十六条 有下列情形之一，且对原告依法享有的听证、陈述、申辩等重要程序性权利不产生实质损害的，属于行政诉讼法第七十四条第一款第二项规定的"程序轻微违法"：

（一）处理期限轻微违法；

（二）通知、送达等程序轻微违法；

（三）其他程序轻微违法的情形。

第九十七条 原告或者第三人的损失系由其自身过错和行政机关的违法行政行为共同造成的，人民法院应当依据各方行为与损害结果之间有无因果关系以及在损害发生和结果中作用力的大小，确定行政机关相应的赔偿责任。

第九十八条 因行政机关不履行、拖延履行法定职责，致使公民、法人或者其他组织的合法权益遭受损害的，人民法院应当判决行政机关承担行政赔偿责任。在确定赔偿数额时，应当考虑该不履行、拖延履行法定职责的行为在损害发生过程和结果中所起的作用等因素。

第九十九条 有下列情形之一的，属于行政诉讼法第七十五条规定的"重大且明显违法"：

（一）行政行为实施主体不具有行政主体资格；

（二）减损权利或者增加义务的行政行为没有法律规范依据；

（三）行政行为的内容客观上不可能实施；

（四）其他重大且明显违法的情形。

第一百条 人民法院审理行政案件，适用最高人民法院司法解释的，应当在裁判文书中援引。

人民法院审理行政案件，可以在裁判文书中引用合法有效的规章及其他规范性文件。

第一百零一条 裁定适用于下列范围：

（一）不予立案；

（二）驳回起诉；

（三）管辖异议；

（四）终结诉讼；

（五）中止诉讼；

（六）移送或者指定管辖；

（七）诉讼期间停止行政行为的执行或者驳回停止执行的申请；

（八）财产保全；

（九）先予执行；

（十）准许或者不准许撤诉；

（十一）补正裁判文书中的笔误；

（十二）中止或者终结执行；

（十三）提审、指令再审或者发回重审；

（十四）准许或者不准许执行行政机关的行政行为；

（十五）其他需要裁定的事项。

对第一、二、三项裁定，当事人可以上诉。

裁定书应当写明裁定结果和作出该裁定的理由。裁定书由审判人员、书记员署名，加盖人民法院印章。口头裁定的，记入笔录。

第一百零二条 行政诉讼法第八十二条规定的行政案件中的"事实清楚"，是指当事人对争议的事实陈述基本一致，并能提供相应的证据，无须人民法院调查收集证据即可查明事实；"权利义务关系明确"，是指行政法律关系中权利和义务能够明确区分；"争议不大"，是指当事人对行政行为的合法性、责任承担等没有实质分歧。

第一百零三条 适用简易程序审理的行政案件，人民法院可以用口头通知、电话、短信、传真、电子邮件等简便方式传唤当事人、通知证人、送达裁判文书以外的诉讼文书。

以简便方式送达的开庭通知，未经当事人确认或者没有其他证据证明当事人已经收到的，人民法院不得缺席判决。

第一百零四条 适用简易程序案件的举证期限由人民法院确定，也可以由当事人协商一致并经人民法院准许，但不得超过十五日。被告要求书面答辩的，人民法院可以确定合理的答辩期间。

人民法院应当将举证期限和开庭日期告知双方当事人，并向当事人说明逾期举证以及拒不到庭的法律后果，由双方当事人在笔录和开庭传票的送达回证上签名或者捺印。

当事人双方均表示同意立即开庭或者缩短举证期限、答辩期间的，人民法院可以立即开庭审理或者确定近期开庭。

第一百零五条 人民法院发现案情复杂，需要转为普通程序审理的，应当在审理期限届满前作出裁定并将合议庭组成人员及相关事项书面通知双方当事人。

案件转为普通程序审理的，审理期限自人民法院立案之日起计算。

第一百零六条 当事人就已经提起诉讼的事项在诉讼

过程中或者裁判生效后再次起诉，同时具有下列情形的，构成重复起诉：

（一）后诉与前诉的当事人相同；

（二）后诉与前诉的诉讼标的相同；

（三）后诉与前诉的诉讼请求相同，或者后诉的诉讼请求被前诉裁判所包含。

第一百零七条 第一审人民法院作出判决和裁定后，当事人均提起上诉的，上诉各方均为上诉人。

诉讼当事人中的一部分人提出上诉，没有提出上诉的对方当事人为被上诉人，其他当事人依原审诉讼地位列明。

第一百零八条 当事人提出上诉，应当按照其他当事人或者诉讼代表人的人数提出上诉状副本。

原审人民法院收到上诉状，应当在五日内将上诉状副本发送其他当事人，对方当事人应当在收到上诉状副本之日起十五日内提出答辩状。

原审人民法院应当在收到答辩状之日起五日内将副本发送上诉人。对方当事人不提出答辩状的，不影响人民法院审理。

原审人民法院收到上诉状、答辩状，应当在五日内连同全部案卷和证据，报送第二审人民法院；已经预收的诉讼费用，一并报送。

第一百零九条 第二审人民法院经审理认为原审人民法院不予立案或者驳回起诉的裁定确有错误且当事人的起诉符合起诉条件的，应当裁定撤销原审人民法院的裁定，指令原审人民法院依法立案或者继续审理。

第二审人民法院裁定发回原审人民法院重新审理的行政案件，原审人民法院应当另行组成合议庭进行审理。

原审判决遗漏了必须参加诉讼的当事人或者诉讼请求的，第二审人民法院应当裁定撤销原审判决，发回重审。

原审判决遗漏行政赔偿请求，第二审人民法院经审查认为依法不应当予以赔偿的，应当判决驳回行政赔偿请求。

原审判决遗漏行政赔偿请求，第二审人民法院经审理认为依法应当予以赔偿的，在确认被诉行政行为违法的同时，可以就行政赔偿问题进行调解；调解不成的，应当就行政赔偿部分发回重审。

当事人在第二审期间提出行政赔偿请求的，第二审人民法院可以进行调解；调解不成的，应当告知当事人另行起诉。

第一百一十条 当事人向上一级人民法院申请再审，应当在判决、裁定或者调解书发生法律效力后六个月内提出。有下列情形之一的，自知道或者应当知道之日起六个月内提出：

（一）有新的证据，足以推翻原判决、裁定的；

（二）原判决、裁定认定事实的主要证据是伪造的；

（三）据以作出原判决、裁定的法律文书被撤销或者变更的；

（四）审判人员审理该案件时有贪污受贿、徇私舞弊、枉法裁判行为的。

第一百一十一条 当事人申请再审的，应当提交再审申请书等材料。人民法院认为有必要的，可以自收到再审申请书之日起五日内将再审申请书副本发送对方当事人。对方当事人应当自收到再审申请书副本之日起十五日内提交书面意见。人民法院可以要求申请人和对方当事人补充有关材料，询问有关事项。

第一百一十二条 人民法院应当自再审申请案件立案之日起六个月内审查，有特殊情况需要延长的，由本院院长批准。

第一百一十三条 人民法院根据审查再审申请案件的需要决定是否询问当事人；新的证据可能推翻原判决、裁定的，人民法院应当询问当事人。

第一百一十四条 审查再审申请期间，被申请人及原审其他当事人依法提出再审申请的，人民法院应当将其列为再审申请人，对其再审事由一并审查，审查期限重新计算。经审查，其中一方再审申请人主张的再审事由成立的，应当裁定再审。各方再审申请人主张的再审事由均不成立的，一并裁定驳回再审申请。

第一百一十五条 审查再审申请期间，再审申请人申请人民法院委托鉴定、勘验的，人民法院不予准许。

审查再审申请期间，再审申请人撤回再审申请的，是否准许，由人民法院裁定。

再审申请人经传票传唤，无正当理由拒不接受询问的，按撤回再审申请处理。

人民法院准许撤回再审申请或者按撤回再审申请处理后，再审申请人再次申请再审的，不予立案，但有行政诉讼法第九十一条第二项、第三项、第七项、第八项规定情形，自知道或者应当知道之日起六个月内提出的除外。

第一百一十六条　当事人主张的再审事由成立，且符合行政诉讼法和本解释规定的申请再审条件的，人民法院应当裁定再审。

当事人主张的再审事由不成立，或者当事人申请再审超过法定申请再审期限、超出法定再审事由范围等不符合行政诉讼法和本解释规定的申请再审条件的，人民法院应当裁定驳回再审申请。

第一百一十七条　有下列情形之一的，当事人可以向人民检察院申请抗诉或者检察建议：

（一）人民法院驳回再审申请的；

（二）人民法院逾期未对再审申请作出裁定的；

（三）再审判决、裁定有明显错误的。

人民法院基于抗诉或者检察建议作出再审判决、裁定后，当事人申请再审的，人民法院不予立案。

第一百一十八条　按照审判监督程序决定再审的案件，裁定中止原判决、裁定、调解书的执行，但支付抚恤金、最低生活保障费或者社会保险待遇的案件，可以不中止执行。

上级人民法院决定提审或者指令下级人民法院再审的，应当作出裁定，裁定应当写明中止原判决的执行；情况紧急的，可以将中止执行的裁定口头通知负责执行的人民法院或者作出生效判决、裁定的人民法院，但应当在口头通知后十日内发出裁定书。

第一百一十九条　人民法院按照审判监督程序再审的案件，发生法律效力的判决、裁定是由第一审法院作出的，按照第一审程序审理，所作的判决、裁定，当事人可以上诉；发生法律效力的判决、裁定是由第二审法院作出的，按照第二审程序审理，所作的判决、裁定，是发生法律效力的判决、裁定；上级人民法院按照审判监督程序提审的，按照第二审程序审理，所作的判决、裁定是发生法律效力的判决、裁定。

人民法院审理再审案件，应当另行组成合议庭。

第一百二十条　人民法院审理再审案件应当围绕再审请求和被诉行政行为合法性进行。当事人的再审请求超出原审诉讼请求，符合另案诉讼条件的，告知当事人可以另行起诉。

被申请人及原审其他当事人在庭审辩论结束前提出的再审请求，符合本解释规定的申请期限的，人民法院应当一并审理。

人民法院经再审，发现已经发生法律效力的判决、裁定损害国家利益、社会公共利益、他人合法权益的，应当一并审理。

第一百二十一条　再审审理期间，有下列情形之一的，裁定终结再审程序：

（一）再审申请人在再审期间撤回再审请求，人民法院准许的；

（二）再审申请人经传票传唤，无正当理由拒不到庭的，或者未经法庭许可中途退庭，按撤回再审请求处理的；

（三）人民检察院撤回抗诉的；

（四）其他应当终结再审程序的情形。

因人民检察院提出抗诉裁定再审的案件，申请抗诉的当事人有前款规定的情形，且不损害国家利益、社会公共利益或者他人合法权益的，人民法院裁定终结再审程序。

再审程序终结后，人民法院裁定中止执行的原生效判决自动恢复执行。

第一百二十二条　人民法院审理再审案件，认为原生效判决、裁定确有错误，在撤销原生效判决或者裁定的同时，可以对生效判决、裁定的内容作出相应裁判，也可以裁定撤销生效判决或者裁定，发回作出生效判决、裁定的人民法院重新审理。

第一百二十三条　人民法院审理二审案件和再审案件，对原审法院立案、不予立案或者驳回起诉错误的，应当分别情况作如下处理：

（一）第一审人民法院作出实体判决后，第二审人民法院认为不应当立案的，在撤销第一审人民法院判决的同时，可以迳行驳回起诉；

（二）第二审人民法院维持第一审人民法院不予立案裁定错误的，再审法院应当撤销第一审、第二审人民法院裁定，指令第一审人民法院受理；

（三）第二审人民法院维持第一审人民法院驳回起诉裁定错误的，再审法院应当撤销第一审、第二审人民法院裁定，指令第一审人民法院审理。

第一百二十四条　人民检察院提出抗诉的案件，接受抗诉的人民法院应当自收到抗诉书之日起三十日内作出再审的裁定；有行政诉讼法第九十一条第二、三项规定情形之一的，可以指令下一级人民法院再审，但经该下一级人民法院再审过的除外。

人民法院在审查抗诉材料期间，当事人之间已经达成和解协议的，人民法院可以建议人民检察院撤回抗诉。

第一百二十五条 人民检察院提出抗诉的案件，人民法院再审开庭时，应当在开庭三日前通知人民检察院派员出庭。

第一百二十六条 人民法院收到再审检察建议后，应当组成合议庭，在三个月内进行审查，发现原判决、裁定、调解书确有错误，需要再审的，依照行政诉讼法第九十二条规定裁定再审，并通知当事人；经审查，决定不予再审的，应当书面回复人民检察院。

第一百二十七条 人民法院审理因人民检察院抗诉或者检察建议裁定再审的案件，不受此前已经作出的驳回当事人再审申请裁定的限制。

八、行政机关负责人出庭应诉

第一百二十八条 行政诉讼法第三条第三款规定的行政机关负责人，包括行政机关的正职、副职负责人以及其他参与分管的负责人。

行政机关负责人出庭应诉的，可以另行委托一至二名诉讼代理人。行政机关负责人不能出庭的，应当委托行政机关相应的工作人员出庭，不得仅委托律师出庭。

第一百二十九条 涉及重大公共利益、社会高度关注或者可能引发群体性事件等案件以及人民法院书面建议行政机关负责人出庭的案件，被诉行政机关负责人应当出庭。

被诉行政机关负责人出庭应诉的，应当在当事人及其诉讼代理人基本情况、案件由来部分予以列明。

行政机关负责人有正当理由不能出庭应诉的，应当向人民法院提交情况说明，并加盖行政机关印章或者由该机关主要负责人签字认可。

行政机关拒绝说明理由的，不发生阻止案件审理的效果，人民法院可以向监察机关、上一级行政机关提出司法建议。

第一百三十条 行政诉讼法第三条第三款规定的“行政机关相应的工作人员”，包括该行政机关具有国家行政编制身份的工作人员以及其他依法履行公职的人员。

被诉行政行为是地方人民政府作出的，地方人民政府法制工作机构的工作人员，以及被诉行政行为具体承办机关工作人员，可以视为被诉人民政府相应的工作人员。

第一百三十一条 行政机关负责人出庭应诉的，应当向人民法院提交能够证明该行政机关负责人职务的材料。

行政机关委托相应的工作人员出庭应诉的，应当向人民法院提交加盖行政机关印章的授权委托书，并载明工作人员的姓名、职务和代理权限。

第一百三十二条 行政机关负责人和行政机关相应的工作人员均不出庭，仅委托律师出庭的或者人民法院书面建议行政机关负责人出庭应诉，行政机关负责人不出庭应诉的，人民法院应当记录在案和在裁判文书中载明，并可以建议有关机关依法作出处理。

九、复议机关作共同被告

第一百三十三条 行政诉讼法第二十六条第二款规定的“复议机关决定维持原行政行为”，包括复议机关驳回复议申请或者复议请求的情形，但以复议申请不符合受理条件为由驳回的除外。

第一百三十四条 复议机关决定维持原行政行为的，作出原行政行为的行政机关和复议机关是共同被告。原告只起诉作出原行政行为的行政机关或者复议机关的，人民法院应当告知原告追加被告。原告不同意追加的，人民法院应当将另一机关列为共同被告。

行政复议决定既有维持原行政行为内容，又有改变原行政行为内容或者不予受理申请内容的，作出原行政行为的行政机关和复议机关为共同被告。

复议机关作共同被告的案件，以作出原行政行为的行政机关确定案件的级别管辖。

第一百三十五条 复议机关决定维持原行政行为的，人民法院应当在审查原行政行为合法性的同时，一并审查复议决定的合法性。

作出原行政行为的行政机关和复议机关对原行政行为合法性共同承担举证责任，可以由其中一个机关实施举证行为。复议机关对复议决定的合法性承担举证责任。

复议机关作共同被告的案件，复议机关在复议程序中依法收集和补充的证据，可以作为人民法院认定复议决定和原行政行为合法的依据。

第一百三十六条　人民法院对原行政行为作出判决的同时，应当对复议决定一并作出相应判决。

人民法院依职权追加作出原行政行为的行政机关或者复议机关为共同被告的，对原行政行为或者复议决定可以作出相应判决。

人民法院判决撤销原行政行为和复议决定的，可以判决作出原行政行为的行政机关重新作出行政行为。

人民法院判决作出原行政行为的行政机关履行法定职责或者给付义务的，应当同时判决撤销复议决定。

原行政行为合法、复议决定违法的，人民法院可以判决撤销复议决定或者确认复议决定违法，同时判决驳回原告针对原行政行为的诉讼请求。

原行政行为被撤销、确认违法或者无效，给原告造成损失的，应当由作出原行政行为的行政机关承担赔偿责任；因复议决定加重损害的，由复议机关对加重部分承担赔偿责任。

原行政行为不符合复议或者诉讼受案范围等受理条件，复议机关作出维持决定的，人民法院应当裁定一并驳回对原行政行为和复议决定的起诉。

十、相关民事争议的一并审理

第一百三十七条　公民、法人或者其他组织请求一并审理行政诉讼法第六十一条规定的相关民事争议，应当在第一审开庭审理前提出；有正当理由的，也可以在法庭调查中提出。

第一百三十八条　人民法院决定在行政诉讼中一并审理相关民事争议，或者案件当事人一致同意相关民事争议在行政诉讼中一并解决，人民法院准许的，由受理行政案件的人民法院管辖。

公民、法人或者其他组织请求一并审理相关民事争议，人民法院经审查发现行政案件已经超过起诉期限，民事案件尚未立案的，告知当事人另行提起民事诉讼；民事案件已经立案的，由原审判组织继续审理。

人民法院在审理行政案件中发现民事争议为解决行政争议的基础，当事人没有请求人民法院一并审理相关民事争议的，人民法院应当告知当事人依法申请一并解决民事争议。当事人就民事争议另行提起民事诉讼并已立案的，人民法院应当中止行政诉讼的审理。民事争议处理期间不计算在行政诉讼审理期限内。

第一百三十九条　有下列情形之一的，人民法院应当作出不予准许一并审理民事争议的决定，并告知当事人可以依法通过其他渠道主张权利：

（一）法律规定应当由行政机关先行处理的；

（二）违反民事诉讼法专属管辖规定或者协议管辖约定的；

（三）约定仲裁或者已经提起民事诉讼的；

（四）其他不宜一并审理民事争议的情形。

对不予准许的决定可以申请复议一次。

第一百四十条　人民法院在行政诉讼中一并审理相关民事争议的，民事争议应当单独立案，由同一审判组织审理。

人民法院审理行政机关对民事争议所作裁决的案件，一并审理民事争议的，不另行立案。

第一百四十一条　人民法院一并审理相关民事争议，适用民事法律规范的相关规定，法律另有规定的除外。

当事人在调解中对民事权益的处分，不能作为审查被诉行政行为合法性的根据。

第一百四十二条　对行政争议和民事争议应当分别裁判。

当事人仅对行政裁判或者民事裁判提出上诉的，未上诉的裁判在上诉期满后即发生法律效力。第一审人民法院应当将全部案卷一并移送第二审人民法院，由行政审判庭审理。第二审人民法院发现未上诉的生效裁判确有错误的，应当按照审判监督程序再审。

第一百四十三条　行政诉讼原告在宣判前申请撤诉的，是否准许由人民法院裁定。人民法院裁定准许行政诉讼原告撤诉，但其对已经提起的一并审理相关民事争议不撤诉的，人民法院应当继续审理。

第一百四十四条　人民法院一并审理相关民事争议，应当按行政案件、民事案件的标准分别收取诉讼费用。

十一、规范性文件的一并审查

第一百四十五条　公民、法人或者其他组织在对行政行为提起诉讼时一并请求对所依据的规范性文件审查的，由行政行为案件管辖法院一并审查。

第一百四十六条　公民、法人或者其他组织请求人民法院一并审查行政诉讼法第五十三条规定的规范性文件，应当在第一审开庭审理前提出；有正当理由的，也可以在法庭调查中提出。

第一百四十七条　人民法院在对规范性文件审查过程中，发现规范性文件可能不合法的，应当听取规范性文件制定机关的意见。

制定机关申请出庭陈述意见的，人民法院应当准许。

行政机关未陈述意见或者未提供相关证明材料的，不能阻止人民法院对规范性文件进行审查。

第一百四十八条　人民法院对规范性文件进行一并审查时，可以从规范性文件制定机关是否超越权限或者违反法定程序、作出行政行为所依据的条款以及相关条款等方面进行。

有下列情形之一的，属于行政诉讼法第六十四条规定的“规范性文件不合法”：

（一）超越制定机关的法定职权或者超越法律、法规、规章的授权范围的；

（二）与法律、法规、规章等上位法的规定相抵触的；

（三）没有法律、法规、规章依据，违法增加公民、法人和其他组织义务或者减损公民、法人和其他组织合法权益的；

（四）未履行法定批准程序、公开发布程序，严重违反制定程序的；

（五）其他违反法律、法规以及规章规定的情形。

第一百四十九条　人民法院经审查认为行政行为所依据的规范性文件合法的，应当作为认定行政行为合法的依据；经审查认为规范性文件不合法的，不作为人民法院认定行政行为合法的依据，并在裁判理由中予以阐明。作出生效裁判的人民法院应当向规范性文件的制定机关提出处理建议，并可以抄送制定机关的同级人民政府、上一级行政机关、监察机关以及规范性文件的备案机关。

规范性文件不合法的，人民法院可以在裁判生效之日起三个月内，向规范性文件制定机关提出修改或者废止该规范性文件的司法建议。

规范性文件由多个部门联合制定的，人民法院可以向该规范性文件的主办机关或者共同上一级行政机关发送司法建议。

接收司法建议的行政机关应当在收到司法建议之日起六十日内予以书面答复。情况紧急的，人民法院可以建议制定机关或者其上一级行政机关立即停止执行该规范性文件。

第一百五十条　人民法院认为规范性文件不合法的，应当在裁判生效后报送上一级人民法院进行备案。涉及国务院部门、省级行政机关制定的规范性文件，司法建议还应当分别层报最高人民法院、高级人民法院备案。

第一百五十一条　各级人民法院院长对本院已经发生法律效力的判决、裁定，发现规范性文件合法性认定错误，认为需要再审的，应当提交审判委员会讨论。

最高人民法院对地方各级人民法院已经发生法律效力的判决、裁定，上级人民法院对下级人民法院已经发生法律效力的判决、裁定，发现规范性文件合法性认定错误的，有权提审或者指令下级人民法院再审。

十二、执　　行

第一百五十二条　对发生法律效力的行政判决书、行政裁定书、行政赔偿判决书和行政调解书，负有义务的一方当事人拒绝履行的，对方当事人可以依法申请人民法院强制执行。

人民法院判决行政机关履行行政赔偿、行政补偿或者其他行政给付义务，行政机关拒不履行的，对方当事人可以依法向法院申请强制执行。

第一百五十三条　申请执行的期限为二年。申请执行时效的中止、中断，适用法律有关规定。

申请执行的期限从法律文书规定的履行期间最后一日起计算；法律文书规定分期履行的，从规定的每次履行期间的最后一日起计算；法律文书中没有规定履行期限的，从该法律文书送达当事人之日起计算。

逾期申请的，除有正当理由外，人民法院不予受理。

第一百五十四条 发生法律效力的行政判决书、行政裁定书、行政赔偿判决书和行政调解书，由第一审人民法院执行。

第一审人民法院认为情况特殊，需要由第二审人民法院执行的，可以报请第二审人民法院执行；第二审人民法院可以决定由其执行，也可以决定由第一审人民法院执行。

第一百五十五条 行政机关根据行政诉讼法第九十七条的规定申请执行其行政行为，应当具备以下条件：

（一）行政行为依法可以由人民法院执行；

（二）行政行为已经生效并具有可执行内容；

（三）申请人是作出该行政行为的行政机关或者法律、法规、规章授权的组织；

（四）被申请人是该行政行为所确定的义务人；

（五）被申请人在行政行为确定的期限内或者行政机关催告期限内未履行义务；

（六）申请人在法定期限内提出申请；

（七）被申请执行的行政案件属于受理执行申请的人民法院管辖。

行政机关申请人民法院执行，应当提交行政强制法第五十五条规定的相关材料。

人民法院对符合条件的申请，应当在五日内立案受理，并通知申请人；对不符合条件的申请，应当裁定不予受理。行政机关对不予受理裁定有异议，在十五日内向上一级人民法院申请复议的，上一级人民法院应当在收到复议申请之日起十五日内作出裁定。

第一百五十六条 没有强制执行权的行政机关申请人民法院强制执行其行政行为，应当自被执行人的法定起诉期限届满之日起三个月内提出。逾期申请的，除有正当理由外，人民法院不予受理。

第一百五十七条 行政机关申请人民法院强制执行其行政行为的，由申请人所在地的基层人民法院受理；执行对象为不动产的，由不动产所在地的基层人民法院受理。

基层人民法院认为执行确有困难的，可以报请上级人民法院执行；上级人民法院可以决定由其执行，也可以决定由下级人民法院执行。

第一百五十八条 行政机关根据法律的授权对平等主体之间民事争议作出裁决后，当事人在法定期限内不起诉又不履行，作出裁决的行政机关在申请执行的期限内未申请人民法院强制执行的，生效行政裁决确定的权利人或者其继承人、权利承受人在六个月内可以申请人民法院强制执行。

享有权利的公民、法人或者其他组织申请人民法院强制执行生效行政裁决，参照行政机关申请人民法院强制执行行政行为的规定。

第一百五十九条 行政机关或者行政行为确定的权利人申请人民法院强制执行前，有充分理由认为被执行人可能逃避执行的，可以申请人民法院采取财产保全措施。后者申请强制执行的，应当提供相应的财产担保。

第一百六十条 人民法院受理行政机关申请执行其行政行为的案件后，应当在七日内由行政审判庭对行政行为的合法性进行审查，并作出是否准予执行的裁定。

人民法院在作出裁定前发现行政行为明显违法并损害被执行人合法权益的，应当听取被执行人和行政机关的意见，并自受理之日起三十日内作出是否准予执行的裁定。

需要采取强制执行措施的，由本院负责强制执行非诉行政行为的机构执行。

第一百六十一条 被申请执行的行政行为有下列情形之一的，人民法院应当裁定不准予执行：

（一）实施主体不具有行政主体资格的；

（二）明显缺乏事实根据的；

（三）明显缺乏法律、法规依据的；

（四）其他明显违法并损害被执行人合法权益的情形。

行政机关对不准予执行的裁定有异议，在十五日内向上一级人民法院申请复议的，上一级人民法院应当在收到复议申请之日起三十日内作出裁定。

十三、附　　则

第一百六十二条 公民、法人或者其他组织对2015年5月1日之前作出的行政行为提起诉讼，请求确认行政行为无效的，人民法院不予立案。

第一百六十三条 本解释自2018年2月8日起施行。

本解释施行后，《最高人民法院关于执行〈中华人民共和国行政诉讼法〉若干问题的解释》（法释〔2000〕8号）、《最高人民法院关于适用〈中华人民共和国行政诉讼法〉若干问题的解释》(法释〔2015〕9号)同时废止。最高人民法院以前发布的司法解释与本解释不一致的,不再适用。

人民检察院行政诉讼监督规则

1. 2021年4月8日最高人民检察院第十三届检察委员会第六十五次会议通过
2. 2021年7月27日最高人民检察院发布
3. 高检发释字〔2021〕3号
4. 自2021年9月1日起施行

目　　录

第一章　总　　则

第一条　为了保障和规范人民检察院依法履行行政诉讼监督职责,根据《中华人民共和国行政诉讼法》《中华人民共和国民事诉讼法》《中华人民共和国人民检察院组织法》和其他有关规定,结合人民检察院工作实际,制定本规则。

第二条　人民检察院依法独立行使检察权,通过办理行政诉讼监督案件,监督人民法院依法审判和执行,促进行政机关依法行使职权,维护司法公正和司法权威,维护国家利益和社会公共利益,保护公民、法人和其他组织的合法权益,推动行政争议实质性化解,保障国家法律的统一正确实施。

第三条　人民检察院通过提出抗诉、检察建议等方式,对行政诉讼实行法律监督。

第四条　人民检察院对行政诉讼实行法律监督,应当以事实为根据,以法律为准绳,坚持公开、公平、公正,依法全面审查,监督和支持人民法院、行政机关依法行使职权。

第五条　人民检察院办理行政诉讼监督案件,应当实行繁简分流,繁案精办、简案快办。

人民检察院办理行政诉讼监督案件,应当加强智慧借助,对于重大、疑难、复杂问题,可以向专家咨询或者组织专家论证,听取专家意见建议。

第六条　人民检察院办理行政诉讼监督案件,应当查清案件事实、辨明是非,综合运用监督纠正、公开听证、释法说理、司法救助等手段,开展行政争议实质性化解工作。

第七条　负责控告申诉检察、行政检察、案件管理的部门分别承担行政诉讼监督案件的受理、办理、管理工作,各部门互相配合,互相制约。

当事人不服人民法院生效行政赔偿判决、裁定、调解书的案件,由负责行政检察的部门办理,适用本规则规定。

第八条　人民检察院办理行政诉讼监督案件,由检察官、检察长、检察委员会在各自职权范围内对办案事项作出决定,并依照规定承担相应司法责任。

检察官在检察长领导下开展工作。重大办案事项,由检察长决定。检察长可以根据案件情况,提交检察委员会讨论决定。其他办案事项,检察长可以自行决定,也可以委托检察官决定。

本规则对应当由检察长或者检察委员会决定的重大办案事项有明确规定的,依照本规则的规定;本规则没有明确规定的,省级人民检察院可以制定有关规定,报最高人民检察院批准。

以人民检察院名义制发的法律文书,由检察长签发;属于检察官职权范围内决定事项的,检察长可以授权检察官签发。

重大、疑难、复杂或者有社会影响的案件,应当向检察长报告。

第九条　人民检察院办理行政诉讼监督案件，根据案件情况，可以由一名检察官独任办理，也可以由两名以上检察官组成办案组办理。由检察官办案组办理的，检察长应当指定一名检察官担任主办检察官，组织、指挥办案组办理案件。

检察官办理行政诉讼监督案件，可以根据需要配备检察官助理、书记员、司法警察、检察技术人员等检察辅助人员。检察辅助人员依照有关规定承担相应的检察辅助事务。

第十条　最高人民检察院领导地方各级人民检察院和专门人民检察院的行政诉讼监督工作，上级人民检察院领导下级人民检察院的行政诉讼监督工作。

上级人民检察院认为下级人民检察院的决定错误的，有权指令下级人民检察院纠正，或者依法撤销、变更。上级人民检察院的决定，应当以书面形式作出，下级人民检察院应当执行。下级人民检察院对上级人民检察院的决定有不同意见的，可以在执行的同时向上级人民检察院报告。

上级人民检察院可以依法统一调用辖区的检察人员办理行政诉讼监督案件，调用的决定应当以书面形式作出。被调用的检察官可以代表办理案件的人民检察院履行相关检察职责。

第十一条　人民检察院检察长或者检察长委托的副检察长在同级人民法院审判委员会讨论行政诉讼监督案件或者其他与行政诉讼监督工作有关的议题时，可以依照有关规定列席会议。

第十二条　检察人员办理行政诉讼监督案件，应当秉持客观公正的立场，自觉接受监督。

检察人员不得违反规定与当事人、律师、特殊关系人、中介组织接触、交往。

检察人员有收受贿赂、徇私枉法等行为的，应当追究纪律责任和法律责任。

检察人员对过问或者干预、插手行政诉讼监督案件办理等重大事项的行为，应当依照有关规定全面、如实、及时记录、报告。

第二章　回　　避

第十三条　检察人员办理行政诉讼监督案件，有下列情形之一的，应当自行回避，当事人有权申请他们回避：

（一）是本案当事人或者当事人、委托代理人近亲属的；

（二）担任过本案的证人、委托代理人、审判人员、行政执法人员的；

（三）与本案有利害关系的；

（四）与本案当事人、委托代理人有其他关系，可能影响对案件公正办理的。

检察人员接受当事人、委托代理人请客送礼及其他利益，或者违反规定会见当事人、委托代理人，当事人有权申请他们回避。

上述规定，适用于书记员、翻译人员、鉴定人、勘验人等。

第十四条　检察人员自行回避的，可以口头或者书面方式提出，并说明理由。口头提出申请的，应当记录在卷。

第十五条　当事人申请回避，应当在人民检察院作出提出抗诉或者检察建议等决定前以口头或者书面方式提出，并说明理由。口头提出申请的，应当记录在卷。依照本规则第十三条第二款规定提出回避申请的，应当提供相关证据。

被申请回避的人员在人民检察院作出是否回避的决定前，应当暂停参与本案工作，但案件需要采取紧急措施的除外。

第十六条　检察长的回避，由检察委员会讨论决定；检察人员和其他人员的回避，由检察长决定。检察委员会讨论检察长回避问题时，由副检察长主持，检察长不得参加。

第十七条　人民检察院对当事人提出的回避申请，应当在三日内作出决定，并通知申请人。对明显不属于法定回避事由的申请，可以当场驳回，并记录在卷。

申请人对驳回回避申请的决定不服的，可以在接到决定时向原决定机关申请复议一次。人民检察院应当在三日内作出复议决定，并通知复议申请人。复议期间，被申请回避的人员不停止参与本案工作。

第三章　受　　理

第十八条　人民检察院受理行政诉讼监督案件的途径包括：

（一）当事人向人民检察院申请监督；

（二）当事人以外的公民、法人或者其他组织向人民检察院控告；

（三）人民检察院依职权发现。

第十九条　有下列情形之一的，当事人可以向人民检察院申请监督：

（一）人民法院驳回再审申请或者逾期未对再审申请作出裁定，当事人对已经发生法律效力的行政判决、裁定、调解书，认为确有错误的；

（二）认为再审行政判决、裁定确有错误的；

（三）认为行政审判程序中审判人员存在违法行为的；

（四）认为人民法院行政案件执行活动存在违法情形的。

当事人死亡或者终止的，其权利义务承继者可以依照前款规定向人民检察院申请监督。

第二十条　当事人依照本规则第十九条第一款第一项、第二项规定向人民检察院申请监督，应当在人民法院送达驳回再审申请裁定之日或者再审判决、裁定发生法律效力之日起六个月内提出；对人民法院逾期未对再审申请作出裁定的，应当在再审申请审查期限届满之日起六个月内提出。

当事人依照本规则第十九条第一款第一项、第二项规定向人民检察院申请监督，具有下列情形之一的，应当在知道或者应当知道之日起六个月内提出：

（一）有新的证据，足以推翻原生效判决、裁定的；

（二）原生效判决、裁定认定事实的主要证据系伪造的；

（三）据以作出原生效判决、裁定的法律文书被撤销或者变更的；

（四）审判人员在审理该案件时有贪污受贿、徇私舞弊、枉法裁判行为的。

当事人依照本规则第十九条第一款第三项、第四项向人民检察院申请监督，应当在知道或者应当知道审判人员违法行为或者执行活动违法情形发生之日起六个月内提出。

本条规定的期间为不变期间，不适用中止、中断、延长的规定。

第二十一条　当事人向人民检察院申请监督，应当提交监督申请书、身份证明、相关法律文书及证据材料。提交证据材料的，应当附证据清单。

申请监督材料不齐备的，人民检察院应当要求申请人限期补齐，并一次性明确告知应当补齐的全部材料以及逾期未按要求补齐视为撤回监督申请的法律后果。申请人逾期未补齐主要材料的，视为撤回监督申请。

第二十二条　本规则第二十一条规定的监督申请书应当记明下列事项：

（一）申请人的姓名、性别、年龄、民族、职业、工作单位、住址、有效联系方式，法人或者其他组织的名称、住所和法定代表人或者主要负责人的姓名、职务、有效联系方式；

（二）其他当事人的姓名、性别、工作单位、住址、有效联系方式等信息，法人或者其他组织的名称、住所、法定代表人或者主要负责人的姓名、职务、有效联系方式等信息；

（三）申请监督请求；

（四）申请监督的具体法定情形及事实、理由。

申请人应当按照其他当事人的人数提交监督申请书副本。

第二十三条　本规则第二十一条规定的身份证明包括：

（一）公民的居民身份证、军官证、士兵证、护照等能够证明本人身份的有效证件；

（二）法人或者其他组织的统一社会信用代码证书或者营业执照、法定代表人或者主要负责人的身份证明等有效证照。

对当事人提交的身份证明，人民检察院经核对无误留存复印件。

第二十四条　本规则第二十一条规定的相关法律文书是指人民法院在该案件诉讼过程中作出的全部判决书、裁定书、决定书、调解书等法律文书。

第二十五条　当事人申请监督，可以依照《中华人民共和国行政诉讼法》的规定委托代理人。

第二十六条　当事人申请监督同时符合下列条件的，人民检察院应当受理：

（一）符合本规则第十九条的规定；

（二）符合本规则第二十条的规定；

（三）申请人提供的材料符合本规则第二十一条至第二十四条的规定；

（四）属于本院受理案件范围；

（五）不具有本规则规定的不予受理情形。

第二十七条 当事人向人民检察院申请监督，有下列情形之一的，人民检察院不予受理：

（一）当事人对生效行政判决、裁定、调解书未向人民法院申请再审的；

（二）当事人申请再审超过法律规定的期限的；

（三）人民法院在法定期限内正在对再审申请进行审查的；

（四）人民法院已经裁定再审且尚未审结的；

（五）人民检察院已经审查终结作出决定的；

（六）行政判决、裁定、调解书是人民法院根据人民检察院的抗诉或者再审检察建议再审后作出的；

（七）申请监督超过本规则第二十条规定的期限的；

（八）根据法律规定可以对人民法院的执行活动提出异议、申请复议或者提起诉讼，当事人、利害关系人、案外人没有提出异议、申请复议或者提起诉讼的，但有正当理由或者人民检察院依职权监督的除外；

（九）当事人提出有关执行的异议、申请复议、申诉或者提起诉讼后，人民法院已经受理并正在审查处理的，但超过法定期限未作出处理的除外；

（十）其他不应当受理的情形。

第二十八条 当事人对已经发生法律效力的行政判决、裁定、调解书向人民检察院申请监督的，由作出生效判决、裁定、调解书的人民法院所在地同级人民检察院负责控告申诉检察的部门受理。

第二十九条 当事人认为行政审判程序中审判人员存在违法行为或者执行活动存在违法情形，向人民检察院申请监督的，由审理、执行案件的人民法院所在地同级人民检察院负责控告申诉检察的部门受理。

当事人不服审理、执行案件人民法院的上级人民法院作出的复议裁定、决定等，向人民检察院申请监督的，由作出复议裁定、决定等的人民法院所在地同级人民检察院负责控告申诉检察的部门受理。

第三十条 人民检察院不依法受理当事人监督申请的，当事人可以向上一级人民检察院申请监督。上一级人民检察院认为当事人监督申请符合受理条件的，应当指令下一级人民检察院受理，必要时也可以直接受理。

第三十一条 人民检察院负责控告申诉检察的部门对监督申请，应当在七日内根据以下情形作出处理，并答复申请人：

（一）符合受理条件的，应当依照本规则规定作出受理决定；

（二）不属于本院受理案件范围的，应当告知申请人向有关人民检察院申请监督；

（三）不属于人民检察院主管范围的，告知申请人向有关机关反映；

（四）不符合受理条件，且申请人不撤回监督申请的，可以决定不予受理。

第三十二条 负责控告申诉检察的部门应当在决定受理之日起三日内制作《受理通知书》，发送申请人，并告知其权利义务。

需要通知其他当事人的，应当将《受理通知书》和监督申请书副本发送其他当事人，并告知其权利义务。其他当事人可以在收到监督申请书副本之日起十五日内提出书面意见；不提出意见的，不影响人民检察院对案件的审查。

第三十三条 负责控告申诉检察的部门应当在决定受理之日起三日内将案件材料移送本院负责行政检察的部门，同时将《受理通知书》抄送本院负责案件管理的部门。负责控告申诉检察的部门收到其他当事人提交的书面意见等材料，应当及时移送负责行政检察的部门。

第三十四条 当事人以外的公民、法人或者其他组织认为人民法院行政审判程序中审判人员存在违法行为或者执行活动存在违法情形的，可以向同级人民检察院控告。控告由人民检察院负责控告申诉检察的部门受理。

负责控告申诉检察的部门对收到的控告，应当依照《人民检察院信访工作规定》等办理。

第三十五条 负责控告申诉检察的部门可以依照《人民检察院信访工作规定》，向下级人民检察院交办涉及行政诉讼监督的信访案件。

第三十六条 人民检察院在履行职责中发现行政案件有下列情形之一的，应当依职权监督：

（一）损害国家利益或者社会公共利益的；

（二）审判人员、执行人员审理和执行行政案件时有贪污受贿、徇私舞弊、枉法裁判等行为的；

（三）依照有关规定需要人民检察院跟进监督的；

（四）人民检察院作出的不支持监督申请决定确有错误的；

（五）其他确有必要进行监督的。

人民检察院对行政案件依职权监督，不受当事人是否申请再审的限制。

第三十七条　下级人民检察院提请抗诉、提请其他监督等案件，由上一级人民检察院负责案件管理的部门受理。

依职权监督的案件，负责行政检察的部门应当到负责案件管理的部门登记受理。

第三十八条　负责案件管理的部门接收案件材料后，应当在三日内登记并将案件材料和案件登记表移送负责行政检察的部门；案件材料不符合规定的，应当要求补齐。

负责案件管理的部门登记受理后，需要通知当事人的，负责行政检察的部门应当制作《受理通知书》，并在三日内发送当事人。

第四章　审　查

第一节　一般规定

第三十九条　人民检察院负责行政检察的部门负责对受理后的行政诉讼监督案件进行审查。

第四十条　负责行政检察的部门收到负责控告申诉检察、案件管理的部门移送的行政诉讼监督案件后，应当按照随机分案为主、指定分案为辅的原则，确定承办案件的独任检察官或者检察官办案组。

第四十一条　上级人民检察院可以将受理的行政诉讼监督案件交由下级人民检察院办理，并限定办理期限。交办的案件应当制作《交办通知书》，并将有关材料移送下级人民检察院。下级人民检察院应当依法办理，在规定期限内提出处理意见并报送上级人民检察院，上级人民检察院应当在法定期限内作出决定。

上级人民检察院交办案件需要通知当事人的，应当制作通知文书，并发送当事人。

第四十二条　上级人民检察院认为确有必要的，可以办理下级人民检察院受理的行政诉讼监督案件。

下级人民检察院受理的行政诉讼监督案件，认为需要由上级人民检察院办理的，可以报请上级人民检察院办理。

最高人民检察院、省级人民检察院根据实质性化解行政争议等需要，可以指定下级人民检察院办理案件。

第四十三条　人民检察院审查行政诉讼监督案件，应当围绕申请人的申请监督请求、争议焦点、本规则第三十六条规定的情形以及发现的其他违法情形，对行政诉讼活动进行全面审查。其他当事人在人民检察院作出决定前也申请监督的，应当将其列为申请人，对其申请监督请求一并审查。

第四十四条　人民检察院在审查行政诉讼监督案件期间收到申请人或者其他当事人提交的证据材料的，应当出具收据。

第四十五条　被诉行政机关以外的当事人对不能自行收集的证据，在原审中向人民法院申请调取，人民法院应当调取而未予以调取，在诉讼监督阶段向人民检察院申请调取，符合下列情形之一的，人民检察院可以调取：

（一）由国家机关保存只能由国家机关调取的证据；

（二）涉及国家秘密、商业秘密和个人隐私的证据；

（三）确因客观原因不能自行收集的其他证据。

当事人依照前款规定申请调取证据，人民检察院认为与案件事实无关联、对证明案件事实无意义或者其他无调取收集必要的，不予调取。

第四十六条　人民检察院应当告知当事人有申请回避的权利，并告知办理行政诉讼监督案件的检察人员、书记员等的姓名、法律职务。

第四十七条　人民检察院审查案件，应当听取当事人意见，调查核实有关情况，必要时可以举行听证，也可以听取专家意见。

对于当事人委托律师担任代理人的，人民检察院应当听取代理律师意见，尊重和支持代理律师依法履行职责，依法为代理律师履职提供相关协助和便利，保障代理律师执业权利。

第四十八条　人民检察院可以采取当面、视频、电话、传真、电子邮件、由当事人提交书面意见等方式听取当事人意见。

听取意见的内容包括：

（一）申请人认为生效行政判决、裁定、调解书符合再审情形的主要事实和理由；

（二）申请人认为人民法院行政审判程序中审判人员违法的事实和理由；

（三）申请人认为人民法院行政案件执行活动违法的事实和理由；

（四）其他当事人针对申请人申请监督请求所提出的意见及理由；

（五）行政机关作出行政行为的事实和理由；

（六）申请人与其他当事人有无和解意愿；

（七）其他需要听取的意见。

第四十九条 人民检察院审查案件，可以依照有关规定调阅人民法院的诉讼卷宗、执行卷宗。

通过拷贝电子卷、查阅、复制、摘录等方式能够满足办案需要的，可以不调阅卷宗。

对于人民法院已经结案尚未归档的行政案件，正在办理或者已经结案尚未归档的执行案件，人民检察院可以直接到办理部门查阅、复制、拷贝、摘录案件材料，不调阅卷宗。

在对生效行政判决、裁定或者调解书的监督案件进行审查过程中，需要调取人民法院正在办理的其他案件材料的，人民检察院可以商办理案件的人民法院调取。

第五十条 人民检察院审查案件，对于事实认定、法律适用的重大、疑难、复杂问题，可以采用以下方式听取专家意见：

（一）召开专家论证会；

（二）口头或者书面咨询；

（三）其他咨询或者论证方式。

第五十一条 人民检察院办理行政诉讼监督案件，应当全面检索相关指导性案例、典型案例和关联案例，并在审查终结报告中作出说明。

第五十二条 承办检察官对审查认定的事实负责。审查终结后，应当制作审查终结报告。审查终结报告应当全面、客观、公正地叙述案件事实，依照法律提出明确的处理意见。

第五十三条 承办检察官办理案件过程中，可以提请负责行政检察的部门负责人召集检察官联席会议讨论。

负责行政检察的部门负责人对本部门的办案活动进行监督管理。需要报请检察长决定的事项和需要向检察长报告的案件，应当先由部门负责人审核。部门负责人可以主持召开检察官联席会议进行讨论，也可以直接报请检察长决定或者向检察长报告。

检察官联席会议讨论情况和意见应当如实记录，由参加会议的检察官签名后附卷保存。讨论结果供办案参考。

第五十四条 检察长不同意检察官意见的，可以要求检察官复核，也可以直接作出决定，或者提请检察委员会讨论决定。

检察官执行检察长决定时，认为决定错误的，应当书面提出意见。检察长不改变原决定的，检察官应当执行。

第五十五条 人民检察院对审查终结的案件，应当区分情况依法作出下列决定：

（一）提出再审检察建议；

（二）提请抗诉或者提请其他监督；

（三）提出抗诉；

（四）提出检察建议；

（五）不支持监督申请；

（六）终结审查。

对于负责控告申诉检察的部门受理的当事人申请监督案件，负责行政检察的部门应当将案件办理结果告知负责控告申诉检察的部门。

第五十六条 人民检察院受理当事人申请对人民法院已经发生法律效力的行政判决、裁定、调解书监督的案件，应当在三个月内审查终结并作出决定，但调卷、鉴定、评估、审计、专家咨询等期间不计入审查期限。

有需要调查核实、实质性化解行政争议及其他特殊情况需要延长审查期限的，由本院检察长批准。

人民检察院受理当事人申请对行政审判程序中审判人员违法行为监督的案件和申请对行政案件执行活动监督的案件的审查期限，参照第一款、第二款规定执行。

第五十七条 人民检察院办理行政诉讼监督案件，在当面听取当事人意见、调查核实、举行听证、出席法庭时，可以依照有关规定指派司法警察执行职务。

第二节　调查核实

第五十八条　人民检察院因履行法律监督职责的需要，有下列情形之一的，可以向当事人或者案外人调查核实有关情况：

（一）行政判决、裁定、调解书可能存在法律规定需要监督的情形，仅通过阅卷及审查现有材料难以认定的；

（二）行政审判程序中审判人员可能存在违法行为的；

（三）人民法院行政案件执行活动可能存在违法情形的；

（四）被诉行政行为及相关行政行为可能违法的；

（五）行政相对人、权利人合法权益未得到依法实现的；

（六）其他需要调查核实的情形。

人民检察院不得为证明行政行为的合法性调取行政机关作出行政行为时未收集的证据。

第五十九条　人民检察院通过阅卷以及调查核实难以认定有关事实的，可以听取人民法院相关审判、执行人员的意见，全面了解案件审判、执行的相关事实和理由。

第六十条　人民检察院可以采取以下调查核实措施：

（一）查询、调取、复制相关证据材料；

（二）询问当事人、有关知情人员或者其他相关人员；

（三）咨询专业人员、相关部门或者行业协会等对专门问题的意见；

（四）委托鉴定、评估、审计；

（五）勘验物证、现场；

（六）查明案件事实所需要采取的其他措施。

检察人员应当保守国家秘密和工作秘密，对调查核实中知悉的商业秘密和个人隐私予以保密。

人民检察院调查核实，不得采取限制人身自由和查封、扣押、冻结财产等强制性措施。

第六十一条　有下列情形之一的，人民检察院可以向银行业金融机构查询、调取、复制相关证据材料：

（一）可能损害国家利益、社会公共利益的；

（二）审判、执行人员可能存在违法行为的；

（三）当事人有伪造证据、恶意串通损害他人合法权益可能的。

人民检察院可以依照有关规定指派具备相应资格的检察技术人员对行政诉讼监督案件中的鉴定意见等技术性证据进行专门审查，并出具审查意见。

第六十二条　人民检察院可以就专门性问题书面或者口头咨询有关专业人员、相关部门或者行业协会的意见。口头咨询的，应当制作笔录，由接受咨询的专业人员签名或者盖章。拒绝签名盖章的，应当记明情况。

人民检察院对专门性问题认为需要鉴定、评估、审计的，可以委托具备资格的机构进行鉴定、评估、审计。在诉讼过程中已经进行过鉴定、评估、审计的，除确有必要外，一般不再委托鉴定、评估、审计。

第六十三条　人民检察院认为确有必要的，可以勘验物证或者现场。勘验人应当出示人民检察院的证件，并邀请当地基层组织或者当事人所在单位派人参加。当事人或者当事人的成年家属应当到场，拒不到场的，不影响勘验的进行。

勘验人应当将勘验情况和结果制作笔录，由勘验人、当事人和被邀参加人签名或者盖章。

第六十四条　需要调查核实的，由承办检察官在职权范围内决定，或者报检察长决定。

第六十五条　人民检察院调查核实，应当由二人以上共同进行。

调查笔录经被调查人校阅后，由调查人、被调查人签名或者盖章。被调查人拒绝签名盖章的，应当记明情况。

第六十六条　人民检察院可以指令下级人民检察院或者委托外地人民检察院调查核实。

人民检察院指令调查或者委托调查的，应当发送《指令调查通知书》或者《委托调查函》，载明调查核实事项、证据线索及要求。受指令或者受委托人民检察院收到《指令调查通知书》或者《委托调查函》后，应当在十五日内完成调查核实工作并书面回复。因客观原因不能完成调查的，应当在上述期限内书面回复指令或者委托的人民检察院。

人民检察院到外地调查的，当地人民检察院应当配合。

第六十七条　人民检察院调查核实，有关单位和个人应当配合。拒绝或者妨碍人民检察院调查核实的，人民检察院可以向有关单位或者其上级主管机关提出检察建议，责令纠正，必要时可以通报同级政府、监察机关；涉嫌违纪违法犯罪的，依照规定移送有关机关处理。

第三节 听 证

第六十八条 人民检察院审查行政诉讼监督案件，在事实认定、法律适用、案件处理等方面存在较大争议，或者有重大社会影响，需要当面听取当事人和其他相关人员意见的，可以召开听证会。

第六十九条 人民检察院召开听证会，可以邀请与案件没有利害关系的人大代表、政协委员、人民监督员、特约检察员、专家咨询委员、人民调解员或者当事人所在单位、居住地的居民委员会、村民委员会成员以及专家、学者、律师等其他社会人士担任听证员。

人民检察院应当邀请人民监督员参加听证会，依照有关规定接受人民监督员监督。

第七十条 人民检察院决定召开听证会的，应当做好以下准备工作：

（一）制定听证方案，确定听证会参加人；

（二）在听证三日前告知听证会参加人案由、听证时间和地点；

（三）告知当事人主持听证会的检察官及听证员的姓名、身份。

第七十一条 当事人和其他相关人员应当按时参加听证会。当事人无正当理由缺席或者未经许可中途退席的，听证程序是否继续进行，由主持人决定。

第七十二条 听证会由检察官主持，书记员负责记录，司法警察负责维持秩序。

听证过程应当全程录音录像。经检察长批准，人民检察院可以通过中国检察听证网和其他公共媒体，对听证会进行图文、音频、视频直播或者录播。

第七十三条 听证会应当围绕行政诉讼监督案件中的事实认定和法律适用等问题进行。

对当事人提交的有争议的或者新的证据材料和人民检察院调查取得的证据，应当充分听取各方当事人的意见。

第七十四条 听证会一般按照下列步骤进行：

（一）承办案件的检察官介绍案件情况和需要听证的问题；

（二）申请人陈述申请监督请求、事实和理由；

（三）其他当事人发表意见；

（四）申请人和其他当事人提交新证据的，应当出示并予以说明；

（五）出示人民检察院调查取得的证据；

（六）案件各方当事人陈述对听证中所出示证据的意见；

（七）听证员、检察官向申请人和其他当事人提问；

（八）当事人发表最后陈述意见；

（九）主持人对听证会进行总结。

第七十五条 听证应当制作笔录，经参加听证的人员校阅后，由参加听证的人员签名。拒绝签名的，应当记明情况。

听证会结束后，主持人可以组织听证员对事实认定、法律适用和案件处理等进行评议，并制作评议笔录，由主持人、听证员签名。

听证员的意见是人民检察院依法处理案件的重要参考。

第七十六条 参加听证的人员应当服从听证主持人指挥。

对违反听证秩序的，人民检察院可以予以批评教育，责令退出听证场所；对哄闹、冲击听证场所，侮辱、诽谤、威胁、殴打他人等严重扰乱听证秩序的，依法追究相应法律责任。

第四节 简易案件办理

第七十七条 行政诉讼监督案件具有下列情形之一的，可以确定为简易案件：

（一）原一审人民法院适用简易程序审理的；

（二）案件事实清楚，法律关系简单的。

地方各级人民检察院可以结合本地实际确定简易案件具体情形。

第七十八条 审查简易案件，承办检察官通过审查监督申请书等材料即可以认定案件事实的，可以直接制作审查终结报告，提出处理建议。

审查过程中发现案情复杂或者需要调查核实，不宜适用简易程序的，转为普通案件办理程序。

第七十九条 办理简易案件，不适用延长审查期限的规定。

简易案件的审查终结报告、审批程序应当简化。

第五节　中止审查和终结审查

第八十条　有下列情形之一的，人民检察院可以中止审查：

（一）申请监督的公民死亡，需要等待继承人表明是否继续申请监督的；

（二）申请监督的法人或者其他组织终止，尚未确定权利义务承受人的；

（三）本案必须以另一案的处理结果为依据，而另一案尚未审结的；

（四）其他可以中止审查的情形。

中止审查的，应当制作《中止审查决定书》，并发送当事人。中止审查的原因消除后，应当及时恢复审查。

第八十一条　有下列情形之一的，人民检察院应当终结审查：

（一）人民法院已经裁定再审或者已经纠正违法行为的；

（二）申请人撤回监督申请，且不损害国家利益、社会公共利益或者他人合法权益的；

（三）申请人在与其他当事人达成的和解协议中声明放弃申请监督权利，且不损害国家利益、社会公共利益或者他人合法权益的；

（四）申请监督的公民死亡，没有继承人或者继承人放弃申请，且没有发现其他应当监督的违法情形的；

（五）申请监督的法人或者其他组织终止，没有权利义务承受人或者权利义务承受人放弃申请，且没有发现其他应当监督的违法情形的；

（六）发现已经受理的案件不符合受理条件的；

（七）人民检察院依职权发现的案件，经审查不需要监督的；

（八）其他应当终结审查的情形。

终结审查的，应当制作《终结审查决定书》，需要通知当事人的，发送当事人。

第五章　对生效行政判决、裁定、调解书的监督

第一节　一般规定

第八十二条　申请人提供的新证据以及人民检察院调查取得的证据，能够证明原判决、裁定确有错误的，应当认定为《中华人民共和国行政诉讼法》第九十一条第二项规定的情形，但原审被诉行政机关无正当理由逾期提供证据的除外。

第八十三条　有下列情形之一的，应当认定为《中华人民共和国行政诉讼法》第九十一条第三项规定的“认定事实的主要证据不足”：

（一）认定的事实没有证据支持，或者认定的事实所依据的证据虚假的；

（二）认定的事实所依据的主要证据不合法的；

（三）对认定事实的主要证据有无证明力、证明力大小或者证明对象的判断违反证据规则、逻辑推理或者经验法则的；

（四）认定事实的主要证据不足的其他情形。

第八十四条　有下列情形之一，导致原判决、裁定结果确有错误的，应当认定为《中华人民共和国行政诉讼法》第九十一条第四项规定的“适用法律、法规确有错误”：

（一）适用的法律、法规与案件性质明显不符的；

（二）适用的法律、法规已经失效或者尚未施行的；

（三）违反《中华人民共和国立法法》规定的法律适用规则的；

（四）违背法律、法规的立法目的和基本原则的；

（五）应当适用的法律、法规未适用的；

（六）适用法律、法规错误的其他情形。

第八十五条　有下列情形之一的，应当认定为《中华人民共和国行政诉讼法》第九十一条第五项规定的“违反法律规定的诉讼程序，可能影响公正审判”：

（一）审判组织的组成不合法的；

（二）依法应当回避的审判人员没有回避的；

（三）未经合法传唤缺席判决的；

（四）无诉讼行为能力人未经法定代理人代为诉讼的；

（五）遗漏应当参加诉讼的当事人的；

（六）违反法律规定，剥夺当事人辩论权、上诉权等重大诉讼权利的；

（七）其他严重违反法定程序的情形。

第八十六条　有下列情形之一的，应当认定为本规则

第八十五条第一项规定的“审判组织的组成不合法”：

（一）应当组成合议庭审理的案件独任审判的；

（二）再审、发回重审的案件没有另行组成合议庭的；

（三）审理案件的人员不具有审判资格的；

（四）审判组织或者人员不合法的其他情形。

第八十七条　有下列情形之一的，应当认定为本规则第八十五条第六项规定的“违反法律规定，剥夺当事人辩论权”：

（一）不允许或者严重限制当事人行使辩论权利的；

（二）应当开庭审理而未开庭审理的；

（三）违反法律规定送达起诉状副本或者上诉状副本，致使当事人无法行使辩论权利的；

（四）违法剥夺当事人辩论权利的其他情形。

第二节　提出再审检察建议和提请抗诉、提出抗诉

第八十八条　地方各级人民检察院发现同级人民法院已经发生法律效力的行政判决、裁定有下列情形之一的，可以向同级人民法院提出再审检察建议：

（一）不予立案或者驳回起诉确有错误的；

（二）有新的证据，足以推翻原判决、裁定的；

（三）原判决、裁定认定事实的主要证据不足、未经质证或者系伪造的；

（四）违反法律规定的诉讼程序，可能影响公正审判的；

（五）原判决、裁定遗漏诉讼请求的；

（六）据以作出原判决、裁定的法律文书被撤销或者变更的。

第八十九条　符合本规则第八十八条规定的案件有下列情形之一的，地方各级人民检察院应当提请上一级人民检察院抗诉：

（一）判决、裁定是经同级人民法院再审后作出的；

（二）判决、裁定是经同级人民法院审判委员会讨论作出的；

（三）其他不适宜由同级人民法院再审纠正的。

第九十条　地方各级人民检察院发现同级人民法院已经发生法律效力的行政判决、裁定具有下列情形之一的，应当提请上一级人民检察院抗诉：

（一）原判决、裁定适用法律、法规确有错误的；

（二）审判人员在审理该案件时有贪污受贿、徇私舞弊、枉法裁判行为的。

审判人员在审理该案件时有贪污受贿、徇私舞弊、枉法裁判行为，是指已经由生效刑事法律文书或者纪律处分决定所确认的行为。

第九十一条　地方各级人民检察院发现同级人民法院已经发生法律效力的行政调解书损害国家利益或者社会公共利益的，可以向同级人民法院提出再审检察建议，也可以提请上一级人民检察院抗诉。

第九十二条　人民检察院提出再审检察建议，应当制作《再审检察建议书》，在决定之日起十五日内将《再审检察建议书》连同案件卷宗移送同级人民法院，并制作通知文书，发送当事人。

人民检察院提出再审检察建议，应当经本院检察委员会决定，并在提出再审检察建议之日起五日内将《再审检察建议书》及审查终结报告等案件材料报上一级人民检察院备案。上一级人民检察院认为下级人民检察院发出的《再审检察建议书》错误或者不当的，应当指令下级人民检察院撤回或者变更。

第九十三条　人民检察院提请抗诉，应当制作《提请抗诉报告书》，在决定之日起十五日内将《提请抗诉报告书》连同案件卷宗等材料报送上一级人民检察院，并制作通知文书，发送当事人。

第九十四条　最高人民检察院对各级人民法院已经发生法律效力的行政判决、裁定、调解书，上级人民检察院对下级人民法院已经发生法律效力的行政判决、裁定、调解书，发现有《中华人民共和国行政诉讼法》第九十一条、第九十三条规定情形的，应当向同级人民法院提出抗诉。

人民检察院提出抗诉后，接受抗诉的人民法院未在法定期限内作出审判监督的相关裁定的，人民检察院可以采取询问、走访等方式进行督促，并制作工作记录。人民法院对抗诉案件裁定再审后，对于人民法院在审判活动中存在违反法定审理期限等违法情形的，依照本规则第六章规定办理。

人民检察院提出抗诉的案件，接受抗诉的人民法院将案件交下一级人民法院再审，下一级人民法

院审理后作出的再审判决、裁定仍符合抗诉条件且存在明显错误的，原提出抗诉的人民检察院可以再次提出抗诉。

第九十五条　人民检察院提出抗诉，应当制作《抗诉书》，在决定之日起十五日内将《抗诉书》连同案件卷宗移送同级人民法院，并由接受抗诉的人民法院向当事人送达再审裁定时一并送达《抗诉书》。

人民检察院应当制作决定抗诉的通知文书，发送当事人。上级人民检察院可以委托提请抗诉的人民检察院将通知文书发送当事人。

第九十六条　人民检察院认为当事人不服人民法院生效行政判决、裁定、调解书的监督申请不符合监督条件，应当制作《不支持监督申请决定书》，在决定之日起十五日内发送当事人。

下级人民检察院提请抗诉的案件，上级人民检察院可以委托提请抗诉的人民检察院将《不支持监督申请决定书》发送当事人。

第九十七条　人民检察院办理行政诉讼监督案件，发现地方性法规同行政法规相抵触的，或者认为规章以及国务院各部门、省、自治区、直辖市和设区的市、自治州的人民政府发布的其他具有普遍约束力的行政决定、命令同法律、行政法规相抵触的，可以层报最高人民检察院，由最高人民检察院向国务院书面提出审查建议。

第三节　出席法庭

第九十八条　人民检察院提出抗诉的案件，人民法院再审时，人民检察院应当派员出席法庭，并全程参加庭审活动。

接受抗诉的人民法院将抗诉案件交下级人民法院再审的，提出抗诉的人民检察院可以指令再审人民法院的同级人民检察院派员出庭。

第九十九条　检察人员在出庭前，应当做好以下准备工作：

（一）进一步熟悉案情，掌握证据情况；

（二）深入研究与本案有关的法律问题；

（三）拟定出示和说明证据的计划；

（四）对可能出现证据真实性、合法性和关联性争议的，拟定应对方案并准备相关材料；

（五）做好其他出庭准备工作。

第一百条　检察人员出席再审法庭的任务是：

（一）宣读抗诉书；

（二）对人民检察院调查取得的证据予以出示和说明；

（三）经审判长许可，对证据采信、法律适用和案件情况予以说明，针对争议焦点，客观、公正、全面地阐述法律监督意见；

（四）对法庭审理中违反诉讼程序的情况予以记录；

（五）依法从事其他诉讼活动。

出席法庭的检察人员发现庭审活动违反诉讼程序的，应当待休庭或者庭审结束之后，及时向检察长报告。人民检察院对违反诉讼程序的庭审活动提出检察建议，应当由人民检察院在庭审后提出。

第一百零一条　当事人或者其他参加庭审人员在庭审中有哄闹法庭，对检察机关或者出庭检察人员有侮辱、诽谤、威胁等不当言论或者行为，法庭未予制止的，出庭检察人员应当建议法庭即时制止；情节严重的，应当建议法庭依照规定予以处理，并在庭审结束后向检察长报告。

第一百零二条　人民法院开庭审理人民检察院提出再审检察建议的案件，人民检察院派员出席再审法庭的，参照适用本节规定。

人民检察院派员出席法庭的再审案件公开审理的，可以协调人民法院安排人民监督员旁听。

第六章　对行政审判程序中审判人员违法行为的监督

第一百零三条　人民检察院依法对人民法院下列行政审判程序中审判人员违法行为进行监督：

（一）第一审普通程序；

（二）简易程序；

（三）第二审程序；

（四）审判监督程序。

《中华人民共和国行政诉讼法》第九十三条第三款的规定适用于法官、人民陪审员、法官助理、书记员。

第一百零四条　人民检察院发现人民法院行政审判活动有下列情形之一的，应当向同级人民法院提出检察建议：

（一）判决、裁定确有错误，但不适用再审程序纠正的；

（二）调解违反自愿原则或者调解协议内容违反法律的；

（三）对公民、法人或者其他组织提起的诉讼未在法定期限内决定是否立案的；

（四）当事人依照《中华人民共和国行政诉讼法》第五十二条规定向上一级人民法院起诉，上一级人民法院未按该规定处理的；

（五）审理案件适用审判程序错误的；

（六）保全、先予执行、停止执行或者不停止执行行政行为裁定违反法律规定的；

（七）诉讼中止或者诉讼终结违反法律规定的；

（八）违反法定审理期限的；

（九）对当事人采取罚款、拘留等妨害行政诉讼的强制措施违反法律规定的；

（十）违反法律规定送达的；

（十一）其他违反法律规定的情形。

第一百零五条 人民检察院发现同级人民法院行政审判程序中审判人员有《中华人民共和国法官法》第四十六条等规定的违法行为且可能影响案件公正审判、执行的，应当向同级人民法院提出检察建议。

第一百零六条 人民检察院依照本章规定提出检察建议，应当经检察长批准或者检察委员会决定，制作《检察建议书》，在决定之日起十五日内将《检察建议书》连同案件卷宗移送同级人民法院。当事人申请监督的案件，人民检察院应当制作通知文书，发送申请人。

第一百零七条 人民检察院认为当事人申请监督的行政审判程序中审判人员违法行为认定依据不足的，应当作出不支持监督申请的决定，并在决定之日起十五日内制作《不支持监督申请决定书》，发送申请人。

第七章 对行政案件执行活动的监督

第一百零八条 人民检察院对人民法院行政案件执行活动实行法律监督。

第一百零九条 人民检察院发现人民法院执行裁定、决定等有下列情形之一的，应当向同级人民法院提出检察建议：

（一）提级管辖、指定管辖或者对管辖异议的裁定违反法律规定的；

（二）裁定受理、不予受理、中止执行、终结执行、终结本次执行程序、恢复执行、执行回转等违反法律规定的；

（三）变更、追加执行主体错误的；

（四）裁定采取财产调查、控制、处置等措施违反法律规定的；

（五）审查执行异议、复议以及案外人异议作出的裁定违反法律规定的；

（六）决定罚款、拘留、暂缓执行等事项违反法律规定的；

（七）执行裁定、决定等违反法定程序的；

（八）对行政机关申请强制执行的行政行为作出准予执行或者不准予执行的裁定违反法律规定的；

（九）执行裁定、决定等有其他违法情形的。

第一百一十条 人民检察院发现人民法院在执行活动中违反规定采取调查、查封、扣押、冻结、评估、拍卖、变卖、保管、发还财产，以及信用惩戒等执行实施措施的，应当向同级人民法院提出检察建议。

第一百一十一条 人民检察院发现人民法院有下列不履行或者怠于履行执行职责情形之一的，应当向同级人民法院提出检察建议：

（一）对依法应当受理的执行申请不予受理又不依法作出不予受理裁定的；

（二）对已经受理的执行案件不依法作出执行裁定、无正当理由未在法定期限内采取执行措施或者执行结案的；

（三）违法不受理执行异议、复议或者受理后逾期未作出裁定、决定的；

（四）暂缓执行、停止执行、中止执行的原因消失后，不按规定恢复执行的；

（五）依法应当变更或者解除执行措施而不变更、解除的；

（六）对拒绝履行行政判决、裁定、调解书的行政机关未依照《中华人民共和国行政诉讼法》第九十六条规定采取执行措施的；

（七）其他不履行或者怠于履行执行职责行为的。

第一百一十二条 人民检察院认为人民法院在行政案件执行活动中可能存在怠于履行职责情形的，可以向人民法院发出《说明案件执行情况通知书》，要求说明案件的执行情况及理由，并在十五日内书面回复人民检察院。

第一百一十三条 人民检察院依照本章规定提出检察建议，适用本规则第一百零六条的规定。

第一百一十四条 对于当事人申请的执行监督案件，人民检察院认为人民法院执行活动不存在违法情形的，应当作出不支持监督申请的决定，并在决定之日起十五日内制作《不支持监督申请决定书》，发送申请人。

第一百一十五条 人民检察院发现同级人民法院行政案件执行活动中执行人员存在违法行为的，参照本规则第六章有关规定执行。

第八章 案件管理

第一百一十六条 人民检察院负责案件管理的部门对行政诉讼监督案件的受理、期限、程序、质量等进行管理、监督、预警。

第一百一十七条 负责案件管理的部门对以本院名义制发行政诉讼监督法律文书实施监督管理。

第一百一十八条 负责案件管理的部门发现本院办案活动有下列情形之一的，应当及时提出纠正意见：

（一）法律文书制作、使用不符合法律和有关规定的；

（二）违反办案期限有关规定的；

（三）侵害当事人、委托代理人诉讼权利的；

（四）未依法对行政诉讼活动中的违法行为履行法律监督职责的；

（五）其他应当提出纠正意见的情形。

情节轻微的，可以口头提示；情节较重的，应当发送《案件流程监控通知书》，提示办案部门及时查明情况并予以纠正；情节严重的，应当同时向检察长报告。

负责行政检察的部门收到《案件流程监控通知书》后，应当在十日内将核查情况书面回复负责案件管理的部门。

第九章 其他规定

第一百一十九条 人民检察院发现人民法院在多起同一类行政案件中有下列情形之一的，可以提出检察建议：

（一）同类问题适用法律不一致的；

（二）适用法律存在同类错误的；

（三）其他同类违法行为。

人民检察院发现有关单位的工作制度、管理方法、工作程序违法或者不当，需要改正、改进的，可以提出检察建议。

第一百二十条 人民检察院依照有关规定提出改进工作、完善治理的检察建议，对同类违法情形，应当制发一份检察建议。

第一百二十一条 人民检察院办理行政诉讼监督案件，可以对行政诉讼监督情况进行年度或者专题分析，向人民法院、行政机关通报，向党委、人大报告。通报、报告包括以下内容：

（一）审判机关、行政机关存在的普遍性问题和突出问题；

（二）审判机关、行政机关存在的苗头性、倾向性问题或者某方面问题的特点和趋势；

（三）促进依法行政、公正司法的意见和建议；

（四）认为需要通报、报告的其他情形。

第一百二十二条 人民检察院可以针对行政诉讼监督中的普遍性问题或者突出问题，组织开展专项监督活动。

第一百二十三条 人民检察院负责行政检察的部门在履行职责过程中，发现涉嫌违纪违法犯罪以及需要追究司法责任的行为，经检察长批准，应当及时将相关线索及材料移送有管辖权的机关或者部门。

人民检察院其他职能部门在履行职责中发现符合本规则规定的应当依职权监督的行政诉讼监督案件线索，应当及时向负责行政检察的部门通报。

第一百二十四条 人民法院对行政诉讼监督案件作出再审判决、裁定或者其他处理决定后，提出监督意见的人民检察院应当对处理结果进行审查，并填写《行政诉讼监督案件处理结果审查登记表》。

第一百二十五条 有下列情形之一的，人民检察院可以依照有关规定跟进监督或者提请上级人民检察院监督：

（一）人民法院审理行政抗诉案件作出的判决、裁定、调解书仍符合抗诉条件且存在明显错误的；

（二）人民法院、行政机关对人民检察院提出的检察建议未在规定的期限内作出处理并书面回复的；

（三）人民法院、行政机关对检察建议的处理错误的。

第一百二十六条　地方各级人民检察院对适用法律确属疑难、复杂，本院难以决断的重大行政诉讼监督案件，可以向上一级人民检察院请示。

请示案件依照最高人民检察院关于办理下级人民检察院请示件、下级人民检察院向最高人民检察院报送公文的相关规定办理。

第一百二十七条　人民检察院发现作出的相关决定确有错误或者有其他情形需要撤回、变更的，应当经检察长批准或者检察委员会决定。

第一百二十八条　人民法院对人民检察院监督行为提出书面异议的，人民检察院应当在规定期限内将处理结果书面回复人民法院。人民法院对回复意见仍有异议，并通过上一级人民法院向上一级人民检察院提出的，上一级人民检察院认为人民法院异议正确，应当要求下级人民检察院及时纠正。

第一百二十九条　制作行政诉讼监督法律文书，应当符合规定的格式。

行政诉讼监督法律文书的格式另行制定。

第一百三十条　人民检察院可以参照《中华人民共和国行政诉讼法》《中华人民共和国民事诉讼法》有关规定发送法律文书。

第一百三十一条　人民检察院发现制作的法律文书存在笔误的，应当作出《补正决定书》予以补正。

第一百三十二条　人民检察院办理行政诉讼监督案件，应当依照规定立卷归档。

第一百三十三条　人民检察院办理行政诉讼监督案件，不收取案件受理费。申请复印、鉴定、审计、勘验等产生的费用由申请人直接支付给有关机构或者单位，人民检察院不得代收代付。

第一百三十四条　人民检察院办理行政诉讼监督案件，对于申请人诉求具有一定合理性，但通过法律途径难以解决，且生活困难的，可以依法给予司法救助。

对于未纳入国家司法救助范围或者实施国家司法救助后仍然面临生活困难的申请人，可以引导其依照相关规定申请社会救助。

第十章　附　　则

第一百三十五条　人民检察院办理行政诉讼监督案件，本规则没有规定的，适用《人民检察院民事诉讼监督规则》的相关规定。

第一百三十六条　人民检察院办理行政诉讼监督案件，向有关单位和部门提出检察建议，本规则没有规定的，适用《人民检察院检察建议工作规定》的相关规定。

第一百三十七条　本规则自2021年9月1日起施行，《人民检察院行政诉讼监督规则（试行）》同时废止。本院之前公布的其他规定与本规则内容不一致的，以本规则为准。

八、与道路交通相关的其他规定

资料补充栏

交通运输统计管理规定

1. 2018年7月23日交通运输部令2018年第20号公布
2. 自2018年10月1日起施行

第一章 总 则

第一条 为加强交通运输统计管理，规范交通运输统计活动，按照党中央、国务院关于完善统计体制、提高统计数据质量的有关要求，根据《中华人民共和国统计法》《中华人民共和国统计法实施条例》，制定本规定。

第二条 交通运输主管部门在中华人民共和国境内开展交通运输统计活动，应当遵守本规定。

交通运输统计活动包括：铁路、公路、水路、民航、邮政及城市客运领域和综合交通运输统计活动。

第三条 交通运输部负责综合交通运输和公路、水路及城市客运领域统计活动的组织实施。

国家铁路局、中国民用航空局、国家邮政局按照各自职责分别负责铁路、民航、邮政领域统计活动的组织实施。

交通运输部统计工作部门负责综合交通运输和公路、水路及城市客运领域统计归口管理工作。交通运输部其他各职能部门按照各自职责负责公路、水路及城市客运领域相关统计工作。

地方各级人民政府交通运输主管部门负责本行政区域内的公路、水路及城市客运领域统计活动的组织实施，按照职责和规定开展综合交通运输统计工作。

第四条 交通运输统计机构和统计人员依法独立行使交通运输统计调查、统计报告、统计监督等职权，不受侵犯。

第五条 交通运输统计调查对象，应当依法真实、准确、完整、及时提供统计资料，不得提供不真实或者不完整的统计资料，不得迟报、拒报统计资料。

前款所称交通运输统计调查对象是指在中华人民共和国境内从事交通运输活动的行政机关、企业事业单位、其他组织、个体工商户和个人等。

第六条 各级人民政府交通运输主管部门主要负责人对本级交通运输统计数据质量负主要领导责任，分管负责人负直接领导责任。

交通运输统计机构负责人对下一级报送的统计数据质量负监管责任，对本机构生产的统计数据质量负直接责任。

交通运输统计机构工作人员对职责范围内生产的统计数据质量负直接责任，对下一级报送的统计数据质量负监管责任。

前款所称统计数据质量是指统计资料的真实性、准确性、完整性和及时性。

第二章 统计机构和统计人员职责

第七条 各级人民政府交通运输主管部门应当加强对统计工作的组织领导，加强统计机构及队伍建设，根据工作需要配备专职或者兼职统计人员，确保统计人员按照要求参加业务培训，为统计工作顺利开展提供必要条件。日常统计和专项工作经费在部门预算中予以保障。鼓励通过政府购买服务的方式开展统计调查和分析监测工作。

第八条 交通运输部统计工作部门履行下列职责：

（一）组织起草综合交通运输和公路、水路及城市客运领域统计工作管理制度并组织实施，开展统计监督和检查；

（二）组织开展综合交通运输和公路、水路及城市客运领域普查及专项调查工作，参与国家有关统计调查工作；

（三）拟定综合交通运输统计调查项目，归口管理公路、水路及城市客运领域统计调查项目，组织起草相应统计调查制度并组织实施；

（四）组织开展综合交通运输运行监测分析工作，参与国家经济运行分析相关工作；

（五）负责综合交通运输统计资料汇总、管理、公布等工作，归口管理公路、水路及城市客运领域统计资料及公布工作；

（六）组织开展综合交通运输和公路、水路及城市客运领域统计科学研究、信息化建设，归口管理统计指标体系、统计标准和统计数据库资源；

（七）组织开展统计考核和培训。

第九条 交通运输部其他各职能部门，按照职责分工履行下列职责：

（一）拟定公路、水路及城市客运领域统计调查项目和统计调查制度并组织实施，及时向交通运输部统计工作部门报送有关统计资料；

（二）配合交通运输部统计工作部门开展公路、水路及城市客运领域普查及专项调查工作；

（三）承担公路、水路及城市客运领域统计资料的管理和运行监测分析等工作，参与综合交通运输运行监测分析工作，按照规定公布有关统计信息；

（四）开展有关统计监督检查和培训工作。

第十条　地方各级人民政府交通运输主管部门统计工作部门按照规定履行下列职责：

（一）贯彻执行综合交通运输和公路、水路及城市客运领域统计的法律、法规及工作规范，起草本行政区域内的统计工作制度并组织实施；

（二）组织开展本行政区域内的专项调查工作，拟定统计调查项目、起草相应统计调查制度并组织实施，依法完成统计调查任务；

（三）负责本行政区域内统计资料的搜集、审核、汇总、报送、公布等工作；

（四）开展交通运输运行监测分析和统计信息化建设，组织统计检查、考核和培训。

第十一条　交通运输统计人员应当具备完成交通运输统计工作所需要的专业知识，并按照规定参加统计业务培训。

第十二条　交通运输统计机构和统计人员应当依法履行职责，如实搜集、报送统计资料，不得伪造、篡改统计资料，不得以任何方式要求任何单位和个人提供不真实的统计资料。对在统计工作中知悉的国家秘密、商业秘密和个人信息应当予以保密。

统计人员进行统计调查时，有权就与统计有关的问题询问有关人员，要求其如实提供有关情况、资料和改正不真实、不准确的资料。

第三章　统计调查项目

第十三条　交通运输统计调查项目应当依法审批或者备案。

任何单位不得擅自实施未经审批或者备案的交通运输统计调查项目，不得擅自以开展统计调查的名义搜集统计资料。未经审批备案的统计调查项目，统计调查对象有权拒绝提供统计资料。

第十四条　综合交通运输统计调查主要内容，包括涉及货物多式联运、旅客联程运输的基础设施和运输生产等方面状况。

公路、水路及城市客运领域统计调查主要内容，包括基础设施、运输装备、运输生产与服务、环保与安全、市场价格、企业效益、科技和人力资源、固定资产投资（不含城市客运）等方面状况。

第十五条　综合交通运输统计调查项目涉及铁路、民航、邮政领域的，由交通运输部统计工作部门会同国家铁路局、中国民用航空局、国家邮政局统计工作部门共同拟定，由交通运输部报国家统计局审批或者备案。

公路、水路及城市客运领域统计调查项目由交通运输部统计工作部门拟定，或者由其他各职能部门商统计工作部门同意后拟定，由交通运输部报国家统计局审批或者备案。

地方各级人民政府交通运输主管部门按照职责和规定，根据工作需要拟定统计调查项目，报同级人民政府统计机构审批，并报上一级人民政府交通运输主管部门备案。

以上统计调查项目，调查对象属于本部门管辖系统的，应当依法办理备案；调查对象超出本部门管辖系统的，应当依法办理审批。

第十六条　设立交通运输统计调查项目应当必要、可行，其内容和统计范围应当符合项目拟定单位的职责分工。

新设立的统计调查项目不得与正在执行的统计调查项目重复。

第十七条　交通运输统计调查项目履行审批或者备案手续时，应当同时报送该项目的统计调查制度、制修订说明、经费保障等材料。统计调查制度应当对调查目的、调查内容、调查方法、调查对象、调查组织方式、调查表式、统计资料的报送和公布等作出规定。

第十八条　交通运输统计调查表应当在报表的右上角标明表号、制定机关、批准机关或者备案机关、批准文号或者备案文号、有效期限等标志。

第十九条　超过有效期限的交通运输统计调查项目自动废止，统计调查对象有权拒绝填报。如需继续执行，在有效期截止日期前重新办理审批或者备案手续。

第四章　统计调查实施

第二十条　交通运输统计调查由项目拟定单位负责组织实施。

第二十一条 交通运输统计调查应当严格按照批准的统计调查制度组织实施，不得擅自变更或者调整。变更或者调整统计调查制度，统计调查项目拟定单位应当重新履行审批或者备案程序。

第二十二条 交通运输统计调查应当以周期性专项调查为基础，以经常性抽样调查为主体，综合运用全面调查、重点调查等方法，并充分利用行政记录等资料。

第二十三条 公路、水路及城市客运领域统计调查资料实行逐级报送或者直接报送。

前款所称逐级报送由统计调查对象按照统计调查制度要求，向所在地人民政府交通运输主管部门报送统计资料，所在地人民政府交通运输主管部门审核、汇总后，逐级上报至省级人民政府交通运输主管部门；省级人民政府交通运输主管部门审核、汇总后，报送交通运输部统计工作部门或者其他各职能部门。地方各级交通运输主管部门报送上级交通运输主管部门的统计资料，抄送同级人民政府统计机构。

前款所称直接报送由统计调查对象按照统计调查制度要求，向交通运输部统计工作部门或者其他各职能部门报送统计资料。

交通运输部海事局、救捞局、长江航务管理局根据职责及管理体制，结合工作需要确定统计调查资料的报送方式。

第二十四条 各级人民政府交通运输主管部门应当建立健全交通运输统计数据质量评估和核查制度，并组织开展评估和核查工作。

第二十五条 交通运输部应当建立信息完整、统一、准确的公路、水路及城市客运领域统计调查单位名录库，实施维护、更新。统计调查对象应当取自名录库。

地方各级人民政府交通运输主管部门应当建立本行政区域内的公路、水路及城市客运领域统计调查单位名录库，并与交通运输部建立的公路、水路及城市客运领域统计调查单位名录库衔接。

第二十六条 综合交通运输统计调查和公路、水路及城市客运领域统计调查使用国家统计标准和交通运输统计标准，保证统计调查指标涵义、计算方法、分类目录、调查表式和统计编码等标准化和规范化。

交通运输部统计工作部门会同国家铁路局、中国民用航空局、国家邮政局统计工作部门拟定综合交通运输统计标准，会同交通运输部其他各职能部门拟定公路、水路及城市客运领域统计标准，报国家统计局审批后实施。

第二十七条 各级人民政府交通运输主管部门应当加强统计科学研究和统计信息化建设，提高统计调查的科学性和智能化水平。

第五章 统计分析与监测

第二十八条 各级人民政府交通运输主管部门、企业事业单位、其他组织的统计机构和统计人员应当加强统计分析与监测，促进统计成果及时转化。

第二十九条 交通运输运行分析应当研判交通运输行业发展特点与趋势，把握阶段性特征，揭示交通运输与国民经济、关联产业的相关关系，并提出措施建议。

第三十条 交通运输部会同国家铁路局、中国民用航空局、国家邮政局开展综合交通运输运行分析工作，实行统一组织、分工协作、定期会商的工作机制。

国家铁路局、中国民用航空局、国家邮政局统计工作部门和交通运输部其他各职能部门按照任务分工与要求，定期向交通运输部统计工作部门提供有关资料。

第三十一条 地方各级人民政府交通运输主管部门应当建立健全与管理职责相适应的统计分析与监测工作制度，开展运行分析工作。

第六章 统计资料的管理和公布

第三十二条 交通运输统计调查项目获取的统计资料由统计调查实施单位负责具体管理。统计调查中取得的统计调查对象的原始统计资料，应当至少保存2年。汇总性统计资料应当至少保存10年，重要汇总性统计资料应当永久保存。

前款所称交通运输统计资料是指在统计工作中取得的反映交通运输行业发展状况的数据、文字、图表等纸质、电子数据资料的总称。

第三十三条 交通运输统计调查对象应当按照国家有关规定设置原始统计记录和统计台账，建立健全统计资料的搜集、审核、签署、报送、归档等管理制度。

交通运输统计调查对象应当妥善保存统计资料

和原始记录、统计台账等，原始记录和统计台账至少保存2年。

第三十四条　交通运输部统计工作部门应当通过建立数据库资源管理平台等方式，对综合交通运输和公路、水路及城市客运领域统计调查项目获取的统计调查数据实施集中管理，根据职责和工作需要实行统计数据共享。

地方各级人民政府交通运输主管部门统计工作部门对统计调查项目获取的统计调查数据实施归口管理，推进统计数据共享。

第三十五条　各级人民政府交通运输主管部门通过统计调查取得的统计资料，除应当保密的外，按照《中华人民共和国统计法》《中华人民共和国统计法实施条例》和相关规定及时予以公布。

第三十六条　交通运输部按照统计调查制度公布本部门调查取得的全国综合交通运输和公路、水路及城市客运领域统计资料。

地方各级人民政府交通运输主管部门按照职责和规定，归口管理、协调本部门调查取得的本行政区域内综合交通运输和公路、水路及城市客运领域统计资料的公布工作。

第三十七条　交通运输统计调查中获得的能够识别或者推断单个统计调查对象身份的资料应当依法严格管理，任何单位和个人不得对外提供、泄露，除作为统计执法依据外，不得直接作为对统计调查对象实施行政许可、行政处罚等具体行政行为的依据，不得用于统计以外的目的。

第七章　监督检查

第三十八条　交通运输部定期对省级人民政府交通运输主管部门统计工作的组织和保障情况开展检查和考核。

省级人民政府交通运输主管部门按照职责和规定对本行政区域内的统计工作组织和保障情况进行检查。

第三十九条　各级人民政府交通运输主管部门协助同级人民政府统计机构依法查处统计违法行为，按照规定及时移送有关材料。

第四十条　交通运输统计调查对象有下列行为之一的，由所在地人民政府交通运输主管部门责令改正，并记入行业信用信息系统：

（一）拒绝提供统计资料，经催报后仍未按时提供统计资料，或者屡次迟报统计资料的；

（二）提供不真实或者不完整的统计资料的；

（三）拒绝、阻碍统计调查、统计检查的；

（四）未按照规定设置原始记录、统计台账的；

（五）转移、隐匿、篡改、毁弃或者拒绝提供原始记录和凭证、统计台账、统计调查表及其他相关证明和资料的。

第四十一条　各级人民政府交通运输主管部门、企业事业单位、其他组织的负责人不得自行修改统计机构和统计人员依法搜集、整理的统计资料，不得以任何方式要求统计机构和统计人员伪造、篡改统计资料，不得对依法履行职责或者拒绝、抵制统计违法行为的统计人员打击报复。

第四十二条　各级人民政府交通运输主管部门负责人、统计机构负责人和统计人员有违反《中华人民共和国统计法》《中华人民共和国统计法实施条例》和党中央、国务院有关规定的行为的，应当依法依规处理。

第八章　附　　则

第四十三条　铁路、民航、邮政领域的统计活动，按照有关规定执行。

第四十四条　本规定自2018年10月1日起施行。2005年12月30日以交通部令2005年第13号发布的《港口统计规则》同时废止。

交通警察道路执勤执法工作规范

1. 2008年11月15日公安部发布

2. 公通字〔2008〕58号

3. 自2009年1月1日起施行

第一章　总　　则

第一条　为了规范交通警察道路执勤执法行为，维护道路交通秩序，保障道路交通安全畅通，根据《中华人民共和国道路交通安全法》及其他有关规定，制定本规范。

第二条　交通警察在道路上执行维护交通秩序、实施交通管制、执行交通警卫任务、纠正和处理道路交通安全违法行为（以下简称“违法行为”）等任务，适用本规范。

第三条　交通警察执勤执法应当坚持合法、公正、文明、公开、及时，查处违法行为应当坚持教育与处罚相结合。

第四条　交通警察执勤执法应当遵守道路交通安全法律法规。对违法行为实施行政处罚或者采取行政强制措施，应当按照《道路交通安全法》、《道路交通安全法实施条例》、《道路交通安全违法行为处理程序规定》等法律、法规、规章执行。

第五条　交通协管员可以在交通警察指导下承担以下工作：

（一）维护道路交通秩序，劝阻违法行为；

（二）维护交通事故现场秩序，保护事故现场，抢救受伤人员；

（三）进行交通安全宣传；

（四）及时报告道路上的交通、治安情况和其他重要情况；

（五）接受群众求助。

交通协管员不得从事其他执法行为，不得对违法行为人作出行政处罚或者行政强制措施决定。

第二章　执勤执法用语

第六条　交通警察在执勤执法、接受群众求助时应当尊重当事人，使用文明、礼貌、规范的语言，语气庄重、平和。对当事人不理解的，应当耐心解释，不得呵斥、讽刺当事人。

第七条　检查涉嫌有违法行为的机动车驾驶人的机动车驾驶证、行驶证时，交通警察应当使用的规范用语是：你好！请出示驾驶证、行驶证。

第八条　纠正违法行为人（含机动车驾驶人、非机动车驾驶人、行人、乘车人，下同）的违法行为，对其进行警告、教育时，交通警察应当使用的规范用语是：你的（列举具体违法行为）违反了道路交通安全法律法规，请遵守交通法规。谢谢合作。

第九条　对行人、非机动车驾驶人的违法行为给予当场罚款时，交通警察应当使用的规范用语是：你的（列举具体违法行为）违反了道路交通安全法律法规，依据《道路交通安全法》第××条和《道路交通安全法实施条例》第××条（或××地方法规）的规定，对你当场处以××元的罚款。

非机动车驾驶人拒绝缴纳罚款时，交通警察应当使用的规范用语是：根据《道路交通安全法》第89条的规定，你拒绝接受罚款处罚，可以扣留你的非机动车。

第十条　对机动车驾驶人给予当场罚款或者采取行政强制措施时，交通警察应当使用的规范用语是：你的（列举具体违法行为）违反了道路交通安全法律法规，依据《道路交通安全法》第××条和《道路交通安全法实施条例》第××条（或××地方法规）的规定，对你处以××元的罚款，记××分（或者扣留你的驾驶证/机动车）。

第十一条　实施行政处罚或者行政强制措施前，告知违法行为人应享有的权利时，交通警察应当使用的规范用语是：你有权陈述和申辩。

第十二条　要求违法行为人在行政处罚决定书（或行政强制措施凭证）上签字时，交通警察应当使用的规范用语是：请你认真阅读法律文书的这些内容，并在签名处签名。

第十三条　对违法行为人依法处理后，交通警察应当使用的规范用语是：请收好法律文书（和证件）。

对经检查未发现违法行为时，交通警察应当使用的规范用语是：谢谢合作。

第十四条　对于按规定应当向银行缴纳罚款的，机动车驾驶人提出当场缴纳罚款时，交通警察应当使用的规范用语是：依据法律规定，我们不能当场收缴罚款。请到×××银行缴纳罚款。

第十五条　对于机动车驾驶人拒绝签收处罚决定书或者行政强制措施凭证时，交通警察应当使用的规范用语是：依据法律规定，你拒绝签字或者拒收，法律文书同样生效并即为送达。

第十六条　实施交通管制、执行交通警卫任务、维护交通事故现场交通秩序，交通警察应当使用的规范用语是：前方正在实行交通管制（有交通警卫任务或者发生了交通事故），请你绕行×××道路（或者耐心等候）。

第十七条　要求当事人将机动车停至路边接受处理时，交通警察应当使用的规范用语是：请将机动车停在（指出停车位置）接受处理。

第三章　执勤执法行为举止

第十八条　交通警察在道路上执勤执法应当规范行为举止，做到举止端庄、精神饱满。

第十九条　站立时做到抬头、挺胸、收腹，双手下垂置于大腿外侧，双腿并拢、脚跟相靠，或者两腿分开与肩同宽，身体不得倚靠其他物体，不得摇摆晃动。

第二十条　行走时双肩及背部要保持平稳，双臂自然摆动，不得背手、袖手、搭肩、插兜。

第二十一条　敬礼时右手取捷径迅速抬起，五指并拢自然伸直，中指微接帽檐右角前，手心向下，微向外张，手腕不得弯屈。礼毕后手臂迅速放回原位。

第二十二条　交还被核查当事人的相关证件时应当方便当事人接取。

第二十三条　使用手势信号指挥疏导时应当动作标准，正确有力，节奏分明。

手持指挥棒、示意牌等器具指挥疏导时，应当右手持器具，保持器具与右小臂始终处于同一条直线。

第二十四条　驾驶机动车巡逻间隙不得倚靠车身或者趴在摩托车把上休息。

第四章　着装和装备配备

第二十五条　交通警察在道路上执勤执法应当按照规定穿着制式服装，佩戴人民警察标志。

第二十六条　交通警察在道路上执勤执法应当配备多功能反光腰带、反光背心、发光指挥棒、警用文书包、对讲机或者移动通信工具等装备，可以选配警务通、录音录像执法装备等，必要时可以配备枪支、警棍、手铐、警绳等武器和警械。

第二十七条　执勤警用汽车应当配备反光锥筒、警示灯、停车示意牌、警戒带、照相机（或者摄像机）、灭火器、急救箱、牵引绳等装备；根据需要可以配备防弹衣、防弹头盔、简易破拆工具、防化服、拦车破胎器、酒精检测仪、测速仪等装备。

第二十八条　执勤警用摩托车应当配备制式头盔、停车示意牌、警戒带等装备。

第二十九条　执勤警车应当保持车容整洁、车况良好、装备齐全。

第三十条　交通警察执勤执法装备，省、自治区、直辖市公安机关可以根据实际需要增加，但应当在全省、自治区、直辖市范围内做到统一规范。

第五章　通行秩序管理

第三十一条　交通警察在道路上执勤时，应当采取定点指挥疏导和巡逻管控相结合的方式。

第三十二条　交通警察在指挥疏导交通时，应当注意观察道路的交通流量变化，指挥机动车、非机动车、行人有序通行。

在信号灯正常工作的路口，可以根据交通流量变化，合理使用交通警察手势信号，指挥机动车快速通过路口，提高通行效率，减少通行延误。

在无信号灯或者信号灯不能正常工作的路口，交通警察应当使用手势信号指挥疏导，提高车辆、行人通过速度，减少交通冲突，避免发生交通拥堵。

第三十三条　交通警察遇到交通堵塞应当立即指挥疏导；遇严重交通堵塞的，应当采取先期处置措施，查明原因，向上级报告。

接到疏导交通堵塞指令后，应当按照工作预案，选取分流点，并视情设置临时交通标志、提示牌等交通安全设施，指挥疏导车辆。

在疏导交通堵塞时，对违法行为人以提醒、教育为主，不处罚轻微违法行为。

第三十四条　交通警察在执勤时，应当定期检查道路及周边交通设施，包括信号灯、交通标志、交通标线、交通设施等是否完好，设置是否合理。发现异常，应当立即采取处置措施，无法当场有效处理的，应当先行做好应急处置工作，并立即向上级报告。

第三十五条　交通警察发现违反规定占道挖掘或者未经许可擅自在道路上从事非交通行为危及交通安全或者妨碍通行，尚未设置警示标志的，应当及时制止，并向上级报告，积极做好交通疏导工作。

第三十六条　在高速公路上执勤时应当以巡逻为主，通过巡逻和技术监控，实现交通监控和违法信息收集。必要时可以在收费站、服务区设置执勤点。

第三十七条　交通警察发现高速公路交通堵塞，应当立即进行疏导，并查明原因，向上级报告或者通报相关部门，采取应对措施。

造成交通堵塞，必须借用对向车道分流的，应当设置隔离设施，并在分流点安排交通警察指挥疏导。

第三十八条　交通警察执勤时遇交通事故应当按照《道路交通事故处理程序规定》（公安部令第104号）和《交通事故处理工作规范》的规定执行。

第六章　违法行为处理

第一节　一般规定

第三十九条　交通警察在道路上执勤，发现违法行为时,应当及时纠正。无法当场纠正的,可以通过交通技术监控设备记录,依据有关法律、法规、规章的规定予以处理。

第四十条 交通警察纠正违法行为时,应当选择不妨碍道路通行和安全的地点进行。

第四十一条 交通警察发现行人、非机动车驾驶人的违法行为,应当指挥当事人立即停靠路边或者在不影响道路通行和安全的地方接受处理,指出其违法行为,听取当事人的陈述和申辩,作出处理决定。

第四十二条 交通警察查处机动车驾驶人的违法行为,应当按下列程序执行:

(一)向机动车驾驶人敬礼;

(二)指挥机动车驾驶人立即靠边停车,可以视情要求机动车驾驶人熄灭发动机或者要求其下车;

(三)告知机动车驾驶人出示相关证件;

(四)检查机动车驾驶证,询问机动车驾驶人姓名、出生年月、住址,对持证人的相貌与驾驶证上的照片进行核对;检查机动车行驶证,对类型、颜色、号牌进行核对;检查检验合格标志、保险标志;查询机动车及机动车驾驶人的违法行为信息、机动车驾驶人记分情况;

(五)指出机动车驾驶人的违法行为;

(六)听取机动车驾驶人的陈述和申辩;

(七)给予口头警告、制作简易程序处罚决定书、违法处理通知书或者采取行政强制措施。

第二节 查处轻微违法行为

第四十三条 对《道路交通安全法》规定可以给予警告、无记分的违法行为、未造成影响道路通行和安全的后果且违法行为人已经消除违法状态的,可以认定为轻微违法行为。

第四十四条 对轻微违法行为,口头告知其违法行为的基本事实、依据,纠正违法行为并予以口头警告后放行。

第四十五条 交通警察在指挥交通、巡逻管控过程中发现的违法行为,在不具备违法车辆停车接受处理的条件或者交通堵塞时,可以通过手势、喊话等方式纠正违法行为。

第四十六条 对交通技术监控设备记录的轻微违法行为,可以通过手机短信、邮寄违法行为提示、通知车辆所属单位等方式,提醒机动车驾驶人遵守交通法律法规。

第四十七条 各省、自治区、直辖市公安机关可以根据本地实际,依照本规范第四十三条的规定确定轻微违法行为的具体范围。

第三节 现场处罚和采取强制措施

第四十八条 违法行为适用简易程序处罚的,交通警察对机动车驾驶人作出简易程序处罚决定后,应当立即交还机动车驾驶证、行驶证等证件,并予以放行。

制作简易程序处罚决定书、行政强制措施凭证时应当做到内容准确、字迹清晰。

第四十九条 违法行为需要适用一般程序处罚的,交通警察应当依照规定制作违法行为处理通知书或者依法采取行政强制措施,告知机动车驾驶人接受处理的时限、地点。

第五十条 当事人拒绝在法律文书上签字的,交通警察除应当在法律文书上注明有关情况外,还应当注明送达情况。

第五十一条 交通警察依法扣留车辆时,不得扣留车辆所载货物,并应当提醒机动车驾驶人妥善处置车辆所载货物。

当事人无法自行处理或者能够自行处理但拒绝自行处理的,交通警察应当在行政强制措施凭证上注明,登记货物明细并妥善保管。

货物明细应当由交通警察、机动车驾驶人签名,有见证人的,还应当由见证人签名。机动车驾驶人拒绝签名的,交通警察应当在货物登记明细上注明。

第七章 实施交通管制

第五十二条 遇有雾、雨、雪等恶劣天气、自然灾害性事故以及治安、刑事案件时,交通警察应当及时向上级报告,由上级根据工作预案决定实施限制通行的交通管制措施。

第五十三条 执行交通警卫任务以及具有本规范第五十二条规定情形的,需要临时在城市道路、国省道实施禁止机动车通行的交通管制措施的,应当由市(地)级以上公安机关交通管理部门决定。需要在高速公路上实施交通管制的,应当由省级公安机关交通管理部门决定。

第五十四条　实施交通管制，公安机关交通管理部门应当提前向社会公告车辆、行人绕行线路，并在现场设置警示标志、绕行引导标志等，做好交通指挥疏导工作。

无法提前公告的，交通警察应当做好交通指挥疏导工作，维护交通秩序。对机动车驾驶人提出异议或者不理解的，应当做好解释工作。

第五十五条　交通警察在道路上实施交通管制，应当严格按照相关法律、法规规定和工作预案进行。

第五十六条　在高速公路执勤遇恶劣天气时，交通警察应当采取以下措施：

（一）迅速上报路况信息，包括雾、雨、雪、冰等恶劣天气的区域范围、能见度、车流量等情况；

（二）根据路况和上级要求，采取发放警示卡、间隔放行、限制车速、巡逻喊话提醒、警车限速引导等措施；

（三）加强巡逻，及时发现和处置交通事故，严防发生次生交通事故；

（四）关闭高速公路时，要通过设置绕行提示标志、电子显示屏或者可变情报板、交通广播等方式发布提示信息。车辆分流应当在高速公路关闭区段前的站口进行，交通警察要在分流处指挥疏导。

第五十七条　交通警察遇到正在发生的治安、刑事案件或者根据指令赶赴治安、刑事案件现场时，应当通知治安、刑侦部门，并根据现场情况采取以下先期处置措施：

（一）制止违法犯罪行为，控制违法犯罪嫌疑人；

（二）组织抢救伤者，排除险情；

（三）划定警戒区域，疏散围观群众，保护现场，维护好中心现场及周边道路交通秩序，确保现场处置通道畅通；

（四）进行现场询问，及时组织追缉、堵截；

（五）及时向上级报告案件（事件）性质、事态发展情况。

第五十八条　交通警察发现因群体性事件而堵塞交通的，应当立即向上级报告，并维护现场交通秩序。

第五十九条　交通警察接受堵截任务后，应当迅速赶往指定地点，并按照预案实施堵截。

紧急情况下，可以使用拦车破胎器堵截车辆。

第六十条　交通警察发现有被通缉的犯罪嫌疑车辆，应当视情采取跟踪、堵截等措施，确保有效控制车辆和嫌疑人员，并向上级报告。

第八章　执行交通警卫任务

第六十一条　交通警察执行警卫任务，应当及时掌握任务的时间、地点、性质、规模以及行车路线等要求，掌握管制措施、安全措施。

按要求准时到达岗位，及时对路口、路段交通秩序进行管理，纠正各类违法行为，依法文明执勤。

第六十二条　交通警察执行交通警卫任务时，应当遵守交通警卫工作纪律，严格按照不同级别的交通警卫任务的要求，适时采取交通分流、交通控制、交通管制等安全措施。在确保警卫车辆安全畅通的前提下，尽量减少对社会车辆的影响。

警卫车队到来时，遇有车辆、行人强行冲击警卫车队等可能影响交通警卫任务的突发事件，应当及时采取有效措施控制车辆和人员，维护现场交通秩序，并迅速向上级报告。

警卫任务结束后，应当按照指令迅速解除交通管制，加强指挥疏导，尽快恢复道路交通。

第六十三条　交通警察在路口执行警卫任务时，负责指挥的交通警察应当用手势信号指挥车队通过路口，同时密切观察路口情况，防止车辆、行人突然进入路口。负责外围控制的交通警察，应当分别站在路口来车方向，控制各类车辆和行人进入路口。

第六十四条　交通警察在路段执行警卫任务时，应当站在警卫路线道路中心线对向机动车道一侧，指挥控制对向车辆靠右缓行，及时发现和制止违法行为，严禁对向车辆超车、左转、调头及行人横穿警卫路线。

第九章　接受群众求助

第六十五条　交通警察遇到属于《110接处警工作规则》受理范围的群众求助，应当做好先期处置，并报110派员处置。需要过往机动车提供帮助的，可以指挥机动车驾驶人停车，请其提供帮助。机动车驾驶人拒绝的，不得强制。

第六十六条　交通警察遇到职责范围以外但如不及时处置可能危及公共安全、国家财产安全和人民群众生命财产安全的紧急求助时，应当做好先期处置，并报请上级通报相关部门或者单位派员到现场处置，在相关部门或者单位进行处置时，可以予以必要的协助。

第六十七条 交通警察遇到职责范围以外的非紧急求助，应当告知求助人向所求助事项的主管部门或者单位求助，并视情予以必要的解释。

第六十八条 交通警察指挥疏导交通时不受理群众投诉，应当告知其到相关部门或者机构投诉。

第十章 执勤执法安全防护

第六十九条 交通警察在道路上执勤时应当遵守以下安全防护规定：

（一）穿着统一的反光背心；

（二）驾驶警车巡逻执勤时，开启警灯，按规定保持车速和车距，保证安全。驾驶人、乘车人应当系安全带。驾驶摩托车巡逻时，应当戴制式头盔；

（三）保持信息畅通，服从统一指挥和调度。

第七十条 在城市快速路、主干道及公路上执勤应当由两名以上交通警察或者由一名交通警察带领两名以上交通协管员进行。需要设点执勤的，应当根据道路条件和交通状况，临时选择安全和不妨碍车辆通行的地点进行，放置要求驾驶人停车接受检查的提示标志，在距执勤点至少二百米处开始摆放发光或者反光的警告标志、警示灯，间隔设置减速提示标牌、反光锥筒等安全防护设备。

第七十一条 在执行公务时，警车需要临时停车或者停放的，应当开启警灯，并选择与处置地点同方向的安全地点，不得妨碍正常通行秩序。

警车在公路上执行公务时临时停车和停放应当开启警灯，并根据道路限速，将警车停在处置地点来车方向五十至二百米以外。在不影响周围群众生产生活的情况下，可以开启警报器。

第七十二条 交通警察在雾、雨、雪、冰冻及夜间等能见度低和道路通行条件恶劣的条件下设点执勤，应当遵守以下规定：

（一）在公路、城市快速路上执勤，应当由三名（含）以上交通警察或者两名交通警察和两名（含）以上交通协管员进行；

（二）需要在公路上设点执勤，应当在距执勤点至少五百米处开始摆放发光或者反光的警告标志、警示灯，间隔设置减速提示标牌、反光锥筒等安全防护设备，并确定专人对执勤区域进行巡控；在高速公路上应当将执勤点设在收费站或者服务区、停车区，并在至少两公里处开始摆放发光或者反光的警告标志、警示灯，间隔设置减速提示标牌、反光锥筒等安全防护设备。

第七十三条 查处违法行为应当遵守以下规定：

（一）除执行堵截严重暴力犯罪嫌疑人等特殊任务外，拦截、检查车辆或者处罚交通违法行为，应当选择不妨碍道路通行和安全的地点进行，并在来车方向设置分流或者避让标志；

（二）遇有机动车驾驶人拒绝停车的，不得站在车辆前面强行拦截，或者脚踏车辆踏板，将头、手臂等伸进车辆驾驶室或者攀扒车辆，强行责令机动车驾驶人停车；

（三）除机动车驾驶人驾车逃跑后可能对公共安全和他人生命安全有严重威胁以外，交通警察不得驾驶机动车追缉，可采取通知前方执勤交通警察堵截，或者记下车号，事后追究法律责任等方法进行处理；

（四）堵截车辆应采取设置交通设施、利用交通信号灯控制所拦截车辆前方车辆停车等非直接拦截方式，不得站立在被拦截车辆行进方向的行车道上拦截车辆。

第七十四条 在高速公路发现有不按规定车道行驶、超低速行驶、遗洒载运物、客车严重超员、车身严重倾斜等危及道路通行安全的违法行为，可以通过喊话、鸣警报器、车载显示屏提示等方式，引导车辆到就近服务区或者驶出高速公路接受处理。情况紧急的，可以立即进行纠正。

第七十五条 公安机关交通管理部门应当定期检查交通警察安全防护装备配备和使用情况，发现和纠正存在的问题。

第十一章 执法监督与考核评价

第七十六条 公安机关督察部门和交通管理部门应当建立对交通警察道路执勤执法现场督察制度。

公安机关交通管理部门应当建立交通警察道路执勤执法检查和考核制度。

对模范遵守法纪、严格执法的交通警察，应当予以表彰和奖励。

对违反规定执勤执法的，应当批评教育；情节严重的，给予党纪、政纪处分；构成犯罪的，依法追究法律责任。

第七十七条　公安机关交通管理部门应当根据交通警察工作职责，结合辖区交通秩序、交通流量情况和交通事故的规律、特点，以及不同岗位管理的难易程度，安排勤务工作，确定执勤执法任务和目标，以执法形象、执法程序、执法效果、执法纪律、执勤执法工作量、执法质量、接处警等为重点，开展考核评价工作。

不得下达或者变相下达罚款指标，不得以处罚数量作为考核交通警察执法效果的唯一依据。

考核评价结果应当定期公布，记入交通警察个人执法档案，并与交通警察评先创优、记功、职级和职务晋升、公务员年度考核分配挂钩，兑现奖励措施。

第七十八条　省、市（地）、县级公安机关交通管理部门应当公开办事制度、办事程序，公布举报电话，自觉接受社会和群众的监督，认真受理群众的举报，坚决查处交通警察违法违纪问题。

第七十九条　公安机关交通管理部门应当建立和完善值日警官制度，通过接待群众及时发现交通警察在执法形象、执法纪律、执法程序、接处警中出现的偏差、失误，随时纠正，使执法监督工作动态化、日常化。

第八十条　公安机关交通管理部门应当建立本单位及其所属交通警察的执法档案，实施执法质量考评、执法责任制和执法过错追究。执法档案可以是电子档案或者纸质档案。

执法档案的具体内容，由省级公安机关交通管理部门商公安法制部门按照执法质量考评的要求统一制定。

第八十一条　公安机关交通管理部门通过执法档案应当定期分析交通警察的执法情况，发现、梳理带有共性的执法问题，制定整改措施。

第八十二条　交警大队应当设立专职法制员，交警中队应当设立兼职法制员。法制员应当重点审查交通警察执勤执法的事实依据、证据收集、程序适用、文书制作等，规范交通警察案卷、文书的填写、制作。

第八十三条　公安机关交通管理部门可以使用交通违法信息系统，实行执法办案网上流程管理、网上审批和网上监督，加强对交通警察执法情况的分析、研判。

第八十四条　交通警察在道路上执勤执法时，严禁下列行为：

（一）违法扣留车辆、机动车行驶证、驾驶证和机动车号牌；

（二）违反规定当场收缴罚款，当场收缴罚款不开具罚款收据、不开具简易程序处罚决定或者不如实填写罚款金额；

（三）利用职务便利索取、收受他人财物或者谋取其他利益；

（四）违法使用警报器、标志灯具；

（五）非执行紧急公务时拦截搭乘机动车；

（六）故意为难违法行为人；

（七）因自身的过错与违法行为人或者围观群众发生纠纷或者冲突；

（八）从事非职责范围内的活动。

第十二章　附　　则

第八十五条　各省、自治区、直辖市公安机关可以根据本地实际，制定实施办法。

第八十六条　本规范自 2009 年 1 月 1 日起实施。2005 年 11 月 14 日公安部印发的《交通警察道路执勤执法工作规范》同时废止。

附件：1. 查处酒后驾驶操作规程（略）

2. 查处违反装载规定违法行为操作规程（略）

3. 查处超速行驶操作规程（略）

4. 查处违法停车操作规程（略）

5. 查处涉牌涉证违法行为操作规程（略）

6. 查处运载危险化学品车辆操作规程（略）

交通运输法规制定程序规定

1. 2016 年 9 月 2 日交通运输部令 2016 年第 66 号发布

2. 根据 2018 年 11 月 27 日交通运输部令 2018 年第 41 号《关于修改〈交通运输法规制定程序规定〉的决定》修正

第一章　总　　则

第一条　为规范交通运输法规制定程序，保证交通运输立法质量，根据《中华人民共和国立法法》《行政法规制定程序条例》和《规章制定程序条例》，制定本规定。

第二条 交通运输法规的立项、起草、审核、审议、公布、备案、解释和废止，适用本规定。

第三条 本规定所称交通运输法规，是指调整铁路、公路、水路、民航、邮政等事项的下列规范性文件：

（一）交通运输部上报国务院审查后提交全国人民代表大会及其常务委员会审议的法律送审稿；

（二）交通运输部上报国务院审议的行政法规送审稿；

（三）交通运输部制定及交通运输部与国务院其他部门联合制定的规章。

第四条 制定交通运输法规应当遵循下列原则：

（一）贯彻落实党和国家的路线方针政策和决策部署。

（二）法律送审稿不得与宪法相违背；行政法规送审稿不得与宪法、法律相违背；规章不得同宪法、法律、行政法规、国务院的决定及命令相违背；法律之间、行政法规之间、规章之间应当衔接、协调。

（三）体现和维护人民群众的根本利益，保护交通运输从业者的合法权益，促进和保障交通运输行业健康、可持续发展。

（四）没有法律或者国务院的行政法规、决定、命令的依据，部门规章不得设定减损公民、法人和其他组织权利或者增加其义务的规范，不得增加本部门的权力或者减少本部门的法定职责。

第五条 制定交通运输领域重大体制和重大政策调整的法规，应当将法规草案或者草案涉及的重大问题按照有关规定及时报告党组。其中属于经济社会等方面重大体制和重大政策调整的重要法律或者行政法规，还应当按照有关规定及时报告党中央。

第六条 交通运输法规的名称应当准确、规范，符合下列规定：

（一）法律称“法”；

（二）行政法规称“条例”“规定”“办法”“实施细则”；

（三）规章称“规定”“办法”“规则”“实施细则”“实施办法”，不得称“条例”。

第七条 交通运输法规应当备而不繁，结构合理，逻辑严密，条文清晰，用语准确，文字简练，具有可操作性。

法律、行政法规已经明确规定的内容，规章原则上不作重复规定。

第八条 交通运输法规根据内容需要，可以分为章、节、条、款、项、目。章、节、条的序号用中文数字依次表述，款不编号，项的序号用中文数字加括号依次表述，目的序号用阿拉伯数字依次表述。

除内容复杂的外，规章一般不分章、节。

第九条 交通运输法规制定工作由交通运输部法制工作部门（以下简称法制工作部门）归口管理，具体工作主要包括：

（一）编制和组织实施交通运输立法规划和年度立法计划，根据全国人民代表大会及其常务委员会的相关部门、国务院的相关部门要求，组织报送立法规划、年度立法计划的建议；

（二）统筹铁路、公路、水路、民航、邮政法规的起草工作，组织综合交通运输和公路、水路法规的起草工作；

（三）负责交通运输法规送审稿的审核修改和报请审议工作；

（四）负责组织配合立法机关开展法律、行政法规草案的审核修改工作；

（五）组织交通运输部规章的解释、清理、废止工作；

（六）负责交通运输部规章的公布、备案工作；

（七）负责组织实施交通运输法规后评估工作。

交通运输立法工作经费应当按照财政预算管理和使用。

第二章 立 项

第十条 交通运输部负责综合交通运输法规体系建设工作，提出综合交通运输法规体系建设的意见。

第十一条 法制工作部门应当按照突出重点、统筹兼顾、符合需要、切实可行的原则，于每年年底编制下一年度的立法计划。

每年 10 月底前，法制工作部门应当向部内有行业管理职责的部门或者单位、国家铁路局、中国民用航空局、国家邮政局（以下统称部管国家局）征询交通运输法规的立法建议，也可以向省级交通运输主管部门征询、向社会公开征集交通运输法规的立法建议。

第十二条　部内有行业管理职责的部门或者单位、部管国家局根据职责和管理工作的实际情况，认为需要制定、修订交通运输法规的，应当按照法制工作部门规定的时间及内容要求，提出立法立项建议。

各级地方人民政府交通运输管理部门、其他单位、社会团体和个人可以向法制工作部门提出立法立项建议。

第十三条　立法立项建议的内容涉及部内多个部门、单位或者部管国家局职责的，可以由相关部门、单位或者部管国家局联合提出立项建议；对于立项建议有分歧的，由法制工作部门协调提出处理意见，仍不能达成一致意见的，报部领导决定。

第十四条　交通运输部规章的内容涉及国务院两个以上部门职权范围的事项，应当与相关部门联合制定规章。部管国家局不得与国务院部门联合制定、发布规章。

第十五条　对涉及公民、法人和其他组织权利、义务，具有普遍约束力且反复适用的交通运输行业管理制度，应当制定交通运输法规。

第十六条　下列事项不属于交通运输法规立项范围：

（一）交通运输行政机关及所属单位的内部管理事项、工作制度及仅规范部属单位的管理性事务等；

（二）对具体事项的通知、答复、批复等；

（三）需要保密的事项；

（四）依照《中华人民共和国立法法》规定不属于交通运输法规规定的其他事项。

第十七条　立法立项建议应当包括以下内容：

（一）交通运输法规的名称；

（二）依据的上位法及党和国家的路线方针政策和决策部署；

（三）立法项目是新制定还是修订，修订形式如果是修正案的，应当予以说明；

（四）立法目的、必要性和所要解决的主要问题；

（五）立法项目的调整对象和调整范围；

（六）确立的主要制度，是否包含行政许可、行政强制等内容以及主要依据和理由；

（七）立法进度安排；

（八）立法项目承办单位和责任人；

（九）发布机关，联合发布的，需要联合发布部门的书面同意意见。

立法立项建议是由部门或者单位提出的，应当由部门或者单位主要负责人签署。

立法立项建议是由部管国家局提出的，应当由部管国家局向部行文提出。

第十八条　法制工作部门应当根据以下原则，对立法立项建议进行评估论证，拟订交通运输部年度立法计划：

（一）是否符合交通运输部近期和年度重点工作要求；

（二）交通运输法律和行政法规的立项建议是否符合综合交通运输法规体系建设的总体要求；

（三）立法事项是否属于应当通过立法予以规范的范畴，拟规范的事项是否超出立法权限，是否属于交通运输部的法定职责范围，拟定的承办单位、发布机关是否恰当；

（四）法规之间是否相互衔接，内容有无重复交叉；

（五）立法时机是否成熟；

（六）立法计划的总体安排是否切实可行。

第十九条　立法计划分为一类立法项目和二类立法项目。

一类立法项目，是指应当在年内完成的立法项目，即法律送审稿、行政法规送审稿在年内上报国务院，规章在年内公布；已报送国务院、全国人大的，需要配合司法部、全国人大相关部门开展审核修改。

二类立法项目，是指有立法必要性，不能保证年内完成，但需要着手研究起草、条件成熟后适时报审的立法项目。

第二十条　立法计划应当包括以下内容：

（一）立法项目名称；

（二）立法项目承办单位和责任人；

（三）报法制工作部门审核时间；

（四）报交通运输部部务会议（以下简称部务会议）审议时间或者上报国务院时间；

（五）其他需要列明的内容。

第二十一条　交通运输部年度立法计划经主管部领导

审核报部务会议审议后印发执行并向社会公布。

交通运输部年度立法计划是开展交通运输年度立法工作的依据，应当严格执行。承办单位应当按照立法计划规定的时间完成起草、送审工作，法制工作部门应当按照规定的时间完成审核工作。法制工作部门应当及时跟踪了解年度立法计划执行情况，加强组织协调和督促指导，并定期予以通报。

立法计划在执行过程中需要对计划内的立法项目予以调整的，立法项目的承办单位应当提出变更立法计划的建议并会商法制工作部门，报主管法制工作的部领导和分管其业务的部领导批准后，由法制工作部门对立法计划作出调整；立法项目的承办单位是部管国家局的，应当由部管国家局向部行文提出变更建议，经主管法制工作的部领导批准后，由法制工作部门对立法计划作出调整。

第三章　起　　草

第二十二条　交通运输法规由立法计划规定的承办单位负责组织起草。需与有关部委联合起草的，应当同有关部委协调组织起草工作。

起草专业性较强的交通运输法规，可以委托教学科研单位、社会组织、有关专家起草。

第二十三条　起草交通运输法规，应当遵循《中华人民共和国立法法》确定的立法原则，符合宪法和法律以及本规定第四条、第五条的规定，同时还应当符合下列要求：

（一）弘扬社会主义核心价值观；

（二）体现全面深化改革精神，科学规范行政行为，促进政府职能向宏观调控、市场监管、社会管理、公共服务、环境保护等方面转变；

（三）符合精简、统一、效能的原则，简化行政管理手续；

（四）切实保障公民、法人和其他组织的合法权益，在规定其应当履行的义务的同时，应当规定其相应的权利和保障权利实现的途径；

（五）体现行政机关的职权和责任相统一的原则，在赋予行政机关必要职权的同时，应当规定其行使职权的条件、程序和应当承担的责任；

（六）体现交通运输事业发展和交通运输行业管理工作的客观规律；

（七）符合法定职责和立法权限；

（八）符合立法技术的要求。

第二十四条　承办单位应当落实责任人员或者根据需要成立起草小组，制定起草工作方案。

第二十五条　法制工作部门应当及时了解交通运输法规的起草情况，协助承办单位协调解决起草过程中的问题，可以与承办单位协商，提早介入交通运输法规起草工作。

第二十六条　起草交通运输法规，除依法需要保密或者国务院决定不公布的外，应当将法规草案及其说明等向社会公布征求意见，期限一般不少于30日。

由部内部门、单位起草的交通运输法规，送审前由承办单位在交通运输部政府网站并通过法制工作部门在中国政府法制信息网上向社会公开征求意见。由部管国家局起草的交通运输法规，在送审前由部管国家局在交通运输部政府网站、部管国家局政府网站和中国政府法制信息网上同步向社会公开征求意见。

除向社会公布征求意见的情形外，起草交通运输法规还可以采取书面征求意见、座谈会、听证会等多种形式，广泛征求有关部门，企业、行业协会、商会等组织和公民的意见，开展深入调研。

起草公路、水路法规应当书面征求省级交通运输主管部门的意见。

第二十七条　起草交通运输法规，涉及社会公众普遍关注的热点难点问题和经济社会发展遇到的突出矛盾，减损公民、法人和其他组织权利或者增加其义务，对社会公众有重要影响等重大利益调整事项的，承办单位应当进行论证咨询，广泛听取有关方面的意见。

起草的规章涉及重大利益调整或者存在重大意见分歧，对公民、法人或者其他组织的权利义务有较大影响，人民群众普遍关注，需要进行听证的，按照《规章制定程序条例》的规定执行。

承办单位应当认真研究反馈意见，并在起草说明中对意见的处理情况和理由予以说明。

对于部门间争议较大的重要交通运输法规草案，可以引入第三方评估。对于可能引发社会稳定风险的交通运输法规草案，承办单位应当进行社会稳定风险评估。

第二十八条　承办单位应当就草案的主要思路和核心

制度向主管部领导请示；涉及重大技术、安全、规划方面管理事项的，应当根据职责的关联性，主动听取交通运输部总工程师、安全总监、总规划师的意见。

第二十九条　交通运输法规内容涉及部内多个部门、单位或者部管国家局职责的，承办单位应当征求相关部门、单位或者部管国家局的意见。经充分协商仍不能取得一致意见的，承办单位应当在起草说明中说明情况。

起草交通运输法律、行政法规，承办单位应当就涉及其他部门的职责或者与其他部门关系紧密的规定，与有关部门充分协商。涉及部门职责分工、行政许可、财政支持、税收优惠政策的，应当征得机构编制、财政、税务等相关部门同意。

起草交通运输规章，涉及国务院其他部门的职责或者与国务院其他部门关系紧密的，承办单位应当充分征求国务院其他部门的意见。

第三十条　承办单位应当编写起草说明。起草说明应当包括以下内容：

（一）立法目的和必要性；

（二）立法依据；

（三）起草过程；

（四）征求意见的情况、主要意见及处理、协调情况；

（五）对设定行政许可、行政强制等事项的专项论证以及规定行政许可、行政强制等事项的说明；

（六）对确立的主要制度和主要条款的说明；

（七）其他需要说明的内容。

第三十一条　承办单位应当按照立法计划确定的进度安排完成起草工作，形成送审稿，并按时送交审核。

承办单位为部内部门、单位的，送审稿应当由承办单位的主要负责人签署；涉及部内其他部门、单位职责的，应当在送审前会签；由多个部门、单位共同起草的送审稿，应当由这些部门、单位主要负责人共同签署；涉及部管国家局职责或者与部管国家局共同起草的，应当在送交审核前经部管国家局主要负责人签字确认。

第三十二条　承办单位提交送审稿时，应当一并报送起草说明和其他有关材料。

其他有关材料主要包括所规范领域的实际情况和相关数据、实践中存在的主要问题、汇总的意见、调研报告、听证会笔录、考察报告、国内外有关立法资料等。

第三十三条　承办单位为部内部门、单位的，送审稿、起草说明和其他有关材料以填写法规送审单的方式送法制工作部门审核。

承办单位为部管国家局的，由承办单位通过向部行文报送审核。

列入一类立法项目的送审稿原则上应当于当年9月底前报送。

第四章　审　　核

第三十四条　送审稿由法制工作部门统一负责审核修改。

第三十五条　法制工作部门主要从以下方面对送审稿进行初审：

（一）提交的材料是否齐备，是否符合本规定的要求；

（二）是否是立法计划安排或者报经同意后增列为立法计划的项目；

（三）是否按照本规定要求征求了有关方面的意见，并对主要意见提出了处理意见，对有关分歧意见是否经过充分协调并提出处理意见；

（四）联合发布的规章是否取得联合部门的书面同意。

经初审，送审稿不具备送交审核要求，或者送审稿存在《行政法规制定程序条例》第十九条、《规章制定程序条例》第二十条规定情形的，法制工作部门可以缓办或者退回承办单位。承办单位应当按照要求完善后再送交审核。

第三十六条　法制工作部门接收送审稿后主要从以下方面对送审稿进行审核修改：

（一）是否符合本规定第二十三条的规定；

（二）对有关分歧意见的处理是否适当、合理；

（三）是否符合实际，具备可操作性。

除关系重大、内容复杂或者存在重大意见分歧外，法制工作部门应当在3个月内完成规章送审稿的审核修改。

第三十七条　法制工作部门应当将送审稿或者送审稿涉及的主要问题发送有关机关、组织和专家征求意见。

法制工作部门可以将送审稿或者修改稿及其说明等向社会公布，征求意见。向社会公布征求意见的期限一般不少于30日。

送审稿涉及重大利益调整的，法制工作部门应当进行论证咨询，广泛听取有关方面的意见。论证咨询可以采取座谈会、论证会、听证会、委托研究等多种形式。

送审稿涉及重大利益调整或者存在重大意见分歧，对公民、法人或者其他组织的权利义务有较大影响，人民群众普遍关注，承办单位在起草过程中未举行听证会的，法制工作部门经部领导批准，可以举行听证会。

第三十八条 法制工作部门应当组织或者会同承办单位就送审稿涉及的重大、疑难问题，深入基层进行实地调查研究，听取基层有关机关、组织和公民的意见。

第三十九条 法制工作部门可以就送审稿中的有关重要法律问题和行业管理重大问题，通过部法律专家咨询工作机制，征求相关法律专家和行业管理专家的意见。

法制工作部门应当对专家咨询意见进行全面客观的整理，并提出对专家意见的处理建议。

第四十条 部内各相关部门、单位或者部管国家局对送审稿中关于管理体制、职责分工、主要管理制度等内容有不同意见的，法制工作部门应当组织协调，力求达成一致意见；经过充分协调不能达成一致意见的，应当将争议的主要问题、各方意见和处理建议及时报主管部领导进行协调或者报部领导决定。

对有较大争议的重要立法事项，法制工作部门可以委托有关专家、教学科研单位、社会组织进行评估。

第四十一条 法制工作部门应当认真研究各方意见，在与承办单位协商后，对送审稿进行修改，形成交通运输法规送审修改稿和对送审修改稿的说明。

第四十二条 交通运输法规送审修改稿和说明由法制工作部门主要负责人签署，承办单位为部内部门、单位的，送承办单位和相关部门、单位会签；承办单位为部管国家局的，经其法制工作部门负责人签字确认。

交通运输法规送审修改稿经部领导审核同意后，提请部务会议审议。

第五章 审议与公布

第四十三条 交通运输法规送审修改稿由部务会议审议。

部务会议审议交通运输法规送审修改稿时，由法制工作部门负责人对送审修改稿作说明。

承办单位为部管国家局的，必要时由部管国家局法制工作部门负责人作补充说明。

第四十四条 部务会议审议通过的规章送审修改稿，由部长签署并以交通运输部令形式公布。

部务会议审议通过的由交通运输部主办的与国务院其他部门联合制定的规章送审修改稿，由交通运输部部长与国务院其他部门的主要领导共同签署，以联合部令形式公布，使用交通运输部令的序号。

部务会议审议通过的法律、行政法规送审修改稿，由部正式行文报国务院审查。上报前，应当与司法部沟通。在全国人民代表大会及其常务委员会的相关部门、国务院的相关部门审核修改过程中，由法制工作部门牵头会同部内或者部管国家局的承办单位配合开展审核修改工作。

第四十五条 经部务会议审议未通过的交通运输法规送审修改稿，由法制工作部门按照部务会议要求，会同承办单位进行修改、完善后，报部领导审核同意后再次提交部务会议审定。

第四十六条 公布规章的命令应当载明规章的制定机关、序号、规章名称、通过日期、施行日期、公布日期和签署人等内容。

第四十七条 规章公布后，应当及时在国务院公报或者部门公报和中国政府法制信息网以及《中国交通报》、交通运输部政府网站上刊登。

在国务院公报或者部门公报上刊登的规章文本为标准文本。

第四十八条 规章应当在公布之日起30日后施行，但是涉及国家安全以及公布后不立即施行将有碍规章施行的，可以自公布之日起施行。

第六章 备案、修订、解释和废止

第四十九条 规章应当在公布后30日内，由法制工作部门按照有关规定报送国务院备案。

第五十条　具有下列情形之一的，交通运输法规应当予以修订：

（一）内容与上位法矛盾或者抵触的；

（二）内容不符合党和国家路线方针政策及相关要求的；

（三）内容与交通运输行业发展形势变化或者法定职能不相符的；

（四）其他应当修订的情形。

第五十一条　规章的解释权属于交通运输部。规章的解释同规章具有同等效力。

规章有下列情形之一的，应当予以解释：

（一）规章条文本身需要进一步明确具体含义的；

（二）规章制定后出现新的情况，需要明确适用依据的。

第五十二条　规章的解释由原承办单位负责起草，由法制工作部门按照规章审核程序进行审核、修改；或者由法制工作部门起草，征求原承办单位的意见。

规章的解释报请部务会议审议或者经部领导批准后以交通运输部文件公布。

第五十三条　规章有下列情况之一的，应当予以废止：

（一）规定的事项已执行完毕，或者因情势变迁，无继续施行必要的；

（二）因有关法律、行政法规的废止或者修改，失去立法依据的；

（三）与新颁布的法律、行政法规相违背的；

（四）主要内容已不适用的；

（五）同一事项已被新公布施行的规章所代替，规章失去存在意义的；

（六）规章规定的施行期限届满的；

（七）应当予以废止的其他情形。

第五十四条　规章的废止由法制工作部门归口管理。

规章的废止可以由部内有关部门、单位、省级交通运输主管部门向法制工作部门提出，或者由部管国家局向部提出，也可以由法制工作部门直接提出。由法制工作部门直接提出的，要征求相关部门、单位或者部管国家局的意见。

第五十五条　除第五十三条第（六）项规定的情形外，修订、废止规章应当经部务会议审议决定，以部令形式及时公布。

第七章　附　　则

第五十六条　交通运输法规的清理工作由法制工作部门统一组织实施，但铁路、民航、邮政法律、行政法规清理工作由部管国家局分别负责组织实施。

前款规定的部门、单位应当根据全面深化改革、经济社会发展需要以及上位法规定，及时组织开展法规清理工作。对不适应全面深化改革和经济社会发展要求、不符合上位法规定的交通运输法规，应当及时修改或者废止，或者提出修改、废止的建议。

第五十七条　法制工作部门或者承办单位可以组织对有关交通运输法规或者交通运输法规中的有关规定进行立法后评估，并把评估结果作为修改、废止或者建议修改、废止有关法规的重要参考。

第五十八条　交通运输部与部管国家局在法规制定过程中的工作联系与行文要求，依照交通运输部与管理的国家局职责分工和工作程序的有关规定执行。

第五十九条　负责起草交通运输地方性法规、规章的交通运输主管部门，在起草过程中可以征求交通运输部的意见。

第六十条　本规定自2016年11月1日起施行。交通部于2006年11月24日发布的《交通法规制定程序规定》（交通部令2006年第11号）同时废止。

附录一:道路交通相关指导案例

最高人民法院指导案例19号:赵春明等诉烟台市福山区汽车运输公司、卫德平等机动车交通事故责任纠纷案

(最高人民法院审判委员会讨论通过
2013年11月8日发布)

【关键词】

民事　机动车交通事故　责任　套牌　连带责任

【裁判要点】

机动车所有人或者管理人将机动车号牌出借他人套牌使用,或者明知他人套牌使用其机动车号牌不予制止,套牌机动车发生交通事故造成他人损害的,机动车所有人或者管理人应当与套牌机动车所有人或者管理人承担连带责任。

【相关法条】

《中华人民共和国侵权责任法》第八条

《中华人民共和国道路交通安全法》第十六条

【基本案情】

2008年11月25日5时30分许,被告林则东驾驶套牌的鲁F41703货车在同三高速公路某段行驶时,与同向行驶的被告周亚平驾驶的客车相撞,两车冲下路基,客车翻滚致车内乘客冯永菊当场死亡。经交警部门认定,货车司机林则东负主要责任,客车司机周亚平负次要责任,冯永菊不负事故责任。原告赵春明、赵某某、冯某某、侯某某分别系死者冯永菊的丈夫、儿子、父亲和母亲。

鲁F41703号牌在车辆管理部门登记的货车并非肇事货车,该号牌登记货车的所有人系被告烟台市福山区汽车运输公司(以下简称福山公司),实际所有人系被告卫德平,该货车在被告永安财产保险股份有限公司烟台中心支公司(以下简称永安保险公司)投保机动车第三者责任强制保险。

套牌使用鲁F41703号牌的货车(肇事货车)实际所有人为被告卫广辉,林则东系卫广辉雇佣的司机。据车辆管理部门登记信息反映,鲁F41703号牌登记货车自2004年4月26日至2008年7月2日,先后15次被以损坏或灭失为由申请补领号牌和行驶证。2007年8月23日卫广辉申请补领行驶证的申请表上有福山公司的签章。事发后,福山公司曾派人到交警部门处理相关事宜。审理中,卫广辉表示,卫德平对套牌事宜知情并收取套牌费,事发后卫广辉还向卫德平借用鲁F41703号牌登记货车的保单去处理事故,保单仍在卫广辉处。

发生事故的客车的登记所有人系被告朱荣明,但该车辆几经转手,现实际所有人系周亚平,朱荣明对该客车既不支配也未从该车运营中获益。被告上海腾飞建设工程有限公司(以下简称腾飞公司)系周亚平的雇主,但事发时周亚平并非履行职务。该客车在中国人民财产保险股份有限公司上海市分公司(以下简称人保公司)投保了机动车第三者责任强制保险。

【裁判结果】

上海市宝山区人民法院于2010年5月18日作出(2009)宝民一(民)初字第1128号民事判决:一、被告卫广辉、林则东赔偿四原告丧葬费、精神损害抚慰金、死亡赔偿金、交通费、误工费、住宿费、被扶养人生活费和律师费共计396 863元;二、被告周亚平赔偿四原告丧葬费、精神损害抚慰金、死亡赔偿金、交通费、误工费、住宿费、被扶养人生活费和律师费共计170 084元;三、被告福山公司、卫德平对上述判决主文第一项的赔偿义务承担连带责任;被告卫广辉、林则东、周亚平对上述判决主文第一、二项的赔偿义务互负连带责任;四、驳回四原告的其余诉讼请求。宣判后,卫德平提起上诉。上海市第二中级人民法院于2010年8月5日作出(2010)沪二中民一(民)终字第1353号民事判决:驳回上诉,维持原判。

【裁判理由】

法院生效裁判认为:根据本案交通事故责任认定,肇事货车司机林则东负事故主要责任,而卫广辉是肇事货车的实际所有人,也是林则东的雇主,故卫广辉和林则东应就本案事故损失连带承担主要赔偿责任。永安保险公司承保的鲁F41703货车并非实际肇事货车,

其也不知道鲁 F41703 机动车号牌被肇事货车套牌，故永安保险公司对本案事故不承担赔偿责任。根据交通事故责任认定，本案客车司机周亚平对事故负次要责任，周亚平也是该客车的实际所有人，故周亚平应对本案事故损失承担次要赔偿责任。朱荣明虽系该客车的登记所有人，但该客车已几经转手，朱荣明既不支配该车，也未从该车运营中获益，故其对本案事故不承担责任。周亚平虽受雇于腾飞公司，但本案事发时周亚平并非在为腾飞公司履行职务，故腾飞公司对本案亦不承担责任。至于承保该客车的人保公司，因死者冯永菊系车内人员，依法不适用机动车交通事故责任强制保险，故人保公司对本案不承担责任。另，卫广辉和林则东一方、周亚平一方虽各自应承担的责任比例有所不同，但车祸的发生系两方的共同侵权行为所致，故卫广辉、林则东对于周亚平的应负责任份额、周亚平对于卫广辉、林则东的应负责任份额，均应互负连带责任。

鲁 F41703 货车的登记所有人福山公司和实际所有人卫德平，明知卫广辉等人套用自己的机动车号牌而不予阻止，且提供方便，纵容套牌货车在公路上行驶，福山公司与卫德平的行为已属于出借机动车号牌给他人使用的情形，该行为违反了《中华人民共和国道路交通安全法》等有关机动车管理的法律规定。将机动车号牌出借他人套牌使用，将会纵容不符合安全技术标准的机动车通过套牌在道路上行驶，增加道路交通的危险性，危及公共安全。套牌机动车发生交通事故造成损害，号牌出借人同样存在过错，对于肇事的套牌车一方应负的赔偿责任，号牌出借人应当承担连带责任。故福山公司和卫德平应对卫广辉与林则东一方的赔偿责任份额承担连带责任。

最高人民法院指导案例 24 号：荣宝英诉王阳、永诚财产保险股份有限公司江阴支公司机动车交通事故责任纠纷案

（最高人民法院审判委员会讨论通过
2014 年 1 月 26 日发布）

【关键词】

民事　交通事故　过错责任

【裁判要点】

交通事故的受害人没有过错，其体质状况对损害后果的影响不属于可以减轻侵权人责任的法定情形。

【相关法条】

《中华人民共和国侵权责任法》第二十六条

《中华人民共和国道路交通安全法》第七十六条第一款第（二）项

【基本案情】

原告荣宝英诉称：被告王阳驾驶轿车与其发生刮擦，致其受伤。该事故经江苏省无锡市公安局交通巡逻警察支队滨湖大队（以下简称滨湖交警大队）认定：王阳负事故的全部责任，荣宝英无责。原告要求下述两被告赔偿医疗费用 30 006 元、住院伙食补助费 414 元、营养费 1620 元、残疾赔偿金 27 658.05 元、护理费 6000 元、交通费 800 元、精神损害抚慰金 10 500 元，并承担本案诉讼费用及鉴定费用。

被告永诚财产保险股份有限公司江阴支公司（简称永诚保险公司）辩称：对于事故经过及责任认定没有异议，其愿意在交强险限额范围内予以赔偿；对于医疗费用30 006元、住院伙食补助费 414 元没有异议；因鉴定意见结论中载明“损伤参与度评定为 75%，其个人体质的因素占 25%”，故确定残疾赔偿金应当乘以损伤参与度系数 0.75，认可 20 743.54 元；对于营养费认可 1350 元，护理费认可 3300 元，交通费认可 400 元，鉴定费用不予承担。

被告王阳辩称：对于事故经过及责任认定没有异议，原告的损失应当由永诚保险公司在交强险限额范围内优先予以赔偿；鉴定费用请求法院依法判决，其余各项费用同意保险公司意见；其已向原告赔偿 20 000 元。

法院经审理查明：2012 年 2 月 10 日 14 时 45 分许，王阳驾驶号牌为苏 MT1888 的轿车，沿江苏省无锡市滨湖区蠡湖大道由北往南行驶至蠡湖大道大通路口人行横道线时，碰擦行人荣宝英致其受伤。2 月 11 日，滨湖交警大队作出《道路交通事故认定书》。荣宝英申请并经无锡市中西医结合医院司法鉴定所鉴定，结论为：1. 荣宝英左桡骨远端骨折的伤残等级评定为十级；左下肢损伤的伤残等级评定为九级。损伤参与度评定为 75%，其个人体质的因素占 25%。2. 荣宝英的误工期评定为 150 日，护理期评定为 60 日，营养期

评定为90日。一审法院据此确认残疾赔偿金27 658.05元扣减25%为20 743.54元。

【裁判结果】

江苏省无锡市滨湖区人民法院于2013年2月8日作出(2012)锡滨民初字第1138号判决:一、被告永诚保险公司于本判决生效后十日内赔偿荣宝英医疗费用、住院伙食补助费、营养费、残疾赔偿金、护理费、交通费、精神损害抚慰金共计45 343.54元。二、被告王阳于本判决生效后十日内赔偿荣宝英医疗费用、住院伙食补助费、营养费、鉴定费共计4040元。三、驳回原告荣宝英的其他诉讼请求。宣判后,荣宝英向江苏省无锡市中级人民法院提出上诉。无锡市中级人民法院经审理于2013年6月21日以原审适用法律错误为由作出(2013)锡民终字第497号民事判决:一、撤销无锡市滨湖区人民法院(2012)锡滨民初字第1138号民事判决;二、被告永诚保险公司于本判决生效后十日内赔偿荣宝英52 258.05元;三、被告王阳于本判决生效后十日内赔偿荣宝英4040元;四、驳回原告荣宝英的其他诉讼请求。

【裁判理由】

法院生效裁判认为:《中华人民共和国侵权责任法》第二十六条规定:"被侵权人对损害的发生也有过错的,可以减轻侵权人的责任。"《中华人民共和国道路交通安全法》第七十六条第一款第(二)项规定,机动车与非机动车驾驶人、行人之间发生交通事故,非机动车驾驶人、行人没有过错的,由机动车一方承担赔偿责任;有证据证明非机动车驾驶人、行人有过错的,根据过错程度适当减轻机动车一方的赔偿责任。因此,交通事故中在计算残疾赔偿金是否应当扣减时应当根据受害人对损失的发生或扩大是否存在过错进行分析。本案中,虽然原告荣宝英的个人体质状况对损害后果的发生具有一定的影响,但这不是侵权责任法等法律规定的过错,荣宝英不应因个人体质状况对交通事故导致的伤残存在一定影响而自负相应责任,原审判决以伤残等级鉴定结论中将荣宝英个人体质状况"损伤参与度评定为75%"为由,在计算残疾赔偿金时作相应扣减属适用法律错误,应予纠正。

从交通事故受害人发生损伤及造成损害后果的因果关系看,本起交通事故的引发系肇事者王阳驾驶机动车穿越人行横道线时,未尽到安全注意义务碰擦行人荣宝英所致;本起交通事故造成的损害后果系受害人荣宝英被机动车碰撞、跌倒发生骨折所致,事故责任认定荣宝英对本起事故不负责任,其对事故的发生及损害后果的造成均无过错。虽然荣宝英年事已高,但其年老骨质疏松仅是事故造成后果的客观因素,并无法律上的因果关系。因此,受害人荣宝英对于损害的发生或者扩大没有过错,不存在减轻或者免除加害人赔偿责任的法定情形。同时,机动车应当遵守文明行车、礼让行人的一般交通规则和社会公德。本案所涉事故发生在人行横道线上,正常行走的荣宝英对将被机动车碰撞这一事件无法预见,而王阳驾驶机动车在路经人行横道线时未依法减速慢行、避让行人,导致事故发生。因此,依法应当由机动车一方承担事故引发的全部赔偿责任。

根据我国道路交通安全法的相关规定,机动车发生交通事故造成人身伤亡、财产损失的,由保险公司在机动车第三者责任强制保险责任限额范围内予以赔偿。而我国交强险立法并未规定在确定交强险责任时应依据受害人体质状况对损害后果的影响作相应扣减,保险公司的免责事由也仅限于受害人故意造成交通事故的情形,即便是投保机动车无责,保险公司也应在交强险无责限额内予以赔偿。因此,对于受害人符合法律规定的赔偿项目和标准的损失,均属交强险的赔偿范围,参照"损伤参与度"确定损害赔偿责任和交强险责任均没有法律依据。

最高人民法院指导案例26号:李健雄诉广东省交通运输厅政府信息公开案

(最高人民法院审判委员会讨论通过
2014年1月26日发布)

【关键词】

行政　政府信息公开　网络申请　逾期答复

【裁判要点】

公民、法人或者其他组织通过政府公众网络系统向行政机关提交政府信息公开申请的,如该网络系统未作例外说明,则系统确认申请提交成功的日期应当视为行政机关收到政府信息公开申请之日。行政机关对于该申请的内部处理流程，不能成为行政机关延期处理的理由，逾期作出答复的，应当确认为违法。

【相关法条】

《中华人民共和国政府信息公开条例》第二十四条

【基本案情】

原告李健雄诉称：其于2011年6月1日通过广东省人民政府公众网络系统向被告广东省交通运输厅提出政府信息公开申请，根据《中华人民共和国政府信息公开条例》（以下简称《政府信息公开条例》）第二十四条第二款的规定，被告应在当月23日前答复原告，但被告未在法定期限内答复及提供所申请的政府信息，故请求法院判决确认被告未在法定期限内答复的行为违法。

被告广东省交通运输厅辩称：原告申请政府信息公开通过的是广东省人民政府公众网络系统，即省政府政务外网（以下简称省外网），而非被告的内部局域网（以下简称厅内网）。按规定，被告将广东省人民政府"政府信息网上依申请公开系统"的后台办理设置在厅内网。由于被告的厅内网与互联网、省外网物理隔离，互联网、省外网数据都无法直接进入厅内网处理，需通过网闸以数据"摆渡"方式接入厅内网办理，因此被告工作人员未能立即发现原告在广东省人民政府公众网络系统中提交的申请，致使被告未能及时受理申请。根据《政府信息公开条例》第二十四条、《国务院办公厅关于做好施行〈中华人民共和国政府信息公开条例〉准备工作的通知》等规定，政府信息公开中的申请受理并非以申请人提交申请为准，而是以行政机关收到申请为准。原告称2011年6月1日向被告申请政府信息公开，但被告未收到该申请，被告正式收到并确认受理的日期是7月28日，并按规定向原告发出了《受理回执》。8月4日，被告向原告当场送达《关于政府信息公开的答复》和《政府信息公开答复书》，距离受理日仅5个工作日，并未超出法定答复期限。因原告在政府公众网络系统递交的申请未能被及时发现并被受理应视为不可抗力和客观原因造成，不应计算在答复期限内，故请求法院依法驳回原告的诉讼请求。

法院经审理查明：2011年6月1日，原告李健雄通过广东省人民政府公众网络系统向被告广东省交通运输厅递交了政府信息公开申请，申请获取广州广园客运站至佛冈的客运里程数等政府信息。政府公众网络系统以申请编号11060100011予以确认，并通过短信通知原告确认该政府信息公开申请提交成功。7月28日，被告作出受理记录确认上述事实，并于8月4日向原告送达《关于政府信息公开的答复》和《政府信息公开答复书》。庭审中被告确认原告基于生活生产需要获取上述信息，原告确认8月4日收到被告作出的《关于政府信息公开的答复》和《政府信息公开答复书》。

【裁判结果】

广州市越秀区人民法院于2011年8月24日作出（2011）越法行初字第252号行政判决：确认被告广东省交通运输厅未依照《政府信息公开条例》第二十四条规定的期限对原告李健雄2011年6月1日申请其公开广州广园客运站至佛冈客运里程数的政府信息作出答复违法。

【裁判理由】

法院生效裁判认为：《政府信息公开条例》第二十四条规定："行政机关收到政府信息公开申请，能够当场答复的，应当当场予以答复。行政机关不能当场答复的，应当自收到申请之日起15个工作日内予以答复；如需延长答复期限的，应当经政府信息公开工作机构负责人同意，并告知申请人，延长答复的期限最长不得超过15个工作日。"本案原告于2011年6月1日通过广东省人民政府公众网络系统向被告提交了政府信息公开申请，申请公开广州广园客运站至佛冈的客运里程数。政府公众网络系统生成了相应的电子申请编号，并向原告手机发送了申请提交成功的短信。被告确认收到上述申请并认可原告是基于生活生产需要获取上述信息，却于2011年8月4日才向原告作出《关于政府信息公开的答复》和《政府信息公开答复书》，已超过了上述规定的答复期限。由于广东省人民政府"政府信息网上依申请公开系统"作为政府信息申请公开平台所应当具有的整合性与权威性，如未作例外说明，则从该平台上递交成功的申请应视为相关行政机关已收到原告通过互联网提出的政府信息公开申请。至于外网与内网、上下级行政机关之间对于该申请的流转，属于行政机关内部管理事务，不能成为行政机关延期处理的理由。被告认为原告是向政府公众网络系统提交的申请，因其厅内网与互联网、省外网物理隔离而无法及时发现原告申请,应以其2011年7月28日发现原告申请为收到申请日期而没有超过答复期限的理由不能成立。因此,原告通过政府公众网络系统提交政府信息公开申请的,该网络系统确认申请提交成功的日期应当视为被告收到申请之日,被告逾期作出答复的,应当确认为违法。

最高人民法院指导案例90号:贝汇丰诉海宁市公安局交通警察大队道路交通管理行政处罚案

(最高人民法院审判委员会讨论通过
2017年11月15日发布)

【关键词】

行政　行政处罚　机动车让行　正在通过人行横道

【裁判要点】

礼让行人是文明安全驾驶的基本要求。机动车驾驶人驾驶车辆行经人行横道,遇行人正在人行横道通行或者停留时,应当主动停车让行,除非行人明确示意机动车先通过。公安机关交通管理部门对不礼让行人的机动车驾驶人依法作出行政处罚的,人民法院应予支持。

【相关法条】

《中华人民共和国道路交通安全法》第47条第1款

【基本案情】

原告贝汇丰诉称:其驾驶浙F1158J汽车(以下简称"案涉车辆")靠近人行横道时,行人已经停在了人行横道上,故不属于"正在通过人行横道"。而且,案涉车辆经过的西山路系海宁市主干道路,案发路段车流很大,路口也没有红绿灯,如果只要人行横道上有人,机动车就停车让行,会在很大程度上影响通行效率。所以,其可以在确保通行安全的情况下不停车让行而直接通过人行横道,故不应该被处罚。海宁市公安局交通警察大队(以下简称"海宁交警大队")作出的编号为3304811102542425的公安交通管理简易程序处罚决定违法。贝汇丰请求:撤销海宁交警大队作出的行政处罚决定。

被告海宁交警大队辩称:行人已经先于原告驾驶的案涉车辆进入人行横道,而且正在通过,案涉车辆应当停车让行;如果行人已经停在人行横道上,机动车驾驶人可以示意行人快速通过,行人不走,机动车才可以通过;否则,构成违法。对贝汇丰作出的行政处罚决定事实清楚,证据确实充分,适用法律正确,程序合法,请求判决驳回贝汇丰的诉讼请求。

法院经审理查明:2015年1月31日,贝汇丰驾驶案涉车辆沿海宁市西山路行驶,遇行人正在通过人行横道,未停车让行。海宁交警大队执法交警当场将案涉车辆截停,核实了贝汇丰的驾驶员身份,适用简易程序向贝汇丰口头告知了违法行为的基本事实、拟作出的行政处罚、依据及其享有的权利等,并在听取贝汇丰的陈述和申辩后,当场制作并送达了公安交通管理简易程序处罚决定书,给予贝汇丰罚款100元,记3分。贝汇丰不服,于2015年2月13日向海宁市人民政府申请行政复议。3月27日,海宁市人民政府作出行政复议决定书,维持了海宁交警大队作出的处罚决定。贝汇丰收到行政复议决定书后于2015年4月14日起诉至海宁市人民法院。

【裁判结果】

浙江省海宁市人民法院于2015年6月11日作出(2015)嘉海行初字第6号行政判决:驳回贝汇丰的诉讼请求。宣判后,贝汇丰不服,提起上诉。浙江省嘉兴市中级人民法院于2015年9月10日作出(2015)浙嘉行终字第52号行政判决:驳回上诉,维持原判。

【裁判理由】

法院生效裁判认为:首先,人行横道是行车道上专供行人横过的通道,是法律为行人横过道路时设置的保护线,在没有设置红绿灯的道路路口,行人有从人行横道上优先通过的权利。机动车作为一种快速交通运输工具,在道路上行驶具有高度的危险性,与行人相比处于强势地位,因此必须对机动车在道路上行驶时给予一定的权利限制,以保护行人。其次,认定行人是否"正在通过人行横道"应当以特定时间段内行人一系列连续行为为标准,而不能以某个时间点行人的某个特定动作为标准,特别是在该特定动作不是行人在自由状态下自由地做出,而是由于外部的强力原因迫使其不得不做出的情况下。案发时,行人以较快的步频走上人行横道线,并以较快的速度接近案发路口的中央位置，当看到贝汇丰驾驶案涉车辆朝自己行走的方向驶来，行人放慢了脚步，以确认案涉车辆是否停下来，但并没有停止脚步，当看到案涉车辆没有明显减速且没有停下来的趋势时，才为了自身安全不得不停下脚步。如果此时案涉车辆有明显减速并停止行驶，则行人肯定会连续不停止地通过路口。可见，在案发时间段内行人的一系列连续行为充分说明行人“正在通过人行横道”。再次，机动车和行人穿过没有设置红绿灯的道路路口属于一个互动的过程，任何一方都无法事先准确判断对方是否会停止让行，因此处于强势地位的机动车在行经人行横道遇行人通过时应当主动停车让行，而不应利用自己的强势迫使行人停步让行，除非行人明确示意机动车先通过，这既是法律的明确规定，也是保障作为弱势一方的行人安全通过马路、减少交通事故、保障生命安全的现代文明社会的内在要求。综上，贝汇丰驾驶机动车行经人行横道时遇行人正在通过而未停车让行，违反了《中华人民共和国道路交通安全法》第四十七条的规定。海宁交警大队根据贝汇丰的违法事实，依据法律规定的程序在法定的处罚范围内给予相应的行政处罚，事实清楚，程序合法，处罚适当。

附录二:以部令号公布的交通运输部(含原交通部)全部规章目录

序号	令　　号	文 件 名 称	发布日期	时效性	备　　注	参见本书页码
1	交通部令第1号	中华人民共和国公路管理条例实施细则	1988.6.28	已失效	被交通运输部令2009年第8号修改,被交通运输部令2014年第17号废止	
2	交通部令第2号	港口消防监督实施办法	1988.7.5	已失效	被交通运输部令2019年第22号废止	
3	公安部、交通部令第3号	港口治安管理规定	1989.3.4	已失效	被交通运输部令2016年第57号废止	
4	交通部令第4号	全民所有制交通企业设备管理办法	1989.3.10	已失效	被交通部令2003年第11号废止	
5	交通部令第5号	船闸管理办法	1989.8.3	已失效	被交通运输部令2019年第6号废止	
6	交通部令第6号	中华人民共和国港口间海上旅客运输赔偿责任限额规定	1993.12.17			
7	交通部令第7号	中华人民共和国海员证管理办法	1989.8.14	已失效	被交通运输部令2019年第4号废止	
8	交通部令第8号	公路工程施工招标投标管理办法	1989.8.26	已失效	被交通部令2002年第2号废止	
9	交通部令第9号	外国水路、公路运输企业在中国设立常驻代表机构管理办法	1990.2.18	已失效	被交通部令2006年第10号废止	
10	交通部令第10号	国际船舶代理管理规定	1990.3.2	已失效	被交通部令2003年第1号废止	
11	交通部令第11号	公路渡口管理规定	1990.3.7	已失效	被交通运输部令2014年第9号废止	
12	交通部令第12号	水运工程施工招标投标管理办法	1990.3.7	已失效	被交通部令2000年第4号废止	
13	交通部令第13号	汽车运输业车辆技术管理规定	1990.3.7	已失效	被交通运输部令2016年第1号废止	
14	交通部令第14号	中华人民共和国海上交通事故调查处理条例	1990.3.3			
15	交通部令第15号	国际班轮运输管理规定	1990.6.20	已失效	被交通部令2003年第1号废止	
16	交通部令第17号	交通建设项目环境保护管理办法	1990.6.16	已失效	被交通部令2003年第5号废止	
17	交通部令第18号	交通企业法律顾问工作管理办法	1990.9.18	已失效	被交通部令2003年第11号废止	
18	交通部令第19号	关于废止若干交通规章的决定	1990.9.30			
19	交通部令第22号	水路运输违章处罚规定(试行)	1990.9.28	已失效	被交通运输部令2014年第2号废止	

续表

序号	令号	文件名称	发布日期	时效性	备注	参见本书页码
20	交通部令第 24 号	公路路政管理规定(试行)	1990.9.24	已失效	被交通部令 2003 年第 2 号废止	
21	交通部令第 25 号	中国籍小型船舶航行香港、澳门地区安全监督管理规定	1990.9.24	1996.1.1 修改	1996 年 1 月 1 日交安监发〔1996〕1 号文修改	
22	交通部令第 26 号	客渡轮专用信号标志管理规定	1990.9.24			
23	交通部令第 27 号	中华人民共和国船舶进出内河港口签证管理规则	1991.3.27	已失效	被交通部令 1993 年第 3 号废止	
24	交通部令第 28 号	汽车维修质量管理办法	1991.4.10	已失效	被交通部令 2005 年第 7 号废止	
25	交通部令第 29 号	汽车运输业车辆综合性能检测站管理办法	1991.4.23	已失效	被交通部令 2007 年第 9 号废止	
26	交通部令第 30 号	中华人民共和国内河避碰规则	1991.4.28	2003.9.2 修改	被交海发〔2003〕357 号文修改	
27	交通部、公安部、中国船舶工业总公司第 31 号令	船舶修理防火防爆管理规定	1991.5.25	已失效	被交通部令 2003 年第 11 号废止	
28	交通部令第 32 号	船舶升挂国旗管理办法	1991.10.10			
29	交通部令第 33 号	外国船舶检验机构在中国设立常驻代表机构管理办法	1992.3.28	已失效	被交通运输部令 2014 年第 17 号废止	
30	交通部令第 34 号	内河船舶船员考试发证规则	1992.4.7	已失效	被交通部令 2005 年第 1 号废止	
31	交通部令第 35 号	中华人民共和国海上国际集装箱运输管理规定实施细则	1992.6.9	已失效	被国务院令第 335 号《中华人民共和国国际海运条例》废止	
32	交通部令第 36 号	公路、水路运输全行业统计工作规定	1992.7.21	已失效	被交通部令 2018 年第 20 号废止	
33	交通部令第 37 号	交通企业合同管理规定	1992.8.6	已失效	被交通部令 2003 年第 11 号废止	
34	交通部令第 38 号	交通法规制定程序规定	1992.8.6	已失效	被交通部令 2006 年第 11 号废止	
35	交通部令第 39 号	交通行政复议管理规定	1992.8.6	已失效	被交通部令 2000 年第 5 号废止	
36	交通部令第 40 号	内河船舶航行日志记载规则	1992.8.31			
37	交通部令第 41 号	内河船舶轮机日志记载规则	1992.9.2			
38	交通部令第 42 号	交通基本建设项目竣工决算报告编制办法	1992.9.23	已失效	被交通部令 2003 年第 11 号废止	
39	交通部、公安部令第 43 号	客船治安管理规定	1992.12.14	已失效	被交通运输部令 2016 年第 57 号废止	
40	交通部令 1993 年第 1 号	中华人民共和国内河交通事故调查处理规则	1993.3.24	已失效	被交通部令 2006 年第 12 号废止	
41	交通部令 1993 年第 2 号	老旧船舶管理规定	1993.4.19	已失效	被交通部令 2001 年第 2 号废止	

续表

序号	令　　号	文件名称	发布日期	时效性	备　　注	参见本书页码
42	交通部令 1993 年第 3 号	中华人民共和国船舶签证管理规则	1993.5.17	已失效	被交通部令 2007 年第 7 号废止	
43	交通部令 1993 年第 4 号	外国籍船舶在中国领海、内水和港口使用国际海事卫星船舶地球站规定	1993.8.18			
44	交通部令 1993 年第 5 号	关于不满 300 总吨船舶及沿海运输、沿海作业船舶海事赔偿限额的规定	1993.11.15			
45	交通部令 1993 年第 6 号	中华人民共和国港口间海上旅客运输赔偿责任限额规定	1993.12.17			
46	交通部令 1993 年第 7 号	海上移动通信业务标识管理办法	1993.12.24	已失效	被交通运输部令 2021 年第 21 号废止	
47	交通部令 1995 年第 1 号	交通行政执法监督规定	1995.3.20	已失效	被交通运输部令 2016 年第 57 号废止	
48	交通部令 1995 年第 2 号	汽车客运站管理规定	1995.5.9	已失效	被交通部令 2005 年第 10 号废止	
49	交通部令 1995 年第 3 号	在中华人民共和国沿海水域作业的外国籍钻井船、移动式平台检验规定	1995.8.25			
50	交通部令 1996 年第 1 号	交通行业内部审计工作规定	1996.3.6	已失效	被交通部令 2004 年第 12 号废止	
51	交通部令 1996 年第 2 号	内河航标管理办法	1996.5.20			
52	交通部令 1996 年第 3 号	中华人民共和国水路运输服务业管理规定	1996.6.18	已失效	被交通部令 1998 年第 6 号修改,被交通运输部令 2014 年第 3 号废止	
53	交通部令 1996 年第 4 号	公路建设市场管理办法	1996.7.11	已失效	被交通部令 2004 年第 14 号废止	
54	交通部令 1996 年第 5 号	关于加强承运进口废物管理的规定	1996.8.9	已失效	被交通运输部令 2016 年第 57 号废止	
55	交通部令 1996 年第 6 号	台湾海峡两岸间航运管理办法	1996.8.19			
56	交通部令 1996 年第 7 号	交通行政处罚程序规定	1996.9.25	已失效	被交通运输部令 2019 年第 9 号废止	
57	交通部令 1996 年第 8 号	上海航运交易所管理规定	1996.10.3			
58	交通部令 1996 年第 9 号	公路经营权有偿转让管理办法	1996.10.9	已失效	被交通运输部、国家发展和改革委员会、财政部令 2008 年第 11 号废止	
59	交通部令 1996 年第 10 号	中华人民共和国水路危险货物运输规则	1996.11.4	(第一部分 水路包装危险货物运输规则)已失效	(第一部分 水路包装危险货物运输规则)被交通部令 2018 年第 11 号废止	

续表

序号	令　　号	文件名称	发布日期	时效性	备　　注	参见本书页码
60	交通部令 1996 年第 11 号	中华人民共和国机动车驾驶员培训管理规定	1996.12.23	已失效	被交通部令 2006 年第 2 号废止	
61	交通部令 1996 年第 12 号	海区航标设置管理办法	1996.12.25			
62	交通部令 1996 年第 13 号	中华人民共和国高速客船安全管理规则	1996.12.24	已失效	被交通部令 2006 年第 4 号废止	
63	交通部令 1997 年第 1 号	水运工程建设市场管理办法	1997.2.21	已失效	被交通部令 2007 年第 9 号废止	
64	交通部、铁道部令 1997 年第 2 号	国际集装箱多式联运管理规则	1997.3.14	已失效	被交通部令 2003 年第 11 号废止	
65	交通部令 1997 年第 3 号	中华人民共和国交通部港口收费规则（外贸部分）	1997.6.12	已失效	被交通部令 2001 年第 11 号修改，被交通运输部令 2016 年第 3 号废止	
66	交通部令 1997 年第 4 号	道路货物运单使用和管理办法	1997.5.22	已失效	被交通部令 2005 年第 6 号废止	
67	交通部令 1997 年第 5 号	水上移动卫星通信管理规则	1997.6.14	2018.10.31 修改	被交通部令 2018 年第 27 号修改	
68	交通部令 1997 年第 6 号	水路货物滚装运输规则	1997.7.16	已失效	被交通部令 2000 年第 9 号废止	
69	交通部令 1997 年第 7 号	中华人民共和国外国籍船舶航行长江水域管理规定	1997.8.1	2019.3.2 修改	被国务院令第 709 号修改	
70	交通部令 1997 年第 8 号	中华人民共和国船舶交通管理系统安全监督管理规则	1997.9.15			
71	交通部令 1997 年第 9 号	中华人民共和国船舶最低安全配员规则	1997.11.1	已失效	被交通部令 2006 年第 10 号废止	
72	交通部令 1997 年第 10 号	外国水路运输企业常驻代表机构管理办法	1997.11.22	已失效	被交通部令 2003 年第 1 号废止	
73	交通部令 1997 年第 11 号	中华人民共和国海船船员值班规则	1997.10.20	已失效	被交通运输部令 2012 年第 10 号废止	
74	交通部令 1997 年第 13 号	中华人民共和国船员培训管理规则	1997.11.5	已失效	被交通运输部令 2009 年第 10 号废止	
75	交通部令 1997 年第 14 号	中华人民共和国海船船员适任考试、评估和发证规则	1997.11.5	已失效	被交通部令 2004 年第 6 号废止	
76	交通部令 1997 年第 15 号	中华人民共和国船舶安全检查规则	1997.11.5	已失效	被交通运输部令 2009 年第 15 号废止	
77	交通部令 1997 年第 16 号	交通行政执法证件管理规定	1997.11.26	已失效	被交通运输部令 2011 年第 1 号废止	
78	交通部、建设部、国家环境保护局令 1997 年第 17 号	防止船舶垃圾和沿岸固体废物污染长江水域管理规定	1997.12.24	已失效	被交通运输部令 2014 年第 17 号废止	
79	交通部令 1998 年第 1 号	港口装卸机械管理规定	1998.1.5	已失效	被交通运输部令 2014 年第 17 号废止	

续表

序号	令　　号	文 件 名 称	发布日期	时效性	备　　注	参见本书页码
80	交通部令 1998 年第 2 号	道路运输车辆维护管理规定	1998.3.4	已失效	被交通部令 2001 年第 4 号修改，被交通运输部令 2016 年第 1 号废止	
81	交通部令 1998 年第 3 号	道路运输行政处罚规定	1998.3.9	已失效	被交通部令 2007 年第 9 号废止	
82	交通部、国家计划委员会令 1998 年第 4 号	交通部、国家计划委员会关于汽车租赁业管理暂行规定	1998.2.26	已失效	被交通部令 2007 年第 9 号废止	
83	交通部令 1998 年第 5 号	长江机动船舶安全通信管理规定	1998.3.27			
84	交通部令 1998 年第 6 号	关于修改《中华人民共和国水路运输服务业管理规定》的决定	1998.7.30			
85	交通部令 1998 年第 7 号	中华人民共和国水上安全监督行政处罚规定	1998.9.2	已失效	被交通部令 2003 年第 11 号废止	
86	交通部令 1998 年第 8 号	高速公路旅客运输管理规定	1998.10.21	已失效	被交通部令 2005 年第 10 号废止	
87	交通部令 1998 年第 9 号	公路工程施工监理招标投标管理办法	1998.12.28	已失效	被交通部令 2006 年第 5 号废止	
88	交通部令 1999 年第 1 号	交通通信管理规则	1999.6.9	已失效	被交通运输部令 2010 年第 9 号废止	
89	交通部令 1999 年第 2 号	中华人民共和国营业性道路运输机动车准驾证管理规定	1999.6.25	已失效	被交通部令 2001 年第 7 号废止	
90	交通部令 1999 年第 3 号	中华人民共和国潜水员管理办法	1999.10.6	已失效	被交通运输部令 2014 年第 17 号废止	
91	交通部令 1999 年第 4 号	中华人民共和国水上水下施工作业通航安全管理规定	1999.10.8	已失效	被交通运输部令 2011 年第 5 号废止	
92	交通部令 1999 年第 5 号	汽车货物运输规则	1999.11.15	已失效	被交通运输部令 2016 年第 57 号废止	
93	交通部、对外贸易经济合作部令 2000 年第 1 号	外商独资船务公司审批管理暂行办法	2000.1.28	已失效	被交通运输部、商务部令 2015 年第 16 号，交通运输部令 2018 年第 29 号两次修改，被交通运输部令 2019 年第 13 号废止	
94	交通部令 2000 年第 2 号	超限运输车辆行驶公路管理规定	2000.2.13	已失效	被交通运输部令 2016 年第 62 号废止	
95	交通部令 2000 年第 3 号	水运工程质量监督规定	2000.6.22	已失效	被交通运输部令 2017 年第 28 号废止	
96	交通部令 2000 年第 4 号	水运工程施工招标投标管理办法	2000.9.12	已失效	被交政法发〔2012〕682 号《交通运输部关于公布涉及招投标的规章和规范性文件清理结果的通知》废止	
97	交通部令 2000 年第 5 号	交通运输行政复议规定	2000.6.27	2015.9.9 修改	被交通运输部令 2015 年第 18 号修改	585

续表

序号	令　　号	文件名称	发布日期	时效性	备　　注	参见本书页码
98	交通部令2000年第6号	公路建设市场准入规定	2000.8.28	已失效	被交通部令2004年第8号废止	
99	交通部令2000年第7号	公路建设四项制度实施办法	2000.8.28	已失效	被交通部令2004年第8号废止	
100	交通部令2000年第8号	公路建设监督管理办法	2000.8.28	已失效	被交通部令2006年第6号废止	
101	交通部令2000年第9号	国内水路货物运输规则	2000.8.28	已失效	被交通运输部令2016年第57号废止	
102	交通部令2000年第10号	港口货物作业规则	2000.8.28	已失效	被交通运输部令2016年第57号废止	
103	交通部令2001年第1号	国内船舶运输经营资质管理规定	2001.3.21	已失效	被交通运输部令2008年第2号废止	
104	交通部令2001年第2号	老旧运输船舶管理规定	2001.4.9	已失效	被交通部令2006年第8号废止	
105	交通部令2001年第3号	国内船舶管理业规定	2001.7.4	已失效	被交通运输部令2009年第1号修改，被交通运输部令2014年第3号废止	
106	交通部令2001年第4号	关于修改《道路运输车辆维护管理规定》的决定	2001.8.20			
107	交通部令2001年第5号	关于修改《道路运输行政处罚规定》的决定	2001.8.20			
108	交通部令2001年第6号	公路工程勘察设计招标投标管理办法	2001.8.21	已失效	被交通运输部令2015年第24号废止	
109	交通部令2001年第7号	营业性道路运输驾驶员职业培训管理规定	2001.10.11	已失效	被交通运输部令2016年第52号废止	
110	交通部令2001年第8号	内河运输船舶标准化管理规定	2001.10.11	已失效	被交通运输部令2014年第23号废止	
111	交通部、对外贸易经济合作部令2001年第9号	外商投资道路运输业管理规定	2001.11.20	已失效	被交通运输部令2018年第28号废止	
112	交通部令2001年第10号	船舶引航管理规定	2001.11.30	2021.9.1修改	被交通运输部令2021年第25号修改	
113	交通部令2001年第11号	关于修改《中华人民共和国交通部港口收费规则（外贸部分）》的决定	2001.12.24			
114	交通部令2002年第1号	海上滚装船舶安全监督管理规定	2002.5.30	已失效	被交通运输部令2017年第18号修改，被交通运输部令2019年第23号废止	
115	交通部令2002年第2号	公路工程施工招标投标管理办法	2002.6.6	已失效	被交通部令2006年第7号废止	
116	交通部令2002年第3号	水运工程施工监理招标投标管理办法	2002.6.19	已失效	被交政法发〔2012〕682号《交通运输部关于公布涉及招投标的规章和规范性文件清理结果的通知》废止	

续表

序号	令　　号	文件名称	发布日期	时效性	备　　注	参见本书页码
117	交通部令2002年第4号	水运工程试验检测机构资质管理办法	2002.6.26	已失效	被交通部令2005年第12号废止	
118	交通部令2002年第5号	水上交通事故统计办法	2002.8.26	已失效	被交通运输部令2014年第15号废止	
119	交通部令2002年第6号	公路监督检查专用车辆管理办法	2002.11.16			139
120	交通部令2003年第1号	中华人民共和国国际海运条例实施细则	2003.1.20	2013.8.29修改，2017.3.7修改，2019.6.21修改	被交通运输部令2013年第9号、交通运输部令2017年第4号、交通运输部令2019年第21号三次修改	
121	交通部令2003年第2号	路政管理规定	2003.1.27	2016.12.10修改	被交通运输部令2016年第81号修改	78
122	交通部令2003年第3号	港口大型机械防阵风防台风管理规定	2003.5.9			
123	交通部令2003年第4号	水运工程勘察设计招标投标管理办法	2003.5.13	已失效	被交政法发〔2012〕682号《交通运输部关于公布涉及招投标的规章和规范性文件清理结果的通知》废止	
124	交通部令2003年第5号	交通建设项目环境保护管理办法	2003.5.13	已失效	被交通运输部令2017年第22号废止	
125	交通部令2003年第6号	长江三峡水利枢纽水上交通管制区域通航安全管理办法	2003.5.16	2016.9.2修改	被交通运输部令2016年第72号修改	
126	交通部令2003年第7号	沿海航标管理办法	2003.7.10			
127	交通部令2003年第8号	中华人民共和国海上海事行政处罚规定	2003.7.10	已失效	被交通运输部令2015年第8号废止	
128	交通部令2003年第9号	港口危险货物管理规定	2003.8.29	已失效	被交通运输部令2012年第9号废止	
129	交通部令2003年第10号	中华人民共和国船舶载运危险货物安全监督管理规定	2003.11.30	已失效	交通运输部令2018年第11号废止	
130	交通部令2003年第11号	交通部关于废止219件交通规章的决定	2003.12.2			
131	交通部、商务部令2003年第12号	关于《外商投资道路运输业管理规定》的补充规定	2003.12.31			
132	交通部、商务部令2004年第1号	外商投资国际海运业管理规定	2004.2.25	已失效	被交通运输部、商务部令2014年第8号修改，被交通运输部令2019年第13号废止	
133	卫生部、交通部令2004年第2号	突发公共卫生事件交通应急规定	2004.3.4			452

续表

序号	令　　号	文件名称	发布日期	时效性	备　　注	参见本书页码
134	交通部令 2004 年第 3 号	公路工程竣(交)工验收办法	2004.3.31			34
135	交通部令 2004 年第 4 号	港口经营管理规定	2004.4.15	已失效	被交通运输部令 2009 年第 13 号废止	
136	交通部令 2004 年第 5 号	公路水运工程监理企业资质管理规定	2004.6.30	已失效	被交通运输部令 2018 年第 7 号废止	
137	交通部令 2004 年第 6 号	中华人民共和国海船船员适任考试、评估和发证规则	2004.7.20	已失效	被交通运输部令 2011 年第 12 号废止	
138	交通部令 2004 年第 7 号	中华人民共和国船舶最低安全配员规则	2004.6.30	2014.9.5 修改，2018.11.28 修改	被交通运输部令 2014 年第 10 号、交通运输部令 2018 年第 43 号两次修改	
139	交通部令 2004 年第 8 号	关于废止 8 件交通规章的决定	2004.7.15			
140	交通部令 2004 年第 9 号	水运工程机电设备招标投标管理办法	2004.10.29	已失效	被交政法发〔2012〕682 号《交通运输部关于公布涉及招投标的规章和规范性文件清理结果的通知》废止	
141	交通部令 2004 年第 10 号	交通行政许可实施程序规定	2004.11.22			419
142	交通部令 2004 年第 11 号	交通行政许可监督检查及责任追究规定	2004.11.22			441
143	交通部令 2004 年第 12 号	交通行业内部审计工作规定	2004.11.19	已失效	被交通运输部令 2019 年第 7 号废止	
144	交通部令 2004 年第 13 号	中华人民共和国内河海事行政处罚规定	2004.12.7	已失效	被交通运输部令 2015 年第 9 号废止	
145	交通部令 2004 年第 14 号	公路建设市场管理办法	2004.12.21	2011.11.30 修改，2015.6.26 修改	被交通运输部令 2011 年第 11 号、交通运输部令 2015 年第 11 号两次修改	67
146	交通部令 2005 年第 1 号	中华人民共和国内河船舶船员适任考试发证规则	2005.3.21	已失效	被交通运输部令 2010 年第 1 号废止	
147	交通部令 2005 年第 2 号	港口工程竣工验收办法	2005.4.12	已失效	被交通运输部令 2014 年第 12 号、交通运输部令 2016 年第 44 号两次修改，被交通运输部令 2018 年第 2 号废止	
148	交通部令 2005 年第 3 号	国际道路运输管理规定	2005.4.13	已失效	被交通运输部令 2022 年第 31 号废止	
149	交通部令 2005 年第 4 号	公路工程质量监督规定	2005.5.8	已失效	被交通运输部令 2017 年第 28 号废止	
150	交通部令 2005 年第 5 号	公路工程设计变更管理办法	2005.5.9			37

续表

序号	令　　号	文件名称	发布日期	时效性	备　　注	参见本书页码
151	交通部令2005年第6号	道路货物运输及站场管理规定	2005.6.16	2008.7.23修改,2009.4.20修改,2012.3.14修改,2016.4.11修改,2019.6.20修改,2022.9.26修改	被交通运输部令2008年第9号、交通运输部令2009年第3号、交通运输部令2012年第1号、交通运输部令2016年第35号、交通运输部令2019年第17号、交通运输部令2022年第30号六次修改	235
152	交通部令2005年第7号	机动车维修管理规定	2005.6.24	2015.8.8修改,2016.4.19修改,2019.6.21修改,2021.8.11修改	被交通运输部令2015年第17号、交通运输部令2016年第37号、交通运输部令2019年第20号、交通运输部令2021年第18号四次修改	130
153	交通部令2005年第8号	中华人民共和国港口收费规则(内贸部分)	2005.7.14	已失效	被交通运输部令2016年第3号废止	
154	交通部令2005年第9号	道路危险货物运输管理规定	2005.7.12	已失效	被交通运输部令2010年第5号修改,被交通运输部令2013年第2号废止	
155	交通部令2005年第10号	道路旅客运输及客运站管理规定	2005.7.12	已失效	被交通运输部令2008年第10号、交通运输部令2009年第4号、交通运输部令2012年第2号、交通运输部令2012年第8号、交通运输部令2016年第34号、交通运输部令2016年第82号六次修改,被交通运输部令2020年第17号废止	
156	交通部令2005年第11号	中华人民共和国防治船舶污染内河水域环境管理规定	2005.8.20	已失效	被交通运输部令2015年第25号废止	
157	交通部令2005年第12号	公路水运工程试验检测管理办法	2005.10.19	2016.12.10修改,2019.11.28修改	被交通运输部令2016年第80号、交通运输部令2019年第38号两次修改	53
158	交通部令2005年第13号	港口统计规则	2005.12.30	已失效	被交通运输部令2018年第20号废止	
159	交通部令2006年第1号	中华人民共和国海事行政许可条件规定	2006.1.9	已失效	被交通运输部令2015年第7号废止	
160	交通部令2006年第2号	机动车驾驶员培训管理规定	2006.1.12	已失效	被交通运输部令2016年第51号修改,被交通运输部令2022年第32号废止	

续表

序号	令　　号	文件名称	发布日期	时效性	备　　注	参见本书页码
161	交通部令 2006 年第 3 号	农村公路建设管理办法	2006.1.27	已失效	中华人民共和国交通运输部令 2018 年第 4 号废止	
162	交通部令 2006 年第 4 号	中华人民共和国高速客船安全管理规则	2006.2.24	2017.5.23 修改，2022.7.8 修改	被交通运输部令 2017 年第 17 号、交通运输部令 2022 年第 20 号两次修改	
163	交通部令 2006 年第 5 号	公路工程施工监理招标投标管理办法	2006.5.25	已失效	被交通运输部令 2015 年第 24 号废止	
164	交通部令 2006 年第 6 号	公路建设监督管理办法	2006.6.8	2021.8.11 修改	被交通运输部令 2021 年第 11 号修改	17
165	交通部令 2006 年第 7 号	公路工程施工招标投标管理办法	2006.6.23	已失效	被交通运输部令 2015 年第 24 号废止	
166	交通部令 2006 年第 8 号	老旧运输船舶管理规定	2006.7.5	2009.11.30 修改，2014.9.5 修改，2017.5.23 修改，2021.8.11 修改	被交通运输部令 2009 年第 14 号、交通运输部令 2014 年第 14 号、交通运输部令 2017 年第 16 号、交通运输部令 2021 年第 13 号四次修改	
167	交通部令 2006 年第 9 号	道路运输从业人员管理规定	2006.11.23	2016.4.21 修改，2019.6.21 修改，2022.11.10 修改	被交通运输部令 2016 年第 52 号、交通运输部令 2019 年第 18 号、交通运输部令 2022 年第 38 号三次修改	194
168	交通部令 2006 年第 10 号	关于废止 33 件交通规章的决定	2006.11.24			
169	交通部令 2006 年第 11 号	交通法规制定程序规定	2006.11.24	已失效	被交通运输部令 2016 年第 66 号废止	
170	交通部令 2006 年第 12 号	中华人民共和国内河交通事故调查处理规定	2006.12.4	2012.3.14 修改	被交通运输部令 2012 年第 3 号修改	
171	交通部令 2007 年第 1 号	公路水运工程安全生产监督管理办法	2007.2.14	已失效	被交通运输部令 2016 年第 9 号修改，被交通运输部令 2017 年第 25 号废止	
172	交通部令 2007 年第 2 号	中华人民共和国国际船舶保安规则	2007.3.26	2019.6.3 修改	被交通运输部令 2019 年第 15 号修改	
173	交通部令 2007 年第 3 号	航道建设管理规定	2007.4.11	2018.11.28 修改	被交通运输部令 2018 年第 44 号修改	
174	交通部令 2007 年第 4 号	交通建设项目委托审计管理办法	2007.4.11	已失效	被交通运输部令 2015 年第 12 号修改，被交通运输部令 2016 年第 57 号废止	

续表

序号	令　　号	文 件 名 称	发布日期	时效性	备　　注	参见本书页码
175	交通部令 2007 年第 5 号	港口建设管理规定	2007.4.24	已失效	被交通运输部令 2018 年第 2 号废止	
176	交通部令 2007 年第 6 号	中华人民共和国航运公司安全与防污染管理规定	2007.5.23			
177	交通部令 2007 年第 7 号	中华人民共和国船舶签证管理规则	2007.5.31	已失效	被交通运输部令 2017 年第 22 号废止	
178	交通部令 2007 年第 8 号	经营性公路建设项目投资人招标投标管理规定	2007.10.16	2015.6.24 修改	被交通运输部令 2015 年第 13 号修改	
179	交通部令 2007 年第 9 号	关于废止 47 件交通规章的决定	2007.11.14			
180	交通部令 2007 年第 10 号	中华人民共和国港口设施保安规则	2007.12.17	2016.9.2 修改，2019.6.3 修改，2019.11.28 修改	被交通运输部令 2016 年第 68 号、交通运输部令 2019 年第 14 号、交通运输部令 2019 年第 33 号三次修改	
181	交通部令 2007 年第 11 号	港口规划管理规定	2007.12.17			
182	交通部令 2008 年第 1 号	航道工程竣工验收管理办法	2008.1.7	已失效	被交通运输部令 2014 年第 13 号修改，被交通运输部令 2019 年第 44 号废止	
183	交通部令 2008 年第 2 号	中华人民共和国引航员注册和任职资格管理办法	2008.2.13	2013.12.24 修改	被交通运输部令 2013 年第 20 号修改	
184	交通运输部令 2008 年第 1 号	中华人民共和国船员注册管理办法	2008.5.4	已失效	被交通运输部令 2018 年第 12 号修改，被交通运输部令 2020 年第 16 号废止	
185	交通运输部令 2008 年第 2 号	国内水路运输经营资质管理规定	2008.5.26	已失效	被交通运输部令 2014 年第 2 号废止	
186	交通运输部令 2008 年第 3 号	邮政普遍服务监督管理办法	2008.7.12	已失效	被交通运输部令 2015 年第 19 号废止	
187	交通运输部令 2008 年第 4 号	快递市场管理办法	2008.7.12	已失效	被交通运输部令 2013 年第 1 号废止	
188	交通运输部令 2008 年第 5 号	公路、水路交通实施《中华人民共和国节约能源法》办法	2008.7.16	2021.8.11 修改	被交通运输部令 2021 年第 10 号修改	
189	交通运输部令 2008 年第 6 号	中华人民共和国船员服务管理规定	2008.7.22	已失效	被交通运输部令 2013 年第 10 号修改，被交通运输部令 2019 年第 22 号废止	
190	交通运输部令 2008 年第 7 号	游艇安全管理规定	2008.7.22			
191	交通运输部令 2008 年第 8 号	道路旅客运输班线经营权招标投标办法	2008.7.22			230
192	交通运输部令 2008 年第 9 号	关于修改《道路货物运输及站场管理规定》的决定	2008.7.23			230

续表

序号	令　　号	文件名称	发布日期	时效性	备　　注	参见本书页码
193	交通运输部令2008年第10号	关于修改《道路旅客运输及客运站管理规定》的决定	2008.7.23	已失效	被交通运输部令2020年第17号废止	
194	交通运输部、国家发展和改革委员会、财政部令2008年第11号	收费公路权益转让办法	2008.8.20			83
195	交通运输部令2009年第1号	关于修改《国内船舶管理业规定》的决定	2009.1.5	已失效	被交通运输部令2014年第3号废止	
196	交通运输部令2009年第2号	关于废止8件交通规章的决定	2009.2.19			
197	交通运输部令2009年第3号	关于修改《道路货物运输及站场管理规定》的决定	2009.4.20			235
198	交通运输部令2009年第4号	关于修改《道路旅客运输及客运站管理规定》的决定	2009.4.20			
199	交通运输部令2009年第5号	关于修改《中华人民共和国水路运输服务业管理规定》的决定	2009.4.20			
200	交通运输部令2009年第6号	关于修改《水路运输管理条例实施细则》的决定水路运输管理条例实施细则	2009.6.4			
201	交通运输部令2009年第7号	关于修改《水路运输违章处罚规定(试行)》的决定	2009.6.5			
202	交通运输部令2009年第8号	关于修改《中华人民共和国公路管理条例实施细则》的决定	2009.6.13			
203	交通运输部令2009年第9号	关于修改《中华人民共和国航道管理条例实施细则》的决定	2009.6.23			
204	交通运输部令2009年第10号	中华人民共和国船员培训管理规则	2009.6.26	2013.12.24修改,2017.3.31修改,2019.2.5修改	被交通运输部令2013年第15号、交通运输部令2017年第9号、交通运输部令2019年第5号三次修改	
205	交通运输部令2009年第11号	道路运输车辆燃料消耗量检测和监督管理办法	2009.6.26			185
206	交通运输部令2009年第12号	快递业务经营许可管理办法	2009.9.1	已失效	被交通运输部令2018年第23号废止	

续表

序号	令　　号	文 件 名 称	发布日期	时效性	备　　注	参见本书页码
207	交通运输部令2009 年第 13 号	港口经营管理规定	2009.11.6	2014.12.23 修改,2016.4.19 修改,2018.7.31 修改 2019.4.9 修改,2019.11.28 修改,2020.12.20 修改	被交通运输部令 2014 年第 22 号、交通运输部令 2016 年第 43 号,交通运输部令 2018 年第 10 号、交通运输部令 2019 年第 8 号、交通运输部令 2019 年第 36 号、交通运输部令 2020 年第 21 号六次修改	
208	交通运输部令2009 年第 14 号	关于修改《老旧运输船舶管理规定》的决定	2009.11.30			
209	交通运输部令2009 年第 15 号	中华人民共和国船舶安全检查规则	2009.11.30	已失效	被交通运输部令 2017 年第 14 号废止	
210	交通运输部令2010 年第 1 号	中华人民共和国内河船舶船员适任考试和发证规则	2010.6.29	已失效	被交通运输部令 2015 年第 21 号废止	
211	交通运输部令2010 年第 2 号	交通运输行政执法评议考核规定	2010.7.27			442
212	交通运输部令2010 年第 3 号	中华人民共和国船舶油污损害民事责任保险实施办法	2010.8.19	2013.8.31 修改	被交通运输部令 2013 年第 11 号修改	
213	交通运输部令2010 年第 4 号	中华人民共和国船舶识别号管理规定	2010.9.1			
214	交通运输部令2010 年第 5 号	关于修改《道路危险货物运输管理规定》的决定	2010.10.27			
215	交通运输部令2010 年第 6 号	放射性物品道路运输管理规定	2010.10.27	2016.9.2 修改	被交通运输部令 2016 年第 71 号修改	258
216	交通运输部令2010 年第 7 号	中华人民共和国船舶及其有关作业活动污染海洋环境防治管理规定	2010.11.16	2013.8.31 修改,2013.12.24 修改,2016.12.13 修改,2017.5.23 修改	被交通运输部令 2013 年第 12 号、交通运输部令 2013 年第 17 号、交通运输部令 2016 年第 83 号、交通运输部令 2017 年第 15 号四次修改	
217	交通运输部令2010 年第 8 号	邮票发行监督管理办法	2010.11.25	2013.4.12 修改	被交通运输部令 2013 年第 5 号修改	
218	交通运输部令2010 年第 9 号	关于废止 24 件交通运输规章的决定	2010.11.24			
219	交通运输部令2011 年第 1 号	交通运输行政执法证件管理规定	2011.1.4			445
220	交通运输部令2011 年第 2 号	邮政行业安全监督管理办法	2011.1.4	已失效	被交通运输部令 2013 年第 6 号修改,被交通运输部令 2020 年第 1 号废止	

续表

序号	令　　号	文 件 名 称	发布日期	时效性	备　　注	参见本书页码
221	交通运输部令2011年第3号	中华人民共和国海员外派管理规定	2011.3.7	2016.4.11修改,2019.11.28修改,2021.8.11修改	被交通运输部令2016年第33号、交通运输部令2019年第39号、交通运输部令2021年第19号三次修改	
222	交通运输部令2011年第4号	中华人民共和国船舶污染海洋环境应急防备和应急处置管理规定	2011.1.27	2013.12.24修改,2014.9.5修改,2015.5.12修改,2016.12.13修改,2018.9.27修改,2019.11.28修改	被交通运输部令2013年第19号、交通运输部令2014年第11号、交通运输部令2015年第6号、交通运输部令2016年第84号、交通运输部令2018年第21号、交通运输部令2019年第40号六次修改	
223	交通运输部令2011年第5号	中华人民共和国水上水下活动通航安全管理规定	2011.1.27	已失效	被交通运输部令2016年第69号修改,被交通运输部令2019年第2号废止	
224	交通运输部令2011年第6号	集邮市场管理办法	2011.5.6	已失效	被交通运输部令2013年第7号修改,被交通运输部令2016年第58号废止	
225	交通运输部令2011年第7号	公路超限检测站管理办法	2011.6.24			88
226	交通运输部令2011年第8号	邮政行业统计管理办法	2011.10.11	2013.4.12修改	被交通运输部令2013年第8号修改	
227	交通运输部令2011年第9号	交通运输突发事件应急管理规定	2011.11.14			448
228	交通运输部令2011年第10号	中华人民共和国海上船舶污染事故调查处理规定	2011.11.14	2013.12.24修改,2021.9.3修改	被交通运输部令2013年第16号、交通运输部令2021年第28号两次修改	
229	交通运输部令2011年第11号	关于修改《公路建设市场管理办法》的决定	2011.11.30			62
230	交通运输部令2011年第12号	中华人民共和国海船船员适任考试和发证规则	2011.12.27	已失效	被交通运输部令2013年第18号、交通运输部令2017年第8号两次修改,被交通运输部令2020年第11号废止	
231	交通运输部令2011年第13号	出租汽车驾驶员从业资格管理规定	2011.12.26	2016.8.26修改,2021.8.11修改	被交通运输部令2016年第63号、交通运输部令2021年第15号两次修改	161

续表

序号	令　　号	文 件 名 称	发布日期	时效性	备　　注	参见本书页码
232	交通运输部令 2012 年第 1 号	关于修改《道路货物运输及站场管理规定》的决定	2012.3.14			230
233	交通运输部令 2012 年第 2 号	关于修改《道路旅客运输及客运站管理规定》的决定	2012.3.14			
234	交通运输部令 2012 年第 3 号	关于修改《内河交通事故调查处理规定》的决定	2012.3.14			
235	交通运输部令 2012 年第 4 号	关于修改《船舶载运危险货物安全监督管理规定》的决定	2012.3.14			
236	交通运输部令 2012 年第 5 号	关于修改《长江干线船舶港务费征收办法》的决定	2012.5.3			
237	交通运输部、国家发展和改革委员会令 2012 年第 6 号	港口岸线使用审批管理办法	2012.5.22	2018.5.3 修改，2021.12.23 修改	被交通运输部令 2018 年第 5 号，交通运输部、国家发展和改革委员会令 2021 年第 34 号两次修改	
238	交通运输部令 2012 年第 7 号	邮政业标准化管理办法	2012.11.17			
239	交通运输部令 2012 年第 8 号	关于修改《道路旅客运输及客运站管理规定》的决定	2012.12.11			
240	交通运输部令 2012 年第 9 号	港口危险货物安全管理规定	2012.12.11	已失效	被交通运输部令 2017 年第 27 号废止	
241	交通运输部令 2012 年第 10 号	中华人民共和国海船船员值班规则	2012.12.17	2020.7.6 修改	被交通运输部令 2020 年第 14 号修改	
242	交通运输部令 2012 年第 11 号	水运工程建设项目招标投标管理办法	2012.12.20	2021.8.11 修改	被交通运输部令 2021 年第 14 号修改	
243	交通运输部令 2013 年第 1 号	快递市场管理办法	2013.1.11			
244	交通运输部令 2013 年第 2 号	道路危险货物运输管理规定	2013.1.23	2016.4.11 修改，2019.11.28 修改	被交通运输部令 2016 年第 36 号、交通运输部令 2019 年第 42 号两次修改	240
245	交通运输部令 2013 年第 3 号	关于修改《公路工程勘察设计招标投标管理办法》的决定	2013.2.17			
246	交通运输部令 2013 年第 4 号	关于修改《快递业务经营许可管理办法》的决定	2013.4.12			
247	交通运输部令 2013 年第 5 号	关于修改《邮票发行监督管理办法》的决定	2013.4.12			
248	交通运输部令 2013 年第 6 号	关于修改《邮政行业安全监督管理办法》的决定	2013.4.12			
249	交通运输部令 2013 年第 7 号	关于修改《集邮市场管理办法》的决定	2013.4.12	已失效	被交通运输部令 2016 年第 58 号废止	
250	交通运输部令 2013 年第 8 号	关于修改《邮政行业统计管理办法》的决定	2013.4.12			

续表

序号	令　　号	文件名称	发布日期	时效性	备　　注	参见本书页码
251	交通运输部令2013年第9号	关于修改《中华人民共和国国际海运条例实施细则》的决定	2013.8.29			
252	交通运输部令2013年第10号	关于修改《中华人民共和国船员服务管理规定》的决定	2013.8.31			
253	交通运输部令2013年第11号	关于修改《中华人民共和国船舶油污损害民事责任保险实施办法》的决定	2013.8.31			
254	交通运输部令2013年第12号	关于修改《中华人民共和国船舶及其有关作业活动污染海洋环境防治管理规定》的决定	2013.8.31			
255	交通运输部令2013年第13号	铁路机车车辆设计制造维修进口许可办法	2013.12.24	2019.2.3修改	被交通运输部令2019年第3号修改	
256	交通运输部令2013年第14号	铁路机车车辆驾驶人员资格许可办法	2013.12.24	已失效	被交通运输部令2019年第43号废止	
257	交通运输部令2013年第15号	关于修改《中华人民共和国船员培训管理规则》的决定	2013.12.24			
258	交通运输部令2013年第16号	关于修改《中华人民共和国海上船舶污染事故调查处理规定》的决定	2013.12.24			
259	交通运输部令2013年第17号	关于修改《中华人民共和国船舶及其有关作业活动污染海洋环境防治管理规定》的决定	2013.12.24			
260	交通运输部令2013年第18号	关于修改《中华人民共和国海船船员适任考试和发证规则》的决定	2013.12.24			
261	交通运输部令2013年第19号	关于修改《中华人民共和国船舶污染海洋环境应急防备和应急处置管理规定》的决定	2013.12.24			
262	交通运输部令2013年第20号	关于修改《中华人民共和国引航员注册与任职资格管理规定》的决定	2013.12.24			
263	交通运输部令2013年第21号	铁路运输基础设备生产企业审批办法	2013.12.23	2021.11.19修改	被交通运输部令2021年第32号修改	
264	交通运输部令2013年第22号	违反《铁路安全管理条例》行政处罚实施办法	2013.12.24	2021.11.19修改	被交通运输部令2021年第33号修改	
265	交通运输部令2014年第1号	关于修改《水路旅客运输规则》的决定	2014.1.2			
266	交通运输部令2014年第2号	国内水路运输管理规定	2014.1.3	2015.5.12修改，2016.12.10修改，2020.2.24修改	被交通运输部令2015年第5号、交通运输部令2016年第79号、交通运输部令2020年第4号三次修改	
267	交通运输部令2014年第3号	国内水路运输辅助业管理规定	2014.1.2			

续表

序号	令　　号	文件名称	发布日期	时效性	备　　注	参见本书页码
268	交通运输部、商务部令 2014 年第 4 号	关于修改《外商投资道路运输业管理规定》的决定	2014.1.11	已失效	被交通运输部令 2018 年第 28 号废止	
269	交通运输部、公安部、国家安全生产监督管理总局令 2014 年第 5 号	道路运输车辆动态监督管理办法	2014.1.28	2016.4.20 修改，2022.2.14 修改	被交通运输部令 2016 年第 55 号，交通运输部、公安部、应急管理部令 2022 年第 10 号两次修改	191
270	交通运输部令 2014 年第 6 号	关于废止 7 件铁路规章的决定	2014.3.7			
271	交通运输部令 2014 年第 7 号	关于修改《公路水运工程监理企业资质管理规定》的决定	2014.4.9			
272	交通运输部、商务部令 2014 年第 8 号	关于修改《外商投资国际海运业管理规定》的决定	2014.4.23			
273	交通运输部令 2014 年第 9 号	内河渡口渡船安全管理规定	2014.6.18			
274	交通运输部令 2014 年第 10 号	关于修改《中华人民共和国船舶最低安全配员规则》的决定	2014.9.5			
275	交通运输部令 2014 年第 11 号	关于修改《中华人民共和国船舶污染海洋环境应急防备和应急处置管理规定》的决定	2014.9.5			
276	交通运输部令 2014 年第 12 号	关于修改《港口工程竣工验收办法》的决定	2014.9.5			
277	交通运输部令 2014 年第 13 号	关于修改《航道工程竣工验收管理办法》的决定	2014.9.25			
278	交通运输部令 2014 年第 14 号	关于修改《老旧运输船舶管理规定》的决定	2014.9.5			
279	交通运输部令 2014 年第 15 号	水上交通事故统计办法	2014.10.20	2021.9.1 修改	被交通运输部令 2021 年第 23 号修改	
280	交通运输部令 2014 年第 16 号	巡游出租汽车经营服务管理规定	2014.9.30	2016.8.26 修改，2021.8.11 修改	被交通运输部令 2016 年第 64 号、交通运输部令 2021 年第 16 号两次修改	218
281	交通运输部令 2014 年第 17 号	关于废止 37 件交通运输规章的决定	2014.12.7			
282	交通运输部令 2014 年第 18 号	邮政行政执法监督办法	2014.12.7	已失效	被交通运输部令 2020 年第 5 号废止	
283	交通运输部令 2014 年第 19 号	铁路运输企业准入许可办法	2014.12.8	2017.9.29 修改	被交通运输部令 2017 年第 31 号修改	
284	交通运输部令 2014 年第 20 号	铁路旅客车票实名制管理办法	2014.12.8	已失效	被交通运输部令 2022 年第 39 号废止	

续表

序号	令　号	文件名称	发布日期	时效性	备　注	参见本书页码
285	交通运输部令 2014 年第 21 号	铁路旅客运输安全检查管理办法	2014.12.8			
286	交通运输部令 2014 年第 22 号	关于修改《港口经营管理规定》的决定	2014.12.23			
287	交通运输部令 2014 年第 23 号	内河运输船舶标准化管理规定	2014.12.24			
288	交通运输部令 2015 年第 1 号	铁路危险货物运输安全监督管理规定	2015.3.12	2022.9.26 修改	已被交通运输部令 2022 年第 24 号修改	
289	交通运输部令 2015 年第 2 号	铁路建设工程质量监督管理规定	2015.3.12	2021.11.23 修改	已被交通运输部令 2021 年第 35 号修改	
290	交通运输部令 2015 年第 3 号	公路建设项目代建管理办法	2015.5.7			32
291	交通运输部令 2015 年第 4 号	关于修改《公路水运工程监理企业资质管理规定》的决定	2015.5.12			
292	交通运输部令 2015 年第 5 号	关于修改《国内水路运输管理规定》的决定	2015.5.12			
293	交通运输部令 2015 年第 6 号	关于修改《中华人民共和国船舶污染海洋环境应急防备和应急处置管理规定》的决定	2015.5.12			
294	交通运输部令 2015 年第 7 号	中华人民共和国海事行政许可条件规定	2015.5.29	2016.9.2 修改，2017.5.23 修改，2018.10.20 修改，2021.9.1 修改	被交通运输部令 2016 年第 73 号、交通运输部令 2017 年第 19 号修改、交通运输部令 2018 年第 22 号、交通运输部令 2021 年第 26 号四次修改	
295	交通运输部令 2015 年第 8 号	海上海事行政处罚规定	2015.5.29	2017.5.23 修改，2019.4.12 修改	被交通运输部令 2017 年第 21 号，交通运输部令 2019 年第 10 号两次修改	
296	交通运输部令 2015 年第 9 号	内河海事行政处罚规定	2015.5.29	2017.5.23 修改，2019.4.12 修改，2021.8.11 修改	被交通运输部令 2017 年第 20 号、交通运输部令 2019 年第 11 号、交通运输部令 2021 年第 20 号、交通运输部令 2022 年第 28 号四次修改	
297	交通运输部令 2015 年第 10 号	公路工程设计施工总承包管理办法	2015.6.26			39
298	交通运输部令 2015 年第 11 号	关于修改《公路建设市场管理办法》的决定	2015.6.26			60

续表

序号	令　　号	文 件 名 称	发布日期	时效性	备　　注	参见本书页码
299	交通运输部令2015年第12号	关于修改《交通建设项目委托审计管理办法》的决定	2015.6.24			
300	交通运输部令2015年第13号	关于修改《经营性公路建设项目投资人招标投标管理规定》的决定	2015.6.24			
301	交通运输部令2015年第14号	关于修改《水运工程施工监理规定(试行)》的决定	2015.6.26			
302	交通运输部令2015年第15号	关于修改《快递业务经营许可管理办法》的决定	2015.6.24			
303	交通运输部、商务部令2015年第16号	关于修改《外商独资船务公司审批管理暂行办法》的决定	2015.7.5			
304	交通运输部令2015年第17号	关于修改《机动车维修管理规定》的决定	2015.8.8			124
305	交通运输部令2015年第18号	关于修改《交通行政复议规定》的决定	2015.9.9			583
306	交通运输部令2015年第19号	邮政普遍服务监督管理办法	2015.10.14			
307	交通运输部令2015年第20号	内河船舶船员值班规则	2015.11.11	2020.7.6修改	已被交通运输部令2020年第15号修改	
308	交通运输部令2015年第21号	内河船舶船员适任考试和发证规则	2015.11.11	2020.7.6修改	已被交通运输部令2020年第12号修改	
309	交通运输部令2015年第22号	农村公路养护管理办法	2015.11.11			95
310	交通运输部令2015年第23号	铁路专用设备缺陷产品召回管理办法	2015.11.19	2018.8.31修改	被交通运输部令2018年第18号修改	
311	交通运输部令2015年第24号	公路工程建设项目招标投标管理办法	2015.12.8			23
312	交通运输部令2015年第25号	防治船舶污染内河水域环境管理规定	2015.12.31	2022.9.26修改	被交通运输部令2022年第26号修改	
313	交通运输部令2016年第1号	道路运输车辆技术管理规定	2016.1.22	2019.6.21修改,2022.9.26修改	被交通运输部令2019年第19号、交通运输部令2022年第29号两次修改	188
314	交通运输部令2016年第2号	船舶检验管理规定	2016.1.22			
315	交通运输部令2016年第3号	关于废止2件交通运输规章的决定	2016.1.27			
316	交通运输部令2016年第4号	外国航空运输企业航线经营许可规定	2016.3.4			
317	交通运输部令2016年第5号	公共航空旅客运输飞行中安全保卫规则	2016.3.4	已失效	被交通运输部令2017年第3号废止	
318	交通运输部令2016年第6号	大型飞机公共航空运输承运人运行合格审定规则	2016.3.4	已失效	被交通运输部令2017年第29号废止	

续表

序号	令　　号	文件名称	发布日期	时效性	备　　注	参见本书页码
319	交通运输部令2016年第7号	民用航空气象探测设施及探测环境管理办法	2016.3.4			
320	交通运输部令2016年第8号	民用航空安全信息管理规定	2016.3.4	2022.6.14修改	被交通运输部令2022年第18号修改	
321	交通运输部令2016年第9号	关于修改《公路水运工程安全生产监督管理办法》的决定	2016.3.7			
322	交通运输部令2016年第10号	中国民用航空应急管理规定	2016.3.17			
323	交通运输部令2016年第11号	民用航空飞行签派员执照管理规则	2016.3.17	已失效	被交通运输部令2022年第23号废止	
324	交通运输部令2016年第12号	民用航空情报工作规则	2016.3.17	2022.11.1修改	被交通运输部令2022年第35号修改	
325	交通运输部令2016年第13号	民用航空情报员执照管理规则	2016.3.17			
326	交通运输部令2016年第14号	民用航空电信人员执照管理规则	2016.3.17			
327	交通运输部令2016年第15号	民用航空空中交通管制员执照管理规则	2016.3.17			
328	交通运输部令2016年第16号	民用航空气象人员执照管理规则	2016.3.17			
329	交通运输部令2016年第17号	民用航空空中交通管理运行单位安全管理规则	2016.3.17			
330	交通运输部令2016年第18号	航空发动机适航规定	2016.3.17			
331	交通运输部令2016年第19号	运输类飞机适航标准	2016.3.17			
332	交通运输部令2016年第20号	运输类飞机的持续适航和安全改进规定	2016.3.17			
333	交通运输部令2016年第21号	民用航空人员体检合格证管理规则	2016.3.17	2017.4.24修改,2018.11.16修改	被交通运输部令2017年第13号,交通运输部令2018年第30号两次修改	
334	交通运输部令2016年第22号	外国航空运输企业在中国境内指定的销售代理直接进入和使用外国计算机订座系统许可管理暂行规定	2016.3.28			
335	交通运输部令2016年第23号	中国民用航空气象工作规则	2016.3.28			
336	交通运输部令2016年第24号	民用航空导航设备开放与运行管理规定	2016.3.28	已失效	被交通运输部令2021年第2号废止	
337	交通运输部令2016年第25号	民用航空通信导航监视设备飞行校验管理规则	2016.3.28	已失效	被交通运输部令2021年第7号废止	

续表

序号	令　　号	文 件 名 称	发布日期	时效性	备　　注	参见本书页码
338	交通运输部令 2016 年第 26 号	中国民用航空监察员管理规定	2016.3.28	已失效	被交通运输部令 2020 年第 7 号废止	
339	交通运输部令 2016 年第 27 号	民用航空财经信息管理办法	2016.3.28			
340	交通运输部令 2016 年第 28 号	民用航空器驾驶员合格审定规则	2016.3.28	2018.11.16 修改	被交通运输部令 2018 年第 37 号修改	
341	交通运输部令 2016 年第 29 号	民用航空通信导航监视工作规则	2016.3.28	2018.10.22 修改	被交通运输部令 2018 年第 25 号修改	
342	交通运输部令 2016 年第 30 号	民用航空标准化管理规定	2016.3.28			
343	交通运输部令 2016 年第 31 号	通用航空经营许可管理规定	2016.4.7	已失效	被交通运输部令 2018 年第 36 号、交通运输部令 2019 年第 30 号两次修改,被交通运输部令 2020 年第 18 号废止	
344	交通运输部令 2016 年第 32 号	民用航空器维修人员执照管理规则	2016.4.7	已失效	被交通运输部令 2020 年第 10 号废止	
345	交通运输部令 2016 年第 33 号	关于修改《中华人民共和国海员外派管理规定》的决定	2016.4.11			
346	交通运输部令 2016 年第 34 号	关于修改《道路旅客运输及客运站管理规定》的决定	2016.4.11			
347	交通运输部令 2016 年第 35 号	关于修改《道路货物运输及站场管理规定》的决定	2016.4.11			235
348	交通运输部令 2016 年第 36 号	关于修改《道路危险货物运输管理规定》的决定	2016.4.11			240
349	交通运输部令 2016 年第 37 号	关于修改《机动车维修管理规定》的决定	2016.4.19			130
350	交通运输部令 2016 年第 38 号	关于修改《定期国际航空运输管理规定》、《民用航空国内航线经营许可规定》和《公共航空运输企业经营许可规定》的决定	2016.4.13		《定期国际航空运输管理规定》已被《定期国际航空运输管理规定 2017》废止;《公共航空运输企业经营许可规定》已被交通运输部令 2018 年第 16 号修改	
351	交通运输部令 2016 年第 39 号	民用机场专用设备管理规定	2016.4.13	2017.4.1 修改	被交通运输部令 2017 年第 12 号修改	
352	交通运输部令 2016 年第 40 号	民用航空行政检查工作规则	2016.4.13			
353	交通运输部令 2016 年第 41 号	民用航空企业及机场联合重组改制管理规定	2016.4.13	2018.11.16 修改	被交通运输部令 2018 年第 31 号修改	
354	交通运输部令 2016 年第 42 号	民用航空危险品运输管理规定	2016.4.13			
355	交通运输部令 2016 年第 43 号	关于修改《港口经营管理规定》的决定	2016.4.19			

续表

序号	令　　号	文 件 名 称	发布日期	时效性	备　　注	参见本书页码
356	交通运输部令2016年第44号	关于修改《港口工程竣工验收办法》的决定	2016.4.19	已失效	被交通运输部令2018年第2号废止	
357	交通运输部令2016年第45号	民用运输机场突发事件应急救援管理规则	2016.4.19			
358	交通运输部令2016年第46号	民用航空空中交通管制培训管理规则	2016.4.21			
359	交通运输部令2016年第47号	民用机场建设管理规定	2016.4.21	2018.11.16修改	被交通运输部令2018年第32号修改	
360	交通运输部令2016年第48号	民用航空运输机场航空安全保卫规则	2016.4.21			
361	交通运输部令2016年第49号	公共航空运输企业航空安全保卫规则	2016.4.21	2018.11.16修改	被交通运输部令2018年第35号修改	
362	交通运输部令2016年第50号	关于修改《民用航空器领航员、飞行机械员、飞行通信员合格审定规则》和废止《民用航空运输凭证印制管理规定》的决定	2016.4.21			
363	交通运输部令2016年第51号	关于修改《机动车驾驶员培训管理规定》的决定	2016.4.21			139
364	交通运输部令2016年第52号	关于修改《道路运输从业人员管理规定》的决定	2016.4.21			187
365	交通运输部令2016年第53号	《外商投资民用航空业规定》的补充规定(四)	2016.4.26	已失效	被交通运输部令2020年第23号废止	
366	交通运输部令2016年第54号	《外商投资民用航空业规定》的补充规定(五)	2016.4.26	已失效	被交通运输部令2020年第23号废止	
367	交通运输部令2016年第55号	关于修改《道路运输车辆动态监督管理办法》的决定	2016.4.20			191
368	交通运输部令2016年第56号	航班正常管理规定	2017.1.1			
369	交通运输部令2016年第57号	关于废止20件交通运输规章的决定	2016.5.30			
370	交通运输部令2016年第58号	集邮市场管理办法	2016.6.1			
371	交通运输部令2016年第59号	危险货物水路运输从业人员考核和从业资格管理规定	2016.6.28	2021.9.3修改	被交通运输部令2021年第29号修改	
372	交通运输部、工业和信息化部、公安部、商务部、工商总局、质检总局、国家网信办令2016年第60号	网络预约出租汽车经营服务管理暂行办法	2016.7.27	2019.12.28修改,2022.11.30修改	被交通运输部令2019年第46号,交通运输部、工业和信息化部、公安部、商务部、市场监管总局、国家网信办令2022年第42号两次修改	214
373	交通运输部令2016年第61号	民用航空情报培训管理规则	2016.8.15			

续表

序号	令　　号	文件名称	发布日期	时效性	备　　注	参见本书页码
374	交通运输部令 2016 年第 62 号	超限运输车辆行驶公路管理规定	2016.8.19	2021.8.11 修改	被交通运输部令 2021 年第 12 号修改	253
375	交通运输部令 2016 年第 63 号	关于修改《出租汽车驾驶员从业资格管理规定》的决定	2016.8.26			161
376	交通运输部令 2016 年第 64 号	关于修改《出租汽车经营服务管理规定》的决定	2016.8.26			218
377	交通运输部令 2016 年第 65 号	关于废止《外商投资铁路货物运输业审批与管理暂行办法》的决定	2016.8.30			
378	交通运输部令 2016 年第 66 号	交通运输法规制定程序规定	2016.9.2	2018.11.27 修改	被交通运输部令 2018 年第 41 号修改	640
379	交通运输部令 2016 年第 67 号	公路工程造价管理暂行办法	2016.9.2			42
380	交通运输部令 2016 年第 68 号	关于修改《中华人民共和国港口设施保安规则》的决定	2016.9.2			
381	交通运输部令 2016 年第 69 号	关于修改《中华人民共和国水上水下活动通航安全管理规定》的决定	2016.9.2			
382	交通运输部令 2016 年第 70 号	关于修改《道路运输服务质量投诉管理规定》的决定	2016.9.2			
383	交通运输部令 2016 年第 71 号	关于修改《放射性物品道路运输管理规定》的决定	2016.9.2			258
384	交通运输部令 2016 年第 72 号	关于修改《长江三峡水利枢纽水上交通管制区域通航安全管理办法》的决定	2016.9.2			
385	交通运输部令 2016 年第 73 号	关于修改《中华人民共和国海事行政许可条件规定》的决定	2016.9.2			
386	交通运输部令 2016 年第 74 号	水运建设市场监督管理办法	2016.12.6			
387	交通运输部令 2016 年第 75 号	民用机场飞行程序和运行最低标准管理规定	2016.12.8			
388	交通运输部令 2016 年第 76 号	民用航空安全检查规则	2016.9.2			
389	交通运输部令 2016 年第 77 号	水路旅客运输实名制管理规定	2016.10.9			
390	交通运输部令 2016 年第 78 号	民用航空统计管理规定	2016.9.2			
391	交通运输部令 2016 年第 79 号	关于修改《国内水路运输管理规定》的决定	2016.12.10			
392	交通运输部令 2016 年第 80 号	关于修改《公路水运工程试验检测管理办法》的决定	2016.12.10			51
393	交通运输部令 2016 年第 81 号	关于修改《路政管理规定》的决定	2016.12.10			73

续表

序号	令　　号	文 件 名 称	发布日期	时效性	备　　注	参见本书页码
394	交通运输部令 2016 年第 82 号	关于修改《道路旅客运输及客运站管理规定》的决定	2016.12.6			
395	交通运输部令 2016 年第 83 号	关于修改《中华人民共和国船舶及其有关作业活动污染海洋环境防治管理规定》的决定	2016.12.13			
396	交通运输部令 2016 年第 84 号	关于修改《中华人民共和国船舶污染海洋环境应急防备和应急处置管理规定》的决定	2016.12.13			
397	交通运输部令 2016 年第 85 号	中华人民共和国船舶登记办法	2016.12.13			
398	交通运输部令 2016 年第 86 号	民用航空器驾驶员学校合格审定规则	2016.12.16	已失效	被交通运输部令 2018 年第 38 号修改,被交通运输部令 2022 年第 5 号废止	
399	交通运输部令 2017 年第 1 号	航道通航条件影响评价审核管理办法	2017.1.16	2019.11.28 修改	被交通运输部令 2019 年第 35 号修改	
400	交通运输部令 2017 年第 2 号	关于修改《小型航空器商业运输运营人运行合格审定规则》的决定	2017.1.23			
401	交通运输部令 2017 年第 3 号	公共航空旅客运输飞行中安全保卫工作规则	2017.2.7			
402	交通运输部令 2017 年第 4 号	关于修改《中华人民共和国国际海运条例实施细则》的决定	2017.3.7			
403	交通运输部令 2017 年第 5 号	城市公共汽车和电车客运管理规定	2017.3.7			224
404	交通运输部令 2017 年第 6 号	《外商投资民用航空业规定》的补充规定(六)	2017.4.1	已失效	被交通运输部令 2020 年第 23 号废止	
405	交通运输部令 2017 年第 7 号	民航企业安全保障财务考核办法	2017.3.27			
406	交通运输部令 2017 年第 8 号	关于修改《中华人民共和国海船船员适任考试和发证规则》的决定	2017.3.28			
407	交通运输部令 2017 年第 9 号	关于修改《中华人民共和国船员培训管理规则》的决定	2017.3.31			
408	交通运输部令 2017 年第 10 号	关于修改《正常类旋翼航空器适航规定》的决定	2017.4.1			
409	交通运输部令 2017 年第 11 号	关于修改《运输类旋翼航空器适航规定》的决定	2017.4.1			
410	交通运输部令 2017 年第 12 号	关于修改《民用机场专用设备管理规定》的决定	2017.4.1			
411	交通运输部令 2017 年第 13 号	关于修改《民用航空人员体检合格证管理规则》的决定	2017.4.24			
412	交通运输部令 2017 年第 14 号	中华人民共和国船舶安全监督规则	2017.5.23	2022.9.26 修改	被交通运输部令 2022 年第 27 号修改	

续表

序号	令　　号	文件名称	发布日期	时效性	备　　注	参见本书页码
413	交通运输部令 2017 年第 15 号	关于修改《中华人民共和国船舶及其有关作业活动污染海洋环境防治管理规定》的决定	2017.5.23			
414	交通运输部令 2017 年第 16 号	关于修改《老旧运输船舶管理规定》的决定	2017.5.23			
415	交通运输部令 2017 年第 17 号	关于修改《中华人民共和国高速客船安全管理规则》的决定	2017.5.23			
416	交通运输部令 2017 年第 18 号	关于修改《海上滚装船舶安全监督管理规定》的决定	2017.5.23			
417	交通运输部令 2017 年第 19 号	关于修改《中华人民共和国海事行政许可条件规定》的决定	2017.5.23			
418	交通运输部令 2017 年第 20 号	关于修改《中华人民共和国内河海事行政处罚规定》的决定	2017.5.23			
419	交通运输部令 2017 年第 21 号	关于修改《中华人民共和国海上海事行政处罚规定》的决定	2017.5.23			
420	交通运输部令 2017 年第 22 号	关于废止 2 件交通运输规章的决定	2017.5.23			
421	交通运输部令 2017 年第 23 号	民用航空产品和零部件合格审定规定	2017.5.24			
422	交通运输部令 2017 年第 24 号	定期国际航空运输管理规定	2017.5.26	2018.10.31 修改, 2019.10.21 修改	被交通运输部令 2018 年第 27 号、交通运输部令 2019 年第 26 号两次修改	
423	交通运输部令 2017 年第 25 号	公路水运工程安全生产监督管理办法	2017.6.12			56
424	交通运输部令 2017 年第 26 号	民用航空适航委任代表和委任单位代表管理规定	2017.8.1			
425	交通运输部令 2017 年第 27 号	港口危险货物安全管理规定	2017.9.4	2019.11.28 修改	被交通运输部令 2019 年第 34 号修改	
426	交通运输部令 2017 年第 28 号	公路水运工程质量监督管理规定	2017.9.4			49
427	交通运输部令 2017 年第 29 号	大型飞机公共航空运输承运人运行合格审定规则	2017.9.4	2020.5.11 修改, 2021.3.15 修改	被交通运输部令 2020 年第 9 号、交通运输部令 2021 年第 5 号两次修改	
428	交通运输部令 2017 年第 30 号	民用航空空中交通管理规则	2017.9.29			
429	交通运输部令 2017 年第 31 号	关于修改《铁路运输企业准入许可办法》的决定	2017.9.29			
430	交通运输部令 2017 年第 32 号	长江干线水上交通安全管理特别规定	2017.11.4			

续表

序号	令　　号	文 件 名 称	发布日期	时效性	备　　注	参见本书页码
431	中华人民共和国交通运输部令 2017 年第 33 号	航空器型号和适航合格审定噪声规定	2017.12.12			
432	交通运输部令 2017 年第 34 号	国内投资民用航空业规定	2017.12.18			
433	交通运输部令 2017 年第 35 号	外国公共航空运输承运人运行合格审定规则	2017.12.18			
434	交通运输部令 2018 年第 1 号	长江三峡水利枢纽过闸船舶安全检查暂行办法	2018.1.11			
435	交通运输部令 2018 年第 2 号	港口工程建设管理规定	2018.1.15	2018.11.28 修改，2019.11.28 修改	被交通运输部令 2018 年第 42 号、交通运输部令 2019 年第 32 号两次修改	
436	交通运输部令 2018 年第 3 号	民用航空安全管理规定	2018.2.13			
437	交通运输部令 2018 年第 4 号	农村公路建设管理办法	2018.4.8			67
438	交通运输部令 2018 年第 5 号	关于修改《港口岸线使用审批管理办法》的决定	2018.5.3			
439	交通运输部令 2018 年第 6 号	铁路行业统计管理规定	2018.5.16			
440	交通运输部令 2018 年第 7 号	公路水运工程监理企业资质管理规定	2018.5.17	已失效	被交通运输部令 2019 年第 37 号修改，被交通运输部令 2022 年第 12 号废止	
441	交通运输部令 2018 年第 8 号	城市轨道交通运营管理规定	2018.5.21			
442	交通运输部令 2018 年第 9 号	外国航空运输企业常驻代表机构审批管理办法	2018.5.22			
443	交通运输部令 2018 年第 10 号	关于修改《港口经营管理规定》的决定	2018.7.31			
444	交通运输部令 2018 年第 11 号	船舶载运危险货物安全监督管理规定	2018.7.31			
445	交通运输部令 2018 年第 12 号	关于修改《船员注册管理办法》的决定	2018.8.28			
446	交通运输部令 2018 年第 13 号	铁路工程建设项目招标投标管理办法	2018.8.31			
447	交通运输部令 2018 年第 14 号	运输机场使用许可规定	2018.8.31	2019.10.21 修改，2022.6.12 修改	被交通运输部令 2019 年第 25 号、交通运输部令 2022 年第 17 号两次修改	
448	交通运输部令 2018 年第 15 号	民用航空器飞行机械员合格审定规则	2018.8.31			

续表

序号	令　　号	文 件 名 称	发布日期	时效性	备　　注	参见本书页码
449	交通运输部令 2018 年第 16 号	关于修改《公共航空运输企业经营许可规定》的决定	2018.8.31			
450	交通运输部令 2018 年第 17 号	航空安全员合格审定规则	2018.8.31			
451	交通运输部令 2018 年第 18 号	关于修改《铁路专用设备缺陷产品召回管理办法》的决定	2018.8.31			
452	交通运输部令 2018 年第 19 号	高速铁路基础设施运用状态检测管理办法	2018.8.31			
453	交通运输部令 2018 年第 20 号	交通运输统计管理规定	2018.7.23			
454	交通运输部令 2018 年第 21 号	关于修改《中华人民共和国船舶污染海洋环境应急防备和应急处置管理规定》的决定	2018.9.27			
455	交通运输部令 2018 年第 22 号	关于修改《中华人民共和国海事行政许可条件规定》的决定	2018.10.20			
456	交通运输部令 2018 年第 23 号	快递业务经营许可管理办法	2018.10.22	2019.11.28 修改	被交通运输部令 2019 年第 31 号修改	
457	交通运输部令 2018 年第 24 号	邮件快件实名收寄管理办法	2018.10.22			
458	交通运输部令 2018 年第 25 号	关于修改《民用航空通信导航监视工作规则》的决定	2018.10.22			
459	交通运输部令 2018 年第 26 号	关于修改《定期国际航空运输管理规定》的决定	2018.10.22			
460	交通运输部令 2018 年第 27 号	关于修改《水上移动卫星通信管理规则》的决定	2018.10.31			
461	交通运输部令 2018 年第 28 号	关于废止《外商投资道路运输业管理规定》的决定	2018.11.10			
462	交通运输部令 2018 年第 29 号	关于修改《外商独资船务公司审批管理办法》的决定	2018.11.14	已失效	被交通运输部令 2019 年第 13 号废止	
463	交通运输部令 2018 年第 30 号	关于修改《民用航空人员体检合格证管理规则》的决定	2018.11.16			
464	交通运输部令 2018 年第 31 号	关于修改《民用航空企业及机场联合重组改制管理规定》的决定	2018.11.16			
465	交通运输部令 2018 年第 32 号	关于修改《民用机场建设管理规定》的决定	2018.11.16			
466	交通运输部令 2018 年第 33 号	关于修改《民用机场运行安全管理规定》的决定	2018.11.16			
467	交通运输部令 2018 年第 34 号	关于修改《维修和改装一般规则》的决定	2018.11.16			
468	交通运输部令 2018 年第 35 号	关于修改《公共航空运输企业航空安全保卫规则》的决定	2018.11.16			

续表

序号	令　　号	文件名称	发布日期	时效性	备　　注	参见本书页码
469	交通运输部令 2018 年第 36 号	关于修改《通用航空经营许可管理规定》的决定	2018. 11. 16			
470	交通运输部令 2018 年第 37 号	关于修改《民用航空器驾驶员合格审定规则》的决定	2018. 11. 16			
471	交通运输部令 2018 年第 38 号	关于修改《民用航空器驾驶员学校合格审定规则》的决定	2018. 11. 16			
472	交通运输部令 2018 年第 39 号	关于修改《小型航空器商业运输运营人运行合格审定规则》的决定	2018. 11. 16			
473	交通运输部令 2018 年第 40 号	关于修改《一般运行和飞行规则》的决定	2018. 11. 16			
474	交通运输部令 2018 年第 41 号	关于修改《交通运输法规制定程序规定》的决定	2018. 11. 27			640
475	交通运输部令 2018 年第 42 号	关于修改《港口工程建设管理规定》的决定	2018. 11. 28			
476	交通运输部令 2018 年第 43 号	关于修改《中华人民共和国船舶最低安全配员规则》的决定	2018. 11. 28			
477	交通运输部令 2018 年第 44 号	关于修改《航道建设管理规定》的决定	2018. 11. 28			
478	交通运输部令 2019 年第 1 号	海运固体散装货物安全监督管理规定	2019. 1. 28	2022. 9. 26 修改	被交通运输部令 2022 年第 25 号修改	
479	交通运输部令 2019 年第 2 号	中华人民共和国水上水下活动通航安全管理规定	2019. 1. 28	已失效	被交通运输部令 2021 年第 24 号修改	
480	交通运输部令 2019 年第 3 号	关于修改《铁路机车车辆设计制造维修进口许可办法》的决定	2019. 2. 3			
481	交通运输部令 2019 年第 4 号	中华人民共和国海员证管理办法	2019. 2. 5	2020. 7. 6 修改	被交通运输部令 2022 年第 13 号修改	
482	交通运输部令 2019 年第 5 号	关于修改《中华人民共和国船员培训管理规则》的决定	2019. 2. 5			
483	交通运输部令 2019 年第 6 号	通航建筑物运行管理办法	2019. 2. 5			
484	交通运输部令 2019 年第 7 号	公路水路行业内部审计工作规定	2019. 2. 5			
485	交通运输部令 2019 年第 8 号	关于修改《港口经营管理规定》的决定	2019. 4. 9			
486	交通运输部令 2019 年第 9 号	交通运输行政执法程序规定	2019. 4. 12	2021. 6. 30 修改	被交通运输部令 2021 年第 6 号修改	428
487	交通运输部令 2019 年第 10 号	关于修改《中华人民共和国海上海事行政处罚规定》的决定	2019. 4. 12			
488	交通运输部令 2019 年第 11 号	关于修改《中华人民共和国内河海事行政处罚规定》的决定	2019. 4. 12			

续表

序号	令　　号	文 件 名 称	发布日期	时效性	备　　注	参见本书页码
489	交通运输部令 2019 年第 12 号	交通运输标准化管理办法	2019.5.13			426
490	交通运输部令 2019 年第 13 号	关于废止 2 件规章的决定	2019.5.25			
491	交通运输部令 2019 年第 14 号	关于修改《中华人民共和国港口设施保安规则》的决定	2019.6.3			
492	交通运输部令 2019 年第 15 号	关于修改《中华人民共和国国际船舶保安规则》的决定	2019.6.3			
493	交通运输部令 2019 年第 16 号	智能快件箱寄递服务管理办法	2019.6.20			
494	交通运输部令 2019 年第 17 号	关于修改《道路货物运输及站场管理规定》的决定	2019.6.20			235
495	交通运输部令 2019 年第 18 号	关于修改《道路运输从业人员管理规定》的决定	2019.6.21			194
496	交通运输部令 2019 年第 19 号	关于修改《道路运输车辆技术管理规定》的决定	2019.6.21			188
497	交通运输部令 2019 年第 20 号	关于修改《机动车维修管理规定》的决定	2019.6.21			130
498	交通运输部令 2019 年第 21 号	关于修改《中华人民共和国国际海运条例实施细则》的决定	2019.6.21			
499	交通运输部令 2019 年第 22 号	关于废止 5 件交通运输规章的决定	2019.6.21			
500	交通运输部令 2019 年第 23 号	海上滚装船舶安全监督管理规定	2019.7.1			
501	交通运输部令 2019 年第 24 号	飞行模拟训练设备管理和运行规则	2019.7.31			
502	交通运输部令 2019 年第 25 号	关于修改《运输机场使用许可规定》的决定	2019.10.21			
503	交通运输部令 2019 年第 26 号	关于修改《定期国际航空运输管理规定》的决定	2019.10.21			
504	交通运输部令 2019 年第 27 号	关于废止《中国民用航空总局职能部门规范性文件制定程序规定》的决定	2019.10.21			
505	交通运输部令 2019 年第 28 号	渔业船舶检验管理规定	2019.11.20			
506	交通运输部令 2019 年第 29 号	危险货物道路运输安全管理办法	2019.11.10			246
507	交通运输部令 2019 年第 30 号	关于修改《通用航空经营许可管理规定》的决定	2019.11.28			
508	交通运输部令 2019 年第 31 号	关于修改《快递业务经营许可管理办法》的决定	2019.11.28			
509	交通运输部令 2019 年第 32 号	关于修改《港口工程建设管理规定》的决定	2019.11.28			

续表

序号	令　号	文件名称	发布日期	时效性	备　注	参见本书页码
510	交通运输部令 2019 年第 33 号	关于修改《中华人民共和国港口设施保安规则》的决定	2019.11.28			
511	交通运输部令 2019 年第 34 号	关于修改《港口危险货物安全管理规定》的决定	2019.11.28			
512	交通运输部令 2019 年第 35 号	关于修改《航道通航条件影响评价审核管理办法》的决定	2019.11.28			
513	交通运输部令 2019 年第 36 号	关于修改《港口经营管理规定》的决定	2019.11.28			
514	交通运输部令 2019 年第 37 号	关于修改《公路水运工程监理企业资质管理规定》的决定	2019.11.28			44
515	交通运输部令 2019 年第 38 号	关于修改《公路水运工程试验检测管理办法》的决定	2019.11.28			53
516	交通运输部令 2019 年第 39 号	关于修改《中华人民共和国海员外派管理规定》的决定	2019.11.28			
517	交通运输部令 2019 年第 40 号	关于修改《中华人民共和国船舶污染海洋环境应急防备和应急处置管理规定》的决定	2019.11.28			
518	交通运输部令 2019 年第 41 号	关于修改《中华人民共和国国际海运条例实施细则》的决定	2019.11.28			
519	交通运输部令 2019 年第 42 号	关于修改《道路危险货物运输管理规定》的决定	2019.11.28			240
520	交通运输部令 2019 年第 43 号	铁路机车车辆驾驶人员资格许可办法	2019.12.2			
521	交通运输部令 2019 年第 44 号	航道工程建设管理规定	2019.12.6			
522	交通运输部令 2019 年第 45 号	港口和船舶岸电管理办法	2019.12.9	2021.9.13 修改	被交通运输部令 2021 年第 31 号修改	
523	交通运输部令 2019 年第 46 号	关于修改《网络预约出租汽车经营服务管理暂行办法》的决定	2019.12.28			214
524	交通运输部令 2020 年第 1 号	邮政业寄递安全监督管理办法	2020.1.2			
525	交通运输部令 2020 年第 2 号	民用航空器事件调查规定	2020.1.3	2022.11.1 修改	被交通运输部令 2022 年第 34 号修改	
526	交通运输部令 2020 年第 3 号	关于废止 3 件规章的决定	2020.1.13			
527	交通运输部令 2020 年第 4 号	关于修改《国内水路运输管理规定》的决定	2020.2.24			
528	交通运输部令 2020 年第 5 号	邮政行政执法监督办法	2020.2.24	2021.7.9 修改	被交通运输部令 2021 年第 8 号修改	
529	交通运输部令 2020 年第 6 号	关于修改《中华人民共和国船舶安全监督规则》的决定	2020.3.16			

续表

序号	令　　号	文 件 名 称	发布日期	时效性	备　　注	参见本书页码
530	交通运输部令 2020 年第 7 号	中国民用航空监察员管理规定	2020. 3. 24			
531	交通运输部令 2020 年第 8 号	高速铁路安全防护管理办法	2020. 5. 6			
532	交通运输部令 2020 年第 9 号	关于修改《大型飞机公共航空运输承运人运行合格审定规则》的决定	2020. 5. 11			
533	交通运输部令 2020 年第 10 号	民用航空器维修人员执照管理规则	2020. 5. 25			
534	交通运输部令 2020 年第 11 号	中华人民共和国海船船员适任考试和发证规则	2020. 7. 6	2022. 4. 14 修改	被交通运输部令 2022 年第 15 号修改	
535	交通运输部令 2020 年第 12 号	关于修改《中华人民共和国内河船舶船员适任考试和发证规则》的决定	2020. 7. 6			
536	交通运输部令 2020 年第 13 号	关于修改《中华人民共和国海员证管理办法》的决定	2020. 7. 6			
537	交通运输部令 2020 年第 14 号	关于修改《中华人民共和国海船船员值班规则》的决定	2020. 7. 6			
538	交通运输部令 2020 年第 15 号	关于修改《中华人民共和国内河船舶船员值班规则》的决定	2020. 7. 6			
539	交通运输部令 2020 年第 16 号	关于废止《中华人民共和国船员注册管理办法》的决定	2020. 7. 6			
540	交通运输部令 2020 年第 17 号	道路旅客运输及客运站管理规定	2020. 7. 6	2022. 9. 26 修改	被交通运输部令 2022 年第 33 号修改	204
541	交通运输部令 2020 年第 18 号	通用航空经营许可管理规定	2020. 8. 4			
542	交通运输部令 2020 年第 19 号	国际航空运输价格管理规定	2020. 10. 9			
543	交通运输部令 2020 年第 20 号	航道养护管理规定	2020. 12. 20			
544	交通运输部令 2020 年第 21 号	关于修改《港口经营管理规定》的决定	2020. 12. 20			
545	交通运输部令 2020 年第 22 号	小微型客车租赁经营服务管理办法	2020. 12. 20	2021. 8. 11 修改	被交通运输部令 2021 年第 17 号修正	
546	交通运输部令 2020 年第 23 号	关于废止《外商投资民用航空业规定》及其 6 个补充规定的决定	2020. 12. 30			
547	交通运输部令 2021 年第 1 号	邮件快件包装管理办法	2021. 2. 8			
548	交通运输部令 2021 年第 2 号	民用航空导航设备开放与运行管理规定	2021. 3. 1			
549	交通运输部令 2021 年第 3 号	公共航空运输旅客服务管理规定	2021. 3. 3			

续表

序号	令　　号	文 件 名 称	发布日期	时效性	备　　注	参见本书页码
550	交通运输部令 2021 年第 4 号	仿印邮票图案监督管理办法	2021.3.10			
551	交通运输部令 2021 年第 5 号	关于修改《大型飞机公共航空运输承运人运行合格审定规则》的决定	2021.3.15			
552	交通运输部令 2021 年第 6 号	关于修改《交通运输行政执法程序规定》的决定	2021.6.30			428
553	交通运输部令 2021 年第 7 号	民用航空通信导航监视设备飞行校验管理规则	2021.7.5			
554	交通运输部令 2021 年第 8 号	关于修改《邮政行政执法监督办法》的决定	2021.7.9			
555	交通运输部令 2021 年第 9 号	关于废止《中华人民共和国交通部拆解船舶监督管理规则》的决定	2021.7.16			
556	交通运输部令 2021 年第 10 号	关于修改《公路、水路交通实施〈中华人民共和国节约能源法〉办法》的决定	2021.8.11			
557	交通运输部令 2021 年第 11 号	关于修改《公路建设监督管理办法》的决定	2021.8.11			17
558	交通运输部令 2021 年第 12 号	关于修改《超限运输车辆行驶公路管理规定》的决定	2021.8.11			253
559	交通运输部令 2021 年第 13 号	关于修改《老旧运输船舶管理规定》的决定	2021.8.11			
560	交通运输部令 2021 年第 14 号	关于修改《水运工程建设项目招标投标管理办法》的决定	2021.8.11			
561	交通运输部令 2021 年第 15 号	关于修改《出租汽车驾驶员从业资格管理规定》的决定	2021.8.11			161
562	交通运输部令 2021 年第 16 号	关于修改《巡游出租汽车经营服务管理规定》的决定	2021.8.11			218
563	交通运输部令 2021 年第 17 号	关于修改《小微型客车租赁经营服务管理办法》的决定	2021.8.11			
564	交通运输部令 2021 年第 18 号	关于修改《机动车维修管理规定》的决定	2021.8.11			130
565	交通运输部令 2021 年第 19 号	关于修改《中华人民共和国海员外派管理规定》的决定	2021.8.11			
566	交通运输部令 2021 年第 20 号	关于修改《中华人民共和国内河海事行政处罚规定》的决定	2021.8.11			
567	交通运输部令 2021 年第 21 号	关于废止 3 件交通运输规章的决定	2021.8.11			
568	交通运输部令 2021 年第 22 号	公路养护作业单位资质管理办法	2021.9.1			91
569	交通运输部令 2021 年第 23 号	关于修改《水上交通事故统计办法》的决定	2021.9.1			
570	交通运输部令 2021 年第 24 号	中华人民共和国水上水下作业和活动通航安全管理规定	2021.9.1			

续表

序号	令　　号	文件名称	发布日期	时效性	备　　注	参见本书页码
571	交通运输部令 2021 年第 25 号	关于修改《船舶引航管理规定》的决定	2021.9.1			
572	交通运输部令 2021 年第 26 号	关于修改《中华人民共和国海事行政许可条件规定》的决定	2021.9.1			
573	交通运输部令 2021 年第 27 号	中华人民共和国海上海事行政处罚规定	2021.9.1			
574	交通运输部令 2021 年第 28 号	关于修改《中华人民共和国海上船舶污染事故调查处理规定》的决定	2021.9.3			
575	交通运输部令 2021 年第 29 号	关于修改《危险货物水路运输从业人员考核和从业资格管理规定》的决定	2021.9.3			
576	交通运输部令 2021 年第 30 号	关于修改《民用航空行政处罚实施办法》的决定	2021.9.6			
577	交通运输部令 2021 年第 31 号	关于修改《港口和船舶岸电管理办法》的决定	2021.9.13			
578	交通运输部令 2021 年第 32 号	关于修改《铁路运输基础设备生产企业审批办法》的决定	2021.11.19			
579	交通运输部令 2021 年第 33 号	关于修改《违反〈铁路安全管理条例〉行政处罚实施办法》的决定	2021.11.20			
580	交通运输部、国家发展和改革委员会令 2021 年第 34 号	关于修改《港口岸线使用审批管理办法》的决定	2021.12.23			
581	交通运输部令 2021 年第 35 号	关于修改《铁路建设工程质量监督管理规定》的决定	2021.12.23			
582	交通运输部令 2022 年第 1 号	关于修改《民用航空器国籍登记规定》的决定	2022.1.4			
583	交通运输部令 2022 年第 2 号	运输机场专业工程建设质量和安全生产监督管理规定	2022.1.4			
584	交通运输部令 2022 年第 3 号	一般运行和飞行规则	2022.1.4			
585	交通运输部令 2022 年第 4 号	小型商业运输和空中游览运营人运行合格审定规则	2022.1.4			
586	交通运输部令 2022 年第 5 号	民用航空器驾驶员学校合格审定规则	2022.1.4			
587	交通运输部令 2022 年第 6 号	特殊商业和私用大型航空器运营人运行合格审定规则	2022.1.4			
588	交通运输部令 2022 年第 7 号	关于修改《运输机场运行安全管理规定》的决定	2022.2.11			
589	交通运输部令 2022 年第 8 号	民用航空器维修单位合格审定规则	2022.2.11			
590	交通运输部令 2022 年第 9 号	民用航空器维修培训机构合格审定规则	2022.2.11			

续表

序号	令　　号	文件名称	发布日期	时效性	备　　注	参见本书页码
591	交通运输部、公安部、应急管理部令 2022 年第 10 号	关于修改《道路运输车辆动态监督管理办法》的决定	2022.2.14			191
592	交通运输部令 2022 年第 11 号	公共交通企业信息公开规定	2022.2.19			
593	交通运输部令 2022 年第 12 号	公路水运工程监理企业资质管理规定	2022.4.3			44
594	交通运输部令 2022 年第 13 号	通用航空安全保卫规则	2022.4.3			
595	交通运输部令 2022 年第 14 号	关于废止《非经营性通用航空登记管理规定》的决定	2022.4.3			
596	交通运输部令 2022 年第 15 号	关于修改《中华人民共和国海船船员适任考试和发证规则》的决定	2022.4.14			
597	交通运输部令 2022 年第 16 号	正常类飞机适航规定	2022.5.6			
598	交通运输部令 2022 年第 17 号	关于修改《运输机场使用许可规定》的决定	2022.6.12			
599	交通运输部令 2022 年第 18 号	关于修改《民用航空安全信息管理规定》的决定	2022.6.14			
600	交通运输部令 2022 年第 19 号	港口基础设施维护管理规定	2022.6.30			
601	交通运输部令 2022 年第 20 号	关于修改《中华人民共和国高速客船安全管理规则》的决定	2022.7.8			
602	交通运输部令 2022 年第 21 号	载人自由气球适航规定	2022.7.8			
603	交通运输部令 2022 年第 22 号	关于修改《民用航空器国籍登记规定》的决定	2022.7.12			
604	交通运输部令 2022 年第 23 号	民用航空飞行签派员执照和训练机构管理规则	2022.8.23			
605	交通运输部令 2022 年第 24 号	铁路危险货物运输安全监督管理规定	2022.9.26			
606	交通运输部令 2022 年第 25 号	关于修改《海运固体散装货物安全监督管理规定》的决定	2022.9.26			
607	交通运输部令 2022 年第 26 号	关于修改《中华人民共和国防治船舶污染内河水域环境管理规定》的决定	2022.9.26			
608	交通运输部令 2022 年第 27 号	关于修改《中华人民共和国船舶安全监督规则》的决定	2022.9.26			
609	交通运输部令 2022 年第 28 号	关于修改《中华人民共和国内河海事行政处罚规定》的决定	2022.9.26			
610	交通运输部令 2022 年第 29 号	关于修改《道路运输车辆技术管理规定》的决定	2022.9.26			

续表

序号	令　　号	文件名称	发布日期	时效性	备　　注	参见本书页码
611	交通运输部令 2022 年第 30 号	关于修改《道路货物运输及站场管理规定》的决定	2022.9.26			235
612	交通运输部令 2022 年第 31 号	国际道路运输管理规定	2022.9.26			168
613	交通运输部令 2022 年第 32 号	机动车驾驶员培训管理规定	2022.9.26			141
614	交通运输部令 2022 年第 33 号	关于修改《道路旅客运输及客运站管理规定》的决定	2022.9.26			204
615	交通运输部令 2022 年第 34 号	关于修改《民用航空器事件调查规定》的决定	2022.11.1			
616	交通运输部令 2022 年第 35 号	关于修改《民用航空情报工作规则》的决定	2022.11.1			
617	交通运输部令 2022 年第 37 号	铁路旅客运输规程	2022.11.3			
618	交通运输部令 2022 年第 38 号	关于修改《道路运输从业人员管理规定》的决定	2022.11.10			194
619	交通运输部令 2022 年第 39 号	铁路旅客车票实名制管理办法	2022.11.18			
620	交通运输部、工业和信息化部、公安部、商务部、市场监管总局、国家网信办令 2022 年第 42 号	关于修改《网络预约出租汽车经营服务管理暂行办法》的决定	2022.11.30			